Collins gem

MANDARIN
CHINESE
DICTIONARY

Published by Collins
An imprint of HarperCollins
Publishers
Westerhill Road
Bishopbriggs
Glasgow G64 2QT

Third Edition 2016

10 9 8 7 6 5 4 3 2 1

© HarperCollins Publishers
2007, 2011, 2012, 2016

ISBN 978-0-00-814183-7

Collins® and Collins Gem® are registered trademarks of HarperCollins Publishers Limited

www.collinsdictionary.com

Typeset by Davidson Publishing Solutions, Glasgow

Printed in Italy by GRAFICA VENETA S.p.A.

The contents of this publication are believed correct at the time of printing. Nevertheless, the Publisher can accept no responsibility for errors or omissions, changes in the detail given or for any expense or loss thereby caused.

HarperCollins does not warrant that any website mentioned in this title will be provided uninterrupted, that any website will be error free, that defects will be corrected, or that the website or the server that makes it available are free of viruses or bugs. For full terms and conditions please refer to the site terms provided on the website.

A catalogue record for this book is available from the British Library.

If you would like to comment on any aspect of this book, please contact us at the given address or online.
E-mail:
dictionaries@harpercollins.co.uk
 facebook.com/collinsdictionary
 @collinsdict

Acknowledgements
We would like to thank those authors and publishers who kindly gave permission for copyright material to be used in the Collins Corpus. We would also like to thank Times Newspapers Ltd for providing valuable data.

目录 CONTENTS

商标说明
作为商标的词语都相应地
注有商标符号。
无论加注或漏注商标符号都
不影响任何商标的法律地位。

NOTE ON TRADEMARKS
Words which we have reason to
believe constitute trademarks
have been designated as such.
However, neither the presence
nor the absence of such
designation should be regarded
as affecting the legal status of
any trademark.

EDITORS
Susie Beattie
Luan Lin
Susanne Reichert

CONTRIBUTORS
顾越施
谢曦
孙有玲
李欣
陳佩玉
栾林
Eugene Benoit
Daphne Day
Alan Johnston

FOR THE PUBLISHER
Gerry Breslin
Kerry Ferguson
Helen Newstead

INTRODUCTION

Learning Chinese is definitely a challenge. However, in some ways Chinese is not particularly complicated. Words do not change with gender, number or even tense, and there are not many complicated grammatical traps for the unwary. However, other things about it make it hard for native English speakers to learn.

CHINESE PRONUNCIATION

THE FOUR TONES

Chinese is a tonal language – the pitch of any syllable affects its meaning.

There are four tones: first tone (high, even pitch); second (rising pitch); third tone (falling and then rising) and fourth tone (falling pitch). There is also a fifth (or neutral) tone, which is pronounced so quietly and quickly that there is no discernible tone at all.

Tones are a very important part of the pronunciation – and wrong tones can cause real confusion.

EXAMPLES OF DIFFERENCES IN TONES:

First tone	Second tone	Third tone	Fourth tone	Neutral tone
mā	má	mǎ	mà	ma
妈	麻	马	骂	吗
mother	hemp	horse	curse; swear	[question particle]

It may seem unnatural to native speakers of English to have pitch so rigidly attached to words, but the tone is as fundamental a part of any syllable as are its vowels and consonants.

PINYIN

Pinyin, the Chinese phonetic alphabet, was first introduced to help children learn to write characters, and foreigners and speakers of non-Mandarin dialects to pronounce Standard Chinese correctly. It is also very useful for dictionaries, as it provides an alphabetical order by which characters can be sorted. However, *Pinyin* is not used much in China. Although signs in China are sometimes written in *Pinyin*, do not expect people to understand *Pinyin* as they would characters – in short, it should not be regarded as a substitute for learning Chinese characters. It is, however, a good, accurate guide to pronunciation.

CHINESE CHARACTERS

The Chinese script has a history that goes back at least three thousand years.

Although there are tens of thousands of known characters, a lot of these are archaic (some so old that even their meanings are unknown). An educated Chinese person will know roughly 4–6000 characters, and 2–3000 is considered sufficient for basic literacy (newspapers and the like).

Each character has to be learned individually – with the shape of the character, the sound of it and the meaning learned together as a unit.

There is no way of predicting the sound and meaning of an unknown Chinese character with any degree of accuracy. This does not mean, however, that there is no system behind the characters at all. All characters contain at least one of the component parts known as "radicals", and almost all radicals have an element of meaning; if you are familiar with these, not only will using a dictionary be much easier, it will also help you identify more of the building blocks of the characters you are trying to learn.

SIMPLIFIED AND COMPLEX CHARACTERS

In the 1950s and 60s the government of the People's Republic of China simplified the Chinese script, in an effort to improve the literacy rate by making characters easier to write. This dictionary uses simplified characters, with traditional or complex character variants given in brackets.

CHINESE GRAMMAR

Compared to many languages, Chinese grammar is not particularly complicated.

Words do not change according to gender, number or case the way they do in many European languages. Sentence structure is generally straightforward, and there are not many exceptions to the grammatical rules (unlike English).

TALKING ABOUT TIME

It is sometimes said that Chinese has no tenses. This is not quite true, but speakers of Chinese talk about time in a way that is quite different from ours.

The English tense system is based on the idea of before and after the point of view of the narrator. Things that happened before the time in which we are talking take the past tense, those that are in the process of going on, the present, and things that have yet to take place, the future. This is shown by a change in the verbs. Chinese verbs, on the other hand, do not change with tense, but an aspect marker is placed before or after the verb. Some of the most common are 了 le (for completed actions – usually *but not always* in the past), 过 guò (for events that have already taken place), 要 yào (for things that are going to happen) and 在 zài (for things that are in the process of happening). These are no more than generalizations, however, and it is important not to use them indiscriminately as substitutes for English tenses, as that is not what they are for.

Adverbs of time are often used to show what time relation events have to each other, such as 已经 yǐjīng (already), 曾经 céngjīng (once), or specific times or dates.

明年我去中国。 Míngnián wǒ qù Zhōngguó.
(literally: Next year I go China). I'm going to China next year.

MEASURE WORDS
These are not unique to Chinese – you occasionally see something similar in English.

> a *gaggle* of geese
> a *piece* of fruit
> six *pints* of milk etc.

They do not occur very often in English. In Chinese, however, measure words are mandatory when giving a number of nouns. It is important to remember to put them in – and also to get them right, as there are a lot of measure words in Chinese.

一只青蛙	yī zhī qīngwā	one frog
三部电影	sān bù diànyǐng	three films
五封信	wǔ fēng xìn	five letters

Different measure words are used for different types of objects. 张 zhāng is used for flat things, such as tickets, sheets and tables. 条 tiáo is used to talk about long, thin things such as ribbons, or fish. The most common measure word is 个 gè, and it is a useful "default setting" for when you cannot remember the exact term you need.

WORD ORDER

Because of the less specific nature of the Chinese view of time, the tendency to avoid redundancy and the lack of cases to show a word's function in the sentence, word order is important in Chinese. It generally follows a subject-verb-object pattern, although there are certain particles or rhetorical constructions that change the order slightly. If the word order is wrong, it can be very hard to unscramble the sense of a phrase or sentence.

All this may seem a little intimidating to a beginner. However, the challenge of learning Chinese is in direct proportion to the pleasure of being able to use it. Not only is it an absorbing and intriguing language, which can express both brutal frankness and extreme delicacy, it also brings with it great opportunities to learn about a new and very different country and culture. And there could be no better time to begin that exploration than now, when China is taking a greater role in the world.

Esther Tyldesley
University of Edinburgh

HOW TO USE THE DICTIONARY

On the following pages you will find an outline of how
information is presented in your Collins Chinese Dictionary.
We hope that this will help you to get the most out of your
dictionary, not simply from its comprehensive wordlist,
but also from the information provided in each entry.

CHINESE-ENGLISH SIDE

HEAD ENTRIES

On the Chinese side, head entries are ordered traditionally, that
is by single-character entries with multiple-character entries
beginning with the same character nested below them.

标	biāo
标本	biāoběn
标点	biāodiǎn
标记	biāojì
标题	biāotí
标志	biāozhì
标准	biāozhǔn

表	biǎo
表达	biǎodá

Single character entries are ordered by Pinyin, that is
alphabetically and then by tone. In Chinese, there are four tones,
each represented by a different mark above the relevant vowel:

¯	first tone	(flat tone)	mā
´	second tone	(rising tone)	má
ˇ	third tone	(falling rising tone)	mǎ
`	fourth tone	(falling tone)	mà
	light or no tone		ma

Where characters have the same Pinyin and tone, they are ordered by the number of strokes in the character, with the smallest number of strokes first.

八	bā
巴	bā
芭	bā
疤	bā

Where characters have the same Pinyin, tone, and number of strokes, they are ordered by the first stroke in the character, as follows:

一 丨 丿 ㇀

The multiple-character entries nested below single-character entries are similarly ordered by the Pinyin (including tone), and then by the number of strokes.

蒸	zhēng
蒸气	zhēngqì
蒸汽	zhēngqì

Polyphones, that is characters with more than one pronunciation, are cross-referred to the alternative Pinyin.

斗 dǒu [名] 1 (指容器) cup 2 (斗状物) ▶ 烟斗 yāndǒu pipe ▶ 漏斗 lòudǒu funnel
  →*see also*/另见 dòu

斗 (鬥) dòu [动] 1 (打斗) fight ▶ 斗鸡 dòujī cock fighting 2 (战胜) beat
  →*see also*/另见 dǒu

RADICAL AND CHARACTER INDEX

If you do not know the pronunciation for the Chinese character that you are looking for, you can use the index before the start of the Chinese-English side. For further information on how to use the radical index, see the introduction to that section.

THE STRUCTURE OF ENTRIES

On the Chinese side there are two levels of entry (single-character entries and multiple-character entries), both of which have essentially the same entry structure. Pinyin romanization is given for both types of entry.

This dictionary uses simplified characters, with traditional character variants given in round brackets. On the Chinese side, traditional characters are given for single-character entries and multiple-character entries.

Parts of speech are given in square brackets after the Pinyin. Where a word has more than one part of speech, Roman numerals are used. For a full list of all parts of speech used, see page xxiv.

Where an entry has more than one meaning, it is divided into categories, which are shown by an Arabic numeral.

When expressing yourself in another language, it is important to be aware of when you can use certain words and expressions and with whom – you would communicate very differently with a business colleague than with a friend. To help you, we have labelled words and expressions appropriately throughout the dictionary.

A full list of field and register labels used in the dictionary is shown on pages xxv–xxviii.

EXAMPLES

Word examples are preceded by a shaded arrow ▶.
Fuller examples are preceded by an empty arrow ▷.

TRANSLATIONS

Translations are shown in normal roman type after the part of speech or indicator. In general, we have only given one translation per meaning, since we believe this is the most accurate and helpful approach.

In a few cases, there is no equivalent at all, and an explanation rather than a translation has to be given. In such cases it is shown in italics:

压(壓)岁(歲)钱(錢) yāsuìqián
[名] *traditional gifts of money
given to children during the Spring
Festival*

British and American English variants are shown where appropriate, and alternative parts of translations are preceded by 或 ('or'):

大学(學)生 dàxuéshēng [名]
university (英) 或 college (美)
student

HEADWORDS

The words you look up in the dictionary – 'headwords' – are listed alphabetically. Homonyms (words which are written in the same way but have different pronunciations) are shown as separate headwords and differentiated by the use of superscript numbers. For example:

bow[1] [bəu] N [c] **1** (*knot*) 蝴蝶结(結)
húdiéjié [个 gè] **2** (*weapon*) 弓
gōng [把 bǎ]
bow[2] [bau] I vi (*with head, body*) 鞠
躬 jūgōng II vt [+ *head*] 低头(頭)
dītóu

American spellings of words are always shown, at the headword which is spelled in the British way:

axe, (*US*) **ax** [æks] N [c] 斧 fǔ [把
bǎ]

Irregular past tenses and plural forms are also shown as headwords in their alphabetical position and cross-referred to the base form. For example:

children ['tʃɪldrən] N PL *of* **child**

went [wɛnt] PT *of* **go**

THE STRUCTURE OF ENTRIES

This dictionary uses simplified characters, with traditional character variants given in round brackets. On the English side, traditional characters are given for all translations of headwords and phrases preceded by ▶.

Parts of speech are given in upper case after the phonetic spelling of the headword. We have used the notations C, U and S and PL in square brackets after each noun to show whether nouns are countable, uncountable, singular or plural. C means that the noun is countable, and has a plural form (eg *I'm reading a book; she's bought several books*). U means that the noun is is not normally counted, and is not used in the plural (eg *Lesley refused to give me more information*). S (*for singular noun*) means the noun is always singular, and is usually preceded by *a, an* or *the* (eg *We need to persuade people to repect the environment*). PL means the noun is always plural, and is used with plural verbs or pronouns (eg *These clothes are ready to wear*). For a full list of all parts of speech used, see page xxiv.

hairdryer ['hɛədraɪəʳ] N [C] 吹
风(風)机(機) chuīfēngjī [个 gè]

hair gel N [U] 发(髮)胶(膠) fàjiāo

kick-off ['kɪkɔf] N [S] 开(開)场(場)
时(時)间(間) kāichǎng shíjiān

Where an entry has more than one meaning, it is divided into categories, which are shown by an Arabic numeral. You will often find information in round brackets or square brackets and also in *italics* after the meaning category number. This information functions as a 'signpost' to help the user select the right translation when there is more than one to choose from. This 'signpost' or indicator may give a synonym of the headword, typical contexts in which the word might appear or a label indicating the subject field in which the word is used.

A full list of field and register labels used in the dictionary is shown on pages xxv–xviii.

link [lɪŋk] I N [C] **1** 联(聯)系(繫)
liánxì [种 zhǒng] **2** (Comput) (also:
hyperlink) 超链(鏈)接 chāoliànjiē
[个 gè] II VT **1** [+ places, objects]
连(連)接 liánjiē **2** [+ people,
situations] 联(聯)系(繫) liánxì

PHRASES

All phrases are given in bold and preceded by a shaded arrow ▶.

half-time [hɑːˈtaɪm] (Sport) N [U]
半场(場) bànchǎng ▶ **at half-time**
半场(場)时(時) bànchǎng shí

TRANSLATIONS

Translations are shown in normal roman type after the part of speech or indicator. In general, we have only given one translation per meaning, since we believe this is the most accurate and helpful approach. In a few cases, there is no equivalent at all, and an explanation rather than a translation has to be given.

au pair [ˈəʊˌpɛəʳ] N [C] 为学习语言
而住在当地人家里并提供家政服务
的外国年轻人

PINYIN

Pinyin romanization is given for all translations, except where, as above, there is no real equivalent in Chinese and an explanation rather than a translation has been given.

MEASURE WORDS

Measure words are given after translations of nouns which are countable and take a measure word. They are given in square brackets, with their Pinyin. For more information on measure words, see the introduction on page v.

banknote ['bæŋknəʊt] N [c]
纸(紙)币(幣) zhǐbì [张 zhāng]

KEYWORDS

Certain commonly used words, such as have and do, have been treated in special depth because they constitute basic elements of English and have very many uses and meaning. We have given them a special design to make it easier to find the meaning of construction you are looking for.

 KEYWORD

have [hæv] (pt, pp had) I vт 1 有 yǒu ▸ he has or he has got blue eyes/dark hair 他长(長)着(著) 蓝(藍)眼睛/黑头(頭)发(髮) tā zhǎngzhe lán yǎnjing/hēi tóufa ▸ do you have or have you got a car/phone? 你有车(車)/电(電)

LANGUAGE NOTES

Language notes have been given at certain entries on the Chinese side, for example, 盏 zhǎn and 捆 bǎ. These are intended to give learners more information about certain important aspects of the Chinese language.

CULTURAL NOTES

A number of entries include cultural notes, giving an insight into Chinese life and culture. These notes cover many subject areas including political institutions and systems, national festivals and Chinese traditions and customs.

如何使用本词典

接下来的几页概要地叙述本词典内容的组织方式。希望此说明能让使用者通过广泛的选词以及每个词条中的信息最有效地使用本词典。

汉英部分

顺序

在汉英部分，词目按传统顺序排列，即单字词条下嵌入以相同汉字开头的多字词条。

标	biāo
标本	biāoběn
标点	biāodiǎn
标记	biāojì
标题	biāotí
标志	biāozhì
标准	biāozhǔn

表	biǎo
表达	biǎodá

单字词条按拼音字母顺序排序，再按声调顺序排序。注意，轻声排在四声之后。同音字按笔画的多寡排列，笔画少的在前，笔画多的在后。

八	bā
巴	bā
芭	bā
疤	bā

笔画相同的同音字按起笔笔画排列，顺序为：一 丨 丿 丶 乛。

单字词条下的多字词条也先按照拼音（包括声调），再按照笔画数进行排序。

蒸	**zhēng**
蒸气	**zhēngqì**
蒸汽	**zhēngqì**

多音字，即有一个以上发音的汉字，会标明"另见"，后接另一个发音。

斗 dǒu [名] **1**(指容器) cup **2**(斗状物) ▶ 烟斗 yāndǒu pipe ▶ 漏斗 lòudǒu funnel
→ see also/另见 dòu

斗(鬥) dòu [动] **1**(打斗) fight ▶ 斗鸡 dòujī cock fighting **2**(战胜) beat
→ see also/另见 dǒu

部首与汉字索引

如果使用者不知道所见汉字的发音，可查阅位于汉英部分之前的部首检字表。详见部首检字表中的检字方法说明。

词条构成

汉语部分的词条有两个层次，单字词条和多字词条，但它们的构成方式基本相同。所有词条都标注汉语拼音。

本词典使用简体字。繁体字附列在圆括号内。在汉英部分，单字词条和多字词条均附有繁体字。

词性在方括号中用中文标注，紧随拼音之后。如果有一个以上的词性，则用罗马数字标识。词性列表参见第xxiv页。

如果一个词条有一个以上的词义，则归入不同的义项，用阿拉伯数字标出。当一个词目有多种含义时，读者可以根据阿拉伯数字后圆（方）括号中及斜体字传达的信息找到相关的语境，进而查到正确的翻译。圆括号中的信息起到"路标"的功能，此"路标"标示了主词条的同义词或近义词，以及使用主词条的典型语境。

专业学科领域及修辞色彩缩略语列表见xxv页至xxviii页。

例子
以词的形式出现的例子，前面用实心灰色箭头▸标出。更完整的例子，前面用空心箭头▷标出。

翻译
一般情况下，作为最精确、有效的办法，每个意义只提供一个翻译。 在某些情况下，如果根本没有相应的翻译对等语，则提供该词的解释，而不是翻译，用斜体表示。

压(壓)岁(歲)钱(錢) yāsuìqián
　[名] *traditional gifts of money*
　given to children during the Spring
　Festival

以-s结尾的名词，若用作复数，则标注为pl，若用作单数，则标注为sg。

奥(奧)林匹克运(運)动(動)
　会(會) Àolínpǐkè Yùndònghuì
　[名] Olympic Games (*pl*)

算术(術) suànshù [名] maths (英)
　(*sg*) math (美)

必要时，同时给出英式英语和美式英语两种翻译，中间用"或"字隔开。

大学(學)生 dàxuéshēng [名]
　university (英) 或 college (美) student

英汉部分

同音异义词

书写相同但发音完全不同的单词作为单独的词条出现，并且用数字上标加以区分:

bow¹ [bəʊ] N [c] **1** (knot) 蝴蝶结(結)
húdiéjié [个 gè] **2** (weapon) 弓
gōng [把 bǎ]

bow² [baʊ] I vi (with head, body) 鞠
躬 jūgōng II vt [+ head] 低头(頭)
dītóu

如上所示,数字上标明确表明该单词的发音完全不同。

单词的拼写变体也作为单独的词条列出,并参见至首先出现的拼写形式,单词的美式拼写列在英式拼写之后:

pajamas [pəˈdʒɑːməz] (US) N PL
= **pyjamas**

axe, (US) **ax** [æks] N [c] 斧 fǔ [把
bǎ]

不规则动词的时态变化和不规则名词的复数形式作为单独的词条列出,并且指示参照原形:

children [ˈtʃɪldrən] N PL of **child**

went [wɛnt] PT of **go**

如果一个单词有一个以上的词义,则归入不同的意类,用阿拉伯数字标出。进一步的词义区分在括号中用斜体表示。当一个词条有多种含义时,读者可以根据阿拉伯数字与圆括号中的信息找到相关的语境,进而查到正确的翻译。圆括号中的信息起到"路标"的功能,此"路标"标示了主词条的同义词或近义词,以及使用主词条的典型语境。

专业学科领域及修辞色彩缩略语列表见xxv页至xxviii页。

link [lɪŋk] I N [c] **1** 联(聯)系(繫)
liánxi [种 zhǒng] **2**(Comput) (also:
hyperlink) 超链(鏈)接 chāoliànjiē
[个 gè] II VT **1** [+ places, objects]
连(連)接 liánjiē **2** [+ people,
situations] 联(聯)系(繫) liánxì

短语

短语用黑体表示，并跟在实心灰色箭头标志▸后。短语包括不
同种类的固定结构、感叹语和其他语法结构：

to have a baby
in the background
to pack one's bags

例子

例句用斜体表示，并跟在空心箭头标志▷后。英语中最常用单
词，都给出了大量的例子及在相应语境中的翻译，有助于读者
在具体的语境中正确使用单词。

翻译

一般情况下，作为最精确、有效的办法，每个意义只提供一个
翻译。 在某些情况下，如果根本没有相应的翻译对等语，则
提供该词的解释，而不是翻译。

au pair [ˈəʊˌpeəʳ] N [c] 为学习语言
而住在当地人家里并提供家政服务
的外国年轻人

拼音

词条及动词词组翻译都标注有拼音。如果该词条没有相应的翻
译，则给出相关的解释以帮助读者理解，并省拼音。

量词

量词在可数名词的翻译之后，和拼音一起括在方括号中。关于量词的详细信息请见序言中的viii页。

banknote ['bæŋknaʊt] N [c]
  纸(紙)币(幣) zhǐbì [张 zhāng]

关键词

对于一些极其常用的词，例如have和do，我们给予了长篇的注释。这类词是构成英语的基本要素，语义众多，用法复杂。本词典对该类词作了特别的外观设计，便于读者查阅。

 KEYWORD

have [hæv] (*pt, pp* **had**) I VT 1 有
  yǒu ▶ he has *or* he has got blue
  eyes/dark hair 他长(長)着(著)
  蓝(藍)眼睛/黑头(頭)发(髮) tā
  zhǎngzhe lán yǎnjing/hēi tóufa
  ▶ **do you have** *or* **have you got a**
  car/phone? 你有车(車)/电(電)
  话(話)吗(嗎)? nǐ yǒu chē/diànhuà ma?

语言注释

为了帮助读者更加准确、熟练地掌握并运用英语，我们对一些易混淆词进行了详细的比较说明。

文化注释

对于英语国家中特有的文化现象，我们都加注了说明和解释。

PARTS OF SPEECH   词性

abbreviation	*ABBR*	简
adjective	*ADJ*	形
adverb	*ADV*	副
auxiliary verb	*AUXVB*	助动
auxiliary word	*AUX*	助
conjunction	*CONJ*	连
compound	*CPD*	复合词
definite article	*DEFART*	定冠词
indefinite article	*INDEFART*	不定冠词
interjection	*INT*	叹
noun	*N*	名
noun abbreviation	*NABBR*	名词缩写
singular noun	*N SING*	单数名词
noun (plural)	*N(PL)*	名词（复数）
noun plural	*NPL*	复数名词
numeral	*NUM*	数
plural	*PL*	复数
plural adjective	*PLADJ*	复数形容词
plural pronoun	*PL PRON*	复数代词
past participle	*PP*	过去分词
prefix	*PREFIX*	前缀
preposition	*PREP*	介
pres part	*PRES PART*	现在分词
pronoun	*PRON*	代
past tense	*PT*	过去时
suffix	*SUFFIX*	后缀
verb	*VB*	动
intransitive verb	*VI*	不及物动词
transitive verb	*VT*	及物动词
indicates that particle cannot be separated from the main verb	*VT FUS*	及物动词

SUBJECT FIELD LABELS 专业学科领域

Administration	Admin	行政
Agriculture	Agr	农
Anatomy	Anat	解剖
Architecture	Archit	建筑
Art		艺术
Astrology	Astrol	占星术
Astronomy	Astron	天文
Motoring	Aut	汽车
Aviation	Aviat	航空
Badminton		羽毛球
Baseball		棒球
Biology	Bio	生物
Bookkeeping		簿记
Botany	Bot	植物
Bowls		滚木球
Boxing		拳击
Cards		纸牌
Chemistry	Chem	化
Chess		国际象棋
Cinema	Cine	电影
Climbing		登山
Clothing		服饰
Commerce	Comm	商
Computing	Comput	计算机
Cricket		板球
Cooking	Culin	烹饪
Drawing		绘画
Drugs		药品
Economics	Econ	经济
Electricity	Elec	电子
Fencing		击剑

SUBJECT FIELD LABELS　　　　专业学科领域

Finance	Fin	金融
Fishing		钓鱼
Football		足球
Geography	Geo	地理
Geology	Geol	地质
Geometry	Geom	几何
Golf		高尔夫
Grammar	Gram	语法
History	Hist	历史
Industry	Ind	工业
Insurance		保险
Law		法
Linguistics	Ling	语言
Literature	Liter	文学
Mathematics	Math	数学
Medicine	Med	医
Meteorology	Met	气象
Military	Mil	军
Mining	Min	矿
Music	Mus	音乐
Mythology	Myth	神
Nautical	Naut	航海
Parliament	Parl	议会
Philosophy	Phil	哲
Photography	Phot	摄影
Physics	Phys	物
Physiology	Physiol	生理
Politics	Pol	政治
Police		警察
Post office	Post	邮政
Psychology	Psych	心理

SUBJECT FIELD LABELS · 专业学科领域

Publishing		出版
Radio	*Rad*	广播
Railways	*Rail*	铁路
Religion	*Rel*	宗
Rugby		橄榄球
Science	*Sci*	科学
School	*Scol*	教育
Sewing		缝纫
Sociology	*Sociol*	社会
Space		宇航
Sport		体育
Technical usage	*Tech*	术语
Telecommunications	*Tel*	电信
Tennis		网球
Texting		手机短信
Theatre	*Theat*	戏剧
Television	*TV*	电视
University	*Univ*	大学
Zoology	*Zool*	动

REGISTER LABELS · 修辞色彩缩略语

dialect		方
euphemism		婉
formal	*frm*	正式
formerly		旧
humorous		诙谐
informal	*inf*	非正式
literary	*liter*	文
offensive		侮辱
old-fashioned	*o.f.*	过时
taboo	*inf!*	疑讳/讳

REGISTER LABELS

		修辞色彩缩略语
pejorative	*pej*	贬
humble		谦
respectful		敬
slang		俚
spoken language		口
written		书
polite		客套
literal	*lit.*	字
figurative	*fig*	喻

CONSONANTS/辅音

[b]	<u>b</u>a<u>b</u>y
[t]	<u>t</u>en<u>t</u>
[d]	<u>d</u>a<u>dd</u>y
[k]	<u>c</u>ork <u>k</u>iss <u>ch</u>ord
[g]	<u>g</u>a<u>g</u> <u>g</u>uess
[s]	<u>s</u>o ri<u>c</u>e ki<u>ss</u>
[z]	cou<u>s</u>in bu<u>zz</u>
[ʃ]	<u>sh</u>eep <u>s</u>ugar
[ʒ]	plea<u>s</u>ure bei<u>g</u>e
[tʃ]	<u>ch</u>ur<u>ch</u>
[dʒ]	<u>j</u>udge <u>g</u>eneral
[f]	<u>f</u>arm ra<u>ff</u>le
[v]	<u>v</u>ery re<u>v</u>
[θ]	<u>th</u>in ma<u>th</u>s
[ð]	<u>th</u>at o<u>th</u>er
[l]	<u>l</u>ittle bal<u>l</u>
[r]	<u>r</u>at ra<u>r</u>e
[m]	<u>m</u>u<u>mm</u>y co<u>m</u>b
[n]	<u>n</u>o ra<u>n</u>
[ŋ]	singi<u>ng</u> ba<u>n</u>k
[h]	<u>h</u>at re<u>h</u>eat
[x]	lo<u>ch</u>

SEMIVOWELS/半元音

[j]   yet
[w]   wet

VOWELS/元音

[iː]   heel
[ɪ]   hit pity
[ɛ]   set tent
[æ]   bat apple
[ɑː]   after car calm
[ʌ]   fun cousin
[ə]   over above
[əː]   urn fern work
[ɔ]   wash pot
[ɔː]   born cork
[u]   full soot
[uː]   pool lewd

DIPHTHONGS/双元音

[ɪə]   beer tier
[ɛə]   tear fair there
[eɪ]   date plaice day
[aɪ]   life buy cry
[au]   owl foul now
[əu]   low no
[ɔɪ]   boil boy oily
[uə]   poor tour

不规则动词/ENGLISH IRREGULAR VERBS

PRESENT	PT	PP	PRESENT	PT	PP
arise	arose	arisen	**dig**	dug	dug
awake	awoke	awoken	**do** (does)	did	done
be	was, were	been	**draw**	drew	drawn
(am, is,			**dream**	dreamed,	dreamed,
are; being)				dreamt	dreamt
bear	bore	born(e)	**drink**	drank	drunk
beat	beat	beaten	**drive**	drove	driven
begin	began	begun	**eat**	ate	eaten
bend	bent	bent	**fall**	fell	fallen
bet	bet,	bet,	**feed**	fed	fed
	betted	betted	**feel**	felt	felt
bid (at	bid	bid	**fight**	fought	fought
auction)			**find**	found	found
bind	bound	bound	**fling**	flung	flung
bite	bit	bitten	**fly**	flew	flown
bleed	bled	bled	**forbid**	forbad(e)	forbidden
blow	blew	blown	**forecast**	forecast	forecast
break	broke	broken	**forget**	forgot	forgotten
breed	bred	bred	**forgive**	forgave	forgiven
bring	brought	brought	**freeze**	froze	frozen
build	built	built	**get**	got	got,
burn	burnt,	burnt,			(US) gotten
	burned	burned	**give**	gave	given
burst	burst	burst	**go** (goes)	went	gone
buy	bought	bought	**grind**	ground	ground
can	could	(been able)	**grow**	grew	grown
cast	cast	cast	**hang**	hung	hung
catch	caught	caught	**hang**	hanged	hanged
choose	chose	chosen	(execute)		
cling	clung	clung	**have**	had	had
come	came	come	**hear**	heard	heard
cost	cost	cost	**hide**	hid	hidden
creep	crept	crept	**hit**	hit	hit
cut	cut	cut	**hold**	held	held
deal	dealt	dealt	**hurt**	hurt	hurt

PRESENT	PT	PP	PRESENT	PT	PP
keep	kept	kept	rise	rose	risen
kneel	knelt, kneeled	knelt, kneeled	run	ran	run
know	knew	known	saw	sawed	sawed, sawn
lay	laid	laid	say	said	said
lead	led	led	see	saw	seen
lean	leant, leaned	leant, leaned	sell	sold	sold
leap	leapt, leaped	leapt, leaped	send	sent	sent
learn	learnt, learned	learnt, learned	set	set	set
leave	left	left	sew	sewed	sewn
lend	lent	lent	shake	shook	shaken
let	let	let	shear	sheared	shorn, sheared
lie (lying)	lay	lain	shed	shed	shed
light	lit, lighted	lit, lighted	shine	shone	shone
lose	lost	lost	shoot	shot	shot
make	made	made	show	showed	shown
may	might	–	shrink	shrank	shrunk
mean	meant	meant	shut	shut	shut
meet	met	met	sing	sang	sung
mistake	mistook	mistaken	sink	sank	sunk
mow	mowed	mown, mowed	sit	sat	sat
must	(had to)	(had to)	sleep	slept	slept
pay	paid	paid	slide	slid	slid
put	put	put	sling	slung	slung
quit	quit, quitted	quit, quitted	slit	slit	slit
read	read	read	smell	smelt, smelled	smelt, smelled
rid	rid	rid	sow	sowed	sown, sowed
ride	rode	ridden	speak	spoke	spoken
ring	rang	rung	speed	sped, speeded	sped, speeded
			spell	spelt, spelled	spelt, spelled

PRESENT	PT	PP	PRESENT	PT	PP
spend	spent	spent	**swim**	swam	swum
spill	spilt, spilled	spilt, spilled	**swing**	swung	swung
			take	took	taken
spin	spun	spun	**teach**	taught	taught
spit	spat	spat	**tear**	tore	torn
spoil	spoiled, spoilt	spoiled, spoilt	**tell**	told	told
			think	thought	thought
spread	spread	spread	**throw**	threw	thrown
spring	sprang	sprung	**thrust**	thrust	thrust
stand	stood	stood	**tread**	trod	trodden
steal	stole	stolen	**wake**	woke, waked	woken, waked
stick	stuck	stuck			
sting	stung	stung	**wear**	wore	worn
stink	stank	stunk	**weave**	wove	woven
stride	strode	stridden	**weep**	wept	wept
strike	struck	struck	**win**	won	won
swear	swore	sworn	**wind**	wound	wound
sweep	swept	swept	**wring**	wrung	wrung
swell	swelled	swollen, swelled	**write**	wrote	written

数字/NUMBERS

CARDINAL NUMBERS/基数

nought (英), naught (美), zero	0	零 (líng)
one	1	一 (yī)
two	2	二 (èr)
three	3	三 (sān)
four	4	四 (sì)
five	5	五 (wǔ)
six	6	六 (liù)
seven	7	七 (qī)
eight	8	八 (bā)
nine	9	九 (jiǔ)
ten	10	十 (shí)
eleven	11	十一 (shíyī)
twelve	12	十二 (shí'èr)
thirteen	13	十三 (shísān)
fourteen	14	十四 (shísì)
fifteen	15	十五 (shíwǔ)
sixteen	16	十六 (shíliù)
seventeen	17	十七 (shíqī)
eighteen	18	十八 (shíbā)
nineteen	19	十九 (shíjiǔ)
twenty	20	二十 (èrshí)
twenty-one	21	二十一 (èrshíyī)
twenty-two	22	二十二 (èrshí'èr)
twenty-three	23	二十三 (èrshísān)
thirty	30	三十 (sānshí)
forty	40	四十 (sìshí)
fifty	50	五十 (wǔshí)
sixty	60	六十 (liùshí)
seventy	70	七十 (qīshí)
eighty	80	八十 (bāshí)
ninety	90	九十 (jiǔshí)
one hundred	100	一百 (yìbǎi)

a hundred and one	101	一百零一 (yìbǎi líng yī)
two hundred and twelve	212	二百一十二 (èrbǎi yìshí'èr)
one thousand	1,000	一千 (yìqiān)
one thousand and one	1,001	一千零一 (yìqiān líng yī)
two thousand five hundred	2,500	二千五百 (èrqiān wǔbǎi)
a hundred thousand	100,000	十万 (shíwàn)
one million	1,000,000	一百万 (yìbǎi wàn)
one billion	1,000,000,000	十亿 (shíyì)

ORDINAL NUMBERS/序数

first	1st	第一 (dì-yī)
second	2nd	第二 (dì-èr)
third	3rd	第三 (dì-sān)
fourth	4th	第四 (dì-sì)
fifth	5th	第五 (dì-wǔ)
sixth	6th	第六 (dì-liù)
seventh	7th	第七 (dì-qī)
eighth	8th	第八 (dì-bā)
ninth	9th	第九 (dì-jiǔ)
tenth	10th	第十 (dì-shí)
hundredth	100th	第一百 (dì-yìbǎi)
hundred and first	101st	第一百零一 (dì-yìbǎi líng yī)
thousandth	1,000th	第一千 (dì-yìqián)

FRACTIONS AND PERCENTAGES/ 分数、小数和百分数

a half	½	二分之一 (èr fēn zhī yī)
a third	⅓	三分之一 (sān fēn zhī yī)
a quarter	¼	四分之一 (sì fēn zhī yī)
two-thirds	⅔	三分之二 (sān fēn zhī èr)
nought (英) or naught (美) point five	0.5	零点五 (líng diǎn wǔ)
six point eight nine	6.89	六点八九 (liù diǎn bājiǔ)
ten per cent	10%	百分之十 (bǎi fēn zhī shí)
one hundred per cent	100%	百分之百 (bǎi fēn zhī bǎi)

Radical Index

部首检字表
Radical Index

检字方法说明：

1　根据字的部首在部首目录中查到该部首所在检字表中的号码；

2　按此号码在检字表中找到该部首，并根据字的笔画（字的笔画数不含其部首）查到该字的汉语拼音。繁体字置于括号中。

How to use this index:

1　Use pages 3–5 to identify the radical. Note the number preceding it.

2　In the index on pages 6–77, use this number to find all the characters appearing in this dictionary which contain the radical. Characters are ordered according to the number of strokes. The Pinyin given will lead you to the correct entry. Traditional characters are shown in brackets.

部首目录

检字表

2 丨

三画 (3 strokes)

中	zhōng
内	nèi

四画 (4 strokes)

北	běi
旧	jiù
申	shēn
电	diàn
由	yóu
史	shǐ
出	chū

五画 (5 strokes)

师	shī
曲	qǔ
肉	ròu

六画 (6 strokes)

串	chuàn

七画 (7 strokes)

非	fēi

八画 (8 strokes)

临	lín

3 丿

一画 (1 stroke)

九	jiǔ

二画 (2 strokes)

川	chuān
及	jí
久	jiǔ
千	qiān
丸	wán

三画 (3 strokes)

币	bì
长	cháng; zhǎng
反	fǎn
升	shēng
乌	wū
午	wǔ

四画 (4 strokes)

生	shēng

失	shī
甩	shuǎi
乐	lè; yuè

五画 (5 strokes)

年	nián
丢	diū
乒	pīng
向	xiàng
后	hòu

六画 (6 strokes)

我	wǒ
每	měi
龟	guī
系	xì

七画 (7 strokes)

垂	chuí
乘	guāi
质	zhì
周	zhōu

八画 (8 strokes)

拜	bài
重	chóng; zhòng

复　fù

九画 (9 strokes)

乘　chéng

十一画 (11 strokes)

甥　shēng

十三画 (13 strokes)

舞　wǔ
疑　yí

十四画 (14 strokes)

靠　kào

4　丶

二画 (2 strokes)

义　yì
之　zhī

三画 (3 strokes)

为　wéi; wèi

四画 (4 strokes)

半　bàn

主　zhǔ
头　tóu

五画 (5 strokes)

兴　xīng; xìng
农　nóng

六画 (6 strokes)

良　liáng

七画 (7 strokes)

学　xué

八画 (8 strokes)

举　jǔ

5　乙（乛乚乛）

一画 (1 stroke)

了　le; liǎo

二画 (2 strokes)

乞　qǐ
也　yě
飞　fēi
习　xí

乡　xiāng

三画 (3 strokes)

巴　bā
孔　kǒng
书　shū

四画 (4 strokes)

司　sī
民　mín

五画 (5 strokes)

买　mǎi

六画 (6 strokes)

乱　luàn

七画 (7 strokes)

承　chéng

八画 (8 strokes)

（飛）fēi

十二画 (12 strokes)

（亂）luàn

6 二

二　èr

一画 (1 stroke)

亏　kuī

二画 (2 strokes)

元　yuán
云　yún

六画 (6 strokes)

些　xiē
(亞)　yà

---

7 匕

九画 (9 strokes)

匙　chí

---

8 十

十　shí

二画 (2 strokes)

支　zhī

三画 (3 strokes)

古　gǔ

四画 (4 strokes)

考　kǎo
协　xié
毕　bì
华　huá

五画 (5 strokes)

克　kè

六画 (6 strokes)

直　zhí
卖　mài
(協)　xié

七画 (7 strokes)

南　nán

八画 (8 strokes)

真　zhēn

十画 (10 strokes)

博　bó

十一画 (11 strokes)

(幹)　gàn

---

9 厂

厂　chǎng

二画 (2 strokes)

历　lì
厅　tīng

三画 (3 strokes)

厉　lì

四画 (4 strokes)

压　yā
厌　yàn

六画 (6 strokes)

厕　cè

七画 (7 strokes)

厚　hòu
厘　lí

十二画 (12 strokes)

（劃）huà

十三画 (13 strokes)

（劇）jù

---

12 卜(⺊)

二画 (2 strokes)

卡　kǎ

三画 (3 strokes)

占　zhàn
外　wài

六画 (6 strokes)

卧　wò

八画 (8 strokes)

桌　zhuō

---

13 冂

三画 (3 strokes)

（冊）cè

四画 (4 strokes)

同　tóng
网　wǎng

---

14 亻

一画 (1 stroke)

亿　yì

二画 (2 strokes)

仇　chóu
化　huà
什　shén
仍　réng
仅　jǐn

三画 (3 strokes)

代　dài
付　fù
们　men
仨　sā
仪　yí
他　tā
仔　zǐ
仙　xiān

四画 (4 strokes)

传　chuán
份　fèn
仰　yǎng
仿　fǎng
伙　huǒ
价　jià
休　xiū
优　yōu
件　jiàn
伦　lún
任　rèn
伤　shāng
似　sì
伟　wěi
伪　wěi
伍　wǔ

五画 (5 strokes)

估　gū
何　hé
体　tǐ
但　dàn
伸　shēn
作　zuò
伯　bó

佣	yōng; yòng	俩	liǎ	停	tíng
低	dī	俭	jiǎn	假	jiǎ; jià
你	nǐ	侵	qīn	(侧)	cè
住	zhù	俗	sú	(伪)	wěi
位	wèi	侮	wǔ	(伟)	wěi
伴	bàn	信	xìn		
佛	fó			**十画 (10 strokes)**	
(佔)	zhàn	**八画 (8 strokes)**		傲	ào
		倡	chàng	傍	bàng
六画 (6 strokes)		借	jiè	储	chǔ
侄	zhí	值	zhí	(備)	bèi
供	gōng	倾	qīng		
佩	pèi	倒	dǎo; dào	**十一画 (11 strokes)**	
使	shǐ	倍	bèi	催	cuī
佰	bǎi	健	jiàn	傻	shǎ
例	lì	俱	jù	(傳)	chuán
侄	zhí	(倫)	lún	(傷)	shāng
侧	cè	(們)	men	(僅)	jǐn
依	yī	(個)	gè	(傾)	qīng
		(倆)	liǎ	(傭)	yōng
七画 (7 strokes)					
修	xiū	**九画 (9 strokes)**		**十二画 (12 strokes)**	
保	bǎo	偿	cháng	僧	sēng
便	biàn; pián	做	zuò	像	xiàng
促	cù	偶	ǒu	(僱)	gù
俄	é	偏	piān		
		偷	tōu		

十三画 (13 strokes)

（價）jià
（儉）jiǎn
（憶）yì
（儀）yí

十四画 (14 strokes)

儒 rú
（儘）jǐn

十五画 (15 strokes)

（償）cháng
（儲）chǔ
（優）yōu

---

15 八（丷）

八 bā

二画 (2 strokes)

分 fēn; fèn
公 gōng

三画 (3 strokes)

只 zhī; zhǐ

四画 (4 strokes)

共 gòng
并 bìng
关 guān

五画 (5 strokes)

兵 bīng
弟 dì
兑 duì

六画 (6 strokes)

其 qí
具 jù
典 diǎn
卷 juǎn
单 dān

七画 (7 strokes)

养 yǎng
首 shǒu

八画 (8 strokes)

益 yì

九画 (9 strokes)

黄 huáng
兽 shòu

十画 (10 strokes)

普 pǔ
曾 céng

---

16 人（入）

人 rén
入 rù

一画 (1 stroke)

个 gè

二画 (2 strokes)

仓 cāng
介 jiè
从 cóng
今 jīn
以 yǐ
（内）nèi

三画 (3 strokes)

令 lìng

四画 (4 strokes)

全 quán
会 huì; kuài

合　hé
企　qǐ
伞　sǎn

五画 (5 strokes)

余　yú
含　hán

六画 (6 strokes)

舍　shè
命　mìng
(來)　lái
(兩)　liǎng

八画 (8 strokes)

拿　ná
(倉)　cāng

九画 (9 strokes)

盒　hé

十画 (10 strokes)

舒　shū
(傘)　sǎn

17　勹

一画 (1 stroke)

勺　sháo

二画 (2 strokes)

勿　wù
匀　yún
(勻)　yún

三画 (3 strokes)

句　jù
匆　cōng
包　bāo

九画 (9 strokes)

够　gòu

18　几

几　jī; jǐ

一画 (1 stroke)

凡　fán

四画 (4 strokes)

朵　duǒ

六画 (6 strokes)

凭　píng

十二画 (12 strokes)

凳　dèng

19　儿

儿　ér

二画 (2 strokes)

允　yǔn

三画 (3 strokes)

兄　xiōng

四画 (4 strokes)

光　guāng
先　xiān

五画 (5 strokes)

(兌)　duì

六画 (6 strokes)

(兒)　ér

八画 (8 strokes)

党　dǎng

九画 (9 strokes)

兜　dōu

---

20 亠

一画 (1 stroke)

亡　wáng

二画 (2 strokes)

六　liù

三画 (3 strokes)

市　shì

四画 (4 strokes)

交　jiāo
产　chǎn
充　chōng

六画 (6 strokes)

变　biàn
京　jīng
享　xiǎng

夜　yè

七画 (7 strokes)

哀　āi
亮　liàng
亭　tíng
帝　dì

八画 (8 strokes)

高　gāo
离　lí
旁　páng

九画 (9 strokes)

率　lǜ; shuài
商　shāng
（產）　chǎn

十画 (10 strokes)

就　jiù

十二画 (12 strokes)

豪　háo
（齊）　qí

十五画 (15 strokes)

赢　yíng

---

21 冫

四画 (4 strokes)

冲　chōng;
　　chòng
次　cì
决　jué
冰　bīng

五画 (5 strokes)

冻　dòng
况　kuàng
冷　lěng

八画 (8 strokes)

凋　diāo
准　zhǔn
凉　liáng;
　　liàng
（凍）　dòng

九画 (9 strokes)

凑　còu
减　jiǎn

十画 (10 strokes)

寒　hán

诱 yòu

说 shuō

(認) rèn

(說) shuō

(誘) yòu

(語) yǔ

(誤) wù

八画 (8 strokes)

谁 shéi; shuí

请 qǐng

读 dú

课 kè

调 diào; tiáo

谈 tán

谊 yì

(論) lùn

(課) kè

(請) qǐng

(誰) shuí

(談) tán

(調) tiáo

(誼) yì

(調) diào

(誕) dàn

九画 (9 strokes)

谋 móu

谎 huǎng

谚 yàn

谜 mí

(諷) fěng

(謀) móu

(諺) yàn

十画 (10 strokes)

谢 xiè

谣 yáo

谦 qiān

(謊) huǎng

(謎) mí

(謙) qiān

(謝) xiè

(謠) yáo

(講) jiǎng

十二画 (12 strokes)

(譏) jī

(證) zhèng

十三画 (13 strokes)

(譯) yì

(議) yì

十五画 (15 strokes)

(讀) dú

十七画 (17 strokes)

(讓) ràng

---

24 卩

一画 (1 stroke)

卫 wèi

三画 (3 strokes)

印 yìn

四画 (4 strokes)

危 wēi

五画 (5 strokes)

却 què

即 jí

七画 (7 strokes)

卸 xiè

(卻) què

25 阝 *(on the left (在左边))*

二画 (2 strokes)

队 duì

四画 (4 strokes)

阳 yáng
阶 jiē
阴 yīn
防 fáng
阵 zhèn

五画 (5 strokes)

陈 chén
陆 liù; lù
阿 ā
阻 zǔ
附 fù

六画 (6 strokes)

陌 mò
降 jiàng
限 xiàn

七画 (7 strokes)

除 chú

陡 dǒu
险 xiǎn
院 yuàn
(陣) zhèn

八画 (8 strokes)

陪 péi
陶 táo
陷 xiàn
(陳) chén
(陸) liù; lù
(陰) yīn

九画 (9 strokes)

随 suí
隐 yǐn
(階) jiē
(隄) dī
(陽) yáng

十画 (10 strokes)

隔 gé
(隊) duì

十一画 (11 strokes)

障 zhàng

十二画 (12 strokes)

隧 suì

十三画 (13 strokes)

(險) xiǎn
(隨) suí

十四画 (14 strokes)

(隱) yǐn

26 阝 *(on the right (在右边))*

四画 (4 strokes)

邪 xié
那 nà

五画 (5 strokes)

邻 lín
邮 yóu

六画 (6 strokes)

耶 yē
郁 yù
郊 jiāo

八画 (8 strokes)

都　dōu; dū
部　bù

九画 (9 strokes)

(郵)　yóu
(鄉)　xiāng

十二画 (12 strokes)

(鄰)　lín

---

27 凵

二画 (2 strokes)

凶　xiōng

六画 (6 strokes)

画　huà

七画 (7 strokes)

幽　yōu

---

28 刀(⺈)

十画 (10 strokes)

刀　dāo

二画 (2 strokes)

切　qiē

三画 (3 strokes)

召　zhào

四画 (4 strokes)

争　zhēng
负　fù
色　sè; shǎi

五画 (5 strokes)

免　miǎn
初　chū

六画 (6 strokes)

兔　tù

九画 (9 strokes)

剪　jiǎn
象　xiàng

---

29 力

力　lì

二画 (2 strokes)

办　bàn

三画 (3 strokes)

功　gōng
务　wù
加　jiā

四画 (4 strokes)

动　dòng
劣　liè

五画 (5 strokes)

劲　jìn
劳　láo
助　zhù
男　nán
努　nǔ
(勁)　jìn

六画 (6 strokes)

势　shì

七画 (7 strokes)

勉　miǎn
勇　yǒng

九画 (9 strokes)

(動)　dòng
(務)　wù

十画 (10 strokes)

募　mù
(勞)　láo

十一画 (11 strokes)

勤　qín
(勸)　quàn
(勢)　shì

30　厶

三画 (3 strokes)

去　qù
台　tái

五画 (5 strokes)

县　xiàn

六画 (6 strokes)

参　cān; shēn
叁　sān

八画 (8 strokes)

能　néng

九画 (9 strokes)

(參)　cān; shēn

31　又

又　yòu chā

二画 (2 strokes)

友　yǒu
劝　quàn
双　shuāng

三画 (3 strokes)

发　fā; fà
圣　shèng
对　duì

四画 (4 strokes)

戏　xì

观　guān
欢　huān

五画 (5 strokes)

鸡　jī

六画 (6 strokes)

艰　jiān
取　qǔ
叔　shū
受　shòu

七画 (7 strokes)

叙　xù

八画 (8 strokes)

难　nán
桑　sāng

十一画 (11 strokes)

叠　dié

32　廴

四画 (4 strokes)

延　yán

六画 (6 strokes)

建	jiàn

---

33 巛

三画 (3 strokes)

巡	xún

八画 (8 strokes)

巢	cháo

---

34 工

工	gōng

二画 (2 strokes)

左	zuǒ
巧	qiǎo

三画 (3 strokes)

巩	gǒng
式	shì

四画 (4 strokes)

攻	gōng

六画 (6 strokes)

差	chā; chà; chāi
项	xiàng

九画 (9 strokes)

(項)	xiàng

---

35 土

土	tǔ

三画 (3 strokes)

寺	sì
地	de; dì
场	chǎng
在	zài
至	zhì

四画 (4 strokes)

坏	huài
坟	fén
块	kuài
坚	jiān
坐	zuò
社	shè
坛	tán

五画 (5 strokes)

垃	lā
坡	pō
坦	tǎn
幸	xìng

六画 (6 strokes)

型	xíng
城	chéng
垫	diàn
垮	kuǎ

七画 (7 strokes)

埋	mái; mán

八画 (8 strokes)

域	yù
堵	dǔ
堆	duī
堕	duò
培	péi
基	jī
堂	táng
(堅)	jiān
(執)	zhí

九画 (9 strokes)

堤	dī
塔	tǎ
(報)	bào
(場)	chǎng

十画 (10 strokes)

墓	mù
塑	sù
塌	tā
填	tián
(塊)	kuài
(塗)	tú

十一画 (11 strokes)

墙	qiáng
(塵)	chén
(墊)	diàn

十二画 (12 strokes)

增	zēng
墨	mò

十三画 (13 strokes)

(壇)	tán
(墳)	fén

十四画 (14 strokes)

(獄)	yuè
(壓)	yā

十五画 (15 strokes)

(墮)	duò

十六画 (16 strokes)

(壞)	huài

---

36 土

四画 (4 strokes)

壳	ké
声	shēng

七画 (7 strokes)

壶	hú

九画 (9 strokes)

喜	xǐ
壹	yī
(壺)	hú

十画 (10 strokes)

鼓	gǔ

十一画 (11 strokes)

(壽)	shòu
(臺)	tái

---

37 扌

一画 (1 stroke)

扎	zhā

二画 (2 strokes)

打	dá; dǎ
扑	pū
扔	rēng

三画 (3 strokes)

扛	káng
扣	kòu
执	zhí
扩	kuò
扫	sǎo; sào
托	tuō

四画 (4 strokes)

把	bǎ
扮	bàn
报	bào

抄	chāo	抽	chōu	挂	guà
扯	chě	押	yā	挥	huī
抖	dǒu	拎	līn	挤	jǐ
扶	fú	拥	yōng	拷	kǎo
护	hù	担	dān; dàn	括	kuò
技	jì	抵	dǐ	拼	pīn
拒	jù	拐	guǎi	拾	shí
抗	kàng	拣	jiǎn	挑	tiāo; tiǎo
扭	niǔ	拉	lā	指	zhǐ
抛	pāo	拦	lán	挣	zhèng
找	zhǎo	抹	mā; mǒ	挺	tǐng
批	pī	拧	níng	挖	wā
扰	rǎo	拍	pāi		
抢	qiǎng	披	pī	七画 (7 strokes)	
抑	yì	抬	tái		
折	shé; zhē;	拇	mǔ	捣	dǎo
	zhé	拖	tuō	挨	āi; ái
抓	zhuā	拓	tuò	捌	bā
投	tóu	(拐)	guǎi	捕	bǔ
		(抛)	pāo	振	zhèn
五画 (5 strokes)				捉	zhuō
		六画 (6 strokes)		挫	cuò
招	zhāo			捣	dǎo
拔	bá	挪	nuó	换	huàn
拌	bàn	按	àn	捡	jiǎn
抱	bào	持	chí	捆	kǔn
拨	bō	挡	dǎng	捞	lāo
拆	chāi				

| 损 | sǔn |
| 挽 | wǎn |

八画 (8 strokes)

措	cuò
掺	chān
捶	chuí
掸	dǎn
掉	diào
掂	diān
接	jiē
捷	jié
据	jù
控	kòng
描	miáo
排	pái
捧	pěng
探	tàn
掏	tāo
推	tuī
掀	xiān
(採)	cǎi
(掃)	sǎo; sào
(掙)	zhèng
(掛)	guà
(捲)	juǎn

九画 (9 strokes)

搜	sōu
援	yuán
搓	cuō
搀	chān
提	dī; tí
搁	gē
搭	dā
插	chā
搂	lǒu
搅	jiǎo
揉	róu
握	wò
(揹)	bēi; bèi
(換)	huàn
(揮)	huī
(揀)	jiǎn

十画 (10 strokes)

摇	yáo
摆	bǎi
搬	bān
搞	gǎo
摸	mō
摄	shè
摊	tān

携	xié
(搶)	qiǎng
(損)	sǔn
(搖)	yáo
(搗)	dǎo

十一画 (11 strokes)

摘	zhāi
摔	shuāi
(摻)	chān
(摟)	lǒu

十二画 (12 strokes)

播	bō
撞	zhuàng
撤	chè
撑	chēng
撮	cuō
撒	sā; sǎ
撕	sī
(撥)	bō
(撐)	chēng
(撣)	dǎn
(撈)	lāo
(撲)	pū

十三画 (13 strokes)

操	cāo
擅	shàn
(挡)	dǎng
(捡)	jiǎn
(担)	dān; dàn
(据)	jù
(拥)	yōng

十四画 (14 strokes)

擦	cā
(搁)	gē
(拧)	níng

十五画 (15 strokes)

(摆)	bǎi
(挤)	jǐ
(扩)	kuò
(扰)	rǎo

十六画 (16 strokes)

| 攒 | zǎn |

十七画 (17 strokes)

(搀)	chān
(摄)	shè
(拦)	lán

十八画 (18 strokes)

| (携) | xié |

十九画 (19 strokes)

| (摊) | tān |
| (攒) | zǎn |

二十画 (20 strokes)

| (搅) | jiǎo |

---

38 艹

一画 (1 stroke)

| 艺 | yì |

二画 (2 strokes)

| 艾 | ài |
| 节 | jié |

三画 (3 strokes)

| 芝 | zhī |

四画 (4 strokes)

芭	bā
苍	cāng
花	huā

| 苏 | sū |
| 芽 | yá |

五画 (5 strokes)

茉	mò
苦	kǔ
茂	mào
苹	píng
苗	miáo
英	yīng
范	fàn

六画 (6 strokes)

荤	hūn
草	cǎo
茶	chá
荒	huāng
荣	róng
荫	yìn
荔	lì
药	yào

七画 (7 strokes)

莲	lián
获	huò
(庄)	zhuāng

八画 (8 strokes)

著	zhù
萝	luó
菜	cài
菠	bō
萤	yíng
营	yíng
(華)	huá
(著)	zháo

九画 (9 strokes)

葱	cōng
董	dǒng
葵	kuí
葡	pú
落	là; luò
(葷)	hūn
(葉)	yè
(萬)	wàn

十画 (10 strokes)

蒜	suàn
蓝	lán
蒙	mēng; méng; Měng

蒸	zhēng
(蒼)	cāng
(蓋)	gài

十一画 (11 strokes)

蔫	niān
(蓮)	lián
(蔥)	cōng
(蔭)	yìn

十二画 (12 strokes)

蔬	shū

十三画 (13 strokes)

薯	shǔ
薪	xīn
薄	báo
(薑)	jiāng

十四画 (14 strokes)

藏	cáng
(藍)	lán
(薰)	xūn

十五画 (15 strokes)

藕	ǒu
藤	téng

(藥)	yào
(藝)	yì

十六画 (16 strokes)

蘑	mó
(蘋)	píng
(蘇)	sū

十九画 (19 strokes)

(蘿)	luó

---

39 寸

寸	cùn

三画 (3 strokes)

寻	xún
导	dǎo

四画 (4 strokes)

寿	shòu

六画 (6 strokes)

封	fēng
耐	nài

七画 (7 strokes)

射　shè

八画 (8 strokes)

（將）jiāng
（專）zhuān

九画 (9 strokes)

尊　zūn
（尋）xún

十一画 (11 strokes)

（對）duì

十三画 (13 strokes)

（導）dǎo

---

40 廾 (underneath
(在下边))

三画 (3 strokes)

异　yì

四画 (4 strokes)

弄　nòng

---

41 大

大　dà; dài

一画 (1 stroke)

太　tài

三画 (3 strokes)

夸　kuā
夺　duó
夹　jiā
尖　jiān
（夾）jiā

五画 (5 strokes)

奉　fèng
奇　qí
奋　fèn
态　tài

六画 (6 strokes)

牵　qiān
美　měi
奖　jiǎng

七画 (7 strokes)

套　tào

八画 (8 strokes)

奢　shē

九画 (9 strokes)

奥　ào

十画 (10 strokes)

（奥）ào
（態）tài

十一画 (11 strokes)

（奪）duó

十三画 (13 strokes)

（奮）fèn

---

42 尢

一画 (1 stroke)

尤　yóu

二画 (2 strokes)

龙　lóng

43 小(⺌)	
小	xiǎo

一画 (1 stroke)

| 少 | shǎo; shào |

三画 (3 strokes)

| 尘 | chén |
| 当 | dāng; dàng |

六画 (6 strokes)

| 省 | shěng |
| 尝 | cháng |

八画 (8 strokes)

| 常 | cháng |

九画 (9 strokes)

| 掌 | zhǎng |

44 口	
口	kǒu

二画 (2 strokes)

叨	dāo
叼	diāo
叮	dīng
号	hào
叫	jiào
另	lìng
右	yòu
叶	yè
叹	tàn

三画 (3 strokes)

吊	diào
吐	tǔ; tù
吓	xià
吃	chī
吸	xī
吗	ma
各	gè
名	míng

四画 (4 strokes)

吧	ba
吵	chǎo
员	yuán
吹	chuī

呆	dāi
吨	dūn
否	fǒu
告	gào
吝	lìn
呕	ǒu
呀	yā
启	qǐ
吩	fēn
听	tīng
吞	tūn
吻	wěn

五画 (5 strokes)

味	wèi
哎	āi
呼	hū
咖	gā; kā
和	hé
呢	ne; ní

六画 (6 strokes)

哆	duō
哈	hā
咳	ké
哪	nǎ
哟	yō

品	pǐn
咽	yān; yàn
咱	zán
虽	suī
咸	xián
哑	yǎ
响	xiǎng
咨	zī
咬	yǎo

七画 (7 strokes)

啊	ā
唇	chún
哼	hēng
唤	huàn
哭	kū
哦	ó; ò
哨	shào
哲	zhé
哮	xiào
(員)	yuán

八画 (8 strokes)

唱	chàng
啦	la
啤	pí
售	shòu

唾	tuò
(唸)	niàn
(喲)	yō
(啞)	yǎ

九画 (9 strokes)

喊	hǎn
喧	xuān
喝	hē
喉	hóu
喇	lǎ
喷	pēn
善	shàn
喂	wèi
(喚)	huàn
(單)	dān
(喪)	sāng; sàng

十画 (10 strokes)

嗝	gé
嗓	sǎng
嗜	shì
(嗎)	ma

十一画 (11 strokes)

嘛	ma

(嘗)	cháng
(嘆)	tàn

十二画 (12 strokes)

嘲	cháo
噎	yē
(嘔)	ǒu

十三画 (13 strokes)

嘴	zuǐ
器	qì
噪	zào
(噸)	dūn

十四画 (14 strokes)

(嚇)	xià

十六画 (16 strokes)

(嚥)	yàn

十七画 (17 strokes)

嚷	rǎng
(嚴)	yán

45 囗	

二画 (2 strokes)

四　sì

三画 (3 strokes)

因　yīn
回　huí
团　tuán

四画 (4 strokes)

园　yuán
围　wéi
困　kùn

五画 (5 strokes)

固　gù
国　guó
图　tú

七画 (7 strokes)

圆　yuán

八画 (8 strokes)

圈　quān
(國)　guó

九画 (9 strokes)

(圍)　wéi

十画 (10 strokes)

(圓)　yuán
(圖)　yuán

十一画 (11 strokes)

(圖)　tú
(團)　tuán

---

46 巾	

一画 (1 stroke)

币　bì

二画 (2 strokes)

布　bù
帅　shuài

四画 (4 strokes)

帐　zhàng
希　xī

五画 (5 strokes)

帘　lián

六画 (6 strokes)

帮　bāng
带　dài
(帥)　shuài

七画 (7 strokes)

(師)　shī

八画 (8 strokes)

(帶)　dài
(帳)　zhàng

九画 (9 strokes)

幅　fú
帽　mào
幂　mì

十画 (10 strokes)

幕　mù

十一画 (11 strokes)

(幫)　bāng
(幣)　bì

十四画 (14 strokes)

(冪)　mì

| **47** 山 |

山　shān

三画 (3 strokes)

岁　suì

四画 (4 strokes)

岛　dǎo

五画 (5 strokes)

岸　àn
岳　yuè
岩　yán

六画 (6 strokes)

炭　tàn
峡　xiá

七画 (7 strokes)

（峽）xiá
（島）dǎo

八画 (8 strokes)

崇　chóng
崭　zhǎn
崖　yá

十一画 (11 strokes)

（嶄）zhǎn

十九画 (19 strokes)

（巖）yán

| **48** 彳 |

三画 (3 strokes)

行　háng;
　　xíng

四画 (4 strokes)

彻　chè

五画 (5 strokes)

征　zhēng
往　wǎng
彼　bǐ

六画 (6 strokes)

待　dāi; dài
律　lù
很　hěn
（後）hòu

七画 (7 strokes)

徒　tú

八画 (8 strokes)

得　dé; de;
　　děi
（從）cóng

九画 (9 strokes)

循　xún
街　jiē

十画 (10 strokes)

微　wēi

十一画 (11 strokes)

（徹）chè

十二画 (12 strokes)

德　dé

| **49** 彡 |

四画 (4 strokes)

形　xíng

六画 (6 strokes)

须　xū

八画 (8 strokes)

彩　cǎi
(彫)　diāo

十二画 (12 strokes)

影　yǐng

---

50 犭

二画 (2 strokes)

犯　fàn

四画 (4 strokes)

狂　kuáng
犹　yóu

五画 (5 strokes)

狐　hú
狗　gǒu

六画 (6 strokes)

狭　xiá
狮　shī

独　dú
狱　yù

七画 (7 strokes)

狼　láng
(狹)　xiá

八画 (8 strokes)

猜　cāi
猪　zhū
猎　liè
猫　māo
猛　měng
猕　mí

九画 (9 strokes)

猩　xīng
猴　hóu
(猶)　yóu

十画 (10 strokes)

猿　yuán
(獅)　shī

十三画 (13 strokes)

獭　tǎ
(獨)　dú

十五画 (15 strokes)

(獵)　liè

十六画 (16 strokes)

(獺)　tǎ

十七画 (17 strokes)

(獼)　mí

---

51 夕

夕　xī

三画 (3 strokes)

多　duō

八画 (8 strokes)

梦　mèng
(夠)　gòu

十一画 (11 strokes)

(夥)　huǒ
(夢)　mèng

52 夂		五画 (5 strokes)		十一画 (11 strokes)	

52 夂

二画 (2 strokes)

处　chǔ; chù
冬　dōng

四画 (4 strokes)

麦　mài
条　tiáo

五画 (5 strokes)

备　bèi

七画 (7 strokes)

夏　xià

53 饣(食)

二画 (2 strokes)

饥　jī
(飢)　jī

四画 (4 strokes)

饮　yǐn
饭　fàn
(飯)　fàn
(飲)　yǐn

五画 (5 strokes)

饱　bǎo
(飽)　bǎo
饰　shì
饲　sì
(飾)　shì

六画 (6 strokes)

饺　jiǎo
饼　bǐng
(餅)　bǐng
(餃)　jiǎo

七画 (7 strokes)

饿　è
(餓)　è
(餘)　yú

八画 (8 strokes)

馄　hún
馅　xiàn
(餛)　hún
(餡)　xiàn

九画 (9 strokes)

馋　chán
(餵)　wèi

十一画 (11 strokes)

馒　mán
(饅)　mán

十七画 (17 strokes)

(饞)　chán

54 丬(爿)

四画 (4 strokes)

状　zhuàng

六画 (6 strokes)

将　jiāng

十三画 (13 strokes)

(牆)　qiáng

55 广

广　guǎng

三画 (3 strokes)

庄　zhuāng
庆　qìng

四画 (4 strokes)

床　chuáng
应　yīng; yìng

五画 (5 strokes)

店　diàn
庙　miào
底　dǐ
废　fèi

六画 (6 strokes)

度　dù
庭　tíng

七画 (7 strokes)

席　xí
座　zuò

八画 (8 strokes)

康　kāng
廊　láng
庸　yōng
(廁)　cè

十画 (10 strokes)

(廈)　shà

十一画 (11 strokes)

腐　fǔ

十二画 (12 strokes)

(廠)　chǎng
(廚)　chú
(廢)　fèi
(廣)　guǎng
(廟)　miào

十五画 (15 strokes)

鹰　yīng

二十二画
(22 strokes)

(廳)　tīng

56　忄 ()

一画 (1 stroke)

忆　yì

三画 (3 strokes)

忙　máng

四画 (4 strokes)

怀　huái
忧　yōu
快　kuài

五画 (5 strokes)

性　xìng
怕　pà
怪　guài

六画 (6 strokes)

恭　gōng
恢　huī
恰　qià
恨　hèn

七画 (7 strokes)

悄　qiāo;
　　qiǎo

八画 (8 strokes)

惭　cán
惨　cǎn
悼　dào
惦　diàn
惯　guàn

惊　　jīng
情　　qíng
惟　　wéi

九画 (9 strokes)

愤　　fèn
慌　　huāng
愉　　yú

十画 (10 strokes)

慎　　shèn
(慄)　lì

十一画 (11 strokes)

慷　　kāng
慢　　màn
(慚)　cán
(慘)　cǎn
(慣)　guàn

十二画 (12 strokes)

懂　　dǒng
懊　　ào
(憤)　fèn

十三画 (13 strokes)

懒　　lǎn

十六画 (16 strokes)

(懷)　huái
(懶)　lǎn

---

57 门 (門)

门　　mén
(門)　mén

二画 (2 strokes)

闪　　shǎn
(閃)　shǎn

三画 (3 strokes)

闯　　chuǎng
问　　wèn

四画 (4 strokes)

闲　　xián
间　　jiān
闷　　mēn; mèn
(間)　jiān
(問)　wèn
(閒)　xián
(開)　kāi

五画 (5 strokes)

闹　　nào

六画 (6 strokes)

闻　　wén
(聞)　wén
(閤)　hé

七画 (7 strokes)

阅　　yuè
(閱)　yuè

九画 (9 strokes)

阔　　kuò
(闊)　kuò

十画 (10 strokes)

(闖)　chuǎng

十一画 (11 strokes)

(關)　guān

---

58 氵

二画 (2 strokes)

汉　　hàn
汇　　huì

三画 (3 strokes)

池	chí
汗	hàn
污	wū
江	jiāng
汤	tāng

四画 (4 strokes)

沟	gōu
沙	shā
汽	qì
没	méi; mò
沉	chén
(决)	jué
(没)	méi; mò

五画 (5 strokes)

沫	mò
浅	qiǎn
法	fǎ
泄	xiè
河	hé
泪	lèi
油	yóu
沿	yán
泡	pào

注	zhù
泳	yǒng
泥	ní
波	bō
治	zhì
(况)	kuàng

六画 (6 strokes)

测	cè
洞	dòng
洪	hóng
浑	hún
活	huó
派	pài
洋	yáng
浓	nóng
洒	sǎ
洗	xǐ
(洩)	xiè

七画 (7 strokes)

浮	fú
海	hǎi
浪	làng
浴	yù
流	liú
酒	jiǔ

涩	sè
涉	shè
涂	tú
消	xiāo
涨	zhǎng

八画 (8 strokes)

渔	yú
淡	dàn
混	hùn
渐	jiàn
淋	lín
淹	yān
清	qīng
渠	qú
渔	yú
液	yè
深	shēn
渗	shèn
淘	táo
添	tiān
(淚)	lèi
(淺)	qiǎn
(涼)	liáng; liàng

九画 (9 strokes)

游	yóu
渡	dù
港	gǎng
滑	huá
渴	kě
湖	hú
湿	shī
湾	wān
温	wēn
(測)	cè
(渾)	hún
(湯)	tāng
(湊)	còu
(減)	jiǎn

十画 (10 strokes)

满	mǎn
源	yuán
溪	xī
溜	liū
滚	gǔn
(溝)	gōu
(溫)	wēn
(滅)	miè

十一画 (11 strokes)

滴	dī
演	yǎn
漏	lòu
漫	màn
漂	piāo;
	piào
漱	shù
(漢)	hàn
(滲)	shèn
(滾)	gǔn
(漸)	jiàn
(滿)	mǎn
(滷)	lǔ
(漲)	zhǎng
(漁)	yú

十二画 (12 strokes)

潮	cháo
澳	ào

十三画 (13 strokes)

激	jī
(濃)	nóng

十四画 (14 strokes)

(濕)	shī
(澀)	sè

十七画 (17 strokes)

灌	guàn

十九画 (19 strokes)

(灑)	sǎ

二十二画 (22 strokes)

(灣)	wān

---

59 宀

二画 (2 strokes)

宁	níng; nìng
它	tā

三画 (3 strokes)

宇	yǔ
字	zì
安	ān
守	shǒu

四画 (4 strokes)

完 wán
灾 zāi

五画 (5 strokes)

审 shěn
宗 zōng
宝 bǎo
定 dìng
宠 chǒng
官 guān
审 shěn
实 shí

六画 (6 strokes)

宣 xuān
室 shì
宫 gōng
宪 xiàn
客 kè

七画 (7 strokes)

宴 yàn
害 hài
宽 kuān
家 jiā

宵 xiāo
宾 bīn
(宮) gōng

八画 (8 strokes)

寄 jì
宿 sù
密 mì

九画 (9 strokes)

寓 yù
富 fù

十画 (10 strokes)

塞 sāi; sài

十一画 (11 strokes)

察 chá
赛 sài
蜜 mì
(寧) níng; nìng
(實) shí

十二画 (12 strokes)

(寬) kuān
(寫) xiě
(審) shěn

十六画 (16 strokes)

(寵) chǒng

十七画 (17 strokes)

(寶) bǎo

---

60 辶

二画 (2 strokes)

边 biān

三画 (3 strokes)

迅 xùn
达 dá
迈 mài
过 guò

四画 (4 strokes)

迎 yíng
远 yuǎn
运 yùn
这 zhè
进 jìn
违 wéi
还 hái; huán
连 lián

近 jìn	逝 shì	遛 liù
返 fǎn	速 sù	(遙) yáo
迟 chí	通 tōng	(遞) dì
	透 tòu	(遠) yuǎn
五画 (5 strokes)	途 tú	
迪 dí	(連) lián	**十一画 (11 strokes)**
迫 pò	(這) zhè	遭 zāo
述 shù		(適) shì
	八画 (8 strokes)	
六画 (6 strokes)	逮 dǎi; dài	**十二画 (12 strokes)**
选 xuǎn	逻 luó	遵 zūn
追 zhuī	(進) jìn	(遲) chí
送 sòng		(遺) yí
适 shì	**九画 (9 strokes)**	(選) xuǎn
逃 táo	遗 yí	
迷 mí	遇 yù	**十三画 (13 strokes)**
退 tuì	逼 bī	邀 yāo
(迴) huí	道 dào	避 bì
	遍 biàn	(邁) mài
七画 (7 strokes)	(過) guò	(還) huán
造 zào	(運) yùn	
逐 zhú	(達) dá	**十五画 (15 strokes)**
逞 chěng	(遊) yóu	(邊) biān
递 dì	(違) wéi	
逗 dòu		**十九画 (19 strokes)**
逢 féng	**十画 (10 strokes)**	(邏) luó
逛 guàng	遥 yáo	

61 彐 ( )

二画 (2 strokes)

归　guī

四画 (4 strokes)

灵　líng

五画 (5 strokes)

录　lù

62 尸

尸　shī

一画 (1 stroke)

尺　chǐ

三画 (3 strokes)

尽　jǐn; jìn

四画 (4 strokes)

层　céng
尿　niào; suī
屁　pì
尾　wěi
局　jú

五画 (5 strokes)

届　jiè
居　jū
(届)　jiè

六画 (6 strokes)

屋　wū
屎　shǐ
(屍)　shī

八画 (8 strokes)

屠　tú

九画 (9 strokes)

犀　xī
属　shǔ

十二画 (12 strokes)

(層)　céng

十八画 (18 strokes)

(屬)　shǔ

63 己 (巳)

己　jǐ
已　yǐ

64 弓

一画 (1 stroke)

引　yǐn

四画 (4 strokes)

张　zhāng

五画 (5 strokes)

弥　mí
弦　xián

六画 (6 strokes)

弯　wān

七画 (7 strokes)

弱　ruò

八画 (8 strokes)

弹　dàn; tán
(強)　qiǎng;
　　qiǎng
(張)　zhāng

九画 (9 strokes)

强　qiáng;
　　qiǎng

十二画 (12 strokes)

（彈） dàn; tán
（彌） mí

十九画 (19 strokes)

（彎） wān

---

65 子

子　zǐ

二画 (2 strokes)

孕　yùn

三画 (3 strokes)

存　cún
孙　sūn

四画 (4 strokes)

孝　xiào

五画 (5 strokes)

孤　gū

六画 (6 strokes)

孩　hái

七画 (7 strokes)

（孫） sūn

十三画 (13 strokes)

（學） xué

---

66 女

女　nǚ

二画 (2 strokes)

奶　nǎi

三画 (3 strokes)

如　rú
妇　fù
她　tā
好　hǎo; hào
妈　mā

四画 (4 strokes)

妖　yāo
妨　fáng
妙　miào
妥　tuǒ

五画 (5 strokes)

姓　xìng
妻　qī
妹　mèi
姑　gū
姐　jiě
始　shǐ
委　wěi

六画 (6 strokes)

姨　yí
姿　zī
姜　jiāng
姥　lǎo
耍　shuǎ
威　wēi
娃　wá
（姪） zhí

七画 (7 strokes)

娱　yú
（娛） yú

八画 (8 strokes)

婴　yīng
婚　hūn

（結）jiē; jié
（統）tǒng
（絕）jué
（網）wǎng

七画 (7 strokes)

（經）jīng
绣 xiù
继 jì
（綑）kǔn

八画 (8 strokes)

综 zōng
绸 chóu
绳 shéng
维 wéi
绿 lù
（綢）chóu
（維）wéi
（綜）zōng
（綠）lù

九画 (9 strokes)

缘 yuán
编 biān
（編）biān
缎 duàn

缓 huǎn
缆 lǎn
缅 miǎn
（緩）huǎn
（緬）miǎn
（練）liàn
（線）xiàn
（緣）yuán
（緯）wěi

十画 (10 strokes)

缠 chán
缝 féng;
     fèng
（緞）duàn

十一画 (11 strokes)

缩 suō
（縫）féng;
     fèng
（縮）suō
（總）zǒng

十二画 (12 strokes)

（繞）rào
（織）zhī
（繡）xiù

十三画 (13 strokes)

（繩）shéng

十四画 (14 strokes)

（繼）jì

十五画 (15 strokes)

（纏）chán

十七画 (17 strokes)

（纖）xiān

**二十二画
(22 strokes)**

（纜）lǎn

---

68 马（馬）

马 mǎ
（馬）mǎ

三画 (3 strokes)

驯 xùn
驮 tuó
（馱）tuó
（馴）xùn

四画 (4 strokes)

驴　lú

五画 (5 strokes)

驾　jià
驼　tuó
(駕)　jià
(駝)　tuó

六画 (6 strokes)

骂　mà
骄　jiāo
骆　luò
(駱)　luò

七画 (7 strokes)

验　yàn

八画 (8 strokes)

骑　qí
(騎)　qí

九画 (9 strokes)

骗　piàn
骚　sāo
(騙)　piàn

十画 (10 strokes)

(騷)　sāo

十一画 (11 strokes)

(驕)　jiāo

十三画 (13 strokes)

(驚)　jīng
(驗)　yàn

十四画 (14 strokes)

(驢)　lú

---

69 幺

一画 (1 stroke)

幻　huàn

二画 (2 stroke)

幼　yòu

九画 (9 stroke)

(幾)　jǐ

---

70 王

王　wáng

一画 (1 stroke)

玉　yù

三画 (3 strokes)

玖　jiǔ

四画 (4 strokes)

玩　wán
环　huán
现　xiàn
玫　méi

五画 (5 strokes)

玻　bō
皇　huáng
珊　shān

六画 (6 strokes)

班　bān

七画 (7 strokes)

球　qiú
理　lǐ

望　　wàng
（现）　xiàn

八画 (8 strokes)

琴　　qín

十三画 (13 strokes)

（環）　huán

---

71 毋（母）

母　　mǔ

四画 (4 strokes)

毒　　dú

---

72 殳

五画 (5 strokes)

段　　duàn

七画 (7 strokes)

（殺）　shā

八画 (8 strokes)

（殼）　ké

九画 (9 strokes)

殿　　diàn
毁　　huǐ
（毀）　huǐ

十一画 (11 strokes)

毅　　yì

---

73 韦（韋）

八画 (8 strokes)

韩　　hán
（韓）　hán

---

74 木

木　　mù

一画 (1 stroke)

本　　běn
术　　shù

二画 (2 strokes)

杂　　zá
机　　jī
朴　　pǔ

权　　quán
杀　　shā

三画 (3 strokes)

杏　　xìng
杈　　chà
杆　　gān
材　　cái
村　　cūn
极　　jí

四画 (4 strokes)

枕　　zhěn
枝　　zhī
构　　gòu
林　　lín
杯　　bēi
柜　　guì
板　　bǎn
松　　sōng
枪　　qiāng
果　　guǒ
采　　cǎi
（東）　dōng

五画 (5 strokes)

某　　mǒu

柠	níng
标	biāo
查	chá
相	xiāng; xiàng
柳	liǔ
柿	shì
栏	lán
染	rǎn
树	shù
亲	qīn
柒	qī
架	jià
柔	róu

六画 (6 strokes)

栗	lì
样	yàng
案	àn
柴	chái
档	dàng
格	gé
根	gēn
核	hé
框	kuàng
桥	qiáo
桃	táo

校	xiào
栽	zāi

七画 (7 strokes)

检	jiǎn
梳	shū
梯	tī
桶	tǒng
梨	lí
(桿)	gān
(條)	tiáo

八画 (8 strokes)

棍	gùn
棉	mián
椰	yē
椅	yǐ
植	zhí
棒	bàng
集	jí
棵	kē
棋	qí
森	sēn
椭	tuǒ
(極)	jí

九画 (9 strokes)

概	gài
楼	lóu
(業)	yè

十画 (10 strokes)

模	mó; mú
榜	bǎng
(構)	gòu
(槍)	qiāng
(榮)	róng

十一画 (11 strokes)

樱	yīng
横	héng
橡	xiàng
(標)	biāo
(樓)	lóu
(樂)	lè; yuè
(樣)	yàng

十二画 (12 strokes)

橙	chéng
橱	chú
橘	jú
(橫)	héng

(樸) pǔ
(橋) qiáo
(樹) shù
(橢) tuǒ

十三画 (13 strokes)

(檔) dàng
(檢) jiǎn

十四画 (14 strokes)

(櫃) guì
(檸) níng

十五画 (15 strokes)

(櫥) chú

十七画 (17 strokes)

(櫻) yīng
(欄) lán

十八画 (18 strokes)

(機) jī
(權) quán

二十五画
(25 strokes)

(鬱) yù

---

75 犬

四画 (4 strokes)

(狀) zhuàng

六画 (6 strokes)

臭 chòu; xiù

九画 (9 strokes)

献 xiàn

十画 (10 strokes)

(獃) dāi

十一画 (11 strokes)

(獎) jiǎng
(獄) yù

十五画 (15 strokes)

(獸) shòu

十六画 (16 strokes)

(獻) xiàn

---

76 歹

二画 (2 strokes)

死 sǐ

五画 (5 strokes)

残 cán

十画 (10 strokes)

(殘) cán

---

77 车 (車)

车 chē; jū
(車) chē; jū

一画 (1 stroke)

轧 yà; zhá
(軋) yà

二画 (2 strokes)

轨 guǐ
(軌) guǐ

(軍) jūn

四画 (4 strokes)

转 zhuǎn;
zhuàn
轮 lún
软 ruǎn
(軟) ruǎn

五画 (5 strokes)

轻 qīng

六画 (6 strokes)

较 jiào
(較) jiào

七画 (7 strokes)

辅 fǔ
辆 liàng
(輔) fǔ
(輕) qīng

八画 (8 strokes)

辍 chuò
(輟) chuò
(輛) liàng
(輪) lún

九画 (9 strokes)

输 shū
(輸) shū

十一画 (11 strokes)

(轉) zhuǎn;
zhuàn

---

78 比

比 bǐ

二画 (2 strokes)

毕 bì

---

79 瓦

瓦 wǎ

六画 (6 strokes)

瓷 cí
瓶 píng

---

80 止

止 zhǐ

二画 (2 strokes)

此 cǐ

三画 (3 strokes)

步 bù

四画 (4 strokes)

武 wǔ
肯 kěn

九画 (9 strokes)

(歲) suì

十二画 (12 strokes)

(歷) lì

十四画 (14 strokes)

(歸) guī

81 攴	是	shì

十画 (10 strokes)

敲	qiāo

显	xiǎn
星	xīng
香	xiāng

六画 (6 strokes)

晃	huǎng;
	huàng
晕	yūn; yùn
晒	shài
晓	xiǎo
(時)	shí

82 日

日	rì

二画 (2 strokes)

早	zǎo

三画 (3 strokes)

旱	hàn
旷	kuàng
时	shí

七画 (7 strokes)

晨	chén
晚	wǎn

四画 (4 strokes)

易	yì
昏	hūn
昆	kūn
明	míng
旺	wàng

八画 (8 strokes)

暂	zàn
智	zhì
量	liáng;
	liàng
晾	liàng
景	jǐng
晴	qíng
暑	shǔ
替	tì

五画 (5 strokes)

昨	zuó
春	chūn

九画 (9 strokes)

暖	nuǎn
暗	àn
(暈)	yūn
(暈)	yùn

十画 (10 strokes)

(暢)	chàng

十一画 (11 strokes)

暴	bào
(暫)	zàn

十二画 (12 strokes)

(曉)	xiǎo

十五画 (15 strokes)

(曠)	kuàng

十九画 (19 strokes)

(曬)	shài

83 曰

五画 (5 strokes)

冒	mào

六画 (6 strokes)

（書）shū

七画 (7 strokes)

冕　miǎn

八画 (8 strokes)

最　zuì

九画 (9 strokes)

（會）huì; kuài

---

84 水

水　shuǐ

一画 (1 stroke)

永　yǒng

五画 (5 strokes)

泉　quán

---

85 贝 (貝)

贝　bèi

二画 (2 strokes)

（負）fù

三画 (3 strokes)

财　cái
（財）cái
贡　gòng
（貢）gòng

四画 (4 strokes)

责　zé
败　bài
贬　biǎn
（貶）biǎn
购　gòu
贯　guàn
货　huò
贫　pín
贪　tān
（貨）huò
（貧）pín
（貫）guàn
（責）zé
（貪）tān

五画 (5 strokes)

贴　tiē; tiě
贷　dài
贰　èr
费　fèi
贵　guì
贺　hè
贸　mào
（貸）dài
（貿）mào
（費）fèi
（貼）tiē
（貴）guì
（賀）hè
（貳）èr
（買）mǎi

六画 (6 strokes)

贿　huì
资　zī
（資）zī
（賄）huì

七画 (7 strokes)

（賓）bīn

八画 (8 strokes)

赌	dǔ
赔	péi
赏	shǎng
(賭)	dǔ
(賠)	péi
(賞)	shǎng
(賣)	mài
(賬)	zhàng
(質)	zhì

十画 (10 strokes)

赚	zhuàn
(賺)	zhuàn
(賽)	sài
(贊)	zàn
(賸)	shèng

十二画 (12 strokes)

赞	zàn
赠	zèng
(購)	gòu
(贈)	zèng

十三画 (13 strokes)

| (贏) | yíng |

---

86 见（見）

| 见 | jiàn |
| (見) | jiàn |

四画 (4 strokes)

| 规 | guī |
| (規) | guī |

五画 (5 strokes)

| 觉 | jué |

九画 (9 strokes)

| (親) | qīn |

十三画 (13 strokes)

| (覺) | jué |

十八画 (18 strokes)

| (觀) | guān |

---

87 牛（牜）

| 牛 | niú |

四画 (4 strokes)

| 牧 | mù |
| 物 | wù |

五画 (5 strokes)

| 牲 | shēng |

六画 (6 strokes)

| 特 | tè |
| 牺 | xī |

七画 (7 strokes)

| (牽) | qiān |

十六画 (16 strokes)

| (犧) | xī |

---

88 手

| 手 | shǒu |

六画 (6 strokes)

| 拳 | quán |

十一画 (11 strokes)

| 摩 | mó |

十五画 (15 strokes)

| 攀 | pān |

89 毛	
毛	máo

七画 (7 strokes)

毫	háo

八画 (8 strokes)

毯	tǎn

90 气	
气	qì

六画 (6 strokes)

氧	yǎng
(氣)	qì

91 攵	

二画 (2 strokes)

收	shōu

三画 (3 strokes)

改	gǎi

五画 (5 strokes)

政	zhèng
故	gù

六画 (6 strokes)

敌	dí
效	xiào

七画 (7 strokes)

敢	gǎn
教	jiāo; jiào
救	jiù
敏	mǐn
(敗)	bài
(啟)	qǐ
(敘)	xù

八画 (8 strokes)

敞	chǎng
散	sǎn; sàn
敬	jìng

九画 (9 strokes)

数	shǔ; shù

十一画 (11 strokes)

(敵)	dí
(數)	shǔ; shù

92 片	
片	piàn

八画 (8 strokes)

牌	pái

93 斤	
斤	jīn

四画 (4 strokes)

欣	xīn

七画 (7 strokes)

断	duàn

九画 (9 strokes)

新	xīn

十四画 (14 strokes)

(斷)	duàn

94 爪 (⺤)	

四画 (4 strokes)

| 爬 | pá |
| (爭) | zhēng |

六画 (6 strokes)

| 爱 | ài |

95 父	

| 父 | fù |

二画 (2 strokes)

| 爷 | yé |

四画 (4 strokes)

| 爸 | bà |

九画 (9 strokes)

| (爺) | yé |

96 月	

| 月 | yuè |

二画 (2 strokes)

有	yǒu
肌	jī
肋	lèi

三画 (3 strokes)

肠	cháng
肝	gān
肚	dù

四画 (4 strokes)

育	yù
肮	āng
肥	féi
肺	fèi
服	fú; fù
股	gǔ
肩	jiān
朋	péng
肾	shèn
肿	zhǒng

五画 (5 strokes)

背	bēi; bèi
胆	dǎn
胡	hú

脉	mài
胖	pàng
胜	shèng
胎	tāi
胃	wèi

六画 (6 strokes)

脑	nǎo
胸	xiōng
脏	zāng; zàng
脆	cuì
胳	gē
胶	jiāo
胯	kuà
朗	lǎng
(脈)	mài

七画 (7 strokes)

脚	jiǎo
脖	bó
脸	liǎn
脱	tuō
(脫)	tuō
(脣)	chún

100 方	一画 (1 stroke)	烧 shāo
方 fāng	灭 miè	烫 tàng
		(煩) fán

四画 (4 strokes)

	二画 (2 strokes)	八画 (8 strokes)
放 fàng	灰 huī	焰 yàn
房 fáng	灯 dēng	
(於) yú		九画 (9 strokes)

五画 (5 strokes)

	三画 (3 strokes)	煤 méi
施 shī	灿 càn	(煙) yān
	(災) zāi	

六画 (6 strokes)

	四画 (4 strokes)	十画 (10 strokes)
旅 lǚ	炎 yán	熄 xī
	炒 chǎo	

七画 (7 strokes)

	炊 chuī	十一画 (11 strokes)
旋 xuán;	炖 dùn	熨 yùn
xuàn	炉 lú	(燦) càn
		(燉) dùn

十画 (10 strokes)

	五画 (5 strokes)	十二画 (12 strokes)
旗 qí	烂 làn	燃 rán
	炮 pào	(燒) shāo
		(燈) dēng
101 火	六画 (6 strokes)	(燙) tàng
	烟 yān	
火 huǒ	烤 kǎo	十三画 (13 strokes)
	烦 fán	(營) yíng

十五画 (15 strokes)

爆　bào

十六画 (16 strokes)

（爐）　lú

十七画 (17 strokes)

（爛）　làn

---

102 斗

斗　dǒu; dòu

六画 (6 strokes)

料　liào

七画 (7 strokes)

斜　xié

---

103 灬

五画 (5 strokes)

点　diǎn
（為）　wèi; wéi

六画 (6 strokes)

烈　liè
热　rè
（烏）　wū

八画 (8 strokes)

煮　zhǔ
焦　jiāo
然　rán
（無）　wú

九画 (9 strokes)

照　zhào

十画 (10 strokes)

熊　xióng; xūn
熬　áo

十一画 (11 strokes)

熟　shú
（熱）　rè

十二画 (12 strokes)

燕　yàn

---

104 户 (戶)

户　hù
（戶）　hù

四画 (4 strokes)

所　suǒ

五画 (5 strokes)

扁　biǎn

六画 (6 strokes)

扇　shān; shàn

---

105 礻

一画 (1 stroke)

礼　lǐ

四画 (4 strokes)

视　shì

五画 (5 strokes)

祝　zhù
祖　zǔ
神　shén
（祕）　mì

七画 (7 strokes)

祸	huò
(视)	shì
(裡)	lǐ

九画 (9 strokes)

福	fú
(祸)	huò

十二画 (12 strokes)

(礼)	lǐ

---

106 心

心	xīn

一画 (1 stroke)

必	bì

三画 (3 strokes)

忘	wàng
忍	rěn

四画 (4 strokes)

念	niàn
忽	hū

五画 (5 strokes)

怒	nù
总	zǒng
急	jí
思	sī

六画 (6 strokes)

恐	kǒng
恶	ě; è
恋	liàn
(耻)	chǐ

七画 (7 strokes)

您	nín
悬	xuán
悠	yōu
患	huàn

八画 (8 strokes)

悲	bēi
惩	chéng
惹	rě
(闷)	mēn; mèn
(恶)	è

九画 (9 strokes)

意	yì
愚	yú
慈	cí
愁	chóu
想	xiǎng
感	gǎn
(爱)	ài

十画 (10 strokes)

愿	yuàn

十一画 (11 strokes)

(庆)	qìng
(凭)	píng
(欲)	yù
(忧)	yōu

十二画 (12 strokes)

(宪)	xiàn

十三画 (13 strokes)

(应)	yīng; yìng

十五画 (15 strokes)

(惩)	chéng
(恋)	liàn

九画 (9 strokes)

磁　cí
碟　dié
碳　tàn
(碩)　shuò

十画 (10 strokes)

磅　bàng
磕　kē
(碼)　mǎ
(確)　què

十一画 (11 strokes)

磨　mó; mò
(磚)　zhuān

十五画 (15 strokes)

(礦)　kuàng

---

112 龙

六画 (6 strokes)

聋　lóng
袭　xí

---

113 目

目　mù

二画 (2 strokes)

盯　dīng

三画 (3 strokes)

盲　máng

四画 (4 strokes)

看　kān; kàn
眉　méi
盼　pàn

五画 (5 strokes)

眠　mián

六画 (6 strokes)

眼　yǎn
睁　zhēng
眶　kuàng

八画 (8 strokes)

睦　mù
瞄　miáo

睡　shuì
(睜)　zhēng

九画 (9 strokes)

瞅　chǒu

十画 (10 strokes)

瞒　mán
瞎　xiā

十一画 (11 strokes)

(瞞)　mán

十二画 (12 strokes)

瞪　dèng
瞧　qiáo

十四画 (14 strokes)

(矇)　mēng

十六画 (16 strokes)

(矓)　lóng

---

114 田

二十一画

(21 strokes)

田　tián

三画 (3 strokes)

畅　chàng

四画 (4 strokes)

界　jiè

五画 (5 strokes)

畜　chù; xù
留　liú

六画 (6 strokes)

略　lè; lüè
累　lěi; lèi
(畢)　bì
(異)　yì

七画 (7 strokes)

番　fān
(畫)　huà

八画 (8 strokes)

(當)　dāng;
　　　dàng

---

115 ⺲

四画 (4 strokes)

罚　fá

八画 (8 strokes)

罪　zuì

十画 (10 strokes)

(罵)　mà

---

116 皿

三画 (3 strokes)

盂　yú

四画 (4 strokes)

盆　pén

五画 (5 strokes)

盐　yán
盎　àng
监　jiān

六画 (6 strokes)

盛　chéng;

---

　　　shèng
盗　dào
盔　kuī
盘　pán
盖　gài

七画 (7 strokes)

(盜)　dào

八画 (8 strokes)

(蓋)　zhǎn

九画 (9 strokes)

(監)　jiān
(盡)　jìn

十画 (10 strokes)

(盤)　pán

---

117 ⻐ (金)

二画 (2 strokes)

针　zhēn
钉　dīng
(釘)　dīng
(針)　zhēn

三画 (3 strokes)

| 钓 | diào |
| (釣) | diào |

四画 (4 strokes)

钥	yào
钟	zhōng
钝	dùn
钙	gài
钞	chāo
钢	gāng
钩	gōu
(鈔)	chāo
(鈍)	dùn
(鈣)	gài

五画 (5 strokes)

钻	zuān; zuàn
钱	qián
铁	tiě
铃	líng
铅	qiān
(鈎)	gōu
(鈴)	líng
(鉛)	qiān
(鉅)	jù

六画 (6 strokes)

银	yín
铲	chǎn
铝	lǚ
铜	tóng
(銅)	tóng
(銀)	yín

七画 (7 strokes)

铺	pū; pù
销	xiāo
锁	suǒ
锅	guō
锋	fēng
锈	xiù
(鋒)	fēng
(鋁)	lǚ
(鋪)	pù
(銷)	xiāo

八画 (8 strokes)

锤	chuí
错	cuò
键	jiàn
锯	jù
锚	máo
(錶)	biǎo

(錘)	chuí
(錯)	cuò
(鋼)	gāng
(鋸)	jù
(錢)	qián
(錄)	lù

九画 (9 strokes)

锻	duàn
(鍛)	duàn
(鍋)	guō
(錨)	máo
(鍵)	jiàn

十画 (10 strokes)

镇	zhèn
镑	bàng
(鎊)	bàng
镍	niè
(鎮)	zhèn

十一画 (11 strokes)

镜	jìng
(鏟)	chǎn
(鎖)	suǒ
(鏡)	jìng

十二画 (12 strokes)

(鋪) pū
(鐘) zhōng
(鏽) xiù

十三画 (13 strokes)

(鐵) tiě

十七画 (17 strokes)

(鑰) yào

十八画 (18 strokes)

(鑷) niè

十九画 (19 strokes)

(鑽) zuān;
　　 zuàn

---

118 矢

三画 (3 strokes)

知　zhī

七画 (7 strokes)

短　duǎn

八画 (8 strokes)

矮　ǎi

---

119 禾

二画 (2 strokes)

秀　xiù
私　sī
秃　tū
(禿) tū

三画 (3 strokes)

季　jì

四画 (4 strokes)

种　zhǒng;
　　 zhòng
秒　miǎo
秋　qiū
科　kē

五画 (5 strokes)

秩　zhì
租　zū
称　chèn;
　　 chēng

秤　chèng
积　jī
秘　mì

六画 (6 strokes)

移　yí

七画 (7 strokes)

程　chéng
稍　shāo;
　　 shào
税　shuì
稀　xī
(稅) shuì

八画 (8 strokes)

稠　chóu

九画 (9 strokes)

稳　wěn
(稱) chèn;
　　 chēng
(種) zhǒng;
　　 zhòng

十一画 (11 strokes)

穆 mù
(積) jī

十二画 (12 strokes)

黏 nián

十四画 (14 strokes)

(穩) wěn
(穫) huò

---

120 白

白 bái

三画 (3 strokes)

的 de; dí; dì

---

121 瓜

十画 (10 strokes)

瓜 guā

十四画 (14 strokes)

瓣 bàn

---

122 鸟(鳥)

十七画 (17 strokes)

鸟 niǎo
(鳥) niǎo

四画 (4 strokes)

鸦 yā
(鴉) yā

五画 (5 stroke)

鸭 yā
鸳 yuān
鸵 tuó
(鴕) tuó
(鴨) yā
(鴛) yuān

六画 (6 strokes)

鸽 gē
(鴿) gē

七画 (7 strokes)

鹅 é
(鵝) é

八画 (8 strokes)

鹌 ān
(鵪) ān

十一画 (11 strokes)

鹦 yīng

十三画 (13 strokes)

(鷹) yīng

十七画 (17 strokes)

(鸚) yīng

---

123 疒

四画 (4 strokes)

疤 bā
疮 chuāng
疯 fēng
疫 yì

五画 (5 strokes)

病 bìng
疲 pí
疼 téng

六画 (6 strokes)

痒　yǎng

七画 (7 strokes)

痤　cuó
痛　tòng

八画 (8 strokes)

痴　chī
痰　tán

九画 (9 strokes)

瘦　shòu
（瘋）fēng

十画 (10 strokes)

瘤　liú
瘫　tān
（瘡）chuāng

十一画 (11 strokes)

瘾　yǐn
瘸　qué

十二画 (12 strokes)

癌　ái

十四画 (14 strokes)

（癡）chī

十五画 (15 strokes)

（癢）yǎng

十七画 (17 strokes)

（癮）yǐn

十九画 (19 strokes)

（癱）tān

---

124 立

立　lì

四画 (4 strokes)

竖　shù

五画 (5 strokes)

站　zhàn
竞　jìng

七画 (7 strokes)

童　tóng

九画 (9 strokes)

端　duān

十五画 (15 strokes)

（競）jìng

---

125 穴

穴　xué

二画 (2 strokes)

究　jiū
穷　qióng

三画 (3 strokes)

空　kōng;
　　kòng

四画 (4 strokes)

突　tū
穿　chuān
窃　qiè

五画 (5 strokes)

容　róng

七画 (7 strokes)

窗　chuāng
窝　wō

九画 (9 strokes)

(窝)　wō

十画 (10 strokes)

(窮)　qióng

十八画 (18 strokes)

(竊)　qiè

---

126 衤

二画 (2 strokes)

补　bǔ

三画 (3 strokes)

衬　chèn

四画 (4 strokes)

袄　ǎo

五画 (5 strokes)

袖　xiù

袜　wà
被　bèi

七画 (7 strokes)

裤　kù
裙　qún
(補)　bǔ

八画 (8 strokes)

褂　guà
裸　luǒ

九画 (9 strokes)

褪　tuì
(複)　fù

十画 (10 strokes)

(褲)　kù

十三画 (13 strokes)

(襖)　ǎo

十五画 (15 strokes)

(襪)　wà

十六画 (16 strokes)

(襯)　chèn

---

127 足(⻊)

六画 (6 strokes)

蛋　dàn

---

128 皮

皮　pí

---

129 矛

矛　máo

---

130 臣

二画 (2 strokes)

(臥)　wò

十一画 (11 strokes)

(臨)　lín

---

131 自

自　zì

132 耒	九画 (9 strokes)	二画 (2 strokes)
四画 (4 strokes)	聪 cōng	顶 dǐng
耕 gēng	十一画 (11 strokes)	(頂) dǐng
	(聰) cōng	三画 (3 strokes)
133 老 (耂)	(聯) lián	顺 shùn
老 lǎo	(聲) shēng	(順) shùn
	十二画 (12 strokes)	(須) xū
134 耳	(職) zhí	四画 (4 strokes)
耳 ěr	十六画 (16 strokes)	预 yù
四画 (4 strokes)	(聽) tīng	顿 dùn
耻 chǐ		顾 gù
耽 dān	**135** 西 (覀)	顽 wán
五画 (5 strokes)	西 xī	(頑) wán
职 zhí	三画 (3 strokes)	(預) yù
聊 liáo	要 yāo; yào	(頓) dùn
六画 (6 strokes)	**136** 页 (頁)	五画 (5 strokes)
联 lián	页 yè	领 lǐng
七画 (7 strokes)	(頁) yè	(領) lǐng
(聖) shèng		七画 (7 strokes)
		频 pín
		(頻) pín
		(頭) tóu

八画 (8 strokes)

颗 kē
(顆) kē

九画 (9 strokes)

颜 yán
题 tí
额 é
(額) é
(顔) yán
(題) tí

十画 (10 strokes)

颠 diān
(類) lèi
(願) yuàn

十二画 (12 strokes)

(顧) gù

十三画 (13 strokes)

颤 chàn
(顫) chàn

十四画 (14 strokes)

(顯) xiǎn

137 虍

二画 (2 strokes)

虎 hǔ

五画 (5 strokes)

虚 xū
(處) chǔ; chù

六画 (6 strokes)

(虛) xū

七画 (7 strokes)

(號) hào

十一画 (11 strokes)

(虧) kuī

138 虫

虫 chóng

二画 (2 stroke)

虱 shī

三画 (3 strokes)

蚁 yǐ

虾 xiā
蚂 mǎ

四画 (4 strokes)

蚕 cán
蚊 wén

五画 (5 strokes)

蛇 shé

六画 (6 strokes)

蛙 wā

七画 (7 strokes)

蛾 é
蜂 fēng
蜗 wō

八画 (8 strokes)

蝇 yíng
蜘 zhī
蝉 chán
蜡 là

九画 (9 strokes)

蝙 biān
蝶 dié

蝴	hú	
蝎	xiē	
(蝦)	xiā	
(蝸)	wō	
(蝨)	shī	

十画 (10 stroke)

蟒	mǎng
(螞)	mǎ
(螢)	yíng

十一画 (11 strokes)

螺	luó
(蟬)	chán
(蟲)	chóng

十三画 (13 strokes)

蟹	xiè
(蠍)	xiē
(蠅)	yíng
(蟻)	yǐ

十五画 (15 strokes)

蠢	chǔn
(蠟)	là

十八画 (18 strokes)

(蠶)	cán

---

139 缶

三画 (3 strokes)

缸	gāng

四画 (4 strokes)

缺	quē

十七画 (17 strokes)

罐	guàn

---

140 舌

舌	shé

五画 (5 strokes)

甜	tián

七画 (7 strokes)

辞	cí

八画 (8 strokes)

舔	tiǎn

---

141 竹 (⺮)

竹	zhú

三画 (3 strokes)

竿	gān

四画 (4 strokes)

笔	bǐ
笑	xiào
笋	sǔn

五画 (5 strokes)

笨	bèn
笛	dí
笼	lóng
符	fú
第	dì

六画 (6 strokes)

策	cè
等	děng
答	dā; dá
筒	tǒng
(筆)	bǐ
(筍)	sǔn

七画 (7 strokes)

签 qiān
筷 kuài
简 jiǎn
(節) jié

八画 (8 strokes)

算 suàn
管 guǎn

九画 (9 strokes)

箭 jiàn
箱 xiāng
篇 piān
(範) fàn

十画 (10 strokes)

篮 lán

十二画 (12 strokes)

(簡) jiǎn

十三画 (13 strokes)

(簽) qiān
(簾) lián

十四画 (14 strokes)

(籃) lán

十五画 (15 strokes)

(籐) téng

十六画 (16 strokes)

(籠) lóng

---

142 臼

四画 (4 strokes)

臽 yǎo

七画 (7 strokes)

舅 jiù
與 yú
(與) yǔ; yù

九画 (9 strokes)

(輿) yú
(興) xīng; xìng

十画 (10 strokes)

(舉) jǔ

十二画 (12 strokes)

(舊) jiù

---

143 血

血 xiě; xuè

---

144 舟

四画 (4 strokes)

舱 cāng
航 háng

五画 (5 strokes)

船 chuán

六画 (6 strokes)

艇 tǐng

十画 (10 strokes)

(艙) cāng

---

145 衣

衣 yī

四画 (4 strokes)

衰　shuāi

五画 (5 strokes)

袋　dài

六画 (6 strokes)

裂　liè
装　zhuāng
裁　cái

七画 (7 strokes)

（装）zhuāng

八画 (8 strokes)

裹　guǒ
（製）zhì

十六画 (16 strokes)

（襲）xí

---

146 羊 (⺶⺷)

羊　yáng

四画 (4 strokes)

羞　xiū

六画 (6 strokes)

羡　xiàn

七画 (7 strokes)

群　qún
（義）yì
（羨）xiàn

---

147 米

米　mǐ

三画 (3 strokes)

类　lèi

四画 (4 strokes)

粉　fěn

五画 (5 strokes)

粗　cū
粒　lì

七画 (7 strokes)

粮　liáng

八画 (8 strokes)

粽　zòng
精　jīng

九画 (9 strokes)

糊　hú

十画 (10 strokes)

糙　cāo
糖　táng
糕　gāo

十一画 (11 strokes)

糟　zāo
（糧）liáng

---

148 艮 (⻖)

四画 (4 strokes)

既　jì

十一画 (11 strokes)

（艱）jiān

149 羽	八画 (8 strokes)	**153** 赤
羽 yǔ	（緊）jǐn	赤 chì

149 羽

羽　yǔ

四画 (4 strokes)

翅　chì

五画 (5 strokes)

（習）xí

十二画 (12 strokes)

翻　fān

十四画 (14 strokes)

耀　yào

---

150 糸

四画 (4 strokes)

紧　jǐn
素　sù
索　suǒ

六画 (6 strokes)

紫　zǐ
（紮）zhā
（絲）sī

八画 (8 strokes)

（緊）jǐn

十画 (10 strokes)

（縣）xiàn

十一画 (11 strokes)

繁　fán

---

151 （行）

五画 (5 strokes)

（術）shù

九画 (9 strokes)

（衝）chōng;
　　　chòng
（衛）wèi

---

152 辰

七画 (7 strokes)

（農）nóng

---

153 赤

赤　chì

---

154 走

走　zǒu

三画 (3 strokes)

赶　gǎn
起　qǐ

五画 (5 strokes)

越　yuè
趁　chèn
趋　qū
超　chāo

七画 (7 strokes)

（趕）gǎn

八画 (8 strokes)

趟　tàng
趣　qù

十画 (10 strokes)

（趨）qū

155 豆	七画 (7 strokes)	**158** 里
豆　dòu	酸　suān	里　lǐ

五画 (5 strokes)	八画 (8 strokes)	四画 (4 stroke)
登　dēng	醉　zuì	野　yě
	醋　cù	

八画 (8 strokes)	九画 (9 strokes)	十一画 (11 stroke)
豌　wān	醒　xǐng	(釐) lí
(豎) shù		

十一画 (11 strokes)	十画 (10 strokes)	**159** 足 (𧾷)
(豐) fēng	(醜) chǒu	足　zú

156 酉	十一画 (11 strokes)	四画 (4 strokes)
	(醬) jiàng	跃　yuè
三画 (3 strokes)	(醫) yī	距　jù
配　pèi		

四画 (4 strokes)	**157** 卤 (鹵)	五画 (5 strokes)
酗　xù	卤　lǔ	跌　diē
		跑　pǎo

六画 (6 strokes)	九画 (9 stroke)	六画 (6 strokes)
酬　chóu	(鹹) xián	跨　kuà
酱　jiàng		跺　duò
	十三画 (13 stroke)	跳　tiào
	(鹽) yán	跪　guì

路　lù
跟　gēn

八画 (8 strokes)

踩　cǎi
踏　tà
踢　tī

九画 (9 strokes)

踹　chuài
蹄　tí

十一画 (11 strokes)

蹦　bèng

十二画 (12 strokes)

蹭　cèng
蹬　dēng
蹲　dūn

十四画 (14 strokes)

（躍）yuè

---

160 身

身　shēn

六画 (6 strokes)

躲　duǒ

八画 (8 strokes)

躺　tǎng

---

161 采

五画 (5 strokes)

释　shì

十三画 (13 strokes)

（釋）shì

---

162 豸

三画 (3 strokes)

豹　bào
豺　chái

七画 (7 strokes)

貌　mào

九画 (9 strokes)

（貓）māo
（豬）zhū

---

163 角

角　jiǎo

六画 (6 strokes)

触　chù
解　jiě

---

164 言（言见讠）

言　yán

七画 (7 strokes)

誓　shì

十二画 (12 strokes)

警　jǐng

十三画 (13 strokes)

譬　pì
（觸）chù

十四画 (14 strokes)

（護）hù

十六画 (16 strokes)

（變）biàn

---

165 辛

辛　xīn

七画 (7 strokes)

辣　là

九画 (9 strokes)

辩　biàn
辨　biàn
（辦）bàn

十二画 (12 strokes)

（辭）cí

十四画 (14 strokes)

（辯）biàn

---

166 齿（齒）

齿　chǐ
（齒）chǐ

六画 (6 strokes)

龈　yín
（齦）yín

---

167 金

金　jīn

---

168 青

青　qīng

六画 (6 strokes)

静　jìng

八画 (8 strokes)

（靜）jìng

---

169 雨

雨　yǔ

三画 (3 strokes)

雪　xuě

四画 (4 strokes)

（雲）yún

五画 (5 strokes)

雷　léi
零　líng
雾　wù
雹　báo
（電）diàn

六画 (6 strokes)

需　xū

七画 (7 strokes)

霉　méi

九画 (9 strokes)

霜　shuāng

十一画 (11 strokes)

（霧） wù

十三画 (13 strokes)

露 lòu; lù

十六画 (16 strokes)

（靈） líng

---

170 隹

二画 (2 strokes)

（隻） zhī

四画 (4 strokes)

雄 xióng

雇 gù

六画 (6 strokes)

雌 cí

八画 (8 strokes)

雕 diāo

九画 (9 strokes)

（雖） suī

十画 (10 strokes)

（雞） jī

（雜） zá

（雙） shuāng

十一画 (11 strokes)

（離） lí

（難） nán

---

171 鱼（魚）

鱼 yú

（魚） yú

四画 (4 strokes)

鱿 yóu

（魷） yóu

六画 (6 strokes)

鲜 xiān

（鮮） xiān

七画 (7 strokes)

鲨 shā

（鯊） shā

九画 (9 strokes)

鳄 è

十二画 (12 strokes)

鳝 shàn

鳞 lín

（鱔） shàn

（鱗） lín

十六画 (16 strokes)

（鱷） è

---

172 （長）

（長） cháng;
　　　 zhǎng

173 音

音　yīn

十二画 (12 strokes)

(響)　xiǎng

---

174 革

革　gé

四画 (4 stroke)

靴　xuē

六画 (6 strokes)

鞋　xié
鞍　ān
(鞏)　gǒng

九画 (9 strokes)

鞭　biān

---

175 骨

骨　gǔ

十三画 (13 strokes)

(髒)　zāng
(體)　tǐ

---

176 鬼

鬼　guǐ

四画 (4 strokes)

魂　hún
魁　kuí

五画 (5 strokes)

魅　mèi

十一画 (11 strokes)

魔　mó

---

177 食

食　shí

六画 (6 stroke)

(養)　yǎng

七画 (7 strokes)

餐　cān

---

178 髟

五画 (5 strokes)

(髮)　fà

八画 (8 strokes)

鬈　quán
(鬆)　sōng

---

179 (門)

(鬥)　dòu

五画 (5 strokes)

(鬧)　nào

---

180 鹿

鹿　lù

181 麻	四画 (4 strokes)	**185** 鼻
麻 má	默 mò	鼻 bí
182 (麥)	五画 (5 srokes)	**186** (龍)
(麥) mài	(點) diǎn	(龍) lóng
	八画 (8 strokes)	
183 黑	(黨) dǎng	**187** (龜)
黑 hēi	**184** 鼠	(龜) guī
	鼠 shǔ	

a

衰 āi [形] (悲痛) sad
哀悼 āidào [动] mourn

挨 āi [动] 1(靠近) be next to ▷ 两个孩子挨着门坐。Liǎng gè háizi āizhe mén zuò. The two children sat by the door. 2(逐个) ▶ 挨个儿 āigèr one by one → see also/另见 ái

挨 ái [动] 1(遭受) suffer ▶ 挨饿 ái'è suffer from hunger ▶ 挨骂 áimà get told off 2(艰难度过) endure
挨打 áidǎ [动] be beaten up

癌 ái [名] (癌) cancer ▶ 癌症 áizhèng cancer

矮 ǎi [形] 1(指人) short 2(指物) low

艾 ài [名] (植) mugwort
艾滋病 àizībìng [名] AIDS

爱(愛) ài [动] 1(恋) love ▶ 爱人 àiren husband or wife, partner ▷ 我爱你。Wǒ ài nǐ. I love you. 2(喜欢) enjoy ▷ 爱上网 ài shàngwǎng enjoy surfing the net 3(容易) ▷ 她爱晕车。Tā ài yùnchē. She tends to get car sick.
爱(愛)好 àihào [动] be keen on ▷ 她有广泛的爱好。Tā yǒu guǎngfàn de àihào. She has many hobbies.
爱(愛)护(護) àihù [动] take care of
爱(愛)情 àiqíng [名] love

安 ān I [形] 1(安定) quiet ▶ 不安 bù'ān anxious 2(平安) safe ▶ 治

阿 ā [前缀] (方) ▶ 阿爸 ābà dad
阿拉伯 Ālābó [名] Arabia
阿拉伯数(數)字 Ālābó shùzì [名] Arabic numerals (pl)
阿姨 āyí [名] (指年长妇女) auntie

啊 ā [叹] oh ▶ 啊! 着火了! Ā! Zháohuǒ le! Oh! It's caught fire!

哎 āi [叹] 1(表示惊讶或不满) oh ▷ 哎! 这么贵! Āi! Zhème guì! Oh! It's so expensive! 2(表示提醒) hey ▷ 哎! 别踩了那朵花。Āi! Bié cǎile nà duǒ huā. Hey! Careful not to tread on that flower.
哎呀 āiyā [叹] oh ▶ 哎呀, 这条路真难走! Āiyā, zhè tiáo lù zhēn nán zǒu! Oh, this road is hard going!

安只'ān public order II [动]
1 (使安静) calm ▶ 安心 ānxīn
calm the nerves 2 (安装) fit ▷ 门
上安把锁 mén shang ān bǎ suǒ
fit a lock on the door

安保 ānbǎo [名] security

安定 āndìng I [形] stable II [动]
stabilize ▷ 安定局面 āndìng
júmiàn stabilize the situation

安家(傢) ānjiā [动] 1 (安置家庭)
settle 2 (结婚) get married

安检(檢) ānjiǎn [名] security check

安静(靜) ānjìng [形] 1 (无声) quiet
2 (平静) peaceful

安乐(樂)死 ānlèsǐ [名]
euthanasia

安排 ānpái [动] arrange

安全 ānquán [形] safe ▷ 注意安
全。Zhùyì ānquán. Be sure to
take care. ▷ 人身安全 rénshēn
ānquán personal safety

安全套 ānquántào [名] condom

安慰 ānwèi I [动] comfort II [形]
reassured

安心 ānxīn [动] (心情安定) stop
worrying

安装(裝) ānzhuāng [动] install

鹌(鶴) ān see below/见下文

鹌(鶴)鹑(鶉) ānchún [名] quail

鞍 ān [名] saddle ▷ 马鞍 mǎ'ān
saddle

岸 àn [名] edge ▷ 河岸 hé'àn river
bank ▶ 海岸 hǎi'àn seashore

按 àn I [动] 1 (用手压) press ▷ 按电
钮 àn diànniǔ press a button
▷ 按门铃 àn ménlíng push a

doorbell 2 (人) push ... down
3 (抑制) restrain ▷ 按不住心头怒
火 àn bùzhù xīntóu nùhuǒ be
unable to restrain one's fury
II [介] (依照) according to ▷ 按制
度办事 àn zhìdù bànshì do
things by the book

按揭 ànjiē [名] mortgage

按摩 ànmó [动] massage

按照 ànzhào [介] according to
▷ 按照课本 ànzhào kèběn
according to the textbook

案 àn [名] (案件) case ▶ 案子 ànzi
case

案件 ànjiàn [名] case

暗 àn I [形] (昏暗) dim ▷ 今晚月光
很暗。Jīnwǎn yuèguāng hěn
àn. Tonight the moon is dim.
II [副] secretly

暗号(號) ànhào [名] secret signal

暗杀(殺) ànshā [动] assassinate

暗示 ànshì [动] hint

暗自 ànzì [副] secretly

肮 āng see below/见下文

肮脏(髒) āngzāng [形] 1 (不干净)
filthy 2 (喻) (不道德) vile

盎 àng [形] (书) abundant

盎司 àngsī [量] ounce

熬 áo [动] 1 (煮) stew ▶ 熬粥 áozhōu
make porridge 2 (忍受) endure
▶ 熬夜 áoyè [动] stay up late

袄(襖) ǎo [名] coat ▶ 棉袄
mián'ǎo padded jacket

傲 ào [形] proud

傲慢 àomàn [形] arrogant

傲气(氣) àoqì [名] arrogance

奥(奧) ào [形] profound
奥(奧)林匹克运(運)动(動)
会(會) Àolínpǐkè Yùndònghuì
[名] Olympic Games (pl)

澳 ào [名] bay
澳大利亚(亞) Àodàlìyà [名]
Australia
澳门 Àomén [名] Macao

懊 ào [形] 1 (后悔) regretful
2 (恼怒) annoyed
懊悔 àohuǐ [动] regret

b

八 bā [数] eight ▶ 八月 bāyuè
August

巴 bā [名] ▶ 下巴 xiàba chin ▶ 尾
巴 wěiba tail ▶ 嘴巴 zuǐba
mouth
巴士 bāshì [名] bus
巴掌 bāzhang [名] (手掌) palm

芭 bā [名] banana
芭蕾舞 bālěiwǔ [名] ballet

疤 bā [名] scar

捌 bā [数] eight
This is the character for eight,
which is mainly used in banks,
on receipts, cheques etc.

拔 bá [动] 1 (抽出) pull ... up ▶ 拔草
bácǎo weed 2 (取下) pull ... out

▷ 拔牙 báyá pull out a tooth **3**(挑选)choose ▷ 选拔人才 xuǎnbá réncái select talented people **4**(超出)exceed ▷ 海拔 hǎibá height above sea level

把 bǎ I[动] **1**(握住)hold **2**(看守)guard II[名](把手)handle III[量] **1** ▷ 一把刀 yī bǎ dāo a knife ▷ 一把剪子 yī bǎ jiǎnzi a pair of scissors

measure word, used for objects with a handle

2 handful ▷ 一把米 yī bǎ mǐ a handful of rice

measure word, used for the quantity of something that can be held in a hand

3 ▷ 两把花 liǎng bǎ huā two bunches of flowers

measure word, used for something that can be bundled together

IV[介] ▷ 把门关好 bǎ mén guānhǎo shut the door ▷ 把作业 做完 bǎ zuòyè zuòwán finish doing one's homework ▷ 她把书 放在桌子上了。Tā bǎ shū fàngzài zhuōzi shang le. She put the book on the table.

把 bǎ is used to alter the word order of a sentence, especially when the verb is a complex one. The normal word order of Subject + Verb + Object, becomes Subject + 把 + Object + Verb. It is very commonly used when the verb implies a change of place, or when the verb is followed by certain complements. For instance, a

word-for-word translation of the sentence, 我把书放在那 儿。Wǒ bǎ shū fàngzài nàr. (I put the book there) is '1 把 book put there'.

把手 bǎshou [名] handle

把握 bǎwò I[动] grasp ▷ 把握时 机 bǎwò shíjī seize the opportunity II[名] certainty ▷ 没把握 méi bǎwò there is no certainty

爸 bà [名] father

爸爸 bàba [名] dad

吧 ba [助] **1**(在句尾表示建议)▷ 我 们回家吧。Wǒmen huíjiā ba. Let's go home. ▷ 吃吧! Chī ba! Eat! ▷ 再想想吧。Zài xiǎngxiǎng ba. Think about it again. **2**(在句尾表示对推测的肯 定)▷ 你听说了吧? Nǐ tīngshuōle ba? You may have heard about this. ▷ 他明天走吧? Tā míngtiān zǒu ba? Is he leaving tomorrow?

Adding 吧 ba at the end of a sentence forms a suggestion, e.g. 我们走吧。Wǒmen zǒu ba. (Let's go). But adding 吗 ma at the end of a sentence forms a question, e.g. 我们走 吗? Wǒmen zǒu ma? (Shall we go?).

白 bái I[形] **1**(白色)white ▶ 白糖 báitáng white sugar ▶ 白领 báilǐng white-collar **2**(明亮) bright ▶ 白天 báitiān daytime **3**(平淡)plain ▶ 白开水 báikāishuǐ boiled water ▶ 白米饭 báimǐfàn boiled rice II[副](无结果)in vain

▶白费 báifèi waste ▶白等 báiděng wait in vain

白菜 báicài [名] Chinese cabbage

白酒 báijiǔ [名] clear spirit

白人 báirén [名] white people (pl)

百 bǎi [数] hundred

百分之百 bǎi fēn zhī bǎi absolutely

百万(萬) bǎiwàn [数] million

佰 bǎi [数] hundred

This is the character for hundred which is used in banks, on receipts, cheques etc.

摆(擺) bǎi [动] 1 (放置) arrange ▶摆放 bǎifàng place 2 (摇动) wave ▶摆动 bǎidòng sway ▶她向我摆手。 Tā xiàng wǒ bǎi shǒu. She waved her hand at me.

摆(擺)设(設) bǎishè [动] furnish and decorate

败(敗) bài [动] (打败) defeat

败(敗)坏(壞) bàihuài I [动] corrupt II [形] corrupt

败(敗)仗 bàizhàng [名] defeat

拜 bài [动] (会见) pay a visit ▶拜访 bàifǎng visit

拜年 bàinián [动] pay a New Year call

拜托(託) bàituō [动] ▶拜托您给看会儿我女儿。 Bàituō nín gěi kān huìr wǒ nǚr. Would you be kind enough to look after my daughter for a while?

班 bān I [名] 1 (班级) class ▶班长 bānzhǎng class monitor 2 (交通) scheduled trip ▶班机 bānjī scheduled flight ▶末班车 mòbānchē the last bus 3 (轮班) shift ▶上班 shàngbān go to work ▶下班 xiàbān finish work ▶晚班 wǎnbān night shift 4 (军) squad II [量] ▶下一班船 xià yī bān chuán the next boat ▶错过一班飞机 cuòguò yī bān fēijī miss a flight

measure word, used for scheduled transportations

班级(級) bānjí [名] classes (pl)

搬 bān [动] 1 (移动) take ... away ▶把这些东西搬走。 Bǎ zhèxiē dōngxi bānzǒu. Take these things away. 2 (迁移) move ▶搬家 bānjiā move house

板 bǎn I [名] (片状硬物) board II [动] put on a stern expression

版 bǎn [名] edition ▶修订版 xiūdìng bǎn revised edition

办(辦) bàn [动] 1 (处理) handle ▶办事 bànshì handle affairs ▶我们该怎么办? Wǒmen gāi zěnme bàn? What should we do? 2 (创设) set ... up ▶办工厂 bàn gōngchǎng set up a factory 3 (经营) run ▶办学 bànxué run a school ▶办画展 bàn huàzhǎn stage an art exhibition

办(辦)法 bànfǎ [名] way ▶想办法 xiǎng bànfǎ find a way ▶联系办法 liánxì bànfǎ means of contact

办(辦)公 bàngōng [动] work

办(辦)理 bànlǐ [动] handle

半 bàn I [数] (二分之一) half ▷ 半价 bànjià half price ▷ 半年 bàn nián half a year II [名] (在中间) middle ▷ 半夜 bànyè midnight III [副] partially ▷ 半新 bànxīn almost new

半导(導)体(體) bàndǎotǐ [名] 1 (指物质) semiconductor 2 (收音机) transistor radio

半岛(島) bàndǎo [名] peninsula

半径(徑) bànjìng [名] radius

半球 bànqiú [名] hemisphere

半天 bàntiān [名] for quite a while ▷ 他等了半天。 Tā děngle bàntiān. He waited for quite a while.

伴 bàn [名] company ▷ 做伴 zuòbàn keep company

拌 bàn [动] (搅和) mix

绊(絆) bàn [动] (使跌倒) trip

瓣 bàn I [名] (指花儿) petal II [量] 1 (指瓣状物) ▷ 几瓣蒜 jǐ bàn suàn a few cloves of garlic ▷ 一瓣橘子 yī bàn júzi a segment of orange measure word, used to describe flower petals and segments of fruits

帮(幫) bāng [动] (帮助) help ▷ 我帮他买票。 Wǒ bāng tā mǎi piào. I helped him get the tickets.

帮(幫)忙 bāngmáng [动] help ▷ 请您帮我个忙。 Qǐng nín bāng wǒ gè máng. Please can you help me out?

帮(幫)助 bāngzhù [动] help

▷ 谢谢您的帮助。 Xièxie nín de bāngzhù. Thank you for your help.

绑(綁) bǎng [动] tie up

榜 bǎng [名] list of names

榜样(樣) bǎngyàng [名] model

棒 bàng I [名] (棍子) cudgel ▷ 棒子 bàngzi club II [形] (口) great ▷ 他英语说得很棒。 Tā Yīngyǔ shuō de hěn bàng. He speaks great English.

傍 bàng be close to

傍晚 bàngwǎn [名] dusk

磅 bàng [量] pound

镑(鎊) bàng [名] pound

包 bāo I [动] 1 (包裹) wrap 2 (包含) include 3 (担保) guarantee 4 (约定专用) hire ▷ 包车 bāochē hire a car ▷ 包机 bāojī charter a plane II [名] 1 (包裹) parcel 2 (口袋) bag ▷ 背包 bēibāo backpack ▷ 钱包 qiánbāo wallet 3 (疙瘩) lump III [量] packet, bag ▷ 一包烟 yī bāo yān a packet of cigarettes ▷ 一包衣服 yī bāo yīfu a bag of clothes measure word, used to describe things that are wrapped up

包含 bāohán [动] contain

包括 bāokuò [动] include

包子 bāozi [名] steamed stuffed bun

包子 bāozi
包子 bāozi are bigger than 饺子 jiǎozi. Shaped like buns,

they are usually stuffed with meat or vegetable fillings, and are steamed rather than boiled.

剥(剝)bāo [动] peel

雹 báo [名] hail ▶電子báozi hailstone

薄 báo [形] 1 (不厚) thin 2 (冷淡) cold ▶我对她不薄。Wǒ duì tā bù báo. I treat her very well.

宝(寶)bǎo I [名] treasure II [形] precious

宝(寶)贵(貴)bǎoguì [形] valuable

饱(飽)bǎo [形] full ▶我吃饱了。Wǒ chībǎo le. I am full.

保 bǎo [动] 1 (保护) protect 2 (保持) keep ▶保密bǎomì keep ... secret ▶保鲜膜bǎoxiānmó Clingfilm® (英), Saran wrap® (美) 3 (保证) ensure

保安 bǎo'ān [名] security guard

保持 bǎochí [动] maintain ▶保持警惕bǎochí jǐngtì stay vigilant

保存 bǎocún [动] preserve

保护(護)bǎohù [动] protect ▶保护环境bǎohù huánjìng protect the environment

保龄(齡)球 bǎolíngqiú [名] (体育运动) bowling

保留 bǎoliú [动] 1 (保存不变) preserve 2 (意见) hold back ▶你可以保留自己的意见。Nǐ kěyǐ bǎoliú zìjǐ de yìjiàn. You can keep your opinions to yourself.

保姆 bǎomǔ [名] 1 (做家务的女工) domestic help 2 (保育员) nanny

保守 bǎoshǒu [形] conservative

保卫(衛)bǎowèi [动] defend

保险(險)bǎoxiǎn I [名] insurance II [形] safe

保证(證)bǎozhèng [动] guarantee

保重 bǎozhòng [动] take care of oneself

报(報)bào I [动] (告诉) report II [名] 1 (报纸) newspaper ▶日报rìbào daily ▶报社bàoshè newspaper office 2 (刊物) periodical ▶画报huàbào glossy magazine

报(報)仇 bàochóu [动] take revenge

报(報)酬 bàochou [名] pay

报(報)到 bàodào [动] register

报(報)道 bàodào I [动] report ▶电视台报道了这条新闻。Diànshìtái bàodàole zhè tiáo xīnwén. The television station reported this item of news. II [名] report ▶一篇关于克隆人的报道yī piān guānyú kèlóngrén de bàodào a report about human cloning

报(報)复(復)bàofù [动] retaliate

报(報)告 bàogào I [动] report ▶向主管部门报告xiàng zhǔguǎn bùmén bàogào report to the department in charge II [名] report ▶在大会上作报告zài dàhuì shang zuò bàogào give a talk at the conference

报(報)关(關) bàoguān [动]
declare

报(報)刊 bàokān [名]
newspapers and periodicals (pl)

报(報)名 bàomíng [动] sign up

报(報)失 bàoshī [动] report a loss

报(報)销(銷) bàoxiāo [动] (费用)
claim for

报(報)纸(紙) bàozhǐ [名]
newspaper

抱 bào [动] 1(手臂围住) carry in
one's arms 2(领养) adopt
3(心里存有) cherish ▷ 对某事抱
幻想 duì mǒushì bào huànxiǎng
have illusions about sth

抱歉 bàoqiàn I [形] sorry II [动]
apologize

抱怨 bàoyuàn [动] complain

豹 bào [名] leopard

暴 bào [形] (猛烈) violent ▷ 暴雨
bàoyǔ rainstorm

爆 bào [动] 1(猛然破裂) explode
▷ 爆炸 bàozhà explode 2(突然
发生) break out ▷ 爆发 bàofā
break out

杯 bēi I [名] 1(杯子) cup ▷ 玻璃杯
bōli bēi glass ▷ 酒杯 jiǔbēi
wineglass ▷ 茶杯 chábēi cup
2(奖杯) cup ▷ 世界杯 Shìjièbēi
World Cup [量] cup, glass ▷ 一
杯咖啡 yì bēi kāfēi a cup of
coffee ▷ 两杯水 liǎng bēi shuǐ
two glasses of water

背(揹) bēi [动] 1(驮) carry ... on
one's back 2(担负) take ... on
▷ 背起重任 bēi qǐ zhòngrèn take

on great responsibility
→ see also/另见 bèi

悲 bēi [形] (悲伤) sad

悲惨(慘) bēicǎn [形] miserable

悲观(觀) bēiguān [形] pessimistic

悲伤(傷) bēishāng [形] sad

碑 bēi [名] tablet ▷ 纪念碑
jìniànbēi monument

北 běi [名] north ▷ 北方 běifāng
the North ▷ 北京 Běijīng Beijing
▷ 北部 běibù the north

北极(極) běijí [名] the North Pole

备(備) bèi [动] 1(具备) have
2(准备) prepare

备(備)份 bèifèn [动] (计算机)
keep a backup copy

备(備)用 bèiyòng [动] backup
▷ 备用光盘 bèiyòng guāngpán
backup CD

备(備)注(註) bèizhù [名] (注解说
明) notes (pl)

背(揹) bèi I [名] 1(指身体) back
▷ 背疼 bèiténg backache 2(指反
面) back ▷ 背面 bèimiàn reverse
side 3(指后面) behind ▷ 背后
bèihòu behind II [动] (背诵) recite
→ see also/另见 bēi

背景 bèijǐng [名] (指景物、情况)
background

背诵(誦) bèisòng [动] recite

被 bèi I [名] quilt ▷ 被子 bèizi quilt
II [介] ▷ 他被哥哥打了一顿。Tā
bèi gēge dǎle yí dùn. He was
beaten up by his elder brother.
III [助] ▷ 他被跟踪了。Tā bèi
gēnzōng le. He was followed.

倍 bèi [名] times (pl) ▷ 这本书比那本书厚三倍。 Zhè běn shū bǐ nà běn shū hòu sān bèi. This book is three times thicker than that one. ▷ 物价涨了一倍。 Wùjià zhǎng le yī bèi. Prices have doubled.

本 běn I [名] 1 (本子) book ▶ 笔记本 bǐjìběn notebook 2 (版本) edition ▶ 手抄本 shǒuchāoběn hand-written copy II [形] 1 (自己的) one's own ▶ 本人 běnrén oneself 2 (现今) this ▶ 本月 běnyuè this month III [副] originally ▷ 我本想亲自去一趟。 Wǒ běn xiǎng qīnzì qù yī tàng. I originally wanted to go myself. IV [量] ▷ 几本书 jǐ běn shū a few books ▌ measure word, used for counting books, magazines, dictionaries, etc.

本地 běndì [名] locality ▷ 她是本地人。 Tā shì běndì rén. She is a native of this place.

本科 běnkē [名] undergraduate course ▷ 本科生 běnkēshēng undergraduate

本来 (來) běnlái I [形] original ▷ 本来的打算 běnlái de dǎsuàn the original plan II [副] (原先) at first ▷ 我本来以为你已经走了。 Wǒ běnlái yǐwéi nǐ yǐjīng zǒu le. At first, I thought you had left.

本领 (領) běnlǐng [名] skill

本身 běnshēn [名] itself

本事 běnshì [名] ability

本质 (質) běnzhì [名] essence

笨 bèn [形] 1 (不聪明) stupid 2 (不灵巧) clumsy ▷ 他嘴很笨。 Tā zuǐ hěn bèn. He's quite inarticulate.

蹦 bèng [动] leap

逼 bī [动] 1 (强迫) force 2 (强取) press for ▶ 逼债 bīzhài press for repayment of a debt 3 (逼近) close in on

逼近 bījìn [动] close in on

逼迫 bīpò [动] force

鼻 bí [名] (鼻子) nose

鼻涕 bítì [名] mucus

鼻子 bízi [名] nose

比 bǐ I [动] 1 (比较) compare ▷ 比比过去，现在的生活好多了。 Bǐbǐ guòqù, xiànzài de shēnghuó hǎo duō le. Life now is much better compared to the past. 2 (较量) compete ▷ 他们要比谁谁游得快。 Tāmen yào bǐbǐ shuí yóu de kuài. They are competing to see who swims the fastest. II [介] 1 (指零分) ▷ 零比零 líng bǐ líng nil-nil (英), no score (美) 2 (相对) ▷ 今年冬天比去年冷。 Jīnnián dōngtiān bǐ qùnián lěng. It is colder this winter than last winter. ▌ bǐ bǐ is used to express comparisons: to say that X is taller than Y, simply say X bǐ Y 高. e.g. 上海比南京大。 Shànghǎi bǐ Nánjīng dà. (Shanghai is bigger than Nanjing.)

比方 bǐfang [名] analogy ▶ 比方说

bǐfāng shuō for example

比分 bǐfēn [名] score

比基尼 bǐjīní [名] bikini

比较(較) bǐjiào I [动] compare II [副] relatively ▷ 这里的水果比较新鲜。Zhèlǐ de shuǐguǒ bǐjiào xīnxiān. The fruit here is relatively fresh.

比例 bǐlì [名] proportion

比率 bǐlǜ [名] ratio

比如 bǐrú [连] for instance

比赛(賽) bǐsài [名] match

彼 bǐ [代] 1 (那个) that 2 (对方) the other side

彼此 bǐcǐ [代] (双方) both sides

笔(筆) bǐ I [名] 1 (工具) pen ▷ 圆珠笔 yuánzhūbǐ ball-point pen 2 (笔画) brush stroke II [量] (款项) ▷ 一笔钱 yī bǐ qián a sum of money measure word, used for money

笔(筆)记(記) bǐjì [名] (记录) note ▷ 记笔记 jì bǐjì take notes

笔(筆)记(記)本电(電)脑(腦) bǐjìběn diànnǎo [名] laptop

币(幣) bì [名] coin ▷ 货币 huòbì currency ▷ 外币 wàibì foreign currency

必 bì [副] 1 (必然) certainly 2 (必须) ▷ 必修课 bìxiūkè compulsory course

必然 bìrán I [形] inevitable II [名] necessity

必须(須) bìxū [副] ▷ 你们必须准时来上班。Nǐmen bìxū

zhǔnshí lái shàngbān. You must start work on time.

必要 bìyào [形] essential

毕(畢) bì [动] finish

毕(畢)业(業) bìyè [动] graduate

避 bì [动] 1 (躲开) avoid ▶ 避风 bìfēng shelter from the wind 2 (防止) prevent

避免 bìmiǎn [动] avoid

避难(難) bìnàn [动] take refuge

避孕 bìyùn [动] use contraceptives ▷ 避孕药 bìyùnyào the pill

边(邊) biān [名] 1 (边线) side ▷ 街两边 jiē liǎngbiān both sides of the street 2 (边缘) edge ▷ 路边 lù biān roadside 3 (边界) border 4 (旁边) side ▷ 在床边 zài chuáng biān by the bed

边(邊)…边(邊)… biān…biān… ▷ 边吃边谈 biān chī biān tán talk while eating

边(邊)疆 biānjiāng [名] border area

边(邊)界 biānjiè [名] border

边(邊)境 biānjìng [名] border

边(邊)缘(緣) biānyuán [名] edge

编(編) biān [动] 1 (编辑) edit ▶ 编程 biānchéng program 2 (创作) write ▷ 编歌词 biān gēcí write lyrics 3 (捏造) fabricate ▷ 编谎话 biān huǎnghuà fabricate a lie

编(編)辑(輯) biānjí I [动] edit II [名] editor

蝙 biān see below/见下文

蝙蝠 biānfú [名] bat

鞭 biān [名] **1** (鞭子) whip **2** (爆竹) firecracker

鞭炮(砲) biānpào [名] firecracker

鞭炮 biānpào

> Firecrackers are believed by the Chinese to scare off evil spirits and attract the god of good fortune to people's doorsteps, especially in the celebration of the Spring Festival and at weddings.

贬(貶) biǎn [动] (降低) reduce ▸ 贬值 biǎnzhí depreciate

贬(貶)义(義)词(詞) biǎnyìcí [名] derogatory expression

扁 biǎn [形] flat ▸ 自行车胎扁了。 Zìxíngchē tāi biǎn le. The bicycle tyre is flat.

变(變) biàn [动] **1** (改变) change ▸ 小城的面貌变了。Xiǎochéng de miànmào biàn le. The appearance of the town has changed. **2** (变成) become ▸ 他变成熟了。Tā biàn chéngshú le. He's become quite grown up.

变(變)化 biànhuà **I** [动] change **II** [名] change

便 biàn **I** [形] **1** (方便) convenient ▸ 轻便 qīngbiàn portable **2** (简单) simple ▸ 便饭 biànfàn simple meal **II** [动] excrete ▸ 小便 xiǎobiàn urinate ▸ 大便 dàbiàn defecate **III** [副] ▸ 稍等片刻演出便开始。Shāoděng piànkè yǎnchū biàn kāishǐ. The performance is about to start in a moment.

→ *see also*/另见 pián

便利 biànlì **I** [形] convenient **II** [动] facilitate

便士 biànshì [量] pence

便条(條) biàntiáo [名] note

便携(攜)式 biànxiéshì [形] portable

便于(於) biànyú [动] be easy to ▸ 便于联系 biànyú liánxì be easy to contact

遍 biàn **I** [副] all over ▸ 找了个遍 zhǎole gè biàn searched high and low **II** [量] ▸ 我说了两遍。Wǒ shuōle liǎng biàn. I said it twice. measure word, used for the number of times the same action takes place

辨 biàn [动] distinguish ▸ 辨别 biànbié distinguish

辨认(認) biànrèn [动] identify

辩(辯) biàn [动] debate ▸ 辩论 biànlùn argue

标(標) biāo **I** [名] **1** (记号) mark **2** (标准) standard **II** [动] mark

标(標)本 biāoběn [名] (样品) specimen

标(標)点(點) biāodiǎn [名] punctuation

标(標)记(記) biāojì [名] mark

标(標)题(題) biāotí [名] **1** (指文章、书) title **2** (指新闻) headline

标(標)王 biāowáng [名] top bidder

标(標)志(誌) biāozhì [名] sign

标(標)准(準) biāozhǔn **I** standard ▸ 道德标准 dàodé biāozhǔn moral standard

II [形] standard ▷ 标准时间 biāozhǔn shíjiān standard time

表(錶) biǎo [名] **1** (计时器) watch ▷ 手表 shǒubiǎo wristwatch **2** (计量器) meter ▷ 电表 diànbiǎo electricity meter **3** (格) form ▷ 火车时间表 huǒchē shíjiānbiǎo train timetable ▷ 填申请表 tián shēnqǐngbiǎo fill in the application form **4** (指亲戚) cousin ▷ 表哥 biǎogē cousin

表达(達) biǎodá [动] express

表格 biǎogé [名] form

表面 biǎomiàn [名] surface

表明 biǎomíng [动] show

表示 biǎoshì **I** [动] (表达) express **II** [名] **1** (言行或表情) gesture **2** (意见) attitude

表现(現) biǎoxiàn **I** [动] (显出) show **II** [名] (指行为、作风) performance

表演 biǎoyǎn **I** [动] (演出) perform **II** [名] performance

表扬(揚) biǎoyáng [动] praise

别(別) bié **I** [形] (其他) other **II** [副] (不要) ▷ 别忘了关灯。Bié wàngle guāndēng. Don't forget to turn off the light.

别(別)人 biérén [名] other people

别(別)墅 biéshù [名] villa

别(別)针(針) biézhēn [名] safety pin

宾(賓) bīn [名] guest

宾(賓)馆(館) bīnguǎn [名] hotel

冰 bīng **I** [名] ice **II** [动] **1** (使感觉寒冷) be freezing ▷ 这水冰手。Zhè shuǐ bīng shǒu. This water is freezing. **2** (冰镇) cool ▷ 冰镇 bīngzhèn iced

冰淇淋 bīngqílín [名] ice cream

冰箱 bīngxiāng [名] fridge

兵 bīng [名] **1** (军队) the army ▷ 当兵 dāngbīng join the army **2** (士兵) soldier

饼(餅) bǐng [名] (指面食) cake ▷ 月饼 yuèbǐng moon cake

饼(餅)干(乾) bǐnggān [名] biscuit (英), cookie (美)

并(並) bìng **I** [动] **1** (合并) merge **2** (并拢) bring ... together ▷ 把脚并起来 bǎ jiǎo bìng qǐlái bring your feet together **II** [副] (表示强调) really ▷ 他今晚并不想出去。Tā jīnwǎn bìng bù xiǎng chūqù. He really doesn't want to go out this evening. **III** [连] and ▷ 他会说法语，并在学习西班牙语。Tā huì shuō fǎyǔ, bìng zài xuéxí Xībānyáyǔ He can speak French, and he is studying Spanish at the moment.

并(並)且 bìngqiě [连] **1** (和) and ▷ 她聪明并且用功。Tā cōngmíng bìngqiě yònggōng. She is clever and diligent. **2** (此外) also

病 bìng **I** [名] (疾病) disease ▷ 心脏病 xīnzàngbìng heart disease ▷ 生病 shēngbìng become ill ▷ 他去看病了。Tā qù kànbìng le. He went to see a doctor.

b

II [动] be ill ▷ 他病得不轻。Tā bìng de bù qīng. He was seriously ill.

病毒 bìngdú [名] virus

病房 bìngfáng [名] ward

病菌 bìngjūn [名] bacteria

病人 bìngrén [名] **1** (指医院里) patient **2** (指家里) invalid

波 bō [名] (指水，声音，电) wave

拨 (撥) bō [动] **1** (号码) dial ▷ 拨电话号码 bō diànhuà hào dial the phone number **2** (频道) change over to

玻 bō see below/见下文

玻璃 bōlí [名] glass

菠 bō see below/见下文

菠菜 bōcài [名] spinach

菠萝 (蘿) bōluó [名] pineapple

播 bō [动] (电视、收音机) broadcast ▶ 播放 bōfàng broadcast

伯 bó [名] (伯父) uncle

伯伯 bóbo [名] **1** (伯父) uncle **2** (用于称呼) uncle

脖 bó [名] neck ▷ 脖子 bózi neck

博 bó [形] abundant

博客 bókè [名] blog

博物馆 (館) bówùguǎn [名] museum

补 (補) bǔ [动] **1** (衣服、鞋、车胎、袜子) mend **2** (牙) fill **3** (增加) add

补 (補) 充 bǔchōng **I** [动] add **II** [形] supplementary ▷ 补充说明 bǔchōng shuōmíng additional explanation

补 (補) 考 bǔkǎo [动] resit

补 (補) 习 (習) bǔxí [动] take extra lessons

补 (補) 助 bǔzhù [名] subsidy

捕 bǔ [动] catch

捕捉 bǔzhuō [动] **1** (抓住) seize **2** (捉拿) hunt down

不 bù [副] **1** (用于否定句) not ▷ 不诚实 bù chéngshí dishonest ▷ 他不抽烟。Tā bù chōuyān. He doesn't smoke. **2** (用于否定回答) no ▷ "你累了吧？" "不，不累。" "Nǐ lèi le ba?" "Bù, bù lèi." "Are you tired?" – "No, I'm not." **3** (客套) (不用) ▷ 不客气。Bù kèqi. Please don't mention it. ▷ 不谢。Bù xiè. You're welcome. Negating sentences in Chinese is very straightforward: just use 不 bù before the verb. E.g. 我不喝酒。Wǒ bù hējiǔ (I don't drink alcohol). The only exception is the verb 有 yǒu, to have, for which you must use 没 méi. E.g. 我没有钱。Wǒ méiyǒu qián. (I don't have any money). 不 bù is fourth tone unless it is followed by another fourth tone syllable, in which case it is usually pronounced as a second tone, eg. 不要 búyào. For more information on tones, please see the introduction.

不必 bùbì [副] ▷ 明天你们不必来了。Míngtiān nǐmen bùbì lái

le. You don't have to come tomorrow.

不错 bùcuò [形] correct

不但 bùdàn [连] not only ▷ 这辆车的设计不但美观，而且实用。Zhè liàng chē de shèjì bùdàn měiguān, érqiě shíyòng. The design of this car is not only beautiful, it's also practical.

不得了 bùdéliǎo [形] (表示程度) extreme ▷ 这孩子淘气得不得了。Zhè háizi táoqi de bùdéliǎo. This child is terribly naughty.

不断(斷) bùduàn [副] continually ▷ 沙漠不断扩大。Shāmò bùduàn kuòdà. The desert is expanding all the time.

不敢 bùgǎn [动] not dare

不管 bùguǎn [连] ▷ 不管出什么事，我们都要保持镇定。Bùguǎn chū shénme shì, wǒmen dōu yào bǎochí zhèndìng. Whatever happens, we must remain calm.

不过(過) bùguò I [副] 1 (仅仅) only ▷ 不过是点小伤。Bùguò shì diǎn xiǎoshāng. It's only a slight injury. 2 (非常) can't be better ▷ 这是最简单不过的方法。Zhè shì zuì jiǎndān bùguò de fāngfǎ. This is by far the easiest method. II [连] but ▷ 他很喜欢新学校，不过离家太远了。Tā hěn xǐhuān xīn xuéxiào, bùguò lí jiā tài yuǎn le. He really likes his new school, but it's a very long way from home.

不仅(僅) bùjǐn [副] 1 (不止) not just ▷ 这不仅是学校的问题。Zhè bùjǐn shì xuéxiào de wèntí. This is not just the school's problem. 2 (不但) not only ▷ 这地毯不仅质量好，而且价格便宜。Zhè dìtǎn bùjǐn zhìliàng hǎo, érqiě jiàgé piányi. Not only is the carpet good quality, it's also cheap.

不久 bùjiǔ [名] ▷ 他们不久就要结婚了。Tāmen bùjiǔ jiùyào jiéhūn le. They are getting married soon.

不论(論) bùlùn [连] no matter ▷ 不论是谁，都必须遵守法规。Bùlùn shì shuí, dōu bìxū zūnshǒu fǎguī. No matter who you are, you have to abide by the regulations.

不满(滿) bùmǎn [形] dissatisfied

不免 bùmiǎn [副] inevitably

不然 bùrán [连] otherwise ▷ 多谢你提醒我，不然我就忘了。Duōxiè nǐ tíxǐng wǒ, bùrán wǒ jiù wàng le. Thanks very much for reminding me, or I would have forgotten about it.

不如 bùrú [动] not be as good as ▷ 城里太吵，不如住在郊区。Chénglǐ tài chǎo, bùrú zhù zài jiāoqū. The city is too noisy — it's better living in the suburbs.

不少 bùshǎo [形] a lot of ▷ 她有不少好朋友。Tā yǒu bùshǎo hǎo péngyou. She has a lot of good friends.

不舒服 bùshūfu [形] unwell

不同 bùtóng [形] different

不幸(倖) bùxìng I [形] 1(不幸运) unhappy 2(出人意料) unfortunate II [名] disaster

不要紧(緊) bùyàojǐn [形] 1(不严重) not serious ▷他的病不要紧. Tā de bìng bùyàojǐn. His illness is not serious. 2(没关系) it doesn't matter

不一定 bùyídìng [副] may not ▷她不一定会回电话. Tā bùyídìng huì huí diànhuà. She may not return your call.

不怎么(麼)样(樣) bù zěnmeyàng [形] not up to much

不止 bùzhǐ [副] 1(不停地) incessantly ▷大笑不止 dà xiào bùzhǐ laugh incessantly 2(多于) more than ▷不止一次 bùzhǐ yī cì on more than one occasion

布 bù [名] cloth

布(佈)置 bùzhì [动] 1(房间等) decorate 2(任务, 作业) assign

步 bù [名] 1(脚步) step ▷步伐 bùfá pace 2(阶段) stage ▶步骤 bùzhòu step 3(地步) situation

步行 bùxíng [动] go on foot

部 bù I [名] 1(部分) part ▷东部 dōngbù the eastern part 2(部门) department ▶总部 zǒngbù headquarters (pl) ▶部长 bùzhǎng minister, department head ▷教育部 jiàoyùbù Ministry of Education II [量] ▷一部电话 yī bù diànhuà a telephone ▷三部电影 sān bù diànyǐng three films

measure word, used for films, phones, etc.

部队(隊) bùduì [名] armed forces (pl)

部分 bùfen [名] part

部门(門) bùmén [名] department

部位 bùwèi [名] place

C

擦 cā [动] 1(抹) wipe ... clean
2(指用水) wash 3(皮鞋) polish
4(摩擦) rub 5(涂) apply 6(火柴)
strike 7(破) scrape ▷ 擦伤
cāshāng scrape 8(挨着) brush
9(瓜果) shred

猜 cāi [动] 1(猜测) guess 2(猜疑)
suspect

猜测(測) cāicè I [动] speculate
II [名] speculation

猜想 cāixiǎng [动] suppose

猜疑 cāiyí [动] have unfounded
suspicions about

才 cái I [名] 1(才能) ability ▷ 多才
多艺,多 cái duō yì
multi-talented 2(人才) talent
▷ 奇才 qícái extraordinary
talent II [副] 1(刚) just ▷ 我才到
家, 电话就响了。 Wǒ cái dào jiā,
diànhuà jiù xiǎng le. Just as I
arrived home, the phone rang.
2(表示晚) not...until ▷ 我10点才
到单位。 Wǒ shídiǎn cái dào
dānwèi. I didn't arrive at work
until ten o'clock. 3(表示条件)
only...if ▷ 学生只有用功, 才能取
得好成绩。 Xuéshēng zhǐyǒu
yònggōng, cái néng qǔdé hǎo
chéngjì. Students will only be
able to do well if they study hard.
4(表示情况改变) only after ▷ 他
解释后, 我才明白他为什么那么
难过。 Tā jiěshì hòu, wǒ cái
míngbai tā wèi shénme nàme
nánguò. It was only after he
explained that I understood why
he was so sad. 5(程度低) only
▷ 他才学会上网。 Tā cái xuéhuì
shàngwǎng. He has only just
learned how to use the Internet.

才华(華) cáihuá [名] talent

才能 cáinéng [名] ability

才艺(藝) 秀 cáiyì xiù [名] talent
contest

才子 cáizǐ [名] talented man

材 cái [名] (指物) material ▷ 教材
jiàocái teaching material

材料 cáiliào [名] 1(原料) material
2(资料) material 3(人才) talent

财(財) cái [名] wealth

财(財)富 cáifù [名] wealth

财(財)政 cáizhèng [名] finance

裁 cái [动] 1(衣服、纸) cut 2(减)
cut ▷ 裁员 cáiyuán cut staff
3(判断) decide

裁缝(縫)cáiféng[名]1(指男装) tailor 2(指女装)dressmaker

裁判 cáipàn I[名]1(案件) judgment 2(比赛)referee II[动]make a decision

采(採)cǎi[动]1(摘)pick 2(选) choose 3(开采)extract 4(采集) gather

采(採)访(訪)cǎifǎng[动] interview

采(採)购(購)cǎigòu I[动] purchase II[名]buyer

采(採)取 cǎiqǔ[动]adopt

采(採)用 cǎiyòng[动]adopt

彩 cǎi[名](颜色)colour(英), color (美)

彩电(電)cǎidiàn[名]colour(英) 或 color(美)TV

彩卷 cǎijuǎn[名]colour(英)或 color(美)film

彩排 cǎipái[动]rehearse

彩票 cǎipiào[名]lottery ticket

彩色 cǎisè[名]colour(英), color (美)

踩 cǎi[动](脚)step on

菜 cài[名]1(植物)vegetable 2(饭食)dish

菜单(單)càidān[名]menu

菜谱(譜)càipǔ[名]1(菜单)menu 2(指书)cookbook

参(參)cān[动](加入)join ▷参军 cānjūn enlist

→ see also/另见 shēn

参(參)观(觀)cānguān[动]tour

参(參)加 cānjiā[动]take part in

▷参加新年晚会 cānjiā xīnnián wǎnhuì attend a New Year's party ▷参加了民主党 cānjiāle Mínzhǔ Dǎng join the Democratic Party

参(參)考 cānkǎo I[动]consult II[名]reference ▷参考书 cānkǎoshū reference book

参(參)谋(謀)cānmóu I[名] 1(顾问)advisor 2(指军职)staff officer II[动]give advice

参(參)与(與)cānyù[动] participate in

餐 cān I[名]meal II[量]meal

餐车(車)cānchē[名]1(指推车) food trolley 2(指车厢)buffet (英)或 dining(美)car

餐巾 cānjīn[名]napkin

餐具 cānjù[名]eating utensils(pl)

餐厅(廳)cāntīng[名]canteen

残(殘)cán[形]1(指器物) defective 2(指人或动物) disabled 3(剩余)remaining

残(殘)次 cáncì[形]damaged ▷残 次品 cáncì pǐn damaged goods

残(殘)废(廢)cánfèi[动]be disabled

残(殘)疾 cánjí[名]disability ▷残 疾人 cánjírén people with disabilities

残(殘)酷 cánkù[形]brutal

残(殘)忍 cánrěn[形]cruel

蚕(蠶)cán[名]silkworm

惭(慚)cán see below/见下文

惭(慚)愧 cánkuì[形]ashamed

惨(慘)cǎn[形](悲惨)tragic

灿(燦) càn *see below*/见下文
灿(燦)烂(爛) cànlàn [形] glorious

仓(倉) cāng [名] store
仓(倉)库 cāngkù [名] storehouse

苍(蒼) cāng [形] (指头发) (英) grey, (美) gray
苍(蒼)白 cāngbái [形] 1 (脸色) pale 2 (文章，表演) bland
苍(蒼)蝇(蠅) cāngying [名] fly

舱(艙) cāng [名] 1 (用于载人) cabin ▶头等舱 tóuděngcāng first-class cabin 2 (用于载物) hold ▶货舱 huòcāng cargo hold

藏 cáng [动] 1 (隐藏) hide 2 (储存) store 3 (收集) collect ▶藏书 cángshū collect books
→ *see also*/另见 zàng

操 cāo [名] (体育活动) exercise
操场(場) cāochǎng [名] sports ground
操心 cāoxīn [动] concern
操作 cāozuò [动] operate

糙 cāo [形] poor

草 cǎo [名] 1 (植物) grass ▶草地 cǎodì lawn, meadow 2 (用作材料) straw
草稿 cǎogǎo [名] rough draft
草帽 cǎomào [名] straw hat
草莓 cǎoméi [名] strawberry
草率 cǎoshuài [形] rash
草原 cǎoyuán [名] grasslands (pl)

册(冊) cè I [名] book ▶手册 shǒucè handbook ▶相册 xiàngcè photo album II [量]

1 (指同一本书) copy 2 (指不同本书) volume

厕(廁) cè [名] toilet ▶公厕 gōngcè public toilet
厕(廁)所 cèsuǒ [名] toilet

侧(側) cè I [名] side ▶两侧 liǎngcè both sides II [动] turn ... away ▶我侧过脸去。Wǒ cè guò liǎn qù. I turned my face away.
侧(側)面 cèmiàn I [形] (非官方) unofficial (指方位) side II [名] side

测(測) cè [动] 1 (测量) measure 2 (推测) predict
测(測)量 cèliáng I [动] measure II [名] survey
测(測)试(試) cèshì I [动] test II [名] test
测(測)验(驗) cèyàn I [动] test II [名] test

策 cè [名] suggestion
策划(劃) cèhuà I [动] design II [名] planning
策略 cèlüè I [名] strategy II [形] strategic

层(層) céng I [量] 1 (指建筑物) floor 2 (指覆盖物) layer 3 (步) step 4 (指含义) layer II [名] (指物、状态) layer

曾 céng [副] once
曾经(經) céngjīng [副] once

蹭 cèng [动] 1 (摩擦) rub 2 (沾上) smear 3 (指速度) creep along

叉 chā [名] 1 (器具) fork 2 (餐具) fork 3 (符号) cross

叉子 chāzi [名] 1 (符号) cross 2 (餐具) fork

差 chā [名] difference
→ see also/另见 chà, chāi

差别(別) chābié [名] difference

差错(錯) chācuò [名] 1 (错误) mistake 2 (意外) accident

差距 chājù [名] difference

差异(異) chāyì [名] difference

插 chā [动] insert ▷ 我能不能插一句? Wǒ néng bùnéng chā yī jù? Can I interrupt just a second?

插曲 chāqǔ [名] 1 (音乐) incidental music 2 (插入) interlude

插入 chārù [动] insert

插图(圖) chātú [名] illustration

插销(銷) chāxiāo [名] 1 (闩) bolt 2 (插头) electrical plug

插嘴 chāzuǐ [动] interrupt

插座 chāzuò [名] socket (英), outlet (美)

茶 chá [名] tea ▷ 红茶 hóngchá black tea ▷ 茶杯 chábēi teacup ▷ 茶壶 cháhú teapot ▷ 茶馆 cháguǎn teahouse ▷ 泡茶 pào chá make tea

茶具 chájù [名] tea set

茶叶(葉) cháyè [名] tea leaves (pl)

查 chá [动] 1 (检查) inspect 2 (调查) investigate 3 (字典、词典) look ... up

查号(號)台 cháhàotái [名] directory inquiries (英) 或 assistance (美) (sg)

查阅(閱) cháyuè [动] look ... up

查找 cházhǎo [动] look for

察 chá [动] check ▷ 观察 guānchá observe

察觉(覺) chájué [动] detect

杈 chà [名] branch

差 chà I [动] 1 (不相同) be different from ▷ 你和他比差得远了。Nǐ hé tā bǐ chàde yuǎn le. You are not nearly as good as him. 2 (缺欠) be short of ▷ 差3个人 chà sān gè rén be three people short II [形] 1 (错误) mistaken 2 (不好) poor ▷ 质量差 zhìliàng chà poor quality
→ see also/另见 chā, chāi

差不多 chàbuduō I [形] very similar II [副] almost

拆 chāi [动] 1 (打开) tear ... open 2 (拆毁) dismantle

差 chāi [动] send ▷ 出差 chūchāi go on a business trip
→ see also/另见 chā, chà

差事 chāishi [名] 1 (任务) assignment 2 (差使) position

柴 chái [名] firewood

柴油 cháiyóu [名] diesel

豺 chái [名] jackal

掺(摻) chān [动] mix

搀(攙) chān [动] 1 (搀扶) support ... by the arm 2 (混合) mix

馋(饞) chán [形] greedy

缠(纏) chán [动] 1 (缠绕) twine 2 (纠缠) pester

蝉(蟬) chán [名] cicada

产(產) chǎn [动] **1**(生育) give birth to **2**(出产) produce

产(產)量 chǎnliàng [名] yield

产(產)品 chǎnpǐn [名] product

产(產)权(權) chǎnquán [名] property rights (pl) ▷ 知识产权 zhīshì chǎnquán intellectual property

产(產)生 chǎnshēng [动] produce

产(產)业(業) chǎnyè [名] **1**(财产) property **2**(工业生产) industry

铲(鏟) chǎn I [名] shovel II [动] shovel

颤(顫) chàn [动] tremble

颤(顫)抖 chàndǒu [动] shiver

长(長) cháng I [形] long II [名] (长度) length
→ see also/另见 zhǎng

长(長)城 Chángchéng [名] the Great Wall

长城 Chángchéng

As one of the longest manmade mega structures in the world, the Great Wall of China is nearly 4,000 miles in length, reaching from the border of Xinjiang province in the west to the eastern coast just north of Beijing. It is probably the most famous of China's landmarks, and was made a UNESCO World Heritage site in 1987. There are records of fortifications being built along the route which date from the 3rd century BC, although most of what remains today was built during the Ming dynasty (1368-1644). Built as a defence mechanism, its primary function was to withstand invasions by the northern tribes.

长(長)处(處) chángchu [名] strong point

长(長)度 chángdù [名] length

长(長)江 Cháng Jiāng [名] the Yangtze River

长(長)久 chángjiǔ [形] long-term

长(長)跑 chángpǎo [动] go long-distance running

长(長)寿(壽) chángshòu [形] long-lived ▷ 祝您长寿！ Zhù nín chángshòu! Here's to a long life!

长(長)寿(壽)面(麵) chángshòumiàn [名] long-life noodles (pl)

长寿面 chángshòumiàn

In the Chinese tradition, long-life noodles are eaten on one's birthday. They are very long, thin noodles symbolizing longevity.

长(長)途 chángtú [形] long-distance ▷ 长途电话 chángtú diànhuà long-distance phone call ▷ 长途旅行 chángtú lǚxíng long journey

肠(腸) cháng [名] intestines (pl)

肠(腸)子 chángzi [名] intestines (pl)

尝(嘗) cháng [动] taste ▷ 品尝 pǐncháng taste

尝(嘗)试(試) chángshì [动] try

常 cháng I[形] 1(平常) common 2(经常) frequent ▸ 常客 chángkè regular guest II[副] often

常常 chángcháng[副] often

常识(識) chángshí[名] 1(非专业知识) general knowledge 2(生活经验) common sense

偿(償) cháng[动] 1(归还) repay 2(满足) fulfil ▸ 如愿以偿 rúyuàn yǐ cháng fulfil one's dreams

偿(償)还(還) chánghuán[动] repay

厂(廠) chǎng[名](工厂) factory

场(場) chǎng I[名] 1(地方) ground ▸ 排球场 páiqiú chǎng volleyball court ▸ 市场 shìchǎng market 2(舞台) stage ▸ 上场 shàngchǎng go on stage 3(戏剧片段) scene 4(物) field II[量] 1(比赛、演出) ▸ 一场足球赛 yī chǎng zúqiú sài a football match ▸ 两场音乐会 liǎng chǎng yīnyuèhuì two concerts measure word, used for games and shows 2(灾害、战争、事故) ▸ 一场火灾 yī chǎng huǒzāi a fire ▸ 一场战争 yī chǎng zhànzhēng a war ▸ 几场事故 jǐ chǎng shìgù several accidents measure word, used for afflictions, wars, accidents, etc.

场(場)地 chǎngdì[名] space ▸ 运动场地 yùndòng chǎngdì sports area

场(場)合 chǎnghé[名] occasion

场(場)所 chǎngsuǒ[名] place

▸ 公共场所 gōnggòng chǎngsuǒ public place

敞 chǎng I[形] spacious ▸ 宽敞 kuānchǎng spacious II[动] be open ▸ 大门敞着。Dàmén chǎngzhe. The main door is open.

畅(暢) chàng I[形] 1(无阻碍) smooth ▸ 畅通 chàngtōng unimpeded 2(舒畅) untroubled ▸ 他心情不畅。Tā xīnqíng bùchàng. He's troubled by something. II[副] uninhibitedly ▸ 畅饮 chàngyǐn drink one's fill

畅(暢)快 chàngkuài[形] carefree

畅(暢)所欲言 chàng suǒ yù yán speak freely

畅(暢)通 chàngtōng[动] be open

畅(暢)销(銷) chàngxiāo[动] have a ready market

畅(暢)销(銷)书(書) chàngxiāo shū[名] best-seller

倡 chàng[动] initiate

倡议(議) chàngyì[动] propose

唱 chàng[动](发出乐音) sing ▸ 独唱 dúchàng solo ▸ 合唱 héchàng chorus

唱歌 chànggē[动] sing

唱戏(戲) chàngxì[动] perform opera

抄 chāo[动] 1(誊写) copy 2(抄袭) plagiarize

抄袭(襲) chāoxí[动](剽窃) plagiarize

钞(鈔) chāo[名] banknote

钞(鈔)票 chāopiào[名] banknote

超 chāo I [动] 1 (超过) exceed 2 (不受限制) transcend ▶ 超现实 chāoxiànshí surreal II [形] super ▶ 超低温 chāo dīwēn ultra-low temperature

超级(級) chāojí [形] super ▶ 超级大国 chāojí dàguó superpower ▶ 超级市场 chāojí shìchǎng supermarket

超人 chāorén [名] superman

超市 chāoshì [名] supermarket

超重 chāozhòng [动] 1 (超过载重量) overload 2 (超过标准重量) be overweight

巢 cháo [名] nest

朝 cháo I [名] 1 (朝代) dynasty II [动] face III [介] towards ▷ 他朝着我走过来。Tā cháozhe wǒ zǒu guòlái. He was walking towards me.

朝鲜(鮮) Cháoxiǎn [名] North Korea

嘲 cháo [动] ridicule

嘲笑 cháoxiào [动] laugh at

潮 cháo I [名] 1 (潮汐) tide 2 (社会运动) movement ▶ 工潮 gōngcháo labour (英) 或 labor (美) movement ▶ 思潮 sīcháo Zeitgeist II [形] damp

潮流 cháoliú [名] 1 (水流) tide 2 (发展趋势) trend

潮湿(濕) cháoshī [形] damp

潮水 cháoshuǐ [名] tidal waters (pl)

吵 chǎo I [名] 1 (喧闹) make a racket 2 (争吵) squabble II [形] noisy

吵架 chǎojià [动] quarrel

吵闹(鬧) chǎonào [动] 1 (争吵) bicker 2 (打扰) disturb

吵嘴 chǎozuǐ [动] bicker

炒 chǎo [动] 1 (烹调) stir-fry 2 (地皮、外汇等) speculate ▶ 炒股 chǎogǔ speculate in stocks and shares 3 (方) (解雇) sack ▶ 炒鱿鱼 chǎo yóuyú be fired

车(車) chē [名] 1 (运输工具) vehicle ▶ 小汽车 xiǎoqìchē car ▶ 公共汽车 gōnggòng qìchē bus 2 (带轮的装置) wheel ▶ 风车 fēngchē windmill

车(車)本儿(兒) chē běnr [名] driving licence

车(車)费(費) chēfèi [名] fare

车(車)祸(禍) chēhuò [名] traffic accident

车(車)间(間) chējiān [名] workshop

车(車)库 chēkù [名] garage

车(車)辆(輛) chēliàng [名] vehicle

车(車)轮(輪) chēlún [名] wheel

车(車)胎 chētāi [名] tyre (英), tire (美)

车(車)厢(廂) chēxiāng [名] coach

车(車)站 chēzhàn [名] 1 (火车的) railway station 2 (汽车的) bus stop

扯 chě [动] (拉) pull

彻(徹) chè [动] penetrate ▶ 彻夜 chèyè all night

彻(徹)底 chèdǐ [形] thorough

撤 chè [动] 1 (除去) take ... away ▶ 撤职 chèzhí dismiss from one's job 2 (退) move away

c

撤退 chètuì [动] withdraw

撤销(銷) chèxiāo [动] **1** (职务) dismiss **2** (计划) cancel **3** (法令) rescind

尘(塵) chén [名] **1** (尘土) dirt ▶ 灰尘 huīchén dust **2** (尘世) the material world ▶ 红尘 hóngchén worldly affairs (pl)

尘(塵)土 chéntǔ [名] dust

沉 chén I [动] **1** (向下落) sink **2** (指情绪) become grave II [形] **1** (程度深) deep ▷ 昨晚我睡得很沉。Zuówǎn wǒ shuì de hěn chén. Last night I slept very deeply. **2** (重) heavy **3** (不舒服) heavy ▷ 我两条腿发沉。Wǒ liǎng tiáo tuǐ fāchén. My legs feel heavy.

沉静(靜) chénjìng [形] **1** (肃静) quiet **2** (指性格) placid

沉闷(悶) chénmèn [形] **1** (天气、气氛) depressing **2** (心情) depressed **3** (指性格) introverted

沉没(沒) chénmò [动] sink

沉默 chénmò I [形] taciturn II [动] be silent

沉痛 chéntòng [形] **1** (心情) grieving **2** (教训) bitter

沉稳(穩) chénwěn [形] **1** (稳重) steady **2** (安稳) peaceful

沉重 chénzhòng [形] heavy

沉着(著) chénzhuó [形] calm

陈(陳) chén [动] **1** (陈列) set ... out **2** (陈述) state

陈(陳)旧(舊) chénjiù [形] out-of-date

陈(陳)列 chénliè [动] display

陈(陳)述 chénshù [动] state

晨 chén [名] morning ▶ 早晨 zǎochén early morning

衬(襯) chèn [名] lining ▶ 衬衫 chènshān shirt

衬(襯)托 chèntuō [动] set ... off

称(稱) chèn [动] match ▶ 相称 xiāngchèn match ▷ 对称 duìchèn be symmetrical → see also/另见 chēng

称(稱)心 chènxīn [动] be satisfactory

趁 chèn [介] ▷ 趁这个机会我讲几句话。Chèn zhège jīhuì wǒ jiǎng jǐ jù huà. I would like to take this opportunity to say a few words.

称(稱) chēng I [动] **1** (叫) call **2** (说) say **3** (测量) weigh II [名] name ▶ 简称 jiǎnchēng short form → see also/另见 chèn

称(稱)呼 chēnghu I [动] call II [名] form of address

称(稱)赞(讚) chēngzàn [动] praise

撑(撐) chēng [动] **1** (抵住) prop ... up **2** (船) punt **3** (坚持) keep ... up **4** (张开) open **5** (容不下) fill to bursting ▷ 少吃点吧，别撑着！Shǎo chī diǎn ba, bié chēngzhe! Don't eat so much, you'll burst!

成 chéng I [动] **1** (成功) accomplish ▷ 那件事成了。Nà jiàn shì

chéng le. The job is done.
2(表示同意)OK
▷成!就这么定了。Chéng! Jiù zhème dìng le. OK — that's agreed.

成本 chéngběn [名] cost

成分 chéngfèn [名] **1**(组成部分) composition **2**(社会阶层) status

成功 chénggōng [动] succeed

成果 chéngguǒ [名] achievement

成绩(績) chéngjì [名] success

成就 chéngjiù I [名] achievement II [动] achieve

成立 chénglì [动] **1**(建立) found **2**(有根据) be tenable

成年 chéngnián [动] **1**(指动植物) mature **2**(指人) grow up

成年人 chéngniánrén [名] adult

成人 chéngrén I [名] adult II [动] grow up

成熟 chéngshú [形] **1**(指果实) ripe **2**(指思想) mature **3**(指时机等) ripe

成为(為) chéngwéi [动] become

成问(問)题(題) chéng wèntí [动] be a problem

成语(語) chéngyǔ [名] idiom

成员(員) chéngyuán [名] member

成长(長) chéngzhǎng [动] grow up

诚(誠) chéng [形] honest ▷忠诚 zhōngchéng loyal ▷诚心 chéngxīn sincere

诚(誠)恳(懇) chéngkěn [形] sincere

诚(誠)实(實) chéngshí [形] honest

承 chéng [动] **1**(承受) bear **2**(承担) undertake

承担(擔) chéngdān [动] **1**(责任) bear **2**(工作) undertake **3**(费用) bear

承诺(諾) chéngnuò I [动] undertake II [名] commitment

承认(認) chéngrèn [动] **1**(认可) acknowledge **2**(政权) recognize

承受 chéngshòu [动] **1**(禁受) bear **2**(经受) experience

城 chéng [名] **1**(城墙) city wall ▷城外 chéngwài outside the city **2**(城市) city ▷进城 jìnchéng go to town **3**(城镇) town

城堡 chéngbǎo [名] castle

城市 chéngshì [名] city

乘 chéng [动] **1**(搭坐) travel ▷乘火车 chéng huǒchē travel by train **2**(利用) take advantage of **3**(几倍于) multiply ▷8乘5等于40。Bā chéng wǔ děngyú sìshí. Eight times five is forty.

乘法 chéngfǎ [名] multiplication

乘方 chéngfāng [名] (数) power

乘客 chéngkè [名] passenger

乘务(務)员(員) chéngwùyuán [名] conductor

盛 chéng [动] **1**(装) ladle ... out **2**(容纳) contain
→ see also/另见 shèng

程 chéng [名] **1**(规矩) rule ▷章程 zhāngchéng constitution

2(程序) procedure ▶ 议程
yìchéng agenda ▶ 课程
kèchéng curriculum **3**(距离)
distance ▶ 路程 lùchéng journey
4(道路) journey

程度 chéngdù [名] **1**(水平) level
2(限度) extent

程式 chéngshì [名] form

程序 chéngxù [名] **1**(次序)
procedure **2**(计算机) program

惩(懲) chéng [动] punish

惩(懲)罚(罰) chéngfá [动] punish

橙 chéng *see below*/见下文

橙子 chéngzi [名] orange

逞 chěng [动] (夸耀) flaunt

逞能 chěngnéng [动] show off

秤 chèng [名] scales

吃 chī [动] **1**(咀嚼吞咽) eat ▶ 吃药
chīyào take medicine **2**(就餐)
eat in **3**(依靠) live off ▶ 吃劳保
chī láobǎo live off welfare
4(消灭) wipe ... out **5**(耗费)
withstand ▶ 吃力 chīlì
strenuous **6**(吸收) absorb

吃醋 chīcù [动] be jealous

吃饭(飯) chīfàn [动] have a meal

> To ask **How do you do?**,
> Chinese people will often ask
> 你吃过了吗? Nǐ chī fàn le ma?
> which literally means **Have
> you eaten?**

吃惊(驚) chījīng [动] surprise

吃苦 chīkǔ [动] put up with
hardship

吃亏(虧) chīkuī [动] **1**(受损失)
lose out **2**(条件不利) be at a

disadvantage

吃香 chīxiāng [形] (口) popular

痴(癡) chī **I** [形] idiotic **II** [名]
obsession

痴(癡)呆(獃) chīdāi [形] idiotic

痴(癡)迷 chīmí [形] infatuated

池 chí [名] (池塘) pond ▶ 泳池
yǒngchí swimming pool

池塘 chítáng [名] pond

迟(遲) chí [形] **1**(慢) slow **2**(晚)
late

迟(遲)到 chídào [动] be late

迟(遲)钝(鈍) chídùn [形] (贬)
slow

迟(遲)早 chízǎo [副] sooner or
later

持 chí [动] **1**(拿着) hold **2**(支持)
support ▶ 坚持 jiānchí maintain

持久 chíjiǔ [形] protracted

持续(續) chíxù [动] go on

匙 chí [名] spoon

尺 chǐ **I** [量] *unit of length, equal to a
third of a metre* **II** [名] ruler ▶ 尺子
chǐzi ruler

尺寸 chǐcun [名] **1**(长度) size
2(口)(分寸) sense of propriety

尺码(碼) chǐmǎ [名] (尺寸) size

齿(齒) chǐ [名] (器官) tooth ▶ 牙齿
yáchǐ tooth

耻(恥) chǐ [名] **1**(羞愧) shame
2(耻辱) disgrace

耻(恥)辱 chǐrǔ [名] disgrace

赤 chì [形] (红色) red

赤道 chìdào [名] the equator

赤裸裸 chìluǒluǒ [形] 1(光身子) stark naked 2(喻)(毫无掩饰) undisguised

翅 chì [名] 1(翅膀) wing 2(鳍) fin
翅膀 chìbǎng [名] wing

冲(衝) chōng [动] 1(向前闯) rush forward 2(猛撞) clash ▶冲撞 chōngzhuàng collide 3(浇) pour boiling water on 4(冲洗) rinse 5(指胶片) develop
→ see also/另见 chòng

冲(衝)刺 chōngcì [动](字) sprint
冲(衝)动(動) chōngdòng [动] be impulsive
冲(衝)浪 chōnglàng [名] surf
冲(衝)突 chōngtū 1(激烈争斗) conflict 2(相抵触) clash II [名](矛盾) conflict
冲(沖)洗 chōngxǐ [动] 1(洗涤) wash 2(指胶片) develop

充 chōng [动] 1(满) fill ▶充电 chōngdiàn charge a battery 2(担任) act as 3(假装) pass ... off as

充当(當) chōngdāng [动] act as
充分 chōngfèn I [形] ample II [副] fully
充满(滿) chōngmǎn [动] 1(填满) fill 2(有) brim with
充其量 chōngqíliàng [副] at best
充实(實) chōngshí I [形] rich II [动] enrich
充足 chōngzú [形] sufficient

虫(蟲) chóng [名] insect ▶虫子 chóngzi insect

重 chóng I [动] 1(重复) repeat 2(重叠) overlap II [副] again
→ see also/另见 zhòng

重叠 chóngdié [形] overlapping
重逢 chóngféng [动] reunite
重复(複) chóngfù [动] repeat
重新 chóngxīn [副] again

崇 chóng [形] high
崇拜 chóngbài [动] worship
崇高 chónggāo [形] lofty

宠(寵) chǒng [动] spoil
宠(寵)爱(愛) chǒng'ài [动] dote on
宠(寵)物 chǒngwù [名] pet

冲(衝) chòng I [形] 1(指气味刺鼻) pungent 2(劲儿足) vigorous II [介](对着) at 2(凭) because of III [动](口)(正对) face
→ see also/另见 chōng

抽 chōu [动] 1(取出) take ... out 2(取出部分) take ▶抽时间 chōu shíjiān find time 3(吸) inhale ▶抽烟 chōuyān smoke ▶抽血 chōuxiě take blood 4(抽缩) shrink 5(打) whip

抽搐 chōuchù [动] twitch
抽风(風) chōufēng [动] 1(指疾病) have convulsions 2(喻)(不合常理) lose the plot
抽奖(獎) chōujiǎng [动] draw prizes
抽筋 chōujīn [动](口)(肌肉痉挛) have cramp
抽空 chōukòng [动] find time
抽签(籤) chōuqiān [动] draw lots
抽水 chōushuǐ [动] 1(吸水) pump water 2(缩水) shrink

抽屉(屜) chōuti [名] drawer

抽象 chōuxiàng [形] abstract

仇 chóu [名] 1 (仇敌) enemy 2 (仇恨) hatred ▸ 报仇 bàochóu avenge

仇恨 chóuhèn [动] hate

绸(綢) chóu [名] silk ▸ 丝绸 sīchóu silk

酬 chóu [动] (报答) reward

酬金 chóujīn [名] remuneration

酬劳(勞) chóuláo I [动] repay II [名] repayment

酬谢(謝) chóuxiè [动] repay

稠 chóu [形] 1 (浓度大) thick 2 (稠密) dense

稠密 chóumì [形] dense

愁 chóu [动] be anxious ▸ 忧愁 yōuchóu be worried

丑(醜) chǒu [形] 1 (丑陋) ugly 2 (令人厌恶) disgraceful

丑(醜)陋 chǒulòu [形] ugly

丑(醜)闻(聞) chǒuwén [名] scandal

瞅 chǒu [动] (方) look at

臭 chòu [形] 1 (指气味) smelly 2 (惹人厌恶) disgusting 3 (拙劣) lousy

出 chū [动] 1 (与入相对) go out ▸ 出国 chūguó go abroad ▸ 出游 chūyóu go sightseeing 2 (来到) appear ▸ 出庭 chūtíng appear in court 3 (超出) exceed ▸ 出轨 chūguǐ derail 4 (给) give out 5 (产生) produce 6 (发生) occur

▸ 出事 chūshì have an accident 7 (发出) come out ▸ 出血 chūxiě bleed ▸ 出汗 chūhàn sweat 8 (显露) appear ▸ 出名 chūmíng become famous

出版 chūbǎn [动] publish

出差 chūchāi [动] go away on business

出发(發) chūfā [动] 1 (离开) set out 2 (表示着眼点) take ... as a starting point

出口 chūkǒu I [动] (指贸易) export II [名] exit

出路 chūlù [名] 1 (指道路) way out 2 (前途) prospects (pl) 3 (销路) market

出名 chūmíng [动] become famous

出勤 chūqín [动] (按时到) show up on time ▸ 出勤率 chūqínlǜ ratio of attendance

出去 chūqù [动] go out ▸ 出去吃饭 chūqù chīfàn go out and eat

出色 chūsè [形] outstanding

出身 chūshēn I [动] come from II [名] background

出生 chūshēng [动] be born

出售 chūshòu [动] sell

出席 chūxí [动] attend

出现(現) chūxiàn [动] appear

出院 chūyuàn [动] leave hospital

出租 chūzū [动] let ▸ 有房出租 yǒu fáng chūzū room to let

出租汽车(車) chūzū qìchē [名] taxi

初 chū I [名] original II [形] 1 (第一) first ▸ 初恋 chūliàn first love 2 (最低) primary ▸ 初级 chūjí primary **3**(开始) early ▶ 初冬 chūdōng early winter

初步 chūbù[形] fundamental

初期 chūqī[名] initial stage

初中 chūzhōng[名] junior middle school ▶ 上初中 shàng chūzhōng go to junior middle school

除 chú I[动] **1**(去掉) get rid of ▶ 开除 kāichú dismiss ▶ 去除 qùchú remove **2**(指算术) divide ▶ 除法 chúfǎ division ▶ 16除以8等于2。Shíliù chú yǐ bā děngyú èr. Sixteen divided by eight is two. II[介] **1**(表示绝对排除关系) except ▶ 除彼得外大家都来了。Chú Bǐdé wài dàjiā dōu lái le. Everyone came except Peter. **2**(表示并非唯一) apart from

除非 chúfēi I[连] unless ▶ 除非他要我去, 否则我不去。Chúfēi tā yào wǒ qù, fǒuzé wǒ bù qù. I won't go unless he wants me to. II[介] other than

除了 chúle[介] **1**(表示不包括) except ▶ 除了你其他人都参加了会议。Chúle nǐ qítā rén dōu cānjiāle huìyì. Everyone else attended the meeting except you. **2**(除此以外) apart from ▶ 他除了学习英语, 还学习日语。Tā chúle xuéxí Yīngyǔ, hái xuéxí Rìyǔ. Apart from studying English, he also studies Japanese. **3**(表示非此即彼) apart from ... the only ... ▶ 他除了工作就是睡觉。Tā chúle gōngzuò jiùshì shuìjiào. The only thing he does apart

from work is sleep.

除夕 chúxī[名] New Year's Eve

厨(厨) chú[名] **1**(厨房) kitchen ▶ 厨房 chúfáng kitchen **2**(厨师) cook

厨(厨)师(師) chúshī[名] cook

橱(橱) chú[名] cabinet

橱(橱)窗 chúchuāng[名] **1**(指商店的展示窗) shop (英) 或 store (美) window **2**(用于展览图片等) display case

橱柜(櫃) chúguì[名] cupboard

处(處) chǔ[动] **1**(交往) get on with **2**(在) be in **3**(办理) deal with **4**(处罚) penalize → see also/ 另见 chù

处(處)罚(罰) chǔfá[动] punish

处(處)方 chǔfāng[名] prescription

处(處)分 chǔfèn I[动] punish II[名] punishment

处(處)境 chǔjìng[名] situation

处(處)理 chǔlǐ[动] **1**(解决) deal with **2**(减价) sell ... at a reduced price ▶ 处理品 chǔlǐpǐn goods sold at a discount **3**(加工) treat

处(處)于(於) chǔyú[动] be in a position ▶ 处于困境 chǔyú kùnjìng be in a difficult position

储(儲) chǔ[动] store

储(儲)备(備) chǔbèi I[动] store ... up II[名] reserve

储(儲)藏 chǔcáng[动] **1**(保藏) store **2**(蕴藏) contain

储(儲)存 chǔcún[动] stockpile

储(儲)蓄 chǔxù I[动] save II[名] savings (pl)

处(處)chù [名] 1(地方) place ▸ 益处 yìchù profit 2(部门) department ▸ 人事处 rénshìchù human resources department
→ see also/另见 chǔ

畜 chù [名] livestock
→ see also/另见 xù

畜生 chùsheng [名] beast

触(觸)chù [动] 1(接触) touch 2(触动) move

触(觸)犯 chùfàn [动] violate

触(觸)及 chùjí [动] touch

触(觸)摸 chùmō [动] touch

踹 chuài [动] (踢) kick

川 chuān [名] (河流) river

穿 chuān [动] 1(破) (纸) pierce 2(谎言、事实) expose 3(通过) pass through ▸ 穿过人群 chuān guò rénqún pass through the crowd ▸ 穿针 chuān zhēn thread a needle 4(串) piece ... together ▸ 穿珍珠 chuān zhēnzhū string pearls together 5(衣服、鞋帽、首饰等) wear 6(表示穿透) penetrate

穿着(著) chuānzhuó [名] outfit

传(傳)chuán [动] 1(交给) hand ... down 2(传授) pass ... on 3(传播) spread ▸ 传情 chuánqíng express one's feelings 6(命令) summon 7(传染) infect
→ see also/另见 zhuàn

传(傳)播 chuánbō [动] disseminate

传(傳)达(達) chuándá I[动] pass ... on II[名] receptionist ▸ 传达室 chuándáshì reception room

传(傳)单(單) chuándān [名] leaflet

传(傳)媒 chuánméi [名] (传播媒介) media (pl)

传(傳)票 chuánpiào [名] (传唤凭证) summons (sg)

传(傳)奇 chuánqí [形] legendary

传(傳)染 chuánrǎn [动] infect

传(傳)染病 chuánrǎnbìng [名] infectious disease

传(傳)说(說) chuánshuō [名] legend

传(傳)统(統) chuántǒng I[名] tradition II[形] 1(世代相传) traditional 2(保守) conservative

传(傳)真 chuánzhēn [动] (指通讯方式) fax ▸ 给我发个传真吧。Gěi wǒ fā gè chuánzhēn ba. Please send me a fax.

传(傳)真机(機) chuánzhēnjī [名] fax machine

船 chuán [名] boat, ship

串 chuàn I[动] 1(连贯) string ... together 2(勾结) conspire 3(指信号) get mixed up 4(走动) drop by II[名] bunch ▸ 两串钥匙 liǎng chuàn yàoshi two bunches of keys ▸ 一串珍珠 yī chuàn zhēnzhū a string of pearls

创(創)chuāng [名] wound ▸ 创可贴 chuāngkětiē plaster (英),

Band-Aid® (美)
→ see also/另见 chuàng

创(創)伤(傷) chuāngshāng [名]
1 (指肉体) wound **2** (指精神)
trauma

疮(瘡) chuāng [名] (指疾病) ulcer
▸ 口疮 kǒuchuāng mouth ulcer
▸ 冻疮 dòngchuāng chilblain

窗 chuāng [名] window ▸ 窗子
chuāngzi window

窗户(戶) chuānghu [名] window

窗口 chuāngkǒu [名] **1** (字)
window **2** (喻) (渠道) vehicle
3 (喻) (反映处) window

床 chuáng [名] bed ▸ 单人床
dānrénchuáng single bed ▸ 床
单 chuángdān bed sheet ▸ 上床
shàngchuáng go to bed

闯(闖) chuǎng [动] **1** (冲) rush
2 (磨炼) steel oneself **3** (惹) stir ...
up ▸ 闯祸 chuǎnghuò cause
trouble

创(創) chuàng [动] create ▸ 独创
dúchuàng make an original
creation
→ see also/另见 chuāng

创(創)建 chuàngjiàn [动]
establish

创(創)立 chuànglì [动] establish

创(創)业(業) chuàngyè [动] carve
out a career

创(創)意 chuàngyì [名] creativity

创(創)造 chuàngzào [动] create

创(創)作 chuàngzuò **I** [动] create
II [名] work

吹 chuī [动] **1** (出气) blow ▸ 吹蜡烛
chuī làzhú blow out a candle
2 (演奏) play ▸ 吹口琴 chuī
kǒuqín play the harmonica
3 (夸口) boast **4** (口) (破裂) fall
through ▸ 我和女友吹了。Wǒ
hé nǚyǒu chuī le. I've broken up
with my girlfriend.

吹风(風) chuīfēng [动] (吹干)
blow-dry

吹牛 chuīniú [动] brag

吹捧 chuīpěng [动] flatter

吹嘘(噓) chuīxū [动] boast

炊 chuī [动] cook ▸ 炊具 chuījù
cooking utensil

垂 chuí [动] (一头向下) hang down

垂直 chuízhí [形] vertical

捶 chuí [动] pound

锤(錘) chuí **I** [名] hammer **II** [动]
hammer

春 chūn [名] (春季) spring

春节(節) Chūn Jié [名] Chinese
New Year

春节 Chūn Jié

Chinese New Year, or Spring
Festival, is the most important
festival of the year and falls on
the first day of the lunar
calendar. Traditionally families
gather together, children
receive money in red envelopes,
and in some parts of China
everyone helps make and eat
a festival feast. On greeting
people over this festival it is
traditional to wish them
wealth and happiness, by

saying 恭喜发财 gōngxǐ fācái.

春卷(捲) chūnjuǎn [名] spring roll

春天 chūntiān [名] spring

纯(純) chún [形] 1 (纯净) pure 2 (纯熟) skilful (英), skillful (美)

纯(純)粹 chúncuì I [形] pure II [副] purely

纯(純)洁(潔) chúnjié I [形] pure II [动] purify

纯(純)净(淨) chúnjìng [形] pure

纯净水 chúnjìngshuǐ [名] pure water

唇(脣) chún [名] lip

蠢 chǔn [形] 1 (愚蠢) stupid 2 (笨拙) clumsy

戳 chuō I [动] (穿过) poke II [名] seal

戳子 chuōzi [名] seal

辍(輟) chuò [动] stop

辍(輟)学(學) chuòxué [动] give up one's studies

词(詞) cí [名] 1 (语句) words (pl) ▶ 台词 táicí lines ▶ 闭幕词 bìmùcí closing speech 2 (指语言单位) word

词(詞)典 cídiǎn [名] dictionary

词(詞)汇(匯) cíhuì [名] vocabulary

词(詞)语(語) cíyǔ [名] word

词(詞)组(組) cízǔ [名] phrase

瓷 cí [名] porcelain

辞(辭) cí [动] 1 (辞职) resign 2 (辞退) dismiss

辞(辭)职(職) cízhí [动] resign

慈 cí [形] kind

慈爱(愛) cí'ài [形] affectionate

慈善 císhàn [形] charitable

慈祥 cíxiáng [形] kind

磁 cí [名] (物) magnetism

磁场(場) cíchǎng [名] magnetic field

磁盘(盤) cípán [名] disk

雌 cí [形] female ▶ 雌性 cíxìng female

此 cǐ [代] (这) this ▶ 此时此刻 cǐshí cǐkè right now

此外 cǐwài [连] apart from this

次 cì I [名] ranking ▶ 档次 dàngcì grade ▶ 名次 míngcì position II [形] 1 (第二) second ▶ 次日 cìrì next day 2 (差) inferior ▶ 次品 cìpǐn inferior product III [量] time ▶ 初次 chūcì first time ▶ 屡次 lǚcì repeatedly

次序 cìxù [名] order

次要 cìyào [形] secondary

刺 cì [名] sting

刺耳 cì'ěr [形] 1 (指声音) ear-piercing 2 (喻) (指语言) jarring

刺激 cìjī [动] 1 (指生物现象) stimulate 2 (推动) stimulate 3 (打击) provoke

刺猬(蝟) cìwei [名] hedgehog

匆 cōng [副] hastily

匆忙 cōngmáng [形] hurried

葱(蔥) cōng [名] spring onion

聪(聰) cōng I [名] hearing II [形]

聪(聰)明 cōngmíng [形] **1**(指听力) acute **2**(聪明) clever

从(從) cóng [动] **1**(跟随) follow **2**(顺从) comply with ▶服从 fúcóng obey **3**(从事) participate in II [名] follower III [形] (从属) subordinate ▶从犯 cóngfàn accessory IV [介] (起于) from ▷从明天起 cóng míngtiān qǐ from tomorrow onwards **2**(经过) ▷飞机从我们头顶飞过。Fēijī cóng wǒmen tóudǐng fēiguò. The plane passed over our heads.

从(從)此 cóngcǐ [副] after that

从(從)而 cóng'ér [连] thus

从(從)来(來) cónglái [副] ▷她从来未说过。Tā cónglái wèi shuōguo. She never said it.

从(從)来(來)不 cóngláibù [副] never

从(從)没 cóngméi [副] never ▷他从没见过大海。Tā cóngméi jiànguo dàhǎi. He has never seen the ocean.

When using 从没 cóngméi, 过 guò is placed after the verb.

从(從)前 cóngqián [名] (过去) past ▷希望你比从前快乐。Xīwàng nǐ bǐ cóngqián kuàilè. I hope you are happier than you were before. **2**(很久以前) once upon a time

从(從)事 cóngshì [动] **1**(投身) undertake **2**(处理) deal with

凑(湊) còu [动] **1**(聚集) gather ... together **2**(碰) encounter **3**(接近) approach

凑(湊)合 còuhe [动] **1**(聚集) gather ... together **2**(拼凑) improvise **3**(将就) get by

凑(湊)巧 còuqiǎo [形] lucky

粗 cū [形] **1**(横剖面大) thick **2**(颗粒大) coarse **3**(指声音) gruff **4**(糙) crude

粗暴 cūbào [形] rough

粗糙 cūcāo [形] **1**(不光滑) rough **2**(不细致) crude

粗话(話) cūhuà [名] obscene language

粗鲁(魯) cūlǔ [形] crude

粗心 cūxīn [形] careless

粗野 cūyě [形] rough

促 cù I [形] urgent II [动] **1**(催) press **2**(靠近) be near

促进(進) cùjìn [动] promote

促使 cùshǐ [动] press for

醋 cù [名] (指调味品) vinegar

催 cuī [动] **1**(敦促) hurry ▶催促 cuīcù hurry **2**(加快) speed ... up ▶催眠 cuīmián hypnotize

脆 cuì [形] **1**(易碎) brittle **2**(指食物) crispy

脆弱 cuìruò [形] fragile

村 cūn [名] village ▶村子 cūnzi village

存 cún [动] **1**(存在) exist **2**(储存) store **3**(储蓄) save ▶存款 cúnkuǎn savings (pl) **4**(寄存) check ... in ▷存行李 cún xíngli check in one's bags **5**(保留) retain **6**(心里怀着) harbour (英), harbor (美)

存档(檔) cúndàng [动] file

存放 cúnfàng [动] deposit

存心 cúnxīn [副] deliberately

存在 cúnzài [动] exist

存折(摺) cúnzhé [名] passbook

寸 cùn [量] *unit of length, approximately* 3 *cm*

搓 cuō [动] rub

撮 cuō [动] (聚集) scoop ... up

痤 cuó *see below*/见下文

痤疮(瘡) cuóchuāng [名] acne

挫 cuò [动] (挫折) defeat ▶挫折 cuòzhé setback

措 cuò [动] 1(安排) handle 2(筹划) make plans

措施 cuòshī [名] measure

错(錯) cuò I [形] (不正确) incorrect II [动] (避开) miss ▷错过机会 cuòguò jīhuì miss an opportunity III [名] fault ▷这是我的错。Zhè shì wǒ de cuò. This is my fault.

错(錯)过(過) cuòguò [动] miss ▷错过机会 cuòguò jīhuì miss an opportunity

错(錯)误(誤) cuòwù I [形] wrong II [名] mistake

搭 dā [动] 1(建造) put ... up ▷搭帐篷 dā zhàngpeng put up a tent 2(挂) hang ▷我把大衣搭在胳膊上。Wǒ bǎ dàyī dā zài gēbo shang. I hung my overcoat over my arm. 3(乘) take ▷他每个月搭飞机去上海。Tā měigè yuè dā fēijī qù Shànghǎi. He takes the plane to Shanghai every month. ▷搭便车 dā biànchē get a lift 4(连接) join ▶搭伙 dāhuǒ join forces ▷两家公司终于搭上了关系。Liǎng jiā gōngsī zhōngyú dāshàngle guānxì. The two companies finally joined forces. 5(抬) carry

搭档(檔) dādàng I [名] partner II [动] team up

搭配 dāpèi [动] 1(安排) combine

2 (配合) pair up **3** (指语言) collocate

答 dā [动] answer
→ see also/另见 dá

管理 dǎilǐ [动] **1** (理睬) bother
2 (打招呼) acknowledge

答应(應) dāying [动] **1** (回答) answer **2** (同意) agree **3** (承诺) promise

打 dá [量] dozen
→ see also/另见 dǎ

达(達) dá [动] **1** (数量、目标) reach **2** (指时间) last **3** (通) 直达 zhídá non-stop journey **4** (表示) express ▷ 转达 zhuǎndá convey

达(達)到 dádào [动] **1** (要求、水平、目的) achieve ▷ 达到目的 dádào mùdì achieve an aim ▷ 达到要求 dádào yāoqiú satisfy requirements **2** (指过程) reach

答 dá [动] **1** (回答) answer **2** (还报) repay ▷ 报答 bàodá repay
→ see also/另见 dā

答案 dá'àn [名] answer

答复(復) dáfù [动] respond

答卷 dájuàn **I** [名] answer sheet **II** [动] answer exam questions

打 dǎ **I** [动] **1** (指手动) hit ▷ 殴打 ōudǎ beat up ▷ 打人 dǎ rén beat sb up **2** (敲) beat ▷ 打鼓 dǎ gǔ beat a drum **3** (破) break ▷ 我把暖瓶给打了。Wǒ bǎ nuǎnpíng gěi dǎ le. I broke the Thermos®. **4** (发出) send ▷ 打电话 dǎ diànhuà make a phone

call ▷ 打手电 dǎ shǒudiàn shine a torch **5** (做游戏) play ▷ 打篮球 dǎ lánqiú play basketball **6** (表示动作) ▷ 打喷嚏 dǎ pēntì sneeze ▷ 打滚 dǎgǔn roll about ▷ 打针 dǎzhēn have an injection **7** (建造) build ▷ 打基础 dǎ jīchǔ build the foundation **8** (涂抹) polish ▷ 打蜡 dǎlà wax **9** (交涉) deal with ▷ 打交道 dǎ jiāodao socialize ▷ 打官司 dǎ guānsi file a lawsuit **10** (制造) make ▷ 打家具 dǎ jiājù make furniture **11** (搅拌) beat ▷ 打两个鸡蛋 dǎ liǎng gè jīdàn beat two eggs **12** (编织) knit ▷ 打毛衣 dǎ máoyī knit a sweater **13** (捕捉) catch ▷ 打猎 dǎliè go hunting **14** (画) draw ▷ 打草稿 dǎ cǎogǎo draw up a draft **15** (举) hold ▷ 打伞 dǎsǎn hold an umbrella **16** (揭) open ▷ 打开 dǎkāi open **17** (穿凿) dig ▷ 打耳洞 dǎ ěrdòng pierce one's ears **18** (收集) gather ▷ 打柴 dǎchái gather firewood **19** (从事) do ▷ 打杂儿 dǎzár do odd jobs **20** (用) make ▷ 打比喻 dǎ bǐyù make a comparison **21** (捆) pack ▷ 打行李 dǎ xíngli pack one's bags **22** (拨动) flick ▷ 打字 dǎzì type ▷ 打字机 dǎzìjī typewriter **II** [介] from ▷ 打今儿起 dǎ jīnr qǐ from today
→ see also/另见 dá

打败(敗) dǎbài [动] defeat

打扮 dǎban [动] make oneself up

打倒 dǎdǎo [动] **1** (击倒在地) knock down **2** (指口号) down with **3** (推翻) overthrow

打的 dǎ dí [动] take a taxi

打动(動) dǎdòng [动] move

打赌(賭) dǎdǔ [动] bet

打发(發) dǎfa [动] 1(时间) while away 2(哄走) get rid of 3(派) send

打工 dǎgōng [动] temp

打火机(機) dǎhuǒjī [名] lighter

打击(擊) dǎjī I [动] crack down on II [名] (指精神上) blow

打架 dǎjià [动] have a fight

打开(開) dǎkāi [动] 1(开启) open 2(扩展) expand 3(开) turn ... on

打雷 dǎléi [动] thunder

打气(氣) dǎqì [动] (球、轮胎) inflate

打扫(掃) dǎsǎo [动] clean

打算 dǎsuàn I [动] plan II [名] plan

打听(聽) dǎting [动] ask about

打印机(機) dǎyìnjī [名] printer

打仗 dǎzhàng [动] fight a war

打招呼 dǎ zhāohu (问好) greet

打折 dǎzhé [动] discount

大 dà [形] 1(数量、体积、面积) big ▷大街 dàjiē street ▷一大批 yī dà pī a large amount of 2(指力气) great ▷他劲儿真大！ Tā jìnr zhēn dà! He's so strong! 3(重要) important 4(强) strong ▷大风 dàfēng strong wind 5(指声音) loud ▷大声 dàshēng loudly 6(雨、雪) heavy 7(指年龄) old ▷你多大了？ Nǐ duō dà le? How old are you? ▷他比我大。 Tā bǐ wǒ dà. He's older than me. 8(指程度) ▷大笑 dàxiào roar

with laughter 9(老大) eldest ▷大姐 dàjiě eldest sister →see also/另见 dài

大胆(膽) dàdǎn [形] bold

大地 dàdì [名] the land

大方 dàfang [形] 1(慷慨) generous 2(不拘束) natural 3(不俗气) tasteful

大概 dàgài I [名] general idea II [形] approximate III [副] probably

大伙(夥)(兒) dàhuǒr [代] everybody

大家 dàjiā [代] everybody

大款 dàkuǎn [名] (贬) moneybags (sg)

大量 dàliàng [形] (数量多) large amount of ▷大量资金 dàliàng zījīn a large investment ▷大量裁员 dàliàng cáiyuán lay off a large number of people

大陆(陸) dàlù [名] 1(指含大洲) continent 2(指中国) the mainland ▷中国大陆 Zhōngguó dàlù mainland China

大米 dàmǐ [名] rice

大人 dàren [名] adult

大使 dàshǐ [名] ambassador

大使馆(館) dàshǐguǎn [名] embassy

大事 dàshì [名] important event

大提琴 dàtíqín [名] cello

大小 dàxiǎo [名] (尺寸) size

大熊猫 dàxióngmāo [名] panda

大写(寫) dàxiě [名] (指字母) capital letter

大型 dàxíng [形] large-scale

大选(選) dàxuǎn [名] general election

大学(學) dàxué [名] university (英), college (美)

大学(學)生 dàxuéshēng [名] university (英) 或 college (美) student

大雪 dàxuě [名] heavy snow

大衣 dàyī [名] overcoat

大雨 dàyǔ [名] downpour

大约(約) dàyuē [副] 1(指数量) approximately 2(可能) probably

大众(眾) dàzhòng [名] the people (pl)

大自然 dàzìrán [名] nature

呆(獃) dāi I [形] 1(傻) slow-witted 2(发愣) blank ▷ 发呆 fādāi stare blankly II [动] stay ▷ 我在北京呆了一个星期。Wǒ zài Běijīng dāile yī gè xīngqī. I stayed in Beijing for a week.

待 dāi [动] stay ▷ 你再多待一会儿。Nǐ zài duō dāi yīhuìr. Do stay a little longer.
→ see also/另见 dài

逮 dǎi [动] catch
→ see also/另见 dài

大 dài see below/见下文

大夫 dàifu [名] doctor
→ see also/另见 dà

代 dài I [动] 1(替) do ... on behalf of 2(指问候) send regards to ▷ 见到他时，代我问好。Nǐ jiàndào tā shí, dài wǒ wènhǎo. When you

see him, say hello from me. 3(代理) act as ▷ 代校长 dài xiàozhǎng acting headmaster II [名] 1(时代) times (pl) 2(辈分) generation 3(朝代) dynasty ▷ 清代 Qīng dài Qing Dynasty

代表 dàibiǎo I [名] representative II [动] 1(代替) stand in for 2(委托) represent 3(指意义、概念) be representative of III [形] archetypal

代价(價) dàijià [名] cost

代理 dàilǐ [动] 1(暂时替代) act on behalf of 2(委托) represent

代理人 dàilǐrén [名] agent

代码(碼) dàimǎ [名] code

代数(數) dàishù [名] algebra

代替 dàitì [动] substitute for

带(帶) dài I [名] 1(长条物) strap ▷ 皮带 pídài leather belt ▷ 磁带 cídài cassette ▷ 录像带 lùxiàngdài videotape 2(轮胎) tyre (英), tire (美) ▷ 车带 chēdài car tyre (英) 或 tire (美) 3(区域) zone ▷ 热带 rèdài the tropics II [动] 1(携带) carry ▷ 别忘了带钱包！Bié wàngle dài qiánbāo! Don't forget to take your wallet! 2(捎带) ▷ 你出去时帮点牛奶回来，好吗？Nǐ chūqù shí dài diǎn niúnǎi huílái, hǎo ma? Can you buy some milk when you're out? 3(呈现) wear ▷ 面带笑容 miàn dài xiàoróng wear a smile on one's face 4(含有) have 5(连带) come with 6(指导) direct 7(领) lead 8(养) bring ... up

带(帶)动(動) dàidòng[动](指进步)drive

带(帶)领(領) dàilǐng[动] 1(领着)guide 2(指挥)lead

带(帶)头(頭) dàitóu[动] take the initiative

待 dài[动] 1(对待)treat 2(招待)entertain 3(等待)wait for → see also/另见 dāi

待业(業) dàiyè[动] be unemployed

待遇 dàiyù[名] pay

贷(貸) dài I[动] 1(指银行)lend 2(指借钱方)take out a loan II[名]loan

贷(貸)款 dàikuǎn[动] lend II[名]loan

袋 dài I[名] bag II[量] bag

袋鼠 dàishǔ[名] kangaroo

逮 dài[动] capture → see also/另见 dǎi

逮捕 dàibǔ[动] arrest

戴 dài[动](眼镜、帽子、小装饰品等)wear

单(單) dān I[形] 1(一个)single ▷ 单身 dānshēn single 2(奇数)odd 3(单独)solitary 4(不复杂)simple 5(薄弱)weak 6(衣、裤)thin II[副] only ▷ 成功不能单凭运气。Chénggōng bùnéng dān píng yùnqì. To be successful you can't rely only on luck. III[名] 1(单子)sheet ▷ 床单 chuángdān bed sheet 2(列表)list ▷ 菜单 càidān menu

单(單)程 dānchéng[名] single trip

单(單)纯(純) dānchún I[形] simple II[副] merely

单(單)词(詞) dāncí[名] word

单(單)单(單) dāndān[副] only

单(單)调(調) dāndiào[形] monotonous

单(單)独(獨) dāndú[形] 1(独自)alone 2(独立)unaided

单(單)位 dānwèi[名] 1(指标准量)unit 2(机构)unit

单(單)元 dānyuán[名] unit ▷ 单元房 dānyuánfáng self-contained flat (英) 或 apartment (美)

单(單)子 dānzi[名] 1(指床上用品)sheet 2(列表)list

担(擔) dān[动] 1(挑)carry ... on one's shoulder 2(负)take ... on → see also/另见 dàn

担(擔)保 dānbǎo[动] guarantee

担(擔)当(當) dāndāng[动] take ... on

担(擔)架 dānjià[名] stretcher

担(擔)任 dānrèn[动] hold the post of

担(擔)心 dānxīn[动] worry

耽 dān see below/见下文

耽误(誤) dānwu[动] delay

胆(膽) dǎn[名](胆量)courage

胆(膽)固醇 dǎngùchún[名] cholesterol

胆(膽)量 dǎnliàng[名] guts (pl)

胆(膽)子 dǎnzi[名] guts (pl)

掸(撣) dǎn[动] brush

掸(撣)子 dǎnzi[名] duster

但 dàn I [连] but II [副] only ▶ 但愿
dànyuàn wish

但是 dànshì [连] but ▶ 虽然下雨,
但是不冷。Suīrán xiàyǔ,
dànshì bù lěng. Even though
it's raining, it's not cold.

担(擔) dàn [名] load
→ see also/另见 dān

担(擔)子 dànzi [名] (责任)
responsibility

诞(誕) dàn [动] be born

诞(誕)生 dànshēng [动] be born

淡 dàn [形] 1 (味道浓) weak
2 (不咸) bland 3 (颜色浅) light
4 (稀薄) light 5 (不热情)
indifferent 6 (不红火) slack

淡季 dànjì [名] low season

蛋 dàn [名] (卵) egg ▶ 鸡蛋 jīdàn
egg

蛋白质(質) dànbáizhì [名]
protein

蛋糕 dàngāo [名] cake

弹(彈) dàn [名] (子弹) bullet ▶ 子
弹 zǐdàn bullet ▶ 原子弹
yuánzǐdàn atomic bomb
→ see also/另见 tán

当(當) dāng I [介] 1 (向) in front of
▶ 当众 dāngzhòng in public ▶ 当
着全班 dāngzhe quánbān in
front of the whole class 2 (正在)
▶ 当我们到时,电影已经开始了。
Dāng wǒmen dào shí, diànyǐng
yǐ kāishǐ le. When we arrived
the film had already started.
▶ 当他在美国时,他爷爷去世了。
Dāng tā zài Měiguó shí, tā yéye

qùshì le. His grandfather passed
away while he was in America.
II [动] 1 (担任) act as ▶ 当经理
dāng jīnglǐ act as manager
2 (掌管) be in charge ▶ 当家
dāngjiā rule the roost
→ see also/另见 dàng

当(當)场(場) dāngchǎng [副]
there and then

当(當)初 dāngchū [名] those days

当(當)代 dāngdài [名] the
present ▶ 当代文学 dāngdài
wénxué contemporary
literature

当(當)地 dāngdì [名] locality ▶ 当
地风俗 dāngdì fēngsú local
customs

当(當)今 dāngjīn [名] the present

当(當)面 dāngmiàn [动] do ... face
to face

当(當)年 dāngnián [名] those
days

当(當)前 dāngqián I [动] be faced
with II [名] present ▶ 当前的目
标 dāngqián de mùbiāo the
present aim

当(當)然 dāngrán I [副] of course
II [形] natural

当(當)时(時) dāngshí [名] ▶ 我当
时高兴极了。Wǒ dāngshí
gāoxìng jí le. I was ecstatic at
the time.

当(當)心 dāngxīn [动] be careful

挡(擋) dǎng [动] (拦) keep off ▶ 别
挡路! Bié dǎnglù! Keep off the
road!

党(黨) dǎng [名] (政党) party ▶ 党

员 dǎngyuán party member

当(當) dàng I [形] appropriate ▶ 不当 bùdàng inappropriate II [动] 1 (作为) treat ... as 2 (认为) assume ▶ 我当你明白了。 Wǒ dàng nǐ míngbai le. I assumed you'd understood. 3 (抵押) pawn 4 (指时间) ▶ 当天 dàngtiān that day
→ see also/另见 dāng

当(當)年 dàngnián [名] that same year

当(當)铺(舖) dàngpù [名] pawnshop

当(當)做 dàngzuò [动] regard ... as

档(檔) dàng [名] 1 (档案) file 2 (等级) grade

档(檔)案 dàng'àn [名] files (pl)

档(檔)次 dàngcì [名] grade

刀 dāo [名] (指工具) knife ▶ 刀子 dāozi knife

叨 dāo see below/见下文

叨唠(嘮) dāolao [动] prattle on

导(導) dǎo [动] 1 (引导) guide 2 (传导) conduct 3 (开导) give guidance 4 (导演) direct

导(導)弹(彈) dǎodàn [名] missile

导(導)火线(線) dǎohuǒxiàn [名] 1 (字) fuse 2 (喻) trigger

导(導)师(師) dǎoshī [名] 1 (字) tutor 2 (喻) mentor

导(導)演 dǎoyǎn I [动] direct II [名] director

导(導)游(遊) dǎoyóu I [动] guide II [名] tour guide

导(導)致 dǎozhì [动] lead to ▶ 粗心导致她没考好。 Cūxīn dǎozhì tā méi kǎohǎo. Because of her carelessness she failed the exam.

岛(島) dǎo [名] island ▶ 岛国 dǎoguó island nation ▶ 半岛 bàndǎo peninsula

倒 dǎo [动] 1 (横躺) fall ▶ 摔倒 shuāidǎo fall down ▶ 卧倒 wòdǎo lie down 2 (失败) fail ▶ 倒闭 dǎobì go bankrupt 3 (食欲) spoil ▶ 倒胃口 dǎo wèikou lose one's appetite 4 (换) change ▶ 倒班 dǎobān change shifts
→ see also/另见 dào

倒霉 dǎoméi [形] unlucky

倒塌 dǎotā [动] collapse

捣(搗) dǎo [动] 1 (捶打) crush 2 (搅乱) make trouble

捣(搗)乱(亂) dǎoluàn [动] 1 (扰乱) disturb 2 (制造麻烦) make trouble

到 dào [动] 1 (达到) arrive ▶ 火车到了。 Huǒchē dào le. The train has arrived. ▶ 到点了! Dào diǎn le! Time is up! 2 (去) go ▶ 我到厦门旅游。 Wǒ dào Xiàmén lǚyóu. I'm going to Xiamen on a tour. 3 (用作动词的补语) ▶ 听到这个消息我很吃惊。 Tīngdào zhège xiāoxi wǒ hěn chījīng. When I heard the news I was very surprised. ▶ 你的要求我办不到。 Nǐ de yāoqiú wǒ bàn bù dào. I can't handle your demands.

到处(處) dàochù [名] all places
(pl)

到达(達) dàodá [动] arrive

到底 dàodǐ I [动] ▷ 坚持到底
jiānchí dàodǐ keep going until
the end II [副] 1 (究竟) ▷ 你到底
在干什么? Nǐ dàodǐ zài gàn
shénme? What on earth are
you up to? 2 (毕竟) after all
3 (终于) at last

倒 dào I [动] 1 (颠倒) ▷ 他把地图挂
倒了。 Tā bǎ dìtú guà dào le.
He hung the map up upside
down. ▷ 姓和名写倒了。 Xìng hé
míng xiě dào le. The first name
and surname were written the
wrong way round. 2 (后退)
reverse ▷ 倒车 dàochē reverse a
car 3 (倾倒) empty out ▷ 倒垃圾
dào lājī empty the rubbish out
▷ 倒杯茶 dào bēi chá pour a cup
of tea II [副] 1 (表示意料之外)
unexpectedly 2 (反而) instead
3 (表示让步) ▷ 这房子地段倒好，
就是太小。 Zhè fángzi dìduàn
dào hǎo, jiùshì tài xiǎo.
Although the location of the
house is good, it's still too small.
4 (表示转折) but 5 (表示不耐烦)
▷ 你倒是说呀! Nǐ dàoshì shuō
ya! Can you get on with it
please! 6 (表示责备) ▷ 他说得то
漂亮。 Tā shuō de dào
piàoliang. He's all talk.
→ see also/另见 dǎo

倒立 dàolì [动] 1 (物) be upside
down 2 (人) do a handstand

倒计(計)时(時) dàojìshí [动]
count down

倒退 dàotuì [动] go back

倒影 dàoyǐng [名] reflection

悼 dào [动] mourn

悼念(唸) dàoniàn [动] mourn

盗(盜) dào I [动] rob ▷ 盗窃
dàoqiè steal II [名] robber ▷ 海
盗 hǎidào pirate

盗(盜)版 dàobǎn I [动] pirate
▷ 盗版软件 dàobǎn ruǎnjiàn
pirated software II [名] pirate
copy

盗(盜)贼(賊) dàozéi [名] thieves
(pl)

道 dào I [名] 1 (路) road ▷ 近道
jìndào shortcut 2 (方法) way
▷ 生财之道 shēngcái zhī dào
the road to riches 3 (技艺) art
▷ 茶道 chádào tea ceremony
4 (道教) the Tao 5 (线) line ▷ 横道
儿 héngdàor horizontal line
6 (水流途径) channel ▷ 下水道
xiàshuǐdào sewer II [量] 1 ▷ 一
道阳光 yī dào yángguāng a
beam of sunlight ▷ 两道泪痕
liǎng dào lèihén two tear
streaks

▌ measure word, used for things
▌ in the shape of a long strip

2 ▷ 第二道门 dì'èr dào mén the
second door ▷ 一道墙 yī dào
qiáng a wall

▌ measure word, used for doors,
▌ walls, etc.

3 ▷ 三道题 sān dào tí three
questions ▷ 两道命令 liǎng dào
mìnglìng two orders

▌ measure word, used for orders,
▌ questions, procedures, etc.

4(次) ▷ 我还要办一道手续。
Wǒ háiyào bàn yī dào shǒuxù.
I still need to complete one
formality. ▷ 刷了两道漆 shuāle
liǎng dào qī paint two coats
5 ▷ 五道菜 wǔ dào cài five dishes
measure word, used for dishes
or courses of a meal

道德 dàodé [名] morals (pl)

道教 Dàojiào [名] Taoism

道理 dàolǐ [名] **1**(规律) principle
2(情理) sense

道路 dàolù [名] path

道歉 dàoqiàn [动] apologize

得 dé I [动] **1**(得到) get ▷ 得奖
déjiǎng win a prize **2**(病) catch
▷ 他得了流感。Tā déle liúgǎn.
He caught flu. **3**(计算) equal
▷ 四减二得二。Sì jiǎn èr dé èr.
Four minus two equals two.
4(完成) be ready ▷ 晚饭得了。
Wǎnfàn dé le. Dinner is ready.
5(适合) be suitable ▷ 得体 détǐ
appropriate II [叹] **1**(表示同意、
禁止) OK ▷ 得, 就这么决定了。
Dé, jiù zhème juédìng le. OK,
that's settled then. **2**(表示无可
奈何) Oh no! ▷ 得, 我又没考及
格！Dé, wǒ yòu méi kǎo jígé!
Oh no, I failed again! III [助动]
▷ 版权所有, 不得转载。Bǎnquán
suǒyǒu, bùdé zhuǎnzǎi. All
rights reserved, copying not
allowed.
→ see also/另见/dé, děi

得到 dédào [动] get ▷ 得到帮助
dédào bāngzhù get help

得意 déyì [形] pleased with
oneself

得罪 dézuì [动] offend

德 dé [名] **1**(品行) morality ▷ 品德
pǐndé moral character **2**(恩惠)
kindness ▷ 恩德 ēndé kindness
3(德国) Germany ▷ 德国 Déguó
Germany ▷ 德语 Déyǔ German

德文 Déwén [名] German
language

地 de [助] ▷ 刻苦地学习 kèkǔ de
xuéxí study hard ▷ 努力地工作
nǔlì de gōngzuò work hard
→ see also/另见 dì
▍Use 地 de after adjectives to
▍form adverbs.

的 de [助] **1**(用于定语后) ▷ 昂贵的
价格 ángguì de jiàgé high price
▷ 他的哥哥 tā de gēge his elder
brother ▷ 经理的秘书 jīnglǐ de
mìshū the manager's secretary
2(名词化) ▷ 画画的 huàhuà de
painter **3**(用于是…的强调结构)
▷ 我的嗓子是喊哑的。Wǒ de
sǎngzi shì hǎnyǎ de. My voice
became hoarse from shouting.
→ see also/另见 dí, dì
▍Use 的 de to link descriptive
▍words, phrases and clauses to
▍the noun they describe, e.g. 她
▍是一个很漂亮的女人。Tā shì
▍yī gè hěn piàoliang de nǚrén.
▍(She is a very beautiful
▍woman.); 这是他昨天给我的
▍书。Zhè shì tā zuótiān gěi
▍wǒ de shū. (This is the book
▍which he gave me yesterday.)

的话 (話) dehuà [助] ▷ 见到她的
话, 替我问好。Jiàndào tā
dehuà, tì wǒ wènhǎo. Please

give her my regards if you see her.

得 de [助] **1**(用于动词后面) ▷ 这种 野菜吃得。Zhè zhǒng yěcài chī de. This wild herb is edible. **2**(动词或补语中间) ▷ 她抬得 动。Tā tái de dòng. She can carry it. ▷ 我写得完。Wǒ xiě de wán. I am able to finish writing it. **3**(动词和形容词后面) ▷ 他英 语学得很快。Tā Yīngyǔ xué de hěn kuài. He's learning English very quickly. ▷ 风大得很。Fēng dà de hěn. The wind's very strong.

→ see also/另见 dé, děi

Most adverbial phrases follow the verb and are joined to it by 得 de. Such statements are often evaluations or judgements, and contain the idea of to the extent of or to the degree that, e.g. 她说得很流 利。Tā shuō de hěn liúlì. (She speaks very fluently.)

得 děi I [动] (口)(需要) need ▷ 买房 得多少钱？Mǎifáng děi duōshao qián? How much money do you need to buy a house? II [助动] (口)(必要) must ▷ 我们得6点出发。Wǒmen děi liùdiǎn chūfā. We have to leave at six. **2**(表示推测) will ▷ 快走，电影得开始了。Kuài zǒu, diànyǐng děi kāishǐ le. Get a move on, the film's just about to start.

→ see also/另见 dé, de

灯(燈) dēng [名] light ▷ 台灯

台灯 táidēng desk lamp ▷ 红绿灯 hónglǜdēng traffic lights (pl)

灯(燈)塔 dēngtǎ [名] lighthouse

登 dēng [动] **1**(由低到高) go up **2**(刊登) publish **3**(踩踏板) pedal **4**(踩) get up onto

登记(記) dēngjì [动] register

登录(錄) dēnglù [动] log in ▷ 登 录网站 dēnglù wǎngzhàn log in to a website

蹬 dēng [动] pedal

等 děng I [名] **1**(等级) grade ▷ 中 等 zhōngděng medium ▷ 二等奖 èr děng jiǎng second prize **2**(类) kind II [动] **1**(相同) equal ▷ 等于 děngyú be equal to **2**(等待) wait ▷ 等车 děngchē wait for a bus III [连] (等到) when ▷ 等他来了，我们再讨论 Děng tā lái le, wǒmen zài tǎolùn. We'll talk about it when he comes. IV [助] **1**(列举未尽的) etc. **2**(煞尾的) namely

等待 děngdài [动] wait

等到 děngdào [连] when

等候 děnghòu [动] and so on

等号(號) děnghào [名] (数) equals sign

等候 děnghòu [动] expect

等级(級) děngjí [名] grade

等于(於) děngyú [动] **1**(相等于) equal **2**(等同) be equivalent to

凳 dèng [名] stool ▷ 板凳 bǎndèng wooden stool ▷ 凳子 dèngzi stool

瞪 dèng [动] **1**(表示生气) glare at

2(睁大) open one's eyes wide

低 dī **I**[形] **1**(指高度、程度) low ▶ 他喜欢低声说话。Tā xǐhuan dīshēng shuōhuà. He likes to speak quietly. **2**(指等级) junior ▶ 我比她低两届。Wǒ bǐ tā dī liǎngjiè. I am two years below her. **II**[动](头) bend

低潮 dīcháo [名] low ebb

低调(調) dīdiào [形] low-key

低级(級) dījí [形] **1**(不高级) inferior **2**(庸俗) vulgar

堤(隄) dī [名] dyke

提 dī [动] carry
→ see also/另见 tí

提防 dīfang [动] guard against

滴 dī [动] drip **II**[名] **2**(水滴) shuǐdī drop of water **III**[量] drop ▶ 几滴墨水 jǐ dī mòshuǐ a few drops of ink

的 dí see below/见下文
→ see also/另见 de, dì

的确(確) díquè [副] really

迪 dí [动](书) enlighten

迪斯科 dísīkē [名] disco

敌(敵) dí **I**[名] enemy **II**[动] oppose **III**[形] equal
敌(敵)人 dírén [名] enemy

笛 dí [名] **1**(音) flute **2**(警笛) siren
笛子 dízi [名] bamboo flute

底 dǐ [名] **1**(最下部分) bottom ▶ 鞋底 xiédǐ sole ▶ 地下 dǐxia under **2**(末尾) end ▶ 年底 niándǐ the end of the year

底层(層) dǐcéng [名] **1**(指建筑) ground floor **2**(最下部) bottom

抵 dǐ [动] **1**(支撑) support **2**(抵抗) resist **3**(补偿) compensate for **4**(抵押) mortgage **5**(抵消) offset **6**(代替) be equal to

抵达(達) dǐdá [动] reach

抵抗(達) dǐkàng [动] resist

抵押 dǐyā [动] mortgage

地 dì [名] **1**(地球) the Earth ▶ 地球 dìqiú the Earth **2**(陆地) land **3**(土地) fields (pl) **4**(地点) location ▶ 目的地 mùdìdì destination
→ see also/另见 de

地步 dìbù [名] **1**(处境) state, situation **2**(程度) extent

地带(帶) dìdài [名] zone

地道 dìdào [名] tunnel

地道 dìdao [形] **1**(真正) genuine **2**(纯正) pure **3**(指质量) well done

地点(點) dìdiǎn [名] location

地方 dìfāng [名] locality ▶ 地方政府 dìfāng zhèngfǔ local government

地方 dìfang [名] **1**(区域) place ▶ 你是哪个地方的人？Nǐ shì nǎge dìfang de rén? Where do you come from? **2**(空间) room **3**(身体部位) ▶ 我这个地方痛。Wǒ zhège dìfang tòng. I ache here. **4**(部分) part ▶ 有不明白的地方吗？Yǒu bù míngbai de dìfang ma? Are there any parts that are not clear?

地理 dìlǐ [名] geography

地面 dìmiàn [名] **1**(地表) the Earth's surface **2**(指房屋) floor

地球仪(儀) dìqiúyí [名] globe

地区(區) dìqū [名] area

地摊(攤) dìtān [名] stall

地毯 dìtǎn [名] carpet

地铁(鐵) dìtiě [名] **1**(地下铁道) underground (英) 或 subway (美) **2**(列车) underground (英) 或 subway (美) train ▸ 坐地铁 zuò dìtiě take the underground (英) 或 subway (美)

地图(圖) dìtú [名] map

地位 dìwèi [名] position ▸ 平等的地位 píngděng de dìwèi equal status ▸ 历史地位 lìshǐ dìwèi place in history

地下 dìxià [名] underground

地下室 dìxiàshì [名] basement

地震 dìzhèn [名] earthquake

地址 dìzhǐ [名] address ▸ 通信地址 tōngxìn dìzhǐ postal address

地址簿 dìzhǐbù [名] address book

地主 dìzhǔ [名] landlord

弟 dì [名] younger brother ▸ 表弟 biǎodì cousin ▸ 弟弟 dìdi younger brother

弟兄 dìxiong [名] brothers (pl)

弟子 dìzǐ [名] disciple

的 dì [名] target ▸ 目的 mùdì goal → see also / 另见 de, dí

帝 dì [名] (君主) emperor

帝国(國) dìguó [名] empire

递(遞) dì [动] (传送) pass

第 dì [名] ▸ 第三产业 dìsān chǎnyè tertiary industry ▸ 第三世界 dìsān shìjiè the Third World ▸ 第一次世界大战 Dìyīcì Shìjiè Dàzhàn the First World War

第六感觉(覺) dìliù gǎnjué [名] sixth sense

第一手 dìyīshǒu [形] first-hand

掂 diān [动] weigh in one's hand

颠(顛) diān [动] **1**(颠簸) jolt **2**(跌落) fall

颠倒 diāndǎo [动] ▸ 这张照片上下颠倒了。Zhè zhāng zhàopiàn shàng xià diāndǎo le. The photo is upside down.

典 diǎn **1**(标准) standard **2**(书籍) standard work ▸ 词典 cídiǎn dictionary **3**(典故) allusion **4**(典礼) ceremony

典礼(禮) diǎnlǐ [名] ceremony ▸ 毕业典礼 bìyè diǎnlǐ graduation ceremony

典型 diǎnxíng [形] (代表性) representative

点(點) diǎn **I** [名] **1**(时间单位) o'clock ▸ 早上8点 zǎoshang bā diǎn eight o'clock in the morning **2**(钟点) ▸ 到点了。Dào diǎn le. It's time. **3**(小滴液体) drop ▸ 雨点 yǔdiǎn raindrops (pl) **4**(痕迹) stain **5**(指字、画) dot **6**(指几何) point **7**(小数点) decimal point ▸ 五点六 wǔ diǎn liù five point six **8**(标志) point ▸ 终点 zhōngdiǎn end point **9**(方面) point ▸ 优点 yōudiǎn strong point ▸ 重点

zhōngdiǎn focal point **II** [动]
1 (画点) make a dot **2** (头) nod
▷ 点头 diǎntóu nod one's head
3 (药水等) apply ▷ 点药 diǎn
yǎnyào apply eye drops **4** (查对)
check ▷ 点名 diǎnmíng call the
register **5** (指定) select ▷ 点菜
diǎncài order food **6** (灯、火、
烟等) light ▷ 点烟 diǎnyān light
a cigarette **7** (点缀) decorate
III [量] **1** (少量) a little ▷ 有一点问
题。Yǒu yìdiǎn wèntí. There is a
bit of a problem. ▷ 她会说一点日
语。Tā huì shuō yìdiǎn Rìyǔ.
She can speak a little Japanese.
2 (事项) item ▷ 议事日程上有6
点。Yìshì rìchéng shang yǒu liù
diǎn. There are six items on the
agenda. ▷ 我们有4点建议。We
men yǒu sì diǎn jiànyì. We
have four recommendations.

点 (點) 击 (擊) diǎnjī [动] click

点 (點) 头 (頭) diǎntóu [动] nod

点 (點) 心 diǎnxin [名] snack

点 (點) 子 diǎnzi [名] **1** (关键部分)
key point **2** (主意) idea

电 (電) diàn **I** [名] **1** (能源)
electricity ▷ 电能 diànnéng
electric power ▷ 发电站
fādiànzhàn electric power
station ▷ 停电了。Tíng diàn le.
There's been a power cut.
2 (电报) telegram **II** [动] **1** (触电)
get an electric shock **2** (发电报)
send a telegram ▷ 电贺 diànhè
congratulate by telegram

电 (電) 报 (報) diànbào [名]
telegram

电 (電) 池 diànchí [名] battery

电 (電) 动 (動) diàndòng [形]
electric

电 (電) 话 (話) diànhuà [名] **1** (电话
机) telephone ▷ 办公室的电话
占线。Bàngōngshì de diànhuà
zhànxiàn. The office phone is
engaged (英) 或 busy (美). ▷ 别
挂电话! Bié guà diànhuà!
Don't hang up! **2** (打、接、回)
call ▷ 接电话 jiē diànhuà
answer the phone

电 (電) 话 (話) 号 (號) 码 (碼)
diànhuà hàomǎ [名] phone
number

电 (電) 脑 (腦) diànnǎo [名]
computer ▷ 手提电脑 shǒutí
diànnǎo laptop

电 (電) 器 diànqì [名] electrical
appliance

电 (電) 视 (視) diànshì [名]
television, TV ▷ 彩色电视 cǎisè
diànshì colour (英) 或 color (美)
television ▷ 看电视 kàn diànshì
watch television

电 (電) 台 diàntái [名] station

电 (電) 影 diànyǐng [名] film (英),
movie (美)

电 (電) 影院 diànyǐngyuàn [名]
cinema

电 (電) 子 diànzǐ [名] electron ▷ 电
子表 diànzǐbiǎo digital watch
▷ 电子游戏 diànzǐ yóuxì
electronic game ▷ 电子商务
diànzǐ shāngwù e-commerce
▷ 电子图书 diànzǐ túshū
e-book ▷ 电子邮件 diànzǐ
yóujiàn e-mail

店 diàn [名] **1** (商店) shop (英),

store(美) **2** (旅店)hotel

垫(墊) diàn I [名]cushion ▶鞋垫 xiédiàn insole II [动] **1** (铺)insert **2** (付钱)pay

惦 diàn see below/见下文
惦记(記) diànjì [动]think about

殿 diàn [名]palace ▶宫殿 gōngdiàn palace

叼 diāo [动]have ... in one's mouth

凋 diāo [动]wither
凋谢(謝) diāoxiè [动]wither

雕(彫) diāo I [动]carve II [名] **1** (指艺术)sculpture ▶石雕 shídiāo stone sculpture **2** (鸟) vulture
雕(彫)刻 diāokè I [动]carve II [名]carving
雕(彫)塑 diāosù [名]sculpture

吊 diào [动](悬挂)hang

钓(釣) diào [动]fish ▶钓鱼 diàoyú go fishing

调(調) diào I [动]transfer II [名] **1** (口音)accent **2** (曲调)melody ▶走调 zǒudiào be out of tune **3** (音)key
→ see also/另见 tiáo

调(調)查 diàochá [动]investigate

掉 diào [动] **1** (落下)fall **2** (落后) fall behind **3** (遗失)lose **4** (减少) reduce **5** (转回)turn ... round ▶把车头掉过来 bǎ chētóu diào guòlái turn the car round **6** (互换)swap ▶掉换 diàohuàn swap

跌 diē [动]fall down

叠(疊) dié [动] **1** (一层加一层)pile ... up **2** (信、纸、衣、被)fold

碟 dié see below/见下文
碟子 diézi [名]saucer

蝶 dié [名]butterfly ▶蝴蝶 húdié butterfly

叮 dīng [动](蚊虫)bite
叮嘱(囑) dīngzhǔ [动]warn

盯 dīng [动]stare at

钉(釘) dīng [名]nail

顶(頂) dǐng I [名]top ▶头顶 tóudǐng top of one's head ▶山顶 shāndǐng mountain top II [动] **1** (用头)carry ... on one's head **2** (拱起)lift ... up **3** (支撑)prop ... up **4** (撞)butt **5** (迎着)face **6** (顶撞)be rude to **7** (承担) undertake **8** (相当) ▶他干活一个人能顶两个。Tā gànhuó yī gè rén néng dǐng liǎng gè. He can do as much work as two people. **9** (顶替)take the place of III [量] ▶一顶帽子 yī dǐng màozi a hat ▶一顶蚊帐 yī dǐng wénzhàng a mosquito net measure word, used for things with a pointy tip, such as caps and hats IV [副]extremely ▶顶棒 dǐng bàng extremely good
顶(頂)点(點) dǐngdiǎn [名](最高点)top
顶(頂)峰 dǐngfēng [名]summit
顶(頂)替 dǐngtì [动] **1** (替代)take the place of **2** (冒名)pose as

订(訂)嘴 dǐngzuǐ [动] answer back

订(訂) dìng [动] **1** (确立) draw ... up **2** (预订) order ▷ 订报 dìngbào subscribe to a newspaper **3** (校正) revise **4** (装订) fasten ... together

订(訂)单(單) dìngdān [名] order form

订(訂)购(購) dìnggòu [动] order

订(訂)婚 dìnghūn [动] get engaged

订(訂)货(貨) dìnghuò [动] order goods

订(訂)金 dìngjīn [名] deposit

定 dìng **I** [形] **1** (平静) calm **2** (不变的) settled **3** (规定的) fixed ▷ 定义 dìngyì definition **II** [动] **1** (决定) decide ▷ 定计划 dìng jìhuà decide on a plan **2** (固定) settle **3** (预定) order **III** [副] definitely

定居 dìngjū [动] settle

定期 dìngqī **I** [动] set a date **II** [形] fixed **III** [副] regularly

丢(丟) diū [动] **1** (遗失) lose **2** (扔掉) throw away **3** (投) toss

丢(丟)脸(臉) diūliǎn [动] lose face

丢(丟)人 diūrén [动] lose face

东(東)方 dōngfāng [名] the East

东(東)道国(國) dōngdàoguó [名] host nation

东(東)西 dōngxi [名] (物品) thing ▷ 今天他买了不少东西。Jīntiān tā mǎile bùshǎo dōngxi. He did quite a bit of shopping today.

冬 dōng [名] winter

冬眠 dōngmián [动] hibernate

冬天 dōngtiān [名] winter

董 dǒng [名] director

董事 dǒngshì [名] director

董事会(會) dǒngshìhuì [名] (指企业) board of directors

懂 dǒng [动] understand ▷ 懂得 dǒngdé understand

懂行 dǒngháng [动] (方) know the ropes

动(動) dòng [动] **1** (指改变位置) move ▷ 不许动! Bùxǔ dòng! Freeze! **2** (行动) act **3** (用作动补) ▷ 她太累了,走不动。Tā tài lèi le, zǒu bù dòng. She's too tired - she can't go on. **4** (使用) use ▷ 我们得动脑筋。Wǒmen děi dòng nǎojīn. We must use our brains. **5** (触动) affect **6** (感动) move ▷ 动人 dòngrén moving

动(動)机(機) dòngjī [名] motive

动(動)静(靜) dòngjìng [名] **1** (声音) sound **2** (情况) movement

动(動)力 dònglì [名] **1** (指机械) power **2** (力量) strength

动(動)脉(脈) dòngmài [名] artery

东(東)方 dōngfāng [名] **1** (方向) east ▷ 东南亚 Dōngnányà Southeast Asia **2** (主人) owner ▷ 股东 gǔdōng shareholder ▷ 东道主 (东道主) host

东(東)北 dōngběi [名] north-east

东(東)边(邊) dōngbiān [名] east side

动(動)身 dòngshēn [动] set out

动(動)手 dòngshǒu [动] 1(开始做) get to work 2(用手摸) touch ▷ 只许看，不许动手。Zhǐxǔ kàn, bùxǔ dòngshǒu. You can look, but don't touch. 3(打人) strike a blow

动(動)物 dòngwù [名] animal

动(動)物园(園) dòngwùyuán [名] zoo

动(動)员(員) dòngyuán [动] mobilize

动(動)作 dòngzuò I [名] movement II [动] make a move

冻(凍) dòng [动] freeze ▷ 冻死 dòngsǐ freeze to death

洞 dòng [名] 1(孔) hole 2(穴) cave

洞穴 dòngxué [名] cave

都 dōu [副] 1(全部) all ▷ 全体成员 quántǐ chéngyuán all the members 2(表示理由) all ▷ 都是他才酿成了车祸。Dōu shì tā de cuò. It's all his fault. 3(甚至) even ▷ 老师待他比亲生父母都好。Lǎoshī dài tā bǐ qīnshēng fùmǔ dōu hǎo. The teacher treated him even better than his parents. 4(已经) already ▷ 都到冬天了！Dōu dào dōngtiān le! It's winter already!
→ see also/另见 dū

兜 dōu [名] 1(衣袋) pocket ▷ 裤兜 kùdōu trouser pocket 2(拎兜) bag ▷ 网兜 wǎngdōu string bag

兜风(風) dōufēng [动] (游逛) go for a spin

兜圈子 dōuquānzi [动] (喻) (拐弯抹角) beat about the bush

斗 dǒu [名] 1(指容器) cup 2(斗状物) ▷ 烟斗 yāndǒu pipe ▷ 漏斗 lòudǒu funnel
→ see also/另见 dòu

抖 dǒu [动] 1(颤抖) shiver 2(甩动) shake

陡 dǒu [形] steep

斗(鬥) dòu [动] 1(打斗) fight ▷ 斗鸡 dòujī cock fighting 2(战胜) beat
→ see also/另见 dǒu

斗(鬥)争(爭) dòuzhēng [动] 1(努力战胜) struggle 2(打击) combat 3(奋斗) fight for

豆 dòu [名] bean

豆子 dòuzi [名] (豆类作物) bean

逗 dòu [动] (引逗) tease

逗号(號) dòuhào [名] comma

逗留 dòuliú [动] stay

都 dū [名] (首都) capital
→ see also/另见 dōu

都市 dūshì [名] metropolis

毒 dú I [名] poison II [形] (有毒) poisonous

毒品 dúpǐn [名] drug

独(獨) dú I [形] only ▷ 独生子 dúshēngzǐ only son ▷ 独生女 dúshēngnǚ only daughter II [副] 1(独自) alone 2(唯独) only

独(獨)裁 dúcái [动] dictate

独(獨)立 dúlì [动] 1(指国家) declare independence ▷ 独立宣言 dúlì xuānyán declaration of independence **2**(指个人) be independent

独(獨)身 dúshēn [动] be single

独(獨)特 dútè [形] distinctive

独(獨)自 dúzì [副] alone

读(讀) dú [动] **1**(朗读) read aloud **2**(阅读) read **3**(上学) go to school

读(讀)书(書) dúshū [动] **1**(阅读) read **2**(学习) study **3**(上学) go to school

读(讀)者 dúzhě [名] reader

堵 dǔ I [动] **1**(堵塞) block ▷ 堵车 dǔchē traffic jam **2**(发闷) suffocate II [量] ▷ 一堵墙 yī dǔ qiáng a wall
measure word, used for walls

堵塞 dǔsè [动] block up

赌(賭) dǔ [动] **1**(赌博) gamble **2**(打赌) bet

赌(賭)博 dǔbó [动] gamble

赌(賭)注 dǔzhù [名] bet

肚 dǔ [名] belly

肚子 dùzi [名] (腹部) stomach

度 dù I [名] **1**(限度) limit **2**(气量) tolerance ▷ 大度 dàdù magnanimous **3**(考虑) consideration **4**(程度) degree ▷ 厚度 hòudù thickness II [量] **1**(指经度或纬度) degree ▷ 北纬42度 běiwěi sìshí'èr dù latitude 42 degrees north **2**(指电量) kilowatt-hour **3**(指温度) degree ▷ 零下十度 língxià shí dù minus ten degrees **4**(指弧度或角度) degree **5**(次) time III [动] spend

渡 dù [动] **1**(越过) cross **2**(指用船只) ferry **3**(喻)(通过) survive ▷ 渡难关 dù nánguān go through a difficult time

端 duān I [名] **1**(头) end **2**(开头) beginning ▷ 开端 kāiduān beginning II [动] carry

端午节(節) Duānwǔ Jié [名] Dragon Boat Festival

端午节 Duānwǔ Jié
Dragon Boat Festival is celebrated on the fifth day of the fifth month of the Chinese lunar calendar. The two main activities which take place at this time are dragon boat racing and eating 粽子 zòngzi.

端正 duānzhèng [形] **1**(不歪斜) upright **2**(正派) proper

短 duǎn I [形] short ▷ 短期 duǎnqī short-term II [动] owe III [名] weakness

短处(處) duǎnchu [名] weakness

短裤(褲) duǎnkù [名] **1**(指女式内裤) pants (pl) **2**(指男式内裤) briefs (pl) **3**(指夏装) shorts (pl)

短缺 duǎnquē [动] lack

短信 duǎnxìn [名] text message

短暂(暫) duǎnzàn [形] brief

段 duàn [量] **1**(用于长条物) ▷ 一段铁轨 yī duàn tiěguǐ a section of railway ▷ 一段木头 yī duàn mùtou a chunk of wood
measure word, used for a part of something that is thin and long
2(指时间) period ▷ 一段时间 yī

断(斷) duàn shíjiān a period of time **3** (指路程) stretch **4** (部分) piece

断(斷) duàn [动] **1** (分成段) break **2** (断绝) break ... off **3** (判断) decide

断(斷)定 duàndìng [动] determine

断(斷)言 duànyán [动] assert

缎(緞) duàn [名] satin

锻(鍛) duàn [动] forge

锻(鍛)炼(鍊) duànliàn [动] **1** (指身体) work out **2** (磨炼) toughen

堆 duī **I** [动] **1** (分成段) 别把垃圾堆在这里。 Bié bǎ lājī duī zài zhèlǐ. Don't pile the rubbish up here. **II** [名] pile **III** [量] pile ▷ 一堆石头 yī duī shítou a pile of stones

队(隊) duì [名] **1** (行列) line **2** (指集体) team ▷ 队长 duìzhǎng team leader ▷ 队员 duìyuán team member

队(隊)伍 duìwu [名] **1** (军队) troops (pl) **2** (指集体) contingent

对(對) duì **I** [动] **1** (回答) answer **2** (对待) treat **3** (朝着) face **4** (接触) come into contact with **5** (投合) suit ▷ 对脾气 duì píqì suit one's temperament ▷ 今天的菜很对他的胃口。 Jīntiān de cài hěn duì tā de wèikǒu. Today's meal was definitely to his liking. **6** (调整) adjust **7** (核对) check ▷ 对表 duìbiǎo set one's watch **8** (加进) add **II** [形] **1** (对面) opposite **2** (正确) correct **III** [介] **1** (朝) at **2** (对于)

▷ 吸烟对健康有害。 Xīyān duì jiànkāng yǒuhài. Smoking is harmful to your health. **IV** [量] pair ▷ 一对夫妻 yī duì fūqī a married couple

对(對)比 duìbǐ [动] contrast ▷ 鲜明的对比 xiānmíng de duìbǐ marked contrast

对(對)不起 duìbuqǐ [动] (愧疚) be sorry ▷ 对不起，借过。 Duìbuqǐ, jièguò. Excuse me – may I just get through?

对(對)称(稱) duìchèn [形] symmetrical

对(對)待 duìdài [动] treat

对(對)方 duìfāng [名] other side

对(對)付 duìfu [动] **1** (应付) deal with **2** (将就) make do

对(對)话(話) duìhuà **I** [名] dialogue **II** [动] hold talks

对(對)决(決) duìjué [动] battle for supremacy

对(對)立 duìlì [动] counter

对(對)面 duìmiàn [名] **1** (对过) the opposite **2** (正前方) the front

对(對)手 duìshǒu [名] **1** (指比赛) opponent **2** (指能力) match

对(對)象 duìxiàng [名] **1** (目标) object **2** (指男女朋友) partner

对(對)应(應) duìyìng [动] correspond

对(對)于(於) duìyú [介] ▷ 对于这篇文章，大家理解不一。 Duìyú zhè piān wénzhāng, dàjiā lǐjiě bù yī. Not everyone understands this article in the same way.

兑(兌) duì [动] **1** (互换) exchange

2(汇兑) cash

兑(兑)换(换) duìhuàn [动]
convert

吨(噸) dūn [量] ton

蹲 dūn [动] (弯腿) squat

炖(燉) dùn [动] stew

钝(鈍) dùn [形] **1**(不锋利) blunt
2(不灵活) dim

顿(頓) dùn I [动] (停顿) pause
II [量] ▷ 一顿饭 yī dùn fàn a
meal ▷ 挨了一顿打 ái le yī dùn
dǎ take a beating
■ measure word, used for meals

顿(頓)时(時) dùnshí [副]
immediately

多 duō I [形] **1**(数量大) a lot of ▷
多书 hěn duō shū a lot of books
2(相差大) more ▷ 我比你大多
了。Wǒ bǐ nǐ dà duō le. I'm
much older than you are.
3(超出) too many ▷ 她喝多了。
Tā hē duō le. She drank too
much. **4**(过分) excessive ▷ 多疑
duōyí over-suspicious II [数]
▷ 两年多前 liǎng nián duō qián
over two years ago III [动] be
more than ▷ 多个人就多份力
量。Duō gè rén jiù duō fèn
lìliàng. The more people we
have, the stronger we will be.
IV [副] **1**(用在疑问句中) how
▷ 从北京到上海有多远? Cóng
Běijīng dào Shànghǎi yǒu duō
yuǎn? How far is it from Beijing
to Shanghai? ▷ 你儿子多大了?
Nǐ érzi duō dà le? How old is
your son? **2**(表示感叹) ▷ 多

美的城市! Duō měi de
chéngshì! How beautiful this
town is! **3**(表示任何一种程度)
however ▷ 给我一把尺，多长都
行。Gěi wǒ yì bǎ chǐ, duō
cháng dōu xíng. Give me a ruler
– any length will do.

多长(長) duōcháng [副] how long

多媒体(體) duōméitǐ [名]
multimedia

多么(麼) duōme [副] **1**(用于询问
程度) how ▷ 他到底有多么聪
明? Tā dàodǐ yǒu duōme
cōngming? How clever is he
really? **2**(用在感叹句) ▷ 多么蓝
的天啊! Duōme lán de tiān a!
What a clear day! **3**(表示程度
深) no matter how

多少 duōshǎo [副] **1**(或多或少)
somewhat ▷ 这笔买卖多少能赚
点钱。Zhè bǐ mǎimài duōshǎo
néng zhuàn diǎn qián. We're
bound to earn some money
from this deal. **2**(稍微) slightly

多少 duōshao I [代] (用于询问数
量) how many ▷ 这台电视机多少钱? Zhè
tái diànshìjī duōshao qián?
How much is this television?
▷ 今天有多少人到会? Jīntiān
yǒu duōshao rén dàohuì?
How many people attended the
meeting today? II [数] ▷ 你们有
多少我们要多少。Nǐmen yǒu
duōshao wǒmen yào
duōshao. We want everything
you've got.

多数(數) duōshù [名] the
majority

多余(餘) duōyú [形] **1**(超出需要

哆 duō see below/见下文

哆嗦 duōsuo [动] tremble

夺(奪) duó [动] 1(抢) seize 2(争取) compete for 3(剥夺) deprive 4(决定) resolve

夺(奪)取 duóqǔ [动] 1(武力强取) capture 2(努力争取) strive for

朵 duǒ [量] ▷ 朵朵白云 duǒduǒ báiyún white clouds ▷ 几朵玫瑰 jǐ duǒ méiguì some roses measure word, used for clouds and flowers

躲 duǒ [动] 1(隐藏) hide 2(避让) avoid

躲避 duǒbì [动] 1(回避) run away from 2(躲藏) hide

躲藏 duǒcáng [动] hide

剁 duò [动] chop

堕(墮) duò [动] fall

堕(墮)落 duòluò [动] go to the bad

堕(墮)胎 duòtāi [动] have an abortion

跺 duò [动] stamp

e

俄 é [名] (俄罗斯) Éluósī Russia ▷ 俄国 Éguó Russia

俄语(語) Éyǔ [名] Russian language

鹅(鵝) é [名] goose

蛾 é [名] moth ▷ 蛾子 ézi moth

额(額) é [名] forehead ▷ 额头 étóu forehead

恶(噁) ě see below/见下文
→ see also/另见 è, wù

恶(噁)心 ěxīn I [动] feel nauseous II [形] nauseating

恶(惡) è I [名] evil II [形] 1(凶恶) ferocious 2(恶劣) evil
→ see also/另见 ě, wù

恶(惡)劣 èliè [形] bad

恶(恶)梦(夢)èmèng[名]
nightmare

饿(餓)è I[形] hungry ▷ 我很饿。
Wǒ hěn è. I'm very hungry.
II[动] starve

鳄(鱷)è[名] crocodile, alligator
▷ 鳄鱼 èyú crocodile, alligator

儿(兒)ér[名] 1(小孩子) child
2(儿子) son ▷ 儿子 érzi son

儿(兒)女 érnǚ[名] children (pl)

儿(兒)童 értóng[名] child

而 ér[连] 1(并且) and ▷ 美丽而聪
明 měilì ér cōngming beautiful
and clever 2(但是) but ▷ 浓而不
烈 nóng ér bù liè strong but not
overpowering ▷ 她不是学生，而
是老师。Tā bù shì xuéshēng, ér
shì lǎoshī. She isn't a student,
but a teacher.

而且 érqiě[连] and what's more
▷ 他会讲英语，而且讲得好。Tā
huì jiǎng Yīngyǔ, érqiě jiǎng
de hǎo. He can speak English,
and what's more he speaks it
very well.

耳 ěr[名] (耳朵) ear ▷ 耳朵 ěrduo
ear

二 èr[数] two ▷ 二月 èryuè
February ▷ 第二次 dì èr cì the
second time

二十 èrshí[数] twenty

贰(貳)èr[数] two
This is the character for two,
which is mainly used in banks,
on receipts, cheques etc.

f

发(發)fā[动] 1(送出) send ▷ 发工
资 fā gōngzi pay wages 2(发射)
emit ▷ 发光 fāguāng shine
3(产生) produce ▷ 发电 fādiàn
generate electricity ▷ 发芽 fāyá
sprout 4(表达) express ▷ 发言
fāyán speak 5(扩大) develop
▷ 发扬 fāyáng carry on 6(兴旺)
prosper ▷ 发家 fājiā make a
family fortune 7(使膨胀) ▷ 发面
fāmiàn leaven dough 8(散开)
spread ▷ 发散 fāsàn diverge
9(揭开) uncover ▷ 发掘 fājué
unearth ▷ 揭发 jiēfā expose
10(变得) become ▷ 发霉 fāméi
go mouldy (英) 或 moldy (美)
11(流露) ▷ 发愁 fāchóu worry
▷ 发脾气 fā píqi lose one's
temper 12(感到) feel 13(启程)
leave ▷ 出发 chūfā set out

→ *see also/*另见 fà

发(發)表 fābiǎo [动] 1(宣布) announce 2(刊登) publish

发(發)财(財) fācái [动] make a fortune

发(發)出 fāchū [动] 1(发送) send out 2(散发) give out

发(發)达(達) fādá I [形] developed II [动] promote

发(發)动(動) fādòng [动] 1(启动) start 2(发起) launch 3(鼓动) mobilize

发(發)动(動)机(機) fādòngjī [名] engine

发(發)抖 fādǒu [动] 1(因恐惧等) tremble 2(因寒冷等) shiver

发(發)挥(揮) fāhuī [动] 1(充分利用) bring ... into play 2(详尽论述) elaborate

发(發)火 fāhuǒ [动] 1(着火) catch fire 2(爆炸) detonate 3(发脾气) lose one's temper

发(發)霉(黴) fāméi [动] go mouldy (英) 或 moldy (美)

发(發)明 fāmíng [动] invent

发(發)票 fāpiào [名] 1(收据) receipt 2(发货清单) invoice

发(發)烧(燒) fāshāo [动] have a temperature

发(發)生 fāshēng [动] happen

发(發)现(現) fāxiàn [动] discover

发(發)言 fāyán [动] make a speech

发(發)扬(揚) fāyáng [动] carry on

发(發)音 fāyīn [动] pronounce

发(發)展 fāzhǎn [动] 1(变化) develop 2(扩大) expand

罚(罰) fá [动] punish ▶ 罚款 fákuǎn fine

罚(罰)款 fákuǎn I [动] fine II [名] fine

法 fǎ [名] 1(法律) law 2(方法) method ▶ 用法 yòngfǎ use 3(标准) model 4(佛理) Buddhism 5(法术) magic ▶ 戏法 xìfǎ conjuring tricks

法国(國) Fǎguó [名] France

法律 fǎlǜ [名] law

法庭 fǎtíng [名] court

法语(語) Fǎyǔ [名] French

法院 fǎyuàn [名] court

发(髮) fà [名] hair

→ *see also/*另见 fā

番 fān [量] ▷ 三番五次 sān fān wǔ cì time and time again ▷ 经过几番挫折他明白了许多道理。 Jīngguò jǐ fān cuòzhé tā míngbaile xǔduō dàolǐ. After a few false starts he picked up quite a lot. measure word, used for actions

番茄 fānqié [名] tomato

翻 fān [动] 1(换位置) turn over 2(寻找) rummage 3(推翻) reverse 4(越过) get across 5(增加) multiply 6(翻译) translate 7(翻脸) fall out

翻译(譯) fānyì I [动] translate II [名] translator

凡 fán I [名] 1(人世间) mortal world 2(大概) approximation II [形] ordinary III [副] (总共) in all

烦(煩) fán I[名] trouble II[动] (谦)trouble III[形](厌烦) fed up

烦(煩)恼(惱) fánnǎo [形] worried

繁 fán I[形] numerous II[动] propagate

繁华(華) fánhuá [形] bustling

繁忙 fánmáng [形] busy

繁荣(榮) fánróng [形] flourishing

繁体(體)字 fántǐzì [名] complex characters (pl)

繁体字 fántǐzì

Complex characters, also known as traditional Chinese characters, had been used as the Chinese script for centuries in all parts of China until 1956 when the government of the People's Republic of China carried out a programme of simplifying these characters in an effort to improve the literacy rate by making characters easier to write. Since then, 简体字 jiǎntǐzì 'simplified characters', have become the dominant form of the Chinese script. However, for various cultural and political reasons, some Chinese-speaking regions and communities did not accept these changes, and continue to use the old system. Hong Kong and Taiwan are among these regions.

繁殖 fánzhí [动] breed

反 fǎn I[名] 1(相反) opposite 2(造反) rebellion II[动] 1(转换) turn 2(回) return 3(反对)

oppose 4(背叛) rebel III[形] opposite IV[副] 1(相反) on the contrary 2(从反面) again ▸ 反思 fǎnsī review

反动(動) fǎndòng I[形] reactionary II[名] reaction

反对(對) fǎnduì [动] oppose

反腐 fǎnfǔ [动] tackle corruption

反复(復) fǎnfù [副] 1(重复) repeatedly 2(多变) capriciously

反抗 fǎnkàng [动] resist

反面 fǎnmiàn I[名] other side II[形] negative

反应(應) fǎnyìng [名] 1(反响) response 2(指机体) reaction 3(指物理、化学) reaction

反映 fǎnyìng [动] 1(反照) reflect 2(汇报) report

反正 fǎnzhèng [副] anyway

返 fǎn [动] return

返回 fǎnhuí [动] come back

犯 fàn I[动] 1(违犯) violate 2(侵犯) attack 3(错误、罪行等) commit II[名] criminal

犯法 fànfǎ [动] break the law

犯规(規) fànguī [动] break the rules

犯人 fànrén [名] prisoner

犯罪 fànzuì [动] commit a crime

饭(飯) fàn [名] 1(餐) meal ▸ 晚饭 wǎnfàn supper 2(米饭) rice

饭(飯)店 fàndiàn [名] 1(住宿) hotel 2(吃饭) restaurant

饭(飯)馆(館) fànguǎn [名] restaurant

饭(飯)厅(廳) fàntīng [名] dining room

范(範)fàn [名] 1(模范) model ▶ 典范 diǎnfàn model 2(范围) limit ▶ 规范 guīfàn standard 3(模子) pattern

范(範)围(圍)fànwéi [名] limit

方 fāng I [名] 1(方向) direction ▶ 南方 nánfāng the South 2(方形) square ▶ 长方形 chángfāngxíng rectangle 3(方面) side 4(方法) method 5(地方) place 6(方子) prescription 7(数)(乘方) power II [形] 1(方形) square 2(正直) honest

方案 fāng'àn [名] plan

方便 fāngbiàn [形] 1(便利) convenient 2(适宜) appropriate

方法 fāngfǎ [名] method

方面 fāngmiàn [名] 1(指人) side 2(指物) aspect

方式 fāngshì [名] way

方向 fāngxiàng [名] direction

方言 fāngyán [名] dialect

方针(針)fāngzhēn [名] policy

防 fáng I [动] 1(防备) prevent 2(防守) defend II [名] dyke

防止 fángzhǐ [动] prevent

妨 fáng [动] obstruct

妨碍(礙)fáng'ài [动] obstruct

房 fáng [名] 1(房子) house 2(房间) room ▶ 书房 shūfáng study 3 4(家族) ▶ 远房亲戚 yuǎnfáng qīnqi a distant relative

房东(東)fángdōng [名] landlord

房屋 fángwū [名] building

房租 fángzū [名] rent

仿 fǎng [动] 1(仿效) copy 2(类似) be like

仿佛(彿)fǎngfú I [连] as if II [形] similar

访(訪)fǎng [动] 1(访问) call on ▶ 访谈 fǎngtán call in for a chat 2(调查) investigate

访(訪)问(問)fǎngwèn [动] visit

纺(紡)fǎng I [动] spin II [名] silk

纺(紡)织(織)fǎngzhī [动] ▶ 纺织品 fǎngzhīpǐn textiles (pl)

放 fàng [动] 1(使自由) ▶ 解放 jiěfàng free 2(暂时停止) ▶ 放学了。Fàngxué le. School is now over. 3(放纵) let oneself go 4(赶牲畜吃草) graze 5(驱逐) expel ▶ 流放 liúfàng banish 6(发出) send out ▶ 放炮 fàngpào fire a gun 7(点燃) set ... off 8(借出收息) lend 9(扩展) ▶ 把照片放大 zhàopiàn fàngdà enlarge a photo 10(花开) bloom 11(搁置) put ... to one side 12(弄倒) cut down 13(使处于) put 14(加进) add 15(控制自己) ▶ 放严肃点 fàng yánsù diǎn become more serious 16(放映) project 17(保存) leave

放大 fàngdà [动] enlarge

放假 fàngjià [动] go on holiday (英) 或 vacation (美)

放弃(棄)fàngqì [动] give ... up

放松 fàngsōng [动] relax

放心 fàngxīn [动] set one's mind at rest

放学(學)fàngxué[动]finish school

飞(飛)fēi I[动]1(鸟,虫,飞机)fly 2(空中游动)flutter 3(挥发)evaporate II[副]swiftly

飞(飛)机(機)fēijī[名]aeroplane(英),airplane(美)

飞(飛)行 fēixíng[动]fly

非 fēi I[名]1(错误)wrong ▶是非 shìfēi right and wrong 2(非洲)Fēizhōu Africa II[动]1(非议)blame 2(违反)run counter to ▶非法 fēifǎ illegal 3(不是)not be 4(强硬)insist on III[副](必须)▶我不让他走,他非去不可。Wǒ bù ràng tā zǒu, tā fēi qù bùkě. I've tried to stop him, but he simply has to go.

非常 fēicháng I[形]exceptional II[副]very

非典 fēidiǎn[名](非典型性肺炎)SARS

非法 fēifǎ[形]illegal

非洲 Fēizhōu[名]Africa

肥 féi I[名]fertilizer II[动]1(使肥沃)fertilize 2(暴富)get rich III[形]1(脂肪多)fat 2(肥沃)fertile 3(肥大)loose

肥胖 féipàng[形]fat

肥皂 féizào[名]soap

肺 fèi[名]lung

废(廢)fèi I[动]abandon II[形]1(不用的)waste 2(没用的)useless 3(残废的)disabled

费(費)fèi I[名]fee ▶车费 chēfèi bus fare II[形]expensive III[动]spend

费(費)用 fèiyong[名]expense

分 fēn I[动]1(分开)divide ▶分离 fēnlí separate ▶分裂 fēnliè split 2(分配)assign 3(辨别)distinguish II[名]1(分支)branch 2(分数)fraction ▶分母 fēnmǔ denominator 3(得分)mark III[量]1(分数)fraction ▶四分之三 sì fēn zhī sān three quarters 2(十分之一)one tenth 3(指货币)unit of Chinese currency, equal to a hundredth of a yuan 4(指时间)minute ▶5点过5分 wǔ diǎn guò wǔ fēn 5 minutes past 5 5(指弧度或角度)minute ▶36度20分 sānshíliù dù èrshí fēn 36 degrees 20 minutes 6(百分之一)per cent ▶月利1分 yuèlì yī fēn monthly interest of 1 per cent
→ see also/另见 fèn

分别(別)fēnbié[动]1(离别)split up 2(辨别)distinguish II[名]difference

分开(開)fēnkāi[动]separate

分配 fēnpèi[动]assign

分手 fēnshǒu[动]1(告别)say goodbye 2(指男女关系)break up

分数(數)fēnshù[名]mark

分析 fēnxī[动]analyse(英),analyze(美)

分钟(鐘)fēnzhōng[名]minute

吩 fēn see below/见下文

吩咐 fēnfù[动]instruct

纷(紛)fēn[形]1(多)numerous ▶纷繁 fēnfán numerous 2(乱)

confused ▸ 纷扰 fēnrǎo confusion

纷(紛) 纷纷(紛紛) fēnfēn I [形] diverse II [副] one after another

坟(墳) fén [名] grave

坟(墳)墓 fénmù [名] grave

粉 fěn I [名] 1 (粉末) powder 2 (粉丝) vermicelli II [动] 1 (成碎末) crumble ▸ 粉碎 fěnsuì crush 2 (变成粉状) pulverize III [形] 1 (白色) white 2 (粉红色) pink

粉笔(筆) fěnbǐ [名] chalk

粉红(紅) fěnhóng [形] pink

粉末 fěnmò [名] powder

分 fèn [名] 1 (成分) component 2 (限度) limit ▸ 过分 guòfèn excessive 3 (情分) feelings (pl) ▸ see also/另见 fēn

分量 fènliàng [名] weight

份 fèn I [名] 1 (一部分) part ▸ 股份 gǔfèn share 2 (指划分单位) ▸ 年份 niánfèn year II [量] 1 (指食物) portion 2 (指报刊) copy

奋(奮) fèn [动] 1 (振作) exert oneself ▸ 勤奋 qínfèn diligent 2 (举起) raise

奋(奮)斗(鬥) fèndòu [动] fight

愤(憤) fèn [形] indignant ▸ 气愤 qìfèn indignant

愤(憤)怒 fènnù [形] angry

丰(豐) fēng [形] 1 (丰富) abundant 2 (大) great

丰(豐)富 fēngfù I [形] abundant II [动] enrich

丰(豐)收 fēngshōu [动] have a good harvest

风(風) fēng I [名] 1 (指空气流动) wind 2 (风气) trend 3 (景象) scene ▸ 风光 fēngguāng scenery 4 (态度) manner ▸ 风度 fēngdù bearing 5 (消息) information II [形] rumoured (英), rumored (美) III [动] air ▸ 风干 fēnggān air-dry

风(風)格 fēnggé [名] 1 (气度) manner 2 (特点) style

风(風)景 fēngjǐng [名] scenery

风(風)水 fēngshuǐ [名] feng shui

风(風)俗 fēngsú [名] custom

风(風)险(險) fēngxiǎn [名] risk

封 fēng I [动] (封闭) seal II [名] envelope III [量] ▸ 一封信 yī fēng xìn a letter

封建 fēngjiàn I [名] feudalism II [形] feudal

疯(瘋) fēng I [形] mad II [副] madly

疯(瘋)子 fēngzi [名] lunatic

锋(鋒) fēng [名] 1 (尖端) point 2 (带头的) vanguard 3 (锋面) front

锋(鋒)利 fēnglì [形] 1 (工具) sharp 2 (言论) cutting

蜂 fēng I [名] 1 (黄蜂) wasp 2 (蜜蜂) bee II [副] in swarms

蜂蜜 fēngmì [名] honey

逢 féng [动] come across

缝(縫) féng [动] sew ▸ see also/另见 fèng

讽(諷) fěng [动] mock ▸ 讥讽 jīfěng satirize

讽(諷)刺 fěngcì [动] ridicule

奉 fèng [动] 1 (献给) present
2 (接受) receive 3 (尊重) respect
4 (信仰) believe in 5 (伺候)
attend to

奉献(獻) fèngxiàn [动] dedicate

缝(縫) féng [名] 1 (接合处) seam
2 (缝隙) crack
→ see also/另见 fèng

缝(縫)隙 fèngxì [名] crack

佛 fó [名] 1 (佛教) Buddhism
2 (佛像) Buddha

佛教 fójiào [名] Buddhism

否 fǒu I [动] deny II [副] 1 (书) (不)
no 2 (是、能、可) or not ▷ 他明
天是否来参加聚会? Tā
míngtiān shìfǒu lái cānjiā
jùhuì? Is he coming to the party
tomorrow or not?

否定 fǒudìng I [动] negate II [形]
negative

否认(認) fǒurèn [动] deny

否则(則) fǒuzé [连] otherwise

夫 fū [名] 1 (丈夫) husband 2 (男子)
man 3 (劳动者) manual worker

夫妇(婦) fūfù [名] husband and
wife

夫妻 fūqī [名] husband and wife

夫人 fūrén [名] Mrs

扶 fú [动] 1 (稳住) steady 2 (搀起)
help up 3 (扶助) help

服 fú I [名] clothes (pl) II [动] 1 (吃)
take ▷ 服药 fúyào take medicine
2 (担任) serve ▷ 服役 fúyì serve
in the army 3 (服从) comply with

4 (使信服) convince 5 (适应)
adapt
→ see also/另见 fù

服从(從) fúcóng [动] obey

服务(務) fúwù [动] serve

服务(務)员(員) fúwùyuán [名]
1 (指商店里) attendant 2 (指饭
馆里) waiter, waitress 3 (指宾馆
里) room attendant

服装(裝) fúzhuāng [名] clothing

浮 fú I [动] float II [形] 1 (表面上)
superficial 2 (可移动的) movable
3 (暂时) temporary 4 (轻浮)
slapdash 5 (空虚) empty ▷ 浮夸
fúkuā exaggerated 6 (多余)
surplus

浮肿(腫) fúzhǒng [动] puff up

符 fú I [名] 1 (标记) mark 2 (图形)
Daoist motif II [动] be in keeping
with

符号(號) fúhào [名] mark

符合 fúhé [动] match

幅 fú I [名] 1 (指布) width 2 (泛指大
小) size ▷ 幅度 fúdù range II [量]
▷ 一幅画 yī fú huà a painting
▷ 三幅书法 sān fú shūfǎ three
calligraphies
measure word, used for
paintings, portraits and
Chinese calligraphies

福 fú [名] good fortune

辅(輔) fú [动] complement

辅(輔)导(導) fǔdǎo [动] coach

腐 fǔ I [形] rotten II [名] bean curd

腐败(敗) fǔbài I [动] rot II [形]
corrupt

父 fù [名] 1(父亲) father 2(指男性长辈) senior male relative ► 祖父 zǔfù grandfather

父母 fùmǔ [名] parents

父亲(親) fùqīn [名] father

付 fù [动] 1(事物) hand over ► 托付 tuōfù entrust 2(钱) pay ► 偿付 chángfù pay back

付账(賬) fùzhàng [动] pay the bill

负(負) fù I [动] 1(书)(背) carry on one's back ► 负重 fùzhòng carry a heavy load 2(担负) bear 3(遭受) suffer 4(享有) enjoy 5(拖欠) be in arrears 6(背弃) turn one's back on 7(失败) lose II [形] negative ► 负数 fùshù negative number

负(負)担(擔) fùdān I [动] bear II [名] burden

负(負)责(責) fùzé I [动] be responsible II [形] conscientious

妇(婦) fù [名] 1(妇女) woman ► 妇科 fùkē gynaecology (英), gynecology (美) 2(已婚妇女) married woman 3(妻) wife

妇(婦)女 fùnǚ [名] woman

妇(婦)男 fùnán [名] house husband

附 fù [动] 1(附带) attach 2(靠近) get close to 3(依从) depend on

附近 fùjìn I [形] nearby II [名] vicinity

服 fù [量] dose
→ see also/另见 fú

复(複) fù I [形] 1(重复) duplicated ► 复制 fùzhì reproduce 2(繁复) complex II [动] 1(转) turn 2(回答) reply 3(恢复) recover 4(报复) take revenge III [副] again ► 复查 fùchá re-examine

复(復)活节(節) Fùhuó Jié [名] (宗) Easter

复(複)习(習) fùxí [动] revise

复(複)印 fùyìn [动] photocopy

复(複)印机(機) fùyìnjī [名] photocopy machine

复(複)杂(雜) fùzá [形] complex

副 fù I [形] 1(辅助) deputy 2(附带) subsidiary ► 副业 fùyè subsidiary business II [名] assistant ► 大副 dàfù first mate III [量] correspond to IV [量] pair ► 一副手套 yī fù shǒutào a pair of gloves ► 一副冷面孔 yī fù lěng miànkǒng a cold expression ► 一副笑脸 yī fù xiàoliǎn a smiling face measure word, used for expressions

副作用 fùzuòyòng [名] side effect

富 fù I [形] 1(有钱) rich 2(丰富) abundant II [名] wealth III [动] enrich

富有 fùyǒu I [形] wealthy II [动] be full of

g

咖 gā see below/见下文
→ see also/另见 kā

咖喱 gālí [名] curry

该(該) gāi I [动] 1 (应当) ought to
2 (轮到) be the turn of 3 (活该)
serve ... right ▷ 活该 huógāi
serve ... right II [助动] 1 (应该)
should ▷ 工作明天该完成了。
Gōngzuò míngtiān gāi
wánchéng le. The work should
be finished by tomorrow. 2 (表示
推测) ▷ 再不吃的话，菜都该凉
了。Zài bù chī dehuà, cài dōu
gāi liáng le. If we keep waiting
the food is only going to get
colder. 3 (用于加强语气) ▷ 要是
他能在这儿多好啊！Yàoshi tā
néng zài zhèr gāi duō hǎo a! It
would be great if he could be here.

改 gǎi [动] 1 (改变) change 2 (修改)
alter 3 (改正) correct

改变(變) gǎibiàn [动] change
▷ 我改变了主意。Wǒ gǎibiànle
zhǔyi. I changed my mind.

改革 gǎigé [动] reform ▷ 改革开
放 gǎigé kāifàng reform and
opening up

改善 gǎishàn [动] improve

改正 gǎizhèng [动] correct ▷ 改正
缺点 gǎizhèng quēdiǎn mend
one's ways

钙(鈣) gài [名] (化) calcium

盖(蓋) gài I [名] (指器皿) cover
▷ 盖子 gàizi lid II [动] 1 (蒙上)
cover 2 (遮掩) cover ... up
3 (打上) stamp 4 (压过) block ...
out 5 (建造) build

概 gài [名] (大略) outline

概括 gàikuò I [动] summarize
II [形] brief

概念 gàiniàn [名] concept

干 gān I [动] have to do with ▷ 这
不干我事。Zhè bù gān wǒ shì.
This has nothing to do with me.
II [形] 1 (无水) dry 2 (不用水) dry
▷ 干洗 gānxǐ dry-clean 3 (干涸)
dried-up III [名] ▷ 豆腐干
dòufugān dried tofu ▷ 葡萄干
pútaogān raisin IV [副] (白白) in
vain
→ see also/另见 gàn

干(乾) 杯 gānbēi [动] drink a toast
▷ "干杯！" "Gānbēi!" "Cheers!"

干(乾) 脆 gāncuì [形] direct

干(乾) 旱 gānhàn [形] arid

干(乾)净(淨) gānjìng [形] 1(无尘) clean 2(一点不剩) complete ▷请把汤喝干净。Qǐng bǎ tāng hē gānjìng. Please finish your soup.

干扰(擾) gānrǎo [动] disturb

干预(預) gānyù [动] interfere

干(乾)燥 gānzào [形] dry

杆(桿) gān [名] post

肝 gān [名] liver

竿 gān [名] pole ▷竿子 gānzi pole

赶(趕) gǎn [动] 1(追) catch ▷赶公共汽车 gǎn gōnggòng qìchē catch a bus 2(加快) rush ▷赶着回家 gǎnzhe huíjiā rush home 3(驱赶) drive 4(驱逐) drive ... out

赶(趕)紧(緊) gǎnjǐn [副] quickly

赶(趕)快 gǎnkuài [副] at once ▷我们得赶快走了！Wǒmen děi gǎnkuài zǒu le! We must go at once!

赶(趕)上 gǎnshàng [动] catch up with

赶(趕)忙 gǎnmáng [副] hurriedly

敢 gǎn [动] 1(有胆量) dare ▷敢于 gǎnyú dare to 2(有把握) be sure

感 gǎn I [动] 1(觉察) feel 2(感动) move ▷感人 gǎnrén moving II [名] sense ▷成就感 chéngjiùgǎn a sense of achievement ▷方向感 fāngxiànggǎn a sense of direction

感到 gǎndào [动] feel ▷我感到幸运。Wǒ gǎndào xìngyùn. I feel lucky.

感动(動) gǎndòng [动] move ▷他容易被感动。Tā róngyì bèi gǎndòng. He's very easily moved.

感恩节(節) Gǎn'ēn Jié [名] Thanksgiving

感激 gǎnjī [动] appreciate

感觉(覺) gǎnjué I [名] feeling II [动] 1(感到) feel 2(认为) sense

感冒 gǎnmào [动] catch a cold

感情 gǎnqíng [名] 1(心理反应) emotion 2(喜爱) feelings (pl)

感染 gǎnrǎn [动] (传染) infect

感想 gǎnxiǎng [名] thoughts (pl)

感谢(謝) gǎnxiè [动] thank ▷感谢您的指导。Gǎnxiè nín de zhǐdǎo. Thank you for your guidance.

感兴(興)趣 gǎn xìngqù [动] be interested in ▷他对绘画感兴趣。Tā duì huìhuà gǎn xìngqù. He's interested in painting.

干(幹) gàn [动] 1(做) do ▷干活 gànhuó work 2(担任) act as ▷他干过队长。Tā gànguo duìzhǎng. He acted as team leader.

▷ see also/另见 gān

干(幹)部 gànbù [名] cadre

刚(剛) gāng I [形] strong II [副] 1(恰好) just ▷水温刚好。Shuǐwēn gāng hǎo. The temperature of the water was just right. 2(仅仅) just ▷这儿刚够放一把椅子。Zhèr gāng gòu fàng yī bǎ yǐzi. There is just enough room for a chair. 3(不久以前) only just ▷小宝宝刚会走

路。Xiǎo bǎobao gāng huì zǒulù. The baby has only just started walking.

刚(剛)才 gāngcái [名] just now

刚(剛)刚(剛) gānggāng [副] just

刚(剛)好 gānghǎo I [形] just right II [副] luckily

钢(鋼) gāng [名] steel ▶ 钢铁 gāngtiě steel

钢(鋼)笔(筆) gāngbǐ [名] fountain pen

钢(鋼)琴 gāngqín [名] piano

缸 gāng [名] (器物) vat ▶ 鱼缸 yúgāng fish bowl

港 gǎng [名] 1 (港湾) harbour (英), harbor (美) 2 (香港) Hong Kong ▶ 香港 Xiānggǎng Hong Kong ▶ 港币 gǎngbì Hong Kong dollar

港口 gǎngkǒu [名] port

高 gāo [形] 1 (指高度) tall ▶ 高楼 gāolóu tall building 2 (指标准或程度) high ▶ 高标准 gāo biāozhǔn high standard 3 (指等级) senior ▶ 高中 gāozhōng senior school 4 (指声音) high-pitched 5 (指年龄) old 6 (指价格) high

高大 gāodà [形] (字) huge

高档 gāodàng [形] top quality

高等 gāoděng [形] higher ▶ 高等教育 gāoděng jiàoyù higher education

高级(級) gāojí [形] 1 (指级别) senior ▶ 高级法院 gāojí fǎyuàn high court 2 (超过一般) high-quality ▶ 高级英语 gāojí Yīngyǔ advanced English ▶ 高

级宾馆 gāojí bīnguǎn luxury hotel

高考 gāokǎo [名] college entrance examination

高科技 gāokējì [形] hi-tech

高速 gāosù [形] rapid

高速公路 gāosù gōnglù [名] motorway (英), freeway (美)

高兴(興) gāoxìng I [形] happy II [动] enjoy

高原 gāoyuán [名] plateau

高中 gāozhōng [名] (高级中学) senior school (英), high school (美)

糕 gāo [名] cake ▶ 蛋糕 dàngāo cake

搞 gǎo [动] 1 (干) do 2 (弄) get

告 gào [动] 1 (陈述) tell 2 (控пии) sue

告别(別) gàobié [动] say goodbye

告诉(訴) gàosu [动] tell

告状(狀) gàozhuàng [动] (抱怨) complain

哥 gē [名] 1 (哥哥) elder brother 2 (亲热称呼) brother

哥哥 gēge [名] elder brother

哥们(們)儿(兒) gēmenr [名] (朋友) mate (英), buddy (美)

胳 gē see below/见下文

胳膊 gēbo [名] arm

鸽(鴿) gē [名] dove ▶ 鸽子 gēzi dove

搁(擱) gē [动] 1 (放) put 2 (搁置) put aside

割 gē [动] cut

歌 gē I [名] song II [动] sing

歌剧(劇) gējù [名] opera

歌曲 gēqǔ [名] song

歌手 gēshǒu [名] singer

革 gé I [名] leather II [动] (改变) change

革命 gémìng [动] revolutionize ▷ 工业革命 gōngyè gémìng industrial revolution

格 gé [名] (格子) check

格式 géshì [名] format

格外 géwài [副] 1 (特别) especially 2 (额外) additionally

隔 gé [动] 1 (阻隔) separate 2 (间隔) be apart

隔壁 gébì [名] next door ▷ 隔壁邻居 gébì línjū next-door neighbour (英) 或 neighbor (美)

嗝 gé [名] 1 (饱嗝) burp ▷ 打饱嗝 dǎ bǎogé burp 2 (冷嗝) hiccup ▷ 打冷嗝 dǎ lěnggé have a hiccup

个(個) gè I [名] (指身材或大小) size ▷ 个头儿 gètóur build II [量] (表示个数) ▷ 6个桃子 liù gè táozi six peaches ▷ 两个月 liǎng gè yuè two months

This is the most useful and common measure word, and can be used as the default measure word when you are unsure. It can be used for people, objects, fruits, countries, cities, companies, dates, weeks, months, ideas etc.

(表示动量) ▷ 开个会 kāi gè huì have a meeting ▷ 冲个澡 chōng gè zǎo have a shower

the most useful measure word, used for actions

个(個)别(別) gèbié [形] 1 (单个) individual 2 (少数) a couple

个(個)唱 gèchàng [名] solo concert

个(個)人 gèrén I [名] individual II [代] oneself ▷ 就他个人而言 jiù tā gèrén éryán as far as he's concerned ▷ 在我个人看来, 这是个好主意。Zài wǒ gèrén kànlái, zhè shì gè hǎo zhǔyi. As far as I'm concerned this is a good idea.

个(個)体(體) gètǐ [名] 1 (指生物) individual 2 (指经济形态) ▷ 个体经营 gètǐ jīngyíng private enterprise

个(個)性 gèxìng [名] personality ▷ 他个性很强。Tā gèxìng hěn qiáng. He has a very strong personality.

个(個)子 gèzi [名] stature ▷ 高个子女人 gāo gèzi nǚrén a tall woman

各 gè I [代] each II [副] individually

各个(個) gègè I [代] each II [副] one by one

各种(種) gèzhǒng [代] all kinds

各自 gèzì [代] each

给(給) gěi I [动] 1 (给予) give 2 (让) let II [介] 1 (为) for ▷ 我给妻子做早餐。Wǒ gěi qīzi zuò zǎocān. I made breakfast for my wife. 2 (向) to ▷ 留给他 liú gěi tā leave it to him ▷ 递给我 dì gěi wǒ pass it to me

根 gēn I [名] (指植物) root ▸ 祸根 huògēn the root of the problem II [量] ▸ 一根绳子 yī gēn shéngzi a rope ▸ 一根头发 yī gēn tóufa a hair

measure word, used for long thin objects, body parts and plants

根本 gēnběn I [名] root II [形] fundamental III [副] 1(完全) at all 2(彻底) thoroughly ▸ 根本转变态度 gēnběn zhuǎnbiàn tàidu completely change one's attitude

根据(据) gēnjù I [介] according to II [名] basis

根源 gēnyuán [名] cause

跟 gēn I [名] heel II [动] 1(跟随) follow 2(嫁) marry III [介] 1(引) with ▸ 我跟朋友去公园了。Wǒ gēn péngyou qù gōngyuán le. I went to the park with friends. 2(向) ▸ 跟我说说这件事。Gēn wǒ shuōshuo zhè jiàn shì. Tell me what happened. 3(表示比较) as ▸ 他的教育背景跟我相似。Tā de jiàoyù bèijǐng gēn wǒ xiāngsì. His educational background is similar to mine. IV [连] and

跟随(随) gēnsuí [动] follow

跟头(头) gēntou [名] fall ▸ 翻跟头 fān gēntou do a somersault

跟踪(踪) gēnzōng [动] tail

更 gēng [动] (改变) change ▸ 更正 gēngzhèng correct
→ see also/另见 gèng

更改 gēnggǎi [动] alter

更换(换) gēnghuàn [动] change

更替 gēngtì [动] replace

更新 gēngxīn [动] 1(事物) replace ▸ 更新网站内容 gēngxīn wǎngzhàn nèiróng update web content 2(森林) renew

更衣室 gēngyīshì [名] fitting room

耕 gēng [动] plough

耕地 gēngdì I [动] plough II [名] cultivated land

更 gèng [形] (加) even more ▸ 天黑了。Tiān gèng hēi le. It's getting even darker.
→ see also/另见 gēng

更加 gèngjiā [副] even more

工 gōng [名] 1(指人) worker ▸ 童工 tónggōng child labour 2(指阶级) the working class 3(工作或劳动) work 4(工程) project 5(工业) industry

工厂(厂) gōngchǎng [名] factory

工程 gōngchéng [名] engineering project

工程师(师) gōngchéngshī [名] engineer

工夫 gōngfu [名] 1(时间) time 2(空闲) spare time

工具 gōngjù [名] 1(器具) tool 2(喻) instrument

工具栏(栏) gōngjùlán [名] (计算机) toolbar

工人 gōngrén [名] worker

工业 gōngyè [名] industry

工艺(艺)品 gōngyìpǐn [名] handicraft item

工资(資) gōngzī [名] pay

工作 gōngzuò [名] 1 (劳动) work 2 (职业) job 3 (业务) work

公 gōng I [形] 1 (非私有) public ▶ 公共 gōnggòng public 2 (共识) general 3 (公正) fair 4 (雄性) male II [名] 1 (公务) official business 2 (敬) (老先生) ▷ 王公 Wáng gōng Mr Wang 3 (丈夫的父亲) father-in-law ▷ 公公 gōnggong father-in-law

公安 gōng'ān [名] public security

公安局 gōng'ānjú [名] 1 (公安机关) Public Security Bureau 2 (派出所) police station

公布(佈) gōngbù [动] announce

公厕(廁) gōngcè [名] public toilet

公尺 gōngchǐ [名] metre (英), meter (美)

公费(費) gōngfèi [名] public expense

公分 gōngfēn [名] centimetre (英), centimeter (美)

公共 gōnggòng [形] public

公共汽车(車) gōnggòng qìchē [名] bus

公共汽车(車)站 gōnggòng qìchēzhàn [名] 1 (指总站) bus station 2 (指路边站) bus stop

公斤 gōngjīn [名] kilogram

公开(開) gōngkāi I [形] public II [动] make public

公里(裡) gōnglǐ [名] kilometre (英), kilometer (美)

公路 gōnglù [名] motorway

公民 gōngmín [名] citizen

公平 gōngpíng [形] fair

公社 gōngshè [名] commune

公司 gōngsī [名] company

公用 gōngyòng [形] public

公寓 gōngyù [名] 1 (旅馆) boarding house 2 (楼房) flat (英), apartment (美)

公元 gōngyuán [名] A.D.

公园(園) gōngyuán [名] park

公正 gōngzhèng [形] impartial

公众(眾) gōngzhòng [名] public

公主 gōngzhǔ [名] princess

功 gōng [名] 1 (功劳) contribution 2 (成效) achievement

功夫 gōngfu [名] martial arts

功课(課) gōngkè [名] homework

功劳(勞) gōngláo [名] contribution

功能 gōngnéng [名] function ▷ 多功能电话 duōgōngnéng diànhuà multi-functional telephone

攻 gōng [动] (攻打) attack

攻击(擊) gōngjī [动] (进攻) attack

供 gōng [动] 1 (供应) supply 2 (提供) provide

供给(給) gōngjǐ [动] supply

供求 gōngqiú [名] supply and demand

供应(應) gōngyìng [动] supply

宫(宮) gōng [名] (皇宫) palace ▶ 宫殿 gōngdiàn palace

恭 gōng [形] respectful

恭维(維) gōngwéi [动] flatter

恭喜 gōngxǐ [动] congratulate

巩(鞏) gǒng *see below*/见下文
巩(鞏)固 gǒnggù I [形] solid
II [动] strengthen

共 gòng I [形] common II [动] share III [副] 1 (一齐) together 2 (总共) altogether IV [名] (共产党) the communist party
共产(產)党(黨) gòngchǎndǎng [名] the communist party
共产(產)主义(義) gòngchǎn zhǔyì [名] communism
共和国(國) gònghéguó [名] republic
共同 gòngtóng I [形] common II [副] together

贡(貢) gòng [名] tribute
贡(貢)献(獻) gòngxiàn I [动] devote II [名] contribution

沟(溝) gōu [名] ditch
沟(溝)通 gōutōng [动] communicate

钩(鉤) gōu [名] 1 (钩子) hook 2 (符号) tick [动] 3 (用钩子挂) hook 4 (编织、缝) crochet

狗 gǒu [名] dog

构(構) gòu I [动] 1 (组成) compose 2 (结成) form 3 (建造) construct II [名] (结构) structure
构(構)成 gòuchéng [动] 1 (造成) constitute 2 (组成) compose
构(構)造 gòuzào [名] structure

购(購) gòu [动] buy
购(購)买(買) gòumǎi [动] buy
购(購)物 gòuwù [动] go shopping ▷ 她爱购物。Tā ài gòuwù. She likes shopping.

够(夠) gòu I [形] enough ▷ 5个就够了。Wǔ gè jiù gòu le. Five is enough. II [动] reach

估 gū [动] guess
估计(計) gūjì [动] reckon

姑 gū [名] 1 (姑母) aunt 2 (丈夫的姐妹) sister-in-law
姑娘 gūniang [名] girl
姑姑 gūgu [名] aunt

孤 gū [形] (孤单) alone
孤单(單) gūdān [形] (寂寞) lonely
孤独(獨) gūdú [形] solitary
孤儿(兒) gū'ér [名] orphan

古 gǔ I [名] ancient times (*pl*) II [形] ancient
古代 gǔdài [名] antiquity
古典 gǔdiǎn I [名] classics (*pl*) II [形] classical
古董 gǔdǒng [名] (古代器物) antique
古惑仔 gǔhuòzǎi [名] hooligan
古迹(蹟) gǔjì [名] historic site
古老 gǔlǎo [形] ancient

谷 gǔ [名] 1 (山谷) valley 2 (稻谷) grain
谷歌 Gǔ gē [名] Google®

股 gǔ I [名] 1 (指绳或线) strand 2 (股份) share II [量] (气体) (气味) whiff
股票 gǔpiào [名] share
股市 gǔshì [名] stock market

骨 gǔ [名] bone
骨头(頭) gǔtou [名] (字) bone

鼓 gǔ I [名] drum II [动] 1 ▸ 鼓掌 gǔzhǎng applaud 2 (凸起, 胀大) bulge ▸ 他鼓着嘴。Tā gǔzhe zuǐ. He puffed his cheeks out. III [形] bulging ▸ 她的书包鼓鼓的。Tā de shūbāo gǔgǔ de. Her schoolbag was full to bursting.

鼓励(勵) gǔlì [动] encourage

鼓舞 gǔwǔ I [动] inspire II [形] inspiring

固 gù I [形] strong ▸ 坚固 jiāngù solid ▸ 牢固 láogù firm II [副] (坚定) firmly

固定 gùdìng I [形] fixed II [动] fix

固体(體) gùtǐ [名] solid

固执(執) gùzhí [形] stubborn

故 gù [名] 1 (变故) incident 2 (原因) reason

故宫(宮) Gùgōng [名] the Forbidden City

故宫 Gùgōng
As the largest collection of ancient wooden structures in the world, 故宫 Gùgōng formed the imperial palaces of the Ming (1368–1644) and Qing (1644–1911) dynasties. It is located at what was once the exact centre of the old city of Beijing, just to the north of Tian'anmen Square. It is now a major tourist attraction, both for the architecture of its 800-plus wooden buildings, and for the many artistic and cultural treasures which are housed within them. In 1987 it was declared a World Heritage Site by UNESCO.

故事 gùshi [名] story

故乡(鄉) gùxiāng [名] birthplace

故意 gùyì [副] deliberately

故障 gùzhàng [名] fault ▸ 这台机器出了故障。Zhè tái jīqì chū le gùzhàng. This machine is faulty.

顾(顧) gù [动] 1 (看) look ▸ 回顾 huígù look back ▸ 环顾 huángù look around 2 (注意, 照管) attend to ▸ 照顾 zhàogù attend to

顾(顧)客 gùkè [名] customer

顾(顧)问(問) gùwèn [名] consultant

雇(僱) gù [动] 1 (雇佣) employ 2 (租赁) hire

雇(僱)员(員) gùyuán [名] employee

雇(僱)主 gùzhǔ [名] employer

瓜 guā [名] (植) melon

刮 guā [动] 1 (指用刀) shave 2 (涂抹) smear 3 (风) blow

挂(掛) guà [动] 1 (悬, 吊) hang 2 (中断电话) hang up

挂(掛)号(號) guàhào I [动] register II [形] registered ▸ 挂号信 guàhàoxìn registered mail

挂(掛)历(曆) guàlì [名] calendar

褂 guà [名] gown ▸ 褂子 guàzi gown

乖 guāi [形] (听话) well-behaved

拐(枴) guǎi I [名] 1 (拐杖) walking stick 2 (拐角处) turning II [动] 1 (转变方向) turn ▸ 向左/右拐 xiàng zuǒ/yòu guǎi turn left

2(拐骗) swindle

拐(枴)卖(賣) guǎimài [动] abduct and sell

怪 guài I [形] strange II [动] **1**(觉得奇怪) be surprised **2**(责怪) blame III [副] (口) really IV [名] monster

怪不得 guàibude [连] no wonder

关(關) guān I [动] **1**(合拢) close **2**(圈起来) imprison **3**(停业) close down **4**(断电) turn ... off ▷ 关灯 guān dēng turn off the light **5**(牵连) concern ▷ 这不关他的事。 Zhè bù guān tā de shì. This matter does not concern him. II [名] **1**(守卫处所) pass **2**(出入境收税处) customs (pl) ▷ 海关 hǎiguān customs (pl) **3**(转折点) critical point **4**(关联部分) ▷ 关节 guānjié joint ▷ 关键 guānjiàn key

关(關)闭(閉) guānbì [动] **1**(合拢) close **2**(歇业或停办) close down

关(關)怀(懷) guānhuái [动] be concerned about

关(關)税(稅) guānshuì [名] customs duty

关(關)系(係) guānxì I [名] (联系) relation II [动] impact on

关(關)心 guānxīn [动] be concerned about

关(關)于(於) guānyú [介] on

关(關)照 guānzhào [动] (关心照顾) look after

关(關)注 guānzhù [动] pay close attention to

观(觀) guān I [动] look ▷ 围观 wéiguān gather round to watch ▷ 旁观 pángguān look on II [名] view

观(觀)察 guānchá [动] observe

观(觀)点(點) guāndiǎn [名] point of view

观(觀)看 guānkàn [动] watch

观(觀)念 guānniàn [名] concept

观(觀)众(眾) guānzhòng [名] spectator

官 guān [名] **1**(公职人员) official **2**(器官) organ

官司 guānsi [名] lawsuit

官员(員) guānyuán [名] official

管 guǎn I [名] **1**(管子) pipe ▷ 水管 shuǐguǎn water pipe ▷ 管子 guǎnzi tube **2**(乐器) wind instrument ▷ 双簧管 shuānghuángguǎn oboe **3**(管状物) tube II [动] **1**(负责) be in charge of **2**(管辖) have jurisdiction over **3**(管教) discipline **4**(过问) interfere ▷ 这事不用你管。Zhè shì bù yòng nǐ guǎn. It's no use you interfering in this. **5**(保证) guarantee ▷ 管保 guǎnbǎo guarantee **6**(提供) provide

管道 guǎndào [名] pipeline

管理 guǎnlǐ [动] **1**(负责) be in charge of **2**(保管) take care of **3**(看管) keep guard over ▷ 企业管理 qǐyè guǎnlǐ business management

管用 guǎnyòng [形] effective

贯(貫) guàn I [动] **1**(贯穿) pass

through 2 (连贯) keep following **II** [名] 籍贯 jíguàn place of origin

贯(貫)彻(徹) guànchè [动] implement

贯(貫)穿 guànchuān [动] run through

冠 guàn **I** [名] crown **II** [名] crown

冠军(軍) guànjūn [名] champion

惯(慣) guàn [动] 1 (习惯) be used to ▷ 我吃西餐已经惯了。Wǒ chī xīcān yǐjīng guàn le. I'm already used to Western food. 2 (纵容) spoil ▷ 惯孩子 guàn háizi spoil the children

灌 guàn [动] 1 (灌溉) irrigate 2 (注入) pour ... into

罐 guàn **I** [名] 1 (盛茶叶、糖等) jar 2 (易拉罐) can 3 (煤气) cylinder ▷ 煤气罐 méiqìguàn gas cylinder **II** [量] can ▷ 两罐啤酒 liǎng guàn píjiǔ two cans of beer ▷ 五罐苏打水 wǔ guàn sūdǎshuǐ five cans of soda water

罐(頭) guàntou [名] tin ▷ 金枪鱼罐头 jīnqiāngyú guàntou tinned tuna fish

光 guāng **I** [名] 1 (指物质) light ▶ 月光 yuèguāng moonlight ▶ 阳光 yángguāng sunlight 2 (景物) scenery ▶ 风光 fēngguāng scenery 3 (荣誉) glory ▶ 增光 zēngguāng bring glory **II** [动] 1 (光大) glorify 2 (露出) bare **III** [形] 1 (光滑) smooth ▶ 光滑 guānghuá smooth 2 (露着) bare ▶ 光脚

guāngjiǎo barefooted 3 (穷尽) used up ▷ 钱都用光了。Qián dōu yòng guāng le. All the money's used up. **IV** [副] just ▷ 他光说不做。Tā guāng shuō bù zuò. He's all talk.

光临(臨) guānglín [动] be present

光明 guāngmíng **I** [名] light **II** [形] bright

光盘(盤) guāngpán [名] CD

光荣 guāngróng [形] glorious

光线(綫) guāngxiàn [名] light

广(廣) guǎng [形] 1 (宽阔) broad 2 (多) numerous

广(廣)播 guǎngbō [动] broadcast

广(廣)场(場) guǎngchǎng [名] square

广(廣)大 guǎngdà [形] 1 (宽广) vast 2 (众多) numerous

广(廣)泛 guǎngfàn [形] wide-ranging ▷ 广泛开展活动 guǎngfàn kāizhǎn huódòng initiate a wide range of activities

广(廣)告 guǎnggào [名] advertisement

广(廣)阔(闊) guǎngkuò [形] broad

逛 guàng [动] stroll

归(歸) guī [动] 1 (返回、还给) return 2 (合并) group ... together ▷ 归类 guīlèi categorise 3 (属于) be under the charge of ▷ 这本书归他所有。Zhè běn shū guī tā suǒyǒu. This book belongs to him.

归(歸)功 guīgōng [动] give credit to

归(歸)还(還) guīhuán [动] return

龟(龜) guī [名] tortoise ▸乌龟 wūguī tortoise

规(規) guī [名] 1 (工具) compasses (pl) 2 (规则) rule

规(規)定 guīdìng I [动] stipulate II [名] regulation

规(規)范(範) guīfàn [名] standard ▷一定要规范市场秩序。Yídìng yào guīfàn shìchǎng zhìxù. We must standardize the market economy.

规(規)矩 guīju I [名] norm II [形] well-behaved ▷他办事总是规矩。Tā bànshì zǒngshì guīju. He always plays by the rules.

规(規)律 guīlǜ [名] law

规(規)模 guīmó [名] scale

规(規)则(則) guīzé I [名] regulation II [形] orderly

规(規)章 guīzhāng [名] regulations (pl)

轨(軌) guǐ [名] (轨道) rail ▸轨道 guǐdào track

鬼 guǐ [名] 1 (灵魂) ghost 2 (勾当) dirty trick 3 (不良行为者) ▸酒鬼 jiǔguǐ drunkard

鬼混 guǐhùn [动] hang around

鬼脸(臉) guǐliǎn [名] grimace ▷做鬼脸 zuò guǐliǎn make a funny face

柜(櫃) guì [名] (柜子) cupboard ▸衣柜 yīguì wardrobe ▸保险柜 bǎoxiǎnguì safe

柜(櫃)台(臺) guìtái [名] counter

贵(貴) guì [形] 1 (指价格) expensive 2 (值得珍视) valuable ▸贵宾 guìbīn VIP

贵(貴)重 guìzhòng [形] valuable

贵(貴)族 guìzú [名] aristocrat

跪 guì [动] kneel ▸跪下 guìxià kneel down

滚(滾) gǔn I [动] 1 (滚动) roll ▸滚动 gǔndòng roll 2 (走开) get lost ▸滚烫 gǔntàng boiling hot II [形] 1 (滚动的) rolling 2 (沸腾的) boiling

棍 gùn [名] (棍子) stick ▸棍子 gùnzi stick

锅(鍋) guō [名] (指炊具) pot ▸炒菜锅 chǎocàiguō wok ▸火锅 huǒguō hotpot

国(國) guó I [名] country II [形] (国家) national ▸国徽 guóhuī national emblem ▸国歌 guógē national anthem ▸国旗 guóqí national flag

国(國)产(產) guóchǎn [形] domestic

国(國)画(畫) guóhuà [名] traditional Chinese painting

国(國)会(會) guóhuì [名] parliament

国(國)籍 guójí [名] nationality

国(國)际(際) guójì [形] international

国(國)家 guójiā [名] state

国(國)力 guólì [名] national strength

国(國)民 guómín [名] citizen

国(國)内(內) guónèi [形] domestic

国(國)庆(慶)节(節) Guóqìng jié [名] National Day

国庆节 Guóqìng jié
国庆节 Guóqìng jié(National Day) falls on 1 October, and commemorates the anniversary of the founding of the People's Republic of China in 1949. The PRC was declared by Chairman Mao Zedong, in Tian'anmen Square in Beijing.

国(國)王 guówáng [名] king

国(國)务(務)院 guówùyuàn [名] the State Council

国务院 guówùyuàn
国务院 guówùyuàn, the State Council, is the highest executive and administrative organ of the PRC government, headed by the Premier, and overseeing all the various ministries.

国(國)营(營) guóyíng [形] state-run

果 guǒ [名] 1(果子) fruit ▶果子 guǒzi fruit 2(结局) outcome ▶效果 xiàoguǒ result ▶成果 chéngguǒ achievement

果断(斷) guǒduàn [形] resolute

果然 guǒrán [副] really

果实(實) guǒshí [名] 1(果子) fruit 2(成果) fruits (pl)

果真 guǒzhēn [副] really

裹 guǒ [动] (缠绕) wrap

过(過) guò I [动] 1(经过) pass through 2(度过) spend ▶你假期

怎么过的？ Nǐ jiàqī zěnme guò de? How did you spend your holiday? 3(过去) pass 4(超过) be more than ▶年过半百 nián guò bàn bǎi over fifty years old 5(生活) live ▶我们过得很好。Wǒmen guò de hěn hǎo. We live well. 6(庆祝) celebrate ▶过生日 guò shēngrì celebrate a birthday II [名] fault III [介] past ▶现在是9点过8分。Xiànzài shì jiǔ diǎn guò bā fēn. It is now eight minutes past nine.

When 过 guò is used as a verb suffix to indicate a past action, it often corresponds to the present perfect tense (e.g. 'I have done') in English, stressing that the subject has experienced something, e.g. 我去过中国三次 Wǒ qùguo Zhōngguó sān cì (I have been to China three times).

过(過)程 guòchéng [名] process

过(過)道 guòdào [名] corridor

过(過)分 guòfèn [形] excessive

过(過)后(後) guòhòu [副] later

过(過)奖(獎) guòjiǎng [动] flatter ▶您过奖了。Nín guòjiǎng le. I'm flattered.

过(過)来(來) guòlái [动] come over

过(過)滤(濾) guòlù [动] filter

过(過)敏 guòmǐn [名] (医) allergy

过(過)期 guòqī [动] expire

过(過)年 guònián [动] celebrate the new year

过(過)去 guòqù [名] the past

过(過)去 guòqu [动] pass by
过(過)日子 guò rìzi [动] live
过(過)时(時) guòshí [形] outdated
过(過)世 guòshì [动] pass away
过(過)头(頭) guòtóu [形] excessive
过(過)瘾(癮) guòyǐn [动] do to one's heart's content
过(過)于(於) guòyú [副] too

h

哈 hā I [叹] aha II [拟] ha ha ▷ 哈哈大笑 hā hā dàxiào roar with laughter

还(還) hái [副] 1 (仍旧) still, yet ▷ 那家饭店还很兴旺。Nà jiā fàndiàn hái hěn xīngwàng. The old restaurant is still thriving. ▷ 她还没回来。Tā hái méi huílai. She hasn't come back yet. 2 (更加) even more → see also/另见 huán

还(還)是 háishì I [副] 1 (仍然) still 2 (最好) had better ▷ 你还是先完成作业吧。Nǐ háishì xiān wánchéng zuòyè ba. You'd better finish your homework first. II [连] or ▷ 你是去巴黎还是去伦敦？Nǐ shì qù Bālí háishì qù Lúndūn? Are you going to Paris or London?

孩 hái [名] child

孩子 háizi [名] child

海 hǎi [名](海洋) ocean ▶地中海 Dìzhōnghǎi the Mediterranean Sea

海边(邊) hǎibiān [名] coast

海拔 hǎibá [名] elevation

海报(報) hǎibào [名] poster

海滨(濱) hǎibīn [名] seaside

海关(關) hǎiguān [名] customs (pl)

海军(軍) hǎijūn [名] the navy

海绵(綿) hǎimián [名] sponge

海滩(灘) hǎitān [名] beach

海峡(峽) hǎixiá [名] strait

海鲜(鮮) hǎixiān [名] seafood

海洋 hǎiyáng [名] ocean

害 hài I [动] 1 (损害) harm 2 (杀害) kill II [名] harm ▶害处 hàichu harm ▶灾害 zāihài disaster III [形] harmful ▶害虫 hàichóng pest

害怕 hàipà [动] be afraid

害羞 hàixiū [动] be shy

含 hán [动] 1 (用嘴) keep ... in the mouth 2 (包含) contain

含量 hánliàng [名] content

含义(義) hányì [名] meaning

寒 hán [形](冷) cold ▶寒风 hánfēng chilly wind

寒假 hánjià [名] winter holiday

寒冷 hánlěng [形] cold

韩(韓) hán [名] see below/见下文

韩(韓)国(國) Hánguó [名] South Korea

喊 hǎn [动] 1 (大声叫) shout ▶喊叫 hǎnjiào cry out 2 (叫) call

汉(漢) hàn [名](汉族) the Han (pl) ▶汉人 Hànrén the Han people (pl)

汉(漢)语(語) Hànyǔ [名] Chinese

汉(漢)字 Hànzì [名] Chinese characters (pl)

汉(漢)族 Hànzú [名] the Han (pl)

汗 hàn [名] sweat ▶汗水 hànshuǐ sweat

旱 hàn [形] dry ▶旱灾 hànzāi drought

行 háng I [名] 1 (行列) row, first row 2 (行业) profession ▶同行 tóngháng people in the same profession II [量] line ▶一行字 yī háng zì a line of words → see also/另见 xíng

行业(業) hángyè [名] industry

航 háng [动] 1 (指船) sail 2 (指飞机) fly

航班 hángbān [名](指客机) scheduled flight

航空 hángkōng [动] fly ▶航空信 hángkōngxìn airmail ▶航空公司 hángkōng gōngsī airline

毫 háo [名](千分之一) ▶毫米 háomǐ millimetre (英), millimeter (美) ▶毫升 háoshēng millilitre (英), milliliter (美)

毫不 háobù [副] not at all

毫无(無) háowú [副] without the slightest

豪 háo [形] grand ▶ 豪华 háohuá luxurious

好 hǎo I [形] 1 (令人满意) good ▷ 他脾气好。Tā píqi hǎo. He's good-natured. 2 (容易) easy ▷ 这事不好办。Zhè shì bù hǎo bàn. This won't be easy to manage. 3 (健康) well ▷ 你身体好吗？Nǐ shēntǐ hǎo ma? Are you keeping well? 4 (亲密) good ▷ 我们是好朋友。Wǒmen shì hǎo péngyou. We're good friends. 5 (表示问候) ▷ 你好！Nǐ hǎo! Hello! ▷ 大家好。Dàjiā hǎo. Hello everyone. 6 (表示完成) ▷ 工作找好了。Gōngzuò zhǎohǎo le. I've found work. ▷ 衣服洗好了。Yīfu xǐhǎo le. The clothes have been washed. 7 (表示答应、结束等) ▷ 好，我们现在就去！Hǎo, wǒmen xiànzài jiù qù! OK, let's go then! II [副] 1 (强调多或久) very ▷ 我等了好久她才来。Wǒ děngle hǎojiǔ tā cái lái. I'd waited for a long time before she arrived. 2 (表示程度深) ▷ 他话说得好快。Tā huà shuō de hǎo kuài. He speaks so quickly. 3 (问候) regards (pl) ▷ 请代我向你太太问好。Qǐng dài wǒ xiàng nǐ tàitai wènhǎo. Please send my regards to your wife. → see also / 另见 hào

好吃 hǎochī [形] delicious

好处 (處) hǎochu [名] 1 (益处) benefit 2 (利益) profit

好久 hǎojiǔ [副] for a long time

好看 hǎokàn [形] 1 (漂亮) nice-looking 2 (精彩) good ▷ 这本书很好看。Zhè běn shū hěn hǎokàn. This book is very good.

好受 hǎoshòu [形] comfortable

好容易 hǎoróngyì [副] with great effort

好听 (聽) hǎotīng [形] 1 (指声音、音乐) lovely 2 (指言语) nice

好玩儿 (兒) hǎowánr [形] fun

好像 hǎoxiàng [副] apparently

好笑 hǎoxiào [形] funny

好些 hǎoxiē [形] quite a great deal of

号 (號) hào I [名] 1 (名称) name ▶ 外号 wàihào nickname 2 (商店) firm ▶ 商号 shānghào firm 3 (标记) sign ▶ 逗号 dòuhào comma 4 (次序) number 5 (日期) date ▷ 6月1号 liùyuè yī hào the first of June 6 (大小) size ▶ 大号 dàhào large-size 7 (乐器) brass instrument ▶ 小号 xiǎohào trumpet II [动] (脉) take ▶ 号脉 hàomài take a pulse

号 (號) 码 (碼) hàomǎ [名] number

号 (號) 召 hàozhào [动] appeal

好 hào [动] 1 (喜爱) like 2 (容易) be easy → see also / 另见 hǎo

好奇 hàoqí [形] curious

喝 hē [动] drink

喝醉 hēzuì [动] get drunk

合 (閤) hé [动] 1 (闭) close 2 (合在一起) join ▶ 合资 hézī joint venture 3 (折合) be equal to 4 (符合) tally with

合并(並) hébìng [动] merge

合唱 héchàng [名] chorus

合法 héfǎ [形] legal

合格 hégé [形] qualified

合理 hélǐ [形] rational

合身 héshēn [形] fitted

合适(適) héshì [形] appropriate

合算 hésuàn [动] be worthwhile

合同 hétong [名] contract

合作 hézuò [动] cooperate

何 hé [代] (什么) ▷ 何时 héshí when ▷ 何人 hérén who ▷ 何地 hédì where

和 hé I [连] and II [介] with ▷ 这事和你没关系。Zhè shì hé nǐ méi guānxi. This has nothing to do with you. III [名] (总数) total IV [动] draw ▷ 这场比赛以和了。Zhè chǎng bǐsài hé le. The match was a draw.

和蔼(藹) hé'ǎi [形] affable

和好 héhǎo [动] reconcile

和睦 hémù [形] harmonious

和平 hépíng [名] (指战争) peace

和气(氣) héqi I [形] polite II [名] peace

和数(數) héshù [名] sum

河 hé [名] (河) river

核 hé [名] (指水果) stone

盒 hé [名] box

盒子 hézi [名] box

贺(賀) hè [动] congratulate

贺(賀)卡 hèkǎ [名] greetings card

黑 hēi [形] 1 (指颜色) black ▷ 黑板

hēibǎn blackboard 2 (暗) dark 3 (秘密) secret ▷ 黑市 hēishì black market 4 (反动) ▷ 黑社会 hēishèhuì gangland ▷ 黑手党 hēishǒudǎng the Mafia

黑暗 hēi'àn [形] 1 (指光线) dark 2 (腐败) corrupt

黑人 hēirén [名] black person

很 hěn [副] very

恨 hèn [动] 1 (憎恶) hate 2 (后悔) regret

哼 hēng [动] (轻唱) hum

横(橫) héng I [名] horizontal II [形] (梁、线、行) horizontal 2 (左右向) sideways ▷ 横躺 héngtǎng lie sideways 3 (指横截) across ▷ 人行横道 rénxíng héngdào zebra crossing III [动] turn … lengthways

红(紅) hóng I [形] 1 (指颜色) red ▷ 红旗 hóngqí red flag ▷ 红十字会 Hóngshízìhuì the Red Cross 2 (形容受欢迎) popular ▷ 走红 zǒuhóng be popular ▷ 红人 hóngrén rising star 3 (形容成功) successful ▷ 红运 hóngyùn lucky II [名] (红利) bonus ▷ 分红 fēnhóng get a bonus

红(紅)茶 hóngchá [名] black tea

红(紅)绿(綠)灯(燈) hónglǜdēng [名] traffic lights (pl)

红(紅)色 hóngsè [形] red

洪 hóng [名] (指洪水) flood ▷ 洪水 hóngshuǐ flood

喉 hóu [名] throat

喉咙(嚨) hóulóng [名] throat

猴 hóu [名] monkey

猴子 hóuzi [名] monkey

后(後) hòu [名] 1(背面) the back
▷ 房后有个车库。Fáng hòu yǒu
gè chēkù. At the back of the
house is a garage. 2(指时间)
▶后天 hòutiān the day after
tomorrow 3(指次序) the last
▶后排 hòupái the last row

后(後)边(邊) hòubian [名] back

后(後)代 hòudài [名] 1(指时代)
later generations (pl) 2(子孙)
offspring

后(後)果 hòuguǒ [名]
consequence

后(後)悔 hòuhuǐ [动] regret

后(後)来(來) hòulái [副]
afterwards ▷ 我后来再也没有
见过他。Wǒ hòulái zài yě
méiyǒu jiànguo tā. I didn't see
him again after that.

后(後)门(門) hòumén [名] back
door

后(後)面 hòumian I [名] back
II [副] later

后(後)年 hòunián [名] the year
after next

后(後)退 hòutuì [动] retreat

厚 hòu [形] 1(书、衣服、脸皮)
thick 2(雪、土) deep 3(指感情)
profound

厚道 hòudao [形] kind

呼 hū [动] 1(排气) exhale 2(喊)
shout ▶ 呼喊 hūhǎn shout 3(叫)
call ▶ 呼叫 hūjiào call ▶ 呼救
hūjiù call for help

呼机(機) hūjī [名] pager

呼噜 hūlu [名] (口) snore

呼吸 hūxī [动] breathe

忽 hū [副] suddenly

忽然 hūrán [副] suddenly

忽视(視) hūshì [动] ignore

狐 hú see below/见下文

狐狸(狸) húli [名] fox

胡 hú I [名] 1(髭) moustache (英),
mustache (美) 2(长在下颚、两
腮) beard II [副] recklessly

胡乱(亂) húluàn [副] 1(随便)
casually 2(任意) wilfully

胡闹(鬧) húnào [动] play around

胡说(說) húshuō [动] talk nonsense

胡同 hútòng [名] lane

胡(鬍)子 húzi [名] 1(髭)
moustache (英), mustache (美)
2(指长在下颚、两腮) beard

壶(壺) hú [名] pot

湖 hú [名] lake

蝴 hú see below/见下文

蝴蝶 húdié [名] butterfly

糊 hú [名] paste

糊里(裡)糊涂(塗) húlihútu
confused

糊涂(塗) hútu [形] 1(不明白)
confused 2(混乱) chaotic

虎 hǔ [名] tiger

互 hù [副] mutually

互联(聯)网(網) hùliánwǎng [名]
the Internet

互相 hùxiāng [副] mutually

户(戶) hù [名] 1(门) door 2(住户)

family 3 (户头) bank account
▶ 账户 zhànghù account
户(戶)口 hùkǒu [名] (户籍)
registered permanent residence

护(護) hù [动] (保护) protect
护(護)理 hùlǐ [动] nurse
护(護)士 hùshì [名] nurse
护(護)照 hùzhào [名] passport

花 huā I [名] 1 (指植物) flower
2 (烟火) fireworks (pl) II [形]
1 (多彩) multi-coloured (英),
multi-colored (美) 2 (有花的)
floral ▶ 花篮 huālán flower
basket 3 (模糊) blurred ▶ 头昏眼
花 tóuhūn yǎnhuā muddle-
headed and bleary-eyed 4 (虚假)
superficial ▶ 花招 huāzhāo trick
III [动] spend ▷ 花钱 huā qián
spend money ▷ 花工夫 huā
gōngfu put in effort
花费(費) huāfèi [动] spend ▷ 留学
的花费很大。Liúxué de huāfèi
hěn dà. It's very expensive to
study abroad.
花生 huāshēng [名] peanut
花纹(紋) huāwén [名] decorative
design
花园(園) huāyuán [名] garden
花招 huāzhāo [名] trick

划 huá [动] 1 (拨水) row 2 (合算) be
worthwhile ▷ 划不来 huábulái
not worth it 3 (擦) scratch
→ see also/ 另见 huà

华(華) huá [名] (中国) China ▶ 华
人 huárén Chinese person
华(華)丽(麗) huálì [形]
resplendent

华(華)侨(僑) huáqiáo [名]
overseas Chinese
华(華)人 huárén [名] Chinese

滑 huá I [形] 1 (光滑) slippery
2 (油滑) crafty II [动] slip
滑冰 huábīng [动] ice skate
滑动(動) huádòng [动] slide
滑稽 huájī [形] comical
滑坡 huápō [动] 1 (字) slide 2 (喻)
drop
滑雪 huáxuě [动] ski

化 huà I [名] chemistry ▶ 化肥
huàféi chemical fertilizer II [动]
1 (变化) change ▶ 化装
huàzhuāng disguise oneself
2 (消化) digest
化工 huàgōng [名] chemical
industry
化石 huàshí [名] fossil
化学(學) huàxué [名] chemistry
化验(驗) huàyàn [动] test
化妆(妝) huàzhuāng [动] make
oneself up

划(劃) huà [动] 1 (划分)
demarcate ▷ 划分 huàfēn divide
2 (划拨) transfer 3 (计划) plan
→ see also/ 另见 huá

画(畫) huà I [动] 1 (用铅笔) draw
2 (用刷状) paint II [名]
1 (用铅笔) drawing 2 (用刷状，笔
画) painting ▶ 油画 yóuhuà oil
painting 3 (笔画) stroke III [形]
painted
画(畫)报(報) huàbào [名] pictorial
画(畫)家 huàjiā [名] painter
画(畫)像 huàxiàng [名] portrait

画(畫)展 huàzhǎn [名] art exhibition

话(話) huà I [名] words (pl) ▸ 说话 shuōhuà talk ▸ 对话 duìhuà conversation ▸ 谎话 huǎnghuà lie II [动] talk about ▸ 话旧 huàjiù reminisce

话(話)剧(劇) huàjù [名] stage play

话(話)题(題) huàtí [名] subject

怀(懷) huái I [名] 1 (胸前) bosom 2 (胸怀) mind II [动] 1 (思念) think of 2 (存有) keep ... in mind 3 (有孕) become pregnant

怀(懷)念 huáiniàn [动] yearn for

怀(懷)疑 huáiyí [动] 1 (认为是真) suspect 2 (认为不可能) doubt

怀(懷)孕 huáiyùn [动] be pregnant

坏(壞) huài I [形] 1 (不好) bad 2 (程度深) extreme II [动] go off ▷ 空调坏了。Kōngtiáo huài le. The air-conditioning has broken down. III [名] dirty trick

坏(壞)处(處) huàichu [名] harm

坏(壞)蛋 huàidàn [名] (讳) bastard

坏(壞)话(話) huàihuà [名] (不利的话) bad words (pl)

欢(歡) huān [形] 1 (快乐) happy 2 (活跃) vigorous

欢(歡)呼 huānhū [动] cheer

欢(歡)快 huānkuài [形] cheerful

欢(歡)乐(樂) huānlè [形] joyful

欢(歡)心 huānxīn [名] favour (英), favor (美)

欢(歡)迎 huānyíng [动] welcome ▷ 欢迎来中国。Huānyíng lái Zhōngguó. Welcome to China.

还(還) huán [动] 1 (回) return 2 (归还) return ▸ 还债 huánzhài repay a debt 3 (回报) repay ▸ 还价 huánjià haggle ▸ 还击 huánjī fight back → see also/另见 hái

环(環) huán I [名] 1 (圆圈) ring ▸ 耳环 ěrhuán earring 2 (环节) element ▸ 环节 huánjié element II [动] surround

环(環)保 huánbǎo [名] (环境保护) huánjìng bǎohù environmental protection

环(環)境 huánjìng [名] environment ▷ 生活环境 shēnghuó huánjìng living conditions (pl)

环(環)绕(繞) huánrào [动] surround

缓(緩) huǎn I [形] 1 (慢) slow 2 (缓和) relaxed II [动] 1 (推迟) delay 2 (恢复) revive

缓(緩)慢 huǎnmàn [形] slow

幻 huàn [形] unreal

幻想 huànxiǎng I [动] dream II [名] fantasy

换(換) huàn [动] 1 (交换) exchange 2 (更换) replace

唤(喚) huàn [动] summon

唤(喚)醒 huànxǐng [动] (叫醒) wake up

患 huàn I [动] 1 (害) suffer from ▸ 患者 huànzhě sufferer 2 (忧虑) worry II [名] trouble

荒 huāng [形] 1 (荒芜) waste

2(荒凉) desolate **3**(短缺) short **4**(荒歉) famine

慌 huāng [形] nervous

慌忙 huāngmáng [形] hurried

慌张(張) huāngzhāng [形] nervous

皇 huáng [名] emperor ▶ 皇帝 huángdì emperor ▶ 皇后 huánghòu empress

皇宫(宮) huánggōng [名] palace

黄 huáng I [形] **1**(指颜色) yellow **2**(色情) pornographic II [名] **1**(蛋黄) yolk **2**(黄金) gold

黄瓜 huángguā [名] cucumber

黄河 Huáng Hé [名] Yellow River

黄昏 huánghūn [名] dusk

黄金 huángjīn [名] gold

黄色 huángsè [名] **1**(指颜色) yellow **2**(色情) pornographic

黄油 huángyóu [名] butter

谎(謊) huǎng [名] lie

谎(謊)言 huǎngyán [名] lie

晃 huàng [动] shake

晃动(動) huàngdòng [动] rock

灰 huī I [名] **1**(灰烬) ash **2**(尘土) dust **3**(石灰) lime II [形] (消沉) be disheartened ▶ 灰暗 huī'àn gloomy

灰尘(塵) huīchén [名] dust

灰色 huīsè [名] (指颜色) grey (英), gray (美)

灰心 huīxīn [动] lose heart

恢 huī [形] vast

恢复(復) huīfù [动] recover

挥(揮) huī [动] **1**(挥舞) wave **2**(抹掉) wipe ... away **3**(指挥) command **4**(散出) scatter ▶ 挥发 huīfā evaporate

回(迴) huí I [动] **1**(旋转) circle **2**(还) return **3**(掉转) turn around ▶ 回头 huítóu turn one's head **4**(答复) reply ▶ 回信 huíxìn reply to a letter II [量] **1**(次数) time ▶ 我去过两回。Wǒ qùguo liǎng huí. I have been there twice. **2**(章) chapter

回报(報) huíbào [动] (报答) repay

回(迴)避 huíbì [动] avoid

回答 huídá [动] answer

回(迴)复(復) huífù [动] (答复) reply

回顾(顧) huígù [动] look back

回合 huíhé [名] round

回话(話) huíhuà [动] reply

回扣 huíkòu [名] commission

回教 Huíjiào [名] Islam

回来(來) huílái [动] come back

回去 huíqù [动] go back

回声(聲) huíshēng [名] echo

回收 huíshōu [动] **1**(再利用) recycle **2**(收回) retrieve

回信 huíxìn [动] write in reply

回忆(憶) huíyì [动] recall

毁(毀) huǐ [动] **1**(破坏) destroy **2**(诽谤) defame

毁(毀)坏(壞) huǐhuài [动] destroy

汇(匯) huì I [动] **1**(汇合) converge **2**(聚集) gather **3**(划拨) transfer II [名] **1**(外汇) foreign exchange **2**(聚集物) collection ▶ 词汇 cíhuì vocabulary

汇(匯)报(報) huìbào [动] report

汇(匯)集 huìjí [动] collect

汇(匯)率 huìlǜ [名] exchange rate

会(會) huì I [动] 1(聚合) assemble 2(见面) meet ▶会客 huìkè receive a guest 3(理解) understand ▶领会 lǐnghuì understand 4(通晓) be able to ▷会武术 huì wǔshù be able to do martial arts II [助动] 1(能做) can ▷我不会下象棋。Wǒ bùhuì xià xiàngqí. I can't play chess. 2(擅长) ▷会过日子 huì guò rìzi know how to economize 3(可能) might ▷明天会更热。 Míngtiān huì gèng rè. Tomorrow might be hotter. III [名] 1(集会) gathering 2(团体) association ▶学生会 xuéshēnghuì student union 3(城市) city ▷大都会 dàdūhuì metropolis 4(时机) opportunity ▶机会 jīhuì opportunity → see also/另见 kuài

Both 会 huì and 要 yào can be used to express the future tense. 会 huì is usually used to express a possible or probable outcome, e.g. 明天会下雨 míngtiān huì xiàyǔ (it might rain tomorrow); 要 yào refers to something definite, e.g. 我明天要上班 wǒ míngtiān yào shàngbān (I am going to work tomorrow). 会 huì, 能 néng, and 可以 kěyǐ can all be used to express ability and are sometimes used interchangeably. Strictly, 会

huì should express a learned ability, e.g. 我会说法语 wǒ huì shuō Fǎyǔ (I can speak French), while 能 néng should be used to express physical ability, e.g. 我能跑得很快 wǒ néng pǎo de hěn kuài (I can run very fast).

会(會)话(話) huìhuà [动] converse

会(會)见(見) huìjiàn [动] meet

会(會)谈(談) huìtán [动] hold talks

会(會)议(議) huìyì [名] 1(集会) meeting 2(机构) council

会(會)员(員) huìyuán [名] member

贿(賄) huì [名] bribe ▶贿赂 huìlù bribe

昏 hūn I [名] dusk II [形] 1(黑暗) dark ▶昏暗 hūn'àn dim 2(迷糊) muddled III [动] faint

昏迷 hūnmí [动] be unconscious

荤(葷) hūn [名] meat

婚 hūn I [名] marriage II [动] marry

婚礼(禮) hūnlǐ [名] wedding ceremony

婚姻 hūnyīn [名] marriage

浑(渾) hún [形] 1(浑浊) muddy 2(糊涂) muddled

浑(渾)蛋 húndàn [名] (讳) bastard

浑(渾)身 húnshēn [副] from head to toe

浑(渾)浊(濁) húnzhuó [形] murky

馄(餛) hún see below/见下文

馄(餛)饨(飩) húntun [名] wonton

馄饨 húntun

> In Chinese cooking, 馄饨 húntun is a kind of dumpling filled with spiced minced meat and other ingredients such as chopped mushrooms, shrimps etc. It is usually served in the soup in which it is cooked. The English name for 馄饨 comes from the Cantonese pronunciation, wantan.

魂 hún [名] (灵魂) soul

混 hùn I [动] 1 (掺杂) mix 2 (蒙混) pass off ... as 3 (苟且生活) drift ▷ 混日子 hùn rìzi drift through the days II [副] aimlessly

混合 hùnhé [动] mix

混乱 (亂) hùnluàn [形] 1 (无秩序) chaotic 2 (无条理) disordered

混淆 hùnxiáo [动] confuse

活 huó I [动] 1 (生存) live 2 (使生存) keep ... alive II [形] 1 (有生命) alive 2 (不固定) flexible 3 (不死板) lively 4 (逼真) lifelike III [副] completely IV [名] 1 (工作) work 2 (产品) product

活动 (動) huódòng I [动] 1 (运动) take exercise 2 (行动) operate 3 (动用关系) use connections II [名] activity III [形] movable

活该 (該) huógāi [口] (口) serve ... right

活力 huólì [名] vitality

活泼 (潑) huópō [形] lively

活期 huóqī [形] current ▷ 活期账号 huóqī zhànghào current account

活跃 (躍) huóyuè [动] 1 (使有生气) invigorate 2 (积极从事) be active

火 huǒ I [名] 1 (火焰) fire 2 (枪支弹药) ammunition 3 (医) (指内火) internal heat 4 (喻) (愤怒) rage II [动] be in a rage III [形] 1 (红色) flaming red ▷ 火红 huǒhóng flaming red 2 (兴旺) prosperous

火柴 huǒchái [名] match

火车 (車) huǒchē [名] train

火鸡 (雞) huǒjī [名] turkey

火警 huǒjǐng [名] fire alarm

火山 huǒshān [名] volcano

火腿 huǒtuǐ [名] ham

火焰 huǒyàn [名] flame

火药 (藥) huǒyào [名] gunpowder

伙 (夥) huǒ [名] 1 (同伴) companion 2 (指集体) partnership 3 (伙食) meals (pl) II [量] group

伙 (夥) 伴 huǒbàn [名] companion

伙食 huǒshí [名] meals (pl)

或 huò [连] or

或许 (許) huòxǔ [副] perhaps

或者 huòzhě I [副] maybe II [连] or

货 (貨) huò [名] 1 (货币) currency 2 (货物) goods (pl) 3 (人) person ▷ 蠢货 chǔnhuò idiot

货 (貨) 币 (幣) huòbì [名] currency

货 (貨) 物 huòwù [名] goods (pl)

获 (穫) huò [动] 1 (捉住) capture 2 (得到) obtain 3 (收割) reap ▷ 获收 huòshōu harvest

获 (獲) 得 huòdé [动] gain

祸 (禍) huò I [名] misfortune II [动] harm

j

几(幾)jī [名] small table ▸ 茶几 chájī tea table →*see also*/另见jǐ

几(幾)乎 jīhū [副] almost

讥(譏)jī [动] mock

讥(譏)笑 jīxiào [动] jeer

饥(飢)jī I [形] hungry II [名] famine

饥(飢)饿(餓)jī'è [形] starving

机(機)jī I [名] 1 (机器) machine ▸ 发动机fādòngjī engine 2 (飞机) aeroplane (英), airplane (美) ▸ 客机kèjī airliner 3 (枢纽) pivot ▸ 转机zhuǎnjī turning point 4 (机会) opportunity 5 (机能) ▸ 有机体yǒujītǐ organism II [形] quick-witted ▸ 机智jīzhì ingenious

机(機)场(場)jīchǎng [名] airport

机(機)关(關)jīguān [名] 1 (部门) department 2 (机械) mechanism

机(機)会(會)jīhuì [名] opportunity

机(機)灵(靈)jīling [形] clever

机(機)器 jīqì [名] machine

机(機)械 jīxiè I [名] machinery II [形] rigid

机(機)遇 jīyù [名] opportunity

肌 jī [名] muscle

肌肉 jīròu [名] muscle

鸡(雞)jī [名] chicken ▸ 公鸡 gōngjī cock (英), rooster (美) ▸ 母鸡mǔjī hen

鸡(雞)蛋 jīdàn [名] egg

积(積)jī I [动] accumulate II [形] long-standing III [数] product

积(積)极 jíjí [形] 1 (肯定的) positive 2 (热心的) active

积(積)极性 jíjíxìng [名] positive attitude

积(積)累 jílèi [动] accumulate

积(積)蓄 jíxù I [动] save II [名] savings (pl)

基 jī I [名] base II [形] primary ▸ 基层jīcéng grass roots

基本 jīběn I [形] 1 (根本) basic 2 (主要) essential 3 (基础) elementary II [副] basically

基础(礎)jīchǔ I [名] foundation II [形] basic

基督教 Jīdūjiào [名] Christianity

基金 jījīn [名] fund

激jī I[动] 1(涌起) surge 2(刺激) catch a chill 3(唤起) excite 4(冰) chill II[形] violent

激动(動) jīdòng [动] excite ▷ 激动的孩子 jīdòng de háizi excited child ▷ 令人激动的电影 lìng rén jīdòng de diànyǐng exciting film

激光 jīguāng [名] laser

激烈 jīliè [形] intense

及jí I[动] 1(到达) reach 2(比得上) be as good as 3(赶上) be in time for II[连] and

及格 jígé [动] pass

及(时) jíshí I[形] timely II[副] without delay

级(级) jí I[名] 1(等级) level 2(年级) year (英), grade (美) 3(台阶) step II[量] step ▷ 100多级台阶 yībǎi duō jí táijiē a staircase of more than 100 steps

极(極) jí I[名] 1(顶点) extreme 2(指地球或磁体) pole ▷ 南极 nánjí the South Pole II[动] go to an extreme III[形] extreme ▷ 极限 jíxiàn limit IV[副] very

极(極) jí[副] extremely

即 jí I[动] 1(书) (就是) mean 2(靠近) approach 3(到) ascend the throne 4(就着) ▷ 即兴演唱 jíxìng yǎnchàng ad-lib II[形] present ▷ 即日 jírì this very day III[副] immediately

即将(將) jíjiāng [副] soon

即使 jíshǐ [连] even if

急 jí I[形] 1(着急) anxious 2(急躁)

impatient 3(猛烈) ▷ 水流很急 shuǐliú hěn jí There's a strong current. 4(紧急) urgent II[名] priority III[动] worry

急救 jíjiù [动] give first-aid

急忙 jímáng [副] hurriedly

急诊(診) jízhěn [名] emergency treatment

集 jí I[动] gather II[名] 1(集市) market ▷ 赶集 gǎnjí go to market 2(集子) anthology ▷ 诗集 shījí an anthology of poems 3(册) part

集合 jíhé [动] assemble

集体(體) jítǐ [名] collective

集团(團) jítuán [名] group

集中 jízhōng [动] concentrate

几(幾) jǐ[数] 1(用于疑问句) ▷ 昨天来了几位客人? Zuótiān láile jǐ wèi kèrén? How many customers came yesterday? 2(用于陈述句) ▷ 几本书 jǐ běn shū several books ▷ 十几本书 shíjǐ běn shū more than ten books ▷ 几十本书 jǐshí běn shū several tens of books
→ see also/另见 jī

己 jǐ[名] self ▷ 自己 zìjǐ oneself

挤(擠) jǐ[动] 1(拥挤) crowd 2(时间集中) be close 3(推人) elbow one's way 4(贬) (指社交) push one's way 5(牙膏、颜料) squeeze ... out 6(时间) make 7(排斥) rob ... of

计(計) jì I[动] 1(核算) calculate ▷ 共计 gòngjì total 2(打算) plan 3(考虑) bother II[名] 1(计谋)

strategy **2**(测量仪器)gauge ▸ 温度计 wēndùjì thermometer

计(計)划(劃)jìhuà **I**[名]plan **II**[动]plan

计(計)算 jìsuàn[动]**1**(数)calculate **2**(筹划)plan **3**(暗算)scheme

计(計)算机(機)jìsuànjī[名]computer

计(計)算器 jìsuànqì[名]calculator

记(記)jì **I**[动]**1**(记住)remember **2**(记录)record **II**[名]**1**(指事或文章)record ▸ 游记 yóují travel journal ▸ 日记 rìjì diary **2**(标志)mark **3**(指皮肤)birthmark

记(記)得 jìde[动]remember

记(記)号(號)jìhao[名]mark ▸ 写下 write ... down **II**[名]**1**(材料)record **2**(指人)secretary **3**(成绩)record

记(記)录(錄)jìlù[动](写下)record

记(記)忆(憶)jìyì[动]remember **II**[名]memory

记(記)者 jìzhě[名]journalist

纪(紀)jì **I**[名]**1**(指时间)age ▸ 中世纪 zhōngshìjì the Middle Ages (pl) **2**(指地质)period ▸ 侏罗纪 zhūluójì the Jurassic period **3**(纪律)discipline **II**[动]record

纪(紀)律 jìlǜ[名]discipline

纪(紀)念 jìniàn **I**[动]commemorate **II**[名]memento

技 jì[名]**1**(技艺)skill ▸ 技能 jìnéng skill ▸ 技巧 jìqiǎo technique **2**(本领)ability ▸ 绝技 juéjì

unique ability ▸ 技巧 jìqiǎo[名]technique

技术(術)jìshù[名]technology

技术(術)员(員)jìshùyuán[名]technician

季 jì[名]season ▸ 春季 chūnjì spring ▸ 旺季 wàngjì busy season

季节(節)jìjié[名]season

季军(軍)

既 jì **I**[副]already ▸ 既定 jìdìng fixed **II**[连](表示兼而有之)▸ 他既高又壮。Tā jì gāo yòu zhuàng. He's tall and strong. **2**(既然)since

既然 jìrán[连]since

继(繼)jì **I**[副]**1**(接续)continuously ▸ 继任 jìrèn succeed to a post **2**(接连)successively ▸ 相继 xiāngjì one after another **II**[动]continue

继(繼)承 jìchéng[动]**1**(遗产、文化等)inherit **2**(遗志、未成事业)take ... on

继(繼)续(續)jìxù **I**[动]continue **II**[名]continuation

寄 jì[动]**1**(邮递)post(英),mail(美)**2**(付托)place **3**(依附)depend on

加 jiā[动]**1**(相加)▸ 2加2等于4。Èr jiā èr děngyú sì. Two plus two is four. **2**(增加)increase **3**(添加)add

加工 jiāgōng[动]**1**(制作)process **2**(完善)polish

加拿大 Jiānádà[名]Canada

加强(強) jiāqiáng [动] strengthen

加油 jiāyóu [动] 1 (加燃料) refuel 2 (加劲儿) make more effort ▸ 快，加油！Kuài, jiāyóu! Come on, keep going!

夹(夾) jiā I [动] 1 (固定) get hold of 2 (携带) carry ... under one's arm 3 (使在中间) ▸ 两边高楼夹着一条狭窄的街道。Liǎngbiān gāolóu jiāzhe yī tiáo xiázhǎi de jiēdào. A narrow street hemmed in by tall buildings on either side. 4 (掺杂) mix ... with II [名] folder

家 jiā I [名] 1 (家庭) family 2 (住所) home 3 (学派) school of thought 4 (指人) ▸ 船家 chuánjiā boatman ▸ 农家 nóngjiā peasant ▸ 专家 zhuānjiā expert II [形] 1 (饲养的) domestic ▸ 家畜 jiāchù domestic animal 2 (嫡亲的) ▸ 家兄 jiāxiōng elder brother III [量] ▸ 一家公司 yī jiā gōngsī a company ▸ 两家人 liǎng jiā rén two families measure word, used for families, companies, banks, factories, restaurants, hotels etc.

家(傢)伙 jiāhuo [名] 1 (工具) tool 2 (武器) weapon 3 (人) guy

家(傢)具 jiājù [名] furniture

家庭 jiātíng [名] family

家务(務) jiāwù [名] housework

家乡(鄉) jiāxiāng [名] hometown

家长(長) jiāzhǎng [名] 1 (一家之长) head of the family 2 (父母) parent

假 jiǎ I [形] 1 (虚伪) false 2 (不真) artificial ▸ 假发 jiǎfà wig ▸ 假话 jiǎhuà lie II [连] 1 ▸ 假如 jiǎrú if
→ see also/另见 jià

假如 jiǎrú [连] if

假设(設) jiǎshè I [动] suppose II [名] hypothesis

假装(裝) jiǎzhuāng [动] pretend

价(價) jià [名] 1 (价格) price ▸ 物价 wùjià price 2 (价值) value

价(價)格 jiàgé [名] price

价(價)钱(錢) jiàqián [名] price

价(價)值 jiàzhí [名] value

驾(駕) jià I [动] 1 (驾驭) harness 2 (驾驶) drive II [代] (敬) ▸ 劳驾 láojià excuse me

驾(駕)驶(駛) jiàshǐ [动] steer

驾(駕)照 jiàzhào [名] driving licence (英), driver's license (美)

架 jià I [名] 1 (架子) frame ▸ 书架 shūjià bookshelf ▸ 脚手架 jiǎoshǒujià scaffolding 2 (指行为) ▸ 吵架 chǎojià quarrel ▸ 打架 dǎjià fight II [动] 1 (撑起) support 2 (招架) ward ... off 3 (绑架) kidnap 4 (搀扶) support ... under the arm III [量] ▸ 5架飞机 wǔ jià fēijī five planes ▸ 一架钢琴 yī jià gāngqín a piano measure word, used for pianos, aircraft, machines etc.

假 jià [名] holiday ▸ 暑假 shǔjià summer holiday ▸ 病假 bìngjià sick leave
→ see also/另见 jiǎ

假条(條) jiàtiáo [名] note

尖 jiān I [形] 1 (锐利) pointed 2 (指声音) shrill 3 (敏锐) sensitive 4 (吝啬) stingy 5 (尖刻) biting II [名] 1 (尖端) tip ▶ 笔尖 bǐjiān pen tip 2 (精华) the best

尖锐(銳) jiānruì [形] 1 (锋利) sharp 2 (敏锐) penetrating 3 (刺耳) shrill

坚(堅) jiān I [形] hard II [名] stronghold III [副] firmly ▶ 坚信 jiānxìn firmly believe

坚(堅)持 jiānchí [动] go on

坚(堅)定 jiāndìng [形] steadfast

坚(堅)决(決) jiānjué [副] resolutely

坚(堅)强(強) jiānqiáng [形] strong

坚(堅)硬 jiānyìng [形] hard

间(間) jiān I [介] between ▶ 课间 kèjiān between lessons II [名] 1 (范围) 晚间 wǎnjiān in the evening ▶ 田间 tiánjiān field 2 (屋子) room ▶ 房间 fángjiān room ▶ 洗手间 xǐshǒujiān toilet III [量] ▶ 两间客厅 liǎng jiān kètīng two living rooms ▶ 一间病房 yì jiān bìngfáng one ward measure word, used for rooms, lounges, hospital wards etc.

肩 jiān see below/见下文

肩膀 jiānbǎng [名] shoulder

艰(艱) jiān [形] difficult ▶ 艰辛 jiānxīn hardship

艰(艱)巨(鉅) jiānjù [形] formidable

艰(艱)苦 jiānkǔ [形] harsh

艰(艱)难(難) jiānnán [形] hard

监(監) jiān I [动] supervise ▶ 监视 jiānshì keep watch II [名] 1 (监狱) prison ▶ 探监 tànjiān visit a prison 2 (负责人) inspector ▶ 总监 zǒngjiān chief-inspector

监(監)督 jiāndū [动] supervise

监(監)狱(獄) jiānyù [名] prison

拣(揀) jiǎn [动] choose

俭(儉) jiǎn [形] frugal

俭(儉)朴(樸) jiǎnpǔ [形] economical

捡(撿) jiǎn [动] pick ... up

检(檢) jiǎn [动] 1 (检查) examine ▶ 体检 tǐjiǎn medical examination 2 (检点) show restraint

检(檢)查 jiǎnchá I [动] examine II [名] self-criticism

减(減) jiǎn [动] 1 (减去) subtract 2 (减少) reduce 3 (降低) decrease ▶ 减退 jiǎntuì fail

减(減)肥 jiǎnféi [动] slim

减(減)轻(輕) jiǎnqīng [动] reduce

减(減)少 jiǎnshǎo [动] reduce

剪 jiǎn [名] scissors (pl) II [动] 1 (铰) cut 2 (除去) eliminate

剪刀 jiǎndāo [名] scissors (pl)

简(簡) jiǎn I [形] simple II [动] simplify ▶ 简化 jiǎnhuà simplify

简(簡)单(單) jiǎndān [形] 1 (不复杂) simple 2 (草率) casual 3 (平凡) ▶ 这孩子能说两门外语, 真不简单。 Zhè háizi néng shuō liǎng mén wàiyǔ, zhēn bù jiǎndān. It is quite extraordinary that this child can speak two foreign languages.

简(簡)体(體)字 jiǎntǐzì [名] simplified characters (pl)

简体字 jiǎntǐzì

简体字 jiǎntǐzì (simplified characters) are the type of Chinese characters used today throughout China's Mainland, and mostly derive from the PRC government's efforts during the 1950s and 60s to make the script more accessible and improve literacy. The alternative and older form of the script, known as complex or traditional characters, 繁体字 fántǐzì, is used predominantly in Taiwan, Hong Kong and many overseas Chinese communities. The two systems are closely related and if you have learnt one then, with a little effort, the other form should not pose too many problems!

见(見) jiàn I [动] 1 (看到) see ▶ 罕见 hǎnjiàn rare 2 (接触) come into contact with ▶ 汽油见火就着。Qìyóu jiàn huǒ jiù zháo. Petrol ignites on contact with a flame. 3 (看得出) be visible ▶ 见效 jiànxiào take effect 4 (参照) see ▶ 见上图 jiàn shàngtú see the above diagram 5 (会见) meet ▶ 接见 jiējiàn receive II [名]

opinion ▶ 偏见 piānjiàn prejudice III [助动] (书) ▷ 请见谅。Qǐng jiànliàng. Please excuse me.

见(見)面 jiànmiàn [动] meet

件 jiàn I [量] item ▷ 一件衣服 yī jiàn yīfu an item of clothing ▷ 两件事 liǎng jiàn shì two things II [名] correspondence ▶ 急件 jíjiàn urgent letter

建 jiàn [动] 1 (建造) build 2 (建立) found 3 (提出) propose ▶ 建议 jiànyì propose

建立 jiànlì [动] establish

建设(設) jiànshè [动] build

建议(議) jiànyì [动] propose

建筑(築) jiànzhù I [动] build II [名] building

建筑(築)师(師) jiànzhùshī [名] architect

健 jiàn I [形] ▶ 强健 qiángjiàn strong and healthy ▶ 健全 jiànquán sound II [动] 1 (使强健) strengthen ▶ 健身 jiànshēn keep fit 2 (善于) be good at ▶ 健谈 jiàntán be good at small-talk

健康 jiànkāng [形] healthy

健忘 jiànwàng [形] forgetful

渐(漸) jiàn [副] gradually

渐(漸)渐(漸) jiànjiàn [副] gradually

键(鍵) jiàn [名] key

键(鍵)盘(盤) jiànpán [名] keyboard

箭 jiàn [名] arrow

江 jiāng [名] **1**(大河) river **2**(长江) Yangtze

将(將) jiāng I [副] ▷ 他将成为一名医生。Tā jiāng chéngwéi yī míng yīshēng. He is going to become a doctor. II [动] (下棋用语) check **2**(激) egg ... on III [介] with ▷ 请将车停在路边。Qǐng jiāng chē tíng zài lùbiān. Please stop the car by the side of the road.

将(將)军(軍) jiāngjūn [名] general

将(將)来(來) jiānglái [名] future

将(將)要 jiāngyào [副] ▷ 她将要做妈妈了。Tā jiāngyào zuò māma le. She is going to be a mother.

姜(薑) jiāng [名] ginger

讲(講) jiǎng [动] **1**(说) speak **2**(解释) explain **3**(谈) discuss **4**(讲求) emphasize ▷ 讲卫生 jiǎng wèishēng pay attention to hygiene

讲(講)话(話) jiǎnghuà [动] **1**(说话) speak **2**(发言) address

讲(講)台(臺) jiǎngtái [名] dais

讲(講)座 jiǎngzuò [名] course of lectures

奖(獎) jiǎng I [动] encourage ▷ 夸奖 kuājiǎng praise II [名] award

奖(獎)金 jiǎngjīn [名] bonus

奖(獎)励(勵) jiǎnglì [动] encourage and reward

奖(獎)品 jiǎngpǐn [名] trophy

奖(獎)学(學)金 jiǎngxuéjīn [名] scholarship

降 jiàng [动] **1**(落下) drop **2**(降低) reduce ▷ 降价 jiàngjià reduce prices

降低 jiàngdī [动] reduce

降落 jiàngluò [动] land

酱(醬) jiàng I [名] **1**(调味品) soya bean (英) 或 soybean (美) paste **2**(糊状食品) paste ▷ 果酱 guǒjiàng jam II [形] 酱肘子 jiàngzhǒuzi knuckle of pork in soy sauce

酱(醬)油 jiàngyóu [名] soy sauce

交 jiāo I [动] **1**(出出) hand ... in **2**(付款) pay **3**(托付) entrust **4**(结交) associate with ▷ 交友 jiāoyǒu make friends II [名] (交情) friendship ▷ 深交 shēnjiāo deep friendship

交叉 jiāochā **1** [动] **1**(相交) intersect **2**(穿插) alternate II [形] overlapping

交换(換) jiāohuàn [动] exchange

交际(際) jiāojì [动] socialize

交警 jiāojǐng [名] traffic police

交流 jiāoliú [动] exchange

交谈(談) jiāotán [动] talk

交通 jiāotōng [名] traffic

交往 jiāowǎng [动] have contact

交易 jiāoyì I [动] trade II [名] transaction

郊 jiāo [名] suburbs (pl) ▷ 郊外 jiāowài outskirts (pl)

郊区(區) jiāoqū [名] suburbs (pl)

骄(驕) jiāo [形] (骄傲) arrogant ▷ 骄气 jiāoqì arrogance **2**(书)

(猛烈)fierce

骄(驕)傲 jiāo'ào I[形]1(傲慢)
arrogant 2(自豪)proud II[名]
pride

胶(膠)jiāo I[名]1(黏性物质)glue
▶ 万能胶 wànnéngjiāo
all-purpose glue 2(橡胶)rubber
▶ 胶鞋 jiāoxié rubber boots (pl)
II[动]glue

胶(膠)卷 jiāojuǎn [名]film

胶(膠)囊 jiāonáng [名]capsule

教 jiāo [动]teach
→ see also/另见 jiào

焦 jiāo [形]1(成黄黑色)burnt
2(着急)agitated ▶ 心焦 xīnjiāo
feel agitated

焦急 jiāojí [形]anxious

角 jiāo [名]1(指动物)horn 2(军号)
bugle 3(数)angle ▶ 直角 zhíjiǎo
right angle 4(角落)corner ▶ 墙
角 qiángjiǎo corner of a wall

角度 jiǎodù [名]1(数)angle 2(视
角)point of view

角落 jiǎoluò [名]corner

饺(餃)jiǎo [名]Chinese dumpling
▶ 水饺 shuǐjiǎo Chinese
dumpling

饺(餃)子 jiǎozi [名]dumpling

饺子 jiǎozi
Chinese dumplings, wrapped
with a thin doughy skin, are
normally filled with minced
meat and mixed vegetables.
They are normally steamed or
boiled, and served with vinegar,
soy sauce and other spices.

脚(腳)jiǎo [名]1(指人、动物)
foot ▶ 脚印 jiǎoyìn footprint
2(指物体)base ▶ 山脚 shānjiǎo
foot of a mountain

搅(攪)jiǎo [动]1(搅拌)stir 2(混
杂)mix 3(搅扰)disturb

搅(攪)拌 jiǎobàn [动]stir

叫 jiào [动]1(喊叫)shout 2(招呼)
call 3(菜、车)order 4(称为)be
called 5(命令)order

叫喊 jiàohǎn [动]yell

叫做 jiàozuò [动]be called

较(較)jiào [动]1(比较)compare
▶ 较量 jiàoliàng test one's
strength 2(计较)dispute

教 jiào I[动]teach ▶ 教导 jiàodǎo
instruct II[名]religion
→ see also/另见 jiāo

教材 jiàocái [名]teaching
materials (pl)

教科书(書)jiàokēshū [名]
textbook

教练(練)jiàoliàn [名]coach

教师(師)jiàoshī [名]teacher

教室 jiàoshì [名]classroom

教授 jiàoshòu I[名]professor
II[动]lecture in

教学(學)jiàoxué [名]1(知识传授)
teaching 2(教与学)teaching
and study

教训(訓)jiàoxun I[名]lesson
II[动]teach ... a lesson

教育 jiàoyù I[名]education
II[动]educate

教员(員)jiàoyuán [名]teacher

阶(階) jiē [名] 1 (台阶) step 2 (官阶) rank

阶(階)段 jiēduàn [名] stage

阶(階)级(級) jiējí [名] class

结(結) jiē [动] bear ▸ 结果 jiēguǒ bear fruit
→ see also/另见 jié

结(結)实(實) jiēshi [形] 1 (坚固耐用) sturdy 2 (健壮) strong

接 jiē [动] 1 (靠近) draw near 2 (连接) connect 3 (托住) catch 4 (接收) receive ▸ 接电话 jiē diànhuà answer the phone 5 (迎接) meet 6 (接替) take over

接触(觸) jiēchù [动] (交往) come into contact with

接待 jiēdài [动] receive

接到 jiēdào [动] receive

接见(見) jiējiàn [动] have an interview with

接近 jiējìn I [动] approach II [形] approachable

接受 jiēshòu [动] accept

接着(著) jiēzhe [动] 1 (用手接) catch 2 (紧跟着) follow

街 jiē [名] 1 (街道) street 2 (方) (集市) market

街道 jiēdào [名] 1 (马路) street 2 (社区) neighbourhood (英), neighborhood (美)

节(節) jié I [名] 1 (连接处) joint 2 (段落) paragraph 3 (节日) festival ▸ 圣诞节 Shèngdàn Jié Christmas 4 (事项) item ▸ 细节 xìjié details (pl) 5 (节操) moral fibre (英) 或 fiber (美) ▸ 气节 qìjié

integrity II [动] 1 (节约) save 2 (删节) abridge III [量] 1 (指部分) section ▸ 一节管子 yì jié guǎnzi a length of pipe ▸ 三节课 sān jié kè three classes ▸ 四节车厢 sì jié chēxiāng four carriages ▸ 两节电池 liǎng jié diànchí two batteries measure word, used for school classes, carriages, batteries etc.

节(節)目 jiémù [名] programme (英), program (美)

节(節)拍 jiépāi [名] beat

节(節)日 jiérì [名] festival

节(節)省 jiéshěng [动] conserve

节(節)约(約) jiéyuē [动] save

结(結) jié I [动] 1 (编织) tie ▸ 结网 jiéwǎng weave a net 2 (结合) unite 3 (凝聚) freeze ▸ 结冰 jiébīng ice up 4 (了结) settle up ▸ 结账 jiézhàng settle up II [名] 1 (绳扣) knot ▸ 活结 huójié slip-knot 2 (字据) written undertaking 3 (生理) node
→ see also/另见 jiē

结(結)构(構) jiégòu [名] composition

结(結)果 jiéguǒ I [名] result II [副] in the end

结(結)合 jiéhé [动] 1 (联系) combine 2 (结为夫妇) become husband and wife

结(結)婚 jiéhūn [动] get married

结(結)论(論) jiélùn [名] conclusion

结(結)束 jiéshù [动] end

捷 jié I [形] quick ▸ 敏捷 mǐnjié nimble II [名] victory

捷径(徑) jiéjìng [名] short cut

姐 jiě [名] elder sister

姐姐 jiějie [名] elder sister

姐妹 jiěmèi [名] sisters (pl)

解 jiě [动] 1(分开) divide ▸ 解剖 jiěpōu dissect 2(解开) untie 3(解除) relieve 4(解答) answer ▸ 解题 jiětí solve a problem 5(理解) understand

解答 jiědá [动] answer

解放 jiěfàng [动] liberate

解雇(僱) jiěgù [动] fire

解决(決) jiějué [动] 1(处理) resolve 2(消灭) annihilate

解释(釋) jiěshì [动] explain

介 jiè [动] be situated between

介绍(紹) jièshào [动] 1(使相识) introduce 2(推荐) sponsor 3(使了解) give an introduction to

届(屆) jiè I [动] fall due ▸ 届期 jièqī at the appointed time II [量] 1(指半届的班级) year ▸ 82届毕业生 bā èr jiè bìyèshēng the class of '82 2(指大会、首脑) ▸ 第10届奥运会 dì shí jiè Àoyùnhuì the tenth Olympic Games ▸ 第26届总统 dì èrshíliù jiè zǒngtǒng the twenty-sixth president

measure word, used for conferences, sports events, trade fairs, terms of office etc.

界 jiè [名] 1(界限) boundary (pl) 2(阶层) circles (pl) 3(范围) range 4(类别) category

借 jiè [动] 1(借入) borrow 2(借出) lend 3(假托) use ... as a means of 4(凭借) make use of

借口 jièkǒu I [动] use ... as an excuse II [名] excuse

借助 jièzhù [动] enlist the help of

斤 jīn [量] unit of weight, equal to 500 grams

今 jīn I [形] 1(现在的) present 2(当前的) current II [名] today

今后(後) jīnhòu [副] from now on

今年 jīnnián [名] this year

今天 jīntiān [名] today

金 jīn I [名] 1(化) gold 2(金属) metal ▸ 五金 wǔjīn hardware 3(钱) money II [形] golden ▸ 金发 jīnfà blonde hair

金融 jīnróng [名] finance

金属(屬) jīnshǔ [名] metal

金子 jīnzi [名] gold

仅(僅) jǐn [副] only

仅(僅)仅(僅) jǐnjǐn [副] just

尽(儘) jǐn I [副] 1(尽量) as far as possible ▸ 尽快 jǐnkuài as early as possible 2(最) most 3(表示继续) constantly II [动] 1(不超过) take no more than 2(考虑在先) give priority to
→ see also / 另见 jìn

尽(儘)管 jǐnguǎn I [副] without reserve ▸ 有话尽管说。Yǒu huà jǐnguǎn shuō. If there's something you'd like to say please don't hold back. II [连] even though

尽(儘)量 jǐnliàng [副] to the

best of one's ability

尽(儘)早 jǐnzǎo [副] as soon as possible

紧(緊)jǐn I [形] 1(不松) tight 2(牢固) secure 3(接近) close 4(急迫) pressing 5(严格) strict 6(拮据) short of money II [动] tighten

紧(緊)急 jǐnjí [形] urgent

紧(緊)张(張) jǐnzhāng [形] 1(激烈) intense 2(不安) nervous 3(不足) in short supply

尽(盡)jìn I [动] 1(完) exhaust 2(达到极限) go to extremes 3(充分发挥) use ... to the full 4(努力完成) strive to accomplish II [形] complete
→ see also/另见 jǐn

尽(盡)力 jìnlì [动] try one's hardest

尽(盡)量 jìnliàng [动] do all one can

进(進)jìn [动] 1(前进) advance 2(进入) enter 3(接纳) bring ... in ▶ 进货 jìnhuò stock up 4(吃食) eat ▶ (呈上) submit 6(改进) enter ▶ 进球 jìnqiú score a goal

进(進)步 jìnbù I [动] improve II [形] advanced

进(進)攻 jìngōng [动] attack

进(進)化 jìnhuà [动] evolve

进(進)口 jìnkǒu [动] import

进(進)来(來) jìnlái [动] come in

进(進)去 jìnqù [动] enter

进(進)入 jìnrù [动] 1(走进) enter 2(到了) reach 3(到位) get inside

进(進)行 jìnxíng [动] carry ... out

进(進)修 jìnxiū [动] take a refresher course

近 jìn [形] 1(不远) near ▶ 近日 jìnrì recently 2(接近) close 3(亲近) close to

近来(來) jìnlái [副] recently

近视(視) jìnshì [形] short-sighted (英), near-sighted (美)

劲(勁)jìn [名] 1(力气) strength 2(情绪) spirit 3(态度) manner 4(趣味) fun

禁 jìn I [动] 1(禁止) forbid 2(监禁) imprison ▶ 禁闭 jìnbì lock ... up II [名] taboo
→ see also/另见 jīn

禁止 jìnzhǐ [动] forbid

京 jīng [名] 1(首都) capital 2(北京) Beijing

京剧(劇)jīngjù [名] Beijing opera

京剧 jīngjù

京剧 jīngjù is a form of Chinese traditional opera which enjoys a history of over two hundred years, and is regarded as one of the most important Chinese cultural heritages. The performances combine singing, acting, music, dialogue, dancing and acrobatics. Different roles follow different patterns of acting, which are all rather symbolic, suggestive and exaggerated.

经(經)jīng I [名] 1(经线) warp 2(指中医) channels (pl) 3(经度)

longitude 4 (经典) scripture ▸佛经fójīng Buddhist sutra II [动] 1 (经营) run ▸经商jīngshāng be in business 2 (经历) endure 3 (经过) ▷途经西安tújīng Xī'ān go via Xi'an III [形] regular

经(經) jīngcháng I [形] day-to-day II [副] often

经(經)过(過) jīngguò I [动] 1 (通过) pass 2 (延续) ▷经过3年的恋爱，他们终于结婚了。Jīngguò sān nián de liàn'ài, tāmen zhōngyú jiéhūn le. Having been together for three years, they finally got married. 3 (经历) ▷企业经过裁员缩减了经费开支。Qǐyè jīngguò cáiyuán suōjiǎn le jīngfèi kāizhī. Business expenditure was reduced through staff cutbacks. II [名] course

经(經)济(濟) jīngjì I [名] 1 (社会生产关系) economy 2 (个人财政状况) financial situation II [形] 1 (有关国民经济) economic 2 (实惠) economical ▷经济舱jīngjìcāng economy-class cabin

经(經)理 jīnglǐ [名] manager

经(經)历(歷) jīnglì [动] experience

经(經)验(驗) jīngyàn [名] experience

惊(驚) jīng [动] 1 (紧张) start 2 (惊动) startle

惊(驚)奇 jīngqí [形] surprised

惊(驚)人 jīngrén [形] amazing

惊(驚)喜 jīngxǐ [动] be pleasantly surprised

惊(驚)讶(訝) jīngyà [形] astonished

精 jīng I [形] 1 (经挑选的) refined ▸精兵jīngbīng crack troops 2 (完美) excellent 3 (细密) precise 4 (心细) sharp ▸精明jīngmíng shrewd 5 (精通) skilled II [名] 1 (精华) essence 2 (酒精jiǔjīng alcohol 2 (精力) energy III [副] 1 (极) extremely

精彩 jīngcǎi [形] wonderful

精力 jīnglì [名] energy

精确(確) jīngquè [形] precise

精神 jīngshén [名] 1 (主观世界) mind 2 (宗旨) gist

精神 jīngshen I [名] energy II [形] energetic

精通 jīngtōng [动] be proficient in

井 jǐng I [名] 1 (用于取水) well 2 (井状物) ▸天井tiānjǐng skylight ▸矿井kuàngjǐng mine shaft II [形] neat

景 jǐng [名] 1 (风景) scenery 2 (情形) situation ▸背景bèijǐng background ▸布景 scene ▸外景wàijǐng outdoor scene II [动] admire

景点(點) jǐngdiǎn [名] scenic spot

景色 jǐngsè [名]

警 jǐng I [形] alert ▸警惕jǐngtì on the alert II [动] 1 (使警觉) warn 2 (戒备) be on the alert II [名] 1 (危急) alarm ▸报警bàojǐng raise the alarm 2 (警察) police ▸巡警xúnjǐng an officer on the beat

警报(報) jǐngbào [名] alarm

警察 jǐngchá [名] police

警告 jǐnggào [动] warn

竞(競)jìng [动] compete

竞(競)赛(賽)jìngsài [名] competition

竞(競)争(爭)jìngzhēng [动] compete

敬 jìng I [动] 1 (尊重) respect 2 (恭敬地给) offer II [形] respectful

敬爱(愛)jìng'ài [动] revere

敬礼(禮)jìnglǐ [动] salute

静(靜)jìng [形] 1 (不动) still 2 (无声) quiet

镜(鏡)jìng [名] 1 (镜子) mirror 2 (指光学器具) lens ▷ 眼镜 yǎnjìng glasses

镜(鏡)子 jìngzi [名] mirror

纠(糾)jiū [动] 1 (缠绕) entangle 2 (集合) assemble 3 (督察) supervise 4 (改正) correct

纠(糾)正 jiūzhèng [动] correct

究 jiū I [动] investigate II [副] actually

究竟 jiūjìng I [名] outcome II [副] actually

九 jiǔ [数] nine

九月 jiǔyuè [名] September

久 jiǔ [形] 1 (时间长) long 2 (时间长短) long

玖 jiǔ [数] nine
This is the character for "nine", which is mainly used in banks, on receipts etc. to prevent mistakes and forgery.

酒 jiǔ [名] alcohol ▷ 葡萄酒 pútáojiǔ wine ▷ 敬酒 jìngjiǔ propose a toast

旧(舊)jiù I [形] 1 (过时) old 2 (陈旧) used II [名] old friend

救 jiù [动] save

救护(護)车(車)jiùhùchē [名] ambulance

救命 jiùmìng [动] save a life ▷ 救命啊!Jiùmìng a! Help!

就 jiù I [动] 1 (靠近) move close to 2 (开始) take ... up 3 (完成) accomplish 4 (趁) take the opportunity 5 (搭配着吃) eat ... with II [副] 1 (强调时间短) shortly 2 (早已) already 3 (表示紧接着) as soon as 4 (表示条件关系) then 5 (强调数量多) as much as 6 (仅仅) only 7 (表示坚决) simply 8 (表示坚决) simply 9 (强调事实) exactly 10 (表示容忍) even though III [助] already IV [介] even if

就是 jiùshì I [副] 1 (表示赞同) exactly 2 (表示坚决) still 3 (表示强调) really 4 (确定范围) only II [助] ▷ 你干就是了,没人说你。Nǐ gàn jiùshì le, méi rén shuō nǐ. Just go ahead and do it — no one will blame you! III [连] even if

就算 jiùsuàn [连] even if

舅 jiù [名] 1 (舅父) uncle 2 (妻子的弟兄) brother-in-law

舅舅 jiùjiu [名] uncle

居 jū I [动] 1 (住) live 2 (在) be II [名] house

居住 jūzhù [动] live

局 jú I [名] 1 (棋盘) chessboard 2 (比赛) game ▶ 平局 píngjú a draw 3 (形势) situation ▶ 时局 shíjú current political situation 4 (聚会) gathering ▶ 饭局 fànjú dinner party 5 (圈套) ruse ▶ 骗局 piànjú fraud 6 (部分) part 7 (机关部门) department 8 (业务机构) office II [量] set ▷ 我赢了这局棋。Wǒ yíngle zhè jú qí. I won the chess game.

局长 (長) júzhǎng [名] director

橘 jú [名] tangerine

橘子 júzi [名] orange ▷ 橘子汁 júzi zhī orange juice

举 (舉) jǔ I [动] 1 (往上托) raise ▶ 举重 jǔzhòng weightlifting 2 (兴起) mobilize ▶ 举兵 jǔbīng dispatch troops 3 (选举) elect 4 (提出) cite ▶ 举例 jǔlì cite an example II [名] act III [形] (书) whole

举 (舉) 办 (辦) jǔbàn [动] hold

举 (舉) 行 jǔxíng [动] hold

巨 (鉅) jù [形] huge

巨大 jùdà [形] huge

巨人 jùrén [名] giant

句 jù I [名] sentence II [量] ▷ 说几句话 shuō jǐ jù huà say a few words ▷ 写两句诗 xiě liǎng jù shī write two lines of verse

measure word, used for sentences, and lines in a speech, song or poem

句子 jùzi [名] sentence

拒 jù [动] 1 (抵抗) resist 2 (拒绝) refuse

拒绝 (絕) jùjué [动] refuse

具 jù I [动] have II [名] utensil ▶ 玩具 wánjù toy

具备 (備) jùbèi [动] have

具体 (體) jùtǐ [形] 1 (明确) detailed 2 (特定) particular

具有 jùyǒu [动] have

俱 jù [副] ▶ 面面俱到 miàn miàn jù dào attend to each and every aspect

俱乐 (樂) 部 jùlèbù [名] club

剧 (劇) jù I [名] drama ▶ 喜剧 xǐjù comedy II [形] severe ▶ 剧变 jùbiàn dramatic change

剧 (劇) 场 (場) jùchǎng [名] theatre (英), theater (美)

剧 (劇) 烈 jùliè [形] severe

剧 (劇) 院 jùyuàn [名] 1 (剧场) theatre (英), theater (美) 2 (剧团) company

据 (據) jù I [动] 1 (占据) occupy ▶ 盘据 pánjù forcibly occupy 2 (凭借) rely on ▶ 据点 jùdiǎn stronghold II [介] according to III [名] evidence ▶ 收据 shōujù receipt

据 (據) 说 (說) jùshuō [动] be said

距 jù [名] distance

距离 (離) jùlí [动] be at a distance from

锯 (鋸) jù I [名] saw II [动] saw

卷 (捲) juǎn I [动] 1 (裹成筒形) roll ... up 2 (撮起) sweep ... up 3 (喻)

(牵涉) be swept up in **II** [名] roll **III** [量] roll ▸ 一卷卫生纸 yī juǎn wèishēngzhǐ a roll of toilet paper

决(決) jué **I** [动] **1**(决定) decide **2**(执行死刑) execute **3**(决口) burst **4**(定胜负) decide on a result ▸ 决战 juézhàn decisive battle **II** [副] under any circumstances **III** [形] decisive ▸ 果决 guǒjué resolute

决(決)定 juédìng [动] **1**(拿定主意) decide **2**(表示条件关系) determine

决(決)心 juéxīn [名] determination

觉(覺) jué **I** [动] **1**(感觉) feel **2**(觉悟) become aware of **II** [名] **1**(感到) feel **2**(认为) think

觉(覺)得 juéde [动] **1**(感到) feel **2**(认为) think

觉(覺)悟 juéwù [名] awareness

绝(絕) jué **I** [动] **1**(断绝) cut ... off ▸ 隔绝 géjué isolate **2**(穷尽) exhaust **3**(无后代) have no descendants **4**(死) die **II** [形] **1**(不通) hopeless ▸ 绝路 juélù blind alley **2**(高超) superb **III** [副] **1**(最) extremely ▸ 绝密 juémì top secret **2**(绝对) absolutely

绝(絕)对(對) juéduì **I** [形] absolute **II** [副] absolutely

绝(絕)望 juéwàng [动] feel desperate

军(軍) jūn **I** [名] **1**(军队) army

▸ 参军 cānjūn enlist **2**(指军队编制单位) regiment **3**(指集体) forces (pl) **II** [形] military ▸ 军费 jūnfèi military expenditure

军(軍)队(隊) jūnduì [名] troops (pl)

军(軍)官 jūnguān [名] officer

军(軍)人 jūnrén [名] soldier

军(軍)事 jūnshì [名] military affairs (pl)

j

k

咖 kā *see below/*见下文
→ *see also/*另见 gā

咖啡 kāfēi [名] coffee ▷ 速溶咖啡 sùróng kāfēi instant coffee

卡 kǎ **I** [量] (卡路里) calorie **II** [名] (卡片) card

卡车(車) kǎchē [名] lorry (英), truck (美)

卡拉OK kǎlā'ōukèi [名] karaoke

卡通 kǎtōng [名] cartoon

开(開) kāi [动] **1** (打开) open ▷ 开门 kāimén open the door **2** (银行、商店) be open **3** (绽放) bloom **4** (松开) come undone **5** (驾驶) drive ▷ 开汽车 kāi qìchē drive a car **6** (办) open ... up ▷ 开公司 kāi gōngsī start up a business **7** (开始) start ▷ 开课

开课 kāikè give a course ▷ 开学 kāixué start school ▷ 开演 kāiyǎn start the show **8** (举行) hold ▷ 开会 kāihuì have a meeting **9** (写出) write ... out **10** (灯、电器、煤气) turn on ▷ 开灯 kāi dēng turn on the light **11** (沸腾) boil ▷ 水刚开。Shuǐ gāng kāi. The water was just boiled. **12** (饭) serve ▷ 开饭了。Kāifàn le. Dinner is ready.

开(開)刀 kāidāo [动] operate on

开(開)放 kāifàng [动] **1** (解禁) open ▷ 对外开放政策 duìwài kāifàng zhèngcè the opening-up policy **2** (开朗) be open-minded

开(開)关(關) kāiguān [名] switch

开(開)户(戶) kāihù [动] open an account

开(開)会(會) kāihuì [动] have a meeting

开(開)课(課) kāikè [动] **1** (开学) start **2** (授课) teach a course

开(開)朗 kāilǎng [形] (指性格) cheerful

开(開)明 kāimíng [形] enlightened

开(開)幕 kāimù [动] **1** (指演出) start **2** (指会) open

开(開)辟(闢) kāipì [动] **1** (开通) open ... up **2** (开发) develop

开(開)始 kāishǐ **I** [动] start, begin **II** [名] beginning

开(開)水 kāishuǐ [名] boiling water

开(開)头(頭) kāitóu **I** [动] begin **II** [名] beginning

开(開)玩笑 kāi wánxiào [动]joke ▷别拿我开玩笑。Bié ná wǒ kāi wánxiào. Don't make fun of me.

开(開)心 kāixīn [形]happy

开(開)展 kāizhǎn [动]launch

开(開)支 kāizhī [动]spend

刊 kān I[动](出版)publish II[名] periodical ▶报刊bàokān the press

刊登 kāndēng [动]publish

刊物 kānwù [名]periodical

看 kān [动]1(照料)look after ▶看家kānjiā look after the house 2(看管)watch over → see also/另见kàn

砍 kǎn [动]1(劈)chop 2(减)cut

看 kàn [动]1(观看)look at ▶看到kàndào see ▷看电视kàn diànshì watch TV 2(阅读)read 3(认为)think ▶看成kànchéng consider 4(拜访)visit ▶看望kànwàng visit 5(照料)look after 6(对待)treat 7(诊治)treat ▶看病kànbìng see a doctor 8(取决于)depend on → see also/另见kān

看不起 kànbuqǐ [动]look down on

看待 kàndài [动]regard ▷当朋友看待dàng péngyou kàndài regard as a friend

看法 kànfǎ [名]opinion

看好 kànhǎo [动]look good

看见(見)kànjiàn [动]see

看来(來)kànlái [动]seem

康 kāng [形](健康)healthy ▶康复kāngfù recover

慷 kāng see below/见下文

慷慨 kāngkǎi [形](大方) generous

扛 káng [动]shoulder

抗 kàng [动]1(抵抗)resist 2(抗拒) refuse

抗议(議)kàngyì [动]protest

考 kǎo [动]1(测试)have an exam ▶考上:kǎoshàng pass the entrance exam 2(检查)check ▶考察kǎochá investigate

考虑(慮)kǎolǜ [动]consider

考试(試)kǎoshì sit an exam

考验(驗)kǎoyàn [动]test

拷 kǎo [动](拷贝)copy

烤 kǎo [动]1(指东西)roast ▶烤鸭 kǎoyā roast duck 2(指人体) warm oneself ▶烤火kǎohuǒ warm oneself by a fire

靠 kào [动]1(倚)lean on 2(近)keep to 3(依赖)rely on 4(信赖)trust

科 kē [名]1(指学术)discipline ▶文科wénkē humanities (pl) 2(指部门)department

科技 kējì [名]science and technology

科目 kēmù [名]subject

科学(學)kēxué I[名]science II[形]scientific

科学(學)家 kēxuéjiā [名]scientist

科研 kēyán [名]scientific research

棵 kē [量] ▷ 一棵水仙 yī kē shuǐxiān a narcissus ▷ 三百棵树 sānbǎi kē shù three hundred trees

measure word, used for plants, trees and vegetables

颗(顆) kē [量] ▷ 一颗种子 yī kē zhǒngzi a seed ▷ 一颗珍珠 yī kē hànzhū a bead of sweat

measure word, used for small, round objects

磕 kē [动] bump

壳(殼) ké [名] shell

咳 ké [动] cough

咳嗽 késou [动] cough

可 kě I [动] (同意) approve II [助动] 1 (可以) can 2 (值得) III [连] but

可爱(愛) kě'ài [形] adorable

可悲 kěbēi [形] lamentable

可靠 kěkào [形] reliable

可乐(樂) kělè [名] Coke®

可怜(憐) kělián I [形] pitiful II [动] pity

可能 kěnéng I [形] possible II [副] maybe III [名] possibility ▶ 可能性 kěnéngxìng possibility

可怕 kěpà [形] frightening

可是 kěshì [连] but ▷ 这个小镇不大, 可是很热闹。 Zhège xiǎozhèn bù dà, kěshì hěn rènao. This is a small town, but it's very lively.

可惜 kěxī I [形] regrettable II [副] regrettably

可笑 kěxiào [形] 1 (令人耻笑) ridiculous 2 (引人发笑) funny

可以 kěyǐ I [助动] 1 (能够) can 2 (有权) may II [形] (不坏) not bad

可以 kěyǐ, 能 néng, and 会 huì can all be used to express ability and are sometimes used interchangeably. Both 可以 kěyǐ and 能 néng can express being able to do something because you have been granted permission, e.g. 你可以/能借我的照相机 nǐ kěyǐ/néng jiè wǒ de zhàoxiàngjī (you may/can borrow my camera). Strictly, 能 néng should be used to express physical ability, e.g. 我能跑得很快 wǒ néng pǎo de hěn kuài (I can run very fast), while 会 huì should express a learned ability, e.g. 我会说法语 wǒ huì shuō Fǎyǔ (I can speak French).

渴 kě I [形] thirsty ▶ 渴望 kěwàng long for II [副] eagerly

克 kè I [动] 1 (克制) restrain 2 (战胜) overcome II [量] gram

克服 kèfú [动] (战胜) overcome

克隆 kèlóng [动] clone

刻 kè I [动] engrave ▶ 刻刻物品 (雕刻物品) engraving 2 (指十五分钟) quarter

刻苦 kèkǔ [形] hardworking

客 kè [名] 1 (客人) visitor ▶ 客厅 kètīng living room 2 (旅客) traveller (英), traveler (美) ▶ 客车 kèchē passenger train 3 (顾客) customer ▶ 客户 kèhù customer

客观(觀) kèguān [形] objective

客气(氣) kèqi I [形] polite II [动] be polite

客人 kèrén [名] guest

课(課) kè [名] 1 (学科) subject 2 (学时) class 3 (单元) lesson

课(課)本 kèběn [名] textbook

课(課)程 kèchéng [名] course ▶ 课程表 kèchéngbiǎo school timetable

课(課)堂 kètáng [名] classroom

课(課)题(題) kètí [名] (论题) topic

课(課)文 kèwén [名] text

肯 kěn [助动] be willing

肯定 kěndìng I [动] confirm II [形] 1 (确定的) affirmative 2 (明确的) clear III [副] certainly

空 kōng I [形] empty ▶ 空虚 kōngxū empty II [名] sky ▶ 空中 小姐 kōngzhōng xiǎojiě stewardess
→ see also/另见 kòng

空间(間) kōngjiān [名] space

空军(軍) kōngjūn [名] air force

空调(調) kōngtiáo [名] air conditioner

空气(氣) kōngqì [名] (大气) air

空前 kōngqián [形] unprecedented

孔 kǒng [名] hole

孔子 Kǒngzǐ [名] Confucius

孔子 Kǒngzǐ, Confucius, (trad. 551-479 BC) was a hugely influential thinker. A posthumous compilation of his sayings, 《论语》 Lúnyǔ, The Analects, is China's most important philosophical work, and was the key text on which much of the traditional Chinese education system was based.

恐 kǒng fear

恐怖 kǒngbù I [形] terrifying II [名] terror ▶ 恐怖主义 kǒngbù zhǔyì terrorism

恐龙(龍) kǒnglóng [名] dinosaur

恐怕 kǒngpà [副] 1 (担心) fearfully 2 (大概) probably

空 kòng I [动] leave ... empty II [形] vacant ▶ 空白 kòngbái blank ▶ 空缺 kòngquē vacancy III [名] 1 (空间) space 2 (时间) free time ▶ 空儿 kòngr spare time ▶ 有空 yǒu kòng have free time
→ see also/另见 kōng

控 kòng [动] 1 (控制) control 2 (控告) charge

控制 kòngzhì [动] control

口 kǒu I [名] 1 (嘴) mouth ▶ 口才 kǒucái eloquence ▶ 吃 口红 kǒuhóng lipstick 2 (人口) jiākǒu family member ▶ 口味 kǒuwèi taste 3 (指容器) rim ▶ 瓶 口 píngkǒu the mouth of a bottle 4 (指端口) ▶ 出口 chūkǒu exit ▶ 入口 rùkǒu entrance ▶ 窗 口 chuāngkǒu window 5 (缝) split II [量] ▷ 我家有五口人。Wǒ jiā yǒu wǔ kǒu rén. There are five people in my family.

■ measure word, used for the number of people in a family

口袋 kǒudài [名] bag

口号(號) kǒuhào [名] slogan

口渴 kǒukě [形] thirsty ▷他口渴了。Tā kǒukě le. He's thirsty.

口气(氣) kǒuqì [名] (语气) tone

口试(試) kǒushì [名] oral exam

口头(頭) kǒutóu [形] **1** (嘴) word **2** (口语) ▷口头作文 kǒutóu zuòwén oral composition

口信 kǒuxìn [名] message

口音 kǒuyīn [名] (方音) accent

口语(語) kǒuyǔ [名] spoken language

扣 kòu I [动] **1** (拉紧) fasten **2** (朝下) put ... upside down **3** (抓) arrest ▷扣留 kòuliú arrest **4** (减) deduct II [名] button ▷扣子 kòuzi button

哭 kū [动] cry

苦 kǔ I [形] **1** (苦涩) bitter **2** (艰苦) hard II [动] (使受苦) be hard on III [副] painstakingly ▷苦练 kǔ liàn train hard IV [名] suffering ▷吃苦 chīkǔ bear hardships

苦难(難) kǔnàn [名] hardship II [形] hard

苦恼(惱) kǔnǎo [形] distressed

库(庫)存 kùcún [名] stock

裤(褲) kù [名] trousers (英) (pl) pants (美) (pl) ▷裤子 kùzi trousers (英) (pl) pants (美) (pl)

夸(誇) kuā [动] **1** (夸大)

exaggerate **2** (夸奖) praise

夸(誇)奖(獎) kuājiǎng [动] praise

夸(誇)张(張) kuāzhāng I [形] exaggerated II [名] hyperbole

垮 kuǎ [动] (坍塌) collapse ▷垮台 kuǎtái collapse **2** (伤身) wear down

胯 kuà [名] hip

跨 kuà [动] **1** (迈步) step **2** (骑) mount **3** (超越) surpass ▷跨国 kuàguó transnational

会(會) kuài [名] accounting ▷财会 cáikuài finance and accounting
→ see also/另见 huì

会(會)计(計) kuàijì [名] **1** (指工作) accounting **2** (指人员) accountant

块(塊) kuài I [名] lump II [量] piece ▷一块蛋糕 yī kuài dàngāo a piece of cake ▷一块方糖 yī kuài fāngtáng a lump of sugar

快 kuài I [形] **1** (快速) fast **2** (赶快) **3** (灵敏) quick ▷他脑子快。Tā nǎozi kuài. He's quick-witted. **4** (锋利) sharp **5** (直爽) straightforward ▷爽快 shuǎngkuài frank II [副] soon ▷快要 kuàiyào soon

快餐 kuàicān [名] fast food

快活 kuàihuo [形] delighted

快乐(樂) kuàilè [形] happy

筷 kuài [名] chopsticks (pl) ▷筷子 kuàizi chopsticks (pl)

宽(寬)kuān I[形]1(距离大)wide 2(范围广)broad ▸ 宽敞 kuānchang spacious 3(宽大) lenient ▸ 宽容 kuānróng tolerant II[名]width

宽(寬)带(帶)kuāndài[名] broadband

款 kuǎn[名]1(项目)section 2(钱) sum of money ▸ 现款 xiànkuǎn cash 3(样式)style ▸ 款式 kuǎnshì style

狂 kuáng I[形]1(疯狂)crazy ▸ 发狂 fākuáng go crazy 2(猛烈) violent ▸ 狂风 kuángfēng gale 3(狂妄)arrogant 4(狂热)wild II[副]wildly

况(況)kuàng[名]situation ▸ 状况 zhuàngkuàng condition

况(況)且 kuàngqiě[连]besides

矿(礦)kuàng[名]1(矿场)mine 2(矿石)ore

矿(礦)泉水 kuàngquánshuǐ[名] mineral water

框 kuàng I[名]1(框架)frame 2(方框)box II[动]1(画圈)box 2(口) (限制)limit

框架 kuàngjià[名]1(指建筑) frame 2(指文书)framework

眶 kuàng[名]socket ▸ 眼眶 yǎnkuàng eye socket

亏(虧)kuī[动]1(亏损)lose 2(欠缺)lack 3(亏负)allow ... to suffer losses II[副]luckily ▸ 亏你把我叫醒，要不我就迟到了。Kuī nǐ bǎ wǒ jiào xǐng, yàobù wǒ jiù chídào le. It's lucky you woke me up or I would have been late.

盔 kuī[名]helmet

葵 kuí see below/见下文

葵花 kuíhuā[名]sunflower

魁 kuí I[名]head ▸ 夺魁 duókuí win first place II[形]well-built ▸ 魁梧 kuíwú tall and sturdy

昆 kūn see below/见下文

昆虫(蟲)kūnchóng[名]insect

捆(綑)kǔn[动]tie ... up II[量] bundle ▸ 一捆书 yī kǔn shū a bundle of books

困 kùn I[动]1(困扰)be stricken 2(限制)trap II[形]1(瞌睡) sleepy 2(困难)difficult

困难(難)kùnnan[形]1(指事情) difficult ▸ 克服困难 kèfú kùnnan overcome difficulties 2(指经济)poor

扩(擴)kuò[动]expand ▸ 扩大 kuòdà[动]expand

括 kuò[动]1(包括)include 2(加括号)bracket

括弧 kuòhú[名]bracket

阔(闊)kuò[形]1(宽广)wide 2(阔气)wealthy

辣 là [形] (指味道) hot ▷ 辣酱 làjiàng chilli sauce ▷ 辣椒 làjiāo chillies

蜡(蠟) là [名] candle ▷ 蜡烛 làzhú candle

啦 la [助] ▷ 你回来啦！Nǐ huílái la! Hey — you're back!

来(來) lái I [动] 1 (到来) come ▷ 家里来了几个客人。Jiā li láile jǐ gè kèrén. Some guests came to the house. 2 (发生) happen ▷ 刚到家，麻烦来了。Gāng dào jiā, máfan lái le. As soon as I got home, the trouble started. 3 (泛指做事) ▷ 请来碗面条。Qǐng lái wǎn miàntiáo. A bowl of noodles, please. ▷ 你累了，让我来。Nǐ lèi le, ràng wǒ lái. You're tired — let me do it. 4 (表示要做) ▷ 请你来帮个忙。Qǐng nǐ lái bāng gè máng. Can you help me with this? 5 (表示目的) ▷ 我要想个法子来对付他。Wǒ yào xiǎng gè fǎzi lái duìfu tā. I must think of a way to deal with him. 6 (表示朝向) ▷ 服务员很快就把饭菜端了上来。Fúwùyuán hěn kuài jiù bǎ fàncài duānle shànglái. Soon the waiter had brought the food to the table. II [形] coming ▷ 来年 láinián the coming year III [助] 1 (表示持续) ▷ 近来 jìnlái lately ▷ 几年来几 nián lái in the last few years 2 (表示概数) about ▷ 10来公斤重 shí lái gōngjīn zhòng about 10 kilos

来(來)不及 láibují [动] lack sufficient time for

垃 lā *see below*/见下文

垃圾 lājī [名] rubbish (英), garbage (美) ▷ 垃圾食品 lājī shípǐn junk food

拉 lā [动] 1 (用力移动) pull 2 (载运) transport ▷ 出租车司机拉到了机场。Chūzūchē sījī lā wǒ dàole jīchǎng. The taxi driver took me to the airport. 3 (演奏) play ▷ 拉小提琴 lā xiǎotíqín play the violin

喇 lǎ *see below*/见下文

喇叭 lǎba [名] 1 (管乐器) trumpet 2 (扩音器) loudspeaker

落 là [动] 1 (遗漏) be missing 2 (忘记) leave
→ *see also*/另见 luò

来(來)得及 láidejí [动] have enough time for

来(來)回 láihuí I [动] 1 (去了再来) make a round trip ▶从住宅小区到市中心来回有多远? Cóng zhùzhái xiǎoqū dào shìzhōngxīn láihuí yǒu duō yuǎn? How far is it from the residential area to town and back? 2 (来来去去) move back and forth II [名] round trip ▶从学校到家一天跑两个来回。Wǒ cóng xuéxiào dào jiā yī tiān pǎo liǎng gè láihuí. I make the round trip from school to home twice a day.

来(來)往 láiwǎng [动] have dealings with

来(來)自 láizì [动] come from

拦(攔) lán [动] stop

栏(欄) lán [名] 1 (栏杆) fence ▶栏杆 lángān railing 2 (部分版面) column ▶栏目 lánmù column

蓝(藍) lán [形] blue ▶蓝色 lánsè blue ▶蓝天 lántiān sky

篮(籃) lán [名] (篮子) basket ▶篮子 lánzi basket

篮(籃)球 lánqiú [名] basketball

缆(纜) lǎn [名] (似缆之物) cable ▶缆车(車) lǎnchē [名] cable car

懒(懶) lǎn [形] 1 (懒惰) lazy 2 (疲倦) lethargic

懒(懶)得 lǎnde [动] not feel like ▶天太热, 我懒得出门。Tiān tài rè, wǒ lǎnde chūmén. I don't feel like going out, it's too hot.

懒(懶)惰 lǎnduò [形] lazy

烂(爛) làn I [形] 1 (破烂) worn-out 2 (头绪乱) messy ▶烂摊子 làn tānzi a shambles II [动] be rotten ▶西瓜烂了。Xīguā làn le. The watermelon has gone off.

狼 láng [名] wolf

廊 láng [名] corridor ▶走廊 zǒuláng corridor

朗 lǎng [形] 1 (明亮) bright 2 (响亮) clear

朗读(讀) lǎngdú [动] read ... aloud

朗诵(誦) lǎngsòng [动] recite

浪 làng I [名] wave ▶浪潮 làngcháo tide II [形] wasteful ▶浪费 làngfèi squander

浪费(費) làngfèi [动] waste

浪漫 làngmàn [形] romantic

捞(撈) lāo [动] (取) take ▶捕捞 bǔlāo fish for

劳(勞) láo [动] 1 (劳动) work 2 (烦劳) trouble ▶劳您帮我看下行李。Láo nín bāng wǒ kān xià xíngli. Would you mind keeping an eye on my luggage?

劳(勞)动(動) láodòng [名] labour (英) 或 labor (美) ▶脑力劳动 nǎolì láodòng brain work

劳(勞)动(動)力 láodònglì [名] 1 (劳动能力) labour (英), labor (美) 2 (人力) workforce

劳(勞)驾(駕) láojià [动] (客套) excuse me

老 lǎo I [形] 1 (年岁大的) old 2 (有

经验的) experienced ▸ 老手
lǎoshǒu veteran 3 (旧的) old
▹ 老同学lǎo tóngxué old school
friend 4 (火候大的) over-done
II [名] (老人) old people III [副]
1 (经常) always 2 (长久) for a long
time 3 (非常) very ▸ 老远lǎo
yuǎn very far

老百姓 lǎobǎixìng [名] ordinary
people

老板 (闆) lǎobǎn [名] boss

老虎 lǎohǔ [名] tiger

老家 lǎojiā [名] home ▸ 我老家在
上海。Wǒ lǎojiā zài Shànghǎi.
Shanghai is my hometown.

老练 (練) lǎoliàn [形] experienced

老年 lǎonián [名] old age

老婆 lǎopo [名] wife

老师 (師) lǎoshī [名] teacher

老实 (實) lǎoshi [形] 1 (诚实规矩)
honest 2 (不聪明) naive

老鼠 lǎoshǔ [名] mouse

老外 lǎowài [名] foreigner

姥 lǎo see below/见下文

姥姥 lǎolao [名] (口) (母方的)
granny

姥爷 (爺) lǎoye [名] (口) (母方的)
grandpa

乐 (樂) lè I [形] happy II [动] 1 (乐
于) take pleasure in 2 (笑) laugh
→ see also/另见 yuè

乐 (樂) 观 (觀) lèguān [形]
optimistic

乐 (樂) 趣 lèqù [名] delight

乐 (樂) 意 lèyì [动] be willing to
▸ 他不乐意帮我们。Tā bù lèyì
bāng wǒmen. He's unwilling

to help us. ▸ 勒令 lèlìng order

了 le [助] 1 (表示动作或变化已完
成) ▸ 他买了这本书。Tā mǎile
zhè běn shū. He's bought this
book. 2 (表示对未来的假设已完
成) ▸ 下个月我考完了试回家。
Xià gè yuè wǒ kǎowánle shì
huíjiā. I'll go home next month
once my exams are over. 3 (在句
尾，表示出现变化) ▸ 下雨了。
Xiàyǔ le. It's raining.
4 (在句尾，表示提醒、劝告或催
促) ▸ 该回家了。Gāi huíjiā le.
It's time to go home. ▸ 别喊了！
Bié hǎn le! Stop shouting!
→ see also/另见 liǎo

The usage of 了 le is one of the
most complex parts of
Chinese grammar, partly
because it has two completely
different functions. It can
indicate completion of an
action, e.g. 他喝了三杯啤酒
tā hēle sān bēi píjiǔ (he drank
three glasses of beer).
Sometimes, when placed at
the end of a clause or a
sentence, it usually indicates a
change of some kind, e.g. 天黑
了 tiān hēi le (it's gone dark).

雷 léi [名] (雷电) thunder ▸ 雷电
léidiàn thunder and lightning

累 léi [动] (积聚) accumulate ▸ 累
积 lěijī accumulate

累计 (計) lěijì [动] add up

肋 lèi [名] rib ▸ 肋骨 lèigǔ rib

泪 (淚) lèi [名] tear ▸ 眼泪 yǎnlèi

tears (pl) ▶ 流泪liúlèi shed tears

类(類)lèi I [名] kind ▶ 分类fēnlèi classify ▶ 类型lèixíng type II [动] be similar to ▶ 类似lèisì similar to

类(類)别(別)lèibié [名] category

类(類)似lèisì [形] similar

累 lèi I [形] tired II [动] (使劳累) tire ▷ 别累着自己。Bié lèizhe zìjǐ. Don't tire yourself out.
→ see also/另见lěi

冷 lěng [形] (温度低) cold 2 (不热情) frosty ▷ 冷淡lěngdàn give the cold shoulder to

冷藏 lěngcáng [动] refrigerate

冷冻(凍)lěngdòng [动] freeze ▷ 冷冻食品lěngdòng shípǐn frozen food

冷静(靜)lěngjìng [形] (沉着) cool-headed

冷饮(飲)lěngyǐn [名] cold drink

厘(釐)lí see below/见下文

厘(釐)米límǐ [量] centimetre (英), centimeter (美)

离(離)lí [动] 1 (分离) leave 2 (距离) be far away from ▷ 我家离办公室不太远。Wǒ jiā lí bàngōngshì bù tài yuǎn. My home is quite near to the office.

离lí is used to express separation of two things, or distance of one thing from another: to say that X is far away from Y, say "X 离Y远", e.g. 我家离火车站不远wǒ jiā lí huǒchēzhàn bù yuǎn (my home is not far from the train station).

离(離)婚líhūn [动] divorce

离(離)开(開)líkāi [动] depart

梨 lí [名] pear

礼(禮)lǐ [名] 1 (仪式) ceremony 2 (礼节) courtesy 3 (礼物) present

礼(禮)拜lǐbài [名] (星期) week

礼(禮)貌lǐmào [名] manners (pl)

礼(禮)堂lǐtáng [名] hall

礼(禮)物lǐwù [名] present

里(裡)lǐ I [名] 1 (反面) inside 2 (里边) inner ▶ 里屋lǐwū inner room II [介] in ▷ 屋子里wūzi lǐ in the room III [副] ▷ 这里zhèlǐ here ▷ 那里nàlǐ there IV [量] lǐ, a Chinese unit of length, equal to 1/3 of a mile ▷ 英里yīnglǐ mile

里(裡)面lǐmiàn [形] inside

理 lǐ I [名] 1 (道理) reason ▶ 合理hélǐ reasonable 2 (自然科学) natural science ▶ 理科lǐkē science II [动] 1 (管理) manage ▶ 理财lǐcái manage the finances 2 (整理) tidy ▶ 理发lǐfà get a hair cut 3 (表示态度) acknowledge ▶ 理睬lǐcǎi pay attention

理解lǐjiě [动] understand

理论(論)lǐlùn [名] theory

理想lǐxiǎng I [名] ideal II [形] ideal

理由lǐyóu [名] reason

力 lì [名] 1 (物) force 2 (功能) strength 3 (体力) physical strength

力量lìliàng [名] 1 (力气) strength

▷ 这一拳力量很大。Zhè yī quán lìliàng hěn dà. That was a very powerful punch. **2**(能力) power **3**(作用) strength ▷ 这种药的力量大。Zhè zhǒng yào de lìliàng dà. This medicine is very strong.

力气(氣) lìqi [名] strength

历(歷) lì [名] (经历) experience

历(歷)史 lìshǐ [名] history

厉(厲) lì [形] **1**(严格) strict **2**(严肃) stern

厉(厲)害 lìhai [形] **1**(剧烈) terrible ▷ 他口渴得厉害。Tā kǒukě de lìhai. He was terribly thirsty. **2**(严厉) strict

立 lì **I**[动] **1**(站) stand **2**(竖立) stand ... up **3**(建立) ▷ 立功 lìgōng make contributions **4**(制定) set ... up ▷ 立法 lìfǎ legislate **II**[形] upright ▷ 立柜 lìguì wardrobe

立方 lìfāng **I**[名] cube **II**[量] cubic ▷ 立方米 lìfāngmǐ cubic metre (英) 或 meter (美)

立即 lìjí [副] immediately

立刻 lìkè [副] immediately

利 lì **I**[形] (锋利) sharp **II**[名] **1**(利益) interest ▷ 利弊 lìbì pros and cons (pl) **2**(利润) profit and interest ▷ 暴利 bàolì staggering profits (pl) **III**[动] benefit

利害 lìhai [形] terrible ▷ 天冷得利害。Tiān lěng de lìhai. It's terribly cold today.

利率 lìlǜ [名] interest rate

利润(潤) lìrùn [名] profit

利息 lìxī [名] interest

利益 lìyì [名] benefit

利用 lìyòng [动] **1**(物) use **2**(人) exploit

例 lì [名] (例子) example ▷ 举例 jǔlì give an example

例如 lìrú [动] give an example ▷ 大商场货物齐全，例如服装、家电、食品等。Dà shāngchǎng huòwù qíquán, lìrú fúzhuāng, jiādiàn, shípǐn děng. The big shopping centre sells all kinds of goods, for example, clothes, household appliances and food.

例外 lìwài [动] be an exception

例子 lìzi [名] example

荔 lì see below/见下文

荔枝 lìzhī [名] lychee

栗(慄) lì [名] chestnut ▷ 栗子 lìzi chestnut

粒 lì [量] ▷ 一粒珍珠 yī lì zhēnzhū a pearl ▷ 三粒种子 sān lì zhǒngzi three seeds

measure word, used for small round objects, such as sand, grains, pills etc.

俩(倆) liǎ [数] (口) (两个) two ▷ 我俩 wǒ liǎ the two of us

连(連) lián **I**[动] connect ▷ 连接 liánjiē link **II**[副] in succession ▷ 连看了几眼 lián kàn le jǐ yǎn glance at several times **III**[介] **1**(包括) including ▷ 连他4人 lián tā sì rén four people, including him **2**(甚至) even

连(連)接 liánjiē [动] connect

连(連)忙 liánmáng [副] at once

连(連)续(續) liánxù [动] go on without stopping ▶ 他连续干了3天，觉都没睡。Tā liánxù gànle sān tiān, jiào dōu méi shuì. He worked for three days in a row without sleeping.

帘(簾) lián [名] curtain (英), drape (美) ▶ 窗帘 chuānglián curtain (英), drape (美)

莲(蓮) lián [名] lotus ▶ 莲花 liánhuā lotus flower

联(聯) lián [动] unite ▶ 联赛 liánsài league match

联(聯)合 liánhé I [动] (人) unite II [形] joint

联(聯)合国(國) Liánhéguó [名] United Nations, UN

联(聯)络(絡) liánluò [动] contact ▶ 联络方式 liánluò fāngshì ways to maintain contact

联(聯)系(繫) liánxì [动] connect ▶ 理论联系实际 lǐlùn liánxì shíjì apply theory to practice ▶ 促进经济贸易联系 cùjìn jīngjì màoyì liánxì encourage economic and trade relations

脸(臉) liǎn [名] 1 (面部) face 2 (前部) front ▶ 门脸 ménliǎn shopfront (英), storefront (美) 3 (情面) face ▶ 脸面 liǎnmiàn face

脸(臉)谱(譜)网(網) Liǎnpǔ wǎng [名] Facebook®

脸(臉)色 liǎnsè [名] (气色) complexion

练(練) liàn I [动] practise (英), practice (美) ▶ 练武 liànwǔ practise martial arts II [形] experienced ▶ 熟练 shúliàn skilful (英), skillful (美)

练(練)习(習) liànxí I [动] practise (英), practice (美) II [名] exercise

恋(戀) liàn [动] 1 (恋爱) love ▶ 相恋 xiāngliàn fall in love with each other 2 (想念) miss ▶ 恋家 liànjiā be homesick

恋(戀)爱(愛) liàn'ài [动] love ▷ 谈恋爱 tán liàn'ài be in love

恋(戀)人 liànrén [名] lover

良 liáng [形] good

良好 liánghǎo [形] good

良心 liángxīn [名] conscience

凉(涼) liáng [形] (冷) cool → see also/另见 liàng

凉(涼)快 liángkuai [形] cool

量 liáng [动] (测量) measure → see also/另见 liàng

粮(糧) liáng [名] grain

粮(糧)食 liángshi [名] food

两(兩) liǎng I [数] 1 (表示具体数目) two ▷ 两个小时 liǎng gè xiǎoshí two hours 2 (表示不定数目) a few ▷ 说两句话 shuō liǎng jù huà say a few words II [量] liang, a Chinese unit of weight, equal to 50 grams

> When citing numbers, including cardinal numbers, ordinal numbers, telephone numbers and serial numbers, 二 èr is used for the number

two. However, when you want to talk about two things, you must use 两liǎng and a measure word, e.g. 两个人liǎng gè rén (2 people), 两杯茶liǎng bēi chá (2 cups of tea) etc.

亮 liàng I [形] (光线) bright II [动] (发光) shine ▸ 灯还亮着。Dēng hái liàngzhe. The lights are still lit.

凉 (涼) liàng [动] let ... cool
→ see also/另见 liáng

辆 (輛) liàng [量] ▸ 一辆汽车 yī liàng qìchē a car ▸ 两辆自行车 liǎng liàng zìxíngchē two bicycles

measure word, used for vehicles and bicycles

量 liàng [名] 1 (限度) capacity 2 (数量) quantity
→ see also/另见 liáng

晾 liàng [动] 1 (弄干) dry 2 (晒干) air

聊 liáo [动] (口) chat ▸ 聊天室 liáotiānshì chat room
聊天儿 (兒) liáotiānr [动] (口) chat

了 liǎo [动] 1 (完毕) finish 2 (放在动词之后表示可能) ▸ 办不了 bànbuliǎo not be able to handle ▸ 受得了 shòu de liǎo be able to bear
→ see also/另见 le

了不起 liǎobuqǐ [形] amazing

了解 liǎojiě [动] 1 (知道) understand 2 (打听) find ... out

料 liào [名] (材料) material ▸ 木料 mùliào timber

列 liè I [动] 1 (排列) set ... out 2 (安排) list ▸ 列举 lièjǔ list II [名] 1 (行列) rank 2 (类别) category
列车 (車) lièchē [名] train

劣 liè [形] bad ▸ 恶劣 èliè bad
劣质 (質) lièzhì [形] poor-quality

烈 liè [形] (强烈) strong ▸ 激烈 jīliè fierce ▸ 烈性酒 lièxìng jiǔ strong liquor

猎 (獵) liè [动] hunt ▸ 打猎 dǎliè go hunting

裂 liè [动] split ▸ 分裂 fēnliè split ▸ 破裂 pòliè break
裂口 lièkǒu [名] split

拎 līn [动] carry

邻 (鄰) lín [名] neighbour (英), neighbor (美) ▸ 邻居 línjū neighbour
邻 (鄰) 近 línjìn [动] be close to
邻 (鄰) 居 línjū [名] neighbour (英), neighbor (美)

林 lín [名] 1 (树林) wood 2 (林业) forestry ▸ 林业 línyè forestry

临 (臨) lín [动] 1 (靠近) face ▸ 临危 línwēi face danger 2 (到达) reach ▸ 光临 guānglín presence 3 (将要) be about to ▸ 临产 línchǎn be in labour (英) 或 labor (美)
临 (臨) 近 línjìn [动] be close to ▸ 考试临近了。Kǎoshì línjìn le. The exams are approaching.

临(臨)时(時) línshí [副] temporarily

淋 lín [动] drench

淋浴 línyù [动] take a shower

鳞(鱗) lín [名] scale

凛(凛) lǐn [形] (寒冷) cold ▶凛冽 lǐnliè bitterly cold

吝 lìn [形] stingy ▶吝啬 lìnsè stingy

灵(靈) líng [形] 1 (灵activ) nimble ▶灵敏 língmǐn agile 2 (灵验) effective 3 (灵魂) soul 4 (神灵) deity ▶精灵 jīnglíng spirit

灵(靈)活 línghuó [形] 1 (敏捷的) agile 2 (机动的) flexible

铃(鈴) líng [名] 1 (响器) bell ▶铃铛 língdang small bell 2 (状物) ▶哑铃 yǎlíng dumb-bell

零 líng I [名] 1 (数) zero 2 (零头) odd ▶她年纪七十有零。Tā niánjì qīshí yǒu líng. She's seventy-odd years old. II [形] 1 (零碎的) odd ▶零活 línghuó odd jobs (pl) ▶零钱 língqián small change 2 (部分的) spare ▶零件 língjiàn spare parts (pl) III [副] (表示量) ▶两年零三个月 liǎng nián líng sān gè yuè two years and three months ▶五元零二分五 wǔ yuán líng èr fēn five yuan two fen

零钱(錢) língqián [名] small change

零食 língshí [名] snack

零售 língshòu [动] retail

零用钱(錢) língyòngqián [名] pocket money (英), allowance (美)

领(領) lǐng I [名] 1 (衣领) collar 2 (脖颈) neck II [动] 1 (带领) lead 2 (占有) possess ▶占领 zhànlǐng occupy

领(領)带(帶) lǐngdài [名] tie

领(領)导(導) lǐngdǎo I [动] lead ▷他领导有方。Tā lǐngdǎo yǒu fāng. He's an effective leader. II [名] leader

领(領)土 lǐngtǔ [名] territory

领(領)先 lǐngxiān [动] lead ▷他在比赛中遥遥领先。Tā zài bǐsài zhōng yáoyáo lǐngxiān. He took a runaway lead in the competition.

领(領)袖 lǐngxiù [名] leader

领(領)养(養) lǐngyǎng [动] adopt

另 lìng I [代] another II [副] separately

另外 lìngwài I [代] other ▷我不喜欢这些衣服，我喜欢另外那些。Wǒ bù xǐhuan zhèxiē yīfu, wǒ xǐhuan lìngwài nàxiē. I don't like these clothes — I like the others. II [副] in addition

令 lìng I [名] (命令) order II [动] 1 (命令) order 2 (使) make

溜 liū [动] (走开) sneak off

溜达(達) liūda [动] go for a stroll

留 liú [动] 1 (不走) stay 2 (使留) keep ... back ▶挽留 wǎnliú persuade ... to stay 3 (留意) be careful ▶留神 liúshén be careful

4(保留) keep **5**(积蓄) grow ▶留 胡子 liú húzi grow a beard **6**(接 受) accept **7**(遗留) leave ... behind **8**(留学) study abroad ▶留英 liú Yīng study in Britain

留步 liúbù [动] stop here

留念 liúniàn [动] keep as a souvenir

留神 liúshén [动] be on the alert

留心 liúxīn [动] take note

留学(学) liúxué [动] study abroad

留言 liúyán [动] leave a message

留意 liúyì [动] look ... out

流 liú I [动](流动) flow ▶漂流 piāoliú drift II [名] **1**(水流) current ▶洪流 hóngliú torrent **2**(等级) grade ▶一流 yīliú first-class

流传(传) liúchuán [动] spread

流动(动) liúdòng [动](移动) flow

流感 liúgǎn [名] the flu

流利 liúlì [形] fluent

流氓 liúmáng [名] **1**(指行为) perversion **2**(指人) hooligan

流水 liúshuǐ [名](流动水) running water

流行 liúxíng [动] be fashionable

瘤 liú [名] tumour (英), tumor (美) ▶瘤子 liúzi tumour (英), tumor (美)

柳 liǔ [名] willow ▶柳树 liǔshù willow

六 liù [数] six

六月 liùyuè [名] June

陆(陆) liù [数] six

→ see also/另见 lù

This is the character for "six", which is mainly used in banks, on receipts etc. to prevent mistakes and forgery.

遛 liù [动] **1**(指人) take a stroll **2**(指动物) walk ▶遛狗 liùgǒu walk the dog

龙(龙) lóng [名] dragon

龙(龙)卷(捲)风(風) lóngjuǎnfēng [名] tornado

龙(龙)头(頭) lóngtóu [名] tap (英), faucet (美)

聋(聾) lóng [形] deaf

聋(聾)子 lóngzi [名] ▶他是个聋 子。Tā shì gè lóngzi. He's deaf.

笼(籠) lóng [名](笼子) cage ▶笼 子 lóngzi cage

隆 lóng [形](盛大) grand ▶隆重 lóngzhòng solemn

楼(樓) lóu [名] **1**(楼房) tall building ▶教学楼 jiàoxuélóu teaching block **2**(楼层) floor

楼(樓)房 lóufáng [名] multi-storey building

楼(樓)梯 lóutī [名] stairs (pl)

搂(摟) lǒu [动] embrace

漏 lòu [动] **1**(雨、水) leak **2**(消息、风声) divulge **3**(词、句) leave ... out

漏斗 lòudǒu [名] funnel

露 lòu [动] reveal

→ see also/另见 lù

露马(馬)脚(腳) lòu mǎjiǎo [动]

give oneself away

炉(爐)lú [名] stove

炉(爐)灶 lúzào [名] kitchen range

卤(滷)lǔ I [名] 1(盐卤) bittern 2(卤汁) thick gravy II [动] stew ... in soy sauce

陆(陸)lù [名] land
→ see also/另见 liù

陆(陸)地 lùdì [名] land

录(錄)lù I [名] record II [动] 1(记载) record ▶记录 jìlù take notes 2(录音) tape-record

录(錄)取 lùqǔ [动] admit ▷ 她被剑桥大学录取了。Tā bèi Jiànqiáo Dàxué lùqǔ le. She was given a place at the University of Cambridge.

录(錄)像 lùxiàng [名] video (英), videotape (美)

录(錄)音 lùyīn [动] record

鹿 lù [名] deer

路 lù [名] 1(道路) road ▶路标 lùbiāo signpost 2(路程) journey ▷一路平安 yī lù píng'ān have a safe journey 3(门路) means ▶财路 cáilù a means of getting rich 4(条理) sequence ▶思路 sīlù train of thought 5(路线) route ▶8路车 bā lù chē No. 8 bus

路程 lùchéng [名] journey

路过(過) lùguò [动] pass through

路口 lùkǒu [名] crossing (英), intersection (美)

路线(線) lùxiàn [名] 1(指交通) route 2(指思想) line

露 lù I [名] (水珠) dew II [动] reveal ▶暴露 bàolù expose
→ see also/另见 lòu

露天 lùtiān [名] the open air ▶露天剧场 lùtiān jùchǎng open-air theatre (英) 或 theater (美)

露营(營) lùyíng [动] camp out

驴(驢)lǘ [名] donkey

旅 lǚ [动] travel ▶差旅费 chāilǚfèi travel expenses (pl)

旅馆(館) lǚguǎn [名] hotel

旅客 lǚkè [名] passenger

旅途 lǚtú [名] journey

旅行 lǚxíng [动] travel

旅游(遊) lǚyóu [名] tour ▶旅游业 lǚyóuyè tourism ▷去国外旅游 qù guówài lǚyóu travel abroad

铝(鋁)lǚ [名] aluminium (英), aluminum (美)

律 lǜ [名] law ▶纪律 jìlǜ discipline

律师(師) lǜshī [名] lawyer

绿(綠)lǜ [形] green ▶绿灯 lǜdēng green light

绿(綠)化 lǜhuà [动] make ... green ▷绿化荒山 lǜhuà huāngshān plant trees on the mountains

绿(綠)卡 lǜkǎ [名] green card

绿(綠)洲 lǜzhōu [名] oasis

乱(亂)luàn I [形] 1(没有秩序的) disorderly ▶杂乱 záluàn messy 2(心绪不宁的) disturbed II [名] (指冲突) chaos ▶战乱 zhànluàn war chaos

乱(亂)哄哄 luànhōnghōng [形] chaotic

乱(亂)七八糟 luànqībāzāo in a mess

略 lüè I[名]1(简述) summary 2(计谋) plan ▶ 策略cèlüè tactic II[动]1(夺取) capture ▶ 侵略 qīnlüè invade 2(简化) simplify ▶ 省略shěnglüè omit

伦(倫)lún [名](人伦) human relationships(pl)
伦(倫)敦 Lúndūn [名] London
伦(倫)理 lúnlǐ [名] ethics(sg)

轮(輪)lún [名]1(轮子) wheel 2(轮船) steamship
轮(輪)船 lúnchuán [名] steamship
轮(輪)换(换) lúnhuàn [动] take turns
轮(輪)廓 lúnkuò [名] outline
轮(輪)流 lúnliú [副] in turns
轮(輪)椅 lúnyǐ [名] wheelchair

论(論)lùn I[名]1(文章) essay 2(学说) theory ▷ 相对论 xiāngduìlùn theory of relativity II[动](分析) discuss ▶ 评论 pínglùn comment on
论(論)文 lùnwén [名] dissertation

萝(蘿)luó [名] trailing plant
萝(蘿)卜(蔔)luóbo [名] turnip ▶ 胡萝卜húluóbo carrot

逻(邏)luó [动] patrol
逻(邏)辑(輯)luójí [名] logic

螺 luó [名](动物) snail
螺钉(釘)luódīng [名] screw

裸 luǒ [动] expose

裸体(體)luǒtǐ [形] naked

骆(駱)luò see below/见下文
骆(駱)驼(駝)luòtuo [名] camel

落 luò [动]1(掉下) fall 2(下降) go down ▶ 落下jiàngluò descend 3(降下) lower 4(衰败) decline ▶ 衰落shuāiluò wane 5(落后) fall behind 6(归属) fall to → see also/另见 là
落后(後) luòhòu I[动] fall behind II[形] backward

m

麻将 májiàng
The game of mahjong is usually played by four people. 144 tiles appearing like dominoes and bearing various designs are drawn and discarded until one player has an entire hand of winning combinations. The game requires strategy as well as luck. In China, mahjong is also a popular gambling game.

麻醉 mázuì [动] (医) anaesthetize (英), anesthetize (美)

马(馬) mǎ [名] horse

马(馬)达(達) mǎdá [名] motor

马(馬)虎 mǎhu [形] careless

马(馬)拉松 mǎlāsōng [名] marathon

马(馬)来(來)西亚(亞) Mǎláixīyà [名] Malaysia

马(馬)路 mǎlù [名] road

马(馬)马(馬)虎(虎) mǎmǎhūhū [形] 1 (随随便便) careless 2 (勉强) just passable

马(馬)上 mǎshàng [副] right away ▶ 他马上就到。 Tā mǎshàng jiù dào. He'll be here right away.

马(馬)戏(戲) mǎxì [名] circus

码(碼) mǎ [名] numeral ▶ 页码 yèmǎ page number

码(碼)头(頭) mǎtou [名] pier

蚂(螞) mǎ see below/见下文

蚂(螞)蚁(蟻) mǎyǐ [名] ant

骂(罵) mà [动] 1 (侮辱) insult 2 (斥责) tell ... off

妈(媽) mā [名] (口) (母亲) mum (英), mom (美)

妈(媽)妈(媽) māma [名] (口) mum (英), mom (美)

抹 mā [动] (擦) wipe →see also/另见 mǒ

抹布 mābù [名] cloth

麻 má I [名] (指植物) hemp II [形] (麻木) numb

麻烦(煩) máfan I [形] problematic II [名] trouble III [动] trouble ▷ 不好意思，麻烦您了。 Bù hǎoyìsi, máfan nín le. Sorry to trouble you.

麻将(將) májiàng [名] mahjong

吗(嗎) ma [助] (表示疑问) ▷ 你去银行吗? Nǐ qù yínháng ma? Are you going to the bank? ▷ 吗 ma is added to the end of any statement to turn it into a simple yes/no question, e.g. 你忙吗? Nǐ máng ma? (Are you busy?), whereas 呢 ne is added to the end of a statement to form a tentative question, or to indicate that a response is expected, e.g. 你好吗? 你呢? Nǐ hǎo ma? Wǒ hěn hǎo, nǐ ne? (How are you? Fine, and you?)

嘛 ma [助] 1 (表示显而易见) ▷ 事实就是这样嘛! Shìshí jiùshì zhèyàng ma! That's just the way things are! 2 (表示期望) ▷ 别不高兴嘛! Bié bù gāoxìng ma! Please don't be unhappy.

埋 mái [动] 1 (盖住) bury 2 (隐藏) hide
→ see also/另见 mán

埋葬 máizàng [动] bury

买(買) mǎi [动] 1 (购买) buy ▷ 不是每个人都买得起房。Bùshì měigè rén dōu mǎi de qǐ fáng. Not everyone can afford to buy a flat. ▷ 我去市场买东西。Wǒ qù shìchǎng mǎi dōngxi. I'm going shopping in the market. 2 (换取) win ... over ▷ 买通 mǎitōng buy ... off

买(買)单(單) mǎidān [动] (方) pay a bill ▷ 买单! Mǎidān! The bill, please!

买(買)卖(賣) mǎimai [名] 1 (生意) business 2 (商店) shop (英), store (美)

迈(邁) mài [动] step ▷ 迈步 màibù stride

麦(麥) mài [名] (麦类粮食) wheat ▷ 燕麦 yànmài oats (pl)

麦(麥)克风(風) màikèfēng [名] microphone, mike (口)

卖(賣) mài [动] (出售) sell ▷ 书都卖完了。Shū dōu màiwán le. The books are all sold out.

卖(賣)弄 màinong [动] show off

脉(脈) mài [名] (血脉) pulse ▷ 号脉 hàomài feel a pulse

脉(脈)搏 màibó [名] pulse

埋 mán see below/见下文
→ see also/另见 mái

埋怨 mányuàn [动] 1 (指责) blame 2 (抱怨) complain

馒(饅) mán see below/见下文

馒(饅)头(頭) mántou [名] steamed bun

瞒(瞞) mán [动] hide the truth from ▷ 别瞒着我们! Bié mánzhe wǒmen! Don't keep us in the dark!

满(滿) mǎn I [形] 1 (充实) full 2 (全) complete II [动] 1 (使充满) fill 2 (到) reach ▷ 孩子刚满六岁。Háizi gāng mǎn liù suì. The child has just turned six years old. III [副] fully

满(滿)意 mǎnyì [动] be satisfied

满(滿)足 mǎnzú [动] 1 (感到满意)

be satisfied **2**(使满足) satisfy

漫 màn [动] overflow

漫长(长) màncháng [形] endless

漫画(畫) mànhuà [名] comic strip

漫延 mànyán [动] spread

慢 màn I [形] (缓慢) slow II [动] slow I (指速度) ▷ 慢点儿! Màn diǎnr! Slow down! ▷ 钟慢了十分钟。Zhōng mànle shí fēnzhōng. The clock is ten minutes slow.

忙 máng I [形] busy II [动] be busy with ▷ 你这一段忙什么呢? Nǐ zhè yī duàn máng shénme ne? What's been keeping you busy recently?

盲 máng [形] blind ▶ 文盲 wénmáng illiterate

盲目 mángmù [形] blind

盲文 mángwén [名] braille

蟒 mǎng [名](动物) python

猫(貓) māo [名] cat

猫(貓)儿(兒)眼 māoryǎn [名] spyhole

毛 máo I [形] **1**(毛发) hair ▶ 羽毛 yǔmáo feather **2**(指食物上) mould (英), mold (美) ▷ 面包上长毛了。Miànbāo shang zhǎng máo le. The bread is mouldy (英) 或 moldy (美). **3**(指动物) fur ▶ 毛皮 máopí fur **4**(羊毛) wool ▶ 毛衣 máoyī sweater **5**(中国货币单位) mao unit of Chinese currency, 1/10 yuan II [形] (不纯) gross ▶ 毛重 máozhòng gross weight

毛笔(筆) máobǐ [名] brush pen

毛病 máobìng [名] **1**(故障) problem **2**(缺点) shortcoming **3**(疾病) illness

毛巾 máojīn [名] towel

毛孔 máokǒng [名] pore

矛 máo [名] spear

矛盾 máodùn I [名] **1**(相抵之处) conflict **2**(哲) contradiction II [形] uncertain

锚(錨) máo [名] anchor

茂 mào [形] **1**(茂盛) luxuriant **2**(丰富) abundant

茂盛 màoshèng [形] flourishing

冒 mào [动] **1**(往外) give ... off ▷ 锅冒烟了。Guō mào yān le. The wok is giving off smoke. **2**(不顾) risk ▷ 冒着生命危险 màozhe shēngmìng wēixiǎn putting one's life at risk **3**(假充) pretend to be ▶ 冒牌 màopái bogus

冒充 màochōng [动] pass ... off as

冒牌 màopái [动] pirate ▷ 冒牌商品 màopái shāngpǐn pirated goods

冒险(險) màoxiǎn [动] take a risk

贸(貿) mào [动] trade ▶ 外贸 wàimào foreign trade

贸(貿)易 màoyì [名] trade

帽 mào [名] (帽子) hat

帽子 màozi [名] (字) hat

貌 mào [名] (相貌、外表) appearance

没(沒) méi I [动] not have ▷ 没关系 méi guānxi it doesn't matter ▷ 屋子里没人。Wūzi li méi rén.

There's no one in the room.
II [副] not ▷ 他没看过大海。Tā méi kànguo dàhǎi. He's never seen the sea before.

→ see also/另见 mò

> Constructing negating sentences in Chinese is very straightforward: just use 不 bù before the verb, e.g. 我不喝酒。Wǒ bù hējiǔ. (I don't drink alcohol). The only exception is the verb 有 yǒu, to have, for which you must use 没 méi, e.g. 我没有钱。Wǒ méiyǒu qián. (I don't have any money).

没(没)错(錯)儿(兒) méicuòr [动] that's right

没(没)劲(勁) méijìn **I** [动] have no energy **II** [形] uninteresting

没(没)门(門)儿(兒) méiménr [动] (不可能) be impossible

没(没)事 méishì [动] **1** (有空) be free ▷ 我今晚没事。Wǒ jīnwǎn méishì. I'm free tonight. **2** (不要紧) ▷ 没事。Méishì. It doesn't matter.

没(没)有 méiyǒu **I** [动] **1** (不具有) not have **2** (不存在) there is not **3** (全部不) ▷ 没有一个答案是正确的。Méiyǒu yī gè dá'àn shì zhèngquè de. None of the answers are correct. **4** (不如) be not as ... as ... ▷ 他没有你努力。Tā méiyǒu nǐ nǔlì. He's not as hard-working as you. **5** (不到) be less than ▷ 他们干了没有两个小时就休息了。Tāmen gànle méiyǒu liǎng gè

xiǎoshí jiù xiūxi le. They had been working for less than two hours when they took a rest.
II [副] **1** (尚未) not yet ▷ 她还没有到。Tā hái méiyǒu dào. She hasn't arrived yet. **2** (未曾) never before ▷ 我没有吃过西餐。Wǒ méiyǒu chīguo xīcān. I have never eaten Western food before.

没(没)辙(轍) méizhé [动] (方) not be able to do anything about

玫 méi see below/见下文

玫瑰 méiguī [名] rose

眉 méi [名] (眉毛) eyebrow ▶ 眉毛 méimao eyebrow

媒 méi [名] **1** (媒人) matchmaker ▶ 做媒 zuòméi be a matchmaker **2** (媒介) intermediary

媒体(體) méitǐ [名] media

煤 méi [名] coal

煤气(氣) méiqì [名] **1** (指燃料) gas **2** (指有毒气体) carbon monoxide ▶ 煤气中毒 méiqì zhòngdú carbon monoxide poisoning

霉 méi [名] **1** (指食物) mould (英), mold (美) **2** (指衣物) mildew

每 měi **I** [形] every, each ▶ 每次 měi cì every time ▷ 每个晚上 měige wǎnshang every evening **II** [副] every time ▷ 每走一步，他的脚都很疼。Měi zǒu yī bù, tā de jiǎo dōu hěn téng. His feet ache with every step he takes.

美 měi **I** [形] **1** (美丽) beautiful

2 (好) good ▷ 我们的明天会更美。Wǒmen de míngtiān huì gèng měi. Our future will be even better. **II** [名] **1** (美丽) beauty **2** (美洲) North and South America ▶ 南美 Nán Měi South America ▶ 北美 Běi Měi North America **3** (美国) the USA

美国 (國) Měiguó [名] the US, the USA ▶ 美国人 Měiguórén American

美好 měihǎo [形] wonderful

美甲 měijiǎ [动] get a manicure

美丽 (麗) měilì [形] beautiful

美满 (滿) měimǎn [形] perfectly satisfactory

美容 měiróng [动] make oneself more beautiful ▷美容店 měiróngdiàn beauty salon ▷美容手术 měiróng shǒushù cosmetic surgery

美食 měishí [名] delicacy

美术 (術) měishù [名] **1** (造型艺术) fine arts (pl) **2** (绘画) painting

美元 měiyuán [名] US dollar

妹 mèi [名] **1** (指直系) younger sister **2** (指亲戚) ▶表妹 biǎomèi cousin

妹妹 mèimei [名] (指直系) younger sister

魅 mèi [名] demon

魅力 mèilì [名] charm

闷 (悶) mēn **I** [形] stuffy **II** [动] **1** (盖) cover ... tightly **2** (不出声) keep silent **3** (呆) shut oneself in → see also/另见 mèn

闷 (悶) 热 (熱) mēnrè [形] muggy

门 (門) mén [名] **1** (指出入口) door ▶ 门口 ménkǒu entrance **2** (指开关装置) switch ▶ 电门 diànmén switch **II** [量] ▷5门课 wǔ mén kè five courses ▷一门新技术 yī mén xīn jìshù a new technology

▌ measure word, used for academic subjects, courses and technology

门 (門) 类 (類) ménlèi [名] category

门 (門) 卫 (衛) ménwèi [名] guard

门 (門) 诊 (診) ménzhěn [名] outpatient department

闷 (悶) mèn [形] **1** (心烦) low **2** (无聊) bored
→ see also/另见 mēn

们 (們) men [后缀] ▶我们 wǒmen we, us ▶你们 nǐmen you ▶他们 tāmen they, them

蒙 (矇) mēng [动] **1** (欺骗) deceive **2** (乱猜) make a wild guess
→ see also/另见 méng, Měng

蒙 (矇) 骗 (騙) mēngpiàn [动] deceive

蒙 méng **I** [动] **1** (遮盖) cover **2** (受到) receive **II** [形] ignorant ▶ 启蒙 qǐméng enlighten
→ see also/另见 mēng, Měng

蒙 (矇) 混 ménghùn [动] deceive ▷蒙混过关 ménghùn guòguān muddle through

猛 měng [形] **1** (凶猛) fierce [副] **2** (猛烈) fiercely **3** (忽然) suddenly

猛烈 měngliè [形] fierce

蒙 Měng [名] Mongolia ▶ 蒙古 Měnggǔ Mongolia ▶ 蒙古人 Měnggǔrén Mongolian ▶ 内蒙古 Nèiměnggǔ Inner Mongolia → see also/另见 mēng, méng

梦 (夢) mèng I [名] 1 (睡梦) dream ▶ 白日梦 báirìmèng daydream ▶ 做梦 zuòmèng have a dream 2 (幻想) illusion II [动] dream

梦 (夢) 话 (話) mènghuà [名] 1 (字) ▷ 说梦话 shuō mènghuà talk in one's sleep 2 (喻) nonsense

梦 (夢) 想 mèngxiǎng [动] dream

弥 (彌) mí [动] fill

弥 (彌) 补 (補) míbǔ [动] make ... up

迷 mí I [动] 1 (迷失) be lost ▶ 迷路 mílù lose one's way 2 (迷恋) become obsessed with 3 (迷惑) be deluded II [名] fan ▶ 球迷 qiúmí sports fan ▶ 足球迷 zúqiúmí football fan

迷你 mínǐ [形] mini ▶ 迷你裙 mínǐqún mini-skirt

迷信 míxìn [动] 1 (鬼神) be superstitious about 2 (人或事) have blind faith in

猕 (獼) mí see below/见下文

猕 (獼) 猴桃 míhóutáo [名] kiwi fruit

谜 (謎) mí [名] 1 (谜语) riddle 2 (神秘) mystery

谜 (謎) 语 (語) míyǔ [名] riddle

米 mǐ I [名] (稻米) rice ▶ 米饭 mǐfàn cooked rice II [量] metre (英), meter (美)

秘 (祕) mì I [形] secret II [动] keep ... secret III [名] secretary

秘 (祕) 密 mìmì [名] secret ▷ 一定要保守秘密! Yīdìng yào bǎoshǒu mìmì! You must keep this a secret!

秘 (祕) 书 (書) mìshū [名] secretary

密 mì [形] 1 (空隙小) dense 2 (关系近) close ▶ 亲密 qīnmì intimate 3 (精致) meticulous ▶ 精密 jīngmì precise 4 (秘密) secret ▶ 保密 bǎomì keep sth a secret

密度 mìdù [名] density

密封 mìfēng [动] seal ... tightly

密码 (碼) mìmǎ [名] 1 (口令) password 2 (符号系统) code

密切 mìqiè [形] close

幂 (冪) mì [名] (数) power

蜜 mì I [名] honey II [形] sweet

蜜蜂 mìfēng [名] bee

蜜月 mìyuè [名] honeymoon

眠 mián [动] 1 (睡) sleep ▶ 失眠 shīmián suffer from insomnia 2 (冬眠) hibernate

棉 mián [名] cotton

棉花 miánhua [名] (指植物) cotton

棉衣 miányī [名] cotton-padded clothing

免 miǎn [动] 1 (除去) exempt ▶ 免试 miǎnshì be exempt from an exam 2 (避免) avoid ▶ 免不了 miǎnbuliǎo be unavoidable 3 (不要) not be allowed ▷ 闲人免进 xiánrén miǎnjìn staff only

免费(費) miǎnfèi [动] be free of charge ▶ 注册一个免费电子邮箱注册 zhùcè yī gè miǎnfèi diànzǐ yóuxiāng register for free e-mail

免疫 miǎnyì [名] immunity

勉 miǎn [动] 1(努力) strive 2(勉励) encourage 3(勉强) force ... to carry on

勉强(強) miǎnqiǎng I [动] 1(尽力) push oneself hard ▶ 做事不要太勉强。Zuòshì bùyào tài miǎnqiǎng. Don't push yourself too hard. 2(强迫) force ▶ 不要勉强孩子学钢琴。Bùyào miǎnqiǎng háizi xué gāngqín. Don't force the child to study the piano. II [形] 1(不情愿) reluctant ▶ 我让他帮忙，他勉强答应了。Wǒ ràng tā bāngmáng, tā miǎnqiǎng dāying le. I asked him to help, and he reluctantly agreed. 2(凑合) barely enough ▶ 他挣的钱勉强够自己花。Tā zhèng de qián miǎnqiǎng gòu zìjǐ huā. The money he earned was barely enough to support himself. 3(牵强) far-fetched ▶ 这个理论有点勉强。Zhège lǐlùn yǒudiǎn miǎnqiǎng. This theory is a bit far-fetched.

冕 miǎn [名] 1(皇冠) crown ▶ 加冕 jiāmiǎn be crowned 2(冠军头衔) title ▶ 卫冕 wèimiǎn defend one's title

缅(緬) miǎn [形] (书) remote

缅(緬)甸 Miǎndiàn [名] Myanmar

面 miàn I [名] 1(脸) face 2(表面) surface 3(方位) aspect ▶ 前面 qiánmiàn front 4(情面) self-respect 5(粉末) powder ▶ 辣椒面 làjiāomiàn chilli powder 6(磨成粉的粮食) flour ▶ 面粉 miànfěn flour 7(面条) noodles (pl) II [动] (朝) face III [量] 1(用于扁平物) ▶ 一面墙 yī miàn qiáng a wall ▶ 两面镜子 liǎng miàn jìngzi two mirrors measure word, used for objects with a flat surface, such as walls, mirrors, drums etc.

2(指见面的次数) ▶ 我只见过她一面。Wǒ zhǐ jiànguo tā yī miàn. I've only met her once before. ▶ 我们见过几面。Wǒmen jiànguo jǐ miàn. We've met a few times.

measure word, used for encounters between two people

面(麵)包 miànbāo [名] bread ▶ 面包房 miànbāofáng bakery

面对(對) miànduì [动] face

面积(積) miànjī [名] area

面临(臨) miànlín [动] face

面貌 miànmào [名] 1(面容) features (pl) 2(喻) appearance

面前 miànqián [名] ▶ 在困难面前 zài kùnnan miànqián in the face of difficulties

面试(試) miànshì [动] have an interview

面(麵)条(條) miàntiáo [名] noodles (pl) ▶ 意大利面条 Yìdàlì miàntiáo spaghetti

面子 miànzi [名] 1 (体面) face ▷ 丢面子 diū miànzi lose face 2 (情面) feelings (pl) ▷ 给我点面子，你就答应吧！ Gěi wǒ diǎn miànzi, nǐ jiù dāying ba! Show some respect for my feelings and say yes!

苗 miáo [名] (指植物) seedling ▷ 树苗 shùmiáo sapling

苗条 (條) miáotiao [形] slim

描 miáo [动] 1 (画) trace 2 (涂抹) touch ... up

描述 miáoshù [动] describe

描写 (寫) miáoxiě [动] describe

瞄 miáo [动] fix one's eyes on

瞄准 (準) miáozhǔn [动] (对准) take aim

秒 miǎo [量] (指时间) second ▷ 5秒 wǔ miǎo five seconds

妙 miào [形] 1 (好) wonderful 2 (巧妙) ingenious

庙 (廟) miào [名] temple

灭 (滅) miè [动] 1 (熄灭) go out 2 (使熄灭) extinguish ▶ 灭火器 mièhuǒqì fire extinguisher 3 (淹没) submerge 4 (消亡) perish 5 (消灭) kill

灭 (滅) 绝 (絕) mièjué [动] (消亡) become extinct

民 mín [名] 1 (人民) the people (pl) 2 (人) person ▶ 网民 wǎngmín Internet user 3 (民间) folk 4 (非军方) civilian

民歌 míngē [名] folk song

民间 (間) mínjiān [名] 1 (百姓中间) folk ▷ 民间传说 mínjiān chuánshuō folklore 2 (非官方) ▷ 民间组织 mínjiān zǔzhī non-governmental organization

民警 mínjǐng [名] civil police

民主 mínzhǔ I [名] democracy II [形] democratic

民族 mínzú [名] nationality ▷ 少数民族 shǎoshù mínzú ethnic minority

敏 mǐn [形] 1 (快) quick ▶ 敏感 mǐngǎn sensitive 2 (聪明) clever ▶ 机敏 jīmǐn quick-witted

敏捷 mǐnjié [形] quick

名 míng I [名] 1 (名字) name ▷ 书名 shūmíng book title 2 (名声) reputation II [形] famous ▶ 名著 míngzhù classics (pl) III [量] 1 (指人) ▷ 5名工人 wǔ míng gōngrén five workers ▷ 10名教师 shí míng jiàoshī ten teachers measure word, used for people of any profession 2 (指名次) ▷ 期末考试她得了第一名。 Qīmò kǎoshì tā déle dìyī míng. She came first in the end-of-term exams. measure word, used for rankings in competitions and exams

名称 (稱) míngchēng [名] name

名次 míngcì [名] ranking

名单 (單) míngdān [名] list of names

名额 (額) míng'é [名] quota

名牌 míngpái [名] famous name ▷ 名牌服装 míngpái fúzhuāng

designer clothing

名片 míngpiàn [名] business card

名气(氣) míngqi [名] fame

名人 míngrén [名] famous person

名声(聲) míngshēng [名] reputation

名胜(勝) míngshèng [名] tourist site

名字 míngzi [名] name ▷ 你叫什么名字? Nǐ jiào shénme míngzi? What's your name?

明 míng I [形] 1 (亮) bright 2 (清楚) clear 3 (公开) open II [名] 1 (视力) sight ▷ 失明 shīmíng lose one's eyesight 2 (光明) light III [动] 1 (懂) understand ▷ 明理 mínglǐ be understanding 2 (显示) show ▷ 表明 biǎomíng indicate

明白 míngbai I [形] 1 (清楚) clear 2 (聪明) sensible 3 (公开) explicit II [动] understand

明亮 míngliàng [形] 1 (亮堂) bright 2 (发亮) shining 3 (明白) clear

明确(確) míngquè I [形] clear-cut II [动] clarify

明天 míngtiān [名] tomorrow

明显(顯) míngxiǎn [形] obvious

明信片 míngxìnpiàn [名] postcard

明星 míngxīng [名] star

明智 míngzhì [形] sensible

命 mìng [名] 1 (性命) life 2 (命运) fate 3 (寿命) lifespan 4 (命令) order

命令 mìnglìng [动] order

命名 mìngmíng [动] name

命运(運) mìngyùn [名] fate

摸 mō [动] 1 (触摸) stroke 2 (摸黑行动) feel one's way ▷ 摸索 mōsuǒ grope

模 mó I [名] model ▷ 模型 móxíng model II [动] imitate → see also / 另见 mú

模范(範) mófàn [形] model

模仿(仿) mófǎng [动] imitate

模糊 móhu [形] blurred

模拟(擬) mónǐ [动] imitate ▷ 模拟考试 mónǐ kǎoshì mock exam

模式 móshì [名] pattern

模特儿(兒) mótèr [名] model

模型 móxíng [名] 1 (样品) model 2 (模具) mould (英), mold (美)

膜 mó [名] (膜状物) film ▷ 保鲜膜 bǎoxiānmó clingfilm (英), plastic wrap (美)

摩 mó [动] (摩擦) rub ... together

摩擦 mócā I [动] rub II [名] 1 (阻力) friction 2 (冲突) conflict

摩托车(車) mótuōchē [名] motorbike

磨 mó [动] 1 (摩擦) rub 2 (指用磨料) grind ▷ 磨刀 módāo sharpen a knife 3 (折磨) wear ... down 4 (纠缠) pester 5 (拖延) dawdle → see also / 另见 mò

磨擦 mócā [名] rub

磨蹭 móceng [形] sluggish

磨合 móhé [动] (适应) adapt to each other

磨炼(鍊) móliàn [动] steel

磨损(損) mósǔn [动] wear ... out

蘑 mó [名] mushroom

蘑菇 mógu [名] mushroom

魔 mó I [名] 1(魔鬼) demon 2(魔法) magic II [形] magic

魔法 mófǎ [名] magic

魔鬼 móguǐ [名] devil

魔术(術) móshù [名] magic

魔术(術)师(師) móshùshī [名] magician

抹 mǒ [动] 1(涂抹) apply 2(擦) wipe 3(去除) erase
→ see also/另见 mā

末 mò [名] 1(尾) end ▸ 世纪末 shìjì mò the end of the century

末尾 mòwěi [名] end

没(沒) mò [动] 1(沉没) sink 2(漫过) overflow 3(隐没) disappear ▸ 出没 chūmò appear and disappear
→ see also/另见 méi

没(沒)收 mòshōu [动] confiscate

沫 mò [名] foam ▸ 泡沫 pàomò bubble

茉 mò see below/见下文

茉莉 mòli [名] jasmine

陌 mò [名] (书) footpath

陌生 mòshēng [形] unfamiliar

陌生人 mòshēngrén [名] stranger

墨 mò I [名] (墨汁) ink ▸ 墨汁 mòzhī ink II [形] dark ▸ 墨镜 mòjìng sunglasses

默 mò [动] 1(不出声) do ... silently

▸ 默哀 mò'āi pay ... silent tribute 2(默写) write ... from memory

磨 mò I [名] mill ▸ 磨坊 mòfáng mill II [动] grind
→ see also/另见 mó

谋(謀) móu [名] plan ▸ 阴谋 yīnmóu plot

谋(謀)杀(殺) móushā [动] murder

谋(謀)生 móushēng [动] make a living

某 mǒu [代] (指不确定的人或事) ▸ 某人 mǒurén somebody

模 mú [名] mould (英), mold (美)
→ see also/另见 mó

模样(樣) múyàng [名] (相貌) looks (pl)

母 mǔ I [名] 1(母亲) mother 2(指长辈女子) ▸ 祖母 zǔmǔ grandmother 3(喻) (基础) origin II [形] (雌性) female ▸ 母牛 mǔniú cow

母亲(親) mǔqīn [名] mother

拇 mǔ see below/见下文

拇指 mǔzhǐ [名] 1(指手) thumb 2(指脚) big toe

木 mù I [名] 1(树) tree 2(木材) wood II [形] (僵) numb

木材 mùcái [名] timber

木匠 mùjiang [名] carpenter

木偶 mù'ǒu [名] puppet

木头(頭) mùtou [名] wood

目 mù [名] 1(眼睛) eye 2(条目) item

目标(標) mùbiāo [名] 1(对象)

target **2**(目的) goal

目的 mùdì [名] **1**(指地点) destination **2**(结果) aim **3**(企图) intention

目光 mùguāng [名] **1**(视线) gaze **2**(眼神) look

目录(錄) mùlù [名] **1**(指事物) catalogue (英), catalog (美) **2**(指书刊中) table of contents

目前 mùqián [名] present ▷ 到目前为止 dào mùqián wéizhǐ to date ▷ 我们目前的任务 wǒmen mùqián de rènwù our current tasks

牧 mù [动] herd

牧民 mùmín [名] herdsman

牧师(師) mùshī [名] priest

牧业(業) mùyè [名] animal husbandry

募 mù [动] (钱款) raise

募捐 mùjuān [动] collect donations

墓 mù [名] grave

墓碑 mùbēi [名] gravestone

墓地 mùdì [名] graveyard

幕 mù [名] (帷幄) curtain ▶ 银幕 yínmù the silver screen

睦 mù [动] get on ▷ 和睦 hémù harmonious

穆 mù [形] solemn

穆斯林 mùsīlín [名] Muslim

n

拿 ná [动] **1**(握) hold **2**(得) get

哪 nǎ [代] **1**(什么) which ▷ 你喜欢哪种音乐? Nǐ xǐhuan nǎ zhǒng yīnyuè? What kind of music do you like? ▷ 哪个人是李先生? Nǎge rén shì Lǐ xiānsheng? Which one is Mr Li? **2**(任何一个) any ▷ 你哪天来都行。Nǐ nǎ tiān lái dōu xíng. You can come any day.

哪个(個) nǎge [代] which

哪里(裡) nǎlǐ [代] **1**(用于问处所) ▷ 你住在哪里? Nǐ zhù zài nǎlǐ? Where do you live? **2**(指某一地方) ▷ 我们应该在哪里见过。Wǒmen yīnggāi zài nǎlǐ jiànguo. I'm sure we've met somewhere before. **3**(谦) ▷ 哪里,哪里,你过奖了。Nǎlǐ, nǎlǐ, nǐ guòjiǎng le. No, no, it was nothing.

哪些 nǎxiē [代] which

那 nà I [代] that ▷那些人 nàxiē rén those people II [连] then ▷你想买，那就买吧。Nǐ xiǎng mǎi, nà jiù mǎi ba. If you want to buy it, then buy it.

那边(邊) nàbiān [名] that side

那个(個) nàge [代] (指代人、事或物) that

那里(裡) nàlǐ [代] ▷我去过那里。Wǒ qùguo nàlǐ. I've been there. ▷我也要去那里吗? Wǒ yě yào qù nàlǐ ma? Shall I go over there as well?

那么(麼) nàme [代] 1 (表示程度) ▷你不该那么相信他。Nǐ bùgāi nàme xiāngxìn tā. You shouldn't trust him so much. 2 (表示方式) ▷你别那么想。Nǐ bié nàme xiǎng. Don't think in that way.

那儿(兒) nàr [副] there

那些 nàxiē [代] those

那样(樣) nàyàng [副] ▷我没有说过那样的话。Wǒ méiyǒu shuōguo nàyàng de huà. I never said anything like that.

奶 nǎi [名] milk ▷酸奶 suānnǎi yoghurt

奶酪 nǎilào [名] cheese

奶奶 nǎinai [名] (父方的) granny

奶农(農) nǎinóng [名] dairy farmer

耐 nài [动] 1 (指人) endure ▷耐性 nàixìng patience 2 (指材料) be resistant ▷耐用 nàiyòng enduring

耐力 nàilì [名] stamina

耐心 nàixīn [形] patient

男 nán [名] (男性) male

男孩子 nánháizi [名] boy

男朋友 nánpéngyou [名] boyfriend

男人 nánrén [名] man

南 nán [名] south ▷东南 dōngnán south-east ▷西南 xīnán south-west

南边(邊) nánbiān [名] the south

南部 nánbù [名] southern part

南方 nánfāng [名] the South

南极(極) nánjí [名] South Pole

南面 nánmiàn [名] south

难(難) nán [形] 1 (困难) hard 2 (不好) bad

难(難)道 nándào [副] ▷你难道还不明白吗? Nǐ nándào hái bù míngbai ma? How can you not understand? ▷难道你就不累? Nándào nǐ jiù bù lèi? Aren't you tired?

难(難)过(過) nánguò I [动] have a hard time II [形] upset

难(難)看 nánkàn [形] 1 (丑) ugly 2 (不体面) ashamed

难(難)免 nánmiǎn [动] be unavoidable

难(難)受 nánshòu [动] 1 (指身体) not feel well 2 (指心情) feel down

脑(腦) nǎo [名] 1 (生理) brain 2 (脑筋) brain 3 (头部) head 4 (头领) leader ▷首脑 shǒunǎo head

脑(腦)袋 nǎodai [名] head

脑(腦)子 nǎozi [名] brain

闹(鬧)nào I [形] noisy II [动] 1 (吵闹) have a row ▶ 闹别扭nào biéniu fall out 2 (病、灾难) suffer from ▶ 闹肚子nào dùzi have diarrhoea (英) 或 diarrhea (美)

闹(鬧)钟(鐘)nàozhōng [名] alarm clock

呢 ne [助] 1 (表示疑问) ▶ 你们都走, 我呢? Nǐmen dōu zǒu, wǒ ne? If you all go, what about me? ▶ 我到底错在哪儿呢? Wǒ dàodǐ cuò zài nǎr ne? What did I actually do wrong? 2 (表示陈述) ▶ 离北京还远着呢。Lí Běijīng hái yuǎnzhe ne. Beijing is still quite far. 3 (表示持续) ▶ 老师还在办公室呢。Lǎoshī hái zài bàngōngshì ne. The teacher is still in the office.

→ see also/另见 ní

呢 ne is added to the end of a statement to form a tentative question, or to indicate that a response is expected, e.g. 你好吗? 我很好, 你呢? Nǐ hǎo ma? Wǒ hěn hǎo, nǐ ne? (How are you? Fine, and you?). It may also be used to stress continuity, e.g. 我还在吃饭呢 Wǒ hái zài chīfàn ne (I am still eating dinner), whereas 吗 ma is added to the end of any statement to turn it into a simple yes/no question, e.g. 你忙吗? Nǐ máng ma? (Are you busy?).

内(內)nèi [名] (里头) inside ▶ 室内shìnèi indoor ▶ 内地nèidì inland ▶ 他在一个月内完成了任务。Tā zài yī gè yuè nèi wánchéngle rènwu. He finished the task within a month.

内(內)部 nèibù [形] internal

内(內)服 nèifú [动] take orally

内(內)行 nèiháng [名] expert

内(內)科 nèikē [名] internal medicine

内(內)容 nèiróng [名] content

内(內)向 nèixiàng [形] introverted

能 néng I [名] 1 (能力) ability 2 (物理) (能量) energy ▶ 能量néngliàng energy II [形] capable III [助动] can

能néng, 会huì, and 可以kěyǐ can all be used to express ability and are sometimes used interchangeably. Strictly, 能néng should be used to express physical ability, e.g. 我能跑得很快wǒ néng pǎo de hěn kuài (I can run very fast), while 会huì should express a learned ability, e.g. 我会说法语wǒ huì shuō fǎyǔ (I can speak French). Both 能néng and 可以kěyǐ can express being able to do something because you have been granted permission, e.g. 你能/可以借我的照相机nǐ néng/kěyǐ jiè wǒ de zhàoxiàngjī (You can/may borrow my camera).

能干(幹) nénggàn [形] capable

能够(夠) nénggòu [动] be able to

能力 nénglì [名] ability

能量饮(飲)料 néngliàng yǐnliào [名] energy drink

能源 néngyuán [名] energy

呢 ní [名] woollen cloth
→ see also/另见 ne

呢子 nízi [名] woollen cloth

泥 ní [名] (土壤) mud

你 nǐ [代] 1 (称对方) you 2 (你的) your ▷ 你家有几口人? Nǐ jiā yǒu jǐ kǒu rén? How many people are there in your family?

你们(們) nǐmen [代] you (pl)

你好 nǐhǎo [叹] hello
你好 nǐhǎo is the most common way to say **hello** in Chinese. It is also used to ask **How are you?** 你好吗？Nǐhǎo ma? The literal translation of **How are you?**, 你怎么样？Nǐ zěnmeyàng?, means **What happened to you?**

腻(膩) nì [形] (太油) oily

蔫 niān [形] (枯萎) withered

年 nián I [名] 1 (时间单位) year 2 (元旦或春节) New Year 3 (岁数) age II [形] annual

年代 niándài [名] (时代) period

年级(級) niánjí [名] year (英), grade (美)

年纪(紀) niánjì [名] age

年龄(龄) niánlíng [名] age

年轻(輕) niánqīng [形] young

黏 nián [形] sticky

念 niàn [动] 1 (读) read 2 (上学) study

念(唸)叨 niàndao [动] (唠叨) nag

念(唸)书(書) niànshū [动] study

念(唸)头(頭) niàntou [名] idea

鸟(鳥) niǎo [名] bird

尿 niào I [名] urine ▷ 撒尿 sāniào urinate II [动] urinate

镊(鑷) niè [名] tweezers (pl) ▶ 镊子 nièzi tweezers (pl)

您 nín [代] you ▷ 您慢走！nín màn zǒu! Mind how you go!

宁(寧) níng [形] peaceful
→ see also/另见 nìng

拧(擰) níng [动] 1 (毛巾、衣服) wring 2 (皮肤) pinch

柠(檸) níng see below/见下文

柠(檸)檬 níngméng [名] lemon

宁(寧) nìng [副] ▶ 宁愿 nìngyuàn would rather
→ see also/另见 níng

牛 niú [名] 1 (指动物) cow ▷ 公牛 gōngniú bull 2 (指肉) beef ▷ 牛肉 niúròu beef

牛奶 niúnǎi [名] milk

牛仔裤(褲) niúzǎikù [名] jeans (pl)

扭 niǔ [动] 1 (掉转) turn around 2 (拧) twist 3 (威) sprain

纽(紐) niǔ [名] (扣子) button ▶ 纽扣 niǔkòu button

纽(紐)约(約) Niǔyuē [名] New York

农(農)nóng[名] **1**(农业)agriculture **2**(农民)farmer

农(農)场(場)nóngchǎng[名]farm

农(農)村 nóngcūn[名]the countryside

农(農)历(曆)nónglì[名]lunar calendar

农(農)民 nóngmín[名]farmer

农(農)民工 nóngmíngōng[名]migrant worker

农(農)业 nóngyè[名]agriculture

浓(濃)nóng[形] **1**(指气味、味道)strong **2**(指烟雾)thick **3**(指兴趣)great ▷ 他对语言有很浓的兴趣。Tā duì yǔyán yǒu hěn nóng de xìngqù. He has a great interest in languages.

浓(濃)缩(縮)nóngsuō I[动]condense II[形]condensed

弄 nòng[动] **1**(搞)make **2**(设法取得)get

努 nǔ[动](劲儿)make an effort ▷ 我们再努把力。wǒmen zài nǔ bǎ lì. Let's make one last effort.

努力 nǔlì[动]try hard ▷ 我会尽最大努力。Wǒ huì jìn zuìdà nǔlì. I'll try my very best.

怒 nù I[形](生气)angry ▷ 恼怒 nǎonù furious II[名]anger ▷ 发怒 fānù lose one's temper

女 nǔ[名] **1**(女子)woman ▷ 女演员 nǔ yǎnyuán actress **2**(女儿)daughter ▷ 子女 zǐnǔ children (pl)

女儿(兒)nǔ'ér[名]daughter

女孩儿(兒)nǔháir[名]girl

女孩子 nǔháizi[名]girl

女朋友 nǔpéngyou[名]girlfriend

女人 nǔrén[名]woman

女士 nǔshì[名] **1**(指称呼)Ms. **2**(对妇女的尊称)lady

女婿 nǔxu[名]son-in-law

暖 nuǎn I[形]warm II[动]warm

暖和 nuǎnhuo I[形]warm II[动]warm up

暖气(氣)nuǎnqì[名]heating

暖水瓶 nuǎnshuǐpíng[名]Thermos® flask

挪 nuó[动]move ▷ 挪动 nuódòng move

n

O

偶尔(爾)ǒu'ěr [副] occasionally
偶然 ǒurán [形] chance
藕 ǒu [名] lotus root

哦 ó [叹] oh ▷ 哦，他也来了。
Ó, tā yě lái le. Oh, he's come
too.
→ see also/另见 ò

哦 ò [叹] oh ▷ 哦，我明白了。
Ò, wǒ míngbai le. Oh, now I
understand.
→ see also/另见 ó

欧(歐)ōu [名] (欧洲) Europe
▶ 欧洲 Ōuzhōu Europe

欧(歐)元 ōuyuán [名] euro

呕(嘔)ǒu [动] vomit
呕(嘔)吐 ǒutù [动] vomit

偶 ǒu [名] 1 (人像) image ▶ 木偶
mù'ǒu puppet 2 (双数) even
number ▶ 偶数 ǒushù even
number

p

爬 pá [动] 1 (前移) crawl 2 (上移) climb ▸ 爬山 páshān climb a mountain 3 (起床) get up 4 (升迁) be promoted

怕 pà [动] 1 (惧怕) fear 2 (担心) be afraid 3 (估计) may be

拍 pāi I [动] 1 (击打) beat 2 (拍摄) shoot 3 (发) send 4 (拍马屁) flatter II [名] 1 (用具) bat (英), paddle (美) 2 (节奏) beat

拍照 pāizhào [动] take a photograph

拍子 pāizi [名] 1 (用具) bat (英), paddle (美) ▸ 网球拍子 wǎngqiú pāizi tennis racket 2 (节奏) beat

排 pái I [动] 1 (摆放) put ... in order 2 (排演) rehearse 3 (除去) drain II [名] 1 (行列) row 2 (指军队) platoon 2 (指水运) raft III [量] row

排毒 pái dú [动] detox

排队(队) páiduì [动] queue (英), stand in line (美)

排球 páiqiú [名] volleyball

牌 pái [名] 1 (标志板) board ▸ 门牌 ménpái house number ▸ 招牌 zhāopái shop sign 2 (商标) brand

派 pài I [名] 1 (帮派) group ▸ 学派 xuépài school of thought 2 (风度) manner II [动] 1 (分配) set 2 (委派) send 3 (安排) assign

派对(對) pàiduì [名] party

攀 pān [动] 1 (向上爬) climb 2 (指关系) seek friends in high places ▸ 高攀 gāopān be a social climber 3 (拉扯) chat

攀登 pāndēng [动] scale

盘(盤) pán I [名] 1 (盘子) tray 2 (盘状物) ▸ 棋盘 qípán chessboard 2 (行情) quotation II [动] 1 (绕) wind ▸ 盘旋 pánxuán wind 2 (核查) examine ▸ 盘问 pánwèn interrogate 3 (清点) make an inventory ▸ 盘货 pánhuò stocktake 4 (转让) transfer II [量] 1 (指物量) ▸ 三盘录像带 sān pán lùxiàngdài three videotapes 2 (指动量) game

　measure word, used for videotapes, cassettes and board games

盘(盤)子 pánzi [名] plate

判 pàn I [动] 1 (分辨) distinguish

▶判明 pànmíng ascertain **2**(评定)judge **3**(裁决)sentence ▶审判 shěnpàn try **II**[副]clearly

判断(斷)pànduàn [动]judge

盼 pàn [动] **1**(盼望)long **2**(看)look ▷左顾右盼 zuǒ gù yòu pàn look around

盼望 pànwàng [动]long

旁 páng **I**[名]side **II**[形](口)other
旁边(邊)pángbiān **I**[名]side **II**[副]beside

胖 pàng [形]fat

抛(抛)pāo [动] **1**(投掷)throw **2**(丢下)leave ... behind **3**(暴露)bare ▷抛头露面 pāo tóu lù miàn appear in public **4**(脱手)dispose of
抛(抛)弃(棄)pāoqì [动]desert

跑 pǎo [动] **1**(奔)run **2**(逃)escape **3**(奔波)run around **4**(漏)leak
跑步 pǎobù [动]run

泡 pào **I**[名] **1**(指气体)bubble **2**(泡状物)▷灯泡 dēngpào light bulb **II**[动] **1**(浸)soak **2**(消磨)dawdle **3**(沏)infuse ▷泡茶 pào chá make tea
泡沫 pàomò [名]foam

炮(砲)pào [名] **1**(武器)cannon **2**(爆竹)firecracker

陪 péi [动] **1**(相伴)go with ▷我要陪母亲去医院。wǒ yào péi mǔqīn qù yīyuàn I have to go to the hospital with my mother. **2**(协助)assist
陪同 péitóng **I**[动]accompany

II[名]guide

培 péi [动]foster
培训(訓)péixùn [动]train
培养(養)péiyǎng [动]cultivate
培育 péiyù [动] **1**(培植养育)cultivate **2**(培养教育)nurture

赔(賠)péi [动] **1**(赔偿)make good **2**(亏本)make a loss
赔(賠)偿(償)péicháng [动]compensate

佩 pèi [动] **1**(佩带)wear **2**(佩服)admire ▶钦佩 qīnpèi esteem
佩服 pèifú [动]admire

配 pèi **I**[动] **1**(指两性)marry **2**(指动物)mate **3**(调和)mix ▷配药 pèiyào make up a prescription **4**(分派)allocate ▶配售 pèishòu ration **5**(衬托)match **6**(符合)fit **II**[名]spouse
配合 pèihé **I**[动]cooperate **II**[形]complementary

喷(噴)pēn [动]gush
喷(噴)泉 pēnquán [名]fountain
喷(噴)嚏 pēntì [名]sneeze

盆 pén [名] **1**(盛具)basin ▶脸盆 liǎnpén washbasin **2**(盆状物)▶骨盆 gǔpén pelvis

朋 péng [名]friend
朋友 péngyou [名] **1**(指友谊)friend **2**(女友)girlfriend **3**(男友)boyfriend

捧 pěng **I**[动] **1**(托)hold ... in both hands **2**(奉承)flatter **II**[量]handful

碰 pèng [动] 1(撞击) hit 2(遇见) bump into 3(试探) take a chance

碰见(見) pèngjiàn [动] encounter

碰巧 pèngqiǎo [副] by chance

批 pī I [动] 1(批示) comment ▶批示 pīshì comment 2(批评) criticize II [名] wholesale III [量] 1(指人) group 2(指物) batch

批判 pīpàn [动] 1(驳斥) repudiate 2(批评) criticize

批评(評) pīpíng [动] criticize

批准 pīzhǔn [动] approve

披 pī [动] 1(搭) drape ... over one's shoulders 2(开裂) split

皮 pí I [名] 1(表皮) skin 2(皮革) leather ▶漆皮 qīpí patent leather 3(外皮) covering 4(表面) surface 5(薄片) sheet ▶奶皮 nǎipí skin on the milk 6(指橡胶) rubber II [形] 1(韧) thick-skinned 2(变韧的) rubbery 3(顽皮) naughty

皮包 píbāo [名] leather handbag

皮肤(膚) pífū [名] skin

疲 pí [形] 1(疲劳) tired 2(厌倦) tired of

疲倦 píjuàn [形] tired

疲劳(勞) píláo [形] 1(劳累) weary 2(衰退) weakened

啤 pí see below/见下文

啤酒 píjiǔ [名] beer

脾 pí [名] spleen

脾气(氣) píqi [名] 1(怒气) temper 2(性情) temperament

匹 pǐ I [动] match II [量] 1(指动物)

▷三匹马 sān pǐ mǎ three horses 2(指布料) bolt

measure word, used for horses, mules, donkeys and bolts of silk

屁 pì I [名] wind ▶放屁 fàngpì fart II [形] meaningless

屁股 pìgu [名] 1(指人) bottom 2(指后部) rear

譬 pì [名] analogy ▶譬如 pìrú for example ▶譬喻 pìyù metaphor

譬如 pìrú [动] take ... for example

偏 piān [形] 1(倾斜的) slanting 2(不公的) biased

偏见(見) piānjiàn [名] prejudice

偏偏 piānpiān [副] 1(表示主观) persistently 2(表示客观) contrary to expectation 3(表示范围) only

篇 piān I [名] 1(文章) writing ▶章 zhāng piānzhāng sections (pl) 2(单张纸) sheet ▶歌篇儿 gēpiānr song sheet II [量] ▷三篇文章 sān piān wénzhāng three articles

measure word, used for articles, essays etc.

便 pián see below/见下文
→ see also/另见 biàn

便便 piánpián [形] fat

便宜 piányí I [形] cheap II [名] small gains (pl) III [动] let ... off lightly

片 piàn I [名] 1(指薄度) piece ▶纸片 zhǐpiàn scraps of paper 2(指地区) area II [动] slice III [形]

1 (不全) incomplete ▸ 片面 piànmiàn one-sided **2** (简短) brief **IV** [量] (指片状物) ▸ 两片药 liǎng piàn yào two tablets ▸ 几片树叶 jǐ piàn shùyè some leaves ▸ 一片面包 yī piàn miànbāo a slice of bread **2** (指水陆) stretch

▌ measure word, used for thin flat objects

片面 piànmiàn **I** [名] one side **II** [形] one-sided

片约(約) piànyuē [名] film contract

骗(騙) piàn [动] **1** (欺骗) deceive **2** (骗得) swindle ▸ 骗钱 piànqián swindle

骗(騙)子 piànzi [名] swindler

漂 piāo [动] **1** (浮) float **2** (流动) drift → see also/另见 piào

飘(飄) piāo [动] **1** (飞扬) flutter **2** (发软) wobble

飘(飄)扬(揚) piāoyáng [动] flutter

票 piào [名] **1** (作凭证) ticket **2** (指钞票) note (英), bill (美) **3** (指戏曲) amateur performance

漂 piào see below/见下文 → see also/另见 piāo

漂亮 piàoliang [形] **1** (好看) good-looking **2** (精彩) wonderful

拼 pīn [动] **1** (合) join together **2** (竭尽全力) go all out ▸ 拼命 pīnmìng with all one's might **3** (字、词) spell ▸ 你能拼一下这个词吗? nǐ néng pīn yíxià

zhège cí ma? Can you spell this word?

拼命 pīnmìng [动] **1** (不要命) risk one's life **2** (努力) go all out

拼音 pīnyīn [名] Pinyin

贫(貧) pín **I** [形] (穷) poor ▸ 贫民 pínmín the poor **2** (少) deficient ▸ 贫血 pínxuè anaemia (英), anemia (美) **II** [动] (方) be a chatterbox

贫(貧)苦 pínkǔ [形] poverty-stricken

贫(貧)穷(窮) pínqióng [形] poor

频(頻) pín [副] frequently

频(頻)繁 pínfán [形] frequent

频(頻)率 pínlǜ [名] **1** (物) frequency **2** (指心脏) rate

品 pǐn **I** [名] **1** (物品) article ▸ 商品 shāngpǐn merchandise **2** (等级) grade ▸ 精品 jīngpǐn special product **3** (种类) type ▸ 品种 pǐnzhǒng variety **4** (品质) character ▸ 品德 pǐndé moral character **II** [动] taste

品尝(嘗) pǐncháng [动] savour (英), savor (美)

品德 pǐndé [名] moral character

品格 pǐngé [名] character

品质(質) pǐnzhì [名] **1** (品德) character **2** (质量) quality

品种(種) pǐnzhǒng [名] **1** (动) breed **2** (植) species **3** (指产品) kind

乒 pīng **I** [拟] bang **II** [名] (乒乓球) table tennis

乒乓球 pīngpāngqiú [名] table tennis

平 píng I [形] 1 (平坦) flat ▶ 平原 píngyuán plain 2 (安定) calm 3 (普通) ordinary 4 (平均) even ▶ 平分 píngfēn fifty-fifty 5 (指比分) ▶ 平局 píngjú a draw II [动] 1 (夷平) level 2 (指成绩) equal 3 (镇压) suppress

平安 píng'ān [形] safe and sound

平安夜 píng'ān yè [名] Christmas Eve

平常 píngcháng I [形] common II [副] usually

平等 píngděng [形] equal

平凡 píngfán [形] uneventful

平方 píngfāng [名] 1 (数) square 2 (平方米) square metre (英) 或 meter (美)

平衡 pínghéng [名] balance ▶ 平衡收支 pínghéng shōuzhī balance revenue and expenditure

平静 píngjìng [形] calm

平均 píngjūn [形] average

平时 píngshí [副] usually

平原 píngyuán [名] plain

评(評) píng [动] 1 (评论) criticize ▶ 批评 pīpíng criticize ▶ 书评 shūpíng book review 2 (评判) judge ▶ 评分 píngfēn mark 3 (选) select

评(評)价(價) píngjià [动] evaluate

评(評)论(論) pínglùn [动] review

苹(蘋) píng see below/见下文

苹(蘋)果 píngguǒ [名] apple

凭(憑) píng I [动] rely on II [名] evidence ▶ 凭据 píngjù credentials (pl) III [连] no matter

瓶 píng [名] bottle

瓶子 píngzi [名] bottle

坡 pō [名] slope ▶ 山坡 shānpō slope

迫 pò I [动] 1 (逼迫) force 2 (接近) approach II [形] urgent

迫切 pòqiè [形] pressing

破 pò I [形] 1 (受损) broken 2 (烂) lousy II [动] 1 (受损) cut 2 (破除) break ▶ 破例 pòlì make an exception (钱、工夫) spend 4 (揭穿) expose ▶ 破案 pò'àn solve a case 5 (打败) defeat

破坏(壞) pòhuài [动] 1 (建筑、环境、文物、公物) destroy 2 (团结、社会秩序) undermine 3 (协定、法规、规章) violate 4 (计划) bring ... down 5 (名誉) damage

破裂 pòliè [动] 1 (谈判) break down 2 (感情) break up 3 (外交关系) break off

扑(撲) pū [动] 1 (冲向) rush at 2 (专注于) devote 3 (扑打) swat 4 (拍打) beat

扑(撲)克 pūkè [名] poker

铺(鋪) pū [动] 1 (摊开) spread 2 (铺设) lay → see also/另见 pù

葡 pú see below/见下文

葡萄 pútáo [名] grape

朴(樸) pǔ see below/见下文

朴(樸)实(實) pǔshí [形]

1(简朴) simple **2**(诚实) honest

朴(樸) 素 pǔsù [形] **1**(衣着) plain **2**(生活) simple **3**(语言) plain

普 pǔ [形] general

普遍 pǔbiàn **I** [形] common **II** [副] commonly

普通 pǔtōng [形] common

普通话(話) pǔtōnghuà [名] Mandarin

铺(鋪) pù [名] **1**(商店) shop ▶ 杂货铺 general store **2**(床) plank bed ▶ 卧铺 berth
→ see also/另见 pū

q

七 qī [数] seven

七月 qīyuè [名] July

妻 qī [名] wife ▶ 未婚妻 wèihūnqī fiancée

妻子 qīzi [名] wife

柒 qī [数] seven

> This is the character for "seven", which is mainly used in banks, on receipts, etc. to prevent mistakes and forgery.

期 qī **I** [名] **1**(预定时间) time limit ▶ 到期 dàoqī expire **2**(一段时间) period of time ▶ 假期 jiàqī holiday **II** [量] **1**(指训练班) class **2**(指杂志、报纸) edition **III** [动] expect

期待 qīdài [动] await

期间(間) qījiān [名] period of time

期望 qīwàng I [名] expectations (pl) II [动] expect

欺 qī [动] 1(欺骗) deceive 2(欺负) bully

欺负(負) qīfu [动] bully

欺骗(騙) qīpiàn [动] deceive

齐(齊) qí I [形] 1(整齐) neat 2(一致) joint 3(完备) ready II [动] 1(达到) reach 2(取齐) level III [副] at the same time

其 qí [代] (书) 1(他的) his 2(她的) her 3(它的) its 4(他们的、她们的、它们的) their 5(他) him 6(她) her 7(它) it 8(他们、她们、它们) them 9(那个) that

其次 qícì [代] 1(下一个) next ▶ 其次要做的事是什么? Qícì yào zuò de shì shì shénme? What are we going to do next? 2(次要的) the second

其实(實) qíshí [副] actually

其他 qítā [代] other ▶ 我不知道，你问其他人吧。Wǒ bù zhīdào, nǐ wèn qítā rén ba. I don't know, ask someone else. ▶ 还有其他事情没有？ Háiyǒu qítā shìqíng méiyǒu? Is there anything else?

其余(餘) qíyú [代] the rest

其中 qízhōng [名] among which ▷ 他有六套西服，其中两套是黑色的。Tā yǒu liù tào xīfú, qízhōng liǎng tào shì hēisè de. He has six suits, of which two are black.

奇 qí I [形] 1(非常少见的) strange

▶ 奇闻 qíwén fantastic story

▶ 奇迹 qíjì miracle 2(出人意料的) unexpected ▶ 奇袭 qíxí surprise attack ▶ 奇遇 qíyù lucky encounter II [动] surprise ▶ 惊奇 jīngqí surprise III [副] unusually

奇怪 qíguài [形] strange

奇迹(跡) qíjì [名] miracle

骑(騎) qí I [动] ride II [名] cavalry

棋 qí [名] chess ▶ 围棋 wéiqí go (board game)

旗 qí [名] flag ▶ 锦旗 jǐnqí silk banner

旗袍 qípáo [名] cheongsam

旗子 qízi [名] flag

乞 qǐ [动] beg ▶ 行乞 xíngqǐ go begging

乞丐 qǐgài [名] beggar

乞求 qǐqiú [动] beg

企 qǐ [动] look forward to

企图(圖) qǐtú I [动] plan II [名] (贬) plan

企业(業) qǐyè [名] enterprise

启(啟) qǐ [动] 1(打开) open ▶ 开启 kāiqǐ open 2(开导) enlighten 3(开始) start

启(啟)发(發) qǐfā I [动] inspire II [名] inspiration

起 qǐ I [动] 1(起来) rise ▶ 起立 qǐlì stand up 2(取出) remove (长出) form ▶ 脚上起泡 jiǎo shang qǐ pào form a blister on one's foot 4(产生) become 5(拟订) sketch out ▶ 起草 qǐcǎo draft

6 (建立) establish **II** [量] ▷ 一起
交通事故 yī qǐ jiāotōng shìgù a
traffic accident ▷ 一起火灾 yī qǐ
huǒzāi a fire
measure word, used for
accidents

起床 qǐchuáng [动] get up

起点 (點) qǐdiǎn [名] starting
point

起飞 (飛) qǐfēi [动] take off ▷ 飞机
准时起飞。Fēijī zhǔnshí qǐfēi.
The plane took off on time.

起来 (來) qǐlái [动] **1** (站起或坐起)
get up **2** (起床) get up

气 (氣) qì **I** [名] **1** (气体) gas ▷ 毒气
dúqì poison gas **2** (空气) air ▷ 这
球没气了。Zhè qiú méi qì le.
This ball is deflated. **3** (气息)
breath **4** (精神) mood **5** (气味)
smell ▷ 臭气 chòuqì stink **6** (气
气) manner ▷ 孩子气 háiziqì
childishness **7** (怒气) anger **8** (中
医) qì **II** [动] **1** (生气) be angry
2 (使生气) provoke

气 (氣) 氛 qìfēn [名] atmosphere

气 (氣) 功 qìgōng [名] qigong

气 (氣) 候 qìhòu [名] climate

气 (氣) 温 (溫) qìwēn [名]
temperature

气 (氣) 象 qìxiàng [名] **1** (大气现象)
weather **2** (气象学)
meteorology **3** (情景)
atmosphere

汽 qì [名] **1** (气体) vapour (英),
vapor (美) **2** (蒸气) steam

汽 (車) qìchē [名] car ▷ 公共汽
车 gōnggòng qìchē bus

汽水 qìshuǐ [名] fizzy drink

汽油 qìyóu [名] petrol (英),
gasoline (美)

器 qì [名] **1** (器具) utensil ▷ 乐器
yuèqì musical instrument ▷ 瓷
器 cíqì china **2** (器官) organ

器官 qìguān [名] organ

恰 qià [副] **1** (适当) appropriately
2 (刚好) exactly

恰当 (當) qiàdàng [形]
appropriate

恰好 qiàhǎo [副] luckily

千 qiān **I** [数] thousand **II** [形]
many

千万 (萬) qiānwàn **I** [数] ten
million **II** [副] ▷ 你千万别做傻
事。Nǐ qiānwàn bié zuò
shǎshì. You absolutely mustn't
do anything stupid.

牵 (牽) qiān [动] **1** (拉住) pull **2** (牵
涉) involve

铅 (鉛) qiān [名] (化) lead

铅 (鉛) 笔 (筆) qiānbǐ [名] pencil

谦 (謙) qiān [形] modest

谦 (謙) 虚 (虛) qiānxū **I** [形]
modest **II** [动] speak modestly

签 (簽) qiān **I** [动] **1** (名字) sign
2 (意见) endorse **II** [名] **1** (指占
卜、赌博、比赛) lot **2** (标志)
label ▷ 书签 shūqiān bookmark
3 (细棍子) stick ▷ 牙签 yáqiān
toothpick

签 (簽) 名 qiānmíng [动] sign

签 (簽) 证 (證) qiānzhèng [名] visa

签 (簽) 字 qiānzì [动] sign one's
name

前 qián I [形] 1 (正面的) front 2 (指次序) first 3 (从前的) former ▸ 前夫 qiánfū ex-husband 4 (未来的) future II [动] advance

前进(進) qiánjìn [动] 1 (向前走) advance 2 (发展) make progress

前面 qiánmiàn [副] in front

前年 qiánnián [名] the year before last

前天 qiántiān [名] the day before yesterday

前头(頭) qiántou [副] front

前途 qiántú [名] future

前夕 qiánxī [名] eve

钱(錢) qián [名] money

钱(錢)包 qiánbāo [名] 1 (女用) purse 2 (男用) wallet

浅(淺) qiǎn [形] 1 (指深度) shallow 2 (指难度) easy 3 (指学识) lacking 4 (指颜色) light ▸ 浅蓝色 qiǎnlánsè light blue ▸ 浅绿色 qiǎnlǜsè pale green 5 (指时间) short

欠 qiàn [动] 1 (钱、情) owe 2 (缺乏) lack 3 (移动) raise ... slightly

枪(槍) qiāng [名] 1 (旧兵器) spear 2 (兵器) gun ▸ 手枪 shǒuqiāng pistol

强(強) qiáng I [形] 1 (力量大) strong 2 (程度高) able 3 (好) better 4 (略多于) extra ▸ 三分之一强 sān fēn zhī yī qiáng a third extra II [动] force
→ see also/另见 qiǎng

强(強)大 qiángdà [形] powerful

强(強)盗(盜) qiángdào [名] robber

强(強)调(調) qiángdiào [动] stress

强(強)度 qiángdù [名] intensity

强(強)奸(姦) qiángjiān [动] rape

强(強)烈 qiángliè [形] intense

墙(牆) qiáng [名] wall

抢(搶) qiǎng [动] 1 (抢劫) rob 2 (抢夺) grab 3 (抢先) forestall 4 (赶紧) rush

抢(搶)劫 qiǎngjié [动] rob

强(強) qiǎng [动] 1 (勉强) make an effort 2 (迫使) force
→ see also/另见 qiáng

强(強)迫 qiǎngpò [动] force

悄 qiāo see below/见下文

悄悄 qiāoqiāo [副] 1 (悄然无声) quietly 2 (偷偷) stealthily

敲 qiāo [动] 1 (击) knock 2 (敲诈) blackmail

敲诈(詐) qiāozhà [动] extort

桥(橋) qiáo [名] bridge

桥(橋)梁(樑) qiáoliáng [名] bridge

瞧 qiáo [动] look

巧 qiǎo [形] 1 (手、口) nimble 2 (有技能的) skilful (英), skillful (美) 3 (恰好) coincidental 4 (虚浮的) false

巧克力 qiǎokèlì [名] chocolate

巧妙 qiǎomiào [形] clever

切 qiē [动] cut

茄 qié [名] aubergine (英), eggplant (美)
茄子 qiézi [名] aubergine (英), eggplant (美)
→ see also/另见 qiē

窃(竊) qiè I [动] steal II [副] surreptitiously
窃(竊)听(聽) qiètīng [动] eavesdrop
窃(竊)贼(賊) qièzéi [名] thief

侵 qīn [动] invade
侵略 qīnlüè [动] invade

亲(親) qīn I [名] 1 (父母) parent 2 (亲戚) relative 3 (婚姻) marriage ▶ 定亲 dìngqīn engagement 4 (新娘) bride II [形] 1 (指血缘近) blood 2 (指感情好) intimate III [副] personally IV [动] 1 (亲吻) kiss 2 (亲近) be close to
亲(親)爱(愛) qīn'ài [形] dear
亲(親)爱(愛)的 qīn'ài de [名] darling (an affectionate term of address)
亲(親)近 qīnjìn [形] close
亲(親)密 qīnmì [形] close ▷ 亲密朋友 qīnmì péngyou close friend ▷ 亲密无间 qīnmì wújiàn be as thick as thieves
亲(親)戚(感) qīnqi [名] relative
亲(親)切 qīnqiè [形] warm
亲(親)热(熱) qīnrè [形] affectionate
亲(親)自 qīnzì [副] personally

琴 qín [名] ▶ 钢琴 gāngqín piano ▶ 小提琴 xiǎotíqín violin

勤 qín I [形] hard-working II [副] regularly III [名] 1 (勤务) duty ▶ 值勤 zhíqín be on duty 2 (到场) attendance ▶ 考勤 kǎoqín check attendance
勤奋(奮) qínfèn [形] diligent
勤劳(勞) qínláo [形] hard-working

青 qīng I [形] 1 (指绿色) green 2 (指黑色) black 3 (指年纪) young ▶ 青年 qīngnián youth II [名] 1 (指青草) grass 2 (指庄稼) unripe crops (pl)
青年 qīngnián [名] youth
青少年 qīngshàonián [名] teenager

轻(輕) qīng I [形] 1 (指重量) light 2 (指数量或程度) light ▷ 他们年纪很轻。Tāmen niánjì hěn qīng. They are quite young. 3 (指不足轻重) not important 4 (指轻松愉快) relaxed ▷ 轻音乐 qīngyīnyuè light music II [副] 1 (指用力少) gently 2 (轻率) rashly III [动] disparage
轻(輕)松(鬆) qīngsōng [形] relaxing
轻(輕)易 qīngyì [副] 1 (容易) easily 2 (随便) rashly

倾(傾) qīng [动] 1 (斜) lean 2 (塌) collapse 3 (倒出) empty out 4 (用尽) exhaust II [名] tendency
倾(傾)向 qīngxiàng [动] incline to II [名] tendency

清 qīng I [形] 1 (纯净) clear 2 (寂静) quiet 3 (清楚) distinct ▷ 分清 fēnqīng distinguish 4 (完全)

settled **5**(纯洁) pure **II** 1(清除) get rid of **2**(结算) settle **3**(清点) check **4**(清理) put in order

清楚 qīngchu **I**[形] clear **II**[动] understand

清洁(潔) qīngjié [形] clean

清静(靜) qīngjìng [形] quiet

清明节 Qīngmíng Jié [名] Tomb Sweeping Festival

清明节 Qīngmíng Jié

清明节 Qīngmíng Jié, **Tomb Sweeping Festival**, sometimes translated literally as **Clear and Bright Festival**, is celebrated on the 4th, 5th, or 6th of April. It is traditionally the time when Chinese families visit graves to honour their dead ancestors.

情 qíng [名] 1(感情) feeling ▶ 热情 rèqíng warmth 2(情面) kindness 3(爱情) love 4(情况) condition ▶ 实情 shíqíng true state of affairs

情节(節) qíngjié [名] 1(内容) plot 2(事实) circumstances (pl)

情景 qíngjǐng [名] sight

情况(況) qíngkuàng [名] 1(状况) situation 2(变化) military development

情侣(侶) qínglǚ [名] lovers (pl)

情人节(節) Qíngrén Jié [名] Valentine's Day

情形 qíngxíng [名] situation

情绪(緒) qíngxù [名] 1(心理状态) mood 2(不很开心) moodiness

晴 qíng [形] fine

晴朗 qínglǎng [形] sunny

请(請) qǐng [动] 1(请求) ask ▶ 请他进来。Qǐng tā jìnlái. Ask him to come in. 2(邀请) invite 3(敬) ▶ 请这边走。Qǐng zhèbiān zǒu. This way, please. ▶ 请大家安静一下。Qǐng dàjiā ānjìng yíxià. Everyone quiet, please.

请(請)假 qǐngjià [动] ask for leave

请(請)教 qǐngjiào [动] consult

请(請)客 qǐngkè [动] treat

请(請)求 qǐngqiú [动] ask

请(請)问(問) qǐngwèn [动] ▶请问怎么出去? Qǐngwèn zěnme chūqù? Could you show me the way out, please?

请(請)勿 qǐngwù [动] ▶请勿吸烟。Qǐngwù xīyān. No smoking.

庆(慶) qìng **I**[动] celebrate **II**[名] festival ▶ 国庆 guóqìng National Day

庆(慶)贺(賀) qìnghè [动] celebrate

庆(慶)祝 qìngzhù [动] celebrate

穷(窮) qióng **I**[形] poor **II**[名] limit **III**[副] 1(彻底) thoroughly 2(极端) extremely

秋 qiū [名] 1(指季节) autumn (英), fall (美) 2(指庄稼) harvest time 3(指一年) year 4(指厄运期) period

秋天 qiūtiān [名] autumn (英), fall (美)

求 qiú **I**[动] 1(请求) request 2(追求) strive **II**[名] demand

球 qiú [名] 1 (数)(球体) sphere 2 (球状) ball ▸ 雪球 xuěqiú snowball 3 (指体育) ball ▸ 篮球 lánqiú basketball ▸ 足球 zúqiú football 4 (指比赛) ball game 5 (地球) the Earth ▸ 全球 quánqiú the whole world

球场(場) qiúchǎng [名] court

球迷 qiúmí [名] fan

区(區) qū I [动] distinguish II [名] 1 (地区) area 2 (指行政单位) region ▸ 自治区 zìzhìqū autonomous region

区(區)别(別) qūbié [动] distinguish

区(區)分 qūfēn [动] differentiate

区(區)域 qūyù [名] area

趋(趨) qū [动] 1 (走) hasten 2 (趋向) tend to become

趋(趨)势(勢) qūshì [名] trend

趋(趨)向 qūxiàng I [动] tend to II [名] trend

渠 qú [名] ditch

渠道 qúdào [名] 1 (水道) irrigation ditch 2 (途径) channel

曲 qǔ [名] 1 (指歌曲) song 2 (指乐曲) music

曲子 qǔzi [名] tune

取 qǔ [动] 1 (拿到) take 2 (得到) obtain 3 (采取) adopt 4 (选取) choose

取得 qǔdé [动] get

取消 qǔxiāo [动] cancel

娶 qǔ [动] marry

去 qù I [动] 1 (到) go 2 (除) get rid of 3 (距) be apart 4 (发) send II [形] past

去年 qùnián [名] last year

去世 qùshì [动] pass away

趣 qù I [名] interest ▸ 志趣 zhìqù interest II [形] interesting

趣味 qùwèi [名] taste

圈 quān I [名] 1 (环形物) circle ▸ 北极圈 Běijíquān Arctic Circle 2 (范围) circle II [动] circle

圈套 quāntào [名] trap

权(權) quán I [名] 1 (权力) power ▸ 当权 dāngquán be in power 2 (权利) right 3 (形势) ▷ 主动权 zhǔdòngquán initiative ▷ 控制权 kòngzhìquán control 4 (权宜) expediency II [副] for the time being

权(權)力 quánlì [名] power

全 quán I [形] 1 (齐全) complete 2 (整个) whole II [副] entirely III [动] keep ... intact

全部 quánbù [形] whole

全面 quánmiàn [形] comprehensive

全体(體) quántǐ [名] everyone

泉 quán [名] spring ▸ 温泉 wēnquán hot spring

拳 quán [名] fist

拳头(頭) quántóu [名] fist

拳击(擊) quánjī [名] boxing

鬈 quán [形] curly

劝(勸) quàn [动] 1 (说服) advise 2 (勉励) encourage

劝(勸)告 quàngào [动] advise

缺 quē I[动] 1(缺乏) lack 2(残破)
be incomplete 3(缺席) be absent
II[名] vacancy ▸ 补缺 bǔquē fill
a vacancy

缺点(點) quēdiǎn[名]
shortcoming

缺乏 quēfá[动] lack

缺口 quēkǒu[名] 1(口子) gap
2(缺额) shortfall

缺少 quēshǎo[动] lack

缺席 quēxí[动] be absent

缺陷 quēxiàn[名] defect

瘸 qué[动] be lame

却(卻) què I[动] 1(后退) step
back 2(使退却) drive ... back
3(拒绝) decline ▸ 推却 tuīquè
decline 4(表示完成) ▸ 冷却
lěngquè cool off ▸ 忘却
wàngquè forget II[副] however

确(確) què[副] 1(确实地) really
2(坚定地) firmly ▸ 确信 quèxìn
firmly believe

确(確)定 quèdìng I[动]
determine II[形] definite

确(確)实(實) quèshí I[形] true
II[副] really

裙 qún[名] skirt

裙子 qúnzi[名] skirt

群 qún I[名] crowd II[量] 1(指动
物) herd, flock ▸ 一群绵羊 yì qún
miányáng a flock of sheep ▸ 一
群蜜蜂 yì qún mìfēng a swarm
of bees ▸ 一群奶牛 yì qún nǎiniú
a herd of cows 2(指人) group
▸ 一群学生 yì qún xuésheng a
group of students

群众(眾) qúnzhòng[名] the
masses (pl)

q

r

然 rán [代] so

然而 rán'ér [连] however

然后(後) ránhòu [连] afterwards

燃 rán [动] 1 (燃烧) burn 2 (点燃) light

燃料 ránliào [名] fuel

燃烧(燒) ránshāo [动] burn

染 rǎn [动] 1 (着色) dye 2 (感染) contract 3 (沾染) catch

嚷 rǎng [动] 1 (喊叫) howl 2 (吵闹) make a racket

让(讓) ràng I [动] 1 (退让) make allowances 2 (允许) let 3 (转让) transfer II [介] by

扰(擾) rǎo [动] (搅扰) disturb ▶打扰 dǎrǎo disturb

绕(繞) rào [动] 1 (缠绕) wind 2 (围绕) go round 3 (迂回) make a detour

惹 rě [动] 1 (引起) stir up 2 (触动) provoke 3 (招) make

热(熱) rè I [名] 1 (物) heat 2 (高烧) fever ▶发热 fārè have a fever II [形] 1 (温度高) hot 2 (走俏) popular III [动] heat

热(熱)爱(愛) rè'ài [动] love

热(熱)狗 règǒu [名] hot dog

热(熱)烈 rèliè [形] heated

热(熱)闹(鬧) rènao [形] lively

热(熱)情 rèqíng I [名] passion II [形] enthusiastic

热(熱)线(線) rèxiàn [名] 1 (指电话或电报) hotline 2 (指交通) busy route

热(熱)心 rèxīn [形] warm-hearted

人 rén [名] 1 (人类) human being ▶人权 rénquán human rights (pl) 2 (指某种人) person ▶军人 jūnrén soldier ▶中国人 Zhōngguórén a Chinese person/Chinese people 3 (人手) manpower

人才 réncái [名] (指能人) talent

人工 réngōng [形] man-made

人口 rénkǒu [名] 1 (地区人数) population 2 (家庭人数) people

人类(類) rénlèi [名] mankind, humankind

人们(們) rénmen [名] people

人民 rénmín [名] the people

人民币(幣) rénmínbì [名]

renminbi, RMB

人生 rénshēng [名] life

人体(體) réntǐ [名] the human body

人物 rénwù [名] 1 (能人) figure 2 (艺术形象) character

忍 rěn [动] (忍受) endure

忍耐 rěnnài [动] show restraint

忍受 rěnshòu [动] bear

认(認) rèn [动] 1 (识) know 2 (承认) admit

认(認)得 rènde [动] be acquainted with

认(認)识(識) rènshi I [动] know II [名] understanding

认(認)为(為) rènwéi [动] think

认(認)真 rènzhēn I [形] serious II [动] take ... seriously

任 rèn I [动] (聘) appoint ▶ 委任 wěirèn appoint 2 (听凭) let II [名] (职责) responsibility

任何 rènhé [形] any ▶ 任何人都不能迟到。Rènhé rén dōu bùnéng chídào. No one can be late.

任务(務) rènwu [名] task

扔 rēng [动] 1 (掷) throw 2 (丢) throw ... away

仍 réng [副] still

仍然 réngrán [副] (表示继续) still

日 rì [名] 1 (太阳) sun ▶ 日出 rìchū sunrise ▶ 日落 rìluò sunset 2 (白天) daytime 3 (天) day ▶ 明日 míngrì tomorrow 4 (每天) every day ▶ 城市面貌日见改善。

Chéngshì miànmào rìjiàn gǎishàn. The city looks better and better every day. 5 (指某一天) day ▶ 生日 shēngrì birthday 6 (日本) Japan

日报(報) rìbào [名] daily paper

日本 Rìběn [名] Japan

日常 rìcháng [形] everyday

日记(記) rìjì [名] diary

日历(曆) rìlì [名] calendar

日期 rìqī [名] date

日用品 rìyòngpǐn [名] daily necessities

日语(語) Rìyǔ [名] Japanese

日元(圆) rìyuán [名] Japanese yen

日子 rìzi [名] 1 (日期) date 2 (时间) day 3 (生活) life

荣(榮) róng [形] (光荣) glorious

荣(榮)幸 róngxìng [形] honoured (英), honored (美) ▶ 认识您,我感到非常荣幸。Rènshi nín, wǒ gǎndào fēicháng róngxìng. I feel honoured to know you.

荣(榮)誉(譽) róngyù [名] (指名声) honour (英), honor (美)

容 róng I [动] 1 (容纳) fit ▶ 容纳 róngnà hold ▶ 容量 róngliàng capacity ▶ 容器 róngqì container 2 (容忍) tolerate ▶ 容忍 róngrěn tolerate 3 (允许) allow II [名] (相貌) appearance ▶ 容貌 róngmào features (pl)

容易 róngyì [形] 1 (简便) easy 2 (较可能) likely

柔 róu [形] 1 (软) soft 2 (柔和) gentle

柔软(軟) róuruǎn [形] soft

揉 róu [动] (搓) rub

肉 ròu [名] **1** (指人) flesh **2** (指动物) meat ▷ 猪肉 zhūròu pork **3** (指瓜果) flesh

如 rú [动] **1** (好似) be like **2** (比得上) be as good as ▶ 不如 bùrú not as good as **3** (例如)

如此 rúcǐ [代] so ▷ 他的态度竟如此恶劣。Tā de tàidu jìng rúcǐ èliè. His attitude was so unpleasant.

如果 rúguǒ [连] if

如何 rúhé [代] ▷ 此事如何解决？Cǐ shì rúhé jiějué? How are we going to sort this out? ▷ 你今后如何打算？Nǐ jīnhòu rúhé dǎsuàn? What are your plans for the future?

儒 rú [名] (儒家) Confucianism ▶ 儒家 Rújiā Confucianism

入 rù [动] **1** (进入) enter ▶ 入场 rùchǎng enter **2** (参加) join ▶ 入学 rùxué enrol

入境 rùjìng [动] enter a country

入口 rùkǒu [名] (门) entrance

软(軟) ruǎn [形] **1** (柔) soft ▶ 软和 ruǎnhuo soft **2** (温和) gentle **3** (柔弱) weak ▶ 软弱 ruǎnruò weak

软(軟)件 ruǎnjiàn [名] (计算机) software

软(軟)卧(卧) ruǎnwò [名] light sleeper

软(軟)饮(飲)料 ruǎnyǐnliào [名] soft drink

弱 ruò [形] **1** (弱小) weak **2** (年幼) young **3** (软弱) weak

弱点(點) ruòdiǎn [名] weakness

S

仨 sā [数] (口) three ▸ 哥仨 gē sā
three brothers

撒 sā [动] 1 (手、网) let ... go 2 (贬)
(疯、野) lose control of oneself
▸ 撒野 sāyě have a tantrum
→ see also/另见 sǎ

撒谎 (谎) sāhuǎng [动] (口) lie

撒娇 (娇) sājiāo [动] behave like a
spoiled child

撒气 (气) sāqì [动] 1 (球、车胎)
get a puncture 2 (发泄怒气)
take one's anger out on ▸ 别拿
我撒气! Bié ná wǒ sāqì! Don't
take your anger out on me!

撒手 sāshǒu [动] (松手) let go

洒 (洒) sǎ [动] 1 (泼) sprinkle
2 (指不小心) spill

洒 (洒) 脱 (脱) sǎtuō [形] carefree

撒 sǎ [动] 1 (散布) scatter 2 (散落)
spill
→ see also/另见 sā

腮 sāi [名] cheek

腮帮 (帮) 子 sāibāngzi [名] (口)
cheek

塞 sāi I [动] stuff ... into II [名] cork

塞车 (车) sāichē [名] traffic jam
▸ 长安街上经常塞车。
Cháng'ān Jiē shang jīngcháng
sāichē. Chang'an Street is
often congested.

塞子 sāizi [名] cork

赛 (赛) sài I [名] match ▸ 演讲比
赛 yǎnjiǎng bǐsài debating
contest II [动] compete

赛 (赛) 车 (车) sàichē I [动] race
II [名] (指汽车) racing car

赛 (赛) 季 sàijì [名] season

赛 (赛) 跑 sàipǎo [动] race

三 sān [数] 1 (指数目) three ▸ 三月
sānyuè March 2 (表示序数)
third 3 (表示多数) several ▸ 三思
sānsī think twice

三角 sānjiǎo [名] triangle ▸ 三角
恋爱 sānjiǎo liàn'ài love
triangle

三明治 sānmíngzhì [名]
sandwich

三围 (围) sānwéi [名] vital
statistics (pl)

三心二意 sān xīn èr yì
half-hearted ▸ 他工作三心二意
的。Tā gōngzuò sān xīn èr yì
de. He's half-hearted about his
work.

叁 sān [数] three
This is the character for "three", which is mainly used in banks, on receipts, etc. to prevent mistakes and forgery.

伞 (傘) sǎn [名] umbrella

散 sǎn I [动] loosen II [形] loose
→ see also/另见 sàn
散漫 sǎnmàn [形] slack
散文 sǎnwén [名] prose

散 sàn [动] 1 (分离) break up ▷ 乌云散了。Wūyún sàn le. The dark clouds scattered. 2 (散布) give ... out 3 (排除) dispel
→ see also/另见 sǎn
散布 sànbù [动] 1 (传单) distribute 2 (谣言) spread
散步 sànbù [动] go for a stroll

丧 (喪) sāng [名] funeral
→ see also/另见 sàng
丧 (喪) 事 sāngshì [名] funeral arrangements (pl)

桑 sāng [名] mulberry
桑拿浴 sāngnáyù [名] sauna
桑那浴 sāngnáyù [名] sauna

嗓 sǎng [名] 1 (嗓子) throat 2 (嗓音) voice
嗓门 (門) sǎngmén [名] voice
嗓子 sǎngzi [名] 1 (喉咙) throat 2 (嗓音) voice

丧 (喪) sàng [动] lose
→ see also/另见 sāng
丧 (喪) 气 (氣) sàngqì [动] lose heart
丧 (喪) 失 sàngshī [动] lose

骚 (騷) sāo [动] disturb
骚 (騷) 扰 (擾) sāorǎo [动] harass
▷ 性骚扰 xìngsāorǎo sexual harassment

扫 (掃) sǎo [动] 1 (打扫) sweep 2 (除去) clear ... away ▷ 扫黄 sǎohuáng crack down on pornography
→ see also/另见 sào
扫 (掃) 除 sǎochú [动] 1 (打扫) sweep ... up 2 (除掉) eliminate
扫 (掃) 盲 sǎománg [动] eliminate illiteracy
扫 (掃) 描 sǎomiáo [动] scan
扫 (掃) 描仪 (儀) sǎomiáoyí [名] scanner
扫 (掃) 兴 (興) sǎoxìng [形] disappointed

嫂 sǎo [名] (哥哥之妻) sister-in-law
嫂子 sǎozi [名] (口) sister-in-law

扫 (掃) sào see below/见下文
→ see also/另见 sǎo
扫 (掃) 帚 sàozhou [名] broom

色 sè [名] (颜色) colour (英), color (美)
→ see also/另见 shǎi
色彩 sècǎi [名] 1 (颜色) colour (英), color (美) 2 (指情调) tone
色盲 sèmáng [名] colour (英) 或 color (美) blindness
色情 sèqíng [形] pornographic

涩 (澀) sè [形] (味道) astringent

森 sēn [形] (形容树多) wooded
森林 sēnlín [名] forest

僧 sēng [名] Buddhist monk ▷ 僧

人 sēngrén Buddhist monk

杀(殺) shā [动] 1(杀死) kill 2(战斗) fight 3(削弱) reduce

杀(殺)毒 shādú [动] get rid of a virus ▷ 杀毒软件 shādú ruǎnjiàn anti-virus software

杀(殺)害 shāhài [动] murder

杀(殺)价(價) shājià [动] bargain ▷ 我很会杀价。 Wǒ hěn huì shājià. I'm a very good bargainer.

杀(殺)手 shāshǒu [名] killer

沙 shā [名] (石粒) sand

沙尘(塵) shāchén [名] dust

沙尘(塵)暴 shāchénbào [名] sandstorm

沙发(發) shāfā [名] sofa

沙锅(鍋) shāguō [名] casserole

沙皇 shāhuáng [名] tsar

沙漠 shāmò [名] desert

沙滩(灘) shātān [名] beach

沙哑(啞) shāyǎ [形] hoarse

沙眼 shāyǎn [名] trachoma

沙子 shāzi [名] sand

纱(紗) shā [名] (指织品) gauze

纱(紗)布 shābù [名] gauze

刹 shā [动] brake

刹车(車) shāchē I [动] 1(停止机器) brake 2(喻)(制止) put a stop to II [名] brake

鲨(鯊) shā [名] shark ▷ 鲨鱼 shāyú shark

傻 shǎ [形] 1(蠢) stupid 2(死心眼) inflexible

傻瓜 shǎguā [名] fool

傻子 shǎzi [名] fool

厦(廈) shà [名] tall building ▷ 摩天大厦 mótiān dàshà skyscraper

色 shǎi [名] colour (英), color (美) → see also/另见 sè

色子 shǎizi [名] dice

晒(曬) shài [动] 1(阳光照射) shine upon ▷ 他被晒黑了。 Tā bèi shàihēi le. He's tanned. 2(吸收光热) lie in the sun ▷ 她在沙滩上晒太阳。 Tā zài shātān shang shài tàiyáng. She was sunbathing on the beach.

山 shān [名] (地质) mountain ▷ 小山 xiǎoshān hill

山村 shāncūn [名] mountain village

山洞 shāndòng [名] cave

山峰 shānfēng [名] peak

山谷 shāngǔ [名] valley

山脚(腳) shānjiǎo [名] foothills (pl)

山林 shānlín [名] wooded hill

山脉(脈) shānmài [名] mountain range

山坡 shānpō [名] mountainside

山区(區) shānqū [名] mountainous area

山水 shānshuǐ [名] 1(风景) scenery 2(画) landscape painting

山珍海味 shān zhēn hǎi wèi [名] exotic delicacies (pl)

删(刪) shān [动] delete

删(刪)除 shānchú [动] delete

珊 shān see below/见下文

珊瑚 shānhú [名] coral

扇 shān [动] 1 (扇子) fan 2 (耳光) slap
→ see also/另见 shàn

闪(閃) shǎn I [动] 1 (闪避) dodge 2 (受伤) sprain 3 (突然出现) flash 4 (闪耀) shine II [名] lightning
▷ 打闪了。Dǎ shǎn le. Lightning flashed.

闪(閃)电(電) shǎndiàn [名] lightning

闪(閃)动(動) shǎndòng [动] flash

闪(閃)烁(爍) shǎnshuò [动] (忽明忽暗) twinkle

扇 shàn I [名] (扇子) fan II [量] ▷一扇窗 yī shàn chuāng a window ▷两扇门 liǎng shàn mén two doors

measure word, used for doors, windows, screens etc.
→ see also/另见 shān

善 shàn I [形] 1 (善良) kind 2 (良好) good ▷善事 shànshì good deeds 3 (友好) friendly II [动] 1 (擅长) be an expert at 2 (容易) be prone to ▷善忘 shànwàng forgetful

善良 shànliáng [形] kind-hearted

善于(於) shànyú be good at

擅 shàn [动] be expert at

擅长(長) shàncháng [动] be skilled in

鳝(鱔) shàn [名] eel ▷鳝鱼

shànyú eel

伤(傷) shāng I [动] 1 (身体部位) injure ▷扭伤 niǔshāng sprain 2 (感情) hurt II [名] injury

伤(傷)残(殘) shāngcán [名] the disabled (pl)

伤(傷)风(風) shāngfēng [动] catch a cold

伤(傷)害 shānghài [动] 1 (感情) hurt 2 (身体) damage

伤(傷)痕 shānghén [名] scar

伤(傷)口 shāngkǒu [名] wound

伤(傷)心 shāngxīn [形] sad

商 shāng I [动] discuss ▷协商 xiéshāng negotiate II [名] 1 (商业) commerce ▷经商 jīngshāng trade 2 (商人) businessman, businesswoman 3 (数) quotient

商标(標) shāngbiāo [名] trademark

商场(場) shāngchǎng [名] shopping centre (英), mall (美)

商店 shāngdiàn [名] shop (英), store (美)

商量 shāngliang [动] discuss

商品 shāngpǐn [名] commodity

商人 shāngrén [名] businessman, businesswoman

商谈(談) shāngtán [动] negotiate

商务(務) shāngwù [名] business ▷电子商务 diànzǐ shāngwù e-commerce

商学(學)院 shāngxuéyuàn [名] business school

商业(業) shāngyè [名] commerce

赏(賞) shǎng I[动] 1(赏赐) award
2(欣赏) admire 3(赏识)
appreciate II[名] reward

赏(賞)识(識) shǎngshí [动] think
highly of

上 shàng I[名] 1(指方位) upper
part 2(指等级、质量) ▷ 上级
shàngjí higher authorities (pl)
3(指时间、次序) ▷ 上星期 shàng
xīngqī last week ▷ 上半年
shàng bànnián the first half of
the year II[动] 1(向上) go up
▷ 上楼 shànglóu go upstairs
2(按点前往) go ▷ 上学 shàngxué
go to school ▷ 上班 shàngbān
go to work 3(去) go to ▷ 他上天
津开会去了。Tā shàng Tiānjīn
kāihuì qù le. He went to Tianjin
to attend a meeting. 4(出场)
make an entrance 5(添补) fill
▷ 上货 shànghuò stock up
6(饭、菜) serve ▷ 上菜 shàngcài
serve food 7(安装) fix ▷ 上螺丝
shàng luósī fix a screw 8(涂)
apply ▷ 上涂料 shàng túliào
apply paint 9(登载) appear ▷ 上
杂志 shàng zázhì appear in a
magazine 10(拧紧) tighten ▷ 我
的表上了弦。Wǒde biǎo yǐ
shàngxián le. I've wound up my
watch. 11(车、船、飞机) board
12(表示达到目的) ▷ 当上老师
dāngshàng lǎoshī become a
teacher III[介] 1(在物体表面) on
▷ 椅子上 yǐzi shang on the chair
2(表示范围) ▷ 报纸上 bàozhǐ
shang in the newspaper

上车(車) shàngchē [动] get into a
vehicle ▷ 快上车，我们要迟到

了。Kuài shàngchē, wǒmen
yào chídào le. Hurry up and
get in the car, we're going to be
late.

上当(當) shàngdàng [动] be
taken in

上等 shàngděng [形] first-class

上帝 Shàngdì [名] God

上吊 shàngdiào [动] hang oneself

上海 Shànghǎi [名] Shanghai

上级(級) shàngjí [名] higher
authorities (pl)

上课(課) shàngkè [动] go to class

上来(來) shànglái [动] 1(指动作
趋向) ▷ 饭菜端上来了。Fàncài
duān shànglái le. The meal was
brought to the table.
2(表示成功) ▷ 这个问题我答不
上来。Zhège wèntí wǒ dá bù
shànglái. I can't answer this
question.

上面 shàngmiàn [名] 1(指位置高)
▷ 他住在我上面。Tā zhù zài wǒ
shàngmiàn. He lives above me.
2(物体表面) ▷ 墙上面挂着相
片。Qiáng shàngmiàn guàzhe
xiàngpiàn. Photographs were
hanging on the walls. 3(以上的
部分) ▷ 上面我们分析了各种可
能性。Shàngmiàn wǒmen
fēnxīle gè zhǒng kěnéngxìng.
As can be seen above, we have
made an analysis of all
possibilities.

上年纪(紀) shàng niánjì [动] get
old

上去 shàngqù [动] 1(指由低到高)
go up 2(提高) improve

S

上身 shàngshēn [名] upper body

上升 shàngshēng [动] 1 (往高处移) ascend 2 (增加) increase

上市 shàngshì [动] appear on the market

上司 shàngsi [名] superior

上诉(訴) shàngsù [动] appeal

上网(網) shàngwǎng [动] go online

上网(網)本 shàngwǎngběn [名] netbook

上午 shàngwǔ [名] morning

上衣 shàngyī [名] top

上瘾(癮) shàngyǐn [动] be addicted to

上涨(漲) shàngzhǎng [动] rise

烧(燒) shāo [动] 1 (着火) burn 2 (加热) heat ▷ 烧水 shāo shuǐ boil water 3 (烹) braise 4 (烤) roast ▷ 烧鸡 shāojī roast chicken 5 (发烧) have a temperature

烧(燒)烤 shāokǎo [动] barbecue

稍 shāo [副] slightly
→ see also/另见 shào

稍微 shāowēi [副] a little

勺 sháo [名] ladle

少 shǎo I [形] few ▷ 屋里家具太少。Wū li jiājù tài shǎo. There is very little furniture in the room. II [动] 1 (缺) lack ▷ 汤里少了葱。Tāng li shǎole cōng. There is no onion in the soup. 2 (丢) be missing ▷ 她发现钱包里的钱少了一百块。Tā fāxiàn qiánbāo li de qián shǎole yī bǎi kuài. She discovered that one hundred kuai were missing from her purse.
→ see also/另见 shào

少量 shǎoliàng [名] a little

少数(數) shǎoshù [名] minority

少数(數)民族 shǎoshù mínzú [名] ethnic minorities (pl)

少数民族 shǎoshù mínzú
少数民族 shǎoshù mínzú refers to China's ethnic minorities. There are 56 distinct ethnic groups in China, of which the Han is by far the largest, accounting for over 90% of the population. The other 55 minorities are mainly located in the southwestern and northwestern provinces. Five regions have been set up as ethnic minorities autonomous regions.

少 shào [形] young ▷ 少女 shàonǚ young girl
→ see also/另见 shǎo

少年 shàonián [名] youth

哨 shào [名] (哨子) whistle

哨子 shàozi [名] whistle

稍 shào see below/见下文
→ see also/另见 shāo

稍息 shàoxī [动] stand at ease

奢 shē [形] extravagant

奢侈 shēchǐ [形] luxurious

舌 shé [名] tongue

舌头(頭) shétou [名] tongue

折 shé [动] (折断) snap ▷ 他的腿折了。Tā de tuǐ shé le.

He broke his leg.
→ *see also*/另见 zhé

蛇 shé [名] snake

设(設) shè [动] **1**(设立，布置) set ... up **2**(想) plan **3**(假定) suppose ▶ 设想 shèxiǎng envisage

设(設)备(備) shèbèi [名] equipment

设(設)计(計) shèjì [动] design ▶ 服装设计 fúzhuāng shèjì fashion design

设(設)施 shèshī [名] facilities (pl)

社 shè [名] organization ▶ 旅行社 lǚxíngshè travel agent

社会(會) shèhuì [名] society ▶ 社会福利 shèhuì fúlì social welfare

社交 shèjiāo [名] social contact

社区(區) shèqū [名] community

舍 shè [名] house ▶ 宿舍 sùshè dormitory

射 shè [动] **1**(发) shoot **2**(喷) spout **3**(放出) emit ▶ 照射 zhàoshè shine

射击(擊) shèjī I [动] fire II [名] shooting

射门(門) shèmén [动] shoot

射线(線) shèxiàn [名] (电磁波) ray

涉 shè [动] (牵涉) involve ▶ 涉嫌 shèxián be a suspect

涉及 shèjí [动] involve

摄(攝) shè [动] **1**(吸取) absorb **2**(摄影) take a photo

摄(攝)像 shèxiàng [动] make a video

摄(攝)影 shèyǐng [动] **1**(照相) take a photo **2**(拍电影) shoot a film (英) 或 movie (美)

谁 shéi [代] *see below*/见下
→ *see also*/另见 shuí

申 shēn [动] express

申请(請) shēnqǐng [动] apply ▶ 申请工作 shēnqǐng gōngzuò apply for a job

伸 shēn [动] stretch

伸手 shēnshǒu [动] (伸出手) hold out one's hand

身 shēn [名] **1**(身体) body **2**(生命) life **3**(自己) oneself

身材 shēncái [名] figure

身份 shēnfen [名] (地位) position

身份(證) shēnfènzhèng [名] identity card

身体(體) shēntǐ [名] body

参(參) shēn [名] ginseng ▶ 人参 rénshēn ginseng
→ *see also*/另见 cān

绅(紳) shēn [名] gentry

绅(紳)士 shēnshì [名] gentleman

深 shēn I [形] **1**(指深度) deep **2**(指距离) remote **3**(深奥) difficult **4**(深刻) deep ▶ 印象深 yìnxiàng shēn a deep impression **5**(密切) close **6**(浓重) dark ▶ 深蓝 shēn lán dark blue **7**(指时间久) late ▶ 深夜 shēnyè late at night II [名] depth III [副] very ▶ 深信 shēnxìn firmly believe

深奥(奥) shēn'ào [形] profound

深度 shēndù I [名] depth II [形] extreme

深化 shēnhuà [动] deepen

深刻 shēnkè [形] deep

深入 shēnrù [动] penetrate II [形] thorough

深远(遠) shēnyuǎn [形] far-reaching

深造 shēnzào [动] pursue advanced studies

什 shén see below// 见下文

什么(麼) shénme [代] 1 (表示疑问) what ▷ 你要什么？Nǐ yào shénme? What do you want? 2 (表示虚指) something ▷ 他们在商量着什么。Tāmen zài shāngliangzhe shénme. They are discussing something. 3 (表示任指) anything ▷ 我什么都不怕。Wǒ shénme dōu bù pà. I'm not afraid of anything. 4 (表示惊讶、不满) what ▷ 什么！他拒绝出席会议！Shénme! Tā jùjué chūxí huìyì! What! He refused to attend the meeting! 5 (表示责难) ▷ 你在胡说什么！Nǐ zài húshuō shénme! What's that rubbish?

什么(麼)的 shénmede [代] and so on ▷ 餐桌上摆满了香蕉、李子、苹果什么的。Cānzhuō shang bǎimǎnle xiāngjiāo, lǐzi, píngguǒ shénmede. The dining table was loaded with bananas, plums, apples and so on.

神 shén I [名] 1 (宗) god 2 (精神) spirit ▷ 走神 zǒushén be

absent-minded II [形] (高超) amazing ▷ 神奇 shénqí magical

神话(話) shénhuà [名] myth

神经(經) shénjīng [名] nerve

神秘(祕) shénmì [形] mysterious

神气(氣) shénqì I [名] manner II [形] 1 (精神) impressive 2 (得意) cocky

神圣(聖) shénshèng [形] sacred

神态(態) shéntài [名] look

神仙 shénxiān [名] immortal

神学(學) shénxué [名] theology

审(審) shěn [动] 1 (审查) go over 2 (审讯) try ▷ 审案子 shěn ànzi try a case

审(審)查 shěnchá [动] examine

审(審)判 shěnpàn [动] try

审(審)问(問) shěnwèn [动] interrogate

婶(嬸) shěn [名] aunt

肾(腎) shèn [名] kidney

甚 shèn I [形] extreme II [副] very

甚至 shènzhì [副] even

渗(滲) shèn [动] seep

慎 shèn [形] careful

慎重 shènzhòng [形] cautious

升 shēng I [动] 1 (由低往高) rise 2 (提升) promote ▷ 升职 shēngzhí be promoted II [量] litre (英), liter (美)

升级(級) shēngjí [动] 1 (升高年级) go up 2 (规模扩大) escalate 3 (指电脑) upgrade

升值 shēngzhí [动] appreciate

生 shēng I [动] 1 (生育) give birth to ▷ 生孩子 shēng háizi have a baby 2 (长) grow 3 (活) live ▶ 生死 shēngsǐ life and death 4 (患) get ill ▶ 生病 shēngbìng get ill 5 (点) light ▶ 生火 shēnghuǒ light a fire II [名] 1 (生命) life 2 (生平) life ▶ 今生 jīnshēng this life 3 (学生) student ▶ 新生 xīnshēng new student III [形] 1 (活的) living ▶ 生物 2 (未熟的) unripe 3 (未熟的) raw 4 (生疏) unfamiliar

生产(產) shēngchǎn [动] 1 (制造) produce 2 (生孩子) give birth to

生存 shēngcún [动] survive

生动(動) shēngdòng [形] lively

生活 shēnghuó I [名] life II [动] 1 (居住) live 2 (生存) survive

生计(計) shēngjì [名] livelihood

生理 shēnglǐ [名] physiology

生命 shēngmìng [名] life

生命力 shēngmìnglì [名] vitality

生气(氣) shēngqì [动] get angry

生人 shēngrén [名] stranger

生日 shēngrì [名] birthday

生态(態) shēngtài [名] ecology

生物 shēngwù [名] living things (pl)

生物学(學) shēngwùxué [名] biology

生肖 shēngxiào [名] animal of the Chinese zodiac

生效 shēngxiào come into effect

生意 shēngyì [名] business

生育 shēngyù [动] give birth to

生长(長) shēngzhǎng [动] 1 (植物) grow 2 (生物) grow up

声(聲) shēng [名] 1 (声音) sound 2 (名声) reputation ▶ 声誉 shēngyù fame 3 (声调) tone (of Chinese phonetics)

声(聲)波 shēngbō [名] sound wave

声(聲)调(調) shēngdiào [名] tone

声(聲)明 shēngmíng [动] state

声(聲)望 shēngwàng [名] prestige

声(聲)音 shēngyīn [名] 1 (指人) voice 2 (指物) sound

牲 shēng [名] (家畜) domestic animal

牲畜 shēngchù [名] livestock

甥 shēng [名] nephew ▶ 外甥 wàisheng nephew ▶ 外甥女 wàishengnǚ niece

绳(繩) shéng [名] rope

绳(繩)子 shéngzi [名] rope

省 shěng I [动] 1 (节约) save ▷ 省钱 shěng qián save money 2 (免掉) leave ... out II [名] province

省会(會) shěnghuì [名] provincial capital

省略 shěnglüè [动] leave ... out

省事 shěngshì [动] save trouble

省心 shěngxīn [动] save worry

圣(聖) shèng I [形] holy ▶ 圣诞节 Shèngdàn Jié Christmas II [名] (圣人) sage

圣(聖)诞(誕) Shèngdàn [名] Christmas

圣(聖)经(經)Shèngjīng [名] the Bible

胜(勝)shèng [动] 1(赢)win 2(打败)defeat 3(好于)be better than

胜(勝)利 shènglì [动] 1(打败对方) be victorious 2(获得成功)be successful

盛 shèng [形] 1(兴盛)flourishing 2(强烈)intense 3(盛大)grand ▶盛宴 shèngyàn sumptuous dinner 4(深厚)abundant ▶盛情 shèngqíng great kindness 5(盛行)popular ▶盛行 shèngxíng be in fashion → see also/另见 chéng

盛大 shèngdà [形] magnificent

剩(賸)shèng [动] be left ▶剩下 shèngxià remain

尸(屍)shī [名] corpse

尸(屍)体(體)shītǐ [名] corpse

失 shī [动] 1(丢失)lose 2(未得到)fail 3(背弃)break 4 [名] mistake ▶过失 guòshī error

失败(敗)shībài [动] fail

失眠 shīmián [动] be unable to sleep

失眠症 shīmiánzhèng [名] insomnia

失明 shīmíng [动] go blind

失望 shīwàng Ⅰ[形] disappointed Ⅱ[动] lose hope

失误(誤)shīwù [动] slip up

失效 shīxiào [动] 1(不起作用) stop working 2(没有效力)be no longer valid

失信 shīxìn [动] go back on one's word

失业(業)shīyè [动] be unemployed, be out of work

失踪(蹤)shīzōng [动] be missing

师(師)shī [名] (老师)teacher

师(師)傅 shīfu [名] (口) master

诗(詩)shī [名] poetry

诗(詩)歌 shīgē [名] poetry

诗(詩)人 shīrén [名] poet

虱(蝨)shī [名] louse

狮(獅)shī see below/见下文

狮(獅)子 shīzi [名] lion

施 shī [动] 1(实行)carry ... out ▶施工 shīgōng construct 2(给予)exert ▶施压 shīyā exert pressure 3(肥料)apply ▶施肥 shīféi spread fertilizer

施行 shīxíng [动] (执行) implement

湿(濕)shī [形] wet

湿(濕)润(潤)shīrùn [形] moist

十 shí [名] ten ▶十月 shíyuè October ▶十一月 shíyīyuè November ▶十二月 shí'èryuè December

十分 shífēn [副] extremely

十字路口 shízì lùkǒu [名] crossroads (pl)

石 shí [名] stone

石油 shíyóu [名] oil

时(時)shí [名] 1(指时间单位) hour 2(指规定时间)time ▶准时 zhǔnshí on time 3(时常)▶时不

时 shíbùshí from time to time 4(时尚) fashion ▷ 入时 rùshí fashionable ▷ 过时 guòshí out-of-date 5(时候) time ▷ 当时 dāngshí at that time 6(机会) opportunity 7(语法) tense ▷ 过去时 guòqùshí past tense

时(時)差 shíchā [名] time difference

时(時)常 shícháng [副] often

时(時)代 shídài [名] 1(指时期) age 2(指人生) period

时(時)候 shíhou [名] time ▷ 你什么时候上班？Nǐ shénme shíhou shàngbān? What time do you go to work?

时(時)机(機) shíjī [名] opportunity

时(時)间(間) shíjiān [名] time ▷ 时间到了。Shíjiān dào le. Time's up! ▷ 办公时间 bàngōng shíjiān working hours

时(時)刻 shíkè I [名] moment II [副] constantly

时(時)刻表 shíkèbiǎo [名] timetable (英), schedule (美)

时(時)髦 shímáo [形] fashionable

时(時)期 shíqī [名] period

时(時)区(區) shíqū [名] time zone

时(時)事 shíshì [名] current affairs (pl)

时(時)装(裝) shízhuāng [名] fashion

实(實)shí [形] 1(实心) solid 2(真实) true ▷ 实话 shíhuà truth

实(實)际(際) shíjì I [名] reality II [形] 1(实有的) real 2(合乎事实的) practical

实(實)践(踐) shíjiàn I [动] practise (英), practice (美) II [名] practice

实(實)力 shílì [名] strength

实(實)情 shíqíng [名] actual state of affairs

实(實)施 shíshī [动] implement

实(實)习(習) shíxí [动] practise (英), practice (美)

实(實)习(習)生 shíxíshēng [名] trainee

实(實)现(現) shíxiàn [动] realize

实(實)行 shíxíng [动] put ... into practice

实(實)验(驗) shíyàn I [动] test II [名] experiment

实(實)验(驗)室 shíyànshì [名] laboratory

实(實)用 shíyòng [形] practical

实(實)在 shízài I [形] honest II [副] really

拾 shí I [动] pick ... up II [数] ten This is the complex character for "ten", which is mainly used in banks, on receipts, etc. to prevent mistakes and forgery.

食 shí I [动] eat II [名] 1(食物) food ▷ 主食 zhǔshí staple ▷ 狗食 gǒushí dog food 2(指天体) eclipse ▷ 日食 rìshí solar eclipse

食品 shípǐn [名] food

食谱(譜) shípǔ [名] recipe

食堂 shítáng [名] canteen

食物 shíwù [名] food

食欲(慾) shíyù [名] appetite

史 shǐ [名] history

S

史诗(詩) shǐshī [名] epic

史实(實) shǐshí [名] historical fact

使 shǐ I [动] 1 (使用) use 2 (让) make II [名] envoy ▶ 大使 dàshǐ ambassador

使馆(館) shǐguǎn [名] embassy

使用 shǐyòng [动] use ▶ 使用说明 shǐyòng shuōmíng operating instructions (pl)

始 shǐ [动] start

始终(終) shǐzhōng [副] all along

屎 shǐ [名] 1 (粪便) excrement 2 (眼、耳) wax ▶ 耳屎 ěrshǐ ear wax

示 shì [动] show

示范(範) shìfàn [动] demonstrate

示威 shìwēi [动] demonstrate

世 shì [名] 1 (生) life ▶ 来世 láishì afterlife 2 (代) generation ▶ 世仇 shìchóu family feud 3 (时期) age 4 (世界) world ▶ 世上 shìshàng in this world

世纪(紀) shìjì [名] century

世界 shìjiè [名] world

市 shì [名] 1 (城市) city 2 (市场) market

市场(場) shìchǎng [名] market

市民 shìmín [名] city residents (pl)

式 shì [名] 1 (样式) style 2 (典礼) ceremony 3 (式子) formula ▶ 公式 gōngshì formula

式样(樣) shìyàng [名] style

事 shì [名] 1 (事情) thing ▶ 私事 sīshì private matter 2 (事故) accident ▶ 出事 chūshì have an accident 3 (事端) trouble ▶ 闹事 nàoshì make trouble 4 (责任) responsibility 5 (工作) job 6 (用于问答) problem ▶ 有事吗? Yǒu shì ma? 没事。 Méishì. Are you OK? — I'm fine.

事故 shìgù [名] accident

事件 shìjiàn [名] event

事情 shìqíng [名] matter

事实(實) shìshí [名] fact ▶ 事实上 shìshíshàng in fact

事务(務) shìwù [名] work

事物 shìwù [名] thing

事业(業) shìyè [名] 1 (用于个人) undertaking 2 (用于社会) activity

势(勢) shì [名] 1 (势力) force 2 (姿态) gesture 3 (趋势) tendency

势(勢)力 shìlì [名] power

势(勢)利 shìlì [形] snobbish

势(勢)利眼 shìlìyǎn [名] snob

势(勢)头(頭) shìtóu [名] momentum

饰(飾) shì I [动] 1 (装饰) decorate 2 (扮演) play II [名] ornament ▶ 首饰 shǒushì jewellery (英), jewelry (美)

饰(飾)物 shìwù [名] ornaments (pl)

饰(飾)演 shìyǎn [动] play

试(試) shì I [动] try ▶ 我可以试一下这双鞋吗? Wǒ kěyǐ shì yíxià zhè shuāng xié ma? Can I try on this pair of shoes? II [名] examination

试(試)卷 shìjuàn [名] exam paper

试(試)题(題) shìtí [名] exam question

试(試)验(驗) shìyàn [动] test

试(試)用 shìyòng [动] try ... out

试(試)用期 shìyòngqī [名] probation

视(視) shì [动] 1(看到) look at 2(看待) look on

视(視)觉(覺) shìjué [名] vision

视(視)力 shìlì [名] sight

柿 shì see below/见下文

柿子 shìzi [名] persimmon, sharon fruit

是 shì I [动] be ▸ 我是学生。Wǒ shì xuésheng. I am a student. II [名] right ▸ 是非 shìfēi right and wrong III [副] yes
▸ 是 shì is the verb "to be". It is omitted when used with adjectives, e.g. 我很忙. wǒ hěn máng (I am very busy).

适(適) shì [形] 1(适合) suitable 2(恰好) right 3(舒服) well

适(適)当(當) shìdàng [形] appropriate

适(適)合 shìhé [形] suitable

适(適)应(應) shìyìng [动] adapt

室 shì [名] room ▸ 办公室 bàngōngshì office

室外 shìwài [形] outdoor

逝 shì [动] (人) die

逝世 shìshì [动] (书) pass away

释(釋) shì [动] (解释) explain

释(釋)放 shìfàng [动] release

嗜 shì [动] be addicted to

嗜好 shìhào [名] hobby

誓 shì I [动] swear ▸ 发誓 fāshì vow II [名] vow

誓言 shìyán [名] oath

收 shōu [动] 1(归拢) put ... away 2(取回) take ... back 3(接纳) accept 4(结束) stop ▸ 收工 shōugōng stop work 5(获得) gain ▸ 收入 shōurù income

收获(穫) shōuhuò [动] 1(指庄稼) harvest 2(指成果) gain

收集 shōují [动] collect

收据(據) shōujù [名] receipt

收拾 shōushi [动] 1(整顿) tidy 2(修理) repair 3(口)(惩罚) punish

收缩(縮) shōusuō [动] 1(指物理现象) contract 2(紧缩) cut back

收听(聽) shōutīng [动] listen to

收下 shōuxià [动] accept ▸ 我收下了他的礼物。Wǒ shōuxiàle tā de lǐwù. I accepted his gift.

收音机(機) shōuyīnjī [名] radio

手 shǒu [名] 1(指人体) hand 2(指人) expert ▸ 选手 xuǎnshǒu player

手表(錶) shǒubiǎo [名] watch

手电(電)筒 shǒudiàntǒng [名] torch (英), flashlight (美)

手段 shǒuduàn [名] 1(方法) method 2(贬)(花招) trick

手风(風)琴 shǒufēngqín [名] accordion

手工 shǒugōng I [名] craft II [动] make ... by hand

手机(機) shǒujī [名] mobile phone (英), cell phone (美)

手绢(絹) shǒujuàn [名] handkerchief

手铐(銬) shǒukào [名] handcuffs (pl)

手枪(槍) shǒuqiāng [名] pistol

手势(勢) shǒushì [名] sign

手术(術) shǒushù I [名] operation II [动] operate

手套 shǒutào [名] glove ▶一副手套 yī fù shǒutào a pair of gloves

手提 shǒutí [形] portable

手腕 shǒuwàn [名] (指人体) wrist

手续(續) shǒuxù [名] procedure

手语(語) shǒuyǔ [名] sign language

手掌 shǒuzhǎng [名] palm

手纸(紙) shǒuzhǐ [名] toilet paper

手指 shǒuzhǐ [名] finger

手镯(鐲) shǒuzhuó [名] bracelet

守 shǒu [动] 1 (防卫) guard 2 (遵循) observe ▶守法 shǒufǎ observe the law

守则(則) shǒuzé [名] regulation

首 shǒu I [名] (脑袋) head II [形] 1 (第一) first ▶首富 shǒufù the richest person 2 (最早) first III [量] ▶一首诗 yī shǒu shī one poem ▶两首歌 liǎng shǒu gē two songs

measure word, used for music, songs and poems

首都 shǒudū [名] capital

首领(領) shǒulǐng [名] chief

首脑(腦) shǒunǎo [名] head of state

首饰(飾) shǒushì [名] jewellery (英), jewelry (美)

首席 shǒuxí [形] chief

首先 shǒuxiān [副] 1 (最早) first 2 (第一) first

首相 shǒuxiàng [名] prime minister

首要 shǒuyào [形] primary

寿(壽) shòu [名] (寿命) lifespan

寿(壽)命 shòumìng [名] life

受 shòu [动] 1 (接受) receive 2 (遭受) suffer 3 (忍受) bear

受罪 shòuzuì [动] 1 (指苦难) suffer 2 (指不愉快的事) have a hard time

兽(獸) shòu [名] beast

兽(獸)医(醫) shòuyī [名] vet

售 shòu [动] sell

售货(貨)员(員) shòuhuòyuán [名] shop assistant

瘦 shòu [形] 1 (指人) thin 2 (指食用肉) lean 3 (指衣服、鞋袜) tight

书(書) shū I [动] write ▶书写 shūxiě write II [名] 1 (册子) book ▶书包 shūbāo school bag ▶书架 shūjià bookcase ▶书桌 shūzhuō desk ▶精装书 jīngzhuāngshū hardback 2 (书信) letter ▶情书 qíngshū love letter 3 (文件) document ▶申请书 shēnqǐngshū application documents (pl)

书(書)店 shūdiàn [名] bookshop

书(書)法 shūfǎ [名] calligraphy

书(書)籍 shūjí [名] books (pl)

书(書)记(記) shūjì [名] secretary

书(書)面语(語) shūmiànyǔ [名] written language

书(書)信 shūxìn [名] letter

书(書)展 shūzhǎn [名] book fair

叔 shū [名] (指父亲的弟弟) uncle

叔叔 shūshu [名] (口) 1 (指亲戚) uncle 2 (指父辈男性) uncle

梳 shū I [名] comb ▸ 梳子 shūzi comb, brush II [动] comb

舒 shū [动] 1 (指身体) stretch out 2 (指心情) relax

舒服 shūfu [形] comfortable

舒适(適) shūshì [形] cosy (英), cozy (美)

输(輸) shū [动] 1 (运送) transport 2 (失败) lose

输(輸)出 shūchū [动] (指从内到外) emit

输(輸)入 shūrù [动] (指从外到内) enter

输(輸)送 shūsòng [动] 1 (物品) convey 2 (人员) transfer

蔬 shū [名] vegetable

蔬菜 shūcài [名] vegetable

熟 shú [形] 1 (指果实) ripe 2 (指食物) cooked 3 (熟悉) familiar ▸ 他对北京很熟。Tā duì Běijīng hěn shú. He knows Beijing well. 4 (熟练) skilled

熟练(練) shúliàn [形] skilled

熟人 shúrén [名] old acquaintance

熟食 shúshí [名] cooked food

熟悉 shúxī I [动] know well II [形] familiar

属(屬) shǔ I [动] 1 (生物) genus 2 (家属) family member II [动] 1 (隶属) be under 2 (指属相) be ▸ 你属什么？Nǐ shǔ shénme? What sign of the Chinese zodiac are you?

属(屬)相 shǔxiang [名] (口) sign of the Chinese zodiac

属(屬)于(於) shǔyú [动] belong to

暑 shǔ [名] (热) heat 2 (盛夏) midsummer

暑假 shǔjià [名] summer holidays (英) (pl) vacation (美)

鼠 shǔ [名] 1 (指家鼠) mouse ▸ 老鼠 lǎoshǔ mouse 2 (指田鼠) rat

鼠标(標) shǔbiāo [名] mouse

数(數) shǔ [动] 1 (数目) count 2 (指名次) rank 3 (列举) list ▸ see also/另见 shù

薯 shǔ [名] potato ▸ 红薯 hóngshǔ sweet potato

术(術) shù [名] 1 (技艺) skill 2 (策略) tactic

术(術)语(語) shùyǔ [名] terminology

束 shù I [动] 1 (捆) tie 2 (约束) restrain II [量] 1 (指花) bunch ▸ 一束鲜花 yī shù xiānhuā a bunch of flowers 2 (指光) ray ▸ 一束阳光 yī shù yángguāng a ray of sunlight

束缚(縛) shùfù [动] 1 (书) (捆绑)

tie 2 (局限) restrain

述 shù [动] state

述说(說) shùshuō [动] give an account

树(樹) shù I [名] tree II [动] (建立) establish

树(樹)立 shùlì [动] establish

树(樹)林 shùlín [名] wood

树(樹)木 shùmù [名] trees (pl)

树(樹)阴(陰) shùyīn [名] shade

竖(豎) shù I [形] vertical II [动] erect III [名] vertical stroke

数(數) shù [名] 1 (数目) number 2 (语法) ▶ 单数 dānshù singular ▶ 复数 fùshù plural
→ see also/另见 shǔ

数(數)据(據) shùjù [名] data (pl)

数(數)据(據)库(庫) shùjùkù [名] database

数(數)量 shùliàng [名] quantity

数(數)码(碼) shùmǎ I [名] numeral II [形] digital

数(數)码(碼)相机(機) shùmǎ xiàngjī [名] digital camera

数(數)目 shùmù [名] amount

数(數)学(學) shùxué [名] mathematics (sg)

数(數)字 shùzì [名] 1 (数目) numeral 2 (数据) figure

漱 shù [动] gargle

漱口 shùkǒu [动] rinse one's mouth out

刷 shuā I [名] brush ▶ 牙刷 yáshuā toothbrush II [动] (清除) scrub

刷卡 shuākǎ [动] swipe a card

刷牙 shuāyá [动] brush one's teeth

刷子 shuāzi [名] brush

耍 shuǎ [动] 1 (方) (玩) play 2 (戏弄) mess ... around 3 (贬) (施展) play ▶ 别再耍小聪明了。Bié zài shuǎ xiǎocōngming le. Don't play those petty tricks again.

耍花招 shuǎ huāzhāo [动] play tricks

衰 shuāi I [形] declining II [动] decline

衰老 shuāilǎo [形] ageing

衰弱 shuāiruò [形] weak

摔 shuāi [动] 1 (跌倒) fall 2 (下落) fall out ▶ 他从床上摔了下来。Tā cóng chuáng shang shuāile xiàlái. He fell out of bed. 3 (摔坏) break

摔跤 shuāijiāo I [动] (跌倒) fall over II [名] wrestling

甩 shuǎi [动] 1 (抡) swing 2 (扔) fling 3 (抛开) throw ... off

甩卖(賣) shuǎimài [动] sell at a reduced price

帅(帥) shuài I [名] commander-in-chief II [形] handsome

率 shuài [动] command

率领(領) shuàilǐng [动] lead

双(雙) shuāng I [形] 1 (两个) two 2 (偶数) even ▶ 双数 shuāngshù even number 3 (加倍) double II [量] pair ▶ 一双鞋 yī shuāng xié a pair of shoes ▶ 一双袜子 yī shuāng wàzi a pair of socks

双(雙)胞胎 shuāngbāotāi [名] twins (pl)

双(雙)方 shuāngfāng [名] both sides (pl)

双(雙)休日 shuāngxiūrì [名] the weekend

霜 shuāng [名] frost

谁(誰) shuí [代] 1 (表示问人) who ▷ 谁在门外？ Shuí zài mén wài? Who's at the door? 2 (任何一个人) whoever ▷ 谁先到谁买票。 Shuí xiān dào shuí mǎi piào. Whoever arrives first buys the tickets.

水 shuǐ [名] 1 (物质) water 2 (指江河湖海) waters (pl) 3 (汁) liquid ▶ 消毒水 xiāodúshuǐ disinfectant ▶ 墨水 mòshuǐ ink

水彩 shuǐcǎi [名] 1 (指颜料) watercolour(英), watercolor(美) 2 (指画) watercolour(英), watercolor(美)

水果 shuǐguǒ [名] fruit

水晶 shuǐjīng [名] crystal

水库(庫) shuǐkù [名] reservoir

水泥 shuǐní [名] cement

水平 shuǐpíng I [名] standard II [形] horizontal

水手 shuǐshǒu [名] sailor

水银(銀) shuǐyín [名] mercury

水灾(災) shuǐzāi [名] flood

税(稅) shuì [名] tax

税(稅)收 shuìshōu [名] tax revenue

税(稅)务(務)局 shuìwùjú [名] tax office

睡 shuì [动] sleep

睡觉(覺) shuìjiào [动] sleep

睡眠 shuìmián [名] sleep

顺(順) shùn I [介] 1 (指方向) with ▶ 顺时针 shùnshízhēn clockwise 2 (沿) along 3 (趁便) take the chance ▶ 顺便 shùnbiàn on the way II [动] 1 (朝同一方向) follow 2 (使有条理) put ... in order 3 (顺从) obey 4 (合意) be to one's liking ▶ 顺心 shùnxīn as one would wish III [形] successful ▷ 他找工作很顺。 Tā zhǎo gōngzuò hěn shùn. His job hunt has been very successful.

顺(順)便 shùnbiàn [副] 1 (指乘方便) on the way 2 (说、问) by the way ▷ 顺便问一下，他会你回电话了吗？ Shùnbiàn wèn yīxià, tā gěi nǐ huí diànhuà le ma? By the way, did he call you back?

顺(順)风(風) shùnfēng [动] (指祝福) ▷ 一路顺风! Yīlù shùnfēng! Bon voyage!

顺(順)利 shùnlì [副] smoothly

顺(順)序 shùnxù [名] order

说(說) shuō [动] 1 (用语言表达意思) say 2 (解释) explain 3 (责备) tell ... off

说(說)服 shuōfú [动] persuade

说(說)话(話) shuōhuà I [动] 1 (用语言表达意思) talk 2 (闲谈) chat II [副] (马上) any minute

说(說)明 shuōmíng I [动] 1 (解释明白) explain 2 (证明) prove II [名] explanation ▷ 产品使用说明 chǎnpǐn shǐyòng shuōmíng instruction manual

硕(碩) shuò [形] large

硕(碩)士 shuòshì [名] master's degree

司 sī [动] take charge of

司机(機) sījī [名] driver

丝(絲) sī [名] 1(蚕丝) silk 2(丝状物) thread ▸铁丝 tiěsī wire

丝(絲)绸(綢) sīchóu [名] silk

私 sī [形] 1(个人的) private ▸私事 sīshì private affairs 2(自私的) selfish ▸无私 wúsī unselfish 3(暗地里的) secret 4(非法的) illegal

私人 sīrén [形] 1(属于个人的) private 2(人与人之间的) personal

私生活 sīshēnghuó [名] private life

私下 sīxià [副] privately

私信 sīxìn [名] private message

私营(營) sīyíng [动] run privately

私有 sīyǒu [形] private ▸私有化 sīyǒuhuà privatization

私自 sīzì [副] without permission

思 sī [名] thought ▸思路 sīlù train of thought

思考 sīkǎo [动] think

思念 sīniàn I [动] miss II [名] longing

思维(維) sīwéi [名] thinking

思想 sīxiǎng [名] 1(指有体系) thought 2(念头) idea

撕 sī [动] tear

死 sǐ I [动] die II [形] 1(死亡的) dead 2(不可调和的) implacable ▸死敌 sǐdí sworn enemy 3(不能通过的) impassable ▸死胡同 sǐhútòng dead end 4(确切的) fixed 5(脑筋) slow-witted 6(规定) rigid 7(水) still III [副] 1(拼死) to the death ▸死战 sǐzhàn fight to the death 2(表示固执或坚决) stubbornly ▸死等 sǐděng wait indefinitely 3(表示到达极点) extremely ▸累死我了。Lèisǐ wǒ le. I'm completely exhausted.

死机(機) sǐjī [动] crash

死尸(屍) sǐshī [名] corpse

死亡 sǐwáng [动] die

死刑 sǐxíng [名] death penalty

死者 sǐzhě [名] the deceased

四 sì [数] four

四季 sìjì [名] the four seasons (pl)

四声(聲) sìshēng [名] the four tones of Standard Chinese pronunciation

四月 sìyuè [名] April

四肢 sìzhī [名] limbs (pl)

四周(週) sìzhōu [名] all sides

寺 sì [名] 1(指佛教) temple, Tibetan Buddhist temple 2(指伊斯兰教) mosque ▸清真寺 qīngzhēnsì mosque

似 sì I [动] (像) be like ▸他的脸似纸一样白。Tā de liǎn sì zhǐ yíyàng bái. His face was as white as a sheet of paper. II [副] apparently

似乎 sìhū [副] apparently

饲(飼) sì [动] raise ▸饲养 sìyǎng raise

饲料 sìliào [名] fodder

肆 sì [名] four
This is the complex character for "four", which is mainly used in banks, on receipts, etc. to prevent mistakes and forgery.

松(鬆)sōng I [名](树) pine tree II [动] 1(放开) relax 2(鞋带、腰带) loosen III [形] loose

松(鬆)懈 sōngxiè [形] 1(放松) relaxed 2(松散) lax

送 sòng [动] 1(信、邮包、外卖) deliver 2(礼物) give ▷ 你准备送他什么结婚礼物？Nǐ zhǔnbèi sòng tā shénme jiéhūn lǐwù? What are you going to give him as a wedding present? 3(送行) see ... off ▷ 他把女朋友送到家。Tā bǎ nǚpéngyou sòngdào jiā. He saw his girlfriend home.

送行 sòngxíng [动] see ... off

搜 sōu [动] search

搜查 sōuchá [动] search

搜(蒐)集 sōují [动] gather

搜索 sōusuǒ [动] search for

搜索引擎 sōusuǒ yǐnqíng [名] search engine

苏(蘇)sū [动] revive

苏(蘇)打 sūdá [名] soda

苏(蘇)格兰(蘭)Sūgélán [名] Scotland ▷ 苏格兰短裙 Sūgélán duǎnqún kilt

俗 sú I [名](风俗) custom ▷ 民俗 mínsú folk custom ▷ 入乡随俗 rù xiāng suí sú when in Rome, do as the Romans do II [形]

1(大众的) popular 2(庸俗) vulgar

俗气(氣)súqi [形] vulgar

俗语(語)súyǔ [名] common saying

诉(訴)sù [动] 1(说给人) tell ▷ 诉说 sùshuō tell 2(倾吐) pour ... out ▷ 诉苦 sùkǔ complain 3(控告) accuse ▷ 上诉 shàngsù appeal to a higher court

素 sù I [形] plain II [名] 1(蔬菜、瓜果等食物) vegetable 2(有根本性质的) element ▷ 维生素 wéishēngsù vitamin

素描 sùmiáo [名] sketch

素食 sùshí [名] vegetarian food

素食者 sùshízhě [名] vegetarian

素质(質)sùzhì [名] character

速 sù I [名] speed II [形] quick ▷ 速算 sùsuàn quick calculation

速成 sùchéng [动] take a crash course

速递(遞)sùdì [动] send by express delivery

速度 sùdù [名] speed

速溶 sùróng [动] dissolve quickly ▷ 速溶咖啡 sùróng kāfēi instant coffee

宿 sù [动] stay

宿舍 sùshè [名] dormitory

塑 sù I [动] model II [名] mould (英), mold (美)

塑料 sùliào [名] plastic

塑料袋 sùliàodài [名] plastic bag

塑像 sùxiàng [名] statue

酸 suān I [形] 1 (指味道) sour 2 (伤心) sad 3 (迂腐) pedantic 4 (疼) sore II [名] acid

酸奶 suānnǎi [名] yoghurt

蒜 suàn [名] garlic

算 suàn [动] 1 (计算) calculate 2 (计算进去) count 3 (谋划) plan ▸ 暗算 ànsuàn plot against 4 (当做) be considered as 5 (由某人负责) count 6 (算数) count 7 (作罢) ▸ 算了吧! Suànle ba! Forget it! 8 (推测) suppose

算命 suànmìng [动] tell sb's fortune ▸ 算命先生 suànmìng xiānsheng fortune teller

算盘 (盤) suànpán [名] (计算用具) abacus

算术 (術) suànshù [名] maths (英) (sg) math (美)

算账 (賬) suànzhàng [动] 1 (计算账目) work out accounts 2 (把事情扯平) get even with

虽 (雖) suī [连] although ▸ 他个子虽小，力气却很大。Tā gèzi suī xiǎo, lìqi què hěn dà. Although he isn't big, he's very strong.

虽 (雖) 然 suīrán [连] although ▸ 虽然她很年轻，可是却很成熟。Suīrán tā hěn niánqīng, kěshì què hěn chéngshú. Although she is very young, she is quite mature.

随 (隨) suí [动] 1 (跟随) follow 2 (顺从) go along with 3 (任凭) let ... do as they like ▸ 孩子大了，随他去吧。Háizi dà le, suí tā qù ba. The child's grown up — let him do as he wishes.

随 (隨) 便 suíbiàn I [动] do as one wishes II [形] 1 (随意) casual 2 (欠考虑的) thoughtless III [副] ▸ 大家随便坐。Dàjiā suíbiàn zuò. Everyone can sit where they like.

随 (隨) 和 suíhe [形] easygoing

随 (隨) 身 suíshēn [副] ▸ 随身行李 suíshēn xíngli hand luggage

随 (隨) 身听 (聽) suíshēntīng [名] Walkman®

随 (隨) 时 (時) suíshí [副] at any time

随 (隨) 手 suíshǒu [副] on one's way ▸ 请随手关门。Qǐng suíshǒu guān mén. Please close the door on your way.

随 (隨) 着 (著) suízhe [动] follow

岁 (歲) suì [名] year ▸ 他20岁了。Tā èrshí suì le. He's 20 years old.

岁 (歲) 数 (數) suìshu [名] age

碎 suì [动] 1 (破碎) break 2 (使粉碎) smash ▸ 碎纸机 suìzhǐjī shredder II [形] (不完整) broken

隧 suì [名] tunnel

隧道 suìdào [名] tunnel

孙 (孫) sūn [名] grandchild

孙 (孫) 女 sūnnǚ [名] granddaughter

孙 (孫) 子 sūnzi [名] grandson

损 (損) sǔn [动] 1 (减少) decrease 2 (损害) harm 3 (损坏) damage

损 (損) 害 sǔnhài [动] 1 (健康) damage 2 (利益) harm 3 (名誉) ruin 4 (关系) damage

损(損)坏(壞) sǔnhuài [动] damage

损(損)失 sǔnshī I [动] lose II [名] loss

笋(筍) sǔn [名] bamboo shoot

缩(縮) suō [动] 1 (收缩) contract 2 (收回去) withdraw

缩(縮)减(減) suōjiǎn [动] 1 (经费) cut 2 (人员) reduce

缩(縮)水 suōshuǐ [动] shrink

缩(縮)写(寫) suōxiě I [名] abbreviation II [动] abridge

所 suǒ I [名] 1 (处所) place 2 (用于机构名称) office ▷ 派出所 pàichūsuǒ local police station ▷ 诊所 zhěnsuǒ clinic II [量] ▷ 三所医院 sān suǒ yīyuàn three hospitals ▷ 一所大学 yī suǒ dàxué a university

> measure word, used for buildings, houses, hospitals, schools, universities, etc.

III [助] 1 (表示被动) ▷ 他被金钱所迷惑。Tā bèi jīnqián suǒ míhuò. He's obsessed with money. 2 (表示强调) ▷ 这正是大家所不理解的。Zhè zhèng shì dàjiā suǒ bù lǐjiě de. This is the bit that no-one understands.

所谓(謂) suǒwèi [形] what is known as 1 (通常说的) ▷ 中医所谓"上火"不止是指嗓子疼一种症状。Zhōngyī suǒwèi "shànghuǒ" bùzhǐ shì zhǐ sǎngzi téng yī zhǒng zhèngzhuàng. What is known in Chinese medicine as "excess internal heat" covers a lot more than sore throats and the like. 2 (形容不认可) so-called

所以 suǒyǐ [连] (表示结果) so ▷ 路上堵车，所以我迟到了。Lùshang dǔchē, suǒyǐ wǒ chídào le. There was a lot of traffic, so I am late.

所有 suǒyǒu I [动] own II [名] possession III [形] all

索 suǒ I [名] 1 (绳子) rope 2 (链子) chain II [动] 1 (找) search ▷ 探索 tànsuǒ explore 2 (要) request

索赔(賠) suǒpéi [动] claim damages

索引 suǒyǐn [名] index

锁(鎖) suǒ I [名] lock II [动] (用锁锁住) lock

锁(鎖)链(鏈) suǒliàn [名] chain

七

塌 tā [动] (倒塌) collapse

塌实 (實) tāshi [形] 1 (不浮躁) steady 2 (放心) at peace

塔 tǎ [名] 1 (指佛教建筑物) pagoda 2 (指塔形物) tower

塔楼 (樓) tǎlóu [名] tower block

獭 (獺) tǎ [名] otter ▶ 水獭 shuǐtǎ otter

踏 tà [动] (踩) step onto

胎 tāi [名] 1 (母体内的幼体) foetus (英), fetus (美) ▶ 怀胎 huáitāi be pregnant 2 (轮胎) tyre (英), tire (美)

胎儿 (兒) tāi'ér [名] foetus (英), fetus (美)

他 tā [代] (另一人) he ▷ 他的包 tā de bāo his bag ▷ 我还记得他。Wǒ hái jìde tā. I still remember him.

他们 (們) tāmen [代] they ▷ 他们的老师 tāmen de lǎoshī their teacher ▷ 我给他们写信。Wǒ gěi tāmen xiěxìn. I wrote to them.

他人 tārén [名] others (pl)

它 tā [代] it

它们 (們) tāmen [代] they

她 tā [代] she ▷ 她的帽子 tā de màozi her hat ▷ 我给她发了个短信。Wǒ gěi tā fāle gè duǎnxìn. I sent her a text message.

她们 (們) tāmen [代] they

台 (臺) tái I [名] 1 (指建筑) tower ▶ 观测台 guāncètái observation tower 2 (指讲话、表演) stage ▶ 舞台 wǔtái stage 3 (指作座子用) stand ▶ 蜡台 làtái candlestick 4 (台形物) ▶ 窗台 chuāngtái window sill ▶ 站台 zhàntái platform 5 (桌子或类似物) table ▶ 梳妆台 shūzhuāngtái dressing table ▶ 写字台 xiězìtái desk 6 (指电话服务) telephone service ▶ 查号台 cháhàotái directory inquiries (pl) 7 (指广播电视) station ▶ 电视台 diànshìtái television station 8 (台湾) Taiwan II [量] (指机器) ▷ 一台电脑 yī tái diànnǎo a computer ▷ 一百台电视 yī bǎi tái diànshì one hundred TVs 2 (指戏剧、戏曲) ▷ 两台京剧 liǎng tái Jīngjù two Beijing Opera performances ▷ 一台舞剧

yī tái wǔjù a ballet measure word, used for machines, equipment, stage performances, etc.

台(颱)风(風) táifēng [名] typhoon

台(臺)阶(階) táijiē [名] (指建筑) step

台(臺)历(曆) táilì [名] desk calendar

台(臺)球(毬) táiqiú [名] 1 (指美式) pool 2 (指英式) billiards (sg)

台(臺)湾(灣) Táiwān [名] Taiwan

抬 tái [动] 1 (举) raise 2 (搬) carry

抬头 táitóu [动] (昂头) raise one's head

太 tài I [形] 1 (高或大) highest 2 (指辈分高) senior ▸ 太爷爷 tài yéye great-grandfather II [副] 1 (指程度过分) too ▸ 这部电影太长。Zhè bù diànyǐng tài cháng. This film is too long. 2 (指程度很高) so ▸ 我太高兴了。Wǒ tài gāoxìng le. I am so happy.

太极(極)拳 tàijíquán [名] Tai-chi

太空 tàikōng [名] space

太平洋 Tàipíng Yáng [名] the Pacific Ocean

太太 tàitai [名] 1 (妻子) wife 2 (指老年妇女) lady 3 (指已婚妇女) Mrs

太阳(陽) tàiyáng [名] sun

态(態) tài [名] 1 (状态) state ▸ 常态 chángtài normality ▸ 体态 tǐtài posture 2 (语言) voice

态(態)度 tàidu [名] 1 (举止神情) manner 2 (看法) attitude

贪(貪) tān I [动] 1 (贪污) be corrupt 2 (不满足) crave ▸ 贪图 tāntú covet II [形] greedy

贪(貪)吃 tānchī [动] be greedy

贪(貪)婪 tānlán [形] greedy

贪(貪)玩 tānwán be too fond of a good time

贪(貪)污 tānwū [动] embezzle

贪(貪)心 tānxīn I [形] greedy II [名] greed

摊(攤) tān I [动] 1 (摆开) spread ... out ▸ 摊开地图 tānkāi dìtú spread out a map 2 (指烹调) fry ▸ 他摊了个鸡蛋。Tā tānle gè jīdàn. He fried an egg. 3 (分摊) share II [名] stall

摊(攤)贩(販) tānfàn [名] street trader

瘫(癱) tān I [名] paralysis II [形] paralysed (英), paralyzed (美)

瘫(癱)痪(瘓) tānhuàn I [名] paralysis II [动] be paralysed (英) or paralyzed (美)

坛(壇) tán [名] 1 (土台) raised plot ▸ 花坛 huātán raised flower bed 2 (台子) platform ▸ 论坛 lùntán forum

谈(談) tán I [动] talk ▸ 谈生意 tán shēngyi discuss business II [名] talk

谈(談)话(話) tánhuà [动] chat

谈(談)论(論) tánlùn [动] discuss

谈(談)判 tánpàn [动] negotiate

谈(談)心 tánxīn [动] have a heart-to-heart talk

弹(彈) tán [动] 1 (指弹性) spring

▷球弹不起来了。Qiú tán bù qǐlái le. The ball doesn't bounce. **2** (棉花、羊毛) fluff ... up **3** (土、灰、球) flick **4** (乐器) play ▷弹钢琴 tán gāngqín play the piano → see also/另见 dàn

弹(彈)簧 tánhuáng [名] spring

弹(彈)力 tánlì [名] elasticity

弹(彈)性 tánxìng [名] **1** (弹力) elasticity **2** (喻) flexibility ▷弹性工作制 tánxìng gōngzuò zhì flexible working system

痰 tán [名] phlegm

坦 tǎn [形] **1** (平整) flat ▷平坦 píngtǎn flat **2** (直率) candid **3** (心里安定) calm ▷坦然 tǎnrán composed

坦白 tǎnbái **I** [形] candid **II** [动] confess

坦率 tǎnshuài [形] frank

毯 tǎn [名] **1** (地毯上) carpet ▷地毯 dìtǎn carpet **2** (指床上) blanket ▶毛毯 máotǎn wool blanket **3** (指墙上) tapestry ▷壁毯 bìtǎn tapestry

叹(嘆) tàn [动] (叹气) sigh

叹(嘆)气(氣) tànqì [动] sigh

炭 tàn [名] charcoal

探 tàn **I** [动] **1** (试图发现) explore ▶探险 tànxiǎn explore **2** (看望) visit ▶探亲 tànqīn visit one's relatives **3** (伸出去) stick ... out **4** (过问) inquire ▶打探 dǎtàn scout **II** [名] scout ▷侦探 zhēntàn detective

探测(測) tàncè [动] survey

探索 tànsuǒ [动] probe

探讨(討) tàntǎo [动] investigate

探望 tànwàng [动] (看望) visit

碳 tàn [名] carbon

汤(湯) tāng [名] (指食物) soup

汤(湯)药(藥) tāngyào [名] decoction of herbal medicine

堂 táng **I** [名] **1** (房屋) hall ▶礼堂 lǐtáng auditorium ▶课堂 kètáng classroom ▶教堂 jiàotáng church (厅) hall **II** [量] ▷两堂课 liǎng táng kè two lessons

measure word, used for school lessons

糖 táng [名] **1** (指做饭) sugar **2** (糖果) sweet

躺 tǎng [动] lie

烫(燙) tàng **I** [形] very hot ▷这汤真烫。Zhè tāng zhēn tàng. This soup is boiling hot. **II** [动] **1** (人) scald **2** (加热) heat ... up **3** (熨) iron **4** (头发) perm

烫(燙)手 tàngshǒu [形] scalding

趟 tàng [量] **1** (指旅程) ▷我已经去了好几趟。Wǒ yǐjīng qùle hǎo jǐ tàng. I've made several trips. **2** (指公交车、地铁等) ▷他错过了一趟车。Tā cuòguòle yī tàng chē. He missed the bus.

measure word, used for journeys, visits, scheduled public transport, etc.

掏 tāo [动] **1** (拿出) take ... out **2** (挖) dig **3** (偷) steal

逃 táo [动] 1 (逃跑) run away 2 (逃避) flee

逃避 táobì [动] escape ▷ 逃避责任 táobì zérèn shirk responsibility ▷ 逃避关税 táobì guānshuì evade customs duties

逃跑 táopǎo [动] escape

桃 táo [名] peach ▶ 桃子 táozi peach

陶 táo [名] pottery

陶瓷 táocí [名] ceramics (pl)

陶器 táoqì [名] pottery

陶醉 táozuì [动] be intoxicated

淘 táo [动] 1 (米) wash 2 (金子) pan for ▷ 淘金 táojīn pan for gold II [形] naughty

淘气 (氣) táoqì [形] naughty

淘汰 táotài [动] eliminate

讨 (討) tǎo [动] 1 (债) demand 2 (饭、钱) beg 3 (讨论) discuss

讨论 (討論) tǎolùn [动] discuss

讨厌 (討厭) tǎoyàn [形] 1 (可恶) disgusting 2 (指难办) nasty II [动] dislike

套 tào I [名] 1 (套子) cover ▶ 手套 shǒutào glove ▶ 避孕套 bìyùntào condom II [动] (罩在外面) slip ... on III [量] set ▷ 一套西装 yí tào xīzhuāng a suit ▷ 两套邮票 liǎng tào yóupiào two sets of stamps

　measure word, used for suits, collections of books, tools, etc.

套餐 tàocān [名] set meal

特 tè I [形] special II [副] 1 (特地) especially 2 (非常) extremely

特别 (別) tèbié I [形] peculiar II [副] 1 (格外) exceptionally 2 (特地) specially

特此 tècǐ [副] hereby

特地 tèdì [副] especially

特点 (點) tèdiǎn [名] characteristic

特价 (價) tèjià [名] bargain price ▷ 特价商品 tèjià shāngpǐn bargain

特例 tèlì [名] special case

特区 (區) tèqū [名] special zone

特权 (權) tèquán [名] privilege

特色 tèsè [名] characteristic

特殊 tèshū [形] special

特务 (務) tèwu [名] special agent

特征 (徵) tèzhēng [名] characteristic

疼 téng I [形] sore ▷ 我牙疼。Wǒ yá téng. I have toothache. II [动] love

藤 (籐) téng [名] vine ▶ 藤椅 téngyǐ cane chair

剔 tī [动] (牙、指甲) pick

梯 tī [名] ladder ▶ 电梯 diàntī lift (英), elevator (美) ▶ 楼梯 lóutī stairs (pl)

踢 tī [动] kick ▷ 踢足球 tī zúqiú play football

提 tí [动] 1 (拿) carry 2 (升) raise ▶ 提拔 tíbá promote 3 (提前) bring forward 4 (提出) put ... forward ▷ 他提了个建议。Tā tíle gè jiànyì. He put forward a proposal. **5**(提取) collect **6**(谈起) mention ▷ 别再提那件事了。Bié zài tí nà jiàn shì le. Don't mention that subject again.

提倡 tíchàng [动] promote

提出 tíchū [动] put ... forward

提纲(綱) tígāng [名] synopsis

提高 tígāo [动] raise ▷ 提高效率 tígāo xiàolù increase efficiency

提供 tígōng [动] provide

提前 tíqián I [动] bring ... forward II [副] early

提问(問) tíwèn [动] ask a question

提醒 tíxǐng [动] remind

提议(議) tíyì I [动] propose II [名] proposal

题(題) tí I [名] subject ▶ 标题 biāotí title II [动] inscribe

题(題)材 tícái [名] theme

题(題)目 tímù [名] **1**(标题) title **2**(考题) question

蹄 tí [名] hoof

体(體) tǐ [名] **1**(身体) body ▶ 人体 réntǐ human body **2**(物体) substance ▷ 液体 yètǐ liquid

体(體)操 tǐcāo [名] gymnastics (sg)

体(體)会(會) tǐhuì I [动] come to understand II [名] understanding

体(體)积(積) tǐjī [名] volume

体(體)检(檢) tǐjiǎn [名] physical examination

体(體)力 tǐlì [名] physical strength

体(體)贴(貼) tǐtiē [动] show consideration for

体(體)温(溫) tǐwēn [名] temperature

体(體)系 tǐxì [名] system

体(體)现(現) tǐxiàn [动] embody

体(體)型 tǐxíng [名] physique

体(體)验(驗) tǐyàn [动] learn from experience

体(體)育 tǐyù [名] **1**(课程) P.E. **2**(运动) sport ▷ 体育比赛 tǐyù bǐsài sports event

体(體)育场(場) tǐyùchǎng [名] stadium

体(體)育馆(館) tǐyùguǎn [名] gym

体(體)重 tǐzhòng [名] weight

剃 tì [动] shave

替 tì I [动] (代) replace II [介] for ▷ 别替他操心了。Bié tì tā cāoxīn le. Don't worry about him.

替代 tìdài [动] replace

天 tiān I [名] **1**(天空) sky **2**(一昼夜) day ▶ 昨天 zuótiān yesterday **3**(一段时间) ▷ 天还早呢。Tiān hái zǎo ne. It's still so early. **4**(季节) season ▷ 秋天 qiūtiān autumn (英), fall (美) **5**(天气) weather ▶ 阴天 yīntiān overcast weather ▷ 天很热。Tiān hěn rè. It's a very hot day. **6**(自然) nature **7**(造物主) God ▷ 天知道！Tiān zhīdào! God knows! **8**(神的住所) Heaven II [形] (指位

于顶部的) overhead ▶ 天桥 tiānqiáo overhead walkway

天才 tiāncái [名] **1**(才能) talent **2**(人) genius

天鹅(鵝) tiān'é [名] swan

天空 tiānkōng [名] sky

天气(氣) tiānqì [名] weather ▶ 天气预报 tiānqì yùbào weather forecast

天然 tiānrán [形] natural

天生 tiānshēng [形] inherent ▶ 这孩子天生聋哑。Zhè háizi tiānshēng lóngyǎ. This child was born deaf-mute.

天使 tiānshǐ [名] angel

天堂 tiāntáng [名] Heaven

天天 tiāntiān [副] every day

天下 tiānxià [名] the world

天线(線) tiānxiàn [名] aerial

天性 tiānxìng [名] nature

天真 tiānzhēn [形] innocent

添 tiān [动](增加) add

田 tián [名] **1**(耕地) field **2**(开采地) field ▶ 油田 yóutián oilfield

田径(徑) tiánjìng [名] track and field sports (pl)

田野 tiányě [名] open country

甜 tián [形] **1**(指味道) sweet **2**(指睡觉) sound

甜点(點) tiándiǎn [名] dessert

甜食 tiánshí [名] sweet

填 tián [动] **1**(塞满) fill **2**(填写) complete ▶ 填表格 tián biǎogé fill in a form

填充 tiánchōng [动] **1**(填上) stuff

2(补足) fill ... in

填空 tiánkòng [动](指考试) fill in the blanks

填写(寫) tiánxiě [动] fill ... in

舔 tiǎn [动] lick

挑 tiāo [动] **1**(肩扛) carry ... on a carrying pole **2**(挑选) choose **3**(挑剔) nitpick
→ see also/另见 tiǎo

挑食 tiāoshí [动] be a fussy eater

挑剔 tiāotì [动] nitpick

挑选(選) tiāoxuǎn [动] select

条(條) tiáo I[名] **1**(细树枝) twig **2**(长条) strip **3**(层次) order **4**(分项) item **5**(律令) article **6**(短信) note II[量](用于细长东西) ▶ 两条腿 liǎng tiáo tuǐ two legs ▶ 一条烟 yī tiáo yān a multipack of cigarettes **2**(指分事物的) ▶ 一条新闻 yī tiáo xīnwén an item of news **3**(指与人有关) ▶ 一条人命 yī tiáo rénmíng a life
measure word, used for long thin things, news, human lives, etc.

条(條)件 tiáojiàn [名] **1**(客观因素) condition **2**(要求) requirement **3**(状况) circumstances (pl)

条(條)理 tiáolǐ [名] order

条(條)约(約) tiáoyuē [名] treaty

调(調) tiáo [动] **1**(使和谐) harmonize ▶ 失调 shītiáo imbalance **2**(使均匀) blend ▶ 给钢琴调音 gěi gāngqín tiáo yīn tune a piano **3**(调解) mediate

→ see also/另见 diào

调(調)节(節) tiáojié [动] adjust

调(調)料 tiáoliào [名] seasoning

调(調)皮 tiáopí [形] (顽皮) naughty

调(調)整 tiáozhěng [动] adjust

挑 tiǎo [动] 1 (扯起一头) raise 2 (向上拨) prick

→ see also/另见 tiāo

挑战(戰) tiǎozhàn [动] challenge
▷ 面临新挑战 miànlín xīn tiǎozhàn face a new challenge

跳 tiào [动] 1 (跃) jump ▷ 跳高 tiàogāo high jump ▷ 跳水 tiàoshuǐ diving ▷ 跳远 tiàoyuǎn long jump 2 (弹起) bounce 3 (起伏地动) beat ▷ 心跳 xīntiào heartbeat 4 (越过) jump over ▷ 跳过几页 tiàoguò jǐ yè skip a few pages

跳槽 tiàocáo [动] change jobs

跳舞 tiàowǔ [动] dance

跳跃(躍) tiàoyuè [动] jump

贴(貼) tiē I [动] 1 (粘) stick 2 (紧挨) be close to 3 (贴补) subsidize II [名] allowance

帖 tiě [名] 1 (请帖) invitation ▷ 请帖 qǐngtiě invitation 2 (小卡片) card

铁(鐵) tiě [名] (金属) iron

铁(鐵)道 tiědào [名] railway (英), railroad (美)

铁(鐵)路 tiělù [名] railway (英), railroad (美)

厅(廳) tīng [名] 1 (大堂) hall ▷ 客厅 kètīng sitting room ▷ 餐厅

餐厅 cāntīng canteen 2 (机关) office

听(聽) tīng I [动] 1 (收听) listen to 2 (听从) obey ▷ 听老师的话tīng lǎoshī de huà do as the teacher says II [名] tin III [量] can ▷ 一听啤酒 yī tīng píjiǔ a can of beer

听(聽)话(話) tīnghuà I [动] obey II [形] obedient

听(聽)见(見) tīngjiàn [动] hear

听(聽)讲(講) tīngjiǎng [动] attend a lecture

听(聽)说(說) tīngshuō [动] hear

听(聽)众(眾) tīngzhòng [名] audience

亭 tíng [名] 1 (亭子) pavilion 2 (小房子) kiosk ▷ 电话亭 diànhuàtíng phone box (英), phone booth (美)

庭 tíng [名] 1 (书) (厅堂) hall 2 (院子) courtyard 3 (法庭) law court

庭院 tíngyuàn [名] courtyard

停 tíng [动] 1 (止) stop 2 (停留) stop off 3 (停放) park

停车(車)场(場) tíngchēchǎng [名] car park (英), car lot (美)

停顿(頓) tíngdùn I [动] 1 (中止) halt 2 (指说话) pause II [名] pause

停止 tíngzhǐ [动] stop ▷ 停止营业 tíngzhǐ yíngyè cease trading

挺 tǐng [副] very

艇 tǐng [名] boat ▷ 游艇 yóutǐng yacht ▷ 救生艇 jiùshēngtǐng lifeboat

通 tōng I [动] 1 (连接) connect with ▸ 通商 tōngshāng have trade relations with ▸ 通风 tōngfēng ventilate 2 (使不堵) clear ... out ▸ 通下水道 tōng xiàshuǐdào clear out a drain 3 (传达) inform ▸ 通信 tōngxìn correspond by letter ▸ 通电话 tōng diànhuà communicate by telephone 4 (通晓) understand ▸ 精通 jīngtōng be expert in II [名] expert ▷ 外语通 wàiyǔ tōng an expert in foreign languages III [形] 1 (没有障碍) open ▷ 电话打通了。Diànhuà dǎ tōng le. The call has been put through. 2 (顺畅) workable 3 (通顺) coherent 4 (普通) common 5 (整个) overall IV [副] 1 (全部) completely 2 (一般) normally

通常 tōngcháng I [形] normal II [名] normal circumstances (pl) ▷ 我通常7点起床。Wǒ tōngcháng qī diǎn qǐchuáng. Under normal circumstances, I get up at seven o'clock.

通道 tōngdào [名] (出入) passageway ▷ 地下通道 dìxià tōngdào tunnel

通过(過) tōngguò I [动] 1 (经过) pass ▷ 通过边境线 tōngguò biānjìngxiàn cross the border 2 (同意) pass II [介] by means of

通俗 tōngsú [形] popular

通宵 tōngxiāo [名] all night

通信 tōngxìn [动] correspond

通讯(訊) tōngxùn I [名] dispatch II [动] communicate

通用 tōngyòng [动] be in common use

同 tóng I [动] 1 (一样) be the same ▸ 不同 bù tóng be different 2 (共同) do ... together ▸ 同居 tóngjū cohabit II [介] 1 (跟) with 2 (指比较) as

同伴 tóngbàn [名] companion

同等 tóngděng [形] of the same level

同类(類) tónglèi I [形] of the same kind II [名] the same kind

同盟 tóngméng [名] alliance

同情 tóngqíng [动] sympathize ▷ 表示同情 biǎoshì tóngqíng express sympathy

同时(時) tóngshí I [名] at the same time ▷ 同时发生 tóngshí fāshēng occur simultaneously II [连] besides

同事 tóngshì [名] colleague

同性恋(戀) tóngxìngliàn [名] homosexuality

同学(學) tóngxué [名] 1 (指同校) fellow student 2 (指同班) classmate

同样(樣) tóngyàng [形] 1 (一样) same 2 (情况类似) similar

同意 tóngyì [动] agree

同志 tóngzhì [名] comrade

铜(銅) tóng [名] copper

铜(銅)牌 tóngpái [名] bronze medal

童 tóng [名] (小孩) child ▸ 神童 shéntóng child prodigy

童话(話) tónghuà [名] fairy tale

童年 tóngnián [名] childhood

统(統) tǒng I [名] ▷ 系统 xìtǒng system ▷ 血统 xuètǒng bloodline II [动] command III [副] all

统(統)计(計) tǒngjì I [名] statistics (pl) ▷ 人口统计 rénkǒu tǒngjì census II [动] count

统(統)统(統) tǒngtǒng [副] entirely

统(統)一 tǒngyī I [动] 1(使成一体) unite 2(使一致) unify ▷ 统一思想 tǒngyī sīxiǎng reach a common understanding II [形] unified

统(統)治 tǒngzhì [动] rule

桶 tǒng I [名] bucket ▷ 汽油桶 qìyóu tǒng petrol (英) 或 gasoline (美) drum ▷ 啤酒桶 píjiǔ tǒng beer barrel II [量] barrel ▷ 一桶柴油 yī tǒng cháiyóu a barrel of diesel oil ▷ 两桶牛奶 liǎng tǒng niúnǎi two churns of milk

筒 tǒng [名] 1(竹管) bamboo tube 2(粗管状物) ▷ 笔筒 bǐtǒng pen holder ▷ 邮筒 yóutǒng post box (英), mailbox (美) 3(指衣服) ▷ 长筒袜 chángtǒngwà stockings (pl)

痛 tòng I [动] 1(疼) ache ▷ 头痛 tóutòng have a headache ▷ 胃痛 wèitòng have a stomach ache 2(悲伤) grieve ▷ 哀痛 āitòng sorrow II [副] deeply ▷ 痛打 tòngdǎ give a sound beating to

痛苦 tòngkǔ [形] painful

痛快 tòngkuài [形] 1(高兴) joyful 2(尽兴) to one's heart's content ▷ 玩个痛快 wán gè tòngkuài play to one's heart's content 3(爽快) straightforward

偷 tōu I [动] (窃) steal II [副] stealthily

偷空 tōukòng [动] take time off

偷懒(懶) tōulǎn [动] be lazy

偷窃(竊) tōuqiè [动] steal

偷偷 tōutōu [副] secretly

头(頭) tóu I [名] 1(脑袋) head ▷ 点头 diǎntóu nod one's head 2(头发) hair ▷ 分头 fēntóu parted hair ▷ 平头 píngtóu crew cut ▷ 梳头 shūtóu comb one's hair 3(顶端) tip 4(开始) beginning 5(头目) head ▷ 谁是你们的头儿？Shuí shì nǐmen de tóur? Who's your boss? II [形] 1(第一) first ▷ 头奖 tóujiǎng first prize ▷ 头等 tóuděng first class 2(领头) leading 3(时间在前) first ▷ 头几年 tóu jǐ nián first few years III [量] 1(指动物) ▷ 三头母牛 sān tóu mǔniú three cows 2(指蒜) bulb ▷ 一头蒜 yī tóu suàn a bulb of garlic ▤ measure word, used for cows, bulls and vegetable bulbs

头(頭)发(髮) tóufa [名] hair

头(頭)领(領) tóulǐng [名] leader

头(頭)脑(腦) tóunǎo [名] brains (pl)

头(頭)衔(銜) tóuxián [名] title

投 tóu [动] 1(扔) throw 2(放进去)

put ... in 3(跳下去)throw oneself 4(投射)cast 5(寄)post

投入 tóurù I[形](指专注)engrossed II[动]1(放入)put ... in 2(参加)throw oneself into

投诉(訴)tóusù I[动]lodge a complaint II[名]appeal

投降 tóuxiáng[动]surrender

投资(資)tóuzī[动]invest II[名]investment

透 tòu I[动]1(渗透)penetrate 2(泄露)leak out 3(显露)appear II[形]1(透彻)thorough 2(程度深)complete ▷ 我浑身都湿透了。Wǒ húnshēn dōu shītòu le. I'm soaked to the skin.

透彻(徹)tòuchè[形]incisive

透露 tòulù[动]disclose

透明 tòumíng[形]transparent

秃(禿)tū[形]1(指毛发)bald 2(指山)barren 3(指树)bare

秃(禿)顶(頂)tūdǐng[动]be bald

秃(禿)子 tūzi[名](口)baldy

突 tū[副]suddenly

突出 tūchū I[动]give prominence to ▷ 他从不突出自己。Tā cóng bù tūchū zìjǐ. He never pushes himself forward. II[形](明显)noticeable ▷ 突出的特点 tūchū de tèdiǎn prominent feature

突击(擊)tūjī I[动]1(突然袭击)assault 2(加快完成)do a rush job II[副]from nowhere

突破 tūpò[动]1(防线、界线)break through 2(僵局、难关)make a breakthrough 3(限额)surpass 4(记录)break

突然 tūrán I[形]sudden II[副]suddenly

图(圖)tú I[名]1(图画)picture 2(地图)map 3(计划)plan II[动]1(贪图)seek ▷ 图一时痛快 tú yīshí tòngkuài seek momentary gratification 2(谋划)scheme

图(圖)案 tú'àn[名]design

图(圖)画(畫)túhuà[名]picture

图(圖)书(書)túshū[名]books(pl)

图(圖)书(書)馆(館)túshūguǎn[名]library

图(圖)像 túxiàng[名]image

图(圖)章 túzhāng[名]seal

徒 tú[名](徒弟)apprentice ▶ 徒弟 túdì apprentice

途 tú[名](徒弟)way ▷ 旅途 lǚtú journey ▶ 前途 qiántú prospect

途径(徑)tújìng[名]channel

涂(塗)tú[动]1(抹)spread ... on ▷ 涂油漆 tú yóuqī apply paint 2(乱写乱画)scribble 3(改动)cross ... out

涂(塗)改 túgǎi[动]alter

涂(塗)料 túliào[名]paint

屠 tú[动]1(动物)slaughter 2(人)massacre II[名]butcher

屠夫 túfū[名](字)butcher

屠杀(殺)túshā[动]massacre

土 tǔ I[名]1(泥)soil 2(土地)land ▶ 领土 lǐngtǔ territory II[形]1(地方)local 2(民间)folk 3(不时髦)unfashionable

土地 tǔdì[名]1(田地)land 2(疆域)territory

土豆 tǔdòu [名] potato
土话(話) tǔhuà [名] local dialect
土壤 tǔrǎng [名] soil
土著 tǔzhù [名] indigenous peoples (pl)

吐 tǔ [动] (排出口外) spit
→ see also/另见 tù

吐 tù [动] vomit
→ see also/另见 tǔ
吐沫 tùmo [名] saliva

兔 tù [名] 1 (野兔) hare 2 (家兔) rabbit

团(團) tuán I [名] 1 (球形物) ball 2 (组织) group ▷ 剧团 jùtuán drama company 3 (军) regiment II [动] 1 (聚合) unite ▷ 团聚 tuánjù reunite 2 (揉成球状) roll into a ball III [形] round IV [量] ▷ 一团面 yī tuán miàn a lump of dough ▷ 一团毛线 yī tuán máoxiàn a ball of wool measure word, used for rolled up round things

团(團)伙(夥) tuánhuǒ [名] gang
团(團)结(結) tuánjié [动] unite
团(團)体(體) tuántǐ [名] organization
团(團)圆(圓) tuányuán [动] reunite

推 tuī [动] 1 (门、窗、车) push 2 (指用工具) scrape ▷ 他推了个光头。Tā tuīle gè guāngtóu. He's shaved his head. 3 (开展) push forward 4 (推断) deduce 5 (辞让) decline 6 (推诿) shift 7 (推迟) postpone 8 (举荐) elect

推测(測) tuīcè [动] infer
推辞(辭) tuīcí [动] decline
推迟(遲) tuīchí [动] put ... off
推出 tuīchū [动] bring ... out
推动(動) tuīdòng [动] promote
推广(廣) tuīguǎng [动] popularize
推荐(薦) tuījiàn [动] recommend
推特 Tuītè [名] Twitter®
推销(銷) tuīxiāo [动] promote

腿 tuǐ [名] 1 (下肢) leg ▷ 大腿 dàtuǐ thigh ▷ 小腿 xiǎotuǐ calf 2 (支撑物) leg

退 tuì [动] 1 (后移) retreat 2 (使后移) cause ... to withdraw 3 (退出) quit 4 (减退) recede 5 (减弱) fade 6 (退还) return 7 (撤销) cancel
退步 tuìbù I [动] 1 (落后) lag behind 2 (让步) give way II [名] leeway
退让(讓) tuìràng [动] make a concession
退缩(縮) tuìsuō [动] hold back
退休 tuìxiū [动] retire

褪 tuì [动] 1 (衣服) take ... off 2 (毛) shed 3 (颜色) fade

吞 tūn [动] 1 (整个咽下) swallow 2 (吞并) take over
吞并(併) tūnbìng [动] annex
吞没(沒) tūnmò [动] 1 (据为己有) misappropriate 2 (淹没) engulf

臀 tún [名] buttock

托 tuō I [动] 1 (撑) support 2 (委托) entrust 3 (依赖) rely on II [名] tray
托儿(兒)所 tuō'érsuǒ [名] nursery

托福 tuōfú [名] TOEFL, Test of English as a Foreign Language

托(託)付 tuōfù [动] entrust

托(託)运(運) tuōyùn [动] ship

拖 tuō [动] 1 (拉) pull 2 (地板) mop 3 (下垂) trail 4 (拖延) delay

拖鞋 tuōxié [名] slipper

> In many Chinese homes, slippers are worn to keep both the floor and your socks clean.

拖延 tuōyán [动] delay

脱(脫) tuō [动] 1 (皮肤、毛发) shed 2 (衣服、鞋帽) take ... off 3 (摆脱) escape 4 (颜色) fade 5 (油脂) skim

脱(脫)臼 tuōjiù [动] dislocate

脱(脫)离(離) tuōlí [动] 1 (关系) break off 2 (危险) get away from

脱(脫)落 tuōluò [动] 1 (毛发、牙齿) lose 2 (油漆、墙皮) come off

脱(脫)水 tuōshuǐ [动] dehydrate

驮(馱) tuó [动] carry on one's back

驼(駝) tuó I [名] camel ▶ 骆驼 luòtuo camel II [形] hunchbacked ▶ 驼背 tuóbèi be hunchbacked

鸵(鴕) tuó see below/见下文

鸵(鴕)鸟(鳥) tuóniǎo [名] ostrich

妥 tuǒ [形] 1 (适当) appropriate 2 (停当) ready

妥当(當) tuǒdang [形] appropriate

妥善 tuǒshàn [形] appropriate

妥协(協) tuǒxié [动] compromise

椭(橢) tuǒ see below/见下文

椭(橢)圆(圓) tuǒyuán [名] oval

拓 tuò [动] open ... up

拓展 tuòzhǎn [动] expand

唾 tuò I [名] saliva II [动] spit

唾沫 tuòmo [名] (口) saliva

t

W

挖 wā [动] 1 (掘) dig ▸ 挖掘 wājué excavate 2 (耳朵、鼻子) pick

蛙 wā [名] frog
蛙泳 wāyǒng [名] breaststroke

娃 wá [名] (方) baby
娃娃 wáwa [名] 1 (小孩) baby 2 (玩具) doll

瓦 wǎ [名] tile
瓦斯 wǎsī [名] gas

袜(襪) wà [名] socks (pl) ▸ 长筒袜 chángtǒngwà stockings (pl)
袜(襪)子 wàzi [名] socks (pl)

歪 wāi [形] (倾斜) slanting
歪斜 wāixié [形] crooked

外 wài I [名] 1 (范围以外) outside ▸ 外边 wàibian outside 2 (外国) foreign country II [形] 1 (外国的) foreign 2 (疏远) other ▸ 外人 wàirén outsider III [副] besides

外表 wàibiǎo [名] exterior

外地 wàidì [名] other parts of the country ▸ 外地人 wàidìrén person from another part of the country

外公 wàigōng [名] maternal grandfather

外国(國) wàiguó [名] foreign country

外国(國)人 wàiguórén [名] foreigner

外号(號) wàihào [名] nickname

外汇(匯) wàihuì [名] (外币) foreign currency

外交 wàijiāo [名] foreign affairs ▸ 外交部 wàijiāobù Ministry of Foreign Affairs

外交官 wàijiāoguān [名] diplomat

外科 wàikē [名] surgery ▸ 外科医生 wàikē yīshēng surgeon

外卖(賣) wàimài [名] takeaway (英), takeout (美)

外贸(貿) wàimào [名] foreign trade

外婆 wàipó [名] maternal grandmother

外企 wàiqǐ [名] foreign enterprise

外伤(傷) wàishāng [名] injury

外商 wàishāng [名] foreign businessman

外甥 wàisheng [名] nephew

外孙(孫) wàisūn [名] grandson

外套 wàitào [名] overcoat

外文 wàiwén [名] foreign language

外向 wàixiàng [形] (指性格) extrovert

外语 (語) wàiyǔ [名] foreign language

弯 (彎) wān I [形] curved II [动] bend III [名] bend

湾 (灣) wān [名] bay

豌 wān see below/见下文

豌豆 wāndòu [名] pea

丸 wán I [名] (指药) pill ▶ 丸药 wányào pill II [量] pill ▶ 他吃了一丸药。Tā fúle yī wán yào. He took a pill.

完 wán I [形] whole II [动] 1 (完成) complete 2 (耗尽) run out 3 (了结) finish

完成 wánchéng [动] complete

完美 wánměi [形] perfect

完全 wánquán I [形] complete II [副] completely

完整 wánzhěng [形] complete

玩 wán [动] 1 (玩耍) play 2 (游玩) have a good time ▶ 我去泰国玩了一个星期。Wǒ qù Tàiguó wánle yī gè xīngqī. I went to Thailand for a week's holiday. 3 (做客) visit 4 (表示祝愿) enjoy ▶ 玩得好！Wán de hǎo! Enjoy yourself!

玩具 wánjù [名] toy

玩笑 wánxiào [名] joke ▶ 他喜欢跟人开玩笑。Tā xǐhuan gēn rén kāi wánxiào. He likes to play jokes on people.

玩意儿 (兒) wányìr [名] (口) 1 (东西) thing 2 (玩具) toy 3 (器械) gadget

顽 (頑) wán [形] 1 (难以摆脱的) stubborn ▶ 顽固 wángù stubborn 2 (淘气) naughty

挽 wǎn [动] 1 (拉) hold 2 (卷起) roll ... up

晚 wǎn I [形] late ▶ 晚秋 wǎnqiū late autumn ▶ 我起晚了。Wǒ qǐ wǎn le. I got up late. II [名] evening

晚安 wǎn'ān [形] good night

晚饭 (飯) wǎnfàn [名] dinner

晚会 (會) wǎnhuì [名] party

晚年 wǎnnián [名] old age

晚上 wǎnshang [名] evening

碗 wǎn [名] bowl

万 (萬) wàn [数] ten thousand

万 (萬) 岁 (歲) wànsuì [叹] long live

万 (萬) 一 wànyī [连] if by any chance

腕 wàn [名] 1 (指手) wrist 2 (指脚) ankle

腕子 wànzi [名] 1 (指手) wrist 2 (指脚) ankle

亡 wáng [动] die ▶ 死亡 sǐwáng die

王 wáng [名] king

王国 (國) wángguó [名] kingdom

王子 wángzǐ [名] prince

网 (網) wǎng [名] 1 (工具) net 2 (网状物) web 3 (系统) network

▶ 互联网 hùliánwǎng the Internet

网(網)吧 wǎngbā [名] Internet café

网(網)络(絡) wǎngluò [名] network

网(網)民 wǎngmín [名] Internet user

网(網)球 wǎngqiú [名] tennis ▶ 网球场 wǎngqiúchǎng tennis court

网(網)页(頁) wǎngyè [名] web page

网(網)站 wǎngzhàn [名] website

网(網)址 wǎngzhǐ [名] web address

往 wǎng I [介] to II [形] past ▶ 往事 wǎngshì past events (pl)

往往 wǎngwǎng [副] often

忘 wàng [动] forget

忘记(記) wàngjì [动] forget

旺 wàng [形] 1 (火) roaring 2 (人、生意) flourishing 3 (花) blooming

旺季 wàngjì [名] 1 (指生意) peak season 2 (指水果、蔬菜) season

旺盛 wàngshèng [形] 1 (精力、生命力) full of energy 2 (植物) thriving

望 wàng [动] 1 (向远处看) look into the distance 2 (察看) watch 3 (希望) hope

危 wēi I [形] dangerous II [动] endanger

危害 wēihài [动] harm

危机(機) wēijī [名] crisis

危险(險) wēixiǎn I [形] dangerous II [名] danger

威 wēi [名] power

威力 wēilì [名] power

威士忌 wēishìjì [名] whisky

威胁(脅) wēixié [动] threaten

威信 wēixìn [名] prestige

威严(嚴) wēiyán I [形] dignified II [名] dignity

微 wēi I [形] tiny ▶ 微米 wēimǐ micron ▶ 微秒 wēimiǎo microsecond II [副] slightly

微波炉(爐) wēibōlú [名] microwave oven

微博 wēibó [名] micro-blog

微风(風) wēifēng [名] gentle breeze

微件 wēijiàn [名] (计算机) widget

微量元素 wēiliàng yuánsù [名] trace element

微妙 wēimiào [形] delicate

微弱 wēiruò [形] faint

微生物 wēishēngwù [名] micro-organism

微小 wēixiǎo [形] tiny

微笑 wēixiào [动] smile

微型 wēixíng [形] mini

为(為) wéi I [动] 1 (是) be 2 (充当) act as II [介] by → see also / 另见 wèi

为(為)难(難) wéinán I [形] embarrassed II [动] make things difficult for

为(為)期 wéiqī [动] be scheduled for

为(為)生 wéishēng [动] make a living

为(為)止 wéizhǐ [动] ▷ 到上周末为止dào shàngzhōu mò wéizhǐ by the end of last week

违(違) wéi [动] break ▷ 违者必究。Wéizhě bì jiū. Violations will not be tolerated.

违(違)背 wéibèi [动] go against

违(違)法 wéifǎ I [动] break the law II [形] illegal

违(違)反 wéifǎn [动] go against

违(違)犯 wéifàn [动] violate

围(圍) wéi I [动] surround II [名] 1 (四周) all sides 2 (周长) measurement ▷ 三围 sānwéi vital statistics ▷ 胸围 xiōngwéi chest measurement

围(圍)棋 wéiqí [名] go (board game)

围棋 wéiqí

围棋 wéiqí is a popular strategic board game in China, Japan and other East-Asian countries. It originated in ancient China. It is known as go in Japan. It is played by two players alternately placing black and white round stone pieces on the intersections of a square grid on a square game board. To win, the player must control a larger area on the game board than his/her opponent.

围(圍)绕(繞) wéirào [动] 1 (物体) revolve around 2 (话题) centre (英) 或 center (美) on

唯 wéi [副] 1 (单单) only 2 (书) (只是) but only

唯一 wéiyī [形] only

维(維) wéi I [连接] hold ... together 2 (保持) maintain II [名] dimension

维(維)持 wéichí [动] 1 (保持) maintain 2 (资助) support

维(維)护(護) wéihù [动] safeguard

维(維)生素 wéishēngsù [名] vitamin

维(維)修 wéixiū [动] maintain

伟(偉) wěi [形] great

伟(偉)大 wěidà [形] great

伟(偉)哥 wěigē [医] Viagra®

伟(偉)人 wěirén [名] great man

伪(偽) wěi [形] false

伪(偽)钞 wěichāo [名] counterfeit note (英) 或 bill (美)

伪(偽)君子 wěijūnzǐ [名] hypocrite

伪(偽)造 wěizào [动] forge

伪(偽)装(裝) wěizhuāng I [动] disguise II [名] disguise

尾 wěi [名] 1 (尾巴) tail ▷ 尾巴 wěiba tail 2 (末端) end 3 (残余) remainder ▷ 扫尾 sǎowěi finish off

尾气(氣) wěiqì [名] exhaust (英), tailpipe (美)

纬(緯) wěi [名] (地理) latitude ▷ 纬线 wěixiàn latitude

纬(緯)度 wěidù [名] latitude

委 wěi I [动] entrust II [名] 1 (委员)

committee member ▸委员
wěiyuán committee member
2(委员会) committee ▸委员会
wěiyuánhuì committee

委屈 **wěiqū** [名] unjust treatment

委托(託) **wěituō** [动] entrust

委婉 **wěiwǎn** [形] (指言词) tactful

卫(衛) **wèi** [动] protect
卫(衛)生 **wèishēng I** [名] **1**(干净)
hygiene **2**(扫除) clean-up
II [形] hygienic
卫(衛)生间(間) **wèishēngjiān**
[名] toilet (英), rest room (美)
卫(衛)生纸(紙) **wèishēngzhǐ** [名]
toilet paper (英) 或 tissue (美)
卫(衛)星 **wèixīng** [名] satellite

为(為) **wèi** I wǒ zhēn wèi nǐ gāoxìng!
I am really happy for you!
→ see also/另见 wéi
为(為)了 **wèile** [介] in order to
为(為)什么(麼) **wèi shénme** [副]
why

未 **wèi** [副] not
未必 **wèibì** [副] not necessarily
未成年人 **wèichéngniánrén** [名]
minor
未婚夫 **wèihūnfū** [名] fiancé
未婚妻 **wèihūnqī** [名] fiancée
未来(來) **wèilái** [名] future

位 **wèi I** [名] **1**(位置) location
2(地位) position **3**(数学) digit
▸两位数 liǎng wèi shù
two-digit number **II** [量] **1**两位
教授 liǎng wèi jiàoshòu two
professors ▸一位父亲 yī wèi

fùqin a father
measure word, used for
people

位于(於) **wèiyú** [动] be located
位置 **wèizhì** [名] **1**(地点) location
2(地位) place **3**(职位) position
位子 **wèizi** [名] **1**(座位) seat
2(职位) position

味 **wèi** [名] **1**(滋味) taste **2**(气味)
smell
味道 **wèidào** [名] (滋味) taste
味精 **wèijīng** [名] monosodium
glutamate

胃 **wèi** [名] stomach
胃口 **wèikǒu** [名] **1**(食欲) appetite
2(喜好) liking

喂(餵) **wèi I** [动] feed ▸喂养
wèiyǎng raise **II** [叹] **1**(指打电
话) hello **2**(指招呼) hey

温(溫) **wēn I** [形] **1**(不冷不热)
warm **2**(平和) mild **II** [动] (加热)
warm ... up **III** [名] temperature
温(溫)度 **wēndù** [名] temperature
温(溫)和 **wēnhé** [形] **1**(指性情、
态度) mild **2**(指气候)
temperate
温(溫)暖 **wēnnuǎn** [形] warm
温(溫)泉 **wēnquán** [名] hot spring
温(溫)柔 **wēnróu** [形] gentle
温(溫)室 **wēnshì** [名] greenhouse
▸温室效应 wēnshì xiàoyìng
the greenhouse effect

文 **wén** [名] **1**(字) writing **2**(书面
语) written language ▸中文
Zhōngwén the Chinese
language **3**(文章) essay **4**(指社

会产物) culture 5(文科)
humanities (pl)

文化 wénhuà [名] 1(精神财富)
culture 2(知识) education

文件 wénjiàn [名] 1(公文)
document 2(计算机) file

文具 wénjù [名] stationery

文科 wénkē [名] humanities (pl)

文盲 wénmáng [形] illiterate

文明 wénmíng I [名] civilization
II [形] civilized

文凭(憑) wénpíng [名] diploma

文物 wénwù [名] cultural relic

文学(學) wénxué [名] literature

文艺(藝) wényì [名] 1(文学艺术)
art and literature 2(文学)
literature 3(演艺) performing
arts (pl)

文章 wénzhāng [名] (著作) essay

文字 wénzì [名] 1(指符号) script
2(指文章) writing

闻(聞) wén I [动] 1(嗅) smell II [名]
(消息) news (sg) ▶ 新闻 xīnwén
news

蚊 wén [名] mosquito ▶ 蚊子
wénzi mosquito

吻 wěn I [名] (嘴唇) lip ▶ 接吻
jiēwěn kiss II [动] kiss

稳(穩) wěn I [形] 1(平稳) steady
2(坚定) firm 3(稳重) composed
4(可靠) reliable 5(肯定) sure
II [动] keep calm

稳(穩)定 wěndìng I [形] steady
II [动] settle

问(問) wèn [动] 1(提问) ask
2(问候) send regards to (干预)

ask about II [名] question ▶ 疑问
yíwèn doubt

问(問)候 wènhòu [动] send
regards to

问(問)题(題) wèntí [名] 1(疑问)
question 2(困难) problem
3(故障) fault 4(分项) issue

窝(窩) wō [名] (栖息地) nest

蜗(蝸) wō see below/ 见下文

蜗(蝸)牛 wōniú [名] snail

我 wǒ [代] 1(自己, 作主语) I
2(自己, 作宾语) me

我们(們) wǒmen [代] 1(作主语)
we 2(作宾语) us

卧(臥) wò I [动] 1(躺) lie 2(趴伏)
sit II [名] berth

卧(臥)铺(鋪) wòpù [名] berth

卧(臥)室 wòshì [名] bedroom

握 wò [动] 1(抓) grasp 2(掌握)
master

握手 wòshǒu [动] shake hands

乌(烏) wū I [名] crow ▶ 乌鸦
wūyā crow II [形] black ▶ 乌云
wūyún black cloud

乌(烏)龟(龜) wūguī [名] tortoise

乌(烏)黑 wūhēi [形] jet-black

污 wū [形] 1(肮脏) dirty 2(腐败)
corrupt ▶ 贪污 tānwū be corrupt

污染 wūrǎn [动] pollute

污辱 wūrǔ [动] (侮辱) insult

屋 wū [名] 1(房子) house 2(房间)
room

屋顶(頂) wūdǐng [名] roof

屋子 wūzi [名] room

无(無) wú I [动] (没有) not have ▶ 无效 wúxiào invalid ▶ 无形 wúxíng invisible II [副] not ▶ 无论如何 wúlùn rúhé in any case

无(無)耻(恥) wúchǐ [形] shameless

无(無)辜 wúgū I [动] be innocent II [名] the innocent

无(無)关(關) wúguān [动] have nothing to do with

无(無)赖(賴) wúlài [名] rascal

无(無)论(論) wúlùn [连] no matter what

无(無)情 wúqíng [形] 1 (指感情) heartless 2 (不留情) ruthless

无(無)数(數) wúshù I [形] countless II [动] be uncertain

无(無)所谓(謂) wúsuǒwèi [动] 1 (谈不上) never mind 2 (不在乎) be indifferent

无(無)限 wúxiàn [形] boundless

无(無)线(綫)电(電) wúxiàndiàn [名] radio

无(無)线(綫)网(網)络(絡) wúxiàn wǎngluò [名] Wi-Fi

无(無)须(須) wúxū [副] needlessly

无(無)知 wúzhī [形] ignorant

五 wǔ [名] five ▶ 五月 wǔyuè May ▶ 五分之一 wǔ fēn zhī yī one fifth

五官 wǔguān [名] the five sense organs

午 wǔ [名] noon

午饭(飯) wǔfàn [名] lunch

午夜 wǔyè [名] midnight

伍 wǔ [名] (五) five

> This is the character for "five", which is mainly used in banks, on receipts, cheques, etc. to prevent mistakes and forgery.

武 wǔ [形] 1 (军事的) military 2 (勇猛) valiant ▶ 威武 wēiwǔ powerful

武力 wǔlì [名] 1 (军事力量) military strength 2 (暴力) force

武器 wǔqì [名] weapon

武士 wǔshì [名] warrior

武术(術) wǔshù [名] martial arts circles (pl)

侮 wǔ [动] (侮辱) insult ▶ 侮辱 wǔrǔ insult

舞 wǔ I [名] dance II [动] (跳舞) dance

舞蹈 wǔdǎo [名] dance

舞台(臺) wǔtái [名] stage

勿 wù [副] not ▶ 请勿吸烟 qǐng wù xīyān no smoking

务(務) wù I [名] business ▶ 任务 rènwù task II [副] without fail

务(務)必 wùbì [副] without fail

物 wù [名] 1 (东西) thing ▶ 物体 wùtǐ body 2 (物产) produce ▶ 物产 wùchǎn produce 3 (动物) creature 4 (哲学义) matter

物价(價) wùjià [名] price

物理 wùlǐ [名] (指学科) physics (sg)

物业(業) wùyè [名] property

物质(質) wùzhì [名] 1 (哲) matter 2 (非精神) material things (pl)

物种(種) wùzhǒng [名] species (sg)

误(誤) wù I [名] mistake II [形] erroneous III [副] accidentally ▶ 误伤 wùshāng accidentally injure IV [动] (耽误) miss ▶ 快点儿，误了火车！Kuài diǎnr, bié wùle huǒchē! Hurry up — we don't want to miss the train!

雾(霧) wù [名] fog

夕 xī [名] 1 (傍晚) sunset ▶ 夕照 xīzhào evening glow 2 (晚上) evening ▶ 除夕 chúxī New Year's Eve

西 xī [名] 1 (方向) west ▶ 西北 xīběi northwest ▶ 西南 xīnán southwest 2 (疆域) the West ▶ 西藏 Xīzàng Tibet

西班牙 Xībānyá [名] Spain ▷ 西班牙人 Xībānyárén Spaniard ▷ 西班牙语 Xībānyáyǔ the Spanish language

西餐 xīcān [名] Western food

西方 xīfāng [名] the West

西服 xīfú [名] suit

西瓜 xīguā [名] watermelon

西红(紅)柿 xīhóngshì [名] tomato

西药(藥)xīyào [名]Western medicine

西医(醫)xīyī [名] (药品)Western medicine

吸 xī [动] 1(气、水等)draw ... in ▶ 吸烟 xīyān smoke cigarettes 2(吸收)absorb 3(吸引)attract

吸尘(塵)器 xīchénqì [名]vacuum cleaner

吸收 xīshōu [动] 1(摄取)absorb 2(接纳)recruit

吸引 xīyǐn [动]attract

希 xī [动]hope

希望 xīwàng I[动]hope II[名]hope

牺(犧)xī see below/见下文

牺(犧)牲 xīshēng [动] 1(献身)sacrifice oneself 2(放弃)sacrifice

稀 xī [形] 1(稀有)rare 2(稀疏)sparse 3(水多的)watery ▶ 稀饭 xīfàn rice porridge

稀少 xīshǎo [形]sparse

稀有 xīyǒu [形]rare

犀 xī [名]rhinoceros ▶ 犀牛 xīniú rhinoceros

溪 xī [名]brook

熄 xī [动]put ... out ▶ 熄灯 xīdēng put out the light

熄灭(滅)xīmiè [动]put ... out

膝 xī [名]knee ▶ 膝盖 xīgài knee

习(習)xí I[动] 1(学习)practise (英), practice (美) ▶ 习武 xí wǔ study martial arts 2(熟悉)be used to ▶ 习以为常 xí yǐ wéi cháng become used to II[名]custom ▶ 陋习 lòuxí bad habit

习(習)惯(慣)xíguàn I[动]be used to II[名]habit

习(習)性 xíxing [名]habits (pl)

席 xí [名] 1(编织物)mat ▶ 竹席 zhúxí bamboo mat 2(座位)seat ▶ 席位 xíwèi seat 3(出席)be present 3(宴席)feast ▶ 酒席 jiǔxí banquet

袭(襲)xí [动] 1(攻击)make a surprise attack ▶ 空袭 kōngxí air raid 2(仿做)follow the pattern of ▶ 抄袭 chāoxí plagiarize

袭(襲)击(擊)xíjī [动]attack

媳 xí [名]daughter-in-law

媳妇(婦)xífù [名] 1(儿子的妻子)daughter-in-law 2(晚辈的妻子)wife

洗 xǐ [动] 1(衣、碗等)wash ▶ 洗衣店 xǐyīdiàn Launderette (英), Laundromat (美) 2(胶卷)develop 3(录音、录像)wipe 4(麻将、扑克)shuffle

洗衣机(機)xǐyījī [名]washing machine

洗澡 xǐzǎo [动]have a bath

喜 xǐ I[形] 1(高兴)happy 2(可贺的)celebratory II[动] 1(爱好)like ▶ 喜好 xǐhào like 2(适宜)suit

喜爱(愛)xǐ'ài [动]like

喜欢(歡)xǐhuan [动]like

喜剧(劇)xǐjù [名]comedy

戏(戲)xì I [动] (嘲弄) joke ▸ 戏弄 xìnòng tease II [名] show ▸ 京戏 jīngxì Beijing Opera ▸ 马戏 mǎxì circus

戏(戲)法 xìfǎ [名] magic

戏(戲)剧(劇) xìjù [名] theatre (英), theater (美)

戏(戲)曲 xìqǔ [名] Chinese opera

戏(戲)院 xìyuàn [名] theatre (英), theater (美)

系 xì [名] 1 (系统) system 2 (部门) department II [动] (拴) tie → see also / 另见 jì

系列 xìliè [名] series (sg)

系统(統) xìtǒng [名] system

细(細) xì I [形] 1 (绳、线等) thin 2 (颗粒小) fine 3 (音量小话等) gentle 4 (细微) detailed ▸ 细节 xìjié details (pl) II [副] minutely ▸ 细想 xìxiǎng consider carefully

细(細)胞 xìbāo [名] cell

细(細)菌 xìjūn [名] germ

细(細)心 xìxīn [形] careful

细(細)致(緻) xìzhì [副] meticulously

虾(蝦) xiā [名] shrimp ▸ 龙虾 lóngxiā lobster ▸ 对虾 duìxiā prawn

瞎 xiā [形] (失明) blind

瞎话(話) xiāhuà [名] lie

峡(峽) xiá [名] gorge ▸ 海峡 hǎixiá strait

峡(峽)谷 xiágǔ [名] canyon

狭(狹) xiá [形] narrow ▸ 狭窄 xiázhǎi narrow

下 xià I [动] 1 (走下) go down ▸ 下山 xià shān go down the mountain ▸ 下楼 xià lóu go downstairs ▸ 下船 xià chuán disembark from a boat ▸ 下床 xià chuáng get out of bed 2 (落下) fall ▸ 下雨 xiàyǔ rain ▸ 下雪 xiàxuě snow 3 (传发) issue 4 (下锅煮) put ... in 5 (给出) give 6 (开始) begin ▸ 下笔 xiàbǐ start to write 7 (结束) finish ▸ 下班 xiàbān finish work ▸ 下课 xiàkè finish class 8 (生下) ▸ 下蛋 xià dàn lay an egg 9 (用于动词后, 表示脱离物体) ▸ 拧下灯泡 nǐng xià dēngpào unscrew a light bulb 10 (用于动词后, 表示动作完成) ▸ 记录下会议内容 jìlù xià huìyì nèiróng take the minutes at a meeting II [名] 1 (低) ▸ 下层 xiàcéng lower level 2 (另) ▸ 下次 xiàcì next time ▸ 下个星期 xià gè xīngqī next week 3 (指方位或时间) ▸ 楼下 lóuxià downstairs ▸ 树下 shù xià under the tree 4 (指范围、情况、条件) ▸ 在朋友的帮助下 zài péngyou de bāngzhù xià with help from friends ▸ 在压力下 zài yālì xià under pressure III [量] time ▸ 拍了几下 pāile jǐ xià tapped a few times ▸ 拧了两下 nǐngle liǎng xià turned a couple of times

下岗(崗) xiàgǎng [动] 1 (完工) leave one's post 2 (失业) be laid off

下海 xiàhǎi [动] (指经商) go into business

下级(級) xiàjí [名] subordinate

下来(來) xiàlái [动] 1(指由高到低) come down ▷我不上去了,你下来吧。Wǒ bù shàngqù le, nǐ xiàlái ba. I won't come up—you come down. 2(用于作物成熟) be harvested 3(用于动词后,指脱离物体) ▷他把眼镜摘了下来。Tā bǎ yǎnjìng zhāile xiàlái. He took off his glasses. 4(用于动词后,表示动作完成) ▷暴乱平息下来了。Bàoluàn píngxī xiàlái le. The riot has calmed down. 5(表示出现某种状态) ▷灯光暗了下来。Dēngguāng ànle xiàlái. The light started to fade.

下流 xiàliú [形] dirty

下面 xiàmiàn I[副] 1(指位置) underneath 2(指次序) next II[名] lower levels (pl)

下去 xiàqù [动] 1(指由高到低) go down 2(指时间的延续) continue 3(用于动词后,指空间上) ▷从楼上跳下去 cóng lóu shang tiào xiàqù jump from a building 4(时间上的持续) ▷唱下去 chàng xiàqù keep singing 5(指数量下降) ▷高烧已经退下去了。Gāoshāo yǐjīng tuì xiàqù le. His temperature has already gone down. 6(指程度深化) ▷天气有可能热下去。Tiānqì yǒu kěnéng rè xiàqù. The weather will probably go on getting hotter.

下网(網) xiàwǎng [动](计算机) go offline

下午 xiàwǔ [名] afternoon

下载(載) xiàzǎi [动] download

吓(嚇) xià [动] frighten ▷吓人 xiàrén scary

吓(嚇)唬 xiàhu [动] frighten

夏 xià [名] summer

夏令营(營) xiàlìngyíng [名] summer camp

夏天 xiàtiān [名] summer

仙 xiān [名] immortal ▷仙人 xiānrén immortal

先 xiān [名](指时间) earlier ▷事先 shìxiān beforehand

先后(後) xiānhòu [副] successively

先进(進) xiānjìn [形] advanced

先生 xiānsheng [名] 1(指男士) Mr 2(老师) teacher 3(丈夫) husband

纤(纖) xiān [形] fine

纤(纖)维(維) xiānwéi [名] fibre

掀 xiān [动] lift

掀起 xiānqǐ [动] 1(揭起) lift 2(涌起) surge

鲜(鮮) xiān I[形] 1(新鲜) fresh 2(鲜美) delicious II[名] delicacy ▷海鲜 hǎixiān seafood

鲜(鮮)艳(豔) xiānyàn [形] brightly-coloured (英), brightly-colored (美)

闲(閒) xián I[形] 1(不忙) idle 2(安静) quiet 3(闲置) unused ▷闲房 xiánfáng empty house II[名] leisure

闲(閒)话(話) xiánhuà [名] 1(流言) gossip 2(废话) digression

闲(閒)事 xiánshì [名] other people's business

弦 xián [名] 1 (指乐器) string 2 (指钟表) spring

咸(鹹) xián [形] salted ▷ 咸菜 xiáncài pickled vegetables (pl)

嫌 xián [动] dislike ▷ 他嫌这儿吵，搬走了。Tā xián zhèr chǎo, bānzǒu le. He found it too noisy here and moved away.

嫌弃(棄) xiánqì [动] cold-shoulder

嫌疑 xiányí [名] suspicion

显(顯) xiǎn [动] 1 (表现) display 2 (呈现) be apparent

显(顯)然 xiǎnrán [形] obvious

显(顯)示 xiǎnshì [动] demonstrate

显(顯)眼 xiǎnyǎn [形] conspicuous

显(顯)著 xiǎnzhù [形] striking

险(險) xiǎn [形] 1 (险要) strategic 2 (危险) dangerous

县(縣) xiàn [名] county

现(現) xiàn I [形] 1 (现在) present ▷ 现状 xiànzhuàng present situation 2 (现有) ready ▷ 现金 xiànjīn cash

现(現)场(場) xiànchǎng [名] scene ▷ 现场报道 xiànchǎng bàodào live report

现(現)成 xiànchéng [形] ready-made

现(現)代 xiàndài [名] modern times (pl)

现(現)代化 xiàndàihuà [名] modernization

现(現)实(實) xiànshí [名] reality

现(現)象 xiànxiàng [名] phenomenon

现(現)在 xiànzài [名] now

现(現)状(狀) xiànzhuàng [名] the current situation

限 xiàn I [动] limit II [名] limit

限期 xiànqī I [动] set a deadline II [名] deadline

限制 xiànzhì [动] restrict

线(線) xiàn [名] 1 (指细长物等) thread ▷ 电线 diànxiàn electric wire 2 (交通干线) line

线(線)索 xiànsuǒ [名] clue

宪(憲) xiàn [名] constitution

宪(憲)法 xiànfǎ [名] constitution

陷 xiàn I [名] 1 (书)(陷阱) trap 2 (过失) fault ▷ 缺陷 quēxiàn defect II [动] 1 (沉入) get bogged down 2 (凹进) sink 3 (卷入) get involved

陷害 xiànhài [动] frame

陷阱 xiànjǐng [名] trap

馅(餡) xiàn [名] stuffing ▷ 饺子馅 jiǎozi xiàn jiaozi filling

羡(羨) xiàn [动] admire

羡(羨)慕 xiànmù [动] envy

献(獻) xiàn [动] 1 (给) give ▷ 献血 xiànxiě donate blood 2 (表演) show

腺 xiàn [名] gland

乡(鄉) xiāng [名] 1 (乡村)

countryside 2(家乡)home town

乡(鄉)村 xiāngcūn [名] village

乡(鄉)下 xiāngxia [名] countryside

相 xiāng [副] (互相) mutually ▸相差 xiāngchà differ →see also/另见 xiàng

相处(處) xiāngchǔ [动] get along

相当(當) xiāngdāng I [动] match II [形] appropriate III [副] quite

相对(對) xiāngduì I [动] be opposite II [形] 1(非绝对的) relative 2(比较的) comparative

相反 xiāngfǎn I [形] opposite II [连] on the contrary

相关(關) xiāngguān [动] be related

相互 xiānghù I [形] mutual II [副] ▸相互理解 xiānghù lǐjiě understand each other

相识(識) xiāngshí [动] be acquainted

相似 xiāngsì [形] similar

相同 xiāngtóng [形] identical

相像 xiāngxiàng [动] be alike

相信 xiāngxìn [动] believe

香 xiāng I [形] 1(芬芳) fragrant 2(美味) delicious 3(睡得熟的) sound II [名] 1(香料) spice 2(烧的香) incense

香波 xiāngbō [名] shampoo

香肠(腸) xiāngcháng [名] sausage

香港 Xiānggǎng [名] Hong Kong

香蕉 xiāngjiāo [名] banana

香料 xiāngliào [名] spice

香水 xiāngshuǐ [名] perfume

香烟(煙) xiāngyān [名] (卷烟) cigarette

香皂 xiāngzào [名] soap

箱 xiāng [名] 1(箱子) box 2(箱状物) ▸信箱 xìnxiāng postbox (英), mailbox (美)

箱子 xiāngzi [名] box

详(詳) xiáng [形] detailed

详(詳)情 xiángqíng [名] details (pl)

详(詳)细(細) xiángxì [形] detailed

享 xiǎng [动] enjoy

享受 xiǎngshòu [动] enjoy

响(響) xiǎng I [名] 1(回声) echo 2(声音) sound II [动] sound ▸手机响了。Shǒujī xiǎng le. The mobile (英) 或 cell (美) phone was ringing. III [形] loud

响(響)亮 xiǎngliàng [形] loud and clear

响(響)应(應) xiǎngyìng [动] respond

想 xiǎng [动] 1(思考) think ▸想办法 xiǎng bànfǎ think of a way 2(推测) reckon 3(打算) want to 4(想念) miss

In a positive sentence, both 想 xiǎng and 要 yào can be used to express "want to". To express "I don't want to", it is more common to use 不想 bù xiǎng, as the expression 不要 bù yào is stronger and indicates a definite decision, meaning "I shall not (under any circumstances)".

想法 xiǎngfǎ [名] opinion

想念 xiǎngniàn [动] miss

想象(像) xiǎngxiàng I [动] imagine II [名] imagination

向 xiàng I [名] direction II [动] 1 (对着) face 2 (偏袒) side with III [介] to ▷ 我向他表示了感谢。Wǒ xiàng tā biǎoshìle gǎnxiè. I expressed my thanks to him.

向(嚮)导(導) xiàngdǎo [名] guide

向来(來) xiànglái [副] always

项(項) xiàng I [名] (项目) item ▶ 事项 shìxiàng item II [量] item ▷ 3项要求 sān xiàng yāoqiú three requirements ▷ 2项任务 liǎng xiàng rènwu two tasks

项(項)链(鏈) xiàngliàn [名] necklace

项(項)目 xiàngmù [名] 1 (事项) item 2 (指工程计划) project

巷 xiàng [名] lane

相 xiàng I [名] 1 (相貌) appearance 2 (姿势) posture 3 (官位) minister ▶ 外相 wàixiàng foreign minister 4 (相片) photograph ▶ 照相 zhàoxiàng take a photograph → see also/ 另见 xiāng

相貌 xiàngmào [名] appearance

相片 xiàngpiàn [名] photograph

象 xiàng [名] 1 (大象) elephant 2 (样子) appearance

象棋 xiàngqí [名] Chinese chess

象棋 xiàngqí

象棋 xiàngqí is a very popular board game in China. It is a game of skill, played by two players on a board which imitates a battle field with a river in between two opposing sides. There are some similarities between the Chinese chess and international chess.

象牙 xiàngyá [名] ivory

象征(徵) xiàngzhēng [动] symbolize

像 xiàng I [名] portrait ▶ 画像 huàxiàng paint portraits ▶ 雕像 diāoxiàng statue II [动] 1 (相似) look like 2 (比如) ▷ 像他这样的好孩子, 谁不喜欢呢! Xiàng tā zhèyàng de hǎo háizi, shuí bù xǐhuan ne! Who doesn't like good children like this one! III [副] as if ▷ 像要下雪了。Xiàng yào xià xuě le. It looks as if it might snow.

橡 xiàng [名] 1 (橡树) oak 2 (橡胶树) rubber tree

橡胶(膠) xiàngjiāo [名] rubber

橡皮 xiàngpí [名] rubber (英), eraser (美)

削 xiāo [动] peel

消 xiāo [动] 1 (消失) disappear 2 (使消失) remove

消除 xiāochú [动] eliminate

消防 xiāofáng [名] fire fighting

消费(費) xiāofèi [动] consume

消耗 xiāohào [动] consume

消化 xiāohuà [动] digest

消极(極) xiāojí [形] 1 (反面) negative 2 (消沉) demoralized

消灭(滅) xiāomiè [动] 1 (消失) die out 2 (除掉) eradicate

消失 xiāoshī [动] vanish

消息 xiāoxi [名] news (sg)

宵 xiāo [名] night ▶ 通宵 tōngxiāo all night

销(銷) xiāo [动] 1 (熔化) melt 2 (除去) cancel 3 (销售) market 4 (消费) spend

销(銷)路 xiāolù [名] market

销(銷)售 xiāoshòu [动] sell

小 xiǎo [形] (不大) small ▶年龄小 niánlíng xiǎo young

小便 xiǎobiàn I [动] urinate II [名] urine

小吃 xiǎochī [名] 1 (非正餐) snack 2 (冷盘) cold dish

小丑 xiǎochǒu [名] (滑稽演员) clown

小儿(兒)科 xiǎo'érkē [名] (医) paediatrics (英) 或 pediatrics (美) department

小费(費) xiǎofèi [名] tip

小伙(夥)子 xiǎohuǒzi [名] lad

小姐 xiǎojiě [名] 1 (称谓) Miss 2 (女子) young lady

小看 xiǎokàn [动] underestimate

小麦(麥) xiǎomài [名] wheat

小名 xiǎomíng [名] pet name

小气(氣) xiǎoqi [形] 1 (气量小) petty 2 (吝啬) stingy

小区(區) xiǎoqū [名] housing estate

小时(時) xiǎoshí [名] hour

小说(說) xiǎoshuō [名] novel

小提琴 xiǎotíqín [名] violin

小偷 xiǎotōu [名] thief

小心 xiǎoxīn I [动] be careful II [形] careful

小学(學) xiǎoxué [名] primary school (英), elementary school (美)

小学(學)生 xiǎoxuéshēng [名] primary school pupil (英), elementary school student (美)

小组(組) xiǎozǔ [名] group

晓(曉) xiǎo I [名] dawn II [动] 1 (知道) know 2 (使人知道) tell

晓(曉)得 xiǎode [动] know

孝 xiào I [动] be dutiful ▶ 孝子 xiàozǐ a filial son II [名] filial piety

孝顺(順) xiàoshùn I [动] show filial obedience II [形] filial

校 xiào [名] (学校) school

校长(長) xiàozhǎng [名] principal

哮 xiào I [动] wheezing II [动] wheeze

哮喘 xiàochuǎn [名] asthma

笑 xiào [动] 1 (欢笑) laugh 2 (嘲笑) laugh at

笑话(話) xiàohua I [名] joke II [动] laugh at

效 xiào I [名] effect II [动] 1 (仿效) imitate 2 (献出) devote ... to

效果 xiàoguǒ [名] 1 (结果) effect 2 (戏剧) effects (pl)

效率 xiàolǜ [名] efficiency

效益 xiàoyì [名] returns (pl)

些 xiē [量] 1 (不定量) some 2 (略微) a little

歇 xiē [动] (休息) rest
歇息 xiēxi [动] 1 (休息) have a rest 2 (睡觉) go to sleep

蝎(蠍) xiē [名] scorpion ▶ 蝎子 xiēzi scorpion

协(協) xié I [动] assist II [副] jointly ▶ 协议 xiéyì agree on
协(協)会(會) xiéhuì [名] association
协(協)调(調) xiétiáo I [动] coordinate II [形] coordinated
协(協)议(議) xiéyì [名] agreement
协(協)助 xiézhù [动] help
协(協)作 xiézuò [动] collaborate

邪 xié [形] (不正当) evil
邪恶(惡) xié'è [形] evil

斜 xié I [形] slanting II [动] slant
斜坡 xiépō [名] slope

携(攜) xié [动] 1 (携带) carry 2 (拉着) hold
携(攜)带(帶) xiédài [动] carry

鞋 xié [名] shoe
鞋匠 xiéjiàng [名] cobbler

写(寫) xiě [动] 1 (书写) write 2 (写作) write 3 (描写) describe 4 (绘画) draw
写(寫)作 xiězuò [动] write

血 xiě [名] (口) blood
→ see also/另见 xuè

泄(洩) xiè [动] (泄露) let ... out
泄(洩)露 xièlòu [动] let ... out

卸 xiè [动] 1 (搬下) unload ▶ 卸车 xièchē unload a vehicle 2 (除去) remove ▶ 卸妆 xièzhuāng remove one's makeup 3 (拆卸) strip 4 (解除) be relieved of ▶ 卸任 xièrèn step down

谢(謝) xiè [动] 1 (感谢) thank ▷ 多谢！ Duō xiè! Thanks a lot! 2 (认错) apologize 3 (拒绝) decline ▶ 谢绝 xièjué decline 4 (脱落) wither
谢(謝)谢(謝) xièxie [动] thank you, thanks (口)

蟹 xiè [名] crab ▶ 螃蟹 pángxiè crab

心 xīn [名] 1 (心脏) heart 2 (思想) mind ▶ 用心 yòngxīn attentively ▷ 谈心 tánxīn heart-to-heart talk 3 (中心) centre (英), center (美)
心得 xīndé [名] what one has learned
心理 xīnlǐ [名] psychology
心灵(靈) xīnlíng [名] mind
心情 xīnqíng [名] frame of mind
心愿(願) xīnyuàn [名] one's heart's desire
心脏(臟) xīnzàng [名] heart
心脏(臟)病 xīnzàngbìng [名] heart disease

辛 xīn [形] 1 (辣) hot 2 (辛苦) laborious 3 (痛苦) bitter
辛苦 xīnkǔ I [形] laborious II [动] trouble ▷ 辛苦你了！ Xīnkǔ nǐ le! Thanks for taking the trouble!

辛勤 xīnqín [形] hardworking

欣 xīn [形] glad

欣赏(賞) xīnshǎng [动] 1 (赏识) admire 2 (享受) enjoy

新 xīn I [形] (跟旧相对) new II [副] newly

新潮 xīncháo I [形] fashionable II [名] new trend

新陈(陳)代谢(謝) xīn chén dàixiè [名] metabolism

新加坡 Xīnjiāpō [名] Singapore

新郎 xīnláng [名] bridegroom

新年 xīnnián [名] 1 (指一段时间) New Year 2 (指元旦当天) New Year's Day

新娘 xīnniáng [名] bride

新闻(聞) xīnwén [名] news (sg)

新鲜(鮮) xīnxiān [形] 1 (指食物) fresh 2 (指植物) tender 3 (清新) fresh 4 (新奇) novel

新颖(穎) xīnyǐng [形] original

薪 xīn [名] (薪水) salary

薪水 xīnshuǐ [名] salary

信 xìn I [动] 1 (相信) believe ▶ 轻信 qīngxìn readily believe 2 (信奉) believe in ▶ 信教 xìnjiào be religious II [名] 1 (书信) letter ▶ 信箱 xìnxiāng letterbox (英), mailbox (美) 2 (信息) information ▶ 口信 kǒuxìn verbal message 3 (信用) trust ▶ 失信 shīxìn lose trust

信贷(貸) xìndài [名] credit

信封 xìnfēng [名] envelope

信号(號) xìnhào [名] signal

信件 xìnjiàn [名] letter

信赖(賴) xìnlài [动] trust

信任 xìnrèn [动] trust

信息 xìnxī [名] information

信心 xìnxīn [名] faith

信仰 xìnyǎng [动] believe in ▶ 他没有宗教信仰。Tā méiyǒu zōngjiào xìnyǎng. He has no religious faith.

信用 xìnyòng [名] 1 (指信任) word 2 (指借贷) credit

信用卡 xìnyòngkǎ [名] credit card

信誉(譽) xìnyù [名] reputation

兴(興) xīng [动] 1 (旺盛) prosper 2 (流行) be popular 3 (使盛行) promote
→ see also/另见 xìng

兴(興)奋(奮) xīngfèn [动] be excited

兴(興)盛 xīngshèng [形] prosperous

兴(興)旺 xīngwàng [形] prosperous

星 xīng [名] 1 (指天体) star ▶ 星星 xīngxing star 2 (指名人) star ▶ 球星 qiúxīng football star

星期 xīngqī [名] 1 (周) week 2 (指某天) week ▶ 星期天 xīngqītiān Sunday ▶ 星期三 xīngqīsān Wednesday ▶ 明天星期几？ Míngtiān xīngqī jǐ? What day is it tomorrow?

猩 xīng [名] orang-utan ▶ 黑猩猩 hēixīngxing chimpanzee

腥 xīng [形] fishy

刑 xíng [名] (刑罚) punishment ▶ 死刑 sǐxíng the death penalty

行 xíng I[动] 1(走) walk ▶ 步行 bùxíng go on foot 2(流通) be current ▶ 发行 fāxíng issue 3(做) do ▶ 行医 xíngyī practise (英) 或 practice (美) medicine II[形] 1(可以) OK 2(能干) capable III[名] 1(旅行) travel 2(行为) conduct ▶ 暴行 bàoxíng act of cruelty
→ see also/另见 háng

行动(動) xíngdòng[动] 1(走动) move about 2(活动) take action

行李 xíngli[名] luggage

行人 xíngrén[名] pedestrian

行驶(駛) xíngshǐ[动] travel

行为(為) xíngwéi[名] behaviour (英), behavior (美)

行走 xíngzǒu[动] walk

形 xíng[名] 1(形状) shape 2(形体) body

形成 xíngchéng[动] form

形容 xíngróng[动] describe

形式 xíngshì[名] form

形象 xíngxiàng[名] image

形状(狀) xíngzhuàng[名] shape

型 xíng[名] type ▶ 体型 tǐxíng build ▶ 血型 xuèxíng blood group

型号(號) xínghào[名] model

醒 xǐng[动] 1(神志恢复) come to 2(睡醒) wake up 3(醒悟) become aware ▶ 提醒 tíxíng remind

兴(興) xìng[名] excitement
→ see also/另见 xīng

兴(興)趣 xìngqù[名] interest ▷ 他对集邮有浓厚的兴趣。Tā duì jíyóu yǒu nónghòu de xìngqù. He has a deep interest in stamp-collecting.

杏 xìng[名] apricot

幸 xìng I[形] lucky II[副] fortunately

幸福 xìngfú I[名] happiness II[形] happy

幸亏(虧) xìngkuī[副] fortunately

幸运(運) xìngyùn I[名] good luck II[形] lucky

性 xìng[名] 1(性格) character ▶ 任性 rènxìng stubborn 2(性能) function ▶ 酸性 suānxìng acidity 3(性别) gender ▶ 男性 nánxìng male 4(情欲) sex 5(性质) ▶ 可靠性 kěkàoxìng reliability ▶ 实用性 shíyòngxìng utility 6(语法) gender ▶ 阳性 yángxìng masculine

性别(別) xìngbié[名] sex

性感 xìnggǎn[形] sexy

性格 xìnggé[名] personality

性质(質) xìngzhì[名] character

姓 xìng I[动] ▷ 我姓李。Wǒ xìng Lǐ. My surname is Li. II[名] surname

姓名 xìngmíng[名] full name

凶 xiōng[形] 1(不幸的) unlucky 2(凶恶) ferocious ▷ 凶相 xiōngxiàng fierce look 3(厉害) terrible

凶狠 xiōnghěn[形] vicious

凶手 xiōngshǒu[名] murderer

X

兄 xiōng [名] brother
兄弟 xiōngdì [名] brother

胸 xiōng [名] 1 (胸部) chest
2 (心胸) heart
胸脯 xiōngpú [名] chest

雄 xióng [形] 1 (公的) male ▸ 雄性 xióngxìng male 2 (有气魄的) imposing 3 (强有力的) strong

熊 xióng [名] bear
熊猫 (貓) xióngmāo [名] panda

休 xiū [动] 1 (停止) stop 2 (休息) rest
休息 xiūxi [动] rest
休闲 (閒) xiūxián [动] (悠闲) be at leisure ▸ 休闲服装 xiūxián fúzhuāng casual clothes

修 xiū [动] 1 (修理) mend 2 (兴建) build 3 (剪) trim
修改 xiūgǎi [动] alter
修建 xiūjiàn [动] build
修理 xiūlǐ [动] repair
修饰 (飾) xiūshì [动] 1 (修整装饰) decorate 2 (修改润饰) polish
修养 (養) xiūyǎng [名] 1 (水平) accomplishments (pl) 2 (指态度) gentility

羞 xiū [形] shy ▸ 害羞 hàixiū be shy

秀 xiù I [形] 1 (清秀) elegant 2 (优异) outstanding II [名] talent ▸ 新秀 xīnxiù new talent
秀气 (氣) xiùqi [形] 1 (清秀) delicate 2 (文雅) refined

袖 xiù [名] sleeve ▸ 袖子 xiùzi sleeve
袖珍 xiùzhēn [形] pocket-sized ▸ 袖珍收音机 xiùzhēn

shōuyīnjī pocket radio

绣 (繡) xiù I [动] embroider II [名] embroidery

锈 (鏽) xiù [名] rust ▸ 生锈 shēngxiù go rusty

须 (須) xū I [副] ▸ 必须 bìxū must II [名] beard
须 (須) 要 xūyào [动] need
须 (須) 知 xūzhī [名] essentials (pl)

虚 (虛) xū [形] 1 (空着) empty 2 (胆怯) timid 3 (虚假) false 4 (虚心) modest 5 (弱) weak
虚 (虛) 构 (構) xūgòu [动] fabricate
虚 (虛) 假 xūjiǎ [形] false
虚 (虛) 荣 (榮) xūróng [名] vanity
虚 (虛) 弱 xūruò [形] frail
虚 (虛) 伪 (偽) xūwěi [形] hypocritical
虚 (虛) 心 xūxīn [形] open-minded

需 xū I [动] need II [名] needs (pl) ▸ 军需 jūnxū military requirements (pl)
需求 xūqiú [名] demand
需要 xūyào I [动] need II [名] needs (pl) ▸ 日常生活需要 rìcháng shēnghuó xūyào necessities of life

许 (許) xǔ [动] 1 (称赞) praise 2 (答应) promise 3 (允许) allow
许 (許) 多 xǔduō [形] many ▸ 他养了许多金鱼。Tā yǎngle xǔduō jīnyú. He keeps a lot of goldfish.

叙 (敘) xù [动] 1 (谈) chat 2 (记述) recount

叙(敘)事 xùshì [动] narrate

叙(敘)述 xùshù [动] recount

畜 xù [动] raise
→ see also/另见 chù

畜牧 xùmù [动] rear ▸ 畜牧业
xùmùyè animal husbandry

酗酒 xù see below/见下文

酗酒 xùjiǔ [动] get drunk

婿 xù [名] (女婿) son-in-law ▸ 女婿
nǚxù son-in-law

宣 xuān [动] 1 (宣布) announce
2 (疏导) lead ... off ▸ 宣泄
xuānxiè get ... off one's chest

宣布 xuānbù [动] announce

宣称(稱) xuānchēng [动]
announce

宣传(傳) xuānchuán [动]
disseminate ▸ 宣传工具
xuānchuán gōngjù means of
dissemination

宣告 xuāngào [动] proclaim

宣誓 xuānshì [动] take an oath

宣言 xuānyán [名] declaration

宣扬(揚) xuānyáng [动] advocate

宣战(戰) xuānzhàn [动] declare
war

喧 xuān [动] make a noise

喧哗(譁) xuānhuá I [形] riotous
II [动] create a disturbance

喧闹(鬧) xuānnào [形] rowdy

悬(懸) xuán [动] 1 (挂) hang
2 (设想) imagine 3 (挂念) be
concerned about 4 (未定) be
unresolved

悬(懸)挂(掛) xuánguà [动] hang

悬(懸)念 xuánniàn [名] suspense

悬(懸)崖 xuányá [名] precipice

旋 xuán I [动] 1 (旋转) revolve
2 (返回) return II [名] spiral
→ see also/另见 xuàn

旋律 xuánlǜ [名] melody

旋钮(鈕) xuánniǔ [名] knob

旋涡(渦) xuánwō [名] whirlpool

旋转(轉) xuánzhuǎn [动] revolve

选(選) xuǎn I [动] 1 (挑选) choose
2 (选举) vote II [名] 1 (指人)
selection ▸ 人选 rénxuǎn
selection of people 2 (作品集)
collection ▸ 文选 wénxuǎn
collected works (pl)

选(選)拔 xuǎnbá [动] select

选(選)举(舉) xuǎnjǔ [动] elect

选(選)民 xuǎnmín [名] electorate

选(選)手 xuǎnshǒu [名]
contestant

选(選)修 xuǎnxiū [动] choose to
study ▸ 选修课程 xuǎnxiū
kèchéng optional course

选(選)择(擇) xuǎnzé [动] choose
▸ 别无选择 bié wú xuǎnzé
have no choice

旋 xuàn [动] spin
→ see also/另见 xuán

旋风(風) xuànfēng [名] whirlwind

靴 xuē [名] boot

靴子 xuēzi [名] boot

穴 xué [名] 1 (洞) den 2 (穴位)
acupuncture point

穴位 xuéwèi [名] acupuncture
point

学(學) xué I [动] 1 (学习) study ▶学英语 xué Yīngyǔ learn English 2 (模仿) imitate II [名] 1 (学问) learning ▶博学 bóxué erudition 2 (学科) science ▶生物学 shēngwùxué biology ▶化学 huàxué chemistry 3 (学校) school ▶大学 dàxué university ▶中学 zhōngxué senior school (英), high school (美) ▶小学 xiǎoxué primary school (英), elementary school (美)

学(學) 费(費) xuéfèi [名] tuition fee

学(學) 科 xuékē [名] subject

学(學) 历(歷) xuélì [名] educational background

学(學) 生 xuésheng [名] student

学(學) 士 xuéshì [名] (指学位) bachelor's degree

学(學) 术(術) xuéshù [名] learning

学(學) 说(說) xuéshuō [名] theory

学(學) 位 xuéwèi [名] degree

学(學) 问(問) xuéwen [名] learning

学(學) 院 xuéyuàn [名] college

学(學) 习(習) xuéxí [动] study

学(學) 校 xuéxiào [名] school

学(學) 业(業) xuéyè [名] studies (pl)

学(學) 者 xuézhě [名] scholar

雪 xuě [名] snow ▶下雪 xiàxuě to snow

雪花 xuěhuā [名] snowflake

血 xuè [名] (血液) blood
→ see also/另见 xiě

血统(統) xuètǒng [名] blood relation

血型 xuèxíng [名] blood type

血压(壓) xuèyā [名] blood pressure

血液 xuèyè [名] 1 (血) blood 2 (主要力量) lifeblood

血缘(緣) xuèyuán [名] blood relation

熏(薰) xūn [动] 1 (烟气接触物体) blacken 2 (熏制) smoke ▶熏肉 xūnròu smoked meat

寻(尋) xún [动] search

寻(尋) 常 xúncháng [形] usual

寻(尋) 求 xúnqiú [动] seek

寻(尋) 找 xúnzhǎo [动] look for

巡 xún [动] patrol

巡逻(邏) xúnluó [动] patrol

询(詢) xún [动] inquire

询(詢) 问(問) xúnwèn [动] ask

循 xún [动] abide by

循环(環) xúnhuán [动] circulate

训(訓) xùn I [动] 1 (教导) teach 2 (训练) train II [名] rule

训(訓) 练(練) xùnliàn [动] train

迅 xùn [形] swift

迅速 xùnsù [形] swift

驯(馴) xùn I [形] tame II [动] tame

驯(馴) 服 xùnfú I [形] tame II [动] tame

Y

压(壓) yā I [动] 1 (施力) press 2 (超越) outdo 3 (使稳定) control 4 (压制) suppress 5 (积压) put ... off II [名] pressure

压(壓)力 yālì [名] 1 (物) pressure 2 (对人) pressure 3 (负担) burden

压(壓)迫 yāpò [动] 1 (压制) oppress 2 (挤压) put pressure on

压(壓)岁(歲)钱(錢) yāsuìqián [名] traditional gifts of money given to children during the Spring Festival

压(壓)抑 yāyì [动] suppress

呀 yā [叹] (表示惊异) oh ▷ 呀! 已经12点了! Yā! Yǐjīng shí'èr diǎn le! Oh! It's 12 o'clock already!

押 yā [动] (抵押) leave ... as a security

押金 yājīn [名] deposit

鸦(鴉) yā [名] crow

鸦(鴉)片 yāpiàn [名] opium

鸭(鴨) yā [名] duck

牙 yá [名] (牙齿) tooth

牙齿(齒) yáchǐ [名] tooth

牙床 yáchuáng [名] gum

牙膏 yágāo [名] toothpaste

牙签(籤) yáqiān [名] toothpick

牙刷 yáshuā [名] toothbrush

牙痛 yátòng [名] toothache

牙医(醫) yáyī [名] dentist

芽 yá [名] (指植物) sprout

崖 yá [名] cliff

哑(啞) yǎ [形] 1 (不能说话) mute 2 (不说话) speechless 3 (嘶哑) hoarse

哑(啞)巴 yǎba [名] mute

哑(啞)铃(鈴) yǎlíng [名] dumbbell

哑(啞)语(語) yǎyǔ [名] sign language

轧(軋) yà [动] (碾) roll

亚(亞) yà I [形] inferior ▷ 亚军 yàjūn runner-up II [名] Asia

亚(亞)洲 Yàzhōu [名] Asia ▷ 她是亚洲人。 Tā shì Yàzhōurén. She's Asian.

咽 yān [名] pharynx → see also/另见 yàn

咽喉 yānhóu [名] (字) throat

烟(煙)yān [名] 1 (指气体) smoke 2 (烟草) tobacco ► 香烟 xiāngyān cigarette

烟(煙)草 yāncǎo [名] 1 (指植物) tobacco plant 2 (烟草制品) tobacco

烟(煙)花 yānhuā [名] firework

烟(煙)灰缸 yānhuīgāng [名] ashtray

烟(菸)民 yānmín [名] smokers (pl)

淹 yān [动] (淹没) flood

淹没(沒)yānmò [动] 1 (漫过) submerge 2 (喻) drown ... out

延 yán [动] 1 (延长) extend 2 (推迟) delay

延长(長)yáncháng [动] extend

延迟(遲)yánchí [动] delay

严(嚴)yán [形] 1 (严密) tight 2 (严格) strict

严(嚴)格 yángé [形] strict

严(嚴)谨(謹)yánjǐn [形] (严密谨慎) meticulous

严(嚴)厉(厲)yánlì [形] severe

严(嚴)肃(肅)yánsù [形] 1 (庄重) solemn 2 (严格认真) severe

严(嚴)重 yánzhòng [形] serious

言 yán I [动] speak II [名] 1 (话) speech 2 (字) words (pl)

言论(論)yánlùn [名] speech ▷ 言论自由 yánlùn zìyóu freedom of speech

言情片 yánqíngpiàn [名] romantic film (英) 或 movie (美)

言语(語)yányǔ [名] language

岩(巖)yán [名] rock

炎 yán I [形] scorching II [名] (炎症) inflammation

炎黄(黃)子孙(孫)Yán-Huáng zǐsūn [名] Chinese people

炎热(熱)yánrè [形] scorching hot

炎症 yánzhèng [名] inflammation

沿 yán I [介] along II [动] (依照) follow III [名] edge

沿岸 yán'àn [名] bank

沿海 yánhǎi [名] coast

研 yán [动] (研究) research ► 研究院 yánjiūyuàn research institute ► 研究生 yánjiūshēng postgraduate student

研究 yánjiū [动] 1 (探求) research 2 (商讨) discuss

盐(鹽)yán [名] salt

颜(顏)yán [名] 1 (脸) face 2 (颜色) colour (英), color (美)

颜(顏)料 yánliào [名] colouring (英), coloring (美)

颜(顏)色 yánsè [名] (色彩) colour (英), color (美)

眼 yǎn [名] 1 (眼睛) eye 2 (小洞) small hole

眼光 yǎnguāng [名] 1 (视线) gaze 2 (观察能力) vision 3 (观点) perspective

眼红(紅)yǎnhóng [动] be jealous

眼界 yǎnjiè [名] horizons (pl)

眼睛 yǎnjing [名] eye

眼镜(鏡)yǎnjìng [名] glasses (pl)

眼泪(淚)yǎnlèi [名] tear

眼力 yǎnlì [名] 1 (视力) eyesight 2 (鉴别能力) judgement

眼神 yǎnshén [名] 1(指神态) expression 2(方)(视力) eyesight

演 yǎn [动] (表演) perform

演出 yǎnchū [动] perform

演讲(講) yǎnjiǎng [动] make a speech

演示 yǎnshì [动] demonstrate

演说(說) yǎnshuō [动] make a speech

演员(員) yǎnyuán [名] performer

演奏 yǎnzòu [动] perform

厌(厭) yàn [动] (厌恶) detest

厌(厭)烦(煩) yànfán [动] be sick of

厌(厭)恶(惡) yànwù [动] loathe

砚(硯) yàn [名] ink stone

咽(嚥) yàn [动] swallow
→ see also/另见 yān

宴 yàn [动] host a dinner ▶ 宴请 yànqǐng invite ... to dinner

宴会(會) yànhuì [名] banquet

验(驗) yàn [动] (检查) test

验(驗)光 yànguāng [动] have an eye test

验(驗)血 yànxiě [动] have a blood test

谚(諺) yàn [名] saying ▶ 谚语 yànyǔ proverb

雁 yàn [名] wild goose

焰 yàn [名] flame

燕 yàn [名] swallow

燕麦(麥) yànmài [名] oats (pl)

燕尾服 yànwěifú [名] tailcoat

羊 yáng [名] sheep ▶ 山羊 shānyáng goat

羊毛 yángmáo [名] wool

羊绒(絨)衫 yángróngshān [名] cashmere

羊肉 yángròu [名] mutton

阳(陽) yáng [名] 1(阴的对立面) Yang (from Yin and Yang) 2(太阳) sun ▶ 阳光 yángguāng sunlight

阳(陽)台(臺) yángtái [名] balcony

阳(陽)性 yángxìng [名] 1(医) positive 2(语言) masculine

洋 yáng I [名] (海洋) ocean II [形] (外国的) foreign

洋白菜 yángbáicài [名] cabbage

洋葱(蔥) yángcōng [名] onion

仰 yǎng [动] (脸向上) look up

仰望 yǎngwàng [动] look up

养(養) yǎng I [动] 1(供给) provide for 2(饲养) keep ▷ 我爱养花。 Wǒ ài yǎng huā. I like growing flowers. 3(生育) give birth to 4(培养) form ▷ 养成习惯 yǎngchéng xíguàn form a habit II [形] foster ▶ 养母 yǎngmǔ foster mother ▶ 养子 yǎngzǐ adopted son

养(養)活 yǎnghuo [动] (口) 1(提供生活费用) support 2(饲养) raise 3(生育) give birth to

养(養)料 yǎngliào [名] nourishment

养(養)育 yǎngyù [动] bring up

养(養)殖 yǎngzhí [动] breed

氧 yǎng [名] oxygen ▶ 氧气 yǎngqì oxygen

痒(癢) yǎng [动] itch

样(樣) yàng I [名] 1 (模样) style 2 (标准物) sample II [量] type ▷ 3 样水果 sān yàng shuǐguǒ three types of fruit

样(樣)品 yàngpǐn [名] sample

样(樣)式 yàngshì [名] style

样(樣)子 yàngzi [名] 1 (模样) appearance 2 (神情) expression

妖 yāo [名] evil spirit

妖精 yāojing [名] (妖怪) demon

要 yāo [动] 1 (求) ask 2 (邀请) invite → see also/另见 yào

Both 要 yào and 会 huì can be used to express the future tense. 要 yào refers to something definite, e.g. 我明天要上班 wǒ míngtiān yào shàngbān (I am going to work tomorrow); 会 huì is usually used to express a possible, or probable outcome, e.g. 明天会下雨 míngtiān huì xiàyǔ (It might rain tomorrow).

要求 yāoqiú I [动] demand II [名] request

腰 yāo [名] 1 (身体中部) waist 2 (裤腰) waist

腰包 yāobāo [名] wallet

腰带(帶) yāodài [名] belt

腰果 yāoguǒ [名] cashew nut

腰围(圍) yāowéi [名] waistline

腰子 yāozi [名] (口) kidney

邀 yāo [动] (邀请) invite

邀请(請) yāoqǐng [动] invite

谣(謠) yáo [名] 1 (歌谣) folk song ▶ 歌谣 gēyáo folk song 2 (谣言) rumour (英), rumor (美) ▶ 谣言 yáoyán hearsay

谣(謠)传(傳) yáochuán I [动] be rumoured (英) 或 rumored (美) II [名] rumour (英), rumor (美)

摇(搖) yáo [动] shake

摇(搖)动(動) yáodòng [动] 1 (摇东西) wave 2 (晃) shake

摇(搖)滚(滾)乐(樂) yáogǔnyuè [名] rock and roll

摇(搖)晃 yáohuàng [动] shake

摇(搖)篮(籃) yáolán [名] cradle

遥(遙) yáo [形] distant ▶ 遥控器 yáokòngqì remote control

遥(遙)控 yáokòng [动] operate by remote control

遥(遙)远(遠) yáoyuǎn [形] 1 (指距离) distant 2 (指时间) far-off

咬 yǎo [动] 1 (指用嘴) bite 2 (夹住) grip

舀 yǎo [动] ladle

药(藥) yào [名] 1 (指治病) medicine 2 (指化学物品) chemical

药(藥)材 yàocái [名] herbal medicine

药(藥)店 yàodiàn [名] chemist's

药(藥)方 yàofāng [名] prescription

药(藥)物 yàowù [名] medicine

要 yào I [形] important II [动] 1 (想得到) want ▷ 我女儿要一个新书包。Wǒ nǚ'ér yào yī gè xīn shūbāo. My daughter wants a new schoolbag. 2 (要求) ask ▷ 老师要我们安静。Lǎoshī yào wǒmen ānjìng. The teacher asked us to be quiet. III [助动] 1 (应该) should ▷ 饭前要洗手。Fàn qián yào xǐ shǒu. You should wash your hands before you eat. 2 (需要) need ▷ 我要上厕所。Wǒ yào shàng cèsuǒ. I need the toilet. 3 (表示意志) want ▷ 我要学开车。Wǒ yào xué kāichē. I want to learn to drive. 4 (将要) about to ▷ 我们要放暑假了。Wǒmen yào fàng shǔjià le. We're about to break for summer vacation. IV [连] (如果) if ▷ 你要碰见他, 替我问声好。Nǐ yào pèngjiàn tā, tì wǒ wèn shēng hǎo. If you meet him, say hello from me.
→ see also / 另见 yāo

In a positive sentence, both 要 yào and 想 xiǎng can be used to express "want to". To express "I don't want to", it is more common to use 不想 bù xiǎng, as the expression 不要 bù yào is stronger and indicates a definite decision, meaning "I shall not (under any circumstances)".

要不 yàobù [连] 1 (否则) otherwise ▷ 快点走, 要不你要迟到了。Kuài diǎn zǒu, yàobù nǐ yào chídào le. Go quickly, otherwise you'll be late.

2 (要么) either ... or ▷ 我们要不去看电影, 要不去咖啡厅, 你说呢? Wǒmen yàobù qù kàn diànyǐng, yàobù qù kāfēitīng, nǐ shuō ne? We can either go to see a film or go to a coffee shop — which would you prefer?

要紧 (緊) yàojǐn [形] 1 (重要) important 2 (严重) serious

要领 (領) yàolǐng [名] 1 (要点) gist 2 (基本要求) main points (pl)

要么 (麼) yàome [连] either ... or ▷ 你要么学文, 要么学理。Nǐ yàome xué wén, yàome xué lǐ. You either study arts or science.

要是 yàoshi [连] if ▷ 你要是不满意, 可以随时退货。Yàoshi nǐ bù mǎnyì, kěyǐ suíshí tuì huò. If you're not satisfied, you can return the goods at any time.

钥 (鑰) yào see below / 见下文
钥 (鑰) 匙 yàoshi [名] key

耀 yào [动] (照射) shine

耶 yē see below / 见下文
耶稣 (穌) Yēsū [名] Jesus

椰 yē [名] coconut
椰子 yēzi [名] 1 (树) coconut tree 2 (果实) coconut

噎 yē [动] (堵塞) choke

爷 (爺) yé [名] (祖父) (paternal) grandfather
爷 (爺) 爷 (爺) yéye [名] (口) (祖父) (paternal) granddad

也 yě [副] 1 (同样) also ▷ 他也去过中国。Tā yě qùguo Zhōngguó.

He's been to China too. **2**(表示转折) still ▷ 即使他来了，也帮不上忙。Jíshǐ tā lái le, yě bāng bù shàng máng. Even if he comes, it still won't be of any use.

也许(許) yěxǔ [副] perhaps

野 yě **I** [名](野外) open country ▶野餐 yěcān picnic **II** [形] **1**(野生) wild ▶野菜 yěcài wild herbs (pl) **2**(蛮横) rude ▶粗野 cūyě rough **3**(无约束) unruly

野餐 yěcān [动] have a picnic

野蛮(蠻) yěmán [形] **1**(蒙昧) uncivilized **2**(残暴) brutal

野生 yěshēng [形] wild

野兽(獸) yěshòu [名] wild animal

野外 yěwài [名] open country

野心 yěxīn [名] ambition

野营(營) yěyíng [名] camp

业(業) yè [名] **1**(行业) industry ▷ 饮食业 yǐnshíyè the food and drink industry **2**(职业) job ▶就业 jiùyè obtain employment ▶失业 shīyè be unemployed **3**(学业) studies (pl) ▶毕业 bìyè graduate **4**(产业) property ▶家业 jiāyè family property

业(業)务(務) yèwù [名] profession

业(業)余(餘) yèyú **I** [名] spare time **II** [形] amateurish

业(業)主 yèzhǔ [名] owner

叶(葉) yè [名](叶子) leaf

页(頁) yè **I** [名] page **II** [量] page

页(頁)码(碼) yèmǎ [名] page number

夜 yè [名] night

夜班 yèbān [名] night shift

夜猫(貓)子 yèmāozi [名](方) **1**(猫头鹰) owl ▶(喻)(晚睡者) night owl

夜生活 yèshēnghuó [名] nightlife

夜市 yèshì [名] night market

夜宵 yèxiāo [名] late-night snack

夜总(總)会(會) yèzǒnghuì [名] nightclub

液 yè [名] liquid

液体(體) yètǐ [名] liquid

腋 yè [名](夹肢窝) armpit ▶腋毛 yèmáo underarm hair

一 yī [数] **1**(指数目) one ▶一辈子 yībèizi a lifetime **2**(相同) ▷一类人 yī lèi rén the same sort of people **3**(全) ▷一屋子烟 yī wūzi yān full of smoke

一 yī is pronounced as 1st tone when it is used by itself to mean the number one for example in telephone numbers etc. When it is followed by another syllable it changes its tone depending on the tone of the subsequent syllable. If the subsequent syllable is 1st, 2nd or 3rd tone then it is pronounced as 4th tone yì. If the subsequent syllable is a 4th tone, then it is pronounced as a 2nd tone yí. For consistency, changes of tone in pinyin are not shown in this book.

一般 yìbān [形] **1**(一样) same ▷他

们俩一般大。Tāmen liǎ yībān dà. The two of them are the same age. **2** (普通) ordinary

一半 yībàn [名] half

一边(邊) yībiān I [名] (一面) side II [副] at the same time

一道 yīdào [副] together

一点(點)儿(兒) yīdiǎnr [量] **1** (一些) some ▷ 你存李太多，我帮你提一点儿吧。Nǐ xíngli tài duō, wǒ bāng nǐ tí yīdiǎnr ba. You've got so much luggage – let me help you with some of it. **2** (很少) a little ▷ 这件事我一点儿都不知道。Zhè jiàn shì wǒ yīdiǎnr dōu bù zhīdào. I know nothing about this.

一定 yīdìng I [形] **1** (规定的) definite **2** (固定的) fixed **3** (相当) certain **4** (特定) given II [副] definitely ▷ 放心，我一定去机场接你。Fàngxīn, wǒ yīdìng qù jīchǎng jiē nǐ. Don't worry, I'll definitely pick you up at the airport.

一共 yīgòng [副] altogether ▷ 这套书一共多少本？Zhè tào shū yīgòng duōshao běn? How many books are there in this set?

一…就… yī…jiù… [副] as soon as ▷ 我一到家就给你打电话。Wǒ yī dào jiā jiù gěi nǐ dǎ diànhuà. I'll call you as soon as I get home.

一连(連) yīlián [副] on end ▷ 一连下了几个月的雨。Yīlián xiàle jǐ gè yuè de yǔ. It's been raining for months on end.

一路 yīlù [名] **1** (行程) journey ▷ 一路顺利吗？Yīlù shùnlì ma? Did you have a good journey? **2** (一起) the same way ▷ 咱俩是一路。Zán liǎ shì yīlù. We're going the same way.

一面 yīmiàn I [名] aspect ▷ 积极的一面 jījí de yīmiàn a positive aspect II [副] at the same time ▷ 她一面听音乐，一面看小说。Tā yīmiàn tīng yīnyuè, yīmiàn kàn xiǎoshuō. She was listening to music and reading a novel at the same time.

一齐(齊) yīqí [副] simultaneously

一起 yīqǐ I [名] the same place II [副] together

一切 yīqiè [代] **1** (全部) all **2** (全部事物) everything

一时(時) yīshí I [名] **1** (一个时期) time **2** (短暂时间) moment II [副] **1** (临时) for the moment **2** (时而) sometimes

一同 yītóng [副] together

一下 yīxià I [量] ▷ 我去问一下。Wǒ qù wèn yīxià. I'll just go and ask.

measure word, used after verbs to indicate one's attempts to do something

II [副] at once ▷ 天一下就冷了。Tiān yīxià jiù lěng le. All at once the weather turned cold.

一向 yīxiàng [副] always

一些 yīxiē [量] **1** (部分) some **2** (几个) a few **3** (略微) a little ▷ 她感觉好一些了。Tā gǎnjué hǎo yīxiē le. She feels a little better.

一样(樣) yīyàng [形] same ▷ 他俩爱好一样。Tā liǎ àihào yīyàng. They have the same hobbies.

一月 yīyuè [名] January

一再 yīzài [副] repeatedly

一直 yīzhí [副] 1 (不变向) straight 2 (不间断) always ▷ 大风一直刮了两天两夜。Dàfēng yīzhí guāle liǎng tiān liǎng yè. The gale blew for two days and two nights. 3 (指一定范围) all the way ▷ 从南一直到北 cóng nán yīzhí dào běi from the north all way to the south

一致 yīzhì I [形] unanimous II [副] unanimously

衣 yī [名] (衣服) clothing ▷ 衣裳 yīshang clothes (pl)

衣服 yīfu [名] clothes (pl)

衣柜(櫃) yīguì [名] wardrobe

医(醫) yī I [名] 1 (医生) doctor 2 (医学) medicine ▷ 中医 zhōngyī Chinese traditional medicine II [动] treat

医(醫)疗(療) yīliáo [动] treat ▷ 免费医疗制度 miǎnfèi yīliáo zhìdù system of free medical care

医(醫)生 yīshēng [名] doctor

医(醫)术(術) yīshù [名] medical skill

医(醫)务(務)室 yīwùshì [名] clinic

医(醫)学(學) yīxué [名] medicine

医(醫)药(藥) yīyào [名] medicine

医(醫)院 yīyuàn [名] hospital

医(醫)治 yīzhì [动] cure

依 yī [动] 1 (依靠) depend on 2 (依从) comply with

依旧(舊) yījiù [副] still

依据(據) yījù I [动] go by II [名] basis

依靠 yīkào I [动] rely on II [名] support

依赖(賴) yīlài [动] depend on

依然 yīrán [副] still

依照 yīzhào [介] according to

壹 yī [数] one

This is the character for "one", which is mainly used in banks, on receipts, etc. to prevent mistakes and forgery.

仪(儀) yí [名] 1 (外表) appearance 2 (礼节) ceremony 3 (仪器) meter

仪(儀)器 yíqì [名] meter

仪(儀)式 yíshì [名] ceremony

姨 yí [名] 1 (母亲的姐妹) aunt 2 (妻子的姐妹) sister-in-law

移 yí [动] 1 (移动) move 2 (改变) change

移动(動) yídòng [动] move

移民 yímín I [动] emigrate II [名] immigrant

遗(遺) yí [动] 1 (遗失) lose 2 (留下) leave ... behind

遗(遺)产(產) yíchǎn [名] legacy

遗(遺)传(傳) yíchuán [动] inherit

遗(遺)憾 yíhàn I [名] regret II [动] be a pity

遗(遺)弃(棄) yíqì [动] 1 (车、船等) abandon 2 (妻、子女等) desert

遗(遺)书(書)yíshū [名] (书面遗言) last letter (*of dying man*)

遗(遺)体(體)yítǐ [名] remains (pl)

遗(遺)忘 yíwàng [动] forget

遗(遺)址(址)yízhǐ [名] ruins (pl)

遗(遺)嘱(囑)yízhǔ [名] will

疑 yí [动] doubt

疑难(難)yínán [形] knotty

疑问(問)yíwèn [名] question

疑心 yíxīn I [名] suspicion II [动] suspect

已 yǐ [副] already

已经(經)yǐjīng [副] already

以 yǐ (书) I [动] use ▷ 以强凌弱 yǐ qiáng líng ruò use one's strength to humiliate the weak II [介] (依照) by 2 (因为) for 3 (表示界限) by ▷ 以内 yǐnèi within ▷ 南 yǐnán to the south III [连] ▷ 我们要改进技术，以提高生产效率。Wǒmen yào gǎijìn jìshù, yǐ tígāo shēngchǎn xiàolǜ. We should improve the technology so as to increase production.

以便 yǐbiàn [连] in order that

以后(後)yǐhòu [名] ▷ 两年以后 liǎng nián yǐhòu two years later ▷ 以后我们去看电影。Yǐhòu wǒmen qù kàn diànyǐng. Afterwards we're going to see a film.

以及 yǐjí [连] as well as

以来(來)yǐlái [名] ▷ 入冬以来 rù dōng yǐlái since the beginning of the winter

以免 yǐmiǎn [连] in case

以前 yǐqián [名] ▷ 10年以前 shí

nián yǐqián ten years ago ▷ 她以前是老师。Tā yǐqián shì lǎoshī. She was a teacher before.

以为(為)yǐwéi [动] think

以下 yǐxià [名] (低于某点) ▷ 30岁以下 sānshí suì yǐxià under thirty

以致 yǐzhì [连] so that

蚁(蟻)yǐ [名] ant ▷ 蚂蚁 mǎyǐ ant

椅 yǐ [名] chair

椅子 yǐzi [名] chair

亿(億)yì [数] hundred million

义(義)yì I [名] 1 (正义) righteousness 2 (情谊) human relationship 3 (意义) meaning II [形] 1 (正义的) just 2 (拜认的) adopted ▷ 义父 yìfù adoptive father

义(義)卖(賣)yìmài [动] sell ... for charity

义(義)气(氣)yìqì I [名] loyalty II [形] loyal

义(義)务(務)yìwù I [名] duty II [形] compulsory

艺(藝)yì [名] 1 (技能) skill ▷ 手艺 shǒuyì craftsmanship 2 (艺术) art

艺(藝)人 yìrén [名] (表演者) performer

艺(藝)术(術)yìshù [名] 1 (文艺) art 2 (方法) skill ▷ 管理艺术 guǎnlǐ yìshù management skills II [形] artistic

艺(藝)术(術)家 yìshùjiā [名] artist

忆(憶) yì [动] remember ▶ 记忆 jìyì memory

议(議) yì I [名] opinion ▶ 建议 jiànyì propose II [动] discuss ▶ 商议 shāngyì discuss

议(議)程 yìchéng [名] agenda

议(議)会(會) yìhuì [名] parliament

议(議)论(論) yìlùn I [动] discuss II [名] talk

议(議)题(題) yìtí [名] topic

议(議)员(員) yìyuán [名] MP(英), congressman, congresswoman (美)

异(異) yì I [形] 1 (不同) different ▶ 差异 chāyì difference 2 (奇异) strange 3 (另外) other ▶ 异国 yìguó foreign country II [动] separate ▶ 离异 líyì separate

异(異)常 yìcháng [形] unusual

异(異)性 yìxìng [名] (指性别) the opposite sex

译(譯) yì [动] translate

译(譯)文 yìwén [名] translation

译(譯)者 yìzhě [名] translator

译(譯)制(製) yìzhì [动] dub

抑 yì [动] repress

抑郁(鬱) yìyù [形] depressed

抑制 yìzhì [动] 1 (生理) inhibit 2 (控制) control

易 yì [形] (容易) easy ▷ 易传染 yì chuánrǎn easily transmissible 易拉罐 yìlāguàn [名] can

疫 yì [名] epidemic

疫苗 yìmiáo [名] inoculation

益 yì I [名] benefit II [形] beneficial III [动] increase IV [副] increasingly

益处(處) yìchu [名] benefit

谊(誼) yì [名] friendship ▶ 友谊 yǒuyì friendship

意 yì [名] 1 (意思) meaning 2 (心愿) wish ▶ 好意 hǎoyì good intention

意见(見) yìjiàn [名] 1 (看法) opinion 2 (不满) objection

意识(識) yìshí I [名] consciousness II [动] realize

意思 yìsi [名] 1 (意义) meaning 2 (意见) idea 3 (愿望) wish 4 (趣味) interest ▷ 有意思 yǒu yìsi interesting ▷ 没意思 méi yìsi boring 5 (心意) token

意图(圖) yìtú [名] intention

意外 yìwài I [名] accident II [形] unexpected

意义(義) yìyì [名] 1 (含义) meaning 2 (作用) significance

毅 yì [形] resolute

毅力 yìlì [名] perseverance

因 yīn I [连] because II [介] because of ▷ 昨天他因病缺课。 Zuótiān tā yīn bìng quē kè. He missed a class yesterday because of illness. III [名] cause ▶ 病因 bìngyīn cause of the illness

因此 yīncǐ [连] so

因而 yīn'ér [连] therefore

因素 yīnsù [名] 1 (成分) element 2 (原因) factor

因特网(網) Yīntèwǎng [名] the Internet

因为(為) yīnwèi [连] because

阴(陰) yīn I [形] 1 (指天气) overcast 2 (阴险的) insidious ▶ 阴谋 yīnmóu plot 3 (物) negative ▶ 阴性 yīnxìng negative II [名] 1 (阳的对立面) Yin (from Yin and Yang) 2 (指月亮) the moon ▶ 阴历 yīnlì lunar calendar 3 (阴凉处) shade ▶ 树阴 shùyīn the shade

阴(陰)暗 yīn'àn [形] gloomy

阴(陰)部 yīnbù [名] private parts (pl)

阴(陰)凉(涼) yīnliáng [形] shady and cool

音 yīn [名] 1 (声音) sound 2 (消息) news (sg)

音量 yīnliàng [名] volume

音响(響) yīnxiǎng [名] (指设备) acoustics (pl)

音像 yīnxiàng [名] audio and video

音乐(樂) yīnyuè [名] music

音乐(樂)会(會) yīnyuèhuì [名] concert

银(銀) yín I [名] 1 (指金属) silver 2 (指货币) money ▶ 收银台 shōuyíntái cashier's desk II [形] silver

银(銀)行 yínháng [名] bank

银(銀)河 yínhé [名] the Milky Way

银(銀)幕 yínmù [名] screen

银(銀)牌 yínpái [名] silver medal

龈(齦) yín [名] gum ▶ 牙龈 yáyín gum

引 yǐn [动] 1 (牵引) draw 2 (引导) lead ▶ 引路 yǐnlù lead the way 3 (引起) cause 4 (引用) cite

引导(導) yǐndǎo [动] 1 (带领) lead 2 (启发引导) guide

引进(進) yǐnjìn [动] 1 (人) recommend 2 (物) import

引力 yǐnlì [名] gravitation

引起 yǐnqǐ [动] cause

引擎 yǐnqíng [名] engine

引用 yǐnyòng [动] (引述) quote

引诱(誘) yǐnyòu [动] 1 (诱导) induce 2 (诱惑) tempt

饮(飲) yǐn I [动] drink II [名] drink

饮(飲)料 yǐnliào [名] drink

饮(飲)食 yǐnshí [名] food and drink

饮(飲)用水 yǐnyòngshuǐ [名] drinking water

隐(隱) yǐn [动] conceal

隐(隱)藏 yǐncáng [动] conceal

隐(隱)瞒(瞞) yǐnmán [动] cover ... up

隐(隱)私 yǐnsī [名] private matters (pl)

瘾(癮) yǐn [名] (嗜好) addiction ▶ 上瘾 shàng yǐn be addicted to

印 yìn I [名] 1 (图章) stamp 2 (痕迹) print II [动] (留下痕迹) print

印度 Yìndù [名] India

印刷 yìnshuā [动] print

印象 yìnxiàng [名] impression

印章 yìnzhāng [名] seal

荫(蔭) yìn [形] shady

萌(蔭)凉(涼) yìnliáng [形] shady
　　and cool

应(應) yīng I [动] 1 (答应) answer
　　2 (应允) agree II [助动] should
　　→ see also/另见 yìng

应(應)当(當) yīngdāng [助动]
　　should

应(應)该(該) yīnggāi [助动]
　　should

应(應)允 yīngyǔn [动] consent

英 yīng [名] 1 (才能出众者) hero
　　▶ 精英 jīngyīng elite 2 (英国)
　　Britain

英镑(鎊) yīngbàng [名] pound
　　sterling

英格兰(蘭) Yīnggélán [名]
　　England

英国(國) Yīngguó [名] Great
　　Britain ▷ 英国的 Yīngguó de
　　British

英国(國)人 Yīngguórén [名] the
　　British

英俊 yīngjùn [形] (漂亮的)
　　handsome

英文 Yīngwén [名] English

英文 Yīngwén generally refers
to the written English
language, whereas 英语
Yīngyǔ refers to the spoken
English language, although
they are to some extent
interchangeable. This is the
same for all languages.

英雄 yīngxióng I [名] hero II [形]
　　heroic

英勇 yīngyǒng [形] brave

英语(語) Yīngyǔ [名] English

婴(嬰) yīng [名] baby

婴(嬰)儿(兒) yīng'ér [名] baby

樱(櫻) yīng [名] (樱桃) cherry
　　▶ 樱桃 yīngtáo cherry 2 (樱花)
　　cherry blossom ▶ 樱花 yīnghuā
　　cherry blossom

鹦(鸚) yīng see below/见下文

鹦(鸚)鹉(鵡) yīngwǔ [名] parrot

鹰(鷹) yīng [名] eagle

迎 yíng [动] 1 (迎接) welcome
　　2 (对着) meet

迎合 yínghé cater to

迎接 yíngjiē [动] welcome

萤(螢) yíng [名] firefly ▶ 萤火虫
　　yínghuǒchóng firefly

营(營) yíng I [动] (经营) operate
　　II [名] 1 (军队驻地) barracks (pl)
　　2 (军队编制) battalion 3 (营地)
　　camp ▶ 营地 yíngdì camp

营(營)救 yíngjiù [动] rescue

营(營)销(銷) yíngxiāo [动] sell

营(營)养(養) yíngyǎng [名]
　　nourishment

营(營)业(業) yíngyè [动] do
　　business

蝇(蠅) yíng [名] fly ▶ 苍蝇
　　cāngyíng fly

赢(贏) yíng [动] 1 (胜) win 2 (获利)
　　gain

赢(贏)利 yínglì [名] gain

影 yǐng [名] 1 (影子) shadow
　　2 (照片) photograph 3 (电影) film
　　(英), movie (美)

影片 yǐngpiàn [名] 1 (胶片) film

2 (电影) film (英), movie (美)
影响(響) yǐngxiǎng I [动] affect II [名] influence
影印 yǐngyìn [动] photocopy

应(應) yìng [动] 1 (回答) answer ▶ 回应 huíyìng answer 2 (满足) respond to 3 (顺应) comply with 4 (应付) handle ▶ 应急 yìngjí handle an emergency → see also/另见 yīng

应(應)酬 yìngchou I [动] socialize with II [名] social engagement
应(應)付 yìngfù [动] 1 (采取办法) handle 2 (敷衍) do half-heartedly 3 (将就) make do with
应(應)聘 yìngpìn [动] accept an offer
应(應)用 yìngyòng I [动] apply II [形] applied

硬 yìng I [形] 1 (坚固) hard 2 (刚强) firm 3 (能干的) strong II [副] obstinately
硬币(幣) yìngbì [名] coin
硬件 yìngjiàn [名] 1 (计算机) hardware 2 (设备) equipment
硬盘(盤) yìngpán [名] hard disk

哟(喲) yō [叹] (表示轻微的惊异或赞叹) oh

佣(傭) yōng I [动] hire II [名] servant ▶ 女佣 nǚyōng maid → see also/另见 yòng

拥(擁) yōng [动] 1 (抱) embrace 2 (围着) gather round 3 (拥挤) swarm 4 (拥护) support
拥(擁)抱 yōngbào [动] embrace

拥(擁)护(護) yōnghù [动] support
拥(擁)挤(擠) yōngjǐ I [形] crowded II [动] crowd
拥(擁)有 yōngyǒu [动] have

庸 yōng [形] (不高明) mediocre
庸俗 yōngsú [形] vulgar

永 yǒng I [形] (书) everlasting II [副] forever
永恒(恆) yǒnghéng [形] everlasting
永久 yǒngjiǔ [形] eternal
永远(遠) yǒngyuǎn [副] eternally

泳 yǒng [名] swim ▶ 蛙泳 wāyǒng breaststroke
泳道 yǒngdào [名] lane

勇 yǒng [形] brave
勇敢 yǒnggǎn [形] brave
勇气(氣) yǒngqì [名] courage

用 yòng I [动] 1 (使用) use 2 (需要) need 3 (消费) consume ▶ 用餐 yòng cān have a meal II [名] 1 (费用) expense ▶ 家用 jiāyòng household expenses (pl) 2 (用处) use ▶ 没用 méiyòng useless
用处(處) yòngchu [名] use
用功 yònggōng I [形] hardworking II [动] work hard
用户(戶) yònghù [名] user ▶ 网络用户 wǎngluò yònghù internet user
用户名 yònghùmíng [名] (计算机) username
用具 yòngjù [名] tool
用力 yònglì [动] exert oneself

用品 yòngpǐn [名] goods (pl)
用途 yòngtú [名] use

佣 yòng see below/见下文
→ see also/另见 yōng
佣金 yòngjīn [名] commission

优(優) yōu [形] (优良) excellent
优(優)点(點) yōudiǎn [名] strong point
优(優)良 yōuliáng [形] fine
优(優)美 yōuměi [形] elegant
优(優)势(勢) yōushì [名] advantage
优(優)先 yōuxiān [动] have priority
优(優)秀 yōuxiù [形] outstanding
优(優)越 yōuyuè [形] superior

忧(憂) yōu I [形] anxious II [动] worry III [名] anxiety
忧(憂)伤(傷) yōushāng [形] sad
忧(憂)郁(鬱) yōuyù [形] depressed

幽 yōu [形] (暗) dim ▶ 幽暗 yōu'àn gloomy
幽默 yōumò [形] humorous

悠 yōu [形] 1 (久远) remote 2 (闲适) leisurely
悠久 yōujiǔ [形] long-standing
悠闲(閒) yōuxián [形] leisurely

尤 yóu [副] especially
尤其 yóuqí [副] especially

由 yóu I [动] 1 (听凭) give in to 2 (经过) go through II [介] 1 (归) by 2 (根据) ▶ 由此可见… yóu cǐ kě jiàn… from this we can see…

3 (从) from 4 (由于) due to III [名] cause ▶ 理由 lǐyóu reason
由于(於) yóuyú [介] as a result of

邮(郵) yóu I [动] post (英), mail (美) II [名] 1 (邮务) post (英), mail (美) 2 (邮票) stamp
邮(郵)递(遞) yóudì [动] send … by post (英) 或 mail (美)
邮(郵)电(電) yóudiàn [名] post and telecommunications
邮(郵)寄 yóujì [动] post (英), mail (美)
邮(郵)件 yóujiàn [名] post (英), mail (美)
邮(郵)局 yóujú [名] post office
邮(郵)票 yóupiào [名] stamp
邮(郵)政 yóuzhèng [名] postal service
邮(郵)资(資) yóuzī [名] postage

犹(猶) yóu [副] still
犹(猶)豫 yóuyù [形] hesitant

油 yóu I [名] oil II [形] oily
油滑 yóuhuá [形] slippery
油腻(膩) yóunì I [形] greasy II [名] greasy food
油漆 yóuqī I [名] varnish II [动] varnish

鱿(魷) yóu [名] squid
鱿(魷)鱼(魚) yóuyú [名] squid

游(遊) yóu [动] 1 (游泳) swim 2 (游览) tour
游(遊)客 yóukè [名] tourist
游(遊)览(覽) yóulǎn [动] tour
游牧 yóumù [动] live a nomadic life
游(遊)说(說) yóushuì [动] lobby

游(遊)戏(戲)yóuxì I [名] game II [动] play

游(遊)行 yóuxíng [动] march

游泳 yóuyǒng I [动] swim II [名] swimming

游泳池 yóuyǒngchí [名] swimming pool

友 yǒu I [名] friend ▸ 男友 nányǒu boyfriend II [形] friendly ▸ 友好 yǒuhǎo friendly

友爱(愛) yǒu'ài [形] affectionate

友情 yǒuqíng [名] friendship

友人 yǒurén [名] friend

友谊(誼) yǒuyì [名] friendship

有 yǒu [动] 1 (具有) have 2 (存在) ▷ 院子里有一棵大树。Yuànzi li yǒu yī kē dà shù. There's a big tree in the courtyard. 3 (发生) occur ▷ 我的生活有了一些变化。Wǒ de shēnghuó yǒule yīxiē biànhuà. A few changes have occurred in my life. (表示程度) have ▷ 他特别有学问。Tā tèbié yǒu xuéwèn. He's extremely knowledgeable. 4 (某) ▷ 有时候 yǒushíhou sometimes ▷ 有一次，他得了冠军。Yǒu yī cì, tā déle guànjūn. He won a prize once.

有的 yǒude [名] some ▷ 展出的作品，有的来自本土，有的来自海外。Zhǎnchū de zuòpǐn, yǒude láizì běntǔ, yǒude láizì hǎiwài. Of the articles on display, some are local, others are from overseas.

有点(點)儿(兒) yǒudiǎnr [副] somewhat

有关(關) yǒuguān [动] 1 (有关系) be relevant 2 (涉及到) be about

有利 yǒulì [形] favourable (英), favorable (美)

有名 yǒumíng [形] famous

有趣 yǒuqù [形] interesting

有限 yǒuxiàn [形] limited

有限公司 yǒuxiàn gōngsī [名] limited company

有线(線)电(電)视(视) yǒuxiàn diànshì [名] cable TV

有幸 yǒuxìng [形] fortunate

有意思 yǒu yìsi I [形] 1 (有意义) significant 2 (有趣味) interesting II [动] be interested in

又 yòu [副] 1 (重复) again 2 (同时) ▷ 她是一个好教师，又是一个好妈妈。Tā shì yī gè hǎo jiàoshī, yòu shì yī gè hǎo māma. She's both a good teacher and a great mother. 3 (也) too 4 (另外) another 5 (再加上) and ▷ 一又三分之二 yī yòu sān fēn zhī èr one and two thirds 6 (可是) but

右 yòu [名] 1 (右边) right ▷ 右边 yòubian right side ▷ 请向右转。Qǐng xiàng yòu zhuǎn. Please turn right. 2 (右翼) the Right

幼 yòu I [形] young II [名] child ▷ 幼儿园 yòu'éryuán nursery school (英), kindergarten (美)

幼儿(兒) yòu'ér [名] small child

幼年 yòunián [名] infancy

幼小 yòuxiǎo [形] young

幼稚 yòuzhì [形] 1 (书) (年龄很小) young 2 (头脑简单) naive

诱(誘) yòu [动] 1 (诱导) guide 2 (引诱) entice

诱(誘)饵(餌) yòu'ěr [名] bait

诱(誘)惑 yòuhuò [动] 1 (引诱) entice 2 (吸引) attract

于(於) yú [介] 1 (在) in 2 (向) from 3 (对) to 4 (从) from 5 (比) than ▶大于 dàyú bigger than

于(於)是 yúshì [连] so

余(餘) yú [名] 1 (零头) ▶ 500余人 wǔ bǎi yú rén more than five hundred people 2 (指时间) ▶ 课余 kèyú extra-curricular

余(餘)地 yúdì [名] room

盂 yú [名] jar ▶ 痰盂 tányú spittoon (英), cuspidor (美)

鱼(魚) yú [名] fish ▶ 鱼肉 yúròu fish

娱(娛) yú I [动] amuse II [名] amusement

娱(娛)乐(樂) yúlè I [动] have fun II [名] entertainment

渔(漁) yú [动] (捕鱼) fish ▶ 渔业 yúyè fisheries

愉 yú [形] happy

愉快 yúkuài [形] happy ▷ 祝你旅行愉快! Zhù nǐ lǔxíng yúkuài! Have a pleasant journey!

愚 yú I [形] foolish ▶ 愚蠢 yúchǔn foolish II [动] fool

愚昧 yúmèi [形] ignorant

舆(輿) yú [形] popular

舆(輿)论(論) yúlùn [名] public opinion

与(與) yǔ I [介] with II [连] and

宇 yǔ [名] 1 (房屋) house 2 (四方) the universe

宇航 yǔháng I [动] travel through space II [名] space travel

宇航员(員) yǔhángyuán [名] astronaut

宇宙 yǔzhòu [名] universe

羽 yǔ [名] 1 (羽毛) feather 2 (翅膀) wing

羽毛 yǔmáo [名] feather

羽毛球 yǔmáoqiú [名] 1 (指运动) badminton 2 (指球体) shuttlecock

雨 yǔ [名] rain ▶ 下雨 xiàyǔ to rain

雨具 yǔjù [名] waterproofs (pl)

雨水 yǔshuǐ [名] (降水) rain

语(語) yǔ I [名] (语言) language ▶ 手语 shǒuyǔ sign language II [动] talk

语(語)调(調) yǔdiào [名] tone

语(語)法 yǔfǎ [名] grammar

语(語)句 yǔjù [名] sentence

语(語)气(氣) yǔqì [名] 1 (口气) tone of voice 2 (语法) mood

语(語)文 yǔwén [名] 1 (语言文字) language 2 (中文) Chinese 3 (语言与文学) language and literature

语(語)言 yǔyán [名] language

语(語)音 yǔyīn [名] pronunciation

语(語)音信箱 yǔyīn xìnxiāng [名] voice mail

语(語)种(種) yǔzhǒng [名] language

与(與)yù [动] take part in ▸ 与会
yùhuì participate in a
conference ▸ 与会者 yùhuìzhě
conferee
→ see also/ 另见 yǔ

玉 yù [名] (玉石) jade
玉米 yùmǐ [名] (指植物) maize
(英), corn (美)

郁(鬱)yù [形] (烦闷) gloomy
郁(鬱)闷(悶)yùmèn [形]
melancholy

育 yù I [动] 1 (生育) give birth to
2 (养活) raise ▸ 养育 yǎngyù
bring up II [名] education ▸ 教育
jiàoyù education

狱(獄)yù [名] (监狱) prison ▸ 监狱
jiānyù prison

浴 yù [动] wash
浴盆 yùpén [名] bath
浴室 yùshì [名] bathroom

预(預)yù [副] in advance
预(預)报(報)yùbào [动] predict
▸ 天气预报 tiānqì yùbào
weather forecast
预(預)备(備)yùbèi [动] prepare
预(預)测(測)yùcè [动] predict
预(預)防 yùfáng [动] prevent
预(預)感 yùgǎn [动] have a
premonition
预(預)计(計)yùjì [动] estimate
预(預)见(見)yùjiàn [动] foresee
预(預)科 yùkē [名] foundation
course
预(預)料 yùliào [动] predict
预(預)算 yùsuàn [名] budget

预(預)习(習)yùxí [动] prepare for
lessons
预(預)言 yùyán [动] predict

域 yù [名] region ▸ 领域 lǐngyù
realm

欲(慾)yù [名] desire
欲(慾)望 yùwàng [名] desire

遇 yù I [动] meet ▸ 遇到 yùdào
meet II [名] 1 (待遇) treatment
2 (机会) opportunity

寓 yù I [动] 1 (居住) live 2 (寄托)
imply II [名] residence ▸ 公寓
gōngyù flat (英), apartment (美)
寓言 yùyán [名] fable

鸳(鴛)yuān [名] mandarin duck
鸳(鴛)鸯(鴦)yuānyāng [名]
(指鸟) mandarin duck

冤 yuān [名] 1 (冤枉) injustice ▸ 冤
枉 yuānwang treat unfairly
2 (冤仇) enmity

元 yuán I [名] 1 (始) first 2 (首)
chief ▸ 元首 yuánshǒu head of
state 3 (主) fundamental ▸ 元素
yuánsù element 4 (整体)
component ▸ 单元 dānyuán
unit 5 (圆形货币) coin ▸ 金元
jīnyuán gold coin II [量] yuan
▸ 5元钱 wǔ yuán qián five yuan
元旦 Yuándàn [名] New Year's
Day
元件 yuánjiàn [名] part
元帅(帥)yuánshuài [名]
commander-in-chief
元宵 yuánxiāo [名] sweet round
dumplings made of glutinous rice,

y

usually eaten with the broth in which they are cooked

元宵节(節) Yuánxiāo Jié [名] the Lantern Festival

元宵节 Yuánxiāo Jié

The Lantern Festival is celebrated on the 15th day of the Lunar Chinese New Year. The traditional food which is eaten at this festival is called 元宵 yuánxiāo or 汤圆 tāngyuán, a traditional sweet dumpling made of glutinous rice, with various sweet fillings.

园(園) yuán [名] 1(指菜地或果林) garden 2(指游乐场所) park

园(園)丁 yuándīng [名](园艺工人) gardener

园(園)林 yuánlín [名] garden

园(園)艺(藝) yuányì [名] gardening

员(員) yuán [名] 1(指工作或学习的人) ▶ 炊事员 chuīshìyuán cook 2(成员) member

员(員)工 yuángōng [名] staff (pl)

原 yuán [形] 1(本来的) original 2(未加工的) raw ▶ 原油 yuányóu crude oil

原来(來) yuánlái I [形] original II [副] 1(起初) originally 2(其实) all along

原理 yuánlǐ [名] principle

原谅(諒) yuánliàng [动] forgive

原料 yuánliào [名](指烹饪) ingredient

原始 yuánshǐ [形] 1(古老) primitive 2(最初) original

原先 yuánxiān I [形] original II [副] originally

原因 yuányīn [名] reason

原则(則) yuánzé [名] principle

原著 yuánzhù [名] the original

原子 yuánzǐ [名] atom

圆(圓) yuán I [形] 1(圆形的) round ▶ 圆圈 yuánquān circle 2(球形的) spherical 3(圆满的) satisfactory II [名](数)(圆周) circle

圆(圓)规(規) yuánguī [名] compasses (pl)

圆(圓)满(滿) yuánmǎn [形] satisfactory

圆(圓)舞曲 yuánwǔqǔ [名] waltz

援 yuán [动](援助) help ▶ 支援 zhīyuán support

援救 yuánjiù [动] rescue

援助 yuánzhù [动] help

缘(緣) yuán [名] 1(缘故) cause 2(缘分) fate 3(边缘) edge

缘(緣)分 yuánfèn [名] fate

缘(緣)故 yuángù [名] cause

猿 yuán [名] ape

猿猴 yuánhóu [名] apes and monkeys (pl)

猿人 yuánrén [名] ape-man

源 yuán [名] source ▶ 水源 shuǐyuán source

远(遠) yuǎn [形] 1(指距离) far ▶ 远程 yuǎnchéng long-distance 2(指血统) distant 3(指程度) far

远(遠)大 yuǎndà[形] far-reaching

远(遠)方 yuǎnfāng[名] afar

远(遠)见(見) yuǎnjiàn[名] foresight

远(遠)亲(親) yuǎnqīn[名] distant relative

远(遠)视(視) yuǎnshì[名](医) long sightedness

远(遠)足 yuǎnzú[动] hike

院 yuàn[名] 1(院落) courtyard ▶院子 yuànzi yard 2(机关和处所) ▶电影院 diànyǐngyuàn cinema (英), movie theater (美) 3(学院) college 4(医院) hospital

愿(願) yuàn I[名](愿望) wish II[助动] ▶我不愿说。Wǒ bù yuàn shuō. I don't want to say anything.

愿(願)望 yuànwàng[名] wish

愿(願)意 yuànyì[动] 1(同意) be willing to 2(希望) wish

约(約) yuē I[动] 1(束缚) restrict 2(商定) arrange 3(邀请) invite II[形] brief 简约 jiǎnyuē brief III[副] about

约(約)会(會) yuēhuì[名] 1(指工作) appointment 2(指恋人) date

约(約)束 yuēshù[动] bind

月 yuè[名] 1(月球) the moon ▶满月 mǎnyuè full moon 2(月份) month ▶3月 sānyuè March 3(每月) monthly ▶月薪 yuèxīn monthly salary

月饼(餅) yuèbǐng[名] mooncake

月饼 yuèbǐng Mooncakes, the traditional festival food for 中秋节 Zhōngqiū Jié (the Mid-Autumn Festival), are round cakes made of a variety of sweet fillings including beanpaste, egg and peanut.

月份 yuèfèn[名] month

月光 yuèguāng[名] moonlight

月经(經) yuèjīng[名](例假) period

月亮 yuèliang[名] the moon

月票 yuèpiào[名] monthly ticket

乐(樂) yuè[名] music ▶器乐 qìyuè instrumental music ▶民乐 mínyuè folk music → see also/另见 lè

乐(樂)队(隊) yuèduì[名] band

乐(樂)器 yuèqì[名] musical instrument

乐(樂)曲 yuèqǔ[名] music

乐(樂)团(團) yuètuán[名] philharmonic orchestra

岳(嶽) yuè[名] 1(高山) mountain 2(妻子的父母) parents-in-law (pl)

岳父 yuèfù[名] father-in-law

岳母 yuèmǔ[名] mother-in-law

阅(閱) yuè[动] 1(看) read 2(检阅) inspect ▶阅读(經历) experience

阅(閱)读(讀) yuèdú[动] read

阅(閱)览(覽) yuèlǎn[动] read

阅(閱)历(歷) yuèlì[动] experience

跃(躍) yuè[动] leap ▶跳跃

tiàoyuè jump

越 yuè I [动] 1 (跨过) jump over 2 (超过) exceed II [副] ▶ 越发 yuèfā increasingly

越来(來)越 yuèláiyuè [副] more and more ▶ 天气越来越暖和了。 Tiānqì yuèláiyuè nuǎnhuo le. The weather is getting warmer and warmer.

越野 yuèyě [动] go cross-country

越…越… yuè…yuè… [副] the more … the more … ▶ 越早越好 yuè zǎo yuè hǎo the earlier the better

晕(暈) yūn [动] 1 (晕眩) feel dizzy 2 (昏迷) faint ▶ 她晕过去了。 Tā yūn guòqù le. She passed out. → see also/另见 yùn

云(雲) yún [名] cloud

云(雲)彩 yúncai [名] (口) cloud

匀(勻) yún I [形] even II [动] 1 (使均匀) even … out 2 (分) apportion

匀(勻)称(稱) yúnchèn [形] well-proportioned

允 yǔn [动] allow

允许(許) yǔnxǔ [动] allow

孕 yùn I [动] be pregnant ▶ 怀孕 huáiyùn pregnancy II [名] pregnancy

运(運) yùn I [动] 1 (运动) move 2 (搬运) transport 3 (运用) use II [名] luck ▶ 好运 hǎoyùn good luck

运(運)动(動) yùndòng I [动] (物)

move II [名] 1 (体育活动) sport 2 (群众性活动) movement

运(運)动(動)鞋 yùndòngxié [名] trainer

运(運)动(動)员(員) yùndòngyuán [名] athlete

运(運)河 yùnhé [名] canal

运(運)气(氣) yùnqi [名] luck

运(運)输(輸) yùnshū [动] transport

运(運)算 yùnsuàn [动] calculate

运(運)行 yùnxíng [动] move

运(運)用 yùnyòng [动] make use of

运(運)转(轉) yùnzhuǎn [动] (指机器) run

运(運)作 yùnzuò [动] operate

晕(暈) yùn [动] feel giddy ▶ 晕机 yùnjī be airsick ▶ 晕车 yùnchē be carsick ▶ 晕船 yùnchuán be seasick
→ see also/另见 yūn

熨 yùn [动] iron

熨斗 yùndǒu [名] iron

Z

再 zài [副] 1 (又) again ▷ 你再说一遍。Nǐ zài shuō yī biàn. Say that again. 2 (更) more ▷ 请把音量放得再大些。Qǐng bǎ yīnliàng fàng de zài dà xiē. Please turn the volume up a bit. 3 (继续) ▷ 我不能再等了。Wǒ bùnéng zài děng le. I can't wait any longer. 4 (接着) then ▷ 你做完功课再看小说。Nǐ zuòwán gōngkè zài kàn xiǎoshuō. You can read your book when you've finished your homework.
5 (另外) ▷ 再说 zàishuō besides
再见(見) zàijiàn [动] say goodbye ▷ 再见! Zàijiàn! Goodbye!
再三 zàisān [副] again and again

在 zài I [动] 1 (存在) live 2 (处于) ▷ 你的书在桌子上。Nǐ de shū zài zhuōzi shang. Your book is on the table. ▷ 我父母在纽约。Wǒ fùmǔ zài Niǔyuē. My parents are in New York. 3 (在于) rest with II [副] ▷ 情况在改变。Qíngkuàng zài gǎibiàn. Things are changing. ▷ 他们在看电视。Tāmen zài kàn diànshì. They're watching TV. III [介] at ▷ 在机场等候 zài jīchǎng děnghòu wait at the airport ▷ 在历史上 zài lìshǐ shang in history
在乎 zàihu [动] care
在于(於) zàiyú [动] 1 (存在) lie in 2 (取决于) depend on
咱 zán [代] 1 (咱们) we 2 (方) (我) I
咱们(們) zánmen [代] 1 (我们) we 2 (我) I
攒(攢) zǎn [动] save

杂(雜) zá I [形] miscellaneous ▷ 复杂 fùzá complicated II [动] mix
杂(雜)货(貨) záhuò [名] groceries (pl)
杂(雜)技 zájì [名] acrobatics (pl)
杂(雜)志(誌) zázhì [名] magazine
砸 zá [动] 1 (撞击) pound 2 (打破) break ▷ 杯子砸坏了。Bēizi záhuài le. The cup was broken.
灾(災) zāi [名] 1 (灾害) disaster ▷ 水灾 shuǐzāi flood 2 (不幸) misfortune
灾(災)害 zāihài [名] disaster
灾(災)难(難) zāinàn [名] disaster
栽 zāi [动] 1 (种) plant ▷ 栽花 zāi huā grow flowers 2 (摔倒) tumble

Z

暂(暫) zàn I[形] brief II[副] temporarily

暂(暫)时(時) zànshí[名] ▷ 暂时的需要 zànshí de xūyào temporary need

赞(贊) zàn[动] 1(帮助) assist ▷ 赞助 zànzhù assistance 2(称颂) commend ▷ 赞赏 zànshǎng admire

赞(贊)成 zànchéng[动] approve

赞(讚)美 zànměi[动] praise

赞(贊)同 zàntóng[动] approve of

赞(讚)扬(揚) zànyáng[动] pay tribute to

脏(髒) zāng[形] dirty ▷ 脏话 zānghuà dirty word

遭 zāo[动] meet with ▷ 遭殃 zāoyāng suffer

遭到 zāodào[动] encounter

遭受 zāoshòu[动] suffer

糟 zāo I[名] dregs (pl) II[动] 1(浪费) waste ▷ 糟蹋 zāota spoil 2(腌制) flavour (英) 或 flavor (美) with alcohol III[形] 1(腐烂) rotten 2(弄坏) messy

糟糕 zāogāo[形] terrible ▷ 真糟糕, 我的钥匙丢了。 Zhēn zāogāo, wǒ de yàoshi diū le. Oh no, I've lost my key!

早 zǎo I[名] morning II[副] a long time ago III[形] early

早安 zǎo'ān[名] ▷ 早安! Zǎo'ān! Good morning!

早餐 zǎocān[名] breakfast

早晨 zǎochen[名] morning

早饭(飯) zǎofàn[名] breakfast

早晚 zǎowǎn I[名] morning and evening II[副] 1(迟早) sooner or later 2(方)(将来) some day

早上 zǎoshang[名] morning

造 zào[动] 1(制作) make 2(瞎编) concoct ▷ 造谣 zàoyáo start a rumour (英) 或 rumor (美)

造成 zàochéng[动] cause

造反 zàofǎn[动] rebel

造型 zàoxíng[名] model

噪 zào[动] (嚷) clamour (英), clamor (美) ▷ 噪音 zàoyīn noise

责(責) zé I[名] responsibility ▷ 负责 fùzé be responsible for II[动] (责备) blame ▷ 指责 zhǐzé censure

责(責)备(備) zébèi[动] blame

责(責)任 zérèn[名] responsibility

怎 zěn[代](口) ▷ 你怎能相信他的话? Nǐ zěn néng xiāngxìn tā de huà? How can you believe him?

怎么(麼) zěnme I[代] ▷ 你看这事我该怎么办? Nǐ kàn zhè shì wǒ gāi zěnme bàn? What do you think I should do about this? ▷ 你昨天怎么没来上课? Nǐ zuótiān zěnme méi lái shàngkè? Why weren't you in class yesterday? ▷ 我是怎么想就怎么说。 Wǒ shì zěnme xiǎng jiù zěnme shuō. I say whatever I think. ▷ 他最近怎么样? Tā zuìjìn zěnme yàng? How has he been doing?

怎样(樣) zěnyàng[副] how

增 zēng[动] increase
增加 zēngjiā[动] increase
增长(長) zēngzhǎng[动] increase

赠(贈) zèng[动] present ▶ 捐赠 juānzèng donate
赠(贈)品 zèngpǐn[名] gift

扎(紮) zhā[动] 1(刺) prick 2(住下) set up camp 3(钻进) plunge into
扎(紮)实(實) zhāshí[形] 1(结实) sturdy 2(实在) solid

炸 zhá[动] fry
→ see also/另见 zhà

炸 zhà[动] 1(爆破) blow ... up 2(破裂) explode 3(逃离) run scared
→ see also/另见 zhá
炸弹(彈) zhàdàn[名] bomb
炸药(藥) zhàyào[名] explosive

摘 zhāi[动] 1(取) pick 2(选) select 3(借) borrow

窄 zhǎi[形] 1(不宽敞) narrow 2(气量小) narrow-minded 3(不宽裕) hard up

粘 zhān[动] stick

盏(盞) zhǎn I[名] small cup II[量] ▷ 一盏灯 yī zhǎn dēng a lamp measure word, used for lamps and lights

展 zhǎn I[动] 1(进行) develop 2(施展) give free rein to 3(暂缓) postpone II[名] exhibition
展出 zhǎnchū[动] exhibit
展开(開) zhǎnkāi[动] 1(张开)

spread 2(进行) develop
展览(覽) zhǎnlǎn[名] exhibition
展品 zhǎnpǐn[名] exhibit

崭(嶄) zhǎn[动] see below/见下文
崭(嶄)新 zhǎnxīn[形] brand-new

占(佔) zhàn[动] 1(占用) occupy

战(戰) zhàn I[名] war II[动] 1(战斗) fight 2(发抖) shiver
战(戰)斗(鬥) zhàndòu[动] fight
战(戰)胜(勝) zhànshèng[动] overcome
战(戰)士 zhànshì[名] soldier
战(戰)争(爭) zhànzhēng[名] war

站 zhàn I[动] 1(站立) stand 2(停下) stop II[名] 1(停车地点) stop ▷ 公共汽车站 gōnggòng qìchēzhàn bus stop 2(服务机构) centre(英), center(美)

张(張) zhāng I[动] 1(打开) open 2(展开) extend ▶ 扩张 kuòzhāng stretch 3(夸大) exaggerate ▶ 夸张 kuāzhāng exaggerate 4(看) look 5(开业) open for business 6(陈设) lay ... on II[量] 1(指平的物体) ▷ 一张海报 yī zhāng hǎibào a poster ▷ 一张书桌 yī zhāng shūzhuō a desk 2(指嘴或脸) ▷ 一张大嘴 yī zhāng dà zuǐ a big mouth ▷ 一张脸 yī zhāng liǎn a face measure word, used for flat objects such as newspaper, maps, paintings, cards, tickets, pancakes; furniture such as beds, desks, sofas; mouths and faces

章 zhāng [名] 1 (作品) article ▶文章 wénzhāng chapter 2 (章节) chapter 3 (条理) order 4 (章程) regulation ▶宪章 xiànzhāng charter 5 (图章) seal 6 (标志) badge (英), button (美)

长(長) zhǎng I [形] 1 (大) older ▷他年长我3岁。Tā nián zhǎng wǒ sān suì. He's three years older than me. 2 (排行第一) oldest ▶长兄 zhǎngxiōng oldest brother II [名] 1 (年长者) ▶兄长 xiōngzhǎng elder brother 2 (头领) head ▶校长 xiàozhǎng head teacher III [动] 1 (生) form 2 (发育) grow 3 (增加) acquire → see also/另见 cháng

涨(漲) zhǎng [动] increase

掌 zhǎng I [名] 1 (手掌) palm 2 (人的脚掌) sole 3 (动物的脚掌) foot 4 (掌形物) ▶仙人掌 xiānrénzhǎng cactus 5 (U型铁) horseshoe 6 (鞋掌) sole II [动] 1 (打) slap 2 (钉) sole 3 (主持) be in charge of

掌握 zhǎngwò [动] control

丈 zhàng [量] (长度单位) Chinese unit of length, equal to 3.3 metres

丈夫 zhàngfu [名] husband

帐(帳) zhàng [名] curtain ▶蚊帐 wénzhàng mosquito net

帐(帳)篷 zhàngpeng [名] tent

账(賬) zhàng [名] 1 (账目) accounts (pl) 2 (账簿) ledger 3 (债务) credit ▶赊账 shēzhàng buy on credit

账(賬)单(單) zhàngdān [名] bill

账(賬)号(號) zhànghào [名] account number

障 zhàng I [名] barrier II [动] hinder

障碍(礙) zhàng'ài I [动] hinder II [名] obstacle

招 zhāo I [动] 1 (挥动) beckon 2 (招收) recruit 3 (引来) attract 4 (惹怒) provoke 5 (坦白) confess II [名] 1 (计谋) trick 2 (指下棋) move

招待 zhāodài [动] entertain ▷招待会 zhāodàihuì reception

招呼 zhāohu [动] 1 (呼唤) call 2 (问候) greet 3 (吩咐) tell

着(著) zháo [动] 1 (挨) touch 2 (受到) be affected by 3 (燃烧) be lit 4 (入睡) fall asleep

着(著) zháojí [形] worried

找 zhǎo [动] 1 (寻找) look for 2 (退余额) give change ▶找钱 zhǎoqián give change 3 (求见) call on

召 zhào [动] summon

召开(開) zhàokāi [动] hold

照 zhào I [动] 1 (照射) light up 2 (映现) reflect 3 (拍摄) take a photograph 4 (照料) look after 5 (对照) contrast 6 (参照) refer to ▶参照 cānzhào consult 7 (明白) understand II [名] 1 (照片) photograph 2 (执照) licence (英), license (美) III [介] 1 (按照) according to 2 (向着) in the direction of

照常 zhàocháng [副] as usual
照顾(顧) zhàogù [动] 1 (照料) look after 2 (考虑) consider
照看 zhàokàn [动] look after
照料 zhàoliào [动] take care of
照片 zhàopiàn [名] photograph
照相 zhàoxiàng [动] take a picture
照相(機) zhàoxiàngjī [名] camera

折 zhé I [动] 1 (折断) break 2 (损失) lose 3 (弯曲) wind 4 (回转) turn back 5 (使信服) convince 6 (折合) convert ... into 7 (折叠) fold II [名] 1 (折子) notebook ▶ 存折 cúnzhé bank book 2 (折扣) discount
→ see also/另见 shé
折叠 zhédié [动] fold
折扣 zhékòu [名] discount
折磨 zhémó [动] torment

哲 zhé I [形] wise II [名] sage
哲学(學) zhéxué [名] philosophy

这(這) zhè [代] (指人或事物) this
这(這)边(邊) zhèbiān [副] here
这(這)个(個) zhège [代] this ▷ 这个可比那个好多了。Zhège bǐ nàge hǎo duō le. This one is much better than that one.
这(這)么(麼) zhème [代] 1 (指程度) so ▷ 今天这么热。Jīntiān zhème rè. It's so hot today. 2 (指方式) such ▷ 我看就应该这么做。Wǒ kàn jiù yīnggāi zhème zuò. I think it should be done this way.
这(這)儿(兒) zhèr [副] here

这(這)些 zhèxiē [代] these (pl)
这(這)样(樣) zhèyàng [代] 1 (指程度) so ▷ 乡村的风景这样美。Xiāngcūn de fēngjīng zhèyàng měi. The scenery in the countryside is so beautiful. 2 (指状态) such ▷ 再这样下去可不行。Zài zhèyàng xiàqù kě bùxíng. It really won't do to carry on like this.

针(針) zhēn [名] 1 (工具) needle 2 (针状物) ▶ 表针 biǎozhēn hand (on watch) ▶ 别针 biézhēn safety pin 3 (针剂) injection 4 (缝合) stitch
针(針)对(對) zhēnduì [动] 1 (对准) be aimed at 2 (按照) have ... in mind

真 zhēn I [形] true ▶ 真话 zhēnhuà truth ▶ 真品 zhēnpǐn genuine product II [副] really ▷ 他真勇敢。Tā zhēn yǒnggǎn. He is really brave.
真的 zhēnde [副] really
真理 zhēnlǐ [名] truth
真实(實) zhēnshí [形] true
真正 zhēnzhèng [形] true

枕 zhěn I [名] pillow II [动] rest one's head on
枕头(頭) zhěntou [名] pillow

阵(陣) zhèn [名] 1 (军) (阵形) battle formation 2 (军) (阵地) position 3 (时间) a while
振 zhèn [动] 1 (振动) vibrate 2 (振作) boost
振动(動) zhèndòng [动] vibrate

Z

镇(鎮)zhèn I[名] 1(城镇) town 2(重地) garrison II[动] 1(抑制) suppress 2(守卫) guard 3(安定) calm 4(冷却) cool III[形] calm ▶镇静 zhènjìng calm

镇(鎮)定 zhèndìng[形] calm

正 zhēng see below/见下文 → see also/另见 zhèng

正月 zhēngyuè[名] first month of the lunar year

争(爭)zhēng[动] 1(争夺) contend 2(争论) argue

争(爭)论(論)zhēnglùn[动] argue

争(爭)取 zhēngqǔ[动] strive for

征 zhēng I[动] 1(征讨) mount a military expedition 2(召集) draft ▶征兵 zhēngbīng conscript 3(征收) levy ▶征税 zhēngshuì levy taxes 4(征求) solicit ▶征订 zhēngdìng solicit subscriptions II[名] 1(征程) journey ▶长征 chángzhēng the Long March 2(迹象) sign ▶特征 tèzhēng feature

征服 zhēngfú[动] conquer

征(徵)求 zhēngqiú[动] solicit

征(徵)兆 zhēngzhào[名] sign

睁(睜)zhēng[动] open

蒸 zhēng[动] 1(指烹饪方法) steam 2(蒸发) evaporate

蒸气 zhēngqì[名] vapour (英), vapor (美)

蒸汽 zhēngqì[名] steam

整 zhěng I[形] 1(完整) whole 2(规整) tidy II[动] 1(整理) sort ... out 2(修理) repair

3(刁难) punish

整(個)zhěnggè[形] whole

整理 zhěnglǐ[动] sort ... out

整齐(齊)zhěngqí[形] 1(有序的) orderly 2(均匀的) even

正 zhèng I[形] 1(不偏不斜) straight ▶正前方 zhèng qiánfāng directly ahead ▷这照片挂得不正。Zhè zhàopiàn guà de bù zhèng. This photograph is not hung straight. 2(居中的) main 3(正面) right 4(正直) upright ▶公正 gōngzhèng just 5(正当) right ▶正轨 zhèngguǐ the right track 6(纯正) pure ▷这道菜的味儿不正。Zhè dào cài de wèir bù zhèng. This dish does not taste authentic. 7(规范的) regular 8(主要的) principal ▶正餐 zhèngcān main meal 9(指图形) regular 10(物) positive 11(数)(大于零的) positive ▶正数 zhèngshù positive number II[动] 1(使不歪) straighten 2(改正) put ... right III[副] 1(恰好) just 2(正在) right now ▷天正刮着风。Tiān zhèng guāzhe fēng. It's windy right now.
→ see also/另见 zhēng

正常 zhèngcháng[形] normal

正当(當)zhèngdàng[形] legitimate

正确(確)zhèngquè[形] correct

正式 zhèngshì[形] official

正在 zhèngzài[副] right now

证(證)zhèng I[动] prove II[名] 1(证据) evidence ▶物证

wùzhèng material evidence
2(证件)身份证 shēnfènzhèng
identity card

证(證)明 zhèngmíng **I**[动] prove
II[名] certificate

政 zhèng [名] **1**(政治) politics (*sg*)
2(事务) affairs (*pl*)

政策 zhèngcè [名] policy

政党(黨) zhèngdǎng [名] political
party

政府 zhèngfǔ [名] government

政权(權) zhèngquán [名] political
power

政治 zhèngzhì [名] politics (*sg*)

挣(掙) zhèng [动] **1**(赚得) earn
▶ 挣钱 zhèngqián earn money
2(摆脱) break free

之 zhī [助] (的) (of) ▶ 父母之爱 fùmǔ
zhī ài parental love

之后(後) zhīhòu [介] after

之间(間) zhījiān [介] **1**(指两者)
between **2**(指三者或三者以上)
among

之前 zhīqián [介] before

之上 zhīshàng [介] above

之下 zhīxià [介] below

之一 zhī yī [代] one of

之中 zhīzhōng [介] amid

支 zhī **I**[动] **1**(支撑) prop ... up
2(伸出) raise **3**(支持) bear
4(调度) send **5**(付出) pay ... out
6(领取) get **II**[名] **1**(指乐曲)
▶ 一支钢曲 yī zhī gāngqǔ
a piano tune **2**(指细长物)
▶ 一支钢笔 yī zhī gāngbǐ a pen
3(指队伍) ▶ 一支部队 yī zhī

búduì an army unit
▶ measure word, used for songs,
tunes, troops and stick-like
objects

支持 zhīchí [动] **1**(鼓励) support
2(支撑) hold out

支出 zhīchū **I**[动] spend **II**[名]
expenditure

支付 zhīfù [动] pay

支票 zhīpiào [名] cheque (英),
check (美) ▷ 把支票兑付成现金
bǎ zhīpiào duìhuànchéng
xiànjīn cash a cheque

支援 zhīyuán [动] help

只(隻) zhī [量] ▷ 一只拖鞋 yī zhī
tuōxié a slipper ▷ 两只小船 liǎng
zhī xiǎochuán two boats ▷ 只小
鸟 sān zhī xiǎo niǎo three birds
→ *see also/*另见 zhī
▶ measure word, used for one of
a pair such as gloves, eyes,
feet; also used for animals,
insects, birds and boats

芝 zhī *see below/*见下文

芝麻 zhīma [名] sesame

枝 zhī [名] branch

知 zhī **I**[动] **1**(知道) know **2**(使知
道) inform **II**[名] knowledge

知道 zhīdào [动] know ▷ 这事我
可不知道。Zhè shì wǒ kě bù
zhīdao. I really know nothing
about this.

知识(識) zhīshi [名] knowledge

织(織) zhī [动] knit

蜘 zhī *see below/*见下文

蜘蛛 zhīzhū [名] spider

执(執)zhí I[动]1(拿着)hold
2(执掌)take charge of 3(坚持)
stick to 4(执行)carry out II[名]
written acknowledgment ▸回
执 huízhí receipt

执(執)行 zhíxíng [动] carry out

执(執)照 zhízhào [名] licence(英),
license(美)

直 zhí I[形]1(不弯曲)straight
2(竖的)vertical 3(公正)
upstanding 4(直爽)candid
II[动]straighten III[副]1(直接)
straight 2(不断地)continuously
3(简直)simply

直到 zhídào [介] until

直接 zhíjiē [形] direct

直升机(機)zhíshēngjī [名]
helicopter

侄(姪)zhí [名] nephew

侄(姪)女 zhínǚ [名] niece

侄(姪)子 zhízi [名] nephew

值 zhí I[名]1(价值)value 2(数)
value II[动]1(值得)be worth
2(碰上)just happen to be
3(轮到)be on duty

值班 zhíbān [动] be on duty

值得 zhídé [动] be worth ▷这书值
得买。Zhè shū zhídé mǎi. This
book is worth buying.

职(職)zhí [名]1(职位)post
2(职责)duty

职(職)工 zhígōng [名]1(员工)
staff 2(工人)blue-collar
worker

职(職)业(業)zhíyè [名]
occupation

职(職)员(員)zhíyuán [名]
member of staff

植 zhí [动]1(栽种)plant 2(树立)
establish

植物 zhíwù [名] plant ▷草本植物
cǎoběn zhíwù herbs

止 zhǐ [动]1(停止)stop 2(截止)
end II[副] only

只 zhǐ [副] only ▷我只在周末有时
间。Wǒ zhǐ zài zhōumò yǒu
shíjiān. I only have time at the
weekend.
→ see also/另见 zhī

只好 zhǐhǎo [副] have to

只是 zhǐshì I[副] merely II[连]
but

只要 zhǐyào [连] so long as

只有 zhǐyǒu [副] only

纸(紙)zhǐ [名] paper

纸(紙)币(幣)zhǐbì [名] note(英),
bill(美)

指 zhǐ I[名] finger ▸中指 zhōngzhǐ
middle finger ▸无名指
wúmíngzhǐ ring finger II[动]
1(对着)point to 2(点明)point
... out 3(针对)refer to 4(依靠)rely
on

指出 zhǐchū [动] point ... out

指导(導)zhǐdǎo [动] instruct

指挥(揮)zhǐhuī I[动] command
II[名]1(指挥官)commander
2(乐队指挥)conductor

指南针(針)zhǐnánzhēn [名]
compass

指示 zhǐshì [动] instruct

指责(責)zhǐzé [动] criticize

至 zhì I [动] arrive II [介] to ▷ 从东 至西 cóng dōng zhì xī from east to west III [副] 1 (至于) ▷ 至于 zhìyú as to 2 (最) extremely ▷ 至 少 zhìshǎo at least

至今 zhìjīn [副] so far

至少 zhìshǎo [副] at least

至于(於) zhìyú [介] as to

制(製) zhì I [动] 1 (制造) make 2 (拟订) work ... out 3 (约束) restrict II [名] system

制订(訂) zhìdìng [动] work ... out

制定 zhìdìng [动] draw ... up

制度 zhìdù [名] system

制(製)造 zhìzào [动] 1 (物品) manufacture 2 (气氛、局势) create

制(製)作 zhìzuò [动] make ▷ 制作 网页 zhìzuò wǎngyè create a web page ▷ 制作商 zhìzuòshāng manufacturer

质(質) zhì I [名] 1 (性质) nature ▷ 本质 běnzhì nature 2 (质量) quality 3 (物质) matter 4 (抵押 品) pledge ▷ 人质 rénzhì hostage II [形] simple III [动] question ▷ 质疑 zhìyí cast doubt on

质(質)量 zhìliàng [名] 1 (物) mass 2 (优劣) quality

治 zhì [动] 1 (治理) control 2 (医治) cure 3 (消灭) exterminate 4 (惩办) punish 5 (研究) research

治安 zhì'ān [名] security ▷ 社会治 安 shèhuì zhì'ān public order

治疗(療) zhìliáo [动] cure

秩 zhì [名] order

秩序 zhìxù [名] sequence

智 zhì [形] wise II [名] wisdom

智慧 zhìhuì [名] intelligence

智力 zhìlì [名] intelligence

智商 zhìshāng [名] IQ

中 zhōng I [名] 1 (中心) centre (英), center (美) ▷ 中央 zhōngyāng central 2 (中国) China ▷ 中餐 zhōngcān Chinese food 3 (两端 之间的) the middle ▷ 中层 zhōngcéng mid-level 4 (不偏不 倚) impartial ▷ 适中 shìzhōng moderate 5 (在过程里的) course II [动] be suitable for

中国(國) Zhōngguó [名] China

中国(國)人 Zhōngguórén [名] Chinese person

中华(華) Zhōnghuá [名] China

中华(華)人民共和国(國) Zhōnghuá Rénmín Gònghéguó [名] People's Republic of China

中华人民共和国 Zhōnghuá Rénmín Gònghéguó
The People's Republic of China was declared in Tian'anmen Square on October 1st 1949 by Chairman Mao Zedong.

中间(間) zhōngjiān [名] 1 (中心) middle 2 (之间) the middle ▷ 我站在他俩中 间。Wǒ zhàn zài tā liǎ zhōngjiān. I was standing in between the both of them.

中介 zhōngjiè [名] agency ▷ 房产 中介 fángchǎn zhōngjiè estate agent

中年 zhōngnián [名] middle age

中秋节(節) Zhōngqiū Jié [名]
Mid-Autumn Festival

中秋节 Zhōngqiū Jié
The Mid-Autumn Festival is celebrated on the 15th day of the 8th month of the Chinese lunar calendar. Traditionally families gather to observe the moon and eat 月饼 yuèbǐng, mooncakes. The roundness of both the full moon and the cakes symbolize the unity of the family.

中文 Zhōngwén [名] Chinese

中午 zhōngwǔ [名] noon

中心 zhōngxīn [名] centre (英), center (美)

中学(學) zhōngxué [名] high school (英), senior school (美)

中旬 zhōngxún [名] *the middle ten days of a month*

中央 zhōngyāng [名] 1 (中心地) centre (英), center (美) 2 (最高机构) central government

中药(藥) zhōngyào [名] Chinese medicine

中医(醫) zhōngyī [名] 1 (医学) traditional Chinese medicine 2 (医生) doctor of traditional Chinese medicine

终(終) zhōng I [动] die II [副] in the end 终身 zhōngshēn all one's life

终(終)点(點) zhōngdiǎn [名] 1 (尽头) terminus 2 (体育) finish

终(終)于(於) zhōngyú [副] finally

终(終)止 zhōngzhǐ [动] stop

钟(鐘) zhōng [名] 1 (响器) bell 2 (记时器) clock 3 (指时间) ▷ 5点钟 wǔ diǎn zhōng five o'clock

钟(鐘)表(錶) zhōngbiǎo [名] clocks and watches

钟(鐘)头(頭) zhōngtóu [名] hour

肿(腫) zhǒng [动] swell

种(種) zhǒng I [名] 1 (物种) species (*sg*) 2 (人种) race 3 (种子) seed 4 (胆量) courage II [量] kind, type ▷ 各种商品 gè zhǒng shāngpǐn all kinds of commodities ▷ 3种选择 sān zhǒng xuǎnzé three choices
→ see also/另见 zhòng

种(種)子 zhǒngzi [名] seed

种(種)族 zhǒngzú [名] race

种(種) zhòng [动] sow ▷ 种田 zhòngtián farm ▶ 种痘 zhòngdòu vaccinate
→ see also/另见 zhǒng

重 zhòng I [名] weight II [形] 1 (重量大) heavy 2 (程度深) strong 3 (重要) important ▶ 重任 zhòngrèn important task 4 (不轻率) serious ▶ 稳重 wěnzhòng staid III [动] stress ▶ 注重 zhùzhòng pay attention to
→ see also/另见 chóng

重大 zhòngdà [形] major

重点(點) zhòngdiǎn [名] key point

重量 zhòngliàng [名] weight

重视(視) zhòngshì [动] attach importance to

重要 zhòngyào [形] important

周 zhōu I [名] 1 (圈子) circle 2 (星期) week II [动] 1 (环绕) circle 2 (接济) give ... financial help III [形] 1 (普遍) widespread 2 (完备) thorough

周到 zhōudào [形] thorough

周(週)末 zhōumò [名] weekend

周(週)围(圍) zhōuwéi [名] the vicinity

猪(豬) zhū [名] pig

猪(豬)肉 zhūròu [名] pork

竹 zhú [名] bamboo

竹子 zhúzi [名] bamboo

逐 zhú I [动] 1 (追赶) chase 2 (驱逐) drive ... away II [副] one after another

逐步 zhúbù [副] step by step

逐渐(漸) zhújiàn [副] gradually

主 zhǔ I [名] 1 (接待者) host ▶东道主 dōngdàozhǔ host 2 (所有者) owner ▶房主 fángzhǔ home-owner 3 (当事人) person concerned 4 (主见) idea 5 (上帝) God II [形] main III [动] 1 (主持) take charge ▶主办 zhǔbàn take charge of 2 (主张) be in favour (英) 或 favor (美) of 3 (从自身出发) look at ... subjectively ▶主观 zhǔguān subjective

主动(動) zhǔdòng [形] voluntary

主观(觀) zhǔguān [形] subjective

主人 zhǔrén [名] 1 (接待者) host 2 (雇佣者) master ▶女主人 nǚzhǔrén mistress 3 (所有者) owner

主任 zhǔrèn [名] director

主席 zhǔxí [名] chairman, chairwoman

主要 zhǔyào [形] major

主义(義) zhǔyì [名] doctrine ▶社会主义 shèhuì zhǔyì socialism ▶浪漫主义 làngmàn zhǔyì romanticism

主意 zhǔyì [名] 1 (办法) idea 2 (主见) opinion

主张(張) zhǔzhāng I [动] advocate II [名] standpoint

煮 zhǔ [动] boil

煮饭(飯) zhǔ fàn [动] cook

助 zhù [动] help

助手 zhùshǒu [名] assistant

住 zhù [动] 1 (居住) live 2 (停住) stop 3 (用作动词补语)

住宿 zhùsù [动] stay

住院 zhùyuàn [动] be hospitalized

住宅 zhùzhái [名] house

住址 zhùzhǐ [名] address

注 zhù I [动] 1 (灌入) pour ▶注射 zhùshè inject 2 (集中) concentrate 3 (解释) explain II [名] 1 (记载) record ▶注册 zhùcè enrol, enroll (美) 2 (赌注) bet

注意 zhùyì [动] be careful

祝 zhù [动] wish

祝贺(賀) zhùhè [动] congratulate

著 zhù I [形] marked II [动] 1 (显出) show 2 (写作) write III [名] work

著名 zhùmíng [形] famous

著作 zhùzuò [名] writings (pl)

抓 zhuā [动] 1 (拿住) grab 2 (划过) scratch 3 (捉拿) catch 4 (着重) take control of 5 (吸引) attract 6 (把握住) seize

抓紧(緊) zhuājǐn] make the most of

专(專) zhuān [动] 1 (集中) concentrate 2 (独占) dominate

专卖(賣) zhuānmài monopoly

专(專)家 zhuānjiā [名] expert

专(專)门(門) zhuānmén I [形] specialized II [副] especially

专(專)心 zhuānxīn [形] single-minded

专(專)业(業) zhuānyè [名] special field of study

砖(磚) zhuān [名] brick

转(轉) zhuǎn [动] 1 (改换) turn ▶转弯 zhuǎnwān turn a corner ▶转学 zhuǎnxué change schools 2 (传送) pass ... on ▶转送 zhuǎnsòng deliver
→ see also / 另见 zhuàn

转(轉)变(變) zhuǎnbiàn [动] transform

转(轉)告 zhuǎngào [动] pass on

转(轉) zhuàn [动] turn
→ see also / 另见 zhuǎn

赚(賺) zhuàn [动] 1 (获得利润) make a profit 2 (挣钱) earn

庄(莊) zhuāng [名] 1 (指村庄) village 2 (指土地) manor ▶庄园 zhuāngyuán manor 3 (指商店) ▶茶庄 cházhuāng teahouse ▶饭庄 fànzhuāng restaurant

庄(莊)稼 zhuāngjia [名] crops (pl)

庄(莊)严(嚴) zhuāngyán [形] solemn

装(裝) zhuāng I [动] 1 (修饰) dress up ▶装饰 zhuāngshì decorate 2 (假装) pretend 3 (装载) load 4 (安装) install II [名] (服装) clothing ▶套装 tàozhuāng matching outfit

状(狀) zhuàng [名] 1 (形状) shape 2 (情况) state ▶症状 zhèngzhuàng symptom 3 (诉状) complaint ▶告状 gàozhuàng bring a case 4 (证书) certificate ▶奖状 jiǎngzhuàng certificate

状(狀)况(況) zhuàngkuàng [名] condition

状(狀)态(態) zhuàngtài [名] condition

撞 zhuàng [动] 1 (碰撞) collide 2 (碰见) bump into 3 (试探) try 4 (闯) dash

撞车(車) zhuàngchē [动] 1 (车辆相撞) collide 2 (发生分歧) clash

追 zhuī [动] 1 (追赶) chase 2 (追究) investigate 3 (追求) seek 4 (回溯) reminisce

追捕 zhuībǔ [动] pursue and capture

追求 zhuīqiú [动] 1 (争取) seek 2 (求爱) chase after

准 zhǔn I [动] 1 (准许) allow ▶批准 pīzhǔn ratify 2 (依据) be in accord with II [名] standard III [形] 1 (准确) accurate ▶准时 zhǔnshí punctual 2 (类似) quasi

准(準)备(備) zhǔnbèi [动] 1 (筹划) prepare 2 (打算) plan

准(準)确(確) zhǔnquè [形] accurate

准(準)时(時) zhǔnshí [形] punctual

捉 zhuō [动] 1 (握住) clutch 2 (捕捉) catch

桌 zhuō I [名] table ▸ 书桌 shūzhuō desk II [量] table ▷ 一桌菜 yì zhuō cài a table covered in dishes

桌子 zhuōzi [名] table

咨 zī [动] consult

咨询(詢) zīxún [动] seek advice from

姿 zī [名] 1 (容貌) looks (pl) 2 (姿势) posture

姿势(勢) zīshì [名] posture

资(資) zī I [名] 1 (钱财) money ▸ 外资 wàizī foreign capital ▸ 邮资 yóuzī postage 2 (资质) ability ▸ 天资 tiānzī natural ability 3 (资格) qualifications (pl) ▸ 资历 zīlì record of service II [动] 1 (资助) aid ... financially 2 (提供) provide

资(資)本 zīběn [名] (优势)

资(資)格 zīgé [名] 1 (条件) qualifications (pl) 2 (身份) seniority

资(資)金 zījīn [名] funds (pl)

资(資)料 zīliào [名] 1 (必需品) means (pl) 2 (材料) material

资(資)源 zīyuán [名] resources (pl)

子 zǐ I [名] 1 (儿子) son ▸ 母子 mǔzǐ mother and son 2 (人) person

▸ 男子 nánzǐ man 3 (种子) seed ▸ 瓜子 guāzǐ melon seed 4 (卵) egg ▸ 鱼子 yúzǐ fish roe 5 (粒状物) ▸ 棋子 qízǐ chess piece 6 (铜子) coin II [形] 1 (幼小) young 2 (附属) affiliated

子女 zǐnǚ [名] children

仔 zǐ [形] young

仔细(細) zǐxì [形] 1 (细心) thorough 2 (小心) careful

紫 zǐ [形] purple

自 zì I [代] oneself II [副] certainly III [介] from

自从(從) zìcóng [介] since

自动(動) zìdòng [形] 1 (主动的) voluntary 2 (机械的) automatic

自动(動)取款机(機) zìdòng qǔkuǎnjī [名] cashpoint (英), ATM (美)

自费(費) zìfèi [形] self-funded

自己 zìjǐ I [代] oneself II [形] our

自觉(覺) zìjué I [动] be aware of II [形] conscientious

自来(來)水 zìláishuǐ [名] tap water

自拍 zìpāi [动] take a selfie

自然 zìrán I [名] nature II [形] natural III [副] naturally

自杀(殺) zìshā [动] commit suicide

自私 zìsī [形] selfish

自我 zìwǒ [代] self

自信 zìxìn [形] self-confident

自行车(車) zìxíngchē [名] bicycle

自学(學) zìxué [动] teach oneself

自由 zìyóu I [名] freedom II [形] free

自愿(願) zìyuàn [动] volunteer

自助餐 zìzhùcān [名] self-service buffet

字 zì [名] 1(文字) character 2(字音) pronunciation 3(书法作品) calligraphy ▶ 字画 zìhuà painting and calligraphy 4(字体) script 5(字据) written pledge

字典 zìdiǎn [名] dictionary

字母 zìmǔ [名] letter

宗 zōng [名] 1(祖宗) ancestor 2(家族) clan 3(宗派) school ▶ 正宗 zhèngzōng orthodox school 4(宗旨) purpose

宗教 zōngjiào [名] religion

综(綜) zōng [动] summarize ▶ 综述 zōngshù sum ... up

综(綜)合 zōnghé I [动] synthesize II [形] comprehensive

总(總) zǒng I [动] gather ▶ 总括 zǒngkuò sum ... up II [形] 1(全部的) total 2(为首的) chief ▶ 总部 zǒngbù headquarters (pl) III [副] 1(一直) always 2(毕竟) after all

总(總)理 zǒnglǐ [名] premier

总(總)是 zǒngshì [副] always

总(總)算 zǒngsuàn [副] 1(最终) finally 2(大体上) all things considered

总(總)统(統) zǒngtǒng [名] president

粽 zòng [名] see below/见下文

粽子 zòngzi [名] glutinous rice dumplings

粽子 zòngzi

> The traditional festival food for the Dragon Boat Festival is large pyramid-shaped glutinous rice dumplings wrapped in reed or bamboo leaves, often with sweet or meat fillings.

走 zǒu [动] 1(行走) walk ▶ 走路 zǒulù walk ▶ 出去走走 chūqù zǒuzou go out for a walk 2(跑动) run 3(运行) move 4(离开) leave ▶ 我先走。Wǒ xiān zǒu. I'll be off. 5(来往) visit 6(通过) move through 7(漏出) leak 8(改变) depart from 9(去世) die

走动(動) zǒudòng [动] 1(行走) walk about 2(来往) visit each other

走后(後)门(門) zǒu hòumén use one's connections

走廊 zǒuláng [名] corridor

租 zū I [动] 1(租用) (房屋) rent 2(租用) (汽车、自行车、录像带) hire (英), rent (美) 3(出租) rent out II [名] rent ▶ 房租 fángzū rent

足 zú I [名] foot ▶ 足迹 zújì footprint II [形] ample ▶ 充足 chōngzú adequate III [副] 1(达到某种程度) as much as 2(足以) enough

足够(夠) zúgòu [动] be enough

足球 zúqiú [名] football

阻 zǔ [动] block

阻止 zǔzhǐ [动] stop

组(組) zǔ I [动] form II [名] group

组(組)成 zǔchéng [动] form

组(組)织(織) zǔzhī [动] organize II [名] 1(集体) organization 2(指器官) tissue 3(指纱线) weave

祖 zǔ [名] 1(祖辈) grandparent 2(祖宗) ancestor 3(首创者) founder

祖父 zǔfù [名] grandfather

祖国(國) zǔguó [名] motherland

祖母 zǔmǔ [名] grandmother

祖先 zǔxiān [名] ancestors (pl)

钻(鑽) zuān [动] 1(打洞) drill 2(穿过) go through 3(钻研) bury one's head in
→ see also/另见 zuàn

钻(鑽)研 zuānyán [动] study ... intensively

钻(鑽) zuàn [名] 1(工具) drill 2(钻石) diamond
→ see also/另见 zuān

钻(鑽)石 zuànshí [名] 1(金刚石) diamond 2(宝石) jewel

嘴 zuǐ [名] 1(口) mouth 2(嘴状物) ▷ 茶壶嘴 cháhú zuǐ spout of a teapot 3(话) words (pl) ▷ 插嘴 chāzuǐ interrupt

最 zuì [副] most ▷ 最难忘的海外之旅 zuì nánwàng de hǎiwài zhī lǚ the most unforgettable trip abroad ▷ 这家饭店服务最好。Zhè jiā fàndiàn fúwù zuì hǎo. The service at this restaurant is the best.

最初 zuìchū I [形] initial II [副] at first

最好 zuìhǎo I [形] best II [副] had better

最后(後) zuìhòu I [形] final II [副] at last

最近 zuìjìn [形] recent

罪 zuì [名] 1(行) crime ▷ 犯罪 fànzuì commit a crime 2(过失) blame 3(苦难) hardship 4(刑罚) punishment ▷ 死罪 sǐzuì death sentence II [动] blame

罪犯 zuìfàn [名] criminal

醉 zuì I [形] (饮酒过量的) drunk ▷ 醉鬼 zuìguǐ drunk 2(用酒泡制的) steeped in wine II [动] drink too much

尊 zūn I [形] senior II [动] respect

尊敬 zūnjìng [动] respect

尊重 zūnzhòng I [动] respect II [形] serious ▷ 放尊重些! Fàng zūnzhòng xiē! Behave yourself!

遵 zūn [动] follow

遵守 zūnshǒu [动] observe

昨 zuó I [名] 1(昨天) yesterday ▷ 昨日 zuórì yesterday 2(过去) the past

昨天 zuótiān [名] yesterday

左 zuǒ I [名] left ▷ 左边 zuǒbian the left II [形] 1(相反的) conflicting 2(进步的) leftist ▷ 左派 zuǒpài left-wing

左边(邊) zuǒbian [名] the left side

左右 zuǒyòu [名] 1(左和右) left and right 2(跟随者) attendants (pl) 3(上下) ▷ 他身高一米75左右。Tā shēngāo yī diǎn qī wǔ

mǐ zuǒyòu. He is about 1.75 metres (英) 或 meters (美) tall.
II [动] control

作 zuò I [动] 1 (起) rise 2 (写) write ▶作家 zuòjiā writer ▶作曲 zuòqǔ compose music 3 (装) pretend 4 (犯) do 5 (当) take ... as 6 (发作) feel II [名] work ▶杰作 jiézuò masterpiece

作罢 (罷) zuòbà drop

作家 zuòjiā [名] writer

作品 zuòpǐn [名] work

作为 (為) zuòwéi I [名] 1 (行为) action 2 (成绩) accomplishment 3 (干头儿) scope II [动] (当作) regard ... as

作文 zuòwén [动] write an essay

作业 (業) zuòyè I [名] work II [动] do work

作用 zuòyòng I [动] affect II [名] 1 (影响) effect 2 (活动) action

作者 zuòzhě [名] author

坐 zuò [动] 1 (坐下) sit ▶坐在窗口 zuò zài chuāngkǒu sit by the window 2 (乘坐) travel by ▶坐飞机 zuò fēijī travel by plane

座 zuò I [名] 1 (位置) seat ▶座号 zuòhào seat number 2 (垫子) stand 3 (星座) constellation ▷双子座 Shuāngzǐ Zuò Gemini II [量] (一座山 yī zuò shān a mountain ▷三座桥 sān zuò qiáo three bridges ▷五座办公楼 wǔ zuò bàngōnglóu five office buildings

measure word, used for mountains, buildings, bridges, etc.

座谈 (談) zuòtán [动] discuss

座位 zuòwèi [名] seat

做 zuò [动] 1 (制造) make 2 (写作) write 3 (从事) do ▷做生意 zuò shēngyi do business 4 (举行) hold ▷做寿 zuòshòu hold a birthday party 5 (充当) be ▷做大会主席 zuò dàhuì zhǔxí chair a meeting 6 (用作) be used as 7 (结成) become ▷做朋友 zuò péngyou be friends

做法 zuòfǎ [名] method

做饭 (飯) zuòfàn [动] cook

做客 zuòkè [动] be a guest

做梦 (夢) zuòmèng [动] dream

Phrasefinder

常用语句

Chángyòng Yǔjù

Hello!	你好！Nǐ hǎo!
Good evening!	晚上好！Wǎnshang hǎo!
Good night!	晚安！Wǎn'ān!
Goodbye!	再见！Zàijiàn!
What's your name?	你叫什么？
	Nǐ jiào shénme?
My name is ...	我叫 ...。Wǒ jiào ...。
This is my wife.	这是我妻子。
	Zhè shì wǒ qīzi.
This is my husband.	这是我丈夫。
	Zhè shì wǒ zhàngfu.
This is my partner.	这是我爱人。
	Zhè shì wǒ àiren.
Pleased to meet you.	很高兴认识你。
	Hěn gāoxing rènshi nǐ.
Where are you from?	你是哪里人？
	Nǐ shì nǎli rén?
I come from ...	我是 ... 人。
	Wǒ shì ... rén.
How are you?	你好吗？Nǐ hǎo ma?
Fine, thanks.	我很好，谢谢。
	Wǒ hěn hǎo, xièxie.
And you?	你呢？Nǐ ne?
Do you speak English?	你说英语吗？
	Nǐ shuō Yīngyǔ ma?
Sorry, I don't	对不起，我不明白。
understand.	Duìbuqǐ, wǒ bù míngbai.
Thanks very much!	非常感谢！
	Fēicháng gǎnxiè!

Asking the Way 问路 Wènlù

Where is the nearest post office?	最近的邮局在哪儿？ Zuìjìn de yóujú zài nǎr?
How do I get there?	我怎么去那儿？ Wǒ zěnme qù nàr?
How do I get to the station?	我怎么去车站？ Wǒ zěnme qù chēzhàn?
Is it far?	远吗？Yuǎn ma?
How far is it?	有多远？Yǒu duō yuǎn?
Is this the right way to the station?	这条路是去车站的吗？ Zhè tiáo lù shì qù chēzhàn de ma?
I'm lost.	我迷路了。Wǒ mílù le.
Can you show me on the map?	你可以在地图 上指给我看吗？ Nǐ kěyǐ zài dìtú shàng zhǐ gěi wǒ kàn ma?
You have to turn round.	你得调头往回走。 Nǐ děi diàotóu wǎng huí zǒu.
Go straight on.	一直往前走。 Yīzhí wǎng qián zǒu.
Turn left.	左转。Zuǒzhuǎn.
Turn right.	右转。Yòuzhuǎn.
Take the second street on the left.	左边第二个路口左转。 Zuǒbiān dì'èr gè lùkǒu zuǒzhuǎn.

Car Hire	租车 Zūchē
I want to hire a car.	我要租辆车。 Wǒ yào zū liàng chē.
An automatic, please.	请给辆自动变速车。 Qǐng gěi liàng zìdòng biànsù chē.
How much is it for one day?	一天多少钱？ Yī tiān duōshǎo qián?
Is there a kilometre charge?	按公里数计费吗？ Àn gōnglǐ shù jìfèi ma?
What is included in the price?	价格里都包括什么？ Jiàgé lǐ dōu bāokuò shénme?
I'd like a child seat for a 2-year-old child.	我要一个两岁小孩的座椅。 Wǒ yào yīgè liǎng suì xiǎohái de zuòyǐ.
What do I do if I have an accident?	如果出了事故我该怎么办？ Rúguǒ chū le shìgù wǒ gāi zěnmebàn?
What do I do if I break down?	如果车出了故障我该怎么办？ Rúguǒ chē chū le gùzhàng wǒ gāi zěnmebàn?
Breakdowns	出故障 Chū Gùzhàng
My car has broken down.	我的车坏了。 Wǒ de chē huài le.
Call the breakdown service, please.	请给紧急故障修理服务打电话。 Qǐng gěi jǐnjí gùzhàng xiūlǐ fúwù dǎ diànhuà.

I'm on my own.	我一个人。Wǒ yīgè rén.
Where is the next garage?	下一个修车铺在哪儿？Xià yīgè xiūchēpù zài nǎr?
The exhaust is broken.	排气坏了。Páiqì huài le.
The brakes are not working.	刹车坏了。Shāchē huài le.
The battery is flat.	电池没电了。Diànchí méi diàn le.
The car won't start.	车不启动。Chē bù qǐdòng.
The engine is overheating.	引擎过热。Yǐnqíng guò rè.
The oil warning light won't go off.	机油警告灯灭不了。Jīyóu jǐnggào dēng miè bù liǎo.
The petrol tank is leaking.	油箱漏油。Yóuxiāng lòu yóu.
I have a flat tyre.	车胎瘪了。Chētāi biě le.
Can you repair it?	你能修吗？Nǐ néng xiū ma?
When will the car be ready?	什么时候车能修好？Shénme shíhou chē néng xiū hǎo?

Parking 停车 Tíngchē

Can I park here?	我能在这儿停车吗？Wǒ néng zài zhèr tíngchē ma?
How long can I park here?	我能在这儿停多久？Wǒ néng zài zhèr tíng duō jiǔ?
Do I need to buy a car-parking ticket?	我需要买张停车票吗？Wǒ xūyào mǎi zhāng tíngchē piào ma?

Where is the ticket machine?	停车售票机在哪儿?
	Tíngchē shòupiào jī zài nǎr?
The ticket machine isn't working.	停车售票机坏了。
	Tíngchē shòupiào jī huài le.
Where do I pay the fine?	我在哪儿付罚款?
	Wǒ zài nǎr fù fákuǎn?

Petrol Station 加油站 Jiāyóuzhàn

Where is the nearest petrol station?	最近的加油站在哪儿?
	Zuìjìn de jiāyóuzhàn zài nǎr?
Fill it up, please.	请加满。 Qǐng jiā mǎn.
30 yuan worth of diesel, please.	请加30元的柴油。
	Qǐng jiā sānshí yuán de cháiyóu.
30 yuan worth of premium unleaded, please.	请加30元的优质无铅 汽油。
	Qǐng jiā sānshí yuán de yōuzhì wúqiān qìyóu.
Pump number 4 please.	请加4号泵。
	Qǐng jiā sì hào bèng.
Please check the tyre pressure.	请检查轮胎气压。
	Qǐng jiǎnchá lúntāi qìyā.
Please check the oil.	请检查油。
	Qǐng jiǎnchá yóu.

Accidents 事故 Shìgù

Please call the police.	请打电话叫警察。
	Qǐng dǎ diànhuà jiào jǐngchá.
Please call an ambulance.	请打电话叫救护车。
	Qǐng dǎ diànhuà jiào jiùhùchē.

Here are my insurance details.
这是我的保险详细资料。
Zhè shì wǒ de bǎoxiǎn xiángxì zīliào.

Give me your insurance details, please.
请给我你的保险详细资料。
Qǐng gěi wǒ nǐ de bǎoxiǎn xiángxì zīliào.

Can you be a witness for me?
你可以做我的证人吗?
Nǐ kěyǐ zuò wǒ de zhèngrén ma?

You were driving too fast.
你开得太快了。
Nǐ kāi de tài kuài le.

It wasn't your right of way.
不是你的先行权。
Búshì nǐ de xiānxíngquán.

Travelling by Car
驾车出行
Jiàchē Chūxíng

What's the best route to the airport?
去机场的最佳路线是什么?
Qù jīchǎng de zuìjiā lùxiàn shì shénme?

Do you have a road map of this area?
你有这个地区的路线图吗?
Nǐ yǒu zhègè dìqū de lùxiàntú ma?

Cycling
骑自行车 Qí Zìxíngchē

Is there a cycle map of this area?
有这个地区的骑车路线图吗?
Yǒu zhègè dìqū de qíchē lùxiàntú ma?

My bike has been stolen.
我的自行车被偷了。
Wǒ de zìxíngchē bèi tōu le.

Where is the nearest bike repair shop?	最近的自行车修理店在哪儿？
	Zuìjìn de zìxíngchē xiūlǐdiàn zài nǎr?
The brakes aren't working.	车闸坏了。
	Chēzhá huài le.
The chain is broken.	链子断了。Liànzi duàn le.
I've got a flat tyre.	我的车胎瘪了。Wǒ de chētāi biě le.
I need a puncture repair kit.	我需要个补胎工具包。
	Wǒ xūyào gè bǔtāi gōngjùbāo.
Train	火车 Huǒchē
How much is a single/ return?	一张单程票/往返票多少钱？Yīzhāng dānchéng piào/wǎngfǎn piào duōshǎo qián?
Two returns to ..., please.	请要两张去 ... 的往返票。
	Qǐng yào liǎngzhāng qù ... de wǎngfǎn piào.
Could I please have a timetable.	请给我一张时刻表好吗？
	Qǐng gěi wǒ yīzhāng shíkèbiǎo hǎo ma?
I would like to travel first class.	我要头等舱。
	Wǒ yào tóuděng cāng.
Is there a reduction for students?	对学生打折吗？
	Duì xuéshēng dǎzhé ma?

Is there a reduction with this pass?
用这个证能打折吗？
Yòng zhège zhèng néng dǎzhé ma?

I'd like to reserve a seat on the train to ... please.
我要订一个去...
的火车座位。
Wǒ yào dìng yīgè qù ... de huǒchē de zuòwèi.

Facing the front, please.
请订顺向座位。
Qǐng dìng shùnxiàng zuòwèi.

I want to book a sleeper to ...
我要订一张去...
的卧铺。
Wǒ yào dìng yī zhāng qù ... de wòpù.

When is the next train to ...?
下一辆去 ...
的火车是什么时候？
Xià yīliàng qù ... de huǒchē shì shénme shíhou?

Is there a supplement to pay?
要付附加费吗？
Yào fù fùjiāfèi ma?

Do I need to change?
我需要换车吗？
Wǒ xūyào huànchē ma?

Where do I change?
我在哪儿换车？
Wǒ zài nǎr huànchē?

Which platform does the train for ... leave from?
去 ...
的火车从哪个站台开车？
Qù ... de huǒchē cóng nǎge zhàntái kāichē?

Is this the train for ...?
这是去 ... 的火车吗？
Zhè shì qù ... de huǒchē ma?

Excuse me, that's my seat.	对不起，那是我的座位。 Duìbuqǐ, nà shì wǒ de zuòwèi.
I have a reservation.	我有预订。 Wǒ yǒu yùdìng.
Is this seat taken/free?	有/没有人坐这个位子吗？ Yǒu/Méiyǒu rén zuò zhègè wèizi ma?
Please let me know when we get to ...	当我们到 ... 的时候请叫我。 Dāng wǒmen dào ... de shíhou qǐng jiào wǒ.
Where is the buffet car?	餐车在哪儿？ Cānchē zài nǎr?
Where is coach number 43?	43号车厢在哪儿？ Sìshí sān hào chēxiāng zài nǎr?
Ferry	渡轮 Dùlún
Is there a ferry to ...?	有去 ... 的渡轮吗？ Yǒu qù ... de dùlún ma?
When is the next/last ferry to ...?	下一班/最后一班去... 的渡轮是什么时候？ Xià yībān/Zuìhòu yībān qù ... de dùlún shì shénme shíhou?
How much is a single?	一张单程票多少钱？ Yīzhāng dānchéng piào duōshǎo qián?

How much is a return?
一张往返票多少钱？
Yīzhāng wǎngfǎn piào
　　duōshǎo qián?

How much is it for a car with 2 people?
一辆车加两个人多少钱？
Yīliàng chē jiā liǎnggè rén
　　duōshǎo qián?

Where does the boat leave from?
船从哪儿开？
Chuán cóng nǎr kāi?

How long does the crossing take?
多久能到岸？
Duōjiǔ néng dào'àn?

When do we get to ...?
我们什么时候到 ...？
Wǒmen shénme shíhou
　　dào ...?

Where is the restaurant?
餐厅在哪儿？
Cāntīng zài nǎr?

How do I get to the car deck?
我怎么去车辆甲板？Wǒ
　　zěnme qù chēliàng jiǎbǎn?

Where is cabin number 28?
28号舱在哪儿？
Èrshí bā hào cāng zài nǎr?

Do you have anything for seasickness?
你有治晕船的药吗？
Nǐ yǒu zhì yùnchuán de
　　yào ma?

Plane 飞机 Fēijī

Where is the luggage for the flight from ...?
从 ... 飞来的航班的行李在
　　哪儿？
Cóng ... fēi lái de hángbān
　　de xíngli zài nǎr?

Where can I change some money?
我在哪儿能换些钱？
Wǒ zài nǎr néng
　　huàn xiē qián?

Where is the taxi rank?	出租车候车站在哪儿？
	Chūzūchē hòuchēzhàn zài nǎr?
Where is the bus stop?	公共汽车站在哪儿？
	Gōnggòng qìchē zhàn zài nǎr?
My luggage hasn't arrived.	我的行李还没到。
	Wǒ de xíngli hái méi dào.
Where do I check in for the flight to ...?	我在哪儿办去 ... 的登机手续？
	Wǒ zài nǎr bàn qù ... de dēngjī shǒuxù?
Which gate for the flight to ...?	哪个登机口是去 ... 的飞机？
	Nǎgè dēngjīkǒu shì qù ... de fēijī?
When does boarding begin?	什么时候开始登机？
	Shénme shíhou kāishǐ dēngjī?
Window/aisle, please.	请给我靠窗/过道的位子。
	Qǐng gěi wǒ kào chuāng/ guòdào de wèizi.
I've lost my boarding pass.	我的登机牌丢了。
	Wǒ de dēngjīpái diū le.
I've lost my ticket.	我的票丢了。
	Wǒ de piào diū le.
I'd like to change my flight.	我要改机票。
	Wǒ yào gǎi jīpiào.
I'd like to cancel my flight.	我要取消我的机票。
	Wǒ yào qǔxiāo wǒ de jīpiào.

Local Public Transport

公共交通
Gōnggòng Jiāotōng

How do I get to the centre?	我怎么去市中心？ Wǒ zěnme qù shì zhōngxīn?
Where is the bus station?	公共汽车总站在哪儿？ Gōnggòng qìchē zǒngzhàn zài nǎr?
Where is the nearest tram stop?	最近的电轨车站在哪儿？ Zuìjìn de diànguǐ chēzhàn zài nǎr?
Where is the nearest underground station?	最近的地铁站在哪儿？ Zuìjìn de dìtiě zhàn zài nǎr?
A ticket, please.	一张票。Yīzhāng piào.
To ...	去 ... 。Qù ... .
Is there a reduction for pensioners?	对退休人员打折吗？ Duì tuìxiū rényuán dǎzhé ma?
Is there a reduction for children?	对小孩打折吗？ Duì xiǎohái dǎzhé ma?
How does the ticket machine work?	售票机怎么使？ Shòupiào jī zěnme shǐ?
Do you have a map of the underground?	你有地铁图吗？ Nǐ yǒu dìtiě tú ma?
Please tell me when to get off.	请告诉我什么时候下车。 Qǐng gàosù wǒ shénme shíhou xiàchē.
What is the next stop?	下一站是哪儿？ Xià yīzhàn shì nǎr?

Taxi	出租车 Chūzūchē
Where can I get a taxi?	我在哪儿能打到车？ Wǒ zài nǎr néng dǎ dào chē?
Call me a taxi, please.	请给我叫辆出租车。 Qǐng gěi wǒ jiào liàng chūzūchē.
To the airport, please.	去飞机场。Qù fēijīchǎng.
To the station, please.	去火车站。 Qù huǒchēzhàn.
To the ... hotel, please.	去 ... 饭店。Qù ... fàndiàn.
To this address, please.	去这个地址。 Qù zhège dìzhǐ.
I'm in a hurry.	我有急事。Wǒ yǒu jíshì.
How much is it?	多少钱？Duōshǎo qián?
I need a receipt.	我需要一张发票。 Wǒ xūyào yīzhāng fāpiào.
I don't have anything smaller.	我没有更小的。 Wǒ méiyǒu gèng xiǎo de.
Keep the change.	不用找了。Bùyòng zhǎo le.
Stop here, please.	请在这儿停。 Qǐng zài zhèr tíng.

Camping 露营 Lùyíng

Is there a campsite here?	有露营地吗？ Yǒu lùyíng dì ma?
We'd like a site for a tent.	我们要一个帐篷位。 Wǒmen yào yígè zhàngpeng wèi.
We'd like a site for a caravan.	我们要一个宿营车位。 Wǒmen yào yīgè sùyíngchē wèi.
We'd like to stay one night.	我们要住一个晚上。 Wǒmen yào zhù yīgè wǎnshang.
How much is it per night?	每晚多少钱？ Měi wǎn duōshǎo qián?
Where are the toilets?	厕所在哪儿？ Cèsuǒ zài nǎr?
Where are the showers?	淋浴在哪儿？ Línyù zài nǎr?
Where is the restaurant?	餐厅在哪儿？ Cāntīng zài nǎr?
Can we park here overnight?	我们可以在这儿停一晚吗？ Wǒmen kěyǐ zhèr tíng yī wǎn ma?

Self-Catering 度假房 Dùjià Fáng

Where do we get the key for the apartment?	我们从哪儿拿公寓的钥匙？ Wǒmen cóng nǎr ná gōngyù de yàoshi?

Do we have to pay extra for electricity?	我们要另付电费吗？ Wǒmen yào lìng fù diànfèi ma?
Where is the electricity meter?	电表在哪儿？ Diànbiǎo zài nǎr?
Where is the gas meter?	煤气表在哪儿？ Méiqì biǎo zài nǎr?
How does the washing machine work?	洗衣机怎么使？ Xǐyījī zěnme shǐ?
How does the heating work?	暖气怎么使？ Nuǎnqì zěnme shǐ?
Please show us how this works.	请教我们这个怎么使。 Qǐng jiāo wǒmen zhègè zěnme shǐ.
Who do I contact if there are any problems?	如果出了问题我跟谁联系？ Rúguǒ chū le wèntí wǒ gēn shéi liánxi?
We need more sheets.	我们需要更多床单。 Wǒmen xūyào gèngduō chuángdān.
The gas has run out.	煤气没了。Méiqì méi le.
There is no electricity.	没电。Méi diàn.
Where do we hand in the key when we're leaving?	我们走的时候在哪儿交钥匙？ Wǒmen zǒu de shíhou zài nǎr jiāo yàoshi?
Do we have to clean the house before we leave?	我们走之前必须要打扫房间吗？ Wǒmen zǒu zhīqián bìxū yào dǎsǎo fángjiān ma?

Hotel	饭店 Fàndiàn
Do you have a single room for tonight?	你们今晚有一个单人间吗? Nǐmen jīnwǎn yǒu yīgè dānrénjiān ma?
Do you have a double room for tonight?	你们今晚有一个双人间吗? Nǐmen jīnwǎn yǒu yīgè shuāngrénjiān ma?
Do you have a room with a bath?	你们有带盆浴的房间吗? Nǐmen yǒu dài pényù de fángjiān ma?
Do you have a room with a shower?	你们有带淋浴的房间吗? Nǐmen yǒu dài línyù de fángjiān ma?
I want to stay for one night.	我要住一个晚上。 Wǒ yào zhù yīgè wǎnshang.
I want to stay for 5 nights.	我要住5个晚上。 Wǒ yào zhù wǔgè wǎnshang.
I booked a room in the name of ...	我用...这个名字订了一个房间。 Wǒ yòng ... zhègè míngzì dìng le yīgè fángjiān.
I'd like another room.	我要别的房间。 Wǒ yào bié de fángjiān.
What time is breakfast?	早餐几点? Zǎocān jǐdiǎn?
Where is breakfast served?	在哪吃早餐? Zài nǎr chī zǎocān?
Can I have breakfast in my room?	我可以在房间里吃早餐吗? Wǒ kěyǐ zài fángjiān lǐ chī zǎocān ma?

Where is the restaurant?	餐厅在哪儿？ Cāntīng zài nǎr?
Where is the bar?	酒吧在哪儿？ Jiǔbā zài nǎr?
Put that in the safe, please.	请把它放在保险柜里。 Qǐng bǎ tā fàng zài bǎoxiǎnguì lǐ.
I'd like an alarm call for tomorrow morning at 7 o'clock.	我要叫醒服务， 明早7点。 Wǒ yào jiàoxǐng fúwù, míngzǎo qīdiǎn.
I'd like to get these things cleaned.	请把这些东西清洗了。 Qǐng bǎ zhèxiē dōngxi qīngxǐ le.
Please bring me an extra blanket.	请再给我一条毯子。 Qǐng zài gěi wǒ yītiáo tǎnzi.
The air conditioning doesn't work.	空调坏了。 Kōngtiáo huài le.
The key, please.	请给我钥匙。 Qǐng gěi wǒ yàoshi.
Room number 312	312号房间 Sān yāo èr hào fángjiān
Are there any messages for me?	有给我的留言吗？ Yǒu gěi wǒ de liúyán ma?
Please get the bill ready.	请开账单。 Qǐng kāi zhàngdān.

I'm looking for postcards.	我想买明信片。 Wǒ xiǎng mǎi míngxìnpiàn.
I'd like some toothpaste.	我要牙膏。Wǒ yào yágāo.
Do you have any batteries?	你有电池吗？ Nǐ yǒu diànchí ma?
Where is the nearest shop which sells souvenirs?	最近的卖纪念品的商店在哪儿？ Zuìjìn de mài jìniànpǐn de shāngdiàn zài nǎr?
Do you have this in another size?	这还有其它号的吗？ Zhè háiyǒu qítā hào de ma?
Do you have this in another colour?	这还有其它颜色的吗？ Zhè háiyǒu qítā yánsè de ma?
I take size ...	我要 ... 号。Wǒ yào ... hào.
My feet are a size 5½.	我的脚是39号。 Wǒ de jiǎo shì sānshí jiǔ hào.
I'll take it.	我要了。Wǒ yào le.
Do you have anything else?	你还有别的什么吗？Nǐ háiyǒu bié de shénme ma?
That's too expensive.	太贵了。Tài guì le.
I'm just looking.	我只是看看。 Wǒ zhǐshì kànkan.
Do you take credit cards?	能用信用卡吗？ Néng yòng xìnyòngkǎ ma?

Food Shopping	购买食物 Gòumǎi Shíwù
Where is the nearest supermarket?	最近的超市在哪儿? Zuìjìn de chāoshì zài nǎr?
Where is the market?	市场在哪儿? Shìchǎng zài nǎr?
I'd like …	我要 … 。 Wǒ yaò … .
a kilo of potatoes	一公斤土豆 yī gōngjīn tǔdòu
6 slices of ham	6 片火腿 liù piàn huǒtuǐ
a litre of milk	一公升牛奶 yī gōngshēng niúnǎi
a bottle of red wine	一瓶红葡萄酒 yī píng hóng pútaojiǔ
a packet of crisps	一包薯片 yī bāo shǔpiàn

Post Office	邮局 Yóujú
Where is the nearest post office?	最近的邮局在哪儿? Zuìjìn de yóujú zài nǎr?
When does the post office open?	邮局几点开门? Yóujú jǐdiǎn kāimén?
Where can I buy stamps?	我在哪儿能买邮票? Wǒ zài nǎr néng mǎi yóupiào?
I'd like to post this letter.	我要寄这封信。 Wǒ yào jì zhè fēng xìn.
I'd like to send this parcel.	我要寄这个包裹。 Wǒ yào jì zhègè bāoguǒ.
Is there any mail for me?	有我的信吗? Yǒu wǒ de xìn ma?

Where is the nearest postbox?	最近的信箱在哪儿？ Zuìjìn de xìnxiāng zài nǎr?
Photography	摄影 Shèyǐng
I'd like a card for my digital camera.	我要给我的数码相机买一张记忆卡。 Wǒ yào gěi wǒ de shùmǎ xiàngjī mǎi yīzhāng jìyì kǎ.
I'm looking for a charger for my digital camera?	我在哪儿能给我的数码相机充电？ Wǒ zài nǎr néng gěi wǒ de shùmǎ xiàngjī chōngdiàn?
Can I print my digital photos here?	我能在这里打印数码相片吗？ Wǒ néng zài zhèlǐ dǎyìn shùmǎ xiàngpiàn ma?
I'd like the photos 10 by 15 centimetres.	我要相片15厘米长10厘米宽。 Wǒ yào xiàngpiàn shíwǔ límǐ cháng shí límǐ kuān.
When will the photos be ready?	相片什么时候好？ Xiàngpiàn shénme shíhou hǎo?
How much do the photos cost?	这些相片多少钱？ Zhèxiē xiàngpiàn duōshǎo qián?
Could you take a photo of us, please?	能给我们照相吗？ Néng gěi wǒmen zhào zhāng xiàng ma?

Sightseeing	观光 Guānguāng
Where is the tourist office?	旅游办事处在哪儿？ Lǚyóu bànshìchù zài nǎr?
Do you have any leaflets about ...?	你们有关于 ... 的信息传单吗？ Nǐmen yǒu guānyú ... de xìnxī chuándān ma?
What sights can you visit here?	这儿有什么观光点？ Zhèr yǒu shénme guānguāngdiǎn?
Are there any sightseeing tours of the town?	有什么城市观光游吗？ Yǒu shénme chéngshì guānguāng yóu ma?
When is the museum open?	博物馆什么时候开门？ Bówùguǎn shénme shíhou kāimén?
How much does it cost to get in?	门票多少钱？ Ménpiào duōshǎo qián?
Are there any reductions for children?	对小孩打折吗？ Duì xiǎohái dǎzhé ma?
Is there a guided tour in English?	有英语导游观光团吗？ Yǒu Yīngyǔ dǎoyóu guānguāng tuán ma?
Can I take photos here?	我能在这儿照相吗？ Wǒ néng zài zhèr zhàoxiàng ma?
Can I film here?	我能在这儿摄像吗？ Wǒ néng zài zhèr shèxiàng ma?

Entertainment	娱乐 Yúlè
What is there to do here?	在这儿能干什么？ Zài zhèr néng gàn shénme?
Where can we go dancing?	我们能去哪儿跳舞？ Wǒmen néng qù nǎr tiàowǔ?
Where is there a nice bar?	哪儿有好酒吧？ Nǎr yǒu hǎo jiǔbā?
Where is there a good club?	哪儿有好的夜总会？ Nǎr yǒu hǎo de yèzǒnghuì?
What's on tonight at the cinema?	今晚电影院放什么？ Jīnwǎn diànyǐngyuàn fàng shénme?
What's on tonight at the concert hall?	今晚音乐厅演什么？ Jīnwǎn yīnyuè tīng yǎn shénme?
Where can I buy tickets for the opera?	我在哪儿能买歌剧票？ Wǒ zài nǎr néng mǎi gējù piào?
How much is it to get in?	门票多少钱？ Ménpiào duōshǎo qián?
I'd like a ticket for …	我要买一张… 的票。 Wǒ yào mǎi yìzhāng … de piào
I'd like 4 tickets for …	我要买4张… 的票。 Wǒ yào mǎi sìzhāng … de piào
Are there any reductions for children?	对小孩打折吗？ Duì xiǎohái dǎzhé ma?

At the Beach — 在沙滩 Zài Shātān

Can you swim here?
能在这儿游泳吗？
Néng zài zhèr yóuyǒng ma?

Where is the nearest beach?
最近的沙滩在哪儿？
Zuìjìn de shātān zài nǎr?

Is it safe to swim here?
在这儿游泳安全吗？ Zài zhèr yóuyǒng ānquán ma?

How deep is the water?
水有多深？
Shuǐ yǒu duō shēn?

Is there a lifeguard?
有救生员吗？
Yǒu jiùshēng yuán ma?

Where can you go waterskiing?
在哪儿能滑水橇？
Zài nǎr néng huá shuǐqiāo?

Where can you go diving?
在哪儿能潜水？
Zài nǎr néng qiǎnshuǐ?

I'd like to hire a deckchair.
我要租一个沙滩椅。
Wǒ yào zū yīgè shātān yǐ.

I'd like to hire a jet-ski.
我要一个摩托艇。
Wǒ yào zū yīgè mótuó tǐng.

I'd like to hire a surfboard.
我要租一块冲浪板。
Wǒ yào zū yīkuài chōnglàngbǎn.

Sport — 运动 Yùndòng

Where can you play tennis?
在哪儿能打网球？
Zài nǎr néng dǎ wǎngqiú?

Where can you go swimming?
在哪儿能游泳？
Zài nǎr néng yóuyǒng?

Where can you go riding?
在哪儿能骑马？
Zài nǎr néng qímǎ?

How much is it per hour?	每小时多少钱? Měi xiǎoshíduōshǎo qián?
Where can I book a court?	我在哪儿能订一个球场? Wǒ zài nǎr néng dìng yīgè qiúchǎng?
Where can I hire rackets?	我在哪儿能租球拍? Wǒ zài nǎr néng zū qiúpāi?
I'd like to see a football match.	我想看场足球比赛。 Wǒ xiǎng kàn chǎng zúqiú bǐsài.
I'd like to see a horse race.	我想看场赛马。 Wǒ xiǎng kàn chǎng sàimǎ.

Skiing   滑雪 Huáxuě

Where can I hire skiing equipment?	我在哪儿能租滑雪用具? Wǒ zài nǎr néng zū huáxuě yòngjù?
I'd like to hire downhill skis.	我要租下坡滑雪板。 Wǒ yào zū xiàpō huáxuě bǎn.
I'd like to hire cross-country skis.	我要租越野滑雪板。 Wǒ yào zū yuèyě huáxuě bǎn.
I'd like to hire ski boots.	我要租滑雪靴。 Wǒ yào zū huáxuě xuē.
Where can I buy a ski pass?	我在哪儿能买滑雪卡? Wǒ zài nǎr néng mǎi huáxuě kǎ?
I'd like a ski pass for a day.	我要买一张一天的滑雪卡。 Wǒ yào mǎi yīzhāng yītiān de huáxuě kǎ.

I'd like a ski pass for a week.	我要买一张一周的滑雪卡。Wǒ yào mǎi yīzhāng yīzhōu de huáxuě kǎ.
How much is a ski pass?	一张滑雪卡多少钱？Yīzhāng huáxuě kǎ duōshǎo qián?
Do you have a map of the ski runs?	你有滑雪道路线图吗？Nǐ yǒu huáxuě dào lùxiàntú ma?
Where are the beginners' slopes?	初学者坡道在哪儿？Chūxué zhě pōdào zài nǎr?
How difficult is this slope?	这个坡道有多难？Zhège pōdào yǒu duō nán?
Is there a ski school?	有滑雪学校吗？Yǒu huáxuě xuéxiào ma?
What's the weather forecast?	天气预报怎么样？Tiānqì yùbào zěnmeyàng?
What is the snow like?	雪怎么样？Xuě zěnmeyàng?
Is there a danger of avalanches?	有雪崩的危险吗？Yǒu xuěbēng de wēixiǎn ma?

A table for 4 people, please.	请来张4个人的桌子。 Qǐng lái zhāng sìgè rén de zhuōzi.
The menu please.	请给张菜单。 Qǐng gěi zhāng càidān.
The wine list please.	请给张酒单。 Qǐng gěi zhāng jiǔdān.
What do you recommend?	你能推荐什么菜吗？ Nǐ néng tuījiàn shénme cài ma?
Do you have any vegetarian dishes?	有什么素食者吃的菜吗？ Yǒu shénme sùshízhě chī de cài ma?
Does that contain peanuts?	里面有花生吗？ Lǐmiàn yǒu huāshēng ma?
Does that contain alcohol!	含酒精吗？ Hán jiǔjīng ma?
Can you bring more bread, please?	请再来点面包。 Qǐng zài lái diǎn miànbāo.
I'll have the fish.	我要鱼。Wǒ yào yú.
The bill, please.	请买单。Qǐng mǎidān.
All together, please.	一起付。Yìqǐ fù.
Separate bills, please.	分开付。Fēnkāi fù.
Keep the change.	不用找了。Bùyòng zhǎo le.
This isn't what I ordered.	我点的不是这个。 Wǒ diǎn de bùshì zhègè.
There's a mistake in the bill.	账单算错了。 Zhàngdān suàn cuò le.
The food is cold.	菜是凉的。 Cài shì liáng de.

Telephone	电话 Diànhuà
Where can I make a phone call?	我在哪儿能打电话？
	Wǒ zài nǎr néng dǎ diànhuà?
Hello.	喂！Wèi!
This is ...	我是 ... 。Wǒ shì ... .
Who's speaking, please?	请问你是谁？
	Qǐngwèn nǐ shì shéi?
Can I speak to Mr ..., please?	我可以跟 ... 先生讲话吗？
	Wǒ kěyǐ gēn ... xiānsheng jiǎnghuà ma?
Can I speak to Ms ..., please?	我可以跟 ... 女士讲话吗？
	Wǒ kěyǐ gēn ... nǚshì jiǎnghuà ma?
I'll phone back later.	我过会儿再打来。
	Wǒ guòhuìr zài dǎ lái.
Can you text me your answer?	你可以把答复用短信发给我吗？
	Nǐ kěyǐ bǎ dáfù yòng duǎnxìn fā gěi wǒ ma?
Where can I charge my mobile phone?	我在哪儿能给手机充电？
	Wǒ zài nǎr néng gěi shǒujī chōngdiàn?
I need a new battery.	我需要一个新电池。
	Wǒ xūyào yīgè xīn diànchí.
I'd like to buy a SIM card with/without a subscription.	我想买张带/不带合同的 SIM卡。
	Wǒ xiǎng mǎi zhāng dài/bú dài hétóng de SIM kǎ.

I can't get a network.	我的手机找不到网。 Wǒ de shǒujī zhǎo búdào wǎng.
Internet	网络 Wǎngluò
I'd like to send an email.	我想发一封电子邮件。 Wǒ xiǎng fā yīfēng diànzǐ yóujiàn.
I'd like to print out a document.	我想打印一份文件。 Wǒ xiǎng dǎyìn yīfèn wénjiàn.
How do you change the language of the keyboard?	怎样在键盘上切换语言？ Zěnyàng zài jiànpán shang qiēhuàn yǔyán?
What's the Wi-Fi password?	无线网络的密码是什么？ Wúxiàn wǎngluò de mìmǎ shì shénme?

PRACTICALITIES | 实际问题
SHÍJÌ WÈNTÍ

Passport/Customs	护照/海关 Hùzhào/Hǎiguān
Here is my passport.	这是我的护照。 Zhè shì wǒ de hùzhào.
Here is my identity card.	这是我的身份证。 Zhè shì wǒ de shēnfènzhèng.
Here is my driving licence.	这是我的驾照。 Zhè shì wǒ de jiàzhào.
Here are my vehicle documents.	这是我的车的材料。 Zhè shì wǒ de chē de cáiliào.
The children are on this passport.	孩子在这本护照上。 Háizi zài zhè běn hùzhào shàng.
Do I have to pay duty on this?	我要给这个上关税吗？ Wǒ yào gěi zhège shàng guānshuì ma?
This is a present.	这是个礼物。 Zhè shì gè lǐwù.
This is for my own personal use.	这是给我个人使用。 Zhè shì gěi wǒ gèrén shǐyòng.
I'm on my way to ...	我在去 ... 的路上。 Wǒ zài qù ... de lù shàng.
At the Bank	在银行 Zài Yínháng
Where can I change money?	我在哪儿能换钱？ Wǒ zài nǎr néng huànqián?

Is there a bank here?	这儿有银行吗?
	Zhèr yǒu yínháng ma?
Is there a bureau de change here?	这儿有外汇兑换处吗?
	Zhèr yǒu wàihuì duìhuàn chù ma?
When is the bank open?	银行什么时候开门?
	Yínháng shénme shíhou kāimén?
I'd like 2000 yuan.	我要2000元。
	Wǒ yào liǎng qiān yuán.
I'd like to change 1000 yuan into pounds.	我要把1000元换成英镑。
	Wǒ yào bǎ yīqiān yuán huànchéng Yīngbàng.
I'd like to change 1000 yuan into dollars.	我要把1000元换成美元。
	Wǒ yào bǎ yīqiān yuán huànchéng Měiyuán.
I'd like to cash these traveller's cheques.	我要把这些旅行支票兑换成现金。
	Wǒ yào bǎ zhèxiē lǚxíng zhīpiào duìhuàn chéng xiànjīn.
What's the commission?	手续费多少钱?
	Shǒuxùfèi duōshǎo qián?
Can I use my card to get cash?	我能用卡取现金吗?
	Wǒ néng yòng kǎ qǔ xiànjīn ma?
Is there a cash machine here?	这儿有取款机吗?
	Zhèr yǒu qǔkuǎnjī ma?
The cash machine swallowed my card.	取款机吞了我的卡。
	Qǔkuǎnjī tūn le wǒ de kǎ.

PRACTICALITIES | 实际问题
SHÍJÌ WÈNTÍ

Can you give me some change, please?	能给我些零钱吗？ Néng gěi wǒ xiē língqián ma?
Repairs	修理　Xiūlǐ
Where can I get this repaired?	我在哪儿能修这个？ Wǒ zài nǎr néng xiūzhège?
Can you repair these shoes?	你能修这鞋吗？ Nǐ néng xiū zhè xié ma?
Can you repair this watch?	你能修这表吗？ Nǐ néng xiū zhè biǎo ma?
Is it worth repairing?	它值得修吗？ Tā zhíde xiū ma?
How much will the repairs cost?	修理费多少钱？ Xiūlǐ fèi duōshǎo qián?
When will it be ready?	什么时候好？ Shénme shíhou hǎo?
Can you do it straight away?	你能立即修吗？ Nǐ néng lìjí xiū ma?
Emergency Services	紧急服务　Jǐnjí Fúwù
Help!	救命！Jiùmìng!
Fire!	着火啦！Zháohuǒ la!
Please call an ambulance.	请打电话叫救护车。 Qǐng dǎ diànhuà jiào jiùhùchē.
Please call the fire brigade.	请打电话叫消防队。 Qǐng dǎ diànhuà jiào xiāofángduì.

Please call the police.	请打电话叫警察。
	Qǐng dǎ diànhuà jiào jǐngchá.
I need to make an urgent phone call.	我要打一个紧急电话。
	Wǒ yào dǎ yīgè jǐnjí diànhuà.
I need an interpreter.	我需要一个口译员。
	Wǒ xūyào yīgè kǒuyìyuán.
Where is the police station?	警察局在哪儿?
	Jǐngchájú zài nǎr?
Where is the hospital?	医院在哪儿?
	Yīyuàn zài nǎr?
I want to report a theft.	我要报个偷窃案。
	Wǒ yào bào gè tōuqiè àn.
My wallet has been stolen.	我的钱包被偷了。
	Wǒ de qiánbāo bèi tōu le.
There's been an accident.	出了个事故。
	Chū le gè shìgù.
There are 3 people injured.	3个人受伤了。
	Sāngè rén shòushāng le.
My location is ...	我在 ... 。Wǒ zài ... .
I've been robbed.	我被抢了。Wǒ bèi qiǎng le.
I've been attacked.	我被打了。Wǒ bèi dǎ le.
I've been raped.	我被强奸了。
	Wǒ bèi qiángjiān le.
I'd like to phone my embassy.	我要给我的大使馆打电话。
	Wǒ yào gěi wǒ de dàshǐguǎn dǎ diànhuà.

Pharmacy 药房 Yàofáng

Where is the nearest pharmacy?
最近的药房在哪儿？
Zuìjìn de yàofáng zài nǎr?

Which pharmacy provides emergency service?
哪个药房有紧急服务？
Nǎge yàofáng yǒu jǐnjí fúwù?

I'd like something for diarrhoea.
我要治腹泻的药。
Wǒ yào zhì fùxiè de yào.

I'd like something for a headache.
我要治头疼的药。
Wǒ yào zhì tóuténg de yào.

I'd like plasters.
我要些创可贴。
Wǒ yào xiē chuàngkětiē.

I'd like some paracetamol.
我要些扑热息痛。
Wǒ yào xiē pūrèxītòng.

I can't take aspirin.
我不能吃阿司匹林。
Wǒ bù néng chī āsīpǐlín.

Is it safe to give to children?
给孩子安全吗？
Gěi háizi ānquán ma?

How should I take it?
我怎么吃？Wǒ zěnme chī?

At the Doctor's 看病 Kànbìng

I need a doctor.
我要看医生。
Wǒ yào kàn yīshēng.

Where is the A&E?
急诊室在哪儿？
Jízhěnshì zài nǎr?

I have a pain here.
我这儿疼。Wǒ zhèr téng.

I feel hot.
我觉得热。Wǒ juéde rè.

I feel cold.
我觉得冷。Wǒ juéde lěng.

I feel sick.
我觉得恶心。
Wǒ juéde ěxin.

I'm allergic to penicillin.	我对青霉素过敏。 Wǒ duì qīngméisù guòmǐn.
I am pregnant.	我怀孕了。Wǒ huáiyùn le.
I am diabetic.	我有糖尿病。 Wǒ yǒu tángniàobìng.
I'm on this medication.	我用这种药。 Wǒ yòng zhèzhǒng yào.
My blood group is O positive.	我是O型血。 Wǒ shì ōu xíng xiě.

At the Hospital 在医院 Zài Yīyuàn

| I'd like to speak to a doctor. | 我要和医生讲话。 Wǒ yào hé yīshēng jiǎnghuà. |
| When will I be discharged? | 我什么时候可以出院？ Wǒ shénme shíhou kěyǐ chūyuàn? |

At the Dentist's 在牙医诊所 Zài Yáyī Zhěnsuǒ

I need a dentist.	我要看牙医。 Wǒ yào kàn yáyī.
This tooth hurts.	这颗牙疼。Zhè kē yá téng.
One of my fillings has fallen out.	我补的牙的填充材料掉出来了。 Wǒ bǔ de yá de tiánchōng cáiliào diào chūlai le.
I have an abscess.	我有一个溃疡。 Wǒ yǒu yígè kuìyáng.
I want an injection for the pain.	我要打止痛针。 Wǒ yào dǎ zhǐtòng zhēn.

TRAVELLERS 差旅人员
CHĀILǙ RÉNYUÁN

Business Travel 出差 Chūchāi

I'd like to arrange a
meeting with ...

我要安排和 ... 开个会。

Wǒ yàoānpái hé ... kāi gè huì

I have an appointment
with ...

我和 ... 有一个预约。

Wǒ hé ... yǒu yīgè yùyuē.

Here is my card.

这是我的名片。

Zhè shì wǒ de míngpiàn.

I work for ...

我给 ... 工作。

Wǒ gěi ... gōngzuò.

How do I get to your
office?

我怎么到你的办公室?

Wǒ zěnme dào nǐ de
bàngōngshì?

I need an interpreter.

我需要一个口译员。

Wǒ xūyào yīgè kǒuyìyuán.

May I use your phone?

我可以用你的电话吗?

Wǒ kěyǐ yòng nǐ de
diànhuà ma?

May I use your
computer?

我可以用你的电脑吗?

Wǒ kěyǐ yòng nǐ de diànnǎo
ma?

May I use your desk?

我可以用你的桌子吗?

Wǒ kěyǐ yòng nǐ de zhuōzi
ma?

What is your email
address?

你的电子邮件地址是什么?

Nǐ de diànzǐ yóujiàn dìzhǐ
shì shénme?

Is there an internet
connection in the
room?

这房间有因特网连接吗?

Zhè fángjiān yǒu yīntèwǎng
liánjiē ma?

Is there a fax machine I can use?

有我可以用的传真机吗?

Yǒu wǒ kěyǐ yòng de chuánzhēnjī ma?

Does the room have wireless internet access?

这房间可以无线上网吗?

Zhè fángjiān kěyǐ wúxiàn shàngwǎng ma?

Is there anywhere I can charge my mobile phone?

我在哪儿可以给我的手机充电?

Wǒ zài nǎr kěyǐ gěi wǒ de shǒujī chōngdiàn?

Please could you book a taxi for me for 9am tomorrow morning?

请给我预定一辆明早9点的出租车。

Qǐng gěi wǒ yùdìng yīliàng míngzǎo jiǔdiǎn de chūzūchē.

Disabled Travellers

残疾差旅人员

Cánjí Chāilǚ Rényuán

Is it possible to visit ... with a wheelchair?

可以坐轮椅参观 ... 吗?

Kěyǐ zuò lúnyǐ cānguān ... ma?

Where is the wheelchair-accessible entrance?

轮椅入口在哪儿?

Lúnyǐ rùkǒu zài nǎr?

Is your hotel accessible to wheelchairs?

你们饭店便于轮椅出入吗?

Nǐmen fàndiàn biànyú lúnyǐ chūrù ma?

I need a room on the ground floor.

我要一间在一层的房间。

Wǒ yào yījiān zài yīcéng de fángjiān.

I need a room with wheelchair access.	我要一间可供轮椅出入的房间。
	Wǒ yào yìjiān kěgòng lúnyǐ chūrù de fángjiān.
Where is the disabled toilet?	残疾人专用厕所在哪儿？
	Cánjí rén zhuānyòng cèsuǒ zài nǎr?
Can you help me get on please?	你能帮我上车吗？
	Nǐ néng bāng wǒ shàngchē ma?
Where is the nearest repair shop for wheelchairs?	最近的轮椅修理店在哪儿？
	Zuìjìn de lúnyǐ xiūlǐdiàn zài nǎr?
The tyre has burst.	轮胎爆了。Lúntāi bào le.
The battery is flat.	电池没电了。
	Diànchí méi diàn le.
The wheels lock.	车轮卡住了。
	Chēlún qiǎzhù le.

带孩子旅行
Dài Háizi Lǚxíng

Travelling with Children

Is it OK to bring children here?	可以带孩子来这儿吗？
	Kěyǐ dài háizi lái zhèr ma?
Is there a reduction for children?	对小孩打折吗？
	Duì xiǎohái dǎzhé ma?
Do you have children's portions?	你们有儿童份吗？
	Nǐmen yǒu értóng fèn ma?
Do you have a high chair?	你们有儿童餐椅吗？
	Nǐmen yǒu értóng cānyǐ ma?

Do you have a cot? 你们有婴儿床吗？
Nǐmen yǒu yīng'ér chuáng
ma?

**Do you have a child's
seat?** 你们有童椅吗？
Nǐmen yǒu tóngyǐ ma?

**Where can I change
the baby?** 我在哪儿能给孩子换尿布？
Wǒ zài nǎr néng gěi háizi
huàn niàobù?

**Where can I breast-feed
the baby?** 我在哪儿能给孩子喂奶？
Wǒ zài nǎr néng gěi háizi
wèinǎi?

**Can you warm this up,
please?** 能把这个给我加温吗？
Néng bǎ zhègè gěi wǒ
jiāwēn ma?

**What is there for
children to do?** 在那儿孩子能干什么？
Zài nàr háizi néng gàn
shénme?

**Where is the nearest
playground?** 最近的游乐场在哪儿？
Zuìjìn de yóulèchǎng zài
nǎr?

**Is there a child-minding
service?** 有照看孩子的服务吗？
Yǒu zhàokàn háizi de fúwù
ma?

My child is ill. 我的孩子生病了。
Wǒ de háizi shēngbìng le.

I'd like to make a complaint.	我要投诉。
	Wǒ yào tóusù.
I'd like to speak to the manager, please.	我要跟经理讲话。
	Wǒ yào gēn jīnglǐ jiǎnghuà.
The light doesn't work.	灯坏了。Dēng huài le.
The heating doesn't work.	暖气坏了。Nuǎnqì huài le.
The shower doesn't work.	淋浴坏了。Línyù huài le.
The room is too small.	房间太小。
	Fángjiān tài xiǎo.
The room is too cold.	房间太冷。
	Fángjiān tài lěng.
Can you clean the room, please?	你可以打扫房间吗？
	Nǐ kěyǐ dǎsǎo fángjiān ma?
Can you turn down the TV please?	你可以把电视声音关小吗？
	Nǐ kěyǐ bǎ diànshì shēngyīn guānxiǎo ma?
The food is cold.	饭菜是凉的。
	Fàncài shì liáng de.
The food is too salty.	饭菜太咸了。
	Fàncài tài xián le.
This isn't what I ordered.	我点的不是这个。
	Wǒ diǎn de bùshì zhègè.
We've been waiting for a very long time.	我们等了很长时间了。
	Wǒmen děng le hěn cháng shíjiān le.
The bill is wrong.	账单算错了。
	Zhàngdān suàn cuò le.
I want my money back.	我要退钱。
	Wǒ yào tuìqián.

A & E (Brit) N ABBR (= accident and emergency) 急诊(診)室 jízhěnshì

abbey ['æbɪ] N [c] 大修道院 dà xiūdàoyuàn [座 zuò]

abbreviation [əbriːvɪ'eɪʃən] N [c] 缩(縮)写(寫) suōxiě [个 gè]

ability [ə'bɪlɪtɪ] N [s] ▶ **ability (to do sth)** (做某事的) 能力 (zuò mǒushì de) nénglì

able ['eɪbl] ADJ ▶ **to be able to do sth** (have skill, ability) 能够(夠)做某事 nénggòu zuò mǒushì; (have opportunity) 可以做某事 kěyǐ zuò mǒushì

abolish [ə'bɒlɪʃ] VT [+ system, practice] 废(廢)止 fèizhǐ

abortion [ə'bɔːʃən] (Med) N [c/u] 流产(產) liúchǎn [次 cì] ▶ **to have an abortion** 流产(產) liúchǎn

a

○ KEYWORD

a [eɪ, ə] (before vowel or silent h: **an**) INDEF ART 1 (article) 一个(個) yī gè ▶ **a man** 一个(個)男人 yī gè nánrén ▶ **a girl** 一个(個)女孩 yī gè nǚhái ▶ **an elephant** 一只(隻)大象 yī zhī dàxiàng ▶ **she's a doctor** 她是一名医(醫)生 tā shì yī míng yīshēng ▶ **they haven't got a television** 他们(們)没(沒)有电(電)视(視) tāmen méiyǒu diànshì 2 (one) 一 yī ▶ **a year ago** 一年前 yī nián qián 3 (expressing ratios, prices etc) ▶ **five hours a day/week** 一天/一周(週)5个(個)小时(時) yī tiān/yī zhōu wǔ gè xiǎoshí ▶ **100 km an hour** 每小时(時)100公里 měi xiǎoshí yībǎi gōnglǐ

○ KEYWORD

about [ə'baut] I PREP (relating to) 关(關)于(於) guānyú ▶ **a book about London** 关(關)于(於)伦(倫)敦的一本书(書) guānyú Lúndūn de yī běn shū ▶ **what's it about?** 这(這)是关(關)于(於)什么(麼)的? zhè shì guānyú shénme de? ▶ **we talked about it** 我们(們)谈(談)到了这(這)事 wǒmen tándào le zhè shì ▶ **to be sorry/pleased/angry about sth** 对(對)某事感到抱歉/开(開)心/生气(氣) duì mǒushì gǎndào bàoqiàn/kāixin/shēngqì ▶ **what or how about eating out?** 出去吃怎么(麼)样(樣)? chūqù chī zěnmeyàng? II ADV 1 (approximately) 大约(約) dàyuē ▶ **about a hundred/thousand people** 大约(約)100/1000人 dàyuē yībǎi/

yīqiān rén
2 (place) 在在 ▸ to leave things
lying about 把东(東)西到处(處)
乱(亂)放 bǎ dōngxi dàochù
luànfàng ▸ to be about to do sth
正要做某事 zhèng yào zuò
mǒushì

above [ə'bʌv] I PREP (higher than)
在…上面 zài...shàngmian II ADV
(in position) 在上面 zài shàngmian
III ADJ ▸ the above address 上述
地址 shàngshù dìzhǐ ▸ above all
首先 shǒuxiān

abroad [ə'brɔːd] ADV 1 [be+] 在
国(國)外 zài guówài 2 [go+] 到
国(國)外 dào guówài

absence ['æbsəns] N 1 [C/U] (of
person) 缺席 quēxí [次 cì] 2 [S] (of
thing) 缺乏 quēfá

absent ['æbsənt] ADJ 缺席的 quēxí
de ▸ to be absent 不在 bùzài

absolutely [æbsə'luːtlɪ] ADV
(utterly) 绝(絕)对(對)地 juéduì de

absorbent cotton ['æb'zɔːbənt-]
(US) N [U] 脱(脫)脂棉 tuōzhīmián

abuse [n ə'bjuːs, vb ə'bjuːz] I N 1 [U]
(insults) 辱骂(罵) rǔmà 2 [U]
(ill-treatment: physical) 虐待
nüèdài; (sexual) 猥亵(褻) wěixiè
3 [C/U] (misuse) (of power, alcohol,
drug) 滥(濫)用 lànyòng [种 zhǒng]
II VT 1 (ill-treat: physically) 虐待
nüèdài 2 (sexually) + child) 摧
残(殘) cuīcán

academic [ækə'dεmɪk] I ADJ
学(學)术(術)的 xuéshù de II N 大
学(學)教师(師)的 jiàoshī

academy [ə'kædəmɪ] N [c]
1 学(學)会(會) xuéhuì [个 gè]
2 (school, college) 学(學)院
xuéyuàn [个 gè]

accelerate [æk'sεləreɪt] VI (Aut)
加速jiāsù

accelerator [æk'sεləreɪtəʳ] (Aut) N
[c] 加速器 jiāsùqì [个 gè]

accent ['æksεnt] N [c] 口音 kǒuyīn
[种 zhǒng] ▸ to speak with an
(Irish/French) accent 讲(講)
话(話)带(帶)(爱(愛)尔(爾)兰(蘭)/
法国(國))口音 jiǎnghuà dài
(Ài'ěrlán/Fǎguó) kǒuyīn

accept [ək'sεpt] VT 接受 jiēshòu

access ['æksεs] I N [U] ▸ access (to
sth) (to building, room) 进(進)入
(某物) jìnrù (mǒuwù); (to
information, papers) 使用
权(權) (mǒuwù de) shǐyòngquán
II VT (Comput) 存取 cúnqǔ

accident ['æksɪdənt] N [c]
1 (involving vehicle) 事故 shìgù [个
gè] 2 (mishap) 意外 yìwài [个 gè]
▸ to have an accident 出事故 chū
shìgù ▸ by accident
(unintentionally) 无(無)意中 wúyì
zhōng; (by chance) 偶然 ǒurán

accidental [æksɪ'dεntl] ADJ 意外
的 yìwài de

accident and emergency (Brit) N
[c] 急诊(診)室 jízhěnshì [个 gè]

accommodation [əkɔmə'deɪʃən]
I N [U] 住处(處) zhùchù
II accommodations (US) NPL
= accommodation

accompany [ə'kʌmpənɪ] VT 1 (frm:
escort) 陪伴 péibàn 2 (Mus)
为(為)…伴奏 wèi…bànzòu

according [ə'kɔːdɪŋ] ▸ according
to PREP [+ person] 据(據)…所
说(說) jù…suǒshuō; [+ account,
information] 根据(據) gēnjù

account [ə'kaʊnt] N [c] 1 (with
bank, at shop) 账(賬)户(戶)
zhànghù [个 gè] 2 (report) 描述

miáoshù [番 fān] ▶ to take sth into account, take account of sth 考虑(慮)到某事 kǎolǜ dào mǒushì

accountancy [ə'kauntənsɪ] N [U] 会(會)计(計)学(學) kuàijìxué

accountant [ə'kauntənt] N [c] 会(會)计(計)师(師) kuàijìshī [位 wèi]

accuracy ['ækjʊrəsɪ] N [U] **1** [of information, measurements] 准(準)确(確)准(準)确(確) zhǔnquè **2** [of person, device] 精确(確) jīngquè

accurate ['ækjʊrɪt] ADJ [+ information, measurement, instrument] 精确(確)的 jīngquè de; [+ description, account, person, aim] 准(準)确(確)的 zhǔnquè de

accuse [ə'kju:z] VT **1** ▶ to accuse sb of (doing) sth 指责(責)某人(做)某事 zhǐzé mǒurén (zuò) mǒushì **2** ▶ to be accused of (crime) 被指控某事 bèi zhǐkòng mǒushì

ache [eɪk] I VI 痛 tòng II N [c] 疼痛 téngtòng [种 zhǒng] ▶ I've got (a) stomach/toothache 我胃/牙痛 wǒ wèi/yá tòng

achieve [ə'tʃi:v] VT [+ victory, success, result] 取得 qǔdé

achievement [ə'tʃi:vmənt] N [c] 成就 chéngjiù [个 gè]

acid ['æsɪd] N [c/U] (Chem) 酸 suān [种 zhǒng]

acrobat ['ækrəbæt] N [c] 杂(雜)技演员(員) zájì yǎnyuán [位 wèi] ▶ He's an acrobat. 他是一位杂技演员。 Tā shì yī wèi zájì yǎnyuán.

across [ə'krɒs] I PREP **1** (moving from one side to the other of) 穿过(過) chuānguò **2** (situated on the other side of) 在…对(對)面 zài…duìmiàn **3** (extending from one side to the other of) 跨过(過) kuàguò

II ADV **1** (from one side to the other) 从(從)一边(邊)到另一边(邊) cóng yībiān dào lìngyībiān **2** ▶ across from (opposite) 在…对(對)面 zài…duìmiàn **3** ▶ across at/to (towards) 朝向 cháoxiàng **4** (in width) 宽(寬) kuān

act [ækt] VI **1** (take action) 行动(動) xíngdòng **2** (behave) 举(舉)止 jǔzhǐ ▶ They were acting suspiciously. 他们举止可疑。 Tāmen jǔzhǐ kěyí. **3** (in play, film) 演戏(戲) yǎnxì ▶ acts of sabotage 破坏(壞)行动(動) pòhuài xíngdòng

action ['ækʃən] N **1** [U] (steps, measures) 行动(動) xíngdòng [次 cì] **2** [c] (deed) 行为(為) xíngwéi [种 zhǒng] ▶ to take action 采(採)取行动(動) cǎiqǔ xíngdòng

active ['æktɪv] ADJ **1** 活跃(躍)的 huóyuè de **2** (+ volcano) 活的 de

activity [æk'tɪvɪtɪ] I N [c] 活动(動) huódòng [项 xiàng] II **activities** N PL 活动(動) huódòng

actor ['æktər] N [c] 演员(員) yǎnyuán [个 gè]

actress ['æktrɪs] N [c] 女演员(員) nǚ yǎnyuán [个 gè]

actual ['æktjʊəl] ADJ 真实(實)的 zhēnshí de

actually ['æktjʊəlɪ] ADV **1** 实(實)际(際)(际)上 shíjì de **2** (in fact) 实(實)际(際)上 shíshìshang ▶ actually, we have the same opinion 实(實)际(際)上我们(們)有同样(樣)的观(觀)点(點) shíjìshang wǒmen yǒu tóngyàng de guāndiǎn

AD ADV ABBR (= Anno Domini) 公元 gōngyuán

ad [æd] (inf) (advertisement) 广(廣)告 guǎnggào

adapt [əˈdæpt] I vт 使适(適)合 shǐ shìhé II vι ▸ **to adapt (to)** 适(適)应(應) shìyìng

adaptor [əˈdæptər] (Elec) N [c] 转(轉)接器 zhuǎnjiēqì [个 gè]

add [æd] vт 1 (put in, put on) 加入 jiārù 2 ▸ **to add (together)** (calculate total of) 加(起来(來)) jiā (qǐlái)

addict [ˈædɪkt] N [c] ▸ **drug/ heroin addict** 吸毒/海洛因成瘾(癮)的人 xīdú/hǎiluòyīn chéngyǐn de rén [个 gè]

addicted [əˈdɪktɪd] ADJ ▸ **to be addicted to sth** 对(對)某事上瘾(癮) duì mǒushì shàngyǐn

addition [əˈdɪʃən] N [u] (Math) 加法 jiāfǎ ▸ **in addition to** 除…之外 chú…zhīwài

address [əˈdrɛs] N [c] 地址 dìzhǐ [个 gè]

adjective [ˈædʒɛktɪv] N [c] 形容词(詞) xíngróngcí [个 gè]

adjust [əˈdʒʌst] vт [+ device, position, setting] 校准(準) jiàozhǔn

adjustable [əˈdʒʌstəbl] ADJ 可调(調)节(節)的 kě tiáojié de

admire [ədˈmaɪər] vт 钦(欽)佩 qīnpèi

admit [ədˈmɪt] vт 1 (confess) 承认(認) chéngrèn 2 (accept) [+ defeat, responsibility] 接受 jiēshòu ▸ **he admitted that...** 他承认(認)… tā chéngrèn… ▸ **to be admitted to hospital** 住进(進)医(醫)院 zhùjìn yīyuàn

adolescent [ædəʊˈlɛsnt] N [c] 青少年 qīngshàonián [个 gè]

adopt [əˈdɒpt] vт 1 [+ plan, approach, attitude] 采(採)用 cǎiyòng 2 [+ child] 收养(養) shōuyǎng

adopted [əˈdɒptɪd] ADJ 被收养(養)

的 bèi shōuyǎng de

adoption [əˈdɒpʃən] N [c/u] [of child] 收养(養) shōuyǎng

adult [ˈædʌlt] N [c] 成年人 chéngniánrén [个 gè] II ADJ (grown-up) 成年的 chéngnián de

advance [ədˈvɑːns] ADJ ▸ **notice, warning** 预(預)先的 yùxiān de ▸ **in advance** [book, prepare, plan +] 提前 tíqián

advanced [ədˈvɑːnst] ADJ 1 (highly developed) 先进(進)的 xiānjìn de 2 (Scol) [+ student, pupil] 高年级(級)的 gāoniánjí de; [+ course, work] 高等的 gāoděng de

advantage [ədˈvɑːntɪdʒ] N [c] 1 (benefit) 好处(處) hǎochù [种 zhǒng] 2 (favourable factor) 有利因素 yǒulì yīnsù [个 gè] ▸ **to take advantage of** [+ person] 利用 lìyòng; [+ opportunity] 利用 lìyòng

adventure [ədˈvɛntʃər] N [c] 冒险(險)活动(動) màoxiǎn huódòng [次 cì]

adverb [ˈædvɜːb] N [c] 副词(詞) fùcí [个 gè]

advert [ˈædvɜːt] (Brit) N 广(廣)告 guǎnggào

advertise [ˈædvətaɪz] I vι 做广(廣)告 zuò guǎnggào II vт 1 [+ product, event] 为(為)…做广(廣)告 wèi…zuò guǎnggào 2 [+ job] 刊登 kāndēng

advertisement [ədˈvɜːtɪsmənt] (Comm) N [c] 广(廣)告 guǎnggào [则 zé]

advice [ədˈvaɪs] N [u] 忠告 zhōnggào ▸ **a piece of advice** 一条(條)建议(議) yìtiáo jiànyì

advise [ədˈvaɪz] vт ▸ **to advise sb to do sth** 劝(勸)某人做某事 quàn mǒurén zuò mǒushì

aerial ['ɛərɪəl] (*Brit*) N [c] 天线(線)
tiānxiàn [根 gēn]

aerobics [ɛəˈrəʊbɪks] N [U] 有氧运(運)
动(動)身操 yǒuyǎng jiànshēncāo

aeroplane ['ɛərəpleɪn] (*Brit*) N [c]
飞(飛)机(機)feījī [架 jià]

affair [əˈfɛəʳ] I N 1 [s] (*matter, business*) 事情 shìqíng 2 [c]
(*romance*) 风(風)流韵(韻)事
fēngliú yùnshì [桩 zhuāng]
II **affairs** N PL 1 (*matters*) 事务(務)
shìwù 2 (*personal concerns*) 私事
sīshì ▸ **to have an affair (with sb)**
(和某人) 发(發)生暧昧关(關)系(係)
(hé mǒurén) fāshēng àimèi
guānxi

affect [əˈfɛkt] VT 影响(響)
yǐngxiǎng

afford [əˈfɔːd] VT ▸ **to be able to
afford (to buy/pay) sth** 买(買)/支
付得起某物 mǎi/zhīfùdeqǐ mǒuwù

afraid [əˈfreɪd] ADJ (*frightened*) 害怕
的 hàipà de ▸ **to be afraid of sb/
sth** 害怕某人/某物 hàipà
mǒurén/mǒuwù ▸ **to be afraid to
do sth/of doing sth** 怕做某事 pà
zuò mǒushì ▸ **to be afraid that...**
(*worry, fear*) 担(擔)心… dānxīn…;
(*expressing apology, disagreement*)
恐怕… kǒngpà… ▸ **I'm afraid so/
not** 恐怕是/不是的 kǒngpà shì/
bùshì de

Africa ['æfrɪkə] N 非洲 Fēizhōu

African ['æfrɪkən] I ADJ 非洲的
Fēizhōu de II N [c] (*person*) 非洲人
Fēizhōurén [个 gè]

after ['ɑːftəʳ] I PREP 1 (*in time*) 在…
以后(後) zài…yǐhòu 2 (*in place,
order*) 在…后(後)/面 zài…hòumian
II ADV (*afterwards*) 在…以后(後)
yǐhòu III CONJ (*once*) 在…以后(後)
zài…yǐhòu ▸ **the day after**

tomorrow 后(後)天 hòutiān ▸ **it's
ten after eight** (*US*) 现(現)在是8
点(點)过(過)10分 xiànzài shì
bādiǎn guò shífēn ▸ **after all**
毕(畢)竟 bìjìng ▸ **after doing sth**
做完某事后(後) zuòwán mǒushì
hòu

> **after**, **afterwards** 和 **later** 用
> 于表示某事发生在说话的时间,
> 或者某个特定字事之后。**after**
> 可以和 **not long**、**shortly** 等连
> 用。*After dinner she spoke to him…
> Shortly after, she called me.* 在无
> 须指明某个特定时间或事件时,
> 用 **afterwards**。*Afterwards
> we went to a night club…You'd
> better come and see me later.*
> **afterwards** 可以和
> **soon**、**shortly** 等连用。*Soon
> afterwards, he came to the clinic.*
> **later** 表示某事发生在说话之
> 后,可以和 **a little**、**much** 或
> **not much** 等连用。*A little later,
> the lights went out… I learned all
> this much later.* 可以用
> **after**、**afterwards** 和 **later** 后
> 跟表示时间段的词语,表示某事
> 发生的时间。*…five years after
> his death…She wrote about it six
> years later afterwards.*

afternoon ['ɑːftəˈnuːn] N [c/U] 下
午 xiàwǔ [个 gè] ▸ **this afternoon**
今天下午 jīntiān xiàwǔ
▸ **tomorrow/yesterday
afternoon** 明天/昨天下午
míngtiān/zuótiān xiàwǔ ▸ **(good)
afternoon!** (*hello*) 下午好! xiàwǔ
hǎo!

after-shave (lotion) ['ɑːftəʃeɪv-]
N [U] 须(鬚)后(後)(润(潤))肤(膚))
水 xūhòu (rùnfū) shuǐ

afterwards ['ɑːftəwədz], (*US*)

afterward ['ɑ:ftəwəd] ADV 以后(後) yǐhòu

again [ə'ɡen] ADV 又一次地 yòu yī cì de ▸ **again and again/time and again** 一再 yīzài

against [ə'ɡenst] PREP **1** (leaning on, touching) 紧(緊)靠在 jǐnkào zài **2** (opposed to) 反对(對) fǎnduì **3** (in game or competition) 同…对(對)抗 tóng…duìkàng ▸ **to protect against sth** 保护(護)免受某种(種)伤(傷)害 bǎohù miǎnshòu mǒu zhǒng shānghài ▸ **they'll be playing against Australia** 他们(們)将(將)在比赛(賽)中同澳大利亚(亞)队(隊)对(對)抗 tāmen jiāng zài bǐsài zhōng tóng Àodàlìyà duì duìkàng ▸ **against the law/rules** 违(違)反法律/规(規)则(則) wéifǎn fǎlǜ/guīzé ▸ **against one's will** 违(違)背自己的意愿(願) wéibèi zìjǐ de yìyuàn

age [eɪdʒ] N **1** [C/U] 年龄(齡) niánlíng **2** [C] (period in history) 时(時)代 shídài ▸ **what age is he?** 他多大了? tā duōdà le? ▸ **at the age of 20** 20岁(歲)时(時) èrshí suì shí ▸ **an age, ages** (inf) 很长(長)时(時)间(間) hěn cháng shíjiān ▸ **the Stone/Bronze/Iron Age** 石器/铜(銅)器/铁(鐵)器时(時)代 shíqì/tóngqì/tiěqì shídài

aged¹ ['eɪdʒd] ADJ ▸ **aged 10** 10岁(歲) shí suì

aged² ['eɪdʒd] NPL ▸ **the aged** 老人 lǎorén

agent ['eɪdʒənt] N [C] 代理人 dàilǐrén [个 gè]

aggressive [ə'ɡresɪv] ADJ 好斗(鬥)的 hàodòu de

ago [ə'ɡəu] ADV ▸ **2 days ago**

两(兩)天前 liǎngtiān qián ▸ **long ago/a long time ago** 很久以前 hěnjiǔ yǐqián ▸ **how long ago?** 多久以前? duōjiǔ yǐqián?

agony ['æɡənɪ] N [C/U] 痛苦 tòngkǔ [种 zhǒng]

agree [ə'ɡri:] VI **1** (have same opinion) 同意 tóngyì **2** ▸ **to agree to sth/to do sth** 同意某事/做某事 tóngyì mǒushì/zuò mǒushì **3** ▸ **to agree with sb about sth** 关(關)于(於)某事赞(贊)成某人的看法 guānyú mǒushì zànchéng mǒurén de kànfǎ ▸ **to agree on sth** [+ price, arrangement] 商定某事 shāngdìng mǒushì

agreement [ə'ɡri:mənt] N **1** [C] ▸ **an agreement (on sth)** (decision, arrangement) (关(關)于(於)某事的)协(協)议(議) (guānyú mǒushì de) xiéyì [个 gè] **2** [U] (consent) 同意 tóngyì

agricultural [æɡrɪ'kʌltʃərəl] ADJ 农(農)业(業)的 nóngyè de

agriculture ['æɡrɪkʌltʃə'] N [U] 农(農)业(業) nóngyè

ahead [ə'hed] ADV **1** (in front) 在前地 zàiqián de **2** (in work, achievements) 提前地 tíqián de **3** (in competition) 领(領)先地 lǐngxiān de **4** (in the future) 在未来(來) zài wèilái de ▸ **the days/months ahead** 今后(後)几(幾)天/几(幾)个(個)月 jīnhòu jǐ tiān/jǐ gè yuè ▸ **ahead of time/schedule** 提前 tíqián ▸ **right or straight ahead** 笔(筆)直向前 bǐzhí xiàngqián ▸ **go ahead!** (giving permission) 干(幹)吧! gànba!

aid [eɪd] N [U] 援助 yuánzhù

AIDS [eɪdz] N ABBR (= **acquired immune deficiency syndrome**)

艾滋病 àizībìng

aim [eɪm] I vт ▸ **to aim sth (at sb/ sth)** [+ gun, camera] 将(將)某物瞄准(準)(某人/某物) jiāng mǒuwù miáozhǔn (mǒurén/mǒuwù) II vɪ (with weapon) 瞄准(準) miáozhǔn III N [c] (objective) 目标(標) mùbiāo [个 gè] ▸ **to aim sth** (with weapon) 瞄准(準)某物 miáozhǔn mǒuwù ▸ **to aim to do sth** 打算做某事 dǎsuàn zuò mǒushì

air [ɛəʳ] I N [U] 空气(氣) kōngqì II cᴘᴅ [+ travel] 乘飞(飛)机(機) chéng fēijī; [+ fare] 飞(飛)机(機)费 fēijī ▸ **in/into/through the air** 在(在)空中/穿过(過)天空 zài/ jìnrù/chuāngguò tiānkōng ▸ **by air** (flying) 乘飞(飛)机(機) chéng fēijī

air-conditioned [ˈɛəkənˈdɪʃənd] ADJ 装(裝)有空调(調)的 zhuāngyǒu kōngtiáo de

air conditioning [-kənˈdɪʃənɪŋ] N [U] 空气(氣)调(調)节(節) kōngqì tiáojié

air force N [c] 空军(軍) kōngjūn [支 zhī]

air hostess (Brit) N [c] 空中小姐 kōngzhōng xiǎojiě [位 wèi]

airline [ˈɛəlaɪn] N [c] 航空公司 hángkōng gōngsī [家 jiā]

airmail [ˈɛəmeɪl] N [U] ▸ **by airmail** 航空邮(郵)寄 hángkōng yóujì

airplane [ˈɛəpleɪn] (US) N [c] 飞(飛)机(機) fēijī [架 jià]

airport [ˈɛəpɔːt] N [c] 飞(飛)机(機)场(場) fēijīchǎng [个 gè]

aisle [aɪl] N [c] 过(過)道 guòdào [条 tiáo] ▸ **aisle seat** (on plane) 靠过(過)道的座位 kào guòdào de zuòwèi

alarm [əˈlɑːm] N 1 [c] (warning

device) 警报(報) jǐngbào [个 gè] 2 [c] (on clock) 闹(鬧)钟(鐘) nàozhōng [个 gè]

alarm clock N [c] 闹(鬧)钟(鐘) nàozhōng [个 gè]

Albania [ælˈbeɪnɪə] N 阿尔(爾)巴尼亚(亞) Āʼěrbānìyà

album [ˈælbəm] N [c] 1 册(冊)子 cèzi [本 běn] 2 (LP) 唱片 zhāngpiàn [张 zhāng]

alcohol [ˈælkəhɒl] N [U] 酒 jiǔ

alcoholic [ælkəˈhɒlɪk] N [c] 酒鬼 jiǔguǐ [个 gè] II ADJ [+ drink] 含酒精的 hán jiǔjīng de

alert [əˈlɜːt] N [c] (situation) ▸ **a security alert** 安全警戒 ānquán jǐngjiè [个 gè]

A level (Brit) N [c/U] 中学中高级考试

Algeria [ælˈdʒɪərɪə] N 阿尔(爾)及利亚(亞) Āʼěrjíliyà

alike [əˈlaɪk] ADJ [living] ▸ **to be/look alike** 看/看起来(來)相似的 shì/kànqǐlái xiāngsì de

alive [əˈlaɪv] ADJ (living) ▸ **to be alive** 活着(著)的 huózhe de ▸ **alive and well** 安然无(無)恙的 ānrán wúyàng de

 KEYWORD

all [ɔːl] I ADJ 所有的 suǒyǒu de ▸ **all day/night** 整日/夜 zhěngrì/yè ▸ **all big cities** 所有的大城市 suǒyǒu de dàchéngshì II PRON 1 全部 quánbù ▸ **all I could do was apologize** 我所能做的全部就是道歉 wǒ suǒ néng zuò de quánbù jiùshì dàoqiàn ▸ **I ate it all, I ate it all** 我把它都吃了 wǒ bǎ tā quán dōu chī le ▸ **all of us** 我们(們)中的所有人 wǒmen

zhōng de suǒyǒu rén ▸ **we all sat down** 我们(們)都坐下了 wǒmen dōu zuòxià le ▸ **is that all?** 那就是全部吗(嗎)? nà jiùshì quánbù ma?
2 (in expressions) ▸ **after all** (considering) 毕(畢)竟 bìjìng ▸ **in all** 总(總)共 zǒnggòng ▸ **best of all** 最好不过(過)的是 zuì hǎo búguò de shì
III ADV 1 (emphatic) 完全 wánquán ▸ **he was doing it all by himself** 他完全是自己做的 tā wánquán shì zìjǐ zuò de ▸ **all alone** 孤零零的 gūlínglíng de
2 (in scores) ▸ **the score is 2 all** 比分2比2平 bǐfēn èr bǐ èr píng

allergic [ə'lɜːdʒɪk] ADJ [+ reaction, response] 过(過)敏的 guòmǐn de ▸ **to be allergic to sth** 对(對)某物过(過)敏 duì mǒuwù guòmǐn

allergy ['ælədʒɪ] (Med) N [c/u] 过(過)敏症 guòmǐnzhèng [种(種)] ▸ **to have an allergy to sth** 对(對)某物有过(過)敏症 duì mǒuwù yǒu guòmǐnzhèng

allow [ə'laʊ] VT 1 (permit) 允许(許) yǔnxǔ 2 [+ sum, time, amount] 留出 liúchū ▸ **to allow sb to do sth** 允许(許)某人做某事 yǔnxǔ mǒurén zuò mǒushì

all right I ADJ ▸ **to be all right** (satisfactory) 还(還)不错(錯)的 hái búcuò de ▸ (well, safe) 安然无(無)恙的 ānrán wúyàng de II ADV 1 [go, work out +] 顺(順)利地 shùnlì de 2 [see, hear, work +] 没(沒)问(問)题(題)地 méi wèntì de 3 (as answer) 可以 kěyǐ

almond ['ɑːmənd] N [c/u] (nut) 杏仁 xìngrén [颗 kē]

almost ['ɔːlməʊst] ADV 差不多 chàbuduō

alone [ə'ləʊn] I ADJ 独(獨)自的 dúzì de II ADV (unaided) 独(獨)自地 dúzì de ▸ **to leave sb/sth alone** (undisturbed) 不要打扰(擾)某人/某物 búyào dǎrǎo mǒurén/mǒuwù

along [ə'lɒŋ] I PREP 1 (along) 沿着(著) yánzhe 2 [+ road, corridor, river] 沿着(著) yánzhe II ADV (along) 沿着(著) yánzhe ▸ **along with** (together with) 与(與)…一起 yǔ…yìqǐ

alphabet ['ælfəbɛt] N ▸ **the alphabet** 字母表 zìmǔbiǎo

already [ɔːl'rɛdɪ] ADV 已经(經) yǐjīng ▸ **I have already started making dinner** 我已经(經)开(開)始做晚餐了 wǒ yǐjīng kāishǐ zuò wǎncān le ▸ **is it five o'clock already?** 已经(經)到5点(點)了吗(嗎)? yǐjīng dào wǔ diǎn le ma?

also ['ɔːlsəʊ] ADV 1 (too) 也 yě 2 (moreover) 同样(樣) tóngyàng

alternate [ɔl'tɜːnɪt] ADJ 1 交替的 jiāotì de 2 (US: alternative) 供替换(換)的 gōng tìhuàn de

alternative [ɔl'tɜːnətɪv] I ADJ 1 (Brit) 另外的 lìngwài de 2 (non-conventional) 非常规(規)的 fēi chángguī de II N [c] (an) alternative (to) …的替代 …de tìdài [个 gè] ▸ **to have no alternative (but to)** (除…外)别(別)无(無)(选(選)择(擇) (chú…wài) bié wú xuǎnzé

alternatively [ɔl'tɜːnətɪvlɪ] ADV 或者 huòzhě

although [ɔːl'ðəʊ] CONJ 1 尽(儘)管 jǐnguǎn 2 (but) 但是 dànshì

altogether [ɔːltə'gɛðəʳ] ADV 1 (completely) 完全 wánquán 2 (in *total* 总(總)共 zǒnggòng ▸ **how much is that altogether?** 总(總)共多少钱(錢)? zǒnggòng duōshǎo qián?

aluminium[ˌælju'mɪnɪəm], (US) **aluminum**[ə'lu:mɪnəm] N [U] 铝(鋁)lǚ

always['ɔ:lweɪz] ADV 总(總)是 zǒngshì ▸ **He's always late** 他总(總)是迟(遲)到 tā zǒngshì chídào

am[æm] VB *see* **be**

a.m. ADV ABBR (= ante meridiem) 上午 shàngwǔ

amateur['æmətə*] N [c] 业(業)余(餘)爱(愛)好者 yèyú àihàozhě [个 gè]

amaze[ə'meɪz] VT 使惊(驚)讶(訝)shǐ jīngyà ▸ **to be amazed (at/by/that...)** (对(對)/被/...)惊(驚)讶(訝)(duì/bèi/...) jīngyà

amazing[ə'meɪzɪŋ] ADJ 令人惊(驚)讶(訝)的 de lìng rén jīngyà de

ambassador[æm'bæsədə*] N [c] 大使 dàshǐ [位 wèi]

ambition[æm'bɪʃən] N [c] ▸ **an ambition (to do sth)** (做某事的)志向 (zuò mǒushì de) zhìxiàng [个 gè] ▸ **to achieve one's ambition** 实(實)现(現)自己的抱负(負)shíxiàn zìjǐ de bàofù

ambitious[æm'bɪʃəs] ADJ 雄心勃勃的 xióngxīn bóbó de

ambulance['æmbjuləns] N [c] 救护(護)车(車)jiùhùchē [辆 liàng]

America[ə'merɪkə] N 美洲 Měizhōu

American[ə'merɪkən] I ADJ 美国(國)的 Měiguó de II N [c] (*person*) 美国(國)人 Měiguórén [个 gè]

among(st)[ə'mʌŋ(st)] PREP 在…当(當)中 zài...dāngzhōng 如果指两(兩)个以上的人或物,用 **among** 或 **amongst**。如果只指两个人或物,用 **between**。 *...an area between Mars and Jupiter...an opportunity to discuss these issues amongst themselves.* **amongst** 是有些过时的表达方式。注意,如果用 **between** 某些东西或某些人,他们在你的两侧。如果用 **among** 或 **amongst** 某些东西或某些人,他们在你的周围。 *...the bag standing on the floor between us... the sound of a pigeon among the trees...*

amount[ə'maunt] N [c/u] (*quantity*) 数(數)量 shùliàng; [*of money*] 数(數)额(額)shùé [个 gè]; [*of work*] 总(總)量 zǒngliàng [个 gè]

amp['æmp] N [c] 安培 ānpéi

amplifier['æmplɪfaɪə*] N [c] 扬(揚)声(聲)器 yángshēngqì [个 gè]

amuse[ə'mju:z] VT (*distract, entertain*) 给(給)...消遣 gěi...xiāoqiǎn ▸ **to be amused at/by sth** 被某事逗乐(樂)bèi mǒushì dòulè

amusement arcade N [c] 游(遊)乐(樂)场(場)yóulèchǎng [个 gè]

an[æn, ən] DEF ART *see* **a**

anaesthetic, (US) **anesthetic** [ænɪs'θetɪk] N [c/u] 麻醉剂(劑)mázuìjì [种 zhǒng] ▸ **local anaesthetic** 局部麻醉 júbù mázuì ▸ **general anaesthetic** 全身麻醉 quánshēn mázuì

analyse, (US) **analyze**['ænəlaɪz] VT 分析 fēnxī

analysis[ə'næləsɪs] (*pl* **analyses**

[ə'næləsi:z]) N [C/U] 分析 fēnxī [种
种]

analyze ['ænəlaɪz] (US) VT = **analyse**

ancestor ['ænsɪstəʳ] N [C] 祖先
zǔxiān [位 wèi]

ancient ['eɪnʃənt] ADJ 1 [+ Greece,
Rome, monument] 古代的 gǔdài de
2 (very old) 古老的 gǔlǎo de

and [ænd] CONJ 和 hé ▸ **men and
women** 男人和女人 nánrén hé
nǚrén ▸ **better and better** 越
来(来)越好 yuèláiyuè hǎo ▸ **to try
and do sth** 试(试)着(着)做某事
shìzhe zuò mǒushì

Android® ['ændrɔɪd'] N 安卓 ān zhuó

anesthetic [ænɪs'θetɪk] (US)
= **anaesthetic**

anger ['æŋgəʳ] N [U] 生气(气)
shēngqì

angry ['æŋgrɪ] ADJ 生气(气)的
shēngqì de ▸ **to be angry with
sb/about sth** 对(对)某人/某事生
气(气) duì mǒurén/mǒushì
shēngqì ▸ **to make sb angry** 使某
人生气(气) shǐ mǒurén shēngqì

animal ['ænɪməl] N [C] 动(动)物
dòngwù [只 zhī]

ankle ['æŋkl] (Anat) N [C] 踝 huái
[个 gè]

anniversary [ænɪ'vəːsərɪ] N [C]
1 ▸ **anniversary (of sth)** (某事的)
周(周)年(纪(纪)念 (mǒushì de)
zhōunián jìniàn [个 gè] 2 (also:
wedding anniversary) 结(结)婚
周(周)年(纪)念 jiéhūn zhōunián
jìniàn [个 gè]

announce [ə'nauns] VT 宣布(布)
xuānbù ▸ **the government has
announced that...** 政府宣
称(称)… zhèngfǔ xuānchēng…

announcement [ə'naunsmənt] N
[C] 1 宣布(布) xuānbù 2 (at airport

or station) 通告 tōnggào [个 gè]
▸ **to make an announcement**
发(发)表声(声)明 fābiǎo
shēngmíng

annoy [ə'nɔɪ] VT 使烦(烦)恼(恼)
shǐ fánnǎo

annoyed [ə'nɔɪd] ADJ 厌(厌)烦(烦)
的 yànfán de ▸ **to be annoyed at
sth/with sb** 对(对)某事/某人感到
厌(厌)烦(烦) duì mǒushì/mǒurén
gǎndào yànfán

annoying [ə'nɔɪɪŋ] ADJ 讨(讨)厌(厌)
的 tǎoyàn de

annual ['ænjuəl] ADJ 1 [+ meeting,
report] 每年的 měinián de
2 [+ sales, income, rate] 年度的
niándù de

anorak ['ænəræk] N [C] 连(连)帽防
风(风)夹(夹)克 liánmào fángfēng
jiākè [件 jiàn]

another [ə'nʌðəʳ] I ADJ
1 ▸ **another book** (one more) 另一
本书(书) lìng yī běn shū 2 (a
different one) 另外的 lìngwài de
3 ▸ **another 5 years/miles/kilos**
再有5年/英里/公斤 zài yǒu wǔ
nián/yīnglǐ/gōngjīn II PRON 1 (one
more) 再一个(个) zài yī gè 2 (a
different one) 不同的一个(个)
bùtóng de yī gè ▸ **one another**
相互 xiānghù

answer ['ɑːnsəʳ] I N [C] 1 (reply) 回
答 huídá [个 gè]; (to letter) 回信
huíxìn [封 fēng] 2 (solution) 答案
dá'àn [个 gè] II VI (reply) 回答
huídá; (to telephone ringing, knock at
door) 应(应)答 yìngdá III VT
[+ person] 答复(复)dáfù
[+ question] 回答 huídá; [+ letter]
回复(复)huífù ▸ **to answer the
phone** 接听(听)电(电)话(话)

jiētīng diànhuà

answering machine ['ɑ:nsərɪŋ-] N [c] 电(電)话(話)答录(錄)机(機) diànhuà dálùjī [台 tái]

Antarctic [ænt'ɑːktɪk] N ▶ **the Antarctic** 南极(極) Nánjí

anthem ['ænθəm] N [c] 赞(贊)美诗(詩) zànměishī 国(國)歌 guógē [首 shǒu]

antibiotic ['æntɪbaɪ'ɒtɪk] N [c] 抗生素 kàngshēngsù [种 zhǒng]

antique [æn'tiːk] N [c] 古董 gǔdǒng [件 jiàn]

antiseptic [æntɪ'septɪk] N [c/u] 杀(殺)菌剂(劑) shājùnjì [种 zhǒng]

antivirus [] N [c] (program) 抗病毒素 kàngbìngdúsù [个 gè]

anxious ['æŋkʃəs] ADJ 忧(憂)虑(慮)的 yōulǜ de

○ KEYWORD

any ['ɛnɪ] I ADJ 1 (in negatives, in questions) 一些 yīxiē de ▶ I haven't any chocolate/sweets 我没(沒)有巧克力/糖了 wǒ méiyǒu qiǎokèlì/táng le ▶ there was hardly any food 几(幾)乎没(沒)有食物了 jǐhū méiyǒu shíwù le ▶ have you got any chocolate/sweets? 你有巧克力/糖吗(嗎)? nǐ yǒu qiǎokèlì/táng ma?

2 (in "if" clauses) 任何的 rènhé de ▶ if there are any tickets left 如果有票剩下的话(話) rúguǒ yǒu piào shèngxià de huà

3 (no matter which) 任意的 rènyì de ▶ take any card you like 拿你喜欢(歡)的任意一张(張)卡 ná nǐ xǐhuan de rènyì yī zhāng kǎ

4 (in expressions) ▶ any day now

从(從)现(現)在起的任何一天 cóng xiànzài qǐ de rènhé yītiān ▶ (at) any moment (在)任何时(時)候 (zài) rènhé shíhou ▶ any time (whenever) 不论(論)何时(時) bùlùn héshí; (also: at any time) 在任何时(時)候 zài rènhé shíhou

II PRON 1 (in negatives) 一些 yīxiē ▶ I didn't eat any (of it) 我一点(點)儿也没(沒)吃 wǒ yīdiǎnr yě méi chī ▶ I haven't any (of them) 我一个(個)也没(沒)有 wǒ yī gè yě méiyǒu

2 (in questions) 一些 yīxiē ▶ have you got any? 你有吗(嗎)? nǐ yǒu ma?

3 (no matter which) 任何 rènhé ▶ if any of you would like to take part, ... 如果你们(們)中任何人想参(參)加的话(話), ... rúguǒ nǐmen zhōng rènhé rén xiǎng cānjiā de huà, ...

4 (no matter which ones) 无(無)论(論)哪一个(個) wúlùn nǎ yī gè ▶ help yourself to any of the books 无(無)论(論)哪本书(書)你随(隨)便拿 wúlùn nǎ běn shū nǐ suíbiàn ná

III ADV 1 (with negative) 丝(絲)毫 sīháo ▶ I don't play tennis any more 我不再打网(網)球了 wǒ búzài dǎ wǎngqiú le ▶ don't wait any longer 不再等了 búzài děng le

2 (in questions) ⋯一点(點)⋯yīdiǎn ▶ do you want any more soup/sandwiches? 你还(還)想再要点(點)汤(湯)/三明治吗(嗎)? nǐ hái xiǎng zài yào diǎn tāng/sānmíngzhì ma?

anybody ['ɛnɪbɒdɪ] PRON = **anyone**

anyhow ['ɛnɪhaʊ] ADV = **anyway**

anyone ['ɛnɪwʌn] PRON **1** (in negatives, "if" clauses) 任何人 rènhé rén **2** (in questions) 任何一个(個)人 rènhé yī gè rén ▸ I can't see anyone 我见(見)不到任何人 wǒ jiàn bù dào rènhé rén ▸ did anyone see you? 有人看到你吗(嗎)? yǒurén kàndào nǐ ma? ▸ anyone could do it 任何人都能做到 rènhé rén dōunéng zuòdào

anything ['ɛnɪθɪŋ] PRON (in negatives, questions, "if" clauses) 任何事 rènhé shì ▸ I can't see anything 我什(麼)也看不见(見) wǒ shénme yě kàn bù jiàn ▸ hardly anything 几(幾)乎没(沒)没 有任何东(東)西 jīhū méiyǒu rènhé dōngxi ▸ did you find anything? 你找到些什(麼)吗(嗎)? nǐ zhǎodào xiē shénme ma? ▸ if anything happens to me... 如果任何事情发(發)生在我身上… rúguǒ rènhé shìqíng fāshēng zài wǒ shēnshang… ▸ you can say anything you like 你可以畅(暢)所欲言 nǐ kěyǐ chàng suǒ yù yán

anyway ['ɛnɪweɪ] ADV **1** (besides) 无(無)论(論)如何 wúlùn rúhé **2** (all the same) 还(還)是 háishì **3** (in short) 总(總)之 zǒngzhī ▸ I shall go anyway 无(無)论(論)如何我要走了 wúlùn rúhé wǒ yào zǒu le

anywhere ['ɛnɪwɛə] ADV (in negatives, questions, "if" clauses) 任何地方 rènhé dìfāng ▸ I can't see him anywhere 我哪里(裡)都见(見)不到他 wǒ nǎlǐ dōu jiàn bù dào tā

apart [ə'pɑːt] ADV [couple, family +] 分开(開) fēnkāi ▸ to take sth apart 拆卸某物 chāixiè mǒuwù

▸ apart from (excepting) 除去 chúqù

apartment [ə'pɑːtmənt] N [c] (US) 公寓 gōngyù [处 chù]

apologize [ə'pɒlədʒaɪz] VI 道歉 dàoqiàn ▸ to apologize to sb (for sth) 向某人 (为(為)某事) 道歉 xiàng mǒurén (wèi mǒushì) dàoqiàn

apology [ə'pɒlədʒɪ] N [c/u] 道歉 dàoqiàn [个 gè]

apostrophe [ə'pɒstrəfɪ] N [c] 撇号(號) piěhào [个 gè]

apparently [ə'pærəntlɪ] ADV 表面看来(來) biǎomiàn kànlái

appear [ə'pɪə] VI **1** (seem) 看起来(來) kànqǐlái **2** (come into view, begin to develop) 出现(現) chūxiàn ▸ to appear to be/have 看起来(來)是/有 kànqǐlái shì/yǒu

appendicitis [əpɛndɪ'saɪtɪs] N [U] 阑(闌)尾炎 lánwěiyán

appetite ['æpɪtaɪt] N [c/u] 食欲(慾) shíyù

applause [ə'plɔːz] N [U] 掌声(聲) zhǎngshēng

apple ['æpl] N [c] 苹(蘋)果 píngguǒ [个 gè]

appliance [ə'plaɪəns] (frm) N [c] 器具 qìjù [件 jiàn]

applicant ['æplɪkənt] N [c] 申请(請)人 shēnqǐngrén [个 gè]

application [æplɪ'keɪʃən] N **1** [c] 申请(請) shēnqǐng [份 fèn] **2** [c] (Comput: program) 应(應)用程序 yìngyòng chéngxù [个 gè]

application form N [c] 申请(請)表格 shēnqǐng biǎogé [份 fèn]

apply [ə'plaɪ] VI (make application) 提出申请(請) tíchū shēnqǐng ▸ to apply for sth [+ job, grant, membership] 申请(請)某事

shēnqǐng móushì

appointment [ə'pɔɪntmənt] N [c] (arranged meeting) 约(約)会(會) yuēhuì [个 gè]; (with hairdresser, dentist, doctor) 预(預)约(約) yùyuē [个 gè] ▸ **to make an appointment (with sb)** (see hairdresser, dentist, doctor) (和某人)预(預)约(約) (hé mǒurén) yùyuē

appreciate [ə'priːʃɪeɪt] VT (be grateful for) 感谢(謝) gǎnxiè ▸ **I (really) appreciate your help** 我(十分)感谢(謝)你的帮(幫)助 wǒ (shífēn) gǎnxiè nǐde bāngzhù

approach [ə'prəʊtʃ] I VI (person, car+) 走近 zǒujìn; (event, time+) 临(臨)近 línjìn II VT 1 (draw near to) 向...靠近 xiàng...kàojìn 2 [+ situation, problem] 处(處)理 chǔlǐ III N [c] (to a problem, situation) 方式 fāngshì [种 zhǒng]

approval [ə'pruːvəl] N [U] 批准 pīzhǔn

approve [ə'pruːv] VI 赞(贊)成 zànchéng

approximate [ə'prɒksɪmɪt] ADJ 近似的 jìnsìde

apricot ['eɪprɪkɒt] N [c/u] 杏子 xìngzi [个 gè]

April ['eɪprəl] N [c/u] 四月 sìyuè; see also 另见 **July**

apron ['eɪprən] N [c] 围(圍)裙 wéiqún [条 tiáo]

Aquarius [ə'kwɛərɪəs] N [U] (sign) 宝(寶)瓶座 Bǎopíng Zuò gè

Arab ['ærəb] I ADJ 阿拉伯的 Ālābó de II N [c] 阿拉伯人 Ālābórén [个 gè]

Arabic ['ærəbɪk] N [U] (language) 阿拉伯语(語) Ālābóyǔ

arch [ɑːtʃ] N [c] 拱 gǒng [个 gè]

archaeology [ɑːkɪ'ɒlədʒɪ] N [U] 考古学(學) kǎogǔxué

archeology [ɑːkɪ'ɒlədʒɪ] (US) = **archaeology**

architect ['ɑːkɪtɛkt] N [c] 建筑(築)师(師) jiànzhùshī [位 wèi]

architecture ['ɑːkɪtɛktʃə'] N [U] 建筑(築)学(學) jiànzhùxué

Arctic ['ɑːktɪk] N ▸ **the Arctic** 北极(極) Běijí

are [ɑː'] VB see **be**

area ['ɛərɪə] N 1 [c] (region, zone) 地区(區) dìqū [个 gè] 2 [c] [of room, building etc] (区(區) qū [个 gè] 3 [c/u] (Math, Geom) 面积(積) miànjī [个 gè] 4 [c] (part) 部分 bùfen [个 gè] ▸ **in the London area** 在伦(倫)敦周边(邊)地区(區) zài Lúndūn zhōubiān dìqū

area code (esp US) N [c] 区(區)号(號) qūhào [个 gè]

Argentina [ɑːdʒən'tiːnə] N 阿根廷 Āgēntíng

argue ['ɑːgjuː] VI (quarrel) ▸ **to argue (with sb) (about sth)** (为(為)某事)(和某人)争(爭)吵 (wèi mǒushì) (hé mǒurén) zhēngchǎo

argument ['ɑːgjumənt] N [c/u] (quarrel) 争(爭)吵 zhēngchǎo; (reasons) 争(爭)论(論) zhēnglùn [阵 zhèn] ▸ **an argument for/against sth** 赞(贊)成/反对(對)某事的论(論)据(據) zànchéng/fǎnduì mǒushì de lùnjù

Aries ['ɛəriːz] N [U] (sign) 白羊座 Báiyáng Zuò

arithmetic [ə'rɪθmətɪk] N [U] (Math) 算术(術) suànshù

arm [ɑːm] I N [c] 1 胳膊 gēbo [条 tiáo] 2 [of jacket, shirt etc] 袖子 xiùzi [只 zhī] II **arms** N PL (weapons) 武器 wǔqì

armchair ['ɑːmtʃeər] N [c] 扶手椅
fúshǒuyǐ [把 bǎ]

armed [aːmd] ADJ 武装(裝)的
wǔzhuāng de

army ['ɑːmɪ] N ▸ **the army** 军(軍)
队(隊) jūnduì

around [ə'raund] I ADV (about) 到
处(處) dàochù II PREP 1 (encircling)
围(圍)绕(繞) wéirào 2 (near) 在附
近 zài fùjìn 3 大约(約) dàyuē

arrange [ə'reɪndʒ] I VT 1 (organize)
安排 ānpái 2 (put in order) 整理
zhěnglǐ II VI ▸ **to arrange to do
sth** 安排做某事 ānpái zuò
mǒushì

arrangement [ə'reɪndʒmənt] I N
[c] 1 (agreement) 约(約)定 yuēdìng
[个 gè] 2 (grouping, layout) 布(佈)
置 bùzhì [种 zhǒng]
II **arrangements** N PL (plans,
preparations) 安排 ānpái

arrest [ə'rest] VT 逮捕 dàibǔ ▸ **to
be under arrest** 被逮捕 bèi dàibǔ

arrival [ə'raɪvl] N [c/u] 到达(達)
dàodá

arrive [ə'raɪv] VI 1 到 dào 2 [letter,
meal +] 来(來) lái

arrow ['ærəu] N [c] 1 (weapon) 箭
jiàn [支 zhī] 2 (sign) 箭头(頭)
标(標)志(誌) jiàntóu biāozhì [个
gè]

art [ɑːt] N 1 [u] 艺(藝)术(術) yìshù
2 [u] (activity of drawing, painting
etc) 美术(術) měishù 3 [c] (skill)
技艺(藝) jìyì [项 xiàng] II **arts** N PL
▸ **the arts** 艺(藝)术(術)活动(動)
yìshù huódòng III CPD ▸ **arts**
[+ graduate, student, course] 文科
wénkē ▸ **work of art** 艺(藝)
术(術)品 yìshùpǐn

art gallery N [c] 美术(術)馆(館)
měishùguǎn [个 gè]

article ['ɑːtɪkl] N 1 物品 wùpǐn
[件 jiàn] 2 (in newspaper) 文章
wénzhāng [篇 piān] 3 (Ling) 冠
词(詞) guàncí [个 gè]

artificial [ɑːtɪ'fɪʃl] ADJ 人造的
rénzào de

artist ['ɑːtɪst] N [c] 画(畫)家 huàjiā
[位 wèi]

○ **KEYWORD**

as [æz, əz] I CONJ 1 (referring to time)
当(當)…时(時)dāng...shí ▸ **he
came in as I was leaving** 我离(離)
开(開)时(時)他进(進)来(來)了 wǒ
líkāi shí tā jìnlái le
2 (since, because) 因为(為) yīnwèi
▸ **as you can't come, I'll go on my
own** 既然你不能来(來)，我就自己
去 jìrán nǐ bùnéng lái, wǒ jiù zìjǐ
qù
3 (referring to manner, way) 像…一
样(樣) xiàng...yíyàng ▸ **as you
can see** 如你所见(見)到的 rú nǐ
suǒ jiàndào de ▸ **it's on the left
as you go in** 在你进(進)入时(時)的
左侧(側) zài nǐ jìnrù shí de zuǒcè
II PREP (in the capacity of) 作
为(為) zuòwéi ▸ **he works as a
salesman** 他做推销(銷)员(員)的
工作 tā zuò tuīxiāoyuán de
gōngzuò
2 (when) 在…时(時) zài...shí ▸ **he
was very energetic as a child** 他
小时(時)候精力很旺盛 tā
xiǎoshíhou jīnglì hěn wàngshèng
III ADV 1 (in comparisons) ▸ **as big/
good/easy etc as...** 像…一样(樣)
大/好/容易 [等] xiàng...yíyàng
dà/hǎo/róngyì děng ▸ **you're as
tall as he is or as him** 你和他一
样(樣)高 nǐ hé tā yíyàng gāo ▸ **as**

soon as 一…就… yī…jiù…
2 (in expressions) ▸ **as if** or **though**
好像 hǎoxiàng

ash [æʃ] N [U] 灰末 huīmò

ashamed [əˈʃeɪmd] ADJ ▸ **to be**/
feel ashamed 感到羞愧 gǎndào
xiūkuì ▸ **to be ashamed of sb/sth**
对(對)某人/某事感到羞愧 duì
mǒurén/mǒushì gǎndào xiūkuì

ashtray [ˈæʃtreɪ] N [c] 烟(煙)灰缸
yānhuīgāng [个 gè]

Asia [ˈeɪʃə] N 亚(亞)洲 Yàzhōu

Asian [ˈeɪʃən] I ADJ 亚(亞)洲的
Yàzhōu de II N [c] (person) 亚(亞)
洲人 Yàzhōurén [个 gè]

ask [ɑːsk] I VT ▸ **to ask (sb) a**
question 问(問)(某人)一个(個)
问(問)题(題) wèn (mǒurén) yī gè
wèntí **2** (invite) 邀请(請) yāoqǐng
II VI 问(問) wèn ▸ **to ask (sb)**
whether/why… 问(問)(某人)是
否/为(為)什么(麼)… wèn
(mǒurén) shìfǒu/wèishénme…
▸ **to ask sb to do sth** 请(請)求某人
做某事 qǐngqiú mǒurén zuò
mǒushì ▸ **to ask sb to do sth** 要求某
事某事 yāoqiú zuò mǒushì ▸ **to ask**
sb the time 向某人询(詢)问(問)
时(時)间(間) xiàng mǒurén
xúnwèn shíjiān ▸ **to ask sb about**
sth 向某人打听(聽)某事 xiàng
mǒurén dǎtīng mǒushì ▸ **I asked**
him his name 我问(問)他叫什
么(麼) wǒ wèn tā jiào shénme
▸ **ask for** VT FUS **1** [+ thing] 要 yào
2 [+ person] 找 zhǎo

asleep [əˈsliːp] ADJ 睡着(著)的
shuìzháo de ▸ **to be asleep** 睡
着(著)了 shuìzháo le ▸ **to fall**
asleep 入睡 rùshuì

aspirin [ˈæsprɪn] N [c] (tablet) 阿司

匹林药(藥)片 āsīpǐlín yàopiàn [片
piàn]

assemble [əˈsɛmbl] I VT
[+ machinery, object]
装(裝)配 zhuāngpèi II VI (gather) 聚集 jùjí

assembly [əˈsɛmblɪ] N [c] **1**
(meeting) 集会(會) jíhuì [个 gè]
2 [U] [of vehicles] 装(裝)配
zhuāngpèi

assignment [əˈsaɪnmənt] N [c] 任
务(務) rènwù [项 xiàng]; (for
student) 作业 zuòyè [个 gè]

assistance [əˈsɪstəns] N [U] 帮助
bāngzhù

assistant [əˈsɪstənt] N [c] **1** (helper)
助手 zhùshǒu [个 gè] **2** (Brit: in
shop) 营(營)业(業)员(員)
yíngyèyuán [个 gè]

assortment [əˈsɔːtmənt] N [c]
▸ **an assortment of sth** 各种(種)
各样(樣)的某物 gèzhǒng gèyàng
de mǒuwù [件 jiàn]

assume [əˈsjuːm] VT 假设(設)
jiǎshè

assure [əˈʃʊəʳ] VT 使确(確)信 shǐ
quèxìn

asterisk [ˈæstərɪsk] N [c] 星号(號)
xīnghào [个 gè]

asthma [ˈæsmə] N [U] 哮喘
xiàochuǎn

astonishing [əˈstɒnɪʃɪŋ] ADJ
惊(驚)人的 jīngrén de

astronaut [ˈæstrənɔːt] N [c] 宇航
员(員) yǔhángyuán [位 wèi]

astronomy [əˈstrɒnəmɪ] N [U] 天
文学(學) tiānwénxué

◯ KEYWORD

at [æt] PREP **1** (position, time, age) 在
zài ▸ **we had dinner at a**
restaurant 我们(們)在一家饭(飯)

店吃了饭(飯) wǒmen zài yī jiā fàndiàn chīle fàn ▸ **at home** 在家 zàijiā ▸ **at work** 在工作 zài gōngzuò ▸ **to be sitting at a table/desk** 坐在桌边(邊)/书(書)桌边(邊) zuòzài zhuōbiān/shūzhuōbiān ▸ **there's someone at the door** 门(門)口有人 ménkǒu yǒurén; (towards) 向某人丛某物 xiàng mǒurén rēng mǒuwù ▸ **to throw sth at sb** 向某人扔某物 xiàng mǒurén rēng mǒuwù ▸ **at four o'clock** 在 4点(點)钟(鐘) zài sì diǎn zhōng ▸ **at Christmas** 在圣(聖)诞(誕)节(節) zài Shèngdànjié **2** (referring to price, speed) 以 yǐ ▸ **apples at £2 a kilo** 苹(蘋)果每公斤两(兩)镑(鎊) píngguǒ měi gōngjīn liǎng bàng ▸ **at 50 km/h** 以每小时(時)50公里的速度 yǐ měi xiǎoshí wǔshí gōnglǐ de sùdù **3** (in expressions) ▸ **not at all** (in answer to question) 一点(點) yīdiǎn yě bù; (in answer to thanks) 别(別)客气(氣) bié kèqi

ate [eɪt] PT OF **eat**

athlete ['æθliːt] N [c] 运(運)动(動)员(員) yùndòngyuán [个 gè]

athletics [æθ'letɪks] N [u] 田径(徑)运(運)动(動) tiánjìng yùndòng

Atlantic [ət'læntɪk] I ADJ 大西洋的 Dàxīyáng de II N ▸ **the Atlantic (Ocean)** 大西洋 Dàxīyáng

atlas ['ætləs] N [c] 地图(圖)册(冊) dìtúcè [本 běn]

atmosphere ['ætməsfɪə'] N **1** [c] [of planet] 大气(氣)层(層) dàqìcéng [个 gè] **2** [s] [of place] 气(氣)氛 qìfēn

attach [ə'tætʃ] VT 附上 fùshàng

attachment [ə'tætʃmənt] N [c] [of tool, computer file] 附件 fùjiàn [个 gè]

attack [ə'tæk] I VT **1** [+ person] 袭(襲)击(擊) xíjī **2** [+ place, troops] 攻击(擊) gōngjī **3** (criticise) 抨击(擊) pēngjī II VI [Mil, Sport] 进(進)攻 jìngōng III N **1** [c/u] (on person) 袭(襲)击(擊) xíjī [次 cì] **2** [c/u] (military assault) 攻击(擊) gōngjī [次 cì] **3** [c/u] [of illness] 发(發)作(陣) zhèn] ▸ **an attack on sb** (assault) 袭(襲)击(擊)某人 xíjī mǒurén; (criticism) 抨击(擊)某人 pēngjī mǒurén

attempt [ə'tempt] I N [c] (try) 尝(嘗)试(試) chángshì [个 gè] II VI ▸ **to attempt to do sth** 试(試)图(圖)做某事 shìtú zuò mǒushì ▸ **an attempt to do sth** 做某事的企图(圖) zuò mǒushì de qìtú

attend [ə'tend] VT **1** [+ school, church, course] 上 shàng **2** [+ lecture, conference] 参(參)加 cānjiā

attention [ə'tenʃən] N [u] **1** (concentration) 注意 zhùyì **2** (care) 照料 zhàoliào ▸ **to pay attention (to sth/sb)** 关(關)注(某事/某人) guānzhù (mǒushì/mǒurén)

attitude ['ætɪtjuːd] N [c/u] 看法 kànfǎ [个 gè]

attorney [ə'tɜːnɪ] (US) N [c] (lawyer) 律师(師) lùshī [位 wèi]

attract [ə'trækt] VT 吸引 xīyǐn

attraction [ə'trækʃən] I N [u] (charm, appeal) 吸引力 xīyǐnlì II ATTRACTIONS NPL (also: **tourist attractions**) (amusements) 游(遊)览(覽)胜(勝)地 yóulǎn shèngdì

attractive [ə'træktɪv] ADJ [+ man, woman] 有魅力的 yǒu mèilì de; [+ thing, place] 吸引人的 xīyǐn rén de ▸ **he was very attractive to women** 他对(對)女人很有吸引力 tā duì nǚrén hěn yǒu xīyǐnlì

auburn [ˈɔːbən] ADJ 赤褐色的 chìhèsè de

auction [ˈɔːkʃən] I N [c] 拍卖(賣) pāimài [次 cì] II VT 拍卖(賣) pāimài

audience [ˈɔːdɪəns] N [c] 1 (in theatre) 观(觀)众(眾) guānzhòng [位 wèi] 2 (Rad, TV) 听(聽)众(眾) tīngzhòng [位 wèi]

August [ˈɔːɡəst] N [c/u] 八月 bāyuè; see also/另见 **July**

aunt [ɑːnt] N [c] (father's sister) 姑母 gūmǔ [位 wèi]; (father's older brother's wife) 伯母 bómǔ [位 wèi]; (father's younger brother's wife) 婶(嬸)母 shěnmǔ [位 wèi]; (mother's sister) 姨母 yímǔ [位 wèi]; (mother's brother's wife) 舅母 jiùmǔ [位 wèi]

auntie, aunty [ˈɑːntɪ] (inf) N = **aunt**

au pair [ˈəuˈpeə^r] N [c] 为学习语言 而住在当地人家里并提供家政服务 的外国年轻人

Australia [ɔsˈtreɪlɪə] N 澳大利 亚(亞) Àodàlìyà

Australian [ɔsˈtreɪlɪən] I ADJ 澳大 利亚(亞)的 Àodàlìyà de II N [c] (person) 澳大利亚(亞)人 Àodàlìyàrén [个 gè]

Austria [ˈɔstrɪə] N 奥(奧)地利 Àodìlì

author [ˈɔːθə^r] N [c] (writer) [of novel] 作家 zuòjiā [位 wèi]; [of text] 作者 zuòzhě [个 gè]

autobiography [ɔːtəbaɪˈɔɡrəfɪ] N [c] 自传(傳) zìzhuàn [部 bù]

automatic [ɔːtəˈmætɪk] I ADJ 自 动(動)的 zìdòng de II N [c] (car)

自动(動)挡(擋) zìdòngdǎng [个 gè]

automatically [ɔːtəˈmætɪklɪ] ADV 1 (by itself) 自动(動)地 zìdòng de 2 (without thinking) 无(無)意识(識) 地 wú yìshí de 3 (as a matter of course) 自然而然地 zìrán ér rán de

automobile [ˈɔːtəməbiːl] (US) N [c] 汽车(車) qìchē [辆 liàng]

autumn [ˈɔːtəm] (Brit) N [c/u] 秋季 qiūjì [个 gè] ▸ **in (the) autumn** 在 秋季 zài qiūjì

available [əˈveɪləbl] ADJ 1 可用的 kě yòng de 2 [+ person] 有空的 yǒukòng de

avalanche [ˈævəlɑːnʃ] N [c] 雪崩 xuěbēng [次 cì]

average [ˈævərɪdʒ] I N [c] 1 (Math: mean) 平均数(數) píngjūnshù [个 gè] 2 ▸ **the average (for sth/sb)** (某物/某人的)平均水平 (mǒuwù/ mǒurén de) píngjūn shuǐpíng [个 gè] II ADJ (ordinary) 普通的 pǔtōng de ▸ **on average** 平均 píngjūn ▸ **above/below the average** 高于(於)/低于(於)平均水 平 gāoyú/dīyú píngjūn shuǐpíng

avoid [əˈvɔɪd] VT 1 [+ person, obstacle] 避免 bìmiǎn 2 [+ trouble, danger] 防止 fángzhǐ ▸ **to avoid doing sth** 避免做某事 bìmiǎn zuò mǒushì

awake [əˈweɪk] (pt **awoke**, pp **awoken** or **awakened**) ADJ ▸ **to be awake** 醒着(著)的 xǐngzhe de

award [əˈwɔːd] I N [c] (prize) 奖(奬) jiǎng [个 gè] II VT [+ prize] 授予 shòuyǔ

aware [əˈwɛə^r] ADJ ▸ **to be aware of sth** (know about) 意识(識)到某 事 yìshí dào mǒushì; (be conscious of) 觉(覺)察到某事 juéchá dào mǒushì ▸ **to be aware that...** 知

道… zhīdào…

away [ə'weɪ] I ADV **1** [+ move, walk +] …开(開) …kāi de **2** (not present) 不在 bùzài II ADJ [+ match, game] 不在 场(場)的 kèchǎng de ▸ **a week/ month away** 还(還)有一个(個)星 期/月 háiyǒu yī gè xīngqī/yuè ▸ **two kilometres away** 离(離) 这(這)里(裡)两(兩)公里远(遠) lí zhèlǐ liǎng gōnglǐ yuǎn

awful ['ɔ:fəl] I ADJ **1** 糟糕的 zāogāo de **2** [+ shock, crime] 可怕的 kěpà de **3** ▸ **to look/feel awful** (ill) 看 起来(來)/感觉(覺)很糟糕的 kàn qǐlái/gǎnjué hěn zāogāo de II ADV (US: inf: very) 十分地 shífēn de ▸ **an awful lot (of)** (amount) 大量 的 dàliàng de; (number) 非常多的 fēicháng duō de

awkward ['ɔ:kwəd] ADJ **1** [+ movement] 笨拙的 bènzhuō de **2** [+ time, question] 令人尴(尷)尬的 lìng rén gāngà de

axe, (US) **ax** [æks] N [c] 斧 fǔ [把 bǎ]

b

baby ['beɪbɪ] N [c] 婴(嬰)儿(兒) yīng'ér [个 gè] ▸ **to have a baby** 生孩子 shēng háizi

baby carriage (US) N [c] 婴(嬰) 儿(兒)车(車) yīng'ér chē [辆 liàng]

babysit ['beɪbɪsɪt] (pt, pp babysat) VI 代人照看孩子 dài rén zhàokàn háizi

babysitter ['beɪbɪsɪtə'] N [c] 代人 照看孩子的人 dài rén zhàokàn háizi de rén [个 gè]

bachelor ['bætʃələ'] N [c] **1** (unmarried man) 单(單)身汉(漢) dānshēnhàn [个 gè] **2** ▸ **Bachelor of Arts/Science** 文/理科学(學)士 学(學)位 wén/lǐkē xuéshì xuéwèi [个 gè]

back [bæk] I N [c] **1** 背部 bèibù [个 gè] **2** [of hand, neck, legs] 背面 bèimiàn [个 gè]; [of house, door,

b

book] 后(後)面 hòumiàn [个 gè]
[of car] 后(後)部 hòubù [个 gè]
II VT 1 (support) 支持 zhīchí;
(financially) 资(資)助 zīzhù
2 (reverse) 倒 dào III ADJ [+ garden,
door, room, wheels] 后(後)面的
hòumiàn de IV ADV 1 (not forward)
向后(後) xiàng hòu 2 (returned) 回
回来(來) huílái
▶ can I have it back? 我能要回它
吗(嗎)? wǒ néng yàohuí tā ma?
▶ back down VI 做出让(讓)步
zuòchū ràngbù
▶ back out VI (withdraw) 退出
tuìchū
▶ back up VT 1 [+ statement, theory]
证(證)实(實) zhèngshí 2 (Comput)
[+ disk] 备(備)份 bèifèn
backache ['bækeɪk] N [c/u] 背痛
bèitòng [阵 zhèn]
background ['bækɡraʊnd] N 1 [c]
[of picture, scene, events] 背景
bèijǐng [个 gè] 2 [c/u] [of person]
(origins) 出身 chūshēn [种 zhǒng];
(experience) 经(經)验(驗) jīngyàn
[种 zhǒng] ▶ in the background
在背景中 zài bèijǐng zhōng
backing ['bækɪŋ] N [u] (support) 支
持 zhīchí; (financial) 资(資)助 zīzhù
backpack ['bækpæk] N [c] 双(雙)
肩背包 shuāngjiān bēibāo [个 gè]
backpacker ['bækpækə²] N [c] 背
包旅行者 bēibāo lǚxíngzhě [名
míng]

❀ BACKPACKER
❀
❀ backpacker 一词指就算紧张的
❀ 青年旅行者。他们可把全部的随身物
❀ 品放在一个背包里,为的是能延长旅行时间多了
❀ 开支,为的是能延长旅行时间多了
❀ 解一个地区,多看一些地方。

backstroke ['bækstrəʊk] N [u]
(also: the backstroke) 仰泳
yǎngyǒng
backup ['bækʌp] I ADJ (Comput)
[+ copy, file, disk] 备(備)份的 bèifèn
de II N [u] (Comput) 支持 zhīchí
backward ['bækwəd] ADV (esp US)
= backwards
backwards ['bækwədz] ADV 向
后(後)地 xiàng hòu de
backyard [bæk'jɑːd] N [c] 后(後)院
hòuyuàn [个 gè]
bacon ['beɪkən] N [u] 腌(醃)猪(豬)
肉 yān zhūròu
bad [bæd] ADJ 1 [+ weather, health,
conditions, temper] 坏(壞)的 huài
de; [+ actor, driver] 不胜(勝)任的
bù shèngrèn de; [+ behaviour,
habit] 不良的 bùliáng de
2 (wicked) 恶(惡)的 è de
3 (naughty) 不听(聽)话(話)的 bù
tīnghuà de 4 [+ mistake, accident,
headache] 严(嚴)重的 yánzhòng
de 5 [+ back, arm] 有病的 yǒubìng
de 6 (rotten) 腐烂(爛)的 fǔlàn de
▶ to be bad for sth/sb 对(對)某
事/某物有害 duì mǒushì/mǒuwù
yǒuhài ▶ not bad 不错(錯) bùcuò
badge [bædʒ] N [c] (Brit) 徽章
huīzhāng [个 gè]
badly ['bædlɪ] ADV 1 (poorly) 不令人
满(滿)意地 bù lìng rén mǎnyì de
2 [+ damaged, injured] 严(嚴)重地
yánzhòng de
badminton ['bædmɪntən] N [u]
羽毛球 yǔmáoqiú
bad-tempered ['bæd'tempəd] ADJ
脾气(氣)坏(壞)的 píqì huài de
bag [bæɡ] N [c] 1 袋 dài [个 gè]
2 (suitcase) 行李箱 xínglixiāng [个
gè] 3 (handbag) 手袋 shǒudài [个
gè] ▶ to pack one's bags 准(準)

备(備)离(離)开(開) zhǔnbèi líkāi
baggage ['bægɪdʒ] N [U] 行李 xíngli

baggage (re)claim N [U] 行李领(領)取(領)取 xíngli lǐngqǔ

bake [beɪk] VT 烤 kǎo

baker ['beɪkə^r] N [c] (also: **baker's**) 面(麵)包店 miànbāodiàn [家 jiā]

bakery ['beɪkərɪ] N [c] 面(麵)包房 miànbāofáng [个 gè]

balance ['bæləns] N 1 [U] (of person, object) 平衡 pínghéng 2 [s] (in bank account) 余(餘)额(額) yú'é [笔 bǐ] 3 [s] (remainder to be paid) 余(餘)欠之数(數) yúqiàn zhī shù
▶ **to keep/lose one's balance** 保持/失去平衡 bǎochí/shīqù pínghéng

balcony ['bælkənɪ] N [c] (open) 露台(臺) lùtái [个 gè]; (covered) 阳(陽)台(臺) yángtái [个 gè]

bald [bɔːld] ADJ 秃(禿)的 tū de ▶ **to go bald** 变(變)秃(禿) biàntū

ball [bɔːl] N [c] 球 qiú [个 gè]

ballet ['bæleɪ, US bæ'leɪ] N [U] 芭蕾舞 bāléiwǔ

ballet dancer N [c] 芭蕾舞演员(員) bāléiwǔ yǎnyuán [位 wèi]

balloon [bə'luːn] N [c] 气(氣)球 qìqiú [只 zhī]

ballpoint (pen) ['bɔːlpɔɪnt(-)] N [c] 圆(圓)珠笔(筆) yuánzhūbǐ [支 zhī]

ban [bæn] N [c] 禁止 jìnzhǐ [种 zhǒng] II VT 禁止 jìnzhǐ

banana [bə'nɑːnə] N [c] 香蕉 xiāngjiāo [只 zhī]

band [bænd] N [c] 1 (group) 群 qún 2 (Mus) 乐(樂)队(隊) yuèduì [个 gè]

bandage ['bændɪdʒ] N [c] 绷(繃)带(帶) bēngdài [条 tiáo]

Band-Aid® ['bændeɪd] (US) N [c] 邦迪创(創)可贴(貼) Bāngdí chuāngkětiē [贴 tiē]

bang [bæŋ] I N [c] 1 (noise) 砰的一声(聲) pēng de yī shēng; [of gun, exhaust] 爆炸声(聲) bàozhà shēng [阵 zhèn] 2 (blow) 撞击(擊) zhuàngjī [下 xià] II VT [+ one's head, elbow] 撞 zhuàng III bangs N PL (US: fringe) 刘(劉)海 liúhǎi
▶ **to bang into sth/sb** 猛撞某物/某人 měngzhuàng mǒuwù/ mǒurén

Bangladesh [bæŋglə'deʃ] N 孟加拉(國) Mèngjiālāguó

bank [bæŋk] N [c] 1 (Fin) 银(銀)行 yínháng [家 jiā] 2 [of river, lake] 岸 àn [个 gè]

bank account N [c] 银(銀)行账(賬)户(戶) yínháng zhànghù [个 gè]

bank card N [c] 1 (Brit: for cash machine) 银(銀)行卡 yínhángkǎ [张 zhāng] 2 (US: credit card) 银(銀)行信用卡 yínháng xìnyòngkǎ [张 zhāng]

bank holiday (Brit) N [c] 法定假期 fǎdìng jiàqī [个 gè]

banknote ['bæŋknəut] N [c] 纸(紙)币(幣) zhǐbì [张 zhāng]

bar [bɑː^r] N [c] 1 酒吧 jiǔbā [个 gè] 2 (counter) 吧台(臺) bātái [个 gè] 3 [of metal] 条(條) tiáo 4 (tablet) [of soap, chocolate] 块(塊) kuài

barbecue ['bɑːbɪkjuː] N [c] 烧(燒)烤聚会(會) shāokǎo jùhuì [次 cì]

barefoot(ed) ['bɛəfut(ɪd)] ADV 赤脚(腳)地 chìjiǎo de

barely ['bɛəlɪ] ADV 几(幾)乎不 jīhū bù

bargain ['bɑːgɪn] N [c] 1 (good buy) 廉价(價)品 liánjiàpǐn [件 jiàn]

2 (deal, agreement) 协(協)议(議) xiéyì [个 gè]

barge [bɑːdʒ] N [c] 驳(駁)船 bóchuán [艘 sōu]

bark [bɑːk] VI [dog +] 叫 jiào

barmaid ['bɑːmeɪd] (esp Brit) N [c] 酒吧女侍 jiǔbā nǚshì [个 gè]

barman ['bɑːmən] (pl **barmen**) (esp Brit) N [c] 酒吧男侍 jiǔbā nánshì [个 gè]

barrel ['bærəl] N [c] 桶 tǒng [个 gè]

barrier ['bærɪəʳ] N [c] 关(關)口 guānkǒu [个 gè]

bartender ['bɑːtɛndəʳ] (US) N [c] 酒吧侍者 jiǔbā shìzhě [个 gè]

base [beɪs] N [c] **1** (bottom) 底部 dǐbù [个 gè] **2** (basis) 根基 gēnjī [个 gè] **3** 基地 jīdì [个 gè]; (for individual, organization) 总(總)部 zǒngbù [个 gè] ▸ **to be based on sth** 以某物为(為)根据(據) yǐ mǒuwù wéi gēnjù ▸ **I'm based in London** 我长(長)驻(駐)伦(倫)敦 wǒ chángzhù Lúndūn

baseball ['beɪsbɔːl] N [U] 棒球 bàngqiú

basement ['beɪsmənt] N [c] 地下室 dìxiàshì [间 jiān]

basic ['beɪsɪk] ADJ 基本的 jīběn de; see also/另见 **basics**

basically ['beɪsɪklɪ] ADV **1** (fundamentally) 基本上 jīběnshang **2** (in fact, put simply) 简(簡)而言之 jiǎnéryánzhī

basics ['beɪsɪks] NPL ▸ **the basics** 基本点(點) jīběndiǎn

basin ['beɪsn] N [c] **1** (bowl) 盆 pén [个 gè] **2** (also: **wash basin**) 洗脸(臉)盆 xǐliǎnpén [个 gè] **3** [of river, lake] 流域 liúyù [个 gè]

basket ['bɑːskɪt] N [c] 筐 kuāng [个 gè]

basketball ['bɑːskɪtbɔːl] N [U] 篮(籃)球 lánqiú

bat [bæt] N [c] **1** (animal) 蝙蝠 biānfú [只 zhī] **2** (for cricket, baseball) 球板/棒 qiúbǎn/bàng [只 zhī] **3** (Brit: for table tennis) 球拍 qiúpāi [只 zhī]

bath [bɑːθ] N [c] **1** (Brit: bathtub) 浴缸 yùgāng [个 gè] **2** (act of bathing) 洗澡 xǐzǎo [次 cì] ▸ **to have** or **take a bath** 洗澡 xǐzǎo

bathe [beɪð] VI **1** (esp Brit) 戏(戲)水 xìshuǐ **2** (esp US: have a wash) 洗澡 xǐzǎo

bathroom ['bɑːθrum] N [c] **1** 卫(衛)生间(間) wèishēngjiān [个 gè] **2** (US: toilet) 厕(廁)所 cèsuǒ [处 chù] ▸ **to go to the bathroom** (US) 去卫(衛)生间(間) qù wèishēngjiān

bathtub ['bɑːθtʌb] (US) N [c] 浴缸 yùgāng [个 gè]

battery ['bætərɪ] N [c] **1** 电(電)池 diànchí [块 kuài] **2** (in car) 电(電)瓶 diànpíng [个 gè]

battle ['bætl] N [c] **1** (Mil) 战(戰)役 zhàn cháng [场 cháng] **2** (fig: struggle) 斗(鬥)争(爭) dòuzhēng [场 cháng]

bay [beɪ] N [c] 湾(灣) wān [个 gè]

BC ADV ABBR (= **before Christ**) 公元前 gōngyuán qián

⊙ KEYWORD

be [biː] (pt **was, were**, pp **been**) I VI **1** (with complement) 是 shì ▸ **I'm English/Chinese** 我是英国(國)人/中国(國)人 wǒ shì Yīngguórén/Zhōngguórén ▸ **she's tall/pretty** 她长(長)得高/漂亮 tā zhǎngde gāo/piàoliang ▸ **this is my mother** 这(這)是我妈(媽)妈(媽)

zhèshì wǒ māma ▸ **who is it?** 是
谁(誰) 啊? shì shuí a? ▸ **be careful/
quiet!** 当(當)心(心)/安静(靜)!
dāngxīn/ānjìng!

2 (referring to time, date) 是 shì
▸ **it's 5 o'clock** 现(現)在是5点(點)
钟(鐘) xiànzài shì wǔ diǎn zhōng

3 (describing weather) ▸ **it's hot/
cold** 天热(熱)/冷 tiān rè/lěng

4 (talking about health) ▸ **how are
you?** 你身体(體)怎么(麼)样(樣)?
nǐ shēntǐ zěnmeyàng?

5 (talking about age) 有 yǒu ▸ **how
old are you?** 你多大了? nǐ duō
dà le?

6 (talking about place) 在 zài
▸ **Madrid is in Spain** 马(馬)德里在
西班牙 Mǎdélǐ zài Xībānyá ▸ **the
supermarket isn't far from here**
超市离(離)这(這)儿(兒)不远(遠)
chāoshì lí zhèr bù yuǎn ▸ **I won't
be here tomorrow** 我明天不在
这(這)儿(兒) wǒ míngtiān bùzài
zhèr ▸ **have you been to Beijing?**
你去过(過)北京吗(嗎)? nǐ qùguo
Běijīng ma? ▸ **we've been here
for ages** 我们(們)已经(經)在
这(這)里(裡)好久了 wǒmen yǐjīng
zài zhèlǐ hǎojiǔ le ▸ **the meeting
will be in the canteen** 会(會)
议(議)将(將)在食堂举(舉)行 huìyì
jiāng zài shítáng jǔxíng

7 (referring to distance) 有 yǒu ▸ **it's
10 km to the village** 这(這)儿(兒)
离(離)村庄(莊)有10公里 zhèr lí
cūnzhuāng yǒu shí gōnglǐ

8 (cost) 花 huā ▸ **how much was
the meal?** 这(這)顿(頓)饭(飯)花了
多少钱(錢)? zhè dùn fàn huāle
duōshao qián? ▸ **that'll be £5
please** 请(請)付5英镑(鎊) qǐngfù
wǔ yīngbàng

9 (linking clauses) 是 shì ▸ **the
problem is that …** 问(問)题(題)
是… wèntí shì…

II AUX VB **1** (forming continuous
tenses) ▸ **what are you doing?** 你
在干(幹)什么(麼)? nǐ zài gàn
shénme? ▸ **they're coming
tomorrow** 他们(們)明天来(來)
tāmen míngtiān lái

2 (forming passives) ▸ **to be
murdered** 被谋(謀)杀(殺) bèi
móushā ▸ **he was killed in a car
crash** 他在一场(場)车(車)祸(禍)中
丧(喪)生 tā zài yī chǎng chēhuò
zhōng sàngshēng

3 (in tag questions) ▸ **it was fun,
wasn't it?** 是有意思, 是不是? yǒu
yìsi, shì bù shì? ▸ **he's
good-looking, isn't he?** 他长(長)
得不错(錯), 是不是? tā zhǎng de
bùcuò, shì bù shì?

beach [biːtʃ] N [c] 海滩(灘) hǎitān
[片 piàn]

beads [biːdz] NPL (necklace) 项(項)
链(鏈) xiàngliàn

beam [biːm] N [c] (of wood, metal)
梁 liáng [根 gēn]

bean [biːn] N [c] 豆 dòu [粒 lì]
▸ **coffee/cocoa beans** 咖啡/可可
豆 kāfēi/kěkě dòu

bear [bɛəʳ] (pt bore, pp borne) N
[c] 熊 xióng [头 tóu] **II** VT
1 (tolerate) 容忍 róngrěn **2** (endure)
忍受 rěnshòu

beard [bɪəd] N [c] 胡(鬍)须(鬚)
húxū [根 gēn]

beat [biːt] (pt beat, pp beaten) VT
[+ opponent, record] 击(擊)败(敗)
jībài

beaten ['biːtn] PP of **beat**

beautiful ['bjuːtɪful] ADJ **1** 美

丽(麗)的 měilì de 2 [+shot, performance] 精彩的 jīngcǎi de

beautifully [ˈbjuːtɪflɪ] ADV 极(極)好地 jíhǎo de

beauty [ˈbjuːtɪ] N [c] 美 měi

became [bɪˈkeɪm] PT of **become**

because [bɪˈkɒz] CONJ 因为(為) yīnwéi ▸ **because of** 因为(為) yīnwèi

我们在解释一件事发生的原因时，可以使用 because、as 或 since。because 最为常用，并且是唯一可以回答以 why 提出的问题。"Why can't you come?" —"Because I'm too busy." 在引出含有原因的从句时，尤其是在书面语时，我们可以用 as 或 since 代替 because。I was rather nervous, as I hadn't seen her for a long time...Since the juice is quite strong, you should always dilute it.

become [bɪˈkʌm] (pt **became**, pp **become**) VI 1 (+noun) 成为(為) chéngwéi 2 (+adj) 变(變) biàn

bed [bed] N [c] 床 chuáng [张 zhāng] ▸ **to go to bed** 去睡觉(覺) qù shuìjiào

bed and breakfast N [U] 住宿加早餐 zhùsù jiā zǎocān

bedding [ˈbedɪŋ] N [U] 床上用品 chuángshàng yòngpǐn

bedroom [ˈbedrum] N [c] 卧(臥)室 wòshì [间 jiān]

bee [biː] N [c] 蜜蜂 mìfēng [只 zhī]

beef [biːf] N [U] 牛肉 niúròu ▸ **roast beef** 烤牛肉 kǎo niúròu

beefburger [ˈbiːfbɜːgər] (Brit) N [c] 牛肉汉(漢)堡包 niúròu hànbǎobāo [个 gè]

been [biːn] PP of **be**

beer [bɪər] N [U] 啤酒 píjiǔ ▸ **would you like a beer?** 你想喝一瓶啤酒吗(嗎)? nǐ xiǎng hē yī píng píjiǔ ma?

beet [biːt] N [c] (US: red vegetable) 甜菜根 tiáncàigēn [根 gēn]

beetle [ˈbiːtl] N [c] 甲虫(蟲) jiǎchóng [只 zhī]

beetroot [ˈbiːtruːt] (Brit) N [c/U] 甜菜根 tiáncàigēn [根 gēn]

before [bɪˈfɔː] I PREP 之前 zhīqián II CONJ 在…之前 zài…zhīqián III ADV 以前 yǐqián ▸ **before doing sth** 在做某事之前 zài zuò mǒushì zhīqián ▸ **I've never seen it before** 我以前从(從)没(沒)见(見)过(過) wǒ yǐqián cóng méi jiànguo

beg [beg] VI [beggar+] 乞讨(討) qǐtǎo ▸ **I beg your pardon** (apologizing) 对(對)不起 duìbuqǐ; (not hearing) 请(請)再说(說)一遍 qǐng zài shuō yī biàn

began [bɪˈgæn] PT of **begin**

beggar [ˈbegər] N [c] 乞丐 qǐgài [个 gè]

begin [bɪˈgɪn] (pt **began**, pp **begun**) I VT 开(開)始 kāishǐ II VI 开(開)始 kāishǐ ▸ **to begin doing** or **to do sth** 开(開)始做某事 kāishǐ zuò mǒushì

beginner [bɪˈgɪnər] N [c] 初学(學)者 chūxuézhě [位 wèi]

beginning [bɪˈgɪnɪŋ] N [c] 开(開)始 kāishǐ [个 gè] ▸ **at the beginning** 开(開)始(時) kāishǐ shí

begun [bɪˈgʌn] PP of **begin**

behave [bɪˈheɪv] VI 表现(現) biǎoxiàn

behaviour, (US) **behavior** [bɪˈheɪvjər] N [U] 举(舉)止 jǔzhǐ

behind [bɪˈhaɪnd] I PREP

在…后(後)面 zài…hòumian II ADV (at/towards the back) 在/向后(後)面 zài/xiàng hòumian ▸ **to be behind (schedule)** 落后(後) 于(於)(计(計)划(劃)) luòhòu yú (jìhuà) ▸ **to leave sth behind** (forget) 落下某物 làxià mǒuwù

beige [beɪʒ] ADJ 灰棕色的 huīzōngsè de

Beijing ['beɪ'dʒɪŋ] N 北京 Běijīng

Belgian ['beldʒən] I ADJ 比利时(時)的 Bǐlìshí de II N [c] (person) 比利时(時)人 Bǐlìshírén [个 gè]

Belgium ['beldʒəm] N 比利时(時) Bǐlìshí

believe [bɪ'liːv] VT 相信 xiāngxìn ▸ **to believe that…** 认(認)为(為)… rènwéi…

bell [bel] N [c] (on door) 门(門) 铃(鈴) ménlíng [个 gè]

belong [bɪ'lɔŋ] VI ▸ **to belong to** [+ person] 属(屬)于(於) shǔyú; [+ club, society] 是…的成员(員) shì…de chéngyuán

belongings [bɪ'lɔŋɪŋz] NPL 所有物 suǒyǒuwù

below [bɪ'ləu] I PREP 1 (beneath) 在…之下 zài…zhīxià 2 (less than) 低于(於) dīyú 3 (beneath) 下面 xiàmian 2 (less) 以下 yǐxià ▸ **below zero** 零度以下 língdù yǐxià ▸ **temperatures below normal or average** 低于(於)正常 (或) 平均温(溫)度 dīyú zhèngcháng (huò) píngjūn wēndù

belt [belt] N [c] 腰带(帶) yāodài [条 tiáo]

bench [bentʃ] N [c] 长(長)椅 chángyǐ [条 tiáo]

bend [bend] (pt, pp **bent**) I VT 使 弯(彎)曲 shǐ wānqū II VI 1 屈身

qūshēn 2 [road, river +] 转(轉) 弯(彎) zhuǎnwān III N [c] (in road, river) 弯(彎) wān [个 gè] ▸ **bend down** VI 弯(彎)腰 wānyāo

beneath [bɪ'niːθ] I PREP 在…之下 zài…zhīxià II ADV 在下面 zài xiàmian

benefit ['benɪfɪt] I N [c/u] 好 处(處) hǎochù ▸ **to benefit from sth** 从(從)某事中 获(獲)益 cóng mǒushì zhōng huòyì

bent [bent] I PT, PP of **bend** II ADJ 弯(彎)曲的 wānqū de

berth [bəːθ] N [c] 卧(臥)铺(鋪) wòpù [张 zhāng]

beside [bɪ'saɪd] PREP 在…旁边(邊) zài…pángbiān; see also/另见 **besides**

besides [bɪ'saɪdz] I ADV (also: **beside**) (in addition) 另外 lìngwài II PREP (also: **beside**) (in addition to, as well as) 除…之外 chú…zhīwài

besides 引出的事物包括在我们 所谈及的事情之内。She is very intelligent besides being very beautiful. 不过，当我们说 **the only person besides** 另外某人 时，或 **the only thing besides** 另外某物时，我们指的是某一特定 场合或上下文中的唯一其他人或 物。There was only one person besides me who knew where the money was hidden. 介词 **except** 后面通常跟我们的陈述中不包括 的那些物、人、事的名词或代词 形式。He spoke to everyone except me. **except** 也可作连词， 引导从句或副词短语。There was nothing more to do now except wait. **except** 还可以引出由连词 **that**、**when** 或 **if** 引导的从

句。 *The house stayed empty, except when we came for the holidays.* **except** 用在名词前的介词短语，用来引出某人或某物，说明要不是有某人或某物，所陈述的便与全部事实。 *Everyone was late except for Richard.*

best [best] I ADJ 最好的 zuì hǎo de II ADV 最 zuì III N ▸ **the best** 最好的事物 zuì hǎo de shìwù ▸ **the best thing to do is...** 最好是… zuì hǎo shì... ▸ **to do** or **try one's best** 尽(盡)某人最大的努力 jìn mǒurén zuì dà de nǔlì

bet [bet] (pt, pp **bet** or **betted**) I N [c] 赌(賭)注 dǔzhù [个 gè] II VT 1 ▸ **to bet sb 100 pounds that...** 就…和某人赌(賭)100英镑(鎊) jiù...hé mǒurén dǔ yìbǎi yīngbàng 2 (expect, guess) 断(斷)定 duàndìng III VI ▸ **to bet on** [+ horse, result] 下赌(賭)注于 xià dǔzhù yú

better ['betər] I ADJ 1 (comparative of good) 更好的 gèng hǎo de 2 (after an illness or injury) 好转(轉)的 hǎozhuǎn de II ADV (comparative of well) 更好地 gèng hǎo de ▸ **to get better** (improve) 变(變)得更好 biàn de gèng hǎo; [sick person +] 渐(漸)愈(癒) jiànyù ▸ **to feel better** 感觉(覺)好一些 gǎnjué hǎo yìxiē ▸ **I'd better go** 我得走了 wǒ děi zǒu le

between [bɪ'twiːn] I PREP 1 (in space) 在…中间(間) zài...zhōngjiān 2 (in time) 介于(於)…之间(間) jièyú...zhījiān 3 (in amount, age) 介于(於)…之间(間) jièyú...zhījiān II ADV ▸ **in between** (in space) 在…中间(間)

zài...zhōngjiān; (in time) 期间(間) qījiān ▸ **to choose between** 从(從)中选(選)一个(個) cóngzhōng xuǎn yí gè ▸ **to be shared/divided between people** 由大家一起分享/分用 yóu dàjiā yìqǐ fēnxiǎng/fēnyòng

beyond [bɪ'jɒnd] I PREP 1 在…的另一边(邊) zài...de lìng yìbiān 2 [+ time, date, age] 迟(遲)于(於) chíyú 3 (in space) 在另一边(邊) zài lìng yìbiān 2 (in time) 在…之后(後) zài...zhīhòu

Bible ['baɪbl] (Rel) N [c] ▸ **the Bible** 圣(聖)经(經) Shèngjīng [部 bù]

bicycle ['baɪsɪkl] N [c] 自行车(車) zìxíngchē [辆 liàng] ▸ **to ride a bicycle** 骑(騎)自行车(車) qí zìxíngchē

big [bɪg] ADJ 1 大的 dà de 2 [+ change, increase, problem] 大的 dà de

bike [baɪk] N [c] 1 (bicycle) 自行车(車) zìxíngchē [辆 liàng] 2 (motorcycle) 摩托车(車) mótuōchē [部 bù]

bikini [bɪ'kiːnɪ] N [c] 比基尼 bǐjīní [套 tào]

bill [bɪl] N 1 (requesting payment) 账(賬)单(單) zhàngdān [个 gè] 2 (Brit: in restaurant) 账(賬)单(單) zhàngdān [个 gè] 3 (US: banknote) 钞(鈔)票 chāopiào [张 zhāng]

billfold ['bɪlfəʊld] (US) N [c] 钱(錢)夹(夾) qiánjiā [个 gè]

billion ['bɪljən] N [c] 十亿(億) shíyì [个 gè]

bin [bɪn] N [c] (Brit) 垃圾箱 lājīxiāng [个 gè]

binoculars [bɪ'nɒkjʊləz] NPL 双(雙)筒望远(遠)镜(鏡) shuāngtǒng wàngyuǎnjìng

biochemistry [baɪə'kemɪstrɪ] N

[U] 生物化学(學) shēngwù huàxué

biography [baɪˈɒɡrəfɪ] N [c] 传(傳)记(記) zhuànjì [部 bù]

biology [baɪˈɒlədʒɪ] N [U] 生物 学(學) shēngwùxué

bird [bəːd] N [c] 鸟(鳥) niǎo [只 zhī]

Biro® [ˈbaɪərəu] N (Brit) 圆(圓) 珠笔(筆) yuánzhūbǐ [支 zhī]

birth [bəːθ] N [c/u] 出生 chūshēng

birth certificate N [c] 出生证(證) 明 chūshēng zhèngmíng [个 gè]

birth control N [U] 节(節)育 jiéyù

birthday [ˈbəːθdeɪ] I N [c] 生日 shēngrì [个 gè] II CPD [+ cake, card, present] 生日 shēngrì

biscuit [ˈbɪskɪt] N [c] 1 (Brit) 饼(餅) 干(乾) bǐnggān [片 piàn] 2 (US) 小 圆(圓)饼(餅) xiǎo yuánbǐng [张 zhāng]

bishop [ˈbɪʃəp] N [c] 主教 zhǔjiào [位 wèi]

bit [bɪt] I PT of **bite** II N [c] 1 (esp Brit: piece) 少许(許) shǎoxǔ 2 (esp Brit: part) 部分 bùfen [个 gè] 3 (Comput) 比特 bǐtè [个 gè] ▸ **a bit mad/dangerous** 有点(點) 疯(瘋)狂/危险(險) yǒu diǎn fēngkuáng/wēixiǎn ▸ **for a bit** (inf) 一会(會)儿(兒) yīhuìr ▸ **quite a bit** 不少 bùshǎo

bite [baɪt] (pt bit, pp bitten [ˈbɪtn]) I VT 咬 yǎo II N [c] 1 (mouthful) 口 kǒu 2 (from dog) 咬伤(傷) yǎoshāng 3 (from snake, mosquito) 咬痕 yǎohén [个 gè] ▸ **to bite one's nails** 咬指甲 yǎo zhǐjia

bitter [ˈbɪtə*] ADJ 1 [+ taste] 苦的 kǔ de

black [blæk] I ADJ 1 黑色的 hēisè de 2 [+ person] 黑人的 hēirén de

3 [+ tea, coffee] 不加牛奶的 bù jiā niúnǎi de II N [U] 黑色 hēisè ▸ **black out** VI (faint) 暂(暫)时(時) 失去知觉(覺) zànshí shīqù zhījué

blackboard [ˈblækbɔːd] N [c] 黑板 hēibǎn [个 gè]

blackmail [ˈblækmeɪl] I N [U] 敲 诈(詐) qiāozhà II VT 敲诈(詐) qiāozhà

blade [bleɪd] N [c] 刃 rèn

blame [bleɪm] I N [U] (for mistake, crime) 责(責)备(備) zébèi II VT ▸ **to blame sb for sth** 责(責)备(備)某人某事 zébèi mǒurén zuò mǒushì ▸ **to be sb's fault** 该(該)负(負)责(責) gāi fù zérèn ▸ **to blame sth on sb** 把 某事归(歸)咎于某人 bǎ mǒushì guījiù yú mǒurén

blank [blæŋk] ADJ 空白的 kòngbái de

blanket [ˈblæŋkɪt] N [c] 毛毯 máotǎn [床 chuáng]

blast [blɑːst] N [c] (explosion) 爆炸 bàozhà [次 cì]

blaze [bleɪz] I N [c] 大火 dàhuǒ [场 chǎng] II VI [fire +] 熊熊燃烧(燒) xióngxióng ránshāo

blazer [ˈbleɪzə*] N [c] 上装(裝) shàngzhuāng [件 jiàn]

bleed [bliːd] (pt, pp bled [blɛd]) VI 流血 liúxuè ▸ **my nose is bleeding** 我流鼻血了 wǒ liú bíxuè le

blender [ˈblɛndə*] N [c] 搅(攪)拌器 jiǎobànqì [个 gè]

bless [blɛs] VT (Rel) 赐(賜)福 cìfú ▸ **bless you!** (after sneeze) 上帝保 佑(祐)! shàngdì bǎoyòu!

blew [bluː] PT of **blow**

blind [blaɪnd] I ADJ 失明的 shīmíng de II N (for window) 向上

卷(捲)的帘(簾)子 xiàng shàng juǎn de liánzi III **the blind** N PL (blind people) 盲人 mángrén ▸ **to go blind** 失明 shīmíng

blink [blɪŋk] VI 眨眼睛 zhǎ yǎnjīng

blister ['blɪstəʳ] N [c] 水泡 shuǐpào [个 gè]

blizzard ['blɪzəd] N [c] 暴风(風)雪 bàofēngxuě [场 cháng]

block [blɔk] I N [c] 1 街区(區) jiēqū [个 gè] 2 (of stone, wood, ice) 块(塊) kuài II VT 1 (entrance, road) 堵塞 dǔsè ▸ **block of flats** or (US) **apartment block** 公寓楼(樓) gōngyùlóu ▸ **3 blocks from here** 离(離)这(這)里(裡)有3个(個)街区(區)那么(麼)远(遠) lí zhèlǐ yǒu sān gè jiēqū nàme yuǎn

blog ['blɔg] N [c] 博客 bókè

blogging ['blɔgɪŋ] I N [u] (写) 博客 (xiě)bókè II ADJ (写) 博客的 (xiě)bókè de

blogosphere ['blɔgəsfɪəʳ] N [c] 博客圈 bókèquān

blogpost ['blɔgpəʊst] N [c] 博文 bówén [篇 piān]

blond(e) [blɔnd] ADJ 1 [+ hair] 金色的 jīnsè de 2 [+ person] 金发(髮)的人 jīnfà de rén

blood [blʌd] N [u] 血液 xuèyè

blood pressure N [u] 血压(壓) xuèyā ▸ **to have high/low blood pressure** 有高/低血压(壓) yǒu gāo/dī xuèyā ▸ **to take sb's blood pressure** 量某人的血压(壓) liáng mǒurén de xuèyā

blood test N [c] 验(驗)血 [次 cì] ▸ **to have a blood test** 验(驗)血 yànxiě

blouse [blauz, US blaus] N [c] 女士衬(襯)衫 nǚshì chènshān [件 jiàn]

blow [bləu] (pt **blew**, pp **blown**) I N [c] 1 (punch) 拳打 quándǎ [顿 dùn] 2 打击(擊) dǎjī [个 gè] II VI 1 (wind, sand, dust etc +) 吹 chuī 2 (person +) 吹气(氣) chuīqì III VT [wind +] 吹 chuī ▸ **to blow one's nose** 擤鼻子 xǐng bízi

▸ **blow away** I VT 吹走 chuīzǒu II VI 刮(颳)跑 guāpǎo

▸ **blow down** VT [+ tree, house] 刮(颳)倒 guādǎo

▸ **blow out** VT [+ flame, candle] 吹灭(滅) chuīmiè

▸ **blow up** I VI (explode) 爆炸 bàozhà II VT 1 (destroy) 使爆炸 shǐ bàozhà 2 (inflate) 充气(氣) chōngqì

blow-dry ['bləudraɪ] N [c] 吹风(風)定型 chuīfēng dìngxíng

blown [bləun] PP OF **blow**

blue [blu:] I ADJ 蓝(藍)色的 lánsè de II N [u] 蓝(藍)色 lánsè III **blues** N PL (Mus) ▸ **the blues** 蓝(藍)调(調) lándiào

blunt [blʌnt] ADJ 1 (not sharp) 钝(鈍)的 dùn de 2 [+ person, remark] 直率的 zhíshuài de

blush [blʌʃ] VI 脸(臉)红(紅) liǎnhóng

board [bɔ:d] I N [c] 1 (piece of wood) 木板 mùbǎn [块 kuài] 2 (also: noticeboard) 公告板 gōnggàobǎn [块 kuài] 3 (c) (also: blackboard) 黑板 hēibǎn [个 gè] 4 [c] (for chess) 盘(盤) pán [pán 5 [u] (at hotel) 膳食 shànshí II VT [+ ship, train, plane] 上 shàng III VI (frm: on ship, train, plane) 登上 dēngshàng ▸ **board and lodging** 食宿 shísù ▸ **on board** 在船/车(車)/飞(飛)机(機)上 zài chuán/chē/fēijī shang

boarding card ['bɔ:dɪŋ-] N [c] 登机(機)卡 dēngjīkǎ [张 zhāng]

boarding school N [C/U] 寄宿学(學)校 jìsù xuéxiào [个 gè]

boast [bəʊst] I VI ▶ **to boast (about** or **of)** 说(說)(关(關)于(於)某事的)大话(話) shuō (guānyú mǒushì de) dàhuà II N [c] 自夸 zìkuā [种 zhǒng]

boat [bəʊt] N [c] 1 (small vessel) 船 chuán [艘 sōu] 2 (ship) 轮(輪)船 lúnchuán [艘 sōu] ▶ **to go by boat** 乘船去 chéngchuán qù

body ['bɒdɪ] N [c] 1 (of person) 身体(體) shēntǐ [个 gè] 2 (corpse) 尸(屍)体(體) shītǐ [具 jù]

bodybuilding ['bɒdɪˌbɪldɪŋ] N [U] 健身 jiànshēn

bodyguard ['bɒdɪgɑːd] N [c] 保镖(鏢) bǎobiāo [个 gè]

boil [bɔɪl] I VT 1 (+ water) 烧(燒)开(開) shāokāi 2 (+ eggs, potatoes) 煮 zhǔ II VI (liquid +) 沸腾(騰) fèiténg III N (Med) 疖(癤)子 jiēzi ▶ **to boil a kettle** 烧(燒)开(開)水 shāokāi shuǐ

boiler ['bɔɪləʳ] N [c] (device) 锅(鍋)炉(爐) guōlú [个 gè]

boiling (hot) ['bɔɪlɪŋ-] ADJ ▶ **I'm boiling (hot)** 我太热(熱)了 wǒ tài rè le

bolt [bəʊlt] N [c] 1 (to lock door) 插销(銷) chāxiāo [个 gè] 2 (used with nut) 螺栓(釘) luódīng [颗 kē]

bomb [bɒm] N [c] 1 炸弹(彈) zhàdàn [颗 kē] II VT 轰(轟)炸 hōngzhà

bomber ['bɒməʳ] N [c] 1 (Aviat) 轰(轟)炸机(機) hōngzhàjī [架 jià] 2 (terrorist) 投放炸弹(彈)的人 tóufàng zhàdàn de rén

bombing ['bɒmɪŋ] N [c/U] 轰(轟)炸 hōngzhà [次 zhèn]

bone [bəʊn] N 1 [c/U] 骨头(頭) gǔtou [根 gēn] 2 [c] (in fish) 刺 cì [根 gēn]

bonfire ['bɒnfaɪəʳ] N [c] 1 (as part of a celebration) 篝火 gōuhuǒ [堆 duī] 2 (to burn rubbish) 火堆 huǒduī [个 gè]

bonnet ['bɒnɪt] N [c] (Brit) (of car) 引擎罩 yǐnqíngzhào [个 gè]

bonus ['bəʊnəs] N [c] 1 (extra payment) 红(紅)利 hónglì [份 fèn] 2 (additional benefit) 额(額)外收获(獲) éwài shōuhuò [份 fèn]

book [bʊk] N [c] 1 (novel etc) 书(書) shū [本 běn] 2 (of stamps, tickets) 册 cè [个 gè] II VT (+ ticket, table, seat, room) 预(預)订(訂) yùdìng ▶ **fully booked** 预(預)订(訂)一空 yùdìng yīkōng ▶ **book into** (Brit) N VT FUS (+ hotel) 登记(記)住入 dēngjì rùzhù

bookcase ['bʊkkeɪs] N [c] 书(書)橱(櫥) shūchú [个 gè]

booklet ['bʊklɪt] N [c] 小册(冊)子 xiǎocèzi [本 běn]

bookshelf ['bʊkʃɛlf] N [c] 书(書)架 shūjià [个 gè]

bookshop ['bʊkʃɒp] (Brit) N [c] 书(書)店 shūdiàn [家 jiā]

bookstore ['bʊkstɔːʳ] (esp US) N = **bookshop**

boot [buːt] N [c] 1 靴子 xuēzi [双 shuāng]; (for football, walking) 鞋 xié [双 shuāng] 2 (Brit) (of car) 车(車)后(後)行(行)李箱 chē hòu xínglixiāng [个 gè] ▶ **boot up** (Comput) I VT 使运(運)行 shǐ yùnxíng II VI 开(開)始运(運)行 kāishǐ yùnxíng

border ['bɔːdəʳ] N [c] 边(邊)界 biānjiè [条 tiáo]

bore [bɔːʳ] I PT of **bear** II VT 1 (+ hole) 钻(鑽) zuàn 2 (+ oil well, tunnel) 开(開)凿(鑿) kāizáo 3 (+ person) 使厌(厭)烦(煩) shǐ yànfán ▶ **to be bored (with sth)** (对(對)某事)不

感兴(興)趣 (duì mǒushì) bù gǎn xìngqù

boring['bɔːrɪŋ] ADJ 乏味的 fáwèi de

born[bɔːn] ADJ ▸ **to be born** [baby+] 出生 chūshēng

borrow['bɔrəʊ] VT 借 jiè

Bosnia['bɒznɪə] N 波斯尼亚(亞) Bōsīníyà

Bosnian['bɒznɪən] ADJ 波斯尼亚的 Bōsīníyà de

boss[bɒs] N 1(*employer*) 老板 lǎobǎn [个 gè] 2(*inf: leader*) 领(領)导(導) lǐngdǎo [位 wèi]

both[bəʊθ] I ADJ 两(兩)都 liǎngzhě dōu II PRON 1(*things*) 两(兩)者 liǎngzhě 2(*people*) 两(兩)个(個) liǎng gè III CONJ ▸ **both A and B** A和B两(兩)者都 A hé B liǎngzhě dōu ▸ **both of us went** or **we both went** 我们(們)两(兩)个(個)都去了 wǒmen liǎng gè dōuqù le

bother['bɒðə'] I VT 1(*worry*) 烦(煩)扰(擾) fánrǎo 2(*disturb*) 打扰(擾) dǎrǎo II VI 在乎 zàihu III N [U] (*trouble*) 麻烦(煩) máfan ▸ **don't bother** 不用了 bùyòng le

bottle['bɒtl] N 1[c] 瓶子 píngzi [个 gè] 2[c] (*amount contained*) 一瓶 yì píng 3[c] *baby's* 奶瓶 nǎipíng [个 gè] ▸ **a bottle of wine/milk** 一瓶 葡萄酒/牛奶 yì píng pútáojiǔ/ niúnǎi

bottle opener N [c] (开(開))瓶器 kāipíngqì [个 gè]

bottom['bɒtəm] I N 1[c] [*of container, sea*] 底部 dǐbù [个 gè] 2[*of page, list*] 下端 xiàduān [个 gè] 3[U/S] [*of class, league*] 最后(後)一名 zuìhòu yì míng 4[c] [*of hill, tree, stairs*] 最底部 zuìdǐbù [个

gè] 5[c] (*buttocks*) 臀部 túnbù [个 gè] II ADJ (*lowest*) 最下面的 zuì xiàmiàn de ▸ **at the bottom of** 在…的底部 zài…de dǐbù

bought[bɔːt] PT, PP *of* **buy**

bound[baʊnd] ADJ ▸ **to be bound to do sth** (*certain*) 一定做某事 yídìng zuò mǒushì

boundary['baʊndrɪ] N [c] 边(邊) 界 biānjiè [个 gè]

bow[bəʊ] N 1(*knot*) 蝴蝶结(結) húdiéjié [个 gè] 2(*weapon*) 弓 gōng [把 bǎ]

bow[baʊ] I VT (*with head, body*) 鞠 躬 jūgōng II VT [+ head] 低头(頭) dītóu

bowl[bəʊl] N 1 碗 wǎn [个 gè] 2(*contents*) 一碗的量 yì wǎn de liàng 3(*for washing clothes/dishes*) 盆 pén [个 gè]

bowling['bəʊlɪŋ] N [U] 保龄(齡)球 bǎolíngqiú ▸ **to go bowling** 打保 龄(齡)球 dǎ bǎolíngqiú

bow tie[bəʊ-] N [c] 蝶形领(領) 结(結) diéxíng lǐngjié [个 gè]

box[bɒks] I N [c] 1(*container*) 盒子 hézi [个 gè] 2(*contents*) 盒 hé 3(*also:* **cardboard box**) 纸(紙)箱 zhǐxiāng [个 gè] 4(*crate*) 箱 xiāng II VI (*Sport*) 拳击(擊) quánjī

boxer['bɒksə'] N [c] (*Sport*) 拳击(擊)运(運)动(動)员(員) quánjī yùndòngyuán [位 wèi]

boxer shorts, boxers NPL 平角 裤(褲) píngjiǎokù

boxing['bɒksɪŋ] (*Sport*) N [U] 拳 击(擊) quánjī

Boxing Day(*Brit*) N [c/u] 圣诞节后 的第一天，是公共假日

boy[bɔɪ] N 1(*male child*) 男孩 nánhái [个 gè] 2(*young man*) 男青 年 nán qīngnián [个 gè]

boyfriend ['bɔɪfrɛnd] N [c] 男朋友 nánpéngyou [个 gè]

bra [brɑː] N [c] 胸罩 xiōngzhào [件 jiàn]

bracelet ['breɪslɪt] N [c] 手镯(鐲) shǒuzhuó [只 zhī]

braid [breɪd] N [c] (US: plait) 辫(辮) 子 biànzi [条 tiáo]

brain [breɪn] N [c] 脑(腦)子 nǎozi [个 gè]

brainy ['breɪnɪ] ADJ (inf) 聪(聰)明的 cōngmíng de

brake [breɪk] I N [c] (Aut) 刹车(車) shāchē [个 gè] II V I [driver, vehicle+] 刹车 shāchē

branch [brɑːntʃ] N [c] 1 [of tree] 树(樹)枝 shùzhī [条 tiáo] 2 [of shop] 分店 fēndiàn [家 jiā]; [of bank, company] 分支机(機)构(構) fēnzhī jīgòu [个 gè]

brand [brænd] N [c] 牌子 páizi [块 kuài]

brand-new ['brænd'njuː] ADJ 全新 的 quánxīn de

brandy ['brændɪ] N [c/u] 白兰(蘭) 地酒 báilándìjiǔ [瓶 píng]

brass [brɑːs] N [u] 铜(銅)铜 tóng

brave [breɪv] ADJ 1 勇敢的 yǒnggǎn de 2 [+ attempt, smile, action] 英勇的 yīngyǒng de

Brazil [brəˈzɪl] N 巴西 Bāxī

bread [brɛd] N [u] 面(麵)包 miànbāo

break [breɪk] (pt broke, pp broken) I V T 1 打碎 dǎsuì 2 [+ leg, arm] 弄 断(斷) nòngduàn 3 [+ promise, contract] 违(違)反 wéifǎn 4 [+ law, rule] 违(違)反 wéifǎn 5 [+ record] 打破 dǎpò II V I 破碎 pòsuì III N 1 [c] (rest) 休息 xiūxi [次 cì] 2 [c] (pause, interval) 间(間)歇 jiànxiē [个 gè] 3 [c] (fracture) 骨折 gǔzhé

[次 cì] 4 [c] (holiday) 休假 xiūjià [次 cì] ▶ **to break the news to sb** 委婉地向某人透露消息 wěiwǎn de xiàng mǒurén tòulù xiāoxi ▶ **to take a break** (for a few minutes) 休息一下 xiūxi yíxià ▶ **without a break** 连(連)续(續)不断(斷) liánxù búduàn

▶ **break down** V I 坏(壞)掉 huàidiào

▶ **break in** V I [burglar +] 破门(門)而入 pòmén ér rù

▶ **break into** V T FUS [+ house] 强(強)行进(進)入 qiángxíng jìnrù

▶ **break off** V T 1 [+ branch, piece of chocolate] 折断(斷) zhéduàn 2 [+ engagement, relationship] 断(斷)绝(絕) duànjué

▶ **break out** V I 1 (begin) 爆发(發) bàofā 2 (escape) 逃脱(脫) táotuō

▶ **break up** I V I 1 [couple, marriage +] 破裂 pòliè 2 [meeting, party +] 纷(紛)纷(紛)离(離)去 fēnfēn líqù II V T 1 [+ fight] 调(調)停 tiáotíng 2 [+ meeting, demonstration] 驱(驅)散 qūsàn ▶ **to break up with sb** 同某人分手 tóng mǒurén fēnshǒu

breakdown ['breɪkdaʊn] N [c] 1 (Aut) 故障 gùzhàng [个 gè] 2 [of system, talks] 中断(斷) zhōngduàn [次 cì] 3 [of marriage] 破裂 pòliè [个 gè] 4 (Med) (also: **nervous breakdown**) 精神崩溃(潰) jingshén bēngkuì [阵 zhèn] ▶ **to have a breakdown** 精神崩溃(潰) jingshén bēngkuì

breakfast ['brɛkfəst] N [c/u] 早餐 zǎocān [顿 dùn]

break-in ['breɪkɪn] N [c] 闯(闖)入 chuǎngrù

breast [brɛst] N [c] [of woman] 乳

房 rǔfáng [个 gè] **2** [c/u] 胸脯肉 xiōngpúròu [块 kuài]

breath [breθ] N **1** [c/u] (intake of air) 呼吸 hūxī **2** [u] (air from mouth) 口气(氣) kǒuqì ▸ **out of breath** 上气(氣)不接下气(氣) shàngqì bùjiē xiàqì ▸ **bad breath** 口臭 kǒuchòu ▸ **to get one's breath back** (Brit) 恢复(復)正常呼吸 huīfù zhèngcháng hūxī ▸ **to hold one's breath** 屏住呼吸 bǐngzhù hūxī

breathe [briːð] I VT (+ air) 呼吸 hūxī II VI 呼吸 hūxī
▸ **breathe in** VI 吸入 xīrù
▸ **breathe out** VI 呼出 hūchū

breed [briːd] (pt, pp **bred** [bred]) I VT (+ animals) 繁殖 fánzhí II N [c] 品种(種) pǐnzhǒng [个 gè]

breeze [briːz] N [c] 微风(風) wēifēng [阵 zhèn]

brewery ['bruːərɪ] N [c] 啤酒 厂(廠) píjiǔchǎng [家 jiā]

bribe [braɪb] I N [c] 贿(賄)赂(賂) huìlù [种 zhǒng] II VT 行贿(賄) xínghuì ▸ **to bribe sb to do sth** 贿(賄)赂(賂)某人去做某事 huìlù mǒurén qù zuò mǒushì

brick [brɪk] N [c/u] 砖(磚) zhuān [块 kuài]

bride [braɪd] N [c] 新娘 xīnniáng [个 gè]

bridegroom ['braɪdgruːm] N [c] 新郎 xīnláng [个 gè]

bridesmaid ['braɪdzmeɪd] N [c] 伴娘 bànniáng [个 gè]

bridge [brɪdʒ] N **1** [c] 桥(橋) qiáo [座 zuò] **2** [u] (Cards) 桥(橋)牌 qiáopái

brief [briːf] I ADJ **1** 短暂(暫)的 duǎnzàn de **2** (+ description, speech) 简(簡)短的 jiǎnduǎn de II **briefs**

NPL **1** (for men) 男式三角内(內) 裤(褲) nánshì sānjiǎo nèikù **2** (for women) 女式三角内(內)裤(褲) nǚshì sānjiǎo nèikù

briefcase ['briːfkeɪs] N [c] 公事包 gōngshìbāo [个 gè]

briefly ['briːflɪ] ADV 简(簡)短地 jiǎnduǎn de

bright [braɪt] ADJ **1** (+ light) 亮的 liàng de **2** (+ person) 聪(聰)明的 cōngmíng de; (+ idea) 巧妙的 qiǎomiào de **3** (+ colour) 鲜(鮮)亮的 xiānliàng de

brilliant ['brɪljənt] ADJ **1** (+ person, mind) 才华(華)横(橫)溢的 cáihuá héngyì de **2** (+ idea, performance) 出色的 chūsè de **3** (esp Brit: inf: wonderful) 棒极(極)了的 bàngjíle de

bring [brɪŋ] (pt, pp **brought** [brɔːt]) VT (with you) 带(帶)来(來) dàilái; (to sb) 拿来(來) nálái
▸ **bring along** VT 随(隨)身携(攜)带(帶) suíshēn xiédài
▸ **bring back** VT (return) 带(帶)回来(來) dài huílái
▸ **bring forward** VT (+ meeting) 提前 tíqián
▸ **bring round** VT (+ unconscious person) 使苏(甦)醒 shǐ sūxǐng
▸ **bring up** VT **1** (+ child) 抚(撫)养(養) fǔyǎng **2** (+ question, subject) 提出 tíchū

Britain ['brɪtən] N (also: **Great Britain**) 英国(國) Yīngguó ▸ **in Britain** 在英国(國) zài Yīngguó

● **BRITAIN**
●
●
● **Britain** 或 **Great Britain** 由英
● 格兰、威尔士、苏格兰和北爱尔
● 兰组成。如果整个不列颠，应慎

用 **England** 和 **English**, 以免
引起苏格兰和北爱尔兰人的不
满。**United Kingdom** 作为王国
的官方称谓, 常简略为 **the
UK**, 覆盖大不列颠及北爱尔
兰。**British Isles** 包括大不列
颠、北爱尔兰、爱尔兰共和国
(不隶属 **the UK**) 和四周岛屿。

British[ˈbrɪtɪʃ] I ADJ 英国(國)的
Yīngguó de II NPL ► **the British**
英国(國)人 Yīngguórén

broad[brɔːd] ADJ 宽(寬)的 kuān de
► **in broad daylight** 光天化日之下
guāng tiān huà rì zhī xià

broadcast[ˈbrɔːdkɑːst] (pt, pp
broadcast) I N [c] 广(廣)播
guǎngbō [段 duàn] II VT 播送
bōsòng

broccoli[ˈbrɒkəli] N [U] 花椰菜
huāyēcài

brochure[ˈbrəʊʃʊəʳ, US brəʊˈʃʊr]
N [c] 小册(冊)子 xiǎocèzi
[本 běn]

broil[brɔɪl] (US) VT 烤 kǎo

broke[brəʊk] I PT of **break** II ADJ
(inf: penniless) 身无(無)分文的
shēn wú fēnwén de

broken[ˈbrəʊkn] I PP of **break**
II ADJ 1 破碎的 pòsuì de 2[+
machine] 坏(壞)损(損)的
huàisǔn de ► **a broken leg**
折断(斷)的腿 zhéduàn de tuǐ

bronchitis[brɒŋˈkaɪtɪs] N [U]
支气(氣)管炎 zhīqìguǎnyán

bronze[brɒnz] N 1[U] (metal) 青
铜(銅)qīngtóng 2[c] (Sport) (also:
bronze medal) 铜(銅)牌 tóngpái
[块 kuài]

brooch[brəʊtʃ] N [c] 胸针(針)
xiōngzhēn [枚 méi]

brother[ˈbrʌðəʳ] N [c] 兄弟

xiōngdì [个 gè]; (elder) 哥哥
gēge [个 gè]; (younger) 弟弟dìdi
[个 gè]

brother-in-law[ˈbrʌðərɪnlɔː] N [c]
(older sister's husband) 姐夫 jiěfu
[个 gè]; (younger sister's husband)
妹夫 mèifu [个 gè]; (husband's older
brother) 大伯子 dàbǎizi [个 gè];
(husband's younger brother) 小叔子
xiǎoshūzi [个 gè]; (wife's older
brother) 内(內)兄 nèixiōng [个 gè];
(wife's younger brother) 内(內)弟
nèidì [个 gè]

brought[brɔːt] PT, PP of **bring**

brown[braʊn] I ADJ 1 褐色的 hèsè
de; [+ hair, eyes] 棕色的 zōngsè de
2(tanned) 晒黑的 shàihēi de II N
[c] (colour) 褐色 hèsè

browse[braʊz] VI (on the Internet)
浏(瀏)览(覽) liúlǎn

bruise[bruːz] N [c] 青瘀 qīngyū
[块 kuài]

brush[brʌʃ] I N [c] 刷子 shuāzi
[把 bǎ]; (for hair) 发(髮)刷 fàshuā
[把 bǎ]; [artist's] 画(畫)笔(筆)
huàbǐ [支 zhī] II VT 1[+ carpet etc]
刷 shuā 2[+ hair] 梳 shū
► **to brush one's teeth** 刷牙
shuāyá

Brussels sprout[ˈbrʌslz-] N [c] 芽
甘蓝(藍)yágānlán [个 gè]

bubble[ˈbʌbl] N [c] 泡 pào [个 gè]

bubble gum N [U] 泡泡糖
pàopaotáng

bucket[ˈbʌkɪt] N [c] 1(pail) 桶
tǒng [个 gè] 2(contents) 一桶 yī
tǒng

buckle[ˈbʌkl] I N [c] (on shoe, belt)
扣(釦)环(環)kòuhuán [个 gè] II VT
[+ shoe, belt] 扣住 kòuzhù

Buddhism[ˈbʊdɪzəm] N [U] 佛教
Fójiào

b

Buddhist ['budɪst] I ADJ 佛教的
Fójiào de II N [c] 佛教徒 Fójiàotú
[个 gè]

buffet ['bufei, US bu'fei] N [c] 1 (in
station) 餐厅(廳) cāntīng [个 gè]
2 (food) 自助餐 zìzhùcān [顿 dùn]

bug [bʌɡ] N [c] 1 (esp US: insect)
虫(蟲)子 chóngzi [只 zhī]
2 (Comput: in program) 病毒
bìngdú [种 zhǒng] 3 (inf: virus) 病
菌 bìngjūn [种 zhǒng]

build [bɪld] (pt, pp **built**) I N [c/u] [of
person] 体(體)格 tǐgé [种 zhǒng]
II VT [+ house, machine] 建造
jiànzào
▶ **build up** VT (accumulate) 积(積)
聚 jījù

builder ['bɪldər] N [c] (worker) 建
筑(築)工人 jiànzhù gōngrén [位
wèi]

building ['bɪldɪŋ] N [c] 建筑(築)物
jiànzhùwù [座 zuò]

built [bɪlt] I PT, PP of **build** II ADJ
▶ **well-/heavily-built** [+ person]
体(體)态(態)优(優)美/粗笨的 tǐtài
yōuměi/cūbèn de

bulb [bʌlb] N [c] 1 (Elec) 电(電)
灯(燈)泡 diàndēngpào [个 gè]
2 (Bot) 球茎(莖) qiújīng [个 gè]

Bulgaria [bʌl'ɡeərɪə] N 保加利
亚(亞) Bǎojiālìyà

bull [bul] N [c] 公牛 gōngniú [头
tóu]

bullet ['bulɪt] N [c] 子弹(彈) zǐdàn
[发 fā]

bulletin ['bulɪtɪn] N [c] 公告
gōnggào [个 gè]

bulletin board c 1 (Comput) 公共
留言板 gōnggòng liúyánbǎn
2 (US: noticeboard) 布(佈)告栏(欄)
bùgàolán

bully ['bulɪ] I N [c] 恃强(強)凌(淩)

弱者 shìqiáng língruò zhě [个 gè]
II VT 欺侮 qīwǔ

bum [bam] (inf) N [c] 1 (Brit:
backside) 屁股 pìgu [个 gè] 2 (esp
US: tramp) 流浪汉(漢) liúlànghàn
[个 gè]

bump [bamp] I N [c] 1 (lump)
肿(腫)包 zhǒngbāo [个 gè] 2 (on road) 隆起
wùlóngqǐwù [个 gè] II VT (strike)
碰 pèng
▶ **bump into** VT FUS 1 [+ obstacle,
person] 撞到 zhuàngdào 2 (inf:
meet) 碰见(見) pèngjiàn

bumpy ['bampi] ADJ 崎岖(嶇)不平
的 qíqū bùpíng de

bunch [bantʃ] N [c] 1 [of flowers] 束
shù 2 [of keys, bananas, grapes] 串
chuàn

bungalow ['bangaləu] N [c] 平房
píngfáng [间 jiān]

bunk [bank] N [c] 铺(舖)位 pùwèi
[个 gè]

burger ['bə:ɡər] N [c] 汉(漢)堡包
hànbǎobāo [个 gè]

burglar ['bə:ɡlər] N [c] 窃(竊)
贼(賊) qièzéi [个 gè]

burglary ['bə:ɡlərɪ] N [c] (act)
盗(盜)窃(竊) dàoqiè [次 cì] 2 [U]
(crime) 盗(盜)窃(竊)罪 dàoqièzuì

burn [bə:n] (pt, pp **burned** or (Brit)
burnt) I VT 1 焚烧(燒) fénshāo
2 [+ fuel] 燃烧(燒) ránshāo II VI
1 [fire, flame +] 燃烧(燒) ránshāo
2 [house, car +] 烧(燒)着(著)
shāozháo III N [c] 烧(燒)伤(傷)
shāoshāng [次 cì] ▶ **I've burnt
myself!** 我把自己烫(燙)伤(傷)
了！ wǒ bǎ zìjǐ tàngshāng le!
▶ **burn down** VI [house +] 烧(燒)
毁(毀) shāohuǐ

burnt [bə:nt] PT, PP of **burn**

burst [bə:st] (pt, pp **burst**) VI [pipe,

tyre +] 爆裂 bàoliè ▸ **to burst into flames** 突然着(著)火 tūrán zháohuǒ ▸ **to burst into tears** 突然大哭起来(來) tūrán dàkū qǐlái ▸ **to burst out laughing** 突然大笑起来(來) tūrán dàxiào qǐlái

bury ['bɛrɪ] VT 1 掩埋 yǎnmái 2 [+ dead person] 埋葬 máizàng

bus [bʌs] N [c] 公共汽车(車) gōnggòng qìchē [辆 liàng]

bus driver N [c] 公共汽车(車)司机(機) gōnggòng qìchē sījī [位 wèi]

bush [buʃ] N [c] 灌木 guànmù [棵 kē]

business ['bɪznɪs] N 1 [c] (firm) 公司 gōngsī [家 jiā] 2 [U] (occupation) 商业 shāngyè 3 [U] (trade) 生意 shēngyì ▸ **to be away on business** 出差 chūchāi ▸ **to do business with sb** 和某人做生意 hé mǒurén zuò shēngyì

businessman ['bɪznɪsmən] (pl **businessmen**) N [c] 商人 shāngrén [个 gè]

businesswoman ['bɪznɪswumən] (pl **businesswomen**) N [c] 女商人 nǚ shāngrén [个 gè]

bus station N [c] 公共汽车(車)车(車)站 gōnggòngqìchē chēzhàn [个 gè]

bus stop N [c] 公共汽车(車)站 gōnggòngqìchē zhàn [个 gè]

bust [bʌst] N [c] 胸部 xiōngbù

busy ['bɪzɪ] ADJ 1 忙的 máng de 2 [+ shop, street] 繁忙的 fánmáng de 3 [+ schedule, time, day] 忙碌(碌)的 mánglù de 4 (esp US: Tel) 占(佔)线(線)的 zhànxiàn de ▸ **I'm busy** 我正忙着(著) wǒ zhèng mángzhe ne

○ **KEYWORD**

but [bʌt] CONJ (yet, however) 但是 dànshì ▸ **I'd love to come, but I'm busy** 我想来(來)，但是有事 wǒ xiǎng lái, dànshì yǒushì ▸ **not only ... but also** 不但⋯而且 bùdàn⋯érqiě

butcher ['butʃəʳ] N [c] 1 肉商 ròushāng [个 gè] 2 (shop) (also: **butcher's**) 肉铺(鋪) ròupù [个 gè]

butter ['bʌtəʳ] N [U] 黄油 huángyóu

butterfly ['bʌtəflaɪ] N [c] 蝴蝶 húdié [只 zhī]

button ['bʌtn] N [c] 1 (on clothes) 纽扣 niǔkòu [颗 kē] 2 (on machine) 按钮(鈕) ànniǔ [个 gè] 3 (US: badge) 徽章 huīzhāng [个 gè]

buy [baɪ] (pt, pp **bought**) I VT 买(買) mǎi II N [c] (purchase) 所买(買)之物 suǒ mǎi zhī wù [件 jiàn] ▸ **to buy sb sth** 给(給)某人买(買)某物 gěi mǒurén mǎi mǒuwù ▸ **to buy sth off or from sb** 从(從)某人处(處)购(購)买(買)某物 cóng mǒurén chù gòumǎi mǒuwù

buzz [bʌz] VI [insect, machine +] 发(發)嗡嗡声 fāchū wēngwēng shēng

○ **KEYWORD**

by [baɪ] I PREP 1 (referring to cause, agent) 被 bèi ▸ **a painting by Picasso** 毕(畢)加索的画(畫) Bìjiāsuǒ de huà ▸ **surrounded by a fence** 由(藩)篱笆围(圍)着(著) yóu líba wéizhe

2 (referring to method, manner, means) ▸ **by bus/car/train** 乘公共汽车(車)/汽车(車)/火车(車) chéng gōnggòngqìchē/qìchē/huǒchē ▸ **to pay by cheque** 以支票支付 yǐ zhīpiào zhīfù ▸ **by moonlight/candlelight** 借助月光/烛(燭)光 jièzhù yuèguāng/zhúguāng

3 (via, through) ▸ **he came in by the back door** 他从(從)后(後)门(門)进(進)来(來) tā cóng hòumén jìnlai

4 (close to, beside) 靠近 kàojìn ▸ **he was standing by the door** 他正站在门(門)边(邊) tā zhèng zhànzài ménbiān ▸ **the house by the river** 河边(邊)的房子 hébiān de fángzi

5 (with times, dates, years) 以前 yǐqián ▸ **by 4 o'clock** 4点(點)以前 sì diǎn yǐqián ▸ **by April 7** 4月7号(號)以前 sì yuè qī hào yǐqián ▸ **by now/then** 到如今/那时(時) dào rújīn/nàshí

6 (during) ▸ **by day/night** 在白天/晚上 zài báitiān/wǎnshang

7 (specifying degree of change) 相差 xiāngchà ▸ **crime has increased by 10 per cent** 犯罪率上升了10% fànzuìlǜ shàngshēngle bǎi fēn zhī shí

8 (in measurements) ▸ **a room 2 metres by 4** 一间(間)长(長)3米宽(寬)4米的房间(間) yī jiān cháng sān mǐ kuān sì mǐ de fángjiān

9 (Math) ▸ **to divide/multiply by 3** 被3除/乘 bèi sān chú/chéng

10 ▸ **by myself/himself** etc (unaided) 我/他{等}自己 wǒ/tā děng zìjǐ; (alone) 我/他{等}单(單)独(獨) wǒ/tā děng dāndú

II ADV see **go by, pass by** etc

如果你说 I'll be home **by** ten o'clock，你的意思是你要在10点或10点以前到家，但绝不会晚于10点。如果你说 I'll be home **before** ten o'clock，你的意思是10点是你到家的最晚时间，你可能9点以前就到家了。如果你说 I'll be at home **until** ten o'clock，你的意思是10点以后你会在家里，但10点以后就不在了。当我们谈论某人写了一本书或剧本、导演了一部电影、作了一部乐曲或画了一幅画时，我们说一部作品是 **by** 那个人或是 **written by** 那个人。a collection of piano pieces **by** Mozart 当我们读到某人给你写信或留言时，我们说信或留言是 **from** 那个人。He received a letter **from** his brother.

bye(-bye) [ˈbaɪ(ˈbaɪ)] (inf) INT 再见(見) zàijiàn

C

cab[kæb] N [c] 出租车(車) chūzūchē [辆 liàng]

cabbage['kæbɪdʒ] N [c/u] 卷(捲)心菜 juǎnxīncài [头 tóu]

cabin['kæbɪn] N [c] 1 (on ship) 船舱(艙) chuáncāng [个 gè] 2 (on plane) 机(機)舱(艙) jīcāng [个 gè]

cable['keɪbl] N [c] 1 (rope) 缆(纜)绳(繩) lǎnshéng [根 gēn] 2 [c] (Elec) 电(電)缆(纜) diànlǎn [根 gēn]

cable television N [U] 有线(線)电(電)视(視) yǒuxiàn diànshì

cactus['kæktəs] N (pl cactuses or cacti) [c] 仙人掌 xiānrénzhǎng [棵 kē]

cafeteria[kæfɪ'tɪərɪə] N [c] 自助餐厅(廳) zìzhù cāntīng [个 gè]

cage[keɪdʒ] N [c] 笼(籠)子 lóngzi [个 gè]

cagoule[kə'gu:l] N [c] 连(連)帽防雨长(長)夹(夾)克衫 liánmào fángyǔ cháng jiākèshān [件 jiàn]

cake[keɪk] N [c/u] 蛋糕 dàngāo [块 kuài]; (small) 糕点(點) gāodiǎn [块 kuài]

calculate['kælkjuleɪt] VT 计(計)算 jìsuàn

calculation[kælkju'leɪʃən] N [c/u] (Math) 计(計)算 jìsuàn

calculator['kælkjuleɪtə'] N [c] 计(計)算器 jìsuànqì [个 gè]

calendar['kæləndə'] N [c] 日历(曆) rìlì [本 běn]

calf[kɑ:f] N (pl calves) [c] 1 小牛 xiǎoniú [头 tóu] 2 (Anat) 腿肚 tuǐdù [个 gè]

call[kɔ:l] I VT 1 (name) 为(為)…取名 wèi…qǔmíng 2 (address as) 称(稱)呼 chēnghū 3 (describe as) 说(說)成是 shuōchéng shì 4 (shout) 喊 hǎn 5 (Tel) 打电(電)话(話) dǎ diànhuà 6 (summon) 召唤(喚) zhāohuàn II VI (telephone) 打电(電)话(話) dǎ diànhuà III N 1 [c] (shout) 大喊 dà hǎn 2 [c] (Tel) 电(電)话(話) diànhuà [次 cì] 3 [c] (visit) 探访(訪) tànfǎng [次 cì]
▸ to be called sth [person +] 被叫某名 bèijiào mǒu míng; [object +] 被称(稱)为(為)某物 bèi chēngwéi mǒuwù ▸ who's calling? (Tel) 请(請)问(問)是谁(誰)? qǐngwèn shìshuí? ▸ to make a phone call 打电(電)话(話) dǎ diànhuà ▸ to give sb a call 打电(電)话(話)给(給)某人 dǎ diànhuà gěi mǒurén
▸ call back I VI (Tel) 再打电(電)话(話) zài dǎ diànhuà II VT (Tel) 给(給)…回电(電)话(話) gěi…huí diànhuà

► **call off** vt 取消 qǔxiāo

call centre, (US) **call center** N [c] (Tel) 电(電)话(話)中心 diànhuà zhōngxīn [个 gè]

calm [kɑːm] ADJ **1** 冷静(靜)的 lěngjìng de **2** [+ sea] 平静(靜)的 píngjìng de
► **calm down** I vt [+ person, animal] 使平静(靜) shǐ píngjìng II vi [person +] 平静(靜)下来(來) píngjìng xiàlái

calorie [ˈkælərɪ] N [c] 卡路里 kǎlùlǐ

calves [kɑːvz] NPL of **calf**

Cambodia [kæmˈbəʊdɪə] N 柬埔寨 Jiǎnpǔzhài

camcorder [ˈkæmkɔːdəʳ] N [c] 摄(攝)像放像机(機)摄像 shèxiàng fàngxiàng jī [部 bù]

came [keɪm] PT of **come**

camel [ˈkæməl] N [c] 骆(駱)驼(駝) luòtuo [头 tóu]

camera [ˈkæmərə] N [c] **1** (Phot) 照相机(機) zhàoxiàngjī [架 jià] **2** (Cine, TV) 摄(攝)影机(機) shèyǐngjī [部 bù]

cameraman [ˈkæmərəmæn] (pl **cameramen**) N [c] 摄(攝)影师(師) shèyǐngshī [位 wèi]

camp [kæmp] I N [c] (for refugees, prisoners, soldiers) 营(營) yíng II vi 扎(紮)营(營) zhāyíng ► **to go camping** 外出露营(營) wàichū lùyíng

campaign [kæmˈpeɪn] I N [c] (for refugees, prisoners, soldiers) 运(運)动(動) yùndòng [场 chǎng]

camper [ˈkæmpəʳ] N [c] **1** (person) 野营(營)者 yěyíngzhě **2** (also: **camper van**) 野营(營)车(車) yěyíngchē [辆 liàng]

camping [ˈkæmpɪŋ] N [U] 野营(營) yěyíng

campsite [ˈkæmpsaɪt] N [c]

营(營)地 yíngdì [个 gè]

campus [ˈkæmpəs] N [c] 校园(園) xiàoyuán [个 gè]

can¹ [kæn] N [c] **1** (for food, drinks) 罐头(頭) guàntou [个 gè]; (for petrol, oil) 罐 guàn [个 gè] **2** (contents) 一听(聽)所装(裝)的量 yī tīng suǒ zhuāng de liàng [听 tīng] **3** (contents and container) 一罐 yīguàn

KEYWORD

can³ [kæn] (negative **cannot**, **can't**, conditional, pt **could**) AUX VB **1** (be able to) 能 néng ► **can I help you?** 您要买(買)点(點)儿(兒)什么(麼)？nín yào mǎi diǎnr shénme?; (in general) 我能帮(幫)你吗(嗎)？wǒ néng bāng nǐ ma? ► **you can do it if you try** 如果试(試)试(試)的话(話)你是能做的 rúguǒ shìshì de huà nǐ shì néng zuò de ► **I can't hear/see anything** 我什么(麼)也听(聽)不见/看不见(見) wǒ shénme yě tīng bù jiàn/kàn bù jiàn **2** (know how to) 会(會) huì ► **I can swim/drive** 我会(會)游泳/开(開)车(車) wǒ huì yóuyǒng/kāichē **3** (permission, requests) 可以 kěyǐ ► **can I use your phone?** 我可以用你的电(電)话(話)吗(嗎)？wǒ kěyǐ yòng nǐ de diànhuà ma? ► **can you help me?** 你可以帮(幫)我一下吗(嗎)？nǐ kěyǐ bāng wǒ yīxià ma? **4** (possibility) 可能 kěnéng ► **he can be very unpleasant** 他有时(時)会(會)非常不高兴(興) tā yǒushí huì fēicháng bù gāoxìng

can, could 和 be able to 都是
用来表示某人有能力做某事，后
接形容词。can 或 be able to
的现在式都可以指现在，但 can
更为常用。*They can all read and
write...The snake is able to catch
small mammals.* can 或 be
able to 的过去式可用来指过
去。will 或 shall 加 be able
to 则用于表示将来。指在某一特
定时间能够做某事，用 be able
to。*After treatment he was able to
return to work.* can 和 could
用于表示可能性。could 指的是
某个特定情况下的可能性，而
can 则表示一般情况下的可能
性。*Many jobs could be lost...Too
much salt can be harmful.* 在谈论
过去的时候，使用 could 和 have
加过去分词形式。*It could have
been much worse.* 在谈论规则或
表示许可的时候，用 could 表示
现在，用 could 表示过去。*They
can leave at any time.* 注意，当表
示请求时，can 和 could 两者
都可。*Can I have a drink?...Could
we put the fire on?* 但表示建议则
只能使用 could。*You could
phone her and ask.*

Canada ['kænədə] N 加拿大
Jiānádà

Canadian [kə'neɪdɪən] I ADJ 加拿
大的 Jiānádà de II N [c] (person)
加拿大人 Jiānádàrén [个 gè]

canal [kə'næl] N [c] 运(運)河
yùnhé [条 tiáo]

cancel ['kænsəl] VT 取消 qǔxiāo

cancer ['kænsə*] N 1 [c/U] (Med) 癌
症 áizhèng [种 zhǒng] 2 (Astrol)
▶ **Cancer** [U] (sign) 巨蟹座 Jùxiè
Zuò

candidate ['kændɪdeɪt] N [c] 1 (for

job) 候选(選)人 hòuxuǎnrén [位
wèi] 2 (in exam) 报(報)考者
bàokǎozhě [个 gè]

candle ['kændl] N [c] 蜡(蠟)烛(燭)
làzhú [根 gēn]

candy ['kændɪ] (US) N [c/U] 糖果
tángguǒ [块 kuài]

canned [kænd] ADJ 罐装(裝)的
guànzhuāng de

cannot ['kænɒt] = **can not**

canoe [kə'nu:] N [c] 独(獨)木船
dúmùchuán [艘 sōu]

canoeing [kə'nu:ɪŋ] N [U] 划
独(獨)木船 huá dúmùchuán

can opener [-'əupnə*] N [c] 开(開)
罐器 kāiguànqì [个 gè]

can't [kɑ:nt] = **can not**

canteen [kæn'ti:n] N [c] 食堂
shítáng [个 gè]

canvas ['kænvəs] N [U] 帆布 fānbù

cap [kæp] N [c] 帽 mào [顶 dǐng]

capable ['keɪpəbl] ADJ 有能力的
yǒu nénglì de ▶ **to be capable of
doing sth** 有做某事的能力 yǒu
zuò mǒushì de nénglì

capacity [kə'pæsɪtɪ] N [S] [of
container, ship] 容量 róngliàng; [of
stadium, theatre] 可容纳(納)人
数(數) kě róngnà rénshù

capital ['kæpɪtl] N [c] 1 (city) 首都
shǒudū [个 gè] 2 [U] (money)
资(資)本 zīběn 3 [c] (also: **capital
letter**) 大写(寫)字母 dàxiě zìmǔ
[个 gè] ▶ **capital R/L etc** 大写(寫)
字母R/L [等] dàxiě zìmǔ R/L děng

capitalism ['kæpɪtəlɪzəm] N [U]
资(資)本主义(義) zīběn zhǔyì

Capricorn ['kæprɪkɔ:n] N [U] (sign)
摩羯座 Mójié Zuò

captain ['kæptɪn] N [c] 1 [of ship]
船长(長) chuánzhǎng [位 wèi]
2 [of plane] 机(機)长(長) jīzhǎng

[位 wèi] **3** [of team] 队(隊)长(長) duìzhǎng [个 gè]

capture ['kæptʃəʳ] VT [+ animal] 捕获(獲) bǔhuò; [+ person] 俘虏(虜) fúlǔ

car [kɑːʳ] N [c] **1** (Aut) 汽车(車) qìchē [辆 liàng] **2** (US: Rail) 车(車)厢(廂) chēxiāng [节 jié] ▸ **by car** 乘汽车(車) chéng qìchē

caravan ['kærəvæn] N [c] (Brit) 活动(動)住房 huódòng zhùfáng [处 chù]

carbon-neutral [kɑːbn'njuːtrəl] ADJ 碳中和 tàn zhōnghé

card [kɑːd] N **1** [c] 卡片 kǎpiàn [张 zhāng] **2** [c] (also: **playing card**) 扑(撲)克牌 pūkèpái [张 zhāng] **3** [c] (greetings card) 贺(賀)卡 hèkǎ [张 zhāng] **4** [c] (also: **business card**) 名片 míngpiàn [张 zhāng] **5** [c] (bank card, credit card) 信用卡 xìnyòngkǎ [张 zhāng] ▸ **to play cards** 打牌 dǎpái

cardigan ['kɑːdɪɡən] N [c] 开(開)襟毛衣 kāijīn máoyī [件 jiàn]

care [kɛəʳ] N [U] 照顾(顧) zhàogù Ⅱ VI 关(關)心 guānxīn ▸ **with care** 小心 xiǎoxīn ▸ **take care!** (saying goodbye) 慢走！mànzǒu! ▸ **to take care of sb** 照顾(顧)某人 zhàogù mǒurén ▸ **to take care of sth** [+ possession, clothes] 保管某物 bǎoguǎn mǒuwù; [+ problem, situation] 处(處)理某物 chǔlǐ mǒuwù ▸ **I don't care** 我不在乎 wǒ bù zàihu
▸ **care about** VT FUS [+ person, thing, idea] 关(關)心 guānxīn
▸ **care for** VT FUS 照顾(顧) zhàogù

career [kə'rɪəʳ] N **1** [c] (job, profession) 事业(業) shìyè [项 xiàng] **2** (working life) 生涯 shēngyá [个 gè]

careful ['kɛəful] ADJ **1** 小心的 xiǎoxīn de **2** [+ work, thought, analysis] 细(細)的 xìxì de ▸ **(be) careful!** 小心！xiǎoxīn! ▸ **to be careful with sth** [+ money] 谨(謹)慎地使用某物 jǐnshèn de shǐyòng mǒuwù; [+ fragile object] 小心对(對)待某物 xiǎoxīn duìdài mǒuwù

carefully ['kɛəfəlɪ] ADV **1** (cautiously) 小心地 xiǎoxīn de **2** (methodically) 用心地 yòngxīn de

careless ['kɛəlɪs] ADJ [+ person, worker] 粗心的 cūxīn de; [+ driving] 疏忽的 shūhu de; [+ mistake] 疏忽造成的 shūhu zàochéng de ▸ **it was careless of him to let the dog out** 他真不当(當)心，把狗放了出去 tā zhēn bù dāngxīn, bǎ gǒu fàngle chūqù

caretaker ['kɛəteɪkəʳ] N [c] (Brit) 看门(門)人 kānménrén [个 gè]

car ferry N [c] 汽车(車)渡轮(輪) qìchē dùlún [艘 sōu]

cargo ['kɑːɡəu] (pl cargoes) N [c/U] 货(貨)物 huòwù [批 pī]

car hire (Brit) N [U] 汽车(車)出租 qìchē chūzū

Caribbean [kærɪ'biːən] N ▸ **the Caribbean (Sea)** 加勒比海 Jiālèbǐ Hǎi

carnival ['kɑːnɪvl] N **1** [c/U] (festival) 狂欢(歡)节(節) kuánghuānjié [个 gè] **2** [c] (US) 游(遊)艺(藝)团(團) yóuyìtuán [个 gè]

car park (Brit) N [c] 停车(車)场(場) tíngchēchǎng [处 chù]

carpenter ['kɑːpɪntəʳ] N [c] 木匠 mùjiàng [个 gè]

carpet ['kɑ:pɪt] N [c] (*fitted*) 地毯 dìtǎn [条 tiáo]; (*rug*) 小地毯 xiǎo dìtǎn [块 kuài]

car rental N [U] 汽车(車)出租 qìchē chūzū

carriage ['kærɪdʒ] N [c] 1 (*Brit: Rail*) 车(車)厢(廂) chēxiāng [节 jié]

carrier bag (*Brit*) N [c] 购(購)物袋 gòuwùdài [个 gè]

carrot ['kærət] N [c/U] 胡萝(蘿)卜(蔔) húluóbo [根 gēn]

carry ['kærɪ] VT 1 [+ person] 抱 bào; (*by hand with the arm down*) 提 tí; (*on one's back*) 背(揹)bēi; (*by hand*) 拿 ná 2 (*transport*) [ship, plane +] 运(運)载(載) yùnzài
  ► **carry on** I VI 继(繼)续(續) jìxù
  II VT (*continue*) [+ work, tradition]
  ► **to carry on with sth** 继(繼) 续(續)做某事 jìxù zuò mǒushì ► **to carry on doing sth** 继(繼)续(續)做 某事 jìxù zuò mǒushì
  ► **carry out** VT [+ order, instruction] 执(執)行 zhíxíng

cart [kɑ:t] N [c] 1 大车(車) dàchē [辆 liàng] 2 (*US*) (*also:* **shopping cart**) 手推车(車) shǒutuīchē [辆 liàng]

carton ['kɑ:tən] N [c] 1 (*esp US: cardboard box*) 纸箱 zhǐxiāng [个 gè] 2 [of milk, juice, yoghurt] 容器 róngqì [个 gè]

cartoon [kɑ:'tu:n] N [c] 1 (*drawing*) 漫画(畫) mànhuà [幅 fú] 2 (*Brit: comic strip*) 系列幽默画(畫) xìliè yōumò huà [套 tào] 3 (*animated*) 卡通片 kǎtōngpiàn [部 bù]

cartridge ['kɑ:trɪdʒ] N [c] 1 (*for gun*) 弹(彈)壳(殼) dànké [个 gè] 2 (*for printer*) 墨盒 mòhé [个 gè]

case [keɪs] N [c] 1 (*instance*) 情 况(況) qíngkuàng [种 zhǒng] 2 [c]

(*container*) 盒子 hézi [个 gè] 3 [c] xínglǐxiāng [个 gè] ► **lower/upper case** 小/大写(寫) xiǎo/dàxiě ► **in case he comes** 以防万(萬)一他 来(來) yǐfáng wànyī tā huì lái ► **in any case** 无(無)论(論)如何 wúlùn rúhé ► **just in case** 以防 万(萬)一 yǐfáng wànyī ► **in that case** 既然是那样(樣) jìrán shì nàyàng

cash [kæʃ] I N [U] (*notes and coins*) 现(現)金 xiànjīn 2 (*money*) 现(現) 款 xiànkuǎn II VT (*cash*) 兑(兌)现(現) duìxiàn ► **to pay (in) cash** 付 现(現)金 fù xiànjīn

cashew [kæ'ʃu:] N [c] (*also:* **cashew nut**) 腰果 yāoguǒ [颗 kē]

cashier [kæ'ʃɪəʳ] N [c] 出纳(納) 员(員) chūnàyuán [个 gè]

casino [kə'si:nəu] N [c] 赌(賭) 场(場) dǔchǎng [个 gè]

cassette [kæ'sɛt] N [c] 磁带(帶) cídài [盘 pán]

cast [kɑ:st] (*pt, pp cast*) N [c] (*Theat*) 演员(員)表 yǎnyuánbiǎo [份 fèn]

castle [kɑ:sl] N [c] 城堡 chéngbǎo [座 zuò]

casual ['kæʒjul] ADJ 1 (*chance*) 漫不 经(經)心的 màn bù jīngxīn de 2 (*unconcerned*) 随(隨)便的 suíbiàn de 3 (*informal*) 非正式的 fēizhèngshì de

casualty ['kæʒjultɪ] N 1 [c] [of war, accident] (*injured*) 伤(傷)病员(員) shāngbìngyuán [个 gè]; (*dead*) 伤(傷)亡人员(員) shāngwáng rényuán [批 pī] 2 [U] (*Brit: in hospital*) 急诊(診)室 jízhěnshì

cat [kæt] N [c] 猫(貓) māo [只 zhī]

catalogue, (*US*) **catalog** ['kætələg] N [c] 1 (*for mail order*) 目

录(錄) mùlù [个 gè] **2** [of exhibition] 目录 mùlù [个 gè] **3** [of library] 书(書)目 shūmù [个 gè]

catastrophe [kə'tæstrəfɪ] N [c] 大灾(災)难(難) dàzāinàn [场 cháng]

catch [kætʃ] (pt, pp **caught**) **I** VT **1** [+ animal, fish] 捕获(獲) bǔhuò; [+ thief, criminal] 抓获(獲) zhuāhuò **2** [+ ball] 接住 jiēzhù **3** [+ bus, train, plane] 赶(趕)上 gǎnshàng **4** (discover) [+ person] 发(發)现(現) fāxiàn **5** [+ flu, illness] 染上 rǎnshàng ▸ **to catch sb doing sth** 撞见(見)某人做某事 zhuàngjiàn mǒurén zuò mǒushì
▸ **catch up** VI 追上 zhuīshàng

category ['kætɪgərɪ] N [c] 种(種)类(類) zhǒnglèi [个 gè]

catering ['keɪtərɪŋ] N [u] 饮(飲)食业(業) yǐnshíyè

cathedral [kə'θi:drəl] N [c] 大教堂 dàjiàotáng [个 gè]

Catholic ['kæθəlɪk] **I** ADJ 天主教的 Tiānzhǔjiào de **II** N [c] 天主教徒 Tiānzhǔjiàotú [个 gè]

cattle ['kætl] NPL 牛 niú

caught [kɔːt] PT, PP of **catch**

cauliflower ['kɔlɪflauə'] N [c/u] 菜花 càihuā [头 tóu]

cause [kɔːz] **I** N [c] 起因 qǐyīn [个 gè] **II** VT 导(導)致 dǎozhì ▸ **to cause sb to do sth** 促使某人做某事 cùshǐ mǒurén zuò mǒushì ▸ **to cause sth to happen** 导(導)致某事发(發)生 dǎozhì mǒushì fāshēng

cautious ['kɔːʃəs] ADJ 谨(謹)慎的 jǐnshèn de

cave [keɪv] N [c] 山洞 shāndòng [个 gè]

CCTV ['si:si:ti:'vi:] N ABBR (= closed-circuit television)

闭(閉)路电(電)视(視) bìlù diànshì [个 gè]

CD N ABBR (= compact disc) 激光唱片 jīguāng chàngpiàn

CD player N [c] 激光唱机(機) jīguāng chàngjī [部 bù]

CD-ROM [si:di:'rɔm] N ABBR (= compact disc read-only memory) 光盘(盤)只读(讀)存储(儲)器 guāngpán zhǐdú cúnchǔ qì ▸ **on CD-ROM** 光盘(盤)版 guāngpán bǎn

ceiling ['si:lɪŋ] N [c] 天花板 tiānhuābǎn [块 kuài]

celebrate ['sɛlɪbreɪt] VT 庆(慶)祝 qìngzhù

celebrity [sɪ'lɛbrɪtɪ] N [c] 名人 míngrén [位 wèi]

cell [sɛl] N [c] **1** (Bio) 细(細)胞 xìbāo [个 gè] **2** (in prison) 牢房 láofáng [间 jiān]

cellar ['sɛlə'] N [c] 1 地下室 dìxiàshì [间 jiān]; (for wine) 酒窖 jiǔjiào [个 gè]

cello ['tʃɛləu] N [c] 大提琴 dàtíqín [把 bǎ]

cement [sə'mɛnt] N [u] (concrete) 水泥 shuǐní

cemetery ['sɛmɪtrɪ] N [c] 墓地 mùdì [处 chù]

cent [sɛnt] N [c] 分 fēn

center ['sɛntə'] (US) N = **centre**

centigrade ['sɛntɪgreɪd] ADJ 摄(攝)氏的 Shèshì de

centimetre, (US) **centimeter** ['sɛntɪmi:tə'] N [c] 厘(釐)米 límǐ

central ['sɛntrəl] ADJ 中心的 zhōngxīn de

central heating N [u] 中央供暖系统(統) zhōngyāng gōngnuǎn xìtǒng

centre, (US) **center** ['sɛntə'] N [c]

中心 zhōngxīn [个 gè] **2** [c]
(building) 中心 zhōngxīn [个 gè]
▶ **to be at the centre of sth** 是某
事的关(關)键(鍵)shì mǒushì de
guānjiàn ▶ **to centre** or **be
centred on** (focus on) 集中于(於)
jízhōng yú

century ['sɛntjʊrɪ] N [c] 世纪(紀)
shìjì [个 gè] ▶ **the 21st century** 21
世纪(紀)èrshíyī shìjì ▶ **in the
twenty-first century** 在21世纪
(紀)zài èrshíyī shìjì

cereal ['sɪːrɪəl] N **1** [c] (plant, crop)
谷(穀)类(類)植物 gǔlèi zhíwù [种
zhǒng] **2** [c/u] (also: **breakfast
cereal**) 谷(穀)类(類)食品 gǔlèi
shípǐn [种 zhǒng]

ceremony ['sɛrɪmənɪ] N [c] 典
礼(禮)diǎnlǐ [个 gè]

certain ['sɜːtən] ADJ **1** (sure)
肯定的 kěndìng de **2** (some) 某些 mǒuxiē
▶ **to be certain that...** 肯定···
kěndìng... ▶ **to make certain
that...** 证(證)实(實)···
zhèngshí...
▶ **to be certain of** 肯定 kěndìng
▶ **a certain amount of sth** 一定量
的某物 yīdìng liàng de mǒuwù
▶ **to know sth for certain** 确(確)
定某事 quèdìng mǒushì

certainly ['sɜːtənlɪ] ADV
1 (undoubtedly) 无(無)疑地 wúyí de
2 (of course) 当(當)然 dāngrán
▶ **certainly not** 绝(絕)对(對)不行
juéduì bùxíng

certificate [sə'tɪfɪkɪt] N [c] **1** (of
birth, marriage) 证(證)zhèng [张
zhāng] **2** (diploma) 结(結)业(業)
证(證)书(書)jiéyè zhèngshū [个
gè]

chain [tʃeɪn] N [c/u] **1** 链(鏈)条(條)
liàntiáo [根 gēn] **2** [c] (jewellery)
链(鏈)子 liànzi [条 tiáo]

chair [tʃɛəʳ] N [c] 椅子 yǐzi [把 bǎ];
(armchair) 扶手椅 fúshǒuyǐ [把 bǎ]

chairman ['tʃɛəmən] (pl
chairmen) N [c] 主席 zhǔxí [位
wèi]

chalk [tʃɔːk] N [c/u] (for writing) 粉
笔(筆)fěnbǐ [支 zhī]

challenge ['tʃælɪndʒ] I N [c/u]
1 (hard task) 挑战(戰)tiǎozhàn [个
gè] **2** (to rival, competitor) 挑战(戰)
tiǎozhàn [个 gè] II VT [+ rival,
competitor] 向···挑战(戰)
xiàng...tiǎozhàn ▶ **to challenge
sb to a fight/game** 挑战(戰)某人
打架/比赛(賽)tiǎnzhàn mǒurén
dǎjià/bǐsài

champagne [ʃæm'peɪn] N [c/u]
香槟(檳)酒 xiāngbīnjiǔ [瓶 píng]

champion ['tʃæmpɪən] N [c] 冠
军(軍)guànjūn [位 wèi]

championship ['tʃæmpɪənʃɪp] N
[c] 锦(錦)标(標)赛(賽)jǐnbiāosài
[届 jiè]

chance [tʃɑːns] N **1** (likelihood, possibility) 可能性
kěnéngxìng [种 zhǒng] **2** (opportunity) 机(機)会(會)jīhuì
3 [u] (luck) 运(運)气(氣)yùnqì
II ADJ [+ meeting, discovery] 偶然的
ǒurán de ▶ **he hasn't much
chance of winning** 他赢(贏)的
机(機)会(會)不大 tā yíng de jīhuì
bù dà ▶ **the chance to do sth** 做
某事的机(機)会(會)zuò mǒushì de
jīhuì ▶ **by chance** 偶然 ǒurán

change [tʃeɪndʒ] I VT **1** 改变(變)
gǎibiàn **2** [+ wheel, battery] 换(換)
huàn **3** [+ trains, buses] 换(換)
huàn **4** [+ clothes] 换(換)huàn
5 [+ job, address] 更改 gēnggǎi
6 [+ nappy] 换(換)huàn
7 [+ money] 兑(兌)换(換)duìhuàn

II VI 1 变(變)化 biànhuà 2 (change clothes) 换(換)衣 huànyī 2 (on bus, train) 换(換)车(車) huànchē III VT 1 [C/U] (alteration) 转(轉)变(變) zhuǎnbiàn [种 zhǒng] 2 [s] (novelty) 变(變)化 biànhuà 3 [U] (money returned) 零钱(錢) língqián ► to change one's mind 改变(變)主意 gǎibiàn zhǔyì ► for a change 为(為)了改变(變)一下 wèile gǎibiàn yīxià ► a change of clothes/underwear 一套换(換)洗的衣服/内(內)衣 yī tào huànxǐ de yīfu/nèiyī ► small change 零钱(錢) língqián ► to give sb change for or of 10 pounds 给(給)某人10英镑(鎊)的零钱(錢) gěi mǒurén shí yīngbàng de língqián ► keep the change! 不用找了! bùyòng zhǎo le

changing room (Brit) N [c] 1 (in shop) 试(試)衣室 shìyīshì [间 jiān] 2 (Sport) 更衣室 gēngyīshì [间 jiān]

channel ['tʃænl] N [c] 1 (TV) 频(頻)道 píndào [个 gè] 2 (for water) 沟(溝)渠 gōuqú [条 tiáo] ► **the (English) Channel** 英吉利海峡(峽) Yīngjílì hǎixiá

chaos ['keɪɔs] N [U] 混乱(亂) hùnluàn

chapel ['tʃæpl] N [c] (in hospital, prison, school) 附属(屬)教堂 fùshǔ jiàotáng [个 gè]

chapter ['tʃæptəʳ] N [c] 章 zhāng

character ['kærɪktəʳ] N 1 [c] 特性 tèxìng [种 zhǒng] 2 [c] (in novel, film) 角色 juésè [个 gè] 3 [c] (letter, symbol) 字母 zìmǔ [个 gè]

characteristic [kærɪktə'rɪstɪk] N [c] 特征(徵) tèzhēng [个 gè] ► **to be characteristic of sb/sth** 反映

某人/某物的特性 fǎnyìng mǒurén/mǒuwù de tèxìng

charge [tʃɑːdʒ] I N [c] (fee) 费(費)用 fèiyòng (see **bi**) II VT [+ sum of money] 要价(價) yàojià; [+ customer, client] 收费(費) shōufèi 2 [+ battery] 使充电(電) shǐ chōngdiàn III CHARGES N PL (fee) 费(費)fèi ► **free of charge** 免费(費) miǎnfèi ► **to be in charge of sth/sb** (of person, machine) 主管(某事/某人) zhǔguǎn ► **how much do you charge?** 你收费多少? nǐ shōufèi duōshao? ► **to charge sb £20 for sth** 因某物收某人20英镑(鎊)yīn mǒuwù shōu mǒurén èrshí yīngbàng

charity ['tʃærɪtɪ] N [c] (organization) 慈善机(機)构(構) císhàn jīgòu [个 gè] ► **to give money to charity** 把钱(錢)捐给(給)慈善团(團)体(體) bǎ qián juāngěi císhàn tuántǐ

charm [tʃɑːm] N [c/U] [of place, thing] 魅力 mèilì [种 zhǒng]; [of person] 迷人的特性 mírén de tèxìng [个 gè]

charming ['tʃɑːmɪŋ] ADJ [+ person] 迷人的 mírén de; [+ place, custom] 吸引人的 xīyǐn rén de

chart [tʃɑːt] N [c] 图(圖)表 túbiǎo [个 gè]

charter flight N [c] 包机(機) bāojī [架 jià]

chase [tʃeɪs] VT 追赶(趕) zhuīgǎn

chat [tʃæt] I VI (also: **have a chat**) 聊天 liáotiān II N [c] (conversation) 聊天 liáotiān [次 cì]

chatroom (Comput) N [c] 聊天室 liáotiānshì [个 gè]

chat show (Brit) N [c] 访(訪)谈(談)

节(節)目 fǎngtán jiémù [个 gè]

chauvinist ['ʃəʊvɪnɪst] N [c] (also: **male chauvinist**) 大男子主义(義)者 dànánzǐzhǔyìzhě [个 gè]

cheap [tʃiːp] ADJ 1 便宜的 piányi de 2 [+ ticket] 降价(價)的 jiàngjià de; [+ fare, rate] 廉价(價)的 liánjià de

cheat [tʃiːt] I vɪ 作弊 zuòbì II vт 欺骗(騙) qīpiàn III N [c] (in games, exams) 作弊者 zuòbìzhě [个 gè]
▶ **cheat on** (inf) vт FUS 不忠实(實)于(於) bù zhōngshí yú

check [tʃɛk] I vт 1 核对(對) héduì; [+ passport, ticket] 检(檢)查 jiǎnchá 2 (also: **check in**) [+ luggage] 托运(運) tuōyùn II vɪ (investigate) 检(檢)查 jiǎnchá III N [c] 1 (inspection) 检(檢)查 jiǎnchá [次 cì] 2 (US: in restaurant) 账(賬)单(單) zhàngdān [张 zhāng] 3 (US) = **cheque** 4 (pattern: gen pl) 方格图(圖)案 fānggé tú'àn [个 gè] 5 (US: mark) 勾号(號) gōuhào [个 gè] IV ADJ (also: **checked**) [+ pattern, cloth] 方格图(圖)案的 fānggé tú'àn de ▶ **to check sth against sth** 将(將)某物与(與)某物相比较(較) jiāng mǒuwù yǔ mǒuwù xiāng bǐjiào ▶ **to check with sb** 向某人证(證)实(實) xiàng mǒurén zhèngshí ▶ **to keep a check on sb/sth** (watch) 监(監)视(視)某人/某物 jiānshì mǒurén/mǒuwù
▶ **check in** vɪ (at hotel, clinic) 登记(記) dēngjì; (at airport) 办(辦)理登机(機)手续(續) bànlǐ dēngjī shǒuxù
▶ **check into** vт 登记(記)入住 dēngjì rùzhù
▶ **check out** vɪ (of hotel) 结(結)账(賬)离(離)开(開) jiézhàng líkāi

checkbook ['tʃɛkbʊk] (US) N = **cheque book**

checked [tʃɛkt] ADJ see **check**

checkers ['tʃɛkəz] (US) NPL 西洋棋 xīyáng tiàoqí

check-in ['tʃɛkɪn] (also: **check-in desk**) N [c] 旅客登(登)记(記)票台(臺) lǚkè yānpiàotái [个 gè]

checkout ['tʃɛkaʊt] N [c] 付款台(臺) fùkuǎntái [个 gè]

check-up ['tʃɛkʌp] N [c] (by doctor) 体(體)检(檢)tǐjiǎn [次 cì]; (by dentist) 牙科检(檢)查 yákē jiǎnchá [次 cì]

cheek [tʃiːk] N [c] 1 面颊(頰) miànjiá [个 gè] 2 [u] 厚颜(顏)无(無)耻(恥) hòuyán wúchǐ ▶ **to have the cheek to do sth** 居然有脸(臉)做某事 jūrán yǒu liǎn zuò mǒushì

cheeky ['tʃiːkɪ] ADJ (esp Brit) 恬不知耻(恥)的 tiánbùzhīchǐ de

cheer [tʃɪə] I vɪ 欢(歡)呼 huānhū II N [c] 喝彩 hècǎi [阵 zhèn]
▶ **cheers!** (esp Brit: toast) 干(乾)杯! gānbēi!
▶ **cheer up** vɪ 振作起来(來) zhènzuò qǐlái

cheerful ['tʃɪəful] ADJ 兴(興)高采烈的 xìng gāo cǎi liè de

cheese [tʃiːz] N [c/u] 干(乾)酪 gānlào [块 kuài]

chef [ʃɛf] N [c] 厨(廚)师(師) chúshī [位 wèi]

chemical ['kɛmɪkl] N [c] 化学(學)剂(劑) huàxuéjì [种 zhǒng]

chemist ['kɛmɪst] N [c] 1 (Brit) (also: **chemist's**) 药(藥)商 yàoshāng [个 gè] 2 (scientist) 化学(學)家 huàxuéjiā [位 wèi]

chemistry ['kɛmɪstrɪ] N [u] 化学(學) huàxué

cheque, (US) **check**[tʃɛk] N [c] 支票 zhīpiào [张 zhāng] ▸ **to pay by cheque** 用支票付款 yòng zhīpiào fùkuǎn

cheque book (US) **checkbook** ['tʃɛkbuk] N [c] 支票簿 zhīpiàobù [本 běn]

cherry ['tʃɛrɪ] N [c] **1** (fruit) 樱(櫻)桃 yīngtáo [颗 kē] **2** (also: **cherry tree**) 樱(櫻)桃树(樹) yīngtáo shù [棵 kē]

chess [tʃɛs] N [u] 象棋 xiàngqí

chest [tʃɛst] N [c] **1** 胸部 xiōngbù **2** (box) 箱子 xiāngzi [个 gè]

chestnut ['tʃɛsnʌt] N [c] 栗子 lìzi [颗 kē]

chew [tʃuː] VT 嚼 jiáo

chewing gum ['tʃuːɪŋ-] N [u] 口香糖 kǒuxiāngtáng

chick [tʃɪk] N [c] 小鸟(鳥) xiǎoniǎo [只 zhī]

chicken ['tʃɪkɪn] N **1** [c] 鸡(雞) jī [只 zhī] **2** [c/u] (meat) 鸡(雞)肉 jīròu [块 kuài]

chickenpox ['tʃɪkɪnpɒks] N [u] 水痘 shuǐdòu

chief [tʃiːf] I N [c] 首领(領) shǒulǐng [个 gè] II ADJ 首要的 shǒuyào de

child [tʃaɪld] N (pl **children**) [c] **1** 儿(兒)童 értóng [个 gè] **2** (son, daughter) 孩子 háizi [个 gè] ▸ **she's just had her second child** 她刚(剛)生了第二个(個)孩子 tā gāng shēngle dì'èr gè háizi

child minder (Brit) N [c] 保姆 bǎomǔ [个 gè]

children ['tʃɪldrən] NPL of **child**

Chile ['tʃɪlɪ] N 智利 Zhìlì

chill [tʃɪl] VT [+ food, drinks] 使冷冻(凍) shǐ lěngdòng ▸ **to catch a chill** 着(著)凉(涼) zháoliáng

chilli, (US) **chili** ['tʃɪlɪ] N [c/u] 辣椒 làjiāo [个 gè]

chilly ['tʃɪlɪ] ADJ 相当(當)冷的 xiāngdāng lěng de

chimney ['tʃɪmnɪ] N [c] 烟(煙)囱(囪) yāncōng [节 jié]

chin [tʃɪn] N [c] 下巴 xiàbā [个 gè]

China ['tʃaɪnə] N 中国(國) Zhōngguó

china ['tʃaɪnə] N [u] (crockery) 瓷器 cíqì

Chinese [tʃaɪ'niːz] (pl **Chinese**) I ADJ 中国(國)的 Zhōngguó de II N **1** [c] (person) 中国(國)人 Zhōngguórén [个 gè] **2** [u] (language) 汉(漢)语(語) Hànyǔ

chip [tʃɪp] N **1** [c] (Brit) 薯条(條) shǔtiáo [根 gēn] **2** (US: snack) 薯片 shǔpiàn [片 piàn] **3** (Comput) (also: **microchip**) 集成电(電)路芯片 jíchéngdiànlù piàn [块 kuài]

chiropodist [kɪ'rɔpədɪst] (Brit) N [c] 足医(醫) zúyī [位 wèi]

chocolate ['tʃɔklɪt] I N **1** [u] 巧克力 qiǎokèlì **2** [c/u] (drinking chocolate) 巧克力饮(飲)料 qiǎokèlì yǐnliào [瓶 píng] **3** [c] (piece of confectionery) 巧克力糖 qiǎokèlì táng [块 kuài] II CPD [+ cake, pudding, mousse] 巧克力 qiǎokèlì ▸ **bar of chocolate** 巧克力条(條) qiǎokèlì tiáo ▸ **piece of chocolate** 一块(塊)巧克力 yí kuài qiǎokèlì

choice [tʃɔɪs] N **1** [c/u] (between items) 选(選)择(擇) xuǎnzé [个 gè] **2** [c] (option) 选(選)择(擇) xuǎnzé [个 gè] ▸ **a wide choice** 多种(種)多样(樣) duōzhǒng duōyàng ▸ **to have no/little choice** 没(沒)有/没(沒)有太多选(選)择(擇) méiyǒu/méiyǒu tàiduō xuǎnzé

choir ['kwaɪəʳ] N [c] 合唱团(團) héchàngtuán [个 gè]

choke [tʃəuk] VI (on food, drink) 噎住 yēzhù; (with smoke, dust) 呛(嗆) qiāng ▸ **to choke on sth** 被某物噎了 bèi mǒuwù yē le

choose [tʃuːz] (pt **chose**, pp **chosen**) I VT 挑选(選) tiāoxuǎn II VI ▸ **to choose between** 在…之间(間)作出选(選)择(擇) zài…zhījiān zuòchū xuǎnzé ▸ **to choose to do sth** 选(選)择(擇)做某事 xuǎnzé zuò mǒushì

chop [tʃɒp] I VT [+ vegetables, fruit, meat] 切 qiē II N [c] (Culin) 排骨 páigǔ [根 gēn]
▸ **chop down** VT [+ tree] 砍倒 kǎndǎo
▸ **chop up** VT 切碎 qiēsuì

chopsticks ['tʃɒpstɪks] NPL 筷子 kuàizi

chose [tʃəuz] PT of **choose**

chosen ['tʃəuzn] PP of **choose**

Christ [kraɪst] N 耶稣(穌) Yēsū

christening ['krɪsnɪŋ] N [c] 洗礼(禮) xǐlǐ [次 cì]

Christian ['krɪstɪən] I ADJ 基督教的 Jīdūjiào de II N [c] 基督徒 Jīdūtú [个 gè]

Christian name N [c] 教名 jiàomíng [个 gè]

Christmas ['krɪsməs] N [c/u]
1 (day) 圣(聖)诞(誕)节(節) Shèngdàn Jié [个 gè] 2 (period) 圣(聖)诞(誕)节(節)期间(間) Shèngdàn Jié qījiān ▸ **Happy or Merry Christmas!** 圣(聖)诞(誕)快乐(樂)! Shèngdàn Kuàilè! ▸ **at Christmas** 在圣(聖)诞(誕)节(節) zài Shèngdàn Jié ▸ **for Christmas** 为(為)了圣(聖)诞(誕)节(節) wèile Shèngdàn Jié

Christmas Eve N [c/u] 圣(聖)诞(誕)夜 Shèngdàn Yè [个 gè]

Christmas tree N [c] 圣(聖)诞(誕)树(樹) Shèngdàn shù [棵 kē]

church [tʃəːtʃ] N [c] 教堂 jiàotáng [座 zuò]

cider ['saɪdəʳ] N [c/u] 1 (Brit: alcoholic) 苹(蘋)果酒 píngguǒjiǔ [瓶 píng] 2 (US: non-alcoholic) 苹(蘋)果汁 píngguǒzhī [瓶 píng]

cigar [sɪ'gɑːʳ] N [c] 雪茄烟(煙) xuějiā yān [支 zhī]

cigarette [sɪgə'rɛt] N [c] 香烟(煙) xiāngyān [支 zhī]

cinema ['sɪnəmə] N [c] (Brit) 电(電)影院 diànyǐngyuàn [个 gè]

circle ['səːkl] N [c] 圆(圓)圈 yuánquān [个 gè]

circular ['səːkjuləʳ] I ADJ (letter) 供传(傳)阅(閱)的 gōng chuányuè de II N [c] (letter) 供传(傳)阅(閱)的函件 gōng chuányuè de hánjiàn [封 fēng]

circumstances ['səːkəmstənsɪz] NPL 情况(況) qíngkuàng ▸ **in** or **under the circumstances** 在这(這)种(種)情况(況)下 zài zhè zhǒng qíngkuàng xià

circus ['səːkəs] N [c] 马(馬)戏(戲)团(團) mǎxìtuán [个 gè]

citizen ['sɪtɪzn] N [c] 公民 gōngmín [个 gè]

citizenship ['sɪtɪznʃɪp] N [U] 公民身份 gōngmín shēnfèn

city ['sɪtɪ] N [c] 城市 chéngshì [座 zuò] ▸ **the City** (Brit: Fin) 英国(國)伦(倫)敦商业(業)区(區) Yīngguó Lúndūn shāngyèqū

● **THE CITY**

● **the City** (伦敦商业区)是伦敦的
● 一部分, 位于市中心的东部。很
● 多重要的金融机构都将总部设在

※ 这里，譬如英格兰银行、伦敦证
※ 券交易所和其他几个主要银行。
※ 这些金融机构的所在地通常统称
※ 为 the City。在历史上，这个地
※ 区是伦敦的心脏，有自己的市长
※ 和警力。

city centre (esp Brit) N [C] 市中心
shì zhōngxīn [个 gè]

civilization [sɪvɪlaɪˈzeɪʃən] N [C/U]
文明 wénmíng [种 zhǒng]

civilized [ˈsɪvɪlaɪzd] ADJ [+ society,
people] 文明的 wénmíng de

civil partnership N [C/U]
民事伴侣(侣)关(关)系 mínshì
bànlǚ guānxi

civil war N [C/U] 内(内)战(战)
nèizhàn [场 cháng]

claim [kleɪm] I VT 1 [+ expenses,
rights, inheritance] 要求 yāoqiú
2 [+ compensation, damages, benefit]
索取 suǒqǔ II VI (for insurance) 提
出索赔(赔) tíchū suǒpéi III N [C]
索赔(赔) suǒpéi [项 xiàng] ▸ to
claim or make a claim on one's
insurance 提出保险(险)索赔(赔)
的要求 tíchū bǎoxiǎn suǒpéi de
yāoqiú ▸ insurance claim 保
险(险)索赔(赔)要求 bǎoxiǎn
suǒpéi yāoqiú

clap [klæp] VI 鼓掌 gǔzhǎng

clarinet [klærɪˈnet] (Mus) N [C]
单(单)簧管 dānhuángguǎn [根 gēn]

class [klɑːs] I N 1 [C] (Scol: group of
pupils) 班级(级) bānjí [个 gè]
(lesson) 课(课)课 kè [堂 táng] 2 [C/U]
(social) 阶(阶)级(级) jiējí [个 gè]
II VT (categorize) ▸ to class sb/sth
as 将(将)某人／某物分类(类)为(为)
jiāng mǒurén/mǒuwù fēnlèi wéi

classic [ˈklæsɪk] N [C] 经(经)典
jīngdiǎn [种 zhǒng]

classical [ˈklæsɪkl] ADJ 1 (traditional)
传(传)统的 chuántǒng de
2 (Mus) 古典的 gǔdiǎn de

classmate [ˈklɑːsmeɪt] N [C] 同
学(学)tóngxué [个 gè]

classroom [ˈklɑːsrʊm] N [C] 教室
jiàoshì [间 jiān]

claw [klɔː] N [C] 爪子 zhuǎzi
[只 zhī]

clay [kleɪ] N [U] 黏土 niántǔ

clean [kliːn] I ADJ 1 干(干)净(净)的
gānjìng de [+ water] 清洁(洁)的
qīngjié de II VT [+ car, cooker] 弄
干(干)净(净) nòng gānjìng;
[+ room] 打扫(扫) dǎsǎo ▸ a clean
driving licence or (US) record 未
有违(违)章记(记)录(录)的驾(驾)照
wèiyǒu wéizhāng jìlù de jiàzhào
▸ to clean one's teeth (Brit) 刷牙
shuāyá

▸ **clean up** VT [+ room, place] 打
扫(扫)干(干)净(净) dǎsǎo gānjìng;
[+ mess] 整理 zhěnglǐ

cleaner [ˈkliːnə] N [C] (person) 清
洁(洁)工 qīngjié gōng [个 gè]

clear [klɪə] I ADJ 1 [+ explanation,
account] 明确(确)的 míngquè de
2 (visible) 清晰的 qīngxī de
3 (audible) 清晰的 qīngxī de
4 (obvious) 无(无)疑的 wúyí de
5 (transparent) 透明的 tòumíng de
6 (unobstructed) 畅(畅)通的
chàngtōng de II VT [+ place, room]
清空 qīngkōng III VI [weather,
sky+] 变(变)晴 biànqíng; [fog,
smoke+] 消散 xiāosàn ▸ to be
clear about sth 很明确(确)某事
hěn míngquè mǒushì ▸ to make
o.s. clear 表达(达)清楚 biǎodá
qīngchǔ ▸ to clear the table 收拾
饭(饭)桌 shōushi fànzhuō

▸ **clear away** VT 清除 qīngchú

▶**clear off**(*inf*) VI [*leave*] 走开(開) zǒukāi

▶**clear up** I VT 1 [+ *room, mess*] 清理 qīnglǐ 2 [+ *mystery, problem*] 澄清 chéngqīng II VI (*tidy up*) 清理 qīnglǐ

clearly ['klɪəlɪ] ADV 1 [*explain* +] 明确(確)地 míngquè de; [*think* +] 清醒地 qīngxǐng de; [*see* +] 清楚地 qīngchu de; [*speak, hear* +] 清晰地 qīngxī de 2 [+ *visible, audible*] 清楚地 qīngchu de 3 (*obviously*) 显(顯)然 xiǎnrán

clever ['klevər] ADJ 1 (*clever*) 聪(聰)明的 cōngmíng de 2 (*sly, crafty*) 耍小聪(聰)明的 shuǎ xiǎocōngmíng de 3 [+ *device, arrangement*] 巧妙的 qiǎomiào de

click [klɪk] N [C] (*Comput*) ▶**with a click of one's mouse** 按一下鼠标(標)àn yīxià shǔbiāo [下 xià] ▶**to click on sth** (*Comput*) 点(點)击(擊)某处(處) diǎnjī mǒuchù

client ['klaɪənt] N [C] [*of lawyer*] 委托(託)人 wěituōrén [个 gè]; [*of company, restaurant, shop*] 顾(顧)客 gùkè [位 wèi]

cliff [klɪf] N [C] 悬(懸)崖 xuányá [个 gè]

climate ['klaɪmɪt] N [C/U] 气(氣)候 qìhòu [种 zhǒng]

climb [klaɪm] I VT (*also*: **climb up**) [+ *tree*] 爬 pá; [+ *mountain, hill*] 登 pāndēng; [+ *ladder*] 登 dēng; [+ *stairs, steps*] 上 shàng II VI [*person* +] 攀爬 pānpá III VI ▶**to go climbing** 去爬山 qù páshān

climber ['klaɪmər] N [C] 登山者 dēngshānzhě [个 gè]

climbing ['klaɪmɪŋ] N [U] 攀登 pāndēng

clingfilm ['klɪŋfɪlm] (*Brit*) N [U] 保鲜(鮮)纸(紙)膜 bǎoxiānzhǐmó

clinic ['klɪnɪk] (*Med*) N [C] 诊(診)所 zhěnsuǒ [家 jiā]

cloakroom ['kləʊkrʊm] N [C] 1 (*for coats*) 衣帽间(間) yīmàojiān [个 gè] 2 (*Brit*: *bathroom*) 厕(廁)所 cèsuǒ [处 chù]

clock [klɒk] N [C] 钟(鐘) zhōng [个 gè] ▶**around the clock** [*work, guard* +] 日夜不停 rìyè bùtíng ▶**clock in** VI (*for work*) 打卡上班 dǎkǎ shàngbān ▶**clock off** VI (*from work*) 打卡下班 dǎkǎ xiàbān ▶**clock on** VI = **clock in** ▶**clock out** VI = **clock off**

close¹ [kləʊs] I ADJ 1 近的 jìn de 2 [+ *relative*] 直系(係)的 zhíxì de 3 [+ *contest*] 势(勢)均力敌(敵)的 shì jūn lì dí de II ADV (*near*) 紧(緊)紧(緊)地 jǐnjǐn de ▶**close to** (*near*) 靠近 kàojìn ▶**a close friend** 一位密友 yī wèi mìyǒu ▶**close by, close at hand** 在近旁 zài jìnpáng

close² [kləʊz] I VT 1 关(關) guān 2 [+ *shop, factory*] 关(關)闭(閉) guānbì II VI 1 [+ *shop, library* +] 关(關)门(門) guānmén ▶**close down** VI [*factory, business* +] 关(關)闭(閉) guānbì

closed [kləʊzd] ADJ 1 [+ *door, window*] 关(關)着(著)的 guānzhe de; [+ *shop, library*] 关(關)着(著)门(門)的 guānzhe mén de; [+ *road*] 封锁(鎖)着(著)的 fēngsuǒzhe de

closely ['kləʊslɪ] ADV 1 (*examine, watch* +) 仔细(細)地 zǐxì de 2 [+ *connected*] 密切地 mìqiè de

closet ['klɒzɪt] N [C] (*US*) 壁橱(櫥) bìchú [个 gè]

cloth [klɒθ] N [C/U] (*fabric*) 布料 bùliào

bùliào [块 kuài] **2** [c] (for cleaning, dusting) 布 bù [块 kuài] **3** [c] (tablecloth) 桌布 zhuōbù [块 kuài]

clothes [kləυðz] NPL 衣服 yīfu
▶ **to take one's clothes off** 脱(脫)衣服 tuō yīfu

cloud [klaυd] N **1** [c/U] (云(雲)) yún [片 piàn] **2** [c] (of smoke, dust) 雾(霧) wù [团 tuán]
▶ **cloud over** VI 阴(陰)云(雲)密布(佈) yīnyún mìbù

cloudy [ˈklaυdɪ] ADJ 多云(雲)的 duōyún de ▶ **it's cloudy** 天阴(陰) tiānyīn

clown [klaυn] N [c] 小丑(醜) xiǎochǒu [个 gè]

club [klʌb] N [c] **1** (club) 俱乐(樂)部 jùlèbù [个 gè] **2** (Sport) 俱乐(樂)部 jùlèbù [个 gè] **3** (nightclub) 夜总(總)会(會) yèzǒnghuì [家 jiā]

clue [kluː] N [c] **1** (in investigation) 线(線)索 xiànsuǒ [条 tiáo] **2** (in crossword, game) 提示 tíshì [个 gè]
▶ **I haven't a clue** (inf) 我一无(無)所知 wǒ yī wú suǒ zhī

clumsy [ˈklʌmzɪ] ADJ 笨手笨脚(腳)的 bèn shǒu bèn jiǎo de

clutch [klʌtʃ] N [c] (Aut) 离(離)合器 líhéqì [个 gè]

coach [kəυtʃ] I N [c] **1** (Brit) 长(長)途汽车(車) chángtú qìchē [辆 liàng] **2** (Sport) 教练(練) jiàoliàn [位 wèi] II VT (Sport) 训(訓)练(練) xùnliàn

coal [kəυl] N [U] 煤 méi

coast [kəυst] N [c] 海岸 hǎi'àn [个 gè]

coat [kəυt] N [c] **1** (overcoat) 外套 wàitào [件 jiàn] **2** (of animal) 皮毛 pímáo [层 céng]

coat hanger N [c] 衣架 yījià [个 gè]

cocaine [kəˈkeɪn] N [U] 可卡因 kěkǎyīn

cock [kɒk] N [c] (Brit) 公鸡(雞) gōngjī [只 zhī]

cocoa [ˈkəυkəυ] N [U] 可可 kěkě

coconut [ˈkəυkənʌt] N [c] (nut) 椰子 yēzi [个 gè]

cod [kɒd] N (pl cod or cods) [c] (fish) 鳕(鱈)鱼(魚) xuěyú [条 tiáo]

code [kəυd] N [c] **1** (cipher) 密码(碼) mìmǎ [个 gè] **2** [c] (Tel) 区(區)号(號) qūhào [个 gè] **3** [c/U] (Comput, Sci) 编(編)码(碼) biānmǎ [个 gè]

coffee [ˈkɒfɪ] N **1** [U] 咖啡 kāfēi **2** [c] (cup of coffee) 一杯咖啡 yī bēi kāfēi ▶ **black coffee** 黑咖啡 hēi kāfēi ▶ **white coffee** 牛奶咖啡 niúnǎi kāfēi

coffin [ˈkɒfɪn] N [c] 棺材 guāncai [口 kǒu]

coin [kɔɪn] N [c] 硬币(幣) yìngbì [枚 méi]

coincidence [kəυˈɪnsɪdəns] N [c/U] 巧合 qiǎohé [种 zhǒng]

Coke® [kəυk] N [c] (drink) 可口可乐(樂) Kěkǒu Kělè

cold [kəυld] I ADJ **1** [+ water, object] 凉(涼)的 liáng de; [+ weather, room, meat] 冷的 lěng de II N **1** (weather) ▶ **the cold** 寒冷天气(氣) hánlěng tiānqì **2** [c] (illness) 感冒 gǎnmào [次 cì] ▶ **it's cold** 天气(氣)寒冷 tiānqì hánlěng ▶ **to be or feel cold** [person +] 感到冷 gǎndào lěng ▶ **to catch (a) cold** 患感冒 huàn gǎnmào

collapse [kəˈlæps] VI 倒塌 dǎotān; [person +] 倒下 dǎoxià

collar [ˈkɒlə] N [c] 领(領)子 lǐngzi [个 gè]

collarbone [ˈkɒləbəυn] N [c]

锁(鎖)骨 suǒgǔ [根 gēn]

colleague ['kɔli:g] N [c] 同事 tóngshì [个 gè]

collect [kə'lɛkt] VT 1 采(採)集 cǎijí 2 (as hobby) 收集 shōují 3 (Brit: fetch) [+ person] 接 jiē; [+ object] 取 qǔ 4 [+ money, donations] 募捐 mùjuān ▸ **to call collect, make a collect call** (US: Tel) 打对(對)方付款的电(電)话(話) dǎ duìfāng fùkuǎn de diànhuà

collection [kə'lɛkʃən] N 1 [c] (of art, stamps) 收藏品 shōucángpǐn [件 jiàn] 2 [c] (for charity, gift) 募捐 mùjuān [次 cì]

collector [kə'lɛktə'] N [c] 收藏家 shōucángjiā [位 wèi]

college ['kɔlɪdʒ] N 1 [c/u] (for further education) 学(學)院 xuéyuàn [个 gè] 2 [c] (of university) 学(學)院 xuéyuàn [个 gè] ▸ **to go to college** 上大学(學) shàng dàxué

collide [kə'laɪd] VI 碰撞 pèngzhuàng ▸ **to collide with sth/sb** 与(與)某物/某人碰撞 yǔ mǒuwù/mǒurén pèngzhuàng

collision [kə'lɪʒən] N [c/u] (of vehicles) 碰撞 pèngzhuàng [下 xià]

colonel ['kə:nl] N [c] 上校 shàngxiào [位 wèi]

color etc ['kʌlə'] (US) = **colour** etc

colour, (US) **color** ['kʌlə'] I N 1 [c/u] 颜(顏)色 yánsè [种 zhǒng] 2 [c] (skin colour) 肤(膚)色 fūsè [种 zhǒng] II VT 给(給)…着(著)色 gěi…zhuósè III CPD [+ film, photograph, television] 彩色 cǎisè ▸ **in colour** [+ film, illustrations] 彩色 cǎisè

colourful, (US) **colorful** ['kʌləful] ADJ 色泽(澤)鲜(鮮)艳(豔)的 sèzé

xiānyàn de

colour television, (US) **color television** N [c/u] 彩色电(電)视(視) cǎisè diànshì [台 tái]

column ['kɔləm] N [c] (Archit) 支柱 zhīzhù [个 gè]

comb [kəum] I N [c] 梳子 shūzi [把 bǎ] II VT 梳理 shūlǐ

combination [kɔmbɪ'neɪʃən] N [c] 混合 hùnhé [种 zhǒng]

combine [kəm'baɪn] I VT ▸ **to combine sth with sth** 将(將)某物与(與)某物结(結)合起来(來) jiāng mǒuwù yǔ mǒuwù jiéhé qǐlái II VI [qualities, situations +] 结(結)合 jiéhé; [people, groups +] 组(組)合 zǔhé ▸ **a combined effort** 协(協)力 xiélì

○ **KEYWORD**

come [kʌm] (pt **came**, pp **come**) VI 1 来(來) lái ▸ **come here!** 到这(這)儿(兒)来(來)! dào zhèr lái! ▸ **can I come too?** 我也能来(來)吗(嗎)? wǒ yě néng lái ma? ▸ **come with me** 跟我来(來) gēn wǒ lái ▸ **a girl came into the room** 一个(個)女孩进(進)了房间(間) yī gè nǚhái jìnle fángjiān ▸ **why don't you come to lunch on Saturday?** 何不星期六过(過)来(來)吃午饭(飯)呢? hé bù xīngqīliù guòlái chī wǔfàn ne? ▸ **he's come here to work** 他已经(經)到了这(這)儿(兒)工作 tā yǐjīng dàole zhèr gōngzuò ▸ **to come to** (to reach) 到达(達) dàodá; (amount to) 达(達)到 dádào ▸ **to come to a decision** 做出决(決)定 zuòchū juédìng ▸ **the bill came to £40** 账(賬)单(單)共

计(计)40英镑(镑) zhàngdān gòngjì sìshí yīngbàng

3 (be, become) ▸ **to come first/ second/last** etc (in series) 排在第一/第二/最后(後)等 páizài dìyī/dì'èr/zuìhòu děng; (in competition, race) 位居第一/第二/最后(後)等 wèijū dìyī/dì'èr/zuìhòu děng

▸ **come across** VT FUS 偶然发(發)现(現) ǒurán fāxiàn

▸ **come apart** VI 裂成碎片 lièchéng suìpiàn

▸ **come back** VI (return) 回来(來) huílái

▸ **come down** VI **1** [price +] 降低 jiàngdī

2 [plane +] 坠(墜)落 zhuìluò

3 (descend) 降下 jiàngxià

▸ **come forward** VI (volunteer) 自告奋(奮)勇 zì gào fènyǒng

▸ **come from** VT FUS 来(來)自 láizì ▸ **I come from London** 我来(來)自伦(倫)敦 wǒ láizì Lúndūn ▸ **where do you come from?** 你是哪里(裡)人? nǐ shì nǎlǐ rén?

▸ **come in** VI 进(進)入 jìnrù

▸ **come in!** 进(進)来(來)! jìnlái!

▸ **come off** VI [button, handle +] 脱(脫)落 tuōluò

▸ **come on** VI (progress) 进(進)展 jìnzhǎn ▸ **come on!** (giving encouragement) 来(來)! lái!; (hurry up) 快一点(點)! kuài yìdiǎn!

▸ **come out** VI **1** [person +] 出去 chūqù

2 [sun +] 出现(現) chūxiàn

3 [book +] 出版 chūbǎn; [film +] 上映 shàngyìng

▸ **come through** VT FUS (survive) 经(經)历(歷)⋯⋯而幸存 jīnglì⋯ér xìngcún

▸ **come to** VI (regain consciousness)

苏(甦)醒 sūxǐng

▸ **come up** VI **1** (approach) 走近 zǒujìn

2 [problem, opportunity +] 突然出现(現) tūrán chūxiàn

▸ **come up to** VT FUS **1** (approach) 走近 zǒujìn

2 (meet) ▸ **the film didn't come up to our expectations** 电(電)影没(沒)达(達)到我们(們)预(預)期的那么(麼)好 diànyǐng méiyǒu wǒmen yùqī de nàme hǎo

comedian [kə'miːdɪən] (Theat, TV) N [c] 喜剧(劇)演员(員) xǐjù yǎnyuán [个 gè]

comedy ['kɒmɪdɪ] N **1** [U] (humour) 幽默 yōumò **2** [c] (play, film) 喜剧(劇) xǐjù [部 bù]

comfortable ['kʌmfətəbl] ADJ

1 [person +] ▸ **to be comfortable** 舒服的 shūfu de **2** [+ furniture, room, clothes] 使人舒服的 shǐ rén shūfu de ▸ **to make o.s. comfortable** 自在点(點) zìzài diǎn

comma ['kɒmə] N [c] 逗号(號) dòuhào [个 gè]

command [kə'mɑːnd] N **1** [c] (order) 命令 mìnglìng [项 xiàng]

2 [c] (Comput) 指令 zhǐlìng [个 gè]

comment ['kɒment] I N [c/u] 评(評)论(論) pínglùn [种 zhǒng] II VI ▸ **to comment (on sth)** (对(對)某事) 发(發)表意见(見) (duì mǒushì) fābiǎo yìjiàn ▸ **"no comment"** "无(無)可奉告" "wú kě fèng gào"

commentary ['kɒməntərɪ] N [c/u] 实(實)况(況)报(報)道 shíkuàng bàodào [段 duàn]

commentator ['kɒmənteɪtə'] N

[c] 解说(說)员(員) jiěshuōyuán [位 wèi]

commercial [kə'mɜːʃəl] I ADJ [+ success, failure] 从(從)盈利角度出发(發)的 cóng yínglì jiǎodù chūfā; [+ television, radio] 商业性的 shāngyèxìng de II N [c] (advertisement) 广(廣)告 guǎnggào [则 zé]

commit [kə'mɪt] VT 犯 fàn ▸ to commit suicide 自杀(殺) zìshā

committee [kə'mɪtɪ] N [c] 委员(員)会(會) wěiyuánhuì [个 gè]

common ['kɔmən] ADJ 常见(見)的 chángjiàn de ▸ to have sth in common [+ people] 有某些共同点(點) yǒu mǒuxiē gòngtóngdiǎn; [things +] 有共同的某特征(徵) yǒu gòngtóng de mǒu tèzhēng ▸ to have sth in common with sb/sth 与(與)某人/某物有某共同点(點) yǔ mǒurén/mǒuwù yǒu mǒu gòngtóngdiǎn

common sense N [U] 常识(識) chángshí

communicate [kə'mjuːnɪkeɪt] VI 联(聯)络(絡) liánluò

communication [kəmjuːnɪ'keɪʃən] I N [U] 交流 jiāoliú II communications NPL 通讯(訊) tōngxùn

communism ['kɔmjunɪzəm] N [U] 共产(產)主义(義) gòngchǎn zhǔyì

community [kə'mjuːnɪtɪ] N [c] 社区(區) shèqū [个 gè]

commute [kə'mjuːt] VI 乘车(車)上下班 chéngchē shàngxià bān ▸ to commute to/from London/Brighton 去/从(從)伦(倫)敦/布赖(賴)顿(頓)乘车(車)上下班 qù/cóng Lúndūn/Bùlàidùn chéngchē shang xià bān

compact disc N [c] 激光唱片 jīguāng chàngpiàn [张 zhāng]

company ['kʌmpənɪ] N 1 [c] (firm) 公司 gōngsī [个 gè] 2 [u] (companionship) 交往 jiāowǎng ▸ to keep sb company 陪伴某人 péibàn mǒurén

comparatively [kəm'pærətɪvlɪ] ADV [+ easy, safe, peaceful] 相对(對)地 xiāngduì de

compare [kəm'pɛəʳ] I VT 比较(較) bǐjiào II VI ▸ to compare favourably/unfavourably (with sth/sb) 比得上/比不上(某物/某人) bǐdeshàng/bǐbúshàng (mǒuwù/mǒurén) ▸ to compare sb/sth to 把某人/某物比作 bǎ mǒurén/mǒuwù bǐzuò ▸ compared with or to 与(與)…相比 yǔ…xiāngbǐ ▸ how does he compare with his predecessor? 和他前任比起来(來)他怎么(麼)样(樣)? hé tā qiánrèn bǐ qǐlái tā zěnmeyàng?

comparison [kəm'pærɪsn] N [c/u] 比较(較) bǐjiào [种 zhǒng] ▸ in or by comparison (with) (与(與)…) 比较(較)起来(來) (yǔ…) bǐjiào qǐlái

compartment [kəm'pɑːtmənt] N [c] (Rail) 隔间(間) géjiān [个 gè]

compass ['kʌmpəs] N [c] 指南针(針) zhǐnánzhēn [个 gè]

compatible [kəm'pætɪbl] ADJ 意气(氣)相投的 yìqì xiāngtóu de (Comput) 兼容的 jiānróng de ▸ to be compatible with sth (Comput) 与(與)某物兼容 yǔ mǒuwù jiānróng

compensation [kɔmpən'seɪʃən] N [u] 赔(賠)偿(償)金 péichángjīn ▸ compensation for sth 因某事而

获(獲)得的赔(賠)偿(償)金 yīn mǒushì ér huòdé de péichángjīn

compete[kəm'pi:t] VI [*companies, rivals +*] 竞(競)争(爭) jìngzhēng; (*in contest, game*) 比赛(賽) bǐsài ▸ **to compete for sth** [*companies, rivals +*] 争(爭)夺(奪)某物 zhēngduó mǒuwù; (*in contest, game*) 争(爭)夺(奪)某物 zhēngduó mǒuwù ▸ **to compete with sb/sth (for sth)** [*companies, rivals +*] 与(與)某人/某物竞(競)争(爭)(以得到某物) yǔ mǒurén/mǒuwù jìngzhēng (yǐ dédào mǒuwù); (*in contest, game*) 与(與)某人/某物竞(競)争(爭)(以获(獲)得某奖(獎)项(項)) yǔ mǒurén/mǒuwù jìngzhēng (yǐ huòdé mǒu jiǎngxiàng)

competent['kɒmpɪtənt] ADJ 称(稱)职(職)的 chènzhí de; [*+ piece of work*] 合格的 hégé de

competition[kɒmpɪ'tɪʃən] N [U] (*rivalry*) 竞(競)争(爭) jìngzhēng 2[c] (*contest*) 竞(競)赛(賽) jìngsài [项 xiàng] ▸ **in competition with** 与(與)…竞(競)争(爭) yǔ…jìngzhēng

competitive[kəm'petɪtɪv] ADJ 1[*+ industry, society*] 竞(競)争(爭)性的 jìngzhēngxìng de 2[*+ person*] 求胜(勝)心切的 qiúshèngxīnqiè de

competitor[kəm'petɪtə*] N [c] 1(*in business*) 竞(競)争(爭)对(對)手 jìngzhēng duìshǒu [个 gè] 2(*participant*) 参(參)赛(賽)者 cānsàizhě [个 gè]

complain[kəm'pleɪn] VI ▸ **to complain (about sth)** (*就某事*) 投诉(訴) (jiù mǒushì) tóusù; (*grumble*) (就某事)诉(訴)苦 (jiù

mǒushì) sùkǔ ▸ **to complain to sb (about sth)** (向某人)投诉(訴) (jiù mǒushì) xiàng mǒurén tóusù

complaint[kəm'pleɪnt] N [c] 抱怨 bàoyuàn [个 gè] ▸ **to make a complaint (to sb)** (向某人)投诉(訴) (xiàng mǒurén) tóusù

complete[kəm'pli:t] I ADJ 1 完全的 wánquán de 2(*whole*) 完整的 wánzhěng de 3(*finished*) 完成的 wánchéng de II VT 1 完成 wánchéng 2[*+ form, coupon*] 填写(寫) tiánxiě ▸ **complete with** 附带(帶) fùdài

completely[kəm'pli:tlɪ] ADV [*different, satisfied, untrue*] 完全 wánquán; [*forget, destroy +*] 彻(徹)底 chèdǐ

complexion[kəm'plekʃən] N [c] 面色 miànsè [种 zhǒng]

complicated['kɒmplɪkeɪtɪd] ADJ 复(複)杂(雜)的 fùzá de

compliment [n 'kɒmplɪmənt, vb 'kɒmplɪment] I N [c] 赞(讚)美 zànměi [种 zhǒng] II VT 赞(讚)美 zànměi ▸ **to pay sb a compliment** 赞(讚)美某人 zànměi mǒurén ▸ **to compliment sb on sth** 为(為)某事赞(讚)美某人 wèi mǒushì zànměi mǒurén

composer[kəm'pəuzə*] N [c] 作曲家 zuòqǔjiā [位 wèi]

comprehension[kɒmprɪ'henʃən] N 1[U] (*understanding*) 理解 lǐjiě 2[c/U] (*Scol*) 理解力练(練)习(習) lǐjiělì liànxí [项 xiàng]

comprehensive[kɒmprɪ'hensɪv] I ADJ 1[*+ review, list*] 全面的 quánmiàn de 2[*+ insurance*] 综(綜)合的 zōnghé de II N [c] (*Brit*) (*also:* **comprehensive school**)

综(綜)合性中学(學) zōnghéxìng zhōngxué [所 suǒ]

compulsory [kəm'pʌlsərɪ] ADJ 必须(須)的 bìxū de; [+course] 必修的 bìxiū de

computer [kəm'pjuːtəʳ] I N [c] 计(計)算机(機) jìsuànjī [台 tái] II CPD [+language, program, system, technology etc] 电(電)脑(腦) diànnǎo

computer game N [c] 电(電)脑(腦)游(遊)戏(戲) diànnǎo yóuxì [局 jú]

computer programmer N [c] 电(電)脑(腦)编(編)程员(員) diànnǎo biānchéngyuán [位 wèi]

computer science N [u] 计(計)算机(機)科学(學) jìsuànjī kēxué

computing [kəm'pjuːtɪŋ] I N [u] 计(計)算机(機)运(運)用 jìsuànjī yùnyòng; (also: **computing studies**) 计(計)算机(機)学(學) jìsuànjīxué II CPD [+course, skills] 电(電)脑(腦) diànnǎo

concentrate ['kɒnsəntreɪt] VI 集中精力 jízhōng jīnglì ▶ **to concentrate on sth** (keep attention on) 全神贯(貫)注于(於)某事 quán shén guàn zhù yú mǒushì; (focus on) 集中注意力于(於)某事 jízhōng zhùyìlì yú mǒushì

concentration [kɒnsən'treɪʃən] [u] 专(專)心 zhuānxīn

concern [kən'sɜːn] I N [u] (anxiety) 担(擔)忧(憂) dānyōu II VT (worry) 使担(擔)忧(憂) shǐ dānyōu ▶ **concern for sb** 为(為)某人担(擔)心 wèi mǒurén dānxīn ▶ **as far as I'm concerned** 据(據)我看来(來) jù wǒ kànlái ▶ **the people concerned** (in question) 有关(關)人士 yǒuguān rénshì

concerned [kən'sɜːnd] ADJ (worried) 担(擔)心的 dānxīn de ▶ **to be concerned about sb/sth** 担(擔)心某人/某事 dānxīn mǒurén/mǒushì

concerning [kən'sɜːnɪŋ] PREP 关(關)于(於) guānyú

concert ['kɒnsət] N [c] 音乐(樂)会(會) yīnyuèhuì [个 gè]

concert hall N [c] 音乐(樂)厅(廳) yīnyuètīng [个 gè]

conclusion [kən'kluːʒən] N 1 [s] (end) 结(結)尾 jiéwěi 2 [c] (deduction) 结(結)论(論) jiélùn [个 gè] ▶ **to come to the conclusion that...** 得出...的结(結)论(論)是... déchū de jiélùn shì...

concrete [kɒn'kriːt] I N [u] 混凝土 hùnníngtǔ II ADJ 1 [+block, floor] 混凝土的 hùnníngtǔ de 2 [+proposal, evidence] 确(確)实(實)的 quèshí de

condemn [kən'dɛm] VT (denounce) 谴(譴)责(責) qiǎnzé

condition [kən'dɪʃən] I N 1 [s] (state) 状(狀)态(態) zhuàngtài 2 [c] (stipulation) 条(條)件 tiáojiàn [个 gè] II conditions NPL (environment) 环(環)境 huánjìng ▶ **in good/poor condition** 状(狀)况(況)良好/不好 zhuàngkuàng liánghǎo/bùhǎo ▶ **weather conditions** 天气(氣)形势(勢) tiānqì xíngshì ▶ **on condition that...** 在...条(條)件下 zài...tiáojiàn xià

conditional [kən'dɪʃənl] I ADJ 有条(條)件的 yǒu tiáojiàn de II N (Ling) 条(條)件从(從)句 tiáojiàn cóngjù ▶ **the conditional** 条(條)件从(從)句 tiáojiàn cóngjù

conditioner [kən'dɪʃənəʳ] N [c/u] 护(護)发(髮)素 hùfàsù [种 zhǒng]

condom ['kɒndəm] N [c] 安全套

ānquántào [只 zhī]

conduct [kən'dʌkt] VT [+ orchestra, choir] 指挥(揮) zhǐhuī

conductor [kən'dʌktəʳ] N [c] **1** [of orchestra] 指挥(揮)家 zhǐhuījiā [位 wèi] **2** (US: on train) 列车(車)员(員) lièchēyuán [位 wèi] **3** (on bus) 售票员(員) shòupiàoyuán [位 wèi]

cone [kəʊn] N [c] **1** (shape) 圆(圓)锥(錐)体(體) yuánzhuītǐ [个 gè] **2** (also: **ice cream cone**) 锥(錐)形蛋卷(捲)冰淇淋 zhuīxíng dànjuǎn bīngqílín [个 gè]

conference [ˈkɒnfərəns] N [c] 会(會)议(議) huìyì [次 cì]

confess [kən'fɛs] VI 坦白 tǎnbái
▶ **to confess to sth/to doing sth** 承认(認)某事/做了某事 chéngrèn mǒushì/zuòle mǒushì

confession [kən'fɛʃən] N [c/U] (admission) 坦白 tǎnbái [种(種) zhǒng] ▶ **to make a confession** 坦白 tǎnbái

confidence [ˈkɒnfɪdns] N **1** [U] (faith) 信赖(賴) xìnlài **2** [U] (self-assurance) 自信 zìxìn ▶ **in confidence** 秘(祕)密地 mìmì de

confident [ˈkɒnfɪdənt] ADJ (self-assured) 自信的 zìxìn de ▶ **to be confident that…** 有信心… yǒu xìnxīn…

confidential [ˌkɒnfɪ'dɛnʃəl] ADJ 机(機)密的 jīmì de

confirm [kən'fɜːm] VT 肯定 kěndìng; [+ appointment, date] 确(確)认(認) quèrèn

confiscate [ˈkɒnfɪskeɪt] VT 没(沒)收 mòshōu ▶ **to confiscate sth from sb** 没(沒)收某人的某物 mòshōu mǒurén de mǒuwù

confuse [kən'fjuːz] VT **1** (perplex)

把…弄糊涂(塗)(塗) bǎ…nòng hútu **2** (mix up) 混淆 hùnxiáo

confused [kən'fjuːzd] ADJ 困惑的 kùnhuò de

confusing [kən'fjuːzɪŋ] ADJ 含混不清的 hánhùn bù qīng de

confusion [kən'fjuːʒən] N **1** [c/U] (uncertainty) 惶惑 huánghuò [种(種) zhǒng] **2** [U] (mix-up) 混淆 hùnxiáo

congratulate [kən'grætjuleɪt] VT 祝贺(賀) zhùhè ▶ **to congratulate sb on sth/on doing sth** 祝贺(賀)某人某事/做某事 zhùhè mǒurén mǒushì/zuò mǒushì

congratulations [kəngrætju'leɪʃənz] NPL 祝贺(賀) zhùhè ▶ **congratulations on your engagement!** 祝贺(賀)你订(訂)婚了! zhùhè nǐ dìnghūn le!

Congress [ˈkɒŋgrɛs] N (US) ▶ **Congress** 国(國)会(會) guóhuì

congressman [ˈkɒŋgrɛsmən] (pl congressmen) (US) N [c] 国(國)会(會)议(議)员(員) guóhuì yìyuán [位 wèi]

congresswoman [ˈkɒŋgrɛswʊmən] (pl congresswomen) (US) N [c] 女国(國)会(會)议(議)员(員) nǚ guóhuì yìyuán [位 wèi]

connection [kə'nɛkʃən] N **1** [c/U] (link) 联(聯)系(繫) liánxì [种(種) zhǒng] **2** [c] (Elec) 接头(頭) jiētóu [个 gè] **3** [c] (train, plane) 联(聯)运(運) liányùn [种(種) zhǒng] ▶ **what is the connection between them?** 他们(們)之间(間)有什么(麼)关(關)系(係)? tāmen zhījiān yǒu shénme guānxì?

conscience [ˈkɒnʃəns] N [c] 是非感 shìfēi gǎn [种(種) zhǒng] ▶ **to have**

a guilty/clear conscience 感到内(內)疚/问(問)心无(無)愧 gǎndào nèijiù/wèn xīn wú kuì

conscientious[ˌkɒnʃɪˈenʃəs] ADJ 认(認)真的 rènzhēn de

conscious[ˈkɒnʃəs] ADJ 1(awake) 清醒的 qīngxǐng de 2(+ decision, effort) 蓄意的 xùyì de ▸ to be conscious of sth 意识(識)到某事 yìshí dào mǒushì

consciousness[ˈkɒnʃəsnɪs] N [U] (Med) 知觉(覺) zhījué ▸ to lose consciousness 失去知觉(覺) shīqù zhījué

consequence[ˈkɒnsɪkwəns] N [C] 后(後)果 hòuguǒ [种(種) zhǒng]

consequently[ˈkɒnsɪkwəntlɪ] ADV 所以 suǒyǐ

conservation[ˌkɒnsəˈveɪʃən] N [U] [of environment] 环(環)保 huánbǎo; [of energy] 节(節)约(約) jiéyuē

conservative[kənˈsɜːvətɪv] I ADJ 1(traditional) 保守的 bǎoshǒu de 2(Brit: Pol) ▸ Conservative 保守党(黨) bǎoshǒudǎng II N [C] (Brit: Pol) ▸ Conservative 保守党(黨)人士 bǎoshǒudǎng rén [名 míng]

conservatory[kənˈsɜːvətrɪ] N [C] 暖房 nuǎnfáng [间(間) jiān]

consider[kənˈsɪdəʳ] VT 1(think about) 考虑(慮) kǎolǜ 2(take into account) 考虑(慮)到 kǎolǜ dào

considerate[kənˈsɪdərɪt] ADJ 体(體)贴(貼)的 tǐtiē de

considering[kənˈsɪdərɪŋ] I PREP 考虑(慮)到 kǎolǜ dào II CONJ ▸ considering (that)... 考虑(慮)到… kǎolǜ dào...

consist[kənˈsɪst] VI ▸ to consist of 由(組)成 yóu...zǔchéng

consonant[ˈkɒnsənənt] N [C] 辅(輔)音 fǔyīn [个(個) gè]

constant[ˈkɒnstənt] ADJ 1[+ threat, pressure, pain, reminder] 不断(斷)的 búduàn de 2[+ interruptions, demands] 重复(復)的 chóngfù de 3[+ temperature, speed] 恒(恆)定的 héngdìng de

constantly[ˈkɒnstəntlɪ] ADV 1(repeatedly) 不断(斷)地 búduàn de 2(uninterruptedly) 持续(續)地 chíxù de

constipated[ˈkɒnstɪpeɪtɪd] ADJ 便秘(祕)的 biànmì de

construct[kənˈstrʌkt] VT 建造 jiànzào

construction[kənˈstrʌkʃən] N 1[U] [of building, road, machine] 建造 jiànzào 2[C] (structure) 建筑(築)物 jiànzhùwù [座 zuò]

consult[kənˈsʌlt] VT [+ doctor, lawyer, friend] 咨询(詢) zīxún; [+ book, map] 查阅(閱) cháyuè

consumer[kənˈsjuːməʳ] N [C] [of goods, services] 消费(費)者 xiāofèizhě [个(個) gè]; [of resources] 使用者 shǐyòngzhě [个(個) gè]

contact[ˈkɒntækt] I N 1[C/U] (communication) 联(聯)络(絡) liánluò [种(種) zhǒng] 2[C] (person) 熟人 shúrén [个(個) gè] II VT 联(聯)系(繫) liánxì ▸ to be in contact with sb 与(與)某人有联(聯)络(絡) yǔ mǒurén yǒu liánluò

contact lenses NPL 隐(隱)形眼镜(鏡) yǐnxíng yǎnjìng

contain[kənˈteɪn] VT [+ objects] 装(裝)有 zhuāngyǒu; [+ component, ingredient] 含有 hányǒu

container[kənˈteɪnəʳ] N [C] 1(box, jar etc) 容器 róngqì [个(個) gè] 2(for transport) 集装(裝)箱 jízhuāngxiāng

jízhuāngxiāng [个 gè]

content['kɒntent] I N [U] (内) 容 nèiróng II **contents** NPL [of bottle, packet] 所含之物 suǒhán zhī wù

content²[kən'tent] ADJ 满(滿)足的 mǎnzú de

contest['kɒntest] N [c] 比赛(賽) bǐsài [项 xiàng]

contestant[kən'testənt] N [c] 参(參)赛(賽)者 cānsàizhě [位 wèi]

context['kɒntekst] N [c/u] [of word, phrase] 上下文 shàngxiàwén [个 gè]

continent['kɒntɪnənt] N [c] 大陆(陸) dàlù [个 gè] ▸ **on the Continent** (Brit) 在欧(歐)洲大陆(陸) zài Ōuzhōu dàlù

continental breakfast N [c] 欧(歐)洲大陆(陸)式早餐 Ōuzhōu dàlù shì zǎocān [顿 dùn]

continue[kən'tɪnjuː] VI **1** 继(繼)续(續) jìxù **2** [speaker +] 继(繼)续(續)说(說) jìxù shuō ▸ **to continue to do sth** or **doing sth** 持续(續)做某事 chíxù zuò mǒushì ▸ **to continue with sth** 继(繼)续(續)某事 jìxù mǒushì

continuous[kən'tɪnjuəs] ADJ 连(連)续(續)不停的 liánxù bù tíng de

contraception[kɒntrə'sepʃən] N [U] 避孕 bìyùn

contraceptive[kɒntrə'septɪv] N [c] (drug) 避孕药(藥) bìyùnyào [片 piàn]; (device) 避孕工具 bìyùn gōngjù [种 zhǒng]

contract N ['kɒntrækt] N [c] 合同 hétong [份 fèn]

contradict[kɒntrə'dɪkt] VT 驳(駁)斥 bóchì

contradiction[kɒntrə'dɪkʃən] N

[c/u] 矛盾 máodùn [种 zhǒng]

contrary['kɒntrərɪ] ADJ [c/u] ▸ **the contrary** 相反 xiāngfǎn ▸ **on the contrary** 正相反 zhèng xiāngfǎn

contrast N ['kɒntrɑːst, vb kən'trɑːst] I N [c/u] **1** 明显(顯)的差异(異) míngxiǎn de chāyì [种 zhǒng] **2** ▸ **to be a contrast to sth** 与(與)某物截然不同 yǔ mǒuwù jiérán bùtóng II vT ▸ **to contrast with sth** 与(與)某事形成对(對)照 yǔ mǒushì xíngchéng duìzhào ▸ **to contrast sth with sth** 将(將)某物与(與)某物进(進)行对(對)比 jiāng mǒuwù yǔ mǒuwù jìnxíng duìbǐ

contribute[kən'trɪbjuːt] I VI ▸ **to contribute to sth** (with money) (给(給)某事) 捐助 (gěi mǒushì) juānzhù II VT ▸ **to contribute 10 pounds (to sth)** (给(給)某事) 捐献(獻)10英镑(鎊) (gěi mǒushì) juānxiàn shí yīngbàng

contribution[kɒntrɪ'bjuːʃən] N [c] 捐献(獻) juānxiàn [次 cì]

control[kən'trəul] I VT [+ country; organization] 统(統)治 tǒngzhì; [+ person, emotion, disease, fire] 控制 kòngzhì II N [U] [of country, organization] 控制权(權) kòngzhì quán III **controls** NPL [of vehicle, machine, TV] 操纵(縱)装(裝)置 cāozòng zhuāngzhì ▸ **to control o.s.** 克制自己 kèzhì zìjǐ ▸ **to be in control (of sth)** (of situation, car) 控制着(著)(某事) kòngzhì zhe (mǒushì) ▸ **to be under control** [fire, situation +] 处(處)于(於)控制之下 chǔ yú kòngzhì zhī xià ▸ **circumstances beyond our control** 不在我们(們)控制之中的情况(況) bù zài wǒmen kòngzhì zhī zhōng de qíngkuàng

controversial [kɒntrəˈvɜːʃl] ADJ
有争(爭)议(議)的 yǒu zhēngyì de;
[+ book, film] 引起争(爭)论(論)的
yǐnqǐ zhēnglùn de

convenient [kənˈviːnɪənt] ADJ
[+ method, system, time] 方便的
fāngbiàn de; [+ place] 近便的
jìnbiàn de

conventional [kənˈvɛnʃənl] ADJ
符合习(習)俗的 fúhé xísú de;
[+ method, product] 传(傳)统(統)的
chuántǒng de

conversation [kɒnvəˈseɪʃən] N
[C/U] 交谈(談) jiāotán [次 cì] ▸ **to
have a conversation (about sth/
with sb)** (和某人) 谈(談)(某事)
(hé mǒurén) tán (mǒushì)

convert [kənˈvɜːt] VT (transform)
[+ substance] 使转(轉)化 shǐ
zhuǎnhuà; [+ building] 改建
gǎijiàn ▸ **to convert sth into sth**
[+ substance] 将(將)某物转(轉)化
成某物 jiāng mǒuwù zhuǎnhuà
chéng mǒuwù; [+ building] 将(將)
某建筑(築)改建成某建筑(築) jiāng
mǒu jiànzhù gǎijiàn chéng mǒu
jiànzhù

convince [kənˈvɪns] VT 1 (cause to
believe) 使信服 shǐ xìnfú 2 说(說)
服 shuōfú ▸ **to convince sb to do
sth** 说(說)服某人去做某事 shuōfú
mǒurén qù zuò mǒushì

cook [kuk] I VT [+ food, meat,
vegetables] 烹调(調) pēngtiáo;
[+ meal] 做 zuò II VI 1 [person +]
做饭(飯) zuòfàn 2 [food +] 烧(燒)
shāo III N 1 厨(廚)师(師) chúshī
[位 wèi] ▸ **a good cook** 会(會)做
饭(飯)的人 huì zuòfàn de rén

cooker [ˈkukəʳ] (Brit) N [C] 厨(廚)灶
chúzào [个 gè]

cookie [ˈkukɪ] N [C] 1 (US: for eating)
小甜饼(餅) xiǎotiánbǐng [块 kuài]
2 (Comput) 记(記)忆(憶)块(塊) jìyì
kuài [个 gè]

cooking [ˈkukɪŋ] N [U] 烹调(調)
pēngtiáo

cool [kuːl] I ADJ 1 凉(涼)的 liáng de
2 (calm, unemotional) 冷静(靜)的
lěngjìng de 3 (inf: good) 顶(頂)呱
呱的 dǐngguāguā de; (fashionable)
酷的 kù de II VT 使变(變)凉(涼)
shǐ biànliáng III VI 冷下来(來)
lěngxiàlái IV N ▸ **to keep/lose
one's cool** (inf) 保持冷静(靜)/失去
自制力激动(動)起来(來) bǎochí
lěngjìng/shīqù zìzhì er jīdòng
qǐlái ▸ **to keep sth cool** 保持某物
的凉(涼)度 bǎochí mǒuwù de
liángdù
▸ **cool down** VI 变(變)凉(涼)
biànliáng

co-operate [kəuˈɒpəreɪt] VI
1 (collaborate) 合作 hézuò 2 (be
helpful) 配合 pèihé

cope [kəup] VI 对(對)付 duìfù

copper [ˈkɒpəʳ] N [U] 铜(銅) tóng

copy [ˈkɒpɪ] I N 1 [C] 复(複)制(製)品
fùzhìpǐn [件 jiàn] 2 [C] [of book,
record, newspaper] 本/张(張)/份
běn/zhāng/fèn II VT 1 模仿 mófǎng
▸ **to make a copy of sth** 复(複)印
某物 fùyìn mǒuwù

cork [kɔːk] N [C] 瓶塞 píngsāi [个
gè]

corkscrew [ˈkɔːkskruː] N [C] 瓶塞
钻(鑽) píngsāizuàn [个 gè]

corn [kɔːn] N 1 [U] (Brit: cereal crop)
谷(穀)物 gǔwù 2 [U] (US: maize) 玉
米 yùmǐ ▸ **corn on the cob** 玉米
(棒子) yùmǐ (bàngzi)

corner [ˈkɔːnəʳ] N [C] 1 角落 jiǎoluò
[个 gè] 2 [of road] 街角 jiējiǎo [个 gè]

corpse [kɔ:ps] N [C] 死尸(屍) sǐshī [具 jù]

correct [kəˈrɛkt] I ADJ 正确(確)的 zhèngquè de; [+ decision, means, procedure] 适(適)当(當)的 shìdàng de II VT [+ mistake, fault, person] 纠(糾)正 jiūzhèng

correction [kəˈrɛkʃən] N [C] 修改 xiūgǎi [次 cì]

corridor [ˈkɔrɪdɔːʳ] N [C] (in house, building) 走廊 zǒuláng [条 tiáo]; (on train) 车(車)厢(廂)过(過)道 chēxiāng guòdào [个 gè]

corruption [kəˈrʌpʃən] N [U] 贪(貪)赃(贓)舞弊 tānzāng wǔbì

cosmetics [kɔzˈmɛtɪks] NPL (beauty products) 化妆(妝)品 huàzhuāngpǐn

cost [kɔst] (pt, pp cost) I N [C] 价(價)格 jiàgé [种 zhǒng] II VT 价(價)格为(為) jiàgé wéi ▸ **how much does it cost?** 这(這)多少钱(錢)? zhè duōshao qián? ▸ **it costs 5 pounds/too much** 价(價)格为(為)5英镑(鎊)/太高 jiàgé wéi wǔ yīngbàng/tàigāo ▸ **the cost of living** 生活费(費)用 shēnghuó fèiyòng

costume [ˈkɔstjuːm] N [C/U] 戏(戲)装(裝) xìzhuāng [套 tào]

cot [kɔt] N [C] **1** (Brit: child's) 幼儿(兒)床 yòu'ér chuáng [张 zhāng] **2** (US: bed) 帆布床 fānbù chuáng [张 zhāng]

cottage [ˈkɔtɪdʒ] N [C] 村舍 cūnshè [个 gè]

cotton [ˈkɔtn] I N [U] **1** (fabric) 棉布 miánbù **2** (thread) 棉线(線) miánxiàn II CPD [+ dress, sheets] 棉布 miánbù

cotton wool (Brit) N [U] 脱(脫)脂棉 tuōzhī mián

couch [kautʃ] N [C] 长(長)沙发(發) cháng shāfā [个 gè]

cough [kɔf] I VI 咳嗽 késou II N [C] 咳嗽 késou [阵 zhèn] ▸ **to have a cough** 咳嗽 késou

KEYWORD

could [kud] AUX VB **1** (referring to past) ▸ **we couldn't go to the party** 我们(們)没(沒)能去参(參)加聚会(會) wǒmen méi néng qù cānjiā jùhuì ▸ **he couldn't read or write** 他不会(會)读(讀)也不会(會)写(寫) tā bù huì dú yě bù huì xiě

2 (possibility) ▸ **he could be in the library** 他可能在图(圖)书(書)馆(館) tā kěnéng zài túshūguǎn ▸ **you could have been killed!** 可能你连(連)命都没(沒)了! kěnéng nǐ lián mìng dōu méile!

3 (in conditionals with "if") ▸ **if we had more time, I could finish this** 如果有更多时(時)间(間), 我能够(夠)完成这(這) rúguǒ yǒu gèng duō shíjiān, wǒ nénggòu wánchéng de ▸ **we'd have a holiday, if we could afford it** 如果我们可以支付得起的话(話), 我们(們)就去度假了 rúguǒ néng zhīfù de qǐ de huà, wǒmen jiù qù dùjià le

4 (in offers, suggestions, requests) 可以 kěyǐ ▸ **I could call a doctor** 我可以叫个(個)医(醫)生 wǒ kěyǐ jiào gè yīshēng ▸ **could I borrow the car?** 我可以借一下车(車)吗(嗎)? wǒ kěyǐ jiè yīxià chē ma? ▸ **he asked if he could make a phone call** 他问(問)是否可以打个(個)电(電)话(話) tā wèn shìfǒu kěyǐ dǎ gè diànhuà

council['kaunsl] N [c] 1(議) 会[會] yìhuì [个 gè]

count[kaunt] I VT 1(also: **count up**) 数(數) shǔ 2(include) 把…计(計)算在内(內) bǎ…jìsuàn zài nèi II VI 1 数(數) shǔ 2(matter) 有价(價)值 yǒu jiàzhí [个 gè] ▸ to count (up) to 10 数(數)到10 shǔdào shí ▸ count on VT FUS [+ support, help] 指望 zhǐwàng; [+ person] 依靠 yīkào

counter['kauntə'] N [c] 柜(櫃)台(臺) guìtái [个 gè]

country['kʌntrɪ] N 1[c] (nation) 国(國)家 guójiā [个 gè] 2(countryside) ▸ the country 乡(鄉)下 xiāngxià [个 gè] 3[c] (native land) 家乡(鄉) jiāxiāng [个 gè]

countryside['kʌntrɪsaɪd] N [U] 农(農)村 nóngcūn

couple['kʌpl] N [c] 1(married) 夫妻 fūqī [对 duì]; (living together) 情侣(侶) qínglǚ [对 duì] 2 ▸ a couple of (two) 两(兩)个(個) liǎng gè

courage['kʌrɪdʒ] N [U] 勇气(氣) yǒngqì

courier['kurɪə'] N [c] 1(messenger) 信使 xìnshǐ [个 gè] 2(rep) 旅游(遊)团(團)的服务(務)员(員) lǚyóutuán de fúwùyuán [个 gè]

course[kɔːs] N 1[c] 课(課)程 kèchéng [个 gè] ▸ first/next/last course 第一/下一/最后(後)一道菜 dìyī/xià yī/zuìhòu yī dào cài [道 dào] 3[c] (for golf, horse-racing) 场(場) chǎng ▸ of course (naturally) 自然 zìrán; (certainly) 当(當)然 dāngrán ▸ of course! 没(沒)问(問)题(題)! méi wèntí ▸ of course not! 当(當)然不行! dāngrán bù xíng!

court[kɔːt] N [c] 1(Law) 法庭 fǎtíng [个 gè] 2(for tennis, badminton) 球场(場) qiúchǎng [个 gè]

courthouse['kɔːthaus] (US) N [c] 法院 fǎyuàn [个 gè]

courtyard['kɔːtjɑːd] N [c] 庭院 tíngyuàn [个 gè]

cousin['kʌzn] N [c] (older male on father's side) 堂兄 tángxiōng [个 gè]; (younger male on father's side) 堂弟 tángdì [个 gè]; (older female on father's side) 堂姐 tángjiě [个 gè]; (younger female on father's side) 堂妹 tángmèi [个 gè]; (older male on mother's side) 表兄 biǎoxiōng [个 gè]; (younger male on mother's side) 表弟 biǎodì [个 gè]; (older female on mother's side) 表姐 biǎojiě [个 gè]; (younger female on mother's side) 表妹 biǎomèi [个 gè]

cover['kʌvə'] I VT 1 ▸ to cover sth (with sth) (用某物) 盖(蓋)着(著)某物 (yòng mǒuwù) gàizhe mǒuwù 2(in insurance) ▸ to cover sb (against sth) 给(給)某人保(某事)的险(險) gěi mǒurén bǎo (mǒushì de) xiǎn II N 1[c] (of book, magazine) 封面 fēngmiàn [个 gè] 3[U] (insurance) 保险(險) bǎoxiǎn III covers NPL (on bed) 铺(鋪)盖(蓋) pūgài [个 gè] ▸ to be covered in or with sth 被某物覆盖(蓋) bèi mǒuwù fùgài ▸ cover up VT [+ facts, feelings, mistakes] (用某事)掩饰(飾)某事 (yòng mǒushì) yǎnshì mǒushì

cow[kau] N [c] 奶牛 nǎiniú [头 tóu]

coward['kauəd] N [c] 胆(膽)小鬼 dǎnxiǎoguǐ [个 gè]

cowboy['kaubɔɪ] N [c] 牛仔 niúzǎi [个 gè]

crab[kræb] N 1[c] (creature) 螃蟹 pángxiè [只 zhī] 2[u] (meat) 蟹肉 xièròu

crack[kræk] N [c] 裂缝(缝) lièfèng [条 tiáo]
▶**crack down on**VT FUS 对(对)…严(严)惩(惩)不贷(贷) duì…yánchéng búdài

cracked[krækt] ADJ 破裂的 pòliè de

cracker['krækə'] N [c] (biscuit) 薄脆饼(饼)干(干) báocuì bǐnggān [块 kuài]

cradle['kreɪdl] N [c] 摇(摇)篮(篮) yáolán [个 gè]

craft[krɑːft] N [c] (weaving, pottery etc) 工艺(艺) gōngyì [道 dào]

cramp[kræmp] N [c/u] (pain) 抽筋 chōujīn [阵 zhèn]

crane[kreɪn] N [c] 起重机(机) qǐzhòngjī [部 bù]

crash[kræʃ] I N [c] 1[of car] 撞击(击) zhuàngjī [下 xià]; [of plane] 坠(坠)机(机) zhuìjī [次 cì] 2[noise] 哗(哗)啦声(声) huālā shēng [声 shēng] II VT [+car, plane] 使撞毁(毁) shǐ zhuànghuǐ III VI 1[car, driver+] 撞击(击) zhuàngjī; [plane+] 坠(坠)毁(毁) zhuìhuǐ 2[Comput] 死机(机) sǐjī ▶**a car/plane crash** 撞车/飞(飞)机(机)失事 zhuàngchē/fēijī shīshì
▶**to crash into sth** 猛地撞上某物 měngde zhuàngshàng mǒuwù

crawl[krɔːl] VI 爬 pá

crazy['kreɪzɪ] (inf) ADJ 发(发)疯(疯)的 fāfēng de ▶**to go crazy** 发(发)疯(疯) fāfēng

cream[kriːm] I N 1[u] (dairy cream) 奶油 nǎiyóu 2[c/u] (for skin) 乳霜

rǔshuāng [瓶 píng] II ADJ (in colour) 乳白色的 rǔbáisè de

crease[kriːs] N [c] 1 (in cloth, paper: fold) 折痕 zhéhén [道 dào]; (wrinkle) 皱(皱)纹(纹) zhòuwén [条 tiáo]

create['kriːeɪt] VT 创(创)造 chuàngzào

creative[kriː'eɪtɪv] ADJ 有创(创)造力的 yǒu chuàngzàolì de

creature['kriːtʃə'] N [c] 动(动)物 dòngwù [种 zhǒng]

crèche[krɛʃ] (Brit) N [c] 托儿(儿)所 tuō'érsuǒ [个 gè]

credit['krɛdɪt] I N 1[u] (financial) 贷(贷)款 dàikuǎn 2[u] (recognition) 赞(赞)扬(扬) zànyáng 3[c] (Scol, Univ) 学(学)分 xuéfēn [个 gè] ▶**on credit** 赊(赊)账(账) shēzhàng

credit card N [c] 信用卡 xìnyòngkǎ [张 zhāng]

crew[kruː] N 1[c] 全体(体)工作人员(员) quántǐ gōngzuò rényuán 2[c] (TV) 组(组)(组)(组) zǔ

crib[krɪb] N [c] (US) 有围(围)栏(栏)的童床 yǒu wéilán de tóngchuáng [张 zhāng]

cricket['krɪkɪt] N [u] (sport) 板球 bǎnqiú

● **CRICKET**

● 在大英帝国时代，**cricket**
● (板球) 作为夏季运动引入印
● 度、巴基斯坦和澳大利亚等国。
● 如今，板球在这些国家依然十分
● 盛行。比赛两队各11名队员，通
● 常为男性。队员通常穿传统的白
● 色运动服。板球的规则以复杂著
● 称。两队轮流击球。击球的队尽
● 力争取最多次数的 **run** (跑垒)，

● 其打击手在两组称为 **stump** （三门柱）的柱子间跑。另一队争 取在击球手跑到门柱前把球击中 门柱，还可以在球触地前接住球 ● 将该击球手淘汰出局。

crime [kraim] N 1 [c] (illegal act) 罪 行 zuìxíng [种 zhǒng] 2 [u] (illegal activities) 犯罪活动(動) fànzuì huódòng

criminal ['krɪmɪnl] N [c] 罪犯 zuìfàn [个 gè]

crisis ['kraɪsɪs] (pl **crises** ['kraɪsi:z]) N [c/u] 危机(機) wēijī [种 zhǒng]

crisp [krɪsp] N [c] (Brit: potato crisp) 薯片 shǔpiàn [片 piàn]

critical ['krɪtɪkl] ADJ 1 (crucial) 关(關)键(鍵)的 guānjiàn de 2 (serious) 危急的 wēijí de

criticism ['krɪtɪsɪzəm] N 1 [c] (censure) 批评(評) pīpíng 2 [c] (complaint) 指责(責) zhǐzé [种 zhǒng]

criticize ['krɪtɪsaɪz] VT 批评(評) pīpíng

Croatia [krəʊ'eɪʃə] N 克罗(羅)地 亚(亞) Kèluódìyà

crocodile ['krɒkədaɪl] N [c] 鳄(鱷) 鱼(魚) èyú [只 zhī]

crooked [krʊkɪd] ADJ (off-centre) 歪的 wāi de

crop [krɒp] N 1 [c] (plants) 庄(莊)稼 zhuāngjia [种 zhǒng] 2 [c] (amount produced) 收成 shōuchéng [个 gè]

cross [krɒs] I N [c] 1 (x shape) 交叉 符号(號) jiāochā fúhào [个 gè]; (showing disagreement) 叉号(號) chāhào [个 gè] 2 (crucifix shape) 十 字 shízì [个 gè] 3 (Rel) 十字架 shízìjià [个 gè] II VT [+ street, room] 横(横)穿 héngchuān III VI [roads, lines +] 相交 xiāngjiāo IV ADJ

(angry) 生气(氣)的 shēngqì de
▶ **cross out** VT (delete) 取消 qǔxiāo
▶ **cross over** VI (cross the street) 过(過)马(馬)路 guò mǎlù

crossing ['krɒsɪŋ] N [c] 1 (voyage) 横(横)渡 héngdù [次 cì] 2 (Brit) (also: **pedestrian crossing**) 人行 横(横)道 rénxíng héngdào [个 gè]

crossroads ['krɒsrəʊdz] (pl **crossroads**) N [c] 十字路口 shízì lùkǒu [个 gè]

crosswalk ['krɒswɔ:k] (US) N [c] 人行横(横)道 rénxíng héngdào [个 gè]

crossword ['krɒswə:d] N [c] (also: **crossword puzzle**) 填字游(遊) 戏(戲) tiánzì yóuxì [个 gè]

crowd [kraud] N [c] 人群 rénqún [个 gè] ▶ **crowds of people** 大批 人群 dàpī rénqún

crowded ['kraudɪd] ADJ 拥(擁) 挤(擠)的 yōngjǐ de

crown [kraun] N [c] 皇冠 huángguān [个 gè]

cruel ['kruəl] ADJ 残(殘)忍的 cánrěn de; [+ treatment, behaviour] 恶(惡)毒的 édú de ▶ **to be cruel to sb** 残(殘)酷地对(對)待某人 cánkù de duìdài mǒurén

cruelty ['kruəltɪ] N [u] 残(殘)忍 cánrěn

cruise [kru:z] N [c] 游(遊)船 yóuchuán [艘 sōu] ▶ **to be/go on a cruise** 乘船游(遊)船旅行 chéng yóuchuán lǚxíng

crush [krʌʃ] VT 1 [+ garlic] 压(壓)碎 yāsuì 2 [+ person] 使挤(擠)在一起 shǐ jǐ zài yīqǐ

cry [kraɪ] VI (weep) 哭泣 kūqì ▶ **what are you crying about?** 你哭什 么(麼)? nǐ kū shénme?

cub [kʌb] N [c] **1** 幼兽(獸) yòushòu [只 zhī] **2** (also: **cub scout**) 幼童军(軍) yòutóngjūn [名 míng]

cube [kjuːb] N [c] 立方体(體) lìfāngtǐ [个 gè]

cucumber ['kjuːkʌmbəʳ] N [c/u] 黄瓜 huángguā [根 gēn]

cuddle ['kʌdl] I vT, vI 搂(摟)抱 lǒubào II N [c] 拥(擁)抱 yōngbào [个 gè]

cultural ['kʌltʃərəl] ADJ 文化的 wénhuà de

culture ['kʌltʃəʳ] N [c/u] 文化 wénhuà [种 zhǒng]

cunning ['kʌnɪŋ] ADJ 狡猾的 jiǎohuá de

cup [kʌp] N [c] **1** (for drinking) 杯子 bēizi [个 gè] **2** (trophy) 奖(獎)杯(盃) jiǎngbēi [个 gè] ▸ **a cup of tea** 一杯茶 yì bēi chá

cupboard ['kʌbəd] N [c] 柜(櫃)子 guìzi [个 gè]

curb [kəːb] N [c] (US) = **kerb**

cure [kjuəʳ] I vT (Med) 治好 zhìhǎo; [+ patient] 治愈(癒) zhìyù II N [c] (Med) 疗(療)法 liáofǎ [种 zhǒng]

curious ['kjuərɪəs] ADJ 好奇的 hàoqí de ▸ **to be curious about sb/sth** 对(對)某人/某物感到好奇 duì mǒurén/mǒuwù gǎndào hàoqí

curl [kəːl] N [c] 卷(捲)发(髮) juǎnfà [头 tóu] 蜷作一团(團)

curly ['kəːlɪ] ADJ 卷(捲)曲的 juǎnqū de

currant ['kʌrnt] N [c] 无(無)子葡萄干(乾) wúzǐ pútaogān [粒 lì]

currency ['kʌrnsɪ] N [c/u] 货(貨)币(幣) huòbì [种 zhǒng]

current ['kʌrnt] I N [c] **1** (of air, water) 流 liú [股 gǔ] **2** (Elec) 电(電)流 diànliú [股 gǔ] II ADJ [+ situation, tendency, policy] 目前的 mùqián de

current affairs NPL 时(時)事 shíshì ▸ **a current affairs programme** 时(時)事讨(討)论(論)节(節) shíshì tǎolùn jiémù

curriculum [kə'rɪkjuləm] (pl **curriculums** or **curricula** [kə'rɪkjulə]) N [c] **1** 全部课(課)程 quánbù kèchéng **2** (for particular subject) 课(課)程 kèchéng [门 mén]

curriculum vitae [-'viːtaɪ] (esp Brit) N [c] 简(簡)历(歷) jiǎnlì [份 fèn]

curry ['kʌrɪ] N [c/u] (dish) 咖喱 gālí [种 zhǒng]

cursor ['kəːsəʳ] (Comput) N [c] 光标(標) guāngbiāo [个 gè]

curtain ['kəːtn] N [c] (esp Brit) 窗帘(簾) chuānglián [幅 fú] ▸ **to draw the curtains** (together) 拉上窗帘(簾) lāshàng chuānglián; (apart) 拉开(開)窗帘(簾) lākāi chuānglián

cushion ['kuʃən] N [c] 靠垫(墊) kàodiàn [个 gè]

custom ['kʌstəm] I N **1** [c/u] (tradition) 传(傳)统(統) chuántǒng [个 gè] **2** (convention) 惯(慣)例 guànlì [个 gè] II **customs** NPL 海关(關) hǎiguān ▸ **to go through customs** 过(過)海关(關) guò hǎiguān

customer ['kʌstəməʳ] N [c] 顾(顧)客 gùkè [位 wèi]

customs officer N [c] 海关(關)官员(員) hǎiguān guānyuán [位 wèi]

cut [kʌt] (pt, pp **cut**) I vT **1** 切 qiē **2** (injure) ▸ **to cut one's hand/knee** 割破手/膝盖(蓋) gēpò shǒu/

xiūgài 3 [+ grass, hair, nails] 修剪
xiūjiǎn 4 [+ scene, episode,
paragraph] 删(刪)剪 shānjiǎn
5 [+ prices, spending] 削减(減)
xuējiǎn II N 1 [c] (injury) 伤(傷)口
shāngkǒu [个 gè] 2 [c] (reduction)
削减(減) xuējiǎn [次 cì] ▸ to cut
sth in half (将)某物切成两(兩)
半 jiāng mǒuwù qiēchéng liǎng
bàn ▸ to cut o.s. 割破自己 gēpò
zìjǐ ▸ to get or have one's hair cut
剪发(髮) jiǎnfà ▸ a cut and
blow-dry 吹发(髮)吹干(乾) jiǎnfà
chuīgān

▸ cut down VT 1 [+ tree] 砍倒
kǎndǎo 2 (reduce) 减(減)少
jiǎnshǎo

▸ cut down on VT FUS [+ alcohol,
coffee, cigarettes] 减(減)少
jiǎnshǎo

▸ cut off VT 1 [+ part of sth] 切掉
qiēdiào 2 [+ supply] 停止供应(應)
tíngzhǐ gōngyìng

▸ cut up VT 切碎 qiēsuì

cute [kju:t] ADJ 1 (inf) [+ child, dog,
house] 可爱(愛)的 kě'ài de
2 (esp US: inf: attractive) 迷人的
mírén de

cutlery ['kʌtlərɪ] (Brit) N [U] 餐具
cānjù

CV N ABBR (= curriculum vitae)
简(簡)历(歷) jiǎnlì

cybercafé ['saɪbəkæfeɪ] N [c]
网(網)吧 wǎngbā [家 jiā]

cycle ['saɪkl] I N [c] 自行车(車)
zìxíngchē [辆 liàng] II VI 骑(騎)自
行车(車) qí zìxíngchē III CPD
[+ shop, helmet, ride] 自行车(車)
zìxíngchē ▸ to go cycling 骑(騎)
自行车(車) qí zìxíngchē

cycle lane N [c] 自行车(車)道
zìxíngchēdào [条 tiáo]

cycling ['saɪklɪŋ] N [U] 骑(騎)自行
车(車) qí zìxíngchē

cyclist ['saɪklɪst] N [c] 骑(騎)自行
车(車)的人 qí zìxíngchē de rén [个
gè]

cylinder ['sɪlɪndə'] N [c] [of gas] 罐
guàn [个 gè]

cynical ['sɪnɪkl] ADJ 愤(憤)世嫉俗
的 fèn shì jí sú de

Cyprus ['saɪprəs] N 塞浦路斯
Sàipǔlùsī

Czech Republic N ▸ the Czech
Republic 捷克共和国(國) Jiékè
Gònghéguó

d

dancer['dɑːnsəʳ] N [c] 舞蹈演
员(员) wǔdǎo yǎnyuán [位 wèi]
dancing['dɑːnsɪŋ] N [u] 跳舞
tiàowǔ
dandruff['dændrəf] N [u] 头(头)
皮屑 tóupíxiè
danger['deɪndʒəʳ] N 1 [u] (unsafe
situation) 危险(险) wēixiǎn 2 [c]
(hazard, risk) 威胁(胁) wēixié [个
gè] ▶ there is a danger of/that…
有…的危险(险) yǒu…de wēixiǎn
▶ to be in danger of doing sth
有…的危险(险) yǒu…de
wēixiǎn
dangerous['deɪndʒrəs] ADJ 危
险(险)的 wēixiǎn de ▶ it's
dangerous to… …是危险(险)的
…shì wēixiǎn de
Danish['deɪnɪʃ] I ADJ 丹麦(麦)的
Dānmài de II N [u] (language) 丹
麦(麦)语(语) Dānmàiyǔ
dare[deəʳ] I VT ▶ to dare sb to do
sth 激某人做某事 jī mǒurén zuò
mǒushì II VI ▶ to dare (to) do sth
敢做某事 gǎn zuò mǒushì ▶ I
daren't tell him (Brit) 我不敢告
诉(诉)他 wǒ bù gǎn gàosù tā ▶ I
dare say (I suppose) 我相信 wǒ
xiāngxìn ▶ how dare you! 你怎
敢! nǐ zěn gǎn!
daring['deərɪŋ] ADJ 勇敢的
yǒnggǎn de
dark[dɑːk] I ADJ 1 [+ room, night] 黑
暗的 hēi'àn de 2 [+ eyes, hair, skin]
黑色的 hēisè de; [+ person] 头(头)
发(发)和皮肤(肤)深(深)色的 tóufa hé
pífū shēnsè de 3 [+ suit, fabric] 深
色的 shēnsè de II N ▶ the dark 黑
暗 hēi'àn ▶ dark blue/green 深
蓝(蓝)色/绿(绿)色 shēnlán sè/lǜsè
▶ it is/is getting dark 天黑了 tiān
hēile

---

dad[dæd] (inf) N [c] 爸爸 bàba [个
gè]
daffodil['dæfədɪl] N [c] 黄水仙
huángshuǐxiān [支 zhī]
daily['deɪlɪ] I ADJ 每日的 měi rì de
II ADV 每日 měi rì
daisy['deɪzɪ] N [c] 雏(雏)菊 chújú
[朵 duǒ]
dam[dæm] N [c] 水坝(坝) shuǐbà
[个 gè]
damage['dæmɪdʒ] I N [u] 1 损(损)
坏(坏) sǔnhuài 2 (dents, scratches)
损(损)伤(伤) sǔnshāng II VT
毁(毁)坏(坏) huǐhuài
damp[dæmp] ADJ 潮湿(湿)的
cháoshī de
dance[dɑːns] I N 1 [c] (waltz, tango)
舞蹈 wǔdǎo [曲 qǔ] 2 [c] (social
event) 舞会(会) wǔhuì [个 gè] II VI
跳舞 tiàowǔ

darling ['dɑːlɪŋ] N 亲(親)爱(愛)的 qīn'ài de

dart [dɑːt]: **darts** NPL 投镖(鏢) 游(遊)戏(戲) tóubiāo yóuxì

data ['deɪtə] NPL 数(數)据(據) shùjù

database ['deɪtəbeɪs] N [c] 数(數) 据(據)库(庫) shùjùkù [个 gè]

date [deɪt] I N [c] 1 日期 rìqí [个 gè] 2 (meeting with friend) 约(約) 会(會) yuēhuì [个 gè] 3 (fruit) 红(紅)枣(棗) hóngzǎo [颗 kē] II VT [+ letter, cheque] 给(給)…注明日期 gěi…zhùmíng rìqí ▶ what's the date today?, what's today's date? 今天几(幾)号(號)? jīntiān jǐ hào? ▶ date of birth 出生日期 chūshēng rìqí ▶ to be out of date (old-fashioned) 落伍 luòwǔ; (expired) 过(過)期 guòqí ▶ to be up to date (modern) 时(時)新 shíxīn

daughter ['dɔːtə] N [c] 女儿(兒) nǚ'ér [个 gè]

daughter-in-law ['dɔːtərɪnlɔː] (pl **daughters-in-law**) N [c] 媳妇(婦) xífu [个 gè]

dawn [dɔːn] N [c/u] 黎明 límíng [个 gè]

day [deɪ] N 1 [c] 天 tiān 2 [c/u] (daylight hours) 白天 báitiān [个 gè] ▶ during the day 在白天 zài báitiān ▶ the day before/after 前/后(後) qián/hòu ▶ the day after tomorrow 后(後) 天 hòutiān ▶ these days (nowadays) 现(現)在 xiànzài ▶ the following day 第二天 dì'èr tiān ▶ one day/some day/one of these days 有一天 yǒu yī tiān ▶ by day 在白天 zài báitiān ▶ all day (long) 一天到晚 yītiān dàowǎn ▶ to work an 8 hour day

每天工作8小时(時) měi tiān gōngzuò 8 xiǎoshí

daylight ['deɪlaɪt] N [u] 白昼(晝) báizhòu

dead [ded] ADJ 1 死的 sǐ de 2 [+ battery] 不能再用的 bùnéng zài yòng de ▶ over my dead body! (inf) 绝(絕)对(對)不 行! juéduì bù xíng!

deadline ['dedlaɪn] N [c] 截止日期 jiézhǐ rìqí [个 gè] ▶ to meet a deadline 如期完成

deaf [def] ADJ 聋(聾)的 lóng de; (partially) 耳背的 ěrbèi de

deafening ['defnɪŋ] ADJ [+ noise] 震耳欲(慾)聋(聾)的 zhèn ěr yù lóng de

deal [diːl] (pt, pp dealt) N [c] 协(協) 议(議) xiéyì [个 gè] ▶ to do/ make/strike a deal with sb 和某 人做买(買)卖(賣) hé mǒurén zuò mǎimài ▶ it's a deal! (inf) 成 交! chéngjiāo! ▶ a good or great deal (of) 大量(的…) dàliàng(de…) ▶ deal with VT FUS [+ problem] 处(處)理 chǔlǐ

dealer ['diːlə] N [c] 1 商人 shāngrén [个 gè] 2 (in drugs) 毒品 贩(販)子 dúpǐn fànzi [个 gè]

dealt [delt] PT, PP of deal

dear [dɪə] I ADJ 1 亲(親)爱(愛)的 qīn'ài de 2 (esp Brit: expensive) 昂 贵(貴)的 ángguì de II N ▶ (my) dear 亲(親)爱(愛)的 qīn'ài de III INT 1 oh dear/dear dear/dear me! 呵/哎呀! hè/āiyā! ▶ Dear Sir/Madam (in letter) 亲(親)爱(愛) 的先生/女士 qīn'ài de xiānsheng/ nǚshì ▶ Dear Peter/Jane 亲(親) 爱(愛)的彼得/简(簡) qīn'ài de Bǐdé/Jiǎn

death [dɛθ] N [c/u] 死亡 sǐwáng [个 gè] ▶ (a matter of) life and death 生死攸关 (關) (的事情) shēngsǐ yōuguān (de shìqíng) ▶ to scare/bore sb to death 吓 (嚇) 死某人/使某人感到无 (無) 聊之极 (極) xiàsǐ mǒurén/shǐ mǒurén gǎndào wúliáo zhī jí

death penalty N ▶ the death penalty 死刑 sǐxíng

debate [dɪˈbeɪt] N [c/u] 讨 (討) 论 (論) tǎolùn [个 gè]

debt [dɛt] N 1 [c] (sum of money owed) 债 (債) 务 (務) zhàiwù [笔 bǐ] 2 [u] (state of owing money) 欠债 (債) qiànzhài ▶ to be in/get into debt 负 (負) 债 (債) fùzhài

decade [ˈdɛkeɪd] N [c] 十年 shínián [个 gè]

decaffeinated [dɪˈkæfɪneɪtɪd] ADJ 不含咖啡因的 bù hán kāfēiyīn de

deceive [dɪˈsiːv] VT 欺骗 (騙) qīpiàn

December [dɪˈsɛmbəʳ] N [c/u] 十二月 shíʼeryuè; see also/另见 **July**

decent [ˈdiːsənt] ADJ [+ person] 受尊重的 shòu zūnzhòng de

decide [dɪˈsaɪd] I VT [+ question, argument] 解决 (決) jiějué II VI 决 (決) 定 juédìng ▶ to decide to do sth 决 (決) 定做某事 juédìng zuò mǒushì ▶ I can't decide whether… 我无 (無) 法决 (決) 定是否… wǒ wúfǎ juédìng shìfǒu…

decimal [ˈdɛsɪməl] I ADJ [+ system, currency] 十进 (進) 位的 shíjìnwèi de II N [c] 小数 (數) xiǎoshù [个 gè]

decision [dɪˈsɪʒən] N [c] 决 (決) 定 juédìng [个 gè] ▶ to make a decision 作出决 (決) 定 zuòchū juédìng

deck [dɛk] N [c] 甲板 jiǎbǎn [个 gè]

deckchair [ˈdɛkt̠ʃɛəʳ] N [c] 折叠 (疊) 式躺椅 zhédiéshì tǎngyǐ [把 bǎ]

declare [dɪˈklɛəʳ] VT 1 [+ intention, attitude] 宣布 (佈) xuānbù; [+ support] 表明 biǎomíng 2 (at customs) 报 (報) 关 (關) bàoguān ▶ to declare war (on sb) (向某人) 宣战 (戰) (xiàng mǒurén) xuānzhàn

decorate [ˈdɛkəreɪt] VT 1 ▶ to decorate (with) (用…) 装 (裝) 饰 (飾) (yòng…) zhuāngshì 2 (paint etc) 装 (裝) 潢 zhuānghuáng

decoration [dɛkəˈreɪʃən] N [c/u] 装 (裝) 饰 (飾) 品 zhuāngshìpǐn [种 zhǒng]

decrease [n ˈdiːkriːs, vb diːˈkriːs] I N [c] ▶ decrease (in sth) (某物的) 减 (減) 少 (mǒuwù de) jiǎnshǎo II VT, VI 减 (減) 少 jiǎnshǎo

deduct [dɪˈdʌkt] VT ▶ to deduct sth (from sth) (从 (從) 某物中) 减 (減) 去某物 (cóng mǒuwù zhōng) jiǎnqù mǒuwù

deep [diːp] I ADJ 1 深的 shēn de 2 [+ voice, sound] 低沉的 dīchén de 3 [+ sleep] 酣睡的 hānshuì de II ADV 深的 shēn de ▶ it is 1 m deep 它有1米深 tā yǒu yī mǐ shēn ▶ to take a deep breath 深呼吸 shēn hūxī

deeply [ˈdiːplɪ] ADV 1 [breathe, sigh +] 深深地 shēnshēn de 2 [sleep +] 沉沉地 chénchén de

deer [dɪəʳ] (pl deer) N [c] 鹿 lù [头 tóu]

defeat [dɪˈfiːt] I N [c/u] 1 [of army] 战 (戰) 败 (敗) zhànbài [次 cì] 2 [of team] 击 (擊) 败 (敗) jībài [次 cì] II VT 1 [+ enemy, opposition] 战 (戰)

胜(勝) zhànshèng **2** [+ team]
击(擊)败(敗) jībài

defect ['di:fekt] N [c] 缺点(點)
quēdiǎn [个 gè]

defence, (US) **defense** [dɪ'fens] N
1 [U] (protection) 防御 fángyù **2** [U]
(Mil) 国(國)防措施 guófáng
cuòshī ▸ **the Ministry of Defence**,
(US) **the Department of Defense**
国(國)防部 Guófángbù

defend [dɪ'fend] VT 防御 fángyù
▸ **to defend o.s.** 自卫(衛) zìwèi

defender [dɪ'fendə(r)] N [c] (in team)
防守队(隊)员(員) fángshǒu
duìyuán [个 gè]

defense [dɪ'fens] (US) N = **defence**

definite ['defɪnɪt] ADJ **1** [+ plan,
answer, views] 明确(確)的
míngquè de **2** [+ improvement,
possibility, advantage] 肯定的
kěndìng de ▸ **is that definite?** 肯
定(嗎)？ kěndìng ma?

definitely ['defɪnɪtlɪ] ADV 确(確)定
地 quèdìng de

defy [dɪ'faɪ] VT [+ law, ban] 蔑视(視)
mièshì

degree [dɪ'gri:] N [c] ▸ **degree (of
sth)** (level) (某事的)程度 (mǒushì
de) chéngdù [种 zhǒng] **2** (measure
of temperature, angle, latitude) 度
dù **3** (at university) 学(學)位
xuéwèi [个 gè] ▸ **to some
degree/a certain degree** 从(從)
某种(種)/一定程度上来(來)说(說)
cóng mǒu zhǒng/yīdìng chéngdù
shang lái shuō ▸ **to degrees
below (zero)** 零下10度 língxià shí
dù ▸ **a degree in maths** 数(數)
学(學)学(學)位 shùxué xuéwèi

delay [dɪ'leɪ] I VT **1** [+ decision,
ceremony] 推迟(遲) tuīchí
2 [+ person] 耽搁(擱) dānge;

[+ plane, train] 延误(誤) yánwù
II VI 耽搁(擱) dānge III VT N [c/u] 延
误(誤) yánwù [个 gè] ▸ **to be
delayed** [person, flight, departure +]
被耽搁(擱)了 bèi dānge le
▸ **without delay** 立即 lìjí

delete [dɪ'li:t] VT 删(刪)除
shānchú

deliberate [dɪ'lɪbərɪt] ADJ 故意的
gùyì de ▸ **it wasn't deliberate** 那
不是故意的 nà bù shì gùyì de

deliberately [dɪ'lɪbərɪtlɪ] ADV 故
意地 gùyì de

delicate ['delɪkɪt] ADJ **1** (fragile) 易
碎的 yìsuì de **2** [+ problem,
situation, issue] 微妙的 wēimiào
de **3** [+ colour, flavour, smell] 清淡可
口的 qīngdàn kěkǒu de

delicious [dɪ'lɪʃəs] ADJ 美味的
měiwèi de

delight [dɪ'laɪt] N [U] 快乐(樂)
kuàilè

delighted [dɪ'laɪtɪd] ADJ
▸ **delighted (at or with sth)**
(对(對)某事)感到高兴(興) (duì
mǒushì) gǎndào gāoxìng ▸ **to be
delighted to do sth** 乐(樂)意做某
事 lèyì zuò mǒushì

deliver [dɪ'lɪvə(r)] VT **1** [+ letter, parcel]
传(傳)送 chuánsòng **2** [+ baby] 接
生 jiēshēng

delivery [dɪ'lɪvərɪ] N **1** [U] 传(傳)送
chuánsòng **2** [c] (consignment)
递(遞)送的货(貨)物 dìsòng de
huòwù [件 jiàn]

demand [dɪ'mɑ:nd] I VT [+ apology,
explanation, pay rise] 要求 yāoqiú
II N **1** [c] (request) 要求 yāoqiú [个
gè] **2** [U] (for product) 需求量
xūqiúliàng ▸ **to make demands
on sb/sth** 对(對)某人/某事提出要
求 duì mǒurén/mǒushì tíchū

yāoqiú ▸ **to be in demand** 受
欢迎 shòu huānyíng

democracy[dɪ'mɒkrəsɪ] N 1[U]
(system) 民主 mínzhǔ 2[c]
(country) 民主国(国) mínzhǔ guó
[个 gè]

democratic[demə'krætɪk] ADJ 民
主的 mínzhǔ de

demolish[dɪ'mɒlɪʃ] VT 拆毁(毁)
chāihuǐ

demonstrate['demənstreɪt] I VT
[+ skill, appliance] 演示 yǎnshì II VI
▸ **to demonstrate (for/against
sth)** 示威(支持/反对(对)某事)
shìwēi (zhīchí/fǎnduì mǒushì)
▸ **to demonstrate how to do sth**
演示如何做某事 yǎnshì rúhé zuò
mǒushì

demonstration[demən'streɪʃən]
N [c] 1示威 shìwēi [次 cì] 2[of
appliance, cooking] 演示 yǎnshì [个
gè]

demonstrator['demənstreɪtə] N
[c] 示威者 shìwēizhě [个 gè]

denim['denɪm] N [U] 斜纹(纹)粗棉
布 xiéwén cū miánbù

Denmark['denma:k] N 丹麦(麦)
Dānmài

dent[dent] N [c] 凹部 āobù [个 gè]

dental['dentl] ADJ 牙齿(齿)的
yáchǐ de

dentist['dentɪst] N [c] 1(person) 牙
医(医) yáyī [位 wèi] 2 ▸ **the
dentist's)** 牙医(医)诊(诊)所 yáyī
zhěnsuǒ [家 jiā]

deny[dɪ'naɪ] VT 否定 fǒudìng

deodorant[di:'əudərənt] N [c/U]
除臭剂(剂) chúchòujì [种 zhǒng]

depart[dɪ'pa:t] VI ▸ **to depart
(from/for somewhere)** (从(从)某
地)出发(发)/出发(发)(赶(赶)往某
地) (cóng mǒudì) chūfā/chūfā

(gǎnwǎng mǒudì)

department[dɪ'pa:tmənt] N [c]
1(in shop) 部门(门) bùmén [个 gè] 2(in school
or college) 系 xì [个 gè]

department store[c] 百货(货)
商店 bǎihuò shāngdiàn [家 jiā]

departure[dɪ'pa:tʃə'] N [c/U] 出
发(发) chūfā

departure lounge[c] 候机(机)
厅(厅) hòujītīng [个 gè]

depend[dɪ'pend] VI 1 ▸ **to depend
on sth** 依靠某物而定 yī mǒuwù ér
dìng 2 ▸ **you can depend on me/
him** (rely on, trust) 你可以信赖(赖)
我/他 nǐ kěyǐ xìnlài wǒ/tā 3 ▸ **to
depend on sb/sth** (for survival) 依
靠某人/某物为(为)生 yīkào
mǒurén/mǒuwù wéishēng ▸ **it
(all) depends** 要看情况(况)而定
yào kàn qíngkuàng ér dìng

deposit[dɪ'pɒzɪt] N [c] 1 储(储)
蓄 chǔxù [笔 bǐ]; (on house, bottle,
when hiring) 押金 yājīn [份 fèn]
▸ **to put down a deposit of 50
pounds** 支付50英镑(镑)的保
证(证)金 zhīfù wǔshí yīngbàng de
bǎozhèngjīn

depressed[dɪ'prest] ADJ 沮丧(丧)
的 jǔsàng de

depressing[dɪ'presɪŋ] ADJ 令人沮
丧(丧)的 lìng rén jǔsàng de

deprive[dɪ'praɪv] VT ▸ **to deprive
sb of sth** 剥(剥)夺(夺)某人某物
bōduó mǒurén mǒuwù

depth[depθ] N [c/U] 深 shēn ▸ **at/
to/from a depth of 3 metres**
在/到/从(从)3米深处(处) zài/dào/
cóng sān mǐ shēn chù ▸ **to
study/analyse sth in depth** 深入
研究/分析某事 shēnrù yánjiū/
fēnxī mǒushì

descend[dɪ'send] VI (frm) 下来(来)

xiàlái ▸ **to be descended from** 是…的后(後)裔 shì…de hòuyì

describe [dɪs'kraɪb] VT 描述 miáoshù

description [dɪs'krɪpʃən] N [c/u] 描述 miáoshù [种 zhǒng]

desert ['dezət] N 1 [c/u] (Geo) 沙漠 shāmò [片 piàn] **2** [c] (fig: wasteland) 荒地 huāngdì [片 piàn]

deserve [dɪ'zɜːv] VT 应(應)受 yìng shòu ▸ **to deserve to do sth** 应(應)该(該)获(獲)得某事 yīnggāi huòdé mǒuwù

design [dɪ'zaɪn] I N **1** [U] (art, process, layout, shape) 设(設)计(計) shèjì **2** [c] (pattern) 图(圖)案 tú'àn [种 zhǒng] II VT 设(設)计(計) shèjì ▸ **to be designed for sb/to do sth** 专(專)门(門)为(為)某人/做某事设(設)计(計) zhuānmén wèi mǒurén/zuò mǒushì shèjì

designer [dɪ'zaɪnə*] I N [c] 设(設)计(計)者 shèjìzhě [位 wèi] II CPD [+ clothes, label, jeans] 名师(師)设(設)计(計)的 míngshī shèjì de

desk [desk] N [c] **1** (in office) 办(辦)公桌 bàngōngzhuō [张 zhāng] **2** (for pupil) 书(書)桌 shūzhuō [张 zhāng] **3** (in hotel, at airport, hospital) 服务(務)台(臺) fúwùtái [个 gè]

desk clerk (US) N [c] 接待员(員) jiēdàiyuán [位 wèi]

desktop ['desktɒp] N [c] (computer) 桌面 zhuōmiàn [张(張) zhāng]

despair [dɪs'pɛə*] N [U] 绝(絕)望 juéwàng ▸ **in despair** 绝(絕)望地 juéwàng de

desperate ['despərɪt] ADJ **1** [+ person] 绝(絕)望的 juéwàng de **2** [+ attempt, effort] 铤(鋌)而走险(險)的 tǐng ér zǒu xiǎn de **3** [+ situation] 危急的 wēijí de

desperately ['desperɪtlɪ] ADV [struggle, shout +] 拼命地 pīnmìng de

despise [dɪs'paɪz] VT 鄙视(視) bǐshì

despite [dɪs'paɪt] PREP 尽(儘)管 jǐnguǎn

dessert [dɪ'zɜːt] N [c/u] 饭(飯)后(後)甜点(點) fànhòu tiándiǎn [份 fèn]

destination [destɪ'neɪʃən] N [c] 目的地 mùdìdì [个 gè]

destroy [dɪs'trɔɪ] VT 破坏(壞) pòhuài

destruction [dɪs'trʌkʃən] N [U] 破坏(壞) pòhuài

detail ['diːteɪl] I N [c] 细(細)节(節) xìjié [个 gè] II **details** NPL 详(詳)情 xiángqíng ▸ **in detail** 细(細)地 xiángxì de

detailed ['diːteɪld] ADJ 详(詳)细(細)的 xiángxì de

detective [dɪ'tɛktɪv] N [c] 侦(偵)探 zhēntàn [个 gè]

detective story, detective novel N [c] 侦(偵)探小说(說) zhēntàn xiǎoshuō [部 bù]

detergent [dɪ'tɜːdʒənt] N [c/u] 清洁(潔)剂(劑) qīngjiéjì [种 zhǒng]

determined [dɪ'tɜːmɪnd] ADJ 坚(堅)定的 jiāndìng de ▸ **to be determined to do sth** 决(決)心做某事 juéxīn zuò mǒushì

detour ['diːtuə*] N [c] **1** ▸ **to make a detour** 绕(繞)道 ràodào [次 cì] **2** (US: on road) 绕(繞)行道路 ràoxíng dàolù [条 tiáo]

detox ['diːtɒks] I N [U] 脱(脫)瘾治疗(療) tuō yǐn zhìliáo II VB 脱(脫)瘾(癮) tuō yǐn

develop [dɪ'vɛləp] I VT **1** [+ business, idea, relationship] 发(發)展 fāzhǎn;

[+ *land, resource*] 开(開)发(發) kāifā **2** [+ *product, weapon*] 开(開)发(發) kāifā **3** (Phot) 冲(沖)洗 chōngxǐ **II** vi [*person* +] 成长(長) chéngzhǎng; [*country, situation, friendship, skill* +] 发(發)展 fāzhǎn

development [dɪ'veləpmənt] N **1** [U] (*growth*) 成长(長) chéngzhǎng; (*political, economic*) 发(發)展 fāzhǎn **2** [c] (*event*) 新形势(勢) xīn xíngshì [种 zhǒng]

devil ['devl] N ▶ **the Devil** 撒旦 Sādàn [个 gè]

devoted [dɪ'vəutɪd] ADJ **1** [+ *husband, daughter*] 忠诚(誠)的 zhōngchéng de **2** ▶ **devoted to sth** (*specialising in*) 致力于(於)某事 的 zhìlì yú mǒushì de

diabetes [daɪə'bi:ti:z] N [U] 糖尿病 tángniàobìng

diabetic [daɪə'betɪk] N [c] 糖尿病 患者 tángniàobìng huànzhě

diagonal [daɪ'ægənl] ADJ 斜的 xié de

diagram ['daɪəgræm] N [c] 图(圖) 解 tújiě [个 gè]

dial ['daɪəl] **I** N [c] (*on clock or meter*) 标(標)度盘(盤) biāodùpán [个 gè] **II** vT [+ *number*] 拨(撥)号(號) bōhào **III** vi 拨(撥)号(號) bōhào

dialling code ['daɪəlɪŋ-] (Brit) N [c] 电(電)话(話)区(區)号(號) diànhuà qūhào [个 gè]

dialogue, (US) **dialog** ['daɪəlɒg] N [c/u] (*conversation*) 对(對)话(話) duìhuà [次 cì]

diamond ['daɪəmənd] N [c] 钻(鑽) 石 zuànshí [颗 kē]

diaper ['daɪəpə'] (US) N [c] 尿布 niàobù [块 kuài]

diarrhoea, (US) **diarrhea** [daɪə'rɪə] N [U] 腹泻(瀉) fùxiè ▶ **to have diarrhoea** 腹泻(瀉) fùxiè

diary ['daɪərɪ] N [c] **1** 日记(記)簿 rìjìbù [个 gè] **2** (*daily account*) 日 记(記) rìjì [篇 piān]

dice [daɪs] (*pl* **dice**) N [c] 骰子 tóuzi [个 gè]

dictation [dɪk'teɪʃən] N [c/u] (*at school, college*) 听(聽)写(寫) tīngxiě [次 cì]

dictionary ['dɪkʃənrɪ] N [c] 词(詞) 典 cídiǎn [本 běn]

did [dɪd] PT *of* **do**

die [daɪ] vi 死亡 ▶ **to die of** *or* **from sth** 死于(於)某事 sǐ yú mǒushì ▶ **to be dying** 奄奄一息 yǎnyǎn yī xī ▶ **to be dying for sth/to do sth** 渴望某事/做某事 kěwàng mǒushì/zuò mǒushì ▶ **die out 1** [*custom, way of life* +] 灭(滅)亡 mièwáng **2** [*species* +] 灭(滅)绝(絕) mièjué

diesel ['di:zl] N **1** [U] (*also:* **diesel oil**) 柴油 cháiyóu **2** [c] (*vehicle*) 柴油 机(機驅)驱(動)动的车(車)辆(輛) cháiyóujī qūdòng de chēliàng [辆 liàng]

diet ['daɪət] **I** N [c/u] (*food*) 饮(飲)食 yǐnshí **2** [c] (*slimming*) 减(減)肥饮(飲)食 jiǎnféi yǐnshí [份 fèn] **II** vi 节(節)食 jiéshí ▶ **to be on a diet** 实(實)行减(減)肥节(節) 食 shíxíng jiǎnféi jiéshí

difference ['dɪfrəns] N [c] 差异(異) chāyì [种 zhǒng] ▶ **the difference in size/colour** 尺寸/颜(顏)色上的 差异(異)/yánsè shang de chāyì ▶ **to make a/no difference (to sb/sth)** 对(對)某人/某事 有/无(無)影响(響) (duì mǒurén/ mǒushì) yǒu/wú yǐngxiǎng

different ['dɪfrənt] ADJ 不同的 bù tóng de

difficult ['dɪfɪkəlt] ADJ **1** 困难(難)

的 kùnnan de **2** [+ person, child] 执(执)拗的 zhíniù de ▸ **it is difficult for us to understand her** 我们(们)很难(难)理解她 wǒmen hěn nán lǐjiě tā

difficulty ['dɪfɪkəltɪ] N [c] 困难(难) kùnnan [个 gè] ▸ **to have difficulty/difficulties** 有困难(难) yǒu kùnnan

dig [dɪg] (pt, pp dug) I VT **1** [+ hole] 挖 wā **2** [+ garden] 掘土 juétǔ II VI (with spade) 挖掘 wājué ▸ **dig up** VT [+ plant, body] 挖出 wāchū

digital ['dɪdʒɪtl] ADJ **1** [+ clock, watch] 数(数)字的 shùzì de **2** [+ recording, technology] 数(数)码(码)的 shùmǎ de

digital camera N [c] 数(数)码(码)相机(机) shùmǎ xiàngjī [台 tái]

digital radio N [u] 数(数)码(码)收音机(机) shùmǎ shōuyīnjī [台 tái]

digital television N [u] 数(数)字电视(视) shùzì diànshì

dim [dɪm] ADJ **1** 暗淡的 àndàn de **2** (inf: stupid) 迟(迟)钝(钝)的 chídùn de

dime [daɪm] (US) N [c] 一角银(银)币(币) yī jiǎo yínbì [枚 méi]

dimension [daɪ'mɛnʃən] I N [c] **1** (aspect) 方面(面) fāngmiàn [个 gè] II **dimensions** NPL (measurements) 面积(积) miànjī

diner ['daɪnə] N [c] (US: restaurant) 廉价(价)餐馆(馆) liánjià cānguǎn [家 jiā]

dinghy ['dɪŋgɪ] N [c] (also: **rubber dinghy**) 橡皮筏 xiàngpífá [个 gè]

dining room N [c] **1** (in house) 饭(饭)厅(厅) fàntīng [个 gè] **2** (in hotel) 餐厅(厅) cāntīng [个 gè]

dinner ['dɪnə] N [c/u] 晚餐 wǎncān [顿 dùn] **2** [c] (formal meal) 正餐 zhèngcān [顿 dùn]

dinner party N [c] 宴会(会) yànhuì [个 gè]

dinner time N [c/u] 晚饭(饭)时(时)间(间) wǎnfàn shíjiān [段 duàn]

dinosaur ['daɪnəsɔ:'] N [c] 恐龙(龙) kǒnglóng [只 zhī]

dip [dɪp] VT 蘸 zhàn

diploma [dɪ'pləʊmə] N [c] 毕(毕)业(业)文凭(凭) bìyè wénpíng [张 zhāng]

direct [daɪ'rɛkt] I ADJ 直达(达)的 zhídá de II VT **1** (show) 给(给)...指路 gěi...zhǐlù **2** (manage) 管理 guǎnlǐ **3** [+ play, film, programme] 导(导)演 dǎoyǎn III ADV (go, write, fly +) 直接地 zhíjiē de

direction [daɪ'rɛkʃən] I N [c] 方向 fāngxiàng [个 gè] II **directions** NPL **1** (to get somewhere) 指路说(说)明 zhǐlù shuōmíng **2** (for doing something) 用法说(说)明 yòngfǎ shuōmíng ▸ **in the direction of** 朝 cháo

director [dɪ'rɛktə'] N [c] **1** [of company] 经(经)理 jīnglǐ [位 wèi] **2** [of organization, public authority] 主任 zhǔrèn [位 wèi] **3** [of play, film] 导(导)演 dǎoyǎn [位 wèi]

directory [dɪ'rɛktərɪ] N [c] **1** 电(电)话(话)号(号)码(码)簿 diànhuà hàomǎbù [个 gè] **2** (on computer) 文件名录(录) wénjiàn mínglù [个 gè]

dirt [dɜ:t] N [u] 污物 wūwù

dirty ['dɜ:tɪ] ADJ 脏(脏)的 zāng de

disabled [dɪs'eɪbld] ADJ **1** 伤(伤)残(残)的 shāngcán de **2** (mentally) 残(残)疾的 cánjí de

disadvantage [dɪsəd'vɑ:ntɪdʒ] N

[c/u] (drawback) 不利 bùlì [种 zhǒng]

disagree[dɪsə'griː] vɪ ▸ **to disagree (with sb)** 不同意 (某人的观(觀)点(點)) bù tóngyì (mǒurén de guāndiǎn) ▸ **to disagree (with sth)** (对(對)某事表示)不同意 (duì mǒushì biǎoshì) bù tóngyì

disagreement[dɪsə'griːmənt] N [c] (argument) 争(爭)执(執) zhēngzhí [个 gè]

disappear[dɪsə'pɪəʳ] vɪ 1 (from view) 消失 xiāoshī 2 (go missing) 失踪(蹤) shīzōng 3 (cease to exist) 消失 xiāoshī

disappearance[dɪsə'pɪərəns] N [c/u] (of person) 失踪(蹤) shīzōng [次 cì]

disappoint[dɪsə'pɔɪnt] vᴛ [+ person] 使失望 shǐ shīwàng

disappointed[dɪsə'pɔɪntɪd] ADJ 失望的 shīwàng de

disappointment[dɪsə'pɔɪntmənt] N 1 [u] (emotion) 失望 shīwàng 2 [c] (person/thing) 令人失望的人/事 lìng rén shīwàng de rén/shì [个 gè]指事]

disapprove[dɪsə'pruːv] vɪ ▸ **to disapprove (of sb/sth)** 不同意 (某人/某事) bù tóngyì (mǒurén/mǒushì)

disaster[dɪ'zɑːstəʳ] N 1 (earthquake, flood) 灾(災)难(難) zāinàn [次 cì] 2 (accident, crash etc) 灾(災)祸(禍) zāihuò [场 chǎng] 3 (fiasco) 惨(慘)败(敗) cǎnbài [次 cì] 4 (serious situation) 灾(災)难(難) zāinàn [个 gè]

disastrous[dɪ'zɑːstrəs] ADJ 1 (catastrophic) 灾(災)难(難)性的 zāinànxìng de 2 (unsuccessful) 惨(慘)败(敗)的 cǎnbài de

disc[dɪsk] N 1 (圆(圓)盘(盤) yuánpán [个 gè] 2 (Comput) = disk

discipline['dɪsɪplɪn] N [u] (control) 纪(紀)律 jìlǜ

disc jockey N [c] 简称为DJ, 意为广播电台或迪斯科舞厅流行音乐唱片播放及介绍者

disco['dɪskəu] N (event) 迪斯科 dísīkē

disconnect[dɪskə'nɛkt] vᴛ 1 [+ pipe, tap, hose] 拆开(開) chāikāi 2 [+ computer, cooker, TV] 断(斷)开(開) duànkāi

discount ['dɪskaunt] N [c/u] 折扣 zhékòu [个 gè]

discourage[dɪs'kʌrɪdʒ] vᴛ 使泄(洩)气(氣) shǐ xièqì

discover[dɪs'kʌvəʳ] vᴛ 发(發)现(現) fāxiàn

discovery[dɪs'kʌvərɪ] N 1 [c/u] (of treasure, cure) 发(發)现(現) fāxiàn 2 [c] (thing found) 被发(發)现(現)的事物 bèi fāxiàn de shìwù [个 gè]

discrimination[dɪskrɪmɪ'neɪʃən] N [u] 歧视(視) qíshì ▸ **racial/sexual discrimination** 种(種)族/性别(別)歧视(視) zhǒngzú/xìngbié qíshì

discuss[dɪs'kʌs] vᴛ 讨(討)论(論) tǎolùn

discussion[dɪs'kʌʃən] N [c/u] 讨(討)论(論) tǎolùn [次 cì]

disease[dɪ'ziːz] N [c/u] (illness) 病 bìng [场 chǎng]

disgraceful[dɪs'greɪsful] ADJ 可耻(恥)的 kěchǐ de

disguise[dɪs'gaɪz] I N [c] (costume) 伪(偽)装(裝)品 wěizhuāngpǐn [件 jiàn] II vᴛ ▸ **(to be) disguised (as sth/sb)** [+ person] 假扮成 (某物/某人) jiǎbàn chéng (mǒuwù/mǒurén) ▸ **in disguise** 乔(喬)装(裝)着(著) qiáozhuāngzhe qiáozhuāng zhe

disgusted [dɪsˈɡʌstɪd] ADJ 感到厌烦(煩)恶(惡)的 gǎndào yànwù de

disgusting [dɪsˈɡʌstɪŋ] ADJ 1 (+ food, habit) 令人作呕(嘔)的 lìng rén zuòǒu de 2 (+ behaviour, situation) 讨(討)厌(厭)的 tǎoyàn de

dish [dɪʃ] I N [c] 1 盘(盤)盘 pán [个 gè]; (for eating) 碟 dié [个 gè] 2 (recipe, food) 一道菜 yí dào cài [道 dào] 3 (also: satellite dish) 盘(盤)形物 pánxíngwù [个 gè] II **dishes** NPL 碗碟 wǎndié ▸ to do or wash the dishes 刷洗碗碟 shuāxǐ wǎndié

dishonest [dɪsˈɒnɪst] ADJ 1 不诚(誠)实(實)的 bù chéngshí de 2 (+ behaviour) 不正直的 bù zhèngzhí de

dishwasher [ˈdɪʃwɒʃəʳ] N [c] 洗碗机(機) xǐwǎnjī [台 tái]

dishwashing liquid [ˈdɪʃwɒʃɪŋ-] (US) N [c/u] 洗洁(潔)剂(劑) xǐjiéjì [种 zhǒng]

disinfectant [dɪsɪnˈfɛktənt] N [c/u] 消毒剂(劑) xiāodújì [种 zhǒng]

disk [dɪsk] N [c] (Comput: hard) 硬盘(盤) yìngpán [个 gè]; (floppy) 软(軟)盘(盤) ruǎnpán [张 zhāng]

dislike [dɪsˈlaɪk] VT 不喜欢(歡) bù xǐhuan ▸ one's likes and dislikes 某人的爱(愛)好和厌(厭)恶(惡) mǒurén de àihào hé yànwù

dismiss [dɪsˈmɪs] VT 解雇(僱) jiěgù

disobedient [dɪsəˈbiːdɪənt] ADJ 不服从(從)的 bù fúcóng de

disobey [dɪsəˈbeɪ] VT 1 不顺(順)从(從) bù shùncóng 2 (+ order) 不服从(從) bù fúcóng de

display [dɪsˈpleɪ] I N 1 [c] (in shop, at exhibition) 陈(陳)列 chénliè [种

zhǒng] 2 [c] (information on screen) 显(顯)示 xiǎnshì [个 gè] 3 [c] (screen) 显(顯)示屏 xiǎnshìpíng [个 gè] II VT 1 (+ exhibits) 陈(陳)列 chénliè 2 (+ results, information) 显(顯)示 xiǎnshì

disposable [dɪsˈpəʊzəbl] ADJ 一次性的 yícìxìng de

dispute [dɪsˈpjuːt] (industrial) N [c] 争(爭)执(執) zhēngzhí

disqualify [dɪsˈkwɒlɪfaɪ] VT 取消…的资(資)格 qǔxiāo…de zīgé

disrupt [dɪsˈrʌpt] VT 1 (+ conversation, meeting) 扰(擾)乱(亂) rǎoluàn 2 (+ plan, process) 妨碍(礙) fáng'ài

dissolve [dɪˈzɒlv] VT (in liquid) 溶解 róngjiě

distance [ˈdɪstns] N [c/u] 距离(離) jùlí [个 gè] ▸ within walking distance 步行可到 bùxíng kě dào

distinct [dɪsˈtɪŋkt] ADJ (+ advantage, change) 明确(確)的 míngquè de

distinguish [dɪsˈtɪŋgwɪʃ] VT ▸ to distinguish one thing from another 将(將)一事物与(與)另一事物区(區)别(別)开(開)来(來) jiāng yí shìwù yǔ lìng yí shìwù qūbié kāilái

distract [dɪsˈtrækt] VT (+ person) 使分心 shǐ fēnxīn ▸ to distract sb's attention 分散某人的注意力 fēnsàn mǒurén de zhùyìlì

distribute [dɪsˈtrɪbjuːt] VT 1 (hand out) 分发(發) fēnfā 2 (share out) 分配 fēnpèi

district [ˈdɪstrɪkt] N [c] 地区(區) dìqū [个 gè]

disturb [dɪsˈtɜːb] VT (interrupt) 打扰(擾) dǎrǎo

disturbing [dɪsˈtɜːbɪŋ] ADJ 令人不

安的 lìng rén bù'ān de

ditch [dɪtʃ] N [c] 沟(溝) gōu [条 tiáo]

dive [daɪv] VI (into water) 跳水 tiàoshuǐ; (under water) 潜(潛)水 qiánshuǐ

diver ['daɪvə] N [c] 潜(潛)水员(員) qiánshuǐyuán [位 wèi]

diversion [daɪ'vɜːʃən] N [c] (Brit) 临(臨)时(時)改道 línshí gǎidào [次 cì]

divide [dɪ'vaɪd] I VT 1 ▶ **to divide (up)** 划(劃)分 huàfēn 2 (in maths) 除 chú 3 ▶ **to divide sth between/among sb/sth** (share) 在两(兩) 个(個)/3个(個)或以上的人/物之 间(間)分配某物 zài liǎng gè/sān gè yǐshàng de rén/wù zhījiān fēnpèi mǒuwù II VI (into groups) 分开(開) fēnkāi ▶ **to divide sth in half** 将(將)某物一分为(為)二 jiāng mǒuwù yī fēn wéi èr ▶ **40 divided by 5** 40除以5 sìshí chú yǐ wǔ

diving ['daɪvɪŋ] N [U] 1 (underwater) 潜(潛)水 qiánshuǐ 2 (from board) 跳水 tiàoshuǐ

division [dɪ'vɪʒən] N 1 [U] (Math) 除法 chúfǎ 2 [U] (sharing out) [of labour, resources] 分配 fēnpèi

divorce [dɪ'vɔːs] I N [c/U] 离(離)婚 líhūn [次 cì] II VT 1 [+spouse] 与(與)……离(離)婚 yǔ……líhūn III VI 离(離)婚 líhūn

divorced [dɪ'vɔːst] ADJ 离(離) 异(異)的 líyì de ▶ **to get divorced** 离(離)婚 líhūn

DIY (Brit) N ABBR (= **do-it-yourself**) 自己动(動)手的活计(計) zìjǐ dòngshǒu de huójì ▶ **to do DIY** 自己动(動)手做 zìjǐ dòngshǒu zuò

⊙ **DIY**

英国人对 DIY 很上瘾,有时幽默地称其为一种全民性消遣。DIY 意为 do-it-yourself,是指自己动手制作和修理东西,尤其是在家里。房主不雇佣专业的建筑人,木匠或油漆匠,这样不仅省钱,还能从自己动手改进家里的设备、环境中得到莫大的满足感。专门的 DIY 商店销售工具、油漆和其他能满足 DIY 爱好者嗜好的用品。

dizzy ['dɪzɪ] ADJ ▶ **to feel dizzy** 感到头(頭)晕(暈) gǎndào tóuyūn

DJ N ABBR (= **disc jockey**) 简称为 DJ,意为广播电台或迪斯科舞厅流行音乐唱片播放及介绍人

🅚 KEYWORD

do [duː] (pt **did**, pp **done**) I VT 1 做 zuò ▶ **what are you doing?** 你在做什么(麼)呢? nǐ zài zuò shénme ne? ▶ **are you doing anything tomorrow evening?** 你明晚有什么(麼)打算? nǐ míngwǎn yǒu shénme dǎsuàn? ▶ **what did you do with the money?** (how did you spend it?) 你怎么(麼)用这(這) 笔(筆)钱(錢)的? nǐ zěnme yòng zhè bǐ qián de? ▶ **what are you going to do about this?** 你打算对(對)此怎么(麼)办(辦)? nǐ dǎsuàn duì cǐ zěnmebàn? 2 (for a living) ▶ **what do you do?** 你做什么(麼)工作? nǐ zuò shénme gōngzuò? 3 (with noun) ▶ **to do the cooking** 做饭(飯) zuòfàn 4 (referring to speed, distance) ▶ **the**

car was doing 100 汽车(車)以100
英里(裡)的时(時)速行进(進) qìchē
yǐ yìbǎi yīnglǐ de shísù xíngjìn
▸ we've done 200 km already 我
们(們)的时(時)速已达(達)到了200
公里(裡) wǒmen de shísù yǐ
dádàole èrbǎi gōnglǐ
5(cause) ▸ the explosion did a lot
of damage 爆炸造成了很大损(損)
失 bàozhà zàochéngle hěn dà
sǔnshī ▸ a holiday will do you
good 休次假条(會)对(對)你有好
处(處) xiū cì jià huì duì nǐ yǒu
hǎochù
II VT 1(act, behave) 做 zuò ▸ do as I
tell you 按我告诉(訴)你的做 àn
wǒ gàosù nǐ de zuò
2(get on) 进(進)展 jìnzhǎn ▸ he's
doing well/badly at school 他的
学(學)习(習)成绩(績)很好/很差 tā
de xuéxí chéngjì hěn hǎo/hěn
chà ▸ "how do you do?" — "how
do you do?" "你好""你好" "nǐ
hǎo" "nǐ hǎo"
3(suit) 行 xíng ▸ will it do? 行
吗(嗎)? xíng ma?
4(be sufficient) 足够(夠) zúgòu
▸ will £15 do? 15镑(鎊)够(夠)
吗(嗎)? shíwǔ bàng gòu ma?
III AUX VB 1(in negative
constructions) ▸ I don't
understand 我不懂 wǒ bù dǒng
▸ she doesn't want it 她不想要
这(這)个(個) tā bù xiǎng yào
zhège ▸ don't be silly! 别(別)傻
了! bié shǎ le!
2(to form questions) ▸ do you like
jazz? 你喜欢(歡)爵士乐(樂)
吗(嗎)? nǐ xǐhuan juéshìyuè ma?
▸ what do you think? 你怎么(麼)
想? nǐ zěnme xiǎng? ▸ why
didn't you come? 你为(為)什

么(麼)没(沒)来(來)? nǐ wèi
shénme méi lái?
3(for emphasis, in polite expressions)
▸ do sit down/help yourself
赶(趕)快坐啊/千万(萬)别(別)客
气(氣) gǎnkuài zuò a/qiānwàn
bié kèqi
4(used to avoid repeating vb) 用于
避免动词的替代 ▸ they say they
don't care, but they do 他们(們)
说(說)不在乎, 但实(實)际(際)是在
乎的 tāmen shuō bù zàihu, dàn
shíjì shì zàihu de ▸ (and) so do I
我也是 wǒ yě shì ▸ and neither
did we 我们(們)也不 wǒmen yě
bù ▸ "who made this mess?" — "I
did" "是谁(誰)弄得乱(亂)七八糟
的?" "是我" "shì shuí nòng de
luànqībāzāo de" "shì wǒ"
5(in question tags) ▸ I don't know
him, do I? 我不认(認)识(識)他, 是
吧? wǒ bù rènshi tā, shì ma?
▸ she lives in London, doesn't
she? 她住在伦(倫)敦, 不是吗(嗎)?
tā zhù zài Lúndūn, bù shì ma?
▸ do up VT FUS 1[+ laces] 系(繫)
紧(緊) jìjǐn; [+ dress, coat, buttons]
扣上 kòushàng
2(esp Brit) [+ room, house] 装(裝)修
zhuāngxiū
▸ do with VT FUS 1(need) ▸ I could
do with a drink/some help 我想
喝一杯/需要帮(幫)助 wǒ xiǎng hē
yì bēi/xūyào bāngzhù
2(be connected) ▸ to have to do
with (与(與)…有关(關)
yǔ...yǒuguān ▸ what has it got
to do with you? 这(這)跟你有什
么(麼)关(關)系(係)? zhè gēn nǐ
yǒu shénme guānxì
▸ do without VT FUS 没(沒)有…
也行 méiyǒu...yě xíng

dock[dɒk] N [c] (Naut) 船坞(塢) chuánwù [个 gè]

doctor['dɒktə] N [c] **1** 医(醫)生 yīshēng [位 wèi] **2** ▶ **the doctor's** 诊(診)所 zhěnsuǒ [家 jiā]

document['dɒkjumənt] N [c] **1** 文件 wénjiàn [份 fèn] **2**(Comput) 文档(檔) wéndàng [个 gè]

documentary[dɒkju'mentərɪ] N [c] 纪(紀)录(錄)片 jìlùpiàn [部 bù]

does[dʌz] VB see **do**

doesn't['dʌznt] = **does not**

dog[dɒg] N [c] **1** 狗 gǒu [只 zhī] **2**(male) 雄兽(獸) xióngshòu [头 tóu]

do-it-yourself[du:ɪtjɔːˈself] I N [u] 自己动(動)手的活计(計) zìjǐ dòngshǒu de huójì II ADJ [+ store] 出售供购(購)买(買)者自行装(裝)配 物品的 chūshòu gòng gòumǎizhě zìxíng zhuāngpèi wùpǐn de

dole[dəul] (inf) N [u] ▶ **(the) dole** (payment) 失业(業)救济(濟)金 shīyè jiùjìjīn ▶ **to be) on the dole** (Brit) 靠失业(業)救济(濟)金生活 kào shīyè jiùjìjīn shēnghuó

doll[dɒl] N [c] 娃娃 wáwa [个 gè]

dollar['dɒlə] N [c] 元 yuán

dolphin['dɒlfɪn] N [c] 海豚 hǎitún [只 zhī]

dominoes['dɒmɪnəuz] N [u] 多米诺(諾)骨牌游(遊)戏(戲) duōmǐnuò gǔpái yóuxì

donate[də'neɪt] VT **1** ▶ **to donate (to sb)** [+ money, clothes] 捐赠(贈) (给(給)某人) juānzèng (gěi mǒurén) **2**[+ blood, organs] 捐献(獻) juānxiàn

done[dʌn] PP of **do**

donkey['dɒŋkɪ] N [c] 驴(驢)lǘ [头 tóu]

don't[dəunt] = **do not**

donut['dəunʌt] (US) N = **doughnut**

door[dɔː] N [c] 门(門) mén [扇 shàn] ▶ **to answer the door** 应(應)门(門) yìngmén

doorbell['dɔːbel] N [c] 门(門)铃(鈴) ménlíng [个 gè]

dormitory['dɔːmɪtrɪ] N [c] **1**(room) 宿舍 sùshè [间 jiān] **2**(US: building) 宿舍楼(樓) sùshèlóu [座 zuò]

dose[dəus] N [c] 一剂(劑) yī jì

dot[dɒt] N [c] 圆(圓)点(點) yuándiǎn [个 gè] ▶ **on the dot** (punctually) 准(準)时(時)地 zhǔnshí de

dot-com[dɒt'kɒm] N [c] 网(網)络(絡)公司 wǎngluò gōngsī [家 jiā]

double['dʌbl] I ADJ 双(雙)份的 shuāngfèn de II VI [population, size] 变(變)成两(兩)倍 biànchéng liǎng bèi ▶ **it's spelt with a double "M"** 它的拼写(寫)中有两(兩)个(個) "M" tā de pīnxiě zhōng yǒu liǎng gè "M" ▶ **double the size/number (of sth)** (是某物) 大小/数(數)量的两(兩)倍 (shì mǒuwù) dàxiǎo/shùliàng de liǎng bèi

double bassN [c/u] 低音提琴 dīyīn tíqín [把 bǎ]

double-click['dʌbl'klɪk] VI 双(雙)击(擊) shuāngjī

double-decker['dʌbl'dekə] (esp Brit) N [c] (bus) 双(雙)层(層)公共汽车(車) shuāngcéng gōnggòng qìchē [辆 liàng]

double glazing[-'gleɪzɪŋ] (Brit) N [u] 双(雙)层(層)玻璃 shuāngcéng bōli

double roomN [c] 双(雙)人房 shuāngrénfáng

doubt[daut] I N [c/u] (uncertainty)

怀(懷)疑 huáiyí [种 zhǒng] II VT
[+ person's word] 不信 bù xìn ▸ to
doubt if or whether... 拿不准(準)
是否... ná bù zhǔn shìfǒu... ▸ I
doubt it (very much) 我(很)
怀(懷)疑 wǒ (hěn) huáiyí

doubtful ['dautful] ADJ
1 (questionable) ▸ it is doubtful
that/whether... 不能确(確)定…/
是否… bùnéng quèdìng…/
shìfǒu... **2** (unconvinced) ▸ to be
doubtful that/whether... 怀(懷)
疑…/是否… huáiyí…/shìfǒu...
▸ to be doubtful about sth 对(對)
某事有怀(懷)疑 duì mǒushì yǒu
huáiyí

doughnut, (US) **donut** ['dəunʌt]
N [c] 炸面(麵)饼(餅)圈 zhá
miànbǐngquān [个 gè]

down [daun] I ADV **1** (downwards)
向下 xiàngxià **2** (in a lower place)
在下面 zài xiàmiàn II PREP
1 (towards lower level) 沿着(著)…往
下 yánzhe…wǎng xià **2** (at lower
part of) 在下面 zài xiàmiàn
3 (along) 沿着(著) yánzhe ▸ she
looked down 她向下看 tā xiàng
xià kàn ▸ he walked down the
road 他沿街走去 tā yán jiē zǒuqù
▸ down there 在那儿(兒) zài nàr
▸ England are two goals down
(behind) 英格兰(蘭)落后(後)两(兩)
球 Yīnggélán luòhòu liǎng qiú

download ['daunləud] VT 下
载(載) xiàzài

downstairs ['daun'steəz] ADV **1** (on
or to floor below) 楼(樓)下 lóuxià
2 (on or to ground level) 在一层(層)
zài yī céng

downtown ['daun'taun] (US) I ADV
1 [be, work +] 在市中心 zài shì
zhōngxīn **2** [go +] 去市中心 qù shì

zhōngxīn II ADJ ▸ downtown
Chicago 芝加哥的市中心 Zhījiāgē
de shì zhōngxīn

dozen ['dʌzn] N [c] 一打 yī dá
▸ two dozen eggs 两(兩)打鸡(雞)
蛋 liǎng dá jīdàn ▸ dozens of
许(許)多 xǔduō

draft [drɑ:ft] N [c] (first version) 草
稿 cǎogǎo **2** [c] (bank draft) 汇(匯)
票 huìpiào [张 zhāng]; see also/另
见 draught

drag [dræg] VT (pull) ▸ large object,
body] 拖 tuō

dragon ['drægn] N [c] 龙(龍) lóng
[条 tiáo]

drain [dreɪn] I N [c] (in street) 排水
沟(溝) páishuǐgōu [条 tiáo] II VT
[+ vegetables] 使…流干(乾)
shǐ…liúgān III VI [liquid +] 流入
liúrù

drama ['drɑ:mə] N **1** [u] (theatre)
戏(戲)剧(劇) xìjù **2** [c] (play) 一
出(齣)戏(戲)剧(劇) yī chū xìjù [幕
mù] **3** [c/u] (excitement) 戏(戲)
剧(劇)性 xìjùxìng [种 zhǒng]

dramatic [drə'mætɪk] ADJ
1 (marked, sudden) 戏(戲)剧(劇)性
的 xìjùxìng de **2** (exciting,
impressive) 激动(動)人心的 jīdòng
rénxīn de **3** (theatrical) 戏(戲)
剧(劇)的 xìjù de

drank [dræŋk] PT of **drink**

drapes [dreɪps] (US) NPL 窗帘(簾)
chuānglián

draught, (US) **draft** [drɑ:ft] N [c]
气(氣)流 qìliú [股 gǔ]

draughts [drɑ:fts] (Brit) N [u] 西洋
跳棋 xīyáng tiàoqí

draw [drɔ:] (pt drew, pp drawn) I VT
1 (with pen, pencil) 画(畫) huà **2** [+ curtains, blinds]
(close) 拉上 lāshàng; (open) 拉
开(開) lākāi II VI **1** (with pen, pencil

etc) 画(畫)画(畫) huàhuà **2 ▸ to draw (with/against sb)** (*esp Brit: Sport*) (与(與)某人)打成平局 (yǔ mǒurén) dǎchéng píngjú **III IV 1** (*esp Brit: Sport*) 平局 píngjú [个 gè] **2** (*lottery*) 抽奖(獎) chōujiǎng [次 cì]

▸ draw up VT [+ *document, plan*] 草拟(擬) cǎonǐ

drawback ['drɔːbæk] N [c] 欠缺 qiànquē [个 gè]

drawer [drɔːʳ] N [c] 抽屉(屜) chōutì [个 gè]

drawing ['drɔːɪŋ] N 1 [c] (*picture*) 素描 sùmiáo [幅 fú] **2** [u] (*skill, discipline*) 绘(繪)画(畫) huìhuà

drawing pin (*Brit*) N [c] 图(圖)钉(釘) túdīng [枚 méi]

drawn [drɔːn] PP *of* **draw**

dread [drɛd] VT (*fear*) 惧(懼)怕 jùpà

dreadful ['drɛdful] ADJ 糟透的 zāotòu de

dream [driːm] N 1 [c] (*in sleep*) 梦(夢)梦(夢) mèng chǎng **2** (*ambition*) 梦(夢)想 mèngxiǎng [个 gè] II VI ▸ to dream about (*when asleep*) 梦(夢)到 mèngdào

dreamt [drɛmt] PT, PP *of* **dream**

drench [drɛntʃ] VT (*soak*) 使湿(濕) 透 shǐ shītòu

dress [drɛs] N 1 [c] 连(連)衣裙 liányīqún [条 tiáo] II VT 1 [+ *child*] 给(給)…穿衣 gěi…chuānyī **2** [+ *salad*] 拌 bàn III VI 穿衣 chuānyī ▸ to dress o.s., get dressed 穿好衣服 chuānhǎo yīfu

▸ dress up VI 1 (*wear best clothes*) 穿上盛装(裝) chuānshang shèngzhuāng **2 ▸ to dress up as** 化装(裝)成 huàzhuāng chéng

dresser ['drɛsəʳ] N [c] 1 (*Brit:*

cupboard) 碗橱(櫥) wǎnchú [个 gè] **2** (*US: chest of drawers*) 梳妆(妝)台(臺) shūzhuāngtái [个 gè]

dressing gown N [c] 晨衣 chényī [套 tào]

dressing table N [c] 梳妆(妝) 台(臺) shūzhuāngtái [个 gè]

drew [druː] PT *of* **draw**

dried [draɪd] ADJ [+ *fruit, herbs*] 干(乾)的 gān de; [+ *eggs, milk*] 粉状(狀)的 fěnzhuàng de

drier ['draɪəʳ] N = **dryer**

drill [drɪl] N 1 [c] 钻(鑽)孔机 zuàn [个 gè]; [*of dentist*] 钻(鑽)头(頭) zuàntóu [个 gè] II VT 在…上钻(鑽) 孔 zài…shàng zuānkǒng

drink [drɪŋk] (*pt* **drank**, *pp* **drunk**) I N 1 [c] (*tea, water etc*) 饮(飲)料 yǐnliào [种 zhǒng] **2** [c] (*alcoholic*) 酒 jiǔ [瓶 píng] II VT 喝 hē III VI (*drink alcohol*) 喝酒 hējiǔ ▸ to have a drink 喝一杯 hē yìbēi; (*alcoholic*) 喝酒 hējiǔ

drive [draɪv] (*pt* **drove**, *pp* **driven**) I N 1 [c] (*journey*) 车(車)程 chēchéng **2** [c] (*also: driveway*) 私家车(車)道 sījiā chēdào [条 tiáo] **3** [c] (*also: CD ROM/disk drive*) 驱(驅)动(動)器 qūdòngqì II VT 1 [+ *vehicle*] 驾(駕)驶(駛) jiàshǐ **2 ▸ to drive sb to the station/airport** 驱(驅) 车(車)送某人去车(車)站/飞(飛) 机(機) qūchē sòng mǒurén qù chēzhàn/fēijīchǎng III VI 开(開)车(車) kāichē ▸ to go for a drive 开(開)车(車)兜风(風) kāichē dōufēng ▸ it's a 3-hour drive from London 从(從)敦堡3个(個)小时(時)的车(車)程 dào Lúndūn yào sān gè xiǎoshí de chēchéng ▸ to drive sb mad/to desperation 逼

得某人发(發)疯(瘋)/绝(絕)望 bǐ de mǒurén fāfēng/juéwàng ▸ **to drive at 50 km an hour** 以每小时(時)50公里(裡)的速度驾(駕)车(車) yǐ měi xiǎoshí wǔshí gōnglǐ de sùdù jiàchē

driver ['draɪvə'] N [c] **1** (of own car) 驾(駕)驶(駛)员(員) jiàshǐyuán [位 wèi] **2** (of taxi, bus, lorry, train) 司机(機) sījī [位 wèi]

driver's license ['draɪvəz-] (US) N [c] 驾(駕)驶(駛)执(執)照(炤) jiàshǐ zhízhào [本 běn]

driveway ['draɪvweɪ] N [c] 车(車)道 chēdào [条 tiáo]

driving instructor N [c] 驾(駕)驶(駛)教练(練) jiàshǐ jiàoliàn [位 wèi]

driving licence (Brit) N [c] 驾(駕)驶(駛)执(執)照(炤) jiàshǐ zhízhào [本 běn]

driving test N [c] 驾(駕)驶(駛)执(執)照(炤)考试(試) jiàshǐ zhízhào kǎoshì [次 cì]

drizzle ['drɪzl] VI ▸ **it is drizzling** 下着(著)毛毛雨 xiàzhe máomáoyǔ

drop [drɒp] N **1** [c] (of liquid) 滴 dī **2** (reduction) ▸ **a drop in sth** 某物的下降 mǒuwù de xiàjiàng II VT **1** 失手落下 shīshǒu luòxià; (deliberately) 放 fàng **2** (+ person, level +) 下降 xiàjiàng III VT (object +) 落下 luòxià
▸ **drop in** (inf) VI ▸ **to drop in (on sb)** 顺(順)便拜访(訪)(某人) shùnbiàn bàifǎng (mǒurén)
▸ **drop off** I VI (fall asleep) 睡着(著) shuìzháo II VT (+ passenger) 将(將)…送到 jiāng…sòngdào
▸ **drop out** VI (of college, university) 辍(輟)学(學) chuòxué

drought [draut] N [c/u] 旱灾(災) hànzāi [场 chǎng]

drove [drəʊv] PT of **drive**

drown [draun] I VT ▸ **to be drowned** 被淹死 bèi yānsǐ II VI (person, animal +) 溺死 nìsǐ

drug [drʌg] N [c] **1** (prescribed) 药(藥) yào [片 piàn] **2** (recreational) 毒品 dúpǐn [种 zhǒng] ▸ **to take drugs** 吸毒 xīdú ▸ **hard/soft drugs** 硬(硬)/软(軟)毒品 yìng/ruǎn dúpǐn

drug addict N [c] 吸毒成瘾(癮)者 xīdú chéngyǐnzhě [个 gè]

drug dealer N [c] 毒品贩(販)子 dúpǐn fànzi

drug-driving N [u] 吸毒驾(駕)车(車) xīdú jiàchē

druggist ['drʌgɪst] (US) N [c] **1** 药(藥)剂(劑)师(師) yàojìshī [位 wèi] **2** ▸ **druggist('s)** (shop) 药(藥)店 yàodiàn [家 jiā]

drugstore ['drʌgstɔː'] (US) N [c] 杂(雜)货(貨)店 záhuòdiàn [家 jiā]

drum [drʌm] N [c] 鼓 gǔ II drums NPL (kit) 鼓 gǔ

drummer ['drʌmə'] N [c] 鼓手 gǔshǒu [位 wèi]

drunk [drʌŋk] I PP of **drink** II ADJ 醉的 zuì de ▸ **to get drunk** 喝醉了 hēzuì le

dry [draɪ] I ADJ **1** 干(乾)的 gān de **2** (+ climate, weather, day) 干(乾)燥的 gānzào de II VT 把…弄干(乾) bǎ…nònggān III VI (paint, washing +) 变(變)干(乾) biàngān ▸ **to dry one's hands/hair** 擦干(乾)手/头(頭)发(髮) cāgān shǒu/tóufa

dry-cleaner ['draɪ'kliːnə'] N [c] (also: **dry cleaner's**) 干(乾)洗店 gānxǐdiàn [家 jiā]

dryer ['draɪə'] N [c] **1** (tumble dryer, spin-dryer) 干(乾)衣机(機) gānyījī

[台 tái] **2**(*hair dryer*) 吹风(風)
机(機) chuīfēngjī [个 gè]
duck[dʌk] N [c](*bird*) 鸭(鴨)yā
[只 zhī] **2**(*as food*) 鸭(鴨)肉
yāròu
due[djuː] I ADJ ▸ **to be due**(*person,
train, bus +*) 应(應)到 yīng dào;
[*baby +*] 预(預)期 yùqī; [*rent,
payment +*] 应(應)支付 yīng zhīfù
II ADV ▸ **due north/south** 正北
方/南方 zhèng běifāng/nánfāng
▸ **due to...**(*because of sth*) 由于(於)…
yóuyú…
dug[dʌg] PT, PP OF **dig**
dull[dʌl] ADJ **1**[+ *weather, day*]
阴(陰)沉沉的 yīnchénchén de **2**(*boring*)
单(單)调(調)乏味的 dāndiào fáwèi
de
dumb[dʌm] ADJ **1** 哑(啞)的 yǎ de
2(*pej: stupid, foolish*) 愚蠢的
yúchǔn de
dump[dʌmp] I N [c] 垃圾场(場)
lājīchǎng [个 gè] II VT (*get rid of*)
倾(傾)倒 qīngdào **2**[+ *computer
data*] 转(轉)储(儲) zhuǎnchǔ
Dumpster®[ˈdʌmpstəʳ](*US*) N [c]
(用以装(裝)运(運)工地废(廢)料等的
无(無)盖(蓋))废(廢)料筒 (yòngyǐ
zhuāngyùn gōngdì fèiliào de wú
gài) fèiliàotǒng [个 gè]
during[ˈdjuərɪŋ] PREP **1** 在…期
间(間) zài…qījiān **2**(*at some point
in*) 在…时(時)候 zài…shíhou
dusk[dʌsk] N [u] 黄昏huánghūn
▸ **at dusk** 黄昏时刻 huánghūn
shíkè
dust[dʌst] N [u] (*dirt: outdoors*)
尘(塵)土 chéntǔ; (*indoors*) 灰
尘(塵) huīchén
dustbin[ˈdʌstbɪn](*Brit*) N [c] 垃圾
箱 lājīxiāng [个 gè]
dustman[ˈdʌstmən](*Brit*)(*pl*

dustmen) N [c] 清洁(潔)工
qīngjiégōng [位 wèi]
dusty[ˈdʌstɪ] ADJ 满(滿)是尘(塵)土
的 mǎn shì chéntǔ de
Dutch[dʌtʃ] I ADJ 荷(蘭)的
Hélán de II N [u](*language*) 荷
兰(蘭)语(語) Hélányǔ III **the
Dutch**NPL(*people*) 荷兰(蘭)人
Hélánrén
duty[ˈdjuːtɪ] I N [c/u]
1(*responsibility*) 责(責)任 zérèn [个
gè] **2**(*tax*) 税(稅)shuì [种 zhǒng]
II **duties**NPL(*tasks*) 任务(務)
rènwù
duty-free[ˈdjuːtɪˈfriː] ADJ [+ *drink,
cigarettes*] 免税(稅)的 miǎnshuì
de ▸ **duty-free shop** 免税(稅)商店
miǎnshuì shāngdiàn
duvet[ˈduːveɪ](*Brit*) N [c] 羽绒(絨)
被 yǔróngbèi [床 chuáng]
DVD[ˈdiːviːˈdiː] N [c] 光碟
guāngdié [张(張) zhāng] ▸ *I've got
that film on DVD.* 我有那部电影的
光碟。Wǒ yǒu nà bù diànyǐng de
guāngdié.
DVD playerN [c] DVD播放器 DVD
bōfàngqì [台 tái]
dye[daɪ] I N [c/u] 染料 rǎnliào [种
zhǒng] II VT 染色 rǎnsè
dynamic[daɪˈnæmɪk] ADJ 生
气(氣)勃勃的 shēngqì bóbó de
dyslexia[dɪsˈlɛksɪə] N [u] 诵(誦)
读(讀)困难(難) sòngdú kùnnan
dyslexic[dɪsˈlɛksɪk] ADJ 诵(誦)
读(讀)困难(難)的 sòngdú yǒu
kùnnan de

e

each [iːtʃ] I ADJ 每 měi II PRON
(each one) 每个(個) měigè ▸ **each
one of them** 他们(們)中的每一
个(個) tāmen zhōng de měi yī gè
▸ **each other** 互相 hùxiāng
▸ **they have 2 books each** 他
们(們)每人有两(兩)本书(書) tāmen
měi rén yǒu liǎng běn shū ▸ **they
cost 5 pounds each** 每个(個)售
价(價)5镑(鎊) měigè shòujià wǔ
bàng

each 表示一个群体中的每一个
人或物，强调的是每一个个
体。**every** 指由两个以上的个体
组成的群体中的所有的人或物，
强调的是整体。*He listened to
every news bulletin...an equal
chance for every child...* 注意
each 指两个当中的任何一
个。*Each apartment has two
bedrooms...We each carried a
suitcase.* **each** 和 **every** 后面
都只能跟名词单数形式。

ear [ɪəʳ] N [c] 耳朵 ěrduo [只 zhī]
earache [ˈɪəreɪk] N [c/u] 耳朵痛
ěrduo tòng
earlier [ˈɜːliəʳ] I ADJ [+ date, time]
较(較)早的 jiàozǎo de II ADV [leave,
go +] 提早 tízǎo ▸ **earlier this
year** 本年初 běn nián chū
early [ˈɜːlɪ] I ADV 1 (in day, month) 在
初期 zài chūqī 2 (before usual time)
[get up, go to bed, arrive, leave +] 早
zǎo II ADJ [+ stage, career] 早期的
zǎoqī de ▸ **I usually get up early**
我通常早起床。wǒ tōngcháng
zǎo qǐchuáng ▸ **early this
morning** 今天一大早 jīntiān
yīdàzǎo ▸ **early in the morning**
清早 qīngzǎo ▸ **you're early!** 你怎
么(麼)这(這)么(麼)早！nǐ zěnme
zhème zǎo!
earn [ɜːn] VT 挣(掙)得 zhèngdé
▸ **to earn one's or a living** 谋(謀)
生 móushēng
earnings [ˈɜːnɪŋz] NPL 收入 shōurù
earphones [ˈɪəfəʊnz] NPL 耳
机(機) ěrjī
earring [ˈɪərɪŋ] N [c] 耳环(環)
ěrhuán [只 zhī]
earth [ɜːθ] N [u/s] (also: **the
Earth**) 地球 dìqiú 2 [u] (land
surface) 陆(陸)地 lùdì 3 [u] (soil)
泥土 nítǔ
earthquake [ˈɜːθkweɪk] N [c] 地
震 dìzhèn [次 cì]
easily [ˈiːzɪlɪ] ADV 不费(費)力地 bù
fèilì de
east [iːst] I N 1 [s/u] 东(東)方
dōngfāng 2 ▸ **the East** (the Orient)
东(東)方国(國)家 dōngfāng guójiā
II ADJ 东(東)部的 dōngbù de

III ADV 向东(東)方 xiàng dōngfāng ▸ the east of Spain 西班牙东(東)部 Xībānyá dōngbù ▸ to the east 以东(東) yǐdōng ▸ east of ... …以东(東) …yǐdōng

Easter ['i:stə'] N [U] 复(復)活节(節) Fùhuó Jié ▸ the Easter holidays 复(復)活节(節)假期 Fùhuó Jié jiàqī

eastern ['i:stən] ADJ **1** (Geo) 东(東)部的 dōngbù de **2** ▸ Eastern (oriental) 东(東)方的 Dōngfāng de

easy ['i:zɪ] ADJ **1** 容易的 róngyì de **2** [+ life, time] 安逸的 ānyì de ▸ **dogs are easy to train** 狗很容易训(訓)练(練) gǒu hěn róngyì xùnliàn ▸ **it's easy to train dogs** 驯狗是容易的 xùngǒu shì róngyì de

eat [i:t] (pt **ate**, pp **eaten** ['i:tn]) I VT 吃 chī II VI **1** 吃 chī **2** (have a meal) 吃饭(飯) chīfàn

eaten ['i:tn] PP OF **eat**

e-book ['i:buk] N [c] (also: **electronic book**) 电子书 diànzǐshū [本 běn]

echo ['ɛkəu] (pl **echoes**) N [c] 回音 huíyīn [个 gè]

e-cigarette ['i:sɪgə'rɛt] N [c] 电(電)子香烟(煙) diànzǐ xiāngyān [支 zhī]

ecology [ɪ'kɔlədʒɪ] N [U] **1** (environment) 生态(態) shēngtài **2** (subject) 生态(態)学(學) shēngtàixué

economic [i:kə'nɔmɪk] ADJ **1** 经(經)济(濟)的 jīngjì de **2** (profitable) 有利可图(圖)的 yǒulì-kětú de

economical [i:kə'nɔmɪkl] ADJ 节(節)约(約)的 jiéyuē de

economics [i:kə'nɔmɪks] N [U] 经(經)济(濟)学(學) jīngjìxué

economy [ɪ'kɔnəmɪ] N **1** [c] 经(經)济(濟) jīngjì [种 zhǒng] **2** [U]

(thrift) 节(節)约(約) jiéyuē

eczema ['ɛksɪmə] N [U] 湿(濕)疹 shīzhěn

edge [ɛdʒ] N [c] **1** [of road, town] 边(邊)缘(緣) biānyuán [个 gè] **2** [of table, chair] 棱(稜)角 léng

Edinburgh ['ɛdɪnbərə] N 爱(愛)丁堡 Àidīngbǎo

editor ['ɛdɪtə'] N [c] 编(編)辑(輯) biānjí [个 gè]

educate ['ɛdjukeɪt] VT 教育 jiàoyù

education [ɛdju'keɪʃən] N [U/s] 教育 jiàoyù

effect [ɪ'fɛkt] I N [c/U] 影响(響) yǐngxiǎng [个 gè] II **effects** NPL (Cine) 特别(別)效果 tèbié xiàoguǒ ▸ **to take effect** [drug +] 见(見)效 jiànxiào ▸ **to have an effect on sb/sth** 对(對)某人/某事产(產)生影响(響) duì mǒurén/mǒushì chǎnshēng yǐngxiǎng

effective [ɪ'fɛktɪv] ADJ 有效的 yǒuxiào de

efficiency [ɪ'fɪʃənsɪ] N [U] 效率 xiàolǜ

efficient [ɪ'fɪʃənt] ADJ 效率高的 xiàolǜgāo de

effort ['ɛfət] N **1** 努力 nǔlì **2** (attempt) 尝(嘗)试(試) chángshì [个 gè] ▸ **to make an effort to do sth** 努力做某事 nǔlì zuò mǒushì

e.g. ADV ABBR (= exempli gratia) (for example) 举(舉)例来(來)说(說) jǔlì lái shuō

egg [ɛg] N [c] 蛋 dàn [个 gè]

eggplant ['ɛgplɑ:nt] (US) N [c/U] 茄子 qiézi [个 gè]

Egypt ['i:dʒɪpt] N 埃及 Āijí

eight [eɪt] NUM 八 bā; see also/另见 **five**

eighteen [eɪ'ti:n] NUM 十八 shíbā; see also/另见 **fifteen**

eighteenth[eɪˈtiːnθ] NUM 第十八 dìshíbā; see also/另见 **fifth**

eighth[eɪtθ] NUM 1 第八 dìbā 2(fraction) 八分之一 bā fēn zhī yī; see also/另见 **fifth**

eighty[ˈeɪtɪ] NUM 八十 bāshí; see also/另见 **fifty**

Eire[ˈɛərə] N 爱(愛)尔(爾)兰(蘭)共和国(國) Àiʼěrlán Gònghéguó

either[ˈaɪðəʳ] I ADJ 1(one or other) 两(兩)者任一的 liǎngzhě rèn yī de 2(both, each) 两(兩)者中每一方的 liǎngzhě zhōng měi yī fāng de ▶ **on either side** 在两(兩)边(邊)的 zài liǎng biān II PRON 1(after negative) 两(兩)者之中任何一个(個) liǎngzhě zhī zhōng rènhé yī gè ▶ **I don't like either of them** 两(兩)个(個)我都不喜欢(歡) liǎng gè wǒ dōu bù xǐhuan 2(after interrogative) 两(兩)者之中任何一个(個) liǎngzhě zhī zhōng rènhé yī gè III ADV (in negative statements) 也也 yě yě IV CONJ ▶ **either... or...** 要么(麼)…要么(麼)… yàome... yàome... ▶ **no, I don't either** 不，我也不 bù, wǒ yě bù

elastic[ɪˈlæstɪk] N [U] 橡皮 xiàngpí

elastic band(Brit) N [c] 橡皮筋 xiàngpíjīn [根 gēn]

elbow[ˈelbəʊ] N [c] (Anat) 肘 zhǒu [个 gè]

elder[ˈeldəʳ] ADJ [+ brother, sister] 年龄(齡)较(較)大的 niánlíng jiào dà de

elderly[ˈeldəlɪ] I ADJ 年长(長)的 niánzhǎng de II NPL ▶ **the elderly** 老人家 lǎorenjia

eldest[ˈeldɪst] I ADJ 年龄(齡)最大的 niánlíng zuì dà de II N [s/PL] 年龄(齡)最大的孩子 niánlíng zuì

dà de háizi

elect[ɪˈlekt] VT 选(選)举(舉) xuǎnjǔ

election[ɪˈlekʃən] N [c] 选(選)举(舉) xuǎnjǔ [次 cì] ▶ **to hold an election** 行选(選)举(舉) jǔxíng xuǎnjǔ

electric[ɪˈlektrɪk] ADJ 1 电(電)动(動)的 diàndòng de 2[+ current, charge, socket] 电(電)的 diàn de

electrical[ɪˈlektrɪkl] ADJ 电(電)动(動)的 diàndòng de

electric guitar N [c/u] 电(電)吉他 diànjítā [把 bǎ]

electrician[ɪlekˈtrɪʃən] N [c] 电(電)工 diàngōng [个 gè]

electricity[ɪlekˈtrɪsɪtɪ] N [U] 1(energy) 电(電) diàn 2(supply) 供电(電) gōngdiàn

electric shock N [c] 触(觸)电(電) chùdiàn [次 cì]

electronic[ɪlekˈtrɒnɪk] ADJ 电(電)子的 diànzǐ de

electronics[ɪlekˈtrɒnɪks] N [U] 电(電)子学(學) diànzǐxué

elegant[ˈelɪɡənt] ADJ 优(優)雅的 yōuyǎ de

elementary school(US) N [c/u] 小学(學) xiǎoxué

elephant[ˈelɪfənt] N [c] 大象 dàxiàng [头 tóu]

elevator[ˈelɪveɪtəʳ] (US) N [c] 电(電)梯 diàntī [部 bù]

eleven[ɪˈlevn] NUM 十一 shíyī; see also/另见 **five**

eleventh[ɪˈlevnθ] NUM 第十一 dìshíyī; see also/另见 **fifth**

eliminate[ɪˈlɪmɪneɪt] VT 1[+ poverty] 消除 xiāochú 2[+ team, contestant, candidate] 淘汰 táotài

else[els] ADV ▶ **or else** (otherwise)

否则(則) fǒuzé; (threatening) 要不然 yàobùrán ▸ Don't talk to me like that again, or else! 别这么跟我说话，要不够你受的! Bié zhème gēn wǒ shuōhuà, yàobù gòu nǐ shòu de! ▸ something else 东(東)西 qítā dōngxi ▸ anything else 任何其他东(東)西 rènhé qítā dōngxi ▸ what else? 其他什么(麼)? qítā shénme?
▸ everywhere else 其他任何地方 qítā rènhé dìngfang ▸ everyone else 其他人 qítā rén ▸ nobody else 没(沒)有其他人 méiyǒu qítā rén

elsewhere [ɛls'wɛə'] ADV 1 [be +] 在别(別)处(處) zài biéchù 2 [go +] 到别(別)处(處) dào biéchù

email [i:meɪl] I N [c] 电(電)子邮(郵)件 diànzǐ yóujiàn [封 fēng] II VT 1 [+ person] 给(給)…发(發)电(電)子邮(郵)件 gěi…fā diànzǐ yóujiàn 2 [+ file, document] 用电(電)子邮(郵)件寄 yòng diànzǐ yóujiàn jì

email account N [c] 电(電)子邮(郵)件账(賬)号(號) diànzǐ yóujiàn zhànghào [个 gè]

email address N [c] 电(電)子邮(郵)件地址(址) diànzǐ yóujiàn dìzhǐ [个 gè]

embarrassed [ɪm'bærəst] ADJ ▸ to be embarrassed 不好意思的 bù hǎoyìsi de

embarrassing [ɪm'bærəsɪŋ] ADJ 令人尴(尷)尬的 lìng rén gāngà de

embassy [ɛmbəsɪ] N [c] 大使馆(館) dàshǐguǎn [个 gè]

emergency [ɪ'mɜːdʒənsɪ] N [c] (crisis) 紧(緊)急情况(況) jǐnjí qíngkuàng [个 gè] ▸ in an emergency 在紧(緊)急情况(況)下 zài jǐnjí qíngkuàng xià

emergency room (US) N [c] 急诊(診)室 jízhěnshì [个 gè]

emigrate [ɛmɪgreɪt] VI 移居外国(國) yíjū wàiguó

emotion [ɪ'məuʃən] N [c/U] 感情 gǎnqíng [种 zhǒng]

emotional [ɪ'məuʃənl] ADJ 易动(動)感情的 yì dòng gǎnqíng de

emperor [ɛmpərə'] N [c] 皇帝 huángdì [个 gè]

emphasize [ɛmfəsaɪz] VT 强(強)调(調) qiángdiào

empire [ɛmpaɪə'] N [c] 帝国(國) dìguó [个 gè]

employ [ɪm'plɔɪ] VT 雇(僱)用 gùyòng ▸ he was employed as a technician 他受雇(僱)做技师(師) tā shòugù zuò jìshī

employee [ɪmplɔɪ'i:] N [c] 雇(僱)员(員) gùyuán [个 gè]

employer [ɪm'plɔɪə'] N [c] 雇(僱)主 gùzhǔ [个 gè]

employment [ɪm'plɔɪmənt] N [U] 工作 gōngzuò

empty [ɛmptɪ] I ADJ 空的 kōng de II VT 倒空 dàokōng

encourage [ɪn'kʌrɪdʒ] VT 1 [+ person] 鼓励(勵) gǔlì 2 [+ activity, attitude] 支持 zhīchí 3 [+ growth, industry] 助长(長) zhùzhǎng ▸ to encourage sb to do sth 鼓励(勵)某人去做某事 gǔlì mǒurén qù zuò mǒushì

encouragement [ɪn'kʌrɪdʒmənt] N [U] 鼓励(勵) gǔlì

encyclop(a)edia [ensaɪklə'pi:dɪə] N [c] 百科全书(書) bǎikē quánshū

end [ɛnd] I N 1 [s] [of period, event] 末期 mòqí 2 [s] [of film, book] 末尾 mòwěi 3 [c] [of street, queue, rope,

table] 尽(盡)头(頭) jìntóu [个(個)
4 [c] [of town] 端 duān II vт (finish,
stop) 终(終)止 zhōngzhǐ III vi
[meeting, film, book+] 结(結)束
jiéshù ▶ at the end of August 在8
月末 zài bāyuè mò ▶ to come to
an end 完结(結) wánjié ▶ in the
end 最终(終) zuìzhōng
▶ end up vi ▶ to end up in/at
[+ place] 最终(終)到了 zuìzhōng
dàole

ending ['endɪŋ] N [c] 结(結)局 jiéjú
[个(個)] ▶ a happy ending 美
满(滿)结(結)局 měimǎn jiéjú

enemy ['enəmi] N [c] 敌(敵)人
dírén [个(個)]

energetic [enə'dʒetɪk] ADJ 1 精力
充沛的 jīnglì chōngpèi de
2 [+ activity] 生机(機)勃勃的
shēngjī bóbó de

energy ['enədʒi] N [U] 能源
néngyuán

engaged [ɪn'geɪdʒd] ADJ 1 (to be
married) 已订(訂)婚的 yǐ dìnghūn
de 2 (Brit: Tel) 被占(佔)用的 bèi
zhànyòng de 3 (Brit) [+ toilet] 被
占(佔)用的 bèi zhànyòng de ▶ to
get engaged (to) (与(與)…)
订(訂)婚 (yǔ…) dìnghūn

engagement [ɪn'geɪdʒmənt] N [c]
(to marry) 婚约(約) hūnyuē [个(個)]

engagement ring N [c] 订(訂)婚
戒指 dìnghūn jièzhǐ [枚 méi]

engine ['endʒɪn] N [c] 1 (Aut)
发(發)动(動)机(機) fādòngjī [台
tái] 2 (Rail) 机(機)车(車) jīchē [部
bù]

engineer [endʒɪ'nɪəʳ] N [c] 1 (who
designs machines, bridges) 工程
师(師) gōngchéngshī [位 wèi]
2 (who repairs machines, phones etc)
机(機)械师(師) jīxièshī [位 wèi]

engineering [endʒɪ'nɪərɪŋ] N [U] 1
工程 gōngchéng 2 (science) 工程
学(學) gōngchéngxué

England ['ɪŋglənd] N 英格兰(蘭)
Yīnggélán

English ['ɪŋglɪʃ] I ADJ 英国(國)的
Yīngguó de II N (language) 英
语(語) Yīngyǔ III the English NPL
(people) 英国(國)人 Yīngguórén
▶ an English speaker 一个(個)
讲(講)英语(語)的人 yī gè jiǎng
yīngyǔ de rén

Englishman ['ɪŋglɪʃmən] N [c] (pl
Englishmen) [c] 英格兰(蘭)男人
Yīnggélán nánrén [个(個)]

Englishwoman ['ɪŋglɪʃwumən]
(pl Englishwomen) N [c] 英格
兰(蘭)女人 Yīnggélán nǚrén [个
gè]

enjoy [ɪn'dʒɔɪ] vт (take pleasure in)
享受…的乐(樂)趣 xiǎngshòu…de
lèqù ▶ to enjoy doing sth 喜
欢(歡)做某事 xǐhuān zuò mǒushì
▶ to enjoy o.s. 过(過)得快活 guò
de kuàihuó ▶ enjoy your meal!
吃好! chīhǎo!

enjoyable [ɪn'dʒɔɪəbl] ADJ 有
乐(樂)趣的 yǒu lèqù de

enormous [ɪ'nɔːməs] ADJ 1 庞(龐)
大的 pángdà de 2 [+ pleasure,
success, disappointment] 巨大的
jùdà de

enough [ɪ'nʌf] I ADJ [+ time, books,
people] 足够(夠)的 zúgòu de
II PRON (sufficient, more than desired)
足够(夠)的东(東)西 zúgòu de
dōngxi III ADV ▶ big/old/tall
enough 足够(夠)大/到年龄(齡)
了/足够(夠)高 zúgòu dà/ dào
niánlíng le/ zúgòu gāo ▶ enough
time/money to do sth 有足
够(夠)的时(時)间(間)/金钱(錢)去做

某事 yǒu zúgòu de shíjiān/jīnqián qù zuò mǒushì ▸ have you got enough? 你够(够)吗(吗)? nǐ gòu ma ▸ enough to eat 够(够)吃 gòuchī ▸ will 5 be enough? 5 个(个)够(够)吗(吗)? wǔ gè gòu ma ? ▸ I've had enough! 我受够(够)了! wǒ shòugòu le! ▸ that's enough, thanks 足矣，谢(谢)谢(谢)zúyǐ, xièxie

enquiry [ɪn'kwaɪərɪ] N = **inquiry**

enrol, (US) **enroll** [ɪn'rəul] I VT **1** 招…入学(学) (on course, in club) 注(注)册(册) zhùcè II VI (at school, university, on course, in club) 注(注)册(册) zhùcè

en suite ['ɒnswi:t] (Brit) ADJ [+ bathroom] 接连(连)的 jiēlián de

ensure [ɪn'ʃuə'] (frm) VT 保证(证) bǎozhèng

enter ['entə'] I VT **1** [+ room, building] 进(进)入 jìnrù **2** [+ race, competition] 参(参)加 cānjiā **3** (Comput) [+ data] 输(输)入 shūrù II VI 进(进)来(来) jìnlái

entertain [entə'teɪn] VT **1** (amuse) 给(给)…娱(娱)乐(乐)gěi …yúlè **2** (invite) [+ guest] 招待 zhāodài

entertainment [entə'teɪnmənt] N [u] 娱(娱)乐(乐)活动(动) yúlè huódòng

enthusiasm [ɪn'θu:zɪæzəm] N [u] 热(热)情 rèqíng ▸ **enthusiasm for sth** 对(对)某事的热(热)情 duì mǒushì de rèqíng

enthusiastic [ɪnθu:zɪ'æstɪk] ADJ 极(极)感兴(兴)趣的 jí gǎn xìngqù de; [+ response, reception] 热(热)情的 rèqíng de ▸ **to be enthusiastic about sth** 对(对)某事满(满)怀(怀)热(热)情 duì mǒushì mǎnhuái rèqíng

entire [ɪn'taɪə'] ADJ 整个(个)的 zhěnggè de

entirely [ɪn'taɪəlɪ] ADV 完全地 wánquán de

entrance ['entrəns] N [c] 入口 rùkǒu [个 gè] ▸ **the entrance to sth** 某处(处)的入口 mǒuchù de rùkǒu

entry ['entrɪ] N **1** [c] (way in) 入口 rùkǒu [个 gè] **2** [c] (in competition) 登记(记) dēngjì [个 gè] **3** [c] (item) (in diary) 项(项)目 xiàngmù [个 gè] (Comput) 输(输)入 shūrù [项 xiàng] ▸ "**no entry**" (to land, room) "禁止入内(内)" "jìnzhǐ rùnèi"; (Aut) "禁止通行" "jìnzhǐ tōngxíng"

envelope ['envələup] N [c] 信封 xìnfēng [个 gè]

environment [ɪn'vaɪərnmənt] N [c/u] 环(环)境 huánjìng [个 gè] ▸ **the environment** (natural world) 自然环(环)境 zìrán huánjìng

environmental [ɪnvaɪərn'mentl] ADJ 环(环)境保护(护)的 huánjìng bǎohù de

environmentally friendly [ɪnvaɪərn'mentlɪ-] ADJ 不污染环(环)境的 bù wūrǎn huánjìng de

envy ['envɪ] I N [u] 羡(羡)慕 xiànmù II VT (be jealous of) 羡(羡)慕 xiànmù ▸ **to envy sb sth** 羡(羡)慕某人的某物 xiànmù mǒurén de mǒuwù

epilepsy ['epɪlepsɪ] N [u] 癫(癫)痫(痫)diānxián

epileptic [epɪ'leptɪk] N [c] 癫(癫)痫(痫)病人 diānxián bìngrén [个 gè]

episode ['epɪsəud] N [c] (TV, Rad) 集 jí

equal ['i:kwl] I ADJ **1** 相等的

xiāngděng de **2** [+ *intensity, importance*] 同样(樣)的 tóngyàng de **2** [+ *number, amount*] 等于(於) děngyú **2** [*match, rival*] 比得上 bǐ de shàng ▸ **they are roughly equal in size** 它们(們)大小差不多 tāmen dàxiǎo chàbuduō ▸ **to be equal to** (*the same as*) 与(與)…相同 yǔ…xiāngtóng ▸ **79 minus 14 equals 65** 79减(減)14等于(於)65 qīshíjiǔ jiǎn shísì děngyú liùshíwǔ

equality [ɪːˈkwɒlɪtɪ] N [U] 平等 píngděng

equally [ˈiːkwəlɪ] ADV **1** [*share, divide* +] 平等地 píngděng de **2** [+ *good, important*] 同样(樣)地 tóngyàng de

equator [ɪˈkweɪtəʳ] N ▸ **the equator** 赤道 chìdào

equipment [ɪˈkwɪpmənt] N [U] 设(設)备(備) shèbèi

equivalent [ɪˈkwɪvələnt] I ADJ 相同的 xiāngtóng de II N [C] 相当(當)的人/物 xiāngdāng de rén/wù [个 gè]

ER N ABBR (*US: Med*: = **emergency room**) 急诊(診)室 jízhěnshì [个 gè]

eraser [ɪˈreɪzəʳ] N [C] (*esp US*) 橡皮 xiàngpí [块 kuài]

e-reader, eReader [ˈiːriːdəʳ] N [C] 电(電)子阅(閱)读(讀)器 diànzǐ yuèdú qì [台 tái]

error [ˈerəʳ] N [C/U] 差错(錯) chācuò [个 gè] ▸ **to make an error** 犯错(錯)误(誤) fàn cuòwù

escalator [ˈeskəleɪtəʳ] N [C] 自动(動)扶梯 zìdòng fútī [部 bù]

escape [ɪsˈkeɪp] I VI **1** (*get away*) 逃走 táozǒu **2** (*from jail*) 逃跑 táopǎo **3** (*from accident*) ▸ **to**

escape unhurt 安然逃脱(脫) ānrán táotuō II VT [+ *injury*] 避免 bìmiǎn ▸ **to escape from** [+ *place*] 从(從)…逃脱 cóng…táopǎo; [+ *person*] 避开(開) bìkāi

especially [ɪsˈpeʃlɪ] ADV 尤其 yóuqí

essay [ˈeseɪ] N (*Scol*) 论(論)文 lùnwén

essential [ɪˈsenʃl] I ADJ **1** (*necessary, vital*) 必要的 bìyào de **2** (*basic*) 基本的 jīběn de II essentials NPL (*necessities*) 必需品 bìxūpǐn ▸ **it is essential to...** 必须(須)… bìxū…

estate [ɪsˈteɪt] N [C] **1** (*land*) 庄(莊)园(園) zhuāngyuán [个 gè] **2** (*Brit*) (*also*: **housing estate**) 住宅区(區) zhùzháiqū

estate agent (*Brit*) N [C] 房地产(產)经(經)纪(紀)人 fángdìchǎn jīngjìrén [个 gè]

estimate [*n* ˈestɪmət, *vb* ˈestɪmeɪt] I N [C] 估计(計) gūjì [种 zhǒng] II VT (*reckon, calculate*) 估计(計) gūjì ▸ **the damage was estimated at 300 million pounds** 估计(計)损(損)失为(為)3亿(億)英镑 gūjì sǔnshī wéi sānyì yīngbàng

etc, etc. (*esp US*) ABBR (= **et cetera**) 等等 děngděng

Ethiopia [iːˈθɪəpɪə] N 埃塞俄比亚(亞) Āisài'ébǐyà

ethnic [ˈeθnɪk] ADJ 种(種)族的 zhǒngzú de

e-ticket [ˈiːtɪkɪt] N [C] 电(電)子客票 diànzǐ kèpiào [张(張) zhāng]

EU N ABBR (= **European Union**) ▸ **the EU** 欧(歐)洲联(聯)盟 Ōuzhōu Liánméng

euro [ˈjuərəu] (*pl* **euros**) N [C] 欧(歐)元 Ōuyuán [个 gè]

Europe [ˈjuərəp] N 欧(歐)洲

Ōuzhōu

European [juərə'pi:ən] I ADJ
欧(歐)洲的 Ōuzhōu de II N [c]
(person) 欧(歐)洲人 Ōuzhōurén [个
gè]

European Union N ▶the
European Union 欧(歐)洲联(聯)
盟 Ōuzhōu Liánméng

evacuate [ɪ'vækjueɪt] VT
1 [+ people] 疏散 shūsàn **2** [+ place]
撤离(離) chèlí

evaluate [ɪ'væljueɪt] VT 评(評)估
pínggū

even ['i:vn] I ADV 甚至 shènzhì
II ADJ **1** (flat) 平坦的 píngtǎn de
2 [+ number] 偶数(數)的 ǒushù de
▶ **he didn't even hear what I said**
他甚至根本没(沒)听(聽)见(見)我的
话(話) tā shènzhì gēnběn méi
tīngjiàn wǒ de huà ▶ **even more**
甚至更多 shènzhì gèng duō
▶ **even if** 即使 jíshǐ ▶ **even
though** (儘)管 jǐnguǎn ▶ **not
even** 连(連)…也不 lián…yě bù
▶ **even on Sundays** 甚至星期天
shènzhì xīngqītiān

evening ['i:vnɪŋ] N [c/u] **1** (early)
傍晚 bàngwǎn **2** (late)
晚上 wǎnshang [个 gè] **3** (whole
period, event) 晚上 wǎnshang
[个 gè] ▶ **in the evening** 在晚上
zài wǎnshang ▶ **this evening**
今晚 jīnwǎn ▶ **tomorrow/
yesterday evening** 明/昨晚
míng/zuówǎn

evening class N [c] 夜校 yèxiào
[个 gè]

event [ɪ'vent] N [c] 事件 shìjiàn
[个 gè]

eventually [ɪ'ventʃuəlɪ] ADV
1 (finally) 终(終)于(於) zhōngyú
2 (ultimately) 最终(終) zuìzhōng

请勿将 *eventually* 和 *finally* 混
淆。如果某事拖延了很久，或者
经历了相当复杂的过程后终于发
生了，可以说它 **eventually** 发生
了。*Eventually, they got to the
hospital... I found Victoria Avenue
eventually.* **eventually** 还可以
表示发生的一系列事情中的最后
一件事，通常这最后的一件事是
前面一系列事情的结果。
*Eventually, they were forced to
return to England.* 在经历了长期
等待或期盼后，某事终于发生
了，可以用它 **finally** 发生了。
*Finally, I went to bed... The heat of
the sun finally became too much for
me.* **finally** 还可以表示发生的一
系列事情中的最后的一件事。
*The sky turned red, then purple,
and finally black.*

ever ['evər] ADV 从(從)来(來)
cónglái ▶ **have you ever seen it/
been there** etc? 你曾经(經)见(見)
过(過)它/去过(過)那儿(兒){等}
吗(嗎)? nǐ céngjīng jiànguo tā/
qùguo nàr děng ma? ▶ **ever since**
(adv) 从…以来(來) cóng…
yǐlái ▶ *We have been friends ever
since.* 我们从那时以来一直是朋
友。Wǒmen cóng nàshí yǐlái
yìzhí shì péngyou.; (conj) 自
从(從) zìcóng ▶ *Jack has loved trains
ever since he was a boy.* 杰克自从
喜爱火车。Jiékè zìcóng jiù xǐ'ài
huǒchē. ▶ **the best ever** 迄今最佳
qìjīn zuìjiā ▶ **hardly ever** 几(幾)乎
从(從)不 jīhū cóngbù

○ KEYWORD

every ['evrɪ] ADJ (each) 每个(個)
měigè ▶ **every village should**

have a post office 每个(個)村庄(莊)都应(應)该(該)有一个(個)邮(郵)局 měige cūnzhuāng dōu yīnggāi yǒu yí gè yóujú **2** (all possible) 一切可能的 yīqiè kěnéng de ▸ **recipes for every occasion** 各个(個)场(場)合均适(適)用的菜谱(譜) gège chǎnghé jūn shìyòng de càipǔ **3** (with time words) 每 měi ▸ **every day/week** 每天/周(週) měi tiān/zhōu ▸ **every Sunday** 每个(個)星期天 měige xīngqītiān ▸ **every now and then** or **again** 不时(時)地 bùshí de

everybody ['ɛvrɪbɒdɪ] PRON 每人 měirén ▸ **everybody knows about it** 谁(誰)都知道 shuí dōu zhīdào ▸ **everybody else** 其他所有人 qítā suǒyǒurén

everyone ['ɛvrɪwʌn] PRON = **everybody**

请勿将 **everyone** 和 **every one** 混淆。**everyone** 总是指人,并且用作单数名词。*Everyone likes him...On behalf of everyone in the school, I'd like to thank you.* 在短语 **every one** 中, **one** 是代词,在不同的上下文当中,它能够指代任何人或事物。其后经常紧随单词 **of**。*We've saved seeds from every one of our plants...Every one of them phoned me.* 在这些例子当中, **every** 是表达 **all** 的含义,而且语气更强烈。

everything ['ɛvrɪθɪŋ] PRON 所有事物 suǒyǒu shìwù ▸ **is everything OK?** 都还(還)好吗(嗎)? dōu hái hǎo ba? ▸ **everything is ready** 所有都准(準)备(備)就

绪(緒) suǒyǒu dōu zhǔnbèi jiùxù ▸ **he did everything possible** 他尽(盡)了最大努力 tā jìnle zuìdà nǔlì

everywhere ['ɛvrɪwɛə] I ADV 各处(處)gèchù II PRON 所有地方 suǒyǒu dìfang ▸ **there's rubbish everywhere** 到处(處)都是垃圾 dàochù dōu shì lājī ▸ **everywhere you go** 无(無)论(論)你去哪里(裡) wúlùn nǐ qù nǎlǐ

evidence ['ɛvɪdns] N [U] **1** (proof) 根据(據)gēnjù **2** (signs, indications) 迹(跡)象 jīxiàng

evil ['iːvl] ADJ 邪恶(惡)的 xié'è de

ex- [ɛks] PREFIX [+ husband, president etc] 前 qián ▸ **my ex-wife** 我的前妻 wǒ de qiánqī

exact [ɪg'zækt] ADJ 确(確)切的 quèqiè de

exactly [ɪg'zæktlɪ] ADV **1** (precisely) 确(確)切地 quèqiè de **2** (indicating agreement) 一点(點)不错(錯) yìdiǎn bùcuò ▸ **at 5 o'clock exactly** 在5点(點)整时(時)zài wǔ diǎn zhěng shí ▸ **not exactly** 不完全是 bù wánquán shì

exaggerate [ɪg'zædʒəreɪt] I VI 夸(誇)张(張)kuāzhāng II VT 夸(誇)大 kuādà

exam [ɪg'zæm] N (测(測)验(驗)cèyàn

pass an exam 表示考试通过,若没(沒)通过,则说 **fail an exam**。参加考试,用动词 **take**,在英式英语中则用 **sit an exam**。

examination [ɪgzæmɪ'neɪʃən] N **1** [c] (frm: Scol, Univ) 考试(試)kǎoshì [次 cì] **2** [c/u] (Med) 体(體)检(檢)tǐjiǎn [次 cì]

examine [ɪg'zæmɪn] VT **1** (inspect)

检(檢)查 jiǎnchá **2** (*Scol, Univ*) 对(對)…进(進)行资(資)测(測)验(驗) duì…jìnxíng cèyàn **3** (*Med*) 检(檢)查 jiǎnchá

example [ɪɡˈzɑːmpl] N [c] 例子 lìzi [个 gè] ▸ **for example** 例如 lìrú ▸ **an example of sth** 某物的例子 mǒuwù de lìzi

excellence [ˈeksələns] N [U] 卓越 zhuóyuè

excellent [ˈeksələnt] I ADJ 极(極)好的 jí hǎo de II INT ▸ **excellent!** 太好了! tài hǎo le!

except [ɪkˈsept] PREP 除了 chúle ▸ **except for** 除了…外 chúle…wài ▸ **except if/when** …时(時)除外 …shí líwài

exception [ɪkˈsepʃən] N [c] 例外 lìwài [个 gè]

exchange [ɪksˈtʃeɪndʒ] I VT **1** [+ *gifts, addresses*] 交换(換) jiāohuàn **2** ▸ **to exchange sth (for sth)** [+ *goods*] 用某物交换(換) (某物) yòng mǒuwù jiāohuàn (mǒuwù) II N [c/U] [*of students, sportspeople*] 交流 jiāoliú [次 cì] ▸ **in exchange (for)** 作为(為) (对(對)…的)交换(換) zuòwéi (duì…de) jiāohuàn

exchange rate N [c] 汇(匯)率 huìlǜ [个 gè]

excited [ɪkˈsaɪtɪd] ADJ 兴(興)奋(奮)的 xīngfèn de ▸ **to be excited about sth/about doing sth** 对(對)某事/做某事感到激动(動) duì mǒushì/zuò mǒushì gǎndào jīdòng ▸ **to get excited** 激动(動)兴(興)奋(奮) jīdòng xīngfèn

excitement [ɪkˈsaɪtmənt] N [U] 兴(興)奋(奮) xīngfèn

exciting [ɪkˈsaɪtɪŋ] ADJ 令人兴(興)

奋(奮)的 lìng rén xīngfèn de

exclamation mark, (*Brit*) **exclamation point** (*US*) [ekskləˈmeɪʃən(-)] N [c] 感叹(嘆)号(號) gǎntànhào [个 gè]

excluding [ɪksˈkluːdɪŋ] PREP 不包括且包括 bù bāokuò

excuse [n ɪksˈkjuːs, vb ɪksˈkjuːz] I N [c/U] 借口 jièkǒu [个 gè] II VT **1** (*justify*) 原谅(諒) yuánliàng **2** (*forgive*) 原谅(諒) yuánliàng ▸ **to make an excuse** 找借口 zhǎo jièkǒu ▸ **excuse me!** (*attracting attention*) 劳(勞)驾(駕)! láojià; (*as apology*) 对(對)不起! duìbùqǐ ▸ **excuse me, please** 请(請)原谅(諒) qǐng yuánliàng ▸ **excuse me?** (*US*) 对(對)不起, 你说(說)什么(麼)? duìbùqǐ, nǐ shuō shénme?

exercise [ˈeksəsaɪz] I N **1** [c] (*physical exertion*) 运(運)动(動) yùndòng **2** [c] (*series of movements*) 练(練)习(習) liànxí [个 gè] (*Scol, Mus*) 练(練)习(習) liànxí [个 gè] II VT [+ *muscles*] 锻(鍛)炼(鍊) duànliàn; [+ *mind*] 运(運)用 yùnyòng III VI [*person* +] 锻(鍛)炼(鍊)(身)duànliàn ▸ **to take or get exercise** 做健身活动(動) zuò jiànshēn huódòng ▸ **to do exercises** (*Sport*) 锻(鍛)炼(鍊)身体(體) duànliàn shēntǐ

exhaust [ɪɡˈzɔːst] N (*esp Brit*) **1** [c] (*also*: **exhaust pipe**) 排气(氣)管 páiqìguǎn [根 gēn] **2** [U] (*fumes*) 废(廢)气(氣) fèiqì

exhausted [ɪɡˈzɔːstɪd] ADJ 精疲力竭的 jīng pí lì jié de

exhibition [eksɪˈbɪʃən] N [c] 展览(覽)会(會) zhǎnlǎnhuì [个 gè]

exist [ɪgˈzɪst] VI 1 (be present) 存在 cúnzài 2 (live, subsist) 生存 shēngcún

exit [ˈeksɪt] I N [c] 出口 chūkǒu [个 (個) gè] II VT (Comput) 退出 tuìchū ▸ **to exit from sth** [+ room, motorway] 离 (離) 开 (開) 某处 (處) líkāi mǒuchù

expect [ɪksˈpekt] I VT 1 (anticipate) 预 (預) 料 yùliào 2 (await) 期待 qídài 3 [+ baby] 怀 (懷) 有 huáiyǒu 4 (suppose) 料想 liàoxiǎng II VI ▸ **to be expecting** (be pregnant) 怀 (懷) 孕 huáiyùn ▸ **to expect sth to happen** 预 (預) 期某事将 (將) 发 (發) 生 yùqí mǒushì jiāng fāshēng ▸ **I expect so** 我想会 (會) 的 wǒ xiǎng huì de

expense [ɪksˈpens] I N [c/u] 费 (費) 用 fèiyòng [笔 (筆) bǐ] II **expenses** NPL 经 (經) 费 (費) jīngfèi

expensive [ɪksˈpensɪv] ADJ 1 昂贵 (貴) 的 ángguì de 2 [+ mistake] 代价 (價) 高的 dàijià gāo de

experience [ɪksˈpɪərɪəns] I N 1 [u] (in job) 经 (經) 验 (驗) jīngyàn 2 [u] [of life] 阅 (閱) 历 (歷) yuèlì 3 [c] (individual event) 经 (經) 历 (歷) jīnglì [个 (個) gè] 4 [+ feeling, problem] 体 (體) 验 (驗) tǐyàn

experienced [ɪksˈpɪərɪənst] ADJ 有经 (經) 验 (驗) 的 yǒu jīngyàn de

experiment [n ɪksˈpɛrɪmənt, vb ɪksˈpɛrɪment] I N [c] (Sci) 实 (實) 验 (驗) shíyàn [个 (個) gè] 2 (trial) 试 (試) 用 shìyòng [次 ci] II VI 试 (試) 验 (驗) shìyàn ▸ **to perform** or **conduct** or **carry out an experiment** 做实 (實) 验 (驗) zuò shíyàn

expert [ˈekspəːt] I N [c] 专 (專) 家

zhuānjiā [位 wèi] II ADJ [+ opinion, help, advice] 专 (專) 家的 zhuānjiā de ▸ **an expert on sth** 某事的专 (專) 家 mǒushì de zhuānjiā

expertise [ekspəːˈtiːz] N [u] 专 (專) 门 (門) 知识 (識) zhuānmén zhīshì

expire [ɪksˈpaɪəʳ] VI (passport, licence +) 过 (過) 期 guòqí

explain [ɪksˈpleɪn] I VT 1 (situation, contract) 解释 (釋) jiěshì 2 [+ decision, actions] 阐 (闡) 明 chǎnmíng ▸ **to explain why/how** etc 解释 (釋) 为 (為) 什么 (麼) / 如何 (等) 解释 (釋) wèi shénme/rúhé děng ▸ **to explain sth to sb** 向某人解释 (釋) 某事 xiàng mǒurén jiěshì mǒushì

explanation [ekspləˈneɪʃən] N 1 [c/u] (reason) ▸ **explanation (for)** (对 (對) 的) …的解释 (釋) (duì…de) jiěshì [个 (個) gè] 2 [c] (description) ▸ **explanation (of)** (…的) 说 (說) 明 (…de) shuōmíng [个 (個) gè]

explode [ɪksˈpləud] I VI 爆炸 bàozhà II VT [+ bomb, tank] 使爆炸 shǐ bàozhà

exploit [ɪksˈplɔɪt] VT [+ resources] 开 (開) 发 (發) kāifā; [+ person, idea] 剥 (剝) 削 bōxuē

explore [ɪksˈplɔːʳ] I VT 探索 tànsuǒ II VI 探险 (險) tànxiǎn

explosion [ɪksˈpləuʒən] N [c] 1 爆炸 bàozhà [个 (個) gè] 2 [of population] 激增 jīzēng [个 (個) gè]

export [vb eksˈpɔːt, n ˈekspɔːt] VT 输 (輸) 出 shūchū II N 1 [u] (process) 出口 chūkǒu 2 [c] (product) 出口物 chūkǒuwù [宗 zōng]

express [ɪksˈpres] VT 表达 (達) biǎodá; [+ service, mail] 特快的 tèkuài de ▸ **to express o.s.** 表

达(達)自己的意思 biǎodá zìjǐ de yìsi

expression [ɪksˈpreʃən] N 1 [c] (*word, phrase*) 言辞(辭) yáncí [种 zhǒng] 2 [c/u] (*on face*) 表情 biǎoqíng [种 zhǒng]

extension [ɪksˈtɛnʃən] N [c] 1 (*of building*) 扩(擴)建部分 kuòjiàn bùfen [个 gè] 2 (*of contract, visa*) 延期 yánqī [次 cì] 3 (*Tel*) 分机(機) fēnjī [部 bù]
▸ **extension 3718** (*Tel*) 3718分机(機) sān qī yī bā fēnjī

extent [ɪksˈtɛnt] N [u/s] (*of problem, damage*) 程度 chéngdù ▸ **to a certain extent** 在一定程度上 zài yīdìng chéngdù shang

extinct [ɪksˈtɪŋkt] ADJ [+ *animal, plant*] 灭(滅)绝(絕)的 mièjué de

extra [ˈɛkstrə] I ADJ 额(額)外的 éwài de II ADV (*in addition*) 额(額)外地 éwài de III N [c] 1 (*luxury*) 额(額)外的事物 éwài de shìwù [件 jiàn] 2 (*surcharge*) 另外的收费(費) lìngwài de shōufèi [项 xiàng]
▸ **wine will cost extra** 酒另外收钱(錢) jiǔ lìngwài shōuqián

extraordinary [ɪksˈtrɔːdnrɪ] ADJ 非凡的 fēifán de

extreme [ɪksˈtriːm] ADJ 1 极(極)度的 jídù de 2 [+ *opinions, methods*] 极端的 jíduān de

extremely [ɪksˈtriːmlɪ] ADV 非常 fēicháng

extremist [ɪksˈtriːmɪst] N [c] 过(過)激分子 guòjī fènzǐ [个 gè]

eye [aɪ] N [c] (*Anat*) 眼睛 yǎnjing [只 zhī] ▸ **to keep an eye on sb/ sth** 密切注意某人/某事 mìqiè zhùyì mǒurén/mǒushì

eyebrow [ˈaɪbrau] N [c] 眉毛 méimao [个 gè]

eyelash [ˈaɪlæʃ] N [c] 眼睫毛 yǎnjiémáo [根 gēn]

eyelid [ˈaɪlɪd] N [c] 眼皮 yǎnpí [个 gè]

eyeliner [ˈaɪlaɪnəʳ] N [c/u] 眼线(線)笔(筆) yǎnxiànbǐ

eyeshadow [ˈaɪʃædəu] N [c/u] 眼影 yǎnyǐng

eyesight [ˈaɪsaɪt] N [u] 视(視)力 shìlì

f

fabric ['fæbrɪk] N [c/u] 织(織)物 zhīwù [件 jiàn]

fabulous ['fæbjʊləs] ADJ (inf) 极(極)好的 jíhǎo de

face [feɪs] I N 1 [c] (Anat) 脸(臉) liǎn [张(張) zhāng] 2 [c] (expression) 表情 biǎoqíng [个(個) gè] II VT 1 [+ direction] 面向 miànxiàng 2 [+ unpleasant situation] 面对(對) miànduì ▸ I can't or couldn't face it 我应(應)付不了 wǒ yìngfù bùliǎo ▸ to come face to face with [+ person] 与(與)…面对(對)面 yǔ…miàn duì miàn ▸ face up to VT FUS 1 [+ truth, facts] 接受 jiēshòu 2 [+ responsibilities, duties] 承担(擔) chéngdān

Facebook® ['feɪsbʊk] N [U] 脸(臉)谱(譜)网(網) Liǎnpǔ wǎng

face cloth (Brit) N [c] 洗脸(臉)毛巾

xǐliǎn máojīn [条(條) tiáo]

FaceTime® ['feɪs,taɪm] N [U] 视(視)频(頻)通话(話) shìpín tōnghuà

facility [fə'sɪlɪtɪ] N [c] (service) 设(設)施 shèshī [种 zhǒng]

fact [fækt] N [c] 真相 zhēnxiàng [个(個) gè] ▸ in (actual) fact, as a matter of fact (for emphasis) 实(實)际(際)上 shíjìshang ▸ facts and figures 精确(確)的资(資)料 jīngquè de zīliào

factory ['fæktərɪ] N [c] 工厂(廠) gōngchǎng [家 jiā]

fail [feɪl] I VT [+ exam, test] 没(沒)有通过(過) méiyǒu tōngguò II VI 1 [candidate +] 没(沒)通过(過) méi tōngguò 2 [attempt, plan, remedy +] 失败(敗) shībài ▸ to fail to do sth 未能做某事 wèi néng zuò mǒushì

failure ['feɪljəʳ] N 1 [c/u] (lack of success) 失败(敗) shībài [次 cì] 2 [c] ▸ failure to do sth 没(沒)有做某事 méiyǒu zuò mǒushì

faint [feɪnt] I ADJ 1 [+ sound, light, smell, hope] 微弱的 wēiruò de 2 [+ mark, trace] 隐(隱)约(約)的 yǐnyuē de II VI 晕(暈)倒 yūndǎo ▸ to feel faint 感到眩晕(暈) gǎndào xuànyūn

fair [fɛəʳ] I ADJ 1 (just, right) 公平的 gōngpíng de 2 (quite large) 相当(當)的 xiāngdāng de 3 (quite good) 大体(體)的 dàtǐ de 4 [+ skin, complexion] 白皙的 báixī de; [+ hair] 金色的 jīnsè de II N [c] 1 (trade fair) 交易会(會) jiāoyìhuì [届 jiè] 2 (Brit) (also: funfair) 游(遊)乐(樂)场(場) yóulèchǎng [座 zuò] ▸ it's not fair! 太不公平了! tài bù gōngpíng le!

fairground ['fɛəgraʊnd] N [c] 游(遊)乐(樂)场(場) yóulèchǎng [座 zuò]

fairly ['feəlɪ] ADV 1 (justly) 公平地 gōngpíng de 2 (quite) 相当(當) xiāngdāng

faith [feɪθ] N 1 [U] (trust) 信任 xìnrèn 2 [U] (religious belief) 信仰 xìnyǎng ▸ **to have faith in sb/sth** 相信某 人/某事 xiāngxìn mǒurén/mǒushì

faithful ['feɪθful] ADJ 忠实(實)的 zhōngshí de

faithfully ['feɪθfəlɪ] ADV ▸ **Yours faithfully** (Brit) 您忠实(實)的 nín zhōngshí de

fake [feɪk] I N [c] 赝(贗)品 yànpǐn [件 jiàn] II ADJ 假的 jiǎ de

fall [fɔːl] (pt fell, pp fallen) I VI 1 掉 diào 2 [snow, rain +] 下 xià 3 [price, temperature, currency +] 下降 xiàjiàng II N 1 [c] (in price, temperature) 下降 xiàjiàng [次 cì] 3 [U] (US: autumn) 秋天 qiūtiān [个 gè] ▸ **to fall in love (with sb/ sth)** 爱(愛)上(某人/某事) àishàng (mǒurén/mǒushì)
▸ **fall down** VI [person +] 摔倒 shuāidǎo [次 cì] 2 [building +] 倒塌 dǎotā
▸ **fall off** VI [person, object +] 掉下 diàoxiàlà
▸ **fall over** VI [person, object +] 跌 倒 diēdǎo
▸ **fall through** VI [plan +] 落空 luòkōng

fallen ['fɔːlən] PP of **fall**

false [fɔːls] ADJ 假的 jiǎ de

fame [feɪm] N [U] 声(聲)誉(譽) shēngyù

familiar [fə'mɪlɪə] ADJ 熟悉的 shúxī de ▸ **to be familiar with** 对(對)…熟悉 duì…shúxī

family ['fæmɪlɪ] N [c] 1 (relations) 家庭 jiātíng [个 gè] 2 (children) 孩子 háizi [个 gè]

famine ['fæmɪn] N [c/U] 饥(饑)荒 jīhuang [阵 zhèn]

famous ['feɪməs] ADJ 著名的 zhùmíng de

fan [fæn] N [c] 1 [of pop star] 迷 mí [个 gè]; (Sport) 球迷 qiúmí [个 gè] 2 (Elec) 风(風)扇 fēngshàn [台 tái] 3 (handheld) 扇子 shànzi [把 bǎ] shān

fanatic [fə'nætɪk] N [c] 狂热(熱)者 kuángrèzhě [名 míng]

fancy-dress party ['fænsɪdres-] N [c] 化装(裝)舞会(會) huàzhuāng wǔhuì [个 gè]

fantastic [fæn'tæstɪk] ADJ 1 极(極)好的 jí hǎo de 2 [+ sum, amount, profit] 巨大的 jùdà de

FAQ N ABBR (= frequently asked question) 常见(見)问(問)题(題) chángjiàn wèntí

far [fɑː] I ADJ 1 远(遠)的 yuǎn de 2 ▸ **the far end/side** 尽(盡)头(頭)的 jìntóu de II ADV 1 远(遠) yuǎn; (in time) 久远(遠)地 jiǔyuǎn de 2 (much, greatly) …得多 …de duō ▸ **as far as I know** 据(據)我所知 jù wǒ suǒ zhī ▸ **by far** …得多 …de duō ▸ **so far** 迄今为(為)止 qìjīn wéizhǐ ▸ **it's not far from here** 离(離)这(這)里(裡)不远(遠) lí zhèlǐ bù yuǎn ▸ **how far?** 多远(遠)? duō yuǎn? ▸ **far away** 遥(遙)远(遠) yáoyuǎn ▸ **far better** 好得多 hǎo de duō

fare [feə] N [c] 票价(價) piàojià [种 zhǒng]; (in taxi) 乘客 chéngkè [位 wèi] ▸ **half/full fare** 半/全价(價) bàn/quánjià

Far East N ▸ **the Far East** 远(遠) 东(東) Yuǎndōng

farm [fɑːm] N [c] 农(農)场(場) nóngchǎng [个 gè]

farmer ['fɑːmə'] N [c] 农(農)民 nóngmín [个 gè]

farming ['fɑːmɪŋ] N [u] 农(農)业(業) nóngyè

fascinating ['fæsɪneɪtɪŋ] ADJ 迷人的 mírén de

fashion ['fæʃən] N [u/s] 流行的式样(樣) liúxíng de shìyàng ▸ **in fashion** 流行 liúxíng

fashionable ['fæʃnəbl] ADJ 流行的 liúxíng de

fast [fɑːst] I ADJ 快的 kuài de II ADV 快 kuài ▸ **my watch is 5 minutes fast** 我的表(錶)快5分钟(鐘) wǒ de biǎo kuài wǔ fēnzhōng ▸ **fast asleep** 酣睡 hānshuì

fasten ['fɑːsn] VT [+ coat, jacket, belt] 系(繫)上 jìshàng

fast food N [u] 快餐 kuàicān

fat [fæt] I ADJ 肥胖的 féipàng de; [+ animal] 肥的 féi de II N 1 [u] (on person, animal, meat) 脂肪 zhīfáng 2 [c/u] (for cooking) 食用油 shíyòngyóu [桶 tǒng]

　　用 **fat** 形容某人胖，显得过于直接，甚至有些粗鲁。比较礼貌而又含蓄的说法是 **plump** 或 **chubby**，后者更为含蓄的方式。**overweight** 和 **obese** 暗示某人因为肥胖而有健康问题。**obese** 是医学术语，表示某人极度肥胖或超重。一般而言，应尽量避免当面使用任何表示肥胖的词语。

fatal ['feɪtl] ADJ 1 致命的 zhìmìng de 2 [+ mistake] 严(嚴)重的 yánzhòng de

father ['fɑːðə'] N [c] 父亲(親) fùqīn [位 wèi]

Father Christmas (Brit) N 圣(聖)诞(誕)老人 Shèngdàn lǎorén

father-in-law ['fɑːðərənlɔː] (pl **fathers-in-law**) N [c] (of woman)

公公 gōnggong; (of man) 岳父 yuèfù

faucet ['fɔːsɪt] (US) N [c] 水龙(龍)头(頭) shuǐlóngtóu [个 gè]

fault [fɔːlt] N 1 [s] 错(錯)误(誤) cuòwù 2 [c] (defect: in person) 缺点(點) quēdiǎn [个 gè]; (in machine) 故障 gùzhàng [个 gè] ▸ **it's my fault** 是我的错(錯) shì wǒ de cuò

fava bean ['fɑːvə-] (US) N [c] 蚕(蠶)豆 cándòu [颗 kē]

favour, (US) **favor** ['feɪvə'] N [c] 恩惠 ēnhuì [种 zhǒng] ▸ **to do sb a favour** 帮(幫)某人的忙 bāng mǒurén de máng ▸ **to be in favour of sth/doing sth** 赞(贊)成某事/做某事 zànchéng mǒushì/zuò mǒushì

favourite, (US) **favorite** ['feɪvrɪt] I ADJ 最喜欢(歡)的 zuì xǐhuan de II N 2 偏爱(愛) piān'ài [种 zhǒng]

fax [fæks] N 1 [s] 传(傳)真 chuánzhēn [份 fèn] 2 (also: **fax machine**) 传(傳)真机(機) chuánzhēnjī [台 tái] II VT [+ document] 用传(傳)真发(發)送 yòng chuánzhēn fāsòng

fear [fɪə'] N 1 [c/u] (terror) 害怕 hàipà [种 zhǒng] 2 [c] (anxiety) 焦虑(慮) jiāolǜ [种 zhǒng]

feather ['feðə'] N [c] 羽毛 yǔmáo [根 gēn]

feature ['fiːtʃə'] N [c] 特点(點) tèdiǎn [个 gè]

February ['februəri] N [c/u] 二月 èryuè; see also/另见 **July**

fed [fed] PT, PP of **feed**

fed up (inf) ADJ ▸ **to be fed up** 厌(厭)倦 yànjuàn

fee [fiː] N [c] 费(費)fèi [种 zhǒng]; [+ of doctor, lawyer] 费(費)用

fèiyòng [项 xiàng]

feeble ['fi:bl] ADJ 1 虚(虚)弱的 xūruò de 2 [+attempt, excuse, argument] 无(無)力的 wúlì de

feed [fi:d] (pt, pp **fed**) VT 喂(餵) wèi

feel [fi:l] (pt, pp **felt**) VT 1 (touch) [+object, face] 摸 mō 2 [+pain] 感 到 gǎndào 3 (think, believe) 认(認) 为(為) rènwéi ▸ **to feel that...** 感 到... gǎndào... ▸ **to feel hungry** 觉(覺)得饿(餓) juéde è ▸ **to feel cold** 觉(覺)得冷 juéde lěng ▸ **to feel lonely/better** 感到孤独(獨)/ 感觉(覺)好多了 gǎndào gūdú/ gǎnjué hǎo duō le ▸ **I don't feel well** 我觉(覺)得身体(體)不适(適) wǒ juéde shēntǐ bùshì ▸ **to feel sorry for sb** 同情某人 tóngqíng mǒurén ▸ **to feel like** (want) 想要 xiǎng yào

feeling ['fi:lɪŋ] I N 1 [c] (emotion) 感受 gǎnshòu [种 zhǒng] 2 [c] (physical sensation) 感觉(覺) gǎnjué [种 zhǒng] 3 [s] (impression) 感觉(覺) gǎnjué II **feelings** NPL 1 (attitude) 看法 kànfǎ 2 (emotions) 情感 qínggǎn ▸ **I have a feeling that...** 我有种(種)感觉(覺)… 我 yǒu zhǒng gǎnjué… ▸ **to hurt sb's feelings** 伤(傷)害某人的感情 shānghài mǒurén de gǎnqíng

feet [fi:t] NPL of **foot**

fell [fɛl] PT of **fall**

felt [fɛlt] PT, PP of **feel**

felt-tip pen, felt-tip ['fɛlttɪp-] N [c] 毡(氈)头(頭)墨水笔(筆) zhāntóu mòshuǐbǐ [支 zhī]

female ['fi:meɪl] I N [c] 1 (Zool) 雌 兽(獸)císhòu [头 tóu] 2 (woman) 女性 nǚxìng [位 wèi] II ADJ 1 (Zool) 雌性的 cíxìng de 2 (relating to women) 女的 fùnǚ de

▸ **male and female students** 男女 学(學)生 nánnǚ xuéshēng

feminine ['fɛmɪnɪn] ADJ 1 女性的 nǚxìng de 2 (Ling) 阴(陰)性的 yīnxìng de

feminist ['fɛmɪnɪst] N [c] 女权(權) 主义(義)者 nǚquán zhǔyìzhě [位 wèi]

fence [fɛns] N [c] 篱(籬)笆 líba [道 dào]

fencing ['fɛnsɪŋ] N [U] (Sport) 击(擊)剑(劍) jījiàn

ferry ['fɛrɪ] N [c] 1 (small) 摆(擺)渡 bǎidù [个 gè] 2 (large) (also: **ferryboat**) 渡船 dùchuán [艘 sōu]

festival ['fɛstɪvl] N [c] 1 (Rel) 节(節)日 jiérì [个 gè] 2 (Theat, Mus) 艺(藝)术(術)节(節)yìshùjié [届 jiè]

fetch [fɛtʃ] VT 去拿来(來) qù nálái ▸ **to fetch sth for sb, fetch sb sth** 去给(給)某人拿来(來)某物 qù gěi mǒurén nálái mǒuwù

fever ['fi:vər] N [c] (Med) 发(發) 烧(燒)fāshāo [次 cì]

few [fju:] I ADJ 1 (not many) 少 数(數)的 shǎoshù de 2 ▸ **a few** (some) 几(幾)个(個)jǐ gè II PRON 1 ▸ **a few** (some) 几(幾)个(個)jǐ gè 2 ▸ **in the next few days** 在接下 来(來)的几(幾)天(天)里(裡)zài jiēxiàlái de jǐ tiān lǐ ▸ **in the past few days** 在过(過)去的几(幾)天 里(裡)zài guòqù de jǐ tiān lǐ ▸ **a few of us/them** 我们(們)/他 们(們)中的几(幾)个(個)wǒmen/ tāmen zhōng de jǐ gè ▸ **a few more** 再多几(幾)个(個)zài duō jǐ gè ▸ **very few survive** 极(極)少 幸(倖)存 jí shǎo xìngcún

fewer ['fju:ər] ADJ 较(較)少的 jiào shǎo de ▸ **no fewer than** 不少 于(於)bù shǎo yú

fiancé [fɪ'ɒnseɪ] N [c] 未婚夫 wèihūnfū [个 gè]

fiancée [fɪ'ɒnseɪ] N [c] 未婚妻 wèihūnqī [个 gè]

fiction ['fɪkʃən] N [u] 小说(說) xiǎoshuō

field [fiːld] N [c] **1** (grassland) 草地 cǎodì **2** (cultivated) 田地 tiándì [片 piàn] **3** (Sport) (场(場)地 chǎngdì [块 kuài] **4** (subject, area of interest) 领(領)域 lǐngyù [个 gè]

fierce [fɪəs] ADJ **1** 凶猛的 xiōngměng de [+ loyalty, resistance, competition] 强(強)烈的 qiángliè de

fifteen [fɪf'tiːn] NUM 十五 shíwǔ
  ► **she's fifteen (years old)** 她15 岁(歲)了 tā shíwǔ suì le

fifteenth [fɪf'tiːnθ] NUM 第十五 dìshíwǔ; see also/另见 **fifth**

fifth [fɪfθ] NUM **1** (in series) 第五 dìwǔ **2** (fraction) 五分之一 wǔ fēn zhī yī ► **on July fifth, on the fifth of July** 在7月5日 zài qīyuè wǔrì

fifty ['fɪftɪ] NUM 五十 wǔshí ► **he's in his fifties** 他50多岁(歲) tā wǔshí duō suì

fight [faɪt] (pt, pp **fought**) I N [c] **1** 斗(鬥)殴(毆) dòu'ōu [场 cháng] **2** (struggle) 奋(奮)斗(鬥) fèndòu ► **to fight for/against sth** 为(為)支持/反对(對)某事而斗(鬥)争(爭) wèi zhīchí/fǎnduì mǒushì ér dòuzhēng

figure ['fɪɡə'] I N [c] **1** (number, statistic) 统(統)计(計)数(數)字 tǒngjì shùzì [个 gè] **2** (digit) 数(數)字 shùzì [个 gè] **3** (body, shape) 身材 shēncái [种 zhǒng]

II VT (esp US: inf: reckon) 估计(計) gūjì ► **that figures** (inf) 那不足 为(為)怪 nà bùzú wéi guài

file [faɪl] N [c] **1** (dossier) 档(檔)案 dàng'àn [份 fèn] **2** (folder) 文件夹(夾) wénjiànjiā [个 gè] **3** (Comput) 文件 wénjiàn [份 fèn] II VT **1** (also: **file away**) [+ papers, document] 把…归(歸)档(檔) bǎ…guīdàng **2** [+ wood, metal, fingernails] 把…锉(銼)平 bǎ…cuòpíng

fill [fɪl] I VT **1** [+ container] 装(裝)满(滿) zhuāngmǎn **2** [+ space, area] 占(佔)满(滿) zhànmǎn **3** [+ tooth] 补(補) bǔ ► **to fill sth with sth** 用某物填满(滿)某物 yòng mǒuwù tiánmǎn mǒuwù
  ► **fill in** VT (esp Brit) [+ form, name] 填写(寫) tiánxiě
  ► **fill out** VT [+ form] 填写(寫) tiánxiě

filling ['fɪlɪŋ] N [c] (in tooth) 填补(補)物 tiánbǔwù [种 zhǒng]

film [fɪlm] I N [c] **1** (esp Brit) 影片 yǐngpiàn [部 bù] **2** [c/u] (Phot) 胶(膠)卷 jiāojuǎn [卷 juǎn] II VT 把…拍成影片 bǎ…pāichéng yǐngpiàn

film star N [c] (esp Brit) 影星 yǐngxīng [位 wèi]

filthy ['fɪlθɪ] ADJ 污秽(穢)的 wūhuì de

final ['faɪnl] I ADJ **1** 最后(後)的 zuìhòu de **2** [+ decision, offer] 不可变(變)更的 bùkě biàngēng de II N [c] (Sport) 决(決)赛(賽) juésài [场 cháng]

finally ['faɪnəlɪ] ADV **1** (eventually) 终(終)于(於) zhōngyú **2** (lastly) 最后(後) zuìhòu **3** (in conclusion) 总(總)之 zǒngzhī

find [faɪnd] (pt, pp **found**) I vт
1 [+ person, object, exit] 找到
zhǎodào; [+ lost object] 找回
zhǎohuí **2** (discover) 找出
zhǎochū; [+ answer,
solution] 找出 zhǎochū; [+ object,
person] 发(發)现(現) fāxiàn
3 [+ work, job] 得到 dédào; [+ time]
有 yǒu ▸ **to find sb guilty/not
guilty** 判决(決)某人有罪/无(無)罪
pànjué mǒurén yǒuzuì/wúzuì ▸ **to
find one's way** 认(認)得路 rènde
lù
▸ **find out** I vт [+ fact, truth] 查明
chámíng II vι ▸ **to find out about
sth** (deliberately) 获(獲)知某事
huòzhī mǒushì; (by chance) 偶然
发(發)现(現)某物 ǒurán fāxiàn
mǒuwù

fine [faɪn] I adj **1** (satisfactory)
还(還)不错(錯)的 hái bùcuò de
2 (excellent) 好的 hǎo de **3** (in
texture) 细(細)的 xì de
4 [+ weather, day] 晴朗的 qínglǎng
de II adv (well) 不错(錯)地 bùcuò de
III N [c] (Law) 罚(罰)款 fákuǎn
[笔 bǐ] IV vт (Law) 处(處)…以
罚(罰)金 chǔ...yǐ fájīn ▸ (I'm)fine
(我)很好 (wǒ) hěn hǎo ▸ (that's)
fine (那) 好吧 (nà) hǎoba
▸ **you're doing fine** 你做得很好 nǐ
zuò de hěn hǎo

finger ['fɪŋgəʳ] N [c] 手指 shǒuzhǐ
[根 gēn]

finish ['fɪnɪʃ] I N **1** [s] (end) 结(結)束
jiéshù **2** [c] (Sport) 终(終)点(點)
zhōngdiǎn [个 gè] II vт [+ work]
结(結)束 jiéshù; [+ task, report,
book] 完成 wánchéng III vι
1 (course, event +) 结(結)束 jiéshù
2 [person +] 说(說)完 shuōwán
▸ **to finish doing sth** 做完某事
zuòwán mǒushì

Finland ['fɪnlənd] N 芬兰(蘭)
Fēnlán

fir [fɜːʳ] N [c] (also: **fir tree**) 冷杉
lěngshān [棵 kē]

fire ['faɪəʳ] I N **1** [u] (flames) 火 huǒ
2 [c] (in fireplace, hearth) 炉(爐)火
lúhuǒ [团 tuán]; [c/u] (accidental)
火灾(災) huǒzāi [场 cháng] II vт
1 (shoot) 射出 shèchū **2** (inf:
dismiss) 解雇(僱) jiěgù vι
(shoot) 开(開)火 kāihuǒ ▸ **on fire**
起火 qǐhuǒ ▸ **to catch fire** 着(著)
火 zháohuǒ

fire alarm N [c] 火警报(報)
huǒjǐng jǐngbào [个 gè]

fire brigade N [c] 消防队(隊)
xiāofángduì [支 zhī]

fire engine (Brit) N [c] 救火车(車)
jiùhuǒchē [辆 liàng]

firefighter ['faɪəfaɪtəʳ] N [c] 消防
队(隊)员(員) xiāofáng duìyuán [位
wèi]

fireman ['faɪəmən] (pl **firemen**) N
[c] 消防队(隊)员(員) xiāofáng
duìyuán [位 wèi]

fire station N [c] 消防站
xiāofángzhàn [个 gè]

fire truck (US) N [c] 救火车(車)
jiùhuǒchē [辆 liàng]

firework ['faɪəwɜːk] N [c] 烟(煙)
火 yānhuǒ [团 tuán] II **fireworks**
NPL (display) 烟(煙)火表演 yānhuǒ
biǎoyǎn

firm [fɜːm] I adj **1** [+ mattress,
ground] 硬实(實)的 yìngshí de
2 [+ person] 坚(堅)定的 jiāndìng
de II N [c] 公司 gōngsī [家 jiā]

first [fɜːst] I adj **1** (in series) 第一的
dìyī de **2** [+ reaction, impression] 最
初的 zuìchū de **3** [+ prize, division]
头(頭)等的 tóuděng de II adv
1 (before anyone else) 首先 shǒuxiān

2 (before other things) 首先 shǒuxiān **3** (when listing reasons) 第一 dìyī **4** (for the first time) 第一次 dìyī cì **5** (in race, competition) [come, finish +] 第一名 dìyī míng ▸ **at first** 起先 qǐxiān ▸ **the first of January** 1月1号(號) yī yuè yī hào

first aid N [U] 急救 jíjiù

first-class [fɜːstˈklɑːs] I ADJ **1** (excellent) 第一流的 dìyīliú de **2** [+ carriage, ticket, stamp] 一类(類)的 yīlèi de II ADV (travel, send +) 作为(為)一类(類) zuòwéi yīlèi

firstly [ˈfɜːstlɪ] ADV 首先 shǒuxiān

first name N [c] 名 míng [个 gè]

fish [fɪʃ] N I N [c] 鱼(魚) yú [条 tiáo] **2** [U] (food) 鱼(魚)肉 yúròu II VI (commercially) 捕鱼(魚) bǔyú; (as sport, hobby) 钓(釣)鱼(魚) diàoyú ▸ **to go fishing** 去钓(釣)鱼(魚) qù diàoyú

fisherman [ˈfɪʃəmən] (pl **fishermen**) N [c] 渔(漁)民 yúmín [位 wèi]

fishing [ˈfɪʃɪŋ] N [U] 钓(釣)鱼(魚) diàoyú

fishing boat N [c] 渔(漁)船 yúchuán [条 tiáo]

fist [fɪst] N [c] 拳 quán [个 gè]

fit [fɪt] I ADJ (healthy) 健康的 jiànkāng de **1** [+ clothes, shoes +] 合身 héshēn **2** (in space, gap) 适(適)合 shìhé ▸ **to keep fit** 保持健康 bǎochí jiànkāng ▸ **to have a fit** (Med) 癫(癲)痫(癇)病发(發)作 diānxiánbìng fāzuò ▸ **to be a good fit** 很合身 hěn héshēn ▸ **fit in** I VI (lit) 容纳(納)róngnà II VT [+ appointment, visitor] 定时(時)间(間)于(於) dìng shíjiān yú

fitness [ˈfɪtnɪs] N [U] 健康 jiànkāng

five [faɪv] NUM 五 wǔ ▸ **that will be five pounds, please** 请(請)付5镑(鎊) qǐng fù wǔ bàng ▸ **she's five (years old)** 她5岁(歲)了 tā wǔ suì le ▸ **it's five o'clock** 5点(點)了 wǔ diǎn le

fix [fɪks] VT **1** [+ date, price, meeting] 确(確)定 quèdìng **2** (mend) 修理 xiūlǐ **3** (problem) 解决(決)jiějué

fizzy [ˈfɪzɪ] (Brit) ADJ 带(帶)气(氣)的 dàiqì de

flag [flæg] N [c] 旗 qí [面 miàn]

flame [fleɪm] N [c/U] 火焰 huǒyàn [团 tuán] ▸ **in flames** 燃烧(燒)着(著) ránshāozhe

flash [flæʃ] I N [c] **1** 闪(閃)光 shǎnguāng II N [c] **1** (閃)光 shǎnguāng **2** (Phot) 闪(閃)光灯(燈)shǎnguāngdēng [个 gè] ▸ **to flash one's headlights** 亮起车(車)头(頭)灯(燈) liàngqǐ chētóudēng

flashlight [ˈflæʃlaɪt] (esp US) N [c] 手电(電)筒 shǒudiàntǒng [个 gè]

flask [flɑːsk] N [c] (also: **vacuum flask**) 保温(溫)瓶 bǎowēnpíng [个 gè]

flat [flæt] I ADJ **1** 平的 píng de **2** [+ tyre, ball] 气(氣)不足的 qì bùzú de **3** (Brit) [+ battery] 没(沒)电(電)的 méi diàn de II N [c] (Brit) 公寓 gōngyù [套 tào]

flatter [ˈflætə'] VT 奉承 fèngchéng

flavour [ˈfleɪvə'] (US **flavor**) I N [c/U] 味 wèi [种 zhǒng] II VT 给(給)…调(調)味 gěi...tiáowèi

flea [fliː] N [c] 跳蚤 tiàozao [只 zhī]

flew [fluː] PT OF **fly**

flexible [ˈflɛksəbl] ADJ **1** 柔韧(韌)的 róurèn de **2** [+ person, schedule] 机(機)动(動)的 jīdòng de

flight [flaɪt] N 1 [c] 航班 hángbān [个 gè] 2 (also: **flight of stairs, flight of steps**) 一段楼(樓)梯 yī duàn lóutī [段 duàn]

flight attendant N [c] (male) 男空服人员(員) nán kōngfú rényuán [位 wèi]; (female) 空姐 kōngjiě [位 wèi]

float [fləʊt] VI 1 漂浮 piāofú 2 (stay afloat) 浮着(著) fúzhe

flock [flɒk] N [c] 群 qún

flood [flʌd] N 1 [c/u] 洪水 hóngshuǐ [次 cì] II VT 淹没(沒) yānmò III

floor [flɔːʳ] N 1 [c] 地板 dìbǎn [块 kuài] 2 [c] (storey) 楼(樓)层(層) lóucéng [个 gè] ▸ **on the floor** 在地板上 zài dìbǎn shang ▸ **ground floor** (Brit) 一楼(樓) yī lóu ▸ **first floor** (Brit) 二楼(樓) èr lóu; (US) 一楼(樓) yī lóu

> 在英式英语中，建筑的 **ground floor** 是指紧贴地面的那个楼层。它上面的一层叫 **first floor**。在美式英语中，**first floor** 是指紧贴地面的楼层，它上面的一层是 **second floor**。

floppy [flɒpɪ] N [c] (also: **floppy disk**) 软(軟)盘(盤) ruǎnpán [张 zhāng]

florist [flɒrɪst] N [c] 1 花商 huāshāng [个 gè] 2 (also: **florist's**) 花店 huādiàn [家 jiā]

flour [flaʊəʳ] N [u] 面(麵)粉 miànfěn

flow [fləʊ] I VI 1 流动(動) liúdòng II N [c/u] 1 流动(動) liúdòng 2 (of traffic) 川流不息 chuān liú bù xī

flower [flaʊəʳ] I N [c] 1 花 huā [朵 duǒ] II VI 开(開)花 kāihuā ▸ **in flower** 正开(開)着(著)花 zhèng kāizhe huā

flown [fləʊn] PP of **fly**

flu [fluː] N [u] 流感 liúgǎn

fluent ['fluːənt] ADJ [+ speech, reading, writing] 流畅(暢)的 liúchàng de ▸ **to speak fluent French, be fluent in French** 讲(講)流利的法语(語) jiǎng liúlì de Fǎyǔ

flush [flʌʃ] VT ▸ **to flush the toilet** 冲(沖)厕(廁)所 chōng cèsuǒ

flute [fluːt] N [c] 长(長)笛 chángdí [支 zhī]

fly [flaɪ] (PT **flew**, PP **flown**) I VT [+ plane] 驾(駕)驶(駛) jiàshǐ II VI 1 [bird, insect, plane +] 飞(飛)fēi 2 [passengers +] 乘飞(飛)机(機) chéng fēijī III N [c] (insect) 苍(蒼)蝇(蠅) cāngyíng [只 zhī] ▸ **fly away** VI 飞(飛)走 fēizǒu

focus ['fəʊkəs] (PL **focuses**) I N 1 [u] (Phot) 聚焦 jùjiāo 2 [c] 重点(點) zhòngdiǎn [个 gè] II VI ▸ **to focus (on)** (with camera) 聚焦 (于(於)) jùjiāo (yú) 集中(于(於)) jízhōng (yú) ▸ **in focus/out of focus** 焦点(點)对(對)准(準)/没(沒)对(對)准(準) jiāodiǎn duìzhǔn/méi duìzhǔn ▸ **to be the focus of attention** 为(為)关(關)注的焦点(點) wéi guānzhù de jiāodiǎn

fog [fɒg] N [c/u] 雾(霧) wù [场 chǎng]

foggy ['fɒgɪ] ADJ [+ day, climate] 有雾(霧)的 yǒu wù de ▸ **it's foggy** 今天有雾(霧) jīntiān yǒu wù

fold [fəʊld] VT (also: **fold up**) 折叠(疊) zhédié

folder ['fəʊldəʳ] N [c] 文件夹(夾) wénjiànjiā [个 gè]

follow ['fɒləʊ] VT 1 跟随(隨) gēnsuí 2 [+ example, advice, instructions] 遵循 zūnxún

3 [+ *route, path*] 沿着(著)…行
进(進)…yánzhe…xíngjìn ▸ **I don't
quite follow you** 我不太理解你的
意思 wǒ bù tài lǐjiě nǐ de yìsi ▸ **as
follows** (*when listing*) 如下 rúxià;
(*in this way*) 按如下方式 àn rúxià
fāngshì ▸ **followed by** 接着(著)是
jiēzhe shì

following ['fɒləʊɪŋ] I PREP (*after*)
在…之后(後) zài…zhīhòu II ADJ
1 [+ *day, week*] 接着(著)的 jiēzhe de
2 (*next-mentioned*) 下述的 xiàshù
de

fond [fɒnd] ADJ ▸ **to be fond of**
[+ *person*] 喜爱(愛) xǐ'ài; [+ *food,
walking*] 喜欢(歡) xǐhuan

food [fuːd] N [c/u] 食物 shíwù [种
(種) zhǒng]

fool [fuːl] I N [c] 白痴(癡) báichī
[个 gè] II VT (*deceive*) 欺骗(騙)
qīpiàn

foot [fʊt] (*pl* **feet**) N **1** [c] (*measure*)
英尺 yīngchǐ **2** [c] (*of person*)
脚(腳) jiǎo [只 zhī] ▸ **on foot** 步行
bùxíng

football ['fʊtbɔːl] N **1** [c] (*ball*) 足球
zúqiú [只 zhī] **2** [u] (*sport: Brit*) 足
球 zúqiú; (*US*) 美式足球 měishì
zúqiú

footballer ['fʊtbɔːləʳ] (*Brit*) N [c]
足球运(運)动(動)员(員) zúqiú
yùndòngyuán [位 wèi]

footpath ['fʊtpɑːθ] N [c] 人行
小径(徑) rénxíng xiǎojìng [条
tiáo]

footprint ['fʊtprɪnt] N [c] 足
迹(跡) zújì [个 gè]

○ **KEYWORD**

for [fɔːʳ] PREP **1** 为(為) wèi ▸ **is this
for me?** 这(這)是为(為)我准(準)

备(備)的吗(嗎)? zhè shì wèi wǒ
zhǔnbèi de ma? ▸ **a table for two**
供两(兩)人用的桌子 gōng liǎng
rén yòng de zhuōzi
2 (*purpose*) 为(為)了 wèile ▸
what's it for? 它有什么(麼)用
途? tā yǒu shénme yòngtú? ▸
it's time for lunch 该(該)吃午
饭(飯)了 gāi chī wǔfàn le ▸ **what
for?** 为(為)什么(麼)呢? wèi
shénme ne? ▸ **a knife for
chopping vegetables** 用于(於)切
菜的刀 yòngyú qiēcài de dāo
3 (*time*) ▸ **he was away for two
years** 他离(離)开(開)两(兩)两(兩)年了
tā líkāi liǎng nián le ▸ **it hasn't
rained for three weeks** 已经(經)
有3周(週)没(沒)下雨了 yǐjīng yǒu
sān zhōu méi xiàyǔ le ▸ **the trip
is scheduled for June 5** 旅行安排
在6月5日 lǚxíng ānpái zài liù yuè
wǔ rì
4 (*in exchange for*) ▸ **I sold it for £50**
我以五十镑(鎊)卖(賣)掉了它 wǒ yǐ
wǔshí bàng màidiàole tā ▸ **pay
50 pence for a ticket** 花50便
士买(買)张(張)票 huā wǔshí
biànshì mǎi zhāng piào
5 (*reason*) 为(為) yīnwèi
6 (*on behalf of, representing*) 为(為)
wèi ▸ **he works for a local firm** 他
为(為)一家当(當)地公司工作 tā
wèi yī jiā dāngdì gōngsī gōngzuò
▸ **G for George** George 中的G
George zhōng de G
7 (*destination*) 前往 qiánwǎng
▸ **he left for Rome** 他前往罗(羅)
马(馬) tā qiánwǎng Luómǎ
8 (*with infinitive clause*) ▸ **it is not
for me to decide** 这(這)不是由我
来(來)决(決)定的 zhè bùshì yóu
wǒ lái juédìng de ▸ **there is still**

time for you to do it 你还(還)有时(時)间(間)去做 nǐ hái yǒu shíjiān qù zuò
9 (in favour of) 赞(贊)成 zànchéng
10 (referring to distance) 达(達)到
▶ **there are roadworks for 50 km** 长(長)跑练(練)习(習)长(長)达(達)50公里 chángpǎo liànxí chángdá wǔshí gōnglǐ

for 和 为 都可用于表示某人的目的，但后接不同的语言结构。for 用于表示目的时，后面必须跟名词。Occasionally I go to the pub for a drink. for 通常不用在动词前面。不能说 I go to the pub to have a drink. for 用在 -ing 形式前表示某物的用途。...a small machine for weighing the letters... 与动词连用时，不定式前不用 for. She went off to fetch help.

forbid [fəˈbɪd] (pt **forbade**, pp **forbidden**) VT 禁止 jìnzhǐ ▶ to **forbid sb to do sth** 禁止某人做某事 jìnzhǐ mǒurén zuò mǒushì
forbidden [fəˈbɪdn] PP of **forbid**
force [fɔːs] I N 1 [U] (violence) 武力 wǔlì 2 [U] (strength) 力量 lìliàng II VT 强(強)迫 qiǎngpò III **forces** NPL (Mil) 部队(隊) bùduì ▶ to **force sb to do sth** 强(強)迫某人做某事 qiǎngpò mǒurén zuò mǒushì
forecast [ˈfɔːkɑːst] (pt, pp **forecast** or **forecasted**) I N [c] 预(預)报(報) yùbào [个 gè] II VT (predict) 预(預)测(測) yùcè
forehead [ˈfɒrɪd] N [c] 额(額)é [个 gè]
foreign [ˈfɒrɪn] ADJ 外国(國)的 wàiguó de
foreigner [ˈfɒrɪnə] N [c] 外国(國)

人 wàiguórén [个 gè]
forest [ˈfɒrɪst] N [c/U] 森林 sēnlín [片 piàn]
forever [fəˈrɛvə] ADV 永远(遠) yǒngyuǎn
forgave [fəˈgeɪv] PT of **forgive**
forge [fɔːdʒ] VT [+ signature, banknote] 伪(偽)造 wěizào
forget [fəˈgɛt] (pt **forgot**, pp **forgotten**) VT 1 忘记(記) wàngjì 2 (leave behind) [+ object] 忘带(帶) wàng dài II VI (fail to remember) 忘记(記) wàngjì ▶ to **forget to do sth** 忘记(記)做某事 wàngjì zuò mǒushì ▶ to **forget that...** 忘记(記)... wàngjì...
forgive [fəˈgɪv] (pt **forgave**, pp **forgiven**) [fəˈgɪvn] VT 原谅(諒) yuánliàng ▶ to **forgive sb for sth** 原谅(諒)某人某事 yuánliàng mǒurén mǒushì
forgot [fəˈgɒt] PT of **forget**
forgotten [fəˈgɒtn] PP of **forget**
fork [fɔːk] N [c] 1 餐叉 cānchā [把 bǎ] 2 (in road, river, railway) 岔路 chàlù [条 tiáo]
form [fɔːm] I N 1 [c] (type) 类(類)型 lèixíng [种 zhǒng] 2 [c] (Brit: Scol: class) 年级(級) niánjí [个 gè] 3 [c] (document) 表格 biǎogé [张 zhāng] II VT 1 (make) 组(組)成 zǔchéng 2 (create) [+ group, organization, company] 成立 chénglì ▶ **in the form of** 通过(過)...方式 tōngguò...fāngshì
formal [ˈfɔːml] ADJ 正式的 zhèngshì de
former [ˈfɔːmə] ADJ 前任的 qiánrèn de ▶ **in former times/years** 以前 yǐqián
fortnight [ˈfɔːtnaɪt] (Brit) N [c] 两(兩)星期 liǎng xīngqī

fortunate ['fɔːtʃənɪt] ADJ 幸运(運)的 xìngyùn de

fortunately ['fɔːtʃənɪtlɪ] ADV 幸运(運)的是 xìngyùn de shì

fortune ['fɔːtʃən] N [c] 大笔(筆)钱(錢) dà bǐ qián ▸ **to make a fortune** 发(發)大财(財) fā dà cái

forty ['fɔːtɪ] NUM 四十 sìshí

forward ['fɔːwəd] ADV = **forwards**

forwards ['fɔːwədz] ADV 向前 xiàngqián

fought [fɔːt] PT, PP of **fight**

found [faund] I PT, PP of **find** II VT [+ organization, company] 创(創)办(辦) chuàngbàn

fountain ['fauntɪn] N [c] 喷(噴)泉 pēnquán [个 gè]

four [fɔː] NUM 四 sì; see also/另见 **five**

fourteen ['fɔː'tiːn] NUM 十四 shísì; see also/另见 **fifteen**

fourteenth ['fɔː'tiːnθ] NUM 第十四 dìshísì; see also/另见 **fifth**

fourth ['fɔːθ] NUM 1 第四 dìsì 2 (US: quarter) 四分之一 sì fēn zhī yī; see also/另见 **fifth**

fox [fɒks] N [c] 狐狸 húli [只 zhī]

fracking ['frækɪŋ] N [c] 水力压(壓)裂 shuǐlì yā liè

fragile ['frædʒaɪl] ADJ 易损(損)的 yìsǔn de

frame [freɪm] N [c] 1 框 kuàng [个 gè] 2 (also: **frames**) [of spectacles] 眼镜(鏡)架 yǎnjìngjià [副 fù] 谮(譖)陷

France [frɑːns] N 法国(國) Fǎguó

fraud [frɔːd] N [c/u] 诈(詐)骗(騙) zhàpiàn [种 zhǒng]

freckle ['frekl] N [c] 雀斑 quèbān [个 gè]

free [friː] ADJ 1 (costing nothing) 免费(費)的 miǎnfèi de 2 [+ person]

自由的 zìyóu de 3 [+ time] 空闲(閒)的 kòngxián de 4 [+ seat, table] 空余(餘)的 kòngyú de ▸ **free (of charge)**, **for free** 免费(費)地 miǎnfèi de ▸ **to be free of or from sth** 没(沒)有某物 méiyǒu mǒuwù ▸ **to be free to do sth** 随(隨)意做某事 suíyì zuò mǒushì

freedom ['friːdəm] N [u] 自由 zìyóu

freeway ['friːweɪ] (US) N [c] 高速公路 gāosù gōnglù [条 tiáo]

freeze [friːz] (pt **froze**, pp **frozen**) I VI 1 [liquid, weather +] 结(結)冰 jiébīng 2 [pipe +] 冻(凍)住 dòngzhù II VT 1 [+ food] 冷冻(凍) lěngdòng

freezer ['friːzə'] N [c] 冰柜(櫃) bīngguì [个 gè]

freezing ['friːzɪŋ] ADJ (also: **freezing cold**) [+ day, weather] 极(極)冷的 jílěng de; [+ person, hands] 冰凉(涼)的 bīngliáng de ▸ **I'm freezing** 冻(凍)死我了 dòngsǐ wǒ le

French [frentʃ] I ADJ 法国(國)的 Fǎguó de II N [u] (language) 法语(語)Fǎyǔ III the **French** NPL (people) 法国(國)人 Fǎguórén

French fries [-fraɪz] (esp US) NPL 炸薯条(條) zháshǔtiáo

Frenchman ['frentʃmən] (pl **Frenchmen**) N [c] 法国(國)男人 Fǎguó nánrén [个 gè]

Frenchwoman ['frentʃwumən] (pl **Frenchwomen**) N [c] 法国(國)女人 Fǎguó nǚrén [个 gè]

frequent ['friːkwənt] ADJ 频(頻)繁的 pínfán de

fresh [freʃ] ADJ 1 新鲜(鮮)的 xīnxiān de 2 [+ approach, way] 新颖(穎)的 xīnyǐng de ▸ **fresh air** 新鲜(鮮)空气(氣) xīnxiān kōngqì

Friday ['fraɪdɪ] N [c/u] 星期五 xīngqīwǔ [个 gè]; see also/另见 **Tuesday**

fridge [frɪdʒ] (Brit) N [c] 冰箱 bīngxiāng [台 tái]

fried [fraɪd] I PT, PP of **fry** II ADJ [+ food] 炒的 chǎo de

friend [frend] N [c] 朋友 péngyou [个 gè] ▶ **to make friends with sb** 与…某人交朋友 yǔ mǒurén jiāo péngyou

friendly ['frendlɪ] ADJ 友善的 yǒushàn de ▶ **to be friendly with** 跟…友好 gēn…yǒuhǎo

friendship ['frendʃɪp] N [c] 友情 yǒuqíng [种 zhǒng]

fright [fraɪt] N [c] 惊(驚)吓(嚇) jīngxià [阵 zhèn] ▶ **to give sb a fright** 吓(嚇)唬某人一下 xiàhu mǒurén yīxià

frighten ['fraɪtn] VT 使惊(驚)恐 shǐ jīngkǒng

frightened ['fraɪtnd] ADJ ▶ **to be frightened** 被吓(嚇)倒 bèi xiàdào ▶ **to be frightened of sth/of doing sth** or **to do sth** 害怕某事/做某事 hàipà mǒushì/zuò mǒushì

frightening ['fraɪtnɪŋ] ADJ 令人恐惧(懼)的 lìngrén kǒngjù de

frog [frɒg] (Zool) N [c] 青蛙 qīngwā [只 zhī]

○ **KEYWORD**

from [frɒm] PREP **1** (indicating starting place) 来(來)自 láizì ▶ **where are you from?** 你来(來)自哪里(裡)? nǐ láizì nǎlǐ? ▶ **from London to Glasgow** 从(從)伦(倫)敦到格拉斯哥 cóng Lúndūn dào Gélāsīgē

2 (indicating origin) 来(來)自 láizì

▶ **a present/telephone call/letter from sb** 来(來)自某人的礼(禮)物/电(電)话(話)/信 láizì mǒurén de lǐwù/diànhuà/xìn

3 (with time, distance, price, numbers) 从(從) cóng ▶ **from one o'clock to** or **until two** 从(從)1点(點)直到2点(點) cóng yīdiǎn zhídào liǎngdiǎn ▶ **it's 1 km from the beach** 从(從)海滩(灘)到这(這)儿(兒)有1公里 cóng hǎitān dào zhèr yǒu yī gōnglǐ

front [frʌnt] I N [c] [of house, dress] 前面 qiánmiàn; [of coach, train, car] 前部 qiánbù II ADJ 前面的 qiánmiàn de ▶ **in front** 在前面 zài qiánmiàn ▶ **in front of** (facing) 在…前面 zài…qiánmiàn; (in the presence of) 在…面前 zài…miànqián

front door N [c] 前门(門) qiánmén [个 gè]

frontier ['frʌntɪər] N [c] (Brit) 国(國)界 guójiè

front page N [c] (Publishing) 头(頭)版 tóubǎn

frost [frɒst] N [c] 霜 shuāng [场 cháng]

frosty ['frɒstɪ] ADJ 有霜冻(凍)的 yǒu shuāngdòng de

froze [frəuz] PT of **freeze**

frozen ['frəuzn] I PP of **freeze** II ADJ **1** [+ food] 冷冻(凍)的 lěngdòng de; [+ ground, lake] 结(結)冰的 jiébīng de **2** [+ person, fingers] 冰冷的 bīnglěng de

fruit [fruːt] (pl **fruit** or **fruits**) N [c/u] 水果 shuǐguǒ [种 zhǒng]

frustrated [frʌs'treɪtɪd] ADJ 泄(洩)气(氣)的 xièqì de

fry [fraɪ] (pt, pp **fried**) I VT 油煎

yóujiān **II fries** N PL (Culin)
= **French fries**

frying pan ['fraɪŋ-] N [c] 平底煎
锅(鍋) píngdǐ jiānguō [个 gè]

fuel ['fjuəl] N [c/u] 燃料 ránliào [种
zhǒng]

full [ful] ADJ **1** 满(滿)的 mǎn de;
[+ cinema, car, restaurant] 满(滿)的
mǎn de **2** [+ details] 全部的
quánbù de; [+ information, name]
完全的 wánquán de ▸ **I'm full (up)**
我吃饱(飽)了 wǒ chībǎo le ▸ **full
of** 充满(滿) chōngmǎn

full stop (Brit) N [c] 句号(號) jùhào
[个 gè]

full-time ['ful'taɪm] **I** ADJ [+ work,
study] 全职(職)的 quánzhí de;
[+ student, staff] 全日制的
quánrìzhì de **II** ADV [work, study +]
全日 quánrì de

fully ['fuli] ADV 完全地 wánquán de

fumes [fju:mz] N PL 浓(濃)烈的
烟(煙)气(氣) nóngliè de yānqì

fun [fʌn] N [u] 乐(樂)趣 lèqù ▸ **to
have fun** 玩得开(開)心 wán de
kāixīn ▸ **to do sth for fun** 为(為)
找乐(樂)而做某事 wèi zhǎolè ér
zuò mǒushì ▸ **to make fun of sb/
sth** 取笑某人/某物 qǔxiào
mǒurén/mǒuwù

fund [fʌnd] **I** N [c] 基金 jījīn [项
xiàng] **II funds** N PL (money)
资(資)金 zījīn

funeral ['fju:nərəl] N [c] 葬礼(禮)
zànglǐ [个 gè]

funfair ['fʌnfeəʳ] (Brit) N [c] 露天
游(遊)乐(樂)场(場) lùtiān
yóulèchǎng [个 gè]

funny ['fʌni] ADJ **1** (amusing) 可笑
的 kěxiào de **2** (strange) 奇怪的
qíguài de

fur [fə:ʳ] N [c/u] 毛 máo [根 gēn]

furious ['fjuəriəs] ADJ 大发(發)雷
霆的 dà fā léitíng de

furniture ['fə:nɪtʃəʳ] N [u] 家具
jiājù ▸ **a piece of furniture** 一件
家具 yī jiàn jiājù

further ['fə:ðəʳ] ADV 更远(遠)地
gèngyuǎn de ▸ **how much
further is it?** 还(還)有多远(遠)?
háiyǒu duōyuǎn?

further education N [u] 继(繼)
续(續)教育 jìxù jiàoyù

fuse, (US) **fuze** [fju:z] N [c] 保
险(險)丝(絲) bǎoxiǎnsī [根 gēn]
▸ **a fuse has blown** 保险(險)
丝(絲)烧(燒)断(斷)了 bǎoxiǎnsī
shāoduàn le

fuss [fʌs] N [s/u] 大惊(驚)小怪 dà
jīng xiǎo guài ▸ **to make or kick
up a fuss (about sth)** (对(對)某
事) 小题(題)大做 (duì mǒushì)
xiǎo tí dà zuò

future ['fju:tʃəʳ] **I** ADJ **1** 将(將)来(来)
的 jiānglái de **II 1** ▸ **the future**
未来(来) wèilái **2** (Ling) (also:
future tense) ▸ **the future** 将(將)
来(来)时(时) jiānglái shí ▸ **in (the)
future** (from now on) 从(從)今以
后(後) cóngjīn yǐhòu ▸ **in the
near/foreseeable future** 在不久(久)/
可预(預)见(見)的未来(来) zài
bùjiǔ/kě yùjiàn de wèilái

fuze [fju:z] (US) N [c] VT, VI = **fuse**

g

xiàng **4** [c] (*match*) 比赛(賽) bǐsài [场 chǎng] ▸ **a game of football/tennis** 一场(場)足球/网(網)球赛(賽) yī chǎng zúqiú/wǎngqiú sài

gamer ['geɪməʳ] N [c] (*on computer*) 游(遊)戏(戲)玩家 yóuxì wánjiā [个 gè]

gaming ['geɪmɪŋ] N [c] (*on computer*) 游(遊)戏(戲)游(遊)戏 yóuxì

gang [gæŋ] N [c] 一帮 yī bāng

gangster ['gæŋstəʳ] N [c] 歹徒 dǎitú [个 gè]

gap [gæp] N [c] 缝(縫)隙 fèngxì [个 gè]

gap year (Brit) N [c] 高中和大学之间的空隙年

GAP YEAR

在高中毕业以后，进入大学继续接受高等教育之前，学生可以休息一年，这一年被称为 **gap year**。在 **gap year** 期间，很多人选择去旅游或去国外生活，也有人更愿意工作。无论何种选择，他们都能从学校学习生活之外获得宝贵的生活经验。

---

gallery ['gæləri] N [c] (*also:* **art gallery**) 美术(術)馆(館) měishùguǎn [个 gè]

gamble ['gæmbl] I vi **1** (*bet*) 赌(賭)博 dǔbó **2** (*take a risk*) 投机(機) tóujī II N (*risk*) 冒险(險) màoxiǎn [次 cì] ▸ **to gamble on sth** 对(對)某事打赌(賭) duì mǒushì dǎdǔ; [+ *success, outcome*] 对(對)某事冒险(險) duì mǒushì màoxiǎn

gambling ['gæmblɪŋ] N [u] 赌(賭)博 dǔbó

game [geɪm] N **1** [c] (*sport*) 运(運)动(動) yùndòng [项 xiàng] **2** [c] (*activity*) (*children's*) 游(遊)戏(戲) yóuxì [个 gè] **3** [c] (*also:* **board game**) 棋盘(盤)游(遊)戏(戲) qípán yóuxì [项 xiàng] (*also:* **computer game**) 电(電)脑(腦)游(遊)戏(戲) diànnǎo yóuxì [项

garage ['gæra:ʒ] N [c] **1** (*of private house*) 车(車)库(庫) chēkù [个 gè] **2** (*for car repairs*) 汽车(車)修理厂(廠) qìchē xiūlǐchǎng [个 gè] **3** (Brit: *petrol station*) 加油站 jiāyóuzhàn [个 gè]

garbage ['gɑ:bɪdʒ] N [u] **1** (*esp US: rubbish*) 垃圾 lājī **2** (*nonsense*) 废(廢)话(話) fèihuà

garbage can (US) N [c] 垃圾箱 lājīxiāng [个 gè]

garbage man (*pl* **garbage men**) (US) N [c] 清洁(潔)工 qīngjiégōng [位 wèi]

garden ['gɑːdn] N [c] 花园(園) huāyuán [个 gè]

gardener ['gɑːdnəʳ] N [c] (professional) 园(園)丁 yuándīng [位 wèi]; (amateur) 园(園)艺(藝)爱(愛)好者 yuányì àihàozhě [个 gè]

gardening ['gɑːdnɪŋ] N [u] 园(園)艺(藝) yuányì

garlic ['gɑːlɪk] N [u] 大蒜 dàsuàn

gas [gæs] N 1 [u] (for cooking, heating) 煤气(氣) méiqì 2 [u] (US) (also: **gasoline**) 汽油 qìyóu

gasoline ['gæsəliːn] (US) N [u] 汽油 qìyóu

gas station (US) N [c] 加油站 jiāyóuzhàn [个 gè]

gate [geɪt] N [c] 1 门(門) mén [个 gè]; (of building) 大门(門) dàmén [个 gè] 2 (at airport) 登机(機)口 dēngjīkǒu [个 gè]

gather ['gæðəʳ] I vt (understand)
▸ **to gather (that)...** 获(獲)悉... huòxī... II vi 聚集 jùjí

gave [geɪv] PT of **give**

gay [geɪ] I ADJ 同性恋(戀) tóngxìngliàn de II N [c] 同性恋(戀) tóngxìngliàn [个 gè]

gay marriage N [c/u] 同性婚姻 tóngxìng hūnyīn [次 cì]

GCSE (Brit) N ABBR (= General Certificate of Secondary Education) 普通中等教育证(證)书(書) Pǔtōng Zhōngděng Jiàoyù Zhèngshū

gear [gɪəʳ] N 1 [c] (of car, bicycle) 排挡(擋) páidǎng [个 gè] 2 [u] (equipment) 装(裝)备(備) zhuāngbèi 3 [u] (clothing) 服装(裝) fúzhuāng ▸ **to change** or (US) **shift gear** 换(換)挡(擋) huàndǎng

geese [giːs] N PL of **goose**

gel [dʒel] N [c/u] 啫喱 zélí [瓶 píng]

▸ **bath/shower gel** 浴液 yùyè

Gemini ['dʒemɪnaɪ] N [u] (sign) 双(雙)子座 Shuāngzǐ Zuò

general ['dʒenərl] ADJ 1 (overall) 总(總)的 zǒng de; [+ decline, standard] 一般的 yībān de 2 [+ terms, outline, idea] 笼(籠)统(統)的 lǒngtǒng de

general election N [c] (in Britain, United States) 大选(選) dàxuǎn [届 jiè]

generally ['dʒenrəli] ADV 1 (on the whole) 大体(體)上 dàtǐshang 2 (usually) 通常 tōngcháng

generation [dʒenəˈreɪʃən] N [c] 一代人 yídàirén [代 dài]

generous ['dʒenərəs] ADJ 大方的 dàfāng de

Geneva [dʒɪˈniːvə] N 日内(內)瓦 Rìnèiwǎ

genius ['dʒiːnɪəs] N [c] 天才 tiāncái [位 wèi]

gentle ['dʒentl] ADJ 温(溫)和的 wēnhé de

gentleman ['dʒentlmən] (pl **gentlemen**) N [c] 先生 xiānsheng [位 wèi]

gents [dʒents] N ▸ **the gents** (Brit: inf) 男厕(廁) náncè

genuine ['dʒenjuɪn] ADJ (real) 真正的 zhēnzhèng de; [+ emotion, interest] 实(實)实(實)在在的 shíshí-zàizài de

geography [dʒɪˈɒɡrəfɪ] N [u] 1 地理 dìlǐ 2 (school/university subject) 地理学(學) dìlǐxué

gerbil ['dʒɜːbɪl] N [c] 沙鼠 shāshǔ [只 zhī]

germ [dʒɜːm] N [c] (Bio) 细(細)菌 xìjūn [种 zhǒng]

German ['dʒɜːmən] I ADJ 德国(國)的 Déguó de II N [c] (person) 德

国(國)人 Déguórén [个 gè] 2 [U] (language) 德语(語) Déyǔ Germany ['dʒɜːmənɪ] N 德国(國) Déguó

KEYWORD

get [gɛt] (pt, pp **got**, (US) pp **gotten**)
I VT 1 ▸ to have got; see also／另见 **have, got**

2 [+ money, permission, results, information] 获(獲)得 huòdé; [+ job, flat, room] 得到 dédào ▸ he got a job in London 他在伦(倫)敦得到一份工作 tā zài Lúndūn dédào yī fèn gōngzuò

3 (fetch) 去拿 qùná ▸ to get sth for sb 为(為)某人去拿某物 wèi mǒurén qù ná mǒuwù ▸ can I get you a coffee? 要我给(給)你拿杯咖啡吗(嗎)? yào wǒ gěi nǐ ná bēi kāfēi ma? ▸ I'll come and get you 我会(會)来(來)接你的 wǒ huì lái jiē nǐ de

4 [+ present, letter, prize, TV channel] 收到 shōudào ▸ what did you get for your birthday? 你生日时(時)得到了什么(麼)礼(禮)物? nǐ shēngrì shí dédào shénme lǐwù?

5 [+ plane, bus] 乘坐 chéngzuò ▸ I'll get the bus 我会(會)乘坐公共汽车(車) wǒ huì chéngzuò gōnggòng qìchē

6 (cause to be/become) ▸ to get sth/sb ready 使某事/某人准(準)备(備)就绪(緒) shǐ mǒurén/ mǒushì zhǔnbèi jiùxù

7 (take, move) 把…送到 bǎ…sòngdào ▸ we must get him to hospital 我们(們)必须(須)把他送到医(醫)院 wǒmen bìxū bǎ tā sòngdào yīyuàn

8 (buy) 买(買) mǎi; (regularly) 买(買)到 mǎidào ▸ I'll get some milk from the supermarket 我要去超市买(買)牛奶 wǒ yào qù chāoshì mǎi niúnǎi

9 (be infected by) [+ cold, measles] 染上 rǎnshàng ▸ you'll get a cold 你会(會)得感冒的 nǐ huì dé gǎnmào de

10 [+ time, opportunity] 有 yǒu

11 ▸ to get sth done (do oneself) 做某事 zuò mǒushì; (have done) 完成某事 wánchéng mǒushì ▸ to get one's hair cut 理发(髮) lǐfà ▸ to get sb to do sth 让(讓)某人做某事 ràng mǒurén zuò mǒushì

II VI 1 (become, be: + adj) 变(變)得 biàn de ▸ to get old/tired/cold/dirty 变(變)老/变(變)得疲倦/变(變)冷/变(變)脏(髒) biànlǎo/biànde píjuàn/biànlěng/biànzāng ▸ to get drunk 喝醉了 hēzuì le

2 (go) ▸ to get to work/the airport/Beijing etc 到办(辦)公室/到达(達)机(機)场(場)/到达(達)北京〔等〕dào bàngōngshì/dàodá jīchǎng/dàodá Běijīng děng ▸ how did you get here? 你是怎么(麼)到这(這)儿(兒)的? nǐ shì zěnme dào zhèr de? ▸ he didn't get home till 10pm 他直到晚上10点(點)才到家 tā zhídào wǎnshang shí diǎn cái dàojiā ▸ how long does it take to get from London to Paris? 从(從)伦(倫)敦到到巴黎需要多久? cóng Lúndūn dào Bālí xūyào duō jiǔ?

3 (begin) ▸ to get to know sb 开(開)始了解某人 kāishǐ liǎojiě mǒurén ▸ let's get going or started! 开(開)始吧! kāishǐ ba!

III AUX VB 1 ▸ to have got to; see also／另见 **have, got**

2 (passive use) 作为构成被动语态的助词 ▶ **to get killed** 被杀(殺) bèishā
▶ **get away** VI 逃跑 táopǎo
▶ **get back** I VI (return) 回来(來) huílái
II VT (reclaim) 重新得到 chóngxīn dédào
▶ **get back to** VT FUS (return to) [+ activity, work] 回到 huídào; [+ subject] 重新回到 chóngxīn huídào ▶ **to get back to sleep** 重又睡着(著) chóng yòu shuìzháo
▶ **get in** VI 1 [train, bus, plane +] 抵达(達) dǐdá
2 (arrive home) 到家 dàojiā
▶ **get into** VT FUS [+ vehicle] 乘坐 chéngzuò
▶ **get off** I VI (from train, bus) 下车(車) xiàchē
II VT (as holiday) 放假 fàngjià ▶ **we get three days off at Christmas** 圣(聖)诞(誕)节(節)时(時)我们(們)放了3天假 Shèngdàn Jié shí wǒmen fàngle sān tiān jià
III VT FUS [+ train, bus] 从(從)…下来(來) cóng…xiàlái
▶ **get on** I VI 1 (be friends) 和睦相处(處) hémù xiāngchǔ ▶ **to get on well with sb** 与(與)某人相处(處)融洽 yǔ mǒurén xiāngchǔ róngqià
2 (progress) 进(進)展 jìnzhǎn ▶ **how are you getting on?** 你过(過)得怎么(麼)样(樣)? nǐ guò de zěnmeyàng?
II VT FUS [+ bus, train] 上 shàng
▶ **get on with** VT FUS (continue, start) 开(開)始继(繼)续(續)做 kāishǐ jìxù zuò
▶ **get out** I VI (of vehicle) 下车(車) xiàchē

II VT (take out) 拿出 náchū
▶ **get out of** VT FUS [+ vehicle] 从(從)…下来(來) cóng…xiàlái
▶ **get over** VT FUS [+ illness, shock] 从(從)…中恢复(復)过(過)来(來) cóng…zhōng huīfù guòlái
▶ **get through** I VI (Tel) 接通 jiētōng
II VT FUS [+ work, book] 完成 wánchéng
▶ **get together** VI [people +] 聚在一起 jù zài yīqǐ
▶ **get up** VI 站起来(來) zhànqǐlái; (out of bed) 起床 qǐchuáng

ghost [gəust] N [c] 鬼神 guǐshén [种 zhǒng]
giant [ˈdʒaɪənt] I N [c] 巨人 jùrén [个 gè] II ADJ (huge) 巨大的 jùdà de
gift [gɪft] N [c] 1 (present) 礼(禮)物 lǐwù [件 jiàn] **2** (talent) 天赋(賦) tiānfù [种 zhǒng]
gin [dʒɪn] N [U] 杜松子酒 dùsōngzǐjiǔ
ginger [ˈdʒɪndʒəʳ] I N [U] (spice) 姜(薑) jiāng II ADJ (colour) 姜(薑)色的 jiāngsè de
girl [gəːl] N [c] 1 (child) 女孩 nǚhái [个 gè]; (young woman, woman) 姑娘 gūniang [个 gè] **2** (daughter) 女儿(兒) nǚ'ér [个 gè]
girlfriend [ˈgəːlfrɛnd] N 1 [c] (of girl) 女性朋友 nǚxìng péngyou [个 gè] **2** (of boy) 女朋友 nǚpéngyou [个 gè]

○ **KEYWORD**

give [gɪv] (pt gave, pp given) VT
1 ▶ **to give sb sth, give sth to sb** 给(給)某人某物 gěi mǒurén

mǒuwù; (as gift) 送给(給)某人某物 sònggěi mǒurén mǒuwù ▸ I gave David the book, I gave the book to David 我把这(這)本书(書)送给(給)了戴维(維), 我把这(這)本书(書)送给(給)了戴维(維) wǒ bǎ zhè běn shū sònggěile Dàiwéi ▸ give it to him 把它送给(給)他 bǎ tā sònggěi tā

2 [+ advice, details] 提供 tígōng ▸ to give sb sth [+ opportunity, surprise, shock, job] 给(給)某人某物 gěi mǒurén mǒuwù

3 (deliver) ▸ to give a speech/a lecture 作演说(講)/讲(講)课(課)/讲(講)座 zuò yǎnjiǎng/jiǎngkè

4 (organize) ▸ to give a party/ dinner party etc 做东(東)办(辦)一个(個)聚会(會)/宴会(會)/宴会(會)[等] zuòdōng bàn yí gè jùhuì/yànhuì děng

▸ give back VT 交还(還) jiāohuán ▸ to give sth back to sb 把某物交还(還)给(給)某人 bǎ mǒuwù jiāohuán gěi mǒurén

▸ give in VI (yield) 屈服 qūfú

▸ give up I VI 放弃(棄) fàngqì II VT [+ job] 辞(辭)掉 cídiào ▸ to give up smoking 戒烟(煙) jièyān

glad [glæd] ADJ 高兴(興)的 gāoxìng de ▸ I'd be glad to help you 我很愿(願)意帮(幫)助你 wǒ hěn yuànyì bāngzhù nǐ

glamorous ['glæmərəs] ADJ 富有魅力的 fùyǒu mèilì de

glass [glɑːs] N 1 [U] (substance) 玻璃 bōli 2 [c] (container) 玻璃杯 bōlibēi [个(個)] gè] 3 [c] (glassful) 一杯 yì bēi **glasses** NPL (spectacles) 眼镜(鏡) yǎnjìng ▸ a pair of glasses 一副眼镜(鏡) yí fù yǎnjìng

global ['gləubl] ADJ 全球的 quánqiú de

global warming [-'wɔːmɪŋ] N [U] 全球变(變)暖 quánqiú biànnuǎn

glove [glʌv] N [c] 手套 shǒutào [副 fù] ▸ a pair of gloves 一副手套 yí fù shǒutào

glue [gluː] N [c/U] 胶(膠)jiāo [种 zhǒng]

○ **KEYWORD**

go [gəu] (pt went, pp gone, pl goes) I VI 1 去 qù ▸ he's going to New York 他要去纽(紐)约(約) tā yào qù Niǔyuē ▸ where's he gone? 他去哪儿(兒)了? tā qù nǎr le? ▸ shall we go by car or train? 我们(們)开(開)车(車)去还(還)是坐火车(車)去? wǒmen kāichē qù háishì zuò huǒchē qù?

2 (depart) 离(離)开(開) líkāi ▸ let's go 我们(們)走吧 wǒmen zǒu ba ▸ I must be going 我必须(須)得走了 wǒ bìxū děi zǒu le ▸ our plane goes at 11pm 我们(們)的飞(飛)机(機)晚上11点(點)起飞(飛) wǒmen de fēijī wǎnshang shíyī diǎn qǐfēi

3 (disappear) 消失 xiāoshī ▸ all her jewellery had gone 她所有的珠宝(寶)首饰(飾)都不见(見)了 tā suǒyǒu de zhūbǎo shǒushì dōu bújiàn le

4 (attend) ▸ to go to school/ university 上学(學)/上大学(學) shàngxué/shàng dàxué

5 (with activity) ▸ to go for a walk 去散步 qù sànbù ▸ to go on a trip 去旅行 qù lǚxíng

6 (work) 运(運)转(轉) yùnzhuǎn

7 (become) ▸ to go pale/mouldy/

bald 变(變)得苍(蒼)白/发(發)霉(黴)/秃(禿)顶(頂) biàn de cāngbái/fāméi/tūdǐng

8 (*be about to, intend to*) ▸ **are you going to come?** 你要来吗? nǐ yào lái ma? ▸ **I think it's going to rain** 我想天要下雨了 wǒ xiǎng tiān yào xiàyǔ le

9 (*progress*) 进(進)行 jìnxíng

▸ **how did it go?** 这(這)事进(進)展如何? zhè shì jìnzhǎn rúhé?

10 (*lead*) [*road, path* +] 通向 tōngxiàng

11 (*in other expressions*) ▸ **there's still a week to go before the exams** 考试(試)前还(還)有一个(個)星期的时(時)间(間) kǎoshì qián hái yǒu yī gè xīngqī de shíjiān ▸ **to keep going** 维(維)续(續)下去 jìxù xiàqù

II N **1** [c] (*try*) 尝(嘗)试(試) chángshì [次 cì] ▸ **to have a go (at sth/at doing sth)** 试(試)一下 (某事/做某事) shì yīxià (mǒushì/zuò mǒushì)

2 [c] (*turn*) 轮(輪)流 lúnliú [次 cì] ▸ **whose go is it?** 轮(輪)到谁(誰)了? lúndào shuí le?

▸ **go ahead** VI **1** [*event* +] 发(發)生 fāshēng

2 (*press on*) ▸ **to go ahead with sth** 着(著)手做某事 zhuóshǒu zuò mǒushì ▸ **go ahead!** (*encouraging*) 干(幹)吧! gànba!

▸ **go around** VI **1** [*news, rumour* +] 传(傳)播 chuánbō

2 (*revolve*) 转(轉)动(動) zhuàndòng

▸ **go away** VI **1** (*leave*) 离(離)开(開) líkāi

2 (*on holiday*) 外出 wàichū

▸ **go back** VI **1** 返回 fǎnhuí

▸ **go back to** VT FUS [+ *activity, work, school*] 回到 huídào

▸ **go down** I VI **1** [*price, level, amount* +] 下降 xiàjiàng

2 [*sun* +] 落下 luòxià

3 [*computer* +] 死机(機) sǐjī

II VT FUS [+ *stairs, ladder*] 从(從)…下来(來) cóng…xiàlái

▸ **go for** VT FUS (*fetch*) 去取 qù qǔ

▸ **go in** VI (*enter*) 进(進)去 jìnqù

▸ **go in for** VT FUS [+ *competition*] 参(參)加 cānjiā

▸ **go into** VT FUS (*enter*) 进(進)入 jìnrù

▸ **go off** VI **1** (*leave*) 离(離)去 líqù ▸ **he's gone off to work** 他已经(經)上班了 tā yǐjīng qù shàngbān le

2 (*explode*) 爆炸 bàozhà

3 [*alarm* +] 响(響)起 xiǎngqǐ

4 [*lights* +] 熄灭(滅) xīmiè

▸ **go on** VI **1** (*continue*) 维(維)续(續) jìxù ▸ **to go on with one's work** 维(維)续(續)自己的工作 jìxù zìjǐ de gōngzuò ▸ **to go on doing sth** 维(維)续(續)做某事 jìxù zuò mǒushì

2 (*happen*) 发(發)生 fāshēng ▸ **what's going on here?** 这(這)里(裡)发(發)生什么(麼)事了? zhèlǐ fāshēng shénme shì le?

▸ **go out** VI **1** [*person* +] 离(離)开(開) líkāi; (*to party, club*) 出去消遣 chūqù xiāoqiǎn ▸ **are you going out tonight?** 你今晚出去吗(嗎)? nǐ jīnwǎn chūqù ma?

2 [*couple* +] 和…交往 hé…jiāowǎng ▸ **to go out with sb** 和某人交往 hé mǒurén jiāowǎng

3 [*light, fire* +] 熄灭(滅) xīmiè

▸ **go over** VI 过(過)去 guòqù

▸ **go round** VI = **go around**

▶ **go through** VT FUS [+ place, town] 路过(過) lùguò

▶ **go up** VI 1 [price, level, value +] 上涨(漲) shàngzhǎng 2 (upstairs) 上楼(樓) shànglóu

▶ **go up to** VT FUS 向…走过(過)去 xiàng…zǒuguòqù

▶ **go with** VT FUS (accompany) 与(與)…相伴共存 yǔ…xiāngbàn gòngcún

▶ **go without** VT FUS [+ food, treats] 没(沒)有 méiyǒu…

goal [gəʊl] N [C] 1 (Sport) 进(進)球得分 jìnqiú défēn [次 cì] 2 (aim) 目标(標) mùbiāo [个 gè] ▶ **to score a goal** 进(進)一球 jìn yī qiú

goalkeeper [ˈgəʊlkiːpəʳ] N [C] 守门(門)员(員) shǒuményuán [个 gè]

goat [gəʊt] N [C] 山羊 shānyáng [只 zhī]

God [gɒd] N 上帝 Shàngdì

goggles [ˈgɒglz] NPL 护(護)目镜(鏡) hùmùjìng

gold [gəʊld] I N [U] (metal) 黄金 huángjīn II ADJ [+ ring, watch, tooth] 金的 jīn de

golf [gɒlf] N [U] 高尔(爾)夫球 gāo'ěrfūqiú ▶ **to play golf** 打高尔(爾)夫球 dǎ gāo'ěrfūqiú

golf course [gɒlf-] N [C] 高尔(爾)夫球场(場) gāo'ěrfūqiúchǎng [个 gè]

gone [gɒn] I PP of **go** II ADJ 离(離)去的 líqù de III PREP (Brit: inf: after) 过(過) guò ▶ **the food's all gone** 食物都(都)没(沒)了 shíwù dōu méi le

good [gʊd] I ADJ 1 (pleasant) 令人愉快的 lìng rén yúkuài de 2 [+ food, school, job] 好的 hǎo de 3 (well-behaved) 乖的 guāi de 4 [+ idea, reason, advice] 好的 hǎo de 5 (skilful) 好的 hǎo de 6 [+ news,

luck, example] 好的 hǎo de 7 (morally correct) 公正的 gōngzhèng de II N [U] (right) 善 shàn ▶ **good!** 好! hǎo! ▶ **to be good at (doing) sth** 精于(於) (做) 某事 jīng yú (zuò) mǒushì ▶ **to be no good at (doing) sth** 不擅长(長) (做) 某事 bù shàncháng (zuò) mǒushì ▶ **it's no good doing...** 做…没(沒)有用 zuò…méiyǒu yòng ▶ **it's good for you** 对(對)你有益 duì nǐ yǒuyì ▶ **it's good to see you** 很高兴(興) 见(見)到你 hěn gāoxìng jiàndào nǐ ▶ **good morning/afternoon!** 早上/下午好! zǎoshang/xiàwǔ hǎo! ▶ **good night!** (before going home) 再见(見)! zàijiàn!; (before going to bed) 晚安! wǎn'ān! ▶ **for good** (forever) 永久地 yǒngjiǔ de; see also/另见 **goods**

goodbye [gʊdˈbaɪ] INT 再见(見) zàijiàn ▶ **to say goodbye** 告别(別)说(說) gàobié shuō

good-looking [ˈgʊdˈlʊkɪŋ] ADJ 好看的 hǎokàn de

goods [gʊdz] NPL 商品 shāngpǐn

goose [guːs] (pl geese) N [C] 鹅(鵝) é [只 zhī]

gorgeous [ˈgɔːdʒəs] ADJ [+ weather, day] 宜人的 yírén de

gossip [ˈgɒsɪp] I N [U] (rumours) 流言蜚语(語) liúyán fēiyǔ II VI (chat) 闲(閒)聊 xiánliáo

got [gɒt] PT, PP of **get** ▶ **have you got your umbrella?** 你有伞(傘)吗(嗎)? nǐ yǒu sǎn ma? ▶ **he has got to accept the situation** 他只得接受现(現)状(狀) tā zhǐdé jiēshòu xiànzhuàng

gotten [ˈgɒtn] (US) PP of **get**

government [ˈgʌvnmənt] N [C] (institution) 政府 zhèngfǔ [届 jiè]

g

GP N ABBR [c] (= **general practitioner**) 家庭医(醫)生 jiātíng yīshēng [位 wèi]

graceful ['greɪsful] ADJ 优(優)美的 yōuměi de

grade [greɪd] N [c] **1** (school mark) 分数(數) fēnshù [个 gè] **2** (US: school class) 年级(級) niánjí [个 gè]

grade crossing (US) N [c] 铁路线 与交叉交叉处 tiělùxiàn yǔ gōngdào jiāochāchù

grade school (US) N [c/u] 小学(學) xiǎoxué [座 zuò]

gradual ['grædjʊəl] ADJ 逐渐(漸)的 zhújiàn de

gradually ['grædjʊəlɪ] ADV 逐渐(漸)地 zhújiàn de

gram [græm] N [c] 克 kè

grammar ['græmər] N [u] 语(語)法 yǔfǎ

gramme [græm] (Brit) N = **gram**

grand [grænd] ADJ 壮(壯)丽(麗)的 zhuànglì de

grandchild ['græntʃaɪld] (pl **grandchildren**) N [c] (male on father's side) 孙(孫)子 sūnzi [个 gè]; (female on father's side) 孙(孫)女 sūnnǚ [个 gè]; (male on mother's side) 外孙(孫) wàisūn [个 gè]; (female on mother's side) 外孙(孫)女 wàisūnnǚ [个 gè]

grandfather ['grændfɑːðər] N [c] (on mother's side) 外公 wàigōng [位 wèi]; (on father's side) 爷(爺)爷(爺) yéye [位 wèi]

grandmother ['grænmʌðər] N [c] (on father's side) 外婆 wàipó [位 wèi]; (on father's side) 奶奶 nǎinai [位 wèi]

grandson ['grænsʌn] N [c] (on father's side) 孙(孫)子 sūnzi [个 gè]; (on mother's side) 外孙(孫) wàisūn [个 gè]

grape [greɪp] N [c] 葡萄 pútáo [串 chuàn] ▸ a bunch of grapes 一串葡萄 yī chuàn pútáo

grapefruit ['greɪpfruːt] (pl **grapefruit** or **grapefruits**) N [c/u] 葡萄柚 pútáoyòu [个 gè]

graph [grɑːf] N [c] 图(圖)表 túbiǎo [幅 fú]

graphics ['græfɪks] I N [u] (design) 制(製)图(圖)学(學) zhìtúxué II N PL (images) 图(圖)形 túxíng

grass [grɑːs] N [c] (Bot) 草 cǎo [株 zhū] ▸ the grass (the lawn) 草坪 cǎopíng

grate [greɪt] VT [+ food] 磨碎 mósuì

grateful ['greɪtful] ADJ 感激的 gǎnjī de ▸ to be grateful to sb for sth 为(為)某事感激某人 wèi mǒushì gǎnjī mǒurén

grave [greɪv] N [c] 坟(墳)墓 fénmù [座 zuò]

graveyard ['greɪvjɑːd] N [c] 墓地 mùdì [块 kuài]

gray [greɪ] (US) ADJ = **grey**

greasy ['griːsɪ] ADJ **1** [+ food] 油腻(膩)的 yóunì de **2** [+ skin, hair] 多油脂的 duō yóuzhī de

great [greɪt] I ADJ **1** (large) 巨大的 jùdà de **2** [+ success, achievement] 重大的 zhòngdà de; [+ pleasure, difficulty, value] 极(極)大的 jídà de; [+ risk] 超乎寻(尋)常的 chāohū xúncháng de **3** [+ city, person, work of art] 伟(偉)大的 wěidà de **4** (terrific) [+ person, place] 好极了的 hǎojíle de; [+ idea] 棒极了的 bàngjíle de II INT ▸ great! 太好了! tài hǎo le! ▸ we had a great time 我们(們)玩得很快活 wǒmen wán de hěn kuàihuo

Great Britain N 大不列颠(顛) Dàbùlièdiān

Greece [griːs] N 希腊(臘) Xīlà

greedy ['griːdɪ] ADJ 贪(貪)心的 tānxīn de

Greek [griːk] I ADJ 希腊(臘)的 Xīlà de II N 1 [c] (person) 希腊(臘)人 Xīlàrén [个 gè] 2 [u] (modern language) 希腊(臘)语(語) Xīlàyǔ

green [griːn] I ADJ 1 绿(綠)色的 lùsè de 2 (environmental) 环(環)保 的 huánbǎo de II N [c/u] 绿(綠) 色 lùsè [抹 mǒ]

greengrocer ['griːnɡrəʊsəʳ] (esp Brit) N [c] (shop) (also: **greengrocer's**) 果蔬店 guǒshūdiàn [家 jiā]

greenhouse ['griːnhaʊs] I N [c] 暖房 nuǎnfáng [间 jiān] II CPD [+ gas, emissions] 温(溫)室 wēnshì

green tax N [c/u] 环(環)保税(稅) huánbǎo shuì

grew [ɡruː] PT of **grow**

grey, (US) **gray** [ɡreɪ] I ADJ 1 灰色 的 huīsè de; [+ hair] 灰白的 huībái de 2 [+ weather, day] 阴(陰)沉的 yīnchén de II N [c/u] 灰色 huīsè [种 zhǒng]

grey-haired [ɡreɪ'hɛəd] ADJ 灰白 头(頭)发(髮)的 huībái tóufa de

grief [griːf] N [u] 悲痛 bēitòng

grill [ɡrɪl] VT (Brit) [+ food] 烤 kǎo

grit [ɡrɪt] N [u] 沙粒 shālì

groan [ɡrəʊn] VI 呻吟 shēnyín

grocer ['ɡrəʊsəʳ] N [c] 1 (person) 食 品杂(雜)货(貨)商 shípǐn záhuòshāng [个 gè] 2 (shop) (also: **grocer's**) 食品杂(雜)货(貨)店 shípǐn záhuòdiàn [家 jiā]

grocery ['ɡrəʊsərɪ] I N [c] (also: **grocery shop** (Brit), **grocery store** (esp US)) 食品杂(雜)货(貨)店 shípǐn záhuòdiàn [家 jiā]

II **groceries** N PL (provisions) 食品 杂(雜)货(貨) shípǐn záhuò

groom [ɡruːm] N [c] (also: **bridegroom**) 新郎 xīnláng [位 wèi]

ground [ɡraʊnd] I PT, PP of **grind**
II N 1 (floor) ▸ **the ground** 地面 dìmiàn 2 (earth, soil, land) ▸ **the ground** 土地 tǔdì 3 [c] (Sport) (场(場)) chǎng ▸ **on the ground** 在 地面上 zài dìmiàn shang

ground floor N [c] 一楼(樓) yīlóu [层 céng]

group [ɡruːp] N [c] 1 (组(組)) zǔ [个 gè] 2 (also: **pop group, rock group**) 组(組)合 zǔhé [个 gè] ▸ **in groups** 成组(組)地 chéngzǔ de

grow [ɡrəʊ] (pt grew, pp grown)
I VI 1 [plant, tree +] 生长(長) shēngzhǎng; [person, animal +] 长(長)大 zhǎngdà 2 [amount, feeling, problem +] 扩(擴)大 kuòdà
II VT [+ flowers, vegetables] 栽 种(種) zāizhòng ▸ **to grow by 10%** 增长(長)10% zēngzhǎng bǎi fēn zhī shí

▸ **grow up** (be brought up) 长(長)大 zhǎngdà; (be mature) 成 熟 chéngshú

grown [ɡrəʊn] PP of **grow**

grown-up [ɡrəʊnʌp] N [c] 成年人 chéngniánrén [个 gè]

growth [ɡrəʊθ] N 1 [u/s] [of economy, industry] 发(發)展 fāzhǎn 2 [u] [of child, animal, plant] 生 长(長) shēngzhǎng ▸ **a growth in sth** 某方面的发(發)展 mǒu fāngmiàn de fāzhǎn

grumble ['ɡrʌmbl] VI (complain) 抱 怨 bàoyuàn

guarantee [ɡærən'tiː] N [c] (Comm: warranty) 质(質)保承 诺(諾) zhìbǎo chéngnuò [个 gè]

guard [gɑːd] I N [c] (sentry) 警卫(衛) jǐngwèi [个 gè] II VT [+ building, entrance, door] 守卫(衛) shǒuwèi; [+ person] 保护(護) bǎohù ▸ **to be on one's guard (against)** 提防 dīfáng

guess [gɛs] I VT, VI (conjecture) 猜测(測) cāicè II N [c] 猜测(測) cāicè [种 zhǒng] ▸ **I guess so** 我想是吧 wǒxiǎng shì ba

guest [gɛst] N [c] (at home) 客人 kèrén [位 wèi]; (at special event) 宾(賓)客 bīnkè [位 wèi]; (in hotel) 房客 fángkè [位 wèi]

guide [gaɪd] I N [c] (tour guide) 导(導)游(遊) dǎoyóu [位 wèi] **2** (local guide) 向导(導) xiàngdǎo [位 wèi] **3** (also: **guide book**) 指南 zhǐnán [本 běn] II VT **1** (round city, museum) 给(給)…导(導)游(遊) gěi…dǎoyóu **2** (lead) 给(給)…领(領)路 gěi…lǐnglù

guidebook ['gaɪdbuk] N [c] 旅游(遊)指南 lǚyóu zhǐnán [本 běn]

guided tour ['gaɪdɪd-] N [c] 有导(導)游(遊)的游(遊)览(覽) yǒu dǎoyóu de yóulǎn [次 cì]

guilty ['gɪltɪ] ADJ **1** [+ person, feelings] 内(內)疚的 nèijiù de **2** [+ secret, conscience] 自知有过(過)错(錯)的 zìzhī yǒu guòcuò de **3** (responsible) 有过(過)失的 yǒu guòshī de **4** (Law) 有罪的 yǒuzuì de ▸ **guilty of murder/manslaughter** 谋(謀)杀(殺)/误(誤)杀(殺)罪 móushā/wùshā zuì

guitar [gɪ'tɑː'] N [c] 吉他 jítā [把 bǎ]

gum [gʌm] N **1** [c] (Anat) 牙床 yáchuáng [个 gè] **2** [u] (also: **chewing gum/bubblegum**) 口香糖 kǒuxiāngtáng

gun [gʌn] N [c] (small, medium-sized) 枪(槍) qiāng [支 zhī]; (large) 炮(砲) pào [架 jià]

guy [gaɪ] N [c] (man) 家(傢)伙 jiāhuo [个 gè] ▸ **(you) guys** 伙(夥)计(計)们(們) huǒjimen

gym [dʒɪm] N **1** [c] (also: **gymnasium**) 健身房 jiànshēnfáng [个 gè] **2** [u] (also: **gymnastics**) 体(體)操 tǐcāo

gymnast ['dʒɪmnæst] N [c] 体(體)操运(運)动(動)员(員) tǐcāo yùndòngyuán [位 wèi]

gymnastics [dʒɪm'næstɪks] N [u] 体(體)操 tǐcāo

gypsy ['dʒɪpsɪ] N [c] 吉卜赛(賽)人 Jípǔsàirén [个 gè]

h

habit ['hæbɪt] N [c/u] 习(習)惯(慣) xíguàn [个 gè] ▸ **to be in the habit of doing sth** 有做某事的习(習)惯(慣) ▸ **a bad habit** 坏(壞)习(習)惯(慣) huài xíguàn

hacker ['hækə'] N [c] (Comput) 黑客 hēikè

had [hæd] PT, PP of **have**

hadn't ['hædnt] = **had not**

hail [heɪl] I N [u] 冰雹 bīngbáo II VI 下雹 xiàbáo

hair [hɛə'] N [u] 头(頭)发(髮) tóufa [c] (single strand) 毛发(髮) máofà [根 gēn] ▸ **to do one's hair** 梳头(頭) shūtóu ▸ **to have** or **get one's hair cut** 剪头(頭)发(髮) jiǎn tóufa

hairbrush ['hɛəbrʌʃ] N [c] 发(髮)刷 fàshuā [把 bǎ]

haircut ['hɛəkʌt] N [c] **1** 理发(髮) lǐfà [次 cì] **2** (hairstyle) 发(髮)型 fàxíng [种 zhǒng] ▸ **to have** or **get a haircut** 剪头(頭)发(髮) jiǎn tóufa

hairdresser ['hɛədrɛsə'] N [c] **1** 美发(髮)师(師) měifàshī [位 wèi] **2** (also: **hairdresser's**) 发(髮)廊 fàláng [个 gè]

hairdryer ['hɛədraɪə'] N [c] 吹风(風)机(機) chuīfēngjī [个 gè]

hair gel N [u] 发(髮)胶(膠) fàjiāo

hairspray ['hɛəspreɪ] N [u] 喷发(髮)定型剂(劑) pēnfà dìngxíngjì

hairstyle ['hɛəstaɪl] N [c] 发(髮)型 fàxíng [种 zhǒng]

half [hɑ:f] (pl **halves**) I N, PRON [c] **1** 一半 yībàn **2** (Brit: child's ticket) 半票 bànpiào [张 zhāng] II ADJ [+ bottle] 一半的 yībàn de III ADV [+ empty, closed, open, asleep] 半 bàn ▸ **to cut sth in half** 把某物切成两(兩)半 bǎ mǒuwù qiēchéng liǎng bàn ▸ **two/three etc and a half** 二/三〔等〕点(點)五 èr/sān děng diǎn wǔ ▸ **half a pound/kilo/mile** 半磅/公斤/英里 bàn bàng/gōngjīn/yīnglǐ ▸ **a day/week/pound etc and a half** 一天/星期/磅〔等〕半 yī tiān/xīngqī/bàng děng bàn ▸ **half an hour** 半小时(時) bàn xiǎoshí ▸ **half past three/four etc** 三/四〔等〕点(點)半 sān/sì děng diǎn bàn

half-hour [hɑ:f'auə'] N [c] 半小时(時) bàn xiǎoshí [个 gè]

half price ['hɑ:f'praɪs] I ADJ 半价(價)的 bànjià de II ADV 半价(價)地 bànjià de

half-term [hɑ:f'tə:m] (Brit: Scol) N [c/u] 期中假 qīzhōngjià [段 duàn] ▸ **at half-term** 期中假时(時) qīzhōngjià shí

half-time [hɑːfˈtaɪm] (Sport) N [U]
半场(場) bànchǎng ▸ **at half-time**
半场(場)时(時) bànchǎng shí

halfway [hɑːfˈweɪ] ADV (between
two points) 到一半 dào yībàn
▸ **halfway through sth** 在某事
过(過)了一半时(時) zài mǒushì
guòle yībàn shí

hall [hɔːl] N 1 [c] (esp Brit: entrance)
门(門)厅(廳) méntīng [个(個)] 2 [c]
(room) 礼(禮)堂 lǐtáng [个(個)]

ham [hæm] I N 火腿 huǒtuǐ II CPD
[+ sandwich, roll, salad] 火腿
huǒtuǐ

hamburger [ˈhæmbɜːgəʳ] N [c]
汉(漢)堡包 hànbǎobāo [个(個)]

hammer [ˈhæməʳ] N [c] 锤(錘)子
chuízi [把 bǎ]

hand [hænd] N 1 [c] 手 shǒu [双(雙)
shuāng] 2 [c] (of clock) 指针(針)
zhǐzhēn [个(個)] ▸ **to do sth by hand**
手工制(製)作 shǒugōng zhìzuò ▸ **to give or lend
sb a hand (with sth)** 帮(幫)某人
(做某事) bāng mǒurén (zuò
mǒushì) ▸ **on the one hand…,
on the other hand…** 一方面…, 另一
方面… yī fāngmiàn…, lìng yī
fāngmiàn…
▸ **hand in** VT 上交 shàngjiāo
▸ **hand out** VT 分配 fēnpèi
▸ **hand over** VT 交给(給) jiāogěi

handbag [ˈhændbæg] (Brit) N [c]
手包 shǒubāo [个(個)]

handcuffs [ˈhændkʌfs] NPL 手
铐(銬) shǒukào ▸ **in handcuffs**
带(帶)手铐(銬) dài shǒukào

handkerchief [ˈhæŋkətʃɪf] N [c]
手帕 shǒupà [条 tiáo]

handle [ˈhændl] N [c] (of bag) 把
手 bǎshou [个(個)]; (of cup, knife,
paintbrush, broom, spade) 柄 bǐng

[个(個)]; (of door, window) 拉手
lāshou [个(個)] II VT [+ problem, job,
responsibility] 处(處)理 chǔlǐ

handlebars [ˈhændlbɑːz] NPL 把
手 bǎshǒu

handmade [ˈhændˈmeɪd] ADJ 手
工制(製)作的 shǒugōng zhìzuò de

handsome [ˈhænsəm] ADJ 英俊的
yīngjùn de

handwriting [ˈhændraɪtɪŋ] N [U]
笔(筆)迹(跡) bǐjì

handy [ˈhændɪ] ADJ 1 (useful) 方便
的 fāngbiàn de 2 (close at hand) 手
边(邊)的 shǒubiān de

hang [hæŋ] (pt, pp hung) I VT
挂(掛) guà 2 (be suspended)
悬(懸)挂(掛) xuánguà
▸ **hang about** VI = **hang around**
▸ **hang around** (inf) VI 闲(閒)
荡(蕩) xiándàng
▸ **hang on** (wait) 稍等
shāoděng
▸ **hang round** (Brit) VI = **hang
around**
▸ **hang up** I VI (Tel) 挂(掛)断(斷)
电(電)话(話) guàduàn diànhuà
II VT [+ coat, hat, clothes] 挂(掛)起
guàqǐ

hanger [ˈhæŋəʳ] N [c] (also: coat
hanger) 衣架 yījià [个(個)]

hangover [ˈhæŋəʊvəʳ] N [c] 宿醉
sùzuì [次 cì]

happen [ˈhæpən] VI 发(發)生
fāshēng ▸ **what will happen if…?**
如果…会(會)怎么(麼)样(樣)？
rúguǒ…huì zěnmeyàng? ▸ **tell
me what happened** 告诉(訴)我
发(發)生了什么(麼)事 gàosù wǒ
fāshēngle shénme shì

happiness [ˈhæpɪnɪs] N [U] 幸福
xìngfú

happy [ˈhæpɪ] ADJ 1 高兴(興)的

gāoxìng de **2** [+ life, childhood, marriage, place] 美满(滿)的 měimǎn de ▸ **to be happy with sth** (satisfied) 对(對)某事满(滿)意的 duì mǒushì mǎnyì ▸ **to be happy to do sth** (willing) 乐(樂)意做某事 lèyì zuò mǒushì ▸ **happy birthday!** 生日快乐(樂)! shēngrì kuàilè! ▸ **happy Christmas!** 圣(聖)诞(誕)快乐(樂)! Shèngdàn kuàilè!

harassment ['hærəsmənt] N [U] 骚(騷)扰(擾) sāorǎo

harbour, (US) **harbor** N [c] 港口 gǎngkǒu [个 gè]

hard [haːd] I ADJ **1** [+ surface, object] 硬的 yìng de **2** [+ question, problem] 困难(難)的 kùnnan de; [+ work] 费(費)力的 fèilì de **3** [+ push, punch, kick] 用力的 yònglì de II ADV **1** [work, try, think+] 努力地 nǔlì de **2** [hit, punch, kick+] 用力地 yònglì de ▸ **it's hard to tell/say/know** 很难(難)讲(講)/说(說)/知道 hěn nán jiǎng/shuō/zhīdào ▸ **such events are hard to understand** 这(這)种(種)事很难(難)理解 zhè zhǒng shì hěn nán lǐjiě ▸ **it's hard work serving in a shop** 商店工作很难(難)做 shāngdiàn gōngzuò hěn nán zuò

hard disk (Comput) N [c] 硬盘(盤) yìngpán [个 gè]

hardly ['haːdlɪ] ADV **1** (scarcely) 几(幾)乎不 jīhū bù **2** (no sooner) ▸ **he had hardly sat down when the door burst open** 他一坐下门(門)就被猛地打开(開)了 tā yí zuòxià mén jiù bèi měng de dǎkāi le ▸ **hardly ever/any/anyone** 几(幾)乎从不/没(沒)/没(沒)有任何人 jīhū cóngbù/méiyǒu/méiyǒu rènhé rén ▸ **I can**

hardly believe it 我简(簡)直不能相信 wǒ jiǎnzhí bùnéng xiāngxìn

hardware ['haːdwɛəˈ] N [U] (Comput) 硬件 yìngjiàn

hardworking [haːd'wəːkɪŋ] ADJ 勤奋(奮)的 qínfèn de

harm [haːm] VT **1** (damage) 损(損)坏(壞) sǔnhuài **2** (injure) 伤(傷)害 shānghài

harmful ['haːmful] ADJ 有害的 yǒuhài de

harp [haːp] N [c] (Mus) 竖(豎)琴 shùqín [架 jià]

harvest ['haːvɪst] N **1** [c/u] (harvest time) 收获(獲) shōuhuò [种 zhǒng] **2** [c] (crop) 收成 shōucheng [个 gè]

has [hæz] VB see **have**

hashtag ['hæʃtʃæg] N [c] (Comput only) 主题(題)标(標)签(籤) zhǔtí biāoqiān [个 gè]

hasn't ['hæznt] = **has not**

hat [hæt] N [c] 帽子 màozi [顶 dǐng]

hate [heɪt] VT [+ person] 恨 hèn; [+ food, activity, sensation] 讨(討)厌(厭) tǎoyàn ▸ **to hate doing/to do sth** 不喜欢(歡)做/做某事 bù xǐhuan zuò/zuò mǒushì

hatred ['heɪtrɪd] N [U] 仇恨 chóuhèn

○ **KEYWORD**

have [hæv] (pt, pp had) I VT **1** 有 yǒu ▸ **he has** or **he has got blue eyes/dark hair** 他长(長)着(著)蓝(藍)眼睛/黑头(頭)发(髮) tā zhǎngzhe lán yǎnjing/hēi tóufa ▸ **do you have** or **have you got a car/phone** 你有车(車)/电(電)话(話)吗(嗎)? nǐ yǒu chē/diànhuà ma? ▸ **to have** or **have got sth to do** 有必须(須)得做的事

yǒu bìxū děi zuò de shì ▸ **she had her eyes closed** 她闭(閉)上了眼睛

2 ▸ **to have breakfast** 吃早饭(飯) chī zǎofàn ▸ **to have a drink/a cigarette** 喝一杯/抽电烟(煙) hē yì bēi/chōu zhī yān

3 ▸ **to have a swim/bath** 游泳/洗澡 yóuyǒng/xǐzǎo ▸ **to have a meeting/party** 开(開)会(會)/开(開)派对(對) kāihuì/kāi pàiduì

4 (receive, obtain) 得到 dédào ▸ **can I have your address?** 能告诉(訴)我你的地址吗(嗎)? néng gàosù wǒ nǐ de dìzhǐ ma? ▸ **you can have it for £5** 付5英镑它就是你的了 fù wǔ yīngbàng tā jiùshì nǐ de le

5 ▸ **to have a baby** 生孩子 shēng háizi

6 ▸ **to have sth done** 指使/安排做某事 zhǐshǐ/ānpái zuò mǒushì ▸ **to have one's hair cut** 理发(髮) lǐfà

7 ▸ **to have a headache** 头(頭)痛 tóutòng ▸ **to have an operation** 动(動)手术(術) dòng shǒushù

II AUX VB 1 ▸ **to have arrived/gone** 到了/走了 yǐ dàole/zǒule ▸ **has he told you** 他已经(經)告诉(訴)你了吗(嗎)? tā yǐjing gàosù nǐ le ma? ▸ **when she had dressed, she went downstairs** 穿好衣服后(後), 她下了楼(樓) chuānhǎo yīfu hòu, tā xiàle lóu ▸ **I haven't seen him for ages/since July** 我已经(經)很久/自7月以来(來)就没(沒)见(見)过(過)他了 wǒ yǐjing hěn jiǔ/zì qīyuè yǐlái jiù méi jiànguo tā le

2 (in tag questions) ▸ **you've done**

it, haven't you? 你已经(經)做了, 是不是? nǐ yǐjing zuò le, shì bù shì?

3 (in short answers and questions) ▸ **yes, I have** 是的, 我有/已做了 shì de, wǒ yǒu/yǐ zuò le ▸ **no I haven't** 不, 我还(還)没(沒)有/没(沒)做呢! bù, wǒ hái méiyǒu/méi zuò ne! ▸ **so have I!** 我也一样(樣)! wǒ yě yíyàng! ▸ **neither have I** 我也没(沒)有过(過) wǒ yě méiyǒuguo ▸ **I've finished, have you?** 我已经(經)完成了, 你呢? wǒ yǐjing wánchéng le, nǐ ne?

8 (be obliged) ▸ **to have (got) to do sth** 不得不做某事 bù dé bù zuò mǒushì ▸ **she has (got) to do it** 她必须(須)得这(這)么(麼)做 tā bìxū děi zhème zuò ▸ **have on** VT [+ clothes] 穿着(著) chuānzhe ▸ **he didn't have anything on** 他什么(麼)都没(沒)穿 tā shénme dōu méi chuān

haven't ['hævnt]= **have not**

hay fever N [U] 花粉病 huāfěnbìng

hazel ['heɪzl] ADJ [+ eyes] 淡褐色的 dàn hèsè de

he [hiː] PRON 他 tā

head [hed] I N [C] 1 头(頭) tóu [个 gè] 2 [of company, organization, department] 领(領)导(導) lǐngdǎo [个 gè] 3 (Brit: head teacher) 校长(長)/校长(長) xiàozhǎng [位 wèi] II VT 1 [+ list, group] 以...打头(頭) yǐ...dǎtóu 2 (Football) [+ ball] 用头(頭)顶(頂) yòng tóu dǐng ▸ **10 pounds a or per head** 每人10英镑(鎊) měi rén shí yīngbàng ▸ **from head to foot or toe** 从(從)

头(頭)到脚(腳) cóng tóu dào jiǎo
▸ **heads or tails?** 正面还(還)是反面? zhèngmiàn háishì fǎnmiàn?
▸ **head for** VT FUS 前往 qiánwǎng
▸ **to be heading** or **headed for Glasgow** 正前往格拉斯哥 zhèng qiánwǎng Gélāsīgē

headache ['hedeɪk] N [c] 头(頭)痛 tóutòng ▸ **to have a headache** 头(頭)痛 tóutòng

headlight ['hedlaɪt] N [c] 前灯(燈) qiándēng [个 gè]

headline ['hedlaɪn] N [c] 标(標)题(題) biāotí [个 gè] ▸ **the headlines** (Publishing) 头(頭)条(條)新闻(聞) (TV, Rad) 内(內)容提要 nèiróng tíyào

headmaster ['hed'mɑːstə'] (Brit) N [c] 校长(長) xiàozhǎng [位 wèi]

headmistress ['hed'mɪstrɪs] (Brit) N [c] 女校长(長) nǚxiàozhǎng [位 wèi]

head office N [c/u] [of company] 总(總)部 zǒngbù

headphones ['hedfəunz] NPL 耳机(機) ěrjī

headquarters ['hedkwɔːtəz] NPL 总(總)部 zǒngbù

heal [hiːl] VI 痊愈(癒) quányù

health [helθ] N [u] 健康 jiànkāng ▸ **to be good/bad for one's health** 对(對)某人的健康有益/不利 duì mǒurén de jiànkāng yǒuyì/bùlì ▸ **to drink (to) sb's health** 举(舉)杯祝某人健康 jǔbēi zhù mǒurén jiànkāng

healthy ['helθɪ] ADJ **1** 健康的 jiànkāng de **2** [+ diet, lifestyle] 对(對)健康有益的 duì jiànkāng yǒuyì de

heap [hiːp] N [c] 堆积(積)[个 gè]

hear [hɪə'] (pt, pp **heard** [hə:d]) VT **1** 听(聽)见(見) tīngjiàn **2** [+ news, lecture, concert] 听(聽) tīng ▸ **to hear sb doing sth** 听(聽)见(見)某人做某事 tīngjiàn mǒurén zuò mǒushì ▸ **to hear that...** 听(聽)说(說)… tīngshuō ▸ **to hear about sth** 听(聽)说(說)某事/某人 tīngshuō mǒushì/mǒurén ▸ **to hear from sb** 得到某人的消息 dédào mǒurén de xiāoxi ▸ **I've never heard of him** 我从(從)来(來)没(沒)听(聽)说(說)过(過)他 wǒ cónglái méi tīngshuō guo tā

heart [hɑːt] N **1** [c] 心脏(臟) xīnzàng [颗 kē] **2** [u] (emotions) 感情 gǎnqíng [种 zhǒng] **3** [c] (shape) 心形物 xīnxíngwù [个 gè] ▸ **to learn/know sth (off) by heart** 背(誦)某事 bèisòng mǒushì ▸ **to break sb's heart** 使某人伤(傷)心 shǐ mǒurén shāngxīn

heart attack N [c] 心脏(臟)病发(發)作 xīnzàngbìng fāzuò [阵 zhèn] ▸ **to have a heart attack** 心脏(臟)病发(發)作 xīnzàngbìng fāzuò

heat [hiːt] I N **1** [u] (warmth) 热(熱) rè **2** [u] (temperature) 热(熱)度 rèdù **3** [c] (Sport) (also: **qualifying heat**) 预(預)赛(賽) yùsài [场 chǎng] II VT [+ water, food] 加热(熱) jiārè ▸ [+ room, house] 取暖 qǔnuǎn ▸ **I find the heat unbearable** 热(熱)得我实(實)在(在)受不了 rè de wǒ shízài shòu bù liǎo ▸ **heat up** VT [+ food] 加热(熱) jiārè

heater ['hiːtə'] N [c] (electric heater, gas heater) 供暖装(裝)置 gōngnuǎn zhuāngzhì [个 gè]; (in car) 暖气(氣)设(設)备(備) nuǎnqì shèbèi [套 tào]

h

heating ['hiːtɪŋ] N [U] (system) 暖气(氣) nuǎnqì

heatwave ['hiːtweɪv] N [C] 酷暑时(時)期 kùshǔ shíqī [段 duàn]

heaven ['hɛvn] N [U] 天堂 tiāntáng

heavy ['hɛvɪ] ADJ 1 重的 zhòng de 2 [+ traffic] 拥(擁)挤(擠)的 yōngjǐ de; [+ fine, penalty, sentence] 重的 zhòng de; [+ drinking, smoking, gambling] 过(過)度的 guòdù de; [+ rain, snow] 大的 dà de ▸ **how heavy are you/is it?** 你/它有多重? nǐ/tā yǒu duō zhòng?

he'd [hiːd] = **he would, he had**

hedge [hɛdʒ] N [C] 树(樹)篱(籬) shùlí [道 dào]

heel [hiːl] N [C] 1 [of foot] 脚(腳)后(後)跟 jiǎohòugēn [个(個) gè] 2 [of shoe] 鞋跟 xiégēn [个 gè]

height [haɪt] N 1 [C/U] 高度 gāodù [个 gè] 2 [c] (altitude) 高处(處) gāochù ▸ **of average/medium height** 平均/中等高度 píngjūn/zhōngděng gāodù

held [hɛld] PT, PP of **hold**

helicopter ['hɛlɪkɒptə⁻] N [C] 直升机(機) zhíshēngjī [架 jià]

hell [hɛl] I N [U] 地狱(獄) dìyù II INT (inf) 天啊 tiān a ▸ **it was hell** (inf) 糟糕极(極)了 zāogāo jí le

he'll [hiːl] = **he will, he shall**

hello [hə'ləʊ] INT (as greeting) 你好 nǐ hǎo; (Tel) 喂 wèi; (to attract attention) 劳(勞)驾(駕) láojià

helmet ['hɛlmɪt] N [C] 头(頭)盔 tóukuī [个 gè]; [of soldier, policeman, fireman] 钢(鋼)盔 gāngkuī [个 gè]

help [hɛlp] I N [U] 帮(幫)助 bāngzhù II VT [+ person] 帮(幫)助 bāngzhù III VI 1 (assist) 帮忙

bāngmáng 2 (be useful) 有用 yǒuyòng ▸ **thanks, you've been a great help** 谢(謝)谢(謝), 你帮(幫)了很大忙 xièxie, nǐ bāngle hěn dà máng ▸ **I helped him (to) fix his car** 我帮(幫)助他修了他的车(車) wǒ bāngzhù tā xiūle tā de chē ▸ **help!** 救命! jiùmìng! ▸ **can I help you?** (in shop) 我能为(為)您效劳(勞)吗(嗎)? wǒ néng wèi nín xiàoláo ma? ▸ **I can't help feeling sorry for him** 我情不自禁地同情他 wǒ qíng bù zì jīn de tóngqíng tā ▸ **it can't be helped** 没(沒)办(辦)法 méi bànfǎ

helpful ['hɛlpfʊl] ADJ 有用的 yǒuyòng de; [+ advice, suggestion] 有建设(設)性的 yǒu jiànshèxìng de

helping ['hɛlpɪŋ] N [C] [of food] 一份 yī fèn

helpless ['hɛlplɪs] ADJ 无(無)依无(無)靠的 wúyīwúkào de

hen [hɛn] N [C] 母鸡(雞) mǔjī [只 zhī]

her [hɜː⁻] I PRON 她 tā II ADJ 她的 tā de ▸ **I haven't seen her** 我还(還)没(沒)没(沒)见(見)过(過)她 wǒ hái méi jiànguò tā ▸ **they gave her the job** 他们(們)给(給)了她那份工作 tāmen gěile tā nà fèn gōngzuò ▸ **her face was very red** 她的脸(臉)很红(紅) tā de liǎn hěn hóng

herb [hɜːb, US ɜːrb] N [C] 草本植物 cǎoběn zhíwù [株 zhū]

herd [hɜːd] N [C] 牧群 mùqún [群 qún]

here [hɪə⁻] ADV 1 (in/to this place) 在这(這)里(裡) zài zhèlǐ 2 (near me) 到这(這)里(裡) dào zhèlǐ ▸ **here's my phone number** 这(這)是我的

电(電)话(話)号(號)码(碼) zhè shì wǒ de diànhuà hàomǎ ▶ **here he is** 他到了 tā dào le ▶ **here you are** (take this) 给(給)你 gěi nǐ ▶ **here and there** 各处(處) gèchù

hero ['hɪərəu] (pl **heroes**) N [c] **1** 男主人公 nán zhǔréngōng [个 (個) gè] **2** (of battle, struggle) 英雄 yīngxióng [位 wèi]

heroin ['herəuɪn] N [U] 海洛因 hǎiluòyīn

heroine ['herəuɪn] N [c] **1** 女主人公 nǔzhǔréngōng [个 (個) gè] **2** (of battle, struggle) 女英雄 nǔyīngxióng [位 wèi]

hers [hə:z] PRON 她的 tā de ▶ **this is hers** 这(這)是她的 zhè shì tā de ▶ **a friend of hers** 她的一个(個)朋友 tā de yī gè péngyou

herself [hə:'self] PRON **1** 她自己 tā zìjǐ **2** (emphatic) 她本人 tā běnrén ▶ **she hurt herself** 她伤(傷)了自己。tā shāngle zìjǐ ▶ **she made the dress herself** 这(這)件连(連)衣裙。tā zìjǐ zuò de zhè jiàn liányīqún ▶ **she lives by herself** 她独(獨)自一人住 tā dúzì yī rén zhù

he's [hi:z] = **he is, he has**

hesitate ['hezɪteɪt] VI 犹(猶)豫 yóuyù ▶ **he did not hesitate to take action** 他毫不迟(遲)疑地采(採)取了行动(動) tā háobù chíyí de cǎiqǔ le xíngdòng ▶ **don't hesitate to contact me** 请(請)务(務)必和我联(聯)系(繫) qǐng wùbì hé wǒ liánxì

heterosexual ['hetərəu'seksjuəl] N [c] 异(異)性恋(戀)者 yìxìngliànzhě [个 (個) gè]

hi [haɪ] INT (as greeting) 嘿 hēi; (in email) 你好 nǐhǎo

hiccup ['hɪkʌp]: **hiccups** NPL ▶ **to have/get (the) hiccups** 打嗝 dǎgé

hidden ['hɪdn] PP of **hide**

hide [haɪd] (pt **hid**, pp **hidden**) I VT 隐(隱)藏 yǐncáng; [+ feeling, information] 隐(隱)瞒(瞞)(瞞) yǐnmán II VI 藏起来(來) cáng qǐlái ▶ **to hide from sb** 躲着(著)某人 duǒzhe mǒurén

hi-fi ['haɪfaɪ] N [c] 高保真音响(響)设(設)备(備) gāobǎozhēn yīnxiǎng shèbèi [套 tào]

high [haɪ] I ADJ 高的 gāo de II ADV [reach, throw +] 高高地 gāogāo de; [fly, climb +] 高 gāo ▶ **it is 20 m** **high** 有20米高 yǒu èrshí mǐ gāo ▶ **foods that are high in fat** 脂肪含量高的食品 zhīfáng hánliàng gāo de shípǐn ▶ **safety has always been our highest priority** 安全一直是我们(們)最重视(視)的问(問)题(題) ānquán yīzhí shì wǒmen zuì zhòngshì de wèntí ▶ **high up** (above) 离(離)地面高的 lí dìmiàn gāo de

high 不能用于描写人，动物和植物，而应用 tall。She was rather tall for a woman. tall 还可以用于描写建筑物（如摩天大楼等）以及其他高度大于宽度的东西。... tall pine trees...a tall glass vase...

higher education ['haɪə⁻,-r] N [U] 高等教育 gāoděng jiàoyù

high-rise ['haɪraɪz] ADJ 高层(層)的 gāocéng de

high school N [c/U] 中学(學) zhōngxué [所 suǒ]

hijack ['haɪdʒæk] VT 劫持 jiéchí

hijacker ['haɪdʒækə⁻] N [c] 劫持者 jiéchízhě [个 (個) gè]

hike [haɪk] I VI 步行 bùxíng II N [c]

(walk) 徒步旅行 túbù lǚxíng [次 cì] ▸ **to go hiking** 做徒步旅行 zuò túbù lǚxíng

hiking ['haɪkɪŋ] N [U] 步行 bùxíng

hill [hɪl] N [c] 小山 xiǎoshān [座 zuò]; (slope) 坡 pō [个 gè]

him [hɪm] PRON 他 tā ▸ **I haven't seen him** 我还(還)没(沒)看见(見) 他 wǒ hái méi kànjiàn tā ▸ **they gave him the job** 他们(們)给(給) 了他那份工作 tāmen gěile tā nà fèn gōngzuò

himself [hɪm'sɛlf] PRON 1 他自己 tā zìjǐ 2 (emphatic) 他本人 tā běnrén ▸ **he hurt himself** 他 伤(傷)了自己 tā shāngle zìjǐ ▸ **he prepared the supper himself** 他 自己准(準)备(備)了晚餐 tā zìjǐ zhǔnbèile wǎncān ▸ **he lives by himself** 他独(獨)自一人住 tā dúzì yīrén zhù

Hindu ['hɪnduː] I N [c] 印度教信徒 Yìndùjiào xìntú [位 wèi] II ADJ 与(與)印度教有关(關)的 yǔ Yìndùjiào yǒuguān de

hip [hɪp] N [c] 髋(髖)部 kuānbù [个 gè]

hippie ['hɪpɪ] N [c] 嬉皮士 xīpíshì [个 gè]

hire ['haɪə'] I VT 1 (esp Brit) 租用 zūyòng; [+worker] 雇(僱)用 gùyòng II N [U] (Brit) [of car, hall] 租用 zūyòng

hire car (Brit) N [c] 租的车(車) zū de chē

his [hɪz] I ADJ 他的 tā de II PRON 他的 tā de ▸ **his face was very red** 他的脸(臉)很红(紅) tā de liǎn hěn hóng ▸ **these are his** 这(這)些 是他的 zhèxiē shì tā de ▸ **a friend of his** 他的一个(個)朋友 tā de yī gè péngyou

history ['hɪstərɪ] N [U] 历(歷)史 lìshǐ

hit [hɪt] (pt, pp hit) I VT 1 (strike) 打 dǎ 2 (collide with) 碰撞 pèngzhuàng 3 [+target] 击(擊)中 jīzhōng II N [c] 1 (on website) 点(點)击(擊) diǎnjī [次 cì] 2 (hit song) 成功而风(風)行一时(時)的事 物 chénggōng ér fēngxíng yīshí de shìwù [个 gè]

hitchhike ['hɪtʃhaɪk] VI 搭便 车(車)旅行 dā biànchē lǚxíng

hitchhiker ['hɪtʃhaɪkə'] N [c] 搭便 车(車)旅行者 dā biànchē lǚxíngzhě [个 gè]

HIV N ABBR (= **human immunodeficiency virus**) 艾滋病 病毒 àizìbìng bìngdú

hoarse [hɔːs] ADJ 嘶哑(啞)的 sīyǎ de

hobby ['hɒbɪ] N [c] 爱(愛)好 àihào [种 zhǒng]

hockey ['hɒkɪ] N [U] 1 (Brit) 曲棍球 qūgùnqiú 2 (US: on ice) 冰球 bīngqiú

hold [həʊld] (pt, pp held) I VT 1 拿 ná 2 (contain) 容纳(納) róngnà II VI (Tel) 等着(著) děngzhe III N [c] [of ship, plane] 货(貨)舱(艙) huòcāng [个 gè] ▸ **hold the line!** (Tel) 别(別)挂(掛)线(線)! bié guàxiàn! ▸ **to hold sb prisoner/ hostage** 扣(扣)留某人作为(為)囚 犯/人质(質) kòuliú mǒurén zuòwéi qiúfàn/rénzhì ▸ **to get/ grab/take hold of sb/sth** 紧(緊) 紧(緊)拿着(著)/抓着(著)/握着(著) 某人/某物 jǐnjǐn názhe/zhuāzhe/ wòzhe mǒurén/mǒuwù ▸ **I need to get hold of Bob** 我需要找到 鲍(鮑)勃 wǒ xūyào zhǎodào Bàobó

▶ hold on VI **1** (*keep hold*) 抓牢 zhuāláo **2** 等一会(會)儿(兒) děng yīhuǐr

▶ hold up VT **1** (*lift up*) 举(舉)起 jǔqǐ **2** (*delay*) 阻碍(礙)zǔ'ài

hold-up ['həʊldʌp] N [c] **1** (*robbery*) 持械抢(搶)劫 chíxiè qiǎngjié [次 cì] **2** (*delay*) 延搁(擱) yángē [次 cì]; (*in traffic*) 交通阻塞 jiāotōng zǔsè [阵 zhèn]

hole [həʊl] N [c] **1** (*space, gap*) 洞 dòng [个 gè] **2** (*tear*) 破洞 pòdòng [个 gè]

holiday ['hɒlɪdeɪ] (*Brit*) N [c/U] 假期 jiàqī [个 gè] **▶ public holiday** 公共假期 gōnggòng jiàqī **▶ the school/summer/Christmas holidays** (*Brit: Scol*) 学(學)校/暑/圣(聖)诞(誕)假期 xuéxiào/shǔ/Shèngdàn jiàqī **▶ to be on holiday** 在度假 zài dùjià

Holland ['hɒlənd] N 荷兰(蘭) Hélán

hollow ['hɒləʊ] ADJ (*not solid*) 空的 kōng de

holy ['həʊlɪ] ADJ 神圣(聖)的 shénshèng de

home [həʊm] I N [c/U] (*house*) 家 jiā [个 gè] **2** [c/U] (*country, area*) 家乡(鄉) jiāxiāng [个 gè] **3** [c] (*institution*) 收容院 shōuróngyuàn [个 gè] II ADV [*be, go, get etc* +] 在家 zàijiā **▶ at home** (*in house*) 在家 zàijiā

homeless ['həʊmlɪs] I ADJ 无(無)家可归(歸)的 wú jiā kě guī de II NPL **▶ the homeless** 无(無)家可归(歸)的人 wú jiā kě guī de rén

homepage ['həʊmpeɪdʒ] N [c] 主页(頁) zhǔyè [个 gè]

homesick ['həʊmsɪk] ADJ 想家的 xiǎngjiā de

homework ['həʊmwəːk] N [U] 家庭作业(業) jiātíng zuòyè

homosexual [hɒməʊ'sɛksjʊəl] I ADJ 同性恋(戀)的 tóngxìngliàn de II N [c] 同性恋(戀)者 tóngxìngliàn zhě

honest ['ɒnɪst] ADJ 诚(誠)实(實)的 chéngshí de **▶ to be honest, ...** 说(說)实(實)话(話), … shuō shíhuà, …

honesty ['ɒnɪstɪ] N [U] 诚(誠)实(實) chéngshí

honey ['hʌnɪ] N [U] 蜂蜜 fēngmì

honeymoon ['hʌnɪmuːn] N [c] 蜜月 mìyuè [个 gè]

Hong Kong ['hɒŋ'kɒŋ] N 香港 Xiānggǎng

hood [hʊd] N [c] **1** 兜帽 dōumào [个 gè] **2** (*US: Aut*) 发(發)动(動)机(機)罩 fādòngjī zhào [个 gè]

hoof [huːf] (*pl* **hooves**) N 蹄 tí

hook [hʊk] N [c] 钩(鈎)gōu [个 gè] **▶ to take the phone off the hook** 不把电(電)话(話)听(聽)筒挂(掛)上 bù bǎ diànhuà tīngtǒng guàshàng

hooray [huː'reɪ] INT 好哇 hǎo wa

Hoover® ['huːvəʳ] (*Brit*) N [c] 吸尘(塵)器 xīchénqì [台 tái] II VT [+ *carpet*] 用吸尘(塵)器吸 yòng xīchénqì xī

hooves [huːvz] NPL *of* **hoof**

hop [hɒp] VI 单(單)脚(腳)跳 dānjiǎo tiào

hope [həʊp] I VT 希望 xīwàng II VI 盼望 pànwàng III N [U] 希望 xīwàng **▶ I hope so/not** 希望是这(這)样(樣)/希望不会(會) xīwàng shì zhèyàng/xīwàng bùhuì **▶ to hope that...** 希望… xīwàng… **▶ to hope to do sth** 希望能做某事 xīwàng néng zuò mǒushì

hopefully ['həupfulɪ] ADV
▸ hopefully,... 如果运(運)气(氣)
好… rúguǒ yùnqì hǎo…

hopeless ['həuplɪs] ADJ
1 [+ situation, position] 糟糕的
zāogāo de **2** (inf: useless) 无(無)能
的 wúnéng de

horizon [hə'raɪzn] N ▸ the horizon
地平线(線) dìpíngxiàn

horizontal [hɔrɪ'zɒntl] ADJ 水平的
shuǐpíng de

horn [hɔːn] N **1** [of animal] 角
jiǎo [个 gè] **2** (Aut) 喇叭 lǎba
[个 gè]

horoscope ['hɔrəskəup] N [c]
占星术(術) zhānxīngshù [种
zhǒng]

horrible ['hɔrɪbl] ADJ [+ colour, food,
mess] 糟透的 zāotòu de;
[+ accident, crime] 可怕的 kěpà de;
[+ experience, moment, situation,
dream] 令人恐惧(懼)的 lìng rén
kǒngjù de

horror film N [c] 恐怖片
kǒngbùpiàn [部 bù]

horse [hɔːs] N [c] 马(馬) mǎ [匹 pǐ]

horse racing N [c] 赛(賽)马(馬)
sàimǎ

hose [həuz] N [c] (also: hosepipe)
输(輸)水软(軟)管 shūshuǐ
ruǎnguǎn [根 gēn]

hospital ['hɔspɪtl] N [c/u] 医(醫)院
yīyuàn [家 jiā] ▸ to be in hospital
or (US) in the hospital 住院
zhùyuàn

hospitality [hɔspɪ'tælɪtɪ] N [u] 好
客 hàokè

host [həust] N [c] 主人 zhǔrén [位
wèi]

hostage ['hɔstɪdʒ] N [c] 人质(質)
rénzhì [个 gè] ▸ to be taken/held
hostage 被绑(綁)架/扣押做人

质(質) bèi bǎngjià/kòuyā zuò
rénzhì

hostel ['hɔstl] (esp Brit) N [c] 招待
所 zhāodàisuǒ [个 gè]

hostess ['həustɪs] N [c] 女主人
nǚzhǔrén [位 wèi]

hot [hɔt] ADJ **1** [+ object] 烫(燙)的
tàng de **2** [+ weather, person] 热(熱)
的 rè de **2** (spicy) 辣的 là de

hotel [həu'tel] N [c] 旅馆(館)
lǚguǎn [个 gè] ▸ to stay at a hotel
住旅馆(館) zhù lǚguǎn

hour ['auə] **I** N [c] 小时(時)
xiǎoshí [个 gè] **II** hours NPL (ages)
很长(長)时(時)间(間) hěn cháng
shíjiān ▸ the buses leave on the
hour 每小时(時)正点(點)有一班公
共汽车车(車) měi xiǎoshí zhèngdiǎn
yǒu yī bān gōnggòng qìchē ▸ for
three/four hours 三/四个(個)小
时(時) sān/sì gè xiǎoshí ▸ (at) 60
kilometres/miles an or per hour
每小时(時)60公里/英里 měi
xiǎoshí liùshí gōnglǐ/yīnglǐ ▸ to
pay sb by the hour 按小时(時)付
费(費)给(給)某人 àn xiǎoshí fùfèi
gěi mǒurén ▸ lunch hour 午餐
时(時)间(間) wǔcān shíjiān

house [haus N [c] 家 jiā [个 gè]
▸ at/to my house 在/到我家 zài/
dào wǒjiā

housewife ['hauswaɪf] (pl
housewives) N [c] 家庭主妇(婦)
jiātíng zhǔfù [个 gè]

housework ['hauswɜːk] N [u] 家
务(務)劳(勞)动(動) jiāwù láodòng

housing estate (Brit) N [c] 住宅
区(區) zhùzháiqū [个 gè]

hovercraft ['hɔvəkrɑːft] (pl
hovercraft) N [c] 气(氣)垫(墊)船
qìdiànchuán [艘 sōu]

○ KEYWORD

how [hau] I ADV **1** (*in questions*) 怎样(樣) zěnyàng ▸ **how did you do it?** 你是怎么(麼)做的? nǐ shì zěnme zuò de? ▸ **how are you?** 你好吗(嗎)? nǐ hǎo ma? ▸ **how long have you lived here?** 你在这(這)儿(兒)住了多久了? nǐ zài zhèr zhùle duō jiǔ le? ▸ **how much milk/many people?** 有多少奶/人? yǒu duōshǎo nǎi/rén? ▸ **how old are you?** 你多大了? nǐ duō dà le? ▸ **how tall is he?** 他有多高? tā yǒu duō gāo?

2 (*in suggestions*) ▸ **how about a cup of tea/a walk** *etc*? 来(來)杯茶/去散散步(等)好吗(嗎)? lái bēi chá/qù sànbù děng hǎo ma? II CONJ 怎么(麼) zěnme ▸ **how you did it** 我知道你怎么(麼)做的 wǒ zhīdào nǐ zěnme zuò de ▸ **to know how to do sth** 知道如何做某事 zhīdào rúhé zuò mǒushì

however [hau'ɛvəʳ] ADV **1** (*but*) 但是 dànshì **2** (*with adj, adv*) 不管怎样(樣) bùguǎn zěnyàng **3** (*in questions*) 究竟怎样(樣) jiūjìng zěnyàng

hug [hʌg] I VT [+ *person*] 拥(擁)抱 yōngbào II N [c] 拥(擁)抱 yōngbào ▸ **to give sb a hug** 拥(擁)抱某人 yōngbào mǒurén

huge [hjuːdʒ] ADJ 巨大的 jùdà de; [+ *amount, profit, debt*] 巨额(額)的 jù'é de; [+ *task*] 庞(龐)大的 pángdà de

human ['hjuːmən] I ADJ 人的 rén de II N [c] (*also*: **human being**) 人 rén [个(個) gè] ▸ **the human race** 人类(類) rénlèi ▸ **human nature** 人性 rénxìng

humor ['hjuːməʳ] (US) N = **humour**

humour, (US) **humor** ['hjuːməʳ] N [U] 幽默 yōumò ▸ **sense of humour** 幽默感 yōumògǎn

hundred ['hʌndrəd] I NUM 百 bǎi II **hundreds** NPL 几(幾)百 jǐbǎi ▸ **a** *or* **one hundred books/people/dollars** 一百本书(書)/个(個)人/美元 yìbǎi běn shū/gè rén/měiyuán

hung [hʌŋ] PT, PP *of* **hang**

Hungary ['hʌŋgəri] N 匈牙利 Xiōngyálì

hungry ['hʌŋgri] ADJ 饥(飢)饿(餓)的 jī'è de ▸ **to be hungry** 饿(餓)了 èle

hunt [hʌnt] I VT (*for food, sport*) 打猎(獵) dǎliè II VI (*for food, sport*) 打猎(獵) dǎliè III N [c] **1** (*for food, sport*) 狩猎(獵) shòuliè [次 cì] **2** (*for missing person*) 搜(蒐)寻(尋) sōuxún [次 cì] **3** (*for criminal*) 追捕 zhuībǔ [次 cì]

hunting ['hʌntɪŋ] N [U] (*for food, sport*) 打猎(獵) dǎliè ▸ **job/house/bargain hunting** 到处(處)找工作/住房/便宜货(貨) dàochù zhǎo gōngzuò/zhùfáng/piányihuò

hurricane ['hʌrɪkən] N [c] 飓(颶)风(風) jùfēng [场(場) chǎng] ▸ **hurricane Charley/Tessa** 查理/特萨(薩)号(號)台(颱)风(風) Chálǐ/Tèsà hào táifēng

hurry ['hʌri] I VI 赶(趕)紧(緊) gǎnjǐn II N ▸ **to be in a hurry (to do sth)** 急于(於)(做某事) jíyú (zuò mǒushì) ▸ **to do sth in a hurry** 匆忙地做某事 cōngmáng de zuò mǒushì

▸ **hurry up** I VI 赶(趕)快 gǎnkuài

hurt [hɜːt] (*pt, pp* **hurt**) **I** vt **1** (*cause pain to*) 弄痛 nòngtòng **2** (*injure*) 使受伤(傷) shǐ shòushāng **3** (*emotionally*) 使伤(傷)心 shǐ shāngxīn **II** vi (*be painful*) 痛 tòng **III** ADJ **1** (*injured*) 受伤(傷)的 shòushāng de **2** (*emotionally*) 受委屈的 shòu wěiqū de ▸ **to hurt o.s.** 伤(傷)了自己 shāngle zìjǐ ▸ **I didn't want to hurt your feelings** 我并(並)不想伤(傷)害你的感情 wǒ bìng bù xiǎng shānghài nǐ de gǎnqíng ▸ **where does it hurt?** 哪儿(兒)疼? nǎr téng?
husband ['hʌzbənd] N [c] 丈夫 zhàngfu [个 gè]
hut [hʌt] N [c] (*shed*) 木棚 mùpéng [个 gè]
hyphen ['haɪfn] N [c] 连(連)字符 liánzìfú [个 gè]

◆

I

I [aɪ] PRON 我 wǒ
ice [aɪs] N [U] 冰 bīng; (*for drink*) 冰块(塊) bīngkuài
iceberg ['aɪsbɜːg] N [c] 冰山 bīngshān [座 zuò] ▸ **the tip of the iceberg** (*fig*) 冰山一角 bīngshān yijiǎo
ice cream N [c/u] 冰激凌 bīngjīlíng [个 gè]
ice cube N [c] 冰块(塊) bīngkuài [块 kuài]
ice hockey (*esp Brit*) N [U] 冰球 bīngqiú
Iceland ['aɪslənd] N 冰岛(島) Bīngdǎo
ice rink N [c] 溜冰场(場) liūbīngchǎng [个 gè]
ice-skating ['aɪsskeɪtɪŋ] N [U] 溜冰 liūbīng
icing (*Culin*) N [U] 糖霜 tángshuāng

icon ['aɪkɒn] N 1 (Comput) 图(圖)符 túfú [个 gè]

ICT (Brit) N ABBR (= information and communication technology) 通信技术(術) tōngxìn jìshù

ID N ABBR (= identification) 身份证(證) shēnfèn zhèngmíng ▸ **do you have any ID?** 你有证件(件)吗(嗎)? nǐ yǒu zhèngjiàn ma?

I'd [aɪd] = **I would, I had**

idea [aɪˈdɪə] N 1 [c] (scheme) 主意 zhǔyì [个 gè] 2 [c] (opinion, theory) 看法 kànfǎ [种 zhǒng] 3 [c/u] (notion) 概念 gàiniàn [个 gè] ▸ **(what a) good idea!** (真是个) 好主意! (zhēn shì gè) hǎo zhǔyì! ▸ **I haven't the slightest** or **faintest idea** 我根本就不知道 wǒ gēnběn jiù bù zhīdào

ideal [aɪˈdɪəl] ADJ 理想的 lǐxiǎng de

identical [aɪˈdentɪkl] ADJ 完全相同的 wánquán xiāngtóng de ▸ **identical to** 和…完全相同 hé…wánquán xiāngtóng

identification [aɪdentɪfɪˈkeɪʃən] N [u] (proof of identity) 身份证(證)明 shēnfèn zhèngmíng

identify [aɪˈdentɪfaɪ] VT (recognize) 识(識)别(別) shíbié

identity card N [c] 身份证(證) shēnfènzhèng [个 gè]

idiot ['ɪdɪət] N [c] 傻子 shǎzi [个 gè]

i.e. ABBR (= id est) 也就是 yě jiù shì

○ **KEYWORD**

if [ɪf] CONJ 1 (conditional use) 如果 rúguǒ ▸ **I'll go if you come with me** 如果你和我一起的话(話)我就去 rúguǒ nǐ hé wǒ yīqǐ de huà wǒ jiù qù ▸ **if I were you** 如果我是你的话(話) rúguǒ wǒ shì nǐ de huà

▸ **if necessary** 如有必要 rú yǒu bìyào ▸ **if so** 如果是这(這)样(樣)的话(話) rúguǒ shì zhèyàng de huà ▸ **if not** 如果不行的话(話) rúguǒ bùxíng de huà 2 (whenever) 无(無)论(論)何时(時) wúlùn héshí ▸ **if we are in Hong Kong, we always go to see her** 我们(們)无(無)论(論)何时(時)去看港, 都会(會)去看她 wǒmen wúlùn héshí qù Xiānggǎng, dōu huì qù kàn tā 3 (whether) 是否 shìfǒu ▸ **ask him if he can come** 问(問)他是否能来(來) wèn tā shìfǒu néng lái 4 (in expressions) ▸ **if only we had more time!** 要是我们(們)再多点(點)时(時)间(間)就好了! yàoshi wǒmen zài duō diǎn shíjiān jiù hǎo le!

ignore [ɪgˈnɔːʳ] VT [+ person] 不理 bù lǐ; [+ advice, event] 不顾(顧) bù gù

I'll [aɪl] = **I will, I shall**

ill [ɪl] I ADJ 有病的 yǒubìng de II the ill NPL ▸ **the mentally/terminally ill** 精神/晚期病人 jīngshén/wǎnqī bìngrén ▸ **to fall** or **be taken ill** 生病 shēngbìng

单词 **ill** 和 **sick** 在语言上意(義)相近, 但使用方法略有不同。**ill** 通常不用在名词前, 但可用在动词词组中。**fall ill** 和 **be taken ill**. He fell ill shortly before Christmas...One of the jury members was taken ill. **sick** 经常用在名词前。...sick children... 在英式英语中, **ill** 比 **sick** 意义更为文雅和委婉。**sick** 常常指实际的身体病痛, 例如晕船或呕吐。I spent the next 24 hours in bed, groaning and being sick. 美式英语中, **sick** 经常用在英国人说 **ill** 的地方。Some people get hurt in accidents or get sick.

illegal [ɪˈliːgl] ADJ 非法的 fēifǎ de

illness [ˈɪlnɪs] N [c/u] 病 bìng [场 chǎng]

illusion [ɪˈluːʒən] N [c] 幻想 huànxiǎng [个 gè]

illustration [ɪləˈstreɪʃən] N [c] 插图(图) chātú [幅 fú]

imagination [ɪmædʒɪˈneɪʃən] N 1 [c/u] 想象力 xiǎngxiànglì [种 zhǒng] 2 [c] (mind's eye) 想象 xiǎngxiàng [个 gè]

imagine [ɪˈmædʒɪn] VT 1 (envisage) 想象 xiǎngxiàng 2 (suppose) 设(设)想 shèxiǎng

imitate [ˈɪmɪteɪt] VT 1 (copy) 效仿 xiàofǎng 2 [+ person, sound, gesture] 模仿 mófǎng

imitation [ɪmɪˈteɪʃən] I N [c] 仿制(制)品 fǎngzhìpǐn [件 jiàn] II ADJ 仿制(制)的 fǎngzhì de

immediate [ɪˈmiːdɪət] ADJ 立即的 lìjí de

immediately [ɪˈmiːdɪətlɪ] I ADV (at once) 立即地 lìjí de II CONJ
▶ **immediately he had said it, he regretted it** 他刚(刚)一说(说)完马(马)上就后(后)悔了 tā gāng yī shuōwán mǎshàng jiù hòuhuǐ le
▶ **immediately before/after** 紧(紧)接着(着)⋯之前(前)/后(后) jǐnjiēzhe...zhīqián/hòu

immigrant [ˈɪmɪgrənt] N [c] 移民 yímín [个 gè]

immigration [ɪmɪˈgreɪʃən] I N [u] 1 (process) 移民 yímín 2 (also: **immigration control**) 移民局检(检)查 yímínjú jiǎnchá II CPD [+ authorities, policy, controls, officer]

移民 yímín

impatient [ɪmˈpeɪʃənt] ADJ 急躁的 jízào de ▶ **to get impatient (at or with sth)** (对(对)某事) 不耐烦(烦) (duì mǒushì) bù nàifán

import [ɪmˈpɔːt] VT 进(进)口 jìnkǒu

importance [ɪmˈpɔːtns] N [u] 1 (significance) 重要性 zhòngyàoxìng 2 (influence) 影响(响) yǐngxiǎng

important [ɪmˈpɔːtənt] ADJ 1 重要的 zhòngyào de 2 (influential) 有影响(响)的 yǒu yǐngxiǎng de ▶ **it is important to eat sensibly** 合理进(进)食是很重要的 hélǐ jìnshí shì hěn zhòngyào de ▶ **it's not important** 不重要的 bù zhòngyào de

impossible [ɪmˈpɒsɪbl] ADJ 不可能的 bù kěnéng de ▶ **it is impossible to understand what's going on** 不可能了解事情的进(进)展情况(况) bù kěnéng liǎojiě shìqíng de jìnzhǎn qíngkuàng

impress [ɪmˈpres] VT [+ person] 给(给)⋯留(留)深的印象 gěi...jìnshēn de yìnxiàng ▶ **to be impressed by** or **with sb/sth** 对(对)某人/某物印象深刻 duì mǒurén/mǒuwù yìnxiàng shēnkè

impression [ɪmˈpreʃən] N [c] 印象 yìnxiàng [个 gè] ▶ **to make or create a good/bad impression** 留下好/不良印象 liúxià hǎo/bùliáng yìnxiàng

impressive [ɪmˈpresɪv] ADJ 给(给)人深刻印象的 gěi rén shēnkè yìnxiàng de

improve [ɪmˈpruːv] I VT 改进(进) gǎijìn II VI [weather, situation +] 改

善 gǎishàn; [pupil, performance +]
进(進)步 jìnbù

improvement [ɪmˈpruːvmənt] N
[c/u] 改进(進) gǎijìn [个 gè]
▸ **improvement in** [+ person, thing]
进(進)步 jìnbù

○ **KEYWORD**

in [ɪn] PREP 1 在…里(裡)zài…li
▸ **it's in the house/garden/box**
它在房子/花园(園)/盒子里(裡)tā
zài fángzi/huāyuán/hézi li ▸ **put it
in the house/garden/box** 把它放
在房子/花园(園)/盒子里(裡)bǎ tā
fàng zài fángzi/huāyuán/hézi li
▸ **in here/there** 在这(這)儿(兒)/
那儿(兒)zhèr/nàr
2 (with place names) 在 zài ▸ **in
London/England** 在伦(倫)敦/英
格兰(蘭)zài Lúndūn/Yīnggélán
3 (time: during) 在 zài; (within)
(referring to future) 在…之后(後)
zài…zhīhòu; (referring to past)
在…之内(內)zài…zhīnèi ▸ **in
1988/May** 在1988年/5月 zài yī jiǔ
bā bā nián/wǔ yuè ▸ **in the
morning/afternoon** 在上午/下午
zài shàngwǔ/xiàwǔ ▸ **I'll see you
in two weeks' time** or **in two
weeks** 我两(兩)周(週)后(後)见(見)
见(見)你 wǒ liǎng zhōu hòu jiàn
nǐ ▸ **I did it in 3 hours/days** 我花
了3小时(時)/天完成 wǒ huāle sān
xiǎoshí/tiān wánchéng
4 (indicating manner, style etc) 以 yǐ
▸ **in pencil/ink** 用铅(鉛)笔(筆)/墨
水笔(筆)yòng qiānbǐ/mòshuǐbǐ
▸ **the boy in the blue shirt** 穿
蓝(藍)衬(襯)衫的男孩儿(兒)chuān
lán chènshān de nánháir ▸ **in the
sun/rain** 在阳(陽)光下/雨中 zài

yángguāng xià/yǔ zhōng
5 (with languages) 用 yòng ▸ **in
English/French** 用英语(語)/法
语(語)yòng yīngyǔ/fǎyǔ
6 (with ratios, numbers) 每 měi
▸ **one in ten people** 十分之一的人
shí fēn zhī yī de rén
7 (amongst) [+ group, collection]
在…中 zài…zhōng ▸ **the best
athlete in the team** 该(該)队(隊)
中最好的运(運)动(動)员(員)gāiduì
zhōng zuìhǎo de yùndòngyuán
II ADV ▸ **to be in** (at home, work) 在
zài ▸ **to ask sb in** 把某人请(請)到
家中 bǎ mǒurén qǐngdào
jiāzhōng

inbox [ˈɪnbɒks] N [c] (of email) 收件
箱 shōujiànxiāng [个 gè]

inch [ɪntʃ] N [c] 英寸 yīngcùn

include [ɪnˈkluːd] VT 包括 bāokuò

including [ɪnˈkluːdɪŋ] PREP 包括
bāokuò ▸ **nine people were
injured, including two Britons** 九
个(個)人受了伤(傷)，包括两(兩)
个(個)英国(國)人 jiǔ gè rén shòule
shāng, bāokuò liǎng gè
Yīngguórén

income [ˈɪnkʌm] N [c/u] 收入
shōurù [笔 bǐ]

income tax N [u] 所得税(稅)
suǒdéshuì

inconvenient [ɪnkənˈviːnjənt]
ADJ [+ time, moment] 不合时(時)宜
的 bù héshíyí de

incorrect [ɪnkəˈrekt] ADJ 错(錯)
误(誤)的 cuòwù de

increase [n ˈɪnkriːs, vb ɪnˈkriːs]
I N [c] 增长(長) zēngzhǎng [成
chéng] II VI 增长(長) zēngzhǎng
III VT [+ price, number, level] 提高
tígāo ▸ **a 5% increase, an**

increase of 5% 百分之五的增长(長) bǎi fēn zhī wǔ de zēngzhǎng

incredible [ɪnˈkrɛdɪbl] ADJ (amazing, wonderful) 不可思议(議)的 bù kě sīyì de

indeed [ɪnˈdiːd] ADV (as a reply) 是的 shì de ▸ **yes indeed!** 的确(確)如此! díquè rúcǐ!

independence [ɪndɪˈpɛndns] N [U] 独(獨)立 dúlì

independent [ɪndɪˈpɛndnt] ADJ 独(獨)立的 dúlì de

index [ˈɪndɛks] (pl **indexes**) N [c] 索引 suǒyǐn [条 tiáo]

India [ˈɪndɪə] N 印度 Yìndù

Indian [ˈɪndɪən] I ADJ 印度的 Yìndù de II N [c] (person from India) 印度人 Yìndùrén [个 gè]

indicate [ˈɪndɪkeɪt] VT 1 表明 biǎomíng 2 (point to) 指向 zhǐxiàng

indifferent [ɪnˈdɪfrənt] ADJ 1 没(沒)兴(興)趣的 méi xìngqù de 2 (mediocre) 平庸的 píngyōng de

indigestion [ɪndɪˈdʒɛstʃən] N [U] 消化不良 xiāohuà bùliáng

individual [ɪndɪˈvɪdjuəl] I N 个(個)人 gèrén II ADJ 个(個)人的 gèrén de

indoor [ˈɪndɔː] ADJ 室内(內)的 shìnèi de

indoors [ɪnˈdɔːz] ADV 在室内(內) zài shìnèi

industrial [ɪnˈdʌstrɪəl] ADJ 工业(業)的 gōngyè de; [+ accident] 因工的 yīngōng de

industrial estate (Brit) N [c] 工业(業)区(區) gōngyèqū [个 gè]

industrial park (US) N [c] 工业(業)区(區) gōngyèqū [个 gè]

industry [ˈɪndəstrɪ] N 1 [U]

(manufacturing) 工业(業) gōngyè 2 [c] (business) 行业(業) hángyè [种 zhǒng]

inevitable [ɪnˈɛvɪtəbl] ADJ 不可避免的 bù kě bìmiǎn de

infection [ɪnˈfɛkʃən] N [c] 感染 gǎnrǎn [处 chù] ▸ **to have an ear/a throat infection** 耳朵/咽喉感染 ěrduo/yānhóu gǎnrǎn

infectious [ɪnˈfɛkʃəs] ADJ 传(傳)染的 chuánrǎn de

inflation [ɪnˈfleɪʃən] N [U] 通货(貨)膨胀(脹) tōnghuò péngzhàng

influence [ˈɪnfluəns] I N 1 [c/U] (power) 权(權)势(勢) quánshì [种 zhǒng] 2 [c] (effect) 影响(響) yǐngxiǎng [个 gè] II VT 影响(響) yǐngxiǎng

inform [ɪnˈfɔːm] VT 告诉(訴) gàosù ▸ **to inform sb that...** 告诉(訴)某人… gàosù mǒurén…

informal [ɪnˈfɔːml] ADJ 1 (relaxed) 不拘礼(禮)节(節)的 bùjū lǐjié de 2 [+ clothes, party] 日常的 rìcháng de 3 [+ meeting, discussions, agreement] 非正式的 fēi zhèngshì de

information [ɪnfəˈmeɪʃən] N [U] 信息 xìnxī ▸ **a piece of information** 一条(條)信息 yī tiáo xìnxī

information technology N [U] 信息技术(術) xìnxī jìshù

ingredient [ɪnˈgriːdɪənt] N [c] 配料 pèiliào [种 zhǒng]

inhabitant [ɪnˈhæbɪtnt] N [c] 居民 jūmín [个 gè]

inherit [ɪnˈhɛrɪt] VT 继(繼)承 jìchéng

initial [ɪˈnɪʃl] I N [c] (letter) 首字母 shǒuzìmǔ [个 gè] II **initials** NPL [of name] 首字母 shǒuzìmǔ

injection [ɪn'dʒɛkʃən] N [c] 注射 zhùshè ▸ **to give sb an injection** 给(給)某人注射 gěi mǒurén zhùshè

injure ['ɪndʒəʳ] VT [+ person] 伤(傷) 害 shānghài ▸ **he was badly injured in the attack** 他在进(進) 攻中受了重伤(傷) tā zài jìngōng zhōng shòule zhòngshāng

injury ['ɪndʒərɪ] N [c] (wound) 伤(傷)害 shānghài [个(個)] ▸ **to escape without injury** 安然 脱(脫)险(險) ānrán tuōxiǎn

ink [ɪŋk] N [c/u] 墨水 mòshuǐ [瓶 píng]

in-laws ['ɪnlɔːz] NPL 姻亲(親) yīnqīn

innocent ['ɪnəsnt] ADJ 清白的 qīngbái de

insect ['ɪnsɛkt] N [c] 昆虫(蟲) kūnchóng [只 zhī]

insect repellent N [c/u] 杀(殺) 虫(蟲)剂(劑) shāchóngjì [瓶 píng]

inside ['ɪn'saɪd] I N 内(內)部 nèibù II ADJ [+ wall, surface] 内(內)部的 nèibù de III ADV 1 [go+] 里(裡)面 lǐmiàn; [be+] 在里(裡)面 zài lǐmiàn 2 (indoors) 在屋内(內) zài wū nèi IV PREP [+ place, container] 在…的里(裡)面 zài...de lǐmiàn

insist [ɪn'sɪst] VI, VT 坚(堅)持 jiānchí ▸ **to insist on sth/doing sth** 坚(堅)持某事/做某事 jiānchí yāoqiú mǒushì/zuò mǒushì

inspector [ɪn'spɛktəʳ] N [c] 1 (official) 检(檢)查员(員) jiǎncháyuán [位 wèi] 2 (Brit) (also: **ticket inspector**) 查票员(員) chápiàoyuán [位 wèi]

install, instal [ɪn'stɔːl] VT 安装(裝) ānzhuāng

instalment, (US) **installment** [ɪn'stɔːlmənt] N [c] 分期付款 fēnqī fùkuǎn [期 qī]

instance ['ɪnstəns] N [c] (example) 例子 lìzi [个 gè] ▸ **for instance** 例如 lìrú

instant ['ɪnstənt] I N [c] (moment) 瞬息 shùnxī [个 gè] II ADJ 1 [+ reaction, success] 立即的 lìjí de 2 [+ coffee, soup, noodles] 速食的 sùshí de ▸ **for an instant** 一瞬间(間) yī shùnjiān

instantly ['ɪnstəntlɪ] ADV 立即 lìjí

instead [ɪn'stɛd] ADV 代替 dàitì ▸ **instead of** 而不是 ér bù shì

instinct ['ɪnstɪŋkt] N [c/u] 本能 běnnéng [种 zhǒng]

instruct [ɪn'strʌkt] VT ▸ **to instruct sb to do sth** 命令某人做某事 mìnglìng mǒurén zuò mǒushì

instruction [ɪn'strʌkʃən] I CPD [+ manual, leaflet] 说(說)明 shuōmíng II **instructions** NPL 说(說)明 shuōmíng

instructor [ɪn'strʌktəʳ] N [c] 教员(員) jiàoyuán [位 wèi]

instrument ['ɪnstrəmənt] N [c] 1 器械 qìxiè [件 jiàn] 2 (Mus) 乐(樂)器 yuèqì [件 jiàn]

insulin ['ɪnsjʊlɪn] N [u] 胰岛(島)素 yídǎosù

insult [n 'ɪnsʌlt, vb ɪn'sʌlt] N [c] 侮辱 wǔrǔ [个 gè] II VT 侮辱 wǔrǔ

insurance [ɪn'ʃʊərəns] N [u] 保险(險) bǎoxiǎn ▸ **fire/life/health insurance** 火/人寿(壽)/健康险(險) huǒ/rénshòu/jiànkāngxiǎn

insure [ɪn'ʃʊəʳ] VT [+ house, car] 给(給)…保险(險) gěi...bǎoxiǎn

intelligent [ɪn'tɛlɪdʒənt] ADJ 聪(聰)明的 cōngmíng de

intend [ɪnˈtɛnd] VT ▸ **to intend to do sth** 打算做某事 dǎsuàn zuò mǒushì

intense [ɪnˈtɛns] ADJ [+ heat, pain] 剧(劇)烈的 jùliè de; [+ competition] 激烈的 jīliè de

intensive care N ▸ **to be in intensive care** 接受重病特别(别)护(護)理 jiēshòu zhòngbìng tèbié hùlǐ

intention [ɪnˈtɛnʃən] N [c/u] 打算 dǎsuàn [个 gè]

interest [ˈɪntrɪst] N **1** [u/s] (in subject, idea, person) 兴(興)趣 xìngqù **2** [c] (pastime, hobby) 爱(愛)好 àihào [个 gè] **3** [u] (on loan, savings) 利息 lìxī ▸ **to take an interest in sth/sb** 对(對)某事/某人感兴(興)趣 duì mǒushì/mǒurén gǎn xìngqù

interested [ˈɪntrɪstɪd] ADJ ▸ **to be interested (in sth/doing sth)** 对(對)（某事/做某事）有兴(興)趣 duì (mǒushì/zuò mǒushì) yǒu xìngqù

请勿将 **interested** 和 **interesting** 混淆。如果你对 **interested** in 某事，说明你对它很感兴趣，很想了解或知道更多关于它的事情，或者想花更多的时间来做这件事。Not all of the children were interested in animals...She asked him how he became interested in politics. 如果你发现某事 **interesting**，表示它令人感兴趣，引人注意，使你乐于花更多地了解这件事或者去做这件事。It must be an awfully interesting job...The interesting thing is that this is exactly the answer we got before.

interesting [ˈɪntrɪstɪŋ] ADJ 有趣的 yǒuqù de

interfere [ɪntəˈfɪəʳ] VI (meddle) 干涉 gānshè ▸ **to interfere with sth** [+ plans, career, duty] 妨碍(礙)某事 fáng'ài mǒushì

interior [ɪnˈtɪərɪəʳ] N [c] 内(內)部 nèibù

intermission [ɪntəˈmɪʃən] N [c] (Cine) 休息时(時)间(間) xiūxi shíjiān [段 duàn]

international [ɪntəˈnæʃənl] ADJ 国(國)际(際)的 guójì de

Internet [ˈɪntənɛt] N ▸ **the Internet** 因特网(網) yīntèwǎng

Internet café N [c] 网(網)吧 wǎngbā [个 gè]

interpret [ɪnˈtɜːprɪt] VI 口译(譯) kǒuyì

interpreter [ɪnˈtɜːprɪtəʳ] N [c] 口译(譯)者 kǒuyìzhě [位 wèi]

interrupt [ɪntəˈrʌpt] I VT **1** 打断(斷) dǎduàn **2** [+ activity] 中断(斷) zhōngduàn II VI (in conversation) 打岔 dǎchà

interruption [ɪntəˈrʌpʃən] N [c/u] 打扰(擾) dǎrǎo [种 zhǒng]

interval [ˈɪntəvl] N [c] **1** (break, pause) 间(間)隔 jiàngé [个 gè] **2** (Brit: Theat, Mus, Sport) 幕间(間)休息 mùjiàn xiūxi [个 gè]

interview [ˈɪntəvjuː] I N [c/u] **1** (for job) 面试(試) miànshì [次 cì] **2** (Publishing, Rad, TV) 采(採)访(訪) cǎifǎng [次 cì] II VT **1** (for job) 面试(試) miànshì **2** (Publishing, Rad, TV) 采(採)访(訪) cǎifǎng ▸ **to go for/have an interview** 参(參)加面试(試) cānjiā miànshì

interviewer [ˈɪntəvjuəʳ] N [c] 采(採)访(訪)者 cǎifǎngzhě [位 wèi]

intimidate [ɪnˈtɪmɪdeɪt] VT 恐吓(嚇) kǒnghè

into ['ɪntu] PREP 到…里(裡)面 dào…lǐmiàn ▸ **come into the house/garden** 走进(進)房子/花园(園)里(裡) zǒujìn fángzi/huāyuán li ▸ **get into the car** 进(進)入车(車)子 jìnrù chēzi ▸ **let's go into town** 我们(們)进(進)进(進)城里 wǒmen jìnchéng lǐ ▸ **to translate Chinese into French** 把汉(漢)语(語)翻译(譯)成法语(語) bǎ Hànyǔ fānyì chéng Fǎyǔ ▸ **research into cancer** 对(對)癌症的深入研究 duì áizhèng de shēnrù yánjiū ▸ **I'd like to change some dollars into euros** 我想把一些美元换(換)成欧(歐)元 wǒ xiǎng bǎ yìxiē měiyuán huànchéng ōuyuán

introduce [ɪntrə'dju:s] VT **1** [+ new idea, measure, technology] 引进(進)yǐnjìn **2** ▸ **to introduce sb (to sb)** 给(給)某人介绍(紹)(某人) gěi mǒurén jièshào (mǒurén) ▸ **may I introduce you (to...)?** 让(讓)我介绍(紹)你(认(認)识(識)…) 好吗(嗎)? ràng wǒ jièshào nǐ (rènshi...) hǎo ma?

introduction [ɪntrə'dʌkʃən] N **1** [U] [of new idea, measure, technology] 引进(進)yǐnjìn **2** [c] [of person] 介绍(紹) jièshào [c] **3** [c] [of book, talk] 引言 yǐnyán [个 gè]

invade [ɪn'veɪd] VT 侵略 qīnlvè

invalid ['ɪnvəlɪd] N 病弱者 bìngruòzhě [个 gè]

invent [ɪn'vɛnt] VT 发(發)明 fāmíng

invention [ɪn'vɛnʃən] N [c] 发(發)明 fāmíng [项 xiàng]

investigate [ɪn'vɛstɪgeɪt] VT 调(調)查 diàochá

investigation [ɪnvɛstɪ'geɪʃən] N [c/u] 调(調)查 diàochá [项 xiàng]

invisible [ɪn'vɪzɪbl] ADJ 看不见(見)的 kàn bù jiàn de

invitation [ɪnvɪ'teɪʃən] N **1** [c] 邀请(請)yāoqǐng [个 gè] **2** [c] (card) 请(請)柬 qǐngjiǎn [封 fēng]

invite [ɪn'vaɪt] VT 邀请(請)yāoqǐng ▸ **to invite sb to do sth** 邀请(請)某人做某事 yāoqǐng mǒurén zuò mǒushì ▸ **to invite sb to dinner** 请(請)某人赴宴 qǐng mǒurén fùyàn

involve [ɪn'vɒlv] VT **1** (entail) 包含 bāohán **2** (concern, affect) 使牵(牽)涉 shǐ qiānshè ▸ **to involve sb (in sth)** 使某人参(參)与(與)(某事) shǐ mǒurén cānyù (mǒushì)

iPad® ['aɪpæd] N [c] 苹(蘋)果平板电(電)脑(腦) Píngguǒ píngbǎn diànnǎo [部 bù]

iPhone® ['aɪfəʊn] N [c] 苹(蘋)果手机(機) Píngguǒ shǒujī [部 bù]

iPod® ['aɪpɒd] N [c] 数(數)码(碼)随(隨)身听(聽) shùmǎ suíshēntīng [个 gè]

Iran [ɪ'rɑːn] N 伊朗 Yīlǎng

Iraq [ɪ'rɑːk] N 伊拉克 Yīlākè

Iraqi [ɪ'rɑːkɪ] I ADJ 伊拉克的 Yīlākè de II N [c] (person) 伊拉克人 Yīlākèrén [名 míng]

Ireland ['aɪələnd] N 爱(愛)尔(爾)兰(蘭) Ài'ěrlán ▸ **the Republic of Ireland** 爱(愛)尔(爾)兰(蘭)共和国(國) Ài'ěrlán Gònghéguó

Irish ['aɪrɪʃ] I ADJ 爱(愛)尔(爾)兰(蘭)的 Ài'ěrlán de II N **1** (language) 爱(愛)尔(爾)兰(蘭)语(語) Ài'ěrlányǔ III **the Irish** NPL 爱(愛)尔(爾)兰(蘭)人 Ài'ěrlánrén

Irishman ['aɪrɪʃmən] (pl **Irishmen**) N [c] 爱(愛)尔(爾)兰(蘭)男人 Ài'ěrlán nánrén [个 gè]

Irishwoman ['aɪrɪʃwʊmən] (pl
Irishwomen) N [c] 爱(愛)尔(爾)
兰(蘭)女人 Ài'ěrlán nǚrén [个 gè]
iron ['aɪən] I N 1 [u] (metal) 铁(鐵)
tiě 2 [c] (for clothes) 熨斗 yùndǒu
[个 gè] II ADJ [+ bar, railings]
铁(鐵)的 tiě de III VT [+ clothes] 熨
yùn

irresponsible [ɪrɪ'spɒnsɪbl] ADJ
[+ person, driver] 无(無)责(責)任感
的 wú zérèngǎn de; [+ attitude,
behaviour] 不负(負)责(責)任的 bù
fù zérèn de

irritating ['ɪrɪteɪtɪŋ] ADJ 烦(煩)人
的 fánrén de

is [ɪz] VB of be

Islam ['ɪzlɑːm] N [u] 伊斯兰(蘭)教
Yīsīlánjiào

Islamic [ɪz'læmɪk] ADJ [+ law, faith]
伊斯兰(蘭)的 Yīsīlánjiào de;
[+ country] 伊斯兰(蘭)的 Yīsīlán
de

island ['aɪlənd] N [c] 岛(島) dǎo [个
gè]

isolated ['aɪsəleɪtɪd] ADJ 1 [+ place]
孤零零的 gūlínglíng de 2 [+ person]
孤立的 gūlì de 3 [+ incident, case,
example] 个(個)别(別)的 gèbié de

Israel ['ɪzreɪl] N 以色列 Yǐsèliè

Israeli [ɪz'reɪlɪ] I ADJ 以色列的
Yǐsèliè de II N [c] (person) 以色列
人 Yǐsèlièrén [名 míng]

issue ['ɪʃjuː] N [c] (problem, subject)
问(問)题(題) wèntí [个 gè]

IT N ABBR (= Information
Technology) 信息技术(術) xìnxī
jìshù

it [ɪt] PRON 1 (object or animal) 它 tā;
(referring to baby) 他/她 tā/tā
2 (weather, date, time) ▸ it's raining
正在下雨 zhèngzài xiàyǔ
3 (impersonal) ▸ it doesn't matter

没(沒)关(關)系(係) méi guānxi ▸ I
can't find it 我找不到 wǒ zhǎo
bù dào ▸ what is it? (thing) 是什
么(麼)东(東)西? shì shénme
dōngxi?; (what's the matter?) 怎
么(麼)了? zěnme le? ▸ "who is
it?" — "it's me" "是谁(誰)?" "
是我。" "shì shuí?" "shì wǒ."

Italian [ɪ'tæljən] I ADJ 意大利的
Yìdàlì de II N 1 [c] (person) 意大利
人 Yìdàlìrén [名 míng] 2 [u]
(language) 意大利语(語) Yìdàlìyǔ

Italy ['ɪtəlɪ] N 意大利 Yìdàlì

itch [ɪtʃ] VI 发(發)痒(癢) fāyǎng

itchy ['ɪtʃɪ] ADJ 发(發)痒(癢)的
fāyǎng de

it'd ['ɪtd] = it would, it had

item ['aɪtəm] N [c] (thing) 项(項)目
xiàngmù [个 gè]; (on bill) 项(項)
xiàng ▸ items of clothing 几(幾)
件衣服 jǐ jiàn yīfu

it'll ['ɪtl] = it will

its [ɪts] ADJ 1 (of animal) 它的 tā de
2 (of baby) 他/她的 tā/tā de

it's [ɪts] = it is, it has

itself [ɪt'sɛlf] PRON 1 (reflexive) 它自
己 tā zìjǐ 2 (emphatic) 本身
běnshēn ▸ it switches itself on
automatically 它自动(動)接
通。tā zìdòng jiētōng ▸ I think
life itself is a learning process 我
认(認)为(為)生活本身是个(個)
学(學)习(習)的过(過)程。wǒ
rènwéi shēnghuó běnshēn shì gè
xuéxí de guòchéng. ▸ by itself
(alone) 单(單)独(獨)地 dāndú de

I've [aɪv] = I have

j

guǎngkǒupíng [个 gè]

jaw [dʒɔː] (Anat) I N [c] 颌 hé [个 gè] II **jaws** NPL 嘴巴 zuǐbā

jazz [dʒæz] N [u] (Mus) 爵士乐(樂) juéshìyuè

jealous ['dʒeləs] ADJ 1 [+ husband, wife] 爱(愛)妒忌的 ài dùjì de 2 (envious) 妒忌的 dùjì de

jeans [dʒiːnz] NPL 牛仔裤(褲) niúzǎikù ▶ **a pair of jeans** 一条(條)牛仔裤(褲) yī tiáo niúzǎikù

jelly ['dʒɛlɪ] N [c/u] (US) 果酱(醬) guǒjiàng [瓶 píng]

jersey ['dʒəːzɪ] N [c] 针(針)织(織)毛衫 zhēnzhī máoshān [件 jiàn]

Jesus ['dʒiːzəs] N (Rel) 耶稣(穌) Yēsū ▶ **Jesus Christ** 耶稣(穌)基督 Yēsū Jīdū

jet [dʒɛt] N [c] (aeroplane) 喷(噴)气(氣)式飞(飛)机(機) pēnqìshì fēijī [架 jià]

jet lag N [u] 时(時)差反应(應) shíchā fǎnyìng

Jew [dʒuː] N [c] 犹(猶)太人 Yóutàirén [个 gè]

jewel ['dʒuːəl] N [c] 宝(寶)石 bǎoshí [块 kuài]

jewellery, (US) **jewelry** ['dʒuːəlrɪ] N [u] 首饰(飾) shǒushì

Jewish ['dʒuːɪʃ] ADJ 犹(猶)太的 Yóutài de

jigsaw ['dʒɪgsɔː] N [c] (also: jigsaw puzzle) 拼图(圖)玩具 pīntú wánjù [套 tào]

job [dʒɔb] N [c] 1 (position) 工作 gōngzuò [份 fèn] 2 (task) 任务(務) rènwù [项 xiàng] ▶ **Gladys got a job as a secretary** 格拉迪斯找到了一份秘书(書)工作 Gélādísī zhǎodào le yī fèn mìshū gōngzuò ▶ **a part-time/full-time job** 半职(職)/全职(職)工作 bànzhí/

jack [dʒæk] N [c] (Aut) 千斤顶(頂) qiānjīndǐng [个 gè]

jacket ['dʒækɪt] N [c] 夹(夾)克 jiākè [件 jiàn]

jail [dʒeɪl] I N [c/u] 监(監)狱(獄) jiānyù [个 gè] II VT 监(監)禁 jiānjìn

jam [dʒæm] N [c/u] (Brit: preserve) 果酱(醬) guǒjiàng [瓶 píng]

janitor ['dʒænɪtəʳ] N [c] 看门(門)人 kānménrén [个 gè]

January ['dʒænjuərɪ] N [c/u] 一月 yīyuè; see also/另见 July

Japan [dʒə'pæn] N 日本 Rìběn

Japanese [dʒæpə'niːz] (pl **Japanese**) I ADJ 日本的 Rìběn de II N 1 [c] (person) 日本人 Rìběnrén [个 gè] 2 [u] (language) 日语(語) Rìyǔ

jar [dʒɑːʳ] N [c] 广(廣)口瓶

quánzhí gōngzuò

jockey ['dʒɒkɪ] N [c] (Sport) 赛(賽)马(馬)骑(騎)师(師) sàimǎ qíshī [位 wèi]

jog [dʒɒg] VI 慢跑 mànpǎo

jogging ['dʒɒgɪŋ] N [U] 慢跑 mànpǎo

join [dʒɔɪn] I VT 1 [+ club, party, army, navy, queue] 加入 jiārù 2 [+ person] 会(會)面 huìmiàn ▸ will you join us for dinner? 你想不想和我们(們)一起吃晚饭(飯)? nǐ xiǎng bù xiǎng hé wǒmen yìqǐ chī wǎnfàn?
▸ join in VI 参(參)与(與) cānyù

joint [dʒɔɪnt] I N [c] 1 关(關)节(節) guānjié [个 gè]; (Brit: Culin) [of beef, lamb] 大块(塊)肉 dàkuàiròu [块 kuài]

joke [dʒəʊk] I N [c] 笑话(話) xiàohuà [个 gè] II VI 开(開)玩笑 kāi wánxiào ▸ you're joking or you must be joking! 你在开(開)玩笑(或)你一定在开(開)玩笑吧! nǐ zài kāi wánxiào huò nǐ yīdìng zài kāi wánxiào ba!

Jordan ['dʒɔːdən] N 约(約)旦 Yuēdàn

journalist ['dʒɜːnəlɪst] N [c] 新闻(聞)工作者 xīnwén gōngzuòzhě [位 wèi]

journey ['dʒɜːnɪ] N [c] 旅程 lǚchéng [段 duàn] ▸ a 5-hour journey 5个(個)小时(時)的路程 wǔ gè xiǎoshí de lùchéng ▸ to go on a journey 去旅行 qù lǚxíng
请勿将 journey, voyage 和 trip 混淆。journey 是指从一地到另一地的过程。...a journey of over 2000 miles... 如果你 journey 到 某地，你就是去那里。这是书中的

用法。The nights became colder as they journeyed north. voyage 是指从一地到另一地的长途行程，通常指乘船旅行或者太空旅行。... the voyage to the moon in 1972... trip 是指从一地到另一地旅行，在目的地作短暂的停留后返回。...a business trip to Milan...

joy [dʒɔɪ] N [U] 快乐(樂) kuàilè

judge [dʒʌdʒ] I N [c] 1 (Law) 法官 fǎguān [位 wèi] 2 (in competition) 裁判 cáipàn [个 gè] II VT 1 [+ exhibits, competition] 评(評)定 píngdìng

judo ['dʒuːdəʊ] N [U] 柔道 róudào

jug [dʒʌg] N [c] 壶(壺)hú [把 bǎ]

juice [dʒuːs] N [c/U] 汁 zhī [杯 bēi]

July [dʒuː'laɪ] N [c/U] 七月 qīyuè
▸ the first of July 七月一日 qīyuè yī rì ▸ at the beginning/end of July 在七月初/末 zài qīyuè chū/mò ▸ each or every July 每年七月 měi nián qīyuè

jump [dʒʌmp] I VI 跳 tiào II N [c] 跳 tiào ▸ to jump over sth 跳过(過)某物 tiàoguò mǒuwù ▸ to jump out of a window 从(從)窗户(戶)跳下 cóng chuānghu tiàoxià ▸ to jump on/off sth 跳上/下某物 tiàoshàng/xià mǒuwù ▸ to jump the queue (Brit) 加塞儿(兒) jiāsāir

jumper ['dʒʌmpə[r]] N [c] (Brit) 毛衣 máoyī [件 jiàn]

junction ['dʒʌŋkʃən] (Brit) N [c] 交叉点(點) jiāochādiǎn [个 gè]

June [dʒuːn] N [c/U] 六月 liùyuè; see also **July**

jungle ['dʒʌŋgl] N [c/U] 丛(叢)林 cónglín [片 piàn]

junior ['dʒuːnɪə[r]] ADJ 级(級)别(別)低的 jíbié dī de ▸ George Bush

Junior (US) 小乔(喬)治·布什 xiǎo Qiáozhì Bùshí

junior high, (US) **junior high school** N [c/u] 初中 chūzhōng [所 suǒ]

junior school (Brit) N [c/u] 小学(學) xiǎoxué [所 suǒ]

junk [dʒʌŋk] N [U] (inf: rubbish) 废(廢)旧(舊)杂(雜)物 fèijiù záwù

jury ['dʒʊərɪ] N [c] 1 (Law) 陪审(審)团(團) péishěntuán [个 gè] 2 (in competition) 评(評)审(審)团(團) píngshěntuán [个 gè]

just [dʒʌst] I ADJ (frm) [+ decision, punishment, reward] 公平的 gōngpíng de; [+ society, cause] 公正的 gōngzhèng de II ADV 1 (exactly) 正好 zhènghǎo 2 (merely) 仅(僅)仅(僅) jǐnjǐn 3 (for emphasis) 简(簡)直 jiǎnzhí 4 (in instructions, requests) 只是 zhǐshì ▶ **it's just right** 正合适(適) zhèng héshì ▶ **I'm just finishing this** 我马(馬)上就做完了 wǒ mǎshàng jiù zuòwán le ▶ **we were just going** 我们(們)正要走 wǒmen zhèng yào zǒu ▶ **to have just done sth** 刚(剛)刚(剛)做完某事 gānggāng zuòwán mǒushì ▶ **just now** (a moment ago) 刚(剛)才 gāngcái; (at the present time) 现(現)在 xiànzài ▶ **just about everything/ everyone** 差不多所有东(東)西/所有人 chàbuduō suǒyǒu dōngxi/ suǒyǒu rén ▶ **just before/after...** 就在…以前/以后(後) jiùzài…yǐqián/yǐhòu ▶ **just enough time/money** 时(時)间(間)/钱(錢)正好够(夠) shíjiān/ qián zhènghǎo gòu ▶ **just a minute, just one moment** (asking someone to wait) 等一下 děng

yīxià; (interrupting) 慢着(著) mànzhe

justice ['dʒʌstɪs] N 1 [U] (Law: system) 司法 sīfǎ 2 [U] (fairness) 正义(義) zhèngyì

k

K ABBR **1** (*inf*) (= **thousands**) 千 qiān **2** (*Comput*) (= **kilobytes**) 千字节(節) qiānzìjié

kangaroo [ˌkæŋgəˈruː] N [c] 袋鼠 dàishǔ [只 zhī]

karaoke [kɑːrəˈəʊkɪ] N [U] 卡拉OK kǎlāOUkèi

karate [kəˈrɑːtɪ] N [U] 空手道 kōngshǒudào

keen [kiːn] ADJ 热(熱)衷的 rèzhōng de ▸ **to be keen to do sth** 渴望做某事 kěwàng zuò mǒushì ▸ **to be keen on sth** 热(熱)衷于(於)某事 rèzhōng yú mǒushì

keep [kiːp] (*pt, pp* **kept**) I VT **1** [+ *receipt, money, job*] 保留 bǎoliú **2** (*store*) 保存 bǎocún **3** (*detain*) 留 liú ▸ **to keep doing sth** (*repeatedly*) 总(總)是做某事 zǒngshì zuò mǒushì; (*continuously*) 不停做某事 bùtíng zuò mǒushì ▸ **to keep sb waiting** 让(讓)某人等着(著) ràng mǒurén děngzhe ▸ **to keep the room tidy** 保持房间(間)整洁(潔) bǎochí fángjiān zhěngjié ▸ **to keep a promise** 履行诺(諾)言 lǚxíng nuòyán ▸ **can you keep a secret?** 你能保守秘(祕)密吗(嗎)? nǐ néng bǎoshǒu mìmì ma? ▸ **to keep a record (of sth)** 记(記)录(錄) (某事) jìlù (mǒushì) ▸ **how are you keeping?** (*inf*) 你还(還)好吗(嗎)? nǐ hái hǎo ma? ▸ **keep away** VI ▸ **to keep away (from sth)** 不接近 (某处(處)) bù jiējìn (mǒuchù) ▸ **keep off** VT FUS ▸ **keep off the grass!** 请(請)勿进(進)入草坪! qǐng wù jìnrù cǎopíng! ▸ **keep on** VI ▸ **to keep on doing sth** 继(繼)续(續)做某事 jìxù zuò mǒushì ▸ **keep up** VI ▸ **to keep up with sb** (*walking, moving*) 跟上某人 gēnshàng mǒurén; (*in work*) 跟上某人 gēnshàng mǒurén

keep-fit [kiːpˈfɪt] CPD [+ *class, session, course*] 健身 jiànshēn

kept [kɛpt] PT, PP *of* **keep**

kerb, (*US*) **curb** [kəːb] N [c] 路缘(緣) lùyuán [个 gè]

ketchup [ˈkɛtʃəp] N [U] 番茄酱(醬) fānqiéjiàng

kettle [ˈkɛtl] N [c] 水壶(壺) shuǐhú [个 gè]

key [kiː] N [c] **1** (*for lock, mechanism*) 钥(鑰)匙 yàoshi [把 bǎ] **2** (*of computer, typewriter, piano*) 键(鍵) jiàn [个 gè]

keyboard [ˈkiːbɔːd] N [c] 键(鍵)盘(盤) jiànpán [个 gè]

keyhole ['ki:həʊl] N [c] 钥(鑰)匙孔 yàoshīkǒng [个 gè]

kick [kɪk] I VT [+ person, ball] 踢 tī II N [c] 1 踢 tī [顿 dùn] ▸ **kick off** VI 开(開)赛(賽) kāisài

kick-off ['kɪkɔf] N [s] 开(開)场(場)时(時)间(間) kāichǎng shíjiān

kid [kɪd] I N [c] (inf: child) 小孩 xiǎohái [个 gè]; (teenager) 年轻(輕)人 niánqīngrén [个 gè] II VI ▸ **you're kidding!** 你一定是在开(開)玩笑吧! nǐ yídìng shì zài kāi wánxiào ba!

kidnap ['kɪdnæp] VT 绑(綁)架 bǎngjià

kidney ['kɪdnɪ] N 1 [c] (Anat) 肾(腎)脏(臟) shènzàng [个 gè] 2 [c/U] (Culin) 腰子 yāozi [个 gè]

kill [kɪl] VT 1 [+ person, animal, plant] 致死 zhìsǐ 2 (murder) 杀(殺)谋(謀)害 móushā ▸ **my back's killing me** (inf) 我的背疼死了 wǒ de bèi téng sǐ le

killer ['kɪlə'] N [c] 凶手 xiōngshǒu [个 gè]

kilo ['ki:ləʊ] N [c] 公斤 gōngjīn

kilometre, (US) **kilometer** ['kɪləmi:tə'] N [c] 公里 gōnglǐ

kind [kaɪnd] I ADJ 友好的 yǒuhǎo de II N [c] (type, sort) 种(種)类(類)种(種)类(類) zhǒnglèi [个 gè] ▸ **an opportunity to meet all kinds of people** 与(與)各种(種)各样(樣)的人见(見)面的机(機)会(會) yǔ gè zhǒng gè yàng de rén jiànmiàn de jīhuì ▸ **it was kind of them to help** 他们(們)来(來)帮(幫)忙真(真)是太好了 tāmen lái bāngmáng zhēn shì tài hǎo le

kindness ['kaɪndnɪs] N [U] 仁慈 réncí

king [kɪŋ] N [c] 国(國)王 guówáng [位 wèi]

kingdom ['kɪŋdəm] N [c] 王国(國) wángguó [个 gè]

kiss [kɪs] I N [c] 吻 wěn II VT 吻 wěn ▸ **to give sb a kiss** 吻某人一下 wěn mǒurén yīxià ▸ **to kiss sb goodbye/goodnight** 与(與)某人吻别(別)/吻某人一下，道晚安 yǔ mǒurén wěnbié/wěn mǒurén yīxià, dào wǎn'ān

kit [kɪt] N [U] (esp Brit: equipment) 成套用品 chéngtào yòngpǐn; (clothing) 服装(裝) fúzhuāng

kitchen ['kɪtʃɪn] N [c] 厨(廚)房 chúfáng [个 gè]

kite [kaɪt] N [c] 风(風)筝(箏) fēngzheng [个 gè]

kitten ['kɪtn] N [c] 小猫(貓) xiǎomāo [只 zhī]

knee [ni:] N [c] 膝盖(蓋) xīgài [个 gè]

kneel [ni:l] (pt, pp knelt) VI (also: kneel down) 跪下 guìxià

knew [nju:] PT of **know**

knickers ['nɪkəz] (Brit) NPL 女式内(內)裤(褲) nǔshì nèikù ▸ **a pair of knickers** 一条(條)女式内(內)裤(褲) yī tiáo nǔshì nèikù

knife [naɪf] (pl knives) N [c] 刀 dāo [把 bǎ] ▸ **knife and fork** 刀叉 dāochā

knit [nɪt] VT 织(織) zhī

knives [naɪvz] NPL of **knife**

knob [nɔb] N [c] 球形把手 qiúxíng bǎshǒu [个 gè]

knock [nɔk] I VT (strike) 碰撞 pèngzhuàng II VI (on door, window) 敲 qiāo II N [c] 1 (blow, bump) 碰撞 pèngzhuàng [下 xià] 2 (on door) 敲打(門)声(聲) qiāoménshēng [声(聲)shēng] ▸ **to knock sb unconscious** [blow, blast +] 把某人打昏 bǎ mǒurén dǎhūn

► **knock down** VT **1** (*run over*) 撞倒 zhuàngdǎo **2** (*demolish*) 拆除 chāichú

► **knock out** VT **1** (*make unconscious*) 打昏 dǎhūn **2** (*Boxing*) 击(擊)昏 jīhūn **3** (*eliminate*) (*in game, competition*) 淘汰 táotài

► **knock over** VT 撞倒 zhuàngdǎo

knot [nɒt] N [c] 结(結) jié [个 gè]
► **to tie a knot** 打个(個)结(結) dǎ gè jié

know [nəu] (*pt* **knew**, *pp* **known**) VT **1** [+ *facts, dates*] 知道 zhīdào **2** [+ *language*] 懂 dǒng **3** [+ *person, place, subject*] 认(認)识(識) rènshi
► **to know that...** 知道… zhīdào... ► **to know where/when** 知道何处(處)/何时(時)… zhīdào héchù/héshí... ► **to get to know sb** 逐渐(漸)开(開)始了解某人 zhújiàn kāishǐ liǎojiě mǒurén
► **to know about sth** 听(聽)说(說)过(過)某事 tīngshuō guo mǒushì ► **yes, I know** 的确(確)如此 díquè rúcǐ ► **you never know** 很难(難)讲(講) hěn nán jiǎng ► **you know** (*used for emphasis*) 你得知道 nǐ děi zhīdào

knowledge ['nɒlɪdʒ] N [U] 知识(識) zhīshi ► **to (the best of) my knowledge** 据(據)我所知 jù wǒ suǒ zhī

known [nəun] PP *of* **know**

Koran [kɔ'rɑːn] N ► **the Koran** 《古兰(蘭)经(經)》 Gǔlánjīng

Korea [kə'rɪə] N *see* **North Korea, South Korea**

Korean [kə'rɪən] I ADJ 朝鲜(鮮)的 Cháoxiān de II N **1** (*person*) 朝鲜(鮮)人 Cháoxiǎnrén **2** (*language*) 朝鲜(鮮)语(語) Cháoxiǎnyǔ

label ['leɪbl] I N [c] 标(標)签(簽) biāoqiān [个 gè] II VT 用标(標)签(簽)标(標)明 yòng biāoqiān biāomíng

labor ['leɪbər] (*US*) N = **labour**

laboratory [lə'bɒrətərɪ] N [c] 研究室 yánjiūshì [个 gè]

labor union (*US*) N [c] 工会(會) gōnghuì [个 gè]

labour, (*US*) **labor** ['leɪbər] N [U] **1** (*manpower*) 劳(勞)动(動)力 láodònglì **2** ► **Labour** (*Labour Party*) 工党(黨) Gōngdǎng ► **to be in labour** (*Med*) 处(處)于(於)阵(陣)痛期 chǔyú zhèntòng qī

lace [leɪs] N **1** [U] (*fabric*) 花边(邊) huābiān **2** [c] (*of shoe*) 系(繫)带(帶) jìdài [根 gēn]

lack [læk] I N [s/u] 缺乏 quēfá II VT [+ *means, skills, experience,* confidence] 缺乏 quēfá

ladder ['lædər] N [c] 梯子 tīzi [个 gè]

lady ['leɪdɪ] N [c] 女士 nǚshì [位 wèi] ▶ **ladies and gentlemen...** 女士们(們)、先生们(們)… nǚshìmen, xiānshēngmen... ▶ **the ladies'** (Brit), **the ladies' room** (US) 女厕(廁)所 nǚcèsuǒ

lager ['lɑ:gə'] (Brit) N [c/u] 淡啤酒 dànpíjiǔ [瓶 píng]

laid [leɪd] PT, PP of **lay**

lain [leɪn] PP of **lie**

lake [leɪk] N [c] 湖 hú [个 gè]

lamb [læm] N 1 [c] (animal) 羔羊 gāoyáng [只 zhī] 2 [u] (meat) 羔羊肉 gāoyángròu

lamp [læmp] N [c] 灯(燈)dēng [盏 zhǎn]

lamp-post ['læmppəust] (Brit) N [c] 路灯(燈)柱 lùdēngzhù [个 gè]

lampshade ['læmpʃeɪd] N [c] 灯(燈)罩 dēngzhào [个 gè]

land [lænd] I N 1 [u] (area of open ground) 土地 tǔdì 2 [u] (not sea) 陆(陸)地 lùdì II vɪ 1 (Aviat, Space) 降落 jiàngluò 2 (from ship) 登陆(陸)dēnglù

landing ['lændɪŋ] N [c/u] (Aviat) 降落 jiàngluò [次 cì]

landlady ['lændleɪdɪ] N [c] 女房东(東)nǚfángdōng [位 wèi]

landlord ['lændlɔ:d] N [c] 男房东(東)nánfángdōng [位 wèi]

landscape ['lændskeɪp] N [c/u] 风(風)景 fēngjǐng [道 dào]

lane [leɪn] N [c] 1 (in country) 小路 xiǎolù [条 tiáo] 2 (Aut) [of road] 车(車)道 chēdào [条 tiáo]

language ['læŋgwɪdʒ] N 1 [c] (English, Russian etc) (语(語)言 yǔyán [种 zhǒng] 2 [u] (speech)

语(語)言表达(達)能力 yǔyán biǎodá nénglì

language laboratory N [c] 语(語)言实(實)验(驗)室 yǔyán shíyànshì [个 gè]

lap [læp] N [c] 1 [of person] 大腿的上方 dàtuǐ de shàngfāng 2 (in race) 圈 quān

laptop ['læptɔp] N [c] (also: **laptop computer**) 笔(筆)记(記)本电(電)脑(腦)bǐjìběn diànnǎo [个 gè]

large [lɑ:dʒ] ADJ [+ house, person] 大的 dà de; [+ number, amount] 大量的 dàliàng de

laser ['leɪzə'] N 1 [c/u] (beam) 激光 jīguāng [束 shù] 2 [c] (machine) 激光器 jīguāngqì [台 tái]

last [lɑ:st] I ADJ 1 (most recent) 最近的 zuìjìn de; [+ Monday, July, weekend etc] 上 shàng 2 (final) 最后(後)的 zuìhòu de; (of series, row) 最后(後)的 zuìhòu de II PRON (final one) 最后(後)一个(個)zuìhòu yī gè III ADV 1 (most recently) 最近 zuìjìn 2 (at the end) 最后(後)zuìhòu 3 (in final position) 最后(後)zuìhòu IV vɪ (continue) 持续(續)chíxù ▶ **last week** 上个(個)星期 shàng gè xīngqī ▶ **last night** (yesterday evening) 昨晚 zuówǎn; (during the night) 昨天夜里(裡)zuótiān yèlǐ ▶ **the last time** (the previous time) 上一次 shàng yī cì ▶ **at (long) last** (finally) 终(終)于(於)zhōngyú ▶ **our house is the last one** 我们(們)的房子是倒数(數)第二个(個)wǒmen de fángzi shì dàoshù dì'èr gè ▶ **it lasts (for) 2 hours** 持续(續)两(兩)个(個)小时(時)chíxù liǎng gè xiǎoshí

lastly ['lɑ:stlɪ] ADV 最后(後)zuìhòu

late [leɪt] I ADJ **1** (not on time) 迟(遲)的 chí de **2** (after the usual time) 稍晚的 shāowǎn de II ADV **1** (not on time) 晚 wǎn ▸ **we're late** 我们(們)迟(遲)到了 wǒmen chídào le ▸ **sorry I'm late** 对(對)不起, 我迟(遲)到了 duibuqǐ, wǒ chídào le ▸ **to be 10 minutes late** 迟(遲)到10分钟(鐘) chídào shí fēnzhōng ▸ **in late May** 5月下旬 wǔyuè xiàxún

lately ['leɪtlɪ] ADV 最近 zuìjìn

later ['leɪtə] ADV 以后(後) yǐhòu ▸ **some time/weeks/years later** 一些时(時)候/几(幾)个(個)星期/几(幾)年以后(後) yīxiē shíhou/jǐ gè xīngqī/jǐ nián yǐhòu ▸ **later on** 以后(後) yǐhòu

latest ['leɪtɪst] ADJ **1** (+ book, film, news) 最新的 zuìxīn de **2** (most up-to-date) 最新式的 zuì xīnshì de ▸ **at the latest** 最迟(遲) zuì chí

Latin ['lætɪn] N [U] 拉丁语(語) Lādīngyǔ

Latin America N 拉丁美洲 Lādīngměizhōu

Latin American I ADJ 拉丁美洲的 Lādīngměizhōu de II N [c] (person) 拉丁美洲人 Lādīngměizhōurén [个 gè]

latter ['lætə] N ▸ **the latter** 后(後)者 hòuzhě

laugh [lɑːf] I N [c] 笑 xiào [阵 zhèn] II VI 笑 xiào ▸ **laugh at** VT FUS 对(對)…发(發)笑 duì…fāxiào

launch [lɔːntʃ] VT **1** (+ rocket, missile, satellite) 发(發)射 fāshè **2** (+ product, publication) 推出 tuīchū

laundry ['lɔːndrɪ] N [U] (dirty washing) 待洗的衣物 dàixǐ de yīwù; (clean washing) 洗好的衣物 xǐhǎo de yīwù

laundry detergent (US) N [U/c] 洗衣粉 xǐyīfěn

lavatory ['lævətərɪ] (Brit) N [c] 卫(衛)生间(間) wèishēngjiān [个 gè]

law [lɔː] N **1** [S/U] (legal system) 法律 fǎlǜ **2** [c] (regulation) 法规(規) fǎguī [条 tiáo] ▸ **against the law** 违(違)法 wéifǎ ▸ **to break the law** 违(違)法 wéifǎ ▸ **by law** 依照法律 yīzhào fǎlǜ ▸ **to study law** 学(學)习(習)法律 xuéxí fǎlǜ

lawn [lɔːn] N [c] 草坪 cǎopíng [片 piàn]

lawnmower ['lɔːnməuə] N [c] 割草机(機) gēcǎojī [部 bù]

lawyer ['lɔːjə] N [c] 律师(師) lùshī [位 wèi]

lay [leɪ] (pt, pp laid) I PT of **lie** II VT III (put) 放 fàng ▸ **to lay the table** 摆(擺)放餐具 bǎifàng cānjù ▸ **lay down** VT (put down) 放下 fàngxià ▸ **lay off** VT 解雇(僱) jiěgù

layer ['leɪə] N [c] 层(層) céng

layout ['leɪaut] N [c] 布(佈)局 bùjú [个 gè]

lazy ['leɪzɪ] ADJ 懒(懶)惰的 lǎnduò de

lead¹ [liːd] N **1** [c] (esp Brit) (for dog) 皮带(帶) pídài [条 tiáo] **2** [c] (Elec) 导(導)线(線) dǎoxiàn [根 gēn] II VT **1** (guide) 带(帶)领(領) dàilǐng **2** (+ group, party, organization) 领(領)导(導) lǐngdǎo; (+ march, demonstration, parade) 带(帶)领(領) dàilǐng III VI (in race, competition) 领(領)先 lǐngxiān ▸ **to be in the lead** 领(領)先 lǐngxiān

领(領)先 língxiān ▸ **to lead the way** (lit) 引路 yǐnlù; (fig) 率先 shuàixiān
▸ **lead away** VT [+ prisoner] 带(帶)走 dàizǒu
▸ **lead to** VT FUS (result in) 导(導)致 dǎozhì

lead² [lɛd] N [U] 铅(鉛) qiān

leader [ˈliːdəʳ] N [c] 领(領)导(導)人 lǐngdǎorén [位 wèi]

leaf [liːf] (pl **leaves**) N [c] 叶(葉)叶 yè [片 piàn]

leaflet [ˈliːflɪt] N [c] (booklet) 小册(冊)子 xiǎocèzi [本 běn]; (single sheet) 传(傳)单(單) chuándān [份 fèn]

league [liːg] N [c] (Sport) 联(聯)赛(賽) liánsài [季 jì]

leak [liːk] I N [c] (of liquid, gas) 裂隙 lièxì [条 tiáo] II VI [shoes, pipe, liquid, gas +] 漏 lòu

lean [liːn] (pt, pp **leaned** or **leant**) I VT ▸ **to lean sth on/against sth** 把某物靠在某物上 bǎ mǒuwù kào zài mǒuwù shàng ▸ **thin**: 瘦的 shòu de III VI ▸ **to lean against sth** [person +] 靠在某物上 kào zài mǒuwù shàng ▸ **to lean forward/back** 向前/后(後)倾(傾) xiàng qián/hòu qīng
▸ **lean on** VT FUS 倚 yǐ

leap year N [c] 闰(閏)年 rùnnián [个 gè]

learn [lɜːn] (pt, pp **learned** or **learnt**) I VT (study) 学(學)xué; [+ poem, song] 背 bèi II VI 学(學) xué ▸ **to learn about sth** (study) 学(學)到某物 xuédào mǒuwù ▸ **to learn to do sth/how to do sth** 学(學)做某事/怎样(樣)做某事 xuézuò mǒushì/zěnyàng zuò mǒushì

learnt [lɜːnt] PT, PP of **learn**

least [liːst] I ADJ (noun) 最少的 zuì shǎo de II ADV 1 (with adjective) ▸ **the least expensive/ attractive/interesting** 最便宜/没(沒)有魅力/没(沒)有趣的 zuì piányí/méiyǒu mèilì/méiqù de 2 (with verb) 最不 zuì bù III PRON ▸ **the least** 最少 zuìshǎo ▸ **at least** (in expressions of quantity, comparisons) 至少 zhìshǎo

leather [ˈlɛðəʳ] I N [U] 皮革 pígé II CPD [+ jacket, shoes, chair] 皮 pí

leave [liːv] (pt, pp **left**) I VT 1 [+ place] 离(離)开(開) líkāi 2 [+ school, job, group] 放弃(棄) fàngqì (leave behind: deliberately) 留下 liúxià; (accidentally) 落 luò 4 [+ message] 留 liú II VI 1 (depart) [person +] 离(離)开(開) líkāi; (bus, train +) 出发(發) chūfā 2 (give up school) 辍(輟)学(學) chuòxué; (give up job) 辞(辭)职(職) cízhí III N [U] (from work) 休假 xiūjià; (Mil) 假期 jiàqī ▸ **to leave sth to sb** 留给(給)某人 bǎ mǒuwù liú gěi mǒurén ▸ **leave sb/sth alone** 不理会(會)某人/某物 bù lǐhuì mǒurén/mǒuwù ▸ **to leave for** [+ destination] 前往 qiánwǎng
▸ **leave behind** VT (forget) 忘带(帶) wàngdài
▸ **leave on** VT [+ light, heating] 开(開)着(著) kāizhe
▸ **leave out** VT 删(刪)掉 shāndiào

leaves [liːvz] NPL of **leaf**

Lebanon, the Lebanon [ˈlɛbənən] N 黎巴嫩 Líbānèn

lecture [ˈlɛktʃəʳ] N [c] (talk) 讲(講)座 jiǎngzuò [个 gè] ▸ **to give a lecture (on sth)** 作(某方面的)讲(講)座 zuò (mǒu fāngmiàn de) jiǎngzuò

lecturer ['lɛktʃərə'] N [c] 讲(講)
师(師) jiǎngshī [位 wèi]

led [lɛd] PT, PP of **lead¹**

left¹ [lɛft] I ADJ (not right) 左的 zuǒ
de II N ▸ **the left** 左侧(側) zuǒcè
III ADV [turn, go, look +] 向左
xiàngzuǒ ▸ **on the left** 在左边(邊)
zài zuǒbiān ▸ **to the left** 靠左
边(邊) kào zuǒbiān

left² [lɛft] I PT, PP of **leave** II ADJ
▸ **to be left over** 剩下 shèngxià

left-hand ['lɛfthænd] ADJ [+ side,
corner] 左侧(側)的 zuǒcè de

left-handed [lɛft'hændɪd] ADJ 左
撇子的 zuǒpiězi de

left-luggage [lɛft'lʌgɪdʒ] (Brit)
[U] ▸ **left-luggage locker** 行李寄
存柜(櫃) xínglǐ jìcúnguì

leg [lɛg] N 1 [c] 腿 tuǐ [条 tiáo]
2 [c/U] [of lamb, chicken] 腿 tuǐ [根
gēn]

legal ['liːgl] ADJ 1 [+ system,
requirement] 法律的 fǎlù de
2 [+ action, situation] 合法的 héfǎ
de

legal holiday (US) N [c] 法定假期
fǎdìng jiàqī [个 gè]

leisure ['lɛʒə', US 'liːʒə'] N [U]
闲(閒)暇 xiánxiá

leisure centre (Brit) N [c] 娱(娛)
乐(樂)中心 yúlè zhōngxīn [个 gè]

lemon ['lɛmən] N [c] 柠(檸)檬
níngméng [个 gè]

lemonade [lɛmə'neɪd] N [U]
柠(檸)檬汽水 níngméng qìshuǐ

lend [lɛnd] (pt, pp **lent**) VT 1 ▸ **to
lend sth to sb** 把某物借给(給)某
人 bǎ mǒuwù jiègěi mǒurén
2 [bank +] 贷(貸) dài

length [lɛŋθ] N 1 [c/U] [of object,
animal] 长(長)度 chángdù [个 gè]

[of sentence, article] 篇幅 piānfu [个
gè] 2 [c/U] (duration) 期间(間)
qījiān [个 gè]

lens [lɛnz] N [c] [of spectacles]
镜(鏡)片 jìngpiàn [片 piàn] [of
telescope, camera] 镜(鏡)头(頭)
jìngtóu [个 gè]

Lent [lɛnt] N [U] 大斋(齋)节(節)
Dàzhāijié

lent [lɛnt] PT, PP of **lend**

lentil ['lɛntɪl] N [c] 小扁豆
xiǎobiǎndòu [颗 kē]

Leo ['liːəu] N [U] (sign) 狮(獅)子座
Shīzǐ Zuò

leopard ['lɛpəd] N [c] 豹 bào [只
zhī]

lesbian ['lɛzbɪən] I ADJ 女同性
恋(戀)的 nǚtóngxìngliàn de II N
[c] 女同性恋(戀)者
nǚtóngxìngliànzhě [个 gè]

less [lɛs] I ADJ (noun) 更少的 gèng
shǎo de II ADV 1 (with adjective/
adverb) 较(較)少地 jiàoshǎo de
2 (with verb) 较(較)少 jiàoshǎo
III PRON 较(較)少的东(東)西 xī
jiàoshǎo de dōngxi IV PREP ▸ **less
tax/10% discount** 去掉税(稅)/10%
的折扣 qùdiào shuì/bǎi fēn zhī shí
de zhékòu ▸ **less than half** 不到
一半 bù dào yībàn

lesson ['lɛsn] N [c] 课(課)课(堂)
táng

let [lɛt] (pt, pp **let**) VT 1 ▸ **to let sb do
sth** (give permission) 允许(許)某人
做某事 yǔnxǔ mǒurén zuò
mǒushì 2 ▸ **to let sb happen**
让(讓)某事发(發)生 ràng mǒushì
fāshēng ▸ **to let sb know that...**
告诉(訴)某人… gàosù mǒurén…
3 ▸ **to let sb in/out** 让(讓)某人
进(進)去/出去 ràng mǒurén jìnqù/
chūqù ▸ **let's go/eat** 我们(們)走/

吃吧 wǒmen zǒu/chī ba ▸ **"to let"**
"现(現)房待(待)租" "xiànfáng dàizū"
▸ **to let go** (release one's grip)
松(鬆)开(開) sōngkāi ▸ **to let sb/
sth go** (release) 放走某人/某物
fàngzǒu mǒurén/mǒuwù
▸ **let down** VT 1 [+ person] 令…失望
lìng…shīwàng
▸ **let in** VT 1 [+ water, air] 允许(許)
进(進)来(來) yǔnxǔ jìnlái
2 [+ person] 给(給)…开(開)门(門)
gěi…kāimén

letter ['lɛtə'] N [c] 1 (note) 信 xìn
[封 fēng] 2 [of alphabet] 字母 zìmǔ
[个 gè]
letterbox ['lɛtəbɒks] (Brit) N [c] 信
箱 xìnxiāng [个 gè]
lettuce ['lɛtɪs] N [c/u] 生菜
shēngcài [棵 kē]
level ['lɛvl] I ADJ 1 平的 píng de
II N [c] 1 (standard) 水平 shuǐpíng
[种 zhǒng] 2 (height) 水位 shuǐwèi
[个 gè]
level crossing (Brit) N [c] 平交道
口 píngjiāodàokǒu [个 gè]
lever ['liːvə', US 'lɛvə'] N [c] 杆(桿)
gǎn [根 gēn]
liar ['laɪə'] N [c] 说(說)谎(謊)者
shuōhuǎngzhě [个 gè]
liberal ['lɪbərl] I ADJ 1 [+ person,
attitude] 开(開)明的 kāimíng de
II N [c] (Pol) ▸ **Liberal** 自由党(黨)
党(黨)员(員) Zìyóudǎng
dǎngyuán [名 míng]
Libra ['liːbrə] N [u] (sign) 天秤座
Tiānchèng Zuò
librarian [laɪ'brɛərɪən] N [c]
图(圖)书(書)管理员(員) túshū
guǎnlǐyuán [位 wèi]
library ['laɪbrərɪ] N [c] 图(圖)
书(書)馆(館) túshūguǎn [个 gè]
licence, (US) **license** ['laɪsns] N

1 [c] (permit) 许(許)可证(證)
xǔkězhèng [张 zhāng] 2 [c] (also:
driving licence) 驾(駕)驶(駛)
执(執)照 jiàshǐ zhízhào [本 běn]
license plate (US) N [c] 车(車)牌照
chēpáizhào [个 gè]
lick [lɪk] VT 舔 tiǎn
lid [lɪd] N [c] 1 [of box, case, pan]
盖(蓋) gài [个 gè] 2 (eyelid) 眼
睑(瞼) yǎnjiǎn [个 gè]
lie¹ [laɪ] (pt lay, pp lain) VI 1 [person +]
躺 tǎng
▸ **lie about** (Brit) VI = **lie around**
▸ **lie around** VI 乱(亂)放 luànfàng
▸ **lie down** VI [person +] 躺下
tǎngxià
lie² [laɪ] 1 (tell lies) 说(說)谎(謊)
shuōhuǎng
II N [c] 谎(謊)言 huǎngyán [个 gè]
▸ **to tell lies** 说(說)谎(謊)
shuōhuǎng

life [laɪf] (pl lives) N 1 [c/u] (living,
existence) 生命 shēngmìng [个 gè]
2 [c] (lifespan) 一生 yīshēng [个
gè] ▸ **his personal/working life**
他的个(個)人/工作生活 tāde
gèrén/gōngzuò shēnghuó
lifeboat ['laɪfbəut] N [c] 救生船
jiùshēngchuán [艘 sōu]
life preserver [-prɪ'zəːvə'] (US) N
[c] (lifebelt) 救生圈 jiùshēng
yòngjù [件 jiàn]; (lifejacket) 救生
衣 jiùshēngyī [件 jiàn]
lifestyle ['laɪfstaɪl] N [c/u] 生活方
式 shēnghuó fāngshì [种 zhǒng]
lift [lɪft] I VT 举(舉)起 jǔqǐ II N [c]
(Brit) 电(電)梯 diàntī [部 bù] ▸ **to
give sb a lift** (esp Brit) 让(讓)某人
搭便车(車) ràng mǒurén dā
biànchē
▸ **lift up** VT [+ person, thing] 举(舉)
起 jǔqǐ
light [laɪt] (pt, pp lit) I N 1 [u] (from

sun, moon, lamp, fire) 光 guāng **2** [C] (Elec, Aut) 灯(燈) dēng [盏 zhǎn] **3** [s] (for cigarette) 打火 机(機) dǎhuǒjī **II** VT [+ candle, fire, cigarette] 点(點) diǎn **III** ADJ **1** [+ colour] 淡的 dàn de **2** (not heavy) 轻(輕)的 qīng de **IV lights** NPL (also: traffic lights) 交通指示 灯(燈) jiāotōng zhǐshìdēng ▸ **to turn** or **switch the light on/off** 开(開)/关(關)灯(燈) kāi/guān dēng

light bulb N [C] 灯(燈)泡 dēngpào [个 gè]

lighter ['laɪtə^r] N [C] (also: cigarette lighter) 打火机(機) dǎhuǒjī [个 gè]

lighthouse ['laɪthaus] N [C] 灯(燈)塔 dēngtǎ [座 zuò]

lightning ['laɪtnɪŋ] N [U] 闪(閃) 电(電) shǎndiàn

like¹ [laɪk] PREP **1** (similar to) 像 xiàng **2** (in similes) 像…一样(樣) xiàng…yīyàng **3** (such as) 如 rú ▸ **a house like ours** 像我们(們) 这(這)样(樣)的房子 xiàng wǒmen zhèyàng de fángzi ▸ **to be like sth/sb** 像某物/某人 xiàng mǒuwù/mǒurén ▸ **what's he/the weather like?** 他/天气(氣)怎 么(麼)样(樣)? tā/tiānqì zěnmeyàng? ▸ **to look like** [+ person] 长(長)得像 zhǎngde xiàng; [+ thing] 类(類)似 lèisì ▸ **what does it look/sound/taste like?** 看/听(聽)/尝(嘗)起来(來)怎 么(麼)样(樣)? kàn/tīng/cháng qǐlái zěnmeyàng? ▸ **like this** 像 这(這)样(樣) xiàng zhèyàng

like² [laɪk] **I** VT [+ person, thing] 喜 欢(歡) xǐhuan ▸ **his likes and dislikes** 他的好恶(惡) tā de

hàowù ▸ **to like doing sth** 喜 欢(歡)做某事 xǐhuan zuò mǒushì ▸ **I would** or **I'd like an ice-cream/ to go for a walk** 我想吃个(個)冰激 凌(淩)/去散步 wǒxiǎng chī gè bīngjīlíng/qù sànbù ▸ **would you like a coffee?** 你想不想来(來)杯咖 啡? nǐ xiǎng bù xiǎng lái bēi kāfēi? ▸ **if you like** (in offers, suggestions) 如果你愿(願)意的 话(話) rúguǒ nǐ yuànyì de huà

likely ['laɪklɪ] ADJ 很可能的 hěn kěnéng de ▸ **it is likely that...** 有 可能… yǒu kěnéng… ▸ **to be likely to do sth** 很有可能做某事 hěn yǒu kěnéng zuò mǒushì

lime [laɪm] N [C] (fruit) 酸橙 suānchéng [个 gè]

limit ['lɪmɪt] N [C] **1** (maximum point) 限度 xiàndù [个 gè] **2** 限定 xiàndìng [种 zhǒng]

limp [lɪmp] VI 跛行 bǒxíng

line [laɪn] N [C] **1** (long thin mark) 线(線) xiàn [条 tiáo] **2** 排 排 páihàng **3** [of words] 行 háng **4** [Tel) 线(線) 路 xiànlù [条 tiáo] **5** (railway track) 铁(鐵)路线(線)路 tiělù xiànlù [条 tiáo] ▸ **hold the line please!** (Tel) 请(請)稍等! qǐng shāoděng! ▸ **to stand** or **wait in line** 排队(隊)等候 páiduì děnghòu ▸ **on the right lines** 大体(體)正确(確) dàtǐ zhèngquè

linen ['lɪnɪn] **I** N [U] **1** (cloth) 亚(亞) 麻布 yàmábù **2** (tablecloths, sheets) 亚(亞)麻制(製)品 yàmá zhìpǐn **II** CPD [+ jacket, sheets] 亚(亞)麻 yàmáliào

lining ['laɪnɪŋ] N [C/U] 衬(襯)里(裡) chènlǐ [个 gè]

link [lɪŋk] N [C] **1** 联(聯)系(繫) liánxì [种 zhǒng] (Comput) (also:

hyperlink) 超链(鏈)接 chāoliànjiē [个 gè] N VT 1 [+ places, objects] 连(連)接 liánjiē 2 [+ people, situations] 联(聯)系(繫) liánxì

lion ['laɪən] N 狮(獅)子 shīzi [头 tóu]

lip [lɪp] N 唇(脣) chún [个 gè]

lip-read ['lɪpriːd] VI 唇(脣)读(讀) chúndú

lipstick ['lɪpstɪk] N [c/u] 口红(紅) kǒuhóng [支 zhī]

liquid ['lɪkwɪd] N [c/u] 液体(體) yètǐ [种 zhǒng]

liquidizer ['lɪkwɪdaɪzər] N [c] 榨(搾)汁机(機) zhàzhījī [个 gè]

liquor ['lɪkər] (US) N [u] 酒 jiǔ

list [lɪst] N [c] 单(單)子 dānzi [个 gè] II VT 1 (record) [person +] 列出 lièchū 2 (Comput) 列出 lièchū

listen ['lɪsn] VI 1 听(聽) tīng; (to speaker) 听(聽)…说(說) tīng…shuō 2 (follow advice) 听(聽) tīng ▸ **to listen to sb** (pay attention to) 留神听(聽)某人 说(說) liúshén tīng mǒurén shuōhuà; (follow advice of) 听(聽) 从(從)某人 tīngcóng mǒurén ▸ **to listen to sth** 听(聽)某事 tīng mǒushì

lit [lɪt] PT, PP of **light**

liter ['liːtər] (US) N = **litre**

literature ['lɪtrɪtʃər] N [u] 文学(學) wénxué

litre, (US) **liter** ['liːtər] N [c] 升 shēng

litter ['lɪtər] N [u] 垃圾 lājī

litter bin (Brit) N [c] 垃圾箱 lājīxiāng [个 gè]

little ['lɪtl] I ADJ 1 (small) 小的 xiǎo de 2 (young) [+ child] 小的 xiǎo de 3 (younger) ▸ **little brother/sister** 弟弟/妹妹 dìdi/mèimei

4 (quantifier) ▸ **to have little time/ money** 没(沒)有多少时(時)间(間)/ 金钱(錢) méiyǒu duōshao shíjiān/ jīnqián II ADV 少 shǎo ▸ **a little** (small amount) 一点(點) yìdiǎn; (noun) 一点(點) yìdiǎn; [sleep, eat +] 一点(點) yìdiǎn ▸ **a little boy of 8** 一个(個)8岁(歲)的小男孩 yí gè bāsuì de xiǎo nánhái ▸ **a little bit** (adj) 有点(點) yǒudiǎn ▸ **little by little** 逐渐(漸)地 zhújiàn de

live¹ [lɪv] I VI 1 (reside) 住 zhù 2 (lead one's life) 生活 shēnghuó II VT [+ life] 过(過)guò ▸ **live on** VT FUS [+ money] 靠…维(維)持生活 kào…wéichí shēnghuó ▸ **live together** VI 同居 tóngjū ▸ **live with** VT FUS [+ partner] 与(與)…同居 yǔ…tóngjū

live² [laɪv] I ADJ [+ animal, plant] 活的 huó de II ADV [broadcast +] 实(實)况(況)地 shíkuàng de

lively ['laɪvlɪ] ADJ [+ person +] 活泼(潑)的 huópo de; [+ place, event, discussion] 活跃(躍)的 huóyuè de

liver ['lɪvər] N 1 [c] 肝脏(臟) gānzàng [个 gè] 2 [c/u] (Culin) 肝 gān [个 gè]

lives [laɪvz] NPL of **life**

living ['lɪvɪŋ] N (life) 生活 shēnghuó ▸ **for a living** 作为(為)谋(謀)生之道 zuòwéi móushēng zhī dào ▸ **to earn** or **make a/one's living** 谋(謀)生 móushēng

living room N [c] 起居室 qǐjūshì [间 jiān]

load [ləud] I N [c] (thing carried) [of vehicle] 装(裝)载(載)量 zhuāngzàiliàng [车 chē] II VT 1 (also: **load up**) [+ vehicle, ship]

装(裝) zhuāng **2** [+ program, data] 下载(載) xiàzài ▶ **loads of** or **a load of money/people** (inf) 很多钱(錢)/人 hěnduō qián/rén

loaf [ləuf] (pl **loaves**) N [c] ▶ **a loaf (of bread)** 一条(條)(面(麵)包) yī tiáo (miànbāo)

loan [ləun] I N [c] 贷(貸)款 dàikuǎn [笔 bǐ] II VT ▶ **to loan sth (out) to sb** (+ money, thing) 把某物借给(給)某人 bǎ mǒuwù jiègěi mǒurén

loaves [ləuvz] N PL of **loaf**

local ['ləukl] ADJ [+ council, newspaper, library] 当(當)地的 dāngdì de [+ residents] 本地的 běndì de

lock [lɔk] I N [c] 锁(鎖) suǒ [把 bǎ] II VT **1** 锁(鎖) suǒ **2** [+ screen] 锁(鎖) suǒ
  ▶ **lock out** VT [+ person] (deliberately) 把…锁(鎖)在外面 bǎ…suǒ zài wàimiàn ▶ **to lock o.s. out** 把自己锁(鎖)在外面 bǎ zìjǐ suǒ zài wàimiàn
  ▶ **lock up** VT 锁(鎖)好 suǒhǎo

locker ['lɔkə'] N [c] 小柜(櫃) xiǎoguì [个 gè]

lodger ['lɔdʒə'] N [c] 房客 fángkè [个 gè]

loft [lɔft] N [c] (attic) 阁(閣)楼(樓) gélóu [座 zuò]

log [lɔg] N [c] (for fuel) 木柴 mùchái [根 gēn]
  ▶ **log on** (Comput) VI 登录(錄) dēnglù
  ▶ **log into** (Comput) VT FUS 登入 dēngrù
  ▶ **log out**, **log off** (Comput) VI 退出系统(統) tuìchū xìtǒng

logical ['lɔdʒɪkl] ADJ [+ argument, analysis] 逻(邏)辑(輯)的 luójí de;

[+ conclusion, result] 合逻(邏)辑(輯)的 hé luójí de; [+ course of action] 合乎情理的 héhū qínglǐ de

London ['lʌndən] N 伦(倫)敦 Lúndūn

Londoner ['lʌndənə'] N [c] 伦(倫)敦人 Lúndūnrén [个 gè]

lonely ['ləunlɪ] ADJ **1** [+ person] 孤独(獨)的 gūdú de **2** [+ place] 人迹(跡)罕至的 rénjì hǎn zhì de

long [lɔŋ] I ADJ **1** [+ rope, hair, table, tunnel] 长(長)的 cháng de **2** [+ meeting, discussion, film, time] 长(長)的 cháng de **3** [+ book, poem] 长(長)的 cháng de II ADV (time) 长(長)久 chángjiǔ ▶ **how long is the lesson?** 这(這)节(節)课(課)多长(長)时(時)间(間)了? zhè jié kè duō cháng shíjiān le? ▶ **6 metres long** 6米长(長) liù mǐ cháng ▶ **so** or **as long as** (provided) 只要 zhǐyào ▶ **long ago** 很久以前 hěn jiǔ yǐqián ▶ **it won't take long** 这(這)不需花很多时(時)间(間) zhè bù xūyào huā hěn duō shíjiān ▶ **a long way** 很远(遠) hěn yuǎn

loo [lu:] (Brit: inf) N [c] 厕(廁)所 cèsuǒ [个 gè]

look [luk] I VI **1** (glance, gaze) 看 kàn **2** (search) 找 zhǎo **3** (seem, appear) 看起来(來) kàn qǐlái II N (expression) 表情 biǎoqíng [副 fù]
  ▶ **to look out of the window** 望向窗外 wàng xiàng chuāngwài ▶ **look out!** (inf) 当(當)心! dāngxīn! ▶ **to look like sb** 长(長)得像某人 zhǎng de xiàng mǒurén ▶ **to look like sth** 像某物 xiàng mǒuwù ▶ **it looks as if...** 看来(來)… kànlái… ▶ **to have** or **take a look at** 看一看 kàn yī kàn

▶ **look after** VT FUS 照顾(顧) zhàogù

▶ **look at** VT FUS 看一看 kàn yī kàn

▶ **look for** VT FUS [+ person, thing] 寻(尋)找 xúnzhǎo

▶ **look forward to** 盼望 pànwàng ▶ **to look forward to doing sth** 盼望做某事 pànwàng zuò mǒushì ▶ **we look forward to hearing from you** 我们(們)盼望收到你的回音 wǒmen pànwàng shōudào nǐ de huíyīn

▶ **look into** VT FUS (investigate) 调(調)查 diàochá

▶ **look round, look around** I VI 1 (turn head) 环(環)顾(顧) huángù 2 (in building) 看看 kànkan II VT FUS [+ place, building] 游(遊)览(覽) yóulǎn

▶ **look through** VT FUS [+ book, magazine, papers] 翻阅(閱) fānyuè

▶ **look up** VT [+ information, meaning] 查 chá

loose [luːs] ADJ 1 [+ screw, connection, tooth] 松(鬆)动(動)的 sōngdòng de 2 [+ hair] 散开(開)的 sǎnkāi de 3 [+ clothes, trousers] 宽(寬)松(鬆)的 kuānsōng de

lord [lɔːd] (Brit) N [c] (peer) 贵(貴)族 guìzú [位 wèi]

lorry ['lɒrɪ] (Brit) N [c] 卡车(車) kǎchē [辆 liàng]

lorry driver (Brit) N [c] 卡车(車)司机(機) kǎchē sījī [位 wèi]

lose [luːz] (pt, pp **lost**) I VT 1 (mislay) 丢(丟)失 diūshī 2 (not win) [+ contest, fight, argument] 输(輸) shū 3 (through death) [+ relative, wife etc] 失去 shīqù II VI (輸) shū ▶ **to lose weight** 减(減)重 jiǎnzhòng

loss [lɒs] N [c/u] 丧(喪)失 sàngshī [种 zhǒng]

lost [lɒst] I PT, PP of **lose** II ADJ [+ object] 丢(丟)失的 diūshī de; [+ person, animal] 走失的 zǒushī de ▶ **to get lost** 迷路 mílù

lost and found (US) N = **lost property**

lost property N [U] 1 (things) 招领(領)的失物 zhāolǐng de shīwù 2 (Brit: office) 失物招领(領)处(處) shīwù zhāolǐngchù

lot [lɒt] N [c] ▶ **a lot** (many) 许(許)多 xǔduō; (much) 很多 hěn duō ▶ **a lot of** 许(許)多 xǔduō ▶ **lots of** 许(許)多 xǔduō ▶ **he reads/ smokes a lot** 他书(書)读(讀)得/烟(煙)抽得很多 tā shū dú de/ yān chōu de hěn duō

lottery ['lɒtərɪ] N [c] 彩票 cǎipiào [张 zhāng]

loud [laud] I ADJ 响(響)亮的 xiǎngliàng de II ADV [speak +] 大声(聲)地 dàshēng de

loudly ['laudlɪ] ADV 大声(聲)地 dàshēng de

loudspeaker [laud'spiːkəʳ] N [c] 扬(揚)声(聲)器(器) yángshēngqì [个 gè]

lounge [laundʒ] N [c] 1 (in hotel) 休息室 xiūxīshì [间 jiān] 2 (at airport, station) 等候室 děnghòushì [间 jiān] 3 起居室 qǐjūshì [间 jiān]

love [lʌv] I N [u] 1 (for partner, sweetheart) 爱(愛)情 àiqíng; (for child, pet) 爱(愛)ài II VT [+ partner, child, pet] 爱(愛)ài; [+ thing, food, activity] 热(熱)爱(愛) rè'ài ▶ **to be in love (with sb)** (与(與)某人)恋(戀)爱(愛) liàn'ài ▶ **to fall in love (with sb)** 爱(愛)上(某人)àishàng ▶ **to**

make love 做爱(愛) zuò'ài ▸ **love (from)** Anne (on letter) 爱(愛)你的, 安妮 ài nǐ de, Ānnī ▸ **to love doing sth** 喜爱(愛)做某事 xǐ'ài zuò mǒushì ▸ **I'd love to come** 我非常想来(來) wǒ fēicháng xiǎng lái

lovely ['lʌvlɪ] (esp Brit) ADJ **1** [+ place, person, music] 漂亮的 piàoliang de **2** [+ holiday, meal, person] 令人愉快的 lìng rén yúkuài de; [+ person] 可爱(愛)的 kě'ài de

lover ['lʌvə'] N [c] 情人 qíngrén [个 gè] ▸ **a lover of art** or **an art lover** 钟(鐘)爱(愛)艺(藝)术(術)的人 zhōng'ài yìshù de rén

low [ləʊ] ADJ **1** [+ wall, hill, heel] 矮的 ǎi de **2** [+ temperature, price, level, speed] 低的 dī de **3** [+ standard, quality] 低劣的 dīliè de ▸ **low in calories/salt/fat** 低卡路里/盐(鹽)/脂肪的 dī kǎlùlǐ/yán/zhīfáng

low-carb ['ləʊ'kɑːb] ADJ (food) 低碳水化合物的 dī tànshuǐhuàhéwù de

lower ['ləʊə'] VT (reduce) 降低 jiàngdī

loyal ['lɔɪəl] ADJ 忠实(實)的 zhōngshí de

loyalty ['lɔɪəltɪ] N [U] 忠诚(誠) zhōngchéng

luck [lʌk] N [U] **1** (chance) 运(運)气(氣) yùnqì **2** (good fortune) 幸运(運) xìngyùn ▸ **good luck** 好运(運) hǎoyùn ▸ **good luck!** or **best of luck!** 祝你好运(運)! zhùnǐ hǎoyùn! ▸ **bad luck** 不走运(運) bù zǒuyùn

luckily ['lʌkɪlɪ] ADV 幸运(運)的是 xìngyùn de shì

lucky ['lʌkɪ] ADJ [+ person] 幸运(運)

的 xìngyùn de ▸ **to be lucky** 走运(運) zǒuyùn ▸ **it is lucky that...** 侥(僥)幸(倖)的是… jiǎoxìng de shì… ▸ **to have a lucky escape** 侥(僥)幸(倖)逃脱(脫) jiǎoxìng táotuō

luggage ['lʌgɪdʒ] N [U] 行李 xíngli ▸ **piece of luggage** 一件行李 yī jiàn xíngli

lunch [lʌntʃ] N [c/U] (meal) 午餐 wǔcān [顿(頓) dùn] **2** [U] (lunchtime) 午餐时(時)间(間) wǔcān shíjiān ▸ **to have lunch (with sb)** (与(與)某人) 共进(進)午餐 (yǔ mǒurén) gòng jìn wǔcān

lung [lʌŋ] N [c] 肺 fèi [片 piàn]

Luxembourg ['lʌksəmbə:g] N 卢(盧)森堡 Lúsēnbǎo

luxurious [lʌg'zjʊərɪəs] ADJ 豪华(華)的 háohuá de

luxury ['lʌkʃərɪ] I N [U] (comfort) 奢华(華) shēhuá II CPD [+ hotel, car, goods] 豪华(華)的 háohuá de

lying ['laɪɪŋ] VB see **lie¹, lie²**

lyrics ['lɪrɪks] NPL 词(詞)句 cíjù

m

mac [mæk] (Brit: inf) N [c] 雨衣 yǔyī [件 jiàn]

machine [məˈʃiːn] N [c] 机(機)器 jīqì [台 tái]

machine gun N [c] 机(機)关(關)枪(槍) jīguānqiāng [架 jià]

machinery [məˈʃiːnəri] N [U] 机(機)器 jīqì

mad [mæd] ADJ 1 (insane) 精神失常的 jīngshén shīcháng de 2 (inf: angry) 愤(憤)怒的 nǎonù de ▸ to go mad 发(發)疯(瘋) fāfēng; (get angry) 发(發)火 fāhuǒ ▸ to be mad about or on sth (inf) 狂热(熱)地爱(愛)好某物 kuángrè de àihào mǒuwù

madam [ˈmædəm] N 女士 nǚshì ▸ Dear Madam 尊敬的女士 zūnjìng de nǚshì

made [meɪd] PT, PP of **make**

madness [ˈmædnɪs] N [U] 1 (insanity) 疯(瘋)狂 fēngkuáng 2 (foolishness) 愚蠢 yúchǔn

magazine [mægəˈziːn] N [c] 杂(雜)志(誌) zázhì [份 fèn]

magic [ˈmædʒɪk] I N [U] 魔法 mófǎ II ADJ 1 [+ formula, solution, cure] 神奇的 shénqí de 2 (supernatural) 魔法的 mófǎ de

magnet [ˈmægnɪt] N [c] 磁铁(鐵) cítiě [块 kuài]

maid [meɪd] N [c] (servant) 女仆(僕) nǚpú [个 gè]

maiden name [ˈmeɪdn-] N [c] 娘家姓 niángjiā xìng [个 gè]

mail [meɪl] I N [U] 1 ▸ the mail 邮(郵)政 yóuzhèng 2 (letters) 邮(郵)件 yóujiàn 3 (email) 电(電)子邮(郵)件 diànzǐ yóujiàn II VT 1 (esp US: post) 寄出 jìchū 2 (email) 发(發)电(電)邮(郵)给(給) fā diànyóu gěi ▸ by mail 以邮(郵)寄方式 yǐ yóujì fāngshì

mailbox [ˈmeɪlbɒks] N [c] 1 (US: for letters) 信箱 xìnxiāng [个 gè] 2 (US) 邮(郵)筒 yóutǒng [个 gè] 3 (Comput) 电(電)子信箱 diànzǐ xìnxiāng [个 gè]

mailman [ˈmeɪlmæn] (pl **mailmen**) (US) N [c] 邮(郵)差 yóuchāi [个 gè]

mailwoman [ˈmeɪlwumən] (pl **mailwomen**) (US) N [c] 女邮(郵)递(遞)员(員) nǚyóudìyuán [位 wèi]

main [meɪn] ADJ 主要的 zhǔyào de

main course N [c] 主菜 zhǔcài [道 dào]

mainly [ˈmeɪnlɪ] ADV 主要地 zhǔyào de

main road N [c] 主干(幹)道 zhǔgàndào [条 tiáo]

majesty ['mædʒɪstɪ] N (title)
▶ Your/His/Her Majesty 陛下
bìxià

major ['meɪdʒər] I ADJ 重要的
zhòngyào de 2 [+ Mil] 少校
shàoxiào [位 wèi] 2 (US) 专(專)业
zhuānyè [个 gè]

Majorca [mə'jɔ:kə] N 马(馬)略卡
岛(島) Mǎluèkǎ dǎo

majority [mə'dʒɒrɪtɪ] N [s + PL VB]
大多数(數) dàduōshù

make [meɪk] (pt, pp made) I VT
1 [+ object, clothes, cake] 做 zuò;
[+ noise] 制(製)造 zhìzào;
[+ mistake] 犯 fàn 2 (manufacture)
生产(產) shēngchǎn 3 (cause to be)
▶ to make sb sad 使某人难(難)
过(過) shǐ mǒurén nánguò
4 (force) ▶ to make sb do sth 促使
某人做某事 cùshǐ mǒurén zuò
mǒushì 5 [+ money] 挣(掙) zhèng
6 (equal) ▶ 2 and 2 make 4 2加2等
于(於)4 èr jiā èr děngyú sì II N [c]
(brand) 牌子 páizi [个 gè] ▶ to
make a profit/loss
赢(贏)利/赔(賠)钱(錢) yínglì/
péiqián ▶ what time do you
make it? 你表(錶)几(幾)点(點)
了? nǐ biǎo jǐdiǎn le? ▶ it's made
(out) of glass 是玻璃做的 shì bōli
zuò de
▶ make out VT [+ cheque] 开(開)出
kāichū
▶ make up VT 1 [+ story, excuse] 捏
造 niēzào 2 (with cosmetics) 化
妆(妝) huàzhuāng ▶ to make up
one's mind 下定决(決)心 xià dìng
juéxīn ▶ to make o.s. up 化妆(妝)
huàzhuāng

make-up ['meɪkʌp] N [U]
(cosmetics) 化妆(妝)品
huàzhuāngpǐn

Malaysia [mə'leɪzɪə] N 马(馬)
来(來)西亚(亞) Mǎláixīyà

male [meɪl] ADJ ▶ employee, child,
model, friend, population] 男的 nán
de; [+ animal, insect, plant, tree] 雄
性的 xióngxìng de

mall [mɔ:l] N (also: shopping
mall) 大型购(購)物中心 dàxíng
gòuwù zhōngxīn [个 gè]

Malta ['mɔ:ltə] N 马(馬)耳他
Mǎ'ěrtā

mammal ['mæml] N [c] 哺乳
动(動)物 bǔrǔ dòngwù [个 gè]

man [mæn] (pl men) N 1 [c] (person)
男人 nánrén [个 gè] 2 [U]
(mankind) 人类(類) rénlèi

manage ['mænɪdʒ] I VT [+ business,
shop, time, money] 管理 guǎnlǐ II VI
(cope) 应(應)付 yìngfù ▶ to
manage to do sth 设法做到某
事 shèfǎ zuòdào mǒushì

management ['mænɪdʒmənt] N
1 [U] (managing) 管理 guǎnlǐ
2 [U/s] (managers) 管理人员(員)
guǎnlǐ rényuán

manager ['mænɪdʒər] N [c] 1
经(經)理 jīnglǐ [位 wèi] 2 (Sport)
球队(隊)经(經)理 qiúduì jīnglǐ [位
wèi]

mandarin ['mændərɪn] N 1
▶ Mandarin (Chinese) 普通话(話)
Pǔtōnghuà 2 [c] (also: mandarin
orange) 柑橘 gānjú [个 gè]

maniac ['meɪnɪæk] N [c] (lunatic)
疯(瘋)子 fēngzi [个 gè]

manner ['mænər] I N [s] (way) 方
式 fāngshì II manners NPL 礼(禮)
貌 lǐmào ▶ it's good/bad
manners to arrive on time
准(準)时(時)是有礼(禮)貌/无(無)
礼(禮)貌的表现(現) zhǔnshí shì yǒu
lǐmào/wúlǐ de biǎoxiàn

manual ['mænjʊəl] N [c]
(*handbook*) 手册(冊) shǒucè [本 běn]

manufacture [mænjʊ'fæktʃər] VT
生产(產) shēngchǎn

manufacturer [mænjʊ'fæktʃərər]
N [c] 制(製)造商 zhìzàoshāng [个 gè]

many ['mɛnɪ] I ADJ (*a lot of*) 许(許)
多的 xǔduō de II PRON 许(許)多的
xǔduō de ▸ **how many** (*direct question*) 多少 duōshao ▸ **twice as many (as)** (是…的) 两(兩)倍 (shì…de) liǎng bèi

map [mæp] N [c] 地图(圖) dìtú [张 zhāng]

marathon ['mærəθən] N [c] (*race*)
马(馬)拉松长(長)跑 mǎlāsōng chángpǎo [次 cì]

marble ['mɑ:bl] I N [u] 大理石
dàlǐshí II **marbles** NPL (*game*)
弹(彈)子游(遊)戏(戲) dànzǐ yóuxì

March [mɑ:tʃ] N [c/u] 三月
sānyuè; *see also* / 另见 **July**

march [mɑ:tʃ] VI 行军(軍) xíngjūn

margarine [mɑ:dʒə'ri:n] N [u] 人
造黄油 rénzào huángyóu

marijuana [mærɪ'wɑ:nə] N [u] 大
麻 dàmá

mark [mɑ:k] I N 1 [c] (*cross, tick*)
记(記)号(號) jìhao [个 gè] 2 [c]
(*stain*) 污点(點) wūdiǎn [个 gè]
3 [c] (*Brit: grade, score*) 分数(數)
fēnshù [个 gè] II VT 1 (*indicate*)
[+ place] 标(標)示 biāoshì 2 (*Brit:
Scol*) 评(評)分 píngfēn

market ['mɑ:kɪt] N [c] 集市 jíshì
[个 gè]

marketing ['mɑ:kɪtɪŋ] N [u] 市
场(場)营(營)销(銷) shìchǎng
yíngxiāo

marriage ['mærɪdʒ] N 1 [c/u]

(*relationship, institution*) 婚姻
hūnyīn [个 gè] 2 [c] (*wedding*) 婚
礼(禮) hūnlǐ [场 chǎng]

married ['mærɪd] ADJ 已婚的
yǐhūn de ▸ **to be married to sb**
和某人结(結)婚 hé mǒurén jiéhūn
▸ **to get married** 结(結)婚 jiéhūn

marry ['mærɪ] VT 和…结(結)婚
hé…jiéhūn

marvellous, (US) **marvelous**
['mɑ:vləs] ADJ 极好的 jí hǎo de

masculine ['mæskjʊlɪn] ADJ
1 [+ characteristic, value] 男性的
nánxìng de 2 (*Ling*) [+ pronoun]
阳(陽)性的 yángxìng de

mashed potato [mæʃt-] N [c/u]
土豆泥 tǔdòuní [份 fèn]

mask [mɑ:sk] N [c] 1 (*disguise*) 面罩
miànzhào [个 gè] 2 (*protection*) 口
罩 kǒuzhào [个 gè]

mass [mæs] N [c] (*large amount,
number*) 大量 dàliàng ▸ **masses of**
(*inf*) 大量 dàliàng

massage ['mæsɑ:ʒ] N [c/u] 按摩
ànmó [次 cì]

massive ['mæsɪv] ADJ [+ amount,
increase] 巨大的 jùdà de;
[+ explosion] 大规(規)模的
dàguīmó de

master ['mɑ:stər] VT (*learn*) [+ skill,
language] 掌握 zhǎngwò

masterpiece ['mɑ:stəpi:s] N [c] 杰
杰(傑)作 jiézuò [部 bù]

mat [mæt] N [c] 席 xí [张 zhāng]

match [mætʃ] I N 1 [c] (*game*) 比
赛(賽) bǐsài [场 chǎng] 2 [c] (*for
lighting fire*) 火柴 huǒchái [根 gēn]
II VI 1 (*go together*) [colours,
materials s] 相配 xiāngpèi

mate [meɪt] N [c] (*animal*) 配偶
pèi'ǒu [个 gè]

material [mə'tɪərɪəl] I N 1 [C/U] (cloth) 衣料 yīliào [块 kuài] 2 [U] (information, data) 资(資)料 zīliào II materials NPL (equipment) 用具 yòngjù

math [mæθ] (US) N = **maths**

mathematics [mæθə'mætɪks] (frm) N [U] 数(數)学(學) shùxué

maths [mæθs] (Brit) N [U] 数(數)学(學) shùxué

matter ['mætəʳ] I N [C] 事件 shìjiàn [个 gè] II VI (be important) 要紧(緊) yàojǐn ▸ what's the matter (with...)? (…) 怎么(麼)了? (…) zěnme le? ▸ it doesn't matter 没(沒)关(關)系(係) méi guānxi

mattress ['mætrɪs] N [C] 床(牀)垫(墊) chuángdiàn [个 gè]

maximum ['mæksɪməm] I ADJ [+ speed, height] 最高的 zuì gāo de; [+ weight] 最大重的 zuì zhòng de II N [C] 最大量 zuì dà liàng

May [meɪ] N [C/U] 五月 wǔyuè; see also/另见 **July**

KEYWORD

may [meɪ] AUX VB 1 (possibility) ▸ it may rain later 等会(會)儿(兒)可能要下雨 děnghuìr kěnéng yào xiàyǔ ▸ we may not be able to come 我们(們)可能来(來)不了 wǒmen kěnéng lái bu liǎo ▸ he may have hurt himself 他可能伤(傷)了自己 tā kěnéng shāngle zìjǐ

2 (permission) ▸ may I come in? 我可以进(進)来(來)吗(嗎)? wǒ kěyǐ jìnlái ma?

maybe ['meɪbi:] ADV 1 可能

kěnéng 2 (making suggestions) 也许(許) yěxǔ 3 (estimating) 大概 dàgài ▸ maybe so/not 也许(許)如此/不是 yěxǔ rúcǐ/bù shì

mayor [mɛəʳ] N [C] 市长(長) shìzhǎng [位 wèi]

me [mi:] PRON 我 wǒ ▸ it's me 是我 shì wǒ

meal [mi:l] N [C] 1 (occasion) 一餐 yì cān [顿 dùn] 2 [C] (food) 膳食 shànshí [顿 dùn] ▸ to go out for a meal 出去吃饭(飯) chūqù chīfàn

mean [mi:n] (pt, pp meant) I VT 1 (signify) 表示…意思 biǎoshì…yìsi 2 (refer to) 意指 yìzhǐ 3 (intend) ▸ to mean to do sth 意欲做某事 yìyù zuò mǒushì II ADJ 1 (not generous) 吝啬(嗇)的 lìnsè de 2 (unkind) 刻薄的 kèbó de ▸ what do you mean? 你什么(麼)意思? nǐ shénme yìsi?; see also/另见 **means**

meaning ['mi:nɪŋ] N [C/U] [of word, expression] 意思 yìsi [层 céng]; [of symbol, dream, gesture] 含义(義) hányì [个 gè]

means [mi:nz] (pl means) N [C] (method) 方法 fāngfǎ [个 gè]

meant [mɛnt] PT, PP of **mean**

meanwhile ['mi:nwaɪl] ADV 同时(時) tóngshí

measles ['mi:zlz] N [U] 麻疹 mázhěn

measure ['mɛʒəʳ] VT 测(測)量 cèliáng

measurement ['mɛʒəmənt] I N [c] (length, width etc) 尺寸 chǐcùn II measurements NPL [of person] 三围(圍) sānwéi

meat [mi:t] N [U] 肉 ròu

Mecca ['mɛkə] N 麦(麥)加 Màijiā

mechanic [mɪ'kænɪk] N [C] 机(機)

械工 jīxiègōng [位 wèi]

medal['medl] N [c] 奖(奖)章 jiǎngzhāng [枚 méi]

media['miːdɪə] N PL of **medium** II N PL ▸ **the media** 媒体(体) méitǐ

medical['medɪkl] I ADJ 医(医)疗(疗)的 yīliáo de II N [c] (examination) 体(体)格检查 tǐgé jiǎnchá [次 cì]

medicine['medsɪn] N 1 [u] (science) 医(医)学(学) yīxué 2 [c/u] (medication) 药(药) yào [种 zhǒng]

Mediterranean[medɪtə'reɪnɪən] N ▸ **the Mediterranean** (sea) 地中海 Dìzhōnghǎi; (region) 地中海沿岸地区(区) Dìzhōnghǎi yán'àn dìqū

medium['miːdɪəm] ADJ 1 (average) 中等的 zhōngděng de 2 (clothing size) 中码(码)的 zhōngmǎ de

medium-sized['miːdɪəm'saɪzd] ADJ 中等大小的 zhōngděng dàxiǎo de

meet[miːt] (pt, pp **met**) I VT 1 (accidentally) 遇见(见) yùjiàn; (by arrangement) 和…见(见)面 hé…jiànmiàn 2 (for the first time) 结(结)识(识) jiéshí; (be introduced to) 认(认)识(识) rènshi 3 接 jiē II VI 1 (accidentally) 相遇 xiāngyù; (by arrangement) 见(见)面 jiànmiàn 2 (for the first time) 认(认)识(识) rènshí ▸ **pleased to meet you** 见(见)到你很高兴(兴) jiàndào nǐ hěn gāoxìng ▸ **meet up** 会(会)面 huìmiàn

meeting['miːtɪŋ] N [c] 1 (of club, committee) 会(会)议(议) huìyì [次 cì] 2 [c] (encounter) 会(会)面 huìmiàn [次 cì]

megabyte['megabaɪt] N [c] 兆字节(节) zhàozìjié [个 gè]

melon['melən] N [c/u] 瓜 guā [个 gè]

melt[melt] I VI 融化 rónghuà II VT [+ metal, ice, snow, butter, chocolate] 使融化 shǐ rónghuà

member['membəʳ] N [c] 1 (of family, staff, public) 一员 yīyuán 2 (of club, party) 成员(员) chéngyuán [个 gè]

memorial[mɪ'mɔːrɪəl] N [c] 纪(纪)念碑 jìniànbēi [座 zuò]

memorize['meməraɪz] VT 记(记)住 jìzhù

memory['meməri] N 1 [c/u] (ability to remember) 记(记)忆(忆)力 jìyìlì [种 zhǒng] 2 [c] (thing remembered) 记(记)忆(忆) jìyì [个 gè] 3 [c/u] (Comput) 存储(储)器 cúnchǔqì [个 gè] ▸ **to have a good/bad memory (for sth)** (对(对)某事) 记(记)忆(忆)力好/差 (duì mǒushì) jìyìlì hǎo/chà

men[men] N PL of **man**

mend[mend] VT 修理 xiūlǐ

mental['mentl] ADJ [+ illness, health] 精神的 jīngshén de

mental hospital N [c] 精神病院 jīngshénbìngyuàn [个 gè]

mention['menʃən] VT 提到 tídào ▸ **don't mention it!** 不客气(气)! bù kèqi!

menu['menjuː] N [c] 1 菜单(单) càidān [个 gè] 2 (Comput) 选(选)择(择)菜单(单) xuǎnzé càidān [个 gè]

merry['merɪ] ADJ ▸ **Merry Christmas!** 圣(圣)诞(诞)快乐(乐)! Shèngdàn Kuàilè!

mess[mes] N 1 [s/u] (untidiness) 凌(凌)乱(乱) língluàn 2 [s/u] (chaotic situation) 混乱(乱)的局面 hùnluàn de júmiàn

m

▶ **mess about**, **mess around** (inf)
VI 1 混日子 hùn rìzi

message ['mesɪdʒ] N [c] 消息
xiāoxi [条 tiáo] ▶ **to leave (sb) a**
message (给)某人)留个(个)信
(gěi mǒurén)liú gè xìn

met [mɛt] PT, PP of **meet**

metal ['mɛtl] N [c/u] 金属(屬)
jīnshǔ [种 zhǒng]

meter ['miːtər] N [c] 1 仪(儀)表
yíbiǎo [个 gè]; (also: **parking**
meter) 停车(車)计(計)时(時)器
tíngchē jìshíqì [个 gè] 2 (US: unit)
= **metre**

method ['mɛθəd] N [c/u] 方法
fāngfǎ [种 zhǒng]

metre, (US) **meter** ['miːtər] N [c]
(unit) 米 mǐ

metric ['mɛtrɪk] ADJ 公制的
gōngzhì de

Mexico ['mɛksɪkəʊ] N 墨西哥
Mòxīgē

mice [maɪs] NPL of **mouse**

microchip ['maɪkrəʊtʃɪp] N [c] 集
成电(電)路块(塊) jíchéngdiànlù
kuài [个 gè]

microphone ['maɪkrəfəʊn] N [c]
话(話)筒 huàtǒng [个 gè]

microscope ['maɪkrəskəʊp] N [c]
显(顯)微镜(鏡) xiǎnwēijìng
[个 gè]

microwave ['maɪkrəweɪv] N [c]
(also: **microwave oven**) 微波
炉(爐) wēibōlú [个 gè]

midday [mɪd'deɪ] N [u] 正午
zhèngwǔ ▶ **at midday** 在正午 zài
zhèngwǔ

middle ['mɪdl] I N 1 [c] (centre)
中央 zhōngyāng [个 gè] 2 [s]
[of month, event] 中间(間) zhōngjiān de ▶ **in the**

middle of the night 在半夜 zài
bànyè

middle-aged [mɪdl'eɪdʒd] ADJ 中
年的 zhōngnián de

middle class ADJ (also:
middle-class) 中层(層)社会(會)的
zhōngcéng shèhuì de

Middle East N ▶ **the Middle East**
中东(東) Zhōngdōng

middle name N [c] 中间(間)名字
zhōngjiān míngzi [个 gè]

midnight ['mɪdnaɪt] N [u] 半夜
bànyè ▶ **at midnight** 在午夜 zài
wǔyè

midwife ['mɪdwaɪf] (pl **midwives**)
N [c] 助产(產)士 zhùchǎnshì [位
wèi]

might [maɪt] AUX VB (possibility)
▶ **I might get home late** 我可能
会(會)晚回家 wǒ kěnéng huì wǎn
huíjiā ▶ **it might have been an**
accident 可能是个(個)事故
kěnéng shì gè shìgù

migraine ['miːgreɪn] N [c/u]
偏头(頭)痛 piāntóutòng [阵 zhèn]

mild [maɪld] ADJ 1 [+ infection,
illness] 轻(輕)微的 qīngwēi de
2 [+ climate, weather] 温(溫)暖的
wēnnuǎn de

mile [maɪl] **I** N [c] 英里 yīnglǐ
II miles NPL (inf: a long way) 很
远(遠)的距离(離) hěn yuǎn de jùlí
▸ **70 miles per** or **an hour** 每小
时(時)70英里 měi xiǎoshí qīshí
yīnglǐ

military ['mɪlɪtərɪ] ADJ 军(軍)事的
jūnshì de

milk [mɪlk] N [U] 奶 nǎi

milkshake ['mɪlkʃeɪk] N [c/U] 奶昔
nǎixī [份 fèn]

millimetre ['mɪlɪmiːtə], (US) **millimeter**
['mɪlɪmiːtər] N [c] 毫米 háomǐ

million ['mɪljən] **I** NUM 百万(萬)
bǎiwàn **II millions** NPL (lit) (數)
百万(萬) shùbǎi wàn; (inf: fig)
无(無)数(數) wúshù ▸ **a** or **one
million books/people/dollars**
100万(萬)本书(書)/个(個)人/元
yībǎi wàn běn shū/gè rén/yuán

millionaire [mɪljə'nɛə] N [c]
百万(萬)富翁 bǎiwàn fùwēng
[个 gè]

mind [maɪnd] **I** N [c] 智力 zhìlì [种
zhǒng] **II** VT 1 (Brit: look after)
[+ child, shop] 照看 zhàokàn **2** (be
careful of) 当(當)心 dāngxīn
3 (object to) 介意 jièyì **4** (have a
preference) ▸ **I don't mind (what/
who...)** 我不介乎 (什么(麼)/
谁(誰)···) wǒ bù zàihu (shénme/
shéi···) **5** ▸ **do/would you mind
(if...)?** (如果···) 你介意吗(嗎)
(rúguǒ···) nǐ jièyì ma? ▸ **to make
up one's mind** or **make one's
mind up** 下定决(決)心 xiàdìng
juéxīn ▸ **to change one's/sb's
mind** 改变(變)主意 gǎibiàn zhǔyì
▸ **I wouldn't mind a coffee** 我挺
想喝杯咖啡的 wǒ tǐng hē bēi
kāfēi ▸ **mind the step** 小心脚(腳)
下 xiǎoxīn jiǎoxià

mine¹ [maɪn] PRON 我的 wǒ de
▸ **this is mine** 这(這)是我的 zhè
shì wǒ de ▸ **these are mine**
这(這)些是我的 zhèxiē shì wǒ de

mine² [maɪn] N [c] -矿(礦) kuàng
[座 zuò]

mineral water ['mɪnərəl-] N [U/c]
矿(礦)泉水 kuàngquánshuǐ

miniature ['mɪnətʃə] ADJ 微型的
wēixíng de

minibus ['mɪnɪbʌs] N [c] 小公共汽
车(車) xiǎo gōnggòng qìchē [辆
liàng]

MiniDisc®, minidisc ['mɪnɪdɪsk]
N (disc) 迷你光碟 mínǐ
guāngdié [张 zhāng]

minimum ['mɪnɪməm] **I** ADJ 最低
的 zuì dī de **II** N [c] 最少量 zuì
shǎo liàng

miniskirt ['mɪnɪskəːt] N [c] 超短裙
chāoduǎnqún [条 tiáo]

minister ['mɪnɪstə] N [c] 1 (Brit:
Pol) 部长(長) bùzhǎng [位 wèi]
2 (Rel) 牧师(師) mùshī [位 wèi]

minor ['maɪnə] ADJ [+ repairs,
changes] 不重要的 bù zhòngyào
de; [+ injuries] 不严(嚴)重的 bù
yánzhòng de

minority [maɪ'nɒrɪtɪ] N 1 [S + PL
VB] [of group, society] 少数(數)
shǎoshù **2** [c] (ethnic, cultural,
religious) 少数(數)民族 shǎoshù
mínzú [个 gè]

mint [mɪnt] N 1 [U] (plant) 薄荷
bòhe **2** [U] (sweet) 薄荷糖 bòhe
táng

minus ['maɪnəs] PREP (inf: without)
没(沒)有 méiyǒu ▸ **12 minus 3 (is
or equals 9)** 12减(減)3(等于(於)9)

m

shí'èr jiǎn sān (děngyú jiǔ)
▶ **minus 24 (degrees C/F)**
(temperature) 零下24(摄(攝)氏)
华(華)氏度 (shèshì/huáshì dù) ▶ **B minus**
(Scol) B减(減)比 jiǎn

minute['mɪnɪt] N [c] **1**(unit) 分
钟(鐘) fēnzhōng **2** 一会(會)儿(兒)
yīhuìr ▶ **wait or just a minute!** 等
一会(會)儿(兒)! děng yīhuìr!

miracle['mɪrəkl] N [c] **1**(Rel)
圣(聖)迹(蹟) shèngjì [处(處)
chù] **2**(marvel) 奇迹(蹟) qíjì [个
gè]

mirror['mɪrə'] N [c] **1**(in room)
[面 miàn]; (in car) 后(後)视(視)
镜(鏡) hòushìjìng [个 gè]

misbehave[mɪsbɪ'heɪv] VI 行
为(為)无(無)礼(禮) xíngwéi wúlǐ

miscellaneous[mɪsɪ'leɪnɪəs] ADJ
形形色色的 xíngxíng-sèsè de

miserable['mɪzərəbl] ADJ
1[+ person] 痛苦的 tòngkǔ de
2[+ weather, day] 恶(惡)劣的 èliè de

Miss[mɪs] N **1** 小姐 xiǎojiě **2**(esp
Brit: as form of address) 小姐 xiǎojiě
▶ **Dear Miss Smith** 亲(親)爱(愛)的
史密斯小姐 qīn'ài de Shǐmìsī
xiǎojiě

> ■ **MISS, MRS, MS**
>
> ● 在说英语的国家中，**Mrs** (夫人)
> 用于已婚女士的姓名前。**Miss**
> (小姐)用于未婚女士的姓名前。
> ● 有些女士认为，让人们知道她是
> 否结婚并不重要，因此往往用
> **Ms** (女士)称呼自己。与 **Mr**
> (先生)类似，**Ms** 不表明任何婚
> 姻状况。

miss[mɪs] VT **1**(fail to hit) 未击(擊)
中 wèi jīzhòng **2**[+ train, bus,

plane] 错(錯)过(過) cuòguò
3[+ chance, opportunity] 错(錯)
过(過) cuòguò ▶ **you can't miss it**
你不会(會)找不到引 nǐ bù huì zhǎo
bù dào

missing['mɪsɪŋ] ADJ [+ person] 失
踪(蹤)的 shīzōng de; [+ object]
丢(丟)失的 diūshī de

mist[mɪst] N [c/u] 薄雾(霧) bówù
[场(場) chǎng]

mistake[mɪs'teɪk] N [c] **1**(error)
错(錯)误(誤) cuòwù [个 gè]
2(blunder) 过(過)失 guòshī [个 gè]
▶ **to make a mistake** 犯错(錯)
fàncuò ▶ **to do sth by mistake**
误(誤)做某事 wùzuò mǒushì

mistaken[mɪs'teɪkən] I PP of
mistake II ADJ ▶ **to be mistaken**
(about sth) [person +] (把某事)搞
错(錯)(bǎ mǒushì)gǎocuò

mistook[mɪs'tuk] PT of **mistake**

misty['mɪstɪ] ADJ 有雾(霧)的
yǒuwù de

misunderstand[mɪsʌndə'stænd]
(pt, pp **misunderstood**) VT, VI
误(誤)解 wùjiě

misunderstanding
['mɪsʌndə'stændɪŋ] N [c/u]
误(誤)会(會) wùhuì [个 gè]

misunderstood[mɪsʌndə'stud]
PT, PP of **misunderstand**

mix[mɪks] I VT 混合 hùnhé II VT
(socially) ▶ **to mix (with sb)** (和某
人)相处(處) (hé mǒurén)
xiāngchǔ III N [c] 混合物 hùnhé [种
zhǒng] ▶ **to mix sth with sth**
[+ activities] 将(將)某物同某物混淆
jiāng mǒuwù tóng mǒuwù
hùnxiáo

▶ **mix up** VT [+ people] 分辨不出
fēnbiàn bù chū; [+ things] 混淆
hùnxiáo

mixed['mɪkst] ADJ **1** [+ salad, herbs] 什锦(錦)的 shíjǐn de **2** [+ group, community] 形形色色的 xíngxíng sèsè de **3** [+ school, education] 男女混合的 nánnǚ hùnhé de

mixture['mɪkstʃəʳ] N [c/u] 混合物 hùnhéwù [种 zhǒng]

mix-up['mɪksʌp] (inf) N [c] 混乱(亂) hùnluàn [种 zhǒng]

mobile phone(Brit) N [c] 手机(機) shǒujī [部 bù]

model['mɒdl] I N [c] **1** [of boat, building] 模型 móxíng [个 gè] **2** (fashion model) 时(時)装(裝)模特 shízhuāng mótè [位 wèi] II ADJ (miniature) ▶ **model aircraft/train** 模型飞(飛)机(機)/火车(車)móxíng fēijī/huǒchē III VT [+ clothes] 展示 zhǎnshì

modem['məudɛm] N [c] 调(調)制(製)解调(調)器 tiáozhì jiětiáo qì [个 gè]

moderate['mɒdərət] ADJ 中庸的 zhōngyōng de

modern['mɒdən] ADJ **1** [+ world, times, society] 现(現)代的 xiàndài de **2** [+ technology, design] 新式的 xīnshì de

modernize['mɒdənaɪz] VT 使现(現)代化 shǐ xiàndàihuà

modern languages NPL 现(現)代语(語)言 xiàndài yǔyán

modest['mɒdɪst] ADJ 谦(謙)虚(虛)的 qiānxū de

moisturizer['mɔɪstʃəraɪzəʳ] N [c/u] 保湿(濕)霜 bǎoshīshuāng [瓶 píng]

moment['məumənt] N **1** [c] (period of time) 片刻 piànkè **2** [c] (point in time) 瞬间(間) shùnjiān ▶ **at the/this (present) moment** 此刻/当(當)前 cǐkè/dāngqián ▶ **at the last moment** 在最后(後)一刻 zài zuìhòu yīkè

Monday['mʌndɪ] N [c/u] 星期一 xīngqīyī [个 gè]; see also/另见 **Tuesday**

money['mʌnɪ] N [u] **1** (cash) 钱(錢) qián **2** (in the bank) 存款 cúnkuǎn **3** (currency) 货(貨)币(幣) huòbì ▶ **to make money** [person, business +] 赚(賺)钱(錢) zhuànqián

monitor['mɒnɪtəʳ] N [c] 显(顯)示屏 xiǎnshìpíng [个 gè]

monkey['mʌŋkɪ] N [c] (Zool) 猴 hóu [只 zhī]

monotonous[mə'nɒtənəs] ADJ [+ life, job etc, voice, tune] 单(單)调(調)的 dāndiào de

month[mʌnθ] N [c] 月 yuè [个 gè] ▶ **every month** 每个(個)月 měigè yuè

monthly['mʌnθlɪ] I ADJ 每月的 měi yuè de II ADV (every month) 按月 àn yuè

monument['mɒnjumənt] N [c] 纪(紀)念碑 jìniànbēi [座 zuò]

mood[mu:d] N [c] 心情 xīnqíng [种 zhǒng] ▶ **to be in a good/bad/awkward mood** 心情好/坏(壞)/不痛快 xīnqíng hǎo/huài/bù tòngkuài

moon[mu:n] N ▶ **the moon** 月球 yuèqiú

moonlight['mu:nlaɪt] N [u] 月光 yuèguāng

moped['məupɛd] N [c] 机(機)动(動)自行车(車)jīdòng zixíngchē [辆 liàng]

moral['mɒrl] ADJ **1** [+ issues, values] 道德的 dàodé de; [+ behaviour, person] 品行端正的 pǐnxíng duānzhèng de

○ KEYWORD

more [mɔːʳ] I ADJ 1 更多的 gèng
duō de ▸ I get more money/
holidays than you do 我比你有更
多的钱(錢)/假期 wǒ bǐ nǐ yǒu
gèng duō de qián/jiàqī
2 (additional) 再一些的 zài yīxiē
de ▸ would you like some more
tea/peanuts? 你要再来(來)点
(點)茶/花生吗(嗎)? nǐ yào zài
lái diǎn chá/huāshēng ma? ▸ is
there any more wine? 还(還)有酒
吗(嗎)? háiyǒu jiǔ ma? ▸ a few
more weeks 再几(幾)个(個)星期
zài jǐ gè xīngqī
II PRON 1 (in comparisons) 更多的量
gèng duō de liàng ▸ there's/
there are more than I thought 比
我想得更多 bǐ wǒ xiǎng de gèng
duō ▸ more than 20 大于(於)20
dà yú èrshí ▸ she's got more than
me 她比我得到的多 tā bǐ wǒ
dédào de duō
2 (further, additional) 额(額)外的
量 éwài de liàng ▸ is there/are
there any more? 还(還)有多的
吗(嗎)? háiyǒu duō de ma? ▸
have you got any more of it/
them? 你还(還)有吗(嗎)? nǐ hái
yǒu ma? ▸ much/many more 多
得多 duō de duō
III ADV 1 (to form comparative) 更
gèng ▸ more dangerous/difficult
(than) 更危险(險)/难(難)
(bǐ…) gèng wēixiǎn/nán
2 (in expressions) ▸ more and more
越来(來)越 yuèláiyuè ▸ more or
less (adj, adv) 差不多 chàbuduō
▸ more than ever 空前的多
kōngqián de duō ▸ once more 再
一次 zài yīcì

morning ['mɔːnɪŋ] N [c/u] (early in
the morning) 早晨 zǎochén [个 gè];
(later in the morning) 上午
shàngwǔ [个 gè] ▸ good
morning! 早安! zǎo'ān! ▸ at 3
o'clock/7 o'clock in the morning 凌(淩)晨3点(點)/早
上7点(點) língchén sān diǎn/
zǎoshang qī diǎn ▸ this morning
今天上午 jīntiān shàngwǔ ▸ on
Monday morning 星期一上午
Xīngqīyī shàngwǔ

Morocco [məˈrɒkəu] N 摩洛哥
Móluògē

mortgage ['mɔːgɪdʒ] N [c] 抵押
贷(貸)款 dǐyā dàikuǎn [笔 bǐ]

Moscow ['mɒskəu] N 莫斯科
Mòsīkē

Moslem ['mɒzləm] ADJ, N = **Muslim**

mosque [mɒsk] N [c] 清真寺
qīngzhēnsì [座 zuò]

mosquito [mɒsˈkiːtəu] (pl
mosquitoes) N [c] 蚊 wén [只 zhī]

○ KEYWORD

most [məust] I ADJ 1 (almost all) 大
部分的 dàbùfen de ▸ most people
大多数(數)人 dàduōshù rén
2 (in comparisons) ▸ (the) most 最
zuì ▸ who won the most money/
prizes? 谁(誰)赢(贏)了最多的
钱(錢)/奖(獎)品? shuí yíngle zuì
duō de qián/jiǎngpǐn?
II PRON 大部分 dàbùfen; (plural)
大多数(數) dàduōshù ▸ most of
it/them 它/他们(們)的大部分 tā/
tāmen de dàbùfen ▸ I paid the
most 我付了大部分 wǒ fùle
dàbùfen ▸ to make the most of
sth 充分利用某物 chōngfèn
lìyòng mǒuwù ▸ at the (very)

most 顶(頂)多 dǐngduō

III ADV (superlative) **1** (with verb)
▶ (the) most 最 zuì ▶ what I miss
(the) most is... 我最想念的是…
wǒ zuì xiǎngniàn de shì…
2 (with adj) ▶ the most
comfortable/expensive sofa in
the shop 店里(裡)最舒服/贵(貴)
的沙发(發) diànlǐ zuì shūfu/guì de
shāfā
3 (with adv) ▶ most efficiently/
effectively 最有效率/有效地 zuì
yǒu xiàolǜ/yǒuxiào de ▶ most of
all 最起码(碼)的 zuì qǐmǎ de

mother ['mʌðə'] N [c] 母亲(親)
mǔqīn [位 wèi]

mother-in-law ['mʌðərɪnlɔː] (pl
mothers-in-law) N [c] [of woman]
婆婆 pópo [位 wèi]; [of man] 岳母
yuèmǔ [位 wèi]

Mother's Day (Brit) N [c] 母
亲(親)节(節) Mǔqīn Jié [个 gè]

motivated ['məʊtɪveɪtɪd] ADJ 士
气(氣)高涨(漲)的 shìqì gāozhǎng
de

motor ['məʊtə'] N [c] 发(發)动(動)
机(機) fādòngjī [个 gè]

motorbike ['məʊtəbaɪk] N [c] 摩
托车(車) mótuōchē [辆 liàng]

motorboat ['məʊtəbəʊt] N [c] 摩
托艇 mótuōtǐng [艘 sōu]

motorcycle ['məʊtəsaɪkl] (frm)
N [c] 摩托车(車) mótuōchē [辆
liàng]

motorcyclist ['məʊtəsaɪklɪst] N
[c] 摩托车(車)手 mótuōchēshǒu
[位 wèi]

motorist ['məʊtərɪst] (esp Brit)
N [c] 开(開)汽车(車)的人 kāi qìchē
de rén [个 gè]

motor racing (Brit) N [U] 赛(賽)

车(車) sàichē

motorway ['məʊtəweɪ] (Brit) N [c]
高速公路 gāosù gōnglù [条 tiáo]

mountain ['maʊntɪn] N [c] 山
shān [座 zuò]

mountain bike N [c] 山地自行
车(車) shāndì zìxíngchē [辆 liàng]

mountainous ['maʊntɪnəs] ADJ
多山的 duōshān de

mouse [maʊs] (pl mice) N [c] **1** 鼠
shǔ [只 zhī] **2** (Comput) 鼠标(標)
shǔbiāo [个 gè]

mouse mat ['maʊsmæt] N [c] 鼠
标(標)垫(墊) shǔbiāo diàn [个 gè]

moustache, (US) mustache
[məs'tɑːʃ] N [c] **1** 嘴 zuǐ [张(張)
zhāng] **2** [of river] 河口 hékǒu [个 gè]

mouthful ['maʊθful] N [c] 一口 yī
kǒu

move [muːv] I V**1** [vehicle +] 行
进(進) xíngjìn; [person, object +]
动(動) dòng **2** (relocate) 搬家
bānjiā; (from activity) 改换(換)
gǎihuàn II V**T 1** [+ furniture, car] 挪
动(動) nuódòng **2** (affect
emotionally) 感动(動) gǎndòng
III N [c] **1** [of house] 搬家 bānjiā [次
cì] **2** (in game) 一步 yī bù ▶ to
move house/jobs/offices
搬家/换(換)工作/更换(換)办(辦)公地
点(點) bānjiā/huàn gōngzuò/
gēnghuàn bàngōng dìdiǎn ▶ to
get a move on (inf) 快点(點)
kuàidiǎn
▶ move away V**I** (from town, area)
离(離)开(開) líkāi; (from window,
door) 走开(開) zǒukāi
▶ move back V**I 1** (return) 回
来(來) huílái **2** (backwards) 后(後)
退 hòutuì
▶ move forward V**I** [person, troops,

vehicle +) 向前移动(動) xiàng qián yídòng

▶ **move in** VI (*into house*) 搬入 bānrù

▶ **move into** VT FUS (*house, area*) 搬进(進) bānjìn

▶ **move out** VI (*of house*) 搬出去 bān chūqù

▶ **move over** VI (*to make room*) 让(讓)开(開)些 ràngkāi xiē

movement ['muːvmənt] N 1 (*body*) 团(團)体(體) tuántǐ [个 gè] 2 (*gesture*) 动(動)作 dòngzuò [个 gè]

movie ['muːvɪ] (US) N [c] 电(電)影 diànyǐng [部 bù] ▶ **the movies** 电(電)影 diànyǐng

movie theater N [c] 电(電)影院 diànyǐngyuàn [个 gè]

moving ['muːvɪŋ] ADJ 1 (*emotionally*) 动(動)人的 dòngrén de 2 (*not static*) 活动(動)的 huódòng de

MP N ABBR (*Brit*) (= Member of Parliament) 下院议(議)员(員) Xiàyuàn Yìyuán

MP3 [empiː'θriː] N 1 (*format*) 一种音频压缩格式 yī zhǒng yīnpín yāsuō géshì 2 (*file*) 以这种音频压缩格式储存的声音文件 yǐ zhè zhǒng yīnpín yāsuō géshì chǔcún de shēngyīn wénjiàn

MP3 player ['empiː'θriː-] N [c] MP3 播放器 MP sān bōfàngqì [个 gè] ▷ I need a new MP3 player. 我需要一个新 MP3播放器。 Wǒ xūyào yī gè xīn MP sān bōfàngqì.

mph ABBR (= miles per hour) 每小时(時)⋯英里 měi xiǎoshí⋯yīnglǐ

Mr ['mɪstə'], (US) **Mr.** N ▷ **Mr** Smith 史密斯先生 Shǐmìsī xiānsheng

Mrs ['mɪsɪz], (US) **Mrs.** N ▷ **Mrs** Smith 史密斯太太 Shǐmìsī tàitai

Ms [mɪz], (US) **Ms.** N (*Miss or Mrs*) ▷ **Ms** Smith 史密斯女士 Shǐmìsī nǚshì

much [mʌtʃ] I ADJ 大量的 dàliàng de ▷ **we haven't got much time/money** 我们(們)没(沒)有多少时(時)间(間)/钱(錢) wǒmen méiyǒu duōshao shíjiān/qián II PRON 大量 dàliàng ▷ **there isn't much left** 剩下的不多了 shèngxià de bù duō le ▷ **he doesn't do much at the weekends** 周(週)末他不做太多事 zhōumò tā bù zuò tài duō shì III ADV 1 (*a great deal*) 许(許)多 xǔduō ▷ **he hasn't changed much** 他没(沒)变(變)很多 tā méi biàn hěn duō ▷ **"did you like her?" — "not much"** "你喜欢(歡)她吗(嗎)?" "不太喜欢(歡)" "nǐ xǐhuan tā ma?" "bù tài xǐhuan" 2 (*far*) ⋯得多 ⋯de duō ▷ **I'm much better now** 我感觉(覺)好多了 wǒ gǎnjué hǎo duō le 3 (*often*) 经(經)常 jīngcháng ▷ **do you go out much?** 你经(經)常出去吗(嗎)? nǐ jīngcháng chūqù ma?

mud [mʌd] N [U] 泥 ní

muddle ['mʌdl] N [c/U] 1 (*of papers, figures, things*) 混乱(亂)状(狀)态(態) hùnluàn zhuàngtài [个 gè] 2 (*situation*) 糟糕局面 zāogāo júmiàn [个 gè] ▶ **to be in a muddle** 一片混乱(亂) yī piàn hùnluàn

muddy ['mʌdɪ] ADJ 沾满(滿)烂(爛)泥的 zhānmǎn lànní de

muesli ['mjuːzlɪ] N [U] 穆兹利, 和干水果混在一起的燕麦早餐 múzīlì

mug [mʌg] I N [c] 大杯子 dà bēizi [个 gè] II VT (*rob*) 行凶抢(搶)劫

xíngxiōng qiángjié

mugging['mʌgɪŋ] N [c/u] 行凶抢(搶)劫 xíngxiōng qiángjié [次cì]

multiply['mʌltɪplaɪ] I VT (Math) ▸ to multiply sth (by sth) (某数(數))乘以某数(數) (mǒushù) chéng yǐ mǒushù II VI (increase) 增加 zēngjiā

mum[mʌm] N (Brit: inf) 妈(媽)妈(媽) māma

mummy['mʌmɪ] N [c] (Brit: inf) 妈(媽)妈(媽) māma [位 wèi]

murder['mɜːdəʳ] I N [c/u] 谋(謀)杀(殺) móushā II VT 谋(謀)杀(殺) móushā

murderer['mɜːdərəʳ] N [c] 凶手 xiōngshǒu [个 gè]

muscle['mʌsl] N [c/u] 肌肉 jīròu [块 kuài]

museum[mjuː'zɪəm] N [c] 博物馆(館) bówùguǎn [个 gè]

mushroom['mʌʃrum] N [c] 蘑菇 mógu [个 gè]

music['mjuːzɪk] N [U] 1 音乐(樂) yīnyuè 2(Scol, Univ) 音乐(樂)课(課) yīnyuèkè

musical['mjuːzɪkl] ADJ 1(related to music) 音乐(樂)的 yīnyuè de 2(musically gifted) 有音乐(樂)天赋(賦)的 yǒu yīnyuè tiānfù de

musical instrument N [c] 乐(樂)器 yuèqì [件 jiàn]

musician[mjuː'zɪʃən] N [c] 音乐(樂)家 yīnyuèjiā [位 wèi]

Muslim, Moslem['muzlɪm] I N [c] 穆斯林 Mùsīlín [个 gè] II ADJ 穆斯林的 Mùsīlín de

must[mʌst] AUX VB 1(expressing importance or necessity) 必须(須) bìxū 2(expressing intention) 得 děi 3(expressing presumption) 一定

yídìng 4 ▸ you must be joking 你准(準)是在开(開)玩笑 nǐ zhǔn shì zài kāi wánxiào ▸ the doctor must allow the patient to decide 医(醫)生必须(須)让(讓)病人来(來)决(決)定 yīshēng bìxū ràng bìngrén lái juédìng ▸ I really must be getting back 我真得回去了。wǒ zhēn děi huíqù le

mustache['mʌstæʃ] (US) N = **moustache**

mustard['mʌstəd] N [U] 芥末 jièmo

mustn't['mʌsnt] = **must not**

my[maɪ] ADJ 我的 wǒ de

myself[maɪ'self] PRON 1 我自己 wǒ zìjǐ 2(me) 我 wǒ ▸ I hurt myself 我伤(傷)了自己。wǒ shāngle zìjǐ ▸ by myself (unaided) 我独(獨)力地 wǒ dúlì de; (alone) 我独(獨)自 wǒ dúzì

mysterious[mɪs'tɪərɪəs] ADJ 神秘(祕)的 shénmì de

mystery['mɪstərɪ] N 1[c] (puzzle) 谜(謎)mí [个 gè] 2[c] (story) 推理作品 tuīlǐ zuòpǐn [部 bù]

myth[mɪθ] N [c] 1(legend, story) 神话(話) shénhuà [个 gè] 2(fallacy) 谬(謬)论(論) miùlùn [个 gè]

n

nail [neɪl] N [C] 1 (of finger, toe) 指甲 zhǐjia [个 gè] 2 (for hammering) 钉(釘)子 dīngzi [个 gè]

nailfile ['neɪlfaɪl] N [C] 指甲锉(銼) zhǐjiǎcuò [个 gè]

nail polish N [U] 指甲油 zhǐjiayóu

nail varnish (Brit) N = **nail polish**

naked ['neɪkɪd] ADJ 裸体(體)的 luǒtǐ de

name [neɪm] N [C] 名字 míngzi [个 gè] ▸ **what's your name?** 你叫什么(麼)名字? nǐ jiào shénme míngzi? ▸ **my name is Peter** 我叫彼得 wǒ jiào Bǐdé ▸ **to give one's name and address** 留下姓名和地址 liúxià xìngmíng hé dìzhǐ

nanny ['nænɪ] N [C] 保姆 bǎomǔ [个 gè]

napkin ['næpkɪn] N [C] 餐巾 cānjīn [张 zhāng]

nappy ['næpɪ] (Brit) N [C] 尿布 niàobù [块 kuài]

narrow ['nærəu] ADJ 窄的 zhǎi de

nasty ['nɑːstɪ] ADJ 1 [+ taste, smell] 恶(噁)心的 èxīn de 2 [+ injury, accident, disease] 严(嚴)重的 yánzhòng de

nation ['neɪʃən] N [C] 国(國)家 guójiā [个 gè]

national ['næʃənl] I ADJ 国(國)家的 guójiā de II N [C] 公民 gōngmín [个 gè]

national anthem N [C] 国(國)歌 guógē [首 shǒu]

national holiday (US) N [C] 法定假期 fǎdìng jiàqī [个 gè]

nationality [næʃə'nælɪtɪ] N [C/U] 国(國)籍 guójí [个 gè]

national park N [C] 国(國)家公园(園) guójiā gōngyuán [个 gè]

native ['neɪtɪv] ADJ [+ country] 本国(國)的 běnguó de; [+ language, tongue] 母语(語)的 mǔyǔ de

natural ['nætʃrəl] ADJ 1 (normal) 正常的 zhèngcháng de 2 [+ material, product, food] 天然的 tiānrán de

naturally ['nætʃrəlɪ] ADV 1 (unsurprisingly) 自然地 zìrán de 2 (occur, happen +) 自然而然地 zìrán ér rán de

nature ['neɪtʃər] N [U] (also: Nature) 自然界 zìránjiè

naughty ['nɔːtɪ] ADJ 淘气(氣)的 táoqì de

navy ['neɪvɪ] I N 1 ▸ **the navy** (service) 海军(軍) hǎijūn 2 [U] (also: navy-blue) 藏青色 zàngqīngsè II ADJ (also: navy-blue) 藏青色的 zàngqīngsè de

near [nɪər] I ADJ 近的 jìn de II ADV (close) 近 jìn III PREP (also: **near**

to) 1 (*physically*) 近 jìn 2 (*just before/after*) 临(临)近 línjìn ▸ **the nearest shops are 5 km away** 最近的商店离(离)这(这)里(里)有5公里远(远) zuìjìn de shāngdiàn lí zhèlǐ yǒu wǔ gōnglǐ yuǎn ▸ **in the near future** 在不远(远)的将(将)来(来) zài bù yuǎn de jiānglái

nearby [nɪəˈbaɪ] I ADJ 附近的 fùjìn de II ADV 在附近 zài fùjìn

nearly [ˈnɪəlɪ] ADV 差不多 chàbuduō ▸ **you're nearly as tall as I am** 你跟我差不多高了 nǐ gēn wǒ chàbuduō gāo le ▸ **nearly always** 几(几)乎总(总)是 jīhū zǒngshì

near-sighted [nɪəˈsaɪtɪd] (*US*) ADJ (*short-sighted*) 近视(视)的 jìnshì de

neat [niːt] ADJ 1 整洁(洁)的 zhěngjié de; [+ *handwriting*] 工整的 gōngzhěng de 2 (*US: inf: great*) 绝(绝)妙的 juémiào de

neatly [ˈniːtlɪ] ADV 整齐(齐)地 zhěngqí de

necessarily [ˈnɛsɪsrɪlɪ] ADV 必然 bìrán

necessary [ˈnɛsɪsrɪ] ADJ 必要的 bìyào de ▸ **if/when/where necessary** 如有必要/在必要时/在必要处(处) rú yǒu bìyào/zài bìyào shí/zài bìyào chù

neck [nɛk] N [c] 1 (*Anat*) 颈(颈)jǐng 2 (*of shirt, dress, jumper*) 领(领)子 lǐngzi [个 gè]

necklace [ˈnɛklɪs] N [c] 项(项)链(链) xiàngliàn [条 tiáo]

necktie [ˈnɛktaɪ] (*US*) N [c] 领(领)带(带) lǐngdài [条 tiáo]

need [niːd] VT 1 (*require*) 需要 xūyào 2 (*want*) [+ *drink, holiday, cigarette*] 想要 xiǎng yào 3 [+ *a*

haircut, a bath, a wash] 得 děi ▸ **to need to do sth** 必须(须)做某事 bìxū zuò mǒushì ▸ **the car needs servicing** 这(这)辆(辆)车(车)需要维(维)修(修)络(络)了 zhè liàng chē xūyào wéixiū le

needle [ˈniːdl] N [c] 1 (*for sewing*) 针(针) zhēn 针（针）gēn 2 (*for injections*) 注射针(针) zhùshèzhēn [只 zhī]

negative [ˈnɛgətɪv] I ADJ 1 [+ *test, result*] 阴(阴)性的 yīnxìng de 2 [+ *person, attitude, view*] 消极(极)的 xiāojí de 3 [+ *answer, response*] 否定的 fǒudìng de II N [c] (*Ling*) 否定词(词)fǒudìngcí [个 gè]

negotiate [nɪˈgəʊʃɪeɪt] VI 商讨(讨) shāngtǎo

neighbour, (*US*) **neighbor** [ˈneɪbəʳ] N [c] 邻(邻)居 línjū [个 gè]

neighbourhood, (*US*) **neighborhood** [ˈneɪbəhud] N [c] 地区(区) dìqū [个 gè]

neither [ˈnaɪðəʳ] I PRON (*person*) 两(两)人都不 liǎng rén dōu bù; (*thing*) 两(两)者都不 liǎng zhě dōu bù II CONJ 也不 ▸ **I didn't move and neither did John** 我和约(约)翰都没(没)动(动) wǒ hé Yuēhàn dōu méi dòng ▸ **neither do/have I** 我也不/没(没) wǒ yě bù/méi ▸ **neither... nor...** 既不…也不… jì bù…yě bù…

neither 和 none 作代词的时候用法不同。用 neither 指两个人或事物，表示否定含义。*Neither had close friends at university.* **neither of** 的用法与之相同，后接代词或名词词组。*Neither of them spoke...Neither of these options is desirable.* 注意，也可

以把 **neither** 用在单数可数名词
之前。*Neither side can win.* **none**
可以指代三个或者三个以上的人
或事物，表示否定含义。*None
could afford the food.* **none of** 的
用法与之相同，后接代词或名词
词组。*None of them had learned
anything.*

nephew ['nevju:] N [c] (*brother's
son*) 侄(姪)子 zhízi [个 gè]; (*sister's
son*) 外甥 wàisheng [个 gè]

nerve [nə:v] N 1 [c] (*Anat*) 神经(經)
shénjīng [根 gēn] 2 [u] (*courage*)
勇气(氣) yǒngqì ▸ **to get on sb's
nerves** 使某人心烦(煩) shǐ
mǒurén xīnfán

nervous ['nə:vəs] ADJ ▸ **to be
nervous about sth/about doing
sth** 对(對)某事／做某事感到紧(緊)
张(張)不安 duì mǒushì/zuò
mǒushì gǎndào jǐnzhāng bù'ān

nest [nɛst] N [c] 巢 cháo [个 gè]

net [nɛt] N 1 [c] 网(網) wǎng [张
zhāng] 2 (*Comput*) ▸ **the Net**
网(網)络(絡) wǎngluò [个 gè]

Netherlands ['neðələndz] NPL
▸ **the Netherlands** 荷兰(蘭)
Hélán

network ['netwə:k] N [c] 1 网(網)
状(狀)系统(統) wǎngzhuàng
xìtǒng [个 gè] 2 (*system*) 网(網)
络(絡) wǎngluò [个 gè]

never ['nevə'] ADV 从(從)未
cóngwèi ▸ **we never saw him
again** 我们(們)再没(沒)有见(見)
过(過)他 wǒmen zài méiyǒu
jiànguo tā

new [nju:] ADJ 1 崭(嶄)新的
zhǎnxīn de 2 [+*product, style,
method*] 新式的 xīnshì de 3 [+*job,
address, boss, president*] 新的 xīn

de ▸ **this concept is new to me**
我对(對)这(這)个(個)概念很不熟悉
wǒ duì zhège gàiniàn bù shúxī

news [nju:z] N [u] 消息 xiāoxi ▸ **a
piece of news** 一条(條)消息 yī
tiáo xiāoxi ▸ **good/bad news**
好/坏(壞)消息 hǎo/huài xiāoxi
▸ **the news** (*TV, Rad*) 新闻(聞)
xīnwén

newsagent ['nju:zeɪdʒənt] (*Brit*) N
[c] (*also*: **newsagent's**) 报(報)刊店
bàokàndiàn [家 jiā]

newspaper ['nju:zpeɪpə'] N [c]
报(報)纸(紙) bàozhǐ [份 fèn]

New Year N [u] ▸ **(the) New Year**
新年 Xīnnián ▸ **in the New Year**
在新的一年中 zài xīn de yī nián
zhōng ▸ **Happy New Year!** 新年快
乐(樂)! Xīnnián Kuàilè!

New Year's Day, (*US*) **New
Year's** N [u] 元旦 Yuándàn

New Year's Eve, (*US*) **New Year's**
N [u] 元旦前夜 Yuándàn qiányè

New Zealand [-'zi:lənd] I N 新西
兰(蘭) Xīnxīlán II ADJ 新西兰(蘭)
的 Xīnxīlán de

next [nɛkst] I ADJ 1 下一个(個)的
xià yī gè de 2 [+*house, street, room*]
旁边(邊)的 pángbiān de II ADV 接
下来(來)地 jiēxiàlái de ▸ **the next
day/morning** 第二天／天早晨
dì'èr tiān/tiān zǎochén ▸ **the next
five years/weeks will be very
important** 接下来(來)的5年／
周(週)将(將)是非常(關)重要的
jiēxiàlái de wǔ nián/zhōu jiāng
shì zhì guān zhòngyào de ▸ **the
next flight/prime minister** 下一
次航班/下一任首相 xià yī cì
hángbān/xià yī rèn shǒuxiàng
▸ **next time, be a bit more careful**
下一次，要更谨(謹)慎些 xià yī cì,

yào gèng jǐnshèn xiē ▸ who's next? 下一位是谁(誰)？xià yī wèi shì shuí？ ▸ the week after next 下下个(個)星期 xiàxià gè xīngqī ▸ next to (beside) 旁边(邊) pángbiān

next door ADV 隔壁 gébì

NHS (Brit) N ABBR (= National Health Service) ▸ the NHS 英国国民医疗服务制度

nice [naɪs] ADJ 1 好的 hǎo de 2 [+ person] (likeable) 和蔼(藹)的 hé'ǎi de; (friendly) 友好的 yǒuhǎo de ▸ to look nice 看上去不错(錯) kànshàngqù bùcuò ▸ it's nice to see you 很高兴(興)见(見)到你 hěn gāoxìng jiàndào nǐ

nickname ['nɪkneɪm] N [c] 绰(綽)号(號) chuòhào [个 gè]

niece [niːs] N [c] (brother's daughter) 侄(姪)女 zhínǚ [个 gè]; (sister's daughter) 甥女 shēngnǚ [个 gè]

Nigeria [naɪ'dʒɪərɪə] N 尼日利亚(亞) Nírìlìyà

night [naɪt] N 1 [c/u] 黑夜 hēiyè [个 gè] 2 (evening) 晚上 wǎnshang [个 gè] ▸ at night 夜间(間)yèjiān ▸ in/during the night 夜里(裡)yèlǐ

nightclub ['naɪtklʌb] N [c] 夜总(總)会(會)yèzǒnghuì [个 gè]

nightie ['naɪtɪ] N [c] 睡衣 shuìyī [件 jiàn]

nightmare ['naɪtmeə'] N [c] 恶(惡)梦(夢)èmèng [场 chǎng]

nil [nɪl] N 1 [U] (Brit: Sport) 零 líng ▸ they lost two nil to Italy 他们(們)以二比零输(輸)给(給)意大利队(隊)tāmen yǐ èr bǐ líng shūgěi Yìdàlì duì 2 ▸ their chances of survival are nil 他们(們)没(沒)有幸(倖)存的可能 tāmen méiyǒu

xìngcún de kěnéng

nine [naɪn] NUM 九 jiǔ; see also/另见 five

nineteen [naɪn'tiːn] NUM 十九 shíjiǔ; see also/另见 fifteen

ninety ['naɪntɪ] NUM 九十 jiǔshí; see also/另见 fifty

○ KEYWORD

no [nəu] (pl noes) I ADV (opposite of "yes") 不 bù ▸ "did you see it?" — "no (I didn't)" "你看见(見)了吗(嗎)？" "不(我没(沒)见(見)到)" "nǐ kànjiàn le ma?" "bù (wǒ méi jiàndào)" ▸ no thank you, no thanks 不用，谢(謝)谢(謝)你 bùyòng, xièxie nǐ

II ADJ (not any) 没(沒)有 méiyǒu ▸ I have no milk/books 我没(沒)有牛奶/书(書) wǒ méiyǒu niúnǎi/shū ▸ "no smoking" "严(嚴)禁吸烟(煙)" "yánjìn xīyān" ▸ no way! 没(沒)门(門)儿(兒)! méiménr!

nobody ['nəubədɪ] PRON 没(沒)有人 méiyǒu rén

noise [nɔɪz] N 1 [c] (sound) 响(響)声(聲) xiǎngshēng [阵 zhèn] 2 [U] (din) 噪音 zàoyīn

noisy ['nɔɪzɪ] ADJ 嘈杂(雜)的 cáozá de; [+ place] 喧闹(鬧)的 xuānnào de

none [nʌn] PRON 1 (not one) 没(沒)有一个(個) méiyǒu yī gè 2 (not any) 没(沒)有一点(點) méiyǒu yīdiǎn ▸ none of us/them 我们(們)/他们(們)谁(誰)也没(沒) wǒmen/tāmen shuí yě méi ▸ I've/there's none left 我一点(點)也没(沒)有了/一点(點)也没(沒)剩 wǒ yīdiǎn yě méiyǒu le/

n

yīdiǎn yě méi shèng

nonsense ['nɒnsəns] N [U] 胡说(說)八道 húshuō bādào

non-smoking ['nɒn'sməukɪŋ] ADJ 禁烟(煙)的 jìnyān de

non-stop ['nɒn'stɒp] ADV 1 (ceaselessly) 不断(斷)地 bùduàn de 2 [fly, drive +] 不停地 bùtíng de

noodles ['nu:dlz] NPL 面(麵)条(條) miàntiáo

noon [nu:n] N [U] 中午 zhōngwǔ ▸ **at noon** 中午 zhōngwǔ

no-one ['nəuwʌn] PRON = **nobody**

nor [nɔ:ʳ] CONJ 也不 yě bù; see also/ 另见 **neither**

normal ['nɔ:məl] ADJ 正常的 zhèngcháng de ▸ **more/higher/ worse than normal** 比正常的多/高/糟糕的 bǐ zhèngcháng de duō/gāo/zāogāo

normally ['nɔ:məlɪ] ADV (usually) 通常地 tōngcháng de

north [nɔ:θ] I N [U/s] 北方 běifāng II ADJ 北部的 běibù de III ADV 向北方 xiàng běifāng ▸ **to the north** 以北 yǐběi ▸ **north of** 在…以北 …yǐběi

North America N 北美 Běiměi

north-east [nɔ:θ'i:st] I N 东(東)北 dōngběi II ADJ 东(東)北的 dōngběi de III ADV 向东(東)北 xiàng dōngběi

northern ['nɔ:ðən] ADJ 北方的 běifāng de ▸ **the northern hemisphere** 北半球 běibànqiú

Northern Ireland N 北爱(愛)尔(爾)兰(蘭) Běi'ài'ěrlán

North Korea N 朝鲜(鮮) Cháoxiǎn

North Pole N ▸ **the North Pole** 北极(極) Běijí

north-west [nɔ:θ'wɛst] I N 西北 xīběi II ADJ 西北的 xīběi de

III ADV 向西北 xiàng xīběi

Norway ['nɔ:weɪ] N 挪威 Nuówēi

nose [nəuz] N [C] 鼻子 bízi [个 gè]

not [nɒt] ADV 不 bù ▸ **he is not** or **isn't here** 他不(不)在这(這)儿(兒)他不 bù zài zhèr ▸ **it's too late, isn't it?** 现(現)在太晚了，不是吗(嗎)? xiànzài tài wǎn le, bùshì ma? ▸ **he asked me not to do it** 他叫我不要这(這)么(麼)做 tā jiào wǒ bù yào zhème zuò ▸ **are you coming or not?** 你来(來)不来(來)? nǐ lái bù lái? ▸ **not at all** (in answer to thanks) 不客气(氣) bù kèqi ▸ **not yet/now** 还(還)没(沒)/现(現)在不 háiméi/xiànzài bù ▸ **not really** 并(並)不是的 bìng bù shì de ▸ **not** (in answer to a note) 比 bǐ

note [nəut] I N [C] 1 (message) 便条(條) biàntiáo [张 zhāng] 2 [Brit: banknote] 纸(紙)币(幣) zhǐbì [张 zhāng] II VT (observe) 留意 liúyì III notes NPL (from or for lecture) 笔(筆)记(記) bǐjì [个 gè] ▸ **to make a note of sth** 记(記)下某事 jìxià mǒushì ▸ **to take notes** 记(記)笔(筆)记(記) jì bǐjì

notebook ['nəutbuk] N [C] 笔(筆)记(記)本 bǐjìběn [个 gè]

notepad ['nəutpæd] N [C] 1 (pad of paper) 记(記)事本 jìshìběn [个 gè] 2 (Comput) 记(記)事簿 jìshìbù [个 gè]

nothing ['nʌθɪŋ] PRON 什么(麼)也没(沒)有 shénme yě méiyǒu ▸ **nothing new/serious/to worry about** 没(沒)什么(麼)新的/要紧(緊)的/值得担(擔)忧(憂)的 méiyǒu shénme xin de/yàojǐn de/zhíde dānyōu de ▸ **nothing else** 没(沒)有别(別)的 méiyǒu bié de ▸ **for nothing** 免费(費) miǎnfèi ▸ **nothing at all** 什么(麼)也没(沒)有

有 shénme yě méiyǒu

notice ['nəʊtɪs] I VT 注意到 zhùyìdào II N [c] 公告 gōnggào [个 gè] ▸ **to notice that...** 注意到… zhùyìdào… ▸ **to take no notice of sb/sth** 不理某人/某事 bù lǐ mǒurén/mǒushì ▸ **without notice** 不事先通知 bù shìxiān tōngzhī

noticeboard ['nəʊtɪsbɔːd] (Brit) N [c] 布(佈)告栏(欄) bùgàolán [个 gè]

nought [nɔːt] (esp Brit) NUM 零 líng

noun [naʊn] N [c] 名词(詞) míngcí [个 gè]

novel ['nɒvl] N [c] 小说(說) xiǎoshuō [部 bù]

novelist ['nɒvəlɪst] N [c] 小说(說)家 xiǎoshuōjiā [位 wèi]

November [nəʊ'vɛmbə^r] N [c/u] 十一月 shíyīyuè [个 gè]; see also/另见 **July**

now [naʊ] I ADV **1** (现(現)在) 在现(現)在 zài xiànzài **2** (these days) 如今 rújīn II CONJ ▸ **now (that)** 既然 jìrán ▸ **right now** 这(這)时(時) zhèshí ▸ **by now** 到现(現)在 dào xiànzài ▸ **just now** 眼下 yǎnxià ▸ **from now on** 从(從)现(現)在起 cóng xiànzài qǐ ▸ **that's all for now** 就到这(這)里(裡) jiù dào zhèlǐ

nowhere ['nəʊwɛə^r] ADV 无(無)处(處) wúchù ▸ **nowhere else** 没(沒)有其他地方 méiyǒu qítā dìfang

nuclear ['njuːklɪə^r] ADJ 核能的 hénéng de

nuisance ['njuːsns] N ▸ **to be a nuisance** (thing +) 讨(討)厌(厭)的东(東)西 tǎoyàn de dōngxi

numb [nʌm] ADJ 麻木的 mámù de

number ['nʌmbə^r] I N **1** [c] (Math)

数(數) shù **2** [c] (telephone number) 电(電)话(話)号(號)码(碼) diànhuà hàomǎ [个 gè] **3** [c] (of house, bank account, bus) 号(號)码(碼) hàomǎ [个 gè] **4** [c/u] (quantity) 数(數)量 shùliàng II VT [+ pages] 给(給)…标(標)号(號)码(碼) gěi…biāo hàomǎ ▸ **a number of** (several) 几(幾)个(個) jǐ gè ▸ **a large/small number of** 大量/少数(數) dàliàng/shǎoshù

number plate (Brit) N [c] 车(車)号(號)牌 chēhàopái [个 gè]

nun [nʌn] N [c] 修女 xiūnǚ [名 míng]

nurse [nəːs] N [c] 护(護)士 hùshi [位 wèi]

nursery ['nəːsərɪ] N [c] 幼儿(兒)园(園) yòu'éryuán [个 gè]

nursery school N [c/u] 幼儿(兒)园(園) yòu'éryuán [个 gè]

nut [nʌt] N [c] **1** (Bot, Culin) 坚(堅)果 jiānguǒ [枚 méi] **2** (Tech) 螺母 luómǔ [个 gè]

nylon ['naɪlɔn] N [u] 尼龙(龍) nílóng

n

O

oak[əʊk] N 1[c] (*also*: **oak tree**) 橡树(樹) xiàngshù[棵 kē] 2[U] (*wood*) 橡木 xiàngmù

oar[ɔːʳ] N [c] 桨(槳) jiǎng[只 zhī]

oats[əʊts] NPL 燕麦(麥) yànmài

obedient[ə'biːdɪənt] ADJ 顺(順)从(從)的 shùncóng de

obey[ə'beɪ] I VT [+ *person, orders*] 听(聽)从(從) tīngcóng; [+ *law, regulations*] 服从(從) fúcóng II VI 服从(從) fúcóng

object[n'ɔbdʒɛkt, vb ab'dʒɛkt] N [c] 1(*thing*) 物体(體) wùtǐ[个 gè] 2(*Ling*) 宾(賓)语(語) bīnyǔ[个 gè] II VI 反对(對) fǎnduì

objection[əb'dʒɛkʃən] N [c] 异(異)议(議) yìyì[个 gè]

obsess[əb'sɛs] VT 使着(著)迷 shǐ zháomí

obsession[əb'sɛʃən] N [c] 着(著)迷 zháomí[种 zhǒng]

obtain[əb'teɪn] VT 获(獲)得 huòdé

obvious['ɔbvɪəs] ADJ 明显(顯)的 míngxiǎn de

obviously['ɔbvɪəslɪ] ADV (*of course*) 显(顯)然地 xiǎnrán de

occasion[ə'keɪʒən] N [c] 1(*moment*) 时(時)刻 shíkè[个 gè] 2(*event, celebration*) 场(場)合 chǎnghé[种 zhǒng]

occasionally[ə'keɪʒənəlɪ] ADV 偶尔(爾)地 ǒu'ěr de

occupation[ɔkju'peɪʃən] N [c] 职(職)业(業) zhíyè[种 zhǒng]

occupy['ɔkjupaɪ] VT 1(*inhabit*) [+ *house, office*] 占(佔)用 zhànyòng 2 ▸ **to be occupied** [*seat, place etc*] 被占(佔)用 bèi zhànyòng 3(*fill*) [+ *time*] 占(佔)用 zhànyòng

occur[ə'kəːʳ] VI 发(發)生 fāshēng ▸ **to occur to sb** 某人想到 mǒurén xiǎngdào

ocean['əʊʃən] N [c] 海洋 hǎiyáng [片 piàn]

o'clock[ə'klɔk] ADV ▸ **six o'clock** 6点(點)钟(鐘) liùdiǎnzhōng

October[ɔk'təʊbəʳ] N [c/U] 十月 shíyuè; *see also* **July**

octopus['ɔktəpəs] N [c] 章鱼(魚) zhāngyú[只 zhī]

odd[ɔd] ADJ 1(*strange*) 奇怪的 qíguài de 2[+ *number*] 奇数(數)的 jīshù de

odour, (*US*) **odor**['əʊdəʳ] N [c/U] 气(氣)味 qìwèi[种 zhǒng]

KEYWORD

of[ɔv, əv] PREP 1(*gen*) 的 de ▸ **the history of China** 中国(國)历(歷)史 Zhōngguó lìshǐ ▸ **at the end of the street** 在街的尽(盡)头(頭) zài

jiē de jìntóu ▶ **the city of New York** 纽(紐)约(約)城 Niǔyuēchéng **2** (expressing quantity, amount) ▶ **a kilo of flour** 一公斤面(麵)粉 yī gōngjīn miànfěn ▶ **a cup of tea/ vase of flowers** 一杯茶/一瓶花 yī bēi chá/yī píng huā ▶ **there were three of them** 他们(們)有3个(個) tāmen yǒu sān gè ▶ **an annual income of $30,000** 每年3万(萬) 美元的收入 měinián sānwàn měiyuán de shōurù
3 (in dates) ▶ **the 5th of July** 7月5 日 qīyuè wǔ rì
4 (US: in times) ▶ **at five of three** 3点(點)差5分 sān diǎn chà wǔ fēn

🔵 **KEYWORD**

off [ɒf] I ADJ **1** (not turned on) 关(關) 着(著)的 guānzhe de
2 (cancelled) 取消的 qǔxiāo de
II ADV **1** (away) ▶ **I must be off** 我 必须(須)得走了 wǒ bìxū děi zǒu le ▶ **where are you off to?** 你上哪 儿(兒)去? nǐ shàng nǎr qù?
2 (not at work) ▶ **to have a day off** (as holiday) 休假一天 xiūjià yī tiān; (because ill) 休病假一天 xiū bìngjià yī tiān
3 (Comm) ▶ **10% off** 10%的折扣 bǎi fēn shí de zhékòu
III PREP (indicating motion, removal etc) ▶ **to take a picture off the wall** 把画(畫)像从(從)墙(牆)上取 下来(來) bǎ huàxiàng cóng qiángshang qǔ xiàlái

offence, (US) **offense** [əˈfɛns] N [c] (crime) 罪行 zuìxíng [种 zhǒng]
offend [əˈfɛnd] VT (upset) 得罪

dézuì
offense [əˈfɛns] (US) N [c] = **offence**
offer [ˈɒfəʳ] I VT **1** 给(給) gěi **2** (bid) 出价(價) chūjià II N [c] **1** 提议(議)提 价(價) tíyì **2** (special deal) 特 价(價) tèjià [个 gè]
office [ˈɒfɪs] N **1** [c] (room) 办(辦)公 室 bàngōngshì [间 jiān] **2** [c] (department) 部门(門) bùmén [个 gè] **3** [c] (US) [of doctor, dentist] 诊(診)所 zhěnsuǒ [家 jiā]
office block N [c] 办(辦)公大 楼(樓) bàngōng dàlóu [座 zuò]
officer [ˈɒfɪsəʳ] N [c] **1** (Mil) 军(軍) 官 jūnguān [位 wèi] **2** (also: **police officer**) 警官 jǐngguān [位 wèi]
office worker N [c] 职(職)员(員) zhíyuán [个 gè]
official [əˈfɪʃl] ADJ 官方的 guānfāng de
often [ˈɒfn] ADV (frequently) 经(經) 常 jīngcháng ▶ **how often do you wash the car?** 你多久洗一次 车(車)? nǐ duō jiǔ xǐ yī cì chē?
oil [ɔɪl] I N [c/u] 油 yóu [桶 tǒng] II VT [+ engine, machine] 给(給)…加 油 gěi…jiāyóu
oil rig N [c] (on land) 石油钻(鑽)塔 shíyóu zuàntǎ [个 gè]; (at sea) 钻(鑽)井平台(臺) zuànjǐng píngtái [个 gè]
okay [əʊˈkeɪ] I ADJ **1** (acceptable) 可 以的 kěyǐ de **2** (safe and well) 好的 hǎo de II ADV (acceptably) 不 错(錯) bùcuò III INT **1** (expressing agreement) 行 xíng **2** (in questions) 好吗(嗎) hǎo ma ▶ **are you okay?** 你还(還)好吗(嗎)? nǐ hái hǎo ma? ▶ **it's okay with or by me** 这(這)对(對)我没(沒)问(問)题(題) zhè duì wǒ méi wèntí
old [əʊld] ADJ **1** [+ person] 年老的

niánlǎo de 2 (not new, not recent)
古老的 gǔlǎo de 3 (worn out) 破
旧(舊)的 pòjiù de 4 (former) 以前
的 yǐqián de 5 [+ friend, enemy,
rival] 老的 lǎo de ▸ how old are
you? 你多大了? nǐ duō dà le?
▸ he's 10 years old 他10岁(歲)了
tā shísuì le ▸ older brother/sister
哥哥/姐姐 gēge/jiějie

old age pensioner (Brit) N [c]
拿退休金的人 ná tuìxiūjīn de rén
[位 wèi]

old-fashioned ['əʊld'fæʃnd] ADJ
[+ object, custom, idea] 老式的
lǎoshì de; [+ person] 守旧(舊)的
shǒujiù de

olive ['ɒlɪv] N [c] 橄榄(欖) gǎnlǎn
[棵 kē]

olive oil N [U] 橄榄(欖)油
gǎnlǎnyóu

Olympic [əʊ'lɪmpɪk] I ADJ 奥(奧)
林匹克的 Àolínpǐkè de II the
Olympics NPL 奥(奧)林匹克
运(運)动(動)会(會) Àolínpǐkè
Yùndònghuì

omelette, (US) omelet ['ɒmlɪt] N
[c] 煎蛋饼(餅) jiāndànbǐng [个
gè]

🔵 KEYWORD

on [ɒn] I PREP 1 (indicating position)
在…上 zài…shang ▸ it's on the
table/wall 它在桌上/墙(牆)上
zài zhuōshang/qiángshang ▸ the
house is on the main road 房子在
主路旁 fángzi zài zhǔlù páng ▸ on
the left/right 在左边(邊)/右
边(邊) zài zuǒbian/yòubian ▸ on
the top floor 在顶(頂)楼(樓)上
dǐnglóu
2 (indicating means, method,

condition etc) ▸ on foot 步行
bùxíng ▸ on the train/bus [be,
sit +] 在火车(車)/公共汽车(車)上
zài huǒchē/gōnggòng qìchē
shang; [travel, go +] 乘坐
chéngzuò ▸ on the television/
radio 在电(電)视(視)上/广(廣)播
中 zài diànshì shang/guǎngbō
zhōng ▸ on the Internet 在因特
网(網)上 zài Yīntèwǎng shang
▸ to be on antibiotics 定期服
用抗生素 dìngqī fúyòng
kàngshēngsù
3 (referring to time) 在 zài ▸ on
Friday 在星期五 zài xīngqīwǔ
▸ on Friday, June 20th 在6月20
日, 星期五 zài liùyuè èrshí rì,
xīngqīwǔ
II ADV 1 (clothes) ▸ to have one's
coat on 穿着(著)外套 chuānzhe
wàitào ▸ what's she got on? 她
穿着(著)什么(麼)? tā chuānzhe
shénme?
2 (covering, lid etc) ▸ screw the lid
on tightly 把盖(蓋)子旋紧(緊) bǎ
gàizi xuánjǐn
III ADJ 1 (turned on) 打开(開)的
dǎkāi de
2 (happening) ▸ is the meeting still
on? 会(會)议(議)还(還)在进(進)行
吗(嗎)? huìyì hái zài jìnxíng ma?
▸ there's a good film on at the
cinema 电(電)影院正在上映一部
好电(電)影 diànyǐngyuàn
zhèngzài shàngyìng yī bù hǎo
diànyǐng

once [wʌns] I ADV 1 (one time only)
一次 yīcì 2 (at one time) 曾经(經)
céngjīng 3 (on one occasion) 有一
次 yǒu yī cì II CONJ (as soon as) 一
旦 yīdàn ▸ at once (immediately)

⊙ KEYWORD

立刻 lìkè ▸ **once a** or **every month** 每月一次 měi yuè yī cì
▸ **once upon a time** (in stories) 很久以前 hěn jiǔ yǐqián ▸ **once in a while** 偶尔(爾) ǒu'ěr ▸ **once or twice** (a few times) 一两(兩)次 yī liǎng cì

⊙ KEYWORD

one [wʌn] I ADJ **1** (number) 一 yī
▸ **it's one o'clock** 现(現)在1点(點) xiànzài yī diǎn ▸ **one hundred/ thousand children** 100/1000 个(個)孩子 yībǎi/yīqiān gè háizi
2 (same) 同一的 tóngyī de ▸ **shall I put it all on the one plate?** 要我把它都放在同一个(個)盘(盤)子里(裡)吗(嗎)? yào wǒ bǎ tā dōu fàng zài tóng yī gè pánzi li ma?
II PRON **1** (number) 一 yī ▸ **I've already got one** 我已经(經)有一个(個)了 wǒ yǐjīng yǒu yī gè le ▸ **one of them/of the boys** 他们(們)中的一个(個)/男孩中的一个(個) tāmen zhōng de yī gè/nánhái zhōng de yī gè ▸ **one by one** 一个(個)一个(個)地 yī gè yī gè de
2 (with adj) 一个(個) yī gè ▸ **I've already got a red one** 我已经(經)有一个(個)红(紅)的 wǒ yǐjīng yǒu yī gè hóng de
3 (in generalizations) 人人 rénrén ▸ **what can one do?** 人人个(個)人能做什么(麼)呢? yī gè rén néng zuò shénme ne? ▸ **this one** 这(這)个(個) zhège ▸ **that one** 那个(個) nàge
III N (numeral) 一 yī

⊙ KEYWORD

oneself PRON 自己 zìjǐ ▸ **to hurt oneself** 伤(傷)了自己 shāngle zìjǐ ▸ **by oneself** (unaided) 独(獨)力地 dúlì de; (alone) 独(獨)自 dúzì

one-way ['wʌnweɪ] ADJ **1** [+ street, traffic] 单(單)行的 dānxíng de
2 [+ ticket, trip] 单(單)程的 dānchéng de

onion ['ʌnjən] N [C] 洋葱(蔥) yángcōng [个 gè]

online, on-line ['ɒnlaɪn] (Comput) ADV (on the Internet) 网(網)上 wǎngshang

only ['əʊnlɪ] I ADV **1** 仅(僅)仅(僅) jǐnjǐn **2** (emphasizing insignificance) 只 zhǐ II ADJ (sole) 唯一的 wéiyī de III CONJ (but) 可是 kěshì ▸ **I was only joking** 我只是在开(開)玩笑 wǒ zhǐshì zài kāi wánxiào ▸ **not only... but (also)...** 不但... 而且... bùdàn...érqiě... ▸ **an only child** 独(獨)生子女 dúshēng zǐnǚ

onto, on to ['ɒntu] PREP 到…上 dào…shàng

open ['əʊpən] I ADJ **1** [+ door, window] 开(開)着(著)的 kāizhe de; [+ mouth, eyes] 张(張)着(著)的 zhāngzhe de **2** [+ shop] 营(營)业(業)的 yíngyè de II VT **1** [+ container] 打开(開) dǎkāi; [+ door, lid] 开(開) kāi; [+ letter] 拆开(開) chāikāi; [+ book, hand, mouth, eyes] 张(張)开(開) zhāngkāi III VI **1** [door, lid +] 开(開) kāi **2** [public building +] 开(開)门(門) kāimén ▸ **in the open (air)** 在户(戶)外 zài hùwài

opening hours N PL 营(營)业(業)时(時)间(間) yíngyè shíjiān

open-minded[əupn'maindid]
ADJ 开(開)明的 kāimíng de

opera['ɔpərə] N [c] 歌剧(劇) gējù
[部 bù]

operate['ɔpəreit] I VT [+ machine,
vehicle, system] 操作 cāozuò II VI
1 [machine, vehicle, system +] 工作
gōngzuò; [company, organization +]
运(運)作 yùnzuò 2 (Med) 动(動)手
术(術) dòng shǒushù ► **to
operate on sb** (Med) 给(給)某人
动(動)手术(術) gěi mǒurén dòng
shǒushù

operation[ɔpə'reiʃən] N 1 [c]
(procedure) 实(實)施步骤(驟)
shíshī bùzhòu [个 gè] 2 [c] (Med)
手术(術) shǒushù [次 cì] ► **to have
an operation** (Med) 接受手术(術)
jiēshòu shǒushù

operator['ɔpəreitə] N [c] (Tel) 接
线(線)员(員) jiēxiànyuán [位 wèi]

opinion[ə'pinjən] N [c] (individual
view) 观(觀)点(點) guāndiǎn [个
gè] ► **in my/her opinion** 按我的/
她的意见(見) àn wǒ de/tā de
yìjiàn

opinion poll N [c] 民意测(測)
验(驗) mínyì cèyàn [次 cì]

opponent[ə'pəunənt] N [c]
对(對)手 duìshǒu [个 gè]

opportunity[ɔpə'tju:niti] N [c/u]
机(機)会(會) jīhuì [个 gè] ► **to take
the opportunity of doing sth** or
to do sth 趁机(機)会(會)做某事
chèn jīhuì zuò mǒushì

oppose[ə'pəuz] VT [+ person, idea]
反对(對) fǎnduì ► **to be opposed
to sth** 反对(對)某事 fǎnduì
mǒushì

opposite['ɔpəzit] I ADJ 1 [+ side,
house] 对(對)面的 duìmiàn de
2 [+ end, corner] 最远(遠)的 zuì

yuǎn de 3 [+ meaning, direction] 相
反的 xiāngfǎn de II ADV [live, work,
sit +] 在对(對)面 zài duìmiàn
III PREP 在…的对(對)面 zài…de
duìmiàn IV N ► **the opposite**
对(對)立面 duìlìmiàn ► **the
opposite sex** 异(異)性 yìxìng

opposition[ɔpə'ziʃən] N [U] 反
对(對) fǎnduì

optician[ɔp'tiʃən] N [c] 1 眼镜(鏡)
商 yǎnjìngshāng [个 gè] 2 (also:
optician's) 眼镜(鏡)店
yǎnjìngdiàn [家 jiā]

optimistic[ɔpti'mistik] ADJ
乐(樂)观(觀)的 lèguān de

option['ɔpʃən] N [c] 1 (choice)
选(選)择(擇) xuǎnzé [种 zhǒng]
2 (Scol, Univ) 选(選)修课(課)
xuǎnxiūkè [门 mén]

or[ɔ:r] CONJ 1 还(還)是 háishi
2 (also: **or else**) 否则(則) fǒuzé

oral['ɔ:rəl] I ADJ [+ test, report] 口
头(頭)的 kǒutóu de II N [c] 口
试(試) kǒushì [次 cì]

orange['ɔrindʒ] I N [c] (fruit) 柑橘
gānjú [只 zhī] II ADJ (in colour) 橙
色的 chéngsè de

orange juice['ɔrindʒdʒu:s] N [U]
橘子汁 júzhī

orchard['ɔ:tʃəd] N [c] 果园(園)
guǒyuán [个 gè]

orchestra['ɔ:kistrə] N [c] 管弦
乐(樂)队(隊) guǎnxián yuèduì [支
zhī]

order['ɔ:də] I N 1 [c] (command) 命
令 mìnglìng [个 gè] 2 [c] (Comm)
(in restaurant) 点(點)菜 diǎncài [份
fèn] 3 [U] (sequence) 次序 cìxù
II VT 1 (command) 命令 mìnglìng
2 (Comm: from shop, company) 定
购(購) dìnggòu; (in restaurant)
点(點)菜 diǎncài III VI (in

restaurant) 点(點)菜 diǎncài ▸ **in alphabetical/numerical order** 按字母/数(數)字顺(順)序 àn zìmǔ/shùzì shùnxù ▸ **out of order** (*not working*) 已坏(壞)停用 tíngyòng ▸ **in order to do sth** 为(為)了做某事 wèile zuò mǒushì ▸ **to order sb to do sth** 命令某人做某事 mìnglìng mǒurén zuò mǒushì

ordinary ['ɔːdɪnrɪ] ADJ 普通的 pǔtōng de

organ ['ɔːgən] N [c] 1 (*Anat*) 器官 qìguān [个 gè] 2 (*Mus*) 管风(風)琴 guǎnfēngqín [架 jià]

organic [ɔː'gænɪk] ADJ 1 [+ *food, farming*] 有机(機)的 yǒujī de 2 [+ *substance*] 有机(機)物的 yǒujīwù de

organization [ɔːgənaɪ'zeɪʃən] N [c] 组(組)织(織) zǔzhī [个 gè]

organize ['ɔːgənaɪz] VT 组(組)织(織) zǔzhī

original [ə'rɪdʒɪnl] ADJ 1 (*first, earliest*) 最初的 zuìchū de 2 (*imaginative*) 独(獨)创(創)的 dúchuàng de

originally [ə'rɪdʒɪnəlɪ] ADV 起初 qǐchū

ornament ['ɔːnəmənt] N [c] 装(裝)饰(飾)物 zhuāngshìwù [件 jiàn]

orphan ['ɔːfn] N [c] 孤儿(兒) gū'ér [个 gè]

other ['ʌðə*] I ADJ 1 (*additional*) 另外的 lìngwài de 2 (*not this one*) 其他的 qítā de 3 ▸ **the other** ... (*of two things or people*) 另一... lìng yī... 4 (*apart from oneself*) 其他的 qítā de II PRON 1 (*additional one, different one*) 其他 qítā 2 (*of two things or people*) ▸ **the other** 另一

个(個) lìng yī gè ▸ **the other day/week** (*inf: recently*) 几(幾)天/星期前 jǐtiān/xīngqī qián

otherwise ['ʌðəwaɪz] ADV 1 (*if not*) 否则(則) fǒuzé 2 (*apart from that*) 除此以外 chú cǐ yǐwài

ought [ɔːt] (*pt* ought) AUX VB 1 (*indicating advisability*) ▸ **you ought to see a doctor** 你应(應)该(該)去看医(醫)生 nǐ yīnggāi qù kàn yīshēng 2 (*indicating likelihood*) ▸ **he ought to be there now** 他现(現)在应(應)该(該)到那儿(兒)了 tā xiànzài yīnggāi dào nàr le

our ['auə*] ADJ 我们(們)的 wǒmen de

ours [auəz] PRON 我们(們)的 wǒmen de

ourselves [auə'sɛlvz] PRON PL 我们(們)自己 wǒmen zìjǐ ▸ **we didn't hurt ourselves** 我们(們)没(沒)伤(傷)到自己 wǒmen méi shāngdào zìjǐ ▸ **by ourselves** (*unaided*) 我们(們)独(獨)力地 wǒmen dúlì de; (*alone*) 我们(們)独(獨)自地 wǒmen dāndú de

o

KEYWORD

out [aut] I ADV 1 (*outside*) 在外面 zài wàimiàn ▸ **out here/there** 这(這)儿(兒)/那儿(兒)这(這)儿(兒) zhèr/nàr 2 (*absent, not in*) 不在 bù zài ▸ **Mr Green is out at the moment** 格林先生这(這)会(會)儿(兒)不在 Gélín xiānsheng zhèhuìr bù zài ▸ **to have a day/night out** 外出玩一天/一晚 wàichū wán yī tiān/yī wǎn

3 (*Sport*) ▸ **the ball was out** 球出界了 qiú chūjiè le

II ADJ ▸ **to be out** (out of game) 出局的 chūjú de; (extinguished) [fire, light, gas +] 熄灭(滅)的 xīmiè de
III ▸ **out of** PREP **1** (outside: with movement) 朝⋯外 cháo⋯wài ▸ **to go/come out of the house** 从(從)房子里(裡)走出去 cóng fángzi li zǒu chūqù/lái
2 (from among) ⋯中的⋯zhōng de ▸ **one out of every three smokers** 每3个(個)烟(煙)民中的1个(個) měi sān gè yānmín zhōng de yīgè
3 (without) ▸ **to be out of milk/petrol** 牛奶喝完了/汽油用完了 niúnǎi hēwán le/qìyóu yòngwán le

outdoor [autˈdɔːr] ADJ **1** [+ activity] 户(戶)外的 hùwài de
2 [+ swimming pool, toilet] 露天的 lùtiān de
outdoors [autˈdɔːz] ADV 在户(戶)外 zài hùwài
outing [ˈautɪŋ] N [c] (shape) 出游(遊) chūyóu [次 cì]
outlet [ˈautlɛt] N [c] **1** (hole, pipe) 排放口 páifàngkǒu [个 gè] **2** (US: Elec) 电(電)源插座 diànyuán chāzuò [个 gè]
outline [ˈautlaɪn] N [c] **1** (shape) 轮(輪)廓 lúnkuò [个 gè] **2** (brief explanation) 概要 gàiyào [篇 piān]
outside [autˈsaɪd] N [c] (of container) 外面 wàimiàn [个 gè]; (of building) 外表 wàibiǎo [个 gè] **II** ADJ (exterior) 外部的 wàibù de **III** ADV **1** [be, wait +] 在外面 zài wàimiàn **2** [go +] 向外面 xiàng wàimiàn **IV** PREP **1** [+ place] 在⋯外 zài⋯wài; [+ organization] 在⋯以外 zài⋯yǐwài **2** [+ larger

place] 在⋯附近 zài⋯fùjìn
outskirts [ˈautskəːts] NPL ▸ **the outskirts** 郊区(區) jiāoqū ▸ **on the outskirts of⋯** 在⋯的郊区(區) zài⋯de jiāoqū
outstanding [autˈstændɪŋ] ADJ 杰(傑)出的 jiéchū de
oval [ˈəʊvl] 椭(橢)圆(圓)形的 tuǒyuánxíng de
oven [ˈʌvn] N [c] 烤箱 kǎoxiāng [个 gè]

○ **KEYWORD**

over [ˈəʊvər] **I** ADJ (finished) 结(結)束的 jiéshù de
II PREP **1** (more than) 超过(過) chāoguò ▸ **over 200 people came** 超过(過)二百人来(來)了 zhāoguò èrbǎi rén lái le
2 在⋯上 zài⋯shang; (spanning) 横(橫)跨 héngkuà; (across) 穿过(過)到 chuānguò; (on the other side of) 在⋯对(對)面 zài⋯duìmiàn ▸ **a bridge over the river** 横(橫)跨河面的一座桥(橋) héngkuà héliú de yī zuò qiáo
3 (during) ⋯期间(間) zài⋯qíjiān ▸ **we talked about it over dinner** 我们(們)边(邊)吃饭(飯)边(邊)讨(討)论(論) wǒmen biān chī wǎnfàn biān tǎolùn
4 [+ illness, shock, trauma] 康复(復) kāngfù
5 ▸ **all over the town/house/floor** 全镇(鎮)/满(滿)屋子/满(滿)地 quánzhèn/mǎn wūzi/mǎn dì
III ADV **1** [walk, jump, fly etc +] 过(過)awei ▸ **over here/there** 在这(這)里(裡)/那里(裡) zài zhèlǐ/nàlǐ
2 (more, above) 超过(過) chāoguò

▶ **people aged 65 and over** 65
岁(歲)及以上年龄(齡)的人
liùshíwǔ suì jí yǐshàng niánlíng
de rén
3 (US: again) 再 zài
4 ▶ **all over** (everywhere) 到处(處)
dàochù

overcast ['əʊvəkɑːst] ADJ 多云(雲)
的 duōyún de

overdose ['əʊvədəʊs] N [c] 过(過)
量用药(藥) guòliàng yòngyào [剂(劑)
jì]

overseas [əʊvə'siːz] ADV 向海外
xiàng hǎiwài

overtake [əʊvə'teɪk] (pt overtook,
pp overtaken) I VT (esp Brit: Aut)
超过(過) chāoguò II VI (esp Brit:
Aut) 超车(車) chāochē

overtime ['əʊvətaɪm] N [U] 加班
时(時)间(間) jiābān shíjiān

overtook [əʊvə'tʊk] PT of
overtake

overweight [əʊvə'weɪt] ADJ 超重
的 chāozhòng de

owe [əʊ] VT [+ money] 欠 qiàn ▶ **to
owe sb sth** 欠某人某物 qiàn
mǒurén mǒuwù

owing to ['əʊɪŋ-] PREP (because of)
因为(為) yīnwèi

owl [aʊl] N [c] 猫(貓)头(頭)鹰(鷹)
māotóuyīng [只 zhi]

own [əʊn] I ADJ 自己的 zìjǐ de II VT
[+ house, land, car etc] 拥(擁)有
yōngyǒu ▶ **a room of my own** 我
自己的房间(間) wǒ zìjǐ de
fángjiān ▶ **on one's own** (alone)
独(獨)自地 dúzì de; (without help)
独(獨)立地 dúlì de
▶ **own up** VI (confess) 坦白 tǎnbái

owner ['əʊnəʳ] N [c] 物主 wùzhǔ
[位 wèi]

oxygen ['ɒksɪdʒən] N [U] 氧气(氣)
yǎngqì

oyster ['ɔɪstəʳ] N [c] 牡蛎(蠣) mǔlì
蛎(蠣) háo [个 gè]

ozone layer N [c] 臭氧层(層)
chòuyǎngcéng [层 céng]

O

P

Pacific [pə'sɪfɪk] N ▸ **the Pacific (Ocean)** 太平洋 Tàipíngyáng

pack [pæk] I VT **1** [+ *clothes*] 把…打包 bǎ…dǎbāo **2** [+ *suitcase, bag*] 把…装(裝)箱 bǎ…zhuāngxiāng II VI 打包(點)行装(裝) dǎdiǎn xíngzhuāng III N [c] (*of cards*) 副 fù ▸ **pack up** VI (*Brit*) 打点(點)行装(裝) dǎdiǎn xíngzhuāng

package ['pækɪdʒ] N [c] **1** 包裹 bāoguǒ [个 gè] **2** (*Comput*) 程序包 chéngxùbāo [个 gè]

packed [pækt] ADJ 拥(擁)挤(擠)的 yōngjǐ de

packet ['pækɪt] N [c] (*of cigarettes, biscuits*) 盒 hé [个 gè]; (*of crisps, sweets, seeds*) 袋 dài [个 gè]

pad [pæd] N [c] 便笺(箋)簿 biànjiānbù [个 gè]

paddle ['pædl] N [c] **1** (*for canoe*) 短 桨(槳) duǎnjiǎng [个 gè] **2** (*US: for table tennis*) 球拍 qiúpāi [只 zhī]

padlock ['pædlɔk] N [c] 挂(掛) 锁(鎖) guàsuǒ [个 gè]

paedophile, (*US*) **pedophile** ['pi:dəufaɪl] N [c] 恋(戀)童癖者 liàntóngpǐzhě [个 gè]

page [peɪdʒ] N [c] 页(頁) yè

pain [peɪn] N [c/u] 疼痛 téngtòng [阵 zhèn] ▸ **to have a pain in one's chest/arm** 胸膛/胳膊疼 xiōng táng/gēbo téng ▸ **to be in pain** 在 苦恼(惱)中 zài kǔnǎo zhōng

painful ['peɪnful] ADJ [+ *back, joint, swelling*] 疼痛的 téngtòng de

painkiller ['peɪnkɪlə*] N [c] 止痛 药(藥) zhǐtòngyào [片 piàn]

paint [peɪnt] I N [c/u] **1** (*decorator's*) 油漆 yóuqī [桶 tǒng] **2** (*artist's*) 颜(顏)料 yánliào [罐 guàn] II VT **1** [+ *wall, door, house*] 油漆 yóuqī **2** [+ *person, object*] 描绘(繪) miáohuì **3** [+ *picture, portrait*] 用 颜(顏)料画(畫) yòng yánliào huà III VI (*creatively*) 绘(繪)画(畫) huìhuà ▸ **a tin of paint** 一罐 颜(顏)料 yī guàn yánliào ▸ **to paint sth blue/white** 把某物 涂(塗)成蓝(藍)色/白色 bǎ mǒuwù túchéng lánsè/báisè dēng

paintbrush ['peɪntbrʌʃ] N [c] **1** (*decorator's*) 漆刷 qīshuā [个 gè] **2** (*artist's*) 画(畫)笔(筆) huàbǐ [支 zhī]

painter ['peɪntə*] N [c] **1** (*artist*) 画(畫)家 huàjiā [位 wèi] **2** (*decorator*) 油漆工 yóuqīgōng [个 gè]

painting ['peɪntɪŋ] N **1** [u] 绘(繪) 画(畫) huìhuà; (*decorating walls, doors etc*) 上油漆 shàng yóuqī **2** [c] (*picture*) 画(畫) huà [幅 fú]

pair [pεə] N [c] **1** (of shoes, gloves, socks) 双(雙) shuāng **2** (two people) 对(對) duì ▸ **a pair of scissors** 一把剪刀 yì bǎ jiǎndāo ▸ **a pair of trousers** 一条(條) 裤(褲)子 yì tiáo kùzi

pajamas [pə'dʒɑːməz] (US) N PL = **pyjamas**

Pakistan [pɑːkɪ'stɑːn] N 巴基斯坦 Bājīsītǎn

Pakistani [pɑːkɪ'stɑːnɪ] I ADJ 巴基斯坦的 Bājīsītǎn de II N [c] 巴基斯坦人 Bājīsītǎnrén [个 gè]

palace ['pæləs] N [c] 宫(宮)殿 gōngdiàn [座 zuò]

pale [peɪl] ADJ **1** (+ colour) 淡的 dàn de **2** (+ skin, complexion) 白皙的 báixī de **3** (from sickness, fear) 苍(蒼)白的 cāngbái de ▸ **pale blue/pink/green** 淡蓝(藍)色/粉红(紅)色/绿(綠)色 dàn lánsè/fěnhóngsè/lǜsè

Palestine ['pælɪstaɪn] N 巴勒斯坦 Bālèsītǎn

Palestinian [pælɪs'tɪnɪən] I ADJ 巴勒斯坦的 Bālèsītǎn de II N [c] 巴勒斯坦人 Bālèsītǎnrén [个 gè]

pan [pæn] N [c] (also: **saucepan**) 炖(燉)锅(鍋) dùnguō [口 kǒu]

pancake ['pænkeɪk] N [c] 薄煎饼(餅) báo jiānbing [张 zhāng]

● **PANCAKE**

● 如果你要求英国厨师和美国厨师
● 为你做一张 pancake，饼的样子
● 决不会是一模一样。在这两个国
● 家，pancake 都是扁平圆形，用
● 牛奶、面粉和鸡蛋打成面糊，油
● 炸后，趁热吃。英国的饼很薄，
● 经常卷起来，或者夹有甜味或其
● 他口味的馅儿。很多人在

Shrove Tuesday（忏悔星期 二）即 **Lent**（大斋节）开始前 的一天吃饼，这一天就是人们熟 知的 **Pancake Day**（煎饼节）。 （**Lent** 是指复活节前的40天，从 前基督教徒有在这段时间里斋戒 的传统。）在美国，**pancake** 相 对较小，较厚，通常在早餐时就 着黄油和枫糖吃。

panda ['pændə] N [c] 熊猫(貓) xióngmāo [只 zhī]

panic ['pænɪk] I N [U] 惊(驚)恐 jīngkǒng II VI 惊(驚)慌 jīnghuāng

pants [pænts] N PL **1** (Brit: underwear) 内(內)裤(褲) nèikù **2** (US: trousers) 裤(褲)子 kùzi

pantyhose ['pæntɪhəuz] (US) N PL 连(連)裤(褲)袜(襪) liánkùwà ▸ **a pair of pantyhose** 一条(條)连(連)裤(褲)袜(襪) yì tiáo liánkùwà

paper ['peɪpə] N **1** [U] 纸(紙) zhǐ **2** [c] (also: newspaper) 报(報)纸(紙) bàozhǐ [份 fèn] ▸ **a piece of paper** (odd bit, sheet) 一张(張)纸(紙) yì zhāng zhǐ

paperback ['peɪpəbæk] N [c] 平装(裝)书(書) píngzhuāngshū [本 běn]

paper clip N [c] 回(迴)形针(針) huíxíngzhēn [枚 méi]

parachute ['pærəʃuːt] N [c] 降落伞(傘) jiàngluòsǎn [个 gè]

parade [pə'reɪd] N [c] 游(遊)行 yóuxíng [次 cì]

paradise ['pærədaɪs] N **1** [U] (Rel) 天堂 tiāntáng **2** [c/U] (fig) 乐(樂)园(園) lèyuán [个 gè]

paragraph ['pærəɡrɑːf] N [c] 段落 duànluò [个 gè]

parallel ['pærəlɛl] ADJ **1** 平行的

píngxíng de 2 (Comput) 并(並)行的 bìngxíng de

paralysed, (US) **paralyzed** ['pærəlaɪzd] (Med) ADJ 瘫(癱)痪(瘓)的 tānhuàn de

paramedic [pærə'mɛdɪk] N [c] 护(護)理人员(員) hùlǐ rényuán [位 wèi]

parcel ['pɑːsl] N [c] 包裹 bāoguǒ [个 gè]

pardon ['pɑːdn] N [c] ▶ **(I beg your) pardon?**, (US) **pardon me?** 请(請)问(問)您刚(剛)才说(說)什么(麼)? qǐngwèn nín gāngcái shuō shénme?

parent ['pɛərənt] I N [c] 1 (father) 父亲(親) fùqīn [位 wèi] 2 (mother) 母亲(親) mǔqīn [位 wèi] II **parents** NPL 父母 fùmǔ

Paris ['pærɪs] N 巴黎 Bālí

park [pɑːk] I N [c] 公园(園) gōngyuán [个 gè] II VT 停放 tíngfàng III VI 停车(車) tíngchē

parking ['pɑːkɪŋ] N [U] 停车(車) tíngchē ▶ **"no parking"** "严(嚴)禁停车(車)" "yánjìn tíngchē"

parking lot (US) N [c] 停车(車)场(場) tíngchēchǎng [个 gè]

parking meter N [c] 停车(車)计(計)时(時)器 tíngchē jìshíqì [个 gè]

parking ticket N [c] 违(違)章停车(車)罚(罰)款单(單) wéizhāng tíngchē fákuǎndān [张 zhāng]

parliament ['pɑːləmənt] (Brit) N [c/U] 议(議)会(會) yìhuì [个 gè]

parrot ['pærət] N [c] 鹦(鸚)鹉(鵡) yīngwǔ [只 zhī]

part [pɑːt] N 1 [c/U] (section, division) 部分 bùfen 2 [c] (of machine, vehicle) 部件 bùjiàn [个 gè] ▶ **to take part in** (participate in) 参(參)加 cānjiā

▶ **part with** VT FUS [+ possessions] 放弃(棄) fàngqì; [+ money, cash] 花huā

participate [pɑː'tɪsɪpeɪt] VI 参(參)与(與) cānyù ▶ **to participate in sth** [+ activity, discussion] 参(參)加某事 cānjiā mǒushì

particular [pə'tɪkjulə] ADJ 特定的 tèdìng de

partly ['pɑːtlɪ] ADV 部分地 bùfen de

partner ['pɑːtnə] N [c] 1 (wife, husband, girlfriend, boyfriend) 伴侣(侶) bànlǚ [个 gè] 2 (in firm) 合伙(夥)人 héhuǒrén [个 gè] 3 (Sport) 搭档(檔) dādàng [个 gè] 4 (for cards, games) 对(對)家 duìjiā [个 gè] 5 (at dance) 舞伴 wǔbàn [个 gè]

part-time ['pɑːt'taɪm] I ADJ 兼职(職)的 jiānzhí de II ADV [work, study +] 部分时(時)间(間)地 bùfen shíjiān de

party ['pɑːtɪ] N [c] 1 (Pol) 党(黨)dǎng [个 gè] 2 (social event) 聚会(會) jùhuì [次 cì] ▶ **birthday party** 生日聚会(會) shēngrì jùhuì

pass [pɑːs] I VT 1 (hand) ▶ **to pass sb sth** [+ salt, glass, newspaper, tool] 把某物递(遞)给(給)某人 bǎ mǒuwù dìgěi mǒurén 2 (go past) 经(經)过(過) jīngguò 3 [+ exam, test] 通过(過) tōngguò II VI 1 (go past) 经(經)过(過) jīngguò 2 (in exam) 及格 jígé ▶ **to get a pass (in sth)** (Scol, Univ) (某考试(試)) 达(達)到及格标(標)准(準) (mǒu kǎoshì) dádào jígé biāozhǔn ▶ **pass away** VI (die) 去世 qùshì

passage ['pæsɪdʒ] N [c] 走廊 zǒuláng [条 tiáo]

passenger ['pæsɪndʒə'] N [C] 乘客 chéngkè [位 wèi]

passive ['pæsɪv] ADJ **the passive** (Ling) 被动(動)语(語)态(態) bèidòng yǔtài

Passover ['pɑːsəʊvə'] N [U] 逾越节(節) Yúyuèjié

passport ['pɑːspɔːt] N [C] 护(護)照 hùzhào [本 běn]

password ['pɑːswɜːd] N [C] 密码(碼) mìmǎ [个 gè]

past [pɑːst] I PREP (in front of, beyond, later than) 过(過)过 guò II ADV (by) **to go/walk/drive past** 经(經)/走/开(開)过(過) jīng/zǒu/kāiguò III ADJ [+ week, month, year] 刚(剛)过(過)去的 gāng guòqù de IV N (C) (time) **the past** 过(過)去 guòqù [个 gè]; (tense) 过(過)去时(時) guòqùshí ▶ **it's past midnight** 过(過)了午夜 guòle wǔyè ▶ **ten/(a) quarter past eight** 8点(點)10/15分 bā diǎn shí/shíwǔ fēn ▶ **for the past few/3 days** 过(過)去几(幾)/3天以来(來) guòqù jǐ/sān tiān yǐlái ▶ **the past tense** 过(過)去时(時) guòqùshí ▶ **in the past** (before now) 在过(過)去 zài guòqù

pasta ['pæstə] N [U] 意大利面食 Yìdàlì miànshí

pastry ['peɪstrɪ] N 1 [U] (dough) 油酥面(麵)团(團) yóusū miàntuán 2 [c] (cake) 酥皮糕点(點) sūpí gāodiǎn [块 kuài]

patch [pætʃ] N [C] 1 (piece of material) 补(補)丁 bǔdīng [个 gè] 2 (area) 斑片 bānpiàn [块 kuài]

path [pɑːθ] N [C] 1 (track) 小路 xiǎolù [条 tiáo]; (in garden) 小径(徑) xiǎojìng [条 tiáo]

pathetic [pə'θetɪk] ADJ [+ excuse,

effort, attempt] 不足道的 bùzúdào de

patience ['peɪʃns] N [U] 耐心 nàixīn

patient ['peɪʃnt] I N [C] (Med) 病人 bìngrén [个 gè] II ADJ [+ person] 耐心的 nàixīn de

patrol [pə'trəʊl] VT 在…巡逻(邏) zài...xúnluó ▶ **to be on patrol** 在巡逻(邏)中 zài xúnluó zhōng

pattern ['pætən] N [C] 1 花样(樣) huāyàng [种 zhǒng] 2 (for sewing, knitting) 样(樣)式 yàngshì [个 gè]

pause [pɔːz] VI (when speaking) 停顿(頓) tíngdùn; (when doing sth) 暂(暫)停 zàntíng

pavement ['peɪvmənt] N [C] (Brit) 人行道 rénxíngdào [条 tiáo]

pay [peɪ] I N [U] 工资(資) gōngzī II VT 1 [+ debt, bill, tax] 付 fù 2 [+ person] ▶ **to get paid** 发(發)工资(資) fā gōngzī 3 ▶ **to pay sb sth** (as wage, salary, for goods, services) 付给(給)某人某物 fùgěi mǒurén mǒuwù ▶ **how much did you pay for it?** 你买(買)那个(個)花了多少钱(錢)? nǐ mǎi nàge huāle duōshǎo qián? ▶ **pay back** VT 1 [+ money, loan] 偿(償)还(還) chánghuán 2 [+ person] (with money) 还(還)给(給) huángěi ▶ **pay for** VT FUS 买(買) mǎi

payment ['peɪmənt] N [C] 付款额(額) fùkuǎn é [笔 bǐ]

payphone ['peɪfəʊn] N [C] 公用电(電)话(話) gōngyòng diànhuà [部 bù]

PC N ABBR (= **personal computer**) 个(個)人电(電)脑(腦) gèrén diànnǎo

PDA N ABBR (= **personal digital**

assistant) 掌上电(電)脑(腦) zhǎngshàng diànnǎo

PE(Scol) N ABBR (= **physical education**) 体(體)育 tǐyù

pea[pi:] N [c] 豌豆 wāndòu [粒 lì]

peace[pi:s] N [u] **1**(not war) 和平 hépíng **2**(of place, surroundings) 宁(寧)静(靜) níngjìng

peaceful['pi:sful] ADJ 安静(靜)的 ānjìng de

peach[pi:tʃ] N [c] 桃 táo [个 gè]

peak[pi:k] **I** N [c] **1**(of mountain) 山顶(頂) shāndǐng [个 gè] **II** ADJ [+ level, times] 高峰的 gāofēng de

peanut['pi:nʌt] N [c] 花生 huāshēng [粒 lì]

pear[pɛər] N [c] 梨 lí [个 gè]

pearl[pə:l] N [c] 珍珠 zhēnzhū [颗 kē]

pebble['pɛbl] N [c] 卵石 luǎnshí [块 kuài]

peculiar[pɪ'kju:lɪər] ADJ 奇怪的 qíguài de

pedal['pɛdl] N [c] **1**(on bicycle) 脚(腳)蹬子 jiǎodēngzi [个 gè] **2**(in car, on piano) 踏板 tàbǎn [个 gè]

pedestrian[pɪ'dɛstrɪən] N [c] 行人 xíngrén [个 gè]

pedestrian crossing (Brit) N [c] 人行横(橫)道 rénxíng héngdào [条 tiáo]

pedophile['pi:dəufaɪl] (US) N = **paedophile**

pee[pi:] (inf) VI 撒尿 sāniào

peel[pi:l] **I** N [u] 皮 pí **II** VT [+ vegetables, fruit] 削 xiāo

peg[pɛg] N [c] **1**(for coat, hat, bag) 挂(掛)钩(釣) guàgōu [枚 méi] **2**(Brit) (also: **clothes peg**) 衣夹(夾) yījiā [个 gè]

pen[pɛn] N [c] 笔(筆) bǐ [支 zhī]; (also: **fountain pen**) 自来(來)水

笔(筆) zìláishuǐbǐ [支 zhī]; (also: **ballpoint pen**) 圆(圓)珠笔(筆) yuánzhūbǐ [支 zhī]

penalty['pɛnltɪ] N [c] **1** 处(處)罚(罰) chǔfá [次 cì] **2**(Football, Rugby) 罚(罰)球 fáqiú [个 gè]

pence[pɛns] (Brit) NPL of **penny**

pencil['pɛnsl] N [c] 铅(鉛)笔(筆) qiānbǐ [支 zhī]

pencil sharpener N [c] 铅(鉛)笔(筆)刀 qiānbǐdāo [把 bǎ]

penguin['pɛŋgwɪn] N [c] 企鹅(鵝) qǐ'é [只 zhī]

penicillin[pɛnɪ'sɪlɪn] N [u] 青霉(黴)素 qīngméisù

penknife['pɛnnaɪf] (pl **penknives**) N [c] 小刀 xiǎodāo [把 bǎ]

penny['pɛnɪ] (pl **pennies** or (Brit) **pence**) N [c] 便士 biànshì [枚 méi]

pension['pɛnʃən] N [c] (from state) 养(養)老金 yǎnglǎojīn [份 fèn]; (from employer) 退休金 tuìxiūjīn [份 fèn]

pensioner['pɛnʃənər] (Brit) N [c] 领(領)养(養)老金的人 lǐng yǎnglǎojīn de rén [个 gè]

people['pi:pl] NPL **1** 人 rén **2**(generalizing) 人们(們) rénmen ▸ **old people** 老人 lǎorén ▸ **many people** 许(許)多人 xǔduō rén ▸ **people say that...** 人有说(說)… yǒurén shuō…

pepper['pɛpər] N [u] (spice) 胡椒粉 hújiāofěn **2**(c) (vegetable) 胡椒 hújiāo [个 gè]

peppermint['pɛpəmɪnt] N [c] 薄荷糖 bòhétáng [块 kuài]

per[pə:ʳ] PREP 每 měi ▸ **per day** 每天 měi tiān ▸ **per person** 每人 měi rén ▸ **per annum** 每年 měi nián

per cent, percent[pə'sɛnt] (pl **per**

cent) N [c] 百分之… bǎi fēn zhī…
▶ by 15 per cent 以百分之十五 yǐ bǎi fēn zhī shíwǔ

perfect ['pə:fikt] ADJ 1 [+ weather, behaviour] 完美的 wánměi de; [+ sauce, skin, teeth] 无(無)瑕的 wúxiá de 2 [+ crime, solution, example] 理想的 lǐxiǎng de II N
▶ the perfect (tense) 完成(时(時)) wánchéng(shí)

perfectly ['pə:fiktli] ADV 1 非常好地 fēicháng hǎo de 2 [+ honest, reasonable, clear] 绝(絕)对(對)地 juéduì de

perform [pə'fɔ:m] I VT 表演 biǎoyǎn II VI (function) [actor, musician, singer, dancer +] 演出 yǎnchū

performance [pə'fɔ:məns] N [c] 1 (Theat: by actor, musician, singer, dancer) 表演 biǎoyǎn [次 cì] (of play, show) 演出 yǎnchū [场(場) chǎng] 2 [u] [of employee, surgeon, athlete, team] 表现(現) biǎoxiàn

perfume ['pə:fju:m] N 1 [c/u] 香水 xiāngshuǐ [瓶 píng] 2 [c] 芳香 fāngxiāng [种 zhǒng]

perhaps [pə'hæps] ADV 可能 kěnéng ▶ perhaps not 未必 wèibì

period ['pɪərɪəd] N [c] 1 (interval, stretch) 周(週)期 zhōuqī [个 gè] 2 (time) 时(時)期 shíqī [段 duàn] 3 (era) 时(時)代 shídài [个 gè] 4 (esp US: punctuation mark) 句号(號) jùhào [个 gè] 5 (also: menstrual period) 月经(經)期 yuèjīngqī [个 gè] ▶ to have one's period 来(來)例假 lái lìjià

permanent ['pə:mənənt] ADJ 持久的 chíjiǔ de; [+ damage] 永久的 yǒngjiǔ de; [+ state, job, position]

长(長)期的 chángqī de

permission [pə'mɪʃən] N [u] 1 (consent) 准许(許) zhǔnxǔ 2 (official authorization) 批准 pīzhǔn

permit ['pə:mɪt] N [c] (authorization) 许(許)可证(證) xǔkězhèng [个 gè]

persecute ['pə:sɪkju:t] VT 迫害 pòhài

person ['pə:sn] (pl gen **people**) N [c] 人 rén [个 gè] ▶ in person 亲(親)自 qīnzì ▶ first/second/third person 第一/二/三人称(稱) dìyī/èr/sān rénchēng

personal ['pə:snl] ADJ 1 [+ telephone number, bodyguard] 私人的 sīrén de; [+ opinion, habits] 个(個)人的 gèrén de; [+ care, contact, appearance, appeal] 亲(親)自的 qīnzì de 2 [+ life, matter, relationship] 私人的 sīrén de

personality [pə:sə'nælɪti] N [c/u] 个(個)性 gèxìng [种 zhǒng]

personally ['pə:snəli] ADV 就我个(個)人来(來)说(說) jiù wǒ gèrén lái shuō

personal stereo N [c] 随(隨)身听(聽) suíshēntīng [个 gè]

perspiration [pə:spɪ'reɪʃən] N [u] 汗 hàn

persuade [pə'sweɪd] VT ▶ to persuade sb to do sth 劝(勸)说(說)某人做某事 quànshuō mǒurén zuò mǒushì

pessimistic [pesɪ'mɪstɪk] ADJ 悲观(觀)的 bēiguān de

pest [pest] N [c] (insect) 害虫(蟲) hàichóng [只 zhī]

pester ['pestə'] VT 烦(煩)扰(擾) fánrǎo

pet [pet] N [c] 宠(寵)物 chǒngwù [只 zhī]

petrol ['pɛtrəl] (Brit) N [U] 汽油 qìyóu

petrol station (Brit) N [C] 加油站 jiāyóuzhàn [个 gè]

pharmacy ['fɑːməsɪ] N 1 [C] (shop) 药(藥)店 yàodiàn [家 jiā] 2 [U] (science) 药(藥)学(學) yàoxué

philosophy [fɪ'lɒsəfɪ] N [U] (subject) 哲学(學) zhéxué

phone [fəun] I N [C] 电(電)话(話) diànhuà [部 bù] II VT 打电(電)话(話)给(給) dǎ diànhuà gěi III VI 打电(電)话(話) dǎ diànhuà ▸ **to be on the phone** (be calling) 在通话(話) zài tōnghuà ▸ **by phone** 通过(過)电(電)话(話) tōngguò diànhuà
▸ **phone back** I VT 给(給)…回电(電)话(話) gěi…huí diànhuà II VI 回电(電)话(話) huídiàn

phone bill N [C] 电(電)话(話)费(費)单(單) huàfèidān [张 zhāng]

phone book N [C] 电(電)话(話)簿 diànhuàbù [本 běn]

phone booth (US) N [C] 电(電)话(話)亭 diànhuàtíng [个 gè]

phone box (Brit) N [C] 电(電)话(話)亭 diànhuàtíng [个 gè]

phone call N [C] 电(電)话(話) diànhuà [部 bù] ▸ **to make a phone call** 打电(電)话(話) dǎ diànhuà

phonecard ['fəunkɑːd] N [C] 电(電)话(話)卡 diànhuàkǎ [张 zhāng]

phone number N [C] 电(電)话(話)号(號)码(碼) diànhuà hàomǎ [个 gè]

photo ['fəutəu] N [C] 照片 zhàopiàn [张 zhāng] ▸ **to take a photo (of sb/sth)** 给(給)(某人/某物)拍照片 gěi(mǒurén/mǒuwù) pāi zhàopiàn

photobomb ['fəutəubɒm] I N [C] 照片炸弹(彈) zhàopiàn zhàdàn II VB 意外被拍进(進)照片 yìwài bèi pāi jìn zhàopiàn

photocopier ['fəutəukɒpɪə'] N [C] 影印机(機) yǐngyìnjī [台 tái]

photocopy ['fəutəukɒpɪ] I N [C] 影印本 yǐngyìnběn [个 gè] II VT [+ document, picture] 影印 yǐngyìn

photograph ['fəutəgrɑːf] N [C] 照片 zhàopiàn [张 zhāng]

photographer [fə'tɒɡrəfə'] N [C] 摄(攝)影师(師) shèyǐngshī [位 wèi]

photography [fə'tɒɡrəfɪ] N [U] 摄(攝)影 shèyǐng

phrase [freɪz] N [C] 1 (expression) 习(習)语(語) xíyǔ [个 gè] 2 (in phrase book, dictionary) 短语(語) duǎnyǔ [个 gè]

phrase book N [C] 常用词(詞)手册(冊) chángyòngcí shǒucè [本 běn]

physical ['fɪzɪkl] ADJ 生理的 shēnglǐ de

physician [fɪ'zɪʃən] (US) N [C] 医(醫)生 yīshēng [位 wèi]

physicist ['fɪzɪsɪst] N [C] 物理学(學)家 wùlǐxuéjiā [位 wèi]

physics ['fɪzɪks] N [U] 物理学(學) wùlǐxué

physiotherapist [fɪzɪəu'θɛrəpɪst] N [C] 理疗(療)师(師) lǐliáoshī [位 wèi]

physiotherapy [fɪzɪəu'θɛrəpɪ] N [U] 物理疗(療)法 wùlǐ liáofǎ

pianist ['pɪ:ənɪst] N [C] (professional) 钢(鋼)琴家 gāngqínjiā [位 wèi]; (amateur) 钢(鋼)琴演奏者 gāngqín yǎnzòuzhě [位 wèi]

piano [pɪ'ænəu] N [C] 钢(鋼)琴 gāngqín [架 jià]

pick [pɪk] VT **1** (choose) 选(選)择(擇) xuǎnzé **2** [+ fruit, flowers] 采(採)摘 cǎizhāi ▸ **take your pick** 随(隨)意挑选(選) suíyì tiāoxuǎn
▸ **pick out** VT (select) [+ person, thing] 挑中 tiāozhòng
▸ **pick up** VT **1** [+ object] (take hold of) 拿起 náqǐ; (from floor, ground) 捡(撿)起 jiǎnqǐ **2** [+ collect] [+ person, parcel] 接 jiē

pickpocket ['pɪkpɔkɪt] N [c] 扒手 páshǒu [个 gè]

picnic ['pɪknɪk] N [c] (meal) 野餐 yěcān [顿 dùn]

picture ['pɪktʃə] I N [c] **1** (painting, drawing, print) 画(畫) huà [幅 fú] **2** (photograph) 照片 zhàopiàn [张 zhāng] **3** (film, movie) 电(電)影 diànyǐng [部 bù] II **the pictures** NPL (Brit: inf: the cinema) 电(電)影院 diànyǐngyuàn

picture messaging [-ˈmɛsɪdʒɪŋ] N [U] 彩信 cǎixìn

piece [piːs] N [c] **1** (fragment) 块(塊) kuài **2** [of string, ribbon, sticky tape] 段 duàn **3** [of cake, bread, chocolate] 块(塊) kuài ▸ **a piece of paper** 一张(張)纸(紙) yì zhāng zhǐ ▸ **a 10p piece** (Brit) 一枚10便士硬币(幣) yī méi shí biànshì yìngbì

pierced [pɪəst] ADJ [+ ears, nose, lip] 穿孔的 chuānkǒng de

piercing ['pɪəsɪŋ] N [c] 人体(體)穿孔 réntǐ chuānkǒng [个 gè]

pig [pɪg] N [c] 猪(豬) zhū [头 tóu]

pigeon ['pɪdʒən] N [c] 鸽(鴿)子 gēzi [只 zhī]

pile [paɪl] I N [c] 堆 duī [个 gè] II VT 堆起 duīqǐ ▸ **piles of** or **a pile of sth** (inf) 一大堆某物 yí dàduī mǒuwù

pill [pɪl] N [c] 药(藥)丸 yàowán [粒 lì] ▸ **the pill** (contraceptive pill) 避孕药(藥) bìyùnyào ▸ **to be on the pill** 服避孕药(藥) fú bìyùnyào

pillow ['pɪləʊ] N [c] 枕头(頭) zhěntou [个 gè]

pilot ['paɪlət] N [c] 飞(飛)行员(員) fēixíngyuán [个 gè]

PIN [pɪn] N ABBR (= personal identification number) 密码(碼) mìmǎ

pin [pɪn] I N [c] **1** (used in sewing) 大头(頭)针(針) dàtóuzhēn [枚 méi] **2** (badge) 饰(飾)针(針) shìzhēn [枚 méi] II VT (on wall, board) 钉(釘)住 dìngzhù ▸ **pins and needles** 发(發)麻 fāmá

pinch [pɪntʃ] VT [+ person] 捏 niē

pine [paɪn] N [c] (also: pine tree) 松树(樹) sōngshù [棵 kē] **2** [U] (wood) 松木 sōngmù

pineapple ['paɪnæpl] N [c] 菠萝(蘿) bōluó 凤(鳳)梨 fènglí [个 gè]

pink [pɪŋk] I ADJ 粉红(紅)色的 fěnhóngsè de II N [c/U] 粉红(紅)色 fěnhóngsè [种 zhǒng]

pint [paɪnt] N [c] (measure: Brit: 568 cc) 品脱(脫) pǐntuō; (US: 473 cc) 品脱(脫) pǐntuō

pipe [paɪp] N [c] **1** (for water, gas) 管子 guǎnzi [根 gēn] **2** (for smoking) 烟(煙)斗 yāndǒu [个 gè]

pirate ['paɪərət] N [c] 海盗(盜) hǎidào [个 gè]

pirated ['paɪərətɪd] (Comm) ADJ 盗(盜)版的 dàobǎn de

Pisces ['paɪsiːz] N [U] (sign) 双(雙)鱼(魚)座 Shuāngyú Zuò

pitch [pɪtʃ] N [c] (Brit) 球场(場) qiúchǎng [个 gè]

pity ['pɪtɪ] I N [U] (compassion) 同情 tóngqíng **2** (misfortune) ▸ **it is a pity that...** 真遗(遺)憾... zhēn yíhàn... II VT [+ person] 同情

tóngqíng ▸ what a pity! 真可惜!
zhēn kěxī!

pizza ['pi:tsə] N [c] 比萨(薩)饼(餅)
bǐsàbǐng [个 gè]

place [pleɪs] I N [c] (location) 地方
dìfāng [个 gè]; (space) 空位 kòngwèi
[个 gè]; (seat) 座位 zuòwèi [个
gè]; (at university, on course, on
committee, in team) 名额(額)
míng'é [个 gè] 3 [c] (in competition)
名次 míngcì [个 gè] 4 (US: inf)
▸ some/every/no/any place 某
些/每个/没(沒)有/任何地方
mǒuxiē/měigè/méiyǒu/rènhé
dìfāng II VT (put) 放(放) fàng;
(classify) 定级(級) dìng jí (幾)
▸ in places 在几(幾)
处(處)yǒu jǐ chù ▸ at sb's place
(home) 在某人的家里(裡) zài
mǒurén de jiā lǐ ▸ to take sb's/
sth's place 代替某人/某物 dàitì
mǒurén/mǒuwù ▸ to take place
(happen) 发(發)生 fāshēng

plain [pleɪn] I ADJ 1 (not patterned)
无(無)图(圖)案花纹(紋)的 wú tú'àn
huāwén de II N [c] (area of land)
平原 píngyuán [个 gè]

plait [plæt] I N [c] 辫(辮)子 biànzi
[条 tiáo] II VT (编) biān

plan [plæn] I N [c] (scheme, project)
计(計)划(劃) jìhuà [个 gè]
2 (drawing) 图(圖)案 túàn(案) xiàngtú
[张 zhāng] II VT (计)(劃)划(劃) jìhuà
III VI (think ahead) 打算 dǎsuàn
IV plans NPL (intentions) 计(計)
划(劃) jìhuà ▸ to plan to do sth
计(計)划(劃)做某事 jìhuà zuò
mǒushì

plane [pleɪn] N [c] 飞(飛)机(機)
fēijī [架 jià]

planet ['plænɪt] N [c] 行星
xíngxīng [个 gè]

plant [plɑ:nt] N [c] 1 植物 zhíwù

[株 zhū] 2 [c] (factory, power station)
工厂(廠) gōngchǎng [个 gè] II VT
栽种(種) zāizhòng

plaster ['plɑ:stə'] N [u] 1 灰泥
huīní 2 [c/u] (Brit) (also: sticking
plaster) 橡皮膏 xiàngpígāo [块
kuài] ▸ in plaster (Brit) 打了石膏
的 dǎ le shígāo de

plastic ['plæstɪk] I N [c/u] 塑料
sùliào [种 zhǒng] II ADJ [+ bucket,
chair, cup] 塑料的 sùliào de

plastic wrap (US) N [u] 保鲜(鮮)膜
bǎoxiānmó

plate [pleɪt] N [c] 碟 dié [个 gè]

platform ['plætfɔ:m] N [c] 1 (stage)
平台(臺) píngtái [个 gè] 2 (Rail) 站
台(臺) zhàntái [个 gè] ▸ the train
leaves from platform 7 火车(車)
从(從)7号(號)站台(臺)出发(發)
huǒchē cóng qī hào zhàntái
chūfā

play [pleɪ] I N [c] 戏(戲)剧(劇) xìjù
[出 chū] II VT 1 [+ game, chess] 玩
wán; [+ football] 踢 tī; [+ cricket,
tennis] 打 dǎ 2 [+ team, opponent]
同…比赛(賽) tóng…bǐsài
3 [+ part, role, character] 扮演
bànyǎn 4 [+ instrument, piece of
music] 演奏 yǎnzòu 5 [+ CD, record,
tape] 播放 bōfàng III VI
1 (children) 玩耍 wánshuǎ
2 (orchestra, band) 演奏 yǎnzòu
▸ to play cards 玩纸(紙)牌 wán
zhǐpái
▸ play back VT 回放 huífàng

player ['pleɪə'] N [c] 1 (Sport) 选(選)
手 xuǎnshǒu [名 míng] 2 (Mus) ▸ a
trumpet/flute/piano player 小
号(號)/长(長)笛/钢(鋼)琴演奏者
xiǎohào/chángdí/gāngqín
yǎnzòuzhě [位 wèi]

playground ['pleɪgraʊnd] N [c] (at

school) 运(運)动(動)场(場) yùndòngchǎng [个 gè]; (in park) 游(遊)戏(戲)场(場)yóuxìchǎng [个 gè]

playing card ['pleɪɪŋ-] N [c] 纸(紙) 牌 zhǐpái [张 zhāng]

pleasant ['plɛznt] ADJ 1 (agreeable) 令人愉快的 lìng rén yúkuài de 2 (friendly) 友善的 yǒushàn de

please [pliːz] I INT 请(請)qǐng II VT (satisfy) 使高兴(興) shǐ gāoxìng ▸ **yes, please** 好的 hǎode

pleased [pliːzd] ADJ 开(開)心的 kāixīn de ▸ **pleased to meet you** 见(見)到你很高兴(興)jiàndào nǐ hěn gāoxìng ▸ **pleased with sth** 对(對)某事满(滿)意 duì mǒushì mǎnyì

pleasure ['plɛʒə⁽ʳ⁾] N 1 [u] (happiness, satisfaction) 高兴(興) gāoxìng 2 [u] (fun) 享乐(樂) xiǎnglè ▸ **"it's a pleasure", "my pleasure"** "乐(樂)意效劳(勞)" "lèyì xiàoláo"

plenty ['plɛntɪ] PRON N 1 [u] (lots) 大量 dàliàng 2 (sufficient) 充足 chōngzú ▸ **plenty of** [+ food, money, time] 很多 hěn duō; [+ jobs, people, houses] 许(許)多 xǔduō

plot [plɔt] N 1 [c] (secret plan) ▸ a **plot (to do sth)** (做某事的)阴(陰)谋(謀) (zuò mǒushì de) yīnmóu [个 gè] 2 [c] (of story, play, film) 情节(節) qíngjié [个 gè] II VI (conspire) 密谋(謀) mìmóu ▸ **to plot to do sth** 密谋(謀)做某事 mìmóu zuò mǒushì

plug [plʌg] N 1 [c] (Elec: on appliance) 插头(頭) chātóu [个 gè] 插座 chāzuò [个 gè] 2 (in sink, bath) 塞子 sāizi [个 gè]
▸ **plug in** (Elec) VT 插上…的插

plum [plʌm] N [c] (fruit) 梅子 méizi [颗 kē]

plumber ['plʌmə⁽ʳ⁾] N [c] 管子工 guǎnzigōng [个 gè]

plural ['pluərl] I ADJ 复(複)数(數)的 fùshù de II N [c] 复(複)数(數) fùshù [个 gè]

plus [plʌs] I CONJ 1 (added to) 加 jiā 2 (as well as) 和 hé II ADV (additionally) 此外 cǐwài III N [c] (inf) ▸ **it's a plus** 这(這)是个(個)附加的好处(處)zhè shì ge fùjiā de hǎochù [个 gè] ▸ **B plus** (Scol) B加 bìjiā

p.m. ADV ABBR (= post meridiem) 下午 xiàwǔ

pneumonia [njuːˈməunɪə] N [u] 肺炎 fèiyán

pocket ['pɔkɪt] N [c] 口袋 kǒudài [个 gè]

pocketbook ['pɔkɪtbuk] (US) N [c] 1 (wallet) 皮夹(夾) píjiā [个 gè] 2 (handbag) 手提包 shǒutíbāo [个 gè]

poem ['pəuɪm] N [c] 诗(詩) shī [首 shǒu]

poet ['pəuɪt] N [c] 诗(詩)人 shīrén [位 wèi]

poetry ['pəuɪtrɪ] N [u] 1 (poems) 诗(詩) shī 2 (form of literature) 诗(詩)歌 shīgē

point [pɔɪnt] I N 1 [c] (in report, lecture, interview) 论(論)点(點) lùndiǎn [个 gè] 2 [s] (significant part) [of argument, discussion] 要害 yàohài 3 [s] (purpose) [of action] 目的 mùdì 4 [c] (place) 位置 wèizhì [个 gè] 5 [c] (moment) 时(時)刻 shíkè 6 [c] (sharp end) 尖端 jiānduān [个 gè] 7 [c] (in score, competition, game, sport) 分 fēn

8 [c] (also: **decimal point**) 小数(數)点(點) xiǎoshùdiǎn [个 gè]
II VI (with finger, stick) 指出 zhǐchū
III VT ▸ **to point sth at sb** 把某物瞄准(準) 某人 bǎ mǒuwù miáozhǔn mǒurén ▸ **there's no point (in doing that)** (那样(樣)做) 毫无(無)意义(義) (nàyàng zuò) háo wú yìyì ▸ **two point five** (2.5) 二点(點)五 èr diǎn wǔ ▸ **to point at/to sb** (with finger, stick) 指着(著) 某物/某人 zhǐzhe mǒuwù/mǒurén
▸ **point out** VT 指出 zhǐchū ▸ **to point out that...** 指出⋯ zhǐchū

pointless ['pɔɪntlɪs] ADJ 无(無)意义(義)的 wú yìyì de

poison ['pɔɪzn] **I** N [c/u] 毒药(藥) dúyào [种 zhǒng] **II** VT 下毒 xiàdú

poisonous ['pɔɪzɪnəs] ADJ (lit) [+ animal, plant, fumes, chemicals] 有毒的 yǒudú de

poker ['pəukə'] N [u] 扑(撲)克牌 pūkèpái

Poland ['pəulənd] N 波兰(蘭) Bōlán

polar bear ['pəulə'-] N [c] 北极(極)熊 běijíxióng [头 tóu]

Pole [pəul] N [c] 波兰(蘭)人 Bōlánrén [个 gè]

pole [pəul] N [c] **1** (stick) 杆(桿)gān [根 gēn] **2** (Geo) 地极 dìjí [个 gè]

police [pə'li:s] NPL **1** (organization) 警方 jǐngfāng **2** (members) 警察 jǐngchá

policeman [pə'li:smən] (pl **policemen**) N [c] 男警察 nán jǐngchá [个 gè]

police station N [c] 警察局 jǐngchájú [个 gè]

policewoman [pə'li:swumən] (pl **policewomen**) N [c] 女警察

nǚjǐngchá [个 gè]

Polish ['pəulɪʃ] **I** ADJ 波兰(蘭)的 Bōlán de **II** N [u] (language) 波兰(蘭)语(語) Bōlányǔ

polish ['pɒlɪʃ] **I** N [c/u] 上光剂(劑) shàngguāngjì [盒 hé] **II** VT [+ shoes] 擦亮 cāliàng; [+ furniture, floor] 上光 shàngguāng

polite [pə'laɪt] ADJ 有礼(禮)貌的 yǒu lǐmào de

political [pə'lɪtɪkl] ADJ 政治的 zhèngzhì de

politician [pɒlɪ'tɪʃən] N [c] 政治家 zhèngzhìjiā [位 wèi]

politics ['pɒlɪtɪks] N [u] **1** (activity) 政治 zhèngzhì **2** (subject) 政治学(學) zhèngzhìxué

pollute [pə'lu:t] VT 污染 wūrǎn

polluted [pə'lu:tɪd] ADJ 被污染的 bèi wūrǎn de

pollution [pə'lu:ʃən] N [u] **1** (process) 污染 wūrǎn **2** (substances) 污染物 wūrǎnwù

polythene bag ['pɒliθi:n-] N [c] 聚乙烯塑料袋 jùyǐxī sùliàodài [个 gè]

pond [pɒnd] N [c] 池塘 chítáng [个 gè]

pony ['pəuni] N [c] 小马(馬) xiǎomǎ [匹 pǐ]

ponytail ['pəuniteɪl] N [c] 马(馬)尾辫(辮) mǎwěibiàn [条 tiáo]

pool [pu:l] N **1** [c] (pond) 水塘 shuǐtáng [个 gè] **2** [c] (also: **swimming pool**) 游泳池 yóuyǒngchí [个 gè] **3** [u] (game) 美式台(檯)球 měishì táiqiú

poor [puə'] ADJ **1** [+ person] 贫(貧)穷(窮)的 pínqióng de; [+ country, area] 贫(貧)困的 pínkùn de **2** (bad) [+ quality, performance] 低水平的 dī shuǐpíng de; [+ wages, conditions, *results, attendance*] 差的 chà de **II** NPL ▶ **the poor** 穷(窮)人 qióngrén ▶ **poor (old) Bill** 可怜(憐)的(老)比尔(爾) kělián de (lǎo) Bǐ'ěr

pop [pɒp] N **1** [U] (*Mus*) 流行音乐(樂) liúxíng yīnyuè **2** [c] (*US: inf: father*) 爸爸 bàba [个 gè]

popcorn ['pɒpkɔːn] N [U] 爆米花 bàomǐhuā

pope [pəup] N [c] 教皇 jiàohuáng [位 wèi]

popular ['pɒpjulə] ADJ **1** [+ *person, place, thing*] 流行的 liúxíng de **2** [+ *name, activity*] 时(時)髦的 shímáo de

population [pɒpju'leɪʃən] N [c] 人口 rénkǒu [个 gè]

pork [pɔːk] N [U] 猪(豬)肉 zhūròu

port [pɔːt] N **1** [c] (*harbour*) 港口 gǎngkǒu [个 gè] **2** [c] (*town*) 港市 gǎngshì [座 zuò]

portable ['pɔːtəbl] ADJ 便携(攜)式 的 biànxiéshì de

porter ['pɔːtə] N [c] **1** (*Brit: doorkeeper*) 门(門)房 ménfáng [个 gè] **2** (*US: on train*) 列车(車)员(員) lièchēyuán [位 wèi]

portion ['pɔːʃən] N [c] 份 fèn

portrait ['pɔːtreɪt] N [c] (*picture*) 画(畫)像 huàxiàng [幅 fú]

Portugal ['pɔːtjugəl] N 葡萄牙 Pútáoyá

Portuguese [pɔːtju'giːz] (*pl* **Portuguese**) **I** ADJ 葡萄牙的 Pútáoyá de **II** N **1** [c] (*person*) 葡萄牙人 Pútáoyárén [个 gè] **2** [U] (*language*) 葡萄牙语(語) Pútáoyáyǔ

posh [pɒʃ] (*inf*) ADJ [+ *hotel, restaurant, car*] 豪华(華)的 háohuá de

position [pə'zɪʃən] N [c] **1** [*of house, person, thing*] 位置 wèizhì [个 gè] **2** (*posture*) [*of person's body*] 姿势(勢) zīshì [种 zhǒng]

positive ['pɒzɪtɪv] ADJ **1** (*good*) 有益的 yǒuyì de **2** (*affirmative*) [+ *test, result*] 阳(陽)性的 yángxìng de **3** (*sure*) 确(確)信的 quèxìn de ▶ **to be positive (about sth)** 确(確)信(某事) quèxìn (mǒushì)

possession [pə'zeʃən] **I** N [U] 拥(擁)有 yōngyǒu **II** **possessions** NPL 财(財)产(產) cáichǎn

possibility [pɒsɪ'bɪlɪtɪ] N [c] **1** 可能性 kěnéngxìng [种 zhǒng]; (*of sth happening*) 可能的事 kěnéng de shì [件 jiàn] **2** (*option*) 可选(選)性 kěxuǎnxìng [种 zhǒng]

possible ['pɒsɪbl] ADJ [+ *event, reaction, effect, consequence*] 可能的 kěnéng de; [+ *risk, danger*] 潜(潛)在的 qiánzài de; [+ *answer, cause, solution*] 可接受的 kě jiēshòu de ▶ **it's possible (that...)** 可能(…) kěnéng... ▶ **if possible** 如有可能 rú yǒu kěnéng ▶ **as soon as possible** 尽(盡)快 jìnkuài

possibly ['pɒsɪblɪ] ADV (*perhaps*) 大概 dàgài

post [pəust] **I** N **1** (*Brit*) ▶ **the post** (*service, system*) 邮(郵)政 yóuzhèng; (*letters, delivery*) 邮(郵)件 yóujiàn **2** [c] (*pole*) 柱子 zhùzi [根 gēn] **3** [c] (*job*) 职(職)位 zhíwèi [个 gè] **II** VT (*Brit*) [+ *letter*] 邮(郵)寄 yóujì ▶ **by post** (*Brit*) 以邮(郵)件的方式 yǐ yóujiàn de fāngshì

postbox ['pəustbɒks] (*Brit*) N [c] (*in street*) 邮(郵)筒 yóutǒng [个 gè]

postcard ['pəustkɑːd] N [c] 明信片 míngxìnpiàn [张 zhāng]

postcode ['pəustkəud] (*Brit*) N [c]

p

邮(郵)政编(編)码(碼) yóuzhèng biānmǎ [个 gè]

poster ['pəustə'] N [c] 海报(報) hǎibào [张 zhāng]

postman ['pəustmən] (pl **postmen**) (Brit) N [c] 邮(郵)递(遞)员(員) yóudìyuán [位 wèi]

post office N [c] 邮(郵)局 yóujú [个 gè]

postpone [pəus'pəun] VT 推迟(遲) tuīchí

postwoman ['pəustwumən] (pl **postwomen**) (Brit) N [c] 女邮(郵)递(遞)员(員) nǚyóudìyuán [位 wèi]

pot [pɔt] N 1 [c] (for cooking) 锅(鍋) guō [口 kǒu] 2 [c] (also: **teapot**) 茶壶(壺) cháhú [个 gè] 3 [c] (also: **coffeepot**) 咖啡壶(壺) kāfēihú [个 gè] 4 [c] (for paint, jam, marmalade, honey) 罐 guàn [个 gè] 5 [c] (also: **flowerpot**) 花盆 huāpén [个 gè]

potato [pə'teɪtəu] (pl **potatoes**) N [c/u] 马(馬)铃(鈴)薯(薯) mǎlíngshǔ [个 gè] 土豆 tǔdòu [个 gè]

potato chips (US) N PL 薯片 shǔpiàn

pottery ['pɔtərɪ] N 1 [u] (work, hobby) 陶艺(藝) táoyì 2 [c] (factory, workshop) 制(製)陶厂(廠) zhìtáochǎng [家 jiā]

pound [paund] N [c] 1 (unit of money) 镑(鎊) bàng 2 (unit of weight) 磅 bàng ▸ **a pound coin** 1镑(鎊)硬币(幣) yī bàng yìngbì ▸ **a five-pound note** 5镑(鎊)纸(紙)币(幣) wǔ bàng zhǐbì ▸ **half a pound (of sth)** 半磅(某物) bànbàng (mǒuwù)

pour [pɔː'] VT ▸ **to pour sth (into/onto sth)** 灌某物（到某物里(裡)/上） guàn mǒuwù (dào

mǒuwù li/shang) ▸ **it is pouring (with rain), it is pouring down** 大雨如注 dàyǔ rúzhù

poverty ['pɔvətɪ] N [u] 贫(貧)穷(窮) pínqióng

powder ['paudə'] N [c/u] 粉 fěn [袋 dài]

power ['pauə'] N [u] 1 权(權)力 quánlì 2 (electricity) 电(電)力 diànlì

powerful ['pauəful] ADJ 1 (influential) 有影响(響)力的 yǒu yǐngxiǎnglì de 2 (physically strong) 强(強)健的 qiángjiàn de 3 [+ engine, machine] 大功率的 dà gōnglù de

practical ['præktɪkl] ADJ 1 [+ difficulties, experience] 实(實)践(踐)方面的 shíjiàn fāngmiàn de 2 [+ ideas, methods, advice, suggestions] 切合实(實)际(際)的 qièhé shíjì de 3 [+ person, mind] 有实(實)际(際)经(經)验(驗)的 yǒu shíjì jīngyàn de

practically ['præktɪklɪ] ADV 几(幾)乎 jīhū

practice ['præktɪs] I N 1 [u] (exercise, training) 练(練)习(習) liànxí 2 [c] (training session) 实(實)习(習) shíxí [次 cì] II VT, VI (US) = **practise** (in practice) 实(實)际(際)上 shíjìshang ▸ **2 hours' piano practice** 2小时(時)的练(練)琴时(時)间(間) èr xiǎoshí de liànqín shíjiān

practise, (US) **practice** ['præktɪs] I VT 练(練)习(習) liànxí II VI 练(練)习(習) liànxí

praise [preɪz] VT 称(稱)赞(讚) chēngzàn

pram [præm] (Brit) N [c] 婴(嬰)儿(兒)车(車) yīng'érchē [辆 liàng]

prawn[prɔːn] (Brit) N [C] 虾(蝦) xiā [只 zhī]

pray[preɪ] VI 祷(禱)告 dǎogào

prayer[preə˞] (Rel) N [C] (words) 祈祷(禱)文 qídǎowén [篇 piān]

precaution[prɪˈkɔːʃən] N [C] 预(預)防措施 yùfáng cuòshī [项 xiàng]

precious[ˈprɛʃəs] ADJ [+ time, resource, memories] 宝(寶)贵(貴)的 bǎoguì de; (financially) 贵(貴)重的 guìzhòng de

precise[prɪˈsaɪs] ADJ 1[+ time, nature, position, circumstances] 精确(確)的 jīngquè de; [+ figure, definition] 准(準)确(確)的 zhǔnquè de; [+ explanation] 清晰的 qīngxī de 2[+ instructions, plans] 详(詳)尽(盡)的 xiángjìn de

precisely[prɪˈsaɪsli] ADV (exactly) 确(確)切地 quèqiè de; (referring to time) 正好 zhènghǎo

predict[prɪˈdɪkt] VT 预(預)言 yùyán

prediction[prɪˈdɪkʃən] N [C] 预(預)言 yùyán [种 zhǒng]

prefer[prɪˈfɜː˞] VT 偏爱(愛) piānài ▶ **to prefer coffee to tea** 咖啡胜(勝)于(於)茶 xīhuan kāfēi shèngyú chá ▶ **I'd prefer to go by train** 我宁(寧)愿(願)坐火车(車)去 wǒ nìngyuàn zuò huǒchē qù

pregnant[ˈprɛɡnənt] ADJ 怀(懷)孕 的 huáiyùn de ▶ **3 months pregnant** 怀(懷)孕3个(個)月 huáiyùn sān ɡè yuè

Premier League(Brit: Football) N ▶ **the Premier League** 超级(級) 联(聯)赛(賽) Chāojí Liánsài

preparation[prɛpəˈreɪʃən] I N [U]

准(準)备(備) zhǔnbèi

II **preparations** NPL (arrangements) ▶ **preparations (for sth)** (为(為)某事的)准(準)备(備) 工作 (wèi mǒushì de) zhǔnbèi gōngzuò ▶ **in preparation for sth** (为(為)某事而准(準)备(備) (wèi mǒushì ér zhǔnbèi de

prepare[prɪˈpeə˞] I VT 准(準)备(備) zhǔnbèi; [+ food, meal] 预(預)备(備) yùbèi II VI ▶ **to prepare (for sth)** (为(為)某事) 做准(準)备(備) (wèi mǒushì) zuò zhǔnbèi ▶ **to prepare to do sth** (get ready) 准(準)备(備)好做某事 zhǔnbèihǎo zuò mǒushì

prepared[prɪˈpeəd] ADJ ▶ **to be prepared to do sth** (willing) 有意 做某事 yǒuyì zuò mǒushì ▶ **prepared (for sth)** (ready) (对(對)某事) 有所准(準)备(備)的 (duì mǒushì) yǒu suǒ zhǔnbèi de

prescribe[prɪˈskraɪb] VT (Med) 开(開) kāi

prescription[prɪˈskrɪpʃən] N [C] (Med: slip of paper) 处(處)方 chǔfāng [个 gè]; (medicine) 药(藥) 方 yàofāng [个 gè]

present I ADJ 1(current) 现(現)有的 xiànyǒu de 2(in attendance) 在场(場)的 zàichǎng de II N 1(not past) ▶ **the present** 目前 mùqián 2[c] (gift) 礼(禮)物 lǐwù [件 jiàn] 3 ▶ **the present** (also: **present tense**) 现(現)在 时(時)态(態) xiànzài shítài [个 gè] ▶ **to be present at sth** 出席某事 chūxí mǒushì ▶ **at present** 现(現)在 xiànzài ▶ **to give sb a present** 给(給)某人礼(禮)物 gěi mǒurén lǐwù

president[ˈprɛzɪdənt] N [C] (Pol)

总(總)统(統) zǒngtǒng [位 wèi]
press [pres] I N ► **the press** 新闻(聞)界 xīnwénjiè II VT
1 [+ button, switch, bell] 按 àn
2 (iron) 熨平 yùnpíng ► **to be pressed for time/money** 时(時)间(間)/手头(頭)紧(緊) shíjiān jǐnpò/shǒutóu jǐn

pressure ['preʃə'] N 1 [U] (physical force) 压(壓)力 yālì 2 [U]
► **pressure (to do sth)** (做某事的)压(壓)力 (zuò mǒushì de) yālì
3 [C/U] (stress) 压(壓)力 yālì [种 zhǒng] ► **to put pressure on sb (to do sth)** 对(對)某人施加压(壓)力(去做某事) duì mǒurén shījiā yālì (qù zuò mǒushì)

pretend [prɪ'tend] VT ► **to pretend to do sth/pretend that...** 假装(裝)做某事/假装(裝)… jiǎzhuāng zuò mǒushì/jiǎzhuāng...

pretty ['prɪtɪ] I ADJ 漂亮的 piàoliang de II ADV [+ good, happy, soon etc] 相当(當) xiāngdāng

prevent [prɪ'vent] VT [+ war, disease, situation] 阻止 zǔzhǐ; [+ accident, fire] 防止 fángzhǐ ► **to prevent sb (from) doing sth** 阻止某人做某事 zǔzhǐ mǒurén zuò mǒushì ► **to prevent sth (from) happening** 防止某事发(發)生 fángzhǐ mǒushì fāshēng

previous ['pri:vɪəs] ADJ
1 [+ marriage, relationship, experience, owner] 前的 qián de 2 [+ chapter, week, day] 前的 qián de ► **the previous day** 前一天 qián yī tiān

previously ['pri:vɪəslɪ] ADV 1 以前 yǐqián 2 ► **to days previously** 10 天前 shí tiān qián

price [praɪs] N [C/U] 价(價)格 jiàgé [种 zhǒng]

pride [praɪd] N [U] 自豪 zìháo ► **to take (a) pride in sb/sth** 因某人/某事而自豪 yīn mǒurén/mǒushì ér zìháo

priest [pri:st] N [C] 神职(職)人员(員) shénzhí rényuán [位 wèi]

primarily ['praɪmərɪlɪ] ADV 主要地 zhǔyào de

primary school ['praɪmərɪ-] (Brit) N [C/U] 小学(學) xiǎoxué [所 suǒ]

Prime Minister [praɪm-] N [C] 总(總)理 zǒnglǐ [位 wèi]

prince [prɪns] N [C] 王子 wángzǐ [位 wèi]

princess [prɪn'ses] N [C] 公主 gōngzhǔ [位 wèi]

principal ['prɪnsɪpl] I ADJ 主要的 zhǔyào de II N [of school, college] 校长(長) xiàozhǎng [位 wèi]

principle ['prɪnsɪpl] N [C/U] 准(準)则(則) zhǔnzé [个 gè] ► **in principle** (in theory) 原则(則)上 yuánzé shang

print [prɪnt] I N [C] (photograph) 照片 zhàopiàn [张 zhāng] II VT
1 [+ story, article] 出版 chūbǎn
2 (stamp) 印 yìn 3 (write) 用印刷体(體)写(寫) yòng yìnshuātǐ xiě
4 (Comput) 打印 dǎyìn
► **print out** VT 打印出 dǎyìnchū

printer ['prɪntə'] N [C] 打印机(機) dǎyìnjī [台 tái]

printout ['prɪntaut] N [C] 打印输(輸)出 dǎyìn shūchū [次 cì]

priority [praɪ'ɔrɪtɪ] I N [C] (concern) 重点(點) zhòngdiǎn [个 gè] II **priorities** NPL (优(優)先考虑(慮))的事 yōuxiān kǎolǜ de shì ► **to give priority to sth/sb** 给(給)某事/某人以优(優)先权(權) gěi mǒushì/mǒurén yǐ yōuxiānquán

prison ['prɪzn] N 1 [c/u] (*institution*) 监(監)狱(獄) jiānyù [所 suǒ] 2 [u] (*imprisonment*) 坐牢 zuòláo ▸ **in prison** 坐牢 zuòláo

prisoner ['prɪznər] N [c] 囚犯 qiúfàn [个 gè]

private ['praɪvɪt] ADJ 1 [+ *property, land, plane*] 私人的 sīrén de 2 [+ *education, housing, health care, industries*] 私有的 sīyǒu de 3 (*confidential*) 秘(祕)密的 mìmì de 4 [+ *life, thoughts, plans, affairs, belongings*] 私人的 sīrén de ▸ **in private** 私下 sīxià

prize [praɪz] N [c] 奖(獎)jiǎng [个 gè]

prizewinner ['praɪzwɪnər] N [c] 获(獲)奖(獎)者 huòjiǎngzhě [位 wèi]

pro [prəʊ] PREP (*in favour of*) 赞(贊)成 zànchéng

probability [prɒbə'bɪlɪtɪ] N [c/u] ▸ **probability (of sth/that...)** (某事/…的) 可能性 (mǒushì/…de) kěnéngxìng [种 zhǒng]

probable ['prɒbəbl] ADJ 可能的 kěnéng de

probably ['prɒbəblɪ] ADV 可能 kěnéng

problem ['prɒbləm] N [c] 难(難)题(題) nántí [个 gè] ▸ **what's the problem?** 有什么(麼)问(問)题(題)吗(嗎)? yǒu shénme wèntí ma? ▸ **I had no problem finding her** 我要找她不难(難) wǒ yào zhǎo tā bù nán ▸ **no problem!** (*inf*) 没(沒)问(問)题(題)! méi wèntí!

process ['prəʊsɛs] I N [c] (*procedure*) 过(過)程 guòchéng [个 gè] II VT (*Comput*) [+ *data*] 处(處)理 chǔlǐ ▸ **to be in the process of doing sth** 在从(從)事某事的

过(過)程中 zài cóngshì mǒushì de guòchéng zhōng

produce [prə'djuːs] VT 1 [+ *effect, result*] 促成 cùchéng 2 [+ *goods, commodity*] 生产(產) shēngchǎn 3 [+ *play, film, programme*] 上演 shàngyǎn

producer [prə'djuːsər] N [c] 1 [of *film, play, programme*] 制(製)片人 zhìpiànrén [位 wèi] 2 [of *food, material*] (*country*) 产(產)地 chǎndì [个 gè]; (*company*) 制(製)造商 zhìzàoshāng [个 gè]

product ['prɒdʌkt] N [c] 产(產)品 chǎnpǐn [个 gè]

production [prə'dʌkʃən] N 1 [u] 生产(產) shēngchǎn; (*amount produced, amount grown*) 产(產)量 chǎnliàng 2 [c] (*play, show*) 作品 zuòpǐn [部 bù]

profession [prə'fɛʃən] N [c] 职(職)业(業) zhíyè [种 zhǒng]

professional [prə'fɛʃənl] ADJ 1 [+ *photographer, musician, footballer*] 职(職)业(業)的 zhíyè de; [+ *advice, help*] 专(專)业(業)的 zhuānyè de 2 (*skilful*) 专(專)业(業)水平的 zhuānyè shuǐpíng de

professor [prə'fɛsər] N [c] 1 (*Brit*) 教授 jiàoshòu [位 wèi] 2 (*US*) 教员(員) jiàoyuán [位 wèi]

profit ['prɒfɪt] N [c/u] 利润(潤) lìrùn ▸ **to make a profit** 赚(賺)钱(錢) zhuànqián

profitable ['prɒfɪtəbl] ADJ 有利润(潤)的 yǒu lìrùn de

program ['prəʊgræm] I N [c] 1 (*also:* **computer program**) 程序 chéngxù [个 gè] 2 (*US*) = **programme** II VT 1 (*Comput*) ▸ **to program sth (to do sth)**

为(為)某物编(編)程(做某事) wèi mǒuwù biānchéng (zuò mǒushì) 2 (US) = **programme**

programme, (US) **program**['prəυgræm] I N [c] 1 (Rad, TV) 节(節)目 jiémù [个 gè] 2 (for theatre, concert) 节(節)目宣传(傳)册(冊) jiémù xuānchuáncè [本 běn] 3 [of talks, events, performances] 节(節)目单(單) jiémùdān [个 gè] II VT ▸ **to programme sth (to do sth)** [+ machine, system] 设(設)定某事(做某事) shèding mǒushì (zuò mǒushì); see also/ 另见 **program**

programmer['prəυgræmə^r] (Comput) N [c] 程序员(員) chéngxùyuán [位 wèi]

progress['prəυgres] N [u] 1 (headway) 进(進)展 jìnzhǎn 2 (advances) 进(進)步 jìnbù ▸ **to make progress (with sth)** (对(對)某事)取得进(進)步 (duì mǒushì) qǔdé jìnbù

project['prɒdʒekt] N [c] 工程 gōngchéng [个 gè]

promise['prɒmɪs] I N [c] 许(許)诺(諾) xǔnuò [个 gè] II VI ▸ **to promise sb sth, promise sth to sb** 保证(證)给(給)某人某物 bǎozhèng gěi mǒurén mǒuwù ▸ **to break/keep a promise (to do sth)** 违(違)/遵守(做某事的)诺(諾)言 wéibèi/zūnshǒu (zuò mǒushì de) nuòyán ▸ **to promise to do sth** 保证(證)做某事 bǎozhèng zuò mǒushì

promotion[prə'məυʃən] N [c/u] 晋(晉)级(級) jìnjí [次 cì]

prompt[prɒmpt] I ADJ 1 (on time) 干(乾)脆的 gāncuì de 2 (rapid) [+ action, response] 迅速的 xùnsù

de II N [c] (Comput) 提示符 tíshìfú [个 gè] ▸ **at 8 o'clock prompt** 8 点(點)整 bā diǎn zhěng

pronoun['prəυnaυn] N [c] 代词(詞) dàicí [个 gè]

pronounce[prə'naυns] VT 发(發)音 fāyīn

pronunciation[prənʌnsɪ'eɪʃən] N [c/u] 发(發)音 fāyīn [个 gè]

proof[pru:f] N [u] 证(證)据(據) zhèngjù

proper['prɒpə^r] ADJ [+ procedure, place, word] 恰当(當)的 qiàdàng de

properly['prɒpəlɪ] ADV 1 [eat, work, concentrate +] 充分地 chōngfèn de 2 [behave +] 体(體)面地 tǐmiàn de

property['prɒpətɪ] N 1 [u] (possessions) 财(財)产(產) cáichǎn 2 [c/u] (buildings and land) 地产(產) dìchǎn [处 chù]

prostitute['prɒstɪtju:t] N [c] (female) 妓女 jìnǚ [个 gè] ▸ **a male prostitute** 男妓 nánjì

protect[prə'tekt] VT 保护(護) bǎohù ▸ **to protect sb/sth from or against sth** 保护(護)某人/某物不受某物的伤(傷)害 bǎohù mǒurén/mǒuwù bù shòu mǒuwù de shānghài

protection[prə'tekʃən] N [c/u] ▸ **protection (from or against sth)** (免受某物侵害的) 保护(護) (miǎnshòu mǒuwù qīnhài de) bǎohù [种 zhǒng]

protest[n 'prəυtest, vb prə'test] I N [c/u] (意(議)) 抗议(議) kàngyì ▸ **to protest about/against/at sth** (Brit) 抗议(議)某事 kàngyì mǒushì III VT (US: voice opposition to) 示威 shìwēi

Protestant['prɒtɪstənt] I N [c] 新

教徒 Xīnjiàotú [个 gè] II ADJ 新教的 Xīnjiào de

protester [prə'tɛstər] N [c] 抗议(議)者 kàngyìzhě [名 míng]

proud [praud] ADJ 1[+ parents, owner] 自豪的 zìháo de 2(arrogant) 骄(驕)傲的 jiāo'ào de ▸ **to be proud of sb/sth** 为(為)某人/某事感到自豪 wèi mǒurén/mǒushì gǎndào zìháo

prove [pru:v] I VT [+ idea, theory] 证(證)明 zhèngmíng II VI ▸ **to prove that...** [person +] 证(證)明... zhèngmíng...; [situation, experiment, calculations +] 显(顯)示... xiǎnshì... ▸ **to prove sb right/wrong** 证(證)明某人是对(對)/错(錯)的 zhèngmíng mǒurén shì duì de/cuò de

provide [prə'vaɪd] VT [+ food, money, shelter] 供应(應) gōngyìng; [+ answer, opportunity, details] 提供 tígōng ▸ **to provide sb with sth** 提供某人某物 tígōng mǒurén mǒuwù

provided (that) [prə'vaɪdɪd-] CONJ 假如 jiǎrú

PS ABBR (= postscript) 附言 fùyán

psychiatrist [saɪ'kaɪətrɪst] N [c] 精神病医(醫)生 jīngshénbìng yīshēng [位 wèi]

psychological [saɪkə'lɒdʒɪkl] ADJ 心理的 xīnlǐ de

psychologist [saɪ'kɒlədʒɪst] N [c] 心理学(學)家 xīnlǐxuéjiā [位 wèi]

psychology [saɪ'kɒlədʒɪ] N [U] 心理学(學) xīnlǐxué

PTO ABBR (= please turn over) 请(請)翻过(過)来(來) qǐng fān guòlái

pub [pʌb] (Brit) N [c] 酒吧 jiǔbā [个 gè]

public ['pʌblɪk] I ADJ 1[+ support, opinion, interest] 公众(眾)的 gōngzhòng de 2[+ building, service, library] 公共的 gōnggòng de 3[+ announcement, meeting] 公开(開)的 gōngkāi de II N [s + PL VB] ▸ **the (general) public** 民众(眾) mínzhòng

public holiday N [c] 法定假期 fǎdìng jiàqī [个 gè]

publicity [pʌb'lɪsɪtɪ] N [U] 1(information, advertising) 宣传(傳) xuānchuán 2(attention) 关(關)注 guānzhù

public school N [c/u] 1(Brit: private school) 私立中学(學) sīlì zhōngxué [所 suǒ] 2(US: state school) 公立学(學)校 gōnglì xuéxiào [所 suǒ]

public transport N [U] 公共交通 gōnggòng jiāotōng

publish ['pʌblɪʃ] VT [+ book, magazine] 出版 chūbǎn

publisher ['pʌblɪʃər] N [c] (company) 出版社 chūbǎnshè [家 jiā]

pudding ['pudɪŋ] N [c/u] 1(Brit: dessert in general) 甜点(點) tiándiǎn [份 fèn]

puddle ['pʌdl] N [c] 水坑 shuǐkēng [个 gè]

pull [pul] I VT 1[+ rope, hair] 拖 tuō; [+ handle, door, cart, carriage] 拉 lā 2[+ trigger] 扣(釦) kòu II VI 猛拉 měnglā ▸ **to pull a muscle** 扭伤(傷)肌肉 niǔshāng jīròu ▸ **to pull sb's leg** (fig) 开(開)某人的玩笑 kāi mǒurén de wánxiào ▸ **pull down** VT [+ building] 拆毁(毀) chāihuǐ ▸ **pull in** VI (at the kerb) 停了下来(來) tíngle xiàlái ▸ **pull out** VI 1(Aut: from kerb)

开(開)出 kāichū; *(when overtaking)* 超车(車) chāochē **2** 退出 tuìchū

▶ **pull through** VI *(from illness)* 恢复(復)健康 huīfù jiànkāng; *(from difficulties)* 渡过(過)难(難)关(關) dùguò nángguān

▶ **pull up** I VI *(stop)* 停下 tíngxià II VT **1** *(raise)* [+ socks, trousers] 拉起 lāqǐ **2** [+ plant, weed] 拔除 báchú

pull-off ['pʊlɒf] *(US)* N [c] 路(側) 停车(車)处(處) lùchē tíngchēchù [个 gè]

pullover ['pʊləʊvə'] N [c] 套头(頭) 衫 tàotóushān [件 jiàn]

pulse [pʌls] N [c] *(Anat)* 脉(脈)搏 màibó [下 xià] ▶ **to take** *or* **feel sb's pulse** 给(給)某人诊(診)脉(脈) gěi mǒurén zhěnmài

pump [pʌmp] N [c] **1** *(for liquid, gas)* 泵 bèng [个 gè] **2** *(for getting water)* 抽水机(機)* chōushuǐjī [台 tái] **3** *(for inflating sth)* 打气(氣)筒 dǎqìtǒng [个 gè] ▶ **water/petrol pump** 水/油泵 shuǐ/yóubèng

▶ **pump up** VT 打气(氣)dǎqì

punch [pʌntʃ] I N [c] **1** *(blow)* 拳头(頭) quántóu [顿 dùn] II VT **2** *(hit)* 用拳打击(擊) yòng quán dǎjī **2** [+ button, keyboard] 敲击(擊) qiāojī **3** [+ ticket, paper] 在…上打孔 zài…shang dǎkǒng

▶ **punch in** VT 敲入 qiāorù

punctual ['pʌŋktjʊəl] ADJ 准(準) 时(時)的 zhǔnshí de

punctuation [pʌŋktjʊˈeɪʃən] N [u] 标(標)点(點) biāodiǎn

puncture ['pʌŋktʃə'] I N [c] 刺孔 cìkǒng [个 gè] II VT [+ tyre, lung] 戳破 chuōpò ▶ **to have a puncture** 轮(輪)胎被扎破了 lúntāi bèi zhāpò le

punish ['pʌnɪʃ] VT 惩(懲)罚(罰)

chéngfá ▶ **to punish sb for sth/ for doing sth** 因某事/做某事而 惩(懲)罚(罰)某人 yīn mǒushì/zuò mǒushì ér chéngfá mǒurén

punishment ['pʌnɪʃmənt] N **1** [u] 惩(懲)罚(罰) chéngfá **2** [c/u] *(penalty)* 处(處)罚(罰) chǔfá [次 cì]

pupil ['pjuːpl] N [c] 学(學)生 xuéshēng [名 míng]

puppy ['pʌpɪ] N [c] 小狗 xiǎogǒu [只 zhī]

purchase ['pɜːtʃɪs] *(frm)* VT 购(購) 买(買) gòumǎi

pure [pjʊə'] ADJ **1** [+ silk, gold, wool] 纯(純)的 chún de **2** *(clean)* 纯(純) 净(淨)的 chúnjìng de

purple ['pɜːpl] I ADJ 紫色的 zǐsè de II N [c/u] 紫色 zǐsè [种 zhǒng]

purpose ['pɜːpəs] N [c] **1** [of person] 目的 mùdì [个 gè] **2** [of act, meeting, visit] 意义(義) yìyì [个 gè] ▶ **on purpose** 故意地 gùyì de

purse [pɜːs] N [c] **1** *(Brit: for money)* 钱(錢)包 qiánbāo [个 gè] **2** *(US: handbag)* 手袋 shǒudài [个 gè]

push [pʊʃ] I N [c] 推 tuī II VT **1** [+ button] 按 àn **2** [+ car, door, person] 推 tuī III VI *(press)* 按 àn **2** *(shove)* 推 tuī ▶ **at the push of a button** 只要按一下按钮(鈕) zhǐyào àn yīxià ànniǔ ▶ **to push one's way through the crowd** 挤(擠)过(過)人群 jǐguò rénqún ▶ **to push sth/sb out of the way** 把某物/某人推开(開) bǎ mǒuwù/ mǒurén tuīkāi ▶ **to push a door open/shut** 把门(門)推开(開)/合上 bǎ mén tuīkāi/shàng ▶ **to be pushed for time/money** *(inf)* 赶(趕)时(時)间(間)/缺钱(錢) gǎn shíjiān/quēqián ▶ **to push forward/push through the**

crowd 挤(擠)/向/过(過)人群 jǐxiàng/guò rénqún

▶ push in VI (in queue) 插队(隊) chāduì

▶ push over VT [+ person, wall, furniture] 推倒 tuīdǎo

▶ push up VT [+ total, prices] 提高 tígāo

pushchair ['puʃtʃeə*] (Brit) N [c] 幼儿(兒)车(車) yòu'érchē [辆 liàng]

put [put] (pt, pp put) VT 1 [+ thing] 放 fàng; [+ person] (in institution) 安置 ānzhì 2 (write, type) 写(寫) xiě ▸ to put a lot of time/energy/ effort into sth/into doing sth 投入大量的时(時)间(間)/精力/努力 于(於)某事/做某事 tóurù dàliàng de shíjiān/jīnglì/nǔlì yú mǒushì/zuò mǒushì ▸ how shall I put it? 我该(該)怎么(麼)说(說)呢? wǒ gāi zěnme shuō ne?

▶ put across, put over VT [+ ideas, argument] 讲(講)清 jiǎngqīng

▶ put away VT [+ object] 把…收起 bǎ…shōuqǐ

▶ put back VT 1 (replace) 放回 fànghuí 2 [+ watch, clock] 倒拨(撥) dàobō

▶ put down VT 1 (on floor, table) 放下 fàngxià 2 (in writing) 写(寫)下 xiěxià

▶ put forward VT [+ ideas, proposal, name] 提出 tíchū

▶ put in VT 1 [+ request, complaint, application] 提出 tíchū 2 (install) 安装(裝) ānzhuāng

▶ put off VT (delay) 推迟(遲) tuīchí; (Brit: distract) 使分心 shǐ fēnxīn; (discourage) 使失去兴(興) 趣 shǐ shīqù xìngqù ▸ to put off doing sth (postpone) 推迟(遲)做某事 tuīchí zuò mǒushì

▶ put on VT 1 [+ clothes, make-up, glasses] 穿戴 chuāndài 2 [+ light, TV, radio, oven] 开(開) kāi; [+ CD, video] 放 fàng ▸ to put on weight/three kilos 增重/增加了3公斤(等) zēngzhòng/zēngjiāle sān gōngjīn děng

▶ put out VT 1 [+ candle, cigarette] 熄灭(滅) xīmiè; [+ fire, blaze] 扑(撲)灭(滅) pūmiè 2 (switch off) 关(關) guān 3 麻烦(煩) máfan

▶ put over VT = put across

▶ put through VT (Tel) 接通 jiētōng ▸ put me through to Miss Blair 请(請)帮(幫)我接布莱(萊)尔(爾)小姐 qǐng bāng wǒ jiē Bùlái'ěr xiǎojiě

▶ put up VT 1 [+ fence, building, tent] 建造 jiànzào; [+ poster, sign] 张(張)贴(貼) zhāngtiē 2 [+ umbrella, hood] 撑(撐)起 chēngqǐ 3 [+ price, cost] 增加 zēngjiā 4 (accommodate) 为(為)…提供住宿 wèi…tígōng zhùsù ▸ to put up one's hand 举(舉)手 jǔshǒu

▶ put up with VT FUS 容忍 róngrěn

puzzle ['pʌzl] N [c] 谜(謎) mí [个 gè]; (toy) 测(測)智玩具 cèzhì wánjù [套 tào] 2 (mystery) 谜(謎)团(團) mítuán

puzzled ['pʌzld] ADJ 茫然的 mángrán de

pyjamas, (US) pajamas [pə'dʒɑːməz] NPL 睡衣裤(褲) shuìyīkù ▸ a pair of pyjamas 一套睡衣裤(褲) yī tào shuìyīkù

pylon ['paɪlən] N [c] 电(電)缆(纜)塔 diànlǎntǎ [座 zuò]

pyramid ['pɪrəmɪd] N [c] 金字塔 jīnzìtǎ [座 zuò]

q

qualification [ˌkwɒlɪfɪˈkeɪʃən] N [c] 资(資)格证(證)明 zīgé zhèngmíng [个 gè]

qualified [ˈkwɒlɪfaɪd] ADJ 合格的 hégé de ▶ **fully qualified** 完全合格的 wánquán hégé de

qualify [ˈkwɒlɪfaɪ] VI 1 (pass examinations) 取得资(資)格 qǔdé zīgé 2 (in competition) 具备(備)资(資)格 jùbèi zīgé ▶ **to qualify as an engineer/a nurse** etc 取得工程师(師)/护(護)士(等)的资(資)格 qǔdé gōngchéngshī/hùshì děng de zīgé

quality [ˈkwɒlɪtɪ] N 1 [u] (standard) 质(質)量 zhìliàng 2 [c] (characteristic) [of person] 素质(質) sùzhì [种 zhǒng] ▶ **quality of life** 生活质(質)量 shēnghuó zhìliàng

quantity [ˈkwɒntɪtɪ] N 1 [c/u]

(amount) 数(數)量 shùliàng 2 [u] (volume) 容量 róngliàng ▶ **in large/small quantities** 大/少量 dà/shǎoliàng

quarantine [ˈkwɒrəntiːn] N [u] 检(檢)疫 jiǎnyì ▶ **in quarantine** 被隔离(離) bèi gélí

quarrel [ˈkwɒrəl] I N [c] 吵架 chǎojià [场 chǎng] II VI 争(爭)吵 zhēngchǎo

quarry [ˈkwɒrɪ] N [c] 采(採)石场(場) cǎishíchǎng [座 zuò]

quarter [ˈkwɔːtə] N [c] 四分之一 sìfēnzhīyī ▶ **to cut/divide sth into quarters** 把某物切/分为(為)4份 bǎ mǒuwù qiē/fēnwéi sì fèn ▶ **a quarter of an hour** 一刻钟(鐘) yīkèzhōng ▶ **it's a quarter to three** or (US) **of three** 现(現)在是三点(點)差一刻 xiànzài shì sān diǎn chà yīkè ▶ **it's a quarter past three** or (US) **after three** 现(現)在是三点(點)一刻 xiànzài shì sān diǎn yīkè

quarter-final [ˈkwɔːtəˈfaɪnl] N [c] 四分之一决(決)赛(賽) sìfēnzhīyī juésài [场 chǎng]

quay [kiː] N [c] 码(碼)头(頭) mǎtóu [个 gè]

queen [kwiːn] N [c] 1 (monarch) 女王 nǚwáng [位 wèi] 2 (king's wife) 王后 wánghòu [位 wèi]

query [ˈkwɪərɪ] I N [c] 疑问(問) yíwèn [个 gè] II VT [+ figures, bill, expenses] 询(詢)问(問) xúnwèn

question [ˈkwɛstʃən] I N [c] 1 (query) 问(問)题(題) wèntí [个 gè] 2 [c] (issue) 议(議)题(題) yìtí [项 xiàng] 3 [c] (in written exam) 试(試)题(題) shìtí [道 dào] II VT (interrogate) 盘(盤)问(問) pánwèn ▶ **to ask sb a question, to put a**

question to sb 问(問)某人一个(個)问(問)题(題)题(題)，向某人提出问(問)题(題)题(題) wèn mǒurén yī gè wèntí, xiàng mǒurén tíchū wèntí ▸ **to be out of the question** 不可能的 bù kěnéng de

question mark N [c] 问(問)号(號)[个(個)] wènhào [gè]

questionnaire [kwɛstʃə'nɛəʳ] N [c] 问(問)卷 wènjuàn [份 fèn]

queue [kju:] (*esp Brit*) I N [c] 队(隊)[支 zhī] duì [支 zhī] II VI (*also:* queue up) 排队(隊) páiduì ▸ **to queue for sth** 为(為)某事排队(隊) wèi mǒushì páiduì

quick [kwɪk] I ADJ 1 (*fast*) 快的 kuài de 2 [+*look*] 快速的 kuàisù de 3 [+*visit*] 短时(時)间(間)的 duǎn shíjiān de 3 [+*reply, response, decision*] 迅速的 xùnsù de II ADV (*inf: quickly*) 快地 kuài de ▸ **be quick!** 快点(點)! kuài diǎn!

quickly ['kwɪklɪ] ADV 1 [*walk, grow, speak, work +*] 快地 kuài de 2 [*realize, change, react, finish +*] 迅速地 xùnsù de

quiet ['kwaɪət] ADJ 1 [+*voice, music*] 悄声(聲)的 qiāoshēng de 2 [+*place*] 安静(靜)的 ānjìng de 2 [+*person*] 平静(靜)的 píngjìng de 3 (*silent*) ▸ **to be quiet** 沉默的 chénmò de ▸ **be quiet!** 请(請)安静(靜)! qǐng ānjìng!

quietly ['kwaɪətlɪ] ADV 1 [*speak, play +*] 安静(靜)地 ānjìng de 2 (*silently*) 默默地 mòmò de

quilt [kwɪlt] N [c] 1 被子 bèizi [床 chuáng] 2 (*duvet*) 羽绒(絨)被 yǔróngbèi [床 chuáng]

quit [kwɪt] (*pt, pp quit or* quitted) I VT 1 (*esp US: give up*) 摆(擺)脱(脫) bǎituō 2 (*inf:*

leave) [+*job*] 辞(辭)去 cíqù II VI (*give up*) 放弃(棄) fàngqì 2 (*resign*) 辞(辭)职(職) cízhí

quite [kwaɪt] ADV 1 (*rather*) 相当(當) xiāngdāng 2 (*completely*) 十分 shífēn ▸ **I see them quite a lot** 我常常见(見)到他们(們) wǒ chángcháng jiàndào tāmen ▸ **quite a lot of money** 很多钱(錢) hěn duō qián ▸ **quite a few** 相当(當)多 xiāngdāng duō ▸ **it's not quite finished** 像是还(還)没(沒)结(結)束 xiàng shì hái méi jiéshù ▸ **quite (so)!** 的确(確)(是这(這)样(樣))! díquè (shì zhèyàng)! ▸ **it was quite a sight** 景色十分壮(壯)观(觀) jǐngsè shífēn zhuàngguān

> **quite** 可用在 a 或 an 之前，后接形容词加名词结构。例如，可以说 It's quite an old car 或者 The car is quite old, 或 It was quite a warm day 或者 The day was quite warm. 如前例所示，quite 应放在不定冠词之前。例如，不能说 It's a quite old car. quite 可以用来修饰形容词副和副词，而且程度比较更强烈，但是比 very 弱。quite 暗示某事物的某种特性超出预料。Nobody here's ever heard of it but it is actually quite common. 注意，不要混淆 quite 和 quiet.

quiz [kwɪz] N [c] (*game*) 知识竞赛 zhīshi jìngsài [次 cì]

quotation [kwəʊ'teɪʃən] N [c] 1 引语(語) yǐnyǔ [句 jù] 2 (*estimate*) 报(報)价(價) bàojià [个 gè]

quote [kwəʊt] I VT 1 [+*politician, author*] 引用 yǐnyòng [+ *line*] 引述 yǐnshù II N [c] 引语(語) yǐnyǔ

[句 jù] **III** quotes NPL (inf: quotation marks) 引号(號) yǐnhào ▶in quotes 在引号(號)里(裡) zài yǐnhào li

r

rabbi ['ræbaɪ] N [c] 拉比(犹太教教师或法学导师)

rabbit ['ræbɪt] N [c] 兔子 tùzi [只 zhī]

rabies ['reɪbiːz] N [U] 狂犬病 kuángquǎnbìng

race [reɪs] **I** N **1** [c] (speed contest) 速度竞(競)赛(賽) sùdù jìngsài [场(場) chǎng] **2** [c/U] (ethnic group) 种(種)族 zhǒngzú [个(個) gè] **II** VI 参(參)赛(賽) cānsài **III** VT 与(與)…进(進)行速度竞(競)赛(賽) yǔ…jìnxíng sùdù jìngsài ▶a race against time 抢(搶)时(時)间(間) qiǎng shíjiān

race car (US) N = **racing car**

racecourse ['reɪskɔːs] (Brit) N [c] 赛(賽)马(馬)场(場) sàimǎchǎng [个(個) gè]

racehorse ['reɪshɔːs] N [c] 赛(賽)

马(馬) sàimǎ [匹 pǐ]

racetrack ['reɪstræk] N [c] (for cars) 赛(賽)道 sàidào [条 tiáo]; (US: for horses) 赛(賽)马(馬)场(場) sàimǎchǎng [个 gè]

racial ['reɪʃl] ADJ 种(種)族的 zhǒngzú de

racing driver ['reɪsɪŋ-] (Brit) N [c] 赛(賽)车(車)手 sàichēshǒu [位 wèi]

racism ['reɪsɪzəm] N [U] 种(種)族歧视(視) zhǒngzú qíshì

racist ['reɪsɪst] I ADJ [+ policy, attack, behaviour, idea] 种(種)族主义(義)的 zhǒngzú zhǔyì de; [+ person, organization] 有种(種)族偏见(見)的 yǒu zhǒngzú piānjiàn de II N [c] 种(種)族主义(義)者 zhǒngzú zhǔyìzhě [个 gè]

rack [ræk] N [c] 1 (also: luggage rack) 行李架 xínglijià [个 gè] 2 (for hanging clothes, dishes) 架 jià [个 gè]

racket ['rækɪt] N [c] 球拍 qiúpāi [副 fù]

racquet ['rækɪt] N [c] 球拍 qiúpāi [副 fù]

radar ['reɪdɑːʳ] N [c/U] 雷达(達) léidá [个 gè]

radiation [reɪdɪ'eɪʃən] N [U] 辐(輻)射 fúshè

radiator ['reɪdɪeɪtəʳ] N [c] 暖气(氣)片 nuǎnqìpiàn [个 gè]

radio ['reɪdɪəʊ] N 1 [c] (receiver) 收音机(機) shōuyīnjī [台 tái] 2 [U] (broadcasting) 广(廣)播 guǎngbō ▶ on the radio 广(廣)播中 guǎngbō zhōng

radioactive ['reɪdɪəʊˈæktɪv] ADJ 放射性的 fàngshèxìng de

radio station N [c] 广(廣)播电(電)台(臺) guǎngbō diàntái [个 gè]

RAF (Brit) N ABBR (= Royal Air Force) ▶ the RAF 皇家空军(軍) Huángjiā Kōngjūn

rag [ræg] N [c/U] 破布 pòbù [块 kuài]

rage [reɪdʒ] N [c/U] 盛怒 shèngnù [阵 zhèn]

raid [reɪd] VT [soldiers, police +] 突袭(襲) tūxí; [criminal +] 袭(襲)击(擊) xíjí

rail [reɪl] N [c] 1 (for safety on stairs) 扶手 fúshǒu [个 gè]; (on bridge, balcony) 横(橫)栏(欄) hénglán [个 gè] 2 (for hanging clothes) 横(橫)杆 hénggān [根 gēn] 3 (for trains) 铁(鐵)轨(軌) tiěguǐ [条 tiáo] ▶ by rail 乘火车(車) chéng huǒchē

railroad ['reɪlrəʊd] (US) N [c] = railway

railway ['reɪlweɪ] (Brit) N [c] 1 (system) 铁(鐵)路 tiělù 2 (line) 铁(鐵)道 tiědào [条 tiáo]

railway line (Brit) N [c] 铁(鐵)路线(線) tiělùxiàn [条 tiáo]

railway station (Brit) N [c] 火车(車)站 huǒchēzhàn [个 gè]

rain [reɪn] I N [U] 雨 yǔ II VI 下雨 xiàyǔ ▶ in the rain 在雨中 zài yǔ zhōng ▶ it's raining 正在下雨 zhèngzài xiàyǔ

rainbow ['reɪnbəʊ] N [c] 彩虹 cǎihóng [道 dào]

raincoat ['reɪnkəʊt] N [c] 雨衣 yǔyī [件 jiàn]

rainforest ['reɪnfɒrɪst] N [c/U] 雨林 yǔlín [片 piàn]

rainy ['reɪnɪ] ADJ 多雨的 duōyǔ de

raise [reɪz] I VT 1 (lift) [+ hand, glass] 举(舉)起 jǔqǐ 2 (increase) [+ salary, rate, speed limit] 增加 zēngjiā; [+ morale, standards] 提高 tígāo 3 (rear) [+ child, family] 抚(撫)

养(養) fǔyǎng **II** N [C] (US: payrise) 加薪 jiāxīn [次 cì]

rally ['rælɪ] N [C] **1** (public meeting) 集会(會) jíhuì [次 cì] **2** (Aut) 拉力赛(賽) lālìsài [场 chǎng]

Ramadan [ræmə'dɑːn] N [U] 斋(齋)月 zhāiyuè

rambler ['ræmblə'] N [C] (Brit) 漫步者 mànbùzhě [个 gè]

ramp [ræmp] N [C] 坡道 pōdào [条 tiáo]

ran [ræn] PT of **run**

rang [ræŋ] PT of **ring**

range [reɪndʒ] N [C] **1** (of ages, prices) 范(範)围(圍) fànwéi [个 gè]; [of subjects, possibilities] 系列 xìliè [个 gè] **2** (also: **mountain range**) 山脉(脈) shānmài [个 gè]
▸ **to range from... to...** 在⋯到⋯之间(間) zài...dào...zhījiān

rape [reɪp] **I** N [C/U] 强(強)奸(姦) qiángjiān [次 cì] **II** VT 强(強)奸(姦) qiángjiān

rapids ['ræpɪdz] NPL 湍流 tuānliú

rare [reə'] ADJ **1** 稀有的 xīyǒu de **2** [+ steak] 半熟的 bànshóu de

rarely ['reəlɪ] ADV 很少 hěn shǎo

raspberry ['rɑːzbərɪ] N [C] 山莓 shānméi [个 zhī]

rat [ræt] N [C] 田鼠 tiánshǔ [只 zhī]

rather ['rɑːðə'] ADV 相当(當) xiāngdāng ▸ **rather a lot** 相当(當) xiāngdāng duō ▸ **I would rather go than stay** 我宁(寧)愿(願)走而不愿(願)留下来(來) wǒ nìngyuàn zǒu ér bù yuàn liú xiàlái ▸ **I'd rather not say** 我宁(寧)可不说(說) wǒ nìngkě bù shuō

raw [rɔː] ADJ 生的 shēng de

raw materials NPL 原材料 yuáncáiliào

razor ['reɪzə'] N [C] **1** (also: **safety razor**) 剃须(鬚)刀 tìxūdāo [个 gè] **2** (also: **electric razor**) 电(電)动(動)剃(鬚)刀 diàndòng tìxūdāo [个 gè]

razor blade N [C] 剃须(鬚)刀刀片 tìxūdāo dāopiàn [个 gè]

reach [riːtʃ] VT **1** [+ place, destination] 到达(達) dàodá; [+ conclusion, agreement, decision] 达(達)成 dáchéng; [+ stage, level, age] 达(達)到 dádào

react [riː'ækt] VI 反应(應) fǎnyìng

reaction [riː'ækʃən] N [C/U] 反应(應) fǎnyìng [种 zhǒng]

reactor [riː'æktə'] N [C] 反应(應)器 fǎnyìngqì [个 gè]

read [riːd] (pt, pp **read** [rɛd]) **I** VI 阅(閱)读(讀) yuèdú **II** VT **1** 读(讀)dú **2** (study at university: Brit) 攻读(讀) gōngdú
▸ **read through** VT **1** (quickly) 浏(瀏)览(覽)完 liúlǎn **2** (thoroughly) 仔细(細)阅(閱)读(讀) zǐxì yuèdú

reading ['riːdɪŋ] N [U] 阅(閱)读(讀) yuèdú

ready ['rɛdɪ] ADJ 做好准(準)备(備)的 zuòhǎo zhǔnbèi de ▸ **to get ready** 准(準)备(備)好 zhǔnbèihǎo ▸ **to get sb/sth ready** 使某人/某物准(準)备(備)就绪(緒) shǐ mǒurén/mǒuwù zhǔnbèi jiùxù ▸ **to be ready to do sth** (prepared) 准(準)备(備)做某事 zhǔnbèi zuò mǒushì; (willing) 愿(願)意做某事 yuànyì zuò mǒushì

real [rɪəl] ADJ **1** [+ leather, gold] 真正的 zhēnzhèng de **2** [+ reason, interest, name] 真实(實)的 zhēnshí de **3** [+ life, feeling] 真实(實)的 zhēnshí de

realistic [rɪə'lɪstɪk] ADJ **1** 现(現)

实(實)的 xiànshí de **2**(convincing) [+ book, film, portrayal] 逼真的 bīzhēn de

reality[riː'ælɪtɪ] N [u] (real things) 现(現)实(實) xiànshí ▸ **in reality** 事实(實)上 shìshí shang

realize['rɪəlaɪz] vt **1**(become aware of) 意识(識)到 yìshídào ▸ **to realize that...** 意识(識)到… yìshídào...

really['rɪəlɪ] ADV **1**(very) ▸ **really good/delighted** 真好/真高兴(興) zhēn hǎo/zhēn gāoxìng **2**(genuinely) 确(確)实(實) quèshí **3**(after negative) 真正地 zhēnzhèng de ▸ **really?** (indicating surprise, interest) 真的吗(嗎)? zhēnde ma?

realtor['rɪəltɔː] (US) N [c] 房地产(產)商 fángdìchǎnshāng [个 gè]

rear[rɪə] I N [c] (back) 后(後)面 hòumiàn II vt [+ cattle, chickens] (esp Brit) 饲养(養) sìyǎng

reason['riːzn] N [c] 原因 yuányīn [个 gè] ▸ **the reason for sth** 某事的动(動)机(機) mǒushì de dòngjī ▸ **the reason why** …的原因 …de yuányīn

reasonable['riːznəbl] ADJ **1**[+ person, decision] 合情合理的 héqíng hélǐ de; [+ number, amount] 相当(當)的 xiāngdāng de; [+ price] 合理的 hélǐ de ▸ **be reasonable!** 理智些! lǐzhì xiē!

reasonably['riːznəblɪ] ADV (moderately) 相当(當)地 xiāngdāng de

reassure[riːə'ʃuə] vt 使安心 shǐ ānxīn

receipt[rɪ'siːt] N [c] 收据(據) shōujù [张 zhāng]

receive[rɪ'siːv] vt 收到 shōudào

recent['riːsnt] ADJ 最近的 zuìjìn de

recently['riːsntlɪ] ADV 最近 zuìjìn ▸ **until recently** 直到最近 zhídào zuìjìn

reception[rɪ'sɛpʃən] N **1**[s] (in public building) 接待处(處) jiēdàichù **2**[c] (party) 欢(歡)迎会(會) huānyínghuì [个 gè] **3**[c] (welcome) 反响(響) fǎnxiǎng [种 zhǒng]

receptionist[rɪ'sɛpʃənɪst] (esp Brit) N [c] 接待员(員) jiēdàiyuán [位 wèi]

recipe['rɛsɪpɪ] (Culin) N [c] 食谱(譜) shípǔ [个 gè]

recognize['rɛkəɡnaɪz] vt 认(認)出 rènchū

recommend[rɛkə'mɛnd] vt 推荐(薦) tuījiàn

record[n, adj 'rɛkɔːd, vb rɪ'kɔːd] I N [c] **1**(sound-recording) 唱片 chàngpiàn [张 zhāng] **2**(unbeaten statistic) 记(記)录(錄) jìlù [个 gè] II **records** NPL 记(記)录(錄) jìlù III vt (make recording of) 录(錄)制(製) lùzhì IV ADJ [+ sales, profits, levels] 创(創)记(記)录(錄)的 chuàng jìlù de ▸ **in record time** 破纪(記)录(錄)地 pò jìlù de ▸ **to keep a record of sth** 记(記)录(錄)某事 jìlù mǒushì

recover[rɪ'kʌvə] vi 恢复(復) huīfù

recovery[rɪ'kʌvərɪ] N [c/u] 康复(復) kāngfù

recycle[riː'saɪkl] vt 再生利用 zàishēng lìyòng

recycling[riː'saɪklɪŋ] N [u] 循环(環)利用 xúnhuán lìyòng

red[rɛd] ADJ **1** 红(紅)色的 hóngsè de **2**[+ face, person] 涨(漲)红(紅)的 zhànghóng de **3**[+ hair] 红(紅)褐

色的 hónghèsè de **4** [+ wine]
红(紅)的 hóng de **II** N [c/u] 红(紅)
色 hóngsè [种 zhǒng]

Red Cross N ▸ **the Red Cross**
红(紅)十字会(會) Hóngshízìhuì

red-haired [red'heəd] ADJ 红(紅)棕
色头(頭)发(髮)的 hóngzōngsè
tóufa de

reduce [rɪ'dju:s] VT 减少
jiǎnshǎo ▸ **to reduce sth by/to**
将(將)某物减(減)少…/…将(將)某物
减(減)少到… jiāng mǒuwù
jiǎnshǎo…/jiāng mǒuwù
jiǎnshǎodào…

reduction [rɪ'dʌkʃən] N **1** [c/u]
(decrease) 减(減)少 jiǎnshǎo **2** [c]
(discount) 减(減)价(價) jiǎnjià [次
cì]

redundant [rɪ'dʌndnt] ADJ (Brit)
被裁员(員)的 bèi cáiyuán de ▸ **to
be made redundant** 被裁员(員)
bèi cáiyuán

refer [rɪ'fə:ʳ] VT ▸ **to refer sb to**
[+ book] 叫某人参(參)看 jiào
mǒurén cānkàn
▸ **refer to** VT FUS 提到 tídào

referee [refə'ri:] N [c] (Sport) 裁判
员(員) cáipànyuán [位 wèi]

reference ['refrəns] N
1 (mention) 提到 tídào [次 cì] **2** (for
job application: letter) 证(證)明人
zhèngmíngrén [位 wèi]

refill [ri:'fɪl] VT 再装(裝)满(滿) zài
zhuāngmǎn

reflect [rɪ'flekt] VT [+ image] 映出
yìngchū; [+ light, heat] 反射
fǎnshè

reflection [rɪ'flekʃən] N **1** [c]
(image) 影像 yǐngxiàng [个 gè]
2 [u] (thought) 沉思 chénsī

refreshing [rɪ'freʃɪŋ] ADJ 提神的
tíshén de

refreshments [rɪ'freʃmənts] NPL
饮(飲)料及小吃 yǐnliào jí xiǎochī

refrigerator [rɪ'frɪdʒəreɪtəʳ] N [c]
冰箱 bīngxiāng [个 gè]

refugee [refju'dʒi:] N [c] 难(難)民
nànmín [批 pī] ▸ **a political
refugee** 政治难(難)民 yī gè
zhèngzhì nànmín

refund [n 'ri:fʌnd, vb rɪ'fʌnd] I N [c]
退款 tuìkuǎn [笔 bǐ] II VT 偿(償)
还(還) chánghuán

refuse¹ [rɪ'fju:z] VT, VI 拒绝(絕)
jùjué ▸ **to refuse to do sth** 拒
绝(絕)做某事 jùjué zuò mǒushì
▸ **to refuse sb permission** 不批准
某人 bù pīzhǔn mǒurén

refuse² ['refju:s] N [u] 垃圾 lājī

regard [rɪ'ɡɑ:d] I VT (consider, view)
认(認)为(為) rènwéi II N ▸ **to give
one's regards to** …表示问(問)
候 xiàng…biǎoshì wènhòu

region ['ri:dʒən] N [c] 区(區)域
qūyù [个 gè]

regional ['ri:dʒənl] ADJ 地区(區)的
dìqū de

register ['redʒɪstəʳ] N [c] **1** (at hotel)
登记(記)簿 dēngjì [个 gè] **2** (in school)
注册(冊)簿 zhùcè [个 gè]

registered ['redʒɪstəd] ADJ (Post)
挂(掛)号(號)的 guàhào de [个 gè]
[位 wèi]

registration [redʒɪs'treɪʃən] N
[c/u] (of birth, death, students) 登
记(記)簿 dēngjì [个 gè]

regret [rɪ'ɡret] I VT 后(後)悔 hòuhuǐ
▸ **to have no regrets** 没(沒)有
遗(遺)憾 méiyǒu yíhàn ▸ **to
regret that** … (对(對)…感到后(後)
悔 duì…gǎndào hòuhuǐ

regular ['reɡjələʳ] ADJ **1** [+ breathing,
intervals] 有规(規)律的 yǒu guīlǜ
de **2** [+ event] 有规(規)律的 yǒu

guīlǜ de; [+ *visitor*] (经(經))常的 jīngcháng de ₃ (*normal*) 正常的 zhèngcháng de

regularly ['rɛgjʊləlɪ] ADV 经(經)常 jīngcháng

regulation [rɛgjʊ'leɪʃən] N [c] 规(規)章 guīzhāng [套 tào]

rehearsal [rɪ'həːsəl] N [c/ʊ] 排 练(練) páiliàn [次 cì]

rehearse [rɪ'həːs] VT, VI 排练(練) páiliàn

reject [rɪ'dʒɛkt] VT ₁ 拒绝(絕)接受 jùjué jiēshòu ₂ [+ *applicant*, *admirer*] 拒绝(絕) jùjué

related [rɪ'leɪtɪd] ADJ [+ *people*] 有 亲(親)缘(緣)关(關)系(係)的 yǒu qīnyuán guānxì de ▸ **to be related to sb** 与某人有关(關) 连(連) hé mǒurén yǒu guānlián

relation [rɪ'leɪʃən] N [c] ₁ (*relative*) 亲(親)戚(慼) qīnqi [个 gè] ₂ (*connection*) 关(關)系(係) guānxì [种 zhǒng] ▸ **in relation to** 与(與)…相比 yǔ…xiāngbǐ

relationship [rɪ'leɪʃənʃɪp] N [c] ₁ (*connection*) 关(關)系(係) guānxì [个 gè] ₂ (*rapport*) (*between two people, countries*) 关(關)系(係) guānxì [种 zhǒng] ₃ (*affair*) 亲(親)密的关(關)系(係) qīnmì de guānxì [种 zhǒng] ▸ **to have a good relationship** 关(關)系(係)亲(親)密 guānxì qīnmì

relative ['rɛlətɪv] N [c] 亲(親) 戚(慼) qīnqi [个 gè]

relatively ['rɛlətɪvlɪ] ADV 相对(對) xiāngduì

relax [rɪ'læks] VI 放松 fàngsōng

relaxation [riːlæk'seɪʃən] N [ʊ] 消 遣 xiāoqiǎn

relaxed [rɪ'lækst] ADJ 放松(鬆)的 fàngsōng de; [+ *discussion*,

atmosphere] 轻(輕)松(鬆)的 qīngsōng de

relaxing [rɪ'læksɪŋ] ADJ 令人放 松(鬆)的 lìng rén fàngsōng de

release [rɪ'liːs] I N [c] 释(釋)放 shìfàng [次 cì] II VT ₁ 释(釋)放 shìfàng ₂ [+ *record, film*] 发(發)行 fāxíng

relevant ['rɛləvənt] ADJ 切题(題) 的 qiētí de ▸ **relevant to** 和…有 关(關)的 hé…yǒuguān de

reliable [rɪ'laɪəbl] ADJ 可靠的 kěkào de; [+ *method, machine*] 可 信赖(賴)的 kě xìnlài de

relief [rɪ'liːf] N [ʊ] 如释(釋)重 负(負) rú shì zhòng fù

relieved [rɪ'liːvd] ADJ 宽(寬)慰的 kuānwèi de ▸ **to be relieved that...** 对(對)…感到放心 duì…gǎndào fàngxīn

religion [rɪ'lɪdʒən] N ₁ [ʊ] (*belief*) 宗教信仰 zōngjiào xìnyǎng ₂ [c] (*set of beliefs*) 宗教 zōngjiào [种 zhǒng]

religious [rɪ'lɪdʒəs] ADJ ₁ [+ *activities, faith*] 宗教的 zōngjiào de ₂ [+ *person*] 笃(篤)信 宗教的 dǔxìn zōngjiào de

reluctant [rɪ'lʌktənt] ADJ 不情 愿(願)的 bù qíngyuàn de ▸ **to be reluctant to do sth** 不愿(願)做某 事 bùyuàn zuò mǒushì

reluctantly [rɪ'lʌktəntlɪ] ADV 不情 愿(願)地 bù qíngyuàn de

rely on [rɪ'laɪ-] VT FUS ₁ (*be dependent on*) 依赖(賴) yīlài ₂ (*trust*) 信赖(賴) xìnlài

remain [rɪ'meɪn] VI ₁ (*continue to be*) 仍然是 réngrán shì ₂ (*stay*) 逗留 dòuliú ▸ **to remain silent/in control** 保持沉默/仍然控制局面 bǎochí chénmò/réngrán kòngzhì júmiàn

remaining [rɪ'meɪnɪŋ] ADJ 剩下的 shèngxià de

remark [rɪ'mɑːk] N [c] (comment) 评(評)论(論) pínglùn [个 gè]

remark [rɪ'mɑːk] VT 不寻(尋)常的 bù xúncháng de

remarkable [rɪ'mɑːkəblɪ] ADV 极(極)其地 jíqí de

remember [rɪ'membər] VT 1 [+ person, name, event] 记(記)住 jìzhù 2 (bring back to mind) 回想起 huíxiǎngqǐ 3 (bear in mind) 牢记(記) láojì ▶ **she remembered to do it** 她记(記)得要做某事 tā jìde yào zuò mǒushì

remind [rɪ'maɪnd] VT 提醒 tíxǐng ▶ **to remind sb to do sth** 提醒某人做某事 tíxǐng mǒurén zuò mǒushì ▶ **to remind sb of sb/sth** 使某人想起某人/某事 shǐ mǒurén xiǎngqǐ mǒurén/mǒushì

remote [rɪ'məut] ADJ 遥(遙)远(遠)的 yáoyuǎn de

remote control N [c] 遥(遙)控器 yáokòngqì [个 gè]

remove [rɪ'muːv] VT 1 [+ object, organ] 移走 yízǒu 2 [+ clothing, bandage] 脱(脫)下 tuōxià 3 [+ stain] 清除 qīngchú

renew [rɪ'njuː] VT [+ loan, contract] 延长(長) yáncháng

renewable [rɪ'njuːəbl] ADJ (energy, resource) 可更新的 kě gēngxīn de

rent [rent] I N [c/u] 租金 zūjīn [笔 bǐ] II VT 1 租用 zūyòng 2 (also: **rent out**) [+ house, room] 出租 chūzū

reorganize [riː'ɔːɡənaɪz] VT 重组(組) chóngzǔ

rep [rep] N (also: **sales rep**) 商品经(經)销(銷)代理 shāngpǐn jīngxiāo dàilǐ [位 wèi]

repair [rɪ'peər] I N [c/u] 修理 xiūlǐ [次 cì] II VT 1 修补(補) xiūbǔ 2 [+ damage] 维(維)修 wéixiū

repay [riː'peɪ] (pt, pp **repaid**) VT 偿(償)付 chángfù

repeat [rɪ'piːt] VT 1 重复(複) chóngfù 2 [+ action, mistake] 重做 chóngzuò

repeatedly [rɪ'piːtɪdlɪ] ADV 反复(復)地 fǎnfù de

replace [rɪ'pleɪs] VT 1 (put back) 将(將)…放回 jiāng…fànghuí 2 (take the place of) 代替 dàitì

replay [n 'riːpleɪ, vb rɪ'pleɪ] I N [c] [of match] 重新比赛(賽) chóngxīn bǐsài [场 chǎng] II VT [+ track, song] (on tape) 重新播放 chóngxīn bōfàng ▶ **to replay a match** 重新比赛(賽) chóngxīn bǐsài

reply [rɪ'plaɪ] I N [c] 回答 huídá [个 gè] II VI 答复(復) dáfù ▶ **there's no reply** (Tel) 无(無)人接听(聽) wúrén jiētīng

report [rɪ'pɔːt] I N [c] 1 (account) 报(報)告 bàogào [个 gè] 2 (Brit) (also: **school report**) 成绩(績)单(單) chéngjīdān [份 fèn] II VT [+ theft, accident, death] 报(報)案 bào'àn [+ person] 告发(發) gàofā

report card (US) N [c] 学(學)生成绩(績)报(報)告单(單) xuéshēng chéngjī bàogàodān [份 fèn]

reporter [rɪ'pɔːtər] N [c] 记(記)者 jìzhě [名 míng]

represent [reprɪ'zent] VT [+ person, nation] 代表 dàibiǎo

representative [reprɪ'zentətɪv] N [c] 代表 dàibiǎo [个 gè]

republic [rɪ'pʌblɪk] N [c] 共和国(國) gònghéguó [个 gè]

reputation [repjʊ'teɪʃən] N [c] 名声(聲) míngshēng [种 zhǒng]

request[rɪ'kwɛst] I N [c] 要求 yāoqiú [个 gè] II VT 要求 yāoqiú

require[rɪ'kwaɪə'] VT (need) 需要 xūyào ▸ **to be required** [approval, permission+] 必须(須)有 bìxū yǒu

rescue[ˈrɛskjuː] I N [c/u] (营(營)救 yíngjiù [次 cì] II VT 解救 jiějiù

research[rɪ'sə:tʃ] N [u] 研究 yánjiū ▸ **to do research** 从(從)事研究 cóngshì yánjiū

resemblance[rɪ'zɛmbləns] N [c/u] 相似 xiāngsì [种 zhǒng]

reservation[rɛzə'veɪʃən] N [c] 预(預)定 yùdìng [个 gè] ▸ **to make a reservation** (in hotel, restaurant, on train) 预(預)定 yùdìng

reservation desk(US) N [c] 预(預)定台(臺) yùdìngtái [个 gè]

reserve[rɪ'zə:v] VT 预(預)定 yùdìng

reserved[rɪ'zə:vd] ADJ 1[+ seat] 已预(預)定的 yǐ yùdìng de 2(restrained) 矜持的 jīnchí de

resident[ˈrɛzɪdənt] N [c] 居民 jūmín [位 wèi]

resign[rɪ'zaɪn] VI 辞(辭)职(職) cízhí

resist[rɪ'zɪst] VT [+ temptation, urge] 克制 kèzhì

resit[riː'sɪt] (Brit) VT [+ exam] 补(補)考 bǔkǎo

resolution[rɛzə'luːʃən] N [c/u] 决(決)心 juéxīn [个 gè] ▸ **New Year's resolution** 新年决(決)心 xīnnián juéxīn

resort[rɪ'zɔːt] N [c] (also: **holiday resort**) 度假胜(勝)地 dùjià shèngdì [个 gè] ▸ **a seaside/ winter sports resort** 海边(邊)/冬季运(運)动(動)胜(勝)地 yī gè hǎibiān/dōngjì yùndòng shèngdì

▸ **as a last resort** 作为(為)最后(後)手段 zuòwéi zuìhòu shǒuduàn

resource[rɪ'zɔːs] **resources**NPL 1(coal, iron, oil) 资(資)源 zīyuán 2(money) 财(財)力 cáilì ▸ **natural resources** 自然资(資)源 zìrán zīyuán

respect[rɪs'pɛkt] I N [u] 尊敬 zūnjìng II VT 尊敬 zūnjìng ▸ **to have respect for sb/sth** 对(對)某人/某事怀(懷)有敬意 duì mǒurén/mǒushì huáiyǒu jìngyì

respectable[rɪs'pɛktəbl] ADJ 1[+ area, background] 体(體)面的 tǐmiàn de 2[+ person] 受人尊敬的 shòurén zūnjìng de

responsibility[rɪspɒnsɪ'bɪlɪtɪ] N 1[s] (duty) 职(職)责(責) zhízé 2[c] (obligation) 义(義)务(務) yìwù II **responsibilities**NPL 责(責)任 zérèn

responsible[rɪs'pɒnsɪbl] ADJ 1(at fault) 负(負)有责(責)任的 fùyǒu zérèn de 2(in charge) 负(負)责(責)的 fùzé de 3(sensible, trustworthy) 可靠的 kěkào de

rest[rɛst] I N 1[u] (relaxation) 休息 xiūxi 2[c] (break) 休息 xiūxi [次 cì] 3[s] (remainder) 剩余(餘) shèngyú II VI (relax) 休息 xiūxi III VT [+ eyes, legs, muscles] 休息 xiūxi ▸ **to rest sth on/against sth** (lean) 把某物靠在某物上 bǎ mǒuwù kào zài mǒuwù shang ▸ **the rest (of them)** (他们(們)当(當)中)其余(餘)的 (tāmen dāngzhōng)qíyú de

rest area(US) N [c] 路边(邊)服务(務)站 lùbiān fúwùzhàn [个 gè]

restaurant[ˈrɛstərɒŋ] N [c] 餐馆(館) cānguǎn [家 jiā]

r

restless ['restlis] ADJ (*fidgety*) 坐立不安的 zuòlì bù'ān de

restore [rɪ'stɔːʳ] VT 修复(復) xiūfù

restrict [rɪ'strɪkt] VT 1 [+ *growth, membership, privilege*] 限制 xiànzhì 2 [+ *activities*] 约(約)束 yuēshù

rest room (US) N [c] 洗手间(間) xǐshǒujiān [个 gè]

result [rɪ'zʌlt] I N [c] [*of event, action*] 后(後)果 hòuguǒ [种zhǒng]; [*of match, election, exam, competition*] 结(結)果 jiéguǒ [个 gè]; [*of calculation*] 答案 dá'àn [个 gè] II VI 产(產)生 chǎnshēng ▸ **to result in** ▸ 导(導)致 dǎozhì ▸ **as a result of** 由于(於) yóuyú ▸ **to result from** 因…而产(產)生 yīn…ér chǎnshēng

résumé ['reɪzjuːmeɪ] N [c] (US: CV) 简(簡)历(歷) jiǎnlì [份 fèn]

retire [rɪ'taɪəʳ] VI 退休 tuìxiū

retired [rɪ'taɪəd] ADJ 退休的 tuìxiū de

retiree [rɪtaɪə'riː] (US) N [c] 领(領)养(養)老金的人 lǐng yǎnglǎojīn de rén [位 wèi]

retirement [rɪ'taɪəmənt] N [c/u] 退休 tuìxiū

return [rɪ'tɜːn] I VI 返回 fǎnhuí II VT 1 归(歸)还(還) guīhuán II N 1 [s] [*of person*] 返回 fǎnhuí 2 [s] [*of something borrowed or stolen*] 归(歸)还(還) guīhuán 3 [u] (*Comput: key*) 回车(車)键(鍵) huíchējiàn ▸ **in return (for)** 作为(為)(对(對)…)的回报(報) zuòwéi(duì…)de huíbào ▸ **many happy returns (of the day)!** 生日快乐(樂)! shēngrì kuàilè! IV CPD (*Brit*) [+ *journey, ticket*] 往返 wǎngfǎn

retweet [riː'twiːt] VB (*on Twitter*) 转(轉)发(發) zhuǎn fā

reunion [riː'juːnɪən] N [c] 团(團)聚 tuánjù [次 cì]

reveal [rɪ'viːl] VT (*make known*) 透露 tòulù

revenge [rɪ'vɛndʒ] N [u] 复(復)仇 fùchóu ▸ **to take (one's) revenge (on sb)** (对(對)某人)进(進)行报(報)复(復) (duì mǒurén)jìnxíng bàofù

review [rɪ'vjuː] N [c] [*of book, film*] 评(評)论(論) pínglùn [个 gè]

revise [rɪ'vaɪz] I VT (*study*) 复(復)习(習) fùxí II VI (*study: Brit*) 复(復)习(習) fùxí

revision [rɪ'vɪʒən] N [u] (*Brit: studying*) 复(復)习(習) fùxí

revolution [rɛvə'luːʃən] N 1 [c/u] (*Pol*) 革命 gémìng [场 chǎng] 2 [c] 变(變)革 biàngé [场 chǎng]

reward [rɪ'wɔːd] I N [c] 奖(獎)励(勵) jiǎnglì [种 zhǒng] II VT 奖(獎)赏(賞) jiǎngshǎng

rewarding [rɪ'wɔːdɪŋ] ADJ 值得做的 zhídé zuò de

rewind [riː'waɪnd] (*pt, pp* **rewound**) VT 倒带(帶) dàodài

rhythm ['rɪðm] N [c/u] 节(節)奏 jiézòu [个 gè]

rib [rɪb] N [c] 肋骨 lèigǔ [根 gēn]

ribbon ['rɪbən] N [c] 饰(飾)带(帶) shìdài [条 tiáo]

rice [raɪs] N [c/u] 1 (*grain*) 大米 dàmǐ [粒 lì] 2 (*when cooked*) 米饭(飯) mǐfàn [碗 wǎn]

rich [rɪtʃ] ADJ [+ *person, country*] 富有的 fùyǒu de

rid [rɪd] (*pt, pp* **rid**) ▸ **to get rid of sth/sb** [+ *smell, dirt, care etc*] 摆(擺)脱(脫)某物/某人 bǎituō mǒuwù/mǒurén

ride [raɪd] (*pt* **rode**, *pp* **ridden** ['rɪdn]) I N [c] 1 (*in car, on bicycle*)

兜风(風) dōufēng [次 cì] 2 (on horse, bus, train) 出行 chūxíng [次 cì] II vi 骑(騎)马(馬) qímǎ; (on bicycle) 骑(騎)车(車) qíchē; (in car) 乘坐 chéngzuò III vt 1 [+ horse, bicycle, motorcycle] 骑(騎) qí 2 [+ distance] 行进(進) xíngjìn ▸ to give sb a ride (US) 让(讓)某人搭车(車) ràng mǒurén dāchē

ridiculous [rɪ'dɪkjʊləs] ADJ 荒谬(謬)的 huāngmiù de

rifle ['raɪfl] N [c] 步枪(槍) bùqiāng [支 zhī]

right [raɪt] I ADJ 1 (not left) 右边(邊)的 yòubiān de 2 (correct) 正确(確)的 zhèngquè de; [+ person, place, clothes] 合适(適)的 héshì de; [+ decision, direction, time] 最适(適)宜的 zuì shìyí de II N 1 [s] (not left) 右边(邊) yòubiān 2 [c] (entitlement) 权(權)利 quánlì [项(項) xiàng] III ADV 1 (correctly) 正确(確)地 zhèngquè de 2 (properly, fairly) 恰当(當) qiàdàng 3 (not to/on the left) 右边(邊)地 yòubiān de IV INT 好啊 hǎo a ▸ do you have the right time? 你的表(錶)几(幾)点(點)了? nǐ de biǎo jǐdiǎn le? ▸ to be right [person +] 正确(確) zhèngquè; [answer, fact +] 对(對) duì; [clock +] 准(準)确(確) zhǔnquè ▸ you did the right thing 你做得对(對) nǐ zuò de duì ▸ on the right (position) 靠(或)在右侧(側) kào huòzài yòucè ▸ to the right (movement) 向右 xiàngyòu

right-handed [raɪt'hændɪd] ADJ 惯(慣)用右手的 guànyòng yòushǒu de

ring [rɪŋ] (pt rang, pp rung) I N [c] (on finger) 戒指 jièzhi [枚 méi] II vi 1 [bell +] 鸣(鳴)响(響)

míngxiǎng 2 [telephone +] 响(響)xiǎng 3 (Brit) 打电(電)话(話) dǎ diànhuà III vt 1 [+ bell, doorbell] 使... 啊(響)起 shǐ...xiǎng 2 (Brit: Tel) 给(給)...打电(電)话(話) gěi...dǎ diànhuà ▸ there was a ring at the door, the doorbell rang 有人按门(門)铃(鈴) yǒurén àn ménlíng ▸ to give sb a ring (Brit: Tel) 给(給)某人打电(電)话(話) gěi mǒurén dǎ diànhuà

▸ ring back (Brit: Tel) I vt 回电(電)话(話) huí diànhuà II vi 再打电(電)话(話) zài dǎ diànhuà
▸ ring up (Brit: Tel) 给(給)...打电(電)话(話) gěi...dǎ diànhuà

ring-fence ['rɪŋfɛns] vt 使...专(專)门(門)用于 shǐ ...zhuānmén yòngyú

rinse [rɪns] vt [+ dishes, clothes] 漂洗 piǎoxǐ

riot ['raɪət] I N [c] (disturbance) 暴乱(亂) bàoluàn [次 cì] II vi 闹(鬧)事 nàoshì

ripe [raɪp] ADJ 成熟的 chéngshú de

rise [raɪz] (pt rose, pp risen ['rɪzn]) I N [c] (Brit: salary increase) 加薪 jiāxīn [次 cì] 2 (in prices, temperature, crime rate) 上升 shàngshēng 3 (in prices, numbers +) 上升 shàngshēng 2 [prices, numbers +] 上升 shàngshēng 3 [sun, moon +] 升起 shēngqǐ 4 (from chair) 起身 qǐshēn

risk [rɪsk] I N 1 [c/u] (danger) 危险(險) wēixiǎn [个 gè] 2 [c] (possibility of harm) 风(風)险(險) fēngxiǎn [种 zhǒng] II vt 1 (take the chance of) 冒险(險)做 màoxiǎn zuò ▸ to take a risk 担(擔)风(風)险(險) dān fēngxiǎn ▸ to risk it (inf) 冒险(險)一试(試) màoxiǎn yī shì rival['raɪvl] I N [c] 竞(競)争(爭)对(對)手 jìngzhēng duìshǒu [个 gè] II ADJ [+ teams, groups, supporters] 对(對)立的 duìlì de

river['rɪvər] N [c] 河 hé [条 tiáo]

river bank N [c] 河岸 hé'àn [个 gè]

road['rəud] N [c] 1 (in country) 公路 gōnglù [条 tiáo] 2 (in town) 路 lù [条 tiáo] ▸ it takes four hours by road 要花4小时(時)的车(車)程 yào huā sì xiǎoshí de chēchéng

road map N [c] 道路图(圖) dàolùtú [张 zhāng]

road sign N [c] 交通标(標)志(誌) jiāotōng biāozhì [个 gè]

roast['rəust] VT 烤 kǎo

rob[rɒb] VT 抢(搶)劫 qiǎngjié ▸ to rob sb of sth 剥(剝)夺(奪)某人的某物 bōduó mǒurén de mǒuwù

robber['rɒbər] N [c] 强(強)盗(盜) qiángdào [个 gè]

robbery['rɒbərɪ] N [c/U] 抢(搶)劫 qiǎngjié [次 cì]

robot['rəubɒt] N [c] 机(機)器人 jīqìrén [个 gè]

rock[rɒk] N 1 [c] (boulder) 巨石 jùshí [块 kuài] 2 [c] (esp US: small stone) 小石子 xiǎoshízǐ [块 kuài] 3 [U] (Mus) (also: rock music) 摇(搖)滚(滾)乐(樂) yáogǔnyuè

rocket['rɒkɪt] N [c] 1 (Space) 火箭 huǒjiàn [枚 méi] 2 (firework) 火箭式礼(禮)花 huǒjiànshì lǐhuā [个 gè]

rod[rɒd] N [c] 1 (pole) 杆 gān [根 gēn] 2 (also: fishing rod) 钓(釣)鱼(魚)竿 diàoyúgān [根 gēn]

rode[rəud] PT OF ride

role[rəul] N [c] 1 (function) 作用 zuòyòng [个 gè] 2 (Theat: part) 角色 juésè [个 gè]

roll[rəul] I N [c] 1 一卷 yī juǎn 2 (also: bread roll) 小圆(圓)面(麵)包 xiǎo yuánmiànbāo [个 gè] II VT 使滚(滾)动(動) shǐ gǔndòng III VI [ball, stone +] 滚(滾)动(動)gǔndòng ▸ cheese/ham roll 奶酪/火腿面(麵)包卷(捲) nǎilào/huǒtuǐ miànbāojuǎn

rollerblades['rəuləbleɪdz] NPL 直排轮(輪)溜冰鞋 zhípáilún liūbīngxié

roller coaster[-'kəustər] N [c] (at funfair) 过(過)山车(車) guòshānchē [辆 liàng]

roller skates NPL 旱冰鞋 hànbīngxié

roller skating N [U] 滑旱冰 huáhànbīng

Roman['rəumən] I ADJ 1 (of ancient Rome) 古罗(羅)马(馬)的 gǔ Luómǎ de 2 (of modern Rome) 罗(羅)马(馬)的 Luómǎ de II N [c] (in ancient Rome) 古罗(羅)马(馬)人 gǔ Luómǎrén

Roman Catholic I ADJ 天主教的 Tiānzhǔjiào de II N [c] 天主教教徒 Tiānzhǔjiào jiàotú [个 gè]

romance[rə'mæns] N 1 [c] (affair) 恋(戀)情 liànqíng [种 zhǒng] 2 [U] (charm, excitement) 迷人之处(處) mírén zhī chù

Romania[rə'meɪnɪə] N 罗(羅)马(馬)尼亚(亞) Luómǎníyà

Romanian[rə'meɪnɪən] I ADJ 罗(羅)马(馬)尼亚(亞)的 Luómǎníyà de II N [c] (person) 罗(羅)马(馬)尼亚(亞)人 Luómǎníyàrén [个 gè] 2 [U] (language) 罗(羅)马(馬)尼亚(亞)语(語) Luómǎníyàyǔ

romantic[rə'mæntɪk] ADJ 1 [+ person] 浪漫的 làngmàn de 2 (connected with love) [+ play, story etc] 爱(愛)情的 àiqíng de

3 (charming, exciting) [+ setting, holiday, dinner etc] 浪漫的 làngmàn de

roof [ruːf] N [c] **1** of building) 屋顶(頂) wūdǐng [个(個) gè] **2** [of cave, mine, vehicle] 顶(頂) dǐng [个(個) gè]

room [ruːm] N **1** [c] (in house) 房间(間) fángjiān [个(個) gè] **2** [c] (also: **bedroom**) 卧(臥)室 wòshì [个(個) gè] **3** [u] (space) 空间(間) kōngjiān

▸ **single/double room** 单(單)人/双(雙)人间(間) dānrén/shuāngrén jiān

root [ruːt] N [c] 根 gēn [个(個) gè]

rope [rəup] N [c/u] 绳(繩)子 shéngzi [根 gēn]

rose [rəuz] I PT of **rise** II N [c] (flower) 玫瑰 méiguī [朵 duǒ]

rot [rɔt] I VT (cause to decay) 使腐坏(壞) shǐ fǔhuài II VI (decay) [teeth, wood, fruit +] 腐烂(爛) fǔlàn

rotten ['rɔtn] ADJ **1** (decayed) 腐烂(爛)的 fǔlàn de **2** (inf: awful) 糟透的 zāotòu de

rough [rʌf] ADJ **1** [+ skin, surface, cloth] 粗糙的 cūcāo de **2** [+ terrain] 崎岖(嶇)的 qíqū de **3** [+ sea, crossing] 波涛(濤)汹(洶)涌(湧)的 bōtāo xiōngyǒng de **4** (violent) [+ person] 粗鲁(魯)的 cūlǔ de; [+ town, area] 治安混乱(亂)的 zhì'ān hùnluàn de **5** [+ outline, plan, idea] 粗略的 cūlüè de

roughly ['rʌflɪ] ADV **1** (violently) 粗暴地 cūbào de **2** (approximately) 大约(約) dàyuē ▸ **roughly speaking** 粗略地说(說) cūlüè de shuō

round [raund] I ADJ **1** (circular) 圆(圓)的 yuán de **2** (spherical) 球形的 qiúxíng de **3** [+ figure, sum] 不计(計)尾数(數)的 bù jì wěishù de II N [c] **1** (stage) (in competition)

3 (charming, exciting) [+ setting, holiday, dinner etc] 一轮(輪) yī lún **2** (Golf) 一场(場) yī chǎng III PREP **1** (surrounding) 围(圍)绕(繞) wéirào **2** (near) 在…附近 zài…fùjìn **3** (on or from the other side of) 绕(繞)过(過) ràoguò

▸ **to move round the room/sail round the world** 在房间(間)里(裡)走动(動)/环(環)球航行 zài fángjiān lǐ zǒudòng/huánqiú hángxíng ▸ **all round** 在…周围(圍) zài…zhōuwéi ▸ **to go round (sth)** 绕(繞)过(過)(某物) ràoguò (mǒuwù) ▸ **to go round to sb's (house)** 造访(訪)某人(的家) zàofǎng mǒurén (de jiā) ▸ **all (the) year round** 一年到头(頭) yī nián dàotóu ▸ **I'll be round at 6 o'clock** 我会(會)在6点(點)钟(鐘)到你家 wǒ huì zài liù diǎnzhōng dào nǐ jiā ▸ **round about** (esp Brit: approximately) 大约(約) dàyuē ▸ **round the clock** 连(連)续(續)24小时(時) liánxù èrshísì xiǎoshí ▸ **a round of applause** 掌声(聲)雷动(動) zhǎngshēng léidòng ▸ **round off** VT [+ meal, evening] 圆(圓)满(滿)结(結)束 yuánmǎn jiéshù ▸ **round up** VT **1** [+ cattle, sheep] 驱(驅)拢(攏) qūlǒng **2** [+ people] 围(圍)捕 wéibǔ **3** [+ price, figure] 把…调(調)高为(為)整数(數) bǎ…tiáogāo wéi zhěngshù

roundabout ['raundəbaut] N [c] (Brit: Aut) 环(環)形交叉路 huánxíng jiāochālù [个(個) gè]

round trip N [c] 往返旅行 wǎngfǎn lǚxíng [次 cì] II ADJ (US) 往返的 wǎngfǎn de

route [ruːt] N [c] **1** (path, journey) 路线(線) lùxiàn [条(條) tiáo] **2** [of bus, train] 路线(線) lùxiàn [条(條) tiáo]

router ['ruːtə^r] N (Comput) 路由器 lùyóuqì

routine [ruː'tiːn] N [c/u] 例行公事 lìxíng gōngshì [次 cì]

row[1] [rəu] I N [c] 1 [of people, houses] 一排 yī pái 2 [of seats in theatre, cinema] 一排 yī pái II vi (in boat) 划船 huáchuán III vt [+ boat] 划 huá ▶ **in a row** 连(連)续(續) liánxù

row[2] [rau] N 1 [s] (noise: Brit: inf) 吵闹(鬧)声(聲) chǎonàoshēng 2 [c] (noisy quarrel) 吵架 chǎojià [场 chǎng]

rowboat ['rəubəut] (US) N [c] 划艇 huátǐng [艘 sōu]

rowing ['rəuɪŋ] (Sport) N [u] 赛(賽)艇运(運)动(動) sàitǐng yùndòng

rowing boat (Brit) N [c] 划艇 huátǐng [艘 sōu]

royal ['rɔɪəl] ADJ 皇家的 huángjiā de ▶ **the royal family** 王室 wángshì

○ **ROYAL FAMILY**

○ **royal family** (英国王室)以伊
○ 丽莎白女王二世为首。女王于
○ 1953年登基。她的丈夫是菲利普
○ 亲王,即爱丁堡公爵。他们育有
○ 四名成年子女:查尔斯王子、安
○ 妮公主、安德鲁王子和爱德华王
○ 子。查尔斯王子,即威尔士亲王
○ 是王位的继承人。他有两个孩
○ 子,威廉王子和哈利王子。他们
○ 的母亲是已故的威尔士妃戴安
○ 娜。

rub [rʌb] vt (with hand, fingers) 揉 róu; (with cloth, substance) 擦 cā ▶ **rub out** (erase) 擦掉 cādiào

rubber ['rʌbə^r] N 1 [u] (substance)

橡胶(膠) xiàngjiāo 2 [c] (Brit) 橡皮擦 xiàngpícā [个 gè]

rubber boot (US) N [c] 橡胶(膠)长(長)统(統)靴 xiàngjiāo chángtǒngxuē [双 shuāng]

rubbish ['rʌbɪʃ] (Brit) I N [u] 1 (refuse) 垃圾 lājī 2 (inferior material) 垃圾 lājī 3 (nonsense) 废(廢)话(話) fèihuà II ADJ (Brit; inf) ▶ **I'm rubbish at golf** 我高尔(爾)夫球打得很糟糕 wǒ gāo'ěrfūqiú dǎ de hěn zāogāo ▶ **rubbish!** 胡说(說)! húshuō!

rubbish bin (Brit) N [c] 垃圾箱 lājīxiāng [个 gè]

rucksack ['rʌksæk] N [c] 背包 bēibāo [个 gè]

rude [ruːd] ADJ 1 无(無)礼(禮)的 wúlǐ de 2 [+ word, joke, noise] 粗鲁(魯)的 cūlǔ de ▶ **to be rude to sb** 对(對)某人无(無)礼(禮) duì mǒurén wúlǐ

rug [rʌg] N [c] 小地毯 xiǎodìtǎn [块 kuài]

rugby ['rʌgbɪ] N [u] (also: **rugby football**) 英式橄榄(欖)球 yīngshì gǎnlǎnqiú

ruin ['ruːɪn] I N [u] 毁(毀)坏(壞) huǐhuài II vt [+ clothes, carpet] 毁(毀)坏(壞) huǐhuài; [+ plans, prospects] 葬送 zàngsòng III **ruins** NPL [of building, castle] 废(廢)墟 fèixū ▶ **to be in ruins** [building, town +] 破败(敗)不堪 pòbài bùkān

rule [ruːl] N 1 [c] (regulation) 规(規)则(則) guīzé [条 tiáo] 2 [c] [of language, science] 规(規)则(則) guīzé [条 tiáo] ▶ **it's against the rules** 这(這)是不合规(規)定的 zhè shì bù hé guīdìng de ▶ **as a rule** 通常 tōngcháng

ruler ['ruːlər] N [c] (for measuring) 直尺 zhíchǐ [把 bǎ]

rum [rʌm] N [U] 朗姆酒 lǎngmǔjiǔ

rumour, (US) **rumor** ['ruːmər] N [c/U] (谣) 谣言 yáoyán [个 gè]

run [rʌn] (pt **ran**, pp **run**) I N [c] 1 (as exercise, sport) 跑步 pǎobù [次 cì] 2 (Cricket, Baseball) 跑动(動)得分 pǎodòng défēn [次 cì] II VT 1 [+ race, distance] 跑 pǎo 2 (operate) [+ business, shop, country] 经(經)营(營) jīngyíng 3 [+ water, bath] 流 liú 4 [+ program, test] 进(進)行 jìnxíng III VI 1 跑 pǎo 2 (flee) 逃跑 táopǎo 3 [bus, train +] 行驶(駛) xíngshǐ 4 (in combination) 变(變)得 biàn de ▸ **to go for a run** (as exercise) 跑步锻(鍛)炼(鍊) pǎobù duànliàn ▸ **in the long run** 终(終)究 zhōngjiū ▸ **I'll run you to the station** 我开(開)车(車)送你去车(車)站 wǒ kāichē sòng nǐ qù chēzhàn ▸ **to run on or off petrol/batteries** 以汽油/电(電)池为(為)能源 yǐ qìyóu/diànchí wéi néngyuán
▸ **run after** VT FUS (chase) 追赶(趕)追 zhuīgǎn
▸ **run away** VI (from home, situation) 出走 chūzǒu
▸ **run into** VT FUS (meet) [+ person] 偶然碰见(見) ǒurán pèngjiàn; [+ trouble, problems] 遭遇 zāoyù
▸ **run off** VI 跑掉 pǎodiào
▸ **run out** VI 1 [time, money, luck +] 用完 yòngwán 2 [lease, passport +] 到期 dàoqī
▸ **run out of** VT FUS 耗尽(盡) hàojìn
▸ **run over** VT (Aut) [+ person] 撞倒 zhuàngdǎo

rung [rʌŋ] PP of **ring**

runner ['rʌnər] N [c] (in race) 赛(賽)跑者 sàipǎozhě [个 gè]

runner-up [rʌnərʌp] N [c] 亚(亞)军(軍) yàjūn [个 gè]

running ['rʌnɪŋ] N [U] (sport) 赛(賽)跑 sàipǎo ▸ **6 days running** 连(連)续(續)6天 liánxù liù tiān

run-up ['rʌnʌp] N ▸ **the run-up to...** [+ election etc] …的前期 …de qiánqī

runway ['rʌnweɪ] N [c] 跑道 pǎodào [条 tiáo]

rush [rʌʃ] I N [s] (hurry) 匆忙 cōngmáng II VI [person +] 急速前往 jísù qiánwǎng

rush hour N [c] 高峰时(時)间(間) gāofēng shíjiān [段 duàn]

Russia ['rʌʃə] N 俄罗(羅)斯 Éluósī

Russian ['rʌʃən] I ADJ 俄罗(羅)斯的 Éluósī de II N 1 [c] (person) 俄罗(羅)斯人 Éluósīrén [个 gè] 2 [U] (language) 俄语(語) Éyǔ

rust [rʌst] N [U] 铁(鐵)锈(銹) tiěxiù

rusty ['rʌstɪ] ADJ 1 [+ surface, object] 生锈(銹)的 shēngxiù de 2 [+ skill] 荒疏的 huāngshū de

RV (US) N ABBR (= recreational vehicle) 娱(娛)乐(樂)车(車) yúlèchē

rye [raɪ] N [U] (cereal) 黑麦(麥) hēimài

r

S

sack [sæk] I N [c] 麻袋 mádài [个 gè] II VT 解雇(僱) jiěgù

sad [sæd] ADJ 1 伤(傷)心的 shāngxīn de 2 (distressing) 令人悲伤(傷)的 lìng rén bēishāng de

saddle ['sædl] N [c] (for horse) 马(馬)鞍 mǎ'ān [副 fù]; (on bike, motorbike) 车(車)座 chēzuò [个 gè]

safe [seɪf] I ADJ 1 (not dangerous) 安全的 ānquán de 2 (out of danger) 脱(脫)险(險)的 tuōxiǎn de 3 [+ place] 保险(險)的 bǎoxiǎn de II N [c] 保险(險)箱 bǎoxiǎnxiāng [个 gè]

safety ['seɪftɪ] N [U] 1 安全 ānquán 2 [of person, crew] 平安 píng'ān

Sagittarius [sædʒɪ'tɛərɪəs] N [U] (sign) 人马(馬)座 Rénmǎ Zuò

said [sɛd] PT, PP of **say**

sail [seɪl] I N [c] 帆 fān [张 zhāng]

II VI [ship +] 航行 hángxíng; [passenger +] 乘船航行 chéngchuán hángxíng ▸ **to go sailing** 去航行 qù hángxíng

sailing ['seɪlɪŋ] N [U] 帆船运(運)动(動) fānchuán yùndòng

sailor ['seɪlər] N [c] 水手 shuǐshǒu [名 míng]

saint [seɪnt] N [c] 圣(聖)徒 shèngtú [位 wèi]

salad ['sæləd] N [c/U] 色拉 sèlā [份 fèn]

salary ['sælərɪ] N [c/U] 薪水 xīnshuǐ [份 fèn]

sale [seɪl] I N 1 [s] (selling) 出售 chūshòu 2 [c] (with reductions) 贱(賤)卖(賣) jiànmài [次 cì] II **sales** N PL (quantity sold) 销(銷)售量 xiāoshòuliàng ▸ **to be (up) for sale** 待售 dàishòu ▸ **to be on sale** (Brit) 上市 shàngshì; (US: reduced) 廉价(價)出售 liánjià chūshòu

salesman ['seɪlzmən] (pl **salesmen**) N [c] 推销(銷)员(員) tuīxiāoyuán [位 wèi]

salmon ['sæmən] (pl salmon) N [c/U] 大马(馬)哈鱼(魚) dàmǎhāyú [条 tiáo]

salon ['sælɔn] N [c] 发(髮)廊 fàláng [家 jiā]

salt [sɔːlt] N [U] 盐(鹽) yán

salty ['sɔːltɪ] ADJ [+ food] 咸(鹹)的 xián de

same [seɪm] I ADJ 1 [+ size, colour, age] 相同的 xiāngtóng de 2 [+ place, person, time] 同一个(個)的 tóng yī gè de II PRON ▸ **the same** (similar) 一样(樣) yīyàng 2 (also: **the same thing**) 同样(樣) tóngyàng ▸ **the same as** 与(與)…一样(樣) yǔ…yīyàng ▸ **the same book/place as** 与(與)…一样(樣)

的书(書)/地方 yǔ...yíyàng de shū/dìfang ▸ at the same time 同时(時) tóngshí

same-sex ['seɪm,seks] ADJ 同性的 tóngxìng de ▸ **same-sex marriage/relationship** 同性婚姻/关(關)系 tóngxìng hūnyīn/guānxì

sample ['sɑːmpl] N [c] 样(樣)品 yàngpǐn [件 jiàn]; [of blood, urine] 采(採)样(樣) cǎiyàng [个 gè]

sand [sænd] N [U] 沙子 shāzi

sandal ['sændl] N [c] 凉(涼)鞋 liángxié [双 shuāng]

sandwich ['sændwɪtʃ] N [c] 三明治 sānmíngzhì [份 fèn] ▸ **a cheese/ham/jam sandwich** 奶酪/火腿/果酱(醬)三明治 nǎilào/huǒtuǐ/guǒjiàng sānmíngzhì

sang [sæŋ] PT of **sing**

sanitary napkin ['sænɪtəri-] (US) N [c] 卫(衛)生巾 wèishēngjīn [块 kuài]

sanitary towel (Brit) N [c] 卫(衛)生巾 wèishēngjīn [块 kuài]

sank [sæŋk] PT of **sink**

Santa (Claus) ['sæntə('klɔːz)] N 圣(聖)诞(誕)老人 Shèngdàn Lǎorén

sardine [sɑːˈdiːn] N [c] 沙丁鱼(魚) shādīngyú [条 tiáo]

SARS [sɑːz] N ABBR (= severe acute respiratory syndrome) 非典型性肺炎 fēidiǎnxíngxìng fèiyán

SAT N ABBR (US) (= Scholastic Aptitude Test) 学(學)业能力倾(傾)向测(測)试(試) Xuéyè Nénglì Qīngxiàng Cèshì

sat [sæt] PT, PP of **sit**

satellite ['sætəlaɪt] N **1** [c] 人造卫(衛)星 rénzào wèixīng [颗 kē] **2** [U] (also: satellite television) 卫(衛)星电(電)视(視) wèixīng diànshì

satisfactory [sætɪsˈfæktəri] ADJ 令人满(滿)意的 lìng rén mǎnyì de

satisfied ['sætɪsfaɪd] ADJ 满(滿)足的 mǎnzú de ▸ **to be satisfied with sth** 对(對)某事满(滿)意 duì mǒushì mǎnyì

sat nav ['sætnæv] N [c] 卫(衛)星导(導)航 wèixīng dǎoháng

Saturday ['sætədɪ] N [c/u] 星期六 xīngqīliù [个 gè]; see also/另见 **Tuesday**

sauce [sɔːs] N [c/u] 酱(醬) jiàng [种 zhǒng]

saucepan ['sɔːspən] N [c] 深平底锅(鍋) shēnpíngdǐguō [个 gè]

saucer ['sɔːsə'] N [c] 茶杯碟 chábēidié [个 gè]

Saudi Arabia [saʊdəˈreɪbɪə] N 沙特阿拉伯 Shātè Ālābó

sausage ['sɒsɪdʒ] N [c/u] 香肠(腸) xiāngcháng [根 gēn]

save [seɪv] I VT **1** [+ person] 救救 jiù jiù **2** (also: save up) 积(積)攒(攢) jīzǎn **3** (economize on) [+ money, time] 节(節)省 jiéshěng **4** (Comput) 存储(儲) cúnchǔ II VI (also: save up) 积(積)攒(攢) jīzǎn ▸ **to save sb's life** 挽救某人的生命 wǎnjiù mǒurén de shēngmìng

savings ['seɪvɪŋz] NPL (money) 存款 cúnkuǎn

savoury, (US) **savory** ['seɪvərɪ] ADJ 咸(鹹)辣的 xiánlà de

saw [sɔː] (pt sawed, pp sawed or sawn) I PT of **see** II VT 锯(鋸) jù III N [c] 锯(鋸)子 jùzi [把 bǎ]

sawn [sɔːn] PP of **saw**

saxophone ['sæksəfəʊn] N [c] 萨(薩)克斯管 sàkèsīguǎn [根 gēn]

say [seɪ] (pt, pp said) VT **1** 说(說) shuō **2** [clock, watch +] 表明 biǎomíng; [sign +] 写(寫)着(著)

xièzhe ▸ **to say sth to sb** 告诉(訴)某人某事 gàosù mǒurén mǒushì ▸ **to say yes/no** 同意/不同意 tóngyì/bù tóngyì

scale [skeɪl] N [s] (size, extent) 规(規)模 guīmó scales NPL 秤 chèng ▸ **on a large/small scale** 以大/小规(規)模(模) yǐ dà/xiǎo guīmó

scandal ['skændl] N [c] 丑(醜)闻(聞) chǒuwén [条 tiáo]

Scandinavia [skændɪ'neɪvɪə] N 斯堪的纳(納)维(維)亚(亞) Sīkāndìnàwéiyà

scanner ['skænə'] N [c] (Comput) 扫(掃)描仪(儀) sǎomiáoyí [台 tái]

scar [skaː'] N [c] 伤(傷)疤 shāngbā [个 gè]

scarce [skeəs] ADJ 短缺的 duǎnquē de

scarcely ['skeəslɪ] ADV 几(幾)乎不 jīhū bù

scare [skeə'] VT 使害怕 shǐ hàipà

scared ['skeəd] ADJ ▸ **to be scared (of sb/sth)** 害怕 (某人/某物) hàipà (mǒurén/mǒuwù)

scarf [skaːf] (pl scarfs or scarves) N [c] (long) 围(圍)巾 wéijīn [条 tiáo]; (square) 头(頭)巾 tóujīn [块 kuài]

scarves [skaːvz] NPL of **scarf**

scenery ['siːnərɪ] N [u] 风(風)景 fēngjǐng

schedule ['ʃedjuːl, US 'skedjuːl] N [c] 1 (agenda) 日程安排 richéng ānpái [个 gè] 2 (US) (of trains, buses) 时(時)间(間)表 shíjiānbiǎo [个 gè] ▸ **on schedule** 准(準)时(時) zhǔnshí ▸ **to be ahead of/behind schedule** 提前/落后(後)于(於)计(計)划(劃) tíqián/luòhòu yú jìhuà

scheme [skiːm] N [c] (plan) 方案 fāng'àn [个 gè]

scholarship ['skɒləʃɪp] N [c] 奖(獎)学(學)金 jiǎngxuéjīn [项 xiàng]

school [skuːl] N 1 [c/u] (place) 学(學)校 xuéxiào [所 suǒ]; (pupils and staff) 全体(體)师(師)生 quántǐ shīshēng 2 [c/u] (US) 大学(學) dàxué [所 suǒ] ▸ **to go to school** [child +] 上学(學) shàngxué ▸ **to leave school** [child +] 结(結)束义(義)务(務)教育 jiéshù yìwù jiàoyù

schoolboy ['skuːlbɔɪ] N [c] 男生 nánshēng [个 gè]

schoolchildren ['skuːltʃɪldrən] NPL 学(學)童 xuétóng

schoolgirl ['skuːlgəːl] N [c] 女生 nǚshēng [个 gè]

science ['saɪəns] N 1 [u] (scientific study) 科学(學) kēxué 2 [c/u] (branch of science, school subject) 学(學)科 xuékē [个 gè]

science fiction N [u] 科幻小说(說) kēhuàn xiǎoshuō

scientific [saɪən'tɪfɪk] ADJ 科学(學)的 kēxué de

scientist ['saɪəntɪst] N [c] 科学(學)家 kēxuéjiā [位 wèi]

scissors ['sɪzəz] NPL 剪刀 jiǎndāo ▸ **a pair of scissors** 一把剪刀 yī bǎ jiǎndāo

scooter ['skuːtə'] N [c] (also: **motor scooter**) 小型摩托车(車) xiǎoxíng mótuōchē [辆 liàng]

score [skɔː'] I N [c] 比分 bǐfēn [个 gè] II VT + goal, point] 得 dé III VI (in game, sport) 得分 défēn

Scorpio ['skɔːpɪəʊ] N [u] (sign) 天蝎(蠍)座 Tiānxiē Zuò

Scotch tape® (US) N [u] 透明胶(膠)带(帶) tòumíng jiāodài

Scotland ['skɒtlənd] N 苏(蘇)格兰(蘭) Sūgélán

Scottish ['skɒtɪʃ] ADJ 苏(蘇)格兰(蘭)的 Sūgélán de

scrambled egg ['skræmbld-] N [c/u] 炒鸡(雞)蛋 chǎo jīdàn [盘 pán]

scrap [skræp] VT 1 (+ car, ship) 报(報)废(廢)bàofèi 2 (+ project, idea, system, tax) 废(廢)弃(棄) fèiqì

scratch [skrætʃ] I VT 1 (on car, furniture) 刮痕 guāhén [条 tiáo] 2 (on body) 擦伤(傷) cāshāng [处 chù] II VT 1 (damage) 划(劃)破 huápò 2 (because of itch) 搔 sāo

scream [skri:m] VI 尖声(聲)喊叫 jiānshēng hǎnjiào

screen [skri:n] N [c] 1 (at cinema) 银(銀)幕 yínmù [块 kuài] 2 (of television, computer) 屏幕 píngmù [个 gè]

screw [skru:] N [c] 螺丝(絲) luósī [个 gè]

screwdriver ['skru:draɪvə'] N [c] 螺丝(絲)起子 luósī qǐzi [把 bǎ]

sculpture ['skʌlptʃə'] N [c] 雕塑 diāosù

sea [si:] N ▸ **the sea** 海洋 hǎiyáng ▸ **by sea** 由海路 yóu hǎilù

seafood ['si:fu:d] N [u] 海味 hǎiwèi

seagull ['si:gʌl] N [c] 海鸥(鷗) hǎi'ōu [只 zhī]

seal [si:l] N [c] 海豹 hǎibào [只 zhī]

search [sə:tʃ] I N [c] 1 (for missing person) 搜(蒐)寻(尋) sōuxún [次 cì] 2 (Comput) 检(檢)索 jiǎnsuǒ [次 cì] II VT 搜查 sōuchá

seashore ['si:ʃɔ:'] N [c] 海岸 hǎi'àn

seasick ['si:sɪk] ADJ 晕(暈)船的 yùnchuán de ▸ **to be or feel seasick** 感到晕(暈)船恶(噁)心 gǎndào yùnchuán ěxīn

seaside ['si:saɪd] (Brit) N ▸ **the seaside** 海边(邊) hǎibiān

season ['si:zn] N [c] 季节(節) jìjié [个 gè]

seat [si:t] N [c] 1 (chair) 椅子 yǐzi [把 bǎ]; (in car, theatre, cinema) 座 zuò 2 (place) (in theatre, train) 座位 zuòwèi [个 gè] ▸ **to take a/one's seat** (be sitting) 就座 jiùzuò ▸ **to be seated** (be sitting) 坐下 zuòxià

seat belt N 安全带(帶) ānquándài [条 tiáo]

second ['sekənd] I ADJ 第二的 dì'èr de II ADV (come, finish +) 第二名地 dì'èr míng de III N [c] (unit of time) 秒 miǎo ▸ **second floor** (Brit) 三层(層) sān céng; (US) 二层(層) èr céng

secondary school N [c/u] 中学(學) zhōngxué [所 suǒ]

second-hand ['sekənd'hænd] ADJ 二手的 èrshǒu de

secondly ['sekəndlɪ] ADV 其次 qícì

secret ['si:krɪt] I ADJ 秘(祕)密的 mìmì de II N [c] 秘(祕)密 mìmì [个 gè]

secretary ['sekrətərɪ] N [c] 秘(祕)书(書) mìshū [位 wèi]

section ['sekʃən] N [c] 部分 bùfen [个 gè]

security [sɪ'kjʊərɪtɪ] N [u] 保安措施 bǎo'ān cuòshī

see [si:] (pt saw, pp seen) VT 1 看见(見) kànjiàn 2 (meet) 见(見)面 jiànmiàn 3 (+ film, play) 看 kàn 4 (notice) 意识(識)到 yìshídào ▸ **to see sb doing/to do sth** 看见(見)某人做某事 kànjiàn mǒurén zuò mǒushì ▸ **to go and see sb** 去见(見)某人 qù jiàn mǒurén ▸ **see you later!** 一会(會)儿(兒)见(見)! yīhuìr jiàn!

▶**I see** 我明白 wǒ míngbai

seed [siːd] N [c/u] 籽 zǐ [粒 lì]

seem [siːm] VI 似乎 sihū ▶**it seems that...** 看来(来)... kànlái...

seen [siːn] PP of **see**

seldom ['sɛldəm] ADV 不常 bùcháng

select [sɪ'lɛkt] VT 挑选(选) tiāoxuǎn

selection [sɪ'lɛkʃən] N [c] 供选(选)择(择)的范(范)围(围) gōng xuǎnzé de fànwéi [个 gè]

self-confidence [sɛlf'kɔnfɪdns] N [u] 自信心 zìxìnxīn

selfie ['sɛlfɪ] N [c] 自拍照 zìpāi zhào [张(张) zhāng] ▶**to take a selfie** 自拍 zì pāi

selfish ['sɛlfɪʃ] ADJ 自私的 zìsī de

self-service [sɛlf'səːvɪs] ADJ 自助的 zìzhù de

sell [sɛl] (pt, pp **sold**) VT 卖(卖) mài ▶**to sell sth**, **sell sth to sb** 将(将)某物卖(卖)给(给)某人 jiāng mǒuwù màigěi mǒurén

semi-final [sɛmɪ'faɪnl] N [c] 半决(决)赛(赛) bànjuésài [场 chǎng]

send [sɛnd] (pt, pp **sent**) VT 1 ▶**to send sth (to sb)** 将(将)某物发(发)送(送)给(给)某人 jiāng mǒuwù fāsòng gěi mǒurén 2 [+ person] 派遣 pàiqiǎn

senior [siː'nɪə] ADJ 高级(级)的 gāojí de

senior citizen N [c] 已届(届)退休年龄(龄)的公民 yǐ jiè tuìxiū niánlíng de gōngmín [位 wèi]

senior high, (US) **senior high school** N [c] 高中 gāozhōng [所 suǒ]

sense [sɛns] N 1 [c] [of smell, taste] 感觉(觉)官能 gǎnjué guānnéng [种 zhǒng] 2 [u] [of good sense] 明智 míngzhì 3 [c] [meaning] 释(释)义(义) shìyì [个 gè]

sensible ['sɛnsɪbl] ADJ 通情达(达)理的 tōng qíng dá lǐ de [+ decision, suggestion] 明智的 míngzhì de

sensitive ['sɛnsɪtɪv] ADJ 1 善解人意的 shàn jiě rényì de 2 [+ skin] 敏感的 mǐngǎn de

sent [sɛnt] PT, PP of **send**

sentence ['sɛntns] N [c] (Ling) 句子 jùzi [个 gè]

separate [adj 'sɛprɪt, vb 'sɛpəreɪt] I ADJ [+ section, piece, pile] 分开(开)的 fēnkāi de [+ rooms] 单(单)独(独)的 dāndú de II VT [split up] 分开(开) fēnkāi III VI [parents, couple +] 分居 fēnjū ▶**to be separated** [couple +] 分居 fēnjū

September [sɛp'tɛmbə] N [c/u] 九月 jiǔyuè; see also/另见 **July**

serial ['sɪərɪəl] N [c] 连(连)续(续)剧(剧) liánxùjù [部 bù]; (in magazine) 连(连)载(载) liánzài [个 gè]

series ['sɪəriːz] N [c] 1 [+ of events] 一系列 yīxìliè [个 gè] 2 (on TV, radio) 系列节(节)目 xìliè jiémù [个 gè]

serious ['sɪərɪəs] ADJ 1 严(严)重的 yánzhòng de 2 (sincere) 当(当)真的 dàngzhēn de; (solemn) 严(严)肃(肃)的 yánsù de

serve [səːv] VT 1 (in shop, bar) 招待 zhāodài 2 [+ food, drink, meal] 端上来 duānshànglái

service [səːvɪs] N 1 [u] 服务(务) fúwù [项 xiàng] 2 [c] (train/bus service) 火车(车)/公共汽车(车)营(营)运(运) huǒchē/gōnggòng qìchē yíngyùn [种 zhǒng] 3 (Rel) 仪(仪)式(式) yíshì [个 gè] ▶**service included/not included** 含/不含小费(费) hán/bù hán xiǎofèi

service charge N [c] 服务(务)费(费) fúwùfèi [笔 bǐ]

service station N [c] 加油站 jiāyóuzhàn [座 zuò]

set [sɛt] (pt, pp **set**) I N 1 [c] [of cutlery, saucepans, books, keys] 套 tào 2 [c] (TV, Rad) 电(電)视(視)机(機) diànshìjī [台 tái] II ADJ [+ routine, time, price] 规(規)定的 guīdìng de III VT 1 (put) 放 fàng 2 [+ table] 摆(擺)放 bǎifàng 3 [+ time, price, rules] 确(確)定 quèdìng 4 [+ alarm] 设(設)定 shèdìng; [+ heating, volume] 调(調)整 tiáozhěng IV VI [sun +] 落山 luòshān ▸ a chess set 一副国(國)际(際)象棋 yī fù guójì xiàngqí
▸ **set off** I VI ▸ to set off (for) 启(啟)程(前往) qǐchéng (qiánwǎng) II VT [+ alarm] 触(觸)发(發) chùfā
▸ **set out** I VI 出发(發) chūfā

settee [sɛ'tiː] N [c] 长(長)沙发(發)椅 chángshāfāyǐ [个 gè]

settle [sɛtl] VT [+ bill, account, debt] 支付 zhīfù

seven [sɛvn] NUM 七 qī; see also/另见 **five**

seventeen [sɛvn'tiːn] NUM 十七 shíqī; see also/另见 **fifteen**

seventh [sɛvnθ] NUM 第七 dìqī; see also/另见 **fifth**

seventy [sɛvntɪ] NUM 七十 qīshí; see also/另见 **fifty**

several [sɛvərl] ADJ, PRON 几(幾)个(個) jǐ gè

severe [sɪ'vɪə'] ADJ 1 [+ pain, damage, shortage] 严(嚴)重的 yánzhòng de 2 [+ punishment, criticism] 严(嚴)厉(厲)的 yánlì de

sew [səʊ] (pt sewed, pp sewn) VI, VT 缝(縫) féng

sewing [səʊɪŋ] N [U] 缝(縫)纫(紉) féngrèn

sewn [səʊn] PP of sew

sex [sɛks] N 1 [c] (gender) 性别(別) xìngbié [种 zhǒng] 2 [U] (lovemaking) 性交 xìngjiāo ▸ to have sex (with sb) (和某人)性交 (hé mǒurén) xìngjiāo

sexism [sɛksɪzəm] N [U] 性别(別)歧视(視) xìngbié qíshì

sexist [sɛksɪst] ADJ 性别(別)歧视(視)的 xìngbié qíshì de

sexual [sɛksjʊəl] ADJ 性的 xìng de

sexy [sɛksɪ] ADJ 性感的 xìnggǎn de

shade [ʃeɪd] N 1 [U] 阴(陰)凉(涼)处(處) yīnliángchù 2 [c] [of colour] 色度 sèdù [种 zhǒng] 3 [c] (US) 遮阳(陽)窗帘(簾) zhēyáng chuānglián [幅 fú]

shadow [ʃædəʊ] N [c] 影子 yǐngzi

shake [ʃeɪk] (pt shook, pp shaken [ʃeɪkn]) I VT [+ bottle, cocktail, medicine] 摇(搖)晃 yáohuàng; [+ buildings, ground] 使震动(動) shǐ zhèndòng II VI 1 [person, part of the body +] 发(發)抖 fādǒu; [building, table +] 震动(動) zhèndòng; [ground +] 震颤(顫) zhènchàn ▸ to shake one's head 摇(搖)头(頭)拒绝(絕) yáotóu jùjué ▸ to shake hands (with sb) (和某人)握手 (hé mǒurén) wòshǒu

shall [ʃæl] AUX VB 1 (indicating future in 1st person) ▸ I shall go 我要走了 wǒ yào zǒu le 2 (in 1st person questions) ▸ shall I/we open the door? 我/我们(們)把门(門)打开(開)好吗(嗎)? wǒ/wǒmen bǎ mén dǎkāi hǎo ma?

shallow [ʃæləʊ] ADJ 浅(淺)的 qiǎn de

shame [ʃeɪm] N [U] 耻(恥)辱 chǐrǔ

▶it is a shame that... …真遗(遺)憾 …zhēn yíhàn ▶what a shame! 太遗(遺)憾了! tài yíhàn le!

shampoo [ʃæmˈpuː] N [c/u] 洗发(髮)液 xǐfàyè [瓶 píng]

shape [ʃeɪp] N [c] 形状(狀) xíngzhuàng [种 zhǒng]

share [ʃeəʳ] I N [c] 1 (part) 一份 yī fèn 2 (Comm, Fin) 股票 gǔpiào [支 zhī] II VT 1 [+ room, bed, taxi] 合用 héyòng 2 [+ job, cooking, task] 分担(擔) fēndān
▶share out VT 平均分配 píngjūn fēnpèi

shark [ʃɑːk] N [c/u] 鲨(鯊)鱼(魚) shāyú [条 tiáo]

sharp [ʃɑːp] I ADJ 1 [+ knife, teeth] 锋(鋒)利的 fēnglì de; [+ point, edge] 尖锐(銳)的 jiānruì de 2 [+ curve, bend] 急转(轉)的 jízhuǎn de II ADV (precisely) ▶at 2 o'clock sharp 两(兩)点(點)整 liǎng diǎn zhěng

shave [ʃeɪv] I VT [+ head, legs] 剃毛发(髮) tì máofà II VI 刮脸(臉) guā liǎn

shaving cream N [U] 剃须(鬚)膏 tìxūgāo

she [ʃiː] PRON 她 tā

she'd [ʃiːd] = she had, she would

sheep [ʃiːp] N (pl sheep) N [c] 绵(綿)羊 miányáng [只 zhī]

sheet [ʃiːt] N [c] 1 床单(單) chuángdān [床 chuáng] 2 [of paper] 一张(張) yī zhāng

shelf [ʃelf] N (pl shelves) N [c] 1 (bookshelf) 架子 jiàzi [个 gè]; (in cupboard) 搁(擱)板 gēbǎn [块 kuài]

shell [ʃel] N [c] 1 贝(貝)壳(殼) bèiké [只 zhī] 2 [of tortoise, snail, crab, egg, nut] 壳(殼) ké [个 gè]

she'll [ʃiːl] = she will

shellfish [ˈʃelfɪʃ] (pl shellfish) I N [c/u] 贝(貝)类(類)海产(產) bèilèi hǎichǎn [种 zhǒng] II N PL (as food) 贝(貝)类(類)海鲜(鮮) bèilèi hǎixiān

shelter [ˈʃeltəʳ] I N [c] (building) 遮蔽处(處) zhēbìchù [个 gè] II VI 躲避 duǒbì

shelves [ʃelvz] N PL of shelf

she's [ʃiːz] = she is, she has

shift [ʃɪft] VT 移动(動) yídòng

shin [ʃɪn] N [c] 胫(脛)部 jìngbù

shine [ʃaɪn] (pt, pp shone) VI 照耀 zhàoyào

ship [ʃɪp] N [c] 船 chuán [艘 sōu]

shirt [ʃəːt] N [c] 衬(襯)衫 chènshān [件 jiàn]

shiver [ˈʃɪvəʳ] VI 发(發)抖 fādǒu

shock [ʃɔk] I N 1 (surprise) 震惊(驚) zhènjīng [种 zhǒng] 2 [U] (Med) 休克 xiūkè 3 [c] (also: electric shock) 触(觸)电(電) chùdiàn [次 cì] II VT 使厌(厭)恶(惡) shǐ yànwù

shocked [ʃɔkt] ADJ 感到不快的 gǎndào búkuài de

shoe [ʃuː] N [c] 鞋 xié [双 shuāng]
▶a pair of shoes 一双(雙)鞋 yī shuāng xié

shone [ʃɔn] PT, PP of shine

shook [ʃʊk] PT, PP of shake

shoot [ʃuːt] (pt, pp shot) I VT (kill) 向…开(開)枪(槍) xiàng...kāiqiāng II VI 1 (with gun, bow) 射击(擊) shèjī ▶to shoot (at sb/sth) (朝某人/某物) 射击(擊) (cháo mǒurén/mǒuwù) shèjī 2 (Football etc) 射门(門) shèmén

shop [ʃɔp] I N [c] (esp Brit) 商店 shāngdiàn [家 jiā] II VI 购(購)物 gòuwù ▶to go shopping 去买(買)东(東)西 qù mǎi dōngxi

shop assistant (Brit) N 店

员(員) diànyuán [位 wèi]

shopping ['ʃɒpɪŋ] N 1 (activity) 购(購)物 gòuwù 2 (goods) 所购(購)之物 suǒ gòu zhī wù; see also/另见 **shop**

shopping centre, (US) **shopping center** N [c] 购(購)物中心 gòuwù zhōngxīn [个 gè]

shop window N [c] 商店橱(櫥)窗 shāngdiàn chúchuāng [个 gè]

shore [ʃɔːʳ] N [c] 岸 àn [个 gè]

short [ʃɔːt] I ADJ 1 (in time) 短暂(暫)的 duǎnzàn de 2 (in length) 短的 duǎn de 3 (not tall) 矮的 ǎi de II **shorts** NPL 1 (short trousers) 短裤(褲) duǎnkù 2 (esp US: underpants) 男用短衬(襯)裤(褲) nányòng duǎnchènkù ▸ a pair of **shorts** 一条(條)短裤(褲) yī tiáo duǎnkù

shortage ['ʃɔːtɪdʒ] N [c/u] 短缺 duǎnquē [种 zhǒng]

shortly ['ʃɔːtlɪ] ADV 马(馬)上 mǎshàng ▸ **shortly after/before sth** 某事之后(後)/前不久 mǒushì zhīhòu/qián bùjiǔ

short-sighted [ʃɔːt'saɪtɪd] ADJ (Brit) 近视(視)的 jìnshì de

shot [ʃɒt] I PT, PP of **shoot** II N 1 [c] 射击(擊) shèjī [阵 zhèn] 2 [c] (Football) 射门(門) shèmén [次 cì] 3 [c] (injection) 皮下注射 píxià zhùshè [针 zhēn]

should [ʃud] AUX VB 1 (indicating advisability) ▸ I should go now 我现(現)在应(應)该(該)走了 wǒ xiànzài yīnggāi zǒu le 2 (indicating obligation) 应(應)该(該) yīnggāi 3 (indicating likelihood) ▸ he should be there by now/he should get there soon 他现(現)在应(應)该(該)到那儿(兒)了/他应(應)该(該)很快就到那

儿(兒)了 tā xiànzài gāi dào nàr le/tā yīnggāi hěn kuài jiù dào nàr le ▸ **you should have been more careful** 你本该(該)更加小心 nǐ běn gāi gèngjiā xiǎoxīn ▸ **he should have arrived by now** 他现(現)在应(應)该(該)到了 tā xiànzài yīnggāi dào le

shoulder ['ʃəʊldəʳ] N [c] 肩膀 jiānbǎng [个 gè]

shout [ʃaʊt] VI (also: **shout out**) 喊叫 hǎnjiào

show [ʃəʊ] (pt showed, pp shown) I N [c] 1 (exhibition) 展览(覽) zhǎnlǎn [个 gè] 2 (TV, Rad) 节(節)目 jiémù [个 gè] II VT 1 表明 biǎomíng 2 ▸ **to show sth to sb** or **to show sth to sb** 给(給)某人看某物 (或)把某物给(給)某人看 gěi mǒurén kàn mǒuwù huò bǎ mǒuwù gěi mǒurén kàn 2 (illustrate, depict) 描述 miáoshù ▸ **on show** 在展览(覽)中 zài zhǎnlǎn zhōng ▸ **to show that...** 表明… biǎomíng... ▸ **to show sb how to do sth** 示范(範)某人如何做某事 shìfàn mǒurén rúhé zuò mǒushì

▸ **show around** VT 带(帶)…参(參)观(觀)…cānguān

shower ['ʃaʊəʳ] I N [c] 1 (rain) 阵(陣)雨 zhènyǔ [场 cháng] 2 (for washing) 淋浴器 línyùqì [个 gè] II VI 洗淋浴 xǐ línyù ▸ **to have** or **take a shower** 洗淋浴 xǐ línyù

shown [ʃəʊn] PP of **show**

shrank [ʃræŋk] PT of **shrink**

shrimp [ʃrɪmp] N [c] (small) 小虾(蝦) xiǎoxiā [只 zhī]; (US: bigger) 虾(蝦) xiā [只 zhī]

shrink [ʃrɪŋk] (pt shrank, pp shrunk) VI 缩(縮)水 suōshuǐ

shrunk [ʃrʌŋk] PP of **shrink**

shut [ʃʌt] (pt, pp **shut**) I VT 关(關)上 guānshàng; [+ shop] 关(關)门(門) guānmén; [+ mouth, eyes] 闭(閉)上 bìshàng II [shop +] 打烊 dǎyàng III ADJ [+ door, drawer] 关(關)闭(閉)的 guānbì de; [+ shop] 打烊的 dǎyàng de; [+ mouth, eyes] 闭(閉)着(著)的 bìzhe de
▸ **shut up** VI (inf) 住口 zhùkǒu
▸ **shut up!** (inf) 闭(閉)嘴! bìzuǐ!

shuttle [ʃʌtl] N [c] (plane, bus) 穿梭 班机(機)/班车(車) chuānsuō bānjī/bānchē [架/辆 jià/liàng]

shy [ʃaɪ] ADJ 害羞的 hàixiū de

sick [sɪk] ADJ 1 (physically) 患病的 huànbìng de; (mentally) 令人 讨厌(厭)的 lìng rén tǎoyàn de 2 ▸ **to be sick** (vomit) 呕(嘔)吐 ǒutù ▸ **to feel sick** 感觉(覺)恶(惡)心 gǎnjué ěxīn

sickness [ˈsɪknɪs] N [u] 患病 huànbìng

side [saɪd] I N [c] 1 边(邊) biān [个 gè] 2 [of building, vehicle] 侧(側)面 cèmiàn [个 gè]; [of body] 体(體)侧(側) tǐcè [边 biān] 3 [of paper, face, brain] 一面 yī miàn [个 gè]; [of tape, record] 面 miàn [个 gè] 4 [of road, bed] 边(邊)缘(緣) biānyuán [个 gè] 5 [of hill, valley] 坡 pō [个 gè] 6 (Brit: team) 队(隊) duì [支 zhī] 7 (in conflict, contest) 一 方 yìfāng II [+ door, entrance] 旁边(邊)的 pángbiān de ▸ **on the other side of sth** 在某物的另一 边(邊) zài mǒuwù de lìng yī biān

side-effect [ˈsaɪdɪfekt] N [c] 副作 用 fùzuòyòng [个 gè]

sidewalk [ˈsaɪdwɔːk] (US) N [c] 人 行道 rénxíngdào [条 tiáo]

sigh [saɪ] VI 叹(嘆)气(氣) tànqì

sight [saɪt] I N 1 [u] 视(視)力 shìlì 2 [c] (spectacle) 景象 jǐngxiàng [种 zhǒng] II **sights** NPL ▸ **the sights** 景点(點) jǐngdiǎn

sightseeing [ˈsaɪtsiːɪŋ] N [u] 观(觀)光 guānguāng ▸ **to go sightseeing** 观(觀)光(遊)览(覽) guānguāng yóulǎn

sign [saɪn] I N [c] 1 指示牌 zhǐshìpái [个 gè] 2 [c] (also: road sign) 路标(標) lùbiāo [个 gè] 3 [c/u] (indication, evidence) 迹(跡) 象 jìxiàng [种 zhǒng] II VT 签(簽) 署 qiānshǔ ▸ **it's a good/bad sign** 这(這)是个(個)好/坏(壞)兆头(頭) zhè shì gè hǎo/huài zhàotou

signal [ˈsɪɡnl] I N [c] 1 (to do sth) 信 号(號) xìnhào [个 gè] 2 (Rail) 信 号(號)机(機) xìnhàojī [部 bù] 3 (Elec) 讯(訊)号(號) xùnhào [个 gè] II VI (with gesture, sound) ▸ **to signal (to sb)** (向某人) 示意 (xiàng mǒurén) shìyì

signature [ˈsɪɡnətʃəʳ] N [c] 签(簽) 名 qiānmíng [个 gè]

sign language N [c/u] 手语(語) shǒuyǔ [种 zhǒng]

signpost [ˈsaɪnpəʊst] N [c] 路 标(標) lùbiāo [个 gè]

silence [ˈsaɪləns] N [c/u] 寂静(靜) jìjìng [片 piàn] ▸ **in silence** 鸦(鴉) 雀无(無)声(聲) yā què wú shēng

silent [ˈsaɪlənt] ADJ [+ person] 沉默 的 chénmò de

silk [sɪlk] N [c/u] 丝(絲)绸(綢) sīchóu [块 kuài]

silly [ˈsɪlɪ] ADJ [+ person] 愚蠢的 yúchǔn de; [+ idea, object] 可笑的 kěxiào de

silver [ˈsɪlvəʳ] I N [u] 银(銀) yín II ADJ [+ spoon, necklace] 银(銀)的 yín de

SIM card [ˈsɪm-] N [c] 手机(機)智能

卡 shǒujī zhìnéngkǎ [张 zhāng]

similar ['sɪmɪləʳ] ADJ 相似的 xiāngsì de ▸ **to be similar to sth** 和某事物类(類)似 hé mǒushìwù lèisì

simple ['sɪmpl] ADJ **1** (*easy*) 简(簡)单(單)的 jiǎndān de **2** [+ *meal, life, cottage*] 简(簡)朴(樸)的 jiǎnpǔ de

simply ['sɪmplɪ] ADV **1** (*merely*) 仅(僅)仅(僅) jǐnjǐn **2** (*absolutely*) 完全 wánquán

since [sɪns] I ADV (*from then onwards*) 此后(後) cǐhòu II PREP **1** (*from*) 自…以来(來) zì…yǐlái **2** (*after*) 从(從)…以后(後) cóng…yǐhòu III CONJ **1** (*from when*) 自从(從) zìcóng **2** (*after*) 从(從)…以后(後) cóng…yǐhòu **3** (*as*) 因为(為) yīnwèi ▸ **since then** or **ever since** 从(從)那时(時)起 cóng nàshí qǐ ▸ **I've been here since the end of June** 我自6月底以来(來)一直在这(這)儿(兒) wǒ zì liùyuè dǐ yǐlái yìzhí zài zhèr ▸ **since it was Saturday, I stayed in bed an extra hour** 因为(為)那天是星期六，他在床上多呆(待)了一小时(時) yīnwèi nà tiān shì xīngqīliù, tā zài chuáng shang duō dāile yī xiǎoshí

sincere [sɪn'sɪəʳ] ADJ 真诚(誠)的 zhēnchéng de

sincerely [sɪn'sɪəlɪ] ADV 由衷地 yóuzhōng de ▸ **Yours sincerely** or (US) **Sincerely yours** 谨(謹)上 jǐnshàng

sing [sɪŋ] (*pt* **sang**, *pp* **sung**) VI **1** [*person +*] 唱歌 chànggē; [*bird +*] 鸣(鳴) míng VT [+ *song*] 唱 chàng

Singapore [sɪŋgə'pɔ:ʳ] N 新加坡 Xīnjiāpō

singer ['sɪŋəʳ] N [c] 歌手 gēshǒu [位 wèi]

singing ['sɪŋɪŋ] N [U] 唱歌 chànggē

single ['sɪŋgl] I ADJ **1** (*solitary*) 单(單)个(個)的 dāngè de **2** (*unmarried*) 单(單)身的 dānshēn de II N [c] (*Brit*) (*also:* **single ticket**) 单(單)程票 dānchéngpiào [张 zhāng]

singular ['sɪŋgjuləʳ] ADJ 单(單)数(數)的 dānshù de

sink [sɪŋk] (*pt* **sank**, *pp* **sunk**) I N [c] 洗涤(滌)槽 xǐdícáo [个 gè] II VI [*ship +*] 沉没(沒) chénmò

sir [səʳ] N 先生 xiānsheng ▸ **Dear Sir** 亲(親)爱(愛)的先生 Qīn'ài de xiānsheng ▸ **Dear Sir or Madam** 亲(親)爱(愛)的先生或女士 Qīn'ài de xiānsheng huò nǚshì

siren ['saɪərn] N [c] 警报(報)器 jǐngbàoqì [个 gè]

sister ['sɪstəʳ] N [c] 姐妹 jiěmèi [对 duì]; (*elder*) 姐姐 jiějie [个 gè]; (*younger*) 妹妹 mèimei [个 gè] ▸ **my brothers and sisters** 我的兄弟姐妹们(們) wǒde xiōngdì jiěmèimen

sister-in-law ['sɪstərɪnlɔ:] N [c] (*pl* **sisters-in-law**) (*husband's sister*) 姑子 gūzi [个 gè]; (*wife's sister*) 姨子 yízi [个 gè]; (*older brother's wife*) 嫂子 sǎozi [位 wèi]; (*younger brother's wife*) 弟媳 dìxí [个 gè]

sit [sɪt] (*pt, pp* **sat**) VI **1** (*also:* **sit down**) 坐下 zuòxià **2** (*be sitting*) 坐着 zuòzhe ▸ **sit down** VI 坐下 zuòxià ▸ **to be sitting down** 就座 jiùzuò

site [saɪt] N [c] (*also:* **website**) 网(網)址 wǎngzhǐ [个 gè]

S

sitting room (Brit) N [C] 起居室 qǐjūshì [间 jiān]

situated ['sɪtjueɪtɪd] ADJ ▸ **to be situated in/on/near sth** 位于(於)某事物中/上/旁 wèiyú mǒuwù zhōng/shàng/páng

situation [sɪtju'eɪʃən] N [C] 情况(況) qíngkuàng [种 zhǒng]

six [sɪks] NUM 六 liù; see also/另见 **five**

sixteen [sɪks'tiːn] NUM 十六 shíliù; see also/另见 **five**

sixth [sɪksθ] NUM 1 (in series) 第六 dìliù 2 (fraction) 六分之一 liù fēn zhī yī; see also/另见 **fifth**

sixty ['sɪkstɪ] NUM 六十 liùshí; see also/另见 **fifty**

size [saɪz] N 1 [C/U] [of object] 大小 dàxiǎo [种 zhǒng]; [of clothing, shoes] 尺码(碼) chǐmǎ [个 gè] 2 [U] [of area, building, task, loss] 大小 dà ▸ **what size shoes do you take?** 你穿几(幾)号(號)的鞋? nǐ chuān jǐ hào de xié?

skate [skeɪt] N 1 (ice skate) 溜冰 liūbīng 2 (roller skate) 溜旱冰 liū hànbīng

skateboard ['skeɪtbɔːd] N [C] 滑板 huábǎn [个 gè]

skating ['skeɪtɪŋ] N [U] (ice-skating) 冰上运(運)动(動) bīngshàng yùndòng; see also/另见 **skate**

skeleton ['skɛlɪtn] N [C] 骨骼 gǔgé [副 fù]

sketch [skɛtʃ] N [C] (drawing) 素描 sùmiáo [张 zhāng]

ski [skiː] VI 滑雪 huáxuě ▸ **to go skiing** 去滑雪 qù huáxuě

skiing ['skiːɪŋ] N [U] 滑雪 huáxuě; see also/另见 **ski**

skilful. (US) **skillful** ['skɪlful] ADJ 老练(練)的 lǎoliàn de; [+ use,

choice, management] 技巧娴(嫻)熟的 jìqiǎo xiánshú de

skill [skɪl] N 1 [U] (ability) 技巧 jìqiǎo 2 [C] (acquired) 技能 jìnéng [项 xiàng]

skillful ['skɪlful] (US) ADJ = **skilful**

skin [skɪn] N [C/U] 皮肤(膚) pífū; [of animal] 皮 pí [张 zhāng]; (complexion) 肤(膚)色 fūsè [种 zhǒng]

skip [skɪp] VT [+ lunch, lecture] 故意不做 gùyì bù zuò II N [C] (Brit: container) 无盖用以装运工地废料的废料桶

skirt [skəːt] N [C] 裙子 qúnzi [条 tiáo]

skull [skʌl] N [C] 颅(顱)骨 lúgǔ [个 gè]

sky [skaɪ] N [C/U] 天空 tiānkōng [个 gè]

skyscraper ['skaɪskreɪpə] N [C] 摩天大厦(廈) mótiān dàshà [座 zuò]

slap [slæp] I N [C] 掌击(擊) zhǎngjī [次 cì] II VT 掴(摑) guāi

sled [slɛd] (US) N [C] 雪橇 xuěqiāo [副 fù]

sledge [slɛdʒ] (Brit) N [C] 雪橇 xuěqiāo [副 fù]

sleep [sliːp] (pt, pp slept) I N 1 [U] 睡眠 shuìmián 2 [C] (nap) 睡觉(覺) shuìjiào II VI (be asleep) 睡 shuì; (spend the night) 过(過)夜 guòyè ▸ **to go to sleep** 去睡觉(覺) qù shuìjiào
▸ **sleep with** VT FUS 和⋯有性关(關)系(係) hé⋯yǒu xìngguānxì

sleeping bag ['sliːpɪŋ-] N [C] 睡袋 shuìdài [个 gè]

sleeping pill N [C] 安眠药(藥) ānmiányào [片 piàn]

sleet [sliːt] N [U] 雨夹(夾)雪 yǔjiāxuě

sleeve [sliːv] N [c] **1** 袖子 xiùzi [个 gè] **2** (esp Brit) [of record] 唱片套 chàngpiàntào [个 gè]

slept [slept] PT, PP of **sleep**

slice [slaɪs] N [c] 片 piàn

slide [slaɪd] (pt, pp **slid** [slɪd]) I N [c] **1** (in playground) 滑梯 huátī [个 gè] **2** (Brit) (also: **hair slide**) 发(发)夹(夹) fàjiā [个 gè] II vɪ ▸ **to slide down/off/into sth** 滑下/离(离)/进(进)某物 huáxià/lí/jìn mǒuwù

slight [slaɪt] ADJ 微小的 wēixiǎo de

slightly ['slaɪtlɪ] ADV 略微地 lüèwēi de

slim [slɪm] I ADJ 苗条(条)的 miáotiao de II vɪ 节(节)食减(减)肥 jiéshí jiǎnféi

slip [slɪp] I vɪ [person +] 滑跤 huájiāo; [object +] 滑落 huáluò II N [c] (mistake) 差错(错) chācuò [个 gè]

slipper ['slɪpə'] N [c] 拖鞋 tuōxié [只 zhī]

slippery ['slɪpərɪ] ADJ 滑的 huá de

slot machine N [c] 投币(币)机(机) tóubìjī [个 gè]; (for gambling) 吃角子老虎机(机) chījiǎozi lǎohǔjī [部 bù]

slow [sləʊ] I ADJ 慢的 màn de II ADV (inf) 缓(缓)慢地 huǎnmàn de ▸ **my watch is 20 minutes slow** 我的表(表)慢了20分钟(钟) wǒ de biǎo mànle èrshí fēnzhōng ▸ **slow down** vɪ 放松(松) fàngsōng

slowly ['sləʊlɪ] ADV 慢慢地 mànmàn de

smack [smæk] vᴛ (as punishment) 打 dǎ

small [smɔːl] ADJ 小的 xiǎo de **2** (young) 年幼的 niányòu de **3** [+ mistake, problem, change] 微不足道的 wēi bù zú dào de

smart [smɑːt] ADJ **1** (esp Brit: neat, tidy) 漂亮的 piàoliang de **2** (fashionable) 时(时)髦的 shímáo de **3** (clever) 聪(聪)明的 cōngming de

smart phone N [c] 智能手机(机) zhìnéng shǒujī [部 bù]

smash [smæʃ] vᴛ 打碎 dǎsuì

smell [smel] (pt, pp **smelled** or **smelt**) I N [c] 气(气)味 qìwèi [种 zhǒng] II vᴛ 闻(闻)到 wéndào III vɪ **1** (have unpleasant odour) 发(发)臭 fā chòu **2** ▸ **to smell nice/delicious/spicy** etc 闻(闻)起来(来)香/好吃/辣(等) wén qǐlái xiāng/hǎochī/là děng ▸ **to smell of sth** 有…气(气)味 yǒu…qìwèi

smelt [smelt] PT, PP of **smell**

smile [smaɪl] I N [c] 微笑 wēixiào [个 gè] II vɪ ▸ **to smile (at sb)** 对(对)某人) 微笑 (duì mǒurén) wēixiào

smoke [sməʊk] I N [u] 烟(烟) yān II vɪ [person +] 吸烟(烟) xīyān III vᴛ [+ cigarette, cigar, pipe] 抽 chōu

smoker ['sməʊkə'] N [c] 吸烟(烟)者 xīyānzhě [个 gè]

smoking ['sməʊkɪŋ] N [u] 吸烟(烟) xīyān ▸ **"no smoking"** "禁止吸烟(烟)" "jìnzhǐ xīyān"

smooth [smuːð] ADJ (not rough) 光滑的 guānghuá de

smother ['smʌðə'] vᴛ 使窒息 shǐ zhìxī

SMS N ABBR (= short message service) 短信息服务(务) duǎnxìnxī fúwù

smuggle ['smʌgl] VT 走私 zǒusī
▸ **to smuggle sth in/out** 走私
进(進)口/出口某物 zǒusī jìnkǒu/
chūkǒu mǒuwù

snack [snæk] N [C] 小吃 xiǎochī
[份 fèn]

snail [sneɪl] N [C] 蜗(蝸)牛 wōniú
[只 zhī]

snake [sneɪk] N [C] 蛇 shé [条 tiáo]

snapshot ['snæpʃɒt] N [C] 快照
kuàizhào [张 zhāng]

sneakers ['sniːkəz] (US) NPL
胶(膠)底运(運)动(動)鞋 jiāodǐ
yùndòngxié [双 shuāng]

sneeze [sniːz] VI 打喷(噴)嚏 dǎ
pēntì

snob [snɒb] (pej) N [C] 势(勢)利小人
shìlì xiǎorén [个 gè]

snooker ['snuːkə'] N [U] (Sport) 英
式台(檯)球 yīngshì táiqiú

snore [snɔː'] VI 打鼾 dǎhān

snow [snəʊ] I N [U] 雪 xuě II VI 下
雪 xiàxuě ▸ **it's snowing** 下雪了
xiàxuě le

snowball ['snəʊbɔːl] N [C] 雪球
xuěqiú [个 gè]

snowflake ['snəʊfleɪk] N [C] 雪花
xuěhuā [朵 duǒ]

snowman ['snəʊmæn] N [C] 雪人
xuěrén [个 gè] ▸ **to build a
snowman** 堆雪人 duī xuěrén

🔵 **KEYWORD**

so [səʊ] I ADV 1 (thus, likewise)
这(這)样(樣) zhèyàng ▸ **they do
so because...** 他们(們)这(這)
样(樣)做是因为(為)... tāmen
zhèyàng zuò shì yīnwèi... ▸ **if you
don't want to go, say so** 如果
你不想去，就说(說)不想去 rúguǒ
nǐ bùxiǎng qù, jiù shuō nǐ

bùxiǎng qù ▸ **if so** 如果这(這)
样(樣) rúguǒ zhèyàng ▸ **I hope/
think so** 我希望/认(認)为(為)如此
wǒ xīwàng/rènwéi rúcǐ ▸ **so far**
迄今为(為)止 qìjīn wéizhǐ ▸ **and
so on** 等等 děngděng

2 (also) ▸ **so do I/so am I** 我也一
样(樣) wǒ yě yīyàng

3 ▸ **if rúcǐ** ▸ **so quickly/big
(that)** 如此快/大（以至于(於)）
rúcǐ kuài/dà(yǐzhìyú)

4 (very) ▸ **so much** 那么(麼)多 ▸ **so much**
nàme duō ▸ **so many**
那么(麼)多 nàme duō

5 (linking events) 于(於)是 yúshì
▸ **so I was right after all** 那终(終)
究还是对(對)的 nà zhōngjiū wǒ
shì duì de

II CONJ 1 (expressing purpose) ▸ **so
(that)** 为(為)的是 wèi de shì ▸ **I
brought it so (that) you could see
it** 我带(帶)过(過)来(來)给(給)你看
wǒ dài guòlái gěi nǐ kàn

2 (expressing result) 因此 yīncǐ ▸ **he
didn't come so I left** 他没(沒)
来(來)，因此我走了 tā méilái,
yīncǐ wǒ zǒu le

soaking ['səʊkɪŋ] ADJ (also:
soaking wet) [+ person] 湿(濕)透
的 shītòu de; [+ clothes] 湿(濕)淋
淋的 shīlínlín de

soap [səʊp] N [C/U] 1 肥皂 féizào
[块 kuài] 2 = **soap opera**

soap opera N [C] 肥皂剧(劇)
féizàojù [部 bù]

sober ['səʊbə'] ADJ 未醉的 wèi zuì
de

soccer ['sɒkə'] N [U] 足球 zúqiú

social ['səʊʃl] ADJ 1 社会(會)的
shèhuì de 2 [+ event, function] 社
交的 shèjiāo de

socialism ['səʊʃəlɪzəm] N [U] 社会(會)主义(義) shèhuì zhǔyì

socialist ['səʊʃəlɪst] I ADJ 社会(會)主义(義)的 shèhuì zhǔyì de II N [c] 社会(會)主义(義)者 shèhuì zhǔyìzhě [位 wèi]

social media N 社交媒体(體) shèjiāo méitǐ

social worker N [c] 社会(會)福利工作者 shèhuì fúlì gōngzuòzhě [位 wèi]

society [sə'saɪətɪ] N [U] 社会(會) shèhuì

sock [sɒk] N [c] 袜(襪)子 wàzi [双 shuāng]

socket ['sɒkɪt] N [c] (Brit) 插座 chāzuò [个 gè]

sofa ['səʊfə] N [c] 沙发(發) shāfā [个 gè]

soft [sɒft] ADJ 1 [+ towel] 松(鬆)软(軟)的 sōngruǎn de; [+ skin] 柔软(軟)的 róuruǎn de 2 [+ bed, paste] 柔软(軟)的 róuruǎn de

soft drink N [c] 软(軟)性饮(飲)料 ruǎnxìng yǐnliào [瓶 píng]

software ['sɒftwɛəʳ] N [U] 软(軟)件 ruǎnjiàn

soil [sɔɪl] N [c/U] 土壤 tǔrǎng [种 zhǒng]

solar power N [U] 太阳(陽)能 tàiyángnéng

sold [səʊld] PT, PP of **sell**

soldier ['səʊldʒəʳ] N [c] 士兵 shìbīng [位 wèi]

sole [səʊl] N [c] 底 dǐ [个 gè]

solicitor [sə'lɪsɪtəʳ] (Brit) N [c] 律师(師) lǜshī [位 wèi]

solid ['sɒlɪd] ADJ 1 (not soft) 坚(堅)实(實)的 jiānshí de 2 (not liquid) 固体(體)的 gùtǐ de 3 [+ gold, oak] 纯(純)质(質)的 chúnzhì de

solution [sə'luːʃən] N [c] 解决(決)方案 jiějué fāng'àn [个 gè]

solve [sɒlv] VT 1 [+ mystery, case] 破解 pòjiě 2 [+ problem] 解决(決) jiějué

⬤ **KEYWORD**

some I ADJ 1 (a little, a few) 一些 yīxiē ▸ some milk/books 一些牛奶/书(書) yīxiē niúnǎi/shū 2 (certain, in contrasts) 某些 mǒuxiē ▸ some people say that... 有些人说(說)… yǒuxiē rén shuō... II PRON (a certain amount, certain number) 一些 yīxiē ▸ I've got some 我有一些 wǒ yǒu yīxiē ▸ there was/were some left 还(還)剩下一些 hái shèngxià yīxiē ▸ some of it/them 它的一部分/他们(們)中的一些 tā de yī bùfen/tāmen zhōng de yīxiē

somebody ['sʌmbədɪ] PRON = **someone**

somehow ['sʌmhaʊ] ADV 不知怎样(樣)地 bùzhī zěnyàng de

someone ['sʌmwʌn] PRON 某人 mǒurén ▸ I saw someone in the garden 我看见(見)花园(園)里(裡)有人 wǒ kànjiàn huāyuán lǐ yǒu rén ▸ someone else 别(別)人 biérén

someplace ['sʌmpleɪs] (US) ADV = **somewhere**

something ['sʌmθɪŋ] PRON 某事物 mǒu shìwù ▸ something else 其他事情 qítā shìqíng ▸ would you like a sandwich or something? 你要来(來)点(點)三明治或其他东(東)西吗(嗎)? nǐ yào lái diǎn sānmíngzhì huò qítā shénme dōngxi ma?

sometime ['sʌmtaɪm] ADV 某个(個)时(時)候 mǒugè shíhòu

请勿将 **sometimes** 和 **sometime** 混淆。**sometimes** 表示某事物只发生在某些时候，而不是总是发生。Do you visit your sister? — Sometimes... Sometimes I wish I still lived in Australia. **sometimes** 还可以表示某事物发生在特定情况下，而不是在任何情况下都会发生。Sometimes they stay for a week, sometimes just for the weekend. **sometime** 表示未来或过去某个不确定或未指明的时间。Can I come and see you sometime? ... He started his new job sometime last month.

sometimes ['sʌmtaɪmz] ADV 有时(时) yǒushí

somewhere ['sʌmweəʳ] ADV 在某处(处) zài mǒuchù ▶ I need somewhere to live 我需要找个(个)地方住 wǒ xūyào zhǎo gè dìfang zhù ▶ I must have lost it somewhere 我一定把它丢(丢)在哪儿(儿)了 wǒ yīdìng bǎ tā diū zài nǎr le ▶ let's go somewhere quiet 我们(们)去个(个)安静(静)的地方吧 wǒmen qù gè ānjìng de dìfang ba ▶ somewhere else 别(别)的地方 bié de dìfang

son [sʌn] N [c] 儿(儿)子 érzi [个 gè]

song [sɒŋ] N [c] 歌曲 gēqǔ [首 shǒu]

son-in-law ['sʌnɪnlɔ:] (pl **sons-in-law**) N [c] 女婿 nǚxu [个 gè]

soon [su:n] ADV 1 (in a short time) 不久 bùjiǔ 2 (a short time later) 很快 hěn kuài 3 (early) 早 zǎo ▶ soon afterwards 不久后(后) bùjiǔ hòu ▶ as soon as 一...就... yī...jiù... ▶ quite soon 很快 hěn kuài ▶ see

you soon! 再见(见)! zàijiàn!

sooner ['su:nəʳ] ADV ▶ sooner or later (迟)早 chízǎo ▶ the sooner the better 越快越好 yuè kuài yuè hǎo

sophomore ['sɒfəmɔ:ʳ] (US) N [c] 二年级(级)学(学)生 èr niánjí xuésheng [个 gè]

sore [sɔ:ʳ] ADJ 痛的 tòng de

sorry ['sɒrɪ] ADJ 懊悔的 àohuǐ de ▶ (I'm) sorry! (apology) 对(对)不起! duìbuqǐ! ▶ sorry? (pardon?) 请(请)再讲(讲)一遍 qǐng zài jiǎng yī biàn ▶ to feel sorry for sb 对(对)某人表示同情 duì mǒurén biǎoshì tóngqíng ▶ to be sorry about sth 对(对)某事表示歉意 duì mǒushì biǎoshì qiànyì ▶ I'm sorry to hear that... 听(听)到…我很惋(惋)心 tīngdào...wǒ hěn shāngxīn

sort [sɔ:t] I N 1 [c] ▶ sort (of) 种(种)类(类) zhǒnglèi [个 gè] 2 [c] (make, brand) 品牌 pǐnpái [个 gè] II VT 1 [+ papers, mail, belongings] 把...分类(类) bǎ...fēnlèi 2 (Comput) 整理 zhěnglǐ ▶ sort of (inf) 有点(点)儿(儿) yǒudiǎnr ▶ all sorts of 各种(种)不同的 gè zhǒng bùtóng de ▶ sort out VT (separate) [+ problem] 解决(决) jiějué

sound [saund] I N 1 [c] 声(声)音 shēngyīn [种 zhǒng] II VI 1 [alarm, bell +] 响(响) xiǎng 2 (seem) 听(听)来(来) tīnglái ▶ to make a sound 出声(声) chūshēng ▶ that sounds like an explosion 听(听)起来(来)像是爆炸声(声)的 tīng qǐlái xiàng shì bàozhàshēng de ▶ that sounds like a great idea 这(这)主意听(听)起来(来)妙极了

zhè zhǔyì tīng qǐlái miào jí le ▶ **it sounds as if...** 听(聽)起来(來)似乎...tīng qǐlái sìhū...

soup [suːp] N [C/U] 汤(湯) tāng [份 fèn]

sour ['sauə'] ADJ **1** (bitter-tasting) 酸的 suān de **2** [+ milk] 酸的 suān de

south [sauθ] I N [S/U] 南方 nánfāng II ADJ 南部的 nánbù de III ADV 向南方 xiàng nánfāng ▶**to the south** 以南 yǐ nán ▶**south of...** 以南 zài...yǐ nán

South Africa N 南非 Nánfēi

South America N 南美洲 Nán Měizhōu

south-east [sauθ'iːst] I N [S/U] 东(東)南 dōngnán II ADJ 东(東)南的 dōngnán de III ADV 向东(東)南 xiàng dōngnán

southern ['sʌðən] ADJ 南方的 nánfāng de ▶ **the southern hemisphere** 南半球 nán bànqiú

South Korea N 韩(韓)国(國) Hánguó

South Pole N ▶ **the South Pole** 南极(極)Nánjí

South Wales N 南威尔(爾)士 Nán Wēi'ěrshì

south-west [sauθ'wɛst] I N [S/U] 西南 xīnán II ADJ 西南的 xīnán de III ADV 向西南 xiàng xīnán

souvenir [suːvə'nɪə'] N [C] 纪(紀)念品 jìniànpǐn [件 jiàn]

soy sauce [sɔɪ-] N [U] 酱(醬)油 jiàngyóu

space [speɪs] N **1** [C/U] (gap, place) 空隙 kòngxì [个 gè] **2** [U] (beyond Earth) 太空 tàikōng ▶ **to clear a space for sth** 为(為)某物腾(騰)地方 wèi mǒuwù téng dìfang

spade [speɪd] N [C] 锹(鍬) qiāo [把 bǎ]

spaghetti [spə'gɛtɪ] N [U] 意大利面(麵) Yìdàlìmiàn

Spain [speɪn] N 西班牙 Xībānyá

spam [spæm] (Comput) N [U] 垃圾邮(郵)件 lājī yóujiàn

Spanish ['spænɪʃ] I ADJ 西班牙的 Xībānyá de II N [U] (language) 西班牙语(語) Xībānyáyǔ

spanner ['spænə'] (Brit) N [C] 扳手 bānshou [个 gè]

spare [spɛə'] I ADJ **1** (free) 多余(餘)的 duōyú de **2** (extra) 备(備)用的 bèiyòng de II N [C] = **spare part**

spare part N [C] 备(備)件 bèijiàn [个 gè]

spare time N [U] 业(業)余(餘)时(時)间(間) yèyú shíjiān

spat [spæt] PT, PP of **spit**

speak [spiːk] (pt **spoke**, pp **spoken**) I VT [+ language] 讲(講) jiǎng II VI 讲(講)话(話) jiǎnghuà ▶ **to speak to sb about sth** 和某人谈(談)某事 hé mǒurén tán mǒushì

special ['spɛʃl] ADJ **1** (important) 特别(別)的 tèbié de **2** (particular) 特定(的)的 zhuānmén de ▶ **we only use these plates on special occasions** 我们(們)只在特别(別)场(場)合才用这(這)些碟子 wǒmen zhǐ zài tèbié chǎnghé cái yòng zhèxiē diézi ▶ **it's nothing special** 没(沒)什么(麼)特别(別)的 méi shénme tèbié de

speciality [spɛʃɪ'ælɪtɪ], (US) **specialty** ['spɛʃəltɪ] N [C] (food) 特制(製)品 tèzhìpǐn [种 zhǒng]; (product) 特产(產) tèchǎn [种 zhǒng]

specially ['spɛʃlɪ] ADV 专(專)门(門)地 zhuānmén de

specialty ['speʃəltɪ] (US) N
= **speciality**

species ['spiːʃiːz] N [c] 种(種)
zhǒng [个 gè]

specific [spə'sɪfɪk] ADJ 1(fixed) 特
定的 tèdìng de 2(exact) 具体(體)
的 jùtǐ de

spectacles ['spektəklz] N PL 眼
镜(鏡) yǎnjìng

spectacular [spek'tækjulə'] ADJ
[+ view, scenery] 壮(壯)丽(麗)的
zhuànglì de; [+ rise, growth] 惊(驚)
人的 jīngrén de; [+ success, result]
引人注目的 yǐn rén zhùmù de

spectator [spek'teɪtə'] N [c]
观(觀)众(眾) guānzhòng [个 gè]

speech [spiːtʃ] N [c] 演说(說)
yǎnshuō [场 chǎng]

speed [spiːd] (pt, pp **sped** [spɛd]) N
1[c/u] (rate, promptness) 速度 sùdù
[种(種) zhǒng] 2[u] (fast movement) 快
速 kuàisù 3[c] (rapidity) 迅速
xùnsù ▸ at a speed of 70km/h 以
时(時)速70公里 yǐ shísù qīshí
gōnglǐ

speed limit (Law) N [c] 速度极(極)
限 sùdù jíxiàn [个 gè]

spell [spɛl] (pt, pp **spelled** or **spelt**)
VT 用字母拼写 yòng zìmǔ pīn ▸ he
can't spell 他不会(會)拼写(寫) tā
bù huì pīnxiě

spelling ['spɛlɪŋ] N [c] [of word] 拼
法 pīnfǎ [种(種) zhǒng] ▸ spelling
mistake 拼写(寫)错(錯)误(誤)
pīnxiě cuòwù

spelt [spɛlt] PT, PP of **spell**

spend [spɛnd] (pt, pp **spent**) VT
1[+ money] 花费(費) huāfèi
2[+ time, life] 度过(過) dùguò ▸ to
spend time/energy on sth 在某
事上花时(時)间(間)/精力 zài
mǒushì shang huā shíjiān/jīnglì

▸ to spend time/energy doing
sth 花时(時)间(間)/精力做某事
huā shíjiān/jīnglì zuò mǒushì ▸ to
spend the night in a hotel 在旅
馆(館)度过(過)一晚 zài lǚguǎn
dùguò yī wǎn

spent [spɛnt] PT, PP of **spend**

spicy ['spaɪsɪ] ADJ 辛辣的 xīnlà de

spider ['spaɪdə'] N [c] 蜘蛛 zhīzhū
[只 zhī] ▸ spider's web 蜘蛛
网(網) zhīzhūwǎng

spill [spɪl] (pt, pp **spilt** or **spilled**)
I VT 使溢出 shǐ yìchū II VI 溢出
yìchū ▸ to spill sth on/over sth
将(將)某物洒(灑)在某物上 jiāng
mǒuwù sǎ zài mǒuwù shang

spinach ['spɪnɪtʃ] N [u] 菠菜 bōcài

spine [spaɪn] N [c] 脊柱 jǐzhù [根
gēn]

spit [spɪt] (pt, pp **spat**) I N [u]
(saliva) 唾液 tuòyè II VI 吐唾液 tǔ
tuòyè

spite [spaɪt] N [u] 恶(惡)意 èyì ▸ in
spite of 尽(盡)管 jǐnguǎn

splendid ['splɛndɪd] ADJ (excellent)
极好的 jí hǎo de

split [splɪt] (pt, pp **split**) VT 1(divide)
把...劈开(開) bǎ...huàrfēn
2[+ work, profits] 平分 píngfēn
▸ split up VI 分手 fēnshǒu

spoil [spɔɪl] (pt, pp **spoiled** or **spoilt**),
VT 1(damage) 损(損)害 sǔnhài
2[+ child] 溺爱(愛) nì'ài

spoilt [spɔɪlt] I PT, PP of **spoil** II ADJ
宠(寵)坏(壞)的 chǒnghuài de

spoke [spəuk] PT of **speak**

spoken ['spəukn] PP of **speak**

spokesman ['spəuksmən] (pl
spokesmen) N [c] 男发(發)言人
nánfāyánrén [位 wèi]

spokeswoman ['spəukswumən]
(pl **spokeswomen**) N [c] 女发(發)

言人 nǔfāyánrén [位 wèi]

sponge [spʌndʒ] N [U] 海绵(綿) hǎimián

spoon [spu:n] N [C] (particular game) 匙 chí [把 bǎ]

sport [spɔ:t] N [C] (particular game) 运(運)动(動) yùndòng [项 xiàng] **2** [U] (generally) 体(體)育 tǐyù

sportswear ['spɔ:tsweəʳ] N [U] 运(運)动(動)服 yùndòngfú

spot [spɔt] N [C] **1** (mark) 斑点(點) bāndiǎn [个 gè] **2** (dot) 点(點)点(點) diǎndiǎn [个 gè] **3** (pimple) 疵点(點) cǐdiǎn [个 gè] ▶ **on the spot** (in that place) 在现(現)场(場) zài xiànchǎng; (immediately) 当(當)场(場) dāngchǎng

sprain [spreɪn] VT ▶ **to sprain one's ankle/wrist** 扭伤(傷)脚(腳)踝/手腕 niǔshāng jiǎohuái/shǒuwàn

spray [spreɪ] VT **1** (+ liquid) 喷(噴)洒(灑) pēn **2** (+ crops) 向...喷(噴)杀(殺)虫(蟲)剂(劑) xiàng...pēn shāchóngjì

spread [spred] (pt, pp spread) VT **1** ▶ **to spread sth on/over** 把某物摊(攤)在...上 bǎ mǒuwù tān zài...shang **2** (+ disease) 传(傳)播 chuánbō

spreadsheet ['spredʃi:t] N [C] 电(電)子表格 diànzǐ biǎogé [份 fèn]

spring [sprɪŋ] N **1** [C/U] (season) 春季 chūnjì **2** [C] (wire coil) 弹(彈)簧 tánhuáng [个 gè] ▶ **in (the) spring** 在春季 zài chūnjì

spy [spaɪ] N [C] 间(間)谍 jiàndié [个 gè]

spying ['spaɪɪŋ] N [U] 当(當)间(間)谍(諜) dāng jiàndié

square [skweəʳ] N [C] **1** 正方形 zhèngfāngxíng [个 gè] **2** (in town)

广(廣)场(場) guǎngchǎng [个 gè]

3 (Math) 平方 píngfāng [个 gè]
II ADJ 正方形的 zhèngfāngxíng de ▶ **2 square metres** 2平方米 èr píngfāngmǐ

squash [skwɔʃ] I N [U] (Sport) 壁球 bìqiú II VT 把...压(壓)碎 bǎ...yāsuì

squeeze [skwi:z] VT 用力捏 yònglì niē

stab [stæb] VT 刺 cì

stable ['steɪbl] I ADJ 稳(穩)定的 wěndìng de II N [C] 马(馬)厩(廏) mǎjiù [个 gè]

stadium ['steɪdɪəm] (pl stadia ['steɪdɪə] or stadiums) N [C] 体(體)育场(場) tǐyùchǎng [个 gè]

staff [stɑ:f] N [C] 职(職)员(員) zhíyuán [名 míng]

stage [steɪdʒ] N [C] **1** (in theatre) 舞台(臺) wǔtái [个 gè] **2** (platform) 平台(臺) píngtái [个 gè] ▶ **in the early/final stages** 在早/晚期 zài zǎo/wǎnqī

stain [steɪn] N [C] 污迹(跡) wūjì [处 chù] II VT 沾污 zhānwū

stainless steel ['steɪnlɪs-] N [U] 不锈(銹)钢(鋼) búxiùgāng

stair [steəʳ] I N [C] (step) 梯级(級) tījí [层 céng] II stairs NPL (flight of steps) 楼(樓)梯 lóutī

stall [stɔ:l] N [C] 货(貨)摊(攤) huòtān [个 gè]

stamp [stæmp] I N [C] **1** 邮(郵)票 yóupiào [枚 méi] **2** (in passport) 章 zhāng [个 gè] II VT (+ passport, visa) 盖(蓋)章于(於) gàizhāng yú

stand [stænd] (pt, pp stood) VI **1** (be upright) 站立 zhànlì **2** (rise) 站起来(來) zhàn qǐlái **3** ▶ **to stand aside/back** 让(讓)开(開)/退后(後) ràngkāi/tuìhòu II VT ▶ I

can't stand him/it 我无(無)法容忍他/它 wǒ wúfǎ róngrěn tā/tā

▶ **stand for** FUS [abbreviation +] 代表 dàibiǎo

▶ **stand out** VI 醒目 xǐngmù

▶ **stand up** VI (rise) 起立 qǐlì

standard ['stændəd] I N [c] **1** (level) 水平 shuǐpíng [种(種) zhǒng] **2** (norm, criterion) 标(標)准(準) biāozhǔn [个(個) gè] II ADJ **1** [+ size] 普通的 pǔtōng de **2** [+ procedure, practice] 标(標)准(準)的 biāozhǔn de **3** [+ model, feature] 规(規)范(範)的 guīfàn de

stank [stæŋk] PT OF **stink**

star [stɑː[r]] I N [c] **1** 星 xīng [颗(顆) kē] **2** (celebrity) 明星 míngxīng [个(個) gè]
▶ **a 4-star hotel** 4星级(級)旅馆(館) sì xīngjí lǚguǎn

stare [steə[r]] VI ▶ **to stare (at sb/ sth)** 盯着(著) (某人/某物) dīngzhe (mǒurén/mǒuwù)

start [stɑːt] I N [c] 开(開)始 kāishǐ [个(個) gè] II VT **1** (begin) 开(開)始 kāishǐ **2** [+ business] 创(創)建 chuàngjiàn **3** [+ engine, car] 启(啟)动(動) qǐdòng III VI (begin) 开(開)始 kāishǐ ▶ **to start doing** or **to do sth** 开(開)始做某事 kāishǐ zuò mǒushì

▶ **start on** VT FUS 开(開)始 kāishǐ

▶ **start over** (US) VI, VT 重新开(開)始 chóngxīn kāishǐ

▶ **start up** VT 创(創)办(辦) chuàngbàn

starter ['stɑːtə[r]] N [c] (Brit) 开(開)胃菜 kāiwèicài [道 dào]

starve [stɑːv] VI **1** (be very hungry) 挨饿(餓) ái'è **2** (die from hunger) 饿(餓)死 èsǐ ▶ **I'm starving** 我饿(餓)极(極)了 wǒ è jí le

state [steɪt] I N **1** [c] (condition)

状(狀)态(態) zhuàngtài [种 zhǒng] **2** [c] (country) 国(國)家 guójiā [个(個) gè] **3** (part of country) 州 zhōu [个(個) gè] II **the States** NPL (inf) 美国(國) Měiguó ▶ **state of affairs** 事态(態) shìtài

statement ['steɪtmənt] N [c] 声(聲)明 shēngmíng [个(個) gè]

station ['steɪʃən] N [c] **1** (railway station) 车(車)站 chēzhàn [个(個) gè] **2** (on radio) 电(電)台(臺) diàntái [个(個) gè]

statue ['stætjuː] N [c] 塑像 sùxiàng [尊 zūn]

stay [steɪ] I N [c] 逗留 dòuliú [次 cì] II VI **1** (in place, position) 呆(獃) dāi **2** (in town, hotel, someone's house) 逗留 dòuliú III VT ▶ **to stay the night** 过(過)夜 guòyè ▶ **to stay with sb** 在某人家暂(暫)住 zài mǒurén jiā zànzhù

▶ **stay in** VI 呆在家里(裡) dāi zài jiā lǐ

▶ **stay up** VI 不去睡 bù qù shuì

steady ['stedɪ] ADJ **1** [+ progress, increase, fall] 稳(穩)定的 wěndìng de **2** [+ job, income] 固定的 gùdìng de

steak [steɪk] N [c/u] 牛排 niúpái [份 fèn]

steal [stiːl] (pt stole, pp stolen) I VT 偷窃(竊) tōuqiè II VI 行窃(竊) xíngqiè ▶ **he stole it from me** 他从(從)我这(這)里(裡)把它偷走了 tā cóng wǒ zhèlǐ bǎ tā tōuzǒu le

steam [stiːm] I N [u] 蒸汽 zhēngqì II VT 蒸 zhēng

steel [stiːl] I N [u] 钢(鋼)铁(鐵) gāngtiě II CPD 钢(鋼)制(製) gāngzhì

steep [stiːp] ADJ 陡的 dǒu de

steering wheel N [c] 方向盘(盤) fāngxiàngpán [个 gè]

step [stɛp] I N 1 [c] (stage) 阶(階)段 jiēduàn [个 gè] 2 [c] (of stairs) 梯级(級)tījí [层 céng] II VI ▶ **to step forward/backward** etc 向前/后(後) [等]迈(邁)步 xiàng qián/hòu děng màibù

▶ **step aside** = **step down**

▶ **step down, step aside** VI 辞(辭)职(職) cízhí

stepbrother ['stɛpbrʌðə'] N [c] (with shared father) 异(異)母兄弟 yìmǔ xiōngdì [个 gè]; (with shared mother) 异(異)父兄弟 yìfù xiōngdì [个 gè]

stepdaughter ['stɛpdɔ:tə'] N [c] 继(繼)女 jìnǚ [个 gè]

stepfather ['stɛpfɑ:ðə'] N [c] 继(繼)父 jìfù [位 wèi]

stepmother ['stɛpmʌðə'] N [c] 继(繼)母 jìmǔ [位 wèi]

stepsister ['stɛpsɪstə'] N [c] (with shared father) 异(異)母姐妹 yìmǔ jiěmèi [个 gè]; (with shared mother) 异(異)父姐妹 yìfù jiěmèi [个 gè]

stepson ['stɛpsʌn] N [c] 继(繼)子 jìzǐ [个 gè]

stereo ['stɛrɪəʊ] N [c] 立体(體)声(聲)装(裝)置 lìtǐshēng zhuāngzhì [套 tào]

sterling ['stɜ:lɪŋ] N [u] 英国(國)货(貨)币(幣) Yīngguó huòbì ▶ **one pound sterling** 一英镑(鎊) yì yīngbàng

stew [stju:] N [c/u] 炖(燉)的食物 dùn de shíwù [种 zhǒng]

stewardess ['stjuədɛs] N [c] 女乘务(務)员(員) nǚchéngwùyuán [位 wèi]

stick [stɪk] (pt, pp stuck) I N 1 [of wood] 枯枝 kūzhī [根 gēn]

2 (walking stick) 拐(枴)杖 guǎizhàng [根 gēn] II VT ▶ **to stick sth on** or **to sth** (with glue etc) 将(將)某物粘(黏)贴(貼)在某物上 jiāng mǒuwù zhāntiē zài mǒuwù shang

▶ **stick out** VI 伸出 shēnchū

sticker ['stɪkə'] N [c] 不干(乾)胶(膠)标(標)签(籤) bùgānjiāo biāoqiān [个 gè]

sticky ['stɪkɪ] ADJ 1 [+ substance] 黏的 nián de 2 [+ tape, paper] 黏性的 niánxìng de

stiff [stɪf] I ADJ 1 [+ person] 酸(痠)痛的 suāntòng de; [+ neck, arm etc] 僵硬的 jiāngyìng de 2 [+ competition] 激烈的 jīliè de II ADV ▶ **to be bored/scared stiff** 讨(討)厌(厭)极(極)/害怕极(極)了 tǎoyàn/hàipà jí le

still [stɪl] I ADJ 1 [+ person, hands] 不动(動)的 bùdòng de 2 (Brit: not fizzy) 无(無)气(氣)泡的 wú qìpào de II ADV 1 (up to the present) 仍然 réngrán 2 (even) 更 gèng 3 (yet) 还(還)hái 4 (nonetheless) 尽(儘)管如此, 仍然 jǐnguǎn rúcǐ ▶ **to stand/keep still** 站着(著)别(別)动(動)/别(別)动(動) zhànzhe bié dòng/bié dòng ▶ **he still hasn't arrived** 他还(還)没(沒)到 tā hái méi dào

sting [stɪŋ] (pt, pp stung) I N [c] 刺 cì [根 gēn] II VT 刺痛 cìtòng

stink [stɪŋk] (pt stank, pp stunk) I N [c] 恶(惡)臭 èchòu [种 zhǒng] II VI 发(發)臭 fā chòu

stir [stɜː'] VT 搅(攪)动(動) jiǎodòng

stitch [stɪtʃ] N [c] (Med) 缝(縫)针(針) féngzhēn [枚 méi]

stock [stɔk] N [c] 1 供应(應)物 gōngyìngwù [种 zhǒng]

▶ **stock up** VI ▶ **to stock up (on** or **with sth)** 储(儲)备(備)(某物) chǔbèi (mǒuwù)

stock exchange N [C] 股票交易所 gǔpiào jiāoyìsuǒ [块 kuài]

stocking ['stɒkɪŋ] N [C] 长(長)统(統)袜(襪) chángtǒngwà [双 shuāng]

stole [stəul] PT of **steal**

stolen ['stəuln] PP of **steal**

stomach ['stʌmək] N [C] 1 (organ) 胃 wèi [个 gè] 2 (abdomen) 腹部 fùbù [个 gè]

stomach ache N [C/U] 胃痛 wèitòng [阵 zhèn]

stone [stəun] N 1 [U] 石头(頭) shítou 2 [C] (pebble) 石子 shízǐ [块 kuài]

stood [stud] PT, PP of **stand**

stop [stɒp] I VT 1 停止 tíngzhǐ 2 (prevent) 阻止 zǔzhǐ II VI 1 [person, vehicle +] 停下来(來) tíng xiàlái 2 [rain, noise, activity +] 停 tíng III N [C] (for bus, train) 车(車)站 chēzhàn [个 gè] ▶ **to stop doing sth** 停止做某事 tíngzhǐ zuò mǒushì ▶ **to stop sb (from) doing sth** 阻止某人做某事 zǔzhǐ mǒurén zuò mǒushì ▶ **stop it!** 住手! zhùshǒu!

stoplight ['stɒplaɪt] (US) N [C] (in road) 交通信号(號)灯(燈) jiāotōng xìnhàodēng [个 gè]

store [stɔːʳ] I N [C] 1 (Brit: large shop) 大商店 dà shāngdiàn [家 jiā] 2 (US: shop) 店铺(鋪) diànpù [家 jiā] II VT 1 [+ provisions, information] 存放 cúnfàng 2 [computer, brain +] [+ information] 存储(儲) cúnchǔ

storey, (US) **story** ['stɔːrɪ] N [C] 层(層) céng

storm [stɔːm] N [C] 暴风(風)雨

bàofēngyǔ [场 chǎng]

stormy ['stɔːmɪ] ADJ 有暴风(風)雨的 yǒu bàofēngyǔ de

story ['stɔːrɪ] N [C] 1 (account) 描述 miáoshù [种 zhǒng] 2 (tale) 故事 gùshì [个 gè] 3 (in newspaper, on news broadcast) 报(報)道 bàodào [条 tiáo] 4 (US) [of building] = **storey**

stove [stəuv] N [C] 炉(爐)子 lúzi [个 gè]

straight [streɪt] I ADJ 1 笔(筆)直的 bǐzhí de 2 [+ hair] 直的 zhí de II ADV 1 [walk, stand, look +] 直 zhí 2 (immediately) 直接地 zhíjiē de

straightforward [streɪt'fɔːwəd] ADJ 简(簡)单(單)的 jiǎndān de

strain [streɪn] I N 1 [C/U] (pressure) 负(負)担(擔) fùdān [个 gè] 2 [C/U] ▶ **back/muscle strain** 背部/肌肉扭伤(傷) bèibù/jīròu niǔshāng [处 chù] II VT [+ back, muscle] 扭伤(傷) niǔshāng

strange [streɪndʒ] ADJ 1 (odd) 奇怪的 qíguài de 2 (unfamiliar) [+ person, place] 陌生的 mòshēng de

stranger ['streɪndʒəʳ] N [C] 陌生人 mòshēngrén [个 gè]

strap [stræp] N [C] [of watch, bag] 带(帶) dài [根 gēn]

straw [strɔː] N 1 [U] 稻草 dàocǎo 2 [C] (drinking straw) 吸管 xīguǎn [根 gēn]

strawberry ['strɔːbərɪ] N [C] 草莓 cǎoméi [个 gè]

stream [striːm] N [C] 溪流 xīliú [条 tiáo]

street [striːt] N [C] 街道 jiēdào [条 tiáo]

streetcar ['striːtkɑːʳ] (US) N [C] 有轨(軌)电(電)车(車) yǒuguǐ diànchē [部 bù]

strength [strɛŋθ] N **1** [U] 力气(氣) lìqì **2** [U] *[of object, material]* 强(强) 度 qiángdù

stress [strɛs] I N [C/U] 压(壓)力 yālì [个 gè] II VT *[+ point, importance]* 强(强)调(調) qiángdiào

stressful [ˈstrɛsful] ADJ 紧(緊) 张(張)的 jǐnzhāng de

stretch [strɛtʃ] I VI 伸懒(懶)腰 shēn lǎnyāo II VT *[+ arm, leg]* 伸直 shēnzhí
  ▶ **stretch out** VT *[+ arm, leg]* 伸出 shēnchū

strict [strɪkt] ADJ **1** *[+ rule, instruction]* 严(嚴)格的 yángé de **2** *[+ person]* 严(嚴)厉(厲)的 yánlì de

strike [straɪk] *(pt, pp struck)* I N [C] **1** 罢(罷)工 bàgōng *[场 chǎng]* II VI **1** 罢(罷)工 bàgōng **2** *[clock +]* 报(報)时(時) bàoshí ▶ **to be on strike** 在罢(罷)工 zài bàgōng

striker [ˈstraɪkə'] N [C] **1** *(person on strike)* 罢(罷)工者 bàgōngzhě [名 míng] **2** *(Football)* 前锋(鋒) qiánfēng [个 gè]

string [strɪŋ] *(pt, pp strung)* N **1** [C/U] *(thin rope)* 细(細)绳(繩) xìshéng [根 gēn] **2** *(on guitar, violin)* 弦 xián [根 gēn]

strip [strɪp] I N [C] *(of paper, cloth)* 狭(狹)条(條) xiátiáo [条 tiáo] II VI *(undress)* 脱(脫)衣服 tuō yīfu; *(as entertainer)* 表演脱(脫)衣 舞 biǎoyǎn tuōyīwǔ

stripe [straɪp] N [C] 条(條)纹(紋) tiáowén [个 gè]

striped [straɪpt] ADJ 有条(條) 纹(紋)的 yǒu tiáowén de

stroke [strəʊk] I N [C] *(Med)* 中 风(風) zhòngfēng *[次 cì]* II VT *[+ person, animal]* 抚(撫)摸 fǔmō

stroller [ˈstrəʊlə'] *(US)* N [C] 婴(嬰) 儿(兒)小推车(車) yīng'ér xiǎotuīchē [辆 liàng]

strong [strɒŋ] ADJ **1** *[+ person, arms, grip]* 有力的 yǒulì de **2** *[+ object, material]* 牢固的 láogù de **3** *[+ wind, current]* 强(强)劲(勁)的 qiángjìng de

struck [strʌk] PT, PP *of* **strike**

struggle [ˈstrʌgl] I VI **1** *(try hard)* 尽(盡)力 jìnlì **2** *(fight)* 搏斗(鬥) bódòu

stubborn [ˈstʌbən] ADJ 倔强(强)的 juéjiàng de

stuck [stʌk] I PT, PP *of* **stick** II ADJ ▶ **to be stuck** *[object +]* 卡住 qiǎzhù; *[person +]* 陷于(於) xiànyú

student [ˈstjuːdənt] N [C] **1** *(at university)* 大学(學)生 dàxuéshēng [名 míng] **2** *(at school)* 中学(學)生 zhōngxuéshēng [名 míng] ▶ **a law/medical student** 一名法律/医(醫)学(學)生 yī míng fǎlǜ/yīxué xuésheng

studio [ˈstjuːdɪəʊ] N [C] **1** *(TV, Rad, Mus)* 演播室 yǎnbōshì [个 gè] **2** *[of artist]* 画(畫)室 huàshì [间 jiān]

study [ˈstʌdɪ] I N [C] *(room)* 书(書) 房 shūfáng [间 jiān] II VT *[+ subject]* 攻读(讀) gōngdú III VI 学(學)习(習) xuéxí

stuff [stʌf] I N [U] **1** *(things)* 物品 wùpǐn **2** *(substance)* 东(東)西 dōngxi II VT *[+ peppers, mushrooms]* 给(給)…装(裝)馅(餡) gěi…zhuāngxiàn; *[+ chicken, turkey]* 把填料塞入 bǎ tiánliào sāirù

stuffy [ˈstʌfɪ] ADJ 闷(悶)热(熱)的 mēnrè de

stung [stʌŋ] PT, PP *of* **sting**

stunk [stʌŋk] PP *of* **stink**

stunning ['stʌnɪŋ] ADJ
1 (*impressive*) 惊(驚)人的 jīngrén
de 2 (*beautiful*) 极漂亮的 jí
piàoliang de

stupid ['stju:pɪd] ADJ 1 笨的 bèn
de 2 [+ *question, idea, mistake*] 愚蠢
的 yúchǔn de

style [staɪl] N 1 [c] (*type*) 方式
fāngshì [种 zhǒng] 2 [u] (*elegance*)
风(風)度 fēngdù 3 [c/u] (*design*)
样(樣)式 yàngshì [种 zhǒng]

subject ['sʌbdʒɪkt N [c] 1 (*matter*)
主题(題) zhǔtí [个 gè] 2 (*Scol*) 科目
kēmù [个 gè] 3 (*Gram*) 主语(語)
zhǔyǔ [个 gè]

submarine [sʌbmə'ri:n] N [c]
潜(潛)水艇 qiánshuǐtǐng [艘 sōu]

substance ['sʌbstəns] N [c/u] 物
质(質) wùzhì [种 zhǒng]

substitute ['sʌbstɪtju:t] N [c]
1 (*person*) 代替者 dàitìzhě [位 wèi]
2 (*thing*) 代用品 dàiyòngpǐn [件
jiàn] II VT ▶ **to substitute sth** (*for
sth*) 用某物代替（某物）yòng
mǒuwù dàitì (mǒuwù)

subtitles ['sʌbtaɪtlz] NPL 字幕
zìmù

subtract [səb'trækt] VT ▶ **to
subtract sth** (*from sth*) （从(從)
某数(數)中）减(減)去某数(數)
(cóng mǒushù zhōng) jiǎnqù
mǒushù

suburb ['sʌbə:b] N [c] 郊区(區)
jiāoqū [个 gè]

subway ['sʌbweɪ] N [c] (*US:
underground railway*) 地铁(鐵) dìtiě
[条 tiáo]

succeed [sək'si:d] VI 成功
chénggōng ▶ **to succeed in doing
sth** 成功地做某事 chénggōng de
zuò mǒushì

success [sək'sɛs] N [u/c] 成功
chénggōng ▶ **without success** 一
无(無)所成 yī wú suǒ chéng

successful [sək'sɛsful] ADJ 成功的
chénggōng de

successfully [sək'sɛsfəlɪ] ADV 成
功地 chénggōng de

such [sʌtʃ] ADJ 1 (*of this kind*) 此
类(類)的 cǐ lèi de 2 (*so much*)
这(這)么(麼) zhème ▶ **such a lot of**
那么(麼)多 nàme duō ▶ **such as**
(*like*) 像 xiàng

suck [sʌk] VT 在嘴里(裡)舔吃
hán zài zuǐ li tiānchī

sudden ['sʌdn] ADJ 意外的 yìwài
de

suddenly ['sʌdnlɪ] ADV 突然 tūrán

suede [sweɪd] N [u] 仿麂皮
fǎngjǐpí

suffer ['sʌfə'] VI 1 (*due to pain, illness,
poverty*) 受损(損)失 shòu sǔnshī
2 (*be badly affected*) 受苦难(難)
shòu kǔnàn

sugar ['ʃugə'] N [u/c] 糖 táng [勺
sháo]

suggest [sə'dʒɛst] VT 1 建议(議)
jiànyì ▶ **to suggest that...**
(*propose*) 建议(議)... jiànyì...

suggestion [sə'dʒɛstʃən] N [c] 建
议(議) jiànyì [条 tiáo] ▶ **to make a
suggestion** 提建议(議) tí jiànyì

suicide ['suɪsaɪd] N [c/u] 自杀(殺)
zìshā ▶ **a suicide bomber** 人肉炸
弹(彈) rénròu zhàdàn ▶ **to
commit suicide** 自杀(殺) zìshā

suit [su:t] N 1 西装(裝) xīzhuāng
[套 tào] II VT 1 (*be convenient,
appropriate*) 对(對)... 合适(適)
duì...héshì 2 [*colour, clothes* +]
适(適)合 shìhé

suitable ['su:təbl] ADJ 1 [+ *time,
place*] 合适(適)的 héshì de

2 [+ person, clothes] 适(適)合的 shìhé de

suitcase ['suːtkeɪs] N [c] 手提箱 shǒutíxiāng [个 gè]

sum [sʌm] N [c] **1** (amount) 数(數)额(額) shù'é [笔 bǐ] **2** (calculation) 算术(術)题(題) suànshùtí [道 dào]

▸ **to do a sum** 算算术(術) suàn suànshù

▸ **sum up** VI 总(總)结(結) zǒngjié

summarize ['sʌməraɪz] VT 概括 gàikuò

summary ['sʌmərɪ] N [c] 摘要 zhāiyào [个 gè]

summer ['sʌmə'] N [c/u] 夏季 xiàjì [个 gè] ▸ **in (the) summer** 在夏季 zài xiàjì

summit ['sʌmɪt] N [c] 峰顶(頂) fēngdǐng [个 gè]

sun [sʌn] N **1** [s/c] (in the sky) 太阳(陽) tàiyáng [轮 lún] **2** [u] (heat) 太阳(陽)的光和热(熱) tàiyáng de guāng hé rè; (light) 阳(陽)光 yángguāng

sunbathe ['sʌnbeɪð] VI 晒日光浴 shài rìguāngyù

sunburn ['sʌnbɜːn] N [u] 晒斑 shàibān

sunburned ['sʌnbɜːnd], **sunburnt** ['sʌnbɜːnt] ADJ 晒伤(傷)的 shàishāng de

Sunday ['sʌndɪ] N [c/u] 星期天 xīngqītiān [个 gè]; see also/另见 **Tuesday**

sung [sʌŋ] PP of **sing**

sunglasses ['sʌnglɑːsɪz] NPL 太阳(陽)镜(鏡) tàiyángjìng

sunk [sʌŋk] PP of **sink**

sunny ['sʌnɪ] ADJ 晴朗的 qínglǎng de ▸ **it is sunny** 天气(氣)晴朗 tiānqì qínglǎng

sunrise ['sʌnraɪz] N [u] 拂晓(曉) fúxiǎo

sunscreen ['sʌnskriːn] N [c/u] 遮光屏 zhēguāngpíng [个 gè]

sunset ['sʌnsɛt] N **1** [time] 傍晚 bàngwǎn **2** [sky] 日落 rìluò [次 cì]

sunshine ['sʌnʃaɪn] N [u] 阳(陽)光 yángguāng

suntan ['sʌntæn] I N [c] 晒黑 shàihēi [处 chù] II CPD [+ lotion, cream] 防晒 fángshài

super ['suːpə'] ADJ (Brit: inf) 极(極)好的 jí hǎo de

supermarket ['suːpəmɑːkɪt] N [u] 超级(級)市场(場) chāojí shìchǎng

supervise ['suːpəvaɪz] VT 监(監)督 jiāndū

supper ['sʌpə'] N [c/u] **1** (early evening) 晚餐 wǎncān [顿 dùn] **2** (late evening) 夜宵 yèxiāo [顿 dùn]

supply [sə'plaɪ] I VT 提供 tígōng II N [c/u] 供应(應)量 gōngyìngliàng ▸ **to supply sb/sth with sth** 为(為)某人/某物提供某物 wèi mǒurén/mǒuwù tígōng mǒuwù

support [sə'pɔːt] VT **1** (morally) 支持 zhīchí **2** (financially) 供养(養) gōngyǎng **3** [+ football team] 支持 zhīchí

supporter [sə'pɔːtə'] N [c] 支持者 zhīchízhě [名 míng]

suppose [sə'pəuz] VT 认(認)为(為) rènwéi ▸ **I suppose** 我想 wǒ xiǎng ▸ **I suppose so/not** 我看是/不是这(這)样(樣) wǒ kàn shì/bùshì zhèyàng ▸ **he's supposed to be an expert** 人们(們)以为(為)他是个(個)专(專)家 rénmen yǐwéi tā shì gè zhuānjiā

supposing [sə'pəʊzɪŋ] CONJ 假使 jiǎshǐ

sure [ʃʊəʳ] ADJ 1 有把握的 yǒu bǎwò de 2 ▸ to be sure to do sth (certain) 肯定做某事 kěndìng zuò mǒushì ▸ to make sure that... (take action) 保证(證)... bǎozhèng...; (check) 查明... chámíng... ▸ sure! (inf: of course) 当(當)然了! dāngrán le! ▸ I'm sure of it 我确(確)信 wǒ quèxìn ▸ I'm not sure how/why/when 我不能肯定如何/为(為)什么(麼)/什么(麼)时(時)候 wǒ bùnéng kěndìng rúhé/wèi shénme/shénme shíhou

surf [sɜːf] I N [U] 拍岸的浪花 pāi'àn de lànghuā II VT ▸ to surf the Internet 网(網)上冲(衝)浪 wǎngshang chōnglàng ▸ to go surfing 去冲(衝)浪 qù chōnglàng

surface ['sɜːfɪs] N 1 [c] [of object] 表面 biǎomiàn [个 gè] 2 [c] (top layer) 表层(層) biǎocéng [个 gè] ▸ on the surface 在表面上 zài biǎomiàn shang

surfboard ['sɜːfbɔːd] N [c] 冲(衝)浪板 chōnglàngbǎn [块 kuài]

surgeon ['sɜːdʒən] N [c] 外科医(醫)师(師) wàikē yīshī [位 wèi]

surgery ['sɜːdʒərɪ] N 1 [U] (treatment) 外科手术(術) wàikē shǒushù 2 [c] (Brit: room) 诊(診)所 zhěnsuǒ [家 jiā]

surname ['sɜːneɪm] N [c] 姓 xìng [个 gè]

surprise [sə'praɪz] I N 1 [c] (unexpected event) 意想不到的事物 yìxiǎng bùdào de shìwù [个 gè] 2 [U] (astonishment) 诧(詫)异(異) chàyì II VT 使感到意外 shǐ gǎndào yìwài ▸ to my (great)

surprise 使我(很)惊(驚)奇的是 shǐ wǒ (hěn) jīngqí de shì

surprised [sə'praɪzd] ADJ 惊(驚)讶(訝)的 jīngyà de

surprising [sə'praɪzɪŋ] ADJ 出人意外的 chū rén yìwài de

surrender [sə'rɛndəʳ] VI 投降 tóuxiáng

surround [sə'raʊnd] VT 包围(圍) bāowéi

surroundings [sə'raʊndɪŋz] NPL 环(環)境 huánjìng

survey ['sɜːveɪ] N [c] 民意测(測)验(驗) mínyì cèyàn [项 xiàng]

survive [sə'vaɪv] VI 幸(倖)存 xìngcún

survivor [sə'vaɪvəʳ] N [c] 幸(倖)存者 xìngcúnzhě [个 gè]

suspect [n 'sʌspɛkt, vb səs'pɛkt] I N [c] 嫌疑犯 xiányífàn [个 gè] II VT 1 [+ person] 怀(懷)疑 huáiyí 2 [+ sb's motives] 质(質)疑 zhìyí 3 (think) 猜想 cāixiǎng ▸ to suspect that... 怀(懷)疑... huáiyí...

suspense [səs'pɛns] N [U] 焦虑(慮) jiāolǜ

suspicious [səs'pɪʃəs] ADJ [+ circumstances, death, package] 可疑的 kěyí de ▸ to be suspicious of or about sb/sth 对(對)某人/某事起疑心 duì mǒurén/mǒushì qǐ yíxīn

swallow ['swɒləʊ] VT 吞下 tūnxià

swam [swæm] PT of **swim**

swan [swɒn] N [c] 天鹅(鵝) tiān'é [只 zhī]

swap [swɒp] VT ▸ to swap sth (for) (exchange for) 交换(換) (yǐ mǒuwù) zuò jiāohuàn; (replace with) 以...替代某物 yǐ...tìdài mǒuwù ▸ to swap

places (with sb) (与(與)某人)换(換)位子 (yǔ mǒurén) huàn wèizi

swear word [swɛəʳ-] N [c] 骂(罵)人的话(話) màrén de huà [句 jù]

sweat [swɛt] VI 出汗 chū hàn

sweater ['swɛtəʳ] N [c] 毛衣 máoyī [件 jiàn]

sweatshirt ['swɛtʃəːt] N [c] 棉毛衫 miánmáoshān [件 jiàn]

Sweden ['swiːdn] N 瑞典 Ruìdiǎn

sweep [swiːp] (pt, pp **swept**) VT 扫(掃) sǎo

sweet [swiːt] I N (Brit) 1 [c] (chocolate, mint) 糖果 tángguǒ [颗(顆) kē] 2 [c/u] (pudding) 甜点(點) tiándiǎn [份 fèn] II ADJ 1 (sugary) 甜的 tián de 2 (cute) 可爱(愛)的 kě'ài de
▶ **sweet and sour** 糖醋 tángcù

swept [swɛpt] PT, PP of **sweep**

swerve [swəːv] VI 突然转(轉)向 tūrán zhuǎnxiàng

swim [swɪm] (pt **swam**, pp **swum**) I VI 1 [person, animal +] 游水 yóushuǐ 2 (as sport) 游泳 yóuyǒng II VT [+ distance] 游 yóu III N [c]
▶ **to go for a swim** 去游泳 qù yóuyǒng [次 cì] ▶ **to go swimming** 去游泳 qù yóuyǒng

swimming ['swɪmɪŋ] N [u] 游泳 yóuyǒng

swimming pool N [c] 游泳池 yóuyǒngchí [个(個) gè]

swimsuit ['swɪmsuːt] N [c] 游泳衣 yóuyǒngyī [套 tào]

swing [swɪŋ] (pt, pp **swung**) I N [c] 秋(鞦)千(韆) qiūqiān [副 fù] II VT [+ arms, legs] 摆(擺)动(動) bǎidòng III VI 1 [pendulum +] 晃动(動) huàngdòng 2 [door +] 转(轉)动(動) zhuǎndòng

switch [swɪtʃ] I N [c] 开(開)关(關)

kāiguān [个 gè] II VT (change) 改变(變) gǎibiàn
▶ **switch off** VT 关(關)掉 guāndiào
▶ **switch on** VT [+ light, engine, radio] 开(開)启(啟)(故) kāiqǐ

Switzerland ['swɪtsələnd] N 瑞士 Ruìshì

swollen ['swəulən] ADJ 肿(腫)胀(脹)的 zhǒngzhàng de

swop [swɔp] N, VT = **swap**

sword [sɔːd] N [c] 剑(劍) jiàn [把 bǎ]

swum [swʌm] PP of **swim**

swung [swʌŋ] PT, PP of **swing**

syllabus ['sɪləbəs] (esp Brit) N [c] 教学(學)大纲(綱) jiàoxué dàgāng [个 gè]

symbol ['sɪmbl] N [c] 1 (sign) 象征(徵) xiàngzhēng [种 zhǒng] 2 (Math, Chem) 符号(號) fúhào [个 gè]

sympathetic [sɪmpə'θɛtɪk] ADJ 有同情心的 yǒu tóngqíngxīn de

sympathy ['sɪmpəθɪ] N [u] 同情心 tóngqíngxīn

syringe [sɪ'rɪndʒ] N [c] 注射器 zhùshèqì [支 zhī]

system ['sɪstəm] N [c] 1 (organization, set) 系统(統) xìtǒng [个 gè] 2 (method) 方法 fāngfǎ [种 zhǒng]

S

t

table ['teɪbl] N [c] 桌子 zhuōzi [张 zhāng] ▶ **to lay** or **set the table** 摆(擺)餐桌 bǎi cānzhuō

tablecloth ['teɪblklɒθ] N [c] 桌布 zhuōbù [块 kuài]

tablespoon ['teɪblspuːn] N [c] 餐匙 cānchí [把 bǎ]

tablet ['tæblɪt] N [c] 药(藥)片 yàopiàn [片 piàn]

table tennis N [U] 乒乓球 pīngpāngqiú

tact [tækt] N [U] 机(機)智 jīzhì

tactful ['tæktful] ADJ 老练(練)的 lǎoliàn de

tactics ['tæktɪks] NPL 策略 cèlüè

tadpole ['tædpəul] N [c] 蝌蚪 kēdǒu [只 zhī]

taffy ['tæfɪ] (US) N [U] 太妃糖 tàifēitáng

tag [tæg] N [c] 1 (label) 标(標)签(籤) biāoqiān [个 gè] 2 (electronic) 标(標)签(籤) biāoqiān [个 gè]

tail [teɪl] N [c] 尾巴 wěiba [条 tiáo] ▶ **"heads or tails?"** — **"tails"** "正面还(還)是背面?""背面" "zhèngmiàn háishi bèimiàn?" "bèimiàn"

tailor ['teɪlə'] N [c] 裁缝(縫) cáiféng [个 gè]

take [teɪk] (pt **took**, pp **taken**) VT 1 [+ holiday, vacation] 度 dù; [+ shower, bath] 洗 xǐ 2 (take hold of) 拿 ná 3 (steal) 偷走 tōuzǒu 4 (accompany) 送 sòng 5 (carry, bring) 携(攜)带(帶) xiédài 6 [+ road] 走 zǒu 7 [+ bus, train] 乘坐 chéngzuò 8 [+ size] 穿 chuān 9 [+ time] 花费(費) huāfèi 10 [+ exam, test] 参(參)加 cānjiā 11 [+ drug, pill] 服用 fúyòng ▶ **don't forget to take your umbrella** 别(別)忘了带(帶)雨伞(傘) bié wàngle dài yǔsǎn

▶ **take apart** VT (dismantle) [+ bicycle, radio, machine] 拆开(開) chāikāi

▶ **take away** VT 1 (remove) 拿走 názǒu 2 (carry off) 带(帶)走 dàizǒu

▶ **take back** VT [+ goods] 退回 tuìhuí

▶ **take down** VT (write down) 记(記)录(錄) jìlù

▶ **take off** I VI 起飞(飛) qǐfēi II VT [+ clothes, glasses, make-up] 脱(脫)下 tuōxià

▶ **take out** VT [+ person] 邀请(請) yāoqǐng

▶ **take up** VT 1 [+ hobby, sport] 开(開)始 kāishǐ 2 [+ time, space] 占(佔)用 zhànyòng

takeaway ['teɪkəweɪ] (Brit) N [c] 1 (shop, restaurant) 外卖(賣)店 wàimài diàn

wàimàidiàn [家 jiā] **2** (food) 外
卖(賣) wàimàidiàn [个 gè]

taken ['teɪkən] PP of **take**

takeoff ['teɪkɔf] N [c] 起飞(飛)
qǐfēi [次 cì]

takeout ['teɪkaut] (US) N [c]
1 (shop, restaurant) 外卖(賣)店
wàimàidiàn [家 jiā] **2** (food) 外
卖(賣) wàimàidiàn [个 gè]

tale [teɪl] N [c] 故事 gùshi [个 gè]

talent ['tælənt] N [c/U] 才能
cáinéng [种 zhǒng]

talented ['tæləntɪd] ADJ 有才能的
yǒu cáinéng de

talk [tɔ:k] I N **1** (prepared speech)
讲(講)话(話) jiǎnghuà [次 cì] **2** [U]
(gossip) 谣(謠)言 yáoyán **3** [c]
(discussion) 交谈(談) jiāotán [次
cì] II VI **1** (speak) 说(說)话(話)
shuōhuà **2** (chat) 聊 liáo ▶ **to talk
to** or **with sb** 跟某人谈(談)话(話)
gēn mǒurén tánhuà ▶ **to talk
about sth** 谈(談)论(論)某事
tánlùn mǒushì

▶ **talk over, talk through** VT 仔
细(細)商讨(討) zǐxì shāngtǎo

talkative ['tɔ:kətɪv] ADJ 健谈(談)
的 jiàntán de

talk show N [c] (US) 脱(脫)口秀
tuōkǒuxiù [个 gè]

tall [tɔ:l] ADJ 高的 gāo de ▶ **he's 6
feet tall** 他6英尺高 tā liù yīngchǐ
gāo

tame [teɪm] ADJ 驯(馴)服的 xùnfú
de

tampon ['tæmpɔn] N [c] 月经(經)
棉栓 yuèjīng miánshuān [个 gè]

tan [tæn] N [c] 晒(曬)黑的肤(膚)色
shàihēi de fūsè [种 zhǒng]

tangerine [tændʒə'ri:n] N [c]
红(紅)橘 hóngjú [个 gè]

tank [tæŋk] N [c] **1** (Mil) 坦克

tankè [辆 liàng] **2** (for petrol, water)
箱 xiāng [个 gè]

tanker ['tæŋkəʳ] N [c] **1** (ship) 油
轮(輪) yóulún [艘 sōu] **2** (truck) 油
罐车(車) yóuguànchē [辆 liàng]

tanned [tænd] ADJ 晒(曬)黑的 shàihēi
de

tap [tæp] N [c] (esp Brit) 龙(龍)
头(頭) lóngtóu [个 gè]

tap-dancing ['tæpdɑ:nsɪŋ] N [U]
踢踏舞 tītàwǔ

tape [teɪp] I N **1** [c] (cassette) 磁
带(帶) cídài [盘 pán] **2** [U]
(adhesive) 胶(膠)带(帶) jiāodài
II VT **1** (record) 录(錄)制(製) lùzhì
2 (attach) 贴(貼) tiē

tape measure N [c] 卷(捲)尺
juǎnchǐ [把 bǎ]

tape recorder N [c] 录(錄)音
机(機) lùyīnjī [个 gè]

tar [tɑ:ʳ] N [U] 沥(瀝)青 lìqīng

target ['tɑ:gɪt] N [c] **1** (of missile) 目
标(標) mùbiāo [个 gè] **2** (aim) 目
标(標) mùbiāo [个 gè]

tart [tɑ:t] N [c] 果馅(餡)饼(餅)
guǒxiànbǐng [个 gè]

tartan ['tɑ:tn] I N [c/U] 方(蘇)格
兰(蘭)花格呢 Sūgélán fānggéní
[块 kuài] II ADJ [+ rug, scarf etc]
苏(蘇)格兰(蘭)方格的 Sūgélán
fānggé de

◇ **TARTAN**

是一种有图案的厚羊毛布料，其
图案是由不同宽度和颜色的直线
条垂直交叉组成。**tartan** 用来做
kilt 一一种苏格兰成年男子和男
孩子在正式场合穿的特别的短
裙。这种布料起源于 **Highlands**
(苏格兰高地一一即苏格兰群山连
绵的西北部。在那里，**tartan** 被

t

● 作为反抗英国王室的标志，并因
● 此在1747至1782年期间被禁
● 用。不同的颜色和图案代表着苏
● 格兰的不同地区。

task [tɑːsk] N [c] 任务(務) rènwù
[项 xiàng]

taste [teɪst] I N 1 [c] (flavour) 味道
wèidào [种 zhǒng] 2 [c] (sample) 尝(嘗)试(試) [次 cì] 3 [u]
(choice, liking) 品位 pǐnwèi II vi
▸ **to taste of/like sth** 有/像某种
的味道 yǒu/xiàng mǒuwù de
wèidào

tasty ['teɪstɪ] ADJ 味美的 wèiměi
de

tattoo [tə'tuː] N [c] 文身 wénshēn
[个 gè]

taught [tɔːt] PT, PP of **teach**

Taurus ['tɔːrəs] N [U] 金牛座 Jīnniú
Zuò

tax [tæks] N [c/U] 税(稅) shuì [种
zhǒng]

taxi ['tæksɪ] N [c] 出租车(車)
chūzūchē [辆 liàng]

taxi rank (Brit) N [c] 出租车(車)候
客站 chūzūchē hòukèzhàn [个 gè]

taxi stand (US) N [c] 出租车(車)候
客站 chūzūchē hòukèzhàn [个 gè]

TB N ABBR (= tuberculosis) 肺
结(結)核 fèijiéhé

tea [tiː] N [c/U] 1 (drink) 茶 chá [杯
bēi] 2 (dried leaves) 茶叶(葉) cháyè
[片 piàn] 3 (Brit: evening meal) 晚
饭(飯) wǎnfàn [顿 dùn]

● **TEA**

● 英国人和美国人喝的茶大多是红
茶。通常茶里要加牛奶，可能还
加糖，当然也可以在茶里只放一
小片柠檬。花草茶（**herbal**

● **tea**），如薄荷或甘菊茶，正风行
起来。**tea** 还可以指下午小憩，
通常有三明治、蛋糕、饼干。
● 在英国的一些地方，**tea** 还可以
指晚上的正餐。

teach [tiːtʃ] (pt, pp taught) I vt
1 ▸ **to teach sb sth, teach sth to
sb** 教某人某事，将(將)某事教
给(給)某人 jiāo mǒurén mǒushì,
jiāng mǒushì jiāogěi mǒurén
2 [+ pupils, subject] 教 jiāo II vi (be
a teacher) 教书(書) jiāoshū 5 ▸ **to
teach sb to do sth/how to do sth**
教某人做某事/怎样(樣)做某事
mǒurén zuò mǒushì/zěnyàng zuò
mǒushì

teacher ['tiːtʃə'] N [c] 教师(師)
jiàoshī [位 wèi]

team [tiːm] N [c] 1 (of people,
experts, horses) 组(組)zǔ [个 gè]
2 (Sport) 队(隊) duì [个 gè]

teapot ['tiːpɒt] N [c] 茶壶(壺)
cháhú [个 gè]

tear¹ [teə'] (pt tore, pp torn) I N [c]
(rip, hole) 裂口 lièkǒu [个 gè] II vt
撕裂 sīliè
▸ **tear up** vt 撕毁(毀) sīhuǐ

tear² [tɪə'] N [c] (when crying) 眼
泪(淚) yǎnlèi [滴 dī] ▸ **to burst
into tears** 哭起来(來) kū qǐlái

tease [tiːz] vt 逗弄 dòunong

teaspoon ['tiːspuːn] N [c] 茶匙
cháchí [把 bǎ]

teatime ['tiːtaɪm] (Brit) N [U] 茶
点(點)时(時)间(間) chádiǎn
shíjiān

tea towel (Brit) N [c] 擦拭布
cāshìbù [块 kuài]

technical ['teknɪkl] ADJ
1 [+ problems, advances] 技术(術)
jìshù de 2 [+ terms, language]

technician [tɛkˈnɪʃən] N [c] 技师(師) jìshī [位 wèi]

technological [tɛknəˈlɔdʒɪkl] ADJ 工艺(藝)的 gōngyì de

technology [tɛkˈnɔlədʒɪ] N [c/u] 工艺(藝)学(學) gōngyìxué [门(門) mén]

teddy (bear) [ˈtɛdɪ(-)] N [c] 玩具熊 wánjùxióng [只 zhī]

teenage [ˈtiːneɪdʒ] ADJ 十几(幾) 岁(歲)的 shíjǐ suì de

teenager [ˈtiːneɪdʒəʳ] N [c] 青少年 qīngshàonián [名 míng]

tee-shirt [ˈtiːʃəːt] N = **T-shirt**

teeth [tiːθ] N PL of **tooth**

telephone [ˈtɛlɪfəun] N [c] 电(電) 话(話) diànhuà [部 bù]

telephone book, telephone directory N [c] 电(電)话(話)簿 diànhuàbù [个 gè]

telescope [ˈtɛlɪskəup] N [c] 望远(遠)镜(鏡) wàngyuǎnjìng [架 jià]

television [ˈtɛlɪvɪʒən] N 1 [c] (also: **television set**) 电(電)视(視)机(機) diànshìjī [台 tái] 2 [u] (system) 电(電)视(視) diànshì

tell [tɛl] (pt, pp **told**) VT 1 (inform) ▶ **to tell sb sth** 告诉(訴)某人某事 gàosù mǒurén mǒushì 2 [+ story, joke] 讲(講) jiǎng ▶ **to tell sb to do sth** 指示某人做某事 zhǐshì mǒurén zuò mǒushì ▶ **to tell sb that...** 告诉(訴)某人说(說)… gàosù mǒurén shuō...
▶ **tell off** VT ▶ **to tell sb off** 斥责(責) chìzé mǒurén

teller [ˈtɛləʳ] (US) N [c] (in bank) 出纳(納)员(員) chūnàyuán [名 míng]

telly [ˈtɛlɪ] (Brit: inf) N [c/u] 电(電) 视(視) diànshì [台 tái]

temper [ˈtɛmpəʳ] N [c/u] 脾气(氣) píqì [种(種) zhǒng] ▶ **to lose one's temper** 发(發)怒 fānù

temperature [ˈtɛmprətʃəʳ] N 1 [c/u] (of region) 气(氣)温(溫) qìwēn 2 [u] (of person) 体(體) 温(溫) tǐwēn ▶ **to have or be running a temperature** 发(發) 烧(燒) fāshāo

temple [ˈtɛmpl] N [c] 庙(廟)宇 miàoyǔ [座 zuò]

temporary [ˈtɛmpərərɪ] ADJ 临(臨)时(時)的 línshí de

temptation [tɛmpˈteɪʃən] N [c/u] 诱(誘)惑 yòuhuò [种(種) zhǒng]

tempting [ˈtɛmptɪŋ] ADJ 诱(誘)人 的 yòurén de

ten [tɛn] NUM 十 shí

tend [tɛnd] VI ▶ **to tend to do sth** 倾(傾)向于(於)做某事 qīngxiàng yú zuò mǒushì

tennis [ˈtɛnɪs] N [u] 网(網)球运(運) 动(動) wǎngqiú yùndòng

tennis court N [c] 网(網)球场(場) wǎngqiúchǎng [个 gè]

tennis player N [c] 网(網)球手 wǎngqiúshǒu [位 wèi]

tense [tɛns] ADJ 紧(緊)张(張)的 jǐnzhāng de II [c] (Ling) 时(時) 态(態) shítài [种(種) zhǒng]

tension [ˈtɛnʃən] N 1 [c/u] (of situation) 紧(緊)张(張)的局势(勢) jǐnzhāng de júshì [个 gè] 2 [u] (of person) 焦虑(慮) jiāolǜ

tent [tɛnt] N [c] 帐(帳)篷 zhàngpeng [顶(頂) dǐng]

tenth [tɛnθ] NUM 1 (in series) 第十 dìshí 2 (fraction) 十分之一 shí fēn zhī yī; see also/另见 **fifth**

term [təːm] N [c] 学(學)期 xuéqī [个 gè] ▶ **in the short/long term** 短/长(長)期 duǎn/chángqī ▶ **to be**

on good terms with sb 与(與)某人关(關)系(係)好 yǔ mǒurén guānxì hǎo

terminal ['tɜːmɪnl] I ADJ 晚期的 wǎnqī de II N [c] 1 (Comput) 终(終)端 zhōngduān [个 gè] 2 (at airport) 航空站 hángkōngzhàn [个 gè]

terminally ['tɜːmɪnlɪ] ADV ▸ **terminally ill** 病入膏肓的 bìng rù gāo huāng de

terrace ['tɛrəs] N [c] 1 (Brit: row of houses) 成排的房屋 chéngpái de fángwū [排 pái] 2 (patio) 平台(臺) píngtái [个 gè]

terraced ['tɛrəst] ADJ [+ house] 成排的 chéngpái de

terrible ['tɛrɪbl] ADJ 1 [+ accident, winter] 可怕的 kěpà de 2 (very poor) 糟糕的 zāogāo de 3 (severe) 糟透的 zāotòu de

terribly ['tɛrɪblɪ] ADV 1 (very) 非常 fēicháng 2 (very badly) 差劲(勁)地 chàjìn de

terrific [tə'rɪfɪk] ADJ 1 [+ amount, thunderstorm, speed] 惊(驚)人的 jīngrén de 2 [+ time, party, idea] 极(極)好的 jíhǎo de

terrified ['tɛrɪfaɪd] ADJ 吓(嚇)坏(壞)的 xiàhuài de

terror ['tɛrə'] N [u] 恐惧(懼) kǒngjù

terrorism ['tɛrərɪzəm] N [u] 恐怖主义(義) kǒngbù zhǔyì

terrorist ['tɛrərɪst] I N [c] 恐怖分子 kǒngbù fēnzǐ [名 míng] II ADJ 恐怖分子的 kǒngbù fēnzǐ de

test [tɛst] I N [c] 1 (trial, check) 试(試)验(驗) shìyàn [次 cì] 2 (Med) 检(檢)验(驗) jiǎnyàn [次 cì] 3 (Scol) 测(測)验(驗) cèyàn [个 gè] 4 (also: **driving test**) 驾(駕)驶(駛)考

试(試) jiàshǐ kǎoshì [次 cì] II VT 1 (try out) 试(試)验(驗) shìyàn 2 (Scol) 测(測)试(試) cèshì

test tube N [c] 试(試)管 shìguǎn [根 gēn]

text [tɛkst] I N 1 [u] (written material) 正文 zhèngwén 2 [c] (book) 课(課)本 kèběn [本 běn] 3 [c] (also: **text message**) 手机(機)短信 shǒujī duǎnxìn [条 tiáo] II VT (on mobile phone) 给…发(發)短消息 gěi…fā duǎnxiāoxi

textbook ['tɛkstbuk] N [c] 课(課)本 kèběn [本 běn]

text message N [c] 短信 duǎnxìn [条 tiáo]

than [ðæn, ðən] PREP (in comparisons) 比 bǐ ▸ **it's smaller than a matchbox** 它比一个(個)火柴盒还(還)小 tā bǐ yí gè huǒcháihé hái xiǎo ▸ **more/less than Paul** 比保罗(羅)多/少 bǐ Bǎoluó duō/shǎo ▸ **more than 20** 多于(於)20 duō yú èrshí ▸ **she's older than you think** 她比你想的年纪(紀)要大 tā bǐ nǐ xiǎng de niánjì yào dà

thank [θæŋk] VT [+ person] 感谢(謝) gǎnxiè ▸ **thank you (very much)** (非常)感谢(謝) (fēicháng) gǎnxiè ▸ **no, thank you** 不, 谢(謝)谢(謝) bù, xièxie ▸ **to thank sb for (doing) sth** 感谢(謝)某人 (做)某事 gǎnxiè mǒurén zuò(某事)

thanks [θæŋks] I N PL 感谢(謝) gǎnxiè II INT 谢(謝)谢(謝) xièxie ▸ **many thanks, thanks a lot** 多谢(謝) duōxiè ▸ **no, thanks** 不了, 谢(謝)谢(謝) bù le, xièxie ▸ **thanks to sb/sth** 多亏(虧)某人/

某事 duōkuǐ mǒurén/mǒushì
Thanksgiving (Day)
[ˈθæŋksgɪvɪŋ(-)] (US) N [c/u] 感恩
节(節) Gǎn'ēn Jié [个 gè]

○ KEYWORD

that [ðæt] (*demonstrative adj, pron: pl*
those) I ADJ **1** 那 nà ▶ **that man/**
woman/book 那个(個)男人/女
人/那本书(書) nàge nánrén/
nǚrén/nà běn shū ▶ **that one** 那
一个(個) nà yī gè
II PRON **1** (*demonstrative*) 那 nà
▶ **who's/what's that?** 那是
谁(誰)/那是什么(麼)? nà shì
shuí/nà shì shénme? ▶ **is that**
you? 是你吗(嗎)? shì nǐ ma?
▶ **that's my house** 那是我的房子
nà shì wǒde fángzi
2 (*relative*) …的 …de ▶ **the man**
that I saw 我见(見)过(過)的那
个(個)男的 wǒ jiàn guò de nàge
nán de ▶ **the woman that you**
spoke to 和你说(說)过(過)话(話)
的那个(個)女的 hé nǐ shuōguo
huà de nàge nǚ de
III CONJ 引导宾语从句的关系代词
▶ **he thought that I was ill** 他以
为(為)我病了 tā yǐwéi wǒ bìng le
IV ADV (*so*) 如此 rúcǐ ▶ **that**
much/bad/high 如此多/糟糕/高
rúcǐ duō/zāogāo/gāo

○ KEYWORD

the [ðiː, ðə] DEF ART **1** 定冠词，用
于指代已知的人或物
▶ **the man/**
girl/house/book 男人/女孩/房
子/书(書) nánrén/nǚhái/fángzi/
shū ▶ **the men/women/houses/**
books 男人/女人/房子/书(書)
nánrén/nǚrén/fángzi/shū ▶ **the**
best solution 最好的解决(決)方案
zuìhǎo de jiějué fāng'àn
2 (*in dates, decades*) 表示具体时间
▶ **the fifth of March** 3月5日
sānyuè wǔ rì ▶ **the nineties** 90年
代 jiǔshí niándài
3 (*in titles*) 用于称谓中 ▶ **Elizabeth**
the First 伊丽(麗)莎白一世
Yīlìshābái Yīshì

theatre, (US) **theater** [ˈθɪətəʳ] N
1 [c] (*building*) 剧(劇)院 jùyuàn [座
zuò] **2** [c] (*Med*) (*also:* **operating**
theatre) 手术(術)室 shǒushùshì
[间 jiān] **3** [c] (US) (*also:* **movie**
theater) 电(電)影院
diànyǐngyuàn [家 jiā]

theft [θɛft] N [c/u] 盗(盗)窃(竊)
dàoqiè [起 qǐ]

their [ðɛəʳ] ADJ **1** (*of men, boys, mixed*
group) 他们(們)的 tāmen de; (*of*
women, girls) 她们(們)的 tāmen
de; (*of things, animals*) 它们(們)的
tāmen de **2** (*his or her*) 他/她的 tā/
tā de

theirs [ðɛəz] PRON (*of men, boys,*
mixed group) 他们(們)的 tāmen
de; (*of women, girls*) 她们(們)的
tāmen de; (*of animals*) 它们(們)的
tāmen de ▶ **a friend of theirs** 他
们(們)/她们(們)的一个(個)朋友
tāmen/tāmen de yī gè péngyou

them [ðɛm, ðəm] PRON (*plural*
referring to men, boys, mixed group)
他们(們) tāmen; (*referring to*
women, girls) 她们(們) tāmen; (*referring to things and animals*) 它
们(們) tāmen

theme park N [c] 主题(題)公
园(園) zhǔtí gōngyuán [座 zuò]

t

themselves [ðəm'sɛlvz] PL PRON
1 (referring to men, boys, mixed group)
他们(們)自己 tāmen zìjǐ; (referring
to girls, women) 她们(們)自己
tāmen zìjǐ; (referring to animals) 它
们(們)自己 tāmen zìjǐ **2** (emphatic:
referring to men, boys mixed group)
他们(們)本人 tāmen běnrén;
(referring to women, girls) 她们(們)
本人 tāmen běnrén ▸ **they all
enjoyed themselves** 他们(們)/她
们(們)都玩得很开(開)心 tāmen/
tāmen dōu wán de hěn kāixīn
▸ **by themselves** (unaided) 他们/
她们(們)独(獨)立地 tāmen/tāmen
dúlì de; (alone) 他们/她们(們)
独(獨)自地 tāmen/tāmen dúzì de

then [ðɛn] ADV **1** (at that time) (past)
当(當)时(時) dāngshí; (future) 那
时(時) nàshí **2** (after that) 之后(後)
zhīhòu ▸ **by then** 到那时(時) dào
nàshí ▸ **before then** 在那之前 zài
nà zhīqián ▸ **until then** 直到那
时(時) zhídào nàshí ▸ **since then**
自从(從)那时(時) zìcóng nàshí
▸ **well/OK then** 好吧 hǎo ba

there [ðɛəʳ] ADV 那儿(兒) nàr
▸ **they've lived there for 30 years**
他们在那儿(兒)住了30年
tāmen zài nàr zhùle sānshí nián
▸ **is Shirley there please?** (on
telephone) 请(請)问(問)雪莉在
吗(嗎)? qǐng wèn Xuělì zài ma?
▸ **it's over there** 在那边(邊)儿 zài
nàbiān ▸ **there he is!** 他在那
儿(兒)呢! tā zài nàr na! ▸ **there
you are** (offering something) 给(給)
你 gěi nǐ ▸ **there is/there are** 有
yǒu ▸ **there has been an accident**
发(發)生了一个(個)事故 fāshēng
le yī gè shìgù

therefore [ˈðɛəfɔːʳ] ADV 因此 yīncǐ

there's [ðɛəz] = **there is, there
has**

thermometer [θəˈmɒmɪtəʳ] N [c]
温(溫)度计(計) wēndùjì [个 gè]

these [ðiːz] **I** PL ADJ (demonstrative)
这(這)些 zhèxiē **II** PL PRON 这(這)
些 zhèxiē ▸ **these days** 目前
mùqián

they [ðeɪ] PL PRON **1** (referring to men,
boys, mixed group) 他们(們) tāmen;
(referring to women, girls) 她们(們)
tāmen; (referring to animals, things)
它们(們) tāmen **2** (in
generalizations) 人们(們) rénmen

they'd [ðeɪd] = **they had, they
would**

they'll [ðeɪl] = **they shall, they
will**

they're [ðeɪəʳ] = **they are**

they've [ðeɪv] = **they have**

thick [θɪk] ADJ **1** [+ slice, line, book,
clothes] 厚的 hòu de **2** [+ sauce,
mud, fog] 浓(濃)的 nóng de ▸ **it's
20 cm thick** 有20厘(釐)米粗 yǒu
èrshí límǐ cū

thief [θiːf] N [c] (pl **thieves** [θiːvz]) N [c]
贼(賊) zéi [个 gè]

thigh [θaɪ] N [c] 大腿 dàtuǐ [条
tiáo]

thin [θɪn] ADJ **1** [+ slice, line,
material] 薄的 báo de **2** [+ person,
animal] 瘦的 shòu de

thing [θɪŋ] **I** N [c] **1** 事 shì [件 jiàn]
2 (physical object) 物品 wùpǐn [件
jiàn] **II things** NPL (belongings)
东(東)西 dōngxi **2** (in general) 情形
qíngxíng ▸ **a strange thing
happened** 发(發)生了一件很奇怪
的事 fāshēngle yī jiàn hěn qíguài
de shì ▸ **how are things going?**
情形如何? qíngxíng rúhé?

think [θɪŋk] (pt, pp **thought**) **I** VI

1(*reflect*) 思考 sīkǎo **2**(*reason*) 想 xiǎng **II** VT **1**(*be of the opinion, believe*) 认(認)为(為) rènwéi **2**(*believe*) 以为(為) yǐwéi ▸ **what do you think of...?** 你认(認) 为(為)…怎么(麼)样(樣)? nǐ rènwéi...zěnmeyàng? ▸ **to think about sth/sb** 想着(著)某事物/某人 xiǎngzhe mǒu shìwù/mǒurén ▸ **to think of doing sth** 考虑(慮)做 某事 kǎolǜ zuò mǒushì ▸ **I think so/not** 我想是/不是的 wǒ xiǎng shì/bùshì de ▸ **think over** VT [+ *offer, suggestion*] 仔细(細)考虑(慮) zǐxì kǎolǜ

third [θəːd] NUM **1**(*in series*) 第 disān **2**(*fraction*) 三份 sān fèn ▸ **a third of** 三分之一 sān fēn zhī yī; *see also*/另见 **fifth**

thirdly ['θəːdlɪ] ADV 第三 disān

Third World I N ▸ **the Third World** 第三世界 Dì Sān Shìjiè **II** ADJ [+ *country, debt*] 第三世界的 Dì Sān Shìjiè de

thirst [θəːst] N [C/U] 口渴 kǒukě [阵 zhèn]

thirsty ['θəːstɪ] ADJ 渴的 kě de

thirteen [θəː'tiːn] NUM 十三 shísān; *see also*/另见 **fifteen**

thirteenth [θəː'tiːnθ] NUM 第十三 dìshísān; *see also*/另见 **fifteenth**

thirty ['θəːtɪ] NUM 三十 sānshí; *see also*/另见 **fifty**

⊙ **KEYWORD**

this [ðɪs] (*pl* **these**) **I** ADJ **1**(*demonstrative*) 这(這) zhè ▸ **this man** 这(這)个(個)男人 zhège nánrén ▸ **this house** 这(這)座房子 zhè zuò fángzi ▸ **this one is better than that one** 这(這)个(個)比那

个(個)好 zhège bǐ nàge hǎo **2**(*with days, months, years*) 这(這) 个(個) zhège ▸ **this Sunday/ month/year** 这(這)个(個)星期天/ 本月/今年 zhège xīngqītiān/ běnyuè/jīnnián

II PRON **1**(*demonstrative*) 这(這) zhège ▸ **who's/what's this?** 这(這)是 谁(誰)/什么(麼)? zhè shì shuí/ shénme? ▸ **this is Janet** (*in introduction*) 这(這)是珍妮特 zhè shì Zhēnnítè; (*on telephone*) 我是 珍妮特 wǒ shì Zhēnnítè ▸ **like this** 像这(這)个(個)一样(樣)的 xiàng zhège yīyàng de

III ADV (*demonstrative*) ▸ **this much/high/long** 这(這)么(麼) 多/高/长(長) zhème duō/gāo/ cháng

thorn [θɔːn] N [C] 刺 cì [根 gēn]

thorough ['θʌrə] ADJ **1**[+ *search, investigation*] 彻(徹)底的 chèdǐ de **2**(*methodical*) [+ *person*] 细(細) 致(緻)的 xìzhì de

those [ðəʊz] **I** PL ADJ 那些 nàxiē **II** PL PRON 那些 nàxiē ▸ **those people/books** 那些人/书(書) nàxiē rén/shū ▸ **are those yours?** 那些是你的(嗎)? nàxiē shì nǐ de ma?

though [ðəʊ] **I** CONJ (*although*) 虽(雖)然 suīrán **II** ADV 但是 dànshì ▸ **even though** 尽(儘)管 jǐnguǎn

thought [θɔːt] **I** PT, PP *of* **think** N [c] 想法 xiǎngfǎ [个 gè]

thoughtful ['θɔːtful] ADJ **1**(*deep in thought*) 深思的 shēnsī de **2**(*considerate*) 体(體)贴(貼)的 tǐtiē de

thoughtless ['θɔːtlɪs] ADJ

[+ *behaviour, words, person*] 不
体(體)贴(貼)的 bù tǐtiē de

thousand ['θaʊzənd] NUM ▶ **a or
one thousand** 一千 yī qiān
▶ **thousands of** 许(許)许(許)多多
xǔ xǔ duō duō

thread [θrɛd] N [c/u] 线(線)xiàn
[根 gēn]

threat [θrɛt] N [c/u] 威胁(脅)
wēixié [个 gè]

threaten ['θrɛtn] VT 1 (*make a threat
against*) [+ *person*] 威胁(脅) wēixié
2 (*endanger*) [+ *life, livelihood*] 使受
到威胁(脅) shǐ shòudào wēixié

three [θriː] NUM 三 sān; *see also/*另
见 **five**

three-quarters [θriː'kwɔːtəz]
I NPL 四分之三 sì fēn zhī sān
II ADJ ▶ **three-quarters full/
empty** 四分之三满(滿)/空 sì fēn
zhī sān mǎn/kōng III PRON 四分之
三 sì fēn zhī sān ▶ **three-
quarters of an hour** 45分钟(鐘)
sìshíwǔ fēnzhōng

threw [θruː] PT OF **throw**

thriller ['θrɪlə'] N [c] 惊(驚)险(險)
jīngxiǎn [场 chǎng]

thrilling ['θrɪlɪŋ] ADJ 令人兴(興)
奋(奮)的 lìng rén xīngfèn de

throat [θrəʊt] N C 1 (*gullet*) 咽喉
yānhóu [个 gè] 2 (*neck*) 脖子 bózi
[个 gè] ▶ **to have a sore throat** 嗓
子疼 sǎngzi téng

through [θruː] I PREP 1 [+ *place*] 穿
过(過) chuānguò 2 (*throughout*)
[+ *time*] 整个(個) zhěnggè
3 (*coming from the other side of*) 穿
过(過) chuānguò II ADJ [+ *ticket,
train*] 直达(達)的 zhídá de
▶ **(from) Monday through Friday**
(US) (从(從)) 周(週)一到周(週)五
(cóng) zhōuyī dào zhōuwǔ

throughout [θruː'aʊt] PREP
1 [+ *place*] 遍及 biànjí 2 [+ *time*]
贯(貫)穿 guànchuān

throw [θrəʊ] (*pt* threw, *pp* thrown
[θrəʊn]) VT 1 (*toss*) [+ *stone, ball*]
丢(丟)diū 2 [+ *person*] 抛(拋)pāo
▶ **throw away** VT 1 [+ *rubbish*] 扔
掉 rēngdiào 2 [+ *opportunity*] 错(錯)过(過) cuòguò
▶ **throw out** VT 1 [+ *rubbish*] 扔掉
rēngdiào 2 (*from team,
organization*) 赶(趕)走 gǎnzǒu
▶ **throw up** (*inf*) VI (*vomit*) 呕(嘔)
吐 ǒutù

thru [θruː] (US) = **through**

thumb [θʌm] N [c] 大拇指
dàmǔzhǐ [个 gè]

thumbtack ['θʌmtæk] (US) N [c]
图(圖)钉(釘)túdīng [颗 kē]

thunder ['θʌndə'] N [U] 雷 léi

thunderstorm ['θʌndəstɔːm] N
[c] 雷雨 léiyǔ [阵 zhèn]

Thursday ['θəːzdɪ] N [c/u] 星期四
xīngqīsì [个 gè]; *see also/*另见
Tuesday

tick [tɪk] N C 1 (*esp Brit: mark*) 钩
号(號)gōuhào [个 gè] II VI (*clock,
watch +*) 嘀嗒作响(響) dīdā zuò
xiǎng III VT (*esp Brit*) [+ *item on list*]
打钩 dǎ gōu
▶ **tick off** VT (*esp Brit*) [+ *item on list*]
给…打钩 gěi…dǎ gōu

ticket ['tɪkɪt] N 1 [c] (*for public
transport, theatre, raffle*) 票 piào [张
zhāng] 2 (*Aut*) (*also:* **parking
ticket**) 违(違)章停车(車)罚(罰)单
(單) wéizhāng tíngchē fádān
[张 zhāng]

ticket inspector N [c] 查票员(員)
chápiàoyuán [位 wèi]

ticket office N [c] 售票处(處)
shòupiàochù [个 gè]

tickle ['tɪkl] VT 挠(撓) náo

tide [taɪd] N [c] 潮汐 cháoxì
▸ **high/low tide** 涨(漲)潮/落潮 zhǎng/luò cháo

tidy ['taɪdɪ] I ADJ 整洁(潔)的 zhěngjié de II VT (also: **tidy up**) 整理 zhěnglǐ
▸ **tidy up** VT, VI 整理 zhěnglǐ

tie [taɪ] I N [c] **1** (clothing) 领(領)带(帶) lǐngdài [条 tiáo] **2** 淘汰赛(賽) táotàisài [局 jú] **3** (draw) (in competition) 平局 píngjú [个 gè] II VT (also: **tie up**) 扎(紮) zā
▸ **tie up** VT **1** [+ parcel] 捆(綑)绑(綁) kǔnbǎng **2** [+ dog] 拴 shuān **3** [+ person] 捆绑(綑綁) kǔnbǎng

tiger ['taɪgə'] N [c] 老虎 lǎohǔ [只 zhī]

tight [taɪt] I ADJ **1** [+ shoes, clothes] 紧(緊)身的 jǐnshēn de **2** (strict) [+ budget, schedule] 紧(緊)张(張)的 jǐnzhāng de; [+ security, controls] 严(嚴)格的 yángé de II ADV [hold, squeeze, shut +] 紧(緊)紧(緊)地 jǐnjǐn de

tightly ['taɪtlɪ] ADV 紧(緊)紧(緊)地 jǐnjǐn de

tights [taɪts] (Brit) NPL 连(連)裤(褲)袜(襪) liánkùwà

tile [taɪl] N [c] **1** (on roof) 瓦 wǎ [片 piàn] **2** (on floor, wall) 砖(磚) zhuān [块 kuài]

till [tɪl] I N [c] (Brit) 收银(銀)台(臺) shōuyíntái [个 gè] II PREP, CONJ = **until**

timber ['tɪmbə'] N [U] 木料 mùliào

time [taɪm] N **1** [U] 时(時)间(間) shíjiān **2** [U] (period) 时(時)候 shíhou **3** [s] (by clock) 时(時)间(間) shíjiān **4** [c] (occasion) 次 cì ▸ to

have a good/bad time 度过(過)一段愉快/不愉快的时(時)光 dùguò yī duàn yúkuài/bù yúkuài de shíguāng ▸ **to spend one's time doing sth** 花时(時)间(間)做某事 huā shíjiān zuò mǒushì ▸ **three times a day** 一日三次 yī rì sān cì ▸ **all the time** (always) 总(總)是 zǒngshì ▸ **at the same time** (simultaneously) 同时(時) tóngshí ▸ **at times** (sometimes) 有时(時) yǒushí ▸ **in time (for)** 正好赶(趕)上(…) zhènghǎo gǎnshàng (…) ▸ **in a week's/month's time** 一周(週)/月以后(後) yī zhōu/yuè yǐhòu ▸ **on time** 准(準)时(時) zhǔnshí ▸ **5 times 5 is 25** 5乘5等于(於)25 wǔ chéng wǔ děngyú èrshíwǔ ▸ **what time is it?, what's the time?** 几(幾)点(點)了？jǐ diǎn le? ▸ **time off** 休假 xiūjià

timetable ['taɪmteɪbl] N [c] **1** (Brit: Rail etc) 时(時)刻表 shíkèbiǎo [个 gè] **2** (Brit: Scol) (课) 程表 kèchéngbiǎo [个 gè] **3** (programme of events) 计(計)划(劃)表 jìhuàbiǎo [个 gè]

tin [tɪn] N **1** [U] (metal) 锡(錫) xī **2** [c] (Brit: can) 罐 guàn [个 gè] **3** [c] (container: for biscuits, tobacco) 听(聽) tīng

tin opener ['-əupnə'] (Brit) N [c] 开(開)罐器 kāiguànqì [个 gè]

tiny ['taɪnɪ] ADJ 极(極)小的 jí xiǎo de

tip [tɪp] I N [c] **1** (of branch, paintbrush) 顶(頂)端 dǐngduān [个 gè] **2** (to waiter) 小费(費) xiǎofèi [笔 bǐ] **3** (Brit: for rubbish) 弃(棄)置场(場) qìzhìchǎng [个 gè] **4** (advice) 提示 tíshì [个 gè] II VT

t

1 [+ *waiter*] 给(給)…小费(費) gěi…xiǎofèi **2** (*pour*) 倒出 dàochū

tiptoe ['tɪptəu] VI 踮着(著)脚(腳)走 diǎnzhe jiǎo zǒu ▸ **on tiptoe** 踮着(著)脚(腳)走 diǎnzhe jiǎo zǒu

tire ['taɪə] N (US) = **tyre**

tired ['taɪəd] ADJ 累的 lèi de ▸ **to be tired of (doing) sth** 厌(厭)倦 于(於)(做)某事 yànjuàn yú (zuò) mǒushì

tiring ['taɪərɪŋ] ADJ 令人疲劳(勞)的 lìng rén píláo de

tissue ['tɪʃuː] N [c] (*paper handkerchief*) 纸(紙)巾 zhǐjīn [张(張) zhāng]

title ['taɪtl] N **1** [c] [*of book, play*] 标(標)题(題) biāotí [个(個) gè] **2** [c] (*Sport*) 冠军(軍) guànjūn [个(個) gè]

KEYWORD

to [tuː, tə] I PREP **1** (*direction*) 到 dào ▸ **to France/London/ school/the station** 去法国(國)/伦(倫)敦/学(學)校/车(車)站 qù Fǎguó/Lúndūn/xuéxiào/ chēzhàn

2 (*as far as*) ▸ **from here to London** 从(從)这(這)儿(兒)到伦(倫)敦 cóng zhèr dào Lúndūn

3 (*position*) 向 xiàng ▸ **to the left/ right** 向左/右 xiàng zuǒ/yòu

4 (*in time expressions*) ▸ **it's five/ ten/a quarter to five** 差5分/10分/一刻5点(點) chà wǔ fēn/shí fēn/yí kè wǔ diǎn

5 (*for, of*) 的 de ▸ **a letter to his wife** 给(給)他妻子的一封信 gěi tā qīzi de yì fēng xìn

6 (*indirect object*) ▸ **to give sth to sb** 给(給)某人某物 gěi mǒurén mǒuwù ▸ **to talk to sb** 对(對)某人

说(說) duì mǒurén shuō ▸ **a danger to sb** 对(對)某人的危险(險) duì mǒurén de wēixiǎn

7 (*towards*) ▸ **to be friendly/kind/ loyal to sb** 对(對)某人友好/仁慈/忠实(實) duì mǒurén yǒuhǎo/réncí/zhōngshí

8 (*in relation to*) ▸ **30 miles to the gallon** 每加仑(侖)可行30英里 měi jiālún kě xíng sānshí yīnglǐ ▸ **three goals to two** 3比2 sān bǐ èr

9 (*purpose, result*) ▸ **to come to sb's aid** 来(來)帮(幫)某人的忙 lái bāng mǒurén de máng

10 (*indicating range, extent*) ▸ **from... to...** 从(從)…到…cóng…dào… ▸ **from May to September** 从(從)5月到9月 cóng wǔyuè dào jiǔyuè

II WITH VERB **1** (*simple infinitive*) 与(與)原形动(動)词(詞)不定式(式)连用 ▸ **to go/eat** 去/吃 zǒu/chī

2 (*with vb omitted*) 用来代替动词不定式或不定短语，避免重复 ▸ **I don't want to** 我不想 wǒ bù xiǎng

3 (*in order to*) 为(為)了 wèile ▸ **I did it to help you** 我这(這)么(麼)做是为(為)了帮(幫)你 wǒ zhème zuò shì wèile bāng nǐ

4 (*equivalent to relative clause*) 用作定语 ▸ **I have things to do** 我有事要做 wǒ yǒu shì yào zuò

5 (*after adjective etc*) 用于某些动词、名词、形容词后构成不定式 ▸ **to be ready to go** 准(準)备(備)走 zhǔnbèi zǒu ▸ **too old/young to do sth** 年纪(紀)太大/太小以至于(於)不能做某事 niánjì tài dà/tài xiǎo yǐzhì yú búnéng zuò mǒushì

▸ **to and fro** 来(來)来(來)回回 láilái huíhuí de

toast [təʊst] N 1 [U] (Culin) 烤面(麵)包 kǎomiànbāo 2 [C] (drink) 祝酒 zhùjiǔ [次 cì] ▸ **a piece** or **slice of toast** 一片烤面(麵)包 yī piàn kǎomiànbāo ▸ **to drink a toast to sb** (为(為)) 某人干(乾)杯 wèi mǒurén gānbēi

toaster ['təʊstə'] N [C] 烤面(麵)包机(機) kǎomiànbāojī [台 tái]

tobacco [tə'bækəʊ] N [U] 烟(煙)草 yāncǎo

tobacconist's (shop) [tə'bækənɪsts-] N [C] 烟(煙)草商店 yāncǎodiàn [家 jiā]

today [tə'deɪ] I ADV N 1 今天 jīntiān II N [U] N 1 今天 jīntiān ▸ **what day is it today?** 今天星期几(幾)？ jīntiān xīngqī jǐ? ▸ **today is the 4th of March** 今天是3月4日 jīntiān shì sān yuè sì rì

toddler ['tɒdlə'] N [C] 学(學)步的小孩 xuébù de xiǎohái [个 gè]

toe [təʊ] N [C] 1 [of foot] 脚(腳)趾 jiǎozhǐ [个 gè] 2 [of shoe, sock] 脚(腳)趾处(處) jiǎozhǐchù [个 gè] ▸ **big/little toe** 大/小脚(腳)趾 dà/ xiǎo jiǎozhǐ

toffee ['tɒfɪ] N 1 [U] (Brit: substance) 太妃糖 tàifēitáng 2 [C] (sweet) 奶糖 nǎitáng [颗 kē]

together [tə'ɡeðə'] ADV 1 (with each other) 一起 yīqǐ 2 (at the same time) 同时 tóngshí 3 (combined) 加起来(來) jiā qǐlái ▸ **together with** 连(連)同 liántóng

toilet ['tɔɪlət] N [C] 1 (apparatus) 抽水马(馬)桶 chōushuǐ mǎtǒng [个 gè] 2 (Brit: room) 卫(衛)生间(間) wèishēngjiān [个 gè] ▸ **to go to the toilet** (esp Brit) 上厕(廁)所 shàng cèsuǒ

toilet paper N [U] 卫(衛)生纸(紙) wèishēngzhǐ

toiletries ['tɔɪlətrɪz] NPL 卫(衛)生用品 wèishēng yòngpǐn

toilet roll N [C/U] 卫(衛)生卷(捲)纸(紙) wèishēng juǎnzhǐ [卷 juǎn]

told [təʊld] PT, PP of **tell**

toll [təʊl] N [C] (on road, bridge) 通行费(費) tōngxíngfèi [笔 bǐ]

tomato [tə'mɑːtəʊ] N [C/U] (pl **tomatoes**) 西红(紅)柿 xīhóngshì 番茄 fānqié [个 gè]

tomorrow [tə'mɒrəʊ] I ADV 明天 míngtiān II N [U] 明天 míngtiān ▸ **the day after tomorrow** 后(後)天 hòutiān ▸ **tomorrow morning** 明天早晨 míngtiān zǎochen

ton [tʌn] N [C] 1 (Brit) 英吨(噸) yīngdūn 2 (US) (also: **short ton**) 美吨(噸) měidūn 3 (metric ton) 公吨(噸) gōngdūn

tongue [tʌŋ] N [C] (Anat) 舌头(頭) shétou [个 gè]

tonic ['tɒnɪk] N [U] (also: **tonic water**) 奎宁(寧)水 kuíníngshuǐ

tonight [tə'naɪt] ADV N 今晚 jīnwǎn

tonsil ['tɒnsl] N [C] 扁桃体(體) biǎntáotǐ [个 gè]

tonsillitis [tɒnsɪ'laɪtɪs] N [U] 扁桃腺炎 biǎntáoxiànyán

too [tuː] ADV 1 (excessively) 太 tài 2 (also) 也 yě ▸ **you're from Brooklyn? Me too!** 你从(從)布鲁(魯)克林来(來)？我也是！nǐ cóng Bùlǔkèlín lái? Wǒ yě shì!

took [tʊk] PT of **take**

tool [tuːl] N [C] 用具 yòngjù [种 zhǒng]

toolbar ['tuːlbɑː'] N [C] (Comput) 工具栏(欄) gōngjùlán [个 gè]

tooth [tuːθ] N [C] (pl **teeth**) 牙

齿(齒) yáchǐ [颗 kē]

toothache [ˈtuːθeɪk] N [c/u] 牙痛
yátòng [阵 zhèn] ▸ **to have
toothache** 牙痛 yátòng

toothbrush [ˈtuːθbrʌʃ] N [c] 牙刷
yáshuā [把 bǎ]

toothpaste [ˈtuːθpeɪst] N [c/u] 牙
膏 yágāo [管 guǎn]

top [tɒp] I N 1 [c] [of mountain,
building, tree, stairs] 顶(頂)部
dǐngbù [个 gè] 2 [c] [of page]
顶(頂)端 dǐngduān [个 gè] 3 [c] [of
surface, table] 表面 biǎomiàn [个
gè] 4 [c] [of box, jar, bottle]
盖(蓋)子 gàizi [个 gè] 5 [c] [blouse
etc] 上衣 shàngyī [件 jiàn] II ADJ
1 [+ shelf, step, storey, marks] 最高的
zuì gāo de 2 [+ executive, golfer]
顶(頂)级(級)的 dǐngjí de ▸ **at the
top of the stairs/page/street** 在
楼(樓)梯顶顶(頂)/页(頁)首/街道的
尽(盡)头(頭) zài lóutī dǐngduān/
yèshǒu/jiēdào de jìntóu ▸ **to be or
come top** 独(獨)占(佔)鳌(鰲)
头(頭) dúzhàn áotóu

topic [ˈtɒpɪk] N [c] 话(話)题(題)
huàtí [个 gè]

torch [tɔːtʃ] N [c] (Brit) 手电(電)筒
shǒudiàntǒng [个 gè]

tore [tɔː(ʳ)] PT of tear¹

torn [tɔːn] PP of tear¹

tortoise [ˈtɔːtəs] N [c] 乌(烏)龟(龜)
wūguī [只 zhī]

torture [ˈtɔːtʃə(ʳ)] I N [u] 酷刑
kùxíng II VT 对(對)⋯施以酷刑
duì⋯shī yǐ kùxíng

total [ˈtəʊtl] I ADJ 总(總)的 zǒng
de II N [c] 总(總)数(數) zǒngshù
[个 gè] ▸ **in total** 总(總)共
zǒnggòng

totally [ˈtəʊtəli] ADV 1 [agree,
destroy +] 完全地 wánquán de

2 [+ different, new] 绝(絕)对(對)地
juéduì de

touch [tʌtʃ] I N [c] (contact) 触(觸)
摸 chùmō [次 cì] II VT 1 (with hand,
foot) 触(觸)摸 chùmō [次 cì] 2 (move:
emotionally) 感动(動) gǎndòng
III VI (be in contact) 接触(觸) jiēchù
▸ **to get in touch with sb** 与(與)某
人联(聯)系(繫) yǔ mǒurén liánxì
▸ **to lose touch (with sb)** 失去联(聯)
系(繫) (与(與)某人) 失去联(聯)系(繫) (yǔ
mǒurén) shīqù liánxì

tough [tʌf] ADJ 1 (strong,
hard-wearing) [+ material] 坚(堅)
韧(韌)的 jiānrèn de 2 [+ meat] 老
的 lǎo de 3 (physically) 强(強)
壮(壯)的 qiángzhuàng de
4 (rough) 无(無)法无(無)天的 wú
fǎ wú tiān de

tour [tʊə(ʳ)] I N [c] 1 (journey) 旅行
lǚxíng [次 cì] 2 [of town, factory,
museum] 观(觀)光 guānguāng [次
cì] 3 (by pop group, sports team) 巡
回(迴)表演 xúnhuí biǎoyǎn [个 gè]
II VT [+ country, city] 观(觀)光
guānguāng ▸ **to go on a tour of**
[+ region] 去⋯旅行 qù⋯lǚxíng

tourism [ˈtʊərɪzəm] N [u] 旅游(遊)
业(業) lǚyóuyè

tourist [ˈtʊərɪst] I N [c] 游(遊)客
yóukè [位 wèi] II CPD [+ season,
attraction] 旅游(遊) lǚyóu

tow [təʊ] VT [+ vehicle, trailer] 拖
tuō ▸ **tow away** VT [+ vehicle] 拖走
tuōzǒu

toward(s) [təˈwɔːd(z)] PREP 1 (in
direction of) 朝着(著) cháozhe
2 (with regard to) 对(對)于(於)
duìyú 3 (near) 接近 jiējìn

towel [ˈtaʊəl] N [c] 毛巾 máojīn
[条 tiáo]

tower [ˈtaʊə(ʳ)] N [c] 塔 tǎ [座 zuò]

tower block (Brit) N [c] 高楼(樓)大厦(廈) gāolóu dàshà [座 zuò]

town [taʊn] N [c] 城镇(鎮) chéngzhèn [个 gè]

town hall (Brit) N [c] 市政厅(廳) shìzhèngtīng [个 gè]

tow truck (US) N [c] 拖车(車) tuōchē [部 bù]

toy [tɔɪ] I N [c] 玩具 wánjù [个 gè] II CPD [+ train, car] 玩具 wánjù

trace [treɪs] I N [c] 1 (of substance) 痕迹(跡) hénjì [个 gè]; [of person] 踪(蹤)迹(跡) zōngjì [个 gè] II VT (locate) 追踪(蹤) zhuīzōng

track [træk] N [c] 1 (path) 小径(徑) xiǎojìng [条 tiáo] 2 (Rail) 轨(軌)道 guǐdào [条 tiáo] 3 (on tape, record) 曲目 qǔmù [个 gè]

tracksuit ['træksuːt] (Brit) N [c] 运(運)动(動)服 yùndòngfú [套 tào]

tractor ['træktə'] N [c] 拖拉机(機) tuōlājī [部 bù]

trade [treɪd] I N 1 [U] (buying and selling) 贸(貿)易 màoyì 2 [c] (skill, job) 谋(謀)生之道 móushēng zhī dào [种 zhǒng] II VT (exchange)
▸ **to trade sth (for sth)** (US) 用某物交换(換) (某物) yòng mǒuwù jiāohuàn (mǒuwù)

trademark ['treɪdmɑːk] N [c] 商标(標) shāngbiāo [个 gè]

trade union (esp Brit) N [c] 工会(會) gōnghuì [个 gè]

tradition [trə'dɪʃən] N [c/u] 传(傳)统(統) chuántǒng [个 gè]

traditional [trə'dɪʃənl] ADJ 传(傳)统(統)的 chuántǒng de

traffic ['træfɪk] N [U] 交通 jiāotōng

traffic circle (US) N [c] 转(轉)盘(盤) zhuǎnpán [个 gè]

traffic jam N [c] 交通阻塞 jiāotōng zǔsè [阵 zhèn]

traffic lights N PL 红(紅)绿(綠)灯(燈) hónglǜdēng

traffic warden (esp Brit) N [c] 交通管理员(員) jiāotōng guǎnlǐyuán [位 wèi]

tragedy ['trædʒədɪ] N [c/u] 1 (disaster) 极(極)大的不幸 jídà de bùxìng [个 gè] 2 (Theat) 悲剧(劇) bēijù [个 gè]

tragic ['trædʒɪk] ADJ 悲惨(慘)的 bēicǎn de

trailer ['treɪlə'] N [c] 1 (Aut) 拖车(車) tuōchē [部 bù] 2 (US: caravan) 房式拖车(車) fángshì tuōchē [辆 liàng]

train [treɪn] I N [c] 1 (Rail) 火车(車) huǒchē [辆 liàng] II VT 1 (teach skills) 培训(訓) péixùn 2 [+ athlete] 培养(養) péiyǎng III VI 1 (learn a skill) 受训(訓) shòu xùnliàn 2 (Sport) 锻(鍛)炼(鍊) duànliàn

trained [treɪnd] ADJ 经(經)专(專)门(門)训(訓)练(練)的 jīng zhuānmén xùnliàn de

trainee [treɪ'niː] N [c] 1 (apprentice) 受训(訓)者 shòuxùnzhě [位 wèi] 2 (in office, management scheme) 实(實)习(習)生 shíxíshēng [个 gè]

trainer ['treɪnə'] N [c] 1 (Sport) 教练(練) jiàoliàn [位 wèi] 2 (Brit: shoe) 运(運)动(動)鞋 yùndòngxié [双 shuāng]

training ['treɪnɪŋ] N [U] 1 (for occupation) 培训(訓) péixùn 2 (Sport) 训(訓)练(練) xùnliàn

training course N [c] 培训(訓)班 péixùnbān [个 gè]

tram [træm] (Brit) N [c] (also: **tramcar**) 有轨(軌)电(電)车(車) yǒu guǐ diànchē [辆 liàng]

tramp [træmp] I N [c] 流浪者

liúlàngzhě [个 gè]

trampoline ['træmpəli:n] N [c] 蹦床 bèngchuáng [个 gè]

transfer ['trænsfə'] N 1 [c/u] (of money, documents) 转(轉)移 zhuǎnyí [次 cì] 2 [c] (Sport) 转(轉)会(會) zhuǎnhuì [次 cì]

transit ['trænzɪt] N 1 ▸ in transit (people) 在途中 zài túzhōng 2 [u] (US) 运(運)输(輸) yùnshū

translate [trænz'leɪt] VT 翻译(譯) fānyì

translation [trænz'leɪʃən] N 1 [c] (text) 译(譯)文 yìwén [篇 piān] 2 [u] (act of translating) 翻译(譯) fānyì

translator [trænz'leɪtə'] N [c] 译(譯)者 yìzhě [个 gè]

transparent [træns'pærnt] ADJ 透明的 tòumíng de

transplant [vb træns'plɑ:nt, n 'trænsplɑ:nt] I VT 1 (Med) 移植 yízhí II N 2 [c/u] (Med: operation) 移植 yízhí [次 cì]

transport [n 'trænspɔ:t, vb træns'pɔ:t] I N [u] 交通工具 jiāotōng gōngjù II VT 运(運)送 yùnsòng ▸ **public transport** (esp Brit) 公共交通 gōnggòng jiāotōng

transportation ['trænspɔ:'teɪʃən] N [u] (US: transport) 运(運)输(輸) yùnshū

trap [træp] I N [c] 1 陷阱 xiànjǐng [个 gè] II VT 1 [+ animal] 诱(誘)捕 yòubǔ 2 (in building) 困住 kùnzhù

trash [træʃ] N [u] (US) 废(廢)物 fèiwù

trash can (US) N [c] 垃圾桶 lājītǒng [个 gè]

travel ['trævl] I N [u] (travelling) 旅行 lǚxíng II VI 前往 qiánwǎng

III VT [+ distance] 走过(過) zǒuguò

travel agency N [c] 旅行社 lǚxíngshè [个 gè]

travel agent N [c] 1 (shop, office) 旅行中介 lǚxíng zhōngjiè [个 gè] 2 (person) 旅行代理人 lǚxíng dàilǐrén [个 gè]

traveller, (US) **traveler** ['trævlə'] N [c] 旅行者 lǚxíngzhě [位 wèi]

traveller's cheque, (US) **traveler's check** N [c] 旅行支票 lǚxíng zhīpiào [张 zhāng]

travelling, (US) **traveling** ['trævlɪŋ] N [u] 行程 xíngchéng

travel sickness N [u] 晕(暈) 车(車)/船/机(機)症 yùnchē/chuán/jī zhèng

tray [treɪ] N [c] 托盘(盤) tuōpán [个 gè]

treasure ['treʒə'] N [u] 宝(寶)藏 bǎozàng

treat [tri:t] VT 1 (behave towards) [+ person, object] 对(對)待 duìdài 2 (Med) [+ patient, illness] 医(醫)治 yīzhì

treatment ['tri:tmənt] N [c/u] (Med) 治疗(療) zhìliáo [次 cì]

treble ['trebl] VI 增至三倍 zēng zhì sān bèi

tree [tri:] N [c] 树(樹) shù [棵 kē]

tremble ['trembl] VI (with fear, cold) 战(戰)栗(慄) zhànlì

tremendous [trɪ'mendəs] ADJ 1 (enormous) 极(極)大的 jí dà de 2 (excellent) 极(極)棒的 jí bàng de

trend [trend] N [c] 1 (tendency) 趋(趨)势(勢) qūshì [种 zhǒng] 2 (fashion) 潮流 cháoliú [个 gè]

trendy ['trendɪ] (inf) ADJ 时(時)髦的 shímáo de

trial ['traɪəl] N [c/u] (Law) 审(審)理 shěnlǐ [次 cì] ▸ **on trial** (Law) 受

审(審) shěnshěn; (on approval) 试(試)验(驗) shìyàn

triangle ['traɪæŋgl] N [c] (Math) 三角 sānjiǎo [个 gè]

tribe [traɪb] N [c] 部落 bùluò [个 gè]

trick [trɪk] I N [c] 1 (by conjuror) 戏(戲)法 xìfǎ 2 (deception) 伎俩(倆) jìliǎng [个 gè] II VT (deceive) 耍花招 shuǎ huāzhāo

tricky ['trɪkɪ] ADJ 棘手的 jíshǒu de

tricycle ['traɪsɪkl] N [c] 三轮(輪)车(車) sānlúnchē [辆 liàng]

trip [trɪp] I N [c] 1 (journey) 出行 chūxíng [次 cì] 2 (outing) 外出 wàichū [次 cì] II VI (also: **trip up**) 绊(絆)倒 bàndǎo ▸ **to go on a trip** 外出旅行 wàichū lǚxíng

triple ['trɪpl] I ADJ 三部分的 sānbùfen de 三倍于(於) sānbèi yú II VI

triplets ['trɪplɪts] NPL 三胞胎 sānbāotāi

triumph ['traɪʌmf] N [c] 巨大的成功 jùdà de chénggōng [个 gè]

trivial ['trɪvɪəl] ADJ 琐(瑣)碎的 suǒsuì de

troll [trɒl] N (Comput only) 水军(軍) shuǐjūn

trolley ['trɒlɪ] N [c] 1 (Brit) 手推车(車) shǒutuīchē [辆 liàng] 2 (US: vehicle) 电(電)车(車) diànchē [辆 liàng]

trombone [trɒm'bəun] N [c] 长(長)号(號) chánghào [只 zhī]

troop [tru:p] N [c] (of people, animals) 群 qún II **troops** NPL (Mil) 部队(隊) bùduì [支 zhī]

trophy ['trəufɪ] N [c] 奖(獎)品 jiǎngpǐn [个 gè]

tropical ['trɒpɪkl] ADJ 热(熱)带(帶)的 rèdài de

trouble ['trʌbl] N 1 [c/u] (difficulties, bother, effort) 麻烦(煩) máfan [个

gè] 2 [s] (problem) 问(問)题(題) wèntí [个 gè] 3 [u] (unrest) 骚(騷)乱(亂) sāoluàn ▸ **to be in trouble** (with police, authorities) 惹麻烦(煩) rě máfan ▸ **the trouble is...** 问(問)题(題)是... wèntí shì... ▸ **stomach/back trouble** 胃部/背部毛病 wèibù/bèibù máobìng

trousers ['trauzəz] (Brit) NPL 裤(褲)子 kùzi ▸ **a pair of trousers** 一条(條)裤(褲)子 yì tiáo kùzi

trout [traut] N [c/u] 鳟(鱒)鱼(魚) zūnyú [条 tiáo]

truck [trʌk] N [c] 卡车(車) kǎchē [辆 liàng]

truck driver N [c] 卡车(車)司机(機) kǎchē sījī [位 wèi]

true [tru:] ADJ 真实(實)的 zhēnshí de

truly ['tru:lɪ] ADV (genuinely) 确(確)实(實)地 quèshí de ▸ **yours truly** (in letter) 您忠诚(誠)的 nín zhōngchéng de

trumpet ['trʌmpɪt] N [c] 小号(號) xiǎohào [把 bǎ]

trunk [trʌŋk] N [c] 1 (of tree) 树(樹)干(幹) shùgàn [个 gè] 2 (of elephant) 象鼻 xiàngbí [个 gè] 3 (US: of car) 后(後)备(備)箱 hòubèixiāng [个 gè] II **trunks** NPL (also: **swimming trunks**) 游泳裤(褲) yóuyǒngkù

trust [trʌst] VT 信任 xìnrèn

truth [tru:θ] N [s] 事实(實) shìshí

try [traɪ] I N [c] 尝(嘗)试(試) chángshì [个 gè] II VT (attempt) 试(試)试(試) shìshì III VI (make effort) 努力 nǔlì ▸ **to try to do sth, try doing sth** 尽(盡)力做某事 jìnlì zuò mǒushì

▸ **try on** VT 试(試)穿 shìchuān

▸ **try out** VT 试(試)验(驗) shìyàn

t

T-shirt ['tiː.ʃɜːt] N [c] 短袖衫 duǎnxiùshān [件 jiàn]

tub [tʌb] N [c] **1** (container) 缸 gāng [个 gè] **2** (US) 浴缸 yùgāng [个 gè]

tube [tjuːb] N [c] **1** (pipe) 管子 guǎnzi [根 gēn] **2** [c] (container) 筒 tǒng [个 gè] **3** (Brit) ▸ **the tube** (underground) 地铁 dìtiě

tuberculosis [tjubɜːkjuˈləʊsɪs] N [U] 肺结(結)核 fèijiéhé

Tuesday ['tjuːzdɪ] N [c/U] 星期二 xīngqīʼèr [个 gè] ▸ **it is Tuesday 23rd March** 星期二今天是3月23号(號), 星期二 jīntiān shì sānyuè èrshísān hào, xīngqīʼèr ▸ **on Tuesday** 星期二 zài xīngqīʼèr ▸ **on Tuesdays** 每个(個)星期二 měige xīngqīʼèr ▸ **every Tuesday** 每逢星期二 měi féng xīngqīʼèr ▸ **last/next Tuesday** 上个(個)/下个(個)星期二 shàng gè/xià gè xīngqīʼèr ▸ **Tuesday morning/afternoon/evening** 星期二早晨/下午/晚上 xīngqīʼèr zǎochen/xiàwǔ/wǎnshang

tuition [tjuˈɪʃən] N [U] **1** 教学(學) jiàoxué **2** (fees) 学(學)费(費) xuéfèi

tumble dryer (Brit) N [c] 滚(滾)筒干(乾)衣机(機) gǔntǒng gānyījī [台 tái]

tummy ['tʌmɪ] (inf) N [c] 肚子 dùzi [个 gè]

tuna ['tjuːnə] N [c/U] (also: **tuna fish**) 金枪(槍)鱼(魚) jīnqiāngyú [条 tiáo]

tune [tjuːn] N [c] 曲调(調) qǔdiào [个 gè]

Tunisia [tjuːˈnɪzɪə] N 突尼斯 Tūnísī

tunnel ['tʌnl] N [c] 隧道 suìdào [条 tiáo]

Turk [tɜːk] N [c] 土耳其人 Tǔʼěrqírén [个 gè]

Turkey ['tɜːkɪ] N 土耳其 Tǔʼěrqí

turkey ['tɜːkɪ] N **1** [c] (bird) 火鸡(雞) huǒjī [只 zhī] **2** N [U] (meat) 火鸡(雞)肉 huǒjī ròu

Turkish ['tɜːkɪʃ] I ADJ 土耳其的 Tǔʼěrqí de II N [U] (language) 土耳其语(語) Tǔʼěrqíyǔ

turn [tɜːn] I N [c] (in game, queue, series) 机(機)会(會) jīhuì [个 gè] II VT **1** [+ part of body] 转(轉)动(動) zhuǎndòng **2** [+ object] 调(調)转(轉) diàozhuǎn **3** [+ handle, key] 转(轉)动(動) zhuǎndòng **4** [+ page] 翻 fān III VI **1** (rotate) [object, wheel +] 旋转(轉) xuánzhuǎn **2** (change direction) [person +] 转(轉)身 zhuǎnshēn [vehicle +] 转(轉)向 zhuǎnxiàng ▸ **it's my turn to...** 轮(輪)到我做... lúndào wǒ zuò... ▸ **to take turns** or **to take it in turns (to do sth)** 轮(輪)流做(某事) lúnliú zuò (mǒushì)

▸ **turn around** VI **= turn round**

▸ **turn back** VI 往回走 wǎnghuí zǒu

▸ **turn down** VT [+ heat, sound] 调(調)低 tiáodī

▸ **turn into** VT FUS (变(變))成 biànchéng

▸ **turn off** VT **1** [+ light, radio, tap] 关(關) guān **2** [+ engine] 关(關)掉 guāndiào

▸ **turn on** VT [+ light, radio, tap] 打开(開) dǎkāi

▸ **turn out** VT [+ light, gas] 关(關)掉 guāndiào ▸ **to turn out to be** (prove to be) 原来(來)是 yuánlái shì

▸ **turn round, turn around** VI

[*person, vehicle* +] 调(調)转(轉) diàozhuǎn
▸ **turn up** I VI [*person* +] **1** 露面 lòumiàn **2** [*lost object* +] 出现(現) chūxiàn II VT [+ *radio, heater*] 开(開)大 kāi dà

turning ['tə:nɪŋ] N [c] (*in road*) 拐(枴)弯(彎) guǎiwān [个 gè]

turn signal (US) N [u] 指示器 zhǐshìqì [个 gè]

turquoise ['tə:kwɔɪz] ADJ [+ *colour*] 青绿(綠)色的 qīnglùsè de

turtle ['tə:tl] (Brit) N [c] 龟(龜)gui [只 zhī]

tutor ['tju:tər] N [c] **1** (Brit: *Scol*) 助教 zhùjiào [位 wèi] **2** (*private tutor*) 家庭教师(師) jiātíng jiàoshī [位 wèi]

tuxedo [tʌk'si:dəu] (US) N [c] 男式晚礼(禮)服 nánshì wǎnlǐfú [件 jiàn]

TV N ABBR (= *television*) 电(電)视(視) diànshì

Twitter® ['twɪtər] N 推特 Tuītè

tweet [twi:t] I N 推文 tuīwén II VB 发(發)推文 fā tuīwén

tweezers ['twi:zəz] NPL 镊(鑷)子 nièzi ▸ **a pair of tweezers** 一把镊(鑷)子 yī bǎ nièzi

twelfth [twelfθ] NUM (*in series*) 第十二 dì shí'èr; *see also*/另见 **fifth**

twelve [twelv] NUM 十二 shí'èr ▸ **at twelve** (*o'clock*) (*midday*) 中午12点(點) zhōngwǔ shí'èr diǎn; (*midnight*) 凌晨零点(點) língchén língdiǎn; *see also*/另见 **five**

twentieth ['twentɪɪθ] NUM 第二十 dì'èrshí

twenty ['twentɪ] NUM 二十 èrshí ▸ **twenty-one** 二十一 èrshíyī; *see also*/另见 **fifty**

twice [twaɪs] ADV 两(兩)次 liǎng cì

▸ **twice as much/long as** 多/长(長)至两(兩)倍 duō/chángzhì liǎng bèi

twin [twɪn] I ADJ [+ *sister, brother*] 孪生的 luánshēng de II N [c] **1** (*person*) 双(雙)胞胎 shuāngbāotāi [对 duì] **2** (*also*: **twin room**) 双(雙)人房 shuāngrénfáng [间 jiān]

twist [twɪst] VT **1** (*turn*) 扭纽 niǔ **2** [+ *ankle*] 扭伤(傷) niǔshāng

two [tu:] NUM 二 èr; *see also*/另见 **five**

two-percent milk [tu:pə'sɛnt-] (US) N [u] 半脱(脫)脂奶 bàntuōzhīnǎi

type [taɪp] I N **1** [c] (*sort, kind*) 类(類)型 lèixíng [种 zhǒng] **2** [u] (*Typ*) 字体(體) zìtǐ II VI 打字 dǎzì III VT 在…上打字 zài…shang dǎzì ▸ **type into** VT 录(錄)入 lùrù

typewriter ['taɪpraɪtər] N [c] 打字机(機) dǎzìjī [台 tái]

typical ['tɪpɪkl] ADJ 典型的 diǎnxíng de

tyre, (US) **tire** [taɪər] N [c] 轮(輪)胎 lúntāi [个 gè]

t

u

UFO N ABBR (= **unidentified flying object**) 不明飞(飛)行物 bùmíng fēixíngwù

ugly ['ʌglɪ] ADJ 丑(醜)陋的 chǒulòu de

UK N ABBR (= **United Kingdom**)
▶ **the UK** 大不列颠及北爱(愛)尔(爾)兰(蘭)联(聯)合王国(國) Dàbùlièdiān Jí Běi'ài'ěrlán Liánhéwángguó

ulcer ['ʌlsə'] N [c] 溃(潰)疡(瘍) kuìyáng [处 chù]

umbrella [ʌm'brɛlə] N [c] 伞(傘) sǎn [把 bǎ]

umpire ['ʌmpaɪə'] N [c] (Tennis, Cricket) 裁判员(員) cáipànyuán [位 wèi]

UN N ABBR (= **United Nations**)
▶ **the UN** 联(聯)合国(國) Liánhéguó

unable [ʌn'eɪbl] ADJ ▶ **to be unable to do sth** 不能做某事 bùnéng zuò mǒushì

unanimous [juː'nænɪməs] ADJ 一致同意的 yīzhì tóngyì de

unavoidable [ʌnə'vɔɪdəbl] ADJ 不可避免的 bùkě bìmiǎn de

unbearable [ʌn'bɛərəbl] ADJ 难(難)以忍受的 nányǐ rěnshòu de

uncertain [ʌn'səːtn] ADJ 不确(確)定的 bù quèdìng de ▶ **to be uncertain about sth** 对(對)某事心无(無)定数(數) duì mǒushì xīn wú dìngshù

uncle ['ʌŋkl] N [c] (father's older brother) 伯父 bófù [位 wèi]; (father's younger brother) 叔父 shūfù [位 wèi]; (father's sister's husband) 姑父 gūfù [位 wèi]; (mother's brother) 舅父 jiùfù [位 wèi]; (mother's sister's husband) 姨父 yífù [位 wèi]

uncomfortable [ʌn'kʌmfətəbl] ADJ [+ person] 不舒服的 bù shūfu de; [+ chair, room, journey] 不舒适(適)的 bù shūshì de

unconscious [ʌn'kɔnʃəs] ADJ 失去知觉(覺)的 shīqù zhījué de

under ['ʌndə'] I PREP **1** (beneath) 在…下面 zài…xiàmiàn **2** (less than) [+ age, price] 不到 bù dào II ADV **1** [go, fly +] 从(從)下面 cóng xiàmiàn **2** (in age, price etc) 以下 yíxià

underground ['ʌndəgraund] I N
▶ **the underground** (Brit: railway) 地铁(鐵) dìtiě II ADJ 地下的 dìxià de

underline [ʌndə'laɪn] (Brit) VT 在…下面划(劃)线(線) zài…xiàmiàn huàxiàn

underneath [ʌndə'niːθ] I ADV 在

下面 zài xiàmiàn II PREP **1** 在…下面 zài...xiàmiàn **2**(fig) 在…背后(後) zài...bèihòu

underpants ['ʌndəpænts] N PL 内(內)裤(褲) nèikù

underpass ['ʌndəpɑːs] N [c] 地下通道 dìxià tōngdào [条 tiáo]

undershirt ['ʌndəʃəːt] (US) N [c] 贴(貼)身内(內)衣 tiēshēn nèiyī [件 jiàn]

understand [ʌndə'stænd] (pt, pp **understood**) VT 明白 míngbai; [+ foreign language] 懂 dǒng

understanding [ʌndə'stændɪŋ] ADJ 通情达(達)的 tōng qíng dá lǐ de

understood [ʌndə'stud] PT, PP of **understand**

underwater ['ʌndə'wɔːtəʳ] ADV 在水下 zài shuǐ xià

underwear ['ʌndəweəʳ] N [U] 内(內)衣 nèiyī

undo [ʌn'duː] (pt undid, pp undone) VT 解开(開) jiěkāi

undress [ʌn'dres] VI 脱(脫)衣服 tuō yīfu

uneasy [ʌn'iːzi] ADJ 不安的 bù'ān de ▶ **to be uneasy about sth** 为(為)某事忧(憂)虑(慮) wèi mǒushì yōulǜ

unemployed [ʌnɪm'plɔɪd] I ADJ 失业(業)的 shīyè de II N PL ▶ **the unemployed** 失业(業)者 shīyèzhě

unemployment [ʌnɪm'plɔɪmənt] N [U] 失业(業) shīyè

unexpected [ʌnɪks'pektɪd] ADJ 意外的 yìwài de

unexpectedly [ʌnɪks'pektɪdlɪ] ADV 意外地 yìwài de

unfair [ʌn'fɛəʳ] ADJ 不公平的 bù gōngpíng de

unfamiliar [ʌnfə'mɪlɪəʳ] ADJ 陌生的 mòshēng de

unfashionable [ʌn'fæʃnəbl] ADJ 过(過)时(時)的 guòshí de

unfit [ʌn'fɪt] ADJ 不太健康的 bù tài jiànkāng de

unfold [ʌn'fəuld] VT 展开(開) zhǎnkāi

unforgettable [ʌnfə'getəbl] ADJ 难(難)忘的 nánwàng de

unfortunately [ʌn'fɔːtʃənətlɪ] ADV 可惜 kěxī

unfriendly [ʌn'frendlɪ] ADJ 不友善的 bù yǒushàn de

unhappy [ʌn'hæpɪ] ADJ 愁苦的 chóukǔ de

unhealthy [ʌn'hɛlθɪ] ADJ **1**[+ person] 身体(體)不佳的 shēntǐ bù jiā de **2**[+ place, diet, lifestyle] 不利于(於)健康的 bùlìyú jiànkāng de

uniform ['juːnɪfɔːm] N [c/u] 制服 zhìfú [套 tào]

uninhabited [ʌnɪn'hæbɪtɪd] ADJ 无(無)人居住的 wúrén jūzhù de

union ['juːnjən] N [c] (also: **trade union**) 工会(會) gōnghuì [个 gè]

Union Jack N [c] 英国(國)国(國)旗 Yīngguó guóqí [面 miàn]

unique [juːˈniːk] ADJ 罕有的 hǎnyǒu de

unit ['juːnɪt] N [c] **1**(single whole) 单(單)位 dānwèi [个 gè] **2**(group, centre) 小组(組) xiǎozǔ [个 gè] **3**(in course book) 单(單)元 dānyuán [个 gè]

United Kingdom N ▶ **the United Kingdom** 大不列颠及北爱(愛)尔(爾)兰(蘭)联(聯)合王国(國) Dàbùlièdiān Jí Běi'ài'ěrlán Liánhéwángguó

u

United Nations N ▸ **the United Nations** 联(聯)合国(國) Liánhéguó

United States (of America) N ▸ **the United States (of America)** 美利坚(堅)合众(眾)国(國) Měilìjiān Hézhòngguó

universe ['juːnɪvəːs] N [c] 宇宙 yǔzhòu [个 gè]

university [juːnɪ'vəːsɪtɪ] **I** N [c/u] 大学(學) dàxué [所 suǒ] ▸ **to go to university** 上大学(學) shàng dàxué **II** CPD [+ student, professor, education, year] 大学(學) dàxué

unkind [ʌn'kaɪnd] ADJ 刻薄的 kèbó de

unknown [ʌn'nəun] ADJ **1** [+ fact, number] 未知的 wèizhī de **2** [+ writer, artist] 名不见(見)经(經)传(傳)的 míng bù jiàn jīngzhuàn de

unleaded [ʌn'lɛdɪd] **I** ADJ 无(無)铅(鉛)的 wúqiān de **II** N [u] 无(無)铅(鉛)燃料 wúqiān ránliào

unless [ʌn'lɛs] CONJ 除非 chúfēi

unlikely [ʌn'laɪklɪ] ADJ 未必会(會)发(發)生的 wèibì huì fāshēng de ▸ **he is unlikely to win** 他获(獲)胜(勝)的希望不大 tā huòshèng de xīwàng bù dà

unload [ʌn'ləud] VT **1** [+ objects] 卸下 xièxià **2** [+ car, lorry] 从(從)…上卸货(貨) cóng…shang xièhuò

unlock [ʌn'lɔk] VT 开(開)开 kāi

unlucky [ʌn'lʌkɪ] ADJ **1** [+ person] 不幸的 bùxìng de **2** [+ object, number] 不吉利的 bù jílì de

unmarried [ʌn'mærɪd] ADJ 未婚的 wèihūn de

unnatural [ʌn'nætʃrəl] ADJ 反常的 fǎncháng de

unnecessary [ʌn'nɛsəsərɪ] ADJ 不必要的 bù bìyào de

unpack [ʌn'pæk] **I** VI 开(開)包 kāibāo **II** VT [+ suitcase, bag] 打开(開)…取出东(東)西 dǎkāi…qǔchū dōngxi

unpleasant [ʌn'plɛznt] ADJ 使人不愉快的 shǐ rén bù yúkuài de; [+ person, manner] 令人讨(討)厌(厭)的 lìng rén tǎoyàn de

unplug [ʌn'plʌg] VT 拔去…的插头(頭) báqù…de chātóu

unpopular [ʌn'pɔpjulə] ADJ 不受欢(歡)迎的 bù shòu huānyíng de

unrealistic [ʌnrɪə'lɪstɪk] ADJ 不切实(實)际(際)的 bù qiè shíjì de ▸ **it is unrealistic to expect that…** 指望…是不切实(實)际(際)的 zhǐwàng…shì bù qiè shíjì de

unreasonable [ʌn'riːznəbl] ADJ 无(無)理的 wúlǐ de

unreliable [ʌnrɪ'laɪəbl] ADJ **1** [+ person, firm] 不可信赖(賴)的 bùkě xìnlài de **2** [+ machine, method] 不可靠的 bù kěkào de

unroll [ʌn'rəul] VT 展开(開) zhǎnkāi

unscrew [ʌn'skruː] VT 旋开(開) xuánkāi

unsuccessful [ʌnsək'sɛsful] ADJ **1** [+ attempt, application] 失败(敗)的 shībài de **2** [+ person, applicant] 不成功的 bù chénggōng de

unsuitable [ʌn'suːtəbl] ADJ **1** [+ place, time, clothes] 不适(適)宜的 bù shìyí de **2** [+ candidate, applicant] 不合适(適)的 bù héshì de ▸ **to be unsuitable for sth/for doing sth** 不适(適)于(於)某事/做某事 bù shìyú mǒushì/zuò mǒushì

untidy [ʌn'taɪdɪ] ADJ **1** [+ room] 不整洁(潔)的 bù zhěngjié de

2 [+ person, appearance] 邋遢的 lātā de

until [ən'tɪl] I PREP 直到…时(時) zhídào…shí II CONJ 一…为(為)止 dào…wéizhǐ ▸ **until now** 到现(現)在 zhídào xiànzài ▸ **until then** 届(屆)时(時) jièshí

unusual [ʌn'wiːʒn] ADJ 不寻(尋)常的 bù xúncháng de

unwilling [ʌn'wɪlɪŋ] ADJ ▸ **to be unwilling to do sth** 不愿(願)做某事 bù yuàn zuò mǒushì

unwrap [ʌn'ræp] VT 打开(開)…的包装(裝) dǎkāi…de bāozhuāng

⊙ KEYWORD

up [ʌp] I PREP **1** (to higher point on) 沿…向上 yán…xiàngshàng ▸ **he went up the stairs/the hill/the ladder** 他上了楼(樓)/山/梯子 tā shàngle lóu/shān/tīzi
2 (along) 沿着(著) yánzhe
3 (at higher point on) 在…高处(處) zài…gāochù; [+ road] 在…高远(遠)处(處) zài…gāoyuǎnchù ▸ **they live further up the street** 他们(們)住在这(這)条(條)街那边(邊)儿(兒) tāmen zhù zài zhè tiáo jiē nàbiānr

II ADV **1** (towards higher point) 往上 wǎngshàng ▸ **the lift only goes up to the 12th floor** 电(電)梯只到12层(層)楼(樓) diàntī zhǐ dào shí'èr céng lóu yǐshàng
2 (at higher point) 高高地 gāogāo de ▸ **up here/there** 这(這)/那上面 zhè/nà shàngmian
3 ▸ **to be up** (be out of bed) 起床 qǐchuáng
4 (to/in the north) 在/向北方 zài/xiàng běifāng ▸ **he often comes up to Scotland** 他常北上去苏(蘇)格兰(蘭) tā cháng běishàng qù Sūgélán
5 (approaching) ▸ **to go/come/run up** (to sb) (朝某人)走去/走过(過)来(來)/跑去 (cháo mǒurén) zǒuqù/zǒu guòlái/pǎoqù
6 ▸ **up to** (as far as) 直到 zhídào; (in approximations) 多达(達) duōdá ▸ **I can spend up to £100** 我可以花到100英镑(鎊) wǒ kěyǐ huādào yībǎi yīngbàng
7 ▸ **up to** or **until** 直到 zhídào ▸ **I'll be here up to** or **until 5.30 pm** 我会(會)一直呆到下午5点(點)30分 wǒ huì yīzhí dāidào xiàwǔ wǔ diǎn sānshí fēn ▸ **up to now** 直到现(現)在 zhídào xiànzài
8 ▸ **it is up to you** (to decide) 随(隨)便你(决(決)定) suíbiàn nǐ (juédìng)
9 ▸ **to feel up to sth/to doing sth** 感到能胜(勝)任某事/感到有力气(氣)做某事 gǎndào néng shèngrèn mǒushì/gǎndào yǒu lìqì zuò mǒushì

update [vb ʌp'deɪt, n 'ʌpdeɪt] I VT 更新 gēngxīn II N [c] 最新信息 zuìxīn xìnxī [条 tiáo]

uphill ['ʌp'hɪl] ADV [walk, push +] 往上 wǎng pōshàng

upright ['ʌpraɪt] ADV [sit, stand +] 挺直地 tǐngzhí de

upset [ʌp'set (pt, pp **upset**)] I VT
1 [+ person] 使舌恼(惱) shǐ kǔnǎo
II ADJ **1** (unhappy) 心烦(煩)意乱(亂)的 xīn fán yì luàn de
2 [+ stomach] 不舒服的 bù shūfu de ▸ **to be upset about sth** 为(為)某事感到烦(煩)恼(惱) wèi mǒushì gǎndào fánnǎo

upside down [ʌpsaɪd-] ADV 上下（顛）倒在的
upstairs [ʌpˈstɛəz] ADV **1** [be +] 在樓（樓）上 zài lóushang **2** [go +] 往樓（樓）上 wǎng lóushang
up-to-date [ʌptəˈdeɪt] ADJ 最新的 zuì xīn de
upwards [ˈʌpwədz] ADV 向上 xiàngshàng
urgent [ˈəːdʒənt] ADJ 紧（緊）急的 jǐnjí de
US N ABBR (= United States) ▸ the US 美国（國）Měiguó
us [ʌs] PRON 我们（們）wǒmen
USA N ABBR (= United States of America) ▸ the USA 美国（國）Měiguó
use [n juːs, vb juːz] I N [c/u] (purpose) 用途 yòngtú [种 zhǒng] II VT **1** [+ object, tool] 使用 shǐyòng **2** [+ word, phrase] 应（應）用 yìngyòng ▸ to make use of sth 利用某物 liyòng mǒuwù ▸ it's no use 没（沒）用的 méiyòng de ▸ it's no use arguing/crying etc 吵/哭（等）是没（沒）用的 chǎo/kū děng shì méiyòng de ▸ to be no use (to sb) (对（對）某人）毫无（無）用处（處）(duì mǒurén) háowú yòngchu ▸ she used to do it 她过（過）去是这（這）么（麼）做的 tā guòqù shì zhème zuò de ▸ I didn't use to or as I used not to worry so much 我过（過）去不这（這）么（麼）焦虑（慮）wǒ guòqù bù zhème jiāolǜ ▸ to be used to sth/to doing sth 习（習）惯（慣）于（於）某事/做某事 xíguàn yú mǒushì/zuò mǒushì ▸ to get used to sth/to doing sth 开（開）始习（習）惯（慣）于（於）某事/做某事 kāishǐ xíguàn yú mǒushì/zuò

mǒushì
▸ use up VT 用完 yòngwán
useful [ˈjuːsful] ADJ 有用的 yǒuyòng de ▸ to be useful for sth/doing sth 对（對）某事/做某事有帮（幫）助的 duì mǒushì/zuò mǒushì yǒu bāngzhù de
useless [ˈjuːslɪs] ADJ (pointless) 徒劳（勞）的 túláo de
user [ˈjuːzə'] N [c] 使用者 shǐyòngzhě [位 wèi]
user-friendly [ˈjuːzəˈfrɛndlɪ] ADJ 易于（於）使用的 yì yú shǐyòng de
username [ˈjuːzəneɪm] N [c] (Comput) 用户名 yònghùmíng [个 gè]
usual [ˈjuːʒuəl] ADJ 惯（慣）常的 guàncháng de ▸ as usual 像往常一样（樣）xiàng wǎngcháng yīyàng ▸ warmer/colder than usual 比平常暖和/冷 bǐ píngcháng nuǎnhuo/lěng
usually [ˈjuːʒuəlɪ] ADV 通常地 tōngcháng de

V

vacancy ['veɪkənsɪ] N [c] (job) 空
缺 kòngquē [个 gè]; (hotel room)
空房 kōngfáng [间 jiān] ▸ "no
vacancies" "客满(滿)" "kèmǎn"

vacant ['veɪkənt] ADJ 空着(著)的
kōngzhe de

vacation [vəˈkeɪʃən] N [c] (esp US)
休假 xiūjià [次 cì] ▸ to take a
vacation 休假 xiūjià ▸ to be/go
on vacation 在/去度假 zài/qù
dùjià

vaccinate ['væksɪneɪt] VT ▸ to
vaccinate sb (against sth) 给
mǒurén jiēzhòng yìmiáo (yùfáng
mǒu jíbìng)

vacuum cleaner N [c] (also:
vacuum: **vacuum**) 真空吸尘(塵)器
zhēnkōng xīchénqì [台 tái]

vague [veɪg] ADJ 不清楚的 bù
qīngchu de

vain [veɪn] ADJ [+ person] 自负(負)
的 zìfù de ▸ **in vain** 徒然 túrán

Valentine's Day ['væləntaɪnz] N
[c/u] 情人节(節) Qíngrén Jié [个
gè]

valid ['vælɪd] ADJ 有效的 yǒuxiào
de

valley ['vælɪ] N [c] 山谷 shāngǔ [个
gè]

valuable ['væljuəbl] ADJ 贵(貴)重
的 guìzhòng de

value ['vælju:] N **1** [c/u] (financial
worth) 价(價)值 jiàzhí [种 zhǒng]
2 [u] (worth in relation to price)
价(價)格 jiàgé

van [væn] N [c] (Aut) 厢(廂)式
运(運)货(貨)车(車) xiāngshì
yùnhuòchē [辆 liàng]

vandalism ['vændəlɪzəm] N [u] 蓄
意破坏(壞)公物的行为(為) xùyì
pòhuài gōngwù de xíngwéi

vandalize ['vændəlaɪz] VT 肆意
毁(毀)坏(壞) sìyì huǐhuài

vanish ['vænɪʃ] VI 消失 xiāoshī

variety [vəˈraɪətɪ] N **1** [u] (diversity)
多样(樣)性 duōyàngxìng **2** [s]
(range) [of objects] 若干 ruògān

various ['veərɪəs] ADJ 不同的
bùtóng de

vary ['veərɪ] I VT (make changes to)
更改 gēnggǎi II VI (be different) 有
差异(異) yǒu chāyì

vase [vɑ:z, US veɪs] N [c] 花瓶
huāpíng [个 gè]

VCR N ABBR (= **video cassette
recorder**) 录(錄)像机(機)
lùxiàngjī

VDT (US) N ABBR (= **visual display
terminal**) 视(視)频(頻)显(顯)示
装(裝)置 shìpín xiǎnshì zhuāngzhì

VDU (Brit) N ABBR (= **visual display
unit**) 视(視)频(頻)显(顯)示装(裝)

置 shìpín xiǎnshì zhuāngzhì

veal [viːl] N [U] 小牛肉 xiǎoniúròu

vegan ['viːgən] N [c] 纯(純)素食主
义(義)者 chún sùshí zhǔyìzhě [个 gè]

vegetable ['vedʒtəbl] N [c] 蔬菜
shūcài [种 zhǒng]

vegetarian [vedʒɪ'teərɪən] I N [c]
素食者 sùshízhě [个 gè] II ADJ
[+ diet, restaurant etc] 素的 sù de

vehicle ['viːɪkl] N [c] 机(機)动(動)
车(車) jīdòngchē [辆 liàng]

vein [veɪn] N [c] 静(靜)脉(脈)
jìngmài [条 tiáo]

velvet ['velvɪt] N [U] 天鹅(鵝)
绒(絨) tiān'róng [块 kuài]

vending machine ['vendɪŋ-] N [c]
自动(動)售货(貨)机(機) zìdòng
shòuhuòjī [部 bù]

verb [vəːb] N [c] 动(動)词(詞)
dòngcí [个 gè]

versus ['vəːsəs] PREP 对(對) duì

vertical ['vəːtɪkl] ADJ 垂直的
chuízhí de

very ['verɪ] ADV 1 很 hěn 2 ▸ the
very end/beginning 最终(終)/一
开(開)始 zuìzhōng/yī kāishǐ
▸ very much so 确(確)实(實)如此
quèshí rúcǐ ▸ very little 极少的 jí
shǎo de ▸ there isn't very much
(of...) (⋯)不太多了 (...)bù tài
duō le

vest [vest] N [c] 1 (Brit: underwear)
汗衫 hànshān [件 jiàn] 2 (US:
waistcoat) 马(馬)甲 mǎjiǎ [件 jiàn]

vet [vet] N [c] (esp Brit: veterinary
surgeon) 兽(獸)医(醫) shòuyī [个
gè]

veterinarian [vetrɪ'neərɪən] (US)
N [c] 兽(獸)医(醫) shòuyī [个 gè]

via ['vaɪə] PREP 经(經)由 jīngyóu

vicar ['vɪkəʳ] N [c] 教区(區)牧师(師)

jiàoqū mùshī [位 wèi]

vicious ['vɪʃəs] ADJ 1 [+ attack, blow]
剧(劇)烈的 jùliè de 2 [+ person, dog]
凶残(殘)的 xiōngcán de

victim ['vɪktɪm] N [c] 受害者
shòuhàizhě [个 gè] ▸ to be the
victim of 成为(為)⋯的受害者
chéngwéi...de shòuhàizhě

victory ['vɪktərɪ] N [c/U] 胜(勝)利
shènglì [次 cì]

video ['vɪdɪəu] I N 1 [c] (film)
录(錄)像 lùxiàng [段 duàn] 2 [U]
(system) 录(錄)像 lùxiàng 3 [c]
(cassette) 录(錄)像带(帶)
lùxiàngdài [盘 pán] 4 [c] (esp Brit:
machine) 录(錄)像机(機) lùxiàngjī
[台 tái] II VT (esp Brit) 录(錄)下
lùxià

video camera N [c] 摄(攝)像
机(機) shèxiàngjī [台 tái]

video game N [c] 电(電)子游(遊)
戏(戲) diànzǐ yóuxì [种 zhǒng]

video recorder N [c] 录(錄)像
机(機) lùxiàngjī [台 tái]

Vietnam ['vjet'næm] N 越南
Yuènán

Vietnamese [vjetnə'miːz] (pl
Vietnamese) I ADJ 越南的 Yuènán
de II N 1 [c] (person) 越南人
Yuènánrén [个 gè] 2 [U] (language)
越南语(語) Yuènányǔ

view [vjuː] N [c] 1 景色 jǐngsè [道
dào] 2 (opinion) 看法 kànfǎ [种
zhǒng]

village ['vɪlɪdʒ] N [c] 村庄(莊)
cūnzhuāng [个 gè]

vine [vaɪn] N [c] 葡萄藤 pútáoténg
[条 tiáo]

vinegar ['vɪnɪgəʳ] N [c/U] 醋 cù [瓶
píng]

vineyard ['vɪnjɑːd] N [c] 葡萄
园(園) pútáoyuán [座 zuò]

violence ['vaɪələns] N [U] 暴力 bàolì

violent ['vaɪələnt] ADJ 暴力的 bàolì de

violin [vaɪə'lɪn] N [c] 小提琴 xiǎotíqín [把 bǎ]

violinist [vaɪə'lɪnɪst] N [c] 小提琴手 xiǎotíqínshǒu [个 gè]

virgin ['vəːdʒɪn] N [c] 处(處)女 chǔnǚ [个 gè]

Virgo ['vəːgəu] N [U] (sign) 处(處)女座 Chǔnǚ Zuò

virus ['vaɪərəs] (Med, Comput) N [c] 病毒 bìngdú [种 zhǒng]

visa ['viːzə] N [c] 签(簽)证(證) qiānzhèng [个 gè]

visit ['vɪzɪt] I N [c] 1 (to person) 拜访(訪) bàifǎng [次 cì] 2 (to place) 访(訪)问(問) fǎngwèn [次 cì] II VT 1 [+ person] 拜访(訪) bàifǎng 2 [+ place] 游(遊)览(覽) yóulǎn ▶ **visit with** (US) VT FUS 拜访(訪) bàifǎng

visitor ['vɪzɪtə^r] N [c] 1 (to city, country) 游(遊)客 yóukè [位 wèi] 2 (to person, house) 来(來)客 láikè [位 wèi]

visual ['vɪzjuəl] ADJ 视(視)觉(覺)的 shìjué de

vital ['vaɪtl] ADJ 至关(關)重要的 zhì guān zhòngyào de

vitamin ['vɪtəmɪn, US 'vaɪtəmɪn] N [c] 维(維)生素 wéishēngsù [种 zhǒng]

vivid ['vɪvɪd] ADJ 1 生动(動)的 shēngdòng de 2 [+ colour, light] 鲜(鮮)艳(艷)的 xiānyàn de

vocabulary [vəu'kæbjuləri] N 1 [c/U] [of person] 词(詞)汇(匯)量 cíhuìliàng 2 [c] [of language] 词(詞)汇(匯) cíhuì [个 gè]

vodka ['vɔdkə] N [c/U] 伏特加酒

fútèjiā jiǔ [瓶 píng]

voice [vɔɪs] N [c] 嗓音 sǎngyīn [种 zhǒng]

voice mail N [U] 语(語)音留言 yǔyīn liúyán

volcano [vɔl'keɪnəu] (pl **volcanoes**) N [c] 火山 huǒshān [座 zuò]

volleyball ['vɔlɪbɔːl] N [U] 排球 páiqiú

volume ['vɔljuːm] N [c] 1 (of TV, radio, stereo) 音量 yīnliàng ▶ **volume one/two** (of book) 第一/二册(冊) dìyī/èr cè

voluntary ['vɔləntəri] ADJ 1 (not compulsory) 自愿(願)的 zìyuàn de 2 [+ work, worker] 志愿(願)的 zhìyuàn de

volunteer [vɔlən'tɪə^r] N [c] (unpaid worker) 志愿(願)者 zhìyuànzhě [名 míng] ▶ **to volunteer to do sth** 自愿(願)做某事 zìyuàn zuò mǒushì

vomit ['vɔmɪt] I N [U] 呕(嘔)吐物 ǒutùwù II VT 吐 tù III VI 呕(嘔)吐 ǒutù

vote [vəut] I N [c] 选(選)票 xuǎnpiào [张 zhāng] II VI 投票 tóupiào ▶ **to take a vote on sth** 就某事进(進)行表决(決) jiù mǒushì jìnxíng biǎojué ▶ **to vote for sb** 投某人票 tóu mǒurén piào ▶ **to vote for/against sth** 投票支持/反对(對)某事 tóupiào zhīchí/fǎnduì mǒushì

voucher ['vautʃə^r] N [c] 代金券 dàijīnquàn [张 zhāng]

vowel ['vauəl] N [c] 元音 yuányīn [个 gè]

V

W

候室 děnghòushì [间 jiān]

waitress ['weɪtrɪs] N [c] 女服务(务)员(员) nǚ fúwùyuán [位 wèi]

wake [weɪk] (pt **woke** or **waked**, pp **woken** or **waked**)
▶ **wake up** I VT 唤(唤)醒 huànxǐng II VI 醒来(来) xǐnglái

Wales [weɪlz] N 威尔(尔)士 Wēi'ěrshì ▶ **the Prince of Wales** 威尔(尔)士王子 Wēi'ěrshì Wángzǐ

walk [wɔːk] I N [c] 散步 sànbù [次 cì] II VI 走 zǒu III VT [+distance] 走 zǒu ▶ **it's 10 minutes' walk from here** 从(从)这(这)儿(儿)走有 10分钟(钟)的路程 cóng zhèr zǒu yǒu shí fēnzhōng de lùchéng ▶ **to go for a walk** 去散步 qù sànbù

walking ['wɔːkɪŋ] N [U] 步行 bùxíng

wall [wɔːl] N [c] **1** [of building, room] 墙(墙) qiáng [堵 dǔ] **2** (around garden, field) 围(围)墙(墙) wéiqiáng [圈 quān]

wallet ['wɒlɪt] N [c] 钱(钱)包 qiánbāo [个 gè]

wallpaper ['wɔːlpeɪpə'] N [c/u] 墙(墙)纸(纸) qiángzhǐ [张 zhāng]

walnut ['wɔːlnʌt] N [c] (nut) 核桃 hétáo [个 gè]

wander ['wɒndə'] VI 漫游(游) mànyóu

want [wɒnt] VT **1** (wish for) 想要 xiǎng yào **2** (inf: need) 需要 xūyào ▶ **to want to do sth** 想要做某事 xiǎng yào zuò mǒushì ▶ **to want sb to do sth** 希望某人做某事 xīwàng mǒurén zuò mǒushì

war [wɔː'] N [c/u] 战(战)争(争) zhànzhēng [场 chǎng]

wardrobe ['wɔːdrəʊb] N [c] 衣橱(橱) yīchú [个 gè]

warehouse ['wɛəhaʊs] N [c]

---

wage [weɪdʒ] N [c] (also: **wages**) 工资(资) gōngzī [份 fèn]

waist [weɪst] N [c] **1** 腰 yāo **2** [of clothing] 腰身 yāoshēn

waistcoat ['weɪskəʊt] (Brit) N [c] 马(马)甲 mǎjiǎ [件 jiàn]

wait [weɪt] I VI 等待 děngdài II N [c] (interval) 等待时(时)间(间) děngdài shíjiān [段 duàn] ▶ **to wait for sb/sth** 等候某人/某物 děnghòu mǒurén/mǒuwù ▶ **wait a minute!** 等一下! děng yíxià! ▶ **to keep sb waiting** 让(让)某人等着(着) ràng mǒurén děngzhe

waiter ['weɪtə'] N [c] 男服务(务)员(员) nán fúwùyuán [位 wèi]

waiting list ['weɪtɪŋ-] N [c] 等候者名单(单) děnghòuzhě míngdān [份 fèn]

waiting room ['weɪtɪŋ-] N [c] 等

仓(倉)库(庫) cāngkù [间 jiān]

warm [wɔːm] ADJ 1 [+ meal, soup, water] 温(溫)热(熱)的 wēnrè de; [+ day, weather] 暖和的 nuǎnhuo de 2 [+ clothes, blankets] 保暖的 bǎonuǎn de 3 [+ applause, welcome] 热(熱)情的 rèqíng de
▶ it's warm 天很暖和 tiān hěn nuǎnhuo ▶ are you warm enough? 你觉(覺)得够(夠)暖和吗(嗎)? nǐ juéde gòu nuǎnhuo ma?
▶ warm up I VI [athlete, pianist +] 热(熱)身 rèshēn II VT [+ food] 加热(熱) jiārè

warn [wɔːn] VT ▶ to warn sb that 警告某人… jǐnggào mǒurén… ▶ to warn sb not to do sth 告诫(誡)某人不要做某事 gàojiè mǒurén bùyào zuò mǒushì

warning [ˈwɔːnɪŋ] N 1 [c] (action, words, sign) 警告 jǐnggào [个 gè] 2 [c/u] (notice) 预(預)兆 yùzhào [个 gè]

was [wɒz] PT of be

wash [wɒʃ] I VT 洗 xǐ II VI [person +] 洗净(淨) xǐjìng ▶ to wash one's face/hands/hair 洗脸(臉)/手/头(頭)发(髮) xǐ liǎn/shǒu/tóufa
▶ to have a wash 洗一下 xǐ yíxià
▶ wash up 1 (Brit: wash dishes) 洗餐具 xǐ cānjù 2 (US: have a wash) 洗一洗 xǐ yì xǐ

washbasin [ˈwɒʃbeɪsn] N [c] 脸(臉)盆 liǎnpén [个 gè]

washcloth [ˈwɒʃklɒθ] (US) N [c] 毛巾 máojīn [条 tiáo]

washing [ˈwɒʃɪŋ] N [u] 1 (dirty) 待洗衣物 dài xǐ yīwù 2 (clean) 洗好的衣物 xǐhǎo de yīwù ▶ to do the washing 洗衣服 xǐ yīfu

washing machine N [c] 洗衣

机(機) xǐyījī [台 tái]

washing powder (Brit) N [c/u] 洗衣粉 xǐyīfěn [袋 dài]

wasn't [ˈwɒznt] = was not

wasp [wɒsp] N [c] 黄蜂 huángfēng [只 zhī]

waste [weɪst] I N 1 [s/u] [of resources, food, money] 浪费(費) làngfèi 2 [u] (rubbish) 废(廢)料 fèiliào II VT [+ money, energy, time] 浪费(費) làngfèi; [+ opportunity] 失去 shīqù ▶ it's a waste of water 这(這)是浪费(費)时(時)间(間) zhè shì làngfèi shíjiān

wastepaper basket [ˈweɪstpeɪpə-] (Brit) N [c] 废(廢)纸(紙)篓(簍) fèizhǐlǒu [个 gè]

watch [wɒtʃ] I N [c] 手表(錶) shǒubiǎo [块 kuài] II VT 1 (look at) 注视(視) zhùshì; [+ match, programme, TV] 看 kàn 2 (pay attention to) 关(關)注 guānzhù III VI 注视(視) zhùshì ▶ to watch sb do/doing sth 看着(著)某人做某事 kànzhe mǒurén zuò mǒushì
▶ watch out 提防 dīfang
▶ watch out! (inf) 小心! xiǎoxīn!

water [ˈwɔːtəʳ] I N [u] 水 shuǐ II VT [+ plant] 给(給)…浇(澆)水 gěi…jiāoshuǐ ▶ a drink of water 一杯水 yì bēi shuǐ

waterfall [ˈwɔːtəfɔːl] N [c] 瀑布 pùbù [条 tiáo]

watermelon [ˈwɔːtəmɛlən] N [c] 西瓜 xīguā [个 gè]

waterproof [ˈwɔːtəpruːf] ADJ 防水的 fángshuǐ de

water-skiing [ˈwɔːtəskiːɪŋ] N [u] ▶ to go water-skiing 去滑水 qù huáshuǐ

wave [weɪv] I N [c] 1 [of hand] 挥(揮)动(動) huīdòng [下 xià]

2 (on water) 波浪 bōlàng [个 gè]
II VI 挥(揮)手示意 huīshǒu shìyì
III VT [+ hand] 挥(揮) huī ▸ **to
wave goodbye to sb, wave sb
goodbye** 向某人挥(揮)手告别(別)
xiàng mǒurén huīshǒu gàobié

wax [wæks] N [U] 蜡(蠟) là

way [weɪ] I N **1** [c] (route) 路li [条
tiáo] **2** [s] (distance) 距离(離) jùlí
3 [c] (direction) 方向 fāngxiàng [个
gè] **4** [c] (manner) 方式 fāngshì
[种 zhǒng] **5** [c] (method) 方法
fāngfǎ [个 gè] **II ways** NPL (habits)
习(習)俗 xísú ▸ **"which way?"
— "this way"** "往哪边(邊)?"
— "这(這)边(邊)" "wǎng nǎbiān?"
"zhèbiān" ▸ **on the way** 在路上
zài lùshang ▸ **it's a long way
away** 离(離)这(這)儿(兒)很远(遠)
lí zhèr hěn yuǎn ▸ **to lose one's
way** 迷路 mílù ▸ **the way back**
回去的路 huíqù de lù ▸ **to give
way** (break, collapse) 倒塌 dǎotā
▸ **the wrong way round**
刚(剛)好相反 gānghǎo xiāngfǎn
▸ **in a way** 在某种(種)程度上 zài
mǒu zhǒng chéngdù shang ▸ **by
the way...** 顺(順)便提一下...
shùnbiàn tí yíxià... ▸ **"way in"**
(Brit) "入口" "rùkǒu" ▸ **"way
out"** (Brit) "出口" "chūkǒu"
▸ **way of life** 生活方式 shēnghuó
fāngshì ▸ **do it this way** 这(這)
么(麼) zhème zuò

we [wiː] PL PRON 我们(們) wǒmen

weak [wiːk] ADJ **1** 虚(虛)弱的 xūruò
de **2** [+ tea, coffee, substance] 淡的
dàn de

wealthy [ˈwɛlθɪ] ADJ 富有的 fùyǒu
de

weapon [ˈwɛpən] N [c] 武器 wǔqì
[种 zhǒng]

wear [wɛəʳ] (pt **wore**, pp **worn**) VT
穿着(著) chuānzhe; [+ spectacles,
jewellery] 戴着(著) dàizhe ▸ **I can't
decide what to wear** 我拿不定主
意该(該)穿什么(麼) wǒ ná bù dìng
zhǔyì gāi chuān shénme
▸ **wear out** VI 耗尽(盡) hàojìn

weather [ˈwɛðəʳ] N [U] 天气(氣)
tiānqì ▸ **what's the weather like?**
天气(氣)怎么(麼)样(樣)? tiānqì
zěnmeyàng?

weather forecast N [c] 天气(氣)
预(預)报(報) tiānqì yùbào [个 gè]

web [wɛb] N ▸ **the Web** 互
联(聯)网(網) hùliánwǎng [个 gè]
▸ **on the Web** 在互联(聯)网(網)上
zài hùliánwǎng shang

web address N [c] 网(網)络(絡)地
址 wǎngluò dìzhǐ [个 gè]

web browser N [c] 网(網)络(絡)
浏(瀏)览(覽)器 wǎngluò liúlǎnqì
[个 gè]

webcam [ˈwɛbkæm] N [c] 网(網)
络(絡)摄(攝)像机 wǎngluò
shèxiàngjī [个 gè]

web page N [c] 网(網)页(頁)
wǎngyè [个 gè]

website [ˈwɛbsaɪt] N [c] 网(網)址
wǎngzhǐ [个 gè]

we'd [wiːd] = **we had, we would**

wedding [ˈwɛdɪŋ] N [c] 婚礼(禮)
hūnlǐ [场 chǎng]

Wednesday [ˈwɛdnzdɪ] N [c/U] 星
期三 xīngqīsān [个 gè]; see also/另
见 **Tuesday**

week [wiːk] N [c] 星期 xīngqī [个
gè] ▸ **this/next/last week**
本/下/上周(週) běn/xià/
shàngzhōu ▸ **once/twice a week**
一周(週)一次/两(兩)次 yì zhōu yī
cì/liǎng cì

weekday [ˈwiːkdeɪ] N [c] 工作日

gōngzuòrì [个 gè] ▸ **on weekdays** 在工作日 zài gōngzuòrì

weekend [wiːkˈɛnd] N [c] 周(週)末 zhōumò [个 gè] ▸ **at the weekend** 在周(週)末 zài zhōumò ▸ **this/next/last weekend** 这(這)个(個)周(週)末/下周(週)末/上周(週)末 zhège zhōumò/xià zhōumò/shàng zhōumò

weigh [weɪ] I VT 称(稱)…的重量 chēng…de zhòngliàng II VI ▸ **she weighs 50kg** 她的体(體)重为(為)50公斤 tāde tǐzhòng wéi wǔshí gōngjīn

weight [weɪt] I N [U] 重量 zhòngliàng II **weights** NPL (in gym) 举(舉)重 jǔzhòng ▸ **to lose weight** 体(體)重减(減)轻(輕) tǐzhòng jiǎnqīng

welcome [ˈwɛlkəm] I N [c] 欢(歡)迎 huānyíng II VT 欢(歡)迎 huānyíng ▸ **welcome to Beijing!** 欢(歡)迎到北京来(來)! huānyíng dào Běijīng lái! ▸ **"thank you"** — **"you're welcome!"** "谢(謝)谢(謝)你。" "别(別)客气(氣)!" "xièxiè nǐ" "bié kèqì!" ▸ **to give sb a warm welcome** 热(熱)烈欢(歡)迎某人 rèliè huānyíng mǒurén

well [wɛl] I N [c] 井 jǐng [口 kǒu] II ADV 1 (to a high standard) 好 hǎo 2 (completely) 充分地 chōngfèn de III ADJ (healthy) 身体(體)好的 shēntǐ hǎo de IV INT 嗯 ng ▸ **to do well** [person +] 做得好 zuò de hǎo; [business +] 进(進)展顺(順)利 jìnzhǎn shùnlì ▸ **well done!** 棒极(極)了! bàng jí le! ▸ **as well** (in addition) 也 yě ▸ **I don't feel well** 我觉(覺)得不舒服 wǒ juéde bù shūfu ▸ **get well soon!** 早日康复(復)! zǎorì kāngfù! ▸ **well, as I**

was saying... 那么(麼), 像我刚(剛)才所说(說)的… nàme, xiàng wǒ gāngcái suǒ shuō de…

we'll [wiːl] = **we will, we shall**

well-known [ˈwɛlˈnəun] ADJ [+ person] 有名的 yǒumíng de; [+ fact, brand] 众(眾)所周知的 zhòng suǒ zhōu zhī de

well-off [ˈwɛlˈɔf] ADJ 富裕的 fùyù de

Welsh [wɛlʃ] I ADJ 威尔(爾)士的 Wēiěrshì de II N [U] (language) 威尔(爾)士语(語) Wēiěrshìyǔ III NPL ▸ **the Welsh** 威尔(爾)士人 Wēiěrshìrén

went [wɛnt] PT OF **go**

were [wəːʳ] PT OF **be**

we're [wɪəʳ] = **we are**

weren't [wəːnt] = **were not**

west [wɛst] I N 1 [U/s] (direction) 西方 xīfāng 2 ▸ **the West** (POL) 西方国(國)家 xīfāng guójiā II ADJ 西部的 xībù de III ADV 向西 xiàng xī ▸ **west of** …以西 …yǐ xī □ Xī xíng de chē hěn kuànmǎn.

western [ˈwɛstən] I ADJ (GEO) 西部的 xībù de II N [c] 西部影片 xībù yǐngpiàn [部 bù]

West Indian I ADJ 西印度群岛(島)的 Xīyìndù Qúndǎo de II N [c] 西印度群岛(島)人 Xīyìndù Qúndǎorén [个 gè]

West Indies [-ˈɪndɪz] NPL ▸ **the West Indies** 西印度群岛(島) Xīyìndù Qúndǎo

wet [wɛt] ADJ 1 [+ person, clothes] 湿(濕)的 shī de; [+ paint, cement, glue] 未干(乾)的 wèigān de 2 (rainy) [+ weather, day] 多雨的 duōyǔ de ▸ **to get wet** 弄湿(濕) nòngshī

we've [wiːv] = **we have**

w

whale [weɪl] N [c] 鲸(鯨) jīng [头 tóu]

🔵 **KEYWORD**

what [wɔt] I PRON **1** 什么(麼) shénme ▸ **what is happening?** 发(發)生了什么(麼)事? fāshēngle shénme shì? ▸ **what is it?** 那是什 么(麼)? nà shì shénme? ▸ **what are you doing?** 你在干(幹)什 么(麼)? nǐ zài gàn shénme? ▸ **what did you say?** 你说(說)什 么(麼)? nǐ shuō shénme? **2** (in indirect questions/speech: subject, object) 什么(麼) shénme ▸ **do you know what's happening?** 你知道发(發)生了什 么(麼)事吗(嗎)? nǐ zhīdào fāshēngle shénme shì ma? **3** (relative) 所…的 suǒ…de ▸ **I saw what was on the table** 我看 见(見)了桌上的东(東)西 wǒ kànjiànle zhuō shang de dōngxi II ADJ **1** (in questions) ▸ **what time is it?** 几(幾)点(點)了? jǐdiǎn le? ▸ **what size is this shirt?** 这(這)件衬(襯)衫是几(幾)码(碼) 的? zhè jiàn chènshān shì jǐmǎ de? **2** (in exclamations) 多么(麼) duōme ▸ **what a mess!** 真是一团(團) 糟! zhēnshì yītuánzāo! ▸ **what a lovely day!** 多么(麼)好的天气(氣) 啊! duōme hǎo de tiānqì a! III INT 什么(麼) shénme ▸ **what, no coffee!** 什么(麼), 没(沒)咖啡 了! shénme, méi kāfēi le!

whatever [wɔt'ɛvəʳ] I ADV (whatsoever) 任何 rènhé II PRON ▸ **do whatever is necessary/you**

want 做任何必要的/你想做的事 情 zuò rènhé bìyào de/nǐ xiǎng zuò de shìqing

wheat [wiːt] N [U] 小麦(麥) xiǎomài

wheel [wiːl] N [c] **1** 轮(輪) lún [个 gè] **2** (also: steering wheel) 方向 盘(盤) fāngxiàngpán [个 gè]

wheelchair ['wiːltʃɛəʳ] N [c] 轮(輪)椅 lúnyǐ [部 bù]

🔵 **KEYWORD**

when [wɛn] I ADV (interrogative) 什 么(麼)时(時)候 shénme shíhou ▸ **when did it happen?** 什么(麼) 时(時)候发(發)生的? shénme shíhou fāshēngle de? II PRON (relative) ▸ **the day when** …的那一天 …de nà yī tiān III CONJ (in time clauses) 当(當)…时(時) dāng…shí ▸ **be careful when you cross the road** 过(過)马(馬)路时(時)你要当(當)心 guò mǎlù shí nǐ yào dāngxīn ▸ **she was reading when I came in** 当(當)我进(進)来(來)时(時)她正在 阅(閱)读(讀) dāng wǒ jìnlái shí tā zhèngzài yuèdú ▸ **I know when it happened** 我知道什么(麼)时(時) 候发(發)生的 wǒ zhīdào shénme shíhou fāshēngle de

where [wɛəʳ] I ADV (in or to what place) 在哪儿(裡) zài nǎlǐ II CONJ (the place in which) 哪里(裡) nǎlǐ ▸ **where are you from?** 你是哪 里(裡)人? nǐ shì nǎlǐ rén?

whether ['wɛðəʳ] CONJ 是否 shìfǒu ▸ **I don't know whether to accept or not** 我不知道是接受还(還)是不

接受 wǒ bù zhīdào shì jiēshòu háishi bù jiēshòu

◯ **KEYWORD**

which [wɪtʃ] I ADJ **1**(*interrogative singular*) 哪个 nǎ ge; (*plural*) 哪些 nǎxiē ▸ **which picture do you want?** 你要哪幅画(畫)? nǐ yào nǎ fú huà? ▸ **which one/ ones?** 哪个(個)/些? nǎge/xiē? **2**(*in indirect questions/speech: singular*) 哪个(個); (*plural*) 哪些 nǎxiē ▸ **he asked which book I wanted** 他问(問)我要哪本书(書) tā wèn wǒ yào nǎ běn shū II PRON **1**(*interrogative subject, object*) 哪个(個) nǎge ▸ **which of these is yours?** 这(這)些中的哪个(個)是你的? zhèxiē zhōng de nǎge shì nǐ de? **2**(*in indirect questions/speech: subject, object*) 哪个(個) nǎge ▸ **ask him which of the models is the best** 问(問)他哪种(種)型号(號)是最好的 wèn tā nǎ zhǒng xínghào shì zuì hǎo de **3**(*relative subject, object*) …的那个(個)… …de nàge… ▸ **the shot which you heard/which killed him** 你听(聽)到的那一枪(槍)/杀(殺)死他的那一枪(槍) nǐ tīngdào de nà yì qiāng/shāsǐ tā de nà yì qiāng

while [waɪl] I N [s] 一会(會)儿(兒) yīhuǐr II CONJ **1**(*during the time that*) 在…时(時) zài…shí **2**(*although*) 虽(雖)然 suīrán ▸ **While I'm very fond of him, I don't actually want to marry him.** 虽然我很喜欢他，但我真的不想嫁给

他。Suīrán wǒ hěn xǐhuan tā, dàn wǒ zhēnde bùxiǎng jiàgěi tā ▸ **for a while** 有一会(會)儿(兒) yǒu yīhuǐr

whisky, (*US*) **whiskey** [ˈwɪskɪ] N [c/u] 威士忌酒 wēishìjì jiǔ [瓶 píng]

whisper [ˈwɪspə] VI 低语(語) dīyǔ

whistle [ˈwɪsl] I VI 吹口哨 chuī kǒushào II N [c] **1**(*device*) 哨子 shàozi [个 gè] **2**(*sound*) 口哨 声(聲) kǒushàoshēng [声 shēng]

white [waɪt] I ADJ **1** 雪白的 xuěbái de; [+ *coffee*] 加奶的 jiā nǎi de **3** [+ *person*] 白种(種)人的 báizhǒngrén de II N **1** [u] (*colour*) 白色 báisè

◯ **KEYWORD**

who [hu:] PRON **1** 谁(誰) shuí ▸ **who is it?** 是谁(誰)? shì shuí? ▸ **who did you discuss it with?** 你和谁(誰)讨(討)论(論)了? nǐ hé shuí tǎolùn le **2**(*in indirect questions/speech: subject, object, after preposition*) 谁(誰) shuí ▸ **I told her who I was** 我告诉(訴)了她我是谁(誰) wǒ gàosùle tā wǒ shì shuí ▸ **I don't know who he gave it to** 我不知道他把它给(給)了谁(誰) wǒ bù zhīdào tā bǎ tā gěile shuí **3**(*relative subject, object*) …的那个(個)… …de nàge… ▸ **the girl who came in** 进(進)来(來)的那个(個)女孩 jìnlai de nàge nǚhái ▸ **the man who we met in Sydney** 我们(們)在悉尼遇到的那个(個)男子 wǒmen zài Xīní yùdào de nàge nánzǐ

w

whole [həʊl] I ADJ 1 整个(個)的 zhěngge de II N 1 [c] (entirety) 整体(體) zhěngtǐ [个 gè] 2 ▸ **the whole of sth** 某物的全部 mǒuwù de quánbù [个 gè] ▸ **the whole (of) the) time** 所有的时(時)间(間) suǒyǒu de shíjiān ▸ **on the whole** 大体(體)上 dàtǐ shang

whom [huːm] (frm) PRON 1 (interrogative) 谁(誰) shuí 2 (relative) 所…的那个(個)… suǒ…de nàge… ▸ **the man whom I saw/to whom I spoke** 我见(見)到的/我跟他说(說)过(過)话(話)的那个(個)男的 wǒ jiàndào de/wǒ gēn tā shuōguo huà de nàge nán de

whose [huːz] I ADJ 1 (interrogative) 谁(誰)的 shuí de 2 (relative) …的 …de II PRON (relative) 谁(誰)的 shuí de ▸ **whose is this?** 这(這)是谁(誰)的? zhè shì shuí de? ▸ **whose book is this/coats are these?** 这(這)本书(書)是谁(誰)的/这(這)些外套是谁(誰)的? zhè běn shū shì shuí de/zhèxiē wàitào shì shuí de? ▸ **the woman whose car was stolen** 汽车(車)给(給)偷走的那个(個)女的 qìchē gěi tōuzǒu de nàge nǚ de

why [waɪ] I ADV 为(為)什么(麼) wèi shénme ▸ **why is he always late?** 为(為)什么(麼)他总(總)是迟(遲)到? wèi shénme tā zǒngshì chídào? ▸ **why not?** 为(為)什么(麼)不呢? wèi shénme bù ne? ▸ **I don't know why** 我不知道为(為)什么(麼) wǒ bù zhīdào wèi shénme

II CONJ 为(為)什么(麼) wèi shénme ▸ **I wonder why he said that** 我想知道他为(為)什么(麼)那么(麼)说(說) wǒ xiǎng zhīdào tā wèi shénme nàme shuō ▸ **the reason why he did it** 他那么(麼)做的原因 tā nàme zuò de yuányīn

wicked ['wɪkɪd] ADJ (evil) [+ person] 邪恶(惡)的 xié'è de; [+ act, crime] 罪恶(惡)的 zuì'è de

wide [waɪd] I ADJ 1 宽(寬)的 kuān de 2 [+ range, variety, publicity, choice] 广(廣)泛的 guǎngfàn de II ADV ▸ **to open sth wide** 张(張)大某物 zhāngdà mǒuwù

widow ['wɪdəʊ] N [c] 寡妇(婦) guǎfu [个 gè]

widower ['wɪdəuə'] N [c] 鳏(鰥)夫 guānfū [个 gè]

width [wɪdθ] N [c/u] 宽(寬)度 kuāndù

wife [waɪf] (pl **wives**) N [c] 妻子 qīzi [个 gè]

Wi-Fi ['waɪfaɪ] N [u] 无线网络 wúxiàn wǎngluò

wild [waɪld] ADJ 1 野生的 yěshēng de 2 [+ person, behaviour] 狂野的 kuángyě de

wildlife ['waɪldlaɪf] N [u] 野生动(動)物 yěshēng dòngwù

will [wɪl] I AUX VB 1 ▸ **I will call you tonight** 我今晚会(會)给(給)你打电(電)话(話)的 wǒ jīnwǎn huì gěi nǐ dǎ diànhuà de ▸ **what will you do next?** 下面你要做什么(麼)? xiàmiàn nǐ yào zuò shénme? 2 (in conjectures, predictions) 该(該)是 gāishì ▸ **he'll be there by now**

他现(現)在该(該)到了 tā xiànzài gāi dào le

3 (in commands, requests, offers)
▶ **will you be quiet!** 你安静(靜)点(點)! nǐ ānjìng diǎn!
II N 1 (volition) 意志 yìzhì
▶ **against his will** 违(違)背他的意愿(願) wéibèi tā de yìyuàn
2 (testament) 遗(遺)嘱(囑) yízhǔ [个 gè] ▶ **to make a will** 立遗(遺)嘱(囑) lì yízhǔ

willing ['wɪlɪŋ] ADJ ▶ **to be willing to do sth** (愿(願)意做某事 yuànyì zuò mǒushì

win [wɪn] (pt, pp won) **I** N [c] 胜(勝)利 shènglì [个 gè] **II** VT **1** 在…中获(獲)胜(勝) zài…zhōng huòshèng **2** [+ prize, medal] 赢(贏)得 yíngdé **III** VI 获(獲)胜(勝) huòshèng

wind [wɪnd] N [c/u] 风(風) fēng [阵 zhèn]

window ['wɪndəʊ] N [c] **1** 窗户(戶) chuānghu [扇 shàn]; (in shop) 橱(櫥)窗 chúchuāng [个 gè]; (in car, train) 窗 chuāng [个 gè] **2** (Comput) 视(視)窗 shìchuāng [个 gè]

windscreen ['wɪndskri:n] (Brit) N [c] 挡(擋)风(風)玻璃 dǎngfēng bōli [块 kuài]

windshield ['wɪndʃi:ld] (US) N [c] 挡(擋)风(風)玻璃 dǎngfēng bōli [块 kuài]

windsurfing ['wɪndsə:fɪŋ] N [u] 帆板运(運)动(動) fānbǎn yùndòng

windy ['wɪndɪ] ADJ [+ weather, day] 有风(風)的 yǒufēng de ▶ **it's windy** 今天风(風)很大 jīntiān fēng hěndà

wine [waɪn] N [c/u] 葡萄酒

pútáojiǔ [瓶 píng]

wing [wɪŋ] N [c] **1** 翅膀 chìbǎng [个 gè]; [of aeroplane] 机(機)翼 jīyì [个 gè] **2** [of building] 侧(側)楼(樓) cèlóu [座 zuò]

wink [wɪŋk] VI [person +] 眨眼 zhǎyǎn ▶ **to wink at sb** 向某人眨了眨眼睛 xiàng mǒurén zhǎ le zhǎyǎn

winner ['wɪnə'] N [c] 获(獲)胜(勝)者 huòshèngzhě [位 wèi]

winter ['wɪntə'] **I** N [c/u] 冬季 dōngjì [个 gè] **II** VI 过(過)冬 guòdōng ▶ **in (the) winter** 在冬季 zài dōngjì

wipe [waɪp] VT (dry, clean) 擦 cā ▶ **to wipe one's nose** 擦鼻子 cā bízi
▶ **wipe up** 把…擦干(乾)净(淨) bǎ…cā gānjìng

wire ['waɪə'] N [c] (Elec: uninsulated) 电(電)线(線) diànxiàn [根 gēn]; (insulated) 电(電)缆(纜) diànlǎn [条 tiáo]

wise [waɪz] ADJ 睿智的 ruìzhì de

wish [wɪʃ] **I** N [c] 愿(願)望 yuànwàng [个 gè] **II** VT 但愿(願) dànyuàn ▶ **best wishes** 良好的祝愿(願) liánghǎo de zhùyuàn
▶ **with best wishes** 带(帶)着(着)最好的祝愿(願) dài zhe zuì hǎo de zhùyuàn
▶ **give her my best wishes** 代我向她表(表)示(示)最衷心的祝意 dài wǒ xiàng tā biǎoshì zuì zhōngxīn de zhùyì ▶ **to wish to do sth** 想要做某事 xiǎngyào zuò mǒushì

🔵 KEYWORD

with [wɪð, wɪθ] PREP **1** 和…在一起 hé…zài yìqǐ ▶ **I was with him** 我和他在一起 wǒ hé tā zài yìqǐ ▶ **I'll be with you in a minute** 请(請)稍等 qǐng shāo děng ▶ **we stayed**

W

with friends 我们(們)和朋友们(們)呆在一起 wǒmen hé péngyoumen dāi zài yìqǐ **2** (*indicating feature, possession*) 有 yǒu ▸ **the man with the grey hat/blue eyes** 戴着(著)灰帽子/有蓝(藍)眼睛的男人 dàizhe huī màozi/yǒu lán yǎnjing de nánrén **3** (*indicating means, substance*) 用 yòng ▸ **to walk with a stick** 拄着(著)拐(柺)杖走 zhǔzhe guǎizhàng zǒu ▸ **to fill sth with water** 在某物里(裡)裝(裝)满(滿)水 zài mǒuwù lǐ zhuāngmǎn shuǐ **4** (*indicating cause*) ▸ **red with anger** 气(氣)得涨(漲)红(紅)了脸(臉) qì de zhànghóng le liǎn

without [wɪð'aut] PREP 没(沒)有 méiyǒu ▸ **without a coat** 未穿外套 wèi chuān wàitào ▸ **without speaking** 没(沒)说(說)话(話) bùcéng shuōhuà

witness ['wɪtnɪs] N [c] (*gen, also in court*) 目击(擊)者 mùjīzhě [位 wèi]

witty ['wɪtɪ] ADJ 诙(詼)谐(諧)的 huīxié de

wives [waɪvz] NPL of **wife**

woke [wəuk] PT of **wake**

woken ['wəukn] PP of **wake**

wolf [wulf] (*pl* **wolves** [wulvz]) N [c] 狼 láng [条 tiáo]

woman ['wumən] (*pl* **women** ['wɪmən]) N [c] 妇(婦)女 fùnǚ [位 wèi]

won [wʌn] PT, PP of **win**

wonder ['wʌndər] I VT ▸ **to wonder whether/why** *etc* 想知道是否/为(為)什么(麼) [等] xiǎng zhīdào shìfǒu/wèi shénme děng II VI 感到奇怪 gǎndào qíguài

wonderful ['wʌndəful] ADJ 绝(絕)

妙的 juémiào de

won't [wəunt] = **will not**

wood [wud] N **1** [u] 木材 mùcái **2** [c] (*forest*) 森(樹)林 shùlín [棵 kē]

wool [wul] N [u] 羊毛 yángmáo

word [wə:d] N **1** [c] 词(詞)[个 gè] **2** [s] (*promise*) 诺(諾)言 nuòyán ▸ **what's the word for "pen" in French?** "钢(鋼)笔(筆)"这(這)个(個)词(詞)在法语(語)里(裡)怎么(麼)说(說)? "gāngbǐ"zhège cí zài Fǎyǔ lǐ zěnme shuō? ▸ **in other words** 换(換)句话(話)说(說) huàn jù huà shuō

word processing [-'prəusesɪŋ] N [u] 文字处(處)理 wénzì chǔlǐ

word processor [-prəusesə'] N [c] (*machine*) 文字处(處)理器 wénzì chǔlǐqì [个 gè]

wore [wɔː'] PT of **wear**

work [wə:k] I N **1** [u] (*tasks, duties*) 事情 shìqing **2** [u] (*job*) 工作 gōngzuò II VI **1** (*have job, do tasks*) 工作 gōngzuò **2** (*function*) 运(運)行 yùnxíng **3** (*be successful*) (*idea, method* +) 起作用 qǐ zuòyòng ▸ **to go to work** 去上班 qù shàngbān ▸ **to be out of work** 失业 shīyè ▸ **to work hard** 努力工作 nǔlì gōngzuò

▸ **work out** I VI (*Sport*) 锻(鍛)炼(鍊) duànliàn II VT [+ *answer, solution*] 努力找出 nǔlì zhǎochū; [+ *plan, details*] 制(製)订(訂)出 zhìdìng chū

worker ['wə:kər] N [c] 工人 gōngrén [位 wèi] ▸ **a hard/good worker** 良好的人 gōngzuò nǔlì/liánghǎo de rén

work experience N [u] 工作

经(經)历(歷) gōngzuò jīnglì

workstation ['wɜːksteɪʃən] N [C]
1 (desk) 工作台(臺) gōngzuòtái [个
gè] **2** (computer) 工作站
gōngzuòzhàn [个 gè]

world [wɜːld] **I** N **the world** 世界
shìjiè **II** CPD [+ champion, record,
power, authority] 世界 shìjiè;
[+ tour] 环(環)球 huánqiú ▶ **all
over the world** 全世界 quán
shìjiè

World-Wide Web [wɜːld-waɪd-] N
▶ **the World-Wide Web** 万(萬)
维(維)网(網) Wànwéiwǎng

worn [wɔːn] PP OF **wear**

worried ['wʌrɪd] ADJ 闷(悶)闷(悶)
不乐(樂)的 mènmèn bù lè de ▶ **to
be worried about sth/sb** 担(擔)
心某事/某人 dānxīn mǒushì/
mǒurén

worry ['wʌrɪ] **I** N **1** [U] (feeling of
anxiety) 忧(憂)虑(慮) yōulǜ **2** [C]
(cause of anxiety) 担(擔)心 dānxīn
[种 zhǒng] **II** VT 使担(擔)心 shǐ
dānxīn **III** VI 担(擔)心 dānxīn

worse [wɜːs] **I** ADJ 更坏(壞)的
gèng huài de **II** ADV (comparative of
badly) 更糟地 gèng zāo de ▶ **to
get worse** 逐渐(漸)恶(惡)化
zhújiàn èhuà

worst [wɜːst] **I** ADJ 最坏(壞)的 zuì
huài de **II** ADV (superlative of badly)
最糟地 zuì zāo de **III** N [s/u] 最
坏(壞)的事 zuì huài de shì ▶ **at
worst** 在最坏(壞)的情况(況)下 zài
zuì huài de qíngkuàng xià

worth [wɜːθ] **I** N [U] 价(價)值
jiàzhí **II** ADJ ▶ **to be worth £50** 值
50英镑(鎊) zhí wǔshí yīngbàng
▶ **it's worth it** 这(這)是值得的
zhèshì zhídé de ▶ **400 dollars'
worth of damage** 价(價)值400美

元的损(損)失 jiàzhí sìbǎi měiyuán
de sǔnshī ▶ **it would be (well)
worth doing...** (很)值得做…
(hěn) zhídé zuò...

○ KEYWORD

would [wʊd] AUX VB **1** ▶ **I would
love to go to Italy** 我很愿(願)意去
意大利 wǒ hěn yuànyì qù Yìdàlì
▶ **I'm sure he wouldn't do that** 我
确(確)定他不会(會)那么(麼)做的
wǒ quèdìng tā bùhuì nàme zuò de
2 (in offers, invitations, requests)
▶ **would you like a biscuit?** 你要
来(來)块(塊)饼(餅)干(乾)吗(嗎)?
nǐ yào lái kuài bǐnggān ma? ▶
▶ **would you ask him to come in?**
你要叫他进(進)来(來)吗(嗎)? nǐ
yào jiàotā jìnlái ma?
3 (be willing to) ▶ **she wouldn't
help me** 她不愿(願)意帮(幫)助我
tā bù yuànyì bāngzhù wǒ
4 (in indirect speech) ▶ **he said he
would be at home later** 他说(說)
他晚点(點)儿(兒)会(會)在家的 tā
shuō tā wǎndiǎnr huì zài jiā de

wouldn't ['wʊdnt] = would not

wrap [ræp] VT (cover) 包 bāo
▶ **wrap up** VT (pack) 包起来(來)
bāo qǐlái

wrapping paper ['ræpɪŋ-] N [U]
(gift wrap) 包装(裝)纸(紙)
bāozhuāngzhǐ

wreck [rek] **I** N [C] **1** (wreckage) [of
vehicle, ship] 残(殘)骸 cánhái [个
gè] **2** (US: accident) 事故 shìgù [次
cì] **II** VT [+ car, building] 摧毁(毀)
cuīhuǐ

wrestling ['reslɪŋ] N [U] 摔跤
shuāijiāo

w

wrinkled ['rɪŋkld] ADJ 布(佈)满(滿)皱(皺)纹(紋)的 bùmǎn zhòuwén de

wrist [rɪst] N [c] 手腕 shǒuwàn [个 gè]

write [raɪt] (pt **wrote**, pp **written**) I VT 1 [+ address, number] 写(寫)下 xiěxià 2 [+ letter, note] 写(寫)xiě 3 [+ novel, music] 创(創)作 chuàngzuò 4 [+ cheque, receipt, prescription] 开(開)kāi II VI 写(寫)字 xiězì ▸ **to write to sb** 写(寫)信给(給)某人 xiěxìn gěi mǒurén
▸ **write down** VT 记(記)下 jìxià

writer ['raɪtə'] N [c] 作家 zuòjiā [位 wèi]

writing ['raɪtɪŋ] N [u] 1 (sth written) 文字 wénzì 2 (handwriting) 笔(筆)迹(跡) bǐjì ▸ **in writing** 以书(書)面形式 yǐ shūmiàn xíngshì

written ['rɪtn] PP of **write**

wrong [rɔŋ] I ADJ 1 [+ person, equipment, kind, job] 不合适(適)的 bù héshì de 2 [+ answer, information, report] 错(錯)误(誤)的 cuòwù de 3 (morally bad) 不道德的 bù dàodé de II ADV (incorrectly) 错(錯)误(誤)地 cuòwù de ▸ **to be wrong** [answer +] 是错(錯)的 shì cuò de; [person +] 弄错(錯)了 nòng cuò le ▸ **what's wrong?** 出了什么(麼)事? chūle shénme shì?
▸ **what's wrong with you?** 你怎么(麼)了? nǐ zěnme le? ▸ **to go wrong** [plan +] 失败(敗) shībài; [machine +] 发(發)生故障 fāshēng gùzhàng

wrote [rəut] PT of **write**

WWW (Comput) N ABBR (= World-Wide Web) 万(萬)维(維)网(網) Wànwéiwǎng

Xmas ['eksməs] N ABBR (= Christmas) 圣(聖)诞(誕)节(節) Shèngdàn Jié

X-ray ['eksreɪ] I N [c] (photo) X光照片 X guāng zhàopiàn [张 zhāng] II VT 用X光检(檢)查 yòng X guāng jiǎnchá ▸ **to have an X-ray** 做一次X光检(檢)查 zuò yī cì X guāng jiǎnchá

y

yacht [jɔt] N [c] **1** (sailing boat) 帆船 fānchuán [艘 sōu] **2** (luxury craft) 游(遊)艇 yóutíng [艘 sōu]

yard [jɑːd] N [c] (US: garden) 庭院 tíngyuàn [座 zuò]

yawn [jɔːn] **I** VI 打呵欠 dǎ hēqiàn **II** N [c] 呵欠 hēqiàn [个 gè]

year [jɪəʳ] N [c] **1** 年 nián **2** (Scol, Univ) 学(學)年 xuénián [个 gè] ▶ **every year** 每年 měi nián ▶ **this year** 今年 jīnnián ▶ **last year** 去年 qùnián ▶ **a** or **per year** 每年 měi nián ▶ **we lived there for years** 我们(們)住在那儿(兒)有好多年了 wǒmen zhù zài nàr yǒu hǎo duō nián le

yellow ['jɛləu] **I** ADJ 黄色的 huángsè de **II** N [c/u] 黄色 huángsè [种 zhǒng]

yes [jɛs] **I** ADV 是的 shì de **II** N [c] (answer) 是 shì

yesterday ['jɛstədɪ] **I** ADV 昨天 zuótiān **II** N [u] 昨天 zuótiān ▶ **the day before yesterday** 前天 qiántiān

yet [jɛt] **I** ADV (up to now: with negative) 还(還) hái; (in questions) 已经(經) yǐjīng **II** CONJ 然而 rán'ér ▶ **they haven't finished yet** 他们(們)还(還)没(沒)完工。tāmen hái méi wángōng ▶ **yet again** 又一次 yòu yī cì

yog(h)urt ['jəugət] N [c/u] 酸奶 suānnǎi [瓶 píng]

you [juː] PRON **1** (singular) 你 nǐ; (plural) 你们(們) nǐmen **2** 任何人 rènhérén ▶ **you never know** 谁(誰)知道 shuí zhīdào

young [jʌŋ] ADJ 幼小的 yòuxiǎo de ▶ **my younger brother/sister** 我的弟弟/妹妹 wǒde dìdi/mèimei

your [jɔːʳ] ADJ (of one person) 你的 nǐ de; (of more than one person) 你们(們) nǐmen de

yours [jɔːz] PRON (of one person) 你的 nǐ de; (of more than one person) 你们(們) nǐmen de ▶ **is this yours?** 这(這)是你/你们(們)的吗(嗎)? zhè shì nǐ/nǐmen de ma? ▶ **yours sincerely/faithfully** 你真挚的/忠实(實)的 nǐ zhēnzhì de/zhōngshí de

yourself [jɔːˈsɛlf] PRON **1** 你自己 nǐ zìjǐ **2** (you) 你 nǐ ▶ **by yourself** (unaided) 独(獨)立地 dúlì de; (alone) 独(獨)自地 dúzì de

yourselves [jɔːˈsɛlvz] PL PRON **1** 你们(們)自己 nǐmen zìjǐ **2** (you) 你们(們) nǐmen ▶ **by yourselves** (unaided) 独(獨)力地 dúlì de; (alone) 独(獨)自地 dúzì de

y

youth club N [C] 青年俱乐(樂)部 qīngnián jùlèbù [个 gè]

youth hostel N [C] 青年招待所 qīngnián zhāodàisuǒ [个 gè]

Yugoslavia [ˌjuːgəʊ'slɑːvɪə] N (formerly) 南斯拉夫 Nánsīlāfū

Z

zebra crossing ['ziː-brə-] (Brit) N [C] 斑马(馬)线(線) bānmǎxiàn [条 tiáo]

zero ['zɪərəʊ] (pl **zero** or **zeroes**) N
1 [U/C] (number) 零 líng [个 gè]
2 [U] (nothing) 没(沒)有 méiyǒu
▶ 5 degrees below zero 零下5度 língxià wǔdù

zip [zɪp] N [C] (Brit: fastener) 拉链(鏈) lāliàn [条 tiáo]

zip code (US) N [C] 邮(郵)政编(編)码(碼) yóuzhèng biānmǎ [个 gè]

zipper ['zɪpə'] (US) N [C] 拉链(鏈) lāliàn [条 tiáo]

zone [zəʊn] N [C] (area) 地带(帶) dìdài [个 gè]

zoo [zuː] (pl **zoos**) N [C] 动(動)物园(園) dòngwùyuán [个 gè]

zucchini [zuː'kiːnɪ] (pl **zucchini** or **zucchinis**) (US) N [C/U] 绿(綠)皮西葫芦(蘆) lǜpí xīhúlu [个 gè]